Ernst R. Sandvoss

GESCHICHTE DER PHILOSOPHIE

Indien, China, Griechenland und Rom

(Band I)

marixverlag

Genehmigte Lizenzausgabe für Marix Verlag GmbH, Wiesbaden 2004

Covergestaltung: Thomas Jarzina, Köln
Bildnachweis: AKG Berlin
Gesamtherstellung: GGP Media, Pößneck
Printed in Germany

ISBN 3-937715-10-X
www.marixverlag.de

Inhalt

Vorwort

Im ersten Band dieser ›Geschichte der Philosophie‹ überwiegt bewußt nach wie vor die räumliche Orientierung nach Kulturen, im zweiten Band, dem Globalisierungseffekt unserer Zeitrechnung entsprechend, die zeitliche Orientierung nach Epochen. Auf diese Weise ist eine Art Gleichgewicht zwischen räumlicher und zeitlicher Betrachtungsweise erzielt. Die vorliegende durchgesehene, aber ihrer Substanz nach unveränderte Neuauflage wurde zusätzlich mit Sachverzeichnissen und Hinweisen zur neueren Literatur ausgestattet.

St. Ingbert, im Herbst 2000

1 Einleitung

1.1 Dreitausend Jahre Philosophie

Philosophen und Historiker arbeiten, wie andere Wissenschaftler auch, mit Modellvorstellungen. Platon und die meisten westlichen Philosophiehistoriker verstanden unter Philosophie die Liebe zur Weisheit. Hegel glaubte, die Philosophiegeschichte sei in seinem System zur Vollendung gekommen, und noch in diesem Jahrhundert beschränkte sich Bertrand Russell in seiner ›History of Western Philosophy‹ (1946) auf die Darstellung der abendländischen Philosophie.

Aber schon vor der Auflösung des eurozentrischen Weltbildes, besonders in den letzten Jahrzehnten, ist das Wissen um fremde Kulturen und damit auch um außereuropäische Philosophie so stark angewachsen, daß eine Beschränkung auf die europäischen Denker kaum mehr zu rechtfertigen ist. Die vorliegende Darstellung der Philosophie, die eine vorläufige Bilanz der philosophischen Errungenschaften von dreitausend Jahren zu ziehen versucht, entspricht also der allgemeinen Horizonterweiterung, wenn sie die indische und die chinesische Philosophie einbezieht und in gebührendem Maß berücksichtigt.

Dabei sollen die Konstruktionen Hegels nicht durch neue ersetzt werden. Wer glaubt heute noch an einen kumulativ-linearen Fortschritt philosophischen Erkennens im traditionellen Sinn? Die Evolution der Philosophie verlief nicht geradlinig auf ein bestimmtes Ziel hin. Eine solche Entwicklung ist schon wegen des fehlenden Ideentransfers zwischen den alten Kulturen auszuschließen, und die Annahme einer einheitlichen, konvergierenden Entwicklung, gleichsam die Entfaltung einer Idee in verschiedenen Volksgeistern, geht von unhaltbaren Voraussetzungen aus.

Die Entwicklung der Philosophie vollzog sich eher in Schüben, wobei die Denkansätze in den einzelnen Kulturen durchaus nicht als harmonisch aufeinander abgestimmt erscheinen, sondern jeweils bestimmten spezifischen Bedingungen entsprechen. Vieles ging verloren, einiges überlebte, weniges erwies sich als fruchtbar. Um dieses Wenige, räumlich und zeitlich weit Verstreute, muß es einer weiterführenden Geschichte der Philosophie zu tun sein. Die Einheit stand nicht am Anfang, sie war nicht vorgegeben, vielleicht steht sie am Ende und ist aufgegeben; das Ende aber ist nicht in Sicht.

Betrachtet man die Philosophie nicht losgelöst von ihren gesellschaftlichen und kulturellen Zusammenhängen, so schließt ihre Geschichte einen übergreifenden Sinn nicht aus. Sie besteht dann nicht in der mehr oder weniger gelungenen Anhäufung von Lehren und Systemen, sondern erscheint als eine wenn auch lückenhaft übermittelte Botschaft.

Geht man davon aus, daß die Philosophie, wie Religion, Kunst, Wissenschaft und Technik, eine Form der Weltbewältigung ist, dann lassen sich die Denkansätze in den östlichen und westlichen Kulturen besser verstehen: als Chiffren eines Prozesses der Selbstbefreiung der Menschheit aus den Banden der Angst, der Vorurteile und der Unwissenheit.

1.2 Indien, China

So verstanden, versucht beispielsweise die indische Philosophie, mit Hilfe von Askese und Meditation den Gegensatz von Mensch und Welt verschwinden zu lassen, die All-Einheit herzustellen. Hinduismus und Buddhismus gehen dabei verschiedene Wege. Da religiöse und philosophische Wirklichkeitserfahrung in beiden Religionen noch nicht getrennt waren, blieb die Erlösung das Hauptziel ihrer Weltbewältigung. Eine Entwicklung zur wissenschaftlichen Welterfahrung im westlichen Sinn war damit ausgeschlossen. Das bedeutet jedoch nicht von vornherein die Überlegenheit der westlichen Konzeption. Mindestens in der Tiefenerfahrung der Wirklichkeit ist die östliche Konzeption der westlichen nach wie vor überlegen. Eine Begegnung der östlichen und der westlichen Philosophie liegt also im Interesse beider.

Unbestreitbar ist die westliche Konzeption der indischen in

der Verwirklichung der Idee überlegen. Während ein Yogin im Kloster Thyangboche angesichts des gewaltigsten Bergmassivs der Erde in der Meditation verharrt, nie aber versuchen würde, den »Thron der Götter« (Mount Everest, tibetisch Chomolungma: »Mutter der Welt«) zu besteigen, vermaß der britische Ingenieur Sir George Everest um die Mitte des vorigen Jahrhunderts die Bergwelt des Himalaya, und Sir Edmund Hillary bestieg etwa hundert Jahre später (1953) als erster Mensch den höchsten Berg der Erde. Während die Einheimischen sich auf die Verehrung der Berggottheiten beschränkten, nahmen die Männer des Westens die Herausforderung an. Aus Hillarys Motto »Nothing venture, nothing win« (Wer nicht wagt, der nicht gewinnt) spricht der Pioniergeist des Westens, eine Philosophie des Wagemuts, die bei den alten Griechen zu Hause war. Es ist der Geist des Prometheus oder das Prometheische im Menschen.

Einen anderen Weg als bei den Indern nahm die Philosophie im alten China. Hier ging die Herausforderung nicht primär von der Natur aus, sondern von der Gesellschaft. Im Zentrum chinesischen Philosophierens stand zur Zeit des Feudalismus das Problem der Herrschaft. Die großen chinesischen Denker erprobten alle vier möglichen Einstellungen dazu: Verweigerung (Lao Tzu), Anpassung (Legalisten), Auflehnung (Mo Tzu) und Ergebung (Konfuzius). Letztere Verhaltensweise, eine Art Eskapismus, setzte sich durch, aber es war keine echte Lösung: Weder die chinesische Mauer noch das Bollwerk des Konfuzianismus haben ihren Zweck erfüllt.

1.3 Griechenland, Rom

In Griechenland waren die Voraussetzungen für eine freie und reiche Entfaltung der Philosophie besonders günstig: überschaubare Verhältnisse, maßvolle Herausforderungen und hohe Intelligenz. Den Griechen gelang, was Indern und Chinesen versagt blieb: die Entwicklung vom Mythos zum Logos, die Verbindung von kosmozentrischem und anthropozentrischem

Denken und die Entdeckung des Allgemeinen als unabdingbare Voraussetzung der Wissenschaft. So wurde Aristoteles, der alle diese Faktoren in einem Konzept verband, zum Vater der Logik, der Physik, der Ethik und der Psychologie. Damit waren auch die wichtigsten Voraussetzungen für die Entwicklung der Einzelwissenschaften geschaffen, die allerdings noch auf sich warten ließ. Beschritt sein großer Schüler Alexander den Weg der Weltbewältigung durch die Tat, so schuf Aristoteles die Voraussetzungen für die Weltbewältigung durch die Wissenschaft. In seiner Sicht erscheint die Theorie, die eine Lebensform *(bios theoretikós)* wird, als höchste Form der Praxis. Für Aristoteles vermittelt daher die Philosophie das höchste Glück des Menschen.

Zu den Modellvorstellungen, die die westlichen Wissenschaften den Griechen verdanken (zum Beispiel Atome, Zahlen, Ideen), gehört auch der Philosophiebegriff: Philosophie als »Liebe zur Weisheit«. Diese Definition entspricht zwei seelischen Grundkräften des Menschen, der Liebe und der Vernunft. Der Philosophierende besitzt die Erkenntnis nicht, sondern strebt nach ihr, er hat die Weisheit nicht, sondern sucht sie, er ist ein Lernender. Wenn Aristoteles seine ›Erste Philosophie‹ (›Metaphysik‹) mit dem Satz einleitet: »Alle Menschen streben von Natur aus nach Erkenntnis«, dann verankert er, modern gesprochen, die Philosophie in der Triebstruktur des Menschen. Erkenntnistrieb und Wahrheitssuche gehören danach nicht weniger zum Menschen als der Selbsterhaltungs- oder der Geschlechtstrieb. In gewissem Sinn sind daher alle Menschen Philosophen. Philosophie ist also keine elitäre Geheimwissenschaft, sondern prinzipiell allen Menschen zugänglich, sofern sie bereit sind, von ihren natürlichen Gaben der Liebe und der Vernunft Gebrauch zu machen. Philosophie läßt sich somit allgemeiner definieren als Liebe zum Lernen. Die Philosophie selbst weckt diese Liebe durch das Gespräch, und die größten Philosophen aller Zeiten haben ihre Hauptaufgabe nicht darin gesehen, ihre Weisheit zur Schau zu stellen, möglichst viele Anhänger zu ihren Ansichten zu bekehren und Andersdenkende zu verfolgen, sondern möglichst alle Menschen zum Mitdenken *(symphilosophein)* zu gewinnen, sie von Vorurteilen, Ängsten und Zwängen zu befreien, ihnen die Augen für die Schönheit der Natur zu öffnen, ihre Vernunft für die Idee des Guten und das Reich der Werte und nicht zuletzt sie für das spannendste, erregendste und lohnendste Abenteuer zu motivieren, das es gibt: die Suche nach der Wahrheit. Sokrates hat mit seiner Hebammenkunst (Maieutik) diese Wahrheitssuche praktiziert, und Platon hat ihr in seinen unsterblichen Dialogen künstlerischen Ausdruck verliehen. Er entdeckte im »Eros« die mächtige Antriebskraft, die für jede Herausforderung eine Antwort findet und letztlich alle Probleme löst. Der vom Eros beseelte Philosoph befindet sich irgendwo zwischen Unwissenheit und Wissen. Unwissend sind die Toren, nicht wegen eines Informationsdefizits, das sich meistens schnell beheben läßt, sondern weil sie nicht lieben und lernen wollen, weil sie Trägheit, Angst und Dummheit dem Glück erkennender Liebe vorziehen. Wissend dagegen sind nur die Götter. Der normale Mensch ist weder ein Tor noch ein Gott, er strebt nach Erkenntnis, will lernen, liebt die Weisheit und ist damit im weiteren Sinne ein Philosoph. Ein römisches Sprichwort drückt das so aus: »Semper homo bonus tiro est« (Ein guter Mensch ist stets ein Rekrut, ein Anfänger).

Haben die Griechen die Modellvorstellungen westlichen Philosophierens ermittelt, so haben die Römer sie vermittelt. In der vorliegenden Geschichte der Philosophie wird der zu Unrecht allgemein vernachlässigte Beitrag der Römer zur philosophischen Tradition zu seinem Recht kommen. Die Römer haben zwar keine Philosophie im griechischen Sinn geschaffen – ihnen fehlte das originäre Verhältnis zur Philosophie, für sie war Wahrheitssuche nie Selbstzweck –, aber sie, vor allem Cicero und Seneca, haben mit einem gewaltigen Arbeitsaufwand und gelegentlich mit Scharfsinn und Kritik die griechische Philosophie in gängige Münze umgeprägt, sie vereinfacht, aufs Praktische bezogen und ihren Nutzen abgeschätzt. Cicero hat in seiner Definition der Philosophie als Lebenskunst (*ars vitae*, de fin. 3, 2, 4) das Verständnis der Philosophie als Lebensform mit dem künstlerischen Aspekt verbunden. In einem Brief Senecas an Lucilius (88, 2) kommt ein anderer Aspekt der Philosophie zum Vorschein: die Freiheit. »Im übrigen ist eine einzige Wissenschaft wirklich frei, weil sie frei macht: das ist die Philosophie.« Diese Bestimmung erinnert an das Johannesevangelium: »Die Wahrheit wird euch frei machen.« (8, 32)

Am Anfang der römischen Rezeption steht der Dichterphilosoph Lukrez. Ihm verdankt die Menschheit die vollständigste Darstellung der atomistischen Philosophie Demokrits und Epikurs, die mit dem Beginn der Neuzeit wiederentdeckt wurde, einen ungeahnten Aufschwung nahm und die platonisch-aristotelische Weltkonzeption stellen- und zeitweise verdrängte. Die Werke Epiktets und Marc Aurels enthalten zwei komplementäre Philosophien, die, wenn auch in griechischer Sprache geschrieben, römische Verhältnisse, Denk- und Verhaltensweisen reflektieren: eine Philosophie vom Standpunkt des Beherrschten und eine vom Standpunkt des Herrschers. Marc Aurel war Philosoph genug, um gern von dem entlassenen Sklaven Epiktet zu lernen, den er mit Hochachtung zitiert.

In der Philosophie des Boethius, in der Abenddämmerung antiken Geistes, klingt die Polyphonie des griechisch-römischen Dialogs mit einem tragischen Unterton aus: Boethius konnte nicht begreifen, warum das Böse in der Welt so mächtig ist.

Insgesamt eigneten sich die Römer das Instrumentarium, das der griechische Geist geschaffen hatte, mit viel Umsicht und großem Eifer an, erfanden Recht und Vertrag als Mittel zur Konfliktregelung hinzu und erreichten, besser als alle Völker vor ihnen ausgerüstet, beachtliche Erfolge in der Zähmung der Macht, in der Organisation der Gesellschaft und in der äußeren Weltgestaltung. Griechischer Geist, römische Tugend, jüdischer Glaube und christliche Liebe gingen ein weltgeschichtliches Bündnis ein, das zu einer Grundvoraussetzung der westlichen Zivilisation wurde.

1.4 Christentum, Frühe Neuzeit

Christliches Denken hat sowenig wie das römische ein originäres Verhältnis zur Philosophie. Patristiker und Scholastiker versuchten, wie die Römer, die Philosophie in Dienst zu stellen *(philosophia ancilla theologiae)*, und wie diese scheiterten sie damit. Wen interessieren heute noch die Apologien der Kirchenväter und die Systembauten der Scholastiker als solche? Etwas anderes ist die Umformung hellenistisch-jüdischer Vorstellungen durch die Väter, etwas anderes auch der tausendjährige Aneignungsprozeß, den christliche Denker benötigten, um das ebenfalls in etwa tausend Jahren entstandene Gedankengut der hellenisch-hellenistischen Philosophie in ihre Welt zu transponieren. Liest man die mittelalterliche Philosophie als verschlüsselte Botschaft, als Chiffre für zeitgenössische Gesellschaftsstrukturen und ihren Wandel, dann werden die starren Denkgebilde lebendig und sprechen eine klare, in ihrer Nüchternheit faszinierende Sprache. Es wird einem dabei auch klar, daß ohne die mühevolle, geduldige Vorarbeit der Römer und Christen nie eine neuzeitliche Philosophie hätte entstehen können.

Insgesamt haben die christlichen Denker die theozentrische Komponente der Philosophie, die im griechischen und römischen Denken relativ schwach in Erscheinung tritt, mehr zur Geltung gebracht. Damit schließt sich der Kreis der Grundthemen abendländischer Philosophie: Welt, Mensch, Gott. Von den griechischen Philosophen kamen die Pythagoreer mit ihrer Formel *homoiosis theó* (ähnlichwerden mit Gott) dem Christentum entgegen. Auf politischem Gebiet verdankt Europa nicht zuletzt der revolutionären Energie des Christentums die allmähliche Befreiung von überlebten Herrschaftsstrukturen, die den asiatischen Völkern nicht gelang.

Das berühmte Siebengestirn großer Denker am Anfang der Neuzeit – Bacon, Descartes, Hobbes, Pascal, Spinoza, Locke und Leibniz – wäre mit seinen kühnen Systementwürfen schwer zu verstehen, erblickte man darin nicht den Widerschein des an spannenden Abenteuern überreichen Entdeckungszeitalters, der revolutionären Horizonterweiterung (Neue Welt, Kugelgestalt der Erde) und des Aufbruchs in ein neues Weltzeitalter. Der Erweiterung des räumlichen Horizonts entspricht die Erweiterung des historischen Zeitbewußtseins: die Wiederentdeckung der Antike, Renaissance und Humanismus. Die Revolution der neuzeitlichen Ideen und Ideale wirkte ihrerseits auf das Christentum zurück und löste eine religiöse Revolution aus, die Reformation. Der Ideenhorizont umfaßt in dieser Zeit antike, mittelalterliche und neuzeitliche Entwicklungen. Eine Grundtendenz der frühneuzeitlichen Philosophie läßt sich in dem Satz zusammenfassen: »Weg von den Texten, hin zu den Tatsachen!«

1.5 Aufklärung, 19. Jahrhundert

Das Zeitalter der Aufklärung, das oft als antichristliche Ära mißverstanden wurde, erweist sich im Grunde als konform mit den Idealen der Reformation. Nächstenliebe und Humanität, Glaube und Vernunft, Mittelalter und Neuzeit schließen sich nur scheinbar aus. In Wirklichkeit bilden sie ein komplexes Beziehungsgeflecht von Ideen und Prozessen. Mit der Renaissance und der frühen Neuzeit verbindet das Zeitalter der Aufklärung ein für die gesamte Neuzeit zentrales, gefährliches und schicksalhaftes Problem, das Problem der Macht. Während Sokrates Wissen und Tugend gleichsetzte, kam Bacon zu einem anderen Ergebnis: »Wissen ist Macht.« Hatte die Menschheit, die ihre religiöse Freiheit erkämpft hatte, ihre politische Freiheit verloren? Der Absolutismus erwies sich als ein schlimmes Erbe des feudalistischen Zeitalters, das nicht zu Ende gehen wollte.

Das auf Horaz (ep. 1, 2, 40) zurückgehende Leitmotiv der Aufklärung *Sapere aude* (Wage es, von deiner Vernunft Gebrauch zu machen) und Kants vorsichtige Umschreibung des Anliegens der Aufklärung als Befreiung aus selbstverschuldeter Unmündigkeit geben der Sehnsucht Europas nach mehr Freiheit, Autonomie und Vernunft Ausdruck. Allein es kam anders. Das seit Beginn der Neuzeit unbewältigte Problem der Macht führte, in Verbindung mit den Errungenschaften von Wissenschaft und Technik, im 19. Jahrhundert zu einer verhängnisvollen Erneuerung des uralten Bündnisses von Magie und Macht. Eine den Idealen der Reformation wie den Intentionen des Christentums abtrünnige Theologie verband sich mit reaktionären Kräften des Feudalismus zu dem frivolen Bund von Thron und Altar. Bevölkerungszunahme, Nationalismus und Industrialismus, unbewältigte soziale Konflikte, Habsucht, Herrschsucht und Ruhmsucht trugen ihr Teil zur geistigen, moralischen und politischen Selbstzerstörung Europas bei, das das kulturelle Erbe dreier Jahrtausende um kurzsichtiger Machtvorteile willen aufs Spiel setzte und verlor. Nietzsche und Marx versuchten durch reaktionäre (radikaler Aristokratismus) beziehungsweise revolutionäre (Klassenkampf) Übersteigerung des Machtprinzips vergeblich, das Problem auf ihre Weise zu lösen. Die schlimmen Wirkungen dieses ideologischen, nicht mehr philosophischen Radikalismus bekam Europa in den

Weltkriegen des 20. Jahrhunderts zu spüren, die als Rückfälle in die – nunmehr technisierte – Barbarei verstanden werden können. Sie stellten die Kulturarbeit von Antike, Mittelalter und Neuzeit in Frage und damit auch das philosophisch-ethische Erziehungswerk des Abendlandes.

Alles in allem erscheint die Bilanz der Entwicklungen in der Neuzeit allgemein, im 19. und 20. Jahrhundert speziell, aber nicht nur negativ. Nach der Überwindung des Feudalismus in Westeuropa setzten sich auf politischem Gebiet griechische und römische Organisationsformen der Macht durch: Demokratie und Republik. Die Platonische Akademie als Modell von Akademien und Hochschulen eroberte die Welt. Schließlich kehrten sogar die Olympischen Spiele wieder und mit ihnen die griechische Idee des friedlichen Wettkampfes. Von den Denkmodellen der griechischen Philosophie (Atome, Zahlen, Ideen) blieb, nach dem Ausscheiden von Idealismus und Materialismus, am Ende des 19. Jahrhunderts nur das Zahlenmodell der Pythagoreer übrig. Der Weg führte von der (idealistischen und materialistischen) Metaphysik zur Mathematik. Das Feld für eine mathematische Interpretation der Wirklichkeit war frei.

1.6 20. Jahrhundert

Kann man die Philosophiegeschichte – sofern man sie nicht in Antike und Mittelalter einerseits, Neuzeit und Gegenwart andererseits einteilt, sondern einerseits in antik-globale (Indien, China, Griechenland, Rom), andererseits christlich-neuzeitliche (Patristik, Scholastik, frühe Neuzeit, Aufklärung, 19. und 20. Jahrhundert) – von der Patristik bis zum 19. Jahrhundert notfalls noch als eine Einheit betrachten, so ist solches mit dem 20. Jahrhundert nicht mehr möglich. Die Entwicklung der modernen Philosophie erweist sich als so vielgestaltig und verläuft so rasant, daß sie alles andere zu sein scheint als nur die Nachlese zur traditionellen Philosophie. Wenn auch die Philosophie mit ihren Aufgaben wachsen sollte, steht sie, am Beginn des dritten Jahrtausends, nicht vor ihrem Ende, sondern, an den

Herausforderungen gemessen, vor einer großen Zukunft. Die Entdeckungen der modernen Astronomie und Elementarteilchenphysik fordern die Philosophie zur Schöpfung einer neuen Kosmologie heraus, die alte philosophische Frage nach dem Ursprung des Lebens hat aufgrund neuer biologischer Entdekkungen eine ungeahnte Aktualität gewonnen, ökologische Probleme erfordern eine Ökosophie, und die Probleme der Technik, Technologie und Technostruktur verlangen gebieterisch nach philosophischer Durchdringung. Das Problem Krieg oder Frieden läßt den Philosophen wenig Zeit für Spekulationen. Zum ersten Mal tritt die Frage nach dem Überleben der Menschheit ins philosophische Problembewußtsein, ferner die Frage nach den Möglichkeiten extraterrestrischer Existenz der Menschheit, schließlich auch das Problem einer globalen Lebensordnung aller Erdbewohner, wobei die Ost-West-Spannungen hinter den Gefahren des Nord-Süd-Gefälles zurückzutreten beginnen. Die Philosophie kann diesen und anderen Herausforderungen nur gerecht werden, wenn sie Ballast abwirft und konsequent den Weg der Annahme der Herausforderungen beschreitet, wenn aus der *philosophia perennis* eine *revolutio philosophiae perennis* wird und wenn die Philosophie, nach ihrer Identitätskrise um die Jahrhundertwende, anfängt, mit den Wissenschaften zu kooperieren.

1.7 Evolutionstheorie

Die Evolutionstheorie, eine wissenschaftliche Errungenschaft von großer Tragweite, bedeutet für die Philosophie eine Herausforderung, an der sie nicht vorbeikommt. Sie muß sich entscheiden, ob sie in ihrem Elfenbeinturm verharren und Scheinproblemen nachjagen will, oder ob sie ihre Chance nutzt und sich in den umfassenden Neuorientierungsprozeß einordnet.

Die moderne Evolutionstheorie hat Einsichten vermittelt, die das klassische Weltbild der Neuzeit entscheidend verändert haben. An die Stelle der mechanistisch-statischen ist die prozessual-dynamische Weltbetrachtung getreten. Der Kosmos, das Leben auf der Erde und der Mensch sind in eine einheitliche geschichtliche Perspektive einbezogen. Die Gegensätze zwischen Naturgeschichte und Geistesgeschichte, Weltgeschichte und Menschheitsgeschichte, Naturwissenschaft und Geisteswissenschaft verlieren an Gewicht. Das bedeutet jedoch nicht den Verlust des Sinnes für das Einmalige, Komplexe und Sublime, sondern die Entstehung einer neuen Sensibilität für das Individuelle und die Möglichkeit, es genauer zu erfassen. Die Verflechtung der Ereignisse, das Netzwerk der Beziehungen und die Mannigfaltigkeit der Erscheinungen zeigen Dimensionen der Wirklichkeit, die ans Phantastische grenzen. Generationen von Wissenschaftlern, Künstlern und Philosophen werden daran zu tun haben, ein wenig Ordnung in die verwirrende Vielfalt und etwas Licht in das zum Teil noch tiefe Dunkel der Zusammenhänge zu bringen.

1.8 Philosophiegeschichte

Der auf allen Gebieten feststellbare Wandel kann nicht ohne Wirkungen auf die Geschichtsschreibung der Philosophie bleiben. Vielleicht die wichtigste Konsequenz aus den Veränderungen des modernen Bewußtseins ist die endgültige Preisgabe von Geschichtskonstruktionen im Stile Hegels. Im Gegensatz zu Hegels extrem vergangenheitsorientierter Geschichtsbetrachtung weist die moderne in die Zukunft. Hegels Glaube, daß in seinem philosophischen System die Entwicklung der Philosophie ihren krönenden Abschluß gefunden habe, hat sich als fataler Irrtum erwiesen, ebenso seine These: »Das Ganze ist die Wahrheit.« Wahrscheinlicher ist das »Ganze« ein Irrtum auf Kosten des Einzelnen. In seinem Gedicht »Vermächtnis« von 1829 kam Goethe der Wahrheit vermutlich näher: »Was fruchtbar ist, allein ist wahr.« Damit kann der moderne Philosophiehistoriker mehr anfangen, indem er die philosophischen Lehren der Vergangenheit auf ihren kreativen Gehalt prüft: philosophisch wertvoll ist, was Philosophie ermöglicht. Nicht die Quantität, sondern die Qualität zählt. Vollständigkeit der überlieferten Autoren und Texte ist ohnehin nicht zu erreichen, wenn auch der philosophisch Interessierte einen Anspruch auf hinreichende Information über das Vorhandene hat. Der moderne Philosophiehistoriker muß versuchen, solchen teilweise einander ausschließenden Anforderungen gerecht zu werden, was nicht immer leicht ist.

Philosophie nimmt eine Zwischenstellung zwischen Kunst und Wissenschaft ein. Mit der Kunst verbindet sie das Streben nicht zum Ganzen, sondern zur Ganzheit, sowie die Freiheit in der Ausdrucksweise (Dialog, Pragmatie, Poesie), im Gegensatz etwa zur Fachsprache des Wissenschaftlers; mit der Wissenschaft verbindet sie das Streben nach Klarheit des Ausdrucks, Verringerung der Prämissen, Prinzipien und Hypothesen sowie methodische Strenge. Da beide Tendenzen sich gewöhnlich ausschließen und nicht von einer Person zu meistern sind, neigt der Philosophierende entweder mehr der künstlerischen Ausdrucksweise zu, wie Platon, oder der wissenschaftlichen, wie Aristoteles. Platon war indessen einer der wenigen Denker, die künstlerischen wie auch wissenschaftlichen Ansprüchen gerecht werden. Wegen dieser ihrer Zwischenstellung zwischen Kunst und Wissenschaft darf man in der Philosophie weder nur eine Sammlung von einmaligen, unverbindlichen Schöpfungen erblicken noch auch nur eine Folge logischer, methodischer und konsistenter Schritte auf einem einzigen, vorgezeichneten Weg zur Wahrheit. Die moderne Forschung hat über die Entstehung, Vermehrung und Verjährung des Wissens interessante Theorien aufgestellt, auf die aber erst in dem Kapitel über die Gegenwartsphilosophie eingegangen werden kann. Grundsätzlich herrscht in der Philosophie, wie auch sonst in der modernen Wissenschaft, der Methodenpluralismus. Neben der Umorientierung von der Vergangenheit auf die Zukunft und der Auswahl der philosophischen Lehren nach dem Maß ihrer Kreativität, ihres Vermögens, den Prozeß des Mitdenkens und Weiterdenkens zu fördern, wurde in der vorliegenden Geschichte der Philosophie, meist am Anfang der einzelnen Kapitel, auch das historische Umfeld der Philosophie, ihre Verflochtenheit in wirtschaftliche, gesellschaftliche und kulturelle Zusammenhänge, soweit möglich, berücksichtigt. Philosophen und ihre Lehren sind keine absoluten Größen. Sie bleiben, ohne Einblick in die Wechselwirkungen mit den Ereignissen, Verhältnissen und Zuständen ihrer Zeit, weitgehend unverständlich. Entsprechend der wachsenden Menge der zu berücksichtigenden Fakten und Gesichtspunkte wird hier jedoch die Auswahl noch schwieriger als die Auswahl der Lehren selbst. Ungeachtet dieser Schwierigkeiten blieb aber auch bei der Umfeldanalyse das Mitphilosophieren der leitende Gesichtspunkt, die Anregung, sich mit Hilfe der vorhandenen Teile selbst ein Bild zusammenzusetzen, Phantasie und Denkvermögen zu aktivieren und sich selbst nach Möglichkeit eine eigene Welt- und Lebensauffassung zu bilden oder zur Selbsterkenntnis zu gelangen.

Wer die alte Definition der Philosophie (»Liebe zur Weisheit«) ernst nimmt und sie in der Liebe zum Lernen anwendet, wird bald entdecken, daß die moderne Philosophie nicht ganz ohne »Ergebnisse« geblieben ist. Neben verfeinerten Methoden, einem neuen Sinn für echte Probleme und einer kritischeren Einstellung gegenüber der Sprache kristallisieren sich auch auf dem Gebiet der praktischen Philosophie neue Werte und Werthaltungen heraus. Modernes Philosophieren zeichnet sich, zusätzlich zur Weisheitsliebe, durch den Willen zur Selbstbefreiung aus, durch verstärktes Streben nach Authentizität (Echtheit), Autonomie (Selbstbestimmung), Liberalität und Toleranz, Humanität und Solidarität, durch ein hohes Maß von Selbstkritik, universale Öffnung, Annahme von Herausforderungen, Bereitschaft zum Experiment und nicht zuletzt durch die hohe Bewertung der Kreativität. Moderne Philosophie ist in der Regel nonkonformistisch, nüchtern, illusionslos. Ihr sind Autorität, Servilität, Sterilität und Opportunismus zuwider. Für das moderne Wertbewußtsein ist das Mitleid nicht wichtiger als die Mitfreude, der Glaube nicht immer erstrebenswerter als das Wissen und die Hoffnung nicht unbedingt wertvoller als die Voraussicht. Im ganzen kommt die antike Weisheit, die ihren prägnantesten Ausdruck im römischen Denken und in lateinischer Sprache gefunden hat, allmählich wieder zu ihrem Recht. So stehen beispielsweise über dem Eingang zum Haager Friedenspalast Worte, die eine altrömische Weisheit variieren: »Si vis pacem, cole iustitiam« (Wenn du den Frieden willst, so übe Gerechtigkeit). Die Verschleierungskünstler auf allen Gebieten des modernen Lebens sollten sich an einen Satz Senecas in seiner Schrift ›Über den Zorn‹ erinnern: »Veritatem dies aperit« (Die Wahrheit kommt an den Tag). In seiner Schrift ›Über die Seele‹ (2) erkannte Tertullian die Verwandtschaft von Medizin und Philosophie: »Medicina soror philosophiae« (Medizin ist die Schwester der Philosophie). In der Therapie durch den

Logos scheint sich der Religion und der Philosophie eine Möglichkeit zur Kooperation anzubieten, eine Möglichkeit, den modernen Menschen nicht zu erlösen, sondern ihm bei der Befreiung von einigen Übeln der Zeit zu helfen. Die Evolutionstheorie könnte beide, Religion und Philosophie, lehren, daß nicht die eine die andere beherrschen soll, sondern beide dazu bestimmt sind, der Menschheit zu dienen.

1.9 Geschichtsphilosophie

Keine Philosophiegeschichte ohne Geschichtsphilosophie. Der Geschichtsbegriff des 20. Jahrhunderts unterscheidet sich von dem des 19. in dreifacher Hinsicht: An die Stelle des Hegelschen Einheitskonzepts sind Einzelkonzepte getreten, der Glaube an eine strenge Determination des Weltgeschehens ist aufgegeben, und (teilweise im Gefolge davon) die sogenannte Weltgeschichte deckt sich nicht mehr mit der Geschichte der Menschheit, sondern umfaßt zusehends mehr die Naturgeschichte und die Geschichte des Kosmos. Außerdem ist für jede ernstzunehmende Philosophie der Geschichte die Philosophiegeschichte zu einer unentbehrlichen Hilfsdisziplin geworden, denn sie enthält, wenn auch meistens chiffriert, neben den geistesgeschichtlichen Informationen, wichtige Hinweise auf die sozialen und kulturellen Verhältnisse ihrer Zeit. So lassen sich aus Platon und Aristoteles Erkenntnisse über den Verfall der griechischen Polis gewinnen. In der Perspektive der Evolution werden Erkenntnisse über Entstehung, Entwicklung und Untergang von Gesellschaftssystemen zu wesentlichen Bestandteilen einer Natur, Gesellschaft, Kultur und Geschichte umfassenden (anthropologischen) Betrachtungsweise, welche die Frage nach dem Sinn der Geschichte nicht mehr ganz so sinnlos erscheinen läßt wie zur Zeit des Historismus.

Wer den Sinn in der Geschichte völlig negiert, kann sich eine Geschichte der Philosophie sparen, ebenso, wer den Sinn der Geschichte zu kennen glaubt. Erst wenn man die Geschichte als den Prozeß aller Prozesse versteht und die alte Teleologie vom

Wissen um das Ziel zugunsten der modernen Teleologie, nach der der Weg das Ziel ist, aufgegeben hat, kann man die Geschichte im Sinn der modernen biologischen Evolutionstheorie als offenes System, als Reich der Freiheit erfassen. Die Geschichtswissenschaft ist danach, verglichen mit den Naturwissenschaften, die Wissenschaft mit den wenigsten Gesetzen, Regeln und Normen, dafür mit den meisten Parametern, Unregelmäßigkeiten und Zufällen. Seit Aristoteles hat die Wissenschaftstheoretiker eine geradezu panische Angst vor dem Zufälligen beherrscht. Diese Angst vor der Kontingenz beginnt erst in diesem Jahrhundert zu schwinden. Der moderne Historiker kann zu seiner Rechtfertigung auf den Übergang von notwendiger zu wahrscheinlicher Erkenntnis in den Naturwissenschaften hinweisen, und zwar um so mehr, je komplexer die Erkenntnisgegenstände dieser Wissenschaften (Physik, Biologie, Soziologie, Psychologie) sind. Er kann sich ferner auf die ausgezeichneten historischen Arbeiten berufen, die sich mit dem Einzigartigen, Unwiederholbaren und Individuellen befassen. Eine Biographie Goethes in traditionellen naturwissenschaftlichen Kategorien schreiben zu wollen, wäre ein groteskes Vorhaben. Der Historiker kann sich durch lange und reiche Erfahrung im Umgang mit Einzelphänomenen einen wissenschaftlichen Instinkt erwerben, der sich vor keiner naturwissenschaftlichen Methode zu verstecken braucht. Dieser Instinkt kommt auch dem Philosophiehistoriker bei der Auswahl seiner Autoren und Texte zugute. Betrachtet er die Philosophie nicht mehr isoliert vom übrigen Kulturgeschehen als eine Sammlung von Systemen und ewigen Wahrheiten – die sich später regelmäßig als zeitbedingte Irrtümer erwiesen haben –, sondern als Teilprozeß des evolutionären Gesamtprozesses, also als offen, dynamisch, frei, komplex und teilweise kontingent, dann wird er sowohl voreilige Sinngebungen als auch den Glauben an die Absurdität seines Tuns vermeiden. Er wird sich daran gewöhnen, in vielen Fällen mit der Ungewißheit zu leben, die Rätselhaftigkeit der Wirklichkeit verkraften und auf seinem Weg ohne Fernziel nicht so bald ermüden. Er wird auch die Kritik an der Philosophie vertragen, ohne zu resignieren oder in heiligen Zorn zu verfallen. Cicero fällte bereits über die Philosophen das harte Urteil: »Nihil tam absurde dici potest, quod non dicatur ab aliquo philosophorum« (Nichts ist so verrückt, daß es nicht von irgendeinem Philosophen behauptet würde. de div. 2, 119), und Seneca warnt in seinen Briefen an Lucilius vor den Spitzfindigkeiten der Philosophen (48, 12. Vgl. 45, 5 u. 52, 8). Gegen moderne Denker wie Hegel und Nietzsche ist allen Ernstes und nicht ganz zu Unrecht der Vorwurf des (geistigen) Verbrechens erhoben worden. Viel schlimmer als die ehrlichen Kritiker sind aber für Philosophen, wie auch für andere Menschen, falsche Freunde, und gefährlicher als der Irrationalismus ist der Scheinrationalismus. Bei der Auswahl und der Beurteilung von philosophischen Lehren sollte man sich daher stets fragen: Was sagt der Philosoph, was meint er, und was geschah wirklich? Der ehrliche Denker will Mitdenker gewinnen und nicht Gläubige um sich scharen. Akzeptabel erscheint ihm daher nicht nur eine Sicht der Dinge, sondern jede Geschichtsphilosophie, die in den Tatsachen fundiert und am Überzeitlichen orientiert ist, die von den Texten zu den Tatsachen und Problemen führt, die Ideen und Informationen liefert und zum Mitdenken einlädt. Der Philosophiehistoriker ist deshalb noch kein Sklave der Tatsachen. Er darf sogar Visionen haben. Der Leser braucht sie nicht zu teilen und kann doch manches aus dem Vorgetragenen lernen.

Eine Philosophiegeschichte sollte möglichst objektiv, informativ und kreativ sein. Ein Philosoph, der sich einer Orthodoxie anschließt, Partei ergreift, die Wahrheit dem Erfolg oder dem Beifall opfert, ist kein Philosoph. Weder über die wissenschaftliche noch über die philosophische Wahrheit entscheidet die Mehrheit, und von der Wirkung läßt sich nicht auf die Wahrheit einer Behauptung schließen. Wo die Überprüfbarkeit der Aussagen aufhört, beginnt die Glaubwürdigkeit. Ein Philosoph wie Sokrates, bei dem Worte und Taten weitgehend übereinstimmen, ist glaubwürdig, Schopenhauer und Nietzsche, bei denen das nicht der Fall ist, sind es nicht. Nutzen und Wert einer Philosophie lassen sich an der Tiefe des Glücks, dem Maß der Freiheit und dem Grad des Bewußtseins messen, die sie vermitteln. Die wahre Philosophie macht nicht ängstlicher, elender und abhängiger, sondern bewußter, mutiger, offener, freier und nicht zuletzt, wie schon Aristoteles erkannte, glücklicher.

Geschichtlich wirksam wurde die Philosophie in der Freisetzung emanzipatorischer Kräfte im Zuge der Selbstbefreiung der Menschheit. Die Bibel gab ein Ziel vor, die griechische Philosophie und die neuzeitliche Wissenschaft lieferten die Mittel, es zu erreichen, und der Durchbruch gelang. Indische Meditation, griechische Theorie und christliche Mystik erschlossen Grenzbereiche der Erfahrung. Ohne sie käme die Philosophie nicht weit.

Zu den durch die Philosophie mitverursachten großen neuzeitlichen Emanzipationsbewegungen gehört der Demokratisierungsprozeß. Die Weltrevolution, wenn es eine gibt, verläuft nicht nach den Schemata von Hegel oder Marx, sondern wie die neueste Entwicklung bestätigt, als Prozeß zunehmender Selbstverantwortung, dessen »theoretischer« Kern die Menschenrechte sind. Das 20. Jahrhundert führte zum Abbau feudaler Herrschaftssysteme in China und Europa, zur Überwindung von Rassen-, Klassen- und Kastenunterschieden und zur Verflechtung der Lebensinteressen aller Menschen, die sich, global gesehen, als Erdbewohner verstehen und ihre terrestrische Basis, nach einer Modellvorstellung dieses Jahrhunderts, als Raumschiff Erde. Der lebendige, dynamische, befreiende und öffnende Geschichtsprozeß führt zum Abbau von Herrschaftssystemen, nicht zur Errichtung neuer Schranken und Hindernisse. Während im imperialistischen Zeitalter Vorstellungen von Macht, Herrschaft und Größe dominierten, orientiert sich die moderne Philosophie an Werten wie Liebe, Hilfe und Verantwortung. Traditionen, Krisen und Revolutionen haben viel von ihrer Kraft verloren und erweisen sich – im Gegensatz zur Evolution – immer weniger als die Hauptfaktoren des geschichtlichen Prozesses. Der Streit der Unitarier und Pluralisten um den richtigen Begriff von der geschichtlichen Wahrheit ist zugunsten letzterer entschieden, und es besteht wenig Aussicht auf Rückkehr zu monistischen, monokausalen oder universalen Erklärungsmodellen. Der moderne Historiker geht nicht von vorgefaßten Begriffen und fertigen Heilskonzepten aus, sondern von vorgegebenen Tatsachen und zulässigen Schlüssen aus Tatsachen. Der moderne Historiker der Philosophie hat den Ereignischarakter auch der Philosophie begriffen. Er sucht den Rückfall in Metaphysik – eine Art Mythologie des modernen Bewußtseins – zu vermeiden und fragt sich nicht mehr, wie es war, sondern was geschah. Er ist also an Entwicklungen, Ereignissen und Rhythmen des Geschehens interessiert, weniger an Systemen, Konstruktionen, ewigen Wahrheiten und Prinzipien. Die Auswahl der Autoren und Texte muß gewinnbringend sein, für ihn selbst wie für den Leser. Wie im modernen Wirtschaftsleben die Kurse an den Börsen den Pulsschlag des »Ganzen« anzeigen, kann der Philosoph an den Datenbanken der Wissenschaften die geistigen Trends und Tendenzen seiner Zeit ablesen. An dem Kurswert der Macht kann er den Grad der Korruption einer Gesellschaft erkennen.

Aus seiner Geschichtsphilosophie läßt sich der Standpunkt des Verfassers dieser Philosophiegeschichte unschwer ableiten. »Standpunkt« ist allerdings bei seinem operationalen Verständnis von Philosophie vielleicht nicht die richtige Bezeichnung. Es handelt sich, genaugenommen, um drei Operationen: sokratische Reduktion, Systemanalyse und Selbsttranszendenz. Die sokratische Reduktion führt über den methodischen Zweifel zum Eingeständnis des Nichtwissens. Platon versuchte mit seiner Dialektik (Gesprächskunst, eigentlich Dialogik), Aristoteles mit seiner Aporetik (präzise Problemstellung) über die sokratische Grenze hinauszukommen, aber erst die neuzeitliche Analytik, insbesondere die moderne Systemanalyse, führen, auf der Grundlage eines prozessualen Verständnisses der Wirklichkeit und eines operationalen Verständnisses wirklichkeitsgestaltender Intelligenz, weiter. Auf die Geschichte der Philosophie angewandt, bedeutet das: sukzessives In-Beziehung-Setzen von philosophischen Einzelentwicklungen zum bisher bekannten philosophischen Gesamtgeschehen, einschließlich Umfeldanalyse und kritischer Aneignung der wissenschaftlichen Datenvorgabe. In der Selbsttranszendenz gelangt der Philosophierende über das reduktiv-analytische Stadium hinaus und öffnet sein Problembewußtsein für künftige Ansätze, Entwürfe, Kombinationen und Synthesen. Alles dies zusammengenommen, läßt sich verstehen, nach seinem Urheber, als sokratischer Standpunkt, angepaßt an die moderne Situation des Denkens. Der Verfasser dieser Philosophiegeschichte versteht sich in diesem Sinn als Sokratiker.

1.10 Ausgangspunkt, Ziel, Methoden

Vom Standpunkt ist der Ausgangspunkt zu unterscheiden. Man kann zwar vom westlichen Denken bestimmt sein – welcher Europäer ist das nicht? –, aber man braucht deshalb nicht von den alten Griechen auszugehen. Der Ausgangspunkt wird äußerlich vom Stand der philosophiegeschichtlichen Forschung bestimmt, und diese tendiert über den westlichen Kulturkreis hinaus, innerlich einerseits von den subjektiven Voraussetzungen des Philosophiehistorikers, andererseits objektiv vom Problemgehalt des außerwestlichen philosophischen Problembewußtseins. In dieser Hinsicht eignet sich die indische Philosophie nicht nur wegen ihres hohen Alters, sondern hauptsächlich wegen der Weite ihrer Problemstellungen als Ausgangspunkt. Was die subjektiven Voraussetzungen betrifft, erhebt der Verfasser weder hinsichtlich der indischen noch irgendeiner anderen Philosophie den Anspruch auf ein privilegiertes Verständnis, sondern bleibt für Kritik, Ergänzungen und weiterführende Entwürfe offen. Die chinesische Philosophie steht zwar an Alter nicht weit hinter der indischen zurück, hat aber ein engeres, vorwiegend auf die Gesellschaft bezogenes Problembewußtsein. Darin kann sie durchaus mit der griechischen Philosophie konkurrieren. An die indische und chinesische Philosophie mit ihren Urmodellen schließt sich zwanglos die griechische Philosophie mit ihren für den westlichen Kulturkreis prototypischen Modellvorstellungen an, daran die Vermittlung dieser Vorstellungen durch die Römer.

Sind Standpunkt und Ausgangspunkt festgelegt, bleiben Ziel und Methoden zu erläutern, zunächst die Fragen nach dem »Was«, »Warum« und »Wozu« der Philosophie, die letztlich sokratischen Fragen nach ihrem Wesen, Ursprung und Nutzen. Das Wesen der Philosophie bekommt man nicht offenbart, sondern erfährt es, wenn überhaupt, im Philosophieren. Philosophie manifestiert sich also in philosophischen Prozessen, im philosophischen Geschehen, in der Geschichte der Philosophie. Philosophie ist zwar nicht identisch mit ihrer Geschichte, aber die Geschichte ist eine unerläßliche Voraussetzung für ein angemessenes Verständnis der Philosophie, zu dem auch eine Bestimmung ihrer Aufgaben in der Gesellschaft gehört. Die Philosophiegeschichte liefert die nötigen Informationen für die Lösung dieses Problems, das auf spekulativem Weg allein nicht zu bewältigen ist. Philosophiegeschichte, ohne falschen Ehrgeiz betrieben, erweist sich danach als eine Art Training fürs Philosophieren, eine Vorschule für die Philosophie, als Eingewöhnung unter der Leitung eines umsichtigen und erfahrenen Trainers. Außerdem empfiehlt es sich für den, der einen Sport, eine Kunst oder eine Wissenschaft erlernen will, sich einen Überblick über die vorhandenen Disziplinen und Methoden zu verschaffen und nicht zuletzt über deren Vertreter, denn nur so lernt er, Scharlatane von Könnern zu unterscheiden.

Vielleicht ist die Frage, warum Menschen philosophieren, so wenig zu beantworten wie die, warum sie Berge besteigen. Ist es ein Trieb, eine Sehnsucht, ein Verlangen oder gar eine Leidenschaft, die zur Sucht werden kann? Vielleicht philosophiert man, um sich von Zwängen und Vorurteilen zu befreien, um von der Dummheit zu genesen, um geistig, seelisch und womöglich auch physisch gesünder und stärker zu werden, oder nur, um überleben zu können, nicht am Dasein verzweifeln zu müssen. Irgendwie ist der Philosoph, selbst im Scheitern, ein Lebenskünstler. Er ist weder ein Heiliger noch ein Tyrann, sondern primär ein Mensch wie jeder andere, aber ein Mensch, der bewußter lebt als andere, der, als Nonkonformist par excellence, die Freiheit besonders hoch schätzt und der nie ganz aufgibt.

Vielleicht kommen der Philosophie im Rahmen der Evolution die Aufgaben einer allgemeinsten Orientierung, der Öffnung für die Idee und der Reaktivierung des Lebenswillens zu. Vielleicht ist die Philosophie auch etwas Ähnliches wie der Flugschreiber in der Luftfahrt. Er navigiert und steuert nicht selbst, kann Katastrophen nicht verhindern, aber er gibt Aufschluß über ihre Ursachen. Ziel dieser Philosophiegeschichte ist jedenfalls nicht, die Geschichte der Philosophie in ein ideologisches Schema zu pressen, auch nicht in ein solches der Evolution. Die Geschichte der Philosophie soll hier nicht revolutioniert, umgeschrieben oder neu geschrieben werden. Vielmehr ist dem Verfasser an Überprüfung, sorgfältiger Auswahl und geistiger Durchdringung gelegen, gelegentlich auch mit neuen Akzenten, mit dem Mut zur Lücke und mit viel Nonkonformismus. Insgesamt will er eine Kursanalyse geben, vielleicht auch Anregungen zu Kurskorrekturen, aber keinen neuen Kurs einschlagen. Nahziele gibt es genug, das Fernziel ist unbekannt, und daher gilt auch hier: Der Weg ist das Ziel.

Dieser Zielsetzung kann nur ein Methodenpluralismus entsprechen, der, soweit möglich, auch praktiziert wurde: neben der Doxographie (Berichte über Lehren) biographische Notizen, neben wörtlichen Zitaten, besonders bei Sprachkünstlern wie Lao Tzu oder Heraklit, Skizzen, Paraphrasen und Werktitel mit deiktisch-paradigmatischer Funktion, vor allem aber Faktorenanalysen. Analyse verträgt sich mit Erfahrung, Experiment, Induktion und Abstraktion, nicht mit Dialektik. Außer den bekannten Methodenkomponenten (Analyse, Synthese) wurden aber auch die reduktiven, reflexiven und meditativen Komponenten nicht vernachlässigt. Intuitives und diskursives Denken halten sich etwa die Waage. Die Grundtendenz ist eher relativierend als verabsolutierend.

Bei der Anordnung der Philosophen und ihrer Lehren ist im allgemeinen von den Personennamen ausgegangen. Im zweiten Band wird, mit dem Aufkommen der europäischen Nationalstaaten, wie auch in anderen Handbüchern, nach diesen klassifiziert. Für die neuere Philosophie, die sich nicht auf europäische Länder beschränkt, ergibt sich die Notwendigkeit, das Spektrum der berücksichtigten Nationen zu erweitern. Die Einteilung nach Nationen ist zwar ein sachfremder Gesichtspunkt, denn Philosophie ist nicht an nationale Grenzen gebunden, aber doch insofern von Vorteil, als so am ehesten die ethnozentrischen Schranken zu überwinden sind. In den traditionellen englischen, französischen und deutschen Geschichten der Philosophie erscheinen die übrigen Länder durchweg unterrepräsentiert. Dies wurde in der vorliegenden Philosophiegeschichte bewußt vermieden, einmal weil der Schwerpunkt der Philosophie tatsächlich nicht mehr in Europa liegt, zum anderen, weil so die Philosophen in anderen Ländern endlich zu ihrem Recht kommen können, auch auf die Gefahr hin, daß ein bisher unbeachtetes Land einmal etwas (relativ) überbewertet wird. Um Wiederholungen zu vermeiden, ist das letzte Kapitel über die Philosophie des 20. Jahrhunderts in einen allgemeinen und einen besonderen Teil gegliedert. Im allgemeinen Teil kommen länderübergreifende Entwicklungen der Philosophie zur Sprache, im zweiten Teil sollen, neben der Überwindung des Ethnozentrismus, auch die spezifischen philosophischen Leistungen der einzelnen Länder besser zur Geltung kommen als bisher. Da zum Beispiel das Handbuch von Ueberweg schon für das 19. Jahrhundert ähnlich verfuhr, bedeutet die vorliegende Anordnung keine grundsätzliche Änderung, sondern nur eine Kurskorrektur oder stärkere Akzentuierung. Die Darstellungen der einzelnen Philosophen, nach Ländern geordnet, empfiehlt sich außerdem vom (globalen) Gesamtkonzept her, an dem keine umfassende künftige Philosophiegeschichte mehr vorbeikommt.

Für die freundliche Durchsicht einschlägiger Teile des Manuskriptes möchte ich auch an dieser Stelle meinen Kollegen Rüdiger Schmitt, Max Mangold und Woldemar Görler herzlich danken, ebenso meiner Sekretärin, Frau Renate Weich, für ihre Geduld bei der Herstellung des gesamten Manuskriptes.

Literaturhinweise

Totok, Wilhelm: Handbuch der Geschichte der Philosophie. 4 Bde, Frankfurt a. M. 1964–1986.

Ueberweg, Friedrich, Karl Prächter u. a.: Grundriß der Geschichte der Philosophie. 5 Bde (Nachdruck), Basel, Stuttgart 1951 ff.

Deussen, Paul: Allgemeine Geschichte der Philosophie. 7 Bde, Leipzig 1894–1917.

Burr, John R.: Handbook of World Philosophy. London 1981.

Huisman, Denis: Dictionnaire des philosophes. 2 Bde, Paris 1984.

Cornier, Ramona u. Richard H. Lineback: International Directory of Philosophy and Philosophers. Bowling Green (Ohio) 1986.

Weitere Hinweise finden sich in den Literaturverzeichnissen am Schluß der einzelnen Kapitel.

2 Indien

2.1 Rezeption

Ob griechische Philosophen vor dem Alexanderzug (327–325 v. Chr.) mit indischen Denkern in Berührung gekommen sind, läßt sich nicht mit Bestimmtheit sagen. Onesikritos, ein Schüler des kynischen Philosophen Diogenes und Offizier Alexanders, lernte nach eigenen Angaben indische Asketen kennen; desgleichen andere Philosophen, die sich im Gefolge Alexanders befanden, wie der Demokrit-Schüler Anaxarchos und sein Freund, der Skeptiker Pyrrhon. Die Hauptquelle der Indien-Kenntnis war für die Antike das in Fragmenten erhaltene Buch des Megasthenes, der sich von 302 bis 291 als Gesandter des Seleukiden-Herrschers Seleukos I. Nikator am Hof des indischen Königs Candragupta aufhielt. Megasthenes unterschied bereits zwischen Brahmanen und Sarmanen, den Angehörigen der orthodoxen Priesterkaste und den Asketen allgemein. Der Sohn des berühmten indischen Maurya-Kaisers Aśoka (272 bis 231) rühmte sich, Vertreter des Buddhismus auch in westliche Länder gesandt zu haben, nach Makedonien, Epirus, Kyrene, Ägypten und Vorderasien. Besonders erwähnenswert ist seine Toleranz in religiösen Fragen.

Römische Kaiser, für die religiöse Toleranz selbstverständlich war (Pantheon), intensivierten die Beziehungen des Westens zu Indien. Unter Augustus reiste der Asket Śramaṇācārya mit einer indischen Gesandtschaft nach Europa. Der griechische Philosoph Plotin (203–269) zeigte sich für persische und indische Weisheit aufgeschlossen. Insgesamt war die Kenntnis indischer Philosophie in der Antike beachtlich, wogegen die Inder von der westlichen Philosophie kaum etwas gewußt zu haben scheinen[1].

[1] Die folgende Darstellung schließt sich in einigen Details an die (in den Literaturhinweisen) angeführten Arbeiten von Banerjee, Deussen, Frauwallner, von Glasenapp, Goetz, Oldenberg und Zimmer an.

Im Mittelalter brach die geistige Verbindung zwischen dem Westen und Indien fast völlig ab. Christliche Theologen, für welche die Tugenden der Heiden nichts anderes als glänzende Laster waren, interessierten sich entsprechend wenig für die geistigen Errungenschaften fremder Kulturen, zumal man mit der Aneignung der griechischen Philosophie schon mehr als genug zu tun hatte. Immerhin machte sich Dante (1265–1321) Gedanken darüber, ob ein gütiger und gerechter Gott einen tugendhaften Inder, der nichts von Christus gehört und nicht die Taufe empfangen hatte, wirklich der ewigen Verdammnis preisgeben könne. Marco Polo (1254–1324), der bedeutendste Asienreisende des Mittelalters, zählte Buddha zu den Heiligen »vor unserem Herrn Jesus Christus«.

Als Vasco da Gama 1498 den Seeweg nach Ostindien entdeckt hatte, kam der Dialog zwischen Orient und Okzident wieder in Gang, aber es dauerte noch eine geraume Zeit, bis die indische Philosophie, im Zeitalter der Aufklärung, wiederentdeckt wurde. Hier waren englische und französische Gelehrte bahnbrechend. Anquetil Duperron übersetzte 1801/02 die Upaniṣads, da er kein Sanskrit konnte, aus dem Persischen ins Lateinische. Das Werk faszinierte den Philosophen Arthur Schopenhauer (1788–1860) und regte ihn zu einem intensiven Studium der indischen Philosophie an; er war eine rühmliche Ausnahme. Die derzeit herrschende theologisch beeinflußte deutsche Philosophie verrät indessen, was die indische Philosophie betrifft, eine erstaunliche Unkenntnis, oft gepaart mit Überheblichkeit, wohl ein säkularisierter Rest christlichen Überlegenheitsgefühls gegenüber den »Heiden«.

In der Tat läßt sich kaum ein größerer Gegensatz denken als der zwischen hinduistisch-buddhistischer Frömmigkeit, das heißt natürlicher Toleranz, und dem Absolutheitsanspruch einer vom Machtrausch angesteckten Theologie und Metaphysik unter dem Einfluß des erstarkenden Nationalismus und Imperialismus. In der Persönlichkeit und Lehre Mahātmā Gandhīs hat sich die hinduistische Einstellung demgegenüber nicht nur behauptet, sondern in der zweiten Hälfte unseres Jahrhunderts sogar durchgesetzt. Bezeichnend für diese Einstellung ist die Antwort eines Mönchs im Kloster Svayambhū Nāth (Katmandu) auf die verwunderte Frage eines westlichen Besuchers, wieso da Bilder von Buddha, Gandhī und Christus nebeneinander hängen könnten: »All the same, Sir.«

Das erste philosophische Werk, das direkt aus dem Sanskrit

in eine europäische Sprache übersetzt wurde, war das Gedicht Bhagavadgītā (Gītā). Charles Wilkins übersetzte es 1785 ins Englische. Wilhelm von Humboldt reagierte darauf mit einer Abhandlung und bezeichnete das Werk als das »Tiefste und Erhabenste, was die Welt aufzuweisen hat«. Warren Hastings, der Begründer der britischen Herrschaft in Indien, schrieb dazu ein Vorwort, in dem er richtig prophezeite, daß dieses Werk das britische Weltreich überleben würde. H. Th. Colebrooke stellte in seinen ›Essays on the Philosophy of the Hindus‹ die indische Philosophie erstmals umfassend dar. Gegen Ende des 18. Jahrhunderts begründeten britische Beamte die Indologie, die Wissenschaft von Indien. In Paris studierte S. de Sacy die neue Wissenschaft und führte zwei Deutsche, Friedrich von Schlegel und Franz Bopp, in sie ein. Schlegel verfaßte die Programmschrift ›Über die Sprache und Weisheit der Indier‹ (1808), Bopp eine Arbeit ›Über das Konjugationssystem der Sanskritsprache‹ (1816), die das Sanskrit in den Mittelpunkt vergleichender Sprachforschung rückte. 1818 erhielt August Wilhelm von Schlegel in Bonn die erste Sanskrit-Professur. Besondere Beachtung verdienen die Gesamtdarstellungen von Max Müller und Paul Deussen sowie in neuerer Zeit die Arbeiten von Helmuth von Glasenapp und Heinrich Zimmer neben vielen, vielen anderen.

»Erst die Forscherarbeit von mehreren Generationen europäischer und indischer Gelehrter hat der indischen Philosophie die Bedeutung gesichert, die ihr als einem der hervorragendsten Zeugnisse menschlichen spekulativen Geistes zukommt ... Die indische Philosophie kennt keine deutlich voneinander geschiedenen Perioden, und ihre Lehrmeinungen schließen sich gegenseitig nicht vollkommen aus. Sie alle gründen letzten Endes auf der uralten Weisheit der Veden und Upaniṣads, sei es, daß sie sich ausdrücklich auf diese berufen wie die orthodoxen Systeme der Brahmanen oder daß sie ihr Lehrgebäude unabhängig davon entwickeln wie die Schulen der Jainas und Buddhisten.«[2]

[2] Wilhelm Totok, Handbuch der Geschichte der Philosophie. Bd. I: Altertum. Frankfurt a. M. 1964, S. 13.

2.2 Umfeld

Die über 3000 Kilometer langen, gewaltigen Gebirgsbarrieren des Hindukusch, des Karakorum und des Himalaya im Norden, die großen Flußsysteme des Indus, des Ganges und des Brahmaputra im Westen und Osten trennen den indischen Subkontinent vom übrigen Asien. Den klimatischen und geographischen Gegebenheiten entsprechend bildeten sich im alten Indien drei große Kulturlandschaften: der Pandschab (Fünfstromland), die Gangesebene und der Dekhan (Südland). Von den mehr als hundert Stadtruinen, die man über den Pandschab verstreut entdeckte, weisen Mohenjo-Daro und Harappa ins 3. Jahrtausend v. Chr. zurück und lassen bereits einen relativ hohen Zivilisationsstand erkennen, in manchen Einzelheiten der sumerischen Kultur des Zweistromlandes vergleichbar. Der schwer zugängliche Dekhan gilt als Rückzugsgebiet einheimischer Völker; er schloß sich vom übrigen Indien, so gut es ging, ab und führte eine Sonderexistenz. Hier ist vor allem die Gangesebene von Bedeutung. Die Pässe des Nordwestens, von denen der Khaiberpaß (zwischen Kabul und Peshawar) am bekanntesten ist, bildeten hauptsächlich die Einfallstore für Eroberer und Einwanderer.

Etwa um 1500 v. Chr. drangen kriegerische Stämme, deren Herkunft nicht völlig geklärt ist und die sich Āryas (Arier) nannten, in Nordwest-Indien ein. Nicht zuletzt wegen ihrer überlegenen Kriegstechnik (Streitwagen) gelang es ihnen, nordindisches Gebiet zu besetzen. Ihre Sprache war (Alt-)Indoarisch. Die indische Geschichte ist wesentlich bestimmt durch die Auseinandersetzungen der Eroberer mit den einheimischen Völkern und Stämmen. Das Ergebnis war ein buntes ethnisches Gemisch, so uneinheitlich wie das Land Indien selbst. Die außergewöhnliche ethnische, sprachliche und kulturelle Vielfalt erkennt jeder bald, der das Land bereist.

Die Invasoren sahen sich von der Natur des Landes wie auch von der Überzahl der Urbewohner herausgefordert. Sie konnten sich nur dadurch davor bewahren, absorbiert zu werden, daß sie ein strenges Kastensystem entwickelten, das ihnen die Vorherrschaft sicherte. Dieses Gesellschaftssystem hat sich im Prinzip bis auf den heutigen Tag in Indien gehalten, auch wenn das moderne Indien große Anstrengungen unternimmt, es zu überwinden. Die ungewohnte Natur und die widerstrebende Urbevölkerung waren aber nicht die einzige Gefahr für die Eroberer, hinzu kamen unaufhörliche Fehden der Fürsten untereinander. Man versteht die Erlösungssehnsucht der indischen Religionen und der indischen Philosophie nur unvollständig, wenn man sich nicht jene »Despotie des Schreckens« vergegenwärtigt, die das Leben im alten Indien über Jahrhunderte beherrschte.

»Wenn wir die Theorien und Maximen des hinduistischen Meisters der Staatskunde prüfen, so sehen wir den Despotismus alten Stils in seiner ganzen Stärke und Schwäche, und wir beginnen etwas von den düsteren Hintergründen der politischen Bühne Indiens zu verstehen: die immer wiederkehrende Tragödie, die ständige Bedrohung des Einzelnen, der totale Mangel an Sicherheit und das Fehlen aller jener Rechte, die wir heutzutage als Grundlage unserer menschlichen Freiheit hochhalten. Die geschilderte Welt war die des einsamen diktatorischen Monarchen, die auf einem riesigen, kostspieligen militärischen Apparat und einem monströsen System von Geheimspionage und -polizei beruhte, zu welchem Schnüffler, Dirnen, Angeber, Rowdies, falsche Asketen und Giftmischer gehören, eine Despotie des Schreckens, ähnlich jener, die die griechischen Geschichtsschreiber in ihren Berichten über den Basileus, den ›König der Könige‹ der alten Perser, schildern.«[3]

Einst war Indien ein fruchtbares Bauernland. Reiche Waldbestände trennten in alter Zeit die Ansiedlungen voneinander, und selbst im Mittelalter waren in der Gangesebene noch größere Waldflächen vorhanden. Infolge eines rücksichtslosen Systems der Ausbeutung, der Verpachtung und Unterverpachtung, blieb den Bauern nichts anderes übrig, als immer mehr Wald abzuholzen, um überleben zu können. Die Folgen ließen nicht auf sich warten: Degeneration des Bodens, Versteppung und Verwüstung. Den Rest besorgten Erosion, Überschwemmungen und Dürreperioden. Weder die Hunnen (um 480) noch die mohammedanischen Eroberer (seit dem 8. Jahrhundert) trugen für diese Entwicklung die Hauptverantwortung, vielmehr waren es innere Ursachen, vor allem die unaufhörlichen Kriege der Feudalherren, die aus den Bauern das Letzte an Steuern herauspreßten. Indien war nicht nur ein waldreiches Land, es war auch ein reiches Bauernland, besaß Baumwolle und Gewürze,

[3] Heinrich Zimmer, Philosophie und Religion Indiens. Zürich 1961, S. 94f.

aber von den Schätzen des Landes, den Perlen, Diamanten und Edelhölzern, hatte das Volk nur wenig. Im Prunk und in der Streitsucht indischer Herrscher dürfte ein nicht unerheblicher Grund dafür liegen, daß die kulturelle Entwicklung stagnierte.

2.3 Entwicklung

2.3.1 Vom Mythos zum Logos

Im Westen emanzipierte sich die Philosophie von der Theologie, die Wissenschaft wiederum von der Philosophie. In Indien kam es zu einer solchen Verselbständigung nicht. Die indische Philosophie verharrte in dem Zustand, in dem sich die Philosophie bei uns im Mittelalter befand. Dennoch gab es in der indischen Philosophie so etwas wie eine Entwicklung, vielleicht besser: eine Entfaltung.

Die Chronologie bildet in der indischen Philosophiegeschichte, wie in der indischen Geschichte, ein besonderes Problem. Offensichtlich hatten die alten Inder ein anderes Verhältnis zur Zeit als wir. Zeitangaben sind selten und ungenau, Daten müssen meistens erst erschlossen werden. Eine Periodisierung der indischen Philosophie ist daher nicht einfach, sie steckt noch in den Anfängen. Allgemein unterscheidet man eine Frühzeit oder vedische Periode (1500–550 v. Chr.), die Zeit der klassischen Systeme (550 v. Chr.–1000 n. Chr.) sowie die nachklassische Zeit (ab 1000 n. Chr.). Die Einteilung ähnelt in gewisser Weise der Klassifizierung der griechischen Philosophie in Vorsokratiker, Klassiker und hellenistische Philosophie. Innerhalb der vedischen Periode lassen sich wiederum drei Abschnitte unterscheiden: die Zeit der Götterhymnen (1500–1000), der Opfermystik (1000–750) und der Upaniṣads (750–550). Die Upaniṣads sind die philosophisch bedeutendsten Quellen dieser Periode. Sie liegen den Entwürfen der vorsokratischen Philosophen etwa um zwei Jahrhunderte voraus.

Mit der Ausdehnung der Arier-Herrschaft über weite Teile

Nordindiens verfestigte sich auch das Kastensystem, das – Kaste wird bisweilen mit Rasse verwechselt, sie ist aber eine Gesellschaftsschicht – dann immer differenzierter und komplizierter wurde, bis es zu einem in der Menschheitsgeschichte einmaligen starren System der Abgrenzung, Beherrschung und Ausbeutung ausartete. Mit den wachsenden Aufgaben infolge von Eroberungen überließen die Krieger das »geistliche Amt« den Brahmanen, einem Priesterstand, der seine Macht geschickt ausnutzte, die Beziehungen zur Welt der Götter monopolisierte und dadurch sogar Krieger, Fürsten und Könige an Prestige übertraf. An erster Stelle standen folglich die Priester oder Brahmanen, an zweiter die Krieger *(kṣatriyas)*, an dritter die Handwerker und Kaufleute *(vaiśyas)*. Eine tiefe Kluft trennte diese drei Stände der Freien von der unterworfenen Bevölkerung, den *śūdras*, diese wiederum eine noch tiefere Kluft von den Ausgestoßenen, Unberührbaren, den *pāryas*.

Anfangs waren die vedischen Götterhymnen im Besitz mächtiger Geschlechter; sie waren »Familienbücher«. Erst nach und nach lösten sich von den Texten ausschließlich ritualen Inhalts solche Betrachtungen ab, die eine Bewegung gegen Magie, Zeremonienwesen und veräußerlichte Religion voraussetzten. Das religiöse Schrifttum der Hindus, der Veda, übertrifft die Bibel dem Umfang nach um das Sechsfache. Man unterscheidet beim Veda das Wissen um die Götterhymnen, den ›Ṛg Veda‹, das Wissen um die Lieder, den ›Sāma Veda‹, das Wissen um die Opfersprüche, den ›Yajur Veda‹, und das Wissen um die Zauberformeln, den ›Atharva Veda‹. Innerhalb eines jeden Veda sind wiederum zu unterscheiden die Gebetsformeln oder Mantra, die Opferformeln oder Brāhmaṇa, die »Waldtexte« oder ›Āraṇyaka‹ für die Einsiedler sowie die Geheimlehren oder Upaniṣads. Während der ›Ṛg Veda‹ noch auf die Verhältnisse vor der Eroberung des Gangestals, als die Arier sich noch im Gebiet des Indus aufhielten, zurückzuweisen scheint, fallen die Brāhmaṇa (seit 1000 v. Chr.) in die darauffolgende Periode.

Was war inzwischen geschehen? Schon die Bezeichnung deutet die zunehmende Macht der etablierten Brahmanenkaste an. Frömmigkeit und lebendige Religiosität waren zum Ritus erstarrt. Alles drehte sich um Opfer, Opferformeln und die Beherrscher der Opfertechnik. Die Priester als magische Beschwörer göttlicher Macht hatten die Götter aus ihrer Machtposition verdrängt, waren selbst eine Art Götter geworden. Nicht die Götter, sondern die Brahmanen waren die eigentlichen Herren der Welt, und ihre Rangordnung gaben sie als Weltordnung aus. Gegen die Allmacht der Priester erhob sich, vorsichtig und insgeheim, Widerspruch und Protest. Er kleidete sich in Geheimlehren, die sich zunächst in der Form von Brāhmaṇa präsentierten, diese aber an Gedankengehalt weit übertrafen, indem sie sich von der Magie abkehrten, nach innen wandten und die Welt- und Gesellschaftsordnung reflektierten: die indische Philosophie war geboren. Das Grundmotiv dieser Philosophie von ihrem Beginn bis zur letzten Ausprägung in der Vedānta-Philosophie ist die Erlösung, verstanden als Selbstbefreiung. Die Tragik der indischen Philosophie, im Gegensatz zur westlichen, ist das Scheitern dieses Emanzipationsversuchs. Der Brahmanismus im Bunde mit der Kriegerkaste, also das Feudalsystem, war zu stark. Es verhinderte nicht nur die gesellschaftliche Realisierung einer großartigen Idee, sondern vereinnahmte am Ende auch die Philosophie. Die Befreiung blieb Wunschtraum, Erlebnis des Individuums, Projektion ins Metaphysische. Die Idee der Selbstbefreiung, die damit verbundene sublime Metaphysik und der Weg zu einer besseren Lebensordnung haben jedoch nicht nur das britische Weltreich überdauert, sie werden aller Wahrscheinlichkeit nach auch das immer noch mächtige Kastensystem überdauern. Aus der Sublimität indischer Metaphysik der Selbstverwirklichung im Geiste läßt sich der unermeßliche Leidensdruck erschließen, dem ein Volk ausgesetzt war, das von der realen Selbstverwirklichung ausgeschlossen blieb. Hat man das Grundanliegen der indischen Philosophie, wie es sich in den Upaniṣads erstmals artikulierte, erfaßt, versteht man auch die immer neuen Variationen des einen Grundthemas: Befreiung, Überwindung der Kastenunterschiede, All-Einheit.

2.3.2 Denker-Persönlichkeiten

Die Darstellung der Frühphase indischen Denkens wird nicht nur durch die bereits erwähnten chronologischen Probleme erschwert, sondern auch durch das Zurücktreten der Persönlichkeiten hinter den Werken, das für die frühe Philosophie in Indien noch in viel höherem Maße gilt als beispielsweise für die frühe griechische Philosophie. Auch hier stehen mythische Gestalten wie Orpheus oder Musaios am Anfang, und erst allmählich tauchen individuelle, profilierte Denker aus dem mythischen Halbdunkel auf. Aus Göttern, Halbgöttern und Heroen der grauen Vorzeit werden so allmählich faßbare, historische Persönlichkeiten. B. M. Barua hat in seiner Geschichte der vorbuddhistischen Philosophie Indiens versucht, einiges Licht in das Dunkel des halbmythischen Zeitalters zu bringen, was ihm teilweise auch gelang, indem er die Bindung bestimmter Philosophien an bestimmte Persönlichkeiten aufzeigte, nicht aber dort, wo er zwischen der indischen und der griechischen Entwicklung Parallelen zog oder Analogien konstruierte. Ob man Mahidāsa Aitareya nun als »Vater der indischen Philosophie« identifiziert und akzeptiert, ist nicht so wichtig wie die Tatsache, daß mit der Angabe, er sei 116 Jahre alt geworden, der Übergang vom zeitlosen Typus, vom Halbgott zum Menschen mit datierbarer Lebensdauer und in die Dimension der Geschichte erfolgte. Einige der großen Gestalten der Vorzeit tragen deutlich göttliche Züge und sind daher eher als Gottheiten denn als Menschen zu verstehen: Prajāpati, der »Herr der Geschöpfe«, Vyāsa, der Ordner des Veda, eine Inkarnation Kṛṣṇas, Kapila, der legendäre Begründer des Sāṃkhya, und die Gründer anderer orthodoxer Richtungen: Pārśva (Jainas), Jaimini (Mīmāṃsā), Gotama Akṣapāda (Nyāya), Kaṇāda (Vaiśeṣika), Patañjali (Yoga). Eine zusätzliche Schwierigkeit beim Nachweis der Geschichtlichkeit bereitet die indische Lehre von der Inkarnation. Heute noch werden Einzelpersönlichkeiten als Inkarnationen von Gottheiten angesehen und tragen deren Namen. Ein anderes, diesmal mit der griechischen Tradition gemeinsames Problem, besteht in dem poetischen Charakter der Darstellung. Bei einem der ältesten und wichtigsten Quellentexte zur frühen indischen Philosophie, der Chāndogya-Upaniṣad, weist schon der Name auf den Bezug des Textes zur Poesie: Chandogas waren Sāmavedasänger. Auch Orpheus war bekanntlich ein Sänger. Der dichterische Charakter der frühen Zeugnisse indischen Denkens muß ja nicht nur ein Nachteil sein. Wer sich um die Sprache der Dichter bemüht, wird erkennen, daß sie auf vielen Gebieten, wie der Ethopoiie, den Geschichtsschreibern einiges voraus haben. Man sollte also diese Vorzüge nutzen, statt sie zu verachten, und weniger auf historische Einzelheiten bedacht sein als auf die Charaktere der auftretenden Gestalten, ihre Einstellungen, Wertungen und Tendenzen. Hier seien nur einige solche Züge paradigmatisch erwähnt.

Das Gesamtbild des Denker-Spektrums erscheint von vornherein dadurch verfälscht, daß die Nachrichten von Leben und Lehre gewisser, den Orthodoxen verhaßter Meister unterdrückt wurden, von Kritikern der bestehenden ethisch-sozialen »Ordnungen«: Purāṇa, Ajita, Pakudha, von Materialisten, Fatalisten und Skeptikern wie Pāyāsi, Gosāla oder Sañjaya.

Gleich in zwei der anerkannt frühesten Upaniṣads meldet sich Kritik am etablierten Brahmanentum zu Wort. In der Kauṣītaki Upaniṣad (4) überführt König Ajātaśatru von Benares den Brahmanen Bālāki Gārgya des Nichtwissens. Als Bālāki klein beigibt und sich bereit erklärt, vom König zu lernen, erwidert dieser nicht ohne Ironie: »Ein Krieger, ein Angehöriger der *kṣatriya*-Kaste, soll einen Brahmanen lehren?« Man fühlt sich an Platons Kritik am Priester Euthyphron in dem gleichnamigen Dialog erinnert oder an Goethes bekannte Verse in Faust I:

> *Wagner:* Ich hab es öfters rühmen hören,
> Ein Komödiant könnt einen Pfarrer lehren.
> *Faust:* Ja, wenn der Pfarrer ein Komödiant ist.

Religionskritik ist, wie das Beispiel des Xenophanes zeigt, auch in Griechenland ein Bestandteil der frühen Philosophie.

In der Chāndogya Upaniṣad (1, 8) nimmt es Pravāhaṇa Jaivali, König des Paṅmcāla-Stammes (in der Nähe von Delhi) gleich mit zwei Brahmanen, mit Śilaka und Caikitāyana, auf. Seine Kritik an den entgegengesetzten Metaphysik-Positionen erinnert an Kant, wenn er gegensätzliche Positionen der traditionellen westlichen Metaphysik ad absurdum führt. Äußerst geschickt haben die Autoren der Upaniṣads die Kritik an dem mächtigen Brahmanentum Königen in den Mund gelegt.

Ebenfalls in der Chāndogya Upaniṣad (4, 4) wird, wenigstens implizit, Kritik an der Exklusivität der Brahmanenkaste deutlich. Ein begabter junger Mann namens Satyakāma Jābāla weiß nichts Genaues über seine Herkunft, erwirbt aber dennoch, dank seiner Offenheit, die Brahmaschülerschaft.

König Pratardana (Kauṣītaki Upaniṣad 3, 1ff.) läßt sich lieber gleich vom Gott Indra über den *ātman* belehren.

Jānaśruti, ein steinreicher Kauf- oder Edelmann, so lautet die Geschichte (Chā. 4, 1f.), wollte einst Raikva, einem aussätzigen, armen Weisen seine Weisheit abkaufen, bekam aber eine Abfuhr. Als Jānaśruti sein Angebot erhöhte und Raikva noch dazu seine Tochter zur Frau anbot, willigte der Weise ein, allein vom Liebreiz des Mädchens, nicht vom Geld bewogen – eine reizende Geschichte von überzeitlichem Wert: Besitz kann weder Weisheit noch Menschlichkeit ersetzen.

Die gleiche Hochschätzung der Weisheit spricht aus der rührenden Geschichte des Naciketas, der in der Kāṭhaka Upaniṣad vom Todesgott Yama über Vergängliches und Unvergängliches belehrt wird.

In der Chāndogya Upaniṣad belehrt der »Kriegsgott« Sanatkumāra den Nārada (Chā. 7, 1–26), einen hohen Angehörigen der Brahmanenkaste, über die Unterschiede zwischen Wissen, Wissenschaft und Weisheit. Die Resignation des Brahmanen, der alle derzeitigen Wissenschaften gelernt hatte, erinnert an die Eingangsszene von Faust I. Die Darlegung Sanatkumāras endet mit einer (später zitierten) Darlegung, die man Botschaft der Freiheit nennen könnte. Sanatkumāra heißt auch Skanda, »Übersteiger« oder Weltbewältiger.

Damit treten die zentralen Denker-Persönlichkeiten der Upaniṣads in Erscheinung, zu denen nicht zuletzt Uddālaka Āruṇi und Yājñavalkya gehören. Śvetaketu, der Sohn des Uddālaka Āruṇi, kehrte, nachdem er zwölf Jahre in der Lehre eines Brahmanen verbracht hatte, 24jährig und stolz auf seine erfolgreiche Ausbildung, zu seinem Vater zurück, der ihn fragte, ob er auch darüber etwas gelernt habe, wie sich im Erkennbaren das Unerkennbare manifestiere. Śvetaketu verneinte und ließ sich darauf von seinem Vater, einem Philosophen, darüber belehren. Die Quintessenz der Belehrung erscheint dann in der weltberühmten Formel: »tat tvam asi« (Das bist du), von der noch die Rede sein wird. Unbefriedigt von den zahllosen naiven Welterklärungen, ging es Uddālaka darum, einen Zusammenhang zwischen makrokosmischem und mikrokosmischem Geschehen nachzuweisen. Er erkannte, modern und wissenschaftlich gesprochen, den anthropomorphen Charakter aller Weltinterpretationen. Keine Spur von Metaphysik und Mystizismus, sondern eine klare, an Hand empirischer Beobachtung gewonnene Einsicht! Die Darlegungen Uddālakas lassen den Pioniergeist der Upaniṣad-Denker in hellstem Licht erstrahlen. Hier leuchtet die Möglichkeit indischer Wissenschaft auf, die später im Gewirr von Aberglauben, Orthodoxie und Eskapismus unterging.

Vom gleichen wissenschaftlichen Pioniergeist und einem gewissen philosophisch-heroischen Pathos zeugen die Darlegungen Yājñavalkyas, der nach der Bṛhadāraṇyaka Upaniṣad (6, 3, 7; 6, 5, 3) bei Uddālaka gelernt haben soll. Yājñavalkya wird gern und nicht zu Unrecht mit Sokrates verglichen. Dann sollte man ihm aber auch keine idealistische Metaphysik unterstellen. Sein Gönner Janaka, der König von Videha in Ostindien, wird zu Beginn der Erörterung erwähnt. Die verschiedenen Lehren, die Yājñavalkya vertritt, lassen auf eine denkerische Entwicklung vom brahmanischen Ritualisten zum Philosophen schließen. In seiner Philosophie sammeln sich, wie in einem Brennpunkt, die Leitmotive seiner Vorgänger, um dann, verdichtet, wieder in ziemlich alle Richtungen der weiteren philosophischen Entwicklungen auszustrahlen. Das Gespräch mit seiner Gattin Maitreyī, bevor er in die Waldeinsiedelei *(vānaprastha)* geht, gehört zu den ergreifendsten Texten dieser alten Literatur.

Yājñavalkyas Ausführungen über den »inneren Lenker« und das Unvergängliche *(akṣara)* im Menschen führen in die tiefsten Tiefen meditativer Selbsterfahrung. Seine Darlegungen gipfeln in der ebenfalls weltberühmten Formel der indischen Philosophie, dem Identitätssatz: *ātman* ist *brahman*.

Soviel zur fruchtbarsten, spätvedisch-präbuddhistischen Epoche der indischen Philosophie im Hinblick auf die herausragenden Denker-Persönlichkeiten!

Aber auch die Philosophie – Inder und Griechen haben das erfahren und gewußt – hat ihre Grenzen. Wo Dialog, Dialektik und Logik nicht mehr weiterführen, verwendet der Dichterphilosoph Platon den Mythos. Er kehrt damit gleichsam zum Ursprung des Logos, des Logischen, der Sprache überhaupt zurück. Eine ähnliche geistesgeschichtliche Situation liegt im indischen Kulturbereich dort vor, wo der Dichter der Bhagavadgītā auf Probleme stieß, die sich mit philosophischen Mitteln allein nicht mehr lösen lassen. Er verband folgerichtig Auffassungen der vedischen Frühzeit mit der Weisheit der Upaniṣads und religiöser Erfahrungen späterer Jahrhunderte zu einem Ganzen, das die Möglichkeiten indischer Daseinserfassung von Uddālaka Āruṇi und Yājñavalkya bis Saṃkara umspannt und darüber hinaus noch bis in zentrale Bereiche moderner Philosophie und Wissenschaft anregend weiterwirken kann.

Thematisch reicht das Werk in die indo-arische Epoche (1500–500 v. Chr.) zurück, stellt aber außerdem die Verbindung zur Zeit der Gupta-Dynastie (320–647) her. Es ist die Rede vom Kampf der Kaurava und der Pāṇḍava, zweier Linien einer Dynastie, um die Herrschaft. Die im ›Mahābhārata‹ geschilderte Schlacht fand um 1100 v. Chr. statt, zu einer Zeit, als die Arier begannen, Indien zu erobern, und die Griechen Troja einnahmen. Vieles erinnert an die ›Ilias‹ Homers, der auch Ereignisse behandelte, die etwa 400 Jahre vor seiner Zeit (ca. 800 v. Chr.) lagen. Die Darstellung der Gītā ergänzt in unübertrefflicher Weise das Menschenbild, das die Upaniṣads vermitteln. Insofern ist sie auch ein philosophisches Werk.

Hier wie dort erreicht das heroische Fühlen und Denken der Frühzeit seinen Höhepunkt. Die Handlung des Gedichts setzt kurz vor der Schlacht ein. Arjuna, der Führer der Pāṇḍava, läßt sich von seinem Wagenlenker auf das Schlachtfeld fahren. In beiden Schlachtreihen erkennt er Verwandte, Freunde und Gefährten. Als ihm der Zweifel am Sinn des Kampfes zusetzt, hilft ihm der Gott Kṛṣṇa, der die Gestalt des Wagenlenkers angenommen hat und sich später Arjuna zu erkennen gibt. Der Dichter stellt unter anderem seelische Prozesse dar, die, modern und wissenschaftlich gesprochen, mit Konfliktforschung, Faktorenanalyse und Entscheidungstheorie zu tun haben. Arjuna befindet sich im Konflikt zwischen Pflichterfüllung und Weisheit, zwischen seiner Aufgabe als Heerführer und dem Gebot der Gewaltlosigkeit. Kriegslust, die Freude am Töten, hat er längst überwunden, das Mitgefühl mit den Leiden der Verwandten und Freunde noch nicht. Sich als Werkzeug des Schicksals zu betrachten, birgt die Gefahr der Selbsttäuschung und verführt dazu, sich der Verantwortung zu entziehen. Diese Art von Eskapismus liegt unter seiner Würde. Logisch ist das Problem nicht zu lösen. Arjuna erscheint hoffnungslos moralisch überfordert.

Bei jeder Entscheidung spielen Faktoren des Es, des Ich und des Über-Ich mit, der Welt, der Einzelseele und einer übergeordneten Macht, die man als Überwelt, Transzendenz oder Gott bezeichnen kann, einer Sphäre, zu der zwar der Dichter, nicht aber der Denker einen Zugang hat. Was diesem als solchem nicht gelingt, gelingt jenem: Philosophie und Wissenschaft zu relativieren. Indem er das Göttliche einbezieht, relativiert er die Welt des Verstandes und der Selbstbehauptung. Indem Arjuna dem Gott zuhört, ent-scheidet er (es) sich. Entscheiden heißt, Entzweiung überwinden. Indem der *ātman* Arjunas mit dem göttlichen Weltgesetz, dem *brahman* koinzidiert, löst sich das für ihn allein unlösbare Problem. Er überwindet nicht nur das Netzwerk des Saṃsāra, der Verstrickung ins Weltgeschehen, sondern auch den Trug, die *māyā* verliert ihre Macht über ihn. Arjuna wird zu dem, der er ist, immer war und sein wird: »tat tvam asi«. In diesem Zustand höchster Reinheit, in dem er nur noch *ist,* löst sich auch sein Konflikt zwischen Pflichterfüllung und Gewaltlosigkeit, Selbstbehauptung und Selbstaufgabe, zwischen Wirklichkeit und Wahrheit, Weisheit und Liebe. Die Botschaft indischer Dichtung stimmt mit der Botschaft der indischen Philosophie überein: *ātman* ist *brahman.* Dichtung und Philosophie sind letztlich »zweiheitlos«.

Längst hat man erkannt, daß der Buddhismus nicht zuletzt eine Reformbewegung gegen den erstarrten Brahmanismus war, aber mit seiner Ablehnung des Kastensystems konnte er sich in Indien nicht halten. Auch hier siegte das reaktionäre System über die religiöse Erneuerung. Aus eigener Kraft hat Indien sein obsoletes Herrschaftssystem nicht zu beseitigen vermocht. Sollte es je gelingen, dann wohl nur mit Hilfe westlicher Ideen und Impulse.

Neben dem Buddhismus gab es andere »heterodoxe«, abweichende Strömungen in der indischen Philosophie, die der Indologe Heinrich Zimmer mit guten Gründen der nicht-arischen Bevölkerung Indiens zuordnet. Auf diese Weise fällt wenigstens einiges Licht in das undurchschaubare Gestrüpp der indischen Philosophie. Der Buddhismus entstand an der indischen Grenze, auf dem Boden des heutigen Nepal, in einem Rückzugsgebiet vor den arischen Eroberern.

2.3.3 Archaische Richtungen

Der Materialismus der Cārvāka wurde im Westen eigentlich erst mit dem Aufkommen entsprechender Philosophien in Europa neu entdeckt, rehabilitiert und zur ältesten Philosophie Indiens erklärt, was zu seiner Verbindung mit der Urbevölkerung passen würde. (Auch in Griechenland gibt es zu Anfang materialistische Strömungen.) Die Materialisten, von denen keine Schriften erhalten sind, waren Gegner der Priester, versagten sich aber auch die Ausflucht in eine spiritualistische Metaphysik. In klassischer Zeit wird Bṛhaspati als Gründer des Materialismus genannt. Die materialistische Lehre von den Elementen *(bhūta-vāda)* war ziemlich primitiv.

Mahāvīra, Begründer oder Reformator des Jainismus, war ein Zeitgenosse Buddhas. Er stammte, wie dieser, aus einem Zufluchtsgebiet (Magadha, Bihār) der arischen Eroberer im Osten, wandte sich, wie dieser, von der Fürstenherrlichkeit ab und suchte ebenso Zuflucht in der Innerlichkeit. Im Gegensatz zum Materialismus der Cārvāka trägt der Jainismus ausgesprochen asketische Züge. Die Lehre der Jainas wurde allerdings erst 500 n. Chr., also fast 1000 Jahre nach ihrer Entstehung, von Umāsvāti kanonisiert. Spätere Autoren, wie Haribhadra (8. Jahrh.) und Siddharṣi (9. Jahrh.) grenzten den Standpunkt der Jainas gegenüber anderen Richtungen weiter ab. Die Jainas unterschieden sieben Grundgegebenheiten: Lebendiges, Lebloses, Einströmen, Bindung, Abwehr, Tilgung und Befreiung oder Erlösung *(mokṣa)*. Die beiden ersten Begriffe bezeichnen die elementaren Erscheinungsformen des Naturgeschehens, die fünf anderen reflektieren die aus ihrer Kombination entstehenden Zustände. Zwischen den erkennend-tätigen Einzelseelen, den *jīvas*, und Leibnizens Monaden besteht eine gewisse Ähnlichkeit, nur daß die Jainas sich ihre *jīvas* nicht geistig, sondern stofflich vorstellten. Zum unbelebten Weltgeschehen zählen Raum, Zeit, Bewegung, also elementare Kategorien der Naturphilosophie und der Physik. Die Verbindung der Seelen mit Stofflichem hat ihre Verstrickung *(ṣaṃsāra)* mit dem Weltgeschehen zur Folge. Ihren Handlungen entsprechend, strömt gutes oder böses *karma* in die Seelen, die durch das *karma* gebunden werden. Das *karma* wirkt auf achtfache Weise: es verhüllt das Wissen, behindert das Schauen, erzeugt Lust und Leid, stört den rechten Lebenswandel, bestimmt die Inkarnation als Gott, Mensch oder Tier, prägt die Eigenschaften des Lebewesens, verleiht ihm seinen Rang in der Gesellschaft und hemmt seine natürliche Energie. Das Lebewesen steigt auf, wenn es das böse *karma* abwehrt und ein tugendhaftes Leben führt. Es kann sogar das *karma* durch Askese (*tapas*, Erhitzung) tilgen. Wie man Mango-Früchte durch Erhitzung schneller reifen lassen kann, so kann man das *karma* durch Askese sich verzehren lassen. Durch viele Wiedergeburten geläutert und vom *karma* befreit, kann die Seele bereits im irdischen Leben Erlösung erlangen. Die Jainas haben schon so etwas wie eine Relativitätstheorie aufgestellt. Sie besagt, daß jede Aussage über einen Gegenstand einseitig ist. Ein Gegenstand kann von einem Standpunkt aus als existierend, von einem anderen aus als nichtexistierend angesehen werden. Je nach eigenen oder fremden Aspekten kann ein Gegenstand sowohl existieren als auch nicht existieren, aber nicht zugleich, weil sonst der Gegenstand unbeschreibbar wäre.

Die Theorie erinnert an die bekannte Lehre des griechischen Sophisten Protagoras, der behauptete, daß zu jeder These eine Gegenthese von gleicher Wahrscheinlichkeit aufgestellt werden könne.

2.3.4 Der Buddhismus

Zu den heterodoxen oder nicht-orthodoxen Philosophien im Sinne des Vedānta zählt, neben dem Materialismus der Cārvāka und dem Jainismus, der Buddhismus. Zweifellos bildete er in der indischen Geistesgeschichte die stärkste Gegenposition zum Brahmanismus, zum Kastensystem und zur Vedāntalehre; religionsgeschichtlich war er die große Alternative zum Hinduismus. Von den Hochreligionen dieser Erde ist der Buddhismus die am meisten philosophische; er hat daher einen festen Platz in der indischen Geschichte der Philosophie und weit darüber hinaus. Von Buddha (ca. 560–480 v. Chr.) selbst sind keine Schriften erhalten, auch keine Berichte von Augenzeugen über das Wirken des Erleuchteten. Die Quellen der Kenntnis seiner Lehren bilden drei *piṭaka* (Körbe), Zusammenstellungen buddhistischer Schriften aus der Folgezeit. Sie sind umfangreicher als die Bibel. Ihre Sprache ist nicht mehr Sanskrit, die brahmanische Gelehrtensprache der Upaniṣads, sondern Pāli, eine dem Sanskrit verwandte Literatursprache.

Die buddhistischen Schriften wurden relativ früh in zwei, später in drei Gruppen aufgeteilt: Vinaya (Verhaltenskodex), Dharma oder Sūtra (Lehre) und Abhidharma (höhere Weisheit). Śāstra heißt dagegen eine Abhandlung, die auf Sūtras basiert. Während der ersten Jahrhunderte nach Buddhas Tod herrschte die mündliche Überlieferung vor. Das heute vorliegende Schrifttum ist in drei Sammlungen zusammengefaßt, im Pāli Tripiṭaka der Theravādins, dem chinesischen Tripiṭaka sowie dem tibetischen Kanjur (Sūtra) und Tanjur (Śāstra). Neben den ältesten Teilen des Kanons findet sich ein »Korb der Dogmatik« (Abhidharmapiṭaka), in dem auch ein Werk enthalten ist, das als Ergebnis von mehreren Konzilien (z.B. Pāṭaliputra, 243 v.Chr.) zustande kam (›Kathāvatthu‹). Zu den kommentierenden Werken gehört das ›Milinda-pañha‹ aus dem 1. Jahrhundert v.Chr. Im 5. Jahrhundert n.Chr. verfaßte Buddhaghoṣa weitere Darstellungen und Kommentare, u.a. den ›Weg der Reinheit‹ (›Visuddhimagga‹). Aus einer späteren Zeit stammt das ›Abhidhammattha Saṅgaha‹ des Anuruddha. Aus dem Kreis der Sarvāstivādins stammt das von Kātyāyanīputra redigierte ›System des Wissens‹ (›Jñānaprasthāna‹). Im 2. Jahrhundert n. Chr. entstand dazu der große Kommentar, eine Art Summe: ›Mahāvibhāṣā‹. Die Sautrāntikas, die aus den Sarvāstivādins hervorgingen, ließen dagegen nur Buddhas Reden gelten. Ihr Wortführer war Kumāralāta (2. Jahrh. n. Chr.).

Der Buddhismus ist keine esoterisch-elitäre Geheimlehre, er will vielmehr in der Breite wirken. Bedeutsamer als noch so rührende Anekdoten über Begegnungen Buddhas mit Armen, Kranken und alten Leuten, deren Anblick seine Weltanschauung beeinflußt haben soll, sind die Unterschiede des Buddhismus zu den anderen philosophischen Hauptrichtungen der indischen Geistesgeschichte, vor allem zum Brahmanismus oder Hinduismus.

Buddha war kein Gesellschaftsreformer oder gar Revolutionär. Er griff daher das Brahmanentum nicht direkt an, fügte ihm aber indirekt so schwere Niederlagen zu, daß der Hinduismus beinahe die Vorherrschaft über Indien verloren hätte. Einmal umging Buddha die Schranken zwischen den Kasten, insofern er seine Bewegung für Angehörige aller Kasten öffnete, sodann brach er das Hauptstück aus der hinduistischen Lehre heraus, die Lehre der All-Einheit: *ātman* ist *brahman*. Buddha wurde nicht dadurch zu einer bedrohlichen Konkurrenz für die Brahmanen, daß er ihnen ein völlig neues System gegenüberstellte, er übernahm vielmehr einfach die unentbehrlichen Bestandteile des Hinduismus und überwand die spezifisch hinduistische Metaphysik, indem er sie radikalisierte. So war seine Metaphysik nicht etwas völlig Neues, aber eine geschickte Vereinfachung auf höherer Reflexionsstufe unter gleichzeitiger Wendung zur Ethik.

Der Brahmanismus sah sich in seiner Existenz bedroht und erholte sich von dieser Herausforderung nur langsam und mühsam, nicht zuletzt dadurch, daß er Buddhas Taktik nun wieder auf den Buddhismus anwandte und diesen gleichsam mit seinen eigenen Waffen schlug.

Letztlich mußte der Buddhismus, die philosophischere Religion, weichen, aber er wurde zu einer weltweiten Bewegung.

Der Hinduismus behauptete sich zwar, blieb jedoch, wie das Kastensystem, auf Indien beschränkt.

Buddha übernahm die Vorstellungen von der Verstrickung ins Dasein *(saṃsāra)*, von den Handlungen und ihren Folgen *(karma)* sowie den Weg zu ihrer Überwindung *(yoga)* und die Seelenwanderungslehre, allerdings nicht ohne sie in charakteristischer Weise abzuwandeln. Anstelle der brahmanischen All-Eins-Lehre *(ātman = brahman)* trat das *nirvāṇa*, das Nichts. Das Streben nach (Selbst-)Erlösung blieb das gleiche. Buddha hatte an sich selbst erfahren, daß radikale Askese *(tapas)* kein geeignetes Mittel zur Erleuchtung ist. So schränkte er, im Gegensatz zu den Jainas, welche die Kasteiung oft bis zum Selbstmord steigerten, die Askese zugunsten der Meditation mit Hilfe des *yoga* ein. So gelang es ihm, sowohl das Extrem des Materialismus (Cārvāka) und die primitiven Formen der Selbsterlösung als auch das Extrem des spekulativen Idealismus der Brahmanen und die illusionistischen Formen der Selbsterlösung zu vermeiden. Auch hier wird wieder Buddhas eigentliche Stärke deutlich, die in der Vermittlung, in der Synthese und der Wahl eines vernünftigen Gleichgewichts der Kräfte lag. Die weise Differenzierung in Mönchstugenden und Laientugenden innerhalb des Buddhismus weist in die gleiche Richtung. Von jeher hat der hohe Grad von Intellektualität, der Geist der Milde, der Versöhnung und des Friedens, welcher die buddhistische Religion auszeichnet und wohl schon von ihrer Stifterpersönlichkeit ausstrahlt, Philosophen und Intellektuelle fasziniert. Bertrand Russell stellte Sokrates und Buddha sogar über Christus, dessen stellenweise maßloses Urteil ihm mißfiel.

Charakteristisch für Buddha ist das Abrücken von Autorität und Orthodoxie. Buddha soll gegenüber seinen Anhängern immer wieder betont haben, daß der Wert einer Lehre nicht vom Selbstbewußtsein ihres Verkünders abhänge, sondern den Maßstab der Wahrheit in sich selbst trage. Die buddhistische Metaphysik lehnt den Gedanken an ein Sein, eine Substanz, etwas Unveränderliches, sei es Materie oder Idee, ab. Sie ist eine Metaphysik des Werdens und steht mit ihrer »positivistischen« Grundorientierung dem Selbstverständnis der modernen Naturwissenschaften näher als die meisten westlichen Konzepte der Theologie und Metaphysik.

Leidensdruck und Erlösungsbedürfnis waren schon für die Philosophie der Upaniṣads charakteristisch. Im Buddhismus wird das Leiden zum Grundthema von Religion und Philosophie. Das hat den indischen Religionen, nicht ganz zu Unrecht, den Ruf des Pessimismus eingetragen, nur sollte man dabei die gesellschaftlichen Verhältnisse nicht ignorieren, die in erster Linie für diese Entwicklung verantwortlich waren. Buddha stammte, wie sein Zeitgenosse Mahāvīra, der Begründer des Jainismus, aus der herrschenden Schicht; ein Prinz und Privilegierter, hielt er das Luxusleben am Hof nicht länger aus. In ihm siegte die Menschlichkeit über Herrschsucht und Prunksucht. Die Spannung zwischen Reichtum und Armut, Selbstherrlichkeit und Erniedrigung, Ausbeutung und Not, Lust und Leid war ihm unerträglich geworden. Buddha wählte, wie die großen Philosophen der Veda-Zeit, den Weg der inneren Selbstbefreiung, auch wenn er ins Nichts, ins *nirvāṇa* führte.

Buddhas Botschaft ist die konsequenteste Absage an das Machtstreben, die bisher auf Erden gegeben wurde. In seiner Philosophie des Leidens erscheint die existentielle Grunderfahrung verallgemeinert, sublimiert und ein wenig verfremdet, ohne dadurch aber an Überzeugungskraft zu verlieren.

Die allen Religionen und Philosophien, besonders aber den indischen, zugrundeliegende Erfahrung der Vergänglichkeit ist im Buddhismus am stärksten ausgeprägt. Nichts ist, alles wird. Ist da überhaupt noch Erkenntnis möglich? Die Buddhisten versuchten, diese Schwierigkeit durch die *dharmas*, die Daseinsfaktoren, zu meistern. Die erkennbare Welt ist das Resultat eines Zusammenspiels dieser nicht mehr weiter reduzierbaren Daseinsfaktoren. Erkenntnis wird zu einer Art elementarem Ereignis.

Sowenig die buddhistische Philosophie eine Person als Bezugssystem benötigt, sowenig braucht die buddhistische Religion einen Gott, was allerdings die Anerkennung traditioneller Götter in der Praxis nicht ausschloß. In der buddhistischen Metaphysik spielt die Negation eine große Rolle. Nichts *ist. Ist* nichts? – Natürlich nicht. Das *nirvāṇa* ist unbeschreiblich, unvorstellbar, undenkbar, ein Grenzbegriff. Für Buddha war das Schweigen fast wichtiger als die Rede. Über die letzten Dinge schwieg er sich bewußt aus und sagte damit mehr, als alle Sprache leisten kann. In der Daseinsanalyse legten die Buddhisten fünf *skandhas* zugrunde: das Körperliche *(rūpa)*, Gefühle *(vedanā)*, Erkenntnisvermögen *(saṃjñā)*, Trieb- und Willenskräfte *(saṃskāra)* und inhaltloses Bewußtsein *(vijñāna)*. Die philosophisch-intellektuelle Ausrichtung des Buddhismus zeigt sich in der Schlüsselrolle des Wissens bzw. Nichtwissens in der Erlösungskonzeption. Für den Buddhismus gilt vielleicht noch mehr als für den Hinduismus die Formel: Erlösung durch Erkenntnis.

Unwissenheit und Haften an der Welt, Daseinsdurst, hängen eng zusammen. Wer sich erlösen will, muß diesen Durst, das Haften an der Welt, überwinden. Die Buddhisten übernahmen die Karma-Lehre der älteren Philosophen und radikalisierten sie in gewisser Weise durch strikte Kausalität. Die *dharmas*, Regeln des Weltgeschehens, Daseinsfaktoren, erhalten in diesem Zusammenhang die Bedeutung von ethischen Lebensregeln, von sittlichen Prinzipien. Die buddhistische Ethik beruht auf vier existentiellen Grunderfahrungen:

1. Leben ist Leiden.
2. Leiden entsteht aus dem Lebenstrieb.
3. Die Überwindung des Lebenstriebes hebt das Leid auf.
4. Der Weg zu dieser Überwindung ist der »achtteilige Pfad«: rechtes Wissen, rechtes Wollen, rechtes Reden, rechtes Tun, rechtes Leben, rechtes Streben, rechtes Überdenken, rechtes Sich-Versenken.

Die praktischen Gebote decken sich teilweise mit denen des Dekalogs: nicht töten, nicht stehlen, nicht ehebrechen, nicht lügen, sich nicht betrinken. Hinzu kommen noch Verbote von Verleumdung, Beschimpfung, Begehrlichkeit, Gehässigkeit und Vorurteilen. Die Moral für Mönche verbot ferner: Essen außer der Zeit, Teilnahme an Tanz und Spiel, Schmuck, Kosmetik, üppige Lagerstätten, Annahme von Gold und Silber, Geschlechtsverkehr, Nehmen von etwas Nichtgegebenem, Verletzen von Lebewesen und Selbstlob.

Der ersten Drehung des Rades folgte eine zweite, dem Kleinen Fahrzeug (Hīnayāna) folgte, etwa zu Beginn unserer Zeitrechnung, das Große (Mahāyāna). Das Große Fahrzeug unterscheidet sich vom konservativen Kleinen vor allem durch die Tendenz zu einer aktiveren Ethik, durch Heiligenverehrung und eine monistische Metaphysik. Der konservative Buddhismus lebte in Ceylon (Sri Lanka), Birma, Siam, (Thailand), Kambodscha und Laos fort, der fortschrittlichere verbreitete sich in Nepal, China, Korea, Japan, Tibet und der Mongolei. Das Bild des Fahrzeugs ist für die indische Philosophie ebenso charakteristisch wie das des Wegs; die Metapher bezieht sich unverkennbar auf den Strom des Lebens. Und wenn etwas die östliche von der westlichen Philosophie grundsätzlich unterscheidet, so ist es der Weg-Charakter östlichen Denkens im Gegensatz zu den Systemen des Westens. Die westliche Philosophie arbeitet methodisch und will erkennen, die östliche arbeitet meditativ und erstrebt einen Zustand. Sie will den ganzen Menschen verwandeln. Bei uns ist letzteres eher eine Aufgabe der Religion.

Nāgārjuna, ein scharfsinniger Fortbilder der buddhistischen Lehre aus dem 2. Jahrhundert n. Chr. bemerkte die Widersprüche im Begriff des *nirvāṇa*. Sind die *dharmas* nur scheinbar real, ist dann das *nirvāṇa* real? Nāgārjuna griff auf eine Vorstellung zurück, die gelegentlich in den späten Upaniṣads und schon im Pāli-Kanon vorkommt: das ganze Weltgeschehen ist nur eine Zaubererscheinung, Illusion, Trug, *māyā.* Außerdem operierte Nāgārjuna noch mit dem Begriff der Leere oder Leerheit *(śūnyatā)*, der aber das Problem auch nicht löste.

Die weitere Entwicklung des Buddhismus in Indien ist mit den Namen Āryadeva, Asaṅga und Vasubandhu sowie mit dem der Logiker Dignāga und Dharmakīrti verbunden. Nāgārjunas Lehre von der Leere führte zum Skeptizismus. Die Mādhyamikas (*madhyama:* mittel), zu denen Nāgārjunas Nachfolger Āryadeva zählt, suchten nach einem Mittelweg zwischen Bejahung und Verneinung. Im 5. Jahrhundert spaltete sich die Lehre in eine negative und eine positive Richtung. Zur einen, den Prasaṅgika, gehörten Buddhapālita (5. Jahrh.) und Candrakīrti (6. Jahrh.), zur anderen, den Svātantrika, Bhavya (5. Jahrh.). Die Mādhyamika-Lehre behauptete sich ca. 800 Jahre in Indien und verschwand erst mit dem Buddhismus überhaupt. In China und später in Japan lebte die Lehre viele Jahrhunderte hindurch weiter.

Mit den aus Nordwestindien stammenden Brüdern Asaṅga und Vasubandhu (um 400) erreichte die philosophische Spekulation des Buddhismus in Indien ihren Höhepunkt. Asaṅga schuf den Yogācāra (Nur-Bewußtseins-Lehre) und schrieb ein Lehrbuch über den Mahāyāna. Die Lehre vom reinen Bewußtsein verschwand im 12. Jahrhundert aus Indien, lebte aber in Tibet, China und Japan fort.

Vasubandhu faßte, noch vor seinem Übertritt zum Māhāyana, die alte und für den Buddhismus wichtige Abhidharma-Lehre in seinem ›Lehrbuch von der Erhabenen Weisheit‹ zusammen. Heute liegen zwei Fassungen der Lehre vor, die der Theravādins (Buddhaghoṣa) in Pāli und die der Sarvāstivādins in Sanskrit.

Asaṅga und Vasubandhu versuchten in ihren Neufassungen

dadurch aus der Sackgasse, in die Nāgārjunas Skeptizismus geführt hatte, wieder herauszukommen, daß sie dem Wirklichkeitsverständnis wieder gewisse positive Inhalte gaben und damit Zugeständnisse an die Metaphysik machten. Gerade das wurde der buddhistischen »höheren« Weisheit zum Verhängnis. So erreichte der Buddhismus zwar mit der dritten Drehung des Rades, dem Diamantenen Fahrzeug (Vajrayāna), eine Hochblüte, aber sie bedeutete auch den Anfang vom Ende, den Verfall und erwies sich damit als gar nicht so diamanthart.

Zunächst schwand das Interesse an der Metaphysik zugunsten der Logik. Dignāga, angeblich ein Schüler Vasubandhus, wandte sich, angeregt von neuen Studien zur Logik des Nyāya, logischen Studien zu und entwickelte sich zu einem führenden Vertreter buddhistischer Logik, zum »Aristoteles der buddhistischen Welt«.

In Dharmakīrti (7. Jahrh.), einem orthodoxen Brahmanen aus Südindien, der zum Buddhismus konvertierte, fand Dignāga einen fähigen und würdigen Fortsetzer, doch auch diese Höchstleistungen auf dem Gebiet der Logik vermochten den Verfall des Buddhismus nicht mehr aufzuhalten, was Dharmakīrti wohl bemerkte.

Über die Ursachen dieses Verfalls ist viel nachgedacht worden. Äußere Ursachen waren zweifellos das Wiedererstarken des Brahmanismus, das Vordringen des Islams, religiöse Bedürfnisse, besonders der zum Theismus und Sektenwesen tendierende Zeitgeist. Hinzu kommen innere Gründe. Die *māyā*-Konzeption schloß nicht nur eine Theologie des Spieler-Gottes nicht aus, sondern legte sie in gewisser Weise sogar nahe, während Nāgārjunas Lehre von der Leere kaum eine solche Möglichkeit bot. Folgerichtig näherten sich die buddhistischen Theoretiker dem Gedanken der *māyā* an, aber ihre Bewußtseinstheorien waren zu abstrakt, zu nüchtern. Die hinduistischen Richtungen konnten die reiche Tradition der Volksreligion für ihre Zwecke nutzen, dem Buddhismus, einer Religion ohne Gott, war dieser Ausweg von vornherein verbaut oder erschwert. Es bewahrheitet sich auch hier die Erfahrung, daß man sich nicht ohne Gefahr von seinen Ursprüngen entfernt: je abstrakter, radikaler, intellektueller, desto weltfremder, unrealistischer und lebensfeindlicher. Im Endeffekt überlebte das Elementare, das Sublime erlosch. Eine so hochgeistige Religion wie der Buddhismus muß unglaubwürdig werden, wenn sie zu Magie, Mantra und Tantrismus, also zum Aberglauben, Zuflucht nimmt, um sich dadurch herrschenden Trends anzupassen. Dem Buddhismus wurde gerade das zum Verhängnis, worauf er stolz sein konnte; nicht zuletzt aber war es etwas anderes: die Überanpassung an das Inferiore. Ähnlich erging es dem späteren Taoismus in China.

2.3.5 Brahmanische Orthodoxien

In der brahmanischen oder hinduistischen Philosophie unterscheidet man gewöhnlich sechs Richtungen. Die zentrale Lehre ist und bleibt der Vedānta im weiteren Sinn, der sich an die vedische Philosophie (Upaniṣads) anschließt.

Neben den eigentlich philosophischen Schriften enthalten auch Dichtungen Gedankengut des Vedānta, z. B. das Epos ›Mahābhārata‹ (400 v.–400 n. Chr.), besonders die darin enthaltene ›Bhagavadgītā‹, ferner die Purāṇa (Lehrgedichte, vorwiegend aus nachchristlicher Zeit), die Āgama, Saṃhitā und Tantra (Überlieferungen, Sammlungen, Texte verschiedensten Alters) sowie das Gesetzbuch des Manu, ein um die Zeitwende entstandenes Kompendium hinduistischer Lebensregeln.

Beim Vedānta läßt sich ein älterer (400 v.–500 n. Chr.) und ein jüngerer (ab 500 n. Chr.) Teil unterscheiden. In den ersten Jahrhunderten n. Chr. verfaßte ein gewisser Bādarāyaṇa 550 Brahma-Sūtras. Die große Synthese aber gelang erst dem südindischen Brahmanen Śaṃkara (788–820 n. Chr.). Über 1000 Jahre also dauerte die wechselvolle geistige Auseinandersetzung des Hinduismus mit dem Buddhismus. Diesem verdankt der Brahmanismus nicht zuletzt seine Reaktivierung und schließlich seinen Sieg in Indien. Auch Zufälle wie Bekehrungen von Herrschern spielten dabei eine Rolle. Insgesamt lernten die Brahmanen von ihren Konkurrenten in Theorie und Praxis. Sie verfeinerten ihre Philosophie, gingen Synthesen ein, paßten sich religiösen Trends (Theismus) an, gebärdeten sich weniger elitär, esoterisch und exklusiv, ohne allerdings ihre Trümpfe aus der Hand zu geben: die Lehre von der All-Einheit nebst anderen fundamentalen Einsichten der Upaniṣads, die Harmonie von Welt- und Gesellschaftsordnung (Kastensystem) sowie das uralte Bündnis von Priestertum und Kriegertum, von Magie und Macht.

Die sogenannten orthodoxen Systeme des Brahmanismus oder der hinduistischen Philosophie bringen gegenüber den Upaniṣads einerseits und den nicht-orthodoxen Systemen, vor allem dem Buddhismus, andererseits nicht viel Neues. Es handelt sich meistens um Kombinationen von Lehren, um Mischformen, Varianten und Synthesen der einen oder anderen Richtung, um mehr oder weniger gelungene Versuche, heterogene Standpunkte zu harmonisieren, Kompromisse zu schließen und Widersprüche aufzulösen.

Sowenig sich das klassische Zeitalter der indischen Philosophie genau vom nachklassischen abgrenzen läßt, so schwierig erscheint schon die rein zeitliche Abgrenzung der Orthodoxien einmal untereinander, sodann gegenüber dem Strom der Sektierer, Synthetiker und Eklektiker. Insgesamt ist ein Nachlassen des kreativen Prozesses zugunsten gelehrter Tätigkeit festzustellen, es sei denn, daß man auch sie als eine Art Kreativität ansieht. Jedenfalls ist das Klassifizieren und Ordnen eine andere Form von Kreativität als die spontane Produktion von Ideen. Diese nimmt tatsächlich ab und versiegt weitgehend. Typisch für das gelehrte Zeitalter sind die Kommentare *(bhāṣya)*, obwohl auch sie schöpferische Entwicklungen nicht ausschließen. Man denke an die Synthese Thomas von Aquins und seine Aristoteles-Kommentare!

Die sechs *darśana* (Anschauungen) der Brahmanen sind: der Vedānta, die Mīmāṃsā, das Sāṃkhya, der Yoga, der Nyāya und das Vaiśeṣika. Hinzu kommen die Philosophien der Sekten, der Viṣṇu(iten) und Śiva(iten).

Der Vedānta lehrt das all-eine *brahman*, eine pan(en)theistische Metaphysik. Der Nichtwissende sieht aber die Einheit nicht, sondern bleibt in der Vielheit befangen. In Wirklichkeit entfaltet sich alles, Materie, Körper und Seele, aus dem *brahman*. Erkenntnis der Einheit im *brahman* bedeutet Erlösung. Erlösung heißt Eingehen ins *brahman*.

Śaṃkara hatte am Ufer der Narmadā, die in den Golf von Cambay mündet, von Govinda, einem Jünger des berühmten Vedāntin Gauḍapāda, die Mönchsweihe empfangen. Eine fast tausendjährige Kommentatoren-Tradition führt von hier zur Govinda-bhāṣya des Baladeva Vidyābhūṣaṇa zu Beginn des 18. Jahrhunderts.

Die Mīmāṃsā war zunächst nichts anderes als eine Ritualwissenschaft, die als solche wenig mit Philosophie zu tun hat. Sie neigt zum Pluralismus (Einzelseelen), dient aber vor allem mit ihrer Methodik zur Festigung der Autorität des Veda bzw. der Brahmanen. Das Mīmāṃsā-Sūtra, ein Textbuch, bestehend aus 2500 Aphorismen, soll von einem gewissen Jaimini verfaßt worden sein. Die Datierung des Werkes schwankt zwischen 300 v. Chr. und 200 n. Chr. Die atheistisch-antiidealistische Orientierung der Lehre hat westliche Interpreten oft irritiert. Der älteste erhaltene Kommentar des Śabara (ca. 400 n. Chr.) beruht auf einem (verlorengegangenen) Kommentar des Upavarṣa. Prabhākara (7. Jahrh.) und Kumārila (8. Jahrh.) setzten das Werk Śabaras fort.

Das dualistische Sāṃkhya (Zahl, Aufzählung) setzt eine Urmaterie *(prakṛti)* und viele Einzelseelen *(puruṣa)* voraus. Die Menschen sind als erkennende Wesenheiten von der Materie getrennt. In der Materie wirken drei Grundkräfte *(guṇa):* das Helle und Leichte *(sattva),* das Bewegte und Erregte *(rajas),* das Dunkle und Schwere *(tamas).* Die Urmaterie entfaltet aus sich 24 Elementen bzw. Vermögen, welche von der anorganischen Natur bis zur Vernunft alles umfassen. Diesen 24 Weltprinzipien oder »Dasheiten« *(tattva),* steht als 25. der Geist gegenüber. Er handelt nicht, leidet nicht, bewegt sich nicht, sondern schaut nur zu, ist reines Licht des Bewußtseins, unzerstörbares Subjekt, Individualität. Das Sāṃkhya blühte von 500 bis 1000 n. Chr. Der Atheismus verbindet das Sāṃkhya einerseits mit der Mīmāṃsā, andererseits mit dem Buddhismus.

Kapila, der legendäre Gründer des Sāṃkhya (erste Jahrhunderte n. Chr.) sowie seine Anhänger Āsuri und Paṅmcaśikha sollen Panentheisten gewesen sein. Die ins Chinesische übersetzte Sāṃkhya-Kārikā des Īśvarakṛṣṇa enthält die älteste Fassung der Lehre (4. Jahrh.). Als spätere Kommentatoren erscheinen Māṭhara (zwischen 600 u. 900) und Guṇaratna (ca. 1400).

Yoga bedeutet soviel wie Anspannung, Anstrengung, Konzentration. Tapas – Erhitzung, Askese, Kasteiung – und Yoga gehören als Werkzeuge, Körper und Seele gefügig zu machen, zusammen. Tapas als die elementare Form kommt schon in den ältesten Zeugnissen des ›Ṛgveda‹ vor, Yoga frühestens im ›Veda‹. Den Brāhmaṇas zufolge versetzt die Lesung heiliger Texte und das Murmeln heiliger Silben, wie der mystischen Silbe Om, den Andächtigen in eine Art Ekstase. Im Yoga scheinen sich arische und nichtarische Elemente verbunden zu haben, vielleicht ein Grund für seine weltweite Ausbreitung. Yoga ist vor allem eine praxisbezogene Methode, weniger eine Lehre. In den Upaniṣads zeigen sich bereits Ansätze zur Systematisierung der Yoga-

Praktiken. Patañjali (2. Jahrh. v. Chr.) soll den klassischen Yoga in 194 Merksprüchen, den Yoga-Sūtras zusammengefaßt haben. Vyāsa (nicht mit dem Verfasser der Brahma-Sūtra identisch) schrieb ein *bhāṣya* zum Yoga-Sūtra (6. Jahrh.). Vācaspati Miśra verfaßte Erläuterungen dazu und Bhoja um 1000 n. Chr. wieder einen Kommentar.

In der Theorie schließt sich der Yoga weitgehend an das Sāṃkhya an, faßt aber Vernunft, Verstand und Geist zusammen und verwendet eine Art Atombegriff. In der Zeitauffassung (Moment) folgt der Yoga buddhistischen Lehren. Schließlich ist der Yoga nicht atheistisch, er setzt eine göttliche Geistmonade, eine Īśvara voraus, deren Symbol der Om-Laut ist. Der Yogin muß lernen, die Grundübel *(kleśa)*, die seinen Geist stören, zu überwinden: Nichtwissen, Ich-Wahn, Liebe, Haß und Lebenstrieb. Dies kann der Yogin auf dem achtteiligen Pfad der Selbstdisziplinierung erreichen.

Der Nyāya und das Vaiśeṣika sind von allen *darśanas* gegenüber der brahmanisch-vedischen Orthodoxie am unabhängigsten. Beim Nyāya liegt der Schwerpunkt im Logischen, beim Vaiśeṣika im Naturphilosophischen. Beide Systeme fallen in die Zeit nach Christus und verschmolzen später miteinander. Als Gründer der Systeme werden Gotama (2. Jahrh. n. Chr.) und Kaṇada genannt. Gotamas Stärke lag in der logischen Analyse. Man hat deshalb an griechischen Einfluß (Aristoteles) gedacht, der aber nicht nachweisbar ist. Soweit man bisher sehen konnte, unterscheidet sich die indische Logik von der westlichen vor allem dadurch, daß sie keine Variablen kennt und eine intensionalistische, inhaltsbezogene Tendenz zeigt, nicht, wie die westliche, eine extensionalistische, ausdehnungsbezogene. Während die indische Logik in den Theorien der Implikation und Negation beachtlich vorankam, scheint sie das Antinomienproblem nicht zu kennen, ebensowenig Werttafeln.

Das Vaiśeṣika-Sūtra besteht in der heutigen Form aus zehn zweigeteilten Kapiteln. Jeder Teil enthält wiederum zwischen sieben und 37 Lehrsätze in knapper Diktion. Die Tugend *(dharma)* wird als das definiert, wodurch das Glück zu erreichen ist. Erkenntnis der Wahrheit führt zur Erlösung vom Leid. Von einem persönlichen, von der Welt getrennten Gott ist noch nicht die Rede, wohl aber von der Existenz der Seele. Jede der unendlich vielen Einzelseelen hat potentiell 14 Eigenschaften: Zahl, Dimension, Unabhängigkeit, Verbindung, Trennung, Erkenntnis, Lust, Schmerz, Verlangen, Widerwille, Anstrengung,

Verdienst, Schuld und Disposition. Diese Eigenschaften werden aber erst durch das Denken *(manas)* aktualisiert. Einige Unterscheidungen erinnern tatsächlich an Aristoteles.

2.3.6 Sekten, Synthesen, Synkretismus

Die nachklassische indische Philosophie- und Kulturgeschichte umfaßt ungefähr einen Zeitraum von tausend Jahren und läßt sich in vier annähernd gleiche Abschnitte zu je 250 Jahren einteilen: verstärkte Sektenbildungen (1000–1250), Vordringen des Islams (1250–1500), Herrschaft der Großmogulen (1500–1750), westliche Einflüsse (seit 1750).

Bis etwa 1000 n. Chr. beherrschten Brahmanismus, Buddhismus und Jainismus das geistige Leben Indiens. Danach schied der Buddhismus bekanntlich aus, der Jainismus führte seine Sonderexistenz weiter, während der Brahmanismus bzw. Hinduismus das Feld behauptete. Alle drei Religionen waren sich in dem Streben nach Erlösung einig. Auf philosophischem Gebiet waren um das Jahr 1000 die Grundpositionen, Grundbegriffe und Grundprobleme so weit ausgestaltet, daß an eine originäre schöpferische Weiterentwicklung nicht mehr zu denken war. Soweit das geistige Leben nicht von fremden Mächten beherrscht wurde, beschränkte man sich, ähnlich wie im Westen zur Zeit des Hellenismus und frühen Christentums, auf vereinfachende Auswahlen vorhandener philosophischer Lehren, die als Glaubensinhalte von Gemeinschaften akzeptiert und gepflegt wurden: so entstanden religiöse Sekten mit philosophischer Grundorientierung. Wie im Westen aus der Patristik die Scholastik herauswuchs, entfaltete sich in Indien in ähnlicher Weise eine Art Scholastik. Während aber der Westen mit dem Beginn der Neuzeit auf die Herausforderungen einer neuentdeckten Umwelt mit wissenschaftlicher Weltbewältigung, das heißt mit Erfindungen, Wissenschaft und Technik antwortete, verharrte das indische Geistesleben in vorwissenschaftlichem Denken und begnügte sich mit Synthesen im Stil Thomas von Aquins. Während man im Westen daranging, mit neuartigen Schiffen und Navigationshilfen den Atlantik zu überqueren, verfiel Indien, auch geographisch, so weit der Isolation, daß die Überquerung von Weltmeeren als frevelhaftes Tun gebrandmarkt wurde. Das geistige Leben erstarrte entsprechend in Scholastizismus, vorwissenschaftlichem Denken und Sektierertum. Die Tradition wurde zum Tabu, die Texte versperrten den Zugang zu den Tatsachen, anstelle von Analyse und Erfahrung entstanden zahlreiche Kombinationen und Synthesen von Lehren, Kommentare zu den Lehren und noch zahlreichere Kommentare zu den Kommentaren. Daneben blühten, wie in der Spätantike, Eklektizismus und Synkretismus. Verglichen mit den westlichen Emanzipations-Bewegungen der Neuzeit, läßt sich sogar von einem Rückfall ins Religiöse, von einer geistesgeschichtlichen Regression sprechen. Schon der Advaita (zweiheitlos-monistische) Vedānta des Śaṃkara war eine Synthese mit religiös-poetischem Einschlag, wenn auch auf brahmanischer bzw. hinduistischer Grundlage. Śaṃkaras Verehrung der Weltenmutter Māyā deutet den Punkt bereits an, an dem abstrakte philosophische Theorie wieder ins Konkrete, Religiöse, Vorwissenschaftliche und Poetische umschlägt:

> Die Du trägst die vielfältige Welt des Sichtbaren und des Unsichtbaren;
> Die Du das All in Deinem Schoße hältst!
> Die Du den Faden abschneidest des Spiels, das wir auf Erden spielen!
> Die Du die Lampe der Weisheit entzündest; die Du Freude bereitest dem
> Herzen Deines Herrn Śiva!
> O Du, Herrscherin und Königin des Heiligen Benares! Göttliche Spenderin
> der Nahrung, Unerschöpfliche!
> Sei mir gnädig und gewähre mir Deine Gaben![4]

Erreicht die brahmanische *brahman-ātman*-Lehre im Begriff der göttlichen Māyā ihre philosophische Grenze: »Alles ist Trug«, so erreicht der Buddhismus in der Konzeption des *nirvāṇa* ebenso seine Grenze: »Alles ist Nichts.« Wenn aber alles Trug bzw. Nichts ist, besteht kein Grund mehr, das *saṃsāra* als Inbegriff von Schein und Nichtigkeit zu negieren. Tatsächlich impliziert die Rückkehr ins Religiöse, das Umschlagen philosophischer Abstraktion in konkrete Weltanschauung und Lebensphilosophie, eine Aufwertung des *saṃsāra*, allerdings auf

[4] Strophe aus dem ›Hymnus an Annapūrṇā‹ (Zimmer), 412.

höherer Ebene. Wie der Philosoph, der in Platons Höhlengleichnis die Idee des Guten geschaut hat, den in der Höhle Verbliebenen seine Erkenntnis vermittelt, geht der Viṣṇu- oder Śiva-Gläubige, der yogin oder bodhisattva nicht mehr ins *nirvāṇa* bzw. den erlösten Zustand ein, sondern kehrt als Helfer und Retter seiner Mitmenschen ins gewöhnliche Dasein zurück. Philosophie wird zur Lebens- oder Existenzphilosophie, zur Lebenshilfe und erhält damit einen religiösen Unterton. Eine ähnliche Entwicklung fand in der antiken Philosophie des Westens nach Aristoteles und in der neuzeitlichen nach Kant (Hegel) statt. So betrachtet, erhält auch die nachklassische Philosophie der Inder ihren guten Sinn.

Gewiß hat es schon vor 1000 n. Chr. Sektierertum gegeben, wenn auch der Ursprung des Sektenwesens bisher nicht erhellt werden konnte. Für die Bildung einer Sekte ist die Festlegung auf den Vorrang einer Gottheit charakteristisch, der als wahrer Īśvara anzusehen ist, ferner die Aufstellung eines Kanons verbindlicher Lehren, einer Art Dogmatik, die in ausgewählten und richtungweisenden Schriften, den Saṃhitās, Āgamas und Tantras, ihren Niederschlag fand, sowie eine gewisse Exklusivität gegenüber anderen Systemen, Sekten und Lehren.

Sektarische Leitgottheiten waren der Kriegsgott Skanda, auch Kumāra genannt, der elefantenköpfige Gaṇeśa, der Bewältiger von Hindernissen und Patron der Grammatiker, der Sonnengott Sūrya, der wohlwollende Weltschöpfergott Viṣṇu und sein Helfer Brahman. Der Gott Śiva trägt dagegen eher furchterregende, bedrohliche Züge. Seine Gefährtin Śakti oder Durgā, die starke, aber unheimliche Muttergöttin aus dem Himālaya, weist janushafte, ambivalente Züge auf. Viṣṇus Gefährtin ist Lakṣmī, die Göttin der Schönheit und des Wohlstands. In der indischen Geistesgeschichte erlangten die Anhänger Viṣṇus und Śivas, die Vaiṣṇavas bzw. Viṣṇuiten und die Śaivas bzw. Śivaiten besondere Bedeutung, nicht zuletzt wohl deshalb, weil ihre Leitgötter den inzwischen naturphilosophisch fundierten Leitkategorien des Entstehens und Vergehens entsprachen.

Die bedeutendste Persönlichkeit aus dem Kreis der Viṣṇuiten war der Brahmane Rāmānuja (geb. 1017). Er modifizierte die Advaita-Lehre Śaṃkaras im Sinn eines eingeschränkten Non-Dualismus *(viśiṣṭā dvaitavāda)*. Die Tendenz zum Ausgleich, zur Synthese ist deutlich. Da Rāmānuja, wie Śaṃkara, auch dichtete, verschmolz er Hymnen der Ālvārs aus seiner tamilischen Heimat mit philosophischen Lehren der Upaniṣads, des

Vedānta, der Epen und der Purāṇa. Als Gelehrter kommentierte er Brahma-Sūtras und die Gītā. Rāmānuja, der seinerseits an ältere Traditionen anknüpfte, fand Anhänger und Fortsetzer in Veṅkaṭanātha (geb. 1268) und Śrinivāsa (17. Jahrh.). Gegenüber Śaṃkara betonte Rāmānuja die Eigenständigkeit der Einzelwesen und der (geistlosen, dumpfen) Materie *(jaḍa: prakṛti,* Zeit) gegenüber Gott. Die Außenwelt in ihrer Mannigfaltigkeit erscheint nicht mehr nur als Illusion, sondern als Realität, als Inbegriff von Attributen *(prakāra)* Gottes, vergleichbar der Attributenlehre Spinozas. In den Ruhephasen des periodischen Weltgeschehens, also vor den Weltentstehungen, sind die Wesen und Gegenstände potentiell in Gott enthalten, der im Zustand der Aktualisierung wiederum im Herzen aller Wesen enthalten ist. Das Weltgeschehen läßt sich als einer Reihe von Transformationen göttlicher Ingredienzen verstehen. Läßt man die Gottesvorstellung beiseite und betrachtet, mit Einstein, Materie und Energie als äquivalent, kommt die indische Vision der modernen Interpretation des Weltgeschehens als einer Reihe von Energietransformationen ziemlich nahe, wobei die Materie als eine Art Energiezustand erscheint. Rāmānujas Hypostasenlehre, nach der sich Gott in der Welt durch kosmische Hypostasen *(vyūha)* und tierische sowie menschliche Inkarnationen *(avatāra)* offenbart, erinnert an entsprechende Lehren der spätantik-westlichen Philosophie, speziell an Plotin. Nicht westlich ist dagegen die Verbindung des Gottes mit der Göttin Lakṣmī. Neu gegenüber Śaṃkara ist bei Rāmānuja die Aufwertung der Werke sowie die Bindung des Heilsweges an den Bhakti-Yoga, die liebende Erkenntnis des Göttlichen.

Die Rāmānujas, die Gemeinschaft derer, die an Rāmānujas Lehre glaubten, spaltete sich in eine nördliche und eine südliche Richtung. Den Vaḍagalai zufolge erlöst Gott die Menschen auf dem Affenweg, durch Mitwirkung des Menschen (wie sich das Äffchen um den Hals der Mutter klammert, wenn Gefahr droht), den Teṅgalai zufolge auf dem Katzenweg, nur durch »Gnade« bzw. ohne Mitwirkung des Menschen (wie die Katze ihre Jungen im Maul davonträgt). Vergleicht man diese anschaulichen, auf Erfahrung und Beobachtung beruhenden Theologien mit den spitzfindigen, umständlichen und teilweise abwegigen Spekulationen westlicher Theologen zum gleichen Thema, erscheint einem der Absolutheitsanspruch mancher westlicher Theologen einmal mehr fragwürdig. Auf dem Götterweg, im Gegensatz zum Väterweg, gelangen die Seelen indessen zur geistigen Existenz, zu höchster Wonne in der Teilnahme am All-Geist ohne Rückkehr in den *saṃsāra*.

Eine bedeutende Denkerpersönlichkeit aus dem Kreis der Jainas war Hemacandra (1088–1172), nicht nur als Logiker berühmt, sondern auch als Staatsmann unter König Kumārapāla von Gujarāt. Hemacandra unterzog in 32 Stanzen vor allem Lehrmeinungen anderer Denkrichtungen, wie die der Hindus, Buddhisten und Cārvākas, einer Kritik, aber auch in den letzten zehn Stanzen die Philosophie der Jainas selbst. Hemacandra entwickelte seine Lehre von der Verschiedenheit der Standpunkte *(naya)* im Rahmen einer Logik der hypothetischen Aussagen oder »conditional predication« und wurde für die Metaphysik der Jainas von der »Vielseitigkeit der Realität« *(anekāntavāda)* richtungweisend.

Ebenfalls im 12. Jahrhundert organisierte der Brahmane Basava als Minister eines kanaresischen Königs die Sekte der Vīraśaivas oder Liṅgāyats, die Phallussteine als um den Hals gebundene Symbole trugen. Die ursprünglich sozialreformerische, gegen das Kastenwesen gerichtete Tendenz dieser Gemeinde führte indessen zur Ausbildung neuer Kasten.

Weiter als Rāmānuja entfernte sich der Begründer des (dualistischen) Dvaita-Vedānta, Madhva (1199–1278), von Śaṃkara. Er lebte und wirkte in Udipi, im kanaresischen Sprachbereich an der indischen Südwestküste. Er soll 37 Schriften verfaßt haben. Madhva trennte noch schärfer als Rāmānuja zwischen Gott, Seelen und Welt, wobei er die Beziehungen dieser Größen aufzuzeigen und mit der vedischen Tradition zu verbinden suchte. In seiner Lehre vom »fünffachen Unterschied« trennte er 1. Gott und die Seelen, 2. Gott und die Materie, 3. die Seelen und die Materie, 4. die Seelen und 5. die leblosen Dinge untereinander. Madhvas Lehre, nach der Gott vorherbestimmte, welche Seelen erlöst werden können, erinnert an westliche Prädestinationslehren. Interessant ist vielleicht, daß in der indischen Konzeption auch die Götter der Läuterung bedürfen und erst nach und nach zum (ewigen) Heil gelangen.

Nimbārka aus dem Telugu-Gebiet (Ostindien), über dessen Lebenszeit nichts Genaueres bekannt ist, kommentierte die Brahma-Sūtras und stellte seine Lehre in einem Gedicht dar, die Śrīnivāsa (14. Jahrh.) und Keśava Kaśmīrin (16. Jahrh.) erläuterten. Nimbārkas Bhedābheda-, Dvaitādvaita- bzw. Zweiheits-Nichtzweiheitslehre läßt sowohl die Grundtendenz des Zeitalters zur Synthese als auch die damit verbundenen Probleme erkennen. Gott, den er mit Kṛṣṇa identifiziert, soll sich nach Nimbārka wie das Meer zu seinen Wellen oder die Sonne zu ihren Strahlen verhalten. Die Schwierigkeit der Theorie besteht in der genauen Bestimmung der Beziehung der Seele zu Gott, die in einer Art Entfremdung verschieden von Gott, in ihrer wahren Natur mit Gott eins sein soll. Offensichtlich versuchte Nimbārka, Unvereinbares durch eine geschickte Dialektik zu vereinigen. In der Auffassung, daß der wahrhaft Weise durch seine Taten nicht affiziert wird, stimmte Nimbārka mit älteren Lehren der Upaniṣads überein.

Gegen Ende des 14. Jahrhunderts (ca. 1380) verlieh Mādhava dem Zug der Zeit zur Synthese dadurch Ausdruck, daß er eine ›Zusammenfassung aller Systeme‹ (Sarvā-darśana-saṃgraha) bewerkstelligte, wobei er zu der geweihten Zahl 16 (4×4) gelangte, indem er auch Richtungen einbezog, die eigentlich zur Philosophie gehören: Cārvāka, Buddhisten, Jainas, Rāmānuja, Madhva, Pāśupata (Śivaiten), Śivaiten allgemein, Wiedererkennungslehre (pratyabhijñā), Quecksilber-System (Alchimie) Nyāya, Vaiśeṣika, Mīmāṃsā des Jaimini, grammatisches System des Pāṇini, Sāṃkhya des Kapila, Yoga des Patañjali, Vedānta des Śaṃkara.

Um 1400 charakterisierte der Jaina-Philosoph Guṇaratna die philosophischen Richtungen nach äußeren Merkmalen wie Opfern, Riten und Symbolen. Der religiöse Synkretismus war, Guṇaratna zufolge, damals so weit gediehen, daß Atheisten *(nirīśvara)* ohne Bedenken Nārāyaṇa (Viṣṇu) verehren konnten. Die Zugehörigkeit zu zwei verschiedenen Bekenntnissen war in Indien wohl schon damals keine Seltenheit.

Vallabha (1479–1531) lebte und wirkte in der Gegend von Mathurā (westlich von Agra), stiftete eine Sekte zwecks Verehrung des Gottes Kṛṣṇa, schrieb Kommentare zu den Brahma-Sūtras und stellte seine Lehre von der »reinen Zweiheitlosigkeit« (Śuddhādvaita-mata) in mehreren kleinen Werken dar. »Rein« bedeutet hier soviel wie frei von *māyā.* Der konservative Zug des Brahmanen-Sohnes zeigt sich auch in der Wiederanknüpfung an ältere, differenziertere Vorstellungen der Upaniṣads. Das Weltgeschehen erscheint als Spiel Gottes, dessen drei Attribute Sein *(sat),* Denken *(cit)* und Wonne *(ānanda)* sich stufenweise in der Natur und den Seelen manifestieren. Gott wirkt durch seine Kräfte *(śakti)* und offenbart sich als der Weltenherrscher Kṛṣṇa, als das Weltprinzip *akṣara,* aus dem Materie und Seelen entstehen sowie als »innerer Lenker« *(antaryā-*

min). In der Aufwertung des Emotionalen erweist sich Vallabha als »Moderner«, indem er die Erlösung durch Liebe über die Erlösung durch Erkenntnis stellt. In diese Richtung weist auch der hohe Stellenwert des »Gnadenwegs« *(puṣṭi-mārga)* in seinem System, ferner der Verzicht auf Abwendung von der Welt, an dessen Stelle der Dienst Kṛṣṇas tritt.

Die Tendenz zum Metarationalen wird bei Kṛṣṇa Caitanya Deva (1485–1533), einem Zeitgenossen Vallabhas, noch deutlicher. Er gründete in Bengalen eine viṣṇuitische Reformbewegung, wählte Kṛṣṇa zum Schirmherrn der Sekte und hinterließ nichts Geschriebenes. Caitanya, ein Brahmane, hatte zunächst in Nuddea (Navadvīpa) Logik studiert, war dann aber Asket und schließlich, erleuchtet und von Kṛṣṇa auserwählt, Initiator einer »kriṣṇaitischen Erweckungsbewegung« geworden. Mit Nimbārka stimmt Caitanya in der Grundposition: Unterschied-Nichtunterschied (Bhedābhedavāda) überein, modifiziert die Lehre aber durch den ausdrücklichen Hinweis auf ihre Undenkbarkeit *(acintya).* Die gleichzeitige Identität und Nichtidentität von Gott, den Seelen und der Welt ist unvorstellbar, nicht mehr rational erfaßbar und logisch definierbar. Damit verlieren doch alle Einzelaussagen über Gott ihre Verbindlichkeit, werden unmittelbar. An ihre Stelle tritt das ekstatische Gott-Erleben der Erleuchteten, die am Kräftespiel Gottes, der selbst höchste Wonne ist, teilnehmen. Das Ziel ist nicht mehr Erkenntnis, sondern ein Zustand, die Ekstase, der »Trip«.

Aus dem Kreis der Śaivas oder Śivaiten wurden bereits Basava, die Pāśupatas und die Wiedererkennungslehre aus Kaschmir erwähnt. Typisch für die Anhänger Śivas war die Anlehnung an das Nyāya-Vaiśeṣika sowie das Streben nach einem höchsten Zustand, der nicht in der Erlösung vom Leiden, in der Ruhe, besteht, sondern in einem dem Gott Śiva ähnlichen herrlichen Dasein. Die Pāśupatas erhielten ihren Namen von einem Beinamen Śivas, dem Herren *(pati)* der Tiere *(paśu).* Später verstand man unter den Tieren Einzelseelen, die von Śiva mit dem Strick *(pāśa)* des *karma* an das Dasein gefesselt oder von ihm durch Gnade befreit werden. Die sog. Wiedererkennungslehre blühte in Kaschmir von 900 n. Chr. bis zur Bekehrung des Landes zum Islam. Ihr Begründer soll ein von buddhistischen Lehren unbefriedigter Wahrheitssucher namens Vasugupta gewesen sein, den Śiva durch einen Traum veranlaßte, auf dem Mahādeva-Berg des Himālaya nach einem Stein zu suchen, in den heilige Texte, die Śiva-Sūtras, eingemeißelt seien. Offensichtlich verband Vasugupta Elemente buddhistischer Erkenntnistheorie mit dem śivaitischen Dualismus einer neuartigen Alleinheitslehre.

Ähnliche Reformbestrebungen Gaṅgeśas hatten zu einer Erneuerung des Nyāya-Vaiśeṣika geführt. Der synthetische Charakter der kaschmirischen Wiedererkennungslehre kommt in der Kennzeichnung als »Idealrealismus« zum Ausdruck. Nach dieser Theorie besteht die Welt aus objektivierten Gedanken Gottes. Das Weltgeschehen besteht aus Bewußtseinsprozessen des göttlichen Geistes. Den Bewußtseinszuständen Śivas wie des Menschen: Erwachen, Wachen, Einschlafen, Schlafen entsprechen die kosmischen Zustände: Entstehen, Bestehen, Vergehen, Ruhen. Śiva erscheint als Künstler-Gott. Die Wiedererkennungslehre erklärt die Mannigfaltigkeit der Erscheinungswelt mit Hilfe von 36 *tattvas,* Dasheiten oder Daseinsfaktoren. Ziel des Heilsgeschehens ist, daß der Mensch aus der Mannigfaltigkeit des Weltgeschehens wieder herausfindet und seine Wesenseinheit mit Gott wiedererkennt. Dieses Wiederbewußtwerden seines Ursprungs ist aber nur durch einen Akt göttlicher Gnade *(anugraha)* möglich.

Im 13. Jahrhundert verfaßte Śūdra Meykaṇḍa in der Tamil-Sprache sein Werk ›Śiva-jñāna-bodha‹ (Erwachen zur Erkenntnis Śivas) und schuf damit den Śiva-siddhānta, »die endgültige Fassung des Śivaismus«. Von besonderem Interesse ist die Lehre von den drei Grundübeln und den fünf Panzern oder »Zwangsjacken«. Die Grundübel sind Individuation *(āṇava),* Bindung durch böse Taten *(karma)* und Selbsttäuschung *(māyā),* die im Erleben eines körperhaften Ich in Beziehung zur Erscheinungswelt besteht. Die fünf Panzer bestehen in der Begrenzung des Geistes durch Zeit, Raum und Kausalität, der liebenden Zuwendung *(rāga),* der Erkenntnis und der Wirksamkeit. Die Vereinigung mit Gott geschieht allerdings, im Gegensatz zu anderen erwähnten Erlösungsformen, unter Beibehaltung der Individualität des Erlösten.

Die Alchimie fand in Indien wie in China, den arabischen Ländern und Europa ihre Adepten. In seiner ›Zusammenfassung aller Systeme‹ erwähnt Mādhava, wie gesagt, eine solche śivaitische Quecksilber-Schule, in der Goldmacherkunst und Rezepte für Lebenselixiere florierten. Um 1500 gründete Nanak (1469–1538) die Sekte der Sikhs, die sich im Pandschab ausbreitete. Mit der Ablehnung des Kastenwesens verbinden die Sikhs eine Tendenz zur Synthese von Hinduismus und Islam. Da die

Sikhs im Laufe ihrer Geschichte häufig in politische und militärische Auseinandersetzungen mit Großmogulen verwickelt wurden, nahm die Sekte der »Singhs« (Löwen) kämpferische Züge an. In jüngster Zeit (1984) rächten sich die Sikhs für die Erstürmung ihres Heiligtums in Amritsar mit der Ermordung Indira Gandhis.

Der letzte bedeutende Vertreter des Vedānta im Geist Śaṃkaras war Appayadīkṣita (ca. 1600). Er sammelte Interpretationen der Schlüsselbegriffe *brahman* und *māyā*. Um 1700 verfaßte Baladeva einen Kommentar zur Philosophie der Sekten, vor allem Caitanyas.

1765 erhielt die britische Ostindische Handelskompanie die Verwaltungshoheit über Bengalen. An deren Stelle trat 1857 die britische Krone. Seither entstanden englischsprachige Universitäten in Indien. 1876 nahm Königin Victoria den Titel »Kaiserin von Indien« an. 1835 wurde Englisch zur führenden Sprache im höheren Unterricht. Iśvarānanda Vidyāsāgara (1820–1891), ein bedeutender Gelehrter und Sozialreformer, kämpfte zugleich gegen die beschränkte indische Orthodoxie und die britische Herrschaft. Er lehnte es ab, anstelle des Vedānta und Sāṃkhya Bischof Berkeleys Philosophie als obligatorisch einzuführen. Es begann eine Phase interessanter geistiger Auseinandersetzungen, Begegnungen und Wechselwirkungen.

Im 20. Jahrhundert suchten Rabindranath Tagore (1861 bis 1941), Mahatmā K. Gandhi (1869–1948), Aurobindo Ghose (1872–1950) und Sarvepalli Radhakrishnan (1888–1975) nach einem Ausgleich zwischen indischen und westlichen Traditionen.

Am 15. August 1947 erlangte Indien seine politische Selbständigkeit. Die vom indischen Kultusministerium empfohlene ›History of Philosophy, Eastern and Western‹ (London 1952) kann als Zeichen dafür verstanden werden, daß diesmal der Osten die Initiative ergriff und der Westen davon lernen sollte.

Der Themenkatalog der modernen indischen Philosophie läßt Tendenzen zur Synthese von altindisch-traditionellem mit neuzeitlich-westlichem Denken erkennen, zu einer integrativ-globalen Betrachtungsweise mit Schwerpunkten in der Sprachanalyse, Erkenntnistheorie, Axiologie sowie einer Neigung zum Humanismus. So behandelt N. V. Banerjee die Grundlagen des Advaita Vedānta, D. Krishna untersucht das Verhältnis von Erscheinung und Wirklichkeit, S. K. Mitra die Begriffe Wahrheit und Irrtum; R. Prasad befaßt sich mit funktionaler Sprachanalyse, N. K. Devaraj erforscht Natur und Geltung von Werturteilen, Y. Masik erörtert theologische Sätze *(statements)* mit empirischen Mitteln, K. Bhattacharya die Methoden metaphysischer Wahrheitsfindung, S. Chakravarti interessiert sich für einen wissenschaftlichen Humanismus, V. S. Krishna widmet seine Aufmerksamkeit den Aufgaben der Philosophie in der modernen Welt und K. C. Varadachari sucht nach einer integrativen Lebensform.

2.4 Schlüsselbegriffe

2.4.1 Allgemeines

Mit monokausalen Erklärungsmodellen, auch mit Begriffen wie Entwicklung oder System, kommt man einem so subtilen Gebilde wie der indischen Philosophie letztlich nicht bei. Als ein in sich relativ geschlossener Themenkomplex bietet sich indessen der indische Weg von der Daseinserfahrung zur Daseinsbewältigung an, der sich etwa in den Begriffen *saṃsāra, karma, tapas, yoga, ātman, brahman, om, mokṣa, māyā, nirvāṇa* abzeichnet. Dabei sind nicht alle Begriffe philosophisch gleich bedeutsam; *saṃsāra, tapas* und das Mantra *om* berühren sich mit dem religiösen Erfahrungsbereich, können aber für die philosophische Interpretation der übrigen Begriffe einige Aufschlüsse geben.

2.4.2 Saṃsāra

König Mucukunda, so erzählt ein indischer Mythos, war ein Held der Vorzeit, der auf der Seite der Götter gegen die Mächte der Finsternis kämpfte und siegte. Er durfte sich dafür von den Göttern etwas wünschen, und er wünschte sich dauernden

Schlaf. Wer ihn aber aufweckte, den sollte der erste Blick seiner Augen verbrennen. So geschah es. Der Gott Kṛṣṇa führte einen wilden Barbaren, der das Land erobern wollte, mit Hilfe einer List in die Höhle des Schlafenden, den der Eroberer mit einem Fußtritt aufweckte, worauf er, vom ersten Blick des Erwachenden getroffen, zu Asche verbrannte. Mucukunda erkannte darauf den Gott, dem er seine unerwünschte Wiedererweckung verdankte, und sprach zu ihm:

»Seit Ewigkeiten irre ich im Ringe dieses *saṃsāra* umher, und Glut aller Leiden überwältigt mich, und nirgendwo fand ich Aufhörens Ruh. Leiden hielt ich für Freuden, Luftspiegelung überm Wüstensande dünkte mich erquickendes Gewässer, ich griff nach den Freuden, und sie brachten mir Qual. Königsgewalt und Besitz der Erde, Macht und Reichtum, Freunde und Söhne, Gattin und Gefolgsleute und alle Sinnendinge – alles ergriff ich, weil es mich Freude dünkte, aber es wandelte sich, sein Wesen ward quälende Glut. Ich erlangte, in die Schar der Götter aufzusteigen, und die Schar der Götter wollte mich zu ihrem Gesellen – wo war da ewigen Aufhörens Ruh? – Von deiner *māyā,* Herr, betört, geraten die Wesen in Geburt, Alter, Tod und alle Leiden, dazwischen schauen sie den Gott der Toten und finden in den Höllen unerbittliches Leiden, allgestaltiges – es kommt von dir. Von deiner *māyā* verblendet bin ich der Welt ganz verfallen, am Grunde der bodenlosen Fallgrube des Ichtums irre ich umher – so fliehe ich zu dir, dem Uferlosen, Anbetungswürdigen, mich verlangt, von alledem frei zu sein.«[5]

Die Erzählung läßt, besser als viele gelehrte Ausführungen erklären könnten, erkennen, welche Daseinserfahrung der indischen Philosophie, die, wie im griechischen Denken, als Logos den Mythos nach und nach ablöste, zugrunde liegt: die unentrinnbare Verstrickung in das Netz des Weltgeschehens, die Einbindung in die Kette der Ereignisse und Wiedergeburten, für die der Mensch durch sein Denken, Empfinden und Vorstellen, sein Wünschen und Tun selbst verantwortlich ist.

Saṃsāra ist »der zum Ausgangspunkt zurückkehrende *(sam)* Lauf *(sar)*«, der »Strudel«, die »Rückkehr«, das »Brahmanrad«[6]. *Saṃsāra* erscheint hier mit dem Begriff *māyā* verbunden, von

[5] Heinrich Zimmer, Maya. Der indische Mythos. Zürich 1952 (Ges. Werke II), S. 74.

[6] Paul Deussen, Sechzig Upanishad's des Veda. Leipzig, 3. Aufl. 1938, S. 916.

dem noch die Rede sein wird. Mucukunda, nicht der Vertreter einer unterdrückten Klasse, vielmehr ein siegreicher König, der im Überfluß von Reichtum und Macht lebt, empfindet das Leben als Leiden, das nirgends und nie aufhört. Sicher von vielen um Besitz und Erfolg beneidet und schon bei Lebzeiten wie ein Gott verehrt, spricht dieser Mann von einer Kette der Wiedergeburten, in die er sich hineingezwungen sieht, von Illusionen genarrt, vom Wahn verblendet, der *māyā* erlegen. Hier ist, ähnlich wie bei manchen Vertretern der Existenzphilosophie, von der Verfallenheit an die Welt die Rede, ferner von einer bodenlosen »Fallgrube des Ichtums«, dem Glauben an das Ich, das Ego, an Individualität und Selbst, von Selbstherrlichkeit und Größe. Aus der Not seiner Seele bittet der König den Gott um Hilfe, um Erlösung und Befreiung. Schon hier wird ein Grundzug des indischen »Pessimismus« sichtbar, nämlich die Deutung der Erlösung als Befreiung. Damit nähert sich die indische Konzeption von Erlösung fundamentalen Aussagen des Christentums: »Die Wahrheit wird euch frei machen.« (Joh. 8, 32) Johannes hätte dafür auch sagen können: Die Wahrheit wird euch von der *māyā* erlösen.

Wie im Mucukunda-Mythos kehrt der Gedanke der Befreiung auch in den Upaniṣads im Zusammenhang mit *saṃsāra* wieder. Wichtig für den Wahrheit, Weisheit und Freiheit Suchenden ist dabei das allmähliche Fortschreiten mit Hilfe des yoga. Die *yoga*-Upaniṣads variieren das Thema der Selbstbefreiung, vergleichen den *yoga*-Kundigen mit einem Vogel, der, vom Strick befreit, den *saṃsāra* unter sich läßt (636)[7], die in den Kreislauf des *saṃsāra* Gebannten dagegen mit Schöpfeimern am Wasserrad und verheißen dem, der die Last seiner Vergehen durch tausend Wiedergeburten nicht abwerfen konnte, durch *yoga* die Überwindung des *saṃsāra* (668). Die Kaivalya-Upaniṣad spricht vom *saṃsāra*-Meer, das der Wissende bezwingt (742), und die Nārāyaṇa-Upaniṣad vom *yogin*, der mit Hilfe der heiligen Silbe *om* den *saṃsāra* los wird (749, vgl. 750).

[7] Die Ziffern in Klammern bezeichnen die Seitenzahlen bei Deussen (vgl. Anmerkung 6).

2.4.3 Karma

Untrennbar mit der Lehre vom *saṃsāra* ist die Lehre vom *karma* verbunden. *Karman,* ein Substantiv, das eine Handlung ausdrückt, ein Nomen actionis, geht auf die Wurzel *kṛ* = machen, tun, zurück. Es ergänzt sich gedanklich mit *saṃsāra,* insofern das Handeln auf den Menschen zurückkommt, also weiterwirkt. Wie bei den meisten großen Erkenntnissen der Menschheitsgeschichte stehen Trivialauffassung und echtes Begreifen auch hier dicht nebeneinander. Trivial sind die mechanistisch-kausalen Erklärungsversuche, wobei nichts anderes herauskommt als das Gesetz von Ursache und Wirkung, Aktion und Reaktion. Auch der Satz von der Erhaltung der Energie führt nicht viel weiter. Ebenso trivial ist die kapitalistische Variante im Sinn von Schulden und Guthaben. Diese »Moral« endet in dem Satz: »Du mußt für alles zahlen.« Aber das ist nicht die Moral des *karma,* denn schon bei der Frage: »Läßt sich alles bezahlen?« zeigt sich die Fragwürdigkeit dieses Prinzips. Die Wiederentdeckung des *karma*-Gedankens von Lessing bis Radhakrishnan zeigt mindestens, daß diese Lehre vom Westen noch lange nicht meditativ ausgeschöpft ist.

Karma selbst erschafft nichts, sondern gleicht nur aus, stellt die verletzte Harmonie des Ganzen wieder her. Auch zwischen Handlungen und Gedanken besteht eine Wechselwirkung. Es gilt also nicht nur: Du wirst, was du tust, sondern auch: Du wirst, was du denkst. Bezeichnend für die *karma-saṃsāra*-Lehre ist die Verknüpfung mit der Unwissenheit *(avidyā).* Unwissenheit erzeugt Begehren, dieses Wollen, dieses wiederum Vorstellungen und Gedanken, und diese erzeugen schließlich die Tat. Eine andere Art von Wechselwirkung besteht zwischen dem *karma* des Einzelnen, dem einer größeren Einheit und schließlich dem des Ganzen. Die guten Taten des Einzelnen vergrößern das *karma* eines Volkes, wie auch der Einzelne unter den bösen Taten seiner Nation oder der ganzen Menschheit zu leiden hat. So wird das Leben insgesamt zu dem, was es tut. Die Weisheit des *karma*-Denkens steht zwischen philosophischem Wissen und religiöser Erleuchtung. Wie die Speichen eines Rades – übrigens ein beliebtes Bild für jene Zusammenhänge – laufen die Weltprozesse von innen nach außen, aber auch von außen nach innen, schwingen hin und her, strahlen aus und sammeln sich wieder gegen das Zentrum. Auf Evolution folgt Involution und umgekehrt. An eine Gerichtetheit des Geschehens ist dabei nicht zu denken. Es gilt das Prinzip der Umkehrbarkeit und damit auch das der Ambivalenz der Ereignisse. Vereinzelung ist Illusion, die es zu überwinden gilt. Wie Harmonie oder Disharmonie das Ganze beherrschen, befindet sich dieses im Gleichgewicht oder Ungleichgewicht. *Karma* ist die Tendenz zur Wiederherstellung des Gleichgewichts, des Ruhezustandes.

Karma ist nicht neu, sondern ewig. Es ist weder gut noch böse und umfaßt doch beides. Das *karma ist. Karma* bedeutet auch nicht Unfreiheit für den Menschen. Freiheit und *karma* sind komplementäre Erscheinungsweisen einer Realität. In den *karma*-Raum ist gleichsam Freiheitsspielraum einprogrammiert. Nichts hindert den Menschen daran, sich selbst zu befreien, es sei denn sein Unwille, frei zu werden, seine undurchschauten Zwänge. So sind die Individualität, die Unwissenheit der Individuen und der Individualismus die Ursachen von Kriegen. Krieg führt nie zum Frieden, sondern stets zu neuem Krieg. Der einzige Krieg, der zum Frieden führt, ist der Krieg des Menschen gegen sich selbst, sein Sieg das Loswerden der Illusion vom Ich und seinen Zwängen. Es gibt Menschen, die Kriege heraufbeschwören. Wer sich selbst bezwungen hat, kann dagegen zum Segen für andere und für die Menschheit werden. Sein von Liebe erfülltes Herz wird zur Quelle der Genesung anderer Menschen. Meditierend erschließt er seine Kräfte und schenkt seinen Mitmenschen, allen lebenden Wesen und der ganzen Welt davon. *Karma* ist verborgene Wiedergeburt, und Wiedergeburt ist verhülltes *karma.* Im Lauf der Selbstverwirklichung werden aus Gedanken Taten, Gewohnheiten, Charaktere und schließlich Schicksale. Die wiedergeborene Seele ist das Produkt früheren Lebens, ein Paket von Eigenschaften, wiederkehrende Ganzheit, Entelechie. Der Tod ist nur das Ende des Ich. Die vom Ich gereinigte Seele geht ins *nirvāṇa* ein, den ichlosen Endzustand. In diesem Dasein wird das Leben zum Weg, den das zur Ichlosigkeit heranreifende Selbst pilgernd durchschreitet. Das Selbst kehrt aus seiner Ichverfallenheit zu sich (selbst) zurück: Werde, der du bist! Auf dem Weg des *jñāna-yoga* dominiert *buddhi*, die intuitive Erkenntnis, Wissen als Weisheit, auf dem Weg des *bhakti-yoga* die hingebende Liebe und auf dem Weg des *karma-yoga* die Pflicht. Von den Werken führt ein Weg zum Wissen, vom Wissen zur Freiheit.

2.4.4 Tapas

Der Weg der Selbstbefreiung kann einmal gewaltsame Lösung vom Ich bedeuten, sodann auch sanftere Überwindung aufgrund von Einsicht. Der erste Weg ist der des *tapas,* letzterer der des *yoga,* der Erkenntnis und Meditation. Oft erscheint in den Texten die Askese als Vorbereitung für die Befreiung durch Erkenntnis. Schon die Chāndogya-Upaniṣad unterscheidet drei Möglichkeiten der Selbsterziehung: Opfer, Askese und *brahmacarya* (97), Brahman-Schülerschaft, Erkenntnis des *brahman.* Sie ersetzt alle anderen Formen und ist die höchste, das Opfer die primitivste Form. Sie interessiert hier nicht. Die Taittirīya-Upaniṣad behandelt ein sehr wichtiges, in unserem antiasketischen Zeitalter fast völlig vergessenes Problem: den Zusammenhang zwischen Kreativität und Askese. Für die Fortpflanzung wie für die Weltschöpfung gilt die Kasteiung als vorbereitende Bedingung: »Nachdem er Kasteiung ... geübt, schuf er die ganze Welt«, heißt es im Hinblick auf den weltschöpfenden *brahman* (231).

Jede weiterführende Erkenntnis im Hinblick auf das Wesen des brahman erfordert Askese. In solchen scheinbar unbegründeten Behauptungen verrät sich ein hohes Maß von Einsicht in die menschliche Bewußtseinsbildung. Jeder noch so kleine Fortschritt auf diesem Weg, jeder Grad höheren Bewußtseins setzt ungewöhnliche Anstrengungen zur Überwindung aller möglichen Trägheiten voraus (236f.). Unter den Kasteiungen gibt es höhere und niederere, innere und äußere Formen. Zu den höheren zählt die Entsagung (*nyāsa* 255), zu den niedereren das Fasten. »Durch die Askese haben Götter anfangs Gottsein erlangt, durch sie den Himmel Weise, durch Askese laßt uns Feinde und Unholde abwehren, in der Askese beruht das All. Darum erklären sie die Askese *(tapas)* für das Höchste.« (256)

Askese ist also nicht nur für die Erschaffung des Alls wichtig, sondern auch für seine Erhaltung, ebenso für die Selbsterhaltung.

»Und die Strahlen, mit welchen die Sonne glüht, durch die regnet Parjanya [Gott des Regens], durch Parjanya aber wachsen die Kräuter und Bäume, aus den Kräutern und Bäumen entsteht die Nahrung, durch die Nahrung der Lebenshauch, durch die Lebenshauche die Kraft, durch die Kraft das *tapas,* durch das *tapas* der Glaube, durch den Glauben die Einsicht, durch die Einsicht die Weisheit, durch die Weisheit der Verstand, durch den Verstand die Ruhe, durch die Ruhe das Denken, durch das Denken macht man sich bewußt das Gedächtnis, durch das Gedächtnis die Erinnerung, durch die Erinnerung die Erkenntnis, durch die Erkenntnis den *ātman*. Darum, wenn man Nahrung spendet, so spendet man alle diese; aus der Nahrung entstehen die Lebenshauche der Wesen, durch die Lebenshauche das *manas*, durch das manas die Erkenntnis, durch die Erkenntnis die Wonne, das brahman als Urquell.« (258)

Für den am methodischen Denken des Westens Geschulten ist dies ein ziemlich wüstes Durcheinander von heterogenen Vorstellungen und Begriffen, ein Gemisch von Materialismus und Spiritualismus, Biologie, Psychologie und Erkenntnistheorie. In Wirklichkeit handelt es sich um eine im indischen Denken oft anzutreffende sinnreiche meditative Kette, die den Zusammenhang mit allem und die Verwurzelung von allem in einem, dem brahman, aufzeigt. Die Thematik von ātman und brahman zeichnet sich hier schon ab, ebenso der Zusammenhang von *tapas, brahman* und *om:*

> Das Wort, das alle Veden uns verkünden,
> Das sich in jeglicher Kasteiung ausdrückt,
> Um das in Brahman-Schülerschaft sie leben,
> Dies Wort vernimm in einem Inbegriffe:
>   Om! So lautet es.
> Ja, diese Silbe ist brahman,
> Diese Silbe das Höchste ist;
> Wer dieser Silbe ist kundig,
> Was er wünschen mag, fällt ihm zu. (274)

Der Aufstieg zum *ātman*, der ohne *tapas* nicht möglich ist, vollzieht sich im einzelnen über die Stufen: Güte *(sattva)* und Vernunft *(manas)*. Wissend und handelnd in Theorie und Praxis gelangt der Ātmankundige zum *brahman*, dessen Größe er in der Silbe *om* erfaßt. So »wird durch Wissen, durch Askese und durch Meditation das brahman erkannt« (326). Zwischen *tapas* und *yoga* besteht eine Art »Urverwandtschaft«.

2.4.5 Yoga

Yoga ist im ganzen wohl eine höhere Methode der Annäherung an das Absolute. *Yoga* verhält sich zu *Sāṃkhya*, mit dem er oft zusammen vorkommt, wie die Praxis zur Theorie. Beiden geht es um Abwendung von der Erscheinungswelt, Versenkung ins Innere und Vorbereitung für die Erfassung des Höchsten. *Yoga* (von der Wurzel *yuj*) heißt soviel wie anschirren, anjochen[8]. Dabei wird das jeweils untere seelische Vermögen vom nächsthöheren angejocht. *Yama, niyama* sind Termini technici für die allgemeine und besondere Propädeutik. Dem *yogin* geht es um Reinigung von Leiblichkeit, Sinnlichkeit, aber auch von Vorstellungen und Gedanken, bis er einen Zustand erreicht, der ihn sowohl frei von der Außenwelt als auch vom Innenleben macht. Dann kann, mehr im Sinn der Upaniṣad-Philosophie oder des Vedānta, die Vereinigung des *ātman* mit dem *brahman* folgen oder, mehr in Affinität zum Buddhismus, das Erlöschen im *nirvāṇa*, schließlich auch, bei entsprechend theistischer Ausrichtung, die Vereinigung mit Gott. Höchstes Ziel ist die Beseitigung aller Hindernisse, die dem Endzustand größtmöglicher Freiheit im Weg stehen.

Man unterscheidet acht oder sechs Glieder des *yoga*, je nachdem, ob man die schon genannten einleitenden, nicht zum klassischen Kanon gehörenden Stufen mitzählt oder nicht: richtige Körperhaltung *(āsana)*, Atembeherrschung *(prāṇāyama)*, Zurückziehen der Sinne *(pratyāhāra)*, Fixierung der inneren Sinne auf das Eine *(dhāraṇā)*, Meditation *(dhyāna)*, Versunkenheit *(samādhi)*. Dabei durchläuft der Lernende die Stadien des Textstudiums *(śravaṇa)*, des Nachdenkens *(manana)*, der visionären Schau *(nididhyāsana)* und der Erleuchtung *(samādhi)*. Die Behinderungen, die der *yogin* zu überwinden hat, sind: Unwissenheit, Ichbewußtsein *(asmitā)*, Zu- und Abneigung *(rāga; dveṣa)*, Lebenswille *(abhiniveśa)*. Sie entstehen durch das Zusammenspiel der drei Grundkräfte *(guṇas)* der Materie *(prakṛti)*: Trägheit *(tamas)*, Bewegung *(rajas)* und Ausgeglichenheit *(sattva)*. *Yoga* im weiteren Sinn hebt durch Askese, Erlernen der heiligen Lehre und Unterwerfung des eigenen Willens unter das kosmi-

[8] Vgl. Helmuth von Glasenapp, Entwicklungsstufen des indischen Denkens. In: Schriften der Königsberger Gelehrten Gesellschaft, Geisteswiss. Kl. 15/16. Halle 1940, S. 391.

sche Gesetz jene Behinderungen des *yoga*-Treibenden samt ihren Ursachen auf.

Wie die Flamme, gebrannt habend,
Beim Auslöschen zunichte wird,
So der yogin, verbrannt habend,
Alle Werke, zunichte wird.

Wer als yogin mit dem Messer,
Durch Hauchzwang spitz, durch Moren scharf,
Gewetzt am Stein der Entsagung,
Den Strick durchschneidet, bleibt befreit.

Unsterblichkeit erlangt einer,
Der sich frei von Begierden macht,
Wer, von Wünschen sich lossagend,
Den Strick durchschneidet, bleibt befreit. (636)

Die Upaniṣad ist nach dem Messer *(kṣura)* genannt. Es soll die Schärfe des *manas* zum Ausdruck bringen, des Denkvermögens, das alle Teile des Körpers meditierend erfaßt und nach und nach abschneidet, bis alle Bindungen zum *saṃsāra* zerschnitten sind und der Geist frei wird. Mit dem Hauchzwang ist wohl die Atemregulierung gemeint, mit den Moren (Zeitmaß für Silbenlängen) die Elemente, die als Buchstaben, Laute oder Begriffe allen möglichen Denkinhalten zugeordnet sind und die Realität konstituieren, entstehen oder verschwinden lassen. Man spricht von einem »messerscharfen« Verstand. Das im Herzen eingeschlossene *manas*-Messer ist natürlich im übertragenen Sinn zu verstehen, sonst entstehen unauflösliche Schwierigkeiten. »Entsagung« erinnert wieder an *tapas* und zeigt erneut die Verbundenheit dieser Form der Selbsterziehung mit der des *yoga*. Beide Methoden verfolgen ein Ziel, wenn auch auf verschiedenen Ebenen und auf verschiedene Weise. Das gemeinsame Ziel ist Loslösung, Reinigung des Menschen vom Wirrwarr der Erscheinungswelt, Abwendung vom Reich der *māyā*, Hinwendung zur Wahrheit, Selbstkontrolle und Vergeistigung, innere Befreiung von den Zwängen dieser und früherer Existenz, Erreichung einer neuen Dimension der Existenz bzw. Nichtexistenz, eines seligen Endzustandes, die Vereinigung mit dem Absoluten.

2.4.6 Ātman, Brahman

In der indischen Philosophie stehen *ātman* oder *brahman* für das Absolute, soweit man das überhaupt sagen kann. Die älteren Upaniṣads lassen die Entwicklung bereits in Ansätzen erkennen: »Im Anfang war diese Welt allein *ātman;* es war nichts anderes da, die Augen aufzuschlagen.« (15) Wie der unsterbliche *nous* bei Aristoteles »zur Tür hinein« in den sonst mit Leib und Seele sterblichen Menschen gelangt, fährt der *ātman* nach indischer Vorstellung durch die Schädelnaht in den Menschen ein, wohnt in ihm an drei Stellen: in den Sinnen, im Verstand und im Herzen. Dem entsprechen die drei Zustände Wachen, Träumen und Tiefschlaf. Alle geistigen Kräfte gründen im Bewußtsein. *Ātman* und *brahman* werden noch nicht klar unterschieden. Beide fungieren als höchste schöpferische Prinzipien. Alles, was existiert, »ist vom Bewußtsein gelenkt, im Bewußtsein gegründet; vom Bewußtsein gelenkt ist die Welt, das Bewußtsein ist ihr Grund, das Bewußtsein ist *brahman.«* (20) Schon hier kommt ein Aspekt des obersten geistigen Prinzips zum Vorschein, der bei Aristoteles keine Rolle spielt, wohl aber bei Platon, in der modernen Biologie und generell in der Kybernetik, wenn dort auch von »Geist« kaum noch die Rede ist. Dieser Aspekt ist der der Lenkung, der Steuerung. *Ātman* oder *brahman* als innerer Lenker (440 ff.) ist ein immer wiederkehrendes Motiv indischen Denkens, das der heutigen Naturwissenschaft gar nicht so fernsteht. Bewußtsein *(prajñā)* und Leben *(prāṇa)* sind aufeinander bezogen und oft schwer zu unterscheiden (45). Eine ähnliche Wechselbeziehung besteht zwischen den einzelnen psychischen Vermögen und den zugehörigen Sinnesorganen mit den ihnen zugeordneten Objekten. Erst im Zusammenwirken der nach innen und nach außen gerichteten Kräfte kommt Erkenntnis zustande. Ohne dieses Zusammenspiel gibt es keine Erscheinung *(rūpa).* Die Mannigfaltigkeit ist dabei nur scheinbar:

»Noch auch ist dieses eine Vielheit: sondern gleich wie der Kranz des Rades an den Speichen befestigt ist, und die Speichen an der Nabe befestigt sind, also sind auch jene Wesenselemente an den Bewußtseinselementen befestigt und die Bewußtseinselemente an dem *prāṇa,* denn dieser *prāṇa* ist eben das Bewußtsein-Selbst *(prajñātman),* ist Wonne, ist nicht alternd, ist unsterblich! Er wird nicht höher durch gute Werke und wird nicht geringer durch böse Werke, sondern er ist es, der das gute Werk den tun macht, welchen er aus diesen Welten emporführen will, und er ist es, der das böse Werk den tun macht, welchen er abwärts führen will. Er ist der Hüter der Welt, er ist der Gebieter der Welt, er ist der Weltenherr, und dieser ist meine Seele *(ātman),* das soll man wissen – dieser ist meine Seele, das soll man wissen!« (50)

Neben der theoretischen Seite kommt also auch die praktische zu ihrem Recht. Bestechend, tiefsinnig, wenn auch nicht ganz ungefährlich ist der Gedanke, daß weder gute noch schlechte Werke ausschlaggebend für das Schicksal des Menschen sind. Ob es mit einem aufwärts oder abwärts geht, entscheiden nicht die Werke, die empirischen Tatsachen, sondern das Prinzip dahinter, die metaempirische Steuerungsinstanz, der *ātman.* Nicht unwichtig ist auch der Gedanke, mit dem diese Upaniṣad schließt: Wer dieses weiß, wird aller Übel Herr, erlangt Herrschaft über sich und alle Wesen (58).

In der Chāndogya-Upaniṣad liegt die erste klassische Formulierung der *ātman*-Lehre vor. Von Opfer, Vedastudium, Almosengeben und Askese heben sich Brahman-Schülerschaft *(brahmacarya)* und Brahman-Wissen *(brahmavidyā)* ab. Wer im *brahman* fest steht, gelangt zur Unsterblichkeit (97).

»Dieses Weltall ist *brahman*: Geist ist sein Stoff, Leben sein Leib, Licht seine Gestalt; sein Ratschluß ist Wahrheit, sein Selbst die Unendlichkeit ... Dieser ist meine Seele *(ātman)* im innern Herzen, kleiner als ein Reiskorn oder Gerstenkorn oder Senfkorn oder Hirsekorn oder eines Hirsekornes Kern. – Dieser ist meine Seele im innern Herzen, größer als die Erde, größer als der Luftraum, größer als der Himmel, größer als diese Welten ... Der Allwirkende, Allwünschende, Allriechende, Allschmeckende, das All Umfassende, Schweigende, Unbekümmerte, dieser ist meine Seele im innern Herzen, dieser ist das *brahman,* zu ihm werde ich, von hier abscheidend, eingehen.« (109 f.)

Brahman ist *ātman.* Diese Gleichsetzung gehört zu den Grundlehren der indischen Philosophie. Einige konkrete Züge der Lehre lassen sich, ungeachtet ihrer hohen Abstraktheit, anführen: Orientierung am Geistigen. Geist und Leben sind, gestuft, Ausdrucksformen des Absoluten. Auch westliche Philosophen sprechen vom Licht des Geistes, von Erleuchtung, es gibt eine Lichtmetaphysik im abendländischen Denken. Auch ist die Nennung von Wahrheit in diesem Zusammenhang rational einsichtig. Gestalt, Erscheinung, *rūpa* ist an Licht gebunden, in der Wahrheit treffen Unterscheidung und Entscheidung zusammen, kognitive und aktive Elemente. Von der Entscheidung führt der Weg zur Aktion. Auch das leuchtet ein. Mit »Unendlichkeit« übersetzt Deussen Äther. Da beginnen Zweifel. Immerhin hat sich die Ätherhypothese stellenweise bis ins 20. Jahrhundert gehalten. Wenn damit so etwas wie das apeiron des Anaximander gemeint sein sollte, hat Deussen richtig übersetzt. Allergrößtes und Allerkleinstes, Makro- und Mikrokosmos begegnen sich im Meso-Bereich des Menschen, genauer: in seinem *ātman.* Der *ātman* ist selbst eine Art *coincidentia oppositorum,* ein Zusammenfall von Entgegengesetztem, und als solche nur meditativ faßbar. Beim *brahman* und *ātman* von Identität zu sprechen, ist ungenau, nicht nur weil es zwei Worte sind. Schwieriger ist es, beide Begriffe gegeneinander abzugrenzen, zu zeigen, worin sie nicht identisch sind. Der Substanz nach sind sie wohl identisch, aber wie steht es hinsichtlich des Verhältnisses vom Teil zum Ganzen? Ist der *ātman* ein Teil des *brahman* oder das ganze *brahman* in jedem *ātman?* Wie hängen *brahman* und *ātman* zusammen? Trennt die Erscheinungsform auch das Wesen? Wo beginnen die Grenzen von Raum und Zeit wirksam zu werden? Ist überhaupt die Kategorie der Substanz auf das *brahman* anwendbar? Wenn nicht, welche sonst? Vielleicht kommt der Mannigfaltigkeit als Prinzip eine gewisse Selbständigkeit gegenüber der behaupteten Einheit zu. All das ist kaum eindeutig zu entscheiden, und die verschiedenen Lösungsmöglichkeiten der Aporie sind nicht nur in den Upaniṣads, sondern auch im späteren indischen Denken durchgespielt; auf Einzelheiten kann hier nicht eingegangen werden. Kosmologisch kann der Raum das *brahman* symbolisieren, unter den Aspekten Feuer, Sonne, Wind und Himmelsrichtungen, psychologisch das *manas* unter den Aspekten Rede, Auge, Ohr und Odem (115). Der *ātman* ist »der Mann, den man im Auge sieht ..., das Unsterbliche, das Furchtlose, der ist das *brahman.*« (128) Weltall und Seele bestehen im Grunde aus der Infra-, der Feinstruktur des *brahman.* Die durchgehende mikrokosmische Dimension des Weltgeschehens ist intuitiv erfaßt: »Was jene Feinheit ist, ein Bestehen aus dem ist dieses Weltall, das ist das Reale, das ist die Seele, das bist Du.« (166 ff.)

Für die Seele, den *ātman,* folgt aus dieser Herkunft neben ihrer Feinheit ihre Freiheit:

»Daraus folgt für die Seele *(ātman):* die Seele ist unten und oben, im Westen und im Osten, im Süden und im Norden; die Seele ist diese ganze Welt. Wer also sieht und denkt und erkennt, an der Seele sich freuend, mit ihr spielend, mit ihr sich paarend und ergötzend, derselbige ist autonom *(svarāj)*, und ihm ist in allen Welten Freiheit *(kāmacāra)*; die es aber anders als so ansehen, die sind heteronom *(anyarājan)*, vergänglicher Seligkeit, und ihnen ist in allen Welten Unfreiheit *(akāmacāra)*.« (186)

Die Brahman-Welt wird in den Raum des Herzens verlegt. Im Tiefschlaf löst sich die Seele vom Leib, geht in das höchste Licht ein und tritt in eigener Gestalt hervor. Dann ist sie das Unsterbliche, Furchtlose, das *brahman* (191). Der Name des *brahman* ist Wahrheit (192). Der *ātman* hält wie eine Brücke oder ein Damm beide Welten auseinander. Weder Tag noch Nacht, weder Alter noch Tod, weder gute noch böse Werke überschreiten diese Brücke. Wer sie als Blinder überschreitet, wird sehend, Kranke werden gesund, Nacht verwandelt sich in Tag. Wem diese Brahman-Welt durch Brahman-Schülerschaft zuteil wird, wird selbst zu dieser Welt und erlangt in allen Welten Freiheit. Ein unstillbares Verlangen nach Freiheit durchzieht die Upaniṣads, die sich mit diesen Themen befassen. Versteht man unter dem *ātman* das Selbst, kann er materialistisch als Leib gedeutet werden, realistisch als Individualität, idealistisch als höchste Seele. Im ersten Fall wird er als Gestalt im Wachzustand, z.B. als Spiegelbild, erfaßt, im zweiten Fall, im Traumzustand, als vom Körper, aber nicht vom individuellen Sein befreite Wesenheit. Im Tiefschlaf dagegen heben sich die Gegensätze von Subjekt und Objekt, Individualität und höchster Seele auf (194ff.).

Erkenntnis des *ātman* bedeutet somit Selbsterkenntnis im höchsten Sinn. Selbsterkenntnis aber ist die Erkenntnis aller Erkenntnisse. Wer sein Selbst erkannt hat, hat auch die Welt erkannt und erlangt die Erfüllung aller Wünsche. »Das Selbst *(ātman)*, das sündlose, frei vom Alter, frei vom Tode und frei vom Leiden, ohne Hunger und ohne Durst, dessen Wünschen wahrhaft, dessen Ratschluß wahrhaft ist, das soll man erforschen, das soll man suchen zu erkennen; der erlangt alle Welten und alle Wünsche, wer dieses Selbst gefunden hat und erkennt!« (196)

Das *brahman* als solches ist unerkennbar und nur von dem, in dem es als *ātman* auftritt, indirekt erfaßbar:

Nur wer es nicht erkennt, kennt es,
Wer es erkennt, der weiß es nicht, –
Nicht erkannt vom Erkennenden,
Erkannt vom Nicht-Erkennenden!
In wem es aufwacht, der weiß es
Und findet die Unsterblichkeit;
Daß er es selbst ist, gibt Kraft ihm,
Daß er dies weiß, Unsterblichkeit. (206)

In der Taittirīya-Upaniṣad erscheint das *brahman* als transempirische Wirklichkeit *(satya)*, Erkenntnis *(jñāna)* und Unendliches *(ananta)*. Wenn der Mensch erkennend in sich eindringt, Hülle um Hülle abstreifend, schält er den Menschen im Menschen *(puruṣa)* oder *ātman* in fünf Meditationsschritten heraus. Die Ausschälung des *ātman* ist zugleich auch eine Ausschälung der (gestuften) Natur. Hier werden wichtige Erkenntnisse der modernen Schichten- und Evolutionstheorie vorweggenommen. Auf die materielle Schale des aus Nahrungssaft bestehenden *ātman (anna-maya-kośa)* folgt die biologische des Lebenshauchs *(prāṇa-maya-kośa)*, darauf die psychologische des Wollens und Denkens *(manas-maya-kośa)*, dann die intellektuelle des in Subjekt und Objekt spaltenden Erkennens *(vijñāna-maya-kośa)*, schließlich die geistige der Synopse (ānanda-maya-kośa) (225f.). So kann das *brahman*, entsprechend gestuft, als Nahrung, Odem, *manas* (vgl. 401), Erkenntnis und Wonne auftreten (236f.). Es ist verständlich, wenn die Erkenntnis des *ātman* als Selbsterkenntnis nicht von der Eigeninitiative des Ich abhängig gemacht wird. *Ātman*-Erkenntnis ist in gewissem Sinn *ātman*-Offenbarung.

Nicht durch Belehrung wird erlangt der ātman,
Nicht durch Verstand und viele Schriftgelehrtheit;
Nur wen er wählt, von dem wird er begriffen:
Ihm macht der ātman offenbar sein Wesen. (275)

Kann der Mensch überhaupt nichts zur *ātman*-Erkenntnis beitragen? Hier kehrt der Begriff *tapas* wieder: Askese ist nach der Maitrāyaṇīya-Upaniṣad die Conditio sine qua non der *ātman*-Erkenntnis (326).

Einen Schritt weiter in der Durchleuchtung der *ātman-brahman*-Problematik führt uns die Bṛhadāraṇyaka-Upaniṣad. Auch dort spielt die Askese eine Rolle (384). Im Gegensatz zur frommen Denkweise läßt sich hier jedoch ein gewisses Autonomiebestreben nicht verkennen: Wer erkennt, daß er *brahman* ist, wird zu diesem Weltall, und daran können auch die Götter nichts ändern, »denn er ist die Seele *(ātman)* derselben«. (395)

Die philosophisch erfaßbare Gesetzmäßigkeit der Welt umgreift also auch die Götterwelt – ein Gedanke, der der jüdisch-christlichen Tradition fernliegt.

Ātman begegnet uns an anderer Stelle als das Unsterbliche, das durch die aus Name, Gestalt und Werk bestehende, auf Rede, Auge und Leib beruhende empirische Wirklichkeit verhüllt wird. *Ātman* und Wirklichkeit bilden eine Einheit, wobei die Wirklichkeit das Unsterbliche verdunkelt (406f.). Gibt der *ātman* nicht nur sich selbst zu erkennen, sondern verhüllt sich auch (vor sich selbst)? Wo die Ratio versagt, hilft vielleicht ein Bild: »Gleich wie die Spinne durch den Faden aus sich herausgeht, wie auch dem Feuer die winzigen Fünklein entspringen, also entspringen auch aus diesem *ātman* alle Lebensgeister, alle Welten, alle Götter, alle Wesen. – Sein Geheimname *(upaniṣad)* ist: ›Die Realität der Realität‹; nämlich die Lebensgeister sind die Realität, und er ist ihre Realität.« (411)

Die Formel »neti, neti« (es ist nicht so, es ist nicht so) negiert die Erscheinungswelt und die ihr immanente Logik. Meditative Philosophie stößt mit ihrer unaufhörlichen Frage nach der wirklichen Wirklichkeit an die Grenzen des logischen Denkens. Das Paradoxon »Ja und Nein« ist ein Zeichen dieser Kollision eines im Endlichen gefangenen, aber dennoch das Endliche transzendierenden Denkens, das nach westlich-traditionellen Begriffen aufhört, Denken zu sein. Angesichts des *ātman* verliert alles, was im Alltagsdasein wertvoll erscheint, an Bedeutung: Gatten, Stände, Götter, Wesen, Weltall, denn alles dies ist nichts anderes als dein Selbst, deine Seele (416f.). Was Kant mit der transzendentalen Einheit der Apperzeption gemeint haben könnte, wird in Bild und Meditation deutlicher: ein transphänomenales, überempirisches Bezugssystem, das die psychologischen Funktionen eines intelligenten Lebewesens der Erscheinungswelt zusammenfaßt. Was der Ozean für alle Gewässer ist, nämlich ihr Einigungsort, ist die Haut für die Tastempfindungen, die Zunge für die Empfindungen des Geschmacks, die Nase für die des Geruchs, das Auge für die Sehreize, das Ohr für die Töne, ebenso, auf höherer Ebene, der Geist für Gedächtnis-, Erinnerungs-, Phantasie- und Denkfunktionen, die Hände für Taten und Werke, die Rede für die Wissenschaften.

»Mit diesem ist es wie mit einem Salzklumpen, der, ins Wasser geworfen, sich in dem Wasser auflöst, also daß es nicht möglich ist, ihn wieder herauszunehmen, woher man aber immer schöpfen mag, überall ist es salzig; – also, fürwahr, geschieht es auch, daß dieses große, endlose, uferlose, aus lauter Erkenntnis bestehende Wesen aus diesen Elementen [Erde, Wasser, Feuer, Luft, Äther] sich erhebt und in sie wieder mit [dem Leibe] untergeht; nach dem Tode ist kein Bewußtsein.« (418)

Aller Wesen Honig, so ergänzt das Honiggleichnis das Salzgleichnis, sind Erde, Wasser, Feuer, Luft, Sonne, Mond, Himmelsrichtungen, Raum, Blitz, Donner, Gerechtigkeit, Wahrheit, Menschlichkeit. Sie konvergieren zu jenem Bezugssystem, das wir Selbst oder *ātman* nennen.

»Dieses Selbst ist aller Wesen Honig, diesem Selbste sind alle Wesen Honig; aber was in dem Selbste jener kraftvolle, unsterbliche Geist ist, und was als das Selbst jener kraftvolle, unsterbliche Geist ist, dieser ist eben das, was diese Seele ist; diese ist das Unsterbliche, diese das brahman, diese das Weltall. Fürwahr, dieses Selbst ist der Oberherr aller Wesen, ist der König aller Wesen; darum, gleichwie in der Radnabe und in der Radschiene alle Speichen befestigt sind, also sind in diesem Selbste alle Wesen, alle Götter, alle Welten, alle Lebenshauche, alle diese Seelen befestigt.« (422)

Wenn auch das *brahman* als solches unerkennbar ist, läßt doch die Seele, die in allem wohnt, die Fäden erkennen, die in jenem und zu jenem Einen zusammenlaufen: »Nicht sehen kannst du den Seher des Sehens, nicht hören kannst du den Hörer des Hörens, nicht verstehen kannst du den Versteher des Verstehens, nicht erkennen kannst du den Erkenner des Erkennens. Er ist deine Seele, die allem innerlich ist. – Was von ihm verschieden, das ist leidvoll.« (436)

Im Leiden klingt ein subjektiv-praktisches Motiv an, das im Buddhismus zur religiösen Grunderfahrung wurde. Bei der Erkenntnis des *ātman* bzw. *brahman* geht es um nichts Geringeres als zu erkennen, »was die Welt im Innersten zusammenhält«. In indischer Sicht heißt es an anderer Stelle: »Kennst du ... jenen Faden, von welchem diese Welt und die andere Welt und alle Wesen zusammengebüschelt werden ... Kennst du ... jenen inneren Lenker, welcher diese Welt und alle Wesen innerlich regiert?« (439 f.)

Der unerkennbare, nur auf dem Wege der Negation zu bezeichnende, alles zusammenfassende Lenker des Weltgeschehens ist also dem Werden und Vergehen, jeder Veränderung, Beeinflussung oder Beeinträchtigung entzogen. Der Geist oder *ātman,* der, wie anfangs gesagt, von außen in das Individuum gelangt, verläßt beim Sterben auf dem gleichen Weg den Nichterlösten.

»Wie nun ein Wagen, wenn er schwer beladen ist, knarrend geht, also geht auch dieses körperliche Selbst, von dem erkenntnisartigen Selbste belastet, knarrend [röchelnd], wenn es so weit ist, daß einer in den letzten Zügen liegt. Wenn er nun in Schwäche verfällt, sei es durch Alter oder durch Krankheit, daß er in Schwäche verfällt, dann, so wie eine Mangofrucht, eine Feige, eine Beere ihren Stiel losläßt, also auch läßt der Geist die Glieder los und eilt wiederum, je nach seinem Eingange, je nach seinem Platze, zurück zum Leben.« (473)

Damit ist der Anschluß an die Lehre vom *saṃsāra* und *karma* gewonnen, deren innerer Zusammenhang mit dem *ātman-brahman*-Thema in folgendem Gleichnis sichtbar wird: »Wie eine Raupe, nachdem sie zur Spitze des Blattes gelangt ist, einen anderen Anfang ergreift und sich selbst dazu hinüberzieht, so auch die Seele, nachdem sie den Leib abgeschüttelt und das Nichtwissen [zeitweilig] losgelassen hat, ergreift sie einen anderen Anfang und zieht sich selbst dazu hinüber.« (475)

2.4.7 Om

Hatte auf dem Höhepunkt philosophischer Welterklärung der Upaniṣad-Philosophie das Begriffspaar *ātman-brahman,* also ein dualistisches Konzept, ausgereicht, mußte dieses Schema in dem Augenblick als unzureichend empfunden werden, als die meditierende Vernunft in den transempirischen Bereich des Absoluten vorzudringen suchte, in bezug auf den Aussagen nur noch in negativer Form möglich waren, denn Begrifflichkeit ist ja selbst nur ein Teil der Erscheinungswelt: *nāma-rūpa*[9]. Insofern und als Versuch der auf immer einfachere Erklärungen rekurrierenden Vernunft, zu einem einzigen letzten Erklä-

[9] »Nāma-rūpa ist die ganze subjektive und objektive Welt, soweit sie wahrgenommen und erkannt wird.« Zimmer, Philosophie und Religion Indiens, S. 35.

rungsprinzip vorzudringen, ist die schon sehr früh erfolgte Einführung der Silbe *om* rational verständlich. Mit all den Sprach- und Zahlenspielen, die sich jedoch an die einmal gefundene Lösung anschlossen, braucht man sich gar nicht zu befassen. Sie ergeben philosophisch wenig und sind teils Ausdruck eines ungezügelten Spekulationstriebes, teils, als Beschwörungsformeln, Ausdruck der Magie. Hält man sich an die philosophisch ergiebigen Texte, gelangt man zu folgenden Ergebnissen.

Schon sehr früh, in der Chāndogya-Upaniṣad erscheint die Silbe *om* (68f.), wenn auch noch im Rahmen magisch-religiösen Denkens, des Udgītha oder Opfergesangs. Die Opferformel *om* ist deshalb »heilig«, weil sie die Wirksamkeit des Opfers erhöht. Sie vereint alle möglichen Gegensätze, versöhnt das Widerstreitende, erklärt das Unerklärbare und vermittelt Einfluß auf das Weltgeschehen, gibt also Macht, das sonst Unbeherrschbare zu beherrschen. Später heißt es in der gleichen Upaniṣad: Wie durch einen Nagel Blätter zusammengebohrt werden, bohrt der Laut *om* alle Rede zusammen. Der Laut *om* aber ist die ganze Welt (97f.). Ähnliches, nämlich ihre vereinheitlichende Funktion, wurde über den *ātman* und *brahman* gesagt. Nicht unbedeutend für das Verständnis der Silbe *om* ist die Gewaltsamkeit, mit der sie alle Rede durchbohrt, zusammenheftet. In der Tat haben alle Spekulationen mit Hilfe der Silbe *om* etwas Gewaltsames. Radikal vereinfachend vergewaltigen sie die Vielheit der Rede; auch das ist bezeichnend. Die Wirklichkeit selbst beugt sich solchem Verfahren nicht. Damit treten die Aspekte hervor, die philosophisch relevant sind: die Überwindung des scheinbaren oder echten Dualismus, der im Begriffspaar *ātman-brahman* enthalten ist, zugunsten eines vereinheitlichenden Prinzips aller Prinzipien, das Wirklichkeit und Nicht-Wirklichkeit, Sprechbares und Unaussprechbares »zusammenbohrt«, sodann die Beziehungen dieses Prinzips zu philosophischen Themen wie *ātman, brahman, māyā, mokṣa, nirvāṇa,* aber auch zu den bereits erörterten: *saṃsāra, karma, tapas und yoga.* Es läßt sich am Text zeigen, daß die Silbe *om* mit allen diesen Themen nicht nur implizit zusammenhängt. Die Taittirīya-Upaniṣad lehrt, daß die Silbe *om* zum *brahman* führt (220). Die Kāṭhaka-Upaniṣad erweitert diese Aussage und bezieht einerseits den *ātman* mit ein, andererseits *tapas* (Askese bzw. Kasteiung), ebenso *saṃsāra* (277).

»Zwei *brahmans* sind zu überdenken, das Wort und das Nichtwort; und eben durch das Wort wird das Wortlose offenbar gemacht. Hier bedeutet das Wort den Laut *om*; durch diesen emporgestiegen ..., gelangt man in dem Nichtworte zur Vernichtung. Denn weiter heißt es: ›Dieses ist der Weg, ist das Unsterbliche, ist die Vereinigung und so die Seligkeit.‹ Nämlich gleichwie eine Spinne am Faden emporklimmend aus dem Verlies, in welches sie hinabgestiegen, wieder ins Freie gelangt, so, fürwahr, gelangt der Meditierende, durch den Laut *om* emporsteigend, zur Freiheit.« (345)

Hier ist von zwei *»brahmans«* die Rede. Die Position des Nichtworts durch das Wort ist ein dialektischer Prozeß. »Vernichtung« deutet einen dem *nirvāṇa* ähnlichen Zustand an, der allerdings noch in Verbindung mit Unsterblichkeit und Seligkeit steht.

Hier ist der spezifische Gehalt des Erlösungsgedankens bedeutsam: der Laut *om* führt mit Hilfe der Meditation, *yoga* (344), empor, in die Freiheit. Damit bekommt die Silbe *om* einen klaren Stellenwert im Prozeß meditativer Selbstbefreiung, und nicht nur in dieser, vielmehr in der Erleuchtung der gesamten Welt. Es gilt die Gleichung: Kraft *(tejas)* = *brahman* = Veda = *om*. Die Kraft steigt als *om* mit dem Odem empor, durchdringt »blitzartig«, wie der Gedanke des Meditierenden, das Weltall und erhellt es. »Darum soll man durch den Laut *om* jene unermeßliche Kraft verehren.« (367ff.) Selbstbefreiung des Menschen und Erhellung des Universums stehen also mittels der Meditation in einem inneren kosmischen Zusammenhang.

Die Māṇḍūkya-Upaniṣad versucht, die Einheit der Silbe *om* mit der Vielheit der Welt über den Begriff der Moren oder Füße des *ātman* bzw. *brahman* zu verbinden. Die vier Füße des *brahman* sind die vier Zustände Wachen, Traumschlaf, Tiefschlaf und *turīya*, der Zustand höchster Wonne. Wachen und Träumen heben sich gegenseitig auf. Ihnen entsprechen die Moren *a* und *u*. Die in beiden vorkommende Vielheit ist Täuschung. Die Wirklichkeit ist vielheitlos. Dem Tiefschlaf entspricht die Mora *m*. In ihm wird die Vielheit der Erscheinungswelt unbewußt ausgelöscht. Der vierte Zustand ist moralos. Er löscht die Vielheit bewußt aus.

> Wie ein Strick, nicht erkannt deutlich
> Im Dunkeln, falsch wird vorgestellt
> Als Schlange, als ein Strich Wassers,
> So wird falsch vorgestellt das Selbst (ātman).

Wie, wenn der Strick erkannt deutlich,
Und die falsche Vorstellung weicht,
Er nur Strick bleibt unzweiheitlich,
So, wenn deutlich erkannt, das Selbst.

Wie Traum und Blendwerk man ansieht,
Wie eine Wüstenspiegelung,
So sieht an dieses Weltganze,
Wer des Vedānta kundig ist.

Wer so erkannt der Welt Wesen,
Der halte an der Einheit treu;
Der Zweiheitlosigkeit sicher,
Geht er kalt an der Welt vorbei.

Keine Seele entsteht jemals,
Kein Entstehen ist der ganzen Welt,
Das ist die höchste Heilswahrheit,
Daß es nirgend ein Werden gibt! (585 ff., 593)

2.4.8 Māyā

Nicht anders als die Vielheit ist auch das Werden eine Täuschung. Absolute Ruhe und »zweiheitloses Identisch-Sein« sind die letzten Ziele des Weisen (602). In den zitierten Strophen kündigt sich eine neue, radikalere Einstellung zur Welt an. Daß alles nur Blendwerk *(māyā)* sein soll, mit dem der Gott sich selbst betrügt, ist ungewohnt, ebenso die Charakteristik des vedakundigen Muni, der »kalt an der Welt vorbei« geht.

Man gelangt damit zu anderen Aussagen über die Wirklichkeit, zu einem anderen Lebensgefühl, einer anderen Reflexionsstufe der indischen Philosophie, denn die Interpretation der Erscheinungswelt als *māyā* setzt die Erfahrungen andersartiger früherer Weltbegegnungen voraus, nicht umgekehrt. Das philosophische Bewußtsein, das weltverneinend mit dem Begriff *māyā* operiert, hat die Trugwelt hinter, besser: unter sich gelassen und schaut nun von einer scheinbar oder wirklich höheren Warte auf jene Scheinwirklichkeit herab.

Der Begriff *māyā,* zunächst als Täuschung, findet sich in der

Śvetāśvatara-Upaniṣad im Umkreis anderer wichtiger Begriffe der indischen Philosophie: *om* (291), *brahman* (293), *ātman* (244), *yoga* (292), *tapas* (294), *karma* (295), *saṃsāra* (293). Alle bisher behandelten Grundthemen klingen also in unmittelbarer Nähe des *māyā*-Motivs an.

Wer sich denkend Gott, d.h. dem *brahman* hingibt, so heißt es hier, wird selbst zu ihm und zuletzt auch frei von *māyā*. Erst aus der Perspektive des Götterweges, infolge der Annäherung an das *brahman*, kann die Erscheinungswelt als ganze zum Trug herabsinken.

2.4.9 Mokṣa

Wer Gott erkannt, wird frei von allen Banden,
Die Plagen schwinden, samt Geburt und Sterben. (293)

Also schließt sich der Themenkreis: Wem Geburt und Tod nur Trug sind, sind *saṃsāra* und *karma* auch llusion. Wer auf dem Weg der Askese und des *yoga* zur höchsten Einsicht in die Identität von *ātman* und *brahman* gelangt ist und die Silbe *om* meditierend erfaßt hat, für den ist Erlösung bzw. Befreiung gewiß. Letzten Endes muß aber eine solche Erlösung, *mokṣa*, Befreiung von allem sein, also im Nichts enden, das heißt im *nirvāṇa*. Die Konzeption des *nirvāṇa* als Endzustand der Erlösung bzw. Befreiung ist konsequent gedacht und daher auch philosophisch ernst zu nehmen.

Aus dem die Hymnen, Opfer, Werk, Gelübde,
Vergangenes, Künft'ges, Vedalehren stammen,
Der hat als Zauberer diese Welt geschaffen,
In der der andre ist verstrickt durch Blendwerk.

Als Blendwerk die Natur wisse,
Als den Zaub'rer den höchsten Gott;
Doch ist von seinen Teilstoffen
Durchdrungen diese ganze Welt. (302)

Naiv-archaische Frömmigkeit würde kaum auf den Gedanken verfallen, Gott als Zauberer anzusehen. Dahinter steht die Erfahrung religiösen Betrugs, Schamanentums und Priesterschwindels. Philosophische Skepsis, mindestens Distanz, bestimmt das neue Verhältnis zur Religion. Gott erscheint als Spieler, Zauberer, Verführer, der »den andern« in den *saṃsāra* verstrickt – ein abgründiger Gedanke, vergleichbar dem bösen Geist, der nach Descartes die Menschen möglicherweise täuscht.

2.4.10 Nirvāṇa

Wenn *māyā* ein Scheinzustand ist, bedeutet ihr Durchschautwerden Aufhebung, Rückkehr der vom Scheindasein erlösten Einzelseele in den Urzustand ihres *ātman*-Seins, d.h. in den Zustand der Erlösung, die einmal, mehr religiös, als Wende konkreter Notzustände verstanden werden kann, sodann, mehr philosophisch, als Zustand der Selbstbefreiung, des eigentlichen Seins der Seele, das sie in der Selbsterkenntnis als Aufhebung ihrer Entfremdung erschaut, erfährt, verwirklicht. Schon in der Chāndogya-Upaniṣad ist von dieser Art der Freiheit die Rede.

»Gleichwie hienieden die Stellung, die man durch die Arbeit erworben hat, dahinschwindet, so schwindet auch im Jenseits die durch die guten Werke erworbene Stätte dahin. Darum, wer von hinnen scheidet, ohne daß er die Seele erkannt hat und jene wahrhaften Wünsche, dem wird zuteil in allen Welten ein Leben in Unfreiheit: wer aber von hinnen scheidet, nachdem er die Seele erkannt hat und jene wahrhaften Wünsche, dem wird zuteil in allen Welten ein Leben in Freiheit.« (190)

Arbeit, Werke und Wünsche binden den *ātman*, verstricken den Menschen in Unfreiheit, aber auch *manas*, der Verstand selbst, sofern er als Entscheidung, Zweifel, Glaube, Festigkeit, Scham und »Erkenntnis« fungiert. »Darum soll man verharren, ohne Entschließung, ohne Vorstellung, ohne Selbstwahn; das ist das Kennzeichen der Erlösung.« (351)

Der Mensch aber, das ist eine Botschaft indischer Weisheit, kann schon zu Lebzeiten sich selbst erlösen *(jīvanmukta)*. Von allem befreit sich der wahrhaft Erkennende und steigt seinem eigentlichen Ziel entgegen, der Vereinigung mit *brahman*, in dem Anfang, Mitte und Ende, Urzustand und Endzustand beschlossen sind.

Ist der Zustand aller Zustände alles, ist er auch, das fordert seine Dialektik, nichts. In den Upaniṣads ist wenig vom *nirvāṇa* die Rede (vgl. 636, 695). Ist das *nirvāṇa* nun ein Grenzbegriff, ein relatives oder ein absolutes Nichts, *brahman* oder *māyā?* Nir-vā heißt soviel wie ausblasen, *nirvāṇa* also erloschen. *Nirvāṇa* ist der Gegenbegriff zu *saṃsāra*, und damit schließt sich der Kreis der erwähnten Leitbegriffe: *Nirvāṇa* ist mehr ein Symbol für das Gestalt- und Namenlose, für die Ahnung des Menschen, daß nicht nur die Sprache an ihre Grenzen stößt, sondern auch das, wovon die Sprache spricht, sprechen kann. Buddha hat es wohl so verstanden und deshalb abgelehnt, über den Zustand des *nirvāṇa* etwas zu sagen. Das *nirvāṇa* ist auch als Gegenposition zu westlichem Erlösungsglauben, zu Glück und Seligkeit, Gottesschau und Ewigkeit eine bedenkenswerte Alternative, weil sie westliche Offenbarungsgewißheit in Frage stellt und den Menschen nur auf sich selbst angewiesen sein läßt, ihn aus den Armen eines liebenden Gottes herausführt, aus Himmel und Hölle, aus dem Glauben an die Unsterblichkeit der Seele, des Geistes oder der Geistseele, aus der Gewißheit seiner Individualität, seiner Existenz, der ganzen Welt und aus dem Sein. Zunächst verdrängt, hat die *ātman-brahman*-Lehre schließlich doch, wenn auch in abgewandelter Form, im Buddhismus ihren Platz behauptet. Was aber ist dann dieses Selbst? *Ātman* und *brahman* reichen zu seiner Charakteristik nicht mehr aus, sind schon zuviel. Selbst die heilige Silbe *om*, die das Erlösungswissen auf eine unüberbietbar kurze Formel bringt, paßt nicht mehr ganz. Muß man zwischen dem Nichts der Ontologen und dem Nichts des *nirvāṇa* unterscheiden? Auch wenn man dies tut, ist weder das eine noch das andere Problem zu lösen. Die Probleme werden verschoben, nicht gelöst. Wie lassen sich denn auch Bewußtseinszustände vom Sein völlig trennen? Die westliche Theologie hilft ebensowenig weiter. Wenn Gott die Welt aus dem Nichts erschuf, wer hat ihn dann erschaffen? Schuf er auch das Nichts oder das Nichts Gott? Gab es vor der Weltschöpfung ein Nichts? Nur mit logischen Mitteln läßt sich das Problem nicht lösen.

Die Lösung der mit einer meditativ gewonnenen Konzeption verbundenen Probleme kann nur auf meditativem Weg erfolgen. Am Ende steht hinter dem Grenzbegriff zum *saṃsāra* doch eine Erfahrung des Nichts, radikaler, als es sich die kühnsten Nihilisten träumen lassen. Zwar ist wohl auch für den auf meditativem Weg an die Lösung des Problems Herangehenden eine Gleichsetzung von *nirvāṇa* mit der Vernichtung der Welt oder

der Seele auszuschließen, aber selbst in der buddhistischen Metaphysik des Werdens bleibt das *nirvāṇa* ein absoluter Zustand. Ob die überwundenen Zustände eines höchsten Seins, wie in der Upaniṣad-Philosophie und bei Parmenides, oder eines letzten Werdens, wie im Buddhismus und bei Heraklit, die spekulative Basis bilden, läuft schließlich auf eins hinaus. Beide Annahmen erscheinen als komplementäre und legitime philosophische Lösungsversuche, nur steht bei der *nirvāṇa*-Konzeption am Ende ein Nein, bei der *om*-Formel ein Ja. Auch dieser Unterschied läßt sich durch Umkehrung der Positionen dialektisch beseitigen, aber das spricht eher gegen die oberflächliche Art westlicher Dialektik als gegen die tiefer schürfende Erfahrung indischer Meditation. In elementarem Verstande bedeutet *nirvāṇa* den endgültigen Ausstieg aus dem *saṃsāra*. Das leistet aber die Vereinigung von *ātman* und *brahman* auch. Gibt es überhaupt noch einen verifizierbaren Unterschied in den radikalen Auffassungen beider Standpunkte? Das Gemeinsame liegt in der Unaussprechbarkeit beider Erlösungszustände. Der durch die heilige Silbe *om* beschriebene Zustand intendiert letztlich absolute Freiheit, der *nirvāṇa*-Zustand dagegen absolute Selbstaufgabe. Einmal wird das Selbst als *ātman* = *brahman* in höchster Potenz realisiert, das andere Mal aufgegeben. Beide Endzustände verhalten sich wie Selbstgewinnung zu Selbstverlust, wobei der weitergehende Schluß erlaubt ist, daß ein Verlust auch ein Gewinn sein kann und umgekehrt. Darin wird die Ambivalenz beider Erlösungswege erkennbar, und diese Ambivalenz des Endzustandes ist wohl einstweilen das Äußerste, was sich auf meditativem Wege zur Klärung des Problems beitragen läßt. Vielleicht gibt eines Tages fortgeschrittene, mit westlichen Methoden gewonnene Erkenntnis der Materie Auskunft darüber, was die Endzustände eigentlich bedeuten, zu denen indisches Denken meditierend vorzudringen vermochte.

2.5 Grundprobleme

2.5.1 Einteilung der Probleme

Die indische Philosophie läßt sich, wie die westliche, in das Koordinatensystem Welt – Mensch – Überwelt einordnen. Was die Beziehungen dieser Größen zueinander betrifft, so sind, ebenfalls wie im Westen, ziemlich alle Kombinationsmöglichkeiten durchgespielt. Nach Grundproblemen und Problemgruppen geordnet, nimmt das scheinbar unübersehbare Szenarium indischer Philosophie Gestalt an. Es gibt zunächst theistische, pantheistische, panentheistische und atheistische Philosophien. Die Welt wird bald materialistisch, bald spiritualistisch interpretiert, bald realistisch, bald idealistisch, bald objektivistisch, bald subjektivistisch. In der Interpretationsskala spiegelt sich die Gliederung des Aufbaus der menschlichen Persönlichkeit aus Körper, Seele und Geist wider. Insofern sind alle Welt-Interpretationen anthropomorph, Projektionen der eigenen Verfassung auf die Verfassung der Welt. Innerhalb dieses Spielraums gibt es natürlich eine Fülle von Varianten des Anthropomorphismus: grober und feiner, durchsichtiger und verschleierter sowie Mischformen. Was den Menschen betrifft, heben sich deutlich zwei Problemgruppen ab: auf das Erkennen bezogene und auf das Handeln gerichtete, Epistemologie, Logik, Ästhetik und Sprachphilosophie auf der einen Seite, Ethik, Rechtsphilosophie und politische Philosophie auf der anderen. Nahezu alle indischen Philosophie-Konzepte sind erlösungsorientiert, haben also religiösen Einschlag.

Die im vorigen Abschnitt behandelten Schlüsselbegriffe lassen sich zwanglos als Grundprobleme oder Problemkomplexe der indischen Philosophie auffassen. Die umfangreiche Literatur, die zu jedem dieser Begriffe existiert, bestätigt das. Darüber hinaus gibt es aber noch eine Reihe spezieller Probleme, die deswegen nicht weniger bedeutend sind.

2.5.2 Epistemologische Probleme

Im Bereich der Erkenntnis lautet, für Kant wie für die Inder, die Grundfrage: Was können wir wissen? Die großen Systeme neigen in dieser Frage in der Regel zum Dogmatismus, aber auch skeptische, ja sogar agnostizistische Standpunkte kommen vor. Zur Zeit Buddhas lehrte in Magadha der Philosoph Sañjayin Vairaṭṭīputra, der metaphysische Fragen grundsätzlich ablehnte, weil er sie für unlösbar hielt. Seine Anhänger heißen Ajñānikas. Sie vertreten die Nichtwissenlehre oder den Agnostizismus. Buddhas Skepsis z.B. gegenüber Fragen der Weltentstehung ist bekannt. Jainas und Buddhisten neigen zum Skeptizismus. Je mehr religiöses Gedankengut die philosophischen Lehren enthalten, desto mehr nähern sie sich im allgemeinen dem Dogmatismus. Die Materialisten waren Skeptiker gegenüber religiösen und ethischen Gedankengängen, aber Dogmatiker, insofern sie an die letzte Realität der vier Elemente glaubten.

Die Anzahl der Erkenntnismittel schwankt in der indischen Philosophie zwischen eins und neun. Die Materialisten verlassen sich nur auf die Wahrnehmung, Jainas und Buddhisten dagegen auf Wahrnehmung und Schlüsse, Sāṃkhya und Yoga auf Wahrnehmung, Schlüsse und Erfahrung, Nyāya-Vaiśeṣika lassen überdies die Analogie zu, Mīmāṃsā und Vedānta außerdem Annahmen und Nichtbemerken, andere sogar Enthaltensein, Gebärde und Überlieferung. Die Frage, ob es neben der natürlichen eine übernatürliche Erkenntnis gibt, beschäftigte Inder und Europäer gleichermaßen. Buddhisten und Jainas lehnen Offenbarung ab, Brahmanen erkennen sie an. Vedische Sprachphilosophen stellten sich, wie Platon, die Frage, ob es neben dem Pferd noch eine Pferdheit gebe. Auch die Inder haben sich mit der Frage befaßt, ob die Begriffe ihre eigene Realität haben. Im Westen entspann sich im ausgehenden Mittelalter an diesem Problem der sogenannte Nominalismus-Streit. Das Verhältnis von Wort und Begriff ist ein weiteres Problem.

2.5.3 Metaphysische Probleme

Im Problembereich Welt, Natur, Realität stellt sich die Frage, ob es hinter der Welt des Werdens eine Welt des Seins gibt, ob und wie sie gegebenenfalls zu erfassen ist. Diesem Problem versuchte man unter anderem mit einer Stufentheorie des Bewußtseins beizukommen. Im Wachzustand ist der *ātman* am weitesten von der Erfassung des All-Einen entfernt, im Traumzustand stört ihn noch das Innenleben, im Tiefschlaf noch das Nichtwissen. Erst in der meditativen Versenkung kann der *ātman* den absoluten Zustand erreichen. Je nachdem, ob man die letzte Realität als Etwas oder als Nichts ansah, gelangte man zu einer substantiellen oder substanzlosen Lösung, aber es gab auch Kompromißformen, wie die »Leere« des Nāgārjuna. Bei ihm wurde aus nichts das Nichts, indem er das buddhistische *nirvāṇa* im Sinne des brahmanistischen All-Einen interpretierte und den *saṃsāra* als Trug. Jedenfalls herrscht in der indischen Philosophie im Hinblick auf das Realitätsproblem der Pluralismus. Während sich die metaphysischen Annahmen: All-Eines oder *nirvāṇa* ausschließen, setzen beide *saṃsāra* voraus. Er bleibt, wie die Erlösung und das *karma*, eine konstante Größe in der indischen Philosophie. Mit anderen Worten: Das Sein läßt sich leugnen, das Werden nicht. Hatte der Buddhist Nāgārjuna hinduistische Lehren verwertet, so verwertete Śaṃkara Gedankengänge des Mahāyāna. Der Śivaismus in Kaschmir suchte zwischen beiden Positionen zu vermitteln und gelangte zu einem »Idealrealismus«, nach dem das Weltgeschehen ein Traum Gottes ist.

In der dharma-Theorie schloß sich der Buddhismus dem vedischen Pluralismus an. Das Nyāya-Vaiśeṣika deutete die Welt mit Hilfe seiner bereits erwähnten Kategorien. Je nach dem Verhältnis der letzten Realität zum *saṃsāra* unterschied man Schaffung neuer Gebilde durch unveränderliche Atome (Nyāya-Vaiśeṣika), Schaffung von Welt und Individuen durch Kooperation von Daseinsfaktoren (Hīnayāna-Buddhismus), Entfaltung aller Vielheit aus einer letzten Einheit (Sāṃkhya). Das brahman bleibt unverändert, Vielheit ist nur Illusion (Śaṃkara, Vedānta).

Einige indische Denker überantworten das Weltgeschehen dem Zufall; die Materialisten nehmen eine natürliche Weltordnung an, lehnen aber eine sittliche ab, ebenso wie einen Sinn im

Weltgeschehen; andere Denker berufen sich auf das Schicksal, auf die Notwendigkeit, andere wieder auf einen Gott oder mehrere Götter. In der Unterscheidung einer erschaffenden, erhaltenden und zerstörenden Gottheit zeigt sich ein stark philosophischer Einschlag in der indischen Naturreligion. Der Gottesbegriff variiert ebenfalls. Gott erscheint bald als Despot, bald als gerechter Weltenherrscher, bald als alliebende Potenz. Für den Despoten-Gott sind Menschen nur Puppen, mit denen er spielt, die er nach Willkür emporhebt oder zugrunde richtet.

Die Mehrzahl der indischen Philosophen glaubte aber wohl an eine moralische Weltordnung, wobei die *karma*-Vorstellung eine zentrale Rolle spielte. Unter der Erde, so glaubte man in der klassischen Zeit, befinden sich die Höllen-Etagen, über der Erde die Himmels-Stockwerke. Die Jainas hielten den Weltraum für endlich, Buddhisten und die meisten brahmanischen Philosophen für unendlich. Die Jainas und einige Mīmāṃsās glaubten, daß die Welt ewig sei, andere wieder glaubten an ihre periodische Zerstörung und Neuentstehung.

Im Gegensatz zum christlichen Monotheismus des Westens konnte der Monotheismus in Indien nicht die Alleinherrschaft erringen. Hindus, Buddhisten und Jainas erkennen eine Vielzahl höherer und niedererer Götter an. Am Anfang standen die Naturgottheiten. Devatās sind in den Upaniṣads, wie bei Homer, die Mächtigeren, die zwar entstanden, aber unsterblich sind und, im Gegensatz zu den Menschen, ein seliges, herrliches, reiches Dasein führen, von den Menschen durch Kulte verehrt. Auch die Götter unterstehen der ewigen Weltordnung, der Moira bei Homer vergleichbar. Indem die Götter sorgsam darauf achten, ihre jeweiligen Herrschaftsbereiche nicht zu verletzen, wird deutlich, daß sie Projektionen der arischen Gesellschaftsordnung ins Überweltliche sind. Neben den polytheistischen Konzeptionen gibt es auch monotheistische, in denen Macht und Funktionen der Weltenlenker – nicht Weltenschöpfer – mehr oder weniger begrenzt sind. Der indische Īśvara kann mit einer Figur des Pantheons identisch sein, oft mit Viṣṇu oder Śiva. Der Īśvara als ewiger, persönlicher Weltenlenker erscheint in theistischer und in panentheistischer Form. Manchmal, wie in der Gītā, stehen beide Konzeptionen unvermittelt nebeneinander. Die einen lassen das All aus Gott hervorgehen, die anderen trennen es von ihm. Bald ist er ein Aufseher der sittlichen Weltordnung, also über die ordnungsgemäße karmische Vergeltung, bald ist er ein Despot, der mit Körpern und

Seelen willkürlich umgeht. Personale und impersonale Fassungen des Absoluten finden sich von alters her nebeneinander. So kann der Īśvara im gleichen Text als Gott *(deva)*, Herr *(īśa)* oder Mensch *(puruṣa)* erscheinen. Entsprechend mehrdeutig wird der Begriff des Atheismus, je nachdem, ob bei gleichzeitiger Anerkennung einer Vielheit vergänglicher Gottheiten ein persönlicher, ewiger Gott negiert wird oder Götterglaube überhaupt. Die griechischen Einteilungen in Götter, Dämonen und Heroen oder Olympier und Volksgötter stehen den indischen Gruppierungen ziemlich nahe. Auch bei den Göttern gibt es also Kasten. Den griechischen Heroen entsprechen etwa die Tīrthaṃkaras oder Bodhisattvas in Indien. Auch was die Geschlechter betrifft, gibt es in Indien, wie im alten Griechenland, neben männlichen weibliche Gottheiten sowie Neutra für das Absolute. Von einer einheitlichen Gottes- bzw. Göttervorstellung kann in der indischen Philosophie also nicht die Rede sein.

2.5.4 Religiöse Probleme

Nach einer strengeren Scheidung gehört die Erlösungsproblematik in den religiös-theologischen Bereich, aber auch der Philosoph Kant stellte die Frage: »Was dürfen wir hoffen?«

Der Problemkomplex Erlösung hat mehrere Aspekte: Daseinserfahrung, Idee des Heils, Wege zum Heil, Grade der Erlösung, Zustand des Erlöstseins.

Am Anfang steht die Erfahrung der Heillosigkeit oder des Unheils. Die Heillosigkeit kann durch die Umwelt, zum Beispiel eine menschenfeindliche Natur, oder durch die Mitwelt, etwa unerträgliche gesellschaftliche Zustände, erfahren werden oder, wie in Indien, durch beides. Entsprechend groß war hier der Leidensdruck.

Die Daseinserfahrung der arischen Eroberer war, wie die der homerischen Adelsgesellschaft, alles andere als pessimistisch. Sie bekamen nicht genug vom Leben, am liebsten »hundert Herbste«. In Griechenland wechselt die Bewertung des Lebens mit dem Bauerndichter Hesiod, also dem Vertreter einer nichtfeudalen Bevölkerungsschicht. In Indien verlief die Entwicklung ähnlich. Gegenüber der Selbstherrlichkeit der Eroberer war die Lebenserfahrung der Unterdrückten wenig erfreulich.

Angesichts einer sinnlosen Existenz im Frondienst oder in ewigen Fehden gingen auch die Lebenserwartungen zurück. Der Tod bekam ein neues Gesicht. Das Gefühl der Verantwortlichkeit und das Bedürfnis nach einem gerechten Ausgleich nahmen zu. Es entstand die karmisch-orientierte Seelenwanderungslehre. War der Tod vielleicht doch nicht das bittere Ende eines sinnlosen Daseins, sondern ein Wiederbeginn, der Anfang eines neuen, besseren Lebens? Die sozialen, moralischen und physischen Übel hatten zur Zeit von Buddha und Mahāvīra ein unerträgliches Ausmaß angenommen. Daß ein Mann von so hoher Intelligenz wie Buddha das Leben allgemein wegen unvermeidbarer Krankheit und wegen Alters abwertete, wie es einige Anekdoten erzählen, ist unwahrscheinlich. Es gab ja wohl auch genug junge, kräftige und gesunde Menschen. Wenn er dagegen vor allem Armut und andere vermeidbare Übel meinte, mußte ihm jeder, dessen Urteil nicht korrumpiert war, zustimmen. Allerdings führte die leidige Diagnose der indischen Weisen nicht zur Weltzuwendung und zur Beseitigung vermeidbarer Übel, sondern zur Abwendung von der Welt und zur Flucht in ein imaginäres Dasein, also zu einer Ersatzlösung. Indien wurde seiner Probleme aus eigener Kraft nicht Herr. Die Folgen waren Heteronomie und Fremdherrschaft, deren Ergebnis wiederum der heutige vergleichsweise desolate Zustand Indiens ist.

Die Idee des Heils, der Traum von der heilen Welt über dieser Welt, weist eine Reihe charakteristischer Schattierungen auf. Insgesamt stehen sie im Gegensatz zum *saṃsāra,* der tatsächlichen Verstrickung des Menschen in das Weltgeschehen. Heil bedeutet für den indischen Weisen mithin Befreiung aus dem *saṃsāra.* Die heile Welt läßt sich mit Hilfe von Gegenbegriffen zu den im *saṃsāra* herrschenden Zuständen definieren: Anstelle der Kriege und Fehden, des ewigen Streits und der Zwietracht sollen Ruhe, Frieden und Eintracht herrschen. Das Heil ist, im Gegensatz zur Welt des Wandels, ein Dauerzustand. Die heile Welt verhält sich zur Erscheinungswelt wie das Licht zur Finsternis, wie die Einheit zur Vielheit, wie Gewaltlosigkeit zu Haß, Ausbeutung, Unterdrückung und Gewalt.

Eine Frage, die von den meisten indischen Denkern gar nicht gestellt wurde, ist, ob alle Wesen irgendwann einmal der Erlösung teilhaftig werden, ebensowenig die Frage einer kollektiven Erlösung der Menschheit. Hīnayāna-Buddhisten schließen Frauen von der Heilsgewinnung aus, die Jainas unterscheiden zwischen erlösungsfähigen und nichterlösungsfähigen Seelen.

Auch Göttern und Dämonen steht der Heilsweg offen, mitunter auch Pflanzen und Tieren. Andere glauben, daß gewisse Todsünden das Heil ausschließen. Manche Schulen haben eine Art Stufentheorie des Heils. Entscheidend sind Entflechtung aus dem *saṃsāra*, Überwindung des Nichtwissens, Minderung des *karmas* oder: durch gute Werke gutes *karma* ansammeln, böse Taten und damit böses *karma* vermeiden. Andere schreiben den Werken nur indirekte Bedeutung für die Erlösung zu. Wer in Vārāṇasī (Benares) stirbt, wird nach einem weitverbreiteten Glauben erlöst, da die heilige Stadt oder der heilige Fluß, an dem sie liegt, alles *karma* vernichtet. Askese, Meditation und Baden im Ganges verringern das *karma*. Die Jainas bewerten Kasteiungen hoch, Buddha legte mehr Wert auf Meditation. Einige wollen die Selbstliebe ausrotten, andere sie zur Liebe zu allen Lebewesen transformieren. Auch an der Frage, ob der Mensch das Heil ganz aus eigener Kraft erreichen kann oder der Hilfe von Heiligen oder göttlichen Wesen dazu bedarf, scheiden sich die Geister. Jainas, Buddhisten und einige Vedānta-Anhänger lehren die Selbsterlösung, andere Vedāntins, Yogins, Viṣṇuiten und Śivaiten indessen bauen auf die Mithilfe der Götter. Viele Schulen lehnen die Leidenschaften grundsätzlich ab, einige Anhänger des hinduistischen Tantrismus (Geheimlehre) schätzen sie dagegen als Ausdruck kosmischer Kräfte.

Über die Grade und den Zustand der Erlösten herrschen unterschiedliche Auffassungen, so in der Frage, ob Erlösung erst mit dem Tod möglich wird oder schon zu Lebzeiten, ob der selbstbeherrschte, abgeklärte Weise erlösungsfähiger ist oder der Ekstatiker, der lachend, singend und tanzend wie ein Halbirrer umherzieht. »Unmittelbare Erlösungen« sind selten, häufiger ist die »Stufenerlösung«. Ein anderes wichtiges Problem liegt in der Frage, ob der Erlöste seine Individualität behält oder verliert.

Aufgrund der Überlegung, daß bei zu vielen Erlösten die Erde allmählich entvölkert würde, lassen einige Schulen die Erlösten in Langzeit-Intervallen wieder auf die Erde zurückkehren, andere schreiben den Vollendeten gewisse Aufgaben in der Welt zu. Über den Zustand der Erlösten variieren, wie in den semitischen Religionen, die Meinungen außerordentlich. Manche Vedānta-Systeme malen, wie die Moslems, den Erlösungszustand farbenprächtig und gar nicht unsinnlich aus. Die Erlösten weilen in einer Art Paradies mit herrlichen Gärten und großartigen Palästen, ergötzen sich an Spielen und schönen

Frauen: offensichtlich Wunschträume von im Leben zu kurz Gekommenen. Seriösere Weise verheißen den Erlösten ewige Seligkeit, reine Geistigkeit und Vereinigung mit Gott.

Sāṃkhya und Yoga verwandeln den Erlösten in lichtes Bewußtsein, für die Jainas thront er in tiefer Versunkenheit auf dem Weltgipfel, nach Nyāya-Vaiśeṣika ist er ohne Bewußtsein, »wie ein Stein«. Für Śaṃkara bedeutet Erlösung soviel wie Eingehen in das Absolute. Die Hīnayāna-Buddhisten begnügten sich mit einer aus Negationen bestehenden Charakteristik des Erlösungszustandes, die Mahāyāna-Buddhisten fanden sich auch in dieser Frage zu Kompromissen mit der All-Einheitslehre der Hindus bereit.

Ob idealisiertes, gesteigertes irdisches Leben ohne Leid und ohne Ende, ob reine Geistigkeit, die in sich ruht und aus sich selbst schöpft, ob ewiger Ruhezustand oder einfaches Erlöschen: das Erlösungsangebot der indischen Weisheitslehrer war nicht weniger vielfältig als die Mannigfaltigkeit ihrer Schulen, Systeme, Sekten und Götter, wie ihr Ideenreichtum und ihre unerschöpfliche Phantasie.

2.5.5 Praktische Probleme

Auch die beiden anderen Fragen, die von Kant als Grundfragen allen Philosophierens angeführt werden: »Was sollen wir tun?« und »Was ist der Mensch?« erscheinen in der indischen Philosophie und werden auf unterschiedlichste Weise beantwortet. Die Ethik steht, im indischen wie im westlichen Denken, zwischen den naturwissenschaftlichen Disziplinen und den theologisch-metaphysischen. Als Inbegriff von Regeln und Handlungsanweisungen vermittelt sie zwischen dem Naturgeschehen und dem Heilsgeschehen, zwischen der Werdewelt und der Erlösung. Um die Vermittlung zu verwirklichen, setzen Ethik, Moral- und Rechtsphilosophie sowie Politik einen begrenzten Freiheitsspielraum des Menschen voraus. Das eigentliche Feld der Ethik ist die Entscheidung, ein noch lange nicht enträtseltes Phänomen, das, soweit man weiß, nur bei intelligenten Lebewesen vorkommt. Wer, wie die Cārvākas die metaphysische Dimension bestreitet, kann, wenigstens in der Theorie, auch auf Ethik, Moral und Sittlichkeit verzichten. Für die Materialisten sind religiöse Autorität und sittliche Vorschriften von Priestern und Herrschern ausgeklügelte Methoden zur Beherrschung der Massen. Der Materialist läßt nur die Wahrnehmungen der Sinne gelten. Folglich sind nur Unlust und Schmerz für ihn böse, Lust, Genuß, Besitz und Macht dagegen gut. Seine Erlösung ist der Tod, mit dem alles aus ist, im allgemeinen also Unlust, Beschwerden und Plagen des Alters. Wer klug ist, kümmert sich nicht um die Hirngespinste der Theologen und Moralisten, sondern genießt, soviel er vermag, und nimmt, soviel er bekommen kann. Die Mehrzahl indischer Philosophen glaubt indessen, daß sich die Weltordnung auch im Bereich menschlichen Handelns gleichsam fortsetzt, daß also auch hier gewisse Regeln gelten. Nur wer ihnen folgt, kann schließlich das Heil erlangen. Wie im Weltgeschehen die Naturkausalität herrscht, so im Bereich menschlicher Handlungen die Kausalität der Vergeltung, das karma. Die moralischen Gesetze sind somit ein Stück Weltordnung, so wie die Weltordnung dem aufmerksamen Menschen als eine moralische erscheint. Jede Verletzung der moralischen Normen fordert nach dem universalen Gesetz des *karma* einen Ausgleich, Genugtuung. Wer Böses tut, muß dafür büßen, wer Gutes tut, wird dafür belohnt, oder: Gutes und Böses tragen Lohn und Strafe in sich. In seinem gegenwärtigen Leben ist der Mensch zwar durch seine Taten in früheren Existenzen gebunden, aber er kann für sein künftiges Leben etwas tun, nämlich gutes *karma* sammeln und böses *karma* verringern. Das Ziel ist die allmähliche Befreiung aus dem *saṃsāra,* aus dem Kreislauf der Wiedergeburten. Der Mensch handelt dort also in erster Linie in eigenem Interesse, nicht um anderen nicht Böses zu tun, sondern um sich selbst Gutes zu tun. Die indische Ethik ist also primär Individualethik. Die Grundregel allen sittlichen Handelns lautet: »Was du nicht willst, das man dir tu, das füg' auch keinem andern zu.« Diese goldene Regel finden wir auch bei den alten Griechen, bei Christen und Chinesen. Für den Inder sind allerdings alle Lebewesen Objekt und Subjekt der Ethik. Das Gebot der Gewaltlosigkeit *(ahiṃsā)* gilt also auch gegenüber Tieren. Auch dafür gibt es bei uns im Westen Analogien, z. B. die Aufforderung an Kinder: »Quäle nie ein Tier zum Scherz, denn es fühlt wie du den Schmerz.«

In der indischen Ethik gibt es, wie bei uns, Erfolgsethik und Gesinnungsethik. Die eine mißt den Wert einer Handlung an ihren Folgen, die andere am Wollen. Natürlich fehlt es nicht an Versuchen, die Weltordnung und die Rangordnung der moralischen Werte mit dem Kastensystem, einer Machtordnung, in Verbindung zu bringen. Die Vorschriften einer Kaste gelten nicht unbedingt für eine andere: »Quod licet Jovi, non licet bovi« (Was Jupiter erlaubt ist, ist einem Ochsen nicht erlaubt). Ebensowenig läßt sich die auch im Kastenwesen verankerte Unterordnung der Frau unter den Mann moralisch oder naturphilosophisch rechtfertigen. Der radikal patriarchalische Zug des indischen Kastensystems ist gleichfalls Symptom einer Machtordnung. Ein Grundproblem in dieser Ethik ist die Frage, ob Aktivität oder Passivität den Vorrang hat. Für beide Auffassungen gibt es hinreichend Vertreter und Argumente. »Drei Asketen«, so heißt es in einer alten indischen Geschichte, »hatten durch ihre Leidenschaftslosigkeit die Wundergabe erlangt, daß sie ihre Mäntel freischwebend im Luftraum herabhängen lassen konnten. Da sahen sie, wie ein Reiher einem Fisch nachstellte. Der eine Büßer wünschte dem Fisch, daß er dem Verfolger entrönne, der andere, daß der hungrige Raubvogel die ihm gebührende Nahrung finden möge, der dritte dachte gar nichts. Da fielen die Mäntel der beiden Asketen, die in bester Absicht Partei genommen hatten, vom Himmel herab und nur der Mantel des dritten, der sich von jeder geistigen Aktivität ferngehalten hatte, schwebte weiter in den Lüften.«

Die Moral der Geschichte: jedes noch so moralische Urteil kann falsch, jedes noch so engagierte Handeln böse sein. Dazu paßt der viel zu wenig beachtete Satz Christi: »Kein Mensch ist gut, nur Gott ist gut.« Die zugrunde liegende indische Erkenntnis besagt, daß alles Handeln die Interessen anderer verletzt. Nichthandeln hat mindestens den Vorteil, daß weniger verletzt, beschädigt, zerstört wird, daß die absolute Anzahl der Gewalttaten, Verbrechen und Kriege geringer bleibt als beim Vorrang der Aktivität. Ob diese quietistische, antiaktivistische Rechnung aufgeht, ist allerdings eine andere Frage, die zu entscheiden unser Wissen schwerlich ausreicht.

Eine Grundeinsicht indischer Ethik besteht in der Erkenntnis der Relativität aller sittlichen Vorschriften, Werte und Normen. Damit hängt eine andere Eigentümlichkeit indischer Ethik zusammen. Es kann der Fall eintreten, daß ein Mensch, der eine hohe Moral erreicht hat, gewisser moralischer Pflichten entbunden ist. Einigen Texten zufolge darf z.B. ein Heiliger tun, was sonst streng verboten ist: Menschenfleisch essen, Wein trinken, mit Mädchen aus unreinen Kasten verkehren, ja sogar stehlen und morden. Solche Textstellen sind leicht mißzuverstehen und wurden oft mißverstanden. Sie besagen nicht, daß dem Heiligen alles erlaubt ist, sondern daß für den, der den Sinn aller Moral begriffen hat und sie auch praktiziert, in gewissen Konfliktfällen Ausnahmen gelten können. Schließlich ist die Moral zum Heil des Menschen da, nicht der Mensch um der Moral als solcher willen. Hier wäre etwa an den Tyrannenmord zu denken. Ähnliche Konfliktsituationen kommen bekanntlich in der ›Bhagavadgītā‹ zur Sprache. Sie sind dort nur mit göttlicher Hilfe lösbar. In Grenzsituationen wird der innige Zusammenhang von Ethik, Moral und Religion besonders deutlich.

2.5.6 Anthropologische Probleme

Von einem einheitlichen Menschenbild kann in der indischen Philosophie sowenig die Rede sein wie von einer einheitlichen Göttervorstellung oder einer einheitlichen Metaphysik. Wo sollte es auch herkommen bei der ethnischen und gesellschaftlichen Mannigfaltigkeit der Bevölkerung Indiens? Gemeinsam mit der westlichen Philosophie ist der indischen die Unterscheidung von Körper, Seele und Geist, aber schon hier gibt es auch charakteristische Unterschiede. In Indien wird die Grenze zwischen Organischem und Anorganischem nie so scharf gezogen wie im Westen, ebensowenig die Grenze zwischen Körper und Seele, geschweige denn Seele und Geist, wobei es auch im westlichen Denken unüberwindliche Schwierigkeiten gab. Auch die Begriffe Individuum und Person sind in der indischen Philosophie nicht so ausgeprägt wie in der westlichen. Zwischen Körper und Seele gibt es in der indischen Vorstellung mehr Übergangsformen, gröbere und feinere, gebundenere und freiere Leiber. Der Zusammenhang von Seele und Körper ist unterschiedlich, nach Meinung der Jainas so eng wie der von Feuer und heißem Eisen, nach Auffassung vieler Brahmanen wie der von einem Menschen und seinem Gewand, nach dem Urteil der Sāṃkhya-Anhänger besteht eine solche Verbindung überhaupt nicht. Sāṃkhya und Vedānta unterscheiden zwischen einem Feinleib und einem Grobleib. Dieser entsteht mit der Geburt und vergeht mit dem Tod, jener umhüllt die Seele bei all ihren Wiedergeburten und fällt erst bei der Erlösung ab. Der grobe Leib trägt die Sinnesorgane, der feine beherbergt die seelischen

Vermögen, den Lebenshauch, der den Grobleib »organisiert«, und überträgt das *karma* bei der Wiederverkörperung. Einige Vedāntins nehmen noch einen dritten, den Ursachenleib, an. Er besteht aus feinster Materie und ist für die Unwissenheit der Seele verantwortlich, da er ihre Erkenntnis des Absoluten verhindert und sie dadurch im *saṃsāra* festhält.

Zwischen den Entwicklungsstadien des indischen und des westlichen Geistbegriffs gibt es gewisse Ähnlichkeiten: allmähliche Entmaterialisierung bzw. Spiritualisierung, Abgrenzung der Geister gegenüber den Seelen, Zuordnung von einzelnen Geistmonaden zu Einzelseelen, Freiheitsgrade gegenüber diesen, Sterblichkeit oder Unsterblichkeit, Endlichkeit oder Unendlichkeit. Einige Nachfolger Śaṃkaras verbanden die fünf Erscheinungsformen des *ātman* als Ernährung, Lebenshauch, Denken, Erkennen und Wonne mit den drei genannten Leibarten und den vier Seelenzuständen Wachen, Traum, Tiefschlaf und Versenkung zu einem relativ geschlossenen Menschenbild.

Ihr prozessuales Verständnis der Wirklichkeit erlaubte es den Buddhisten, sowohl den Glauben an eine Urmaterie als auch den an ewige Geistmonaden preiszugeben. Nach Auffassung der Buddhisten sind Körper, Seele und Geist Konfigurationen, befristete Kombinationen von *dharmas*. Sie lassen sich im *nāma-rūpa*-Schema unterbringen, also als bloße Namen und Gestalten verstehen. Zwischen Tod und Wiedergeburt führen die (keineswegs unsterblichen) Seelen als Gandharva eine Art Zwischenexistenz. An der Frage, wie sich Individualität und Persönlichkeit in einer Welt ewigen Wechsels erhalten können, scheiterten die Buddhisten. Insgesamt besteht für die indische Philosophie zwischen dem Menschen und den übrigen Lebewesen ein nicht so großer Unterschied wie in den meisten westlichen Konzeptionen, ebensowenig zwischen dem Weltgeschehen und dem Lebensgeschehen, dem Geistesgeschehen und dem Naturgeschehen. Auf der einen Seite steht im indischen Denken der Mensch dem Tier näher, auf der anderen ist es für ihn leichter als im Westen, zum göttlichen Wesen aufzusteigen, denn Götter und Menschen erscheinen, wie bei den Griechen, in den einen Kosmos integriert und seinen Gesetzen unterworfen. Ob und wieweit Lehren des persischen Religionsstifters Zarathustra (ca. 600 v. Chr.?) indisches Denken beeinflußt haben, ist weitgehend ungeklärt. Am nächsten liegt die Annahme von Einflüssen im Bereich dualistischer Vorstellungen sowie der Feuer-Metaphysik. Insgesamt dürfte die Wirkung des Parsismus in westlicher Richtung stärker gewesen sein als in östlicher.

2.6 Indisches und westliches Denken

Die indische Metaphysik, die Vision, der Wunschtraum einer All-Einheit, wird erst auf dem Hintergrund der geographischen, ethnischen und sozialen Faktoren verständlich, welche diese Idee mitbestimmt haben. Sowenig Indien im Grunde ein Land ist, sondern aus einer Vielzahl von Ländern besteht, sowenig die Inder ein einheitliches Volk bilden, vielmehr aus einem Völkergemisch bestehen, sowenig das indische Kastensystem eine einheitliche Gesellschaft darstellt, sondern eine Vielfalt von Gesellschaften umfaßt, sowenig läßt sich eigentlich von einer indischen Philosophie sprechen, es sei denn, man erkennt als ihr Wesensmerkmal die Mannigfaltigkeit, den Pluralismus, die Verschiedenheit an. Hier liegt aber bereits ein grundlegender Unterschied zur europäischen Philosophie. Während diese zur Entzweiung neigt, sucht die indische die Entzweiung zu überwinden. Für die westliche Philosophie sind Analysen, Abstraktionen und Alternativen charakteristisch, für die indische dagegen Meditationen, Visionen und »Multinativen«.

Doch gibt es auch Ähnlichkeiten, sowohl dem Inhalt als auch der Entwicklung nach. Die indische Philosophie ging, wie die westliche, von den vier Elementen Erde, Wasser, Feuer und Luft aus. Am Anfang stand hier wie dort eine materialistische Konzeption, hier wie dort ging die Entwicklung von der Kosmologie zur Gesellschaftstheorie. In beiden Philosophien findet sich das Schema: Körper – Seele – Geist und entwickelte sich der Geistbegriff vom Körperlichen zum Spirituellen. Hier wie dort finden wir schließlich den Glauben an eine Seelenwanderung, an eine Weltordnung und eine ausgleichende Gerechtigkeit. Der griechischen Einteilung: Götter, Dämonen, Heroen entsprechen indische Unterscheidungen. Platons Gesellschaftsordnung beruht auf einer Dreiteilung, ebenso die indische. Der patriarchalische Grundzug verbindet indisches mit westlichem Denken. Allgemein läßt sich sagen: Je älter und je elementarer die Strukturen sind, desto mehr konvergieren indische und westliche Lehren.

Allerdings gibt es auch darin Ausnahmen. So ähnelt beispielsweise die buddhistische Konzeption von der Veränderlichkeit der Welt sowohl der heraklitischen als auch der modernen. Der (späte) Bhakti-Kult ähnelt der christlichen Liebesmetaphysik, das Universalienproblem des Mittelalters beschäftigte die Inder bereits sehr früh, und christliche Abkehr von der Welt und christliche Mystik haben in Indien manche Vorbilder. Allgemein gilt auch: je näher an den Problemen, desto größer die Ähnlichkeit.

Es lag nahe, Beeinflussungen in der einen oder anderen Richtung vorauszusetzen. Sie ließen sich aber für die frühen Perioden nicht nachweisen. Wahrscheinlicher sind parallele Entwicklungen, obwohl auch dort infolge der Lücken in der indischen Chronologie Unsicherheit besteht. Wechselwirkungen sind erst in neuerer Zeit festzustellen.

Die chronologischen Probleme der indischen Philosophie führen zu weiteren Unterschieden indischen und westlichen Denkens. Das Verhältnis zur Zeit ist ein anderes. Im Indischen fehlt die Tendenz zu präzisen Zeitangaben, es fehlen auch die Maßstäbe dafür. Im Indischen gibt es dafür mehr Kontinuität als im Westen, mehr Nuancen und Übergangsformen, und es fällt schwer, überhaupt zu unterscheiden. Die westliche Philosophie operiert mit Systemen, trennt scharf zwischen Glauben und Wissen und überläßt die Frage der Erlösung den Theologen. Die indische Philosophie ist auch Erlösungslehre, tendiert aber mehr zum Wissen: Erlösung durch Erkenntnis; Erkenntnis aber bedeutet Selbsterkenntnis. Die indische Philosophie, vor allem der *yoga*, ist wesentlich Weg zur Selbstbefreiung, weniger Lehre, Wissen oder bloße Technik. Daher kommen nicht zuletzt die Schwierigkeiten, wenn man im Westen die *yoga*-Technik übernehmen, nicht aber die religiösen und philosophischen Voraussetzungen mitvollziehen möchte. In der indischen Philosophie stellte sich das Realitätsproblem früher als im Westen, ebenso das Problem der Subjektivität. Die indische Ethik neigt zur Relativierung der Werte und ist durchweg Individualethik im Gegensatz zur christlich beeinflußten Ethik des Westens. In beiden Bereichen lassen sich jedoch Gesinnungs- und Erfolgsethik unterscheiden. In Indien wie im Westen nimmt die Ethik jedoch eine Art Zwischenstellung zwischen Naturphilosophie und Metaphysik ein. In der Theologie stehen die alten Inder den alten Griechen und Römern näher als dem Monotheismus des Christentums. Die indische Religion ist Naturreligion, die christliche Offenbarungsreligion. Das kommt den Beziehungen der indischen Philosophie zur traditionellen Naturphilosophie und zur modernen Naturwissenschaft zugute. Im Gegensatz zur christlichen Trinität, die zu endlosen Spekulationen Anlaß gab, vermittelt die Dreigottheit (Trimūrti) Brahman, Viṣṇu, Śiva eine naturphilosophische Einsicht in das prozeßhafte Weltgeschehen: Schaffen, Erhalten, Zerstören. In der indischen Religion und Philosophie erscheint, wie in der modernen Astronomie, das Modell der periodischen Weltentstehung. Auch hat darin die Aktivität nicht den Vorrang vor der Passivität wie in der westlichen. Hier wird die Mittelstellung der indischen zwischen westlicher und chinesischer Philosophie deutlich.

Geht man davon aus, daß Religion, Philosophie und Wissenschaft verschiedene Arten der Weltbewältigung darstellen, dann ist festzuhalten, daß die indische Philosophie im religiösen, das heißt im vorwissenschaftlichen Bereich stehenblieb. In Indien gab es keine Aufklärung, keine Befreiung aus selbstverschuldeter Unmündigkeit, hier fehlten die Voraussetzungen für solche Emanzipationsbewegungen. Die Herausforderungen der Natur und Umwelt, sodann der Gesellschaft, waren zu groß, der Mensch war ihnen in Indien nicht gewachsen. Im Westen trafen dagegen Bedingungen zusammen, die für eine Emanzipation der Wissenschaft und für die Entwicklung der Technik günstig waren: Entdeckungen und Erfindungen, also Weltzuwendung statt Weltabwendung, Spannung zwischen Glauben und Wissen, zwischen christlicher Offenbarung und sokratischem Zweifel sowie der Verzicht der Philosophie auf Erlösung und Heil. Philosophen und Wissenschaftler überließen die Erlösung den Theologen und verlegten ihr Heil in die Welterschließung und Weltbeherrschung. Für die Inder blieben Erkenntnis, Wissen, Heil und Erlösung eine untrennbare Einheit. Weltabkehr verband sich bei ihnen mit Einkehr ins eigene Innere. Diese Wendung zur Innerlichkeit war nicht zuletzt das Ergebnis unüberwindlicher Naturgewalten und eines mächtigen Feudalsystems, aus dem sie sich nie zu befreien vermochten. Sie verlegten die Befreiung ins Innere – gewiß eine Art Eskapismus, ein Ersatz, aber auch eine kulturschöpferische Leistung. Zur westlichen Mentalität gehört die Liebe zum (scheinbar) Unmöglichen, das prometheische Nein zum Nein der Natur oder zum Nein der Gesellschaft, die Unzufriedenheit mit dem Bestehenden, auch dem eigenen Glück, mit Erlösung und Heil im Jenseits.

Zwei Beispiele mögen zum Schluß den Unterschied von indischem und westlichem Denken verdeutlichen. Während sich die Mönche im Kloster Thyangboche (Nepal) seit Urzeiten damit begnügen, Chomo-longma, die Welten-Mutter, ehrfürchtig anzuschauen und zu verehren, ruhten westliche Initiative und Tatkraft nicht eher, bis der einmal entdeckte und vermessene höchste Berg dieser Erde, der Mount Everest, bestiegen war (29. Mai 1953), ja nicht einmal dann. Es begann ein Wettlauf der besten Bergsteiger um weitere Aufstiegsrouten. Als auch diese bewältigt waren, entspann sich ein Streit darüber, ob der Gipfel ohne Sauerstoffgerät zu erreichen sei, und auch das gelang schließlich.

Während Zen-Buddhisten über den Mond und seine Spiegelbilder im Wasser meditierten, die sie in einem wundervollen Gleichnis mit den Einzelwahrheiten und ihrem Verhältnis zur ganzen Wahrheit verglichen, betrat am 21. Juli 1969, nur 16 Jahre nach der Erstbesteigung des Mount Everest, zum ersten Mal ein Mensch den Mond (3.57 Uhr MEZ).

Die Beispiele lassen sich beliebig vermehren: Freiheit, Demokratie, Menschenrechte, Fliegen, Erforschung des Meeresbodens, Raumstationen. Im Westen ging man daran, Visionen zu verwirklichen, in Indien blieben sie Träume, Wünsche, oder man ließ sich das Gesetz des Handelns von andern aufzwingen. Aber auch Träume gehören zur Wirklichkeit. Die Begegnung mit der indischen Philosophie kann unser erlahmendes Vermögen zu träumen wiederbeleben und einen geistigen Austausch bewirken, der beiden Seiten nützt.

Literaturhinweise

Abe, M.: Zen and Western Thought. London 1985.
Abegg, E.: Indische Psychologie. 2. Aufl., Zürich 1955.
Bagchi, P. Ch.: India and China. A Thousand Years of Cultural Relations. 2. Aufl., New York 1951.
Banerjee, V.: The Spirit of Indian Philosophy. London 1975.
Basham, A. L.: The Wonder That Was India. 3. Aufl., Kalkutta 1971.

Bazaz, P. N.: The Role of Bhagavadgîtâ in Indian History. Delhi 1975.
Bechert, H. (Hrsg.): Einführung in die Indologie: Stand, Methoden, Aufgaben. Darmstadt 1979.
Bechert, H. u. R. Gombrich (Hrsg.): Die Welt des Buddhismus. München 1984.
Bernard, Th.: Hindu Philosophy. Delhi 1981.
Biardeau, M.: Théorie de la connaissance et philosophie de la parole dans le brahmanisme classique. Paris 1964.
The Cambridge History of India. 6 Bde, Cambridge 1922 ff.
Cardona, G.: Pāṇini. A Survey of Research. Delhi 1980.
Chattopadhyaya, D.: Lokâyata. A Study in Ancient Indian Materialism. 4. Aufl., New Delhi 1978.
Ders. (Hrsg.): Studies in the History of Indian Philosophy. 3 Bde, Kalkutta 1978/79.
Conze, E.: Der Buddhismus. Wesen und Entwicklung. 4. Aufl., Stuttgart 1971.
Ders.: Buddhist Thought in India. Three Phases of Buddhist Philosophy. London, Boston, Sidney 1983.
Coward, H. G. (Hrsg.): Studies in Indian Thought. Delhi 1983.
Dasgupta, S.: Philosophical Essays. Repr. Delhi 1982.
Deussen, P.: Sechzig Upanishad's des Veda. 3. Aufl., Leipzig 1921.
Ders.: Die Philosophie der Upanishad's. 5. Aufl., Leipzig 1922.
Deutsch, E. u. J. A. van Buitenen: A Source Book of Advaita Vedânta. Honolulu 1971.
Eidlitz, W.: Kṛṣṇa-Caitanya. Stockholm 1968.
Eliade, M.: Yoga, Unsterblichkeit und Freiheit. Zürich 1960.
Fantone, V.: The Philosophy of Nāgārjuna. Delhi 1981.
Frauwallner, E.: Geschichte der indischen Philosophie. 2 Bde, Salzburg 1953–1956.
Ders.: Aus der Philosophie der śivaitischen Systeme. Berlin 1962.
Ders.: Die Entstehung der buddhistischen Systeme. Göttingen 1971.
Ders.: Nachgelassene Werke. Wien 1984.
Mahatma Gandhis Autobiographie. Die Geschichte meiner Experimente mit der Wahrheit. Freiburg i. Br. 1960.
Glasenapp, H. v.: Der Jainismus. Berlin 1925.
Ders.: Von Buddha zu Gandhi. Tübingen 1934.
Ders.: Der Buddhismus in Indien und im fernen Osten. Berlin, Zürich 1936.
Ders.: Unsterblichkeit und Erlösung in den indischen Religionen. Halle 1938.
Ders.: Entwicklungsstufen des indischen Denkens. Untersuchungen über die Philosophie der Brahmanen und Buddhisten. Halle 1940.
Ders.: Die Weisheit des Buddha. Baden-Baden 1946.
Ders.: Der Stufenweg zum Göttlichen. Shankaras Philosophie der All-Einheit. Baden-Baden 1948.
Ders.: Kant und die Religionen des Ostens. Würzburg 1954.

Ders.: Indische Geisteswelt. Baden-Baden 1958.
Ders.: Die Philosophie der Inder. 3. Aufl., Stuttgart 1974.
Ders.: Ausgewählte kleine Schriften. Wiesbaden 1980.
Goetz, H.: Geschichte Indiens. Stuttgart 1962.
Goudriaan, T. u. S. Gupta: Hindu Tantric and Sâkta Literature. Wiesbaden 1981.
Gupta, S.: The Problem of Relation in Indian Philosophy. Delhi 1984.
Hager, B.: Die Entwicklung des Māyā-Begriffes im Indo-Arischen. Freiburg i.Br. 1983.
Halbfass, W.: Indien und Europa. Perspektiven ihrer geistigen Begegnung. Basel 1981.
Hanefeld, E.: Philosophische Haupttexte der älteren Upanishaden. Wiesbaden 1976.
Hauer, J. W.: Yoga. Ein indischer Weg zum Selbst. 2. Aufl., Stuttgart 1958.
Herbert, J.: Wege zum Hinduismus. Zürich 1951.
Hohenberger, A.: Râmânuja. Bonn 1960.
Hulin, M.: Sâmkhya Literature. Wiesbaden 1978.
Iida, Sh.: Reason and Emptiness. A Study in Logic and Mysticism. Tokio 1980.
Izutsu, T.: Sufism and Taoism. Berkeley 1984.
Jacobi, H.: Kleine Schriften. 2 Bde, Wiesbaden 1970.
Kanitscheider, B.: Grundfragen der buddhistischen Philosophie. Innsbruck 1969.
Katz, N. (Hrsg.): Buddhist and Western Philosophy. Delhi 1981.
Kirthisinghe, B. P. (Hrsg.): Buddhism and Science. Delhi 1984.
Kloetzli, R.: Buddhist Cosmology. Delhi 1983.
Kochumuttom, Th. A.: A Buddhist Doctrine of Experience. A New Translation and Interpretation of the Works of Vasubandhu the Yogācārin. Delhi 1982.
Krishnamurti, J.: The Ending of Time. London 1985.
Lal, B. K.: Contemporary Indian Philosophy. 2. Aufl., Delhi 1978.
Lamotte, E. (Übers.): Le traité de la grande vertu de sagesse. 5 Bde, Louvain-la-Neuve 1944-1981.
Larson, G. J.: Classical Sâmkhya. An Interpretation of Its History and Meaning. 2. Aufl., Delhi 1979.
Lienhard, S. (Übers.): Bhagavadgîta. Baden-Baden 1958.
Lindtner, Chr.: Nāgārjuniana. Studies in the Writings and Philosophy of Nāgārjuna. Kopenhagen 1982.
Lin Yutang: The Wisdom of China and India. New York 1942.
Matilal, B. K.: Nyâya-Vaiśeṣika. Wiesbaden 1977.
Mensching, G.: Die Bedeutung des Leidens im Buddhismus und Christentum. 2. Aufl., Gießen 1930.
Ders.: Buddhistische Geisteswelt. Darmstadt 1955.
Ders.: Buddha und Christus. Stuttgart 1978.
Miller, J.: The Vision of Cosmic Order in the Vedas. London 1985.

Mishra, R. S.: Vollendung durch Yoga. Bern 1985.
Mukhopadhyay, P. K.: Indian Realism. A Rigorous Descriptive Metaphysics. Kalkutta 1984.
Müller, F. M.: Indien in seiner weltgeschichtlichen Bedeutung (1884). In: Ausgewählte Werke, 1900.
Ders.: Six Systems of Indian Philosophy. Repr., London, New York 1977.
Murti, T. R.: Studies in Indian Thought. Columbia Univ. Press 1983.
Mylins, K.: Die Bhagavadgîtâ. Wiesbaden 1980.
Ders.: Älteste indische Dichtung und Prosa. Wiesbaden 1981.
Nakamura, H.: The Religions and Philosophies of India. 4 Bde, Tokio 1973/74.
Ders.: Indian Buddhism. A Survey with Bibliographical Notes. Tokio 1980.
Ders.: A History of Early Vedanta Philosophy. Delhi 1983.
Narada, U.: The Buddha and His Teachings. 2. Aufl., Colombo 1973.
Oberhammer, G. (Hrsg.): Beiträge zur Geistesgeschichte Indiens. In: Festschrift Erich Frauwallner. Wien 1968.
Ders.: Wahrheit und Transzendenz. Ein Beitrag zur Spiritualität d. Nyāya. 1984.
Odin, St.: Process Metaphysics and Huan-yen Buddhism. Albany, N. Y. 1982.
Oldenberg, H.: Die Religion des Veda. 2. Aufl., Berlin 1917.
Ders.: Die Weltanschauung der Brahmana-Texte. Göttingen 1919.
Ders.: Die Lehre der Upanishaden und die Anfänge des Buddhismus. 2. Aufl., Göttingen 1923.
Otto, R.: West-östliche Mystik. 2. Aufl., Gotha 1929.
Padmarajiah, Y.: A Comparative Study of the Jaina Theories of Reality and Knowledge. Delhi 1986.
Piatigorsky, A.: The Buddhist Philosophy of Thought. London, Dublin 1984.
Portmann, J. J.: Die Fruchtbarkeit der Grundgedanken des Vedanta für die abendländische philosophische Problematik. In: Kant-Studien 51 (1959/60).
Potter, K. H. (Hrsg.): Encyclopedia of Indian Philosophies. 2. Aufl., Delhi 1983.
Puthiadam, I.: Gott, Welt und Mensch bei Madhva. Diss. phil. Münster 1969.
Radhakrishnan, S.: Indische Philosophie. 2 Bde, Darmstadt 1955–56.
Ders. u. Ch. A. Moore: A Source Book in Indian Philosophy. Princeton, Bombay, Oxford 1957.
Ders.: Westliches und östliches Denken. München 1961.
Rau, W.: Staat und Gesellschaft im alten Indien. Wiesbaden 1957.
Richards, G.: A Source Book of Modern Hinduism. London 1985.
Rosenberg, O.: Die Probleme der buddhistischen Philosophie. Heidelberg 1924.

Ruben, W.: Zur indischen Erkenntnistheorie. Leipzig 1926.
Ders.: Die Philosophen der Upanishaden. Bern 1947.
Ders.: Geschichte der indischen Philosophie. Bern 1954.
Ders.: Beginn der Philosophie in Indien. Berlin 1955.
Ruegg, D. S.: The Literature of the Mādhyamika School of Philosophy in India. Wiesbaden 1981.
Rüping, K.: Studien zur Frühgeschichte der Vedânta-Philosophie. Wiesbaden 1977.
The Sacred Books of the East. 50 Bde, Hrsg. F. M. Müller. Oxford 1879–1910.
Saveri, N. M.: Die Metaphysik des Shaiva-Siddhānta-Systems. St. Ottilien 1985.
Schrader, O.: Kleine Schriften. Wiesbaden 1983.
Schreiner, P.: Yoga. Grundlagen, Methoden, Ziele. Köln 1979.
Schumann, H. W.: Buddhismus. Stifter, Schulen und Systeme. Olten 1976.
Sen, D.: The Concept of Knowledge in Indian Theories. Kalkutta 1984.
Singh, A.: The Heart of Buddhist Philosophy – Dinnaga and Dharmakīrti. New Delhi 1984.
Sivaraman, K.: Saivism in Philosophical Perspective. Delhi 1973.
Suzuki, D. T.: Die große Befreiung. Einführung in den Zen-Buddhismus. Hrsg. v. H. Zimmer. 4. Aufl., Zürich 1958.
Thieme, P. (Hrsg. u. Übers.): Upanishaden. Stuttgart 1966.
Tigunait, P. R.: Seven Systems of Indian Philosophy. Glenview 1983.
Torwesten, H.: Vedanta. Kern des Hinduismus. Olten 1985.
Tucci, G.: Storia della filosofia indiana. 2 Bde, 2. Aufl., Rom 1977.
Tulpule, Sh. G.: Mysticism in Medieval India. Wiesbaden 1984.
Upadhyaya, K. N.: Early Buddhism and the Bhagavadgîtâ. Delhi 1971.
Upanishaden – Altindische Weisheit. Brahmanas und Upanishaden. Hrsg. v. A. Hillebrandt. Düsseldorf 1958.
Verdu, A.: Abstraktion und Intuition als Wege zur Wahrheit in Yoga und Zen. München 1965.
Ders.: The Philosophy of Buddhism. Den Haag 1981.
Vetter, T.: Studien zur Lehre und Entwicklung Śaṃkaras. Wien 1979.
Vivekananda, S.: Jñāna-Yoga. 3 Bde, 2. Aufl., Zürich 1949.
Ders.: Rāja-Yoga. Zürich 1951.
Ders.: Karma-Yoga und Bhakti-Yoga. Zürich 1953.
Ders.: Erkenntnisse des Hinduismus. Wien 1953.
Walker, B.: Hindu World. An Encyclopedic Survey of Hinduism. 2 Bde, London 1968.
Ders.: Tantrism. Its Secret Principles and Practices. Wellingborough 1982.
Warder, A. K.: Indian Buddhism. 2. Aufl., Delhi 1980.
Watanabe, F.: Philosophy and Its Development in the Nikayas and Abhidhamma. Delhi 1983.

Winternitz, M.: Geschichte der indischen Literatur. 3 Bde, Leipzig 1905–1922.
Ders.: A General Index to the Names and Subject-Matter of the Sacred Books of the East. Oxford 1910.
Woods, J. H.: The Yoga-System of Patañjali. 3. Aufl., Delhi 1966.
Zaehner, R. Ch.: The Bhagavadgîtâ (mit Komm.). Oxford 1969.
Zimmer, H.: Gesammelte Werke. Zürich 1951 ff.
Ders.: Maya. 2. Aufl., Zürich 1952 (Gesammelte Werke, Bd. 2).
Ders.: Philosophie und Religion Indiens. Zürich 1961.
Ders.: Die indische Weltmutter. Frankfurt 1980.

3 China

3.1 Voraussetzungen

3.1.1 Chinesisches Denken

Chinesisches Denken bereitet westlichen Forschern durchweg mehr Schwierigkeiten als das indische. Das trifft auch für den Philosophiehistoriker zu, wenngleich die Ausrichtung der chinesischen Philosophie auf praktische Probleme, wenigstens thematisch, eine gewisse Erleichterung mit sich bringt. In Fragen der Chronologie und Biographie liegen die Dinge etwas besser als im indischen Bereich, entsprechen aber noch lange nicht westlichen Maßstäben. Die Problemsituation ist dagegen eine wesentlich andere. Für das Verhältnis der chinesischen Probleme der Philosophie zu denen des Westens gilt weder die Konvergenz in elementaren Bereichen noch die der Anciennität in gleichem Maß wie für indische und westliche Problembereiche. Charakteristisch für das chinesische Denken ist das Zurücktreten epistemologischer, logischer und methodischer, metaphysischer und naturphilosophischer Probleme, einmal im Vergleich zu Indien, mehr noch im Vergleich zur westlichen Philosophie. Im Unterschied zum Westen und ähnlich wie in Indien blieb ein Durchbruch ins neuzeitlich-moderne Denken aus, der nur im Westen stattfand. China und Indien blieben auf der, am Westen gemessen, mittelalterlichen Stufe philosophischer Entwicklung stehen. Gleichwohl gibt es beträchtliche Unterschiede zwischen chinesischem und indischem Denken sowohl in der Systematik als auch in der Entwicklung. Westliches Denken ist systematischer und entwicklungsfähiger als indisches, dieses wiederum mannigfaltiger, systematischer und flexibler als das chinesische. China hat Indien und dem Westen eine Art monolithischer Einheit des Denkens voraus, vermittelt durch die überragende Gestalt des Konfuzius, desgleichen Kontinuität und Wirkung im erzieherisch-politischen Bereich. Die Herausforderung der

Natur an den Menschen war in China nicht ganz so groß wie in Indien, aber größer als in Europa. Die gesellschaftlichen Herausforderungen in Indien und China überforderten aber wohl die Menschen in beiden Ländern: dort das rigide brahmanische Kastensystem, hier das unselige Feudalsystem, beides Arten einer »Despotie des Schreckens«. Die Entdeckung der Neuen Welt und der Kugelgestalt der Erde, Renaissance, Humanismus und Reformation brachten die westliche Welt wirtschaftlich, gesellschaftlich und geistig in Bewegung, in China und Indien blieben entsprechende Bewegungen aus. Daher stagnierte das Leben hier wie dort, wenn es auch China, nicht zuletzt dank seiner Lage, besser gelang, seine Eigenart zu bewahren. Im Westen erfolgte der große Durchbruch: Weltzuwendung, Weltgestaltung, Weltbeherrschung. Das doppelte Nein – zum Nein der Natur und zum Nein der Gesellschaft – war, dank der relativ günstigen Naturbedingungen und nicht zuletzt infolge der revolutionären Energie des Christentums, von Erfolg gekrönt. Hinzu kamen schöpferische Unruhe, rastlose Tätigkeit, Streben ins Unendliche, Mut, Initiative, freudige Annahme von Herausforderungen, auf geistigem Gebiet die analytische Grundorientierung seit Sokrates, Platon und Aristoteles (›Analytica‹!), die Gaben hoher Abstraktion und strenger Methodik sowie ein unstillbarer Trieb nach Erkenntnis um der Erkenntnis willen. Mit der Fähigkeit, bei Unterscheidungen alternativ zu denken, verband sich bei Entscheidungen folgerichtiges Durchsetzungsvermögen, im Gegensatz zu hinduistisch-buddhistischem Quietismus oder konfuzianischem Konservativismus. Die Neigung zum Meditativen, Intuitiven und Visionären verbindet indisches und chinesisches Denken im gemeinsamen Gegensatz zum westlichen, das mehr abstrakt-diskursiv, alternativ, analytisch, methodisch verfährt.

Was die philosophischen Grundprobleme betrifft, so greift die Kantische Einteilung in theoretische, praktische, religiös-metaphysische und anthropologische Probleme im chinesischen Denkbereich viel weniger als im indischen. Eine ähnliche Entwicklung vom Materialismus zum Spiritualismus wie in Indien und Griechenland läßt sich in China schwerlich nachweisen, ebensowenig eine Entwicklung von der Kosmologie zur Gesellschaftstheorie. Wesentliche Bestandteile indischen und westlichen Denkens mangeln dem chinesischen fast völlig, z.B. das Schema Körper – Seele – Geist, die Seelenwanderungslehre, die Einteilung in Götter, Dämonen und Heroen, das Universalienproblem sowie die Probleme der Realität und Subjektivität. Spezifisch chinesisch sind die Konzentration auf den ethischen, moralischen, politischen und erzieherischen Bereich, ein positivistisch-realistischer Grundzug, das Streben nach Glück und Zufriedenheit im Diesseits aufgrund einer sehr differenzierten Ordnung zwischenmenschlicher Beziehungen, einerseits Weltzuwendung und Optimismus, andererseits Observanz und Etikette. Typisch indisch sind Weltabwendung und Erlösungsorientierung, Individualethik und Innerlichkeit, spezifisch westlich der unbedingte Wahrheitswille, die konsequente Trennung von Allgemeinem und Besonderem, Emanzipationsdrang und das Streben nach gesellschaftlicher Unabhängigkeit. Eigentümlich chinesisch und indisch, im Unterschied zum westlichen Denken, ist die Fügung in das als für unvermeidlich Empfundene, im Hinblick auf das Naturgeschehen wie auf gesellschaftliche Zustände. Mehr oder weniger sublimiertes Freiheitsbedürfnis, Individualismus und Innerlichkeit verbinden indisches Denken mit dem westlichen, westliches mit chinesischem dagegen die Suche nach dem besten Staat, nach optimalen Regierungs- und Herrschaftsformen. Chinesischem, indischem und westlichem Denken, wenigstens dem jeweils traditionellen, ist der patriarchalische Grundzug gemeinsam sowie die Suche nach einem Zusammenhang zwischen Welt- und Gesellschaftsordnung. Das allgemeine philosophische Orientierungsschema: Welt – Mensch – Überwelt läßt sich prinzipiell auf chinesisches wie auf indisches und westliches Denken anwenden. Darüber hinaus gibt es Ähnlichkeiten in sehr elementaren Bereichen, die jedoch genauer erforscht werden müssen, bevor man weiter ins Detail gehen kann.

Was für die Grundprobleme zutrifft, gilt auch für die Schlüsselbegriffe. Bei dem Versuch, sie ins Chinesische zu übersetzen, gab es erhebliche Schwierigkeiten. *Ātman* erscheint als *wo* (*ego*, Ich), *brahman* ist so gut wie unübersetzbar und kann nur im allgemeinsten Sinn mit Tao *(dao)* wiedergegeben werden[1]. *Nirvāṇa* umschrieb man mit *wu-wei* (wuwei, Nichthandeln), *saṃsāra* und *mokṣa* sind kaum adäquat übersetzbar, für *karma* findet man *yeh* (ye), am ehesten paßt noch *huan* für *māyā.* Bei der Rezeption der buddhistischen Terminologie ergaben sich dar-

[1] Wo die neue chinesische Schreibweise (Pinyin) von der Standard-Schreibweise (Wade) abweicht, wird sie (beim ersten Vorkommen) in Klammern hinzugefügt.

aus Probleme, daß der philosophische Wortschatz der Chinesen nicht zur Wiedergabe der zahlreichen und subtilen buddhistischen Unterscheidungen ausreichte. Es kam daher zu folgenschweren Mißverständnissen, z.B. bei der Wiedergabe des buddhistischen Seelenbegriffes durch den chinesischen Begriff shen, des *karma*-Trägers durch ein unsterbliches Geistwesen. Sofern fremde Termini ins Chinesische übersetzt wurden, verloren sie ihre ursprüngliche Bedeutung, sofern sie übernommen wurden, blieben sie fremdartige Gebilde.

Von einer Entwicklung der chinesischen Philosophie kann ebensowenig die Rede sein wie von Systemen. Das aus der griechischen Geistesgeschichte entlehnte Schema »Vom Mythos zum Logos« paßt zwar auf indische, nicht aber auf chinesische Entwicklungen, schon deshalb nicht, weil es im Chinesischen kaum Mythen gibt: »Es ist ein absolut unmythologisches Volk.«[2] Ein anderer Grund, der die Beschäftigung mit chinesischer Philosophie erschwert, ist die relativ spät einsetzende, vergleichsweise langsam voranschreitende und mit mancherlei Vorurteilen belastete Rezeption.

Im Altertum hatten in Europa die Römer eine ungefähre Kenntnis von China. Sie nannten die Chinesen nach dem chinesischen Wort *si* (xi) für Seide die Seres. Zur Zeit der Herrschaft der Araber und später der Mongolen hat es wahrscheinlich einige weitere Kontakte gegeben, in deren Verlauf die Europäer von den Chinesen auf indirektem Weg die Seidenkultur kennenlernten, diese von jenen die Glasherstellung. Im Mittelalter bereiste der Venezianer Marco Polo von 1272–1292 China. Er gewann die Gunst des damaligen Mongolenherrschers und verwaltete sogar in dessen Auftrag eine Provinz. In seinen Reisebeschreibungen berichtete er über die in der Yüan(Yuan)-Dynastie (1279–1368) einsetzende kulturelle Blüte. Daheim schenkte man seinen Berichten keinen Glauben und hielt ihn für einen Phantasten. Pionierarbeit leisteten später die jesuitischen Missionare. Das Chinabild des 17. und 18. Jahrhunderts beruht weitgehend auf Übersetzungen und Darstellungen der Jesuitenpatres. Mit ihnen korrespondierte Gottfried Wilhelm Leibniz (1646–1716) ausführlich und ergiebig. Er war einer der wenigen europäischen Denker, welche die Bedeutung der chinesischen Kultur für den Westen erkannten. Weit entfernt von der, wie

[2] Friedrich Wilhelm Josef von Schelling, Philosophie der Mythologie. Stuttgart 1857, S. 521.

gegenüber den Indern so auch gegenüber den Chinesen weit verbreiteten Überheblichkeit, schlug er sogar eine Art Kulturaustausch mit China vor. Man solle chinesische Philosophen in den Westen einladen, um von ihnen zu lernen: »Jedenfalls scheint mir die Lage unserer hiesigen Verhältnisse angesichts des ins Unermeßliche wachsenden moralischen Verfalls so zu sein, daß es beinahe notwendig erscheint, daß man Missionare der Chinesen zu uns schickt, die uns Anwendung und Praxis einer natürlichen Theologie lehren könnten, in gleicher Weise, wie wir ihnen Leute senden, die sie die geoffenbarte Theologie lehren sollen. Ich glaube daher: Wäre ein weiser Mann zum Schiedsrichter nicht über die Schönheit von Göttinnen, sondern über die Vortrefflichkeit von Völkern gewählt worden, würde er den goldenen Apfel den Chinesen geben, wenn wir sie nicht gerade in einer Hinsicht, die aber freilich außerhalb menschlicher Möglichkeiten liegt, überträfen, nämlich durch das göttliche Geschenk der christlichen Religion.«[3]

Leibniz besaß, im Gegensatz zu manchen zeitgenössischen und späteren Autoren, solide Kenntnisse von der chinesischen Kultur. Er analysierte beispielsweise in dem ›Lettre sur la philosophie Chinoise à Nicolas de Rémond‹ (1716) die fundamentalen chinesischen Begriffe *li* (angemessenes Verhalten) und *t'ien* (tian, Himmel). Er erkannte den inneren Zusammenhang, den die chinesische Philosophie zwischen Menschenwelt und Überwelt annimmt. Das für die moderne Computertechnik wichtige binäre System erweist sich als eine aus ältesten chinesischen Quellen (I-ching; Yijing) stammende, von Leibniz wiederentdeckte Zahlenordnung. Ordnet man der 0 eine unterbrochene Linie zu, der 1 eine ununterbrochene, so ergeben sich danach acht Trigramme sowie folgendes binäre System:

111

110

101

100

[3] Vorwort zu: Novissima Sinica (1697). In: Das Neueste von China. Hrsg. u. übers. v. Heinz Günther Nesselrath u. Hermann Reinbothe. Köln 1979, S. 17.

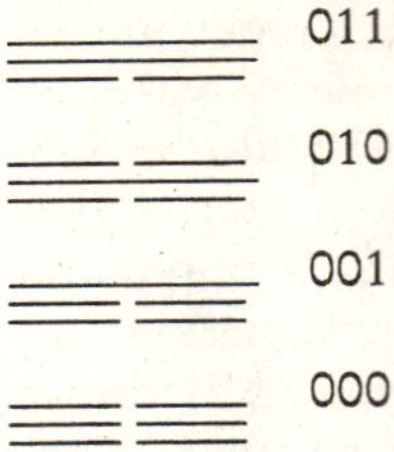

Der Leibnizschüler Christian Wolff hielt 1721 in Halle seine Prorektoratsrede ›De Sinarum philosophia practica‹ (Über die praktische Philosophie der Chinesen). Wolff wurde des Atheismus beschuldigt und entlassen, 1740 jedoch von Friedrich II. nach Leipzig berufen. Der Preußenkönig verdankte seine China-Kenntnisse vor allem Voltaire und Wolff. Er ließ in Sanssouci ein chinesisches Teehaus errichten und verfaßte, nach dem Vorbild der ›Lettres persanes‹ von Montesquieu seine ›Relation de Phihihu, émissaire de l'empereur de la Chine en Europe, traduit du Chinois‹, worin er ein positives Chinabild mit Kritik an der Kurie verband. 1715 hatte Papst Clemens IX. (1700–1712) die Bulle ›Ex illa die‹ erlassen. Sie untersagte Katholiken in China die Teilnahme an Staatskulten, obwohl diese ohne religiöse Bedeutung waren. Der erzürnte chinesische Kaiser Sheng-tsu (Shengzu) verbot darauf die Missionierung. Der Kulturaustausch stockte. Die im Rokoko-Zeitalter vorherrschende positive Phase der China-Rezeption wurde um die Mitte des 18. Jahrhunderts durch eine negative abgelöst. Dafür gab es nicht nur ideologische, sondern auch handfeste wirtschaftliche Motive, die vielleicht sogar den Ausschlag gaben. Die Begeisterung des Preußenkönigs für China schwand merklich, als sich seine Hoffnungen, die er auf einen regeren Handel mit China setzte, nicht erfüllten. Chinesische Porzellan- und Lackwaren, Seide und Tapeten hatten im Westen eine Art China-Boom ausgelöst. Für die Fürsten wurden chinesische Zimmer oder Pavillons zu Prestigestücken. Als die chinesische Regierung ihr agrarwirtschaftlich orientiertes Land westlichem Merkantilismus nicht oder nicht genügend öffnete, reagierte der Westen aggressiv. Rassendünkel und Kanonen lösten das Zeitalter der Chinoiserie und des Kulturaustausches ab. Theologisch-ideologischer Imperialismus verband sich mit dem politischen.

Es wäre ein Wunder, wenn der geistig-moralische Verfall, den Leibniz bereits diagnostizierte, nicht auch die Philosophie ergriffen hätte. Im Chinabild Kants, eines ebenfalls vorzüglichen Kenners der chinesischen Verhältnisse, wenn auch nicht aus so authentischen Quellen wie Leibniz schöpfend, überwiegen noch die positiven Züge. Er bewunderte die Chinesen wegen des hohen Standes ihrer Zivilisation, ihrer Kanäle, Brücken und des Städtebaus, ebenso aber auch wegen ihrer moralischen Qualitäten, ihrer Gelassenheit, ihrer Geduld, ihrer Nachsicht und ihrem Fleiß, und nicht zuletzt wegen des hohen Standes ihrer Künste und Wissenschaften sowie der Philosophie. In der Zeit nach Kant nimmt die Kritik an China zu. An die Stelle von Sachkunde, sorgfältigen Studien und authentischen Informationen treten Vorurteile, Konstruktionen und Hypothesen. Die Auslassungen Hegels, Schellings und Nietzsches lassen vielsagende Rückschlüsse auf die geistige Entwicklung zu, die sich als ideologisch gefärbte Bewußtseinstrübung im Gefolge des imperialistischen Zeitgeistes und seiner Träume von Weltherrschaft verstehen lassen.

Hegel: »China und Indien liegen gleichsam noch außer der Weltgeschichte ... Die Chinesen sind einem unendlichen Aberglauben ergeben ... Was hier wissenschaftlich heißen kann, ist empirischer Natur und steht lediglich im Dienste des Nützlichen für den Staat und für seine und der Individuen Bedürfnisse ... Was die Mathematik anbetrifft, so verstehen sie sehr wohl zu rechnen, aber die höhere Seite der Wissenschaft ist ihnen unbekannt ... Dies ist der Charakter des chinesischen Volkes nach allen Seiten hin. Das Ausgezeichnete desselben ist, daß alles, was zum Geist gehört, freie Sittlichkeit, Moralität, Gemüt, innere Religion, Wissenschaft und Kunst entfernt ist.«[4] Hegels ausdrückliche Kritik an Leibnizens Auffassung der chinesischen Sprache beweist weniger die Unzulänglichkeit des Chinesischen oder die Verkehrtheit der Leibnizischen Interpretation als die Fragwürdigkeit von Hegels Apriorismus und seiner Dialektik.

Schelling: »Die Chinesen sind gar kein Volk, sie sind eine bloße Menschheit ... Das ganze chinesische Staatswesen beruht auf einer ebenso blinden und dem chinesischen Bewußtsein unüberwindlichen Superstition, als das Religionswesen Indiens ... Es gibt in China weder erblichen Adel noch andere durch die Geburt abgesonderte Stände. Aller Unterschied wird bloß her-

[4] Georg Wilhelm Friedrich Hegel, Vorlesungen über die Philosophie der Religion. Frankfurt 1969, S. 319ff.

vorgebracht durch das Amt und durch die Funktion im Staat, zu der jeder ohne Unterschied berufen werden kann.«

Wie die Chinesen, nach Schelling, eigentlich kein Volk sind, haben sie eigentlich auch keine Sprache: »Das Chinesische ist für uns wie eine Sprache aus einer anderen Welt, und wenn man eine Definition der Sprache nach dem Sinn geben wollte, in welchem die anderen Idiome Sprache heißen, so würde man in die Notwendigkeit kommen zu gestehen, daß die chinesische Sprache gar keine Sprache ist, wie die chinesische Menschheit kein Volk ist.«[5]

Beschränkt sich Hegel darauf, Leibniz die »Verkehrtheit« seiner Auffassung von der chinesischen Sprache vorzuhalten, kritisiert, vielmehr karikiert Nietzsche gleich beide, Kant und die Chinesen, in einem Atemzug: »Kritiker sind Werkzeuge des Philosophen und eben darum, als Werkzeuge, noch lange nicht selbst Philosophen! Auch der große Chinese von Königsberg war nur ein großer Kritiker.«[6]

Neben der philosophischen China-Rezeption, die immer mehr an Bedeutung verlor, entwickelte sich eine wissenschaftliche, die vor allem im 20. Jahrhundert dazu beitrug, die Vorurteile gegenüber chinesischer Religion, Sprache und Philosophie langsam abzubauen. Der französische Enzyklopädist Denis Diderot (1713–1784) schloß sich in seiner Bewertung der Chinesen dem Urteil Leibnizens an. Ähnlich urteilte auch der Philosoph François-Marie Arouet, genannt Voltaire (1694–1778). 1814 wurde in Paris der erste Lehrstuhl für Sinologie in Europa eingerichtet. Bis weit ins 19. Jahrhundert hinein folgten die Gelehrten der scholastischen Textbehandlung chinesischer Exegeten. Mit der Entwicklung kritischer Methoden in den historisch-philologischen Wissenschaften wandelte sich auch das China-Bild. Französische Forscher gingen auch diesmal voran: Edouard Chavannes (1865–1918) und sein großer Schüler Marcel Granet (1884–1940). Auf deutscher Seite ist August Conrady (1864–1925) zu nennen. Während Chavannes die historische Methode und Conrady ethnologische Gesichtspunkte in die Sinologie einbrachten, arbeitete Granet auf der Basis der Soziologie; sein Lehrer auf diesem Gebiet war Emile Durkheim. Seine Hauptwerke, in vielen Auflagen und Sprachen verbreitete Standardwerke: ›La religion des Chinoises‹ (1922), ›La civilisation

[5] Schelling ebd.
[6] Friedrich Nietzsche, Werke. Hrsg. v. Karl Schlechta. Bd. 2, S. 675.

chinoise‹ (1929) und ›La pensée chinoise‹ (1934). »La pensée chinoise enthält so viele tiefsinnige Beobachtungen und Deutungen aus dem gesamten Bereiche der chinesischen Geisteswelt, daß die meisten anderen europäischen Werke über chinesische Philosophie dagegen flach und abgestanden wirken.«[7]

In Deutschland wandten sich Otto Franke und Wilhelm Eberhard der chinesischen Geschichte zu, Alfred Forke und Richard Wilhelm der chinesischen Philosophie. Neuerdings führt die Spezialisierung der Forschung auf einzelne Gebiete der chinesischen Kultur, Philosophie und Geschichte eigentlich erst zur Entfaltung der Sinologie als einer modernen Wissenschaft.

3.1.2 Religion und Sprache

Granet suchte Inhalt, Form und Charakter des chinesischen Denkens herauszuarbeiten. Auch wenn man nicht allen seinen Ergebnissen und Ansichten zustimmt, wird man ihm recht geben müssen, wenn er der Religion und der Sprache eine besondere Bedeutung bei der Erforschung chinesischer Geistesart zumaß, ebenso, wenn er den soziologischen Faktor hervorhob. Hinzu kommt der mathematische Aspekt. Die gesamte chinesische Naturphilosophie wird, wie die Lehre der Pythagoreer, vom Glauben an die weltbestimmende Macht der Zahl getragen. Gewiß gibt es auch hier, wie im Westen, viel Spekulatives, Magisches und Mystisches, aber im Prinzip hat sich das numerische Weltverständnis durchgesetzt und beherrscht, jenseits der Ideologien und Ismen, das moderne Weltbild. Wie im Westen eine Linie von Pythagoras zu Russell führt, läßt sich vom I-ching, das ein Orakelbuch war, über Leibniz eine Linie zur modernen Computer-Sprache ziehen. Spezifisch chinesisch ist die Annahme, daß Zahlen und deren Kombinationen überall in der Natur als Ordnungsprinzipien wirksam sind, sowie der Versuch, die Zahl mit dem Wechsel in Verbindung zu bringen und diese Einsicht auf den gesellschaftlichen Bereich auszudehnen. »Der Kosmos ist eine Stufenordnung von Gegebenheiten.

[7] Herbert Franke, Vorwort zu ›Das chinesische Denken‹. München 1980, S. 10.

Zur einstufenden Funktion der Zahl kommt unmittelbar eine protokollarische Funktion. Die Zahl ermöglicht es, die Gesamtheit aller vorhandenen Gruppierungen hierarchisch einzuordnen.«[8]

Ein kombiniertes Welt- und Gesellschaftsverständnis ist nach wie vor ein Desiderat westlicher Philosophie, die auch hier noch manches von den Chinesen lernen kann.

Die moderne vergleichende Religionswissenschaft hat auch auf dem Gebiet der chinesischen Religion interessante Ergebnisse erzielt. Gustav Mensching[9] sieht im Konfuzianismus und Taoismus zwei komplementäre Erscheinungsformen der uralten Volksreligion Chinas: »Konfuzius wollte die Welt in Ordnung bringen dadurch, daß er den ›Weg‹ *(tao)* des Menschen dem Weg des Himmels anzupassen suchte, indem er aus der Vergangenheit die Idealgestalten der großen Könige dem Volke vor Augen stellte und aus ihrem Verhalten die ethischen Prinzipien ableitete, die im li, den Sitten, realisierbare Gestalt annahmen.« Menschings Weg des Verstehens führt, an den Mißverständnissen des 18. und 19. Jahrhunderts vorbei, wieder zu Leibniz, der die chinesische Philosophie ebenfalls aus ihren religiösen Ursprüngen zu deuten suchte. Wenn Mensching die Religionen Chinas »Religionen der kosmischen Harmonie« nennt, wird auch die Beziehung zur Naturphilosophie (Kosmologie) deutlich, und alle Versuche, den Chinesen Volkstum, Religion oder Sprache im eigentlichen Sinn abzusprechen, erscheinen abwegig.

Die moderne vergleichende Sprachwissenschaft hat zwar weder das Wesen der chinesischen Sprache ergründet noch ihren Ursprung, wohl aber Wesentliches zu ihrem Verständnis beigetragen. Sie erscheint danach nicht als Ursprache der Menschheit, auch nicht als eine Sprache »aus einer anderen Welt«, vielmehr als eine der ältesten und meistgesprochenen Kultursprachen der Menschheit. Sie gehört zur sino-tibetischen Sprachgruppe, genauer zum Thai-Chinesischen im Unterschied zur tibeto-birmanischen Gruppe. Diese Gruppen heben sich von anderen Sprachfamilien ab, wie dem Altaischen, Semitischen, Finno-Ugrischen oder dem Indogermanischen. Das Chinesische hat in der Kulturgeschichte eine ähnliche Rolle für Ostasien und Teile Hinterindiens und Zentralasiens gespielt wie das

[8] Marcel Granet, Das chinesische Denken, S. 221.
[9] Die Religion. München o.J., S. 40ff.

Sanskrit im indischen Kulturbereich, die griechische Sprache im Mittelmeerraum und das Lateinische in Süd-, Mittel- und Westeuropa. Schon im China der Shang-Zeit erscheinen auf Knochen und Schildkrötenpanzern ca. 2000 Schriftzeichen. Diese Alte Schrift war eine Bilderschrift. Die Zeichen waren Abbilder der bezeichneten Gegenstände. Daraus entwickelten sich in der Zeit der Chou(Zhou)-Dynastie im Zuge der Vereinheitlichung zunächst die Große und dann die Kleine Siegelschrift (3. Jahrh. v. Chr.). Mit der Verwendung von Haarpinseln änderte (»verwässerte«) sich das Schriftbild, und es entstand um 200 v. Chr. die Kurial- oder Kanzleischrift, um 400 n. Chr. die Normalschrift. Zur Abkürzung benutzte man die Kursiv- oder Kurrentschrift sowie die Kurz- oder Grasschrift. Die Kalligraphie, Schmuck- oder Schönschrift, nimmt in China den Rang einer Kunst ein und steht der Malerei nicht nach. Besitzen die literarisch gebildeten Chinesen in ihrer Literatursprache, deren Zeichenbestand im wesentlichen der gleiche blieb, ein homogenes Medium der geistigen Begegnung über 3000 Jahre hinweg, können andere Länder, in denen sich die Schriftsprache mit der gesprochenen Sprache änderte, auf kaum mehr als auf eine mehrhundertjährige Tradition zurückgreifen. Wer von den Chinesen also erwartet, daß sie ihre ziemlich umständliche Schriftsprache zugunsten der Buchstabenschrift aufgeben, mutet ihnen den Verzicht auf ihr 3000jähriges kulturelles Erbe zu und damit auf einen wesentlichen Bestandteil ihrer Identität. So betrachtet, erscheint das Festhalten der Chinesen an ihrer jetzigen Schrift weniger als starrer Konservativismus denn als eine Art Lebensnotwendigkeit, denn gingen sie zu einer phonetischen Schrift über, würde ihre gesamte Literatur unverständlich werden.

Worin unterscheidet sich die chinesische grundsätzlich von der westlich-alphabetischen, von der phonetischen oder Buchstaben-Schrift? Die Buchstaben-Schrift, »eine der umwälzendsten Erfindungen der Menschheit«, bezeichnet die phonetischen Bestandteile der Worte, nicht die bezeichneten Gegenstände, sieht also von den Bedeutungen der Worte ab. Im einzelnen unterscheidet sich die chinesische Sprache von anderen einmal dadurch, daß ihre Wörter größtenteils aus einzelnen Silben bestehen (Monosyllabismus), sodann durch die Kennzeichnung des Verhältnisses einzelner Wörter (Silben) zum Satz, nicht durch Flexionssilben, wie Kasus, Numerus, Person- und Tempusanzeigen, sondern lediglich durch Wortfolge und Zusätze. Das Chinesische besitzt zwar Wortzusammensetzungen (Komposita), aber fast alle einfachen Wörter (Simplicia) sind »Stammwörter«. Die Tendenz des Chinesischen, Ableitungssilben (Affixe) zu vermeiden, charakterisiert sie als »isolierende« Sprache. »Für sich alleine betrachtet hat das Chinesische die Eigenart, daß sich bei einer Analyse des Satzes nach einfachen Wörtern (selbständige Wörter oder Bestandteile von Komposita), jene Wörter als absolute Simplicia erweisen. Wie Blöcke derselben Größe und nach Art eines Baukastens werden die chinesischen Wörter zu dem Gefüge zusammengesetzt, das Satz genannt wird ... Es läßt sich also zusammenfassend sagen, daß die frühe Theorie, welche das Chinesische als ›primitive‹ Sprache einstufte, die noch nicht das Stadium der Flexion und Ableitung erreicht hatte, der Wirklichkeit widerspricht. Das Chinesische hat ebenso wie die europäischen Sprachen eine Entwicklung durchgemacht, die zu dem allmählichen Verlust synthetischer Endungen und Lautveränderungen des Stammwortes führte, was das Vermögen des Hörers oder Lesers zu einer rein logischen Analyse herausfordert. Das Englische ist in dieser Beziehung die am weitesten fortgeschrittene indo-europäische Sprache, doch wird es vom Chinesischen weit übertroffen.«[10]

Bietet die chinesische Literatursprache, dank der relativen Konstanz ihres Zeichenbestandes, ein Bild imponierender Einheit und Geschlossenheit, läßt sich dasselbe von der gesprochenen Sprache nicht behaupten. Die Tendenz der chinesischen Sprache zur Lautvereinfachung führte bereits um 500 n. Chr. zu dem gravierenden Problem der Lautgleichheit (Homophonie) von Worten: ein Konsonant im Anlaut, ausgenommen Phoneme, die als einfache Laute angesehen werden (z. B. ch), im Auslaut nur Vokale oder k, m, n (ng), p, t. Da die Lautvereinfachung geographisch nicht einheitlich verlief, entstanden zahllose Dialekte. Südlich des Yang-tzu-chiang (Yangzijiang) herrschte daher eine »babylonische Sprachverwirrung«. Die Bezeichnung Mandarin für einen nordchinesischen Standard-Dialekt ist eine Kontamination aus *mantrin* (»Ratgeber«, Sanskrit) und *mander* (»befehlen«, portugiesisch). Der lautarme Mandarin-Dialekt besitzt kaum mehr als 400 Silben. Um mit dem Wortschatz einer hochentwickelten Kultursprache Schritt zu

[10] Bernard Karlgren, Schrift und Sprache der Chinesen. Heidelberg 1975, S. 15 f.

halten, mußten neben den primären Zeichen oder Bildern *(wen)* sekundäre Schriftzeichen (*tse;* zi) eingeführt werden. Letztere besitzen einen sinnbezeichnenden (Determinativ) und einen lautbezeichnenden (Phonetikum) Bestandteil, wobei Determinative auch die Funktionen von Phonetika übernehmen können. Daneben gibt es noch Entlehnungen, bei denen ein Schriftzeichen ein anderes ersetzt. Historisch gesehen waren es indische Grammatiker (buddhistische Mönche), welche die Chinesen in den ersten Jahrhunderten unserer Zeitrechnung zu einer phonetischen Analyse ihrer Sprache veranlaßten. Der weitaus größere Teil der im Chinesischen neugebildeten Schriftzeichen ($^5/_6$ bis $^9/_{10}$) besteht aus sekundären Zeichen. Veränderungen in der gesprochenen Sprache erzwangen die Einführung neuer Zeichen. Die Entwicklung verlief in Richtung auf eine phonetische Sprache, wie die Entwicklung der »modernsten« und »praktikabelsten« europäischen Sprache, des Englischen, auf eine Verarmung der Flexion hinausläuft und damit dem Chinesischen entgegenkommt. Eine weitere Folge der Veränderungen in der gesprochenen Sprache war die zunehmende Divergenz zwischen Literatur- und Umgangssprache. Geht man von einem Wortschatz von ca. 4000 (der gebräuchlichsten) Wörter aus – die großen Lexika umfassen ca. 40000 –, entfallen immer noch durchschnittlich zehn Wörter auf eine Silbe. Man begegnete dieser Schwierigkeit mit Tonunterschieden: steigend, fallend, kurz, abrupt. Nimmt man den Unterschied von hohem und tiefem Ton hinzu, gelangt man zu acht verschiedenen Tönen. Da das immer noch nicht ausreichte (ca. 17 Bedeutungen von i!), verwandte man Synonym-Komposita, Verbindungen von Wörtern mit ähnlicher oder gleicher Bedeutung, eine Art »figura etymologica«, Verbindungen von logisch im Verb enthaltenen Objekten mit ihnen (z.B. einen Gedanken denken), »Artbestimmer« (z.B. Zahlwörter vor Substantiven). Das Ergebnis dieser und anderer Entwicklungen war ein starker Wandel in der gesprochenen, eine erstaunliche Konstanz in der Schriftsprache.

Vielleicht noch gravierender als auf dem Gebiet der Laut- und Wortbildungslehre machen sich die Eigenarten der chinesischen Sprache in Syntax und Stilistik bemerkbar: dort weder Flexion noch Wortarten, hier keine klare Unterscheidung von Subjekt und Prädikat. Birgt der Wortschatz infolge der Bedeutungsmannigfaltigkeit der Wörter, ungeachtet der Hilfswörter und einer im allgemeinen geregelten Wortfolge, erhebliche Unsicherheitsmomente, so erschweren zusammengesetzte Ausdrükke, Analogien, Metapher, elliptische Ausdrucksweise, Brachylogie, Telegrammstil, Andeutungen, Anspielungen, mangelnde Interpunktion und Kennzeichnung der Eigennamen das Verständnis chinesischer Reden und Texte. Lange und reiche Erfahrung im Sprachgebrauch und umfangreiche Zitatlexika können diese Schwierigkeiten sowie eine gewisse kultivierte Schwerverständlichkeit nur teilweise überwinden.

Die chinesische Sprache befindet sich danach in einem sowohl strukturbedingten als auch bewußten Gegensatz zu westlicher Ökonomik des Sprachlichen und zu Stilidealen wie der aristotelischen *sapheneia* (Deutlichkeit) oder der *clarté* des Descartes. In den sprachlichen Unterschieden manifestieren sich metasprachliche, psychologische Unterschiede, die ihrerseits auf soziologische, ökonomische, politische und historische, ethnische und geographische Voraussetzungen zurückweisen, die hier nur umrißhaft aufgezeigt werden können.

Daß sich die sprachlichen Unterschiede auch in der Philosophie bemerkbar machen, dürfte danach einleuchten. »Die Etikette beherrscht das Leben der Chinesen. So wurde der Wortschatz über Gebühr vermehrt, damit jeder gegebenen Situation der protokollarisch angemessene und folglich für sie wirksame Ausdruck entspricht. Der unübersehbare Wortbestand ist nicht das Ergebnis einer Bestandsaufnahme, bei welcher es auf Klarheit ankommt; er stellt vielmehr eine Sammlung von einmaligen, mit Wirkkraft ausgestatteten Werturteilen dar. Er bildet ein System von Symbolen, durch deren Anwendung als wirkende Embleme eine durch die Etikette geregelte Ordnung zu verwirklichen möglich werden soll.«[11]

Will man etwas Allgemeines über die Eigenart dieser unökonomischen Sprache sagen, könnte man sie vielleicht als ein Kunstwerk liebevoll nachgestaltender Welteinfühlung bezeichnen, nicht aber als Instrument der Weltbeherrschung. Die Stärke der chinesischen Sprache besteht also weniger in Deutlichkeit, Klarheit und Abstraktion, in Artikulierung, Hierarchie und Systematik, im Analysieren, Definieren und Beweisen als in der Vermittlung von Empfindungsgehalten, in Sensibilisierung und Suggestionskraft, Anregung der Phantasie, Stimulierung der Instinkte, Steigerung der Geistesgegenwart, im Etikettieren, Interpretieren und Improvisieren. Entsprechend er-

[11] Granet, Das chinesische Denken, S. 27.

scheint die chinesische Philosophie als nuancenreich, facettenhaft und mosaikartig, subtil: ein unerschöpfliches Repertoire feiner und feinster Unterscheidungen. Manches daran wirkt auf den westlichen Betrachter widersprüchlich, überflüssig, gekünstelt oder ermüdend, aber diese Philosophie eignet sich vorzüglich zur Tradierung eines unermeßlichen Schatzes präziser Beobachtungen und tiefer Einsicht in das oft labyrinthische Geflecht zwischenmenschlicher Beziehungen. Religion, Dichtung, Musik und Malerei haben ihren Stil entscheidend mitgeprägt. Frisch und jugendlich wirken der Mangel an hochgestochenen Spekulationen, die Wirklichkeitsnähe, der Rhythmus, die Spontaneität und das Spiel der Gedanken; uralt, weise und bisweilen greisenhaft erscheinen dagegen die Sentenzen und Sprüche, die stereotypen Wendungen und Formeln, in denen die Weisheiten der Überlieferung immer wieder aufgegriffen, variiert und fixiert werden. Im Sprechen und Denken der Chinesen zeigt sich große Anpassungskunst, Assimilationskraft, aber auch Beharrlichkeit, die Gabe einer unaufdringlichen Überzeugung bis hin zur fast schon peinlichen Höflichkeit, der Andeutung, Metaphorik und Symbolik bis hin zur Lehre ohne Worte. »In den indogermanischen Sprachen gibt es eine strenge Worthierarchie neben einer Satzhierarchie. Das Adjektiv ist der Gefolgsmann des Substantivs; es kann ohne seinen Herrn nicht leben und muß ihm gehorchen. Auch der Nebensatz ist nur Diener des Hauptsatzes und darf nicht für sich allein handeln. Im Altchinesischen jedoch sind alle Worte gleich wertvoll; ein Wort, das wir als Adjektiv auffassen würden, tritt neben ein anderes, das wir als Substantiv bezeichnen würden, beide gehen eine Verbindung miteinander ein, aber keines ordnet sich dem anderen unter. Erst ganz allmählich hat sich eine Abstufung der Wortwerte herausgebildet, aber nie ganz klar und scharf. Mögen die Sprachphilosophen untersuchen, ob die Form des Sprachbaus und ihr Wechsel mit dem geschichtlichen Schicksal der Völker zusammenhängt! Sicher aber ist diese Eigenart der Sprache dafür verantwortlich, daß chinesisches Denken besondere Wege gegangen ist. Die indo-europäischen Denker mit ihrer subordinierenden Sprache entwickelten eine ›vertikale‹ Logik (Ursache – Wirkung); Chinesen scheuten vor der starren, formalen Logik zurück.«[12]

Sowenig die chinesische Sprache den Weg von der abbilden-

[12] Wolfram Eberhard, Geschichte Chinas. Stuttgart 3. Aufl. 1980, S. 22.

den Zeichenschrift zur phonetischen Buchstabenschrift ging, ging die chinesische Philosophie den Weg vom Bild zur Idee, vom Ästhetischen zum Noëtischen. Versteht man die platonische Idee als Information zwecks ökonomischen Einsatzes psychischer Energien gegenüber einer überlegenen Welt und folgerichtiger Verwandlung dieser Unterlegenheit in eine Überlegenheit durch Annahme von Herausforderungen der Um- und der Mitwelt, also durch Weltbewältigung, bekommt die doppelte »Verweigerung« der Chinesen einen gewissen Sinn: In ihr offenbart sich eine ähnliche Neigung zur Isolierung wie im Monosyllabismus, im scheinbar absichernden Konfuzianismus und in der großen Chinesischen Mauer.

3.1.3 Landschaft und Bevölkerung

China, heute nach der Sowjetunion und Kanada das drittgrößte Land der Erde, war schon im Altertum ein Riesenreich. Geographisch besteht es aus Großlandschaften, die sich auch kulturgeschichtlich voneinander abheben: im Westen Hochplateaus (Shisha Pangma; Xixabangma), staffelförmig ansteigende Gebirgszüge bis über 8000 Meter, dazwischen abflußlose Bekken mit Steppen- und Wüstenklima (Tarimbecken, Wüste Gobi), im Osten klimatisch feuchte Tiefebenen sowie Mittelgebirgs- und Hügellandschaften. Wie Indus, Brahmaputra und Ganges die Kulturlandschaften Indiens mitgeprägt haben, so in China Huang-Ho (Huanghe), Yang-tzu-chiang, die aus Tibet kommen, und der Hsi-jiang (Xijiang), der im Hochland von Yün-nan (Yunnan) entspringt. Die Wiege der chinesischen Zivilisation stand in der östlichen, vom Flußsystem des Huang-Ho durchzogenen Ebene, dem Kernland der Han-Chinesen. Dort lebt noch heute der größte Teil der chinesischen Bevölkerung. Die fruchtbaren Ebenen und das benachbarte Hügelland machen 20 Prozent Chinas aus, landwirtschaftlich nutzbar sind nur etwa 10 Prozent des Bodens. Bevölkerungsprobleme gab es daher schon im alten China, das immer ein in den Kernregionen dicht besiedeltes Land war. Drei Hauptprobleme haben das Leben der Chinesen über lange Zeiträume mitbestimmt: die Kanalisierung der Flüsse, die infolge zu starken oder zu geringen Gefälles, natürlicher oder durch Abholzung verursachter

Erosion immer wieder riesige Überschwemmungen verursachten, der Zusammenschluß zur Reichseinheit, schließlich die Abwehr der aus Zentralasien immer wieder andringenden Mongolenscharen. Zu diesem Zweck wurde die Große Mauer gebaut, die sich über 6000 km vom Shan-hai-kuan(Shanhaiguan)-Paß nahe der Po-hai(Bohai)-Küste bis zur Wüste Gobi hinzieht.

3.1.4 Wirtschaft und Gesellschaft

Mit den Problemen der Landschaft und Bevölkerung, mit innen- wie außenpolitischen Problemen hängen in China auch wirtschaftliche und gesellschaftliche Fragen zusammen, wobei man weder, wie die marxistischen Theoretiker, alle politischen und gesellschaftlichen Fragen auf ökonomische reduzieren sollte, noch, wie manche Soziologen, alles übrige auf gesellschaftliche. Es handelt sich vielmehr um ein Geflecht von Wechselwirkungen, ein kompliziertes Netzwerk von Beziehungen, Kräften und Faktoren, die erst im Zusammenhang ein adäquates Bild der Wirklichkeit ergeben.

Die chinesische Wirtschaft ist von den ältesten Zeiten bis auf den heutigen Tag vorwiegend eine Agrarwirtschaft, die chinesische Gesellschaft war bis 1911 eine feudalistische im weiteren Sinn. Im engeren Sinn kennzeichnet das Lehnswesen das Feudalsystem, im weiteren Sinn gehören Kaiser- und Königtum, Adel und gentry, Despotismus und Absolutismus dazu. In der chinesischen Geschichte fällt der Feudalismus im engeren Sinn weitgehend mit der Zeit der Chou-Dynastie (ca. 1050–256 v. Chr.) sowie der Zeit der »Streitenden Reiche« (475–221 v. Chr.), der Zerfallszeit der Chou-Herrschaft, zusammen. Mit der Ch'in(Qin)-Dynastie (256–207 v. Chr.) einerseits, der Shang-Zeit (ca. 1450–1050 v. Chr.) und der vorgeschichtlichen Periode (21.–15. Jahrh.) andererseits bilden sie die chinesische Frühzeit und das chinesische Altertum. Zum Mittelalter rechnet man die Zeit von der Han- bis zur Tang-Dynastie (207 v. Chr. bis 906 n. Chr.). Die Neuzeit beginnt mit den fünf Dynastien und zehn Königreichen (907–960), Zerfallsprodukten der Tang-Herrschaft, sie umfaßt die Dynastien Sung (Song, 960–1279), Yüan (Mongolen, 1279–1368), Ming (1368–1644) und endet mit der Qing(Manschu; Manzhu, 1644–1911)-Dynastie. Von 1911 bis zur Gegenwart reicht die Zeit des modernen China.

Die Zeit der großen Philosophen oder der Klassiker deckt sich ziemlich genau mit der Krise des Feudalsystems in der Chou-Zeit. Der Buddhismus blühte im Anschluß an den verfallenden Taoismus im 1. Jahrtausend westlicher Zeitrechnung, während er in Indien ca. 1500 Jahre das geistige Leben mitbestimmte. Der Neokonfuzianismus löste zur Zeit der Sung-Dynastie wiederum den Buddhismus ab. Chinesische Philosophiehistoriker rechnen beide Erscheinungen zur »Period of Classical Learning« (2. Jahrh. v. Chr.–20. Jahrh. n. Chr.), vergleichbar dem nachklassischen Vedānta in Indien oder der mittelalterlichen Philosophie in Europa.

Wirtschaftlich ist die chinesische Zivilisation aus einer Reihe von Lokalkulturen zusammengewachsen, die von Jägern, Hirten, Nomaden und ersten Ackerbauern getragen war. Diese Lokalkulturen waren sozial noch nicht geschichtet. Die erste eigentlich chinesische Kultur, die Hochkultur der Shang-Zeit (ca. 1450–1000 v. Chr.), entstand beim Übergang von der Jungsteinzeit zur Bronzezeit. Es war eine Kultur von Bauern. Sie bauten Reis, Hirse und Weizen an, arbeiteten mit Rindern und Wasserbüffeln, züchteten Schafe, Ziegen, Hunde, Schweine und Seidenraupen, bewässerten ihre Felder und pflügten sie mit dem Ziehspaten. Die Landwirtschaft entwickelte sich von der Primitivform der Brandwirtschaft zum Brunnenfeldsystem (acht Bauern kamen auf eine Wasserstelle) und von diesem zum Brachfeldsystem. Als Zahlungsmittel dienten Kaurimuscheln; Metallgeld kam erst später auf und wurde infolge der notorischen Metallknappheit in China zu einem ganz besonderen wirtschaftlichen Faktor. Um 400 v. Chr. kann man in China mit einer Gesamtbevölkerung von 25 Millionen rechnen. Beim Eintritt in die Geschichte bildeten die Landbewohner eine enge Gemeinschaft ohne persönliche Bindungen und Hierarchien. Sie lebten arbeitsam und in friedlicher Eintracht, pflegten Gesang und Tanz, Spiel und Wettkämpfe. Blumen spielten dabei immer eine große Rolle. »Die Dorffeste setzten den Schlußpunkt für die Arbeit auf den Feldern: Es waren Erntefeste, bei denen die Bauern miteinander den reichen Ertrag ihres Bodens feierten. Ein wesentliches Element dieser Freudenkundgebungen war das gegenseitige Um-die-Wette-Beschenken.« Ein berühmter Trinkspruch lautete: »Ein Leben ohne Ende!« und

»10000 Jahre!«[13] Mit der Eroberung des Shang-Reiches (1027 v. Chr.) und weiterer Gebiete durch Wu-wang, den »kriegerischen König« der Chou, trat in den Lebensverhältnissen der damaligen Gesellschaft ein tiefgreifender und für die chinesische Geschichte folgenreicher Wandel ein: Übergang zu patriarchalischen Lebensformen, Entmachtung der Priester, Umwandlung der agrarischen Fruchtbarkeitsreligion in herrschaftlichen Ahnenkult, Ausbildung des Lehnssystems und mit ihm die Schaffung einer Ordnung der Macht, die auf Monopolisierung der Gewalt, Akkumulierung von Autorität und Besitz sowie Konzentration der Machtmittel in den Händen einer Oberschicht beruhte. In China konnte sich also nicht, wie in Indien, ein mächtiger Priesterstand (Brahmanen) bilden. Riten und Kulte wurden im Sinn der neuen Herrscher umgedeutet und umfunktioniert. Die entmachteten Priester hatten die Wahl, als Dorfpriester aufs Land zu gehen oder als Zeremonienmeister Hofdienste zu leisten. Der Fürst machte sich als Herr der Jahreszeiten zum Herrn über die Natur, zum »Sohn des Himmels«, sanktionierte mit Hilfe der Religion die usurpierte Machtstellung in der Gesellschaft und erneuerte das uralte Bündnis von Magie und Macht. Selbstverständlich verschleierte die neue Elite diesen Tatbestand. Erbadel, an sich unnatürlich, wurde als »Natur« ausgegeben. Arroganz der Macht verbindet sich, damals wie heute, mit Verschleierungskunst.

Was aber, wenn der Himmel seinem Sohn die Gunst versagte, wenn er als oberster Kriegsherr kein Glück hatte oder wenn Dürren und Überschwemmungen, Seuchen oder Mißernten das Land heimsuchten? Anfangs mußten die Fürsten noch Beweise ihres Könnens liefern. Bald fanden sie jedoch Wege, die Privilegien zwar zu behalten, die Verantwortung aber anderen zu überlassen. Im Fall eines kriegerischen Mißerfolgs ließ man den Heerführer enthaupten, bei einer Überschwemmung eine schöne Jungfrau als Opfer für den Flußgott ertränken und im Falle einer Mißernte die Zauberin, die für den Erntesegen zuständig war, verbrennen. Die Macht des Fürsten blieb dadurch nicht nur erhalten, sie steigerte sich noch, denn so zeigte er sich als Herr über Leben und Tod der »Verantwortlichen«.

Das Leben für den Herrscher zu opfern, wurde zur Heldentat. Aus friedlichen Wettkämpfen der Bauern entstanden in der Zeit der Adelsherrschaft Fehden, blutige Vendetten, Rivalitä-

[13] Marcel Granet, Die chinesische Zivilisation. München 1980, S. 31.

ten, Prestigekämpfe und Kriege. Als Städtegründer, oberste Richter, Lehns- und Kriegsherrn verfügten die neuen Herrscher über alle Machtmittel der absoluten Herrschaft. Die neuen Herren schworen bei der Machtübernahme Stein und Bein, überhaupt nicht an der Herrschaft interessiert zu sein, aber einmal an der Macht, hielten sie sie mit Zähnen und Klauen fest und machten sie erblich und unantastbar. Der Drachen wurde zum fürstlichen Emblem. Die Kriege entarteten oft zu grausamen Massenschlächtereien, zu Vernichtungskriegen, zum Selbstzweck, zu einer Art Industrie. War ein Feldherr erfolgreich, hatte er nur die Wahl, den Herrscher umzubringen und den Thron zu usurpieren oder selbst beseitigt zu werden. Der Militarismus überwucherte das zivile Leben. An die Stelle der natürlichen und der moralischen Ordnung trat das unnatürliche und unmoralische System der Macht. Gab es im Lande nicht genug Feinde, suchte man sich an den Grenzen neue. Es entstand die barbarische Ideologie von der natürlichen Feindschaft der Chinesen gegenüber allen übrigen Menschen, den »Barbaren«. An der Verschlechterung der Beziehung der Chinesen zu ihren Nachbarn waren nicht nur diese schuld. Die Errichtung von Garnisonen an den Reichsgrenzen unter der Chou-Dynastie sowie die mit den Garnisonen entstehenden Siedlungen von Handwerkern und Bauern schmälerten die Weidegebiete der Hirten und Nomaden. Es war also auch die expansive Politik der Chinesen selbst, die immer wieder Konflikte heraufbeschwor.

Im Inneren vertiefte sich die Kluft zwischen Herrschern und Beherrschten, zwischen Bauern, Handwerkern und Kaufleuten auf der einen, Adligen, Fürsten und Königen auf der anderen Seite. Aus der alten Bauerngesellschaft Chinas war eine Adelsgesellschaft geworden. Am Ende der Zeit der »Streitenden Reiche« schaffte sich allerdings das Feudalsystem im engeren Sinn selbst ab. Anfangs gab es über 1700 Lehen, im 8. Jahrhundert noch den zehnten Teil davon, um 403 v. Chr. sieben und schließlich nur noch eines. In der Chou-Dynastie wurden die Weichen für die fernere Entwicklung nicht nur der Wirtschaft und Gesellschaft, sondern auch der Politik und Philosophie gestellt. Insgesamt blieben in China Wirtschaft und Technik hinter dem Bevölkerungszuwachs zurück, die Gesellschaftsstruktur hinter der Wirtschaft. Dabei gab es immer wieder hoffnungsvolle Ansätze, und in manchen Punkten war die chinesische Entwicklung sogar der westlichen voraus, so etwa in der frühen Überwindung des Erbadels, in Freizügigkeit und Berufswahl. Theoretisch konnte in China jeder Mann aus dem Volk zu den höchsten Ämtern im Staat aufsteigen – wenn auch dieses Recht nicht offiziell verbürgt war –, aber in der Praxis war dies kaum möglich. Zu groß war und blieb in China die Macht der herrschenden Familien. Familienpolitik, Clangesinnung und Cliquenwesen, verbunden mit Protektion, Ämterpatronage und Korruption, vereitelten die Selbstbefreiung des Individuums, den gesellschaftlichen Wandel und den wirtschaftlichen Fortschritt.

256 v. Chr. dankte der letzte Herrscher der Chou-Dynastie ab. Aus der Familie des Lehnsfürsten von Ch'in ging der erste Kaiser von China hervor. Erstmalig in der chinesischen Geschichte führte ein Kaufmann, Lü Pu-wei (Lü Buwei), für den unmündigen Cheng (Zheng), später Shih-huang-ti (Shihuangdi; »erster erhabener Herrscher«), die Regierungsgeschäfte. Die leitenden Beamten von Ch'in lehnten den Feudalismus ab, brachten die Adligen in die Hauptstadt des Landes, machten deren Landbesitz käuflich und nahmen ihnen damit ihre Macht. An die Spitze der neu eingerichteten Verwaltungsbezirke traten zivile und militärische Gouverneure sowie Kontrolleure, die dem Herrscher direkt verantwortlich waren.

Als die Ch'in-Dynastie 206 v. Chr. erlosch, erhoben sich die Adligen. Zwei Generäle kämpften um die Macht, aber ein Mann bäuerlicher Herkunft, Liu Pang (Liu Bang, Liu Chi; Liu Ji, Kao-tsu; Gaozu) setzte sich am Ende durch und gründete die Han-Dynastie, die 400 Jahre bestand. Bei der Ämtervergabe bevorzugte der neue Kaiser Nichtadlige und setzte die Tendenz seiner Vorgänger zum Beamtenstaat fort. Daraus entwickelte sich der sogenannte Gentry-Staat, die Gentry-Gesellschaft und die sogenannte Patrimonialbürokratie, an deren Spitze eine bürokratische Oberschicht, im Gegensatz zum Erbadel ein Amts- und Berufsadel, der die Geschicke Chinas bis ins 20. Jahrhundert entscheidend mitbestimmte. Bildung und Reichtum waren die Kriterien der neuen Elite, die sich aber wieder zu einer Kaste, den Grundherren, entwickelte. Daneben gewann der Kaufmannsstand an Bedeutung.

Die weitere Geschichte Chinas zeigt in wirtschaftlicher und gesellschaftlicher Hinsicht immer wieder vergebliche Versuche, die Lage des Volkes, das die Machthaber lediglich als Steuerzahler, »Arbeitsdienstler« und gelegentlich als Unruhestifter interessierte, zu bessern. Im Jahre 9 n. Chr. ließ Kaiser Wang Mang den Großgrundbesitz verstaatlichen und an die Bauern verteilen, jedoch ohne durchschlagenden Erfolg. Nicht zuletzt führten Bauernaufstände zum Untergang der glanzvollen, von einem Bauern gegründeten Han-Dynastie. Diese Dynastie hatte mit ihrer 124 v. Chr. eingeführten und später weiterentwickelten Eignungsprüfung für Beamte, die bis 1904 in Kraft blieb, dem Leistungsprinzip zu entsprechen versucht und wenigstens eine neue Art von Prestige, das »Prestige der patentierten Bildung«, geschaffen.

Wie die Ch'in-Dynastie als eine Art Vorbereitung für die Han-Dynastie angesehen werden kann, läßt sich die Sui-Dynastie (589–618) als eine solche für die Tang-Dynastie auffassen.

Einen bedeutenden wirtschaftlichen (und politischen) Fortschritt bedeutete die Fertigstellung des Großen Kanals, der den »Gelben Fluß« mit dem Yang-tzu-chiang verband. Das System der »gleichen Felder«, das in der Sui-Zeit den Bauern Hoffnung gab, brach im 8. Jahrhundert infolge von Bevölkerungswachstum und Landknappheit zusammen. Die Tang-Zeit, die sich u.a. auf den Gebieten der Organisation und Verwaltung auszeichnete, führte zum endgültigen Sieg der Gentry über den Erbadel. Der Buddhismus spielte in dieser Zeit nicht nur als Religion eine Rolle, sondern belebte durch seine Klöster, in denen sich Kapital ansammelte, den Außenhandel: Ansätze zum »Großkapitalismus«. Als der Buddhismus dem Neokonfuzianismus unterlag, verkümmerten auch diese Ansätze. Aufstände des Militärs, Volkserhebungen und Palastrevolten läuteten das Ende der zweiten Hoch-Zeit chinesischer Macht- und Prachtentfaltung ein. 907 n. Chr. machte Chu Ch'üan-chung (Zhu quanzhong), wieder ein Mann aus dem Bauernstand, dem unwürdigen Treiben ein Ende, wurde selbst zum Kaiser erhoben und nahm den Kampf gegen die mächtige Gentry auf, wiederum vergeblich. Mit Chu begann in China die Neuzeit. Hohe Ausgaben für das Militär sowie Ballung des Großgrundbesitzes in den Händen der Großgentry verhinderten jedoch eine Entwicklung wie die in Europa zu Beginn der Neuzeit, den definitiven Übergang vom Feudalismus zum Kapitalismus. Auch der ideologische »Sprung nach vorn«, wie er im Westen von Thomas von Aquin zu John Locke und Adam Smith deutlich wird, blieb in China aus. Um den eigenen Besitz und ihre Hausmacht zu erhalten, konspirierte der Hochadel sogar mit den Mongolen, von denen er die Wahrung der Besitzstände erhoffte und erhielt. Für die Bauern kam alles nur noch schlimmer. Zur

Ausbeutung durch die Großgrundbesitzer kam nun, da die Mongolen fromme Herren waren, die Ausbeutung durch den auch mit Ländereien reich bedachten Klerus. Viele Bauern sahen sich zu Tempeldiensten gezwungen. Überschwemmungen und Hungersnöte taten ein übriges. In dieser Notsituation wurden nicht selten Mönche zu Bauernführern, die die reichen Mongolen wie die reichen Chinesen bekämpften.

Wieder einmal war es ein chinesischer Bauer, der das Land aus dem Elend heraus und einer neuen Glanzzeit entgegenführte: Chou Yüan-chang (Zhou Yuanzhang), Mönch, Bauernführer und Sozialrevolutionär in einer Person. Er befreite Nanching (Nanjing) und vertrieb 1368 die Mongolen aus Peking (Pei-ching; Beijing). Die Wirtschaft der Ming-Zeit läßt sich mit der frühkapitalistischen in Europa vergleichen, aber wieder einmal blieb es bei »kapitalistischen Keimen«. Man intensivierte Bergbau, Manufaktur und Handel, straffte die Verwaltung, modernisierte die Währung (Papiergeld seit dem 11. Jahrh.), vereinheitlichte die Steuern, spezialisierte die Unternehmen und beschaffte Arbeit. Aber auch diesmal blieb es bei hoffnungsvollen Ansätzen. Auf die Idee, das Kaisertum abzuschaffen, kam man nicht. Im Westen hatte ein erbitterter Kampf zwischen Papst und Kaiser zur Überwindung des Kaisertums geführt. In China erwog erst Huang Tsung-hsi (Huang Zongxi, 1610 bis 1695) zaghaft die Möglichkeit einer anderen Regierungsart.

1517 landete der Portugiese Fernão Peres de Andrade in Kanton. 1433 hatten die Chinesen Schiffsexpeditionen gen Westen abgebrochen, eine Seeverbotspolitik der freiwilligen Isolierung betrieben und sich damit selbst vom modernen Zeitalter ausgeschlossen. Dreizehn Firmen besorgten die gesamte Ein- und Ausfuhr, der einzige »offene« Hafen war Kanton. Verantwortlich dafür war wiederum die reaktionäre Herrscherschicht im Bunde mit dem zur Ideologie degenerierten Neokonfuzianismus. Der Adel zog das eigene Wohl dem Gemeinwohl vor, ließ weder Industrie noch Handel aufkommen und investierte weiter in Grundbesitz.

Der Westen war China in der wirtschaftlichen Dynamik wie in der gesellschaftlichen Flexibilität überlegen. Sun Yat-sen (Sun Yixian) und Mao Tse-tung (Mao Zedong) waren wieder Bauernsöhne. Sie wagten, von westlichen Ideen angeregt, den Sprung in eine hoffnungsvollere Zukunft.

Kann der Westen auch von China lernen? Gewiß wird er den Kapitalismus nicht mit dem Kommunismus, der Adelsgesellschaft oder dem Konfuzianismus vertauschen wollen. Wie der Westen jedoch von den Indern ein neues Umweltbewußtsein lernen kann, kann er von den Chinesen Anregungen für eine Ethik empfangen, die in der westlichen Philosophie seit Beginn der Neuzeit vernachlässigt wurde: *Know how* gegen *li?*

3.1.5 Politik und Geschichte

Nach chinesischer wie griechischer Auffassung gehört die Ethik zur Politik im weiteren Sinn. Der übergeordnete Begriff sind die zwischenmenschlichen Beziehungen. Die Stärke der Römer lag auf dem Gebiet des Rechts. Von Li K'uei (Li Kui), dem Schöpfer des chinesischen Rechts, ist nichts Genaues überliefert. Offensichtlich versuchte er, das vorher nur für das Volk, nicht für den Adel geltende Recht auch auf diesen auszudehnen. In der Han-Zeit wurde an dem Kodex gearbeitet, und es entstanden zwei Bände für schwere, ein Band für leichte Fälle sowie sechs Bände mit Strafbestimmungen. Hinzu kamen ›Entscheidungen‹. Um 200 v. Chr. umfaßte der Kodex über 26000 Paragraphen und 17 Millionen Wörter. Das gesamte Werk bestand aus 960 Bänden und galt unter dem Titel ›Gesammelte Satzungen der Manschu-Dynastie‹ bis ins 20. Jahrhundert. In der Praxis war dies ursprünglich gutgemeinte Werk eher ein Werkzeug gegen das Volk. Auch hier blieben hoffnungsvolle Ansätze in den Anfängen stecken.

Kaum eine andere Philosophie hat die Politik so sehr beeinflußt wie der Konfuzianismus. Obwohl sie durch den Rückgriff auf große Vorbilder der Vergangenheit die Willkür der Herrscher jener Zeit einzuschränken suchte, trägt sie unverkennbar eine feudalistische Signatur (Pietät). An den strukturellen Mängeln der chinesischen Politik hat sie daher kaum etwas geändert. Das politische Denken der Griechen war am Ideal der Polis orientiert. Hier konnte die Idee der Demokratie, der Isonomie, der Gleichheit und der Achtung vor dem Gesetz heranreifen. In Rom war es die Idee der »öffentlichen Sache«, der Republik, für die der Einzelne Leib und Leben einsetzte. Griechen und Römer hatten in der Polis bzw. im Gemeinwesen ideelle Bezugspunkte, die zur Unterordnung des eigenen Wohls unter das Gemeinwohl erzogen. In China fehlte ein derartiges Bezugssystem, es sei denn, daß man die Familie als ein solches gelten läßt, aber sie taugt nicht zur übergreifenden politischen Leitkategorie. Die Politik des Adels und der führenden Familien bleibt in der Regel egozentrisch, stellt das Familien-Interesse über das öffentliche Wohl, neigt zu Fehden und Rivalitäten auf Kosten des Ganzen, widerstrebt einer starken zentralen Führung, bevorzugt den Status quo, unterdrückt neue Ideen und weiterführende Vorhaben, verbirgt Reaktion und Restauration unter wohlklingenden Namen wie Liebe zur Tradition und konservative Gesinnung. In Wirklichkeit werden nur die eigene Macht, die eigenen Privilegien und das eigene Prestige erhalten.

Der Konfuzianismus ordnet das Denken dem Lernen unter, die Moral dem Recht und das Recht schließlich der Macht. Aus der sittlichen Weltordnung wird Legalismus. Perversion, Korruption, Usurpation verwandeln die Rechtsordnung in ein Instrument des Machtstrebens. So siegten denn in China Form über Inhalt, Etikette über Ursprünglichkeit, Natürlichkeit und Echtheit, Protokoll über Spontaneität und Initiative, Rituale und Zeremonien verdrängten wahre Frömmigkeit, und moralischer Schein verdeckte die amoralische Wirklichkeit. Der taktische Moralist – das wußten die chinesischen Legalisten wie die modernen – ist dem moralisch Handelnden machtpolitisch stets voraus, denn er schöpft das Recht bis zum letzten aus, kennt keine Hemmungen im Übervorteilen seiner Mitmenschen und keine Grenzen im Akkumulieren von Macht. Das Ergebnis ist nicht Erhaltung *(conservare*, konservativ), sondern Untergang, wie die Geschichte der Chou-Dynastie bereits paradigmatisch erkennen läßt.

In China überwand der Adel das Königtum, das Kaisertum aber nicht den Adel, die Gentry, den Clangeist und das Cliquenwesen. Die großen Tugenden des Konfuzius und seiner Philosophie erweisen sich in der chinesischen Geschichte als zutiefst ambivalent. In dem Begriffspaar yang und yin spiegeln sich einige der Hauptprobleme und Grundgegensätze der Geschichte Chinas wider: Patriarchat und Matriarchat, Herrschaft und Unterwerfung, Adel und Bauerntum, Wille zur Macht und das Streben nach Freiheit, Isolationismus und Expansionismus.

Mit dem Streben nach Weltherrschaft ist das traditionelle China wiederholt gescheitert, im Osten an Japan, im Westen an Europa. Die Ideologie vom Reich der Mitte und vom Rest der Menschheit (Barbaren) ist widerlegt. Das Gesellschaftssystem der Chinesen ist überholt, ihre Ethik mag umstritten sein: unumstritten ist der Wert ihrer Kultur.

3.1.6 Kultur

Für die meisten chinesischen Philosophen ist Geisteskultur ohne Kultur des Charakters undenkbar. Auf einzelne Kulturdenkmäler Chinas kann hier nicht eingegangen werden.

In die frühe Han-Zeit (124 v. Chr.) fällt bereits die Gründung einer kaiserlichen Universität. In der Tang-Zeit blühten Lyrik und Malerei. Von den Beamten erwartete man weniger Expertenwissen als die Fähigkeit zu dichten. Eine später verfaßte Anthologie berichtet von nahezu 50000 Gedichten und über 2000 Dichtern in jener Zeit. Auch die Wandmalerei in Gräbern und Palästen, Klöstern und Tempeln konnte sich quantitativ wie qualitativ sehen lassen. Hierher gehören die berühmten Longmen-Grotten bei Lo-yang (Luoyang). Außerdem gab es Kalligraphie, Tuschmalerei auf Seiden- oder Papierrollen, Porträt- und Landschaftsmalerei.

In der neokonfuzianischen Sozialethik der Sung-Zeit (12. Jahrh.) unterschied man fünf Grundarten zwischenmenschlicher Beziehungen: Herrscher – Untertan, Vater – Sohn, Mann – Frau, älterer – jüngerer Bruder, Freund – Freund. Zur Zeit der Yüan-Dynastie erreichte die dramatische Kunst, deren Anfänge bis ins 8. Jahrhundert zurückreichen, ein hohes Niveau, in der Ming-Zeit blühte die Romanliteratur. In der Malerei begann mit der klassizistischen eine »moderne« individualistische Richtung zu konkurrieren. Die Jade-Kunst erfreut sich von den ältesten Zeiten bis zur Gegenwart in China großer Beliebtheit. Ein Konfuzianer verband sie mit der Ethik seines Meisters: »Jade ist nicht nur ein ›schöner Stein‹, sondern er besitzt fünf Tugenden: sein warmer Glanz entspricht der Güte; seine Durchsichtigkeit entspricht der Aufrichtigkeit; sein hoher, reiner und weithin vernehmbarer Klang gleicht der Weisheit; seine Brechbarkeit, aber Unbiegsamkeit gleicht der Tapferkeit; seine (nicht für Gewalttätigkeit bestimmte) Schärfe gleicht der Reinheit.«[14]

[14] Peter Swann, Art of China, Korea and Japan. New York 1963, S. 33.

3.2 Klassiker

3.2.1 Einteilung

Die Hauptgründe also dafür, daß sich die chinesische Philosophie nicht, wie im Westen, emanzipieren konnte, waren, ähnlich wie in Indien, gesellschaftliche Gründe. Hier wie dort haben feudalistisch-despotische Herrschaftsformen den Prozeß philosophisch-wissenschaftlicher Selbstbefreiung verhindert, wenn auch in unterschiedlicher Weise. So ist die chinesische Philosophie wie die indische, im Gegensatz zur westlichen, vorwissenschaftlich geblieben. In China lagen die Widerstände jedoch weniger auf religiösem als auf politischem Gebiet. So kommt man auch der Beantwortung der Frage näher, warum die klassische chinesische Philosophie den Schwerpunkt auf die Behandlung gesellschaftlicher, ethisch-politischer Probleme legte und nicht auf die Erörterung naturphilosophischer oder erkenntnistheoretischer Fragen. Zur Natur hatten die Chinesen nur ein indirektes, durch die Herrscher vermitteltes Verhältnis, und eine Analyse der Erkenntnis war ungefähr das letzte, was diesem Herrschaftssystem ins Konzept paßte. Es beruhte vielmehr auf Magie und Aberglauben; weder für die Entwicklung einer unabhängigen Naturerkenntnis noch für die Entwicklung einer dazu unerläßlichen Logik und Erkenntnistheorie gab es hinreichende Bedingungen. Vielmehr kam dem chinesischen Herrschaftssystem die Ideologie vom Reich der Mitte entgegen, wobei sich China mit der Welt deckt und der Rest aus Meeren, Wüsten oder Barbaren-Ländern besteht, ferner das Dogma vom himmlischen Ursprung der Herrschaft.

Wie stellten sich nun in China Religion und Philosophie zu dieser politischen Ideologie? Da bereits die Chou-Herrscher das Priestertum entmachtet und die religiösen Kräfte an die Person des Herrschers gebunden hatten, entfiel der Widerstand von religiöser Seite. Die Grunderfahrung des Daseins lag bei den Chinesen nicht im *saṃsāra,* dem Verstricktsein in die Welt, wie bei den Hindus, und nicht im Leid, wie bei den Buddhisten, mithin auch nicht in einer aus solchen Erfahrungen abgeleiteten Erlösungskonzeption. Überhaupt muß man mit der Anwendung des Schemas Welt – Mensch – Überwelt im chinesischen

Denken vorsichtig sein, es gilt dort nicht unbedingt. Die Daseinserfahrung der Chinesen, welche die Herausforderung an die Philosophie enthielt, lag vor allem im gesellschaftlichen Bereich und läßt sich in den Begriffen: Unordnung, Ungerechtigkeit, Unmenschlichkeit zusammenfassen, wobei die Unordnung auf die Natur zurückweist. Auf diese Herausforderung konnte die Philosophie prinzipiell auf dreierlei Weise antworten: durch Verweigerung, durch Anpassung und durch Auflehnung.

Den ersten Weg ging Lao Tzu (Laozi), den zweiten Konfuzius (K'ung-fu-tzu; Kongfuzi), den dritten Mo Tzu (Mozi), wobei Anpassung und Auflehnung nur bedingt erfolgten. Hier ist die Streitfrage nicht zu erörtern, ob Konfuzius oder Lao Tzu (»der Alte Meister«) älter war. Die chinesische Überlieferung, die beide in der damaligen Reichshauptstadt Lo-yang, wo Lao Tzu am Staatsarchiv tätig war, zusammenführt, dürfte, auch wenn sie nicht historisch sein sollte, doch, wie ähnliche Synchronisierungen in der griechischen Geschichtsschreibung, den Kern der Sache treffen. Ebenso dürfte die Geschichte, Lao Tzu sei, als er das Hofleben nicht mehr ertragen konnte, um auszuwandern in den fernen Westen geflohen und habe an der Reichsgrenze auf Bitten eines Grenzoffiziers sein mehr als 5000 Worte umfassendes berühmtes Buch ›Tao Te Ching‹ (Daodejing) niedergeschrieben, mehr psychologische als historische Wahrheit enthalten: Verweigerung, Flucht, innere Emigration.

3.2.2 Lao Tzu

Lao Tzu und Konfuzius personifizieren gleichsam die Pole chinesischen Geisteslebens, *yin* und *yang*, die komplementären Urkräfte, die alles chinesische Denken bestimmen. Geschichtlich ging in China das Mystische dem Rationalen, die Natur der Gesellschaft voraus. Auch die offensichtliche Verwandtschaft der Philosophie Lao Tzus mit der indischen Philosophie weist in diese Richtung.

›Tao Te Ching‹ ist das ›Buch vom Weg und von der Tugend‹. Im ersten Teil des Werkes ist vom *Tao* die Rede, im zweiten mehr vom *Te* (de).

Ehe Himmel und Erde bestanden,
War etwas Nebelhaftes:
Schweigend, abgeschieden,
Alleinstehend, sich nicht ändernd,
Ewig kreisend ohne Unterlaß,
Würdig, die Mutter aller Dinge zu sein.
Ich weiß seinen Namen nicht
Und spreche es »Tao« an.
Wenn ich ihm einen Namen geben muß,
Werde ich es »groß« nennen.
Groß sein bedeutet in den Raum hinausragen,
In den Raum hinausragen bedeutet weit hinausreichen,
Weit hinausreichen bedeutet zum Ausgangspunkt
zurückkehren.
Darum: das Tao ist groß,
Der Himmel ist groß,
Die Erde ist groß,
Der König ist auch groß.
Das sind die großen Vier des Alls,
Und der König ist einer davon.
Der Mensch bildet sich nach der Erde;
Die Erde bildet sich nach dem Himmel;
Der Himmel bildet sich nach dem Tao;
Das Tao bildet sich nach der Natur.[15]

Eine bessere Handschrift hat für »König« die Lesart »Mensch«. Die verschiedenen Lesarten lassen die Entwicklung vom Menschentum zum Herrschertum bzw. Herren-Menschentum erkennen. Himmel und Erde sind zusammen das, was wir Kosmos, Welt, Universum nennen. Die Welt wird durch den Herrn, den König bzw. Fürsten vermittelt. Der Inbegriff von allem »Großen« ist das *Tao*. Die Natur steht nicht etwa über dem Tao, sondern drückt aus, daß das Tao aus sich selbst existiert, *causa sui* ist. Ungefähr kommt dabei das Schema: Überwelt – Mensch – Welt heraus, wobei der Mensch zugunsten des Herrschers verschwindet.

Von den 81 Abschnitten des ›Tao Te Ching‹ befassen sich tatsächlich, abgesehen vom Tao, die meisten mit dem Themenkomplex Herrschaft.

[15] Lao Tzu, Tao Te Ching. Hrsg. von Lin Yutang. Frankfurt a.M. 1956, Abschnitt 25.

Was ist das Tao? Das Namenlose. Alle Bezeichnungen, darin ist man sich einig, erschöpfen das Gemeinte nicht. Die Grundbedeutung ist »Weg«. Sowohl in der indischen als auch in der fernöstlichen Philosophie spielt der Weg eine viel größere Rolle als im westlichen Denken. Erkennen heißt nicht: etwas identifizieren, wissen, besitzen, sondern: unterwegs sein. Das Ziel ist nicht eine Definition und ihr Beweis, sondern ein Zustand: das Eingehen, die Rückkehr ins Tao, Überwindung von Entzweiung, der große Einklang, es ist mehr ein Zustand als eine Formel. Überhaupt verlieren Bezeichnungen, Zahlen und Maße bei Lao Tzu ihr Gewicht. Lao Tzu war kein Mathematiker, Positivist und Szientist, er war eher ein Mystiker, eine religiöse Natur, ein Genie. Die wenigen Andeutungen im ›Tao Te Ching‹ (Abschn. 20, 70), die man bei vorsichtiger Interpretation als Selbstdarstellung des Autors verstehen kann, weisen in diese Richtung. Lao Tzu stellt sich als unverstanden, einsam und heimatlos dar. Seine Vorliebe für glänzende, paradoxe Formulierungen[16] verbindet ihn mit Heraklit, ebenso sein Tiefsinn und eine gewisse Schwermut. Anzeichen von Depressivität, Resignation und Pessimismus finden sich nicht selten:

Meine Lehren sind sehr leicht zu verstehen
Und sehr leicht auszuüben,
Aber niemand kann sie verstehen,
Und niemand kann sie ausüben.
In meinen Worten liegt ein Prinzip.
In den Angelegenheiten der Menschen
Liegt ein System.
Weil sie diese nicht kennen,
Kennen sie mich auch nicht.
Da nur wenige mich kennen,
Darum bin ich ausgezeichnet.
Darum trägt der Weise außen ein grobes Gewand
Und trägt Jade in seinem Busen. (70)

Man hat Tao wiedergegeben durch: Gott, Absolutes, Wesen, Sinn, Geist, Gesetz, Vernunft, Natur, Urprinzip, Urkraft, Ursubstanz, Ursprung, Eins, All-Einheit, Harmonie. All diese Be-

[16] Lao Tzus unübertrefflich dichterisch-verdichtende Sprechweise wirkt am besten durch sich selbst. Jede indirekte Wiedergabe würde sowohl länger als auch farbloser ausfallen und oft sogar Wesentliches zerstören.

deutungen und viele andere ergeben vielleicht ein Mosaik, aber einig ist man sich nur darin, daß jede einzelne Bezeichnung nicht ausreicht.

Lao Tzu selbst spricht vom Tao auch lieber in Negationen und Gleichnissen:

> Das Namenlose ist der Ursprung des Himmels und der Erde,
> Das Benannte ist die Mutter aller Dinge. (1)

An anderer Stelle heißt es zur Charakteristik des Tao:

> Das Tao ist ein Hohlgefäß;
> Und sein Gebrauch ist unerschöpflich!
> Unauslotbar!
> Wie der Urquell aller Dinge,
> Seine Kanten abgerundet,
> Seine Schlingen aufgelöst,
> Sein Licht abgeblendet,
> Sein Wirbel untergetaucht,
> Scheint es dennoch dunkel wie tiefes Wasser zu verharren.
> Ich weiß nicht, wessen Sohn es ist,
> Ein Bildnis dessen, was früher als Gott vorhanden war. (4)

Man erinnert sich dabei an Heraklits berühmtes Fragment 45 von der Unauslotbarkeit der Seele. Eine andere Stelle erinnert an buddhistische Umschreibungen des *nirvāṇa*:

> Man sieht es an, doch es kann nicht gesehen werden –
> Das heißt das Unsichtbare (*i*; yi)
> Man hört es an, doch es kann nicht gehört werden –
> Das heißt das Unhörbare (*hsi*; xi)
> Man greift nach ihm, doch es kann nicht berührt werden –
> Das heißt das Unberührbare *(wei)*.
> Diese drei entziehen sich all unserem Forschen,
> Fließen zusammen und werden eins.
> Nicht durch sein Aufgehen gibt es Licht,
> Noch durch sein Untergehen gibt es Finsternis.
> Unaufhörlich, beständig, kann es nicht bestimmt werden
> Und kehrt ins Reich des Nichts zurück. (14)

Wo die gelehrte Prosa versagt, hilft die Dichtung weiter, Lao Tzu erweist sich als Dichterphilosoph. Für ihn ist die Erleuchtung eine Quelle der Erfahrung des Tao:

Zur Wurzel zurückkehren, ist Stille,
Es heißt zum eigenen Schicksal zurückkehren.
Zum eigenen Schicksal zurückkehren heißt, das ewige
Gesetz finden.
Das ewige Gesetz erkennen ist Erleuchtung.
Und das ewige Gesetz nicht erkennen heißt Unheil
herbeirufen.
Wer das ewige Gesetz erkennt, ist duldsam;
Da er duldsam ist, ist er unparteiisch;
Da er unparteiisch ist, ist er königlich;
Da er königlich ist, ist er im Einklang mit der Natur;
Da er im Einklang mit der Natur ist, ist er im Einklang mit
dem Tao;
Da er im Einklang mit dem Tao ist, ist er ewig,
Und sein ganzes Leben ist von Unheil bewahrt. (16)

Religiöse, ästhetische, ethische und politische Aspekte erscheinen kunstvoll miteinander verbunden. Lao Tzu vergleicht das Tao mit dem Wasser, dem Weichen und Weiblichen, mit dem Tal und dem Meer. Das Tao ist still, es beruhigt, es bewirkt Gesundheit und Wohlfahrt, Eintracht und Frieden. Wer sich dem Tao überläßt, wird zu einer unwiderstehlichen geballten Kraft, ist, ohne es zu wollen, ein Ereignis im Weltgeschehen und hat Wirkung, ohne nach Effekten zu haschen.

Tao verhält sich zu *Te* (Wirken) wie die erste Ursache zur Wirkung, wie der himmlische Urquell zu irdischen Gewässern, wie die allgewaltige Schaffenskraft zur erhaltenden Tätigkeit oder wie unsagbare göttliche Vollkommenheit zu begrenzter Trefflichkeit. Te wird oft mit »Tugend« übersetzt, aber das beschränkt den Begriff zu sehr auf den moralischen Bereich.

Das Tao gebiert sie,
Das Te (Charakter) hegt sie.
Die Stoffwelt gibt ihnen Form.
Die Umstände des Augenblicks vollenden sie.
Darum verehren alle Dinge des Alls das Tao und schätzen
das Te.
Das Tao wird verehrt und das Te geschätzt,

Ohne Befehl von irgendwem, sondern aus eigenem
  Antrieb.
Darum gebiert sie das Tao,
Das Te hegt sie,
Läßt sie wachsen, entwickelt sie,
Gibt ihnen einen Hafen, einen Ort, in Frieden zu
  verweilen,
Nährt sie und schirmt sie.
Es gebiert sie und eignet sie nicht,
Handelt (hilft) und nimmt sie nicht in Besitz,
Ist überlegen und beherrscht sie nicht:
Das ist die mystische Tugend. (51)

Te steht also zwischen dem Unbezeichenbaren und dem Bezeichenbaren, zwischen Transzendenz und Erscheinungswelt, zwischen dem Nichts und der Welt der Dinge.

Wie sehr im chinesischen Denken Zahlenmystik, Kosmos und Metaphysik zusammenhängen, zeigt die Verbindung des Tao mit den Symbolen *yin* und *yang:*

Aus dem Tao entsteht das Eins;
Aus dem Eins das Zwei;
Aus dem Zwei das Drei;
Aus dem Drei das geschaffene All.
Das geschaffene All trägt am Rücken das yin und vorne das
  yang;
Durch die Vereinigung dieser alldurchdringenden
  Prinzipien erlangt es den Einklang. (42)

Während die Zahlenmystik Lao Tzus an Pythagoras erinnert, erinnert seine Erkenntnistheorie an Sokrates:

Wer weiß, daß er nicht weiß,
Ist der Höchste.
Wer (vorgeblich) weiß, was er nicht weiß,
Ist geistig krank.
Und wer geistige Krankheit als geistige Krankheit erkennt,
Ist nicht geistig krank.
Der Weise ist nicht geistig krank.
Weil er geistige Krankheit als geistige Krankheit erkennt,
Darum ist er nicht krank.
Wer nicht weiß, weiß in Wirklichkeit doch, und wer weiß,

Weiß in Wirklichkeit nicht.
Wißt Ihr, daß, was Ihr als Wissen betrachtet, in
Wirklichkeit Nichtwissen ist? (71)

Wie es bei Lao Tzu ein Wissen ohne »Wissen« gibt, kennt er auch ein Tun ohne »Tun«. Seine Theorie des Handelns durch Nichthandeln *(wu-wei)* ist kein Aufruf zu Faulheit, Trägheit und Bequemlichkeit, vielmehr ein Rat zum ökonomischen Einsatz der Kräfte, zur Verhinderung von vergeblichem Tun, sinnloser Geschäftigkeit mit unweigerlich folgender Frustration.

Der weichste Stoff der Welt
Geht durch den härtesten.
Das, was keine Form hat, durchdringt das,
Was keinen Hohlraum hat;
Durch dieses erkenne ich die
Wohltat des Nicht-Handelns.
Das Lehren ohne Worte
Und die Wohltat des Nicht-Handelns
Sind im Weltall ohnegleichen. (43)

Gewinnen heißt verlieren, verlieren gewinnen. Eine der größten Erkenntnisse Lao Tzus ist die der Ambivalenz des Erfolgs. Nicht-Wissen und Nicht-Handeln unter der Führung des Tao machen den Menschen zum wahren Herren der Welt.

Eng mit der Ambivalenztheorie hängt die »Relativitätstheorie« des Lao Tzu zusammen.

Wenn die Menschen der Erde alle die Schönheit als
Schönheit erkennen,
Entsteht (die Erkenntnis der) Häßlichkeit.
Wenn die Menschen der Erde alle das Gute als gut
erkennen,
Entsteht (die Erkenntnis des) Bösen.
Darum:
Sein und Nichtsein hängen im Werden voneinander ab;
Schwierig und Leicht hängen in der Durchführung
voneinander ab;
Lang und Kurz hängen im Gegensatz voneinander ab;
Hoch und Niedrig hängen in der Lage voneinander ab;
Töne und Stimmen hängen im Zusammenklang
voneinander ab;

Vorne und Hinten hängen im Zusammensein voneinander ab. (2)

Lao Tzus Theorie beruht auf Beobachtung und Erfahrung. Sie relativiert, ohne relativistisch zu sein. In der Verabsolutierung von Aspekten, Maßstäben und Standpunkten liegt die Wurzel zu Mißverständnissen, Streitigkeiten und Kriegen. Der Maßstab aller Maßstäbe aber ist das Tao.

Lao Tzus Ethik und Politik lassen sich ohne seine Ausführungen über das Tao und die damit verbundene relativierende Betrachtungsweise nicht verstehen. Manche seiner ethisch-politischen Einsichten erinnern an christliche Lehren. Lao Tzu: »Der Gewaltmensch wird eines gewaltsamen Todes sterben« (42), Christus: »Wer zum Schwert greift, wird durch das Schwert fallen.« Lao Tzu: »Wer an Charakter reich ist, ist wie ein Kind« (55), Christus: »Wenn ihr nicht werdet wie die Kinder...« »Vergeltet Haß mit Tugend!« (63) ist die chinesische Version des christlichen Gebotes: »Liebet eure Feinde!«

Mit dieser Maximalforderung hat Lao Tzu den umfassenden Rahmen chinesischer Ethik vorgegeben. Wenn Christus sagt: »Niemand ist gut, nur Gott ist gut«, relativiert er damit menschliches Wertverhalten und menschliche Werturteile im Hinblick auf Gott, das absolute Maß der Christen. Lao Tzu relativiert alles Geschehen in Beziehung auf das Tao. Diese wenigen Beispiele mögen genügen, um zu zeigen, daß chinesisches und westliches Denken nicht immer so verschieden sind; je konkreter und je näher an den Problemen, desto größer wird die Ähnlichkeit. Das gilt auch für das indische Denken.

Lao Tzu kannte bereits die Ethik der Selbstverwirklichung. Vom All schließt er auf den Weisen:

Das All währet immer.
Der Grund, weshalb das All immer währt,
Ist, daß es nicht sich selber liebt.
Deshalb kann es lange überdauern.

Das gilt auch vom Weisen:

Ist es nicht deshalb, weil er nicht für sich selber lebt,
Daß sein Selbst verwirklicht wird? (7)

Der einzige, der das Vertrauen seiner Mitmenschen wirklich verdient, ist, Lao Tzu wie Platon zufolge, der Weise:

> Nachgeben heißt ganz bleiben.
> Gebeugt sein, heißt gerade werden.
> Hohl sein, heißt voll werden.
> Zerfetzt sein, heißt erneuert werden.
> Bedürfen heißt Besitzen.
> Überfluß haben, heißt verwirrt werden.
> Darum umfaßt der Weise das Eine
> Und wird zum Vorbild der Welt.
> Er enthüllt sich nicht
> Und ist deshalb leuchtend.
> Er rechtfertigt sich nicht
> Und ist deshalb weit berühmt.
> Er prahlt nicht
> Und deshalb vertraut man ihm.
> Er ist nicht stolz auf sich
> Und ist deshalb Herr unter den Herrschern.
> Eben weil er nicht strebt,
> Kann niemand auf der Welt gegen ihn streben.
> Ist es nicht wirklich wahr, wie die Alten sagen:
> ›Nachgeben heißt ganz bleiben‹?
> So bleibt er bewahrt und die Welt huldigt ihm. (22)

Hochaktuell ist Lao Tzus Warnung vor den Weltveränderern:

> Es gibt solche, die wollen die Welt erobern
> Und aus ihr machen (was sie sich vorstellen oder begehren),
> Ich sehe, daß es ihnen nicht gelingen wird.
> (Denn) die Welt ist Gottes eigenes Gefäß;
> Es kann (durch menschliches Eingreifen) nicht gemacht werden.
> Wer es macht, verdirbt es.
> Wer es festhält, verliert es. (29)

Lao Tzu, auch darin aktuell, ist Pazifist, aber nicht ohne Einschränkung. Er verurteilt Angriff und Eroberung, billigt dagegen die Selbstverteidigung.

Lao Tzu wandte sich unmißverständlich gegen Rüstung und Militär. Wie er auf ethischem Gebiet die Ambivalenz des Erfolgs erkannte, erkannte er auf politischem Gebiet die Ambivalenz der Siege. Die Linke ist im Chinesischen ein Symbol günstiger Vorzeichen, die Rechte ein Symbol übler Vorbedeutung.

Unter allen Dingen sind Soldaten Werkzeuge des Bösen,
Den Menschen verhaßt.
Darum meidet sie der religiöse (Tao-besessene) Mensch.
Der Edle zieht im zivilen Leben die Linke vor,
Aber bei militärischen Anlässen begünstigt er die Rechte.
Soldaten sind Waffen des Bösen,
Sie sind nicht die Waffen des Edlen.
Wenn man nicht anders kann, als Soldaten zu verwenden,
Ist die beste Politik ruhige Zurückhaltung.
Sogar im Sieg liegt keine Schönheit,
Und wer ihn schön nennt, ist einer,
Der sich an der Schlächterei freut;
Und wer sich an der Schlächterei freut,
Wird in seinem Ehrgeiz, die Welt zu beherrschen, keinen Erfolg haben.
Die Hinschlachtung von Scharen müßte voll Kummer betrauert werden,
Ein Sieg müßte mit dem Bestattungsritus gefeiert werden. (31)

Selbstbeherrschung und Selbsterkenntnis gehören auch bei den Griechen zum Kanon der göttlichen Werte, wobei, wie im chinesischen Denken, die Selbsterkenntnis den höchsten Rang einnimmt. Selbsterkenntnis ist ein Merkmal des Weisen (Sokrates).

Wer andere erkennt, ist gelehrt.
Wer sich selbst erkennt, ist weise.
Wer andere besiegt, hat Muskelkräfte,
Wer sich selbst besiegt, ist stark.
Wer zufrieden ist, ist reich.
Wer entschlossen ist, hat Willensstärke.
Wer seine Mitte nicht verliert, der dauert,
Wer stirbt, während (seine Macht) bleibt,
Hat ein langes Leben. (33)

Die besten Herrscher sind nach Lao Tzu die, welche am wenigsten herrschen:

Von den besten Herrschern
Weiß das Volk bloß, daß es sie gibt;
Die nächstbesten liebt und preist es;
Die nächsten fürchtet es;
Und die nächsten verabscheut es.
Wenn sie das Vertrauen des Volkes nicht besitzen,
Werden manche den Glauben an sie verlieren,
Und dann nehmen sie Zuflucht zu Eiden!
Doch (von den Besten) wenn ihr Werk vollbracht ist,
Bemerken alle Leute: »Wir haben es selbst getan.« (17)

Zwischen Lao Tzus Lehre von der höheren Moral und seinem Bekenntnis zum einfachen Volk besteht vordergründig ein Widerspruch, der sich aber auflöst, wenn man bedenkt, daß Lao Tzu die hohen ethischen Anforderungen in erster Linie an sich selbst bzw. an die Weisen stellt. Dazu gehört auch, daß man sich im moralischen Urteil zurückhält, nicht verurteilt und keine künstlichen Schranken zwischen sich und seinen Mitmenschen errichtet.

Ein Staat mit vielen Gesetzen, darin stimmen Lao Tzu und Platon überein, ist ein schlechter Staat.

Je mehr Verbote es gibt, desto ärmer wird das Volk.
Je mehr scharfe Waffen es gibt,
Desto größer ist das Chaos im Staate.
Je mehr technische Fertigkeiten,
Desto mehr listige Dinge werden erzeugt.
Je größer die Zahl der Satzungen,
Desto größer die Zahl der Diebe und Räuber.
Darum spricht der Weise:
Ich tue nichts, und das Volk wird von selbst gebessert.
Ich liebe die Ruhe, und das Volk ist von selbst rechtschaffen.
Ich mache keine Geschäfte, und das Volk wird von selbst reich.
Ich habe kein Begehren, und das Volk wird von selbst schlicht und ehrlich. (57)

Lao Tzu konzipierte die Unheilssituation elementar als Unordnung, Abweichung vom Tao, Zerfall der Einheit von Natur und Gesellschaft, Verwirrung der natürlichen und menschlichen Beziehungen. Entsprechend umfassend ist auch sein Philosophiekonzept. Es umfaßt, im Gegensatz zu dem des Konfuzius und anderer, auch die religiöse, metaphysische, naturphilosophische und die erkenntnistheoretische Dimension und kommt damit dem indischen und dem westlichen Begriff von Philosophie am nächsten. Bei Lao Tzu ist die Konzentration auf die Gesellschaft, auf ethisch-politische Probleme nicht so stark wie bei anderen klassischen chinesischen Denkern. Entsprechend ist auch das Schema Welt – Mensch – Überwelt noch am ehesten auf sein Denken anwendbar. Die Bindung an das Konkrete und an die Tradition teilt er indessen mit den übrigen chinesischen Weisen.

Lao Tzus Denkstil ist eher aphoristisch als systematisch, geht mehr in die Tiefe als in die Breite, erhellt blitzartig verborgene Zusammenhänge, fächert, ähnlich wie der Platons, die gesamte Dimensionalität der Probleme auf statt sie zu klassifizieren, spielt mit Gegensätzen und Paradoxien, ist mehr künstlerisch-intuitiv als wissenschaftlich-diskursiv, lebt von Erleuchtungen und Inspirationen, nicht von gesammeltem Material, intendiert das Ganze und verbindet Einfachheit mit meisterhafter Beherrschung der Form, geschickter Wortwahl und dichterischem Ausdruck. Dem entspricht auch sein Lebensideal: Ablehnung alles Gekünstelten und Virtuosen, Rückkehr zur alten, echten Art ohne Windungen und Winkelzüge, ohne List und Verstellung, ohne Überfluß und Luxus. Bedürfnislos, nicht von außen, sondern von innen bestimmt, ehrlich, aufrichtig und integer soll der Mensch leben, ohne ein Übermaß von Einzeltugenden, Formeln und Vorschriften, vielmehr im Einklang mit sich selbst und dem Tao: das ist die einzig wahre, die mystische Tugend.

3.2.3 Lieh Tzu

Lao Tzus Lehren waren nicht auf einen großen Schülerkreis und auf Breitenwirkung angelegt. Sie konnten nur bei genialen Einzelpersönlichkeiten auf fruchtbaren Boden fallen. Einer von diesen war Lieh Tzu (440–370 v. Chr.), ein anderer Chuang Tzu (Zhuangzi, 380–300 v. Chr.). Lieh Tzus (Liezis) Bedeutung liegt vor allem auf dem Gebiet der Naturphilosophie. Seine Weltentstehungslehre wurde »zum Gemeingut aller gebildeten Chinesen«. Ähnlich wie Aristoteles unterschied Lieh Tzu mehrere Ursachen: Stoff, Form und Kraft. Die Zweckursache (Aristoteles) fehlt bei ihm. Er steht der modernen Auffassung näher als Aristoteles, wenn er in seiner Kosmogonie einen Übergang von Kraftfeldern zur Materie annimmt. Raum und Zeit sind nach ihm unendlich, der Weltprozeß verläuft zyklisch, und das Tao entspringt und endet im Nichts. Nichts besteht, alles ist im ewigen Wandel begriffen.

In der Ethik lehnt Lieh Tzu einen Zusammenhang von Glück und Unglück mit Lohn und Strafe ab. Das Schicksal des Menschen hat wenig mit seinen Handlungen zu tun, viel mehr mit Zeit und Umständen. Was die Entstehung der lebendigen Wesen betrifft, nahm Lieh Tzu den Gedanken der Evolution vorweg. Den Gedanken einer Schöpfung der Welt für den Menschen weist er zurück. In einer amüsanten Geschichte läßt er diese, begreiflicherweise von einem Fürsten vertretene Ansicht, von einem Zwölfjährigen widerlegen: Dann hätte der Himmel wohl auch die Menschen wegen der Mücken und Stechfliegen erschaffen oder das Fleisch für Tiger und Wölfe. Der Mensch besitzt gar nichts in der Welt, aber er eignet sich an, was er nur vermag; er wählt sich diejenigen Tiere, die er fressen kann, aus und frißt sie. Der Mensch ist eigentlich ein Räuber in der Natur.

3.2.4 Chuang Tzu

Chuang Tzu zog die persönliche Freiheit einem hohen Amt am Fürstenhofe vor. Er war, wie Lao Tzu, ein glänzender Stilist und, wie dieser, ein Außenseiter, aber ein lebensbejahender, und ein Freund der Natur. Am liebsten hielt er sich in den Nanhua(Nanhua)-Bergen, den südlichen Blumen-Bergen auf. Wie Lao Tzu scheint er eine reiche Phantasie und eine Fülle von Visionen gehabt zu haben. Das Leben verglich er mit einem Traum. »Einst träumte Chuang Tzu, er sei ein Schmetterling, und nun weiß er nicht, ob er damals ein Mensch war, welcher träumte, er sei ein Schmetterling, oder ob er jetzt ein Schmetterling ist, welcher träumt, daß er ein Mensch sei.«[17] Neben naturphilosophischen Problemen beschäftigten den Träumer auch

[17] Alfred Forke, Geschichte der alten chinesischen Philosophie. Hamburg, 2. Aufl. 1964, S. 319ff.

erkenntnistheoretische und mathematische Fragen, z.B. das unendlich Große und das unendlich Kleine. Außerdem entwickelte er die Denkansätze Lao Tzus zur Ambivalenz und Relativität weiter. Da sich zu einem Schönen immer ein noch Schöneres und zu einem Häßlichen ein Häßlicheres finden läßt, ist das Schöne häßlich und das Häßliche schön. Alle Dinge sind mit mir zusammen eins.

In der praktischen Philosophie schloß er sich an Lao Tzus Ideal vom einfachen Leben an. »Ohne Jade und Perlen gäbe es keine Räuber, ohne Maße und Gewichte keine Streitigkeiten und ohne Kontrakte würde die natürliche Einfachheit und Ehrlichkeit herrschen.«

Auch der Technik stand Chuang Tzu kritisch gegenüber. Auf die Anregung eines Wanderers, bei der Bewässerung der Felder einen Ziehbrunnen zu benutzen, läßt Chuang Tzu den Bauern antworten: »Wenn einer Maschinen benützt, so betreibt er all seine Geschäfte maschinenmäßig; wer seine Geschäfte maschinenmäßig betreibt, der bekommt ein Maschinenherz. Wenn einer aber ein Maschinenherz in der Brust hat, dem geht die reine Einfalt verloren. Bei wem die reine Einfalt hin ist, der wird ungewiß in den Regungen seines Geistes. Ungewißheit in den Regungen des Geistes ist etwas, das sich mit dem wahren Sinne nicht verträgt. Nicht daß ich solche Dinge nicht kennte, ich schäme mich, sie anzuwenden.«[18]

An die Adresse der Konfuzianer und anderer Gelehrter war offensichtlich die Kritik Chuang Tzus an den Weisen gerichtet, die durch ihre Künste, Wissenschaften und komplizierten Morallehren nur die Menschen verderben statt sie zu bessern. »Wer auf andere einzuwirken sucht, ist kein Heiliger. Wer Zuneigung zeigt, ist nicht tugendhaft. Wer Zeiten und Umstände beachtet, ist kein Weiser. Wem Vorteil und Schaden nicht gleich gilt, ist kein Edler. Wer in der Sorge um seinen Namen sich selbst verliert, ist kein rechter Mann. Wer sein eigenes Selbst nicht in der rechten Weise verliert, kann nicht über andere herrschen.«

Berühmt ist Chuang Tzus Gespräch mit einem Totenschädel. Als er diesen am Wege fand, stellte er ihm peinliche Fragen, wie er in solche Lage gekommen sei. Er nahm den Schädel mit und benutzte ihn als Kopfkissen. Um Mitternacht erschien ihm der Schädel im Traum und rügte Chuang Tzu wegen seiner dum-

[18] Richard Wilhelm, Chuang Tzu. Das wahre Buch vom südlichen Blütenland. Köln 1982, S. 135f. Dort finden sich auch die übrigen Zitate Chuang Tzus in diesem Abschnitt.

men Fragen und sprach: »›Möchtest du etwas vom Tode reden hören?‹ Chuang Tzu sprach: ›Ja.‹ Der Schädel sprach: ›Im Tode gibt es weder Fürsten noch Knechte und nicht den Wechsel der Jahreszeiten. Wir lassen uns treiben, und unser Lenz und Herbst sind die Bewegungen von Himmel und Erde. Selbst das Glück eines Königs auf dem Thron kommt dem unseren nicht gleich.‹ Chuang Tzu glaubte ihm nicht und sprach: ›Wenn ich den Herrn des Schicksals vermöchte, daß er deinen Leib wieder zum Leben erweckt, daß er dir wieder Fleisch und Bein und Haut und Muskeln gibt, daß er dir Vater und Mutter, Weib und Kind und alle Nachbarn und Bekannten zurückgibt, wärst du damit einverstanden?‹ Der Schädel starrte mit weiten Augenhöhlen, runzelte die Stirn und sprach: ›Wie könnte ich mein königliches Glück wegwerfen, um wieder die Mühen der Menschenwelt auf mich zu nehmen?‹«

Die Geschichte hat einen Unterton von Weltflucht und deutet bereits die Richtung an, in die sich der Taoismus weiterentwickelte. Gegen Ende des 2. Jahrhunderts n. Chr. verfiel die Philosophie vom Tao. Es entstand der religiöse Taoismus, meist ein Gemisch von wildem Aberglauben, Geisterbeschwörung und Zauberriten.

3.2.5 Konfuzius

3.2.5.1 Leben

Konfuzius stammte aus einem Adelsgeschlecht und wurde 551 v. Chr. im Lehnsstaat Lu (Shan-tung; Shandong) geboren. Über sein Leben ist mehr bekannt als über das Lao Tzus. Sein Vater hatte mit über 70 Jahren ein zweites Mal geheiratet, und zwar ein fünfzehnjähriges Mädchen. Aus dieser Ehe ging Konfuzius hervor. Er verlor seinen Vater mit zwei, seine Mutter mit 22 Jahren. Er selbst heiratete mit 19 Jahren, aber die Ehe war nicht glücklich. Von seiner ersten Frau hatte er einen Sohn, der aber vor ihm starb, von einer anderen Frau zwei Töchter, von denen auch eine starb. Konfuzius wuchs zur Zeit des Niedergangs der Chou-Dynastie auf.

Die Ausgangssituation seiner Philosophie war das moralisch-politische Chaos. Die Chou-Herrscher verlegten 770 v. Chr.

unter dem Druck von Invasoren ihre Hauptstadt von Hsi-an (Xi'an) nach Lo-yang, wo es mit ihrer politischen Macht weiter bergab ging. In Lu, dem Heimatstaat des Konfuzius, lebte noch viel von der Shang-Kultur, und er gehörte wohl zu den Erben jener Kultur, die von den Chou-Herrschern als Gelehrte, Lehrer und Zeremonienmeister in Dienst gestellt wurden. Später arbeitete er jedoch zunächst in seinem Heimatstaat auf ziemlich untergeordnetem Posten, als Aufseher der Kornspeicher (533) und Inspektor staatlicher Ländereien (532). Wenige Jahre später begann er seine öffentliche Lehrtätigkeit gegen geringes Honorar und, wie Kant, in seiner Wohnung. Er lehrte Musik und Geschichte, wobei er auf alte Texte zurückgriff.

In diesen Jahren entstanden wohl seine Kenntnisse und seine Vorliebe für die Tradition. Schon als Kind hatte Konfuzius gern mit Opfern gespielt und sich für Formen, Riten und Kulte interessiert. Da er mit solidem Wissen viel Verständnis und Menschlichkeit verband, fehlte es ihm nicht an Schülern, wenn sich auch, nach dem Grad des Könnens und des Interesses, Abstufungen ergaben. Im Konfuzius-Tempel wurden später über 70 Schüler mitverehrt; aus ihnen ragen die sog. Zwölf Weisen hervor, aus ihnen wiederum die Vier Beisitzer.

Im Jahre 518 v. Chr. fuhr Konfuzius zum Herrschersitz nach Lo-yang. Dank guter Beziehungen seines Lehnsherrn fand er Zutritt zum Herrscher und konnte nun das heißersehnte Hofleben studieren. Allerdings war die Macht des Herrschers nur noch gering. In Wirklichkeit regierten seine Vasallen, die sich als Lehnsfürsten gegenseitig bekriegten. In den Lehnsstaaten kämpften wiederum die adligen Familien um Prestige, Macht und erbliche Ministerposten, einmal untereinander, dann auch gegen ihre eigenen, nicht weniger machtlüsternen Hausmeier und Beamten. Kein Wunder also, wenn Konfuzius das Heil bei den großen Herrschern der Vorzeit suchte, deren übermenschliche Tugenden aber wohl nur in der Phantasie des schockierten, anständigen und strebsamen Hauslehrers bestanden.

In Lo-yang soll Konfuzius auch den »Altmeister« der Philosophie, Lao Tzu, aufgesucht und eifrig die alten Sitten und Riten studiert haben.

Mit 30 Jahren, also 521 v. Chr., hatte Konfuzius nach seinen Angaben einen eigenen Standpunkt gewonnen. In seinem Berufsleben dagegen gab es Schwierigkeiten. Nicht lange nach seiner Rückkehr aus Lo-yang fand in Lu eine Art Revolution statt. Der Fürst mußte in ein Nachbarland fliehen, und Konfuzius begleitete ihn. Der dortige Fürst fand an Konfuzius Gefallen und wollte ihn zum Aufseher über eine Stadt ernennen, aber sein Minister hielt Konfuzius für ungeeignet. So kehrte der brave junge Mann zwar mit besten moralischen Grundsätzen, aber ohne ein Amt, das er so gern gehabt hätte, nach Lu zurück. Konfuzius war, im Gegensatz zu Lao Tzu, ehrgeizig, aber wiederum nicht so ehrgeizig, daß er bereit gewesen wäre, seine Prinzipien aufzugeben. »Sich satt essen, den ganzen Tag, ohne den Geist mit irgend etwas zu beschäftigen, wahrlich, das ist ein schwieriger Fall.« An anderer Stelle wird berichtet, wie Konfuzius einen Taugenichts zurechtwies: »In der Jugend war er nicht folgsam und bescheiden, erwachsen hat er nichts Bemerkenswertes geleistet, jetzt ist er alt und stirbt nicht einmal: das ist ein (Tag-)dieb.«[19]

Offensichtlich befand sich Konfuzius in einem tiefen inneren Konflikt, der sein gesamtes Leben, sein Lehren und Schaffen durchziehen und sein Werk prägen sollte. Konfuzius antwortete auf die Niederlage auf seine Weise, d.h. er machte ein Prinzip daraus: »Nicht das soll einen bekümmern, daß man kein Amt hat, sondern das muß einen bekümmern, daß man dafür tauglich werde. Nicht das soll einen bekümmern, daß man nicht bekannt ist, sondern danach muß man trachten, daß man würdig werde, bekannt zu werden.«[20]

Aber das Leben brachte ihm auf die Dauer weder ein Amt noch großen Ruhm. Während Konfuzius, äußerlich gesehen, scheiterte, meisterte er innerlich den Konflikt und bereitete damit einen (posthumen) Erfolg vor, wie ihn kein anderer Philosoph je hatte. Menschlichkeit und Vornehmheit besiegten in ihm Ehrgeiz und Ruhmsucht. Allgemein wirkte er auf seine Mitmenschen durch eine Art »bedrückender Vollkommenheit«. Er war im Innersten von seiner göttlichen Mission überzeugt.

Der restliche Lebensweg des Weisen ist schnell erzählt. Als Konfuzius 51 Jahre alt war, winkte ihm noch einmal der äußere Erfolg. Er erhielt in seinem Heimatstaat Lu einen Magistrats- und später einen Ministerposten. Konfuzius führte die Ämter seinen Grundsätzen entsprechend, aber gerade das wurde ihm zum Verhängnis. Schon nach drei oder vier Jahren verlor er die Gunst seines Fürsten, angeblich weil ein (auf Konfuzius) neidi-

[19] Richard Wilhelm, Konfuzius, Gespräche XVII, 22 u. XIV, 46. Köln 1982, S. 61 u. 152.

[20] Ebd., IV, 14.

scher Nachbarfürst dem Herrn von Lu eine Gruppe schöner Tänzerinnen und eine Anzahl rassiger Pferde schenkte, um ihn von seinen Geschäften abzulenken. Das würde den Erfahrungen entsprechen, die Platon (7. Brief) am Hof der Tyrannen von Syrakus machte. Wahrscheinlicher aber ist, daß der Fürst viel mehr für schöne Frauen und Pferde übrig hatte als für noch so großartige moralische Grundsätze eines (in seinen Augen) überspannten Beamten. Jedenfalls mußte Konfuzius gehen. Er wanderte von einem Staat zum anderen und hoffte auf Rückkehr, aber weder in Lu noch an anderen Fürstenhöfen waren seine Grundsätze gefragt. Als er noch dazu den Tod seines einzigen Sohnes (Li Po-yü; Li Boyu 483), seines Lieblingsschülers (Yen Hui; Yan Hui 481) und eines anderen bedeutenden Schülers (Tzu Lu; Zi Lu 480) erleben mußte – »Der Himmel richtet mich zugrunde« –, vereinsamte der inzwischen betagte Weise immer mehr. Des langen und frustrierenden Wanderlebens müde, kehrte er in seine Heimat zurück, überwand wieder einmal seine Enttäuschungen und machte sich unverzagt an die Herausgabe alter klassischer Texte, die er eigentlich nur, bescheiden wie er war, interpretieren wollte. Damit legte er den Grundstein für einen Ruhm, der den Ruhm aller chinesischen Mandarine, Minister und Fürsten überdauern sollte. Davon ahnte er jedoch noch nichts, als er sein Ende nahen fühlte.

»Eines Morgens im Jahre 479 v. Chr. fühlte Konfuzius, der sich vor seinem Hause befand, seinen Tod herannahen. Er summte vor sich hin die Worte: ›Der große Berg muß zusammenstürzen, der starke Balken muß zerbrechen, und der Weise schwindet dahin wie eine Pflanze.‹ Darauf trat er in das Haus ein und setzte sich bei der Tür nieder. Sein Schüler Tzu Kung (Zi Gong) hatte diese Worte gehört und sprach bei sich: ›Wenn der große Berg zusammenstürzt, zu wem soll ich aufblicken? Wenn der starke Balken bricht und der Weise dahinschwindet, auf wen soll ich mich stützen? Ich fürchte, daß der Meister krank werden wird.‹ Konfuzius teilte ihm seine Todesahnungen mit. ›Kein weiser Herrscher ersteht‹, sagte er, ›und niemand im Reich will mich zu seinem Lehrer machen. Meine Todesstunde ist gekommen.‹ Bezeichnenderweise sprach er noch über das bei der Bekleidung und Einsargung der Leiche unter den drei Dynastien beobachtete Zeremoniell. Dann legte er sich zu Bett und starb nach acht Tagen.«[21]

[21] Forke, Geschichte der alten chinesischen Philosophie, S. 109.

Die Szene erinnert an den Schlußteil des ›Phaidon‹, wo Platon über den Tod des Sokrates berichtet. Die Schüler des Konfuzius trauerten drei Jahre um ihren Meister. Alles weitere ist die Geschichte einer Apotheose, wie ein Philosoph zum Gott wurde. Konfuzius erhielt einen Tempel und viermal im Jahr Opfer. 195 v. Chr. opferte der Gründer der Han-Dynastie selbst am Grabe des großen Weisen. Im Jahre 555 n. Chr. war Konfuzius zum Nationalheiligen und Reichsphilosophen Chinas geworden, und jedes Verwaltungszentrum hatte laut kaiserlicher Verordnung einen Konfuzius-Tempel. Er wurde zum Schutzpatron der Schulen und Hochschulen. 1906 erhielt er sogar das gleiche Opfer wie der Himmel und die Erde. Es läßt sich schwer sagen, was Konfuzius betroffener gemacht hätte: sein Scheitern auf Erden oder seine nachträgliche Vergöttlichung. Wahrscheinlich letzteres, denn es gibt nichts Schlimmeres für eine Philosophie, als wenn sie zur staatlich verordneten Ideologie erhoben wird.

Wie Buddha, Christus und Sokrates hat auch Konfuzius selbst keine Schrift verfaßt. Das Buch, in dem Konfuzius lange studierte und das in den Kanon der fünf Klassiker einging, ist das bereits erwähnte ›Buch der Wandlungen‹ (I Ching), eigentlich ein Orakelbuch. Zu diesem, von Konfuzius bearbeiteten Kanon gehört auch das ›Buch der Lieder‹ (Shih Ching; Shijing), das unter anderem Liebes- und Opferlieder enthält, ferner das ›Buch der Urkunden‹ (Shu Ching; Shujing), ein Geschichtsbuch mit Gesetzen und Erlassen aus 2000 Jahren chinesischer Geschichte bis zur Zeit des Konfuzius, die ›Frühlings- und Herbstannalen‹ (Ch'un Ch'iu; Chunchiu), eine Chronik des Staates Lu von 722 bis 421 v. Chr. sowie das ›Buch der Riten‹ (Li Chi; Liji). Vier weitere »klassische Bücher« genießen fast das gleiche Ansehen wie die kanonischen: die ›Gespräche‹ des Konfuzius (Lun Yü; Lunyu), ›Ethik und Politik‹ (Ta Hsüeh; Daxue; ›Great Learning‹), ›Die Lehre von Maß und Mitte‹ (Chung Yung; Zhongyong) sowie ›Mencius‹.

Gegenüber Lao Tzu verengt sich das Spektrum der philosophischen Probleme bei Konfuzius fast ausschließlich auf die Bereiche Soziologie, Ethik, Politik und Pädagogik.

Die spezifische Daseinserfahrung des Konfuzius war nicht, wie bei Lao Tzu, die Unordnung, sondern die Unmenschlichkeit. Konfuzius kann entsprechend seiner theoretischen wie praktischen Antworten auf diese Herausforderung auch als Genie der Menschlichkeit bezeichnet werden. Seine Philosophie widmet sich fast ausschließlich den zwischenmenschlichen Beziehungen. Konfuzius wählte nicht, wie Lao Tzu, den Weg der Verweigerung oder der inneren Emigration; er ging auch nicht den Weg der Auflehnung wie Mo Tzu, wenigstens in der Theorie. Konfuzius wählte die Anpassung, den diplomatischen Weg des Konformismus. Er entsprach damit wohl chinesischer Eigenart, aber er hat auch durch seine Entscheidung diese Eigenart entscheidend mitbestimmt. Er ist nicht nur für die chinesischen Tugenden mitverantwortlich, sondern auch für die Probleme, die China aus dieser Wertentscheidung erwuchsen. Die Entscheidung des Konfuzius im Sinn des Konformismus, der Anpassung und der Etikette kam gewiß nicht ohne innere Konflikte zustande. Die nach außen so einheitlich wirkende Fassade der konfuzianischen Philosophie zeigt, genauer betrachtet, tiefe Risse, eine Gespaltenheit von Grund auf. Konfuzius hat die Argumente der Rebellen gut gekannt und lange mit sich gerungen, ob er sich ihnen anschließen sollte. Ebenso bekannt war ihm der Ausweg in den »Untergrund«, aber seine zur Goldenen Mitte und zur Synthese neigende Natur mied das eine wie das andere Extrem. Darin liegt seine Größe und zugleich die Tragik des Konfuzianismus. Auf der einen Seite schuf Konfuzius ein imposantes Gebilde, eine tief in chinesischen Traditionen verwurzelte Ethik und Gesellschaftslehre, auf der anderen Seite verhinderte er durch dieses perfekte System der Unterordnung die Weiterentwicklung und Entfaltung schöpferischer Kräfte, die ebenfalls in den Chinesen von altersher angelegt waren.

Der Konfuzianismus ähnelt in gewisser Weise der Chinesischen Mauer. Die Sicherheit, die sie gegen äußere Feinde bieten sollte, sollte die konfuzianische Moral gegenüber inneren Gefahren gewähren. Sie sollte, darin dem indischen Kastensystem vergleichbar, eine Ordnung der Macht verewigen, die schon zu Lebzeiten des Konfuzius zu bröckeln anfing. Konfuzius hat sein gigantisches Bauwerk der Moralphilosophie selbst mit einem Schutzwall verglichen: »Derjenige, der glaubt, daß dieser Schutzwall nutzlos sei und ihn daher zerstört, kann sicher sein, daß er unter den Verwüstungen der dann hereinbrechenden Flut zu leiden hat.« Angst vor dem Chaos oder Angst vor der Freiheit?

Beides, der Mauerbau und der Traditionalismus des Konfuzius, waren titanische Unternehmungen, die scheitern mußten, weil sie dem Prinzip des geschichtlichen Wandels zu wenig Rechnung tragen, der Weisheit jenes ›Buches der Wandlungen‹, zu dessen Studium sich Konfuzius 50 Jahre Zeit gewünscht haben soll. Darin liegt seine persönliche Tragik.

3.2.5.2 Lehre

Der Tao-Begriff spielt bei Konfuzius eine geringere Rolle als bei Lao Tzu, der Begriff Te eine größere. Darin zeigt sich die Verschiebung der philosophischen Thematik vom Naturphilosophisch-Metaphysischen zum Ethisch-Politischen. Das Tao erscheint aufs Praktische hin verengt, weniger im Kosmos als in der mythischen Vergangenheit verankert. Die Aufwertung des Tugendbegriffs im Vergleich zum Tao dürfte mit der Interessenverlagerung vom Natürlichen zum Gesellschaftlichen zusammenhängen, die seit der Shang-Zeit zu beobachten ist. Te (Tugend) dominierte in der Chou-Zeit. Charakteristisch für Konfuzius ist die Verbindung von Edelmut und Menschlichkeit mit dem Tao: der Edle kümmert sich mehr um den Weg als um (seine) Armut. Lao Tzu würde ihm da gewiß zugestimmt haben. Beide Denker bewerten Aufrichtigkeit und Wahrhaftigkeit sehr hoch und fordern Übereinstimmung mit sich selbst. Sie lehnen die Sophisten ab und unterscheiden sehr genau zwischen echtem und scheinbarem Wissen. Hierin stimmen beide Denker mit Sokrates überein, auch in der Annäherung von Tugend und echtem Wissen (*chih*; zhi), das immer ein Wissen des eigenen Nichtwissens impliziert.

Auch bei den Chinesen gab es schon Sophisten, eine Spezies nur auf ihren Vorteil bedachter Intellektueller, die Konfuzius besonders haßte. Er soll sogar bei seinem Fürsten ein Todesurteil gegen einen Sophisten erwirkt haben. Repräsentativ sind Hui Shih (Hui Shi, 350–260) und Kung-sun Lung (Gongsun Long, 284–259). Von einem Sophisten wird berichtet: Ein Fischer hatte einen ertrunkenen reichen Mann gefunden und verlangte von dessen Familie, die den Leichnam loskaufen wollte, einen so hohen Preis dafür, daß sie sich weigerte, ihn zu zahlen. Die Angehörigen fragten den Sophisten, was sie tun sollten. Der riet ihnen zu warten, da außer ihnen niemand an dem Toten interessiert sei. Der Fischer wurde unsicher und wandte sich ebenfalls an den Sophisten. Dieser riet ihm auch zu warten, da die Angehörigen den Leichnam nur bei ihm kaufen könnten. Der schlaue Sophist soll später hingerichtet worden sein.

In religiösen wie naturphilosophischen Fragen neigte Konfuzius, wie Sokrates, zum Agnostizismus: Wenn man nicht einmal das Leben genau kennt, wie soll man dann etwas über ein Leben nach dem Tod wissen? Gegenüber der Volksreligion – Opfern, Riten, Ahnenkult – verhielt sich Konfuzius, wie Sokrates, tolerant, respektvoll, wenn auch nicht unkritisch. Von Gebeten zwecks Erfüllung persönlicher Wünsche hielt Konfuzius so wenig wie Platon, der darin eher eine Art Bestechung der Götter sah. Mit Platon verbindet Konfuzius auch die Forderung nach Klarheit der Begriffe *(ming)*, mit Sokrates, Platon und Lao Tzu die Forderung nach Übereinstimmung von Worten und Taten.

Umwelt und Überwelt treten in der Philosophie des Konfuzius zugunsten der Mitwelt stark in den Hintergrund. Konfuzius ging es in erster Linie um die Beziehungen zwischen Menschen, um Menschlichkeit – für den chinesischen Begriff der Menschlichkeit ist die Gegenseitigkeit *(shu)* charakteristisch –, um die Familie, den Staat und den Frieden in der Welt, um Herrscher und Volk, Willens- und Charakterbildung (*hsinshen*; xinshen), Erziehung, Kunst, Bildung und Kultur *(wen)*. Sein Humanismus ist keine Alternative zu Religion und Theologie, wie im Westen, sondern eine elementare Form menschlicher Selbstbestimmung. Entsprechend größer ist auch der Freiheitsspielraum, den Konfuzius menschlichem Handeln zugesteht. Weder das Schicksal noch Zeit und Umstände sind primär für den Lebensverlauf verantwortlich, sondern der Einzelne selbst. Auch darin stimmt Konfuzius mit Platon überein, darüber hinaus mit Christus, der immer wieder das Umdenken (metanoeite!) forderte, die Umkehr und die Einkehr. Vor jeder Änderung der Gesellschaft, vor jeder »Systemveränderung«, muß der Einzelne, wie Konfuzius es ausdrückt, sein Herz ins Lot setzen.

»Die Alten, die den frischen oder klaren Charakter der Menschen auf der Welt bewahren wollten, gingen zuvörderst daran, das Leben des Staates zu ordnen. Die, welche das Leben des Staates ordnen wollten, gingen zunächst daran, ihr Familienleben zu regeln. Die, welche ihr Familienleben regeln wollten, gingen zunächst daran, ihr Eigenleben zu pflegen. Die, welche ihr Eigenleben pflegen wollten, gingen zunächst daran, ihre Herzen ins Lot zu setzen. Die, welche ihre Herzen ins Lot setzen wollten, gingen zunächst daran, ihr Wollen redlich zu machen. Die, welche ihr Wollen redlich machen wollten, gingen zunächst daran, wahre Erkenntnis zu erlangen. Die Erlangung wahrer Erkenntnis hing von der Erforschung der Dinge ab ... Wenn der Staat geordnet ist, herrscht Friede auf der Welt. Vom Kaiser bis zum gemeinen Mann müssen alle die Pflege des Eigenlebens als Wurzel oder Grundlage betrachten. Es kann nie einen ordnungsgemäßen Schößling oder Oberbau geben, wenn die Wurzel oder der Unterbau in Unordnung sind. Es gibt keinen Baum, dessen Stamm dünn und schlank und dessen Astwerk dick und schwer wäre. Das heißt: ›Die Wurzel oder Grundlage der Dinge erkennen‹.«[22]

Das ist gleichsam die Quintessenz der praktischen Philosophie des Konfuzius: Handeln hängt vom Wollen ab, das Wollen vom Erkennen. Ähnliche Wechselbeziehungen bestehen zwischen dem Einzelnen, der Familie, dem Staat und der Welt. Nicht alle Menschen eignen sich nach Konfuzius in gleichem Maße zum Erkennen, zum Lernen und Studieren. Er unterscheidet vier Klassen: Weise und Heilige mit angeborenem Wissen, Wissende durch Studium, Beschränkte, aber Lernfähige und Beschränkte ohne Lernfähigkeit.

Auf die Frage, was wichtiger sei, Lernen oder Denken, entschied sich Konfuzius für Lernen und Wissen: Lernen ohne Denken ist nutzlos, Denken ohne Lernen aber gefährlich. Mit diesem Grundsatz hat Konfuzius die Emanzipation von Philosophie und Wissenschaft wesentlich mit verhindert. Allgemein unterschied er, der Chou-Gesellschaft entsprechend, zwischen Edlen und Gemeinen, zwischen Weisen und Toren. Zwischen Weisen und Toren befindet sich das große Feld der Mittelmäßigen. Weise und Tore ändern sich nicht, die Mittelmäßigen sind erziehbar. Ein Mensch mit Charakter, aber ohne Bildung, ist ungeschlacht, ein Bauer, ein Mensch mit Bildung, aber ohne Charakter, ist ein Literat oder Bürokrat. Beim Edlen befinden sich Bildung und Charakter im Gleichgewicht. Die Tugend erscheint Konfuzius, wie Aristoteles, als Goldene Mitte zwischen den Extremen. Im übrigen gilt bei ihm, wie in der indischen Philosophie, die Goldene Regel: »Was du nicht willst, das man dir tu, das füg auch keinem andern zu.« In seiner Forderung, die Gewinnung der Tugend müsse mit dem Ablegen von Fehlern Hand in Hand gehen, vereint Konfuzius Elemente griechischer Aretelogie und christlicher Moral. Aus Bemerkungen wie »Kaum jemand liebt die Tugend mehr als die Schönheit« oder er, Konfuzius, kenne niemanden, der die Tugend liebe und den Mangel an Tugend hasse[23], sprechen Menschenkenntnis und Erfahrung.

Wenn ich Böses mit Gutem vergelte, womit soll ich dann

[22] Lin Yutang, Konfuzius. Frankfurt, 1957, S. 98f.

[23] Wilhelm, Konfuzius, Gespräche, IX, 17 u. IV, 6, S. 59 u. 102.

Gutes vergelten? Gegenüber bösen Menschen ist nicht Güte angebracht, sondern Gerechtigkeit. Gegen die realistische Logik des Konfuzius läßt sich schwerlich etwas Glaubwürdiges einwenden. Es gibt Verhaltensweisen, die Konfuzius haßte, z.B. Gewalttat, sofern man Leute für etwas tötet, dessen Verkehrtheit ihnen nicht bewußt war, Unterdrückung und Überforderung von Menschen, Schikanen und Intrigen, bedingungslosen Gehorsam sowie Schmälerung des Lohns, außerdem Verbreitung von Gerüchten, Verleumdungen, Hemmungslosigkeit, Beschränktheit und Selbstgerechtigkeit. Eindringlich warnt Konfuzius vor jenen Betrügern, die Hoffnungen wecken und sie anschließend enttäuschen, vor Politikern und Diplomaten.

Konfuzius liebte den Frieden, aber er war kein Pazifist. Er soll sogar den Fürsten von Lu aufgefordert haben, die Ermordung eines anderen Fürsten durch einen Feldzug zu rächen. Von Natur aus besteht nach Konfuzius keine Feindschaft zwischen Menschen, sie wird ihnen angewöhnt.

Der Pflichtenkanon des Konfuzius trägt die Signatur des feudalen Zeitalters. Da ist lang und breit von Pietät die Rede, von der Ehrfurcht der Söhne gegenüber ihren Vätern, nirgends dagegen von Pflichten dieser gegenüber jenen. Für die Frauen gibt es alle möglichen Pflichten, aber keine Rechte. Die Tugendlehre paßt dazu, sie eignet sich vorzüglich zur Fixierung gesellschaftlicher Machtpositionen und Privilegien: Pietät *(hsiao;* xiao), Geduldigkeit, Genügsamkeit, Bescheidenheit, Treue, Mut, Tapferkeit und Höflichkeit. Die Höflichkeit oder Schicklichkeit *(li)* überwuchert dabei alles andere; sie enthält nicht weniger als 300 Haupt- und 3000 Nebenregeln. Bezeichnenderweise setzten sowohl Taoisten als auch Mohisten und Legalisten mit ihrer Kritik bei der Überbewertung der Etikette durch Konfuzius ein. Die Ritualisierung des Lebens endete nicht einmal im Tode. Die Leiche des Kaisers wurde in einem siebenfachen, die eines Fürsten in einem fünffachen und die eines Adligen in einem dreifachen Sarg bestattet. Ein nichtadliger Weiser mußte sich mit einem doppelten Sarg begnügen. Dabei waren es die Weisen, von den Heiligen gar nicht zu reden, die der Tugend- und Pflichtenlehre in Theorie und Praxis unsterbliches Ansehen verliehen: Menschlichkeit (*jen*; ren), Gerechtigkeit (*i*; yi), Pflichtbewußtsein (*chung*; zhong) und Studium (*hsüeh*; xue).

Sowenig sich Konfuzius aus den Fesseln der Klassen- und Rangunterschiede der Feudalzeit zu lösen vermochte, soviel hat er dazu beigetragen, dem Wert des Edlen einen neuen Sinn zu geben. Anstelle des kriegerischen und gewalttätigen, verschlagenen und selbstherrlichen, frivolen und grausamen Despoten tritt der menschliche Herrscher mit den Zügen des Heiligen und Weisen und voller Wohlwollen, Liebe, Güte, Wahrhaftigkeit, Aufrichtigkeit, Rechtschaffenheit und Milde. Der »Edle« des Konfuzius wurde zum Leitbild chinesischer Bildung und Erziehung.

In Erziehungsfragen orientierte sich Konfuzius, wie in seiner Morallehre, an den Alten. Probleme waren für ihn die richtige Ausbildung, das Lehren und die Kunst des Lernens. Zur Erziehung gehörten damals Zeremoniell, Musik, Bogenschießen, Wagenlenken, Lesen und Rechnen. Konfuzius legte größten Wert auf die Pflege der Musik, wobei er sehr genau zwischen klassischer und moderner Musik unterschied. Neben den genannten Disziplinen lagen ihm noch am Herzen: Literatur, Betragen, Selbstverwirklichung und Redlichkeit. Wenn ein Schüler, nachdem er ihm ein Viertel des betreffenden Wissens mitgeteilt hatte, nicht bereit und imstande war, die restlichen drei Viertel selbst zu finden oder zu erarbeiten, befaßte er sich nicht weiter mit ihm.

An der zentralen Rolle des Fürsten im Staat, an den verwirrenden Rang- und Klassenunterschieden der chinesischen Gesellschaft hat Konfuzius nicht gerüttelt, sowenig wie an der Blutrache. Den Fürsten verglich er mit dem Wind, das Volk mit dem Gras. Das Volk beugt sich vor dem Herrscher und tut, was er will, Gutes oder Böses. So weit wagte sich Konfuzius jedoch vor, daß er das Recht zugestand, die Ausführung böser Befehle zu verweigern.

Ein guter Herrscher gleicht nach Konfuzius dem Polarstern, der stets am gleichen Ort bleibt. Um ihn drehen sich alle anderen Sterne. Regieren (*cheng*; zheng) heißt, die richtige Richtung geben. Das kann nur einer, die übrigen müssen gehorchen. Konfuzius lehnte das Majoritätsprinzip ab, er war kein »Demokrat«. Wenn Konfuzius vom Herrscher fordert, er solle Vorbild sein, die richtigen Beamten einsetzen, Vertrauen erzeugen, mehr Wert auf Leistung als auf Geburt legen, mehr für die Wohlfahrt des Volkes als für den höfischen Luxus sorgen und bei der Erhebung der Steuern Maß halten, so war er sich wohl gelegentlich des »platonischen« Charakters seiner Verbesserungsvorschläge bewußt. Am Ende seiner Philosophie stand ein »auf Tugend beruhender Despotismus«. In den Augenblicken der Selbsterkenntnis brach in ihm jedoch der alte Konflikt zwischen Ehrgeiz und Wahrheitsliebe, Fürstendienerei und Freiheitswillen aus, von dem ein erschütterndes und geradezu prophetisches Zeugnis erhalten ist:

»Wenn die Große Wahrheit (der großen Gemeinsamkeit) siegt, dann wird die Erde allgemeines Eigentum sein. Man wird die Weisesten und Tüchtigsten wählen, um Friede und Eintracht aufrechtzuerhalten. Dann werden die Menschen nicht mehr nur ihre Nächsten lieben, nicht mehr nur für ihre eigenen Kinder sorgen, so daß alle Alten ein friedliches Ende haben, alle Kräftigen eine nützliche Arbeit leisten, alle Jungen in ihrem Wachstum gefördert werden, Witwer und Witwen, Waisen und Einsame, Schwache und Kranke ihre Fürsorge finden, die Männer ihre Stellung und die Frauen ihr Heim haben. Die Güter will man nur nicht verderben lassen, aber man will sie nicht für sich privatim aufstapeln. Die Arbeit will man nur nicht ungetan lassen, aber man will sie nicht um des eigenen Gewinns willen tun. Darum bedarf es keiner Absperrung und keines Schlosses, denn Räuber und Diebe treten nicht auf. So läßt man die äußeren Tore unverschlossen: das heißt die große Gemeinsamkeit.«[24]

Diese Vision verrät Gefühle im tiefsten Herzen, vor denen Konfuzius wohl selbst zurückschreckte, die er aber mit dem Verstand so gut gebändigt hatte, daß sie ihm nicht gefährlich werden konnten.

3.2.5.3 Jünger des Konfuzius

Schon bei den »Jüngern« lassen sich Tendenzen feststellen, die Schwächen des Meisters und seiner Lehre zu korrigieren. Yen Hui, der Lieblingsschüler, oft mit Johannes verglichen oder mit Ananda, dem Lieblingsschüler des Buddha, legte mehr Gewicht auf Erziehung zum Frieden.

»Ich würde Unterweisungen ... im Volke verbreiten und es mit den Regeln der Schicklichkeit und mit Musik leiten, so daß es nicht daran denken würde, seine Städte mit Wällen und Gräben zu befestigen, sondern sie würden ihre Schwerter und Speere schmelzen und Ackergeräte daraus schmieden. Sie würden ihre Herden ohne Furcht in die Ebenen und Wälder senden. Keine Trennungen der Familien würden vorkommen, es würde

[24] Richard Wilhelm, Konfuzius und der Konfuzianismus. Berlin 1928, S. 102.

keine Witwer und keine Witwen geben. Tausend Jahre würde es kein Kriegselend geben.«[25]

Tzu Lu, ein anderer »Jünger« des Konfuzius, tadelte den Meister wegen seiner Liebedienerei vor einer berüchtigten Fürstin (Nan Zi; Nanzi).

Tzu Hsia (Zi Xia) überwand, wenigstens in der Theorie, die ideologischen Schranken zwischen Chinesen und Barbaren und nannte alle Menschen Brüder: »Einem Manne, welcher sich beklagte, daß er keine Brüder habe, sagte er zum Trost: ›Wenn der Edle es nie versäumt, sorgfältig sein Benehmen zu regeln, wenn er gegen andere stets höflich ist und die Regeln der Sittlichkeit beachtet, *dann sind innerhalb der Vier Meere alle Brüder.*«[26]

3.2.6 Mencius

Von den späteren Konfuzianern verdienen besonders zwei Beachtung: Meng Tzu (Mencius, Mengzi, 372–289) und Hsün Tzu (Xunzi, ca. 305–235). Mencius, ein Zeitgenosse des Aristoteles (384–322), prägte die Lehre des Konfuzius und gab ihr die Form, in der sie überlebte. In China begann das Studium der Klassiker mit Mencius. Zur Zeit des Mencius war die Chou-Dynastie so weit heruntergekommen, daß sie nur noch ein Scheindasein führte.

»Die letzten zwei Jahrhunderte der Chou-Dynastie werden in der chinesischen Geschichte bezeichnet als die Zeit der ›streitenden Staaten‹ ... Dieser Name kennzeichnet die immer mehr wachsende Anarchie. Die Autorität der Chou-Herrscher ... war tatsächlich dahin. Je mehr aber ihr Einfluß schwand, desto wütender tobte unter den ehemaligen Vasallenreichen der Kampf um die Macht. Dieser Kampf, schon in den Tagen des Konfuzius ein trauriges Zeichen der Zeit, wurde zu voller Heftigkeit entfesselt, seit im Jahre 403 der Reichsbeherrscher ... selbst das Signal dazu gab, indem er drei Usurpatoren-Familien ... erlaubte, daß sie das ehemalige Reich Chin (Jin) unter sich aufteilten. Neben diesen neu auftretenden Räuberstaaten stellten sich nun alsbald die stärksten der anderen vielen Vasal-

[25] Forke, Geschichte, S. 140f.
[26] Ebd., S. 146.

lenreiche ... Nunmehr beginnen diese ein mit Gewalt und List, mit Waffen und Intrige, mit allen Mitteln, die irgend nützen konnten, geführtes Ringen, welches in der Tat den ... Ausspruch rechtfertigt, daß wir hier vor der entsetzlichsten Epoche in Chinas Geschichte stehen, einer Epoche, in welcher die allgemeine Moralität ihren äußersten Tiefstand erreichte. Freilich, wie immer in solchen Verhältnissen, fehlte auch hier auf dem dunklen Hintergrund das Licht nicht völlig, aber es war doch, allgemein gesprochen, ein ›Zeitalter des Blutes‹ ... In den Schlachten zählte man die Gefallenen nach den abgeschnittenen Köpfen, denn für jeden Kopf wurde eine Prämie bezahlt. Die Berichte über diese Kopfbeute erreichen ungeheure Höhen: 40000, 60000, 80000, 150000, ja einmal 450000 Köpfe werden als Opfer einzelner Schlachten angegeben. Man kann sich dementsprechend vorstellen, wie es bei Eroberungen von Städten, bei Wegnahme feindlichen Gebietes zuging, mit welcher Grausamkeit persönliche Rache und Bestrafung geübt wurde (langsames Zerstückeln des Körpers, Auseinanderreißen durch Pferde u. a.). Mehr oder weniger wurden alle Staaten in den furchtbaren Kriegszustand hineingezogen, da für jeden einmal die Stunde schlug, wo er kämpfen mußte, wenn er nicht vertilgt werden wollte. Die meisten Fürsten hatten sich schon lange, bevor der letzte Chou-Herrscher verschwand, denselben Herrschertitel (wang) beigelegt, der ehemals nur dem Reichsgebieter zukam.«[27]

Ehrgeizige »Politiker«, Amateur-Strategen und Sophisten zogen damals von Hof zu Hof, um dem Fürsten neue Strategien, Kriegs- oder (und) Bündnispläne zu verkaufen oder einen lukrativen Beraterposten zu erlangen. Mencius nannte die Herrscher »Räuber und Feinde«, was ihn nicht hinderte, wie sein großes Vorbild Konfuzius, ein entsprechendes Wanderleben zu führen und, wie dieser, mit seinen Plänen für eine moralische Wiederaufrüstung zu scheitern. Auch Mencius verlor seinen Vater früh. Seine Mutter soll ihn sehr gewissenhaft erzogen haben. Sie wechselte zweimal den Wohnsitz, weil sie für den Umgang ihres Sohnes fürchtete. Als der Knabe anfing, seine Arbeiten zu vernachlässigen, zerriß die Mutter ein Gewebe, das sie angefertigt hatte, um dem Sohn damit anzudeuten, wie er mit seinem künftigen Leben umgehe. Die Geschichte erinnert an Monika und ihren berühmten Sohn, den Kirchenvater Augu-

[27] Hackmann, Chinesische Philosophie. München 1927, S. 163f.

stin. Die Ehe des Mencius soll nicht sehr glücklich gewesen sein.

In dem Glauben, mit Energie die Natur bezwingen zu können, entwickelte Mencius ein eigenes Konzept zur Pflege seiner Energie und neigte eher zum Aktivismus als zum Quietismus. Er hielt den Menschen von Natur aus für gut. Er unterschied vier Grundtugenden: Mitleid und Sympathie führen zum Wohlwollen, Scham und Abneigung zur Gerechtigkeit, Zustimmung und Mißbilligung zum Wissen, Ehrerbietung und Hochachtung zur Sitte. Äußere Verhältnisse bedingen die Unterschiede der Menschen. Ob sie gut oder böse werden, hängt nicht zuletzt von wirtschaftlichen Faktoren (gute oder schlechte Ernte) ab. Zur Tugend ist die Übung notwendig. Wer sein gutes Herz verloren hat, kann es durch Studium (Suche) und Übung wiedererlangen. Leider neigen die Menschen dazu, von anderen mehr zu verlangen als von sich selbst und die Fehler anderer zu erkennen, ihre eigenen nicht. Vor die Wahl gestellt, Unrecht zu tun oder Unrecht zu leiden, sollte man sich für letzteres entscheiden. Allerdings braucht die Sitte, wenn ihre strikte Befolgung größeres Unheil bringt, nicht befolgt zu werden. Mencius erkannte also, daß die Moral um des Menschen, nicht der Mensch um der Moral willen da ist.

»Durch Reichtum und Ehre nicht verführt, durch Elend und Armut nicht abgelenkt, durch Macht und Gewalt nicht gebeugt werden können, das ist es, was einen großen Mann charakterisiert ... Ein Edler steht in einem derartigen Verhältnis zu den Tieren, daß, wenn er sie lebendig gesehen hat, er den Anblick ihres Todes nicht ertragen kann und daß, wenn er ihren Todesschrei gehört hat, er nicht von ihrem Fleisch zu essen vermag. Deshalb hält sich der Edle fern von Küchen und Schlachthäusern.«[28]

Während Konfuzius zu den Fürsten emporblickte, verachtete sie Mencius und nannte sie Räuber des Volkes. Nach Mencius darf sogar ein verbrecherischer Herrscher getötet werden. Ein Volk kann nur mit Wohlwollen, Milde und Tugend regiert werden. Ein guter Fürst läßt das Volk an seinen Schätzen und Freuden teilhaben, öffnet seine Parks und Jagden, und nur ein solcher Herrscher kann China vereinen und regieren. Die Erhebung des Fünften bezeichnete Mencius als Ausbeutung. Kriegskundige und große Feldherrn sind nach ihm wie Ver-

[28] Forke, Geschichte, S. 207f.

brecher zu behandeln. Kriegskundige verdienen die höchste Strafe, wer Bündnisse zwischen den Fürsten stiftet, die zweithöchste, und wer das Volk ausbeutet, die dritthöchste. Zweifellos war es ein Verdienst des Mencius, daß er die Macht, wie Platon, dem Recht, Politik und Krieg, wie Kant, der Moral unterstellte.

3.2.7 Hsün Tzu

Die Frage, ob der Mensch von Natur aus gut oder böse sei, trennte die chinesischen Philosophen von jeher. Hsün Tzu hielt sie, im Gegensatz zu Mencius, für böse. Sein Menschenbild ähnelt dem von Thomas Hobbes (1588–1679). Der Himmel erscheint ihm nicht mehr – wie Mencius, Konfuzius und anderen älteren chinesischen Denkern – als Weltenlenker, sondern als blinde Naturkraft, aus der auch das Leben entspringt. Neigte Konfuzius zum Indeterminismus, so Hsün Tzu zum Determinismus. Was an den Menschen gut ist, entsteht durch Recht, Sitte und Erziehung. Bei der Erziehung oder Umformung schlechter Anlagen in gute Eigenschaften spielen die Weisen eine entscheidende Rolle. Wissen und Erkennen stehen im Dienst des Handelns. Einen Augenblick lernen, so Hsün Tzu, ist besser als einen ganzen Tag nachdenken. Hauptzweck des Studiums ist die Charakterbildung: vom Gelehrten zum Heiligen. »Wenn der Charakter ausgebildet ist, so ist man stolz gegen Reiche und Vornehme; werden Tugend und Recht geschätzt, so achtet man Könige und Herzöge gering; prüft man sein Inneres, so schätzt man äußere Dinge wenig ... Der Edle leitet die Dinge, der Gemeine wird von ihnen geleitet.«[29] Das Streben nach Autarkie verbindet Hsün Tzu mit Sokrates, das Streben nach Autonomie mit Kant.

In der Gesellschaft hält Hsün Tzu an Klassenunterschieden fest. Das Volk muß wohlhabend, die Steuern dürfen nicht zu hoch sein. Sie sind nach der Güte des Bodens abzustufen. Hsün Tzu befürwortet die Todesstrafe und vertritt die Lehre vom gerechten Krieg: Selbstverteidigung, Verhinderung von Unrecht, Abwehr von Unheil. Eine gewisse Annäherung an Lao

[29] Ebd., S. 231.

Tzu und seine Lehre vom Tao, vor allem in der Naturphilosophie, läßt sich nicht verkennen.

Zu den »Naturphilosophen« des 4. Jahrhunderts v. Chr. gehört Tsou Yen (Zou Yan), ein jüngerer Zeitgenosse des Mencius. Er stellte der Ideologie vom Reich der Mitte eine Theorie entgegen, nach der China nur ein Land unter vielen anderen sei und nur zu einem von neun Erdteilen gehöre: eine Theorie von kopernikanischer Kühnheit, die von den Orthodoxen heftig angegriffen wurde.

3.2.8 Mo Tzu

Es beginnt das Zeitalter der Synthetiker und Eklektiker, aber vorher sei noch eines Klassikers gedacht, der von chinesischen und westlichen Gelehrten neben Konfuzius und Lao Tzu gestellt wird: Mo Tzu (ca. 480–400 v. Chr.). Für ihn bestand die große Herausforderung weniger in der Unordnung oder in der Unmenschlichkeit als in der Ungerechtigkeit. Er antwortete auf sie mit der Maximalforderung universaler Menschenliebe, womit er weit über Konfuzius hinausging, aber vielleicht zu weit, denn es gelang ihm nicht, »in diesem Kampf um die Seele des chinesischen Volkes« Konfuzius zu verdrängen. Mo Tzu ging weder, wie Lao Tzu, den Weg der Verweigerung, noch, wie Konfuzius, den der bedingten Anpassung, sondern den der Auflehnung, wenigstens in der Theorie. Mo Tzu war, anders als der Agnostiker Konfuzius, eher eine fromme Natur. Er legte in seinen Argumentationen und bei seinen Schülern großen Wert auf Systematik und Beweisführung. Lange Zeit lehrte er im Staat Lu, der Heimat des Konfuzius, aber es gelang ihm sowenig wie diesem, einen Fürsten für die Verwirklichung seiner moralischen Grundsätze zu gewinnen.

Mo Tzu teilt die Welt in drei Reiche ein: den Himmel, die Sphäre der Geister und die Menschenwelt. Er verehrte den Himmel als höchsten, persönlichen Gott, der die Menschen liebt. Bei der Verwaltung der Welt helfen Gott die Geister der Natur oder auch der Verstorbenen. Aus der Liebe Gottes zu den Menschen leitete Mo Tzu das Gebot der Menschenliebe (untereinander) ab. In der Frage der Willensfreiheit bzw. des Schicksals *(ming)* der Menschen vertrat er, entschiedener als

Konfuzius und im Gegensatz zu Konfuzianern wie Hsün Tzu, eine Art Indeterminismus. Die Mißstände in der Welt führte er auf die Unfähigkeit und Verkommenheit der Herrscher zurück, nicht auf äußere Einflüsse oder das Schicksal:

»Die verbrecherischen Könige der drei alten Dynastien, heißt es, konnten die Sinnenlust ihrer Augen und Ohren nicht zügeln und ihre wilden Begierden nicht beherrschen. Außerhalb jagten sie zu Wagen, legten Netze und schossen mit Pfeilen, daheim feierten sie Orgien mit Wein und Musik. Sie mochten nicht eingestehen, daß sie selbst schwach und verkommen waren und Rechtspflege und Verwaltung vernachlässigt hatten, und behaupteten statt dessen, daß das Schicksal ihnen den Untergang bestimmt habe.«[30]

Im Westen ist diese Art »tragischer Ideologie« auch nicht unbekannt. Die Ursache allen Übels sah Mo Tzu im Mangel an Liebe, im schrankenlosen Egoismus. »Infolge dieses allgemeinen Mangels an gegenseitiger Liebe bei allen Menschen überwältigen die Starken die Schwachen, verhöhnen die Reichen die Armen, lassen die Vornehmen die Geringen ihren Übermut fühlen und betrügen die Schlauen die Dummen. Führen wir alles Elend, alle Übergriffe, alle Unzufriedenheit und allen Haß in der Welt auf ihren Ursprung zurück, so entspringen sie alle aus dem Mangel an gegenseitiger Liebe.«[31]

Bei Mo Tzu, wie bei Kant, findet sich eine ausdrückliche Verurteilung von Angriffskriegen. Er erkannte auch die Ungereimtheit in der unterschiedlichen Behandlung kleiner und großer Verbrecher: »Stehlen, Rauben, Morden im beschränkten Maßstab, das gilt für Verbrechen und wird verurteilt und bestraft. Aber Raub, Kampf und Mord im großen, das gilt als Krieg und wird damit ruhmvoll und berechtigt; es wird für die Nachwelt aufgezeichnet als etwas Glänzendes und füllt die Geschichtswerke.«[32]

In der Auflehnung gegen Herrschaft und Fürstentum ging Mo Tzu am weitesten von den klassischen chinesischen Denkern, aber letztlich dachte er nicht an Aufhebung der Klassenunterschiede oder des Privateigentums, noch weniger an Revolution oder Klassenkampf. Hier war der zum »Alles oder nichts« neigende Theoretiker doch wieder Pragmatiker. Prag-

[30] Ebd., S. 380.
[31] Ebd., S. 384.
[32] Hackmann, Chinesische Philosophie, S. 117.

matismus und Utilitarismus sind bei Mo Tzu – und nicht nur bei ihm – die Kehrseite eines Himmel und Erde umspannenden, gefühlsmäßigen Idealismus. So erscheinen Leben und Lehre des vielleicht originellsten und modernsten chinesischen Klassikers seltsam gespalten. Einmal knüpft er an uralte Traditionen der Shang-Zeit an, dann wieder glänzt er mit reformerischen Ideen. Zwischen Idee und Wirklichkeit und entgegengesetzten Emotionen hin und her gerissen, zerfleischte er sich gleichsam selbst, ohne je in Leben und Lehre zu der alliebenden Harmonie zu gelangen, die er so heiß ersehnte. Vielleicht wollte er zuviel, zu Gegensätzliches. Er blieb daher an Einfluß hinter dem keineswegs größeren, aber diplomatischeren Konfuzius zurück, dem Meister der Mitte und des Maßes.

3.2.9 Legalisten, Sophisten, Eklektiker

Neben den Konfuzianern, Taoisten, Mohisten und den beiläufig erwähnten Sophisten seien hier noch kurz die Legalisten und die Eklektiker genannt. Am Maßstab: Herausforderung – Antwort gemessen, haben Lao Tzu, Konfuzius und Mo Tzu legitime Wege zur Bekämpfung der, religionswissenschaftlich gesprochen, Unheilssituation, philosophisch gesehen, gesellschaftlichen Dekadenz ihrer Zeit aufgewiesen: Verweigerung, bedingte Anpassung und Auflehnung. Sophisten, Legalisten und Eklektiker sind dagegen eine philosophisch akzeptable Antwort schuldig geblieben, die Sophisten, da sie sich bedingungslos der verbrecherischen Despotie anpaßten, wofür sie von den Herrschern gelegentlich die gebührende Antwort bekamen, die Legalisten, weil sie Scheinlösungen anboten, und die Eklektiker, weil sie gar keine (eigene) Antwort fanden.

Von den Sophisten war schon kurz die Rede. Bei der Behandlung der griechischen Philosophie wird davon ausführlicher zu sprechen sein. Die chinesischen Sophisten, meistens skrupellose Opportunisten wie ihre griechischen Kollegen, schlugen aus der allgemeinen Verwirrung der Begriffe Kapital. Sie verherrlichten die Despoten in Wort und Tat und vertraten die Theorie vom Recht des Stärkeren.

Einer dieser (älteren) Sophisten oder Rechtslehrer, Teng Hsi (Deng Xi), eine Art Machiavellist, huldigte dem Despotismus.

Der Fürst ist der Staat, das Volk zählt nicht. Der Herrscher gibt nicht nur die Gesetze, sondern legt auch die Begriffe fest. Alles kommt auf den Fürsten, beim Fürsten kommt alles auf die Macht an. »Die Macht eines Fürsten ist wie sein Wagen, sein Ansehen wie seine Peitsche, die Beamten sind seine Pferde, und das Volk sind seine Räder. Wenn seine Macht stark ist, so ist sein Wagen sicher, und wenn sein Ansehen gefestigt ist, so hat seine Peitsche Kraft. Folgsame Beamte geben gute Pferde, und wenn das Volk friedlich ist, so rollen die Räder leicht. Sobald aber im Staat irgend etwas in Unordnung gerät, so gibt es eine Katastrophe. Der Staatswagen fällt um, die Pferde gehen durch, die Räder zerbrechen, und alles im Wagen geht in Trümmer.«[33] Teng Hsi bekam von einem der Herrscher, die er anhimmelte, die gebührende Quittung für seinen Übereifer: er wurde 501 v. Chr. hingerichtet.

Die Eklektiker brachten wenig Neues. Sie vermengten alles mit allem: Taoismus, Konfuzianismus, Mohismus, Naturphilosophie und Dialektik, Legalismus und Sophistik.

Han Fei-Tzu (Han Feizi), selbst aus fürstlichem Geschlecht, war wohl der bedeutendste unter den Legalisten. Da er stotterte, bevorzugte er die schriftliche Darlegung seiner Gedanken. So entstand ein Werk von über 100000 Wörtern. Sein Versuch, am Königshof Karriere zu machen, scheiterte an Intrigen der Konkurrenz. Der König schickte ihm Gift, und der begabte, wohl aber zu ehrgeizige Berater in spe tötete sich selbst (233 v. Chr.). Han Fei-Tzu hielt nicht viel von Vorbildern, Tugenden und Moral. Nach ihm sollte ein Staat mit Belohnungen und Strafen regiert werden. Er befürwortete die Folter und klassifizierte die Volks- und Staatsschädlinge folgendermaßen: Konfuzianer, Mohisten, Philosophen, Abenteurer, Würdenträger, Händler und Handwerker. Das Volk hielt er für dumm und faul, die menschliche Natur für schlecht und verdorben. Als Allheilmittel empfahl er die Gesetze (Legalist). Beim Herrscher kommt alles auf Macht und Ansehen an, nicht auf Wissen oder Tugend. Im Kampf (der fürstlichen Rivalen) sind alle Mittel erlaubt. Im Inneren haben Vertrauen, Wohlwollen, Gerechtigkeit, Güte und Liebe keinen Platz, vielmehr soll der Herrscher mit strengen Strafen und harten Gesetzen den Staat regieren. Heilige und Weise, Gelehrte und Philosophen sind eine große Gefahr für den Staat und für die Macht des Fürsten.

[33] Forke, Geschichte, S. 421.

Das Zeitalter der großen chinesischen Philosophen, eines Lao Tzu, Konfuzius und Mo Tzu, ging damit zu Ende. Am Ende einer Entwicklung, die von Liebe, Tugend und Moral zu Klugheit und Politik führte, stand eine krude, erzreaktionäre Ideologie der Macht sowie die Abrechnung mit der Philosophie, unter anderem in Form einer großen Bücherverbrennung. Im Jahre 213 v. Chr. erließ der Usurpator und »Erste Erhabene Kaiser« das berühmt-berüchtigte Edikt, das die Auslieferung und Verbrennung aller Werke der Literatur, Geschichtsschreibung und Philosophie – mit Ausnahme der aus seiner Heimatstadt Ch'in (Qin) stammenden – forderte, damit die chinesische Geschichte mit ihm, dem größten der Großen, beginnen könne. Wer die Verordnung zu umgehen versuchte, wurde entweder hingerichtet oder zur Arbeit an der Großen Mauer abkommandiert, was einem Todesurteil gleichkam. Es gereicht den damaligen chinesischen Gelehrten zur Ehre, daß sie dieses Edikt, ungeachtet der damit verbundenen Gefahren für ihr Leben, umgingen und viele der schweren Werke mit ihren auf Bambusfasern geschriebenen Texten retteten. Als das Edikt in der Han-Zeit aufgehoben wurde, kamen die alten Schätze wieder ans Licht: ›Shih Ching‹ und ›Shu Ching‹ sowie viele Werke der »Hundert Gelehrten«. Einiges wird für immer verlorengegangen sein, aber was übrigblieb, genügt, um der chinesischen Philosophie einen hohen Rang in der Geistesgeschichte zu sichern.

3.3 Yin Yang, Skeptiker, Neo-Taoisten

Wie für die nachklassische Periode der indischen Philosophie das Vordringen religiöser Vorstellungen und Kräfte charakteristisch ist, verschmolzen in der eklektisch-synkretistischen Epoche der Han-Zeit Bestandteile der konfuzianischen Philosophie mit älteren Vorstellungen, namentlich der Yin Yang-Lehre (*yin*: weiblich, dunkel, kalt, feucht, weich, passiv; *yang*: männlich, hell, warm, trocken, hart, aktiv) und der Lehre von den Fünf Elementen (*wu hsing*; wuxing: Erde, Holz, Metall, Feuer, Wasser). Aus dieser Verbindung ging die neuere Richtung der Klassiker-Interpretation (New Text School; Chin Wen Chia; Jinwenjia) hervor, die in der früheren Han-Zeit (206 v.Chr.–24 n.Chr.) dominierte. Ihr folgte eine reaktionäre Richtung, die sich auf (wiedergefundene) ältere Texte berief (Old Text School; Ku Wen Chia; Guwenjia, 25–220 n.Chr.). Der Hauptvertreter der neueren Richtung war Tung Chung-shu (Dong Zhongshu, 170–104?). Die Anfänge der Yin-Yang-Lehre reichten gewiß bis weit vor die Han-Zeit zurück. Daß sie nun, im Zeitalter der Synthese und klassischen Bildung, wieder in den Vordergrund trat, nimmt weniger wunder, wenn man die umfassenden Horizonte erkennt, die dieses Begriffspaar erschließt: Makrokosmos und Mikrokosmos, Natur und Gesellschaft, Politik und Geschichte. Überall, wo sich Polarität findet, können *yin* und *yang* wenn nicht erklären, so doch infolge ihrer Allgemeinheit die Phantasie anregen. Sie haben eher eine analogisch-heuristische als eine analytisch-erklärende Funktion. Kosmologisch verbindet das Begriffspaar die ältere Naturreligion mit der Himmelsmetaphysik, die matriarchalische *(yin)* Shang-Kultur mit der patriarchalischen *(yang)* Chou-Epoche. Das Begriffspaar transponiert die mathematisch-geometrische Hexagramm-Einteilung (binäres System) ins Begriffliche und verknüpft damit das »System« der Natur mit dem »System« der Herrschaft. Die Anwendungsmöglichkeiten der Prinzipien *yin* und *yang* sind theoretisch unerschöpflich, pluralistisch, aber gerade auf diese Weise lassen sie den Zusammenhang zwischen monistischen, dualistischen und pluralistischen Denkmodellen erkennen und bereiten den Boden für die Begegnung mit der buddhistischen Metaphysik vor. Der Buddhismus erlitt in China ein ähnliches Schicksal wie in Indien: Während er hier die große Synthese der indischen Philosophie, den Vedānta, ermöglichte, gingen wesentliche Bestandteile des Buddhismus in den von ihm angespornten Konfuzianismus ein.

Mit Hilfe der Yin-Yang-Lehre überzeugten die Konfuzianer den größten Teil der Menschen von der engen Verknüpfung himmlischer und menschlicher Geschicke. Sie interpretierten Erscheinungen wie Kometen, Sonnen- oder Mondfinsternisse, Überschwemmungen und Erdbeben als Zeichen des Himmels. Das lag auch im Interesse der Herrscher, insofern sie seit der frühen Chou-Zeit priesterliche Gewalt vindiziert und damit die Beziehungen zum Himmel monopolisiert hatten. Die Yin-Yang-Lehre wurde, von Herrschern für Herrscher auf ihre Macht bezogen, zu einer Art Herrschaftsideologie. So konnten sie günstige Vorzeichen als Bestätigung ihrer Herrschaft von seiten des Himmels ausgeben, für schlechte Ereignisse die »Verantwortlichen« büßen lassen.

Die Yin-Yang-Lehrer suchten nach Beziehungen zwischen den fünf Elementen, den fünf Himmelsrichtungen (Nord-Süd, Ost-West, Mitte), den vier Jahreszeiten, den fünf Tönen – die chromatische Tonskala der Pythagoreer war in China seit dem 3. Jahrhundert v. Chr. bekannt – sowie den fünf Farben. Himmel, Erde und der aus ihnen gebildete Mensch sind die Beziehungspunkte metaphysischer, kosmologischer und ethischer Zahlenkombinationen und Begriffskonstruktionen.

Aus Tung Chung-shus Lehre, daß der Himmel Herrscher eingesetzt hat, damit sie die Natur des Volkes besser machen, spricht das Bemühen um Legitimation von Herrschaft, was das Fragwürdigwerden derselben voraussetzt. In seiner Ethik dominieren die Werte Liebe, Gerechtigkeit und Weisheit, in der Gesellschaftstheorie unterscheidet er drei Bande: zwischen Herrscher und Beherrschten, zwischen Vater und Sohn sowie zwischen Mann und Frau. Die Unterordnung letzterer unter die ersteren wird aus der Yin-Yang-Lehre abgeleitet, ebenso eine zyklische Geschichtsphilosophie, nach der die Periode, in der Vertrauen (*chung*; zhong) zwischen Herrschern und Beherrschten dominiert, von einer Periode der Achtung (*ching*, jing) abgelöst wird, diese wiederum von einer Periode der Verfeinerung, Klugheit und Berechnung (*wen*); Hsia (Xia), Shang, Chou. Danach beginnt die Entwicklung von neuem.

Mit der Blüte der Yin-Yang-Philosophie, die die Kunst der Weissagung besonders pflegte, gewann das ›Buch der Wandlungen‹ wieder an Bedeutung, das ja ursprünglich ein Orakelbuch war.

Die Yin-Yang-Philosophie erscheint mit der Han-Zeit in mehr als einer Hinsicht verbunden: ihre Suche nach einer numerischen Weltordnung, ihre Tendenz zur Klassifizierung und Systematisierung des Wissens ging Hand in Hand mit den ideologischen und politischen Einigungsbestrebungen der Han-Dynastie sowie mit den Ansätzen chinesischer Wissenschaftsentwicklung. Zweitausend Jahre nach ihrer Entstehung, gegen Ende des 19. Jahrhunderts, erlebte die neuere Richtung der gelehrten Klassiker-Interpretation eine Renaissance. In der späten Han-Zeit folgte ihr jedoch die restaurative Richtung, die die Yin-Yang-Lehre samt allen übrigen Modernisierungen ablehnte und die Rückkehr zur Autorität der Herrscher verlangte. Die reaktionäre Richtung zeigt eine klare Frontstellung gegen die neu aufkommende Schicht gebildeter Bürger. Auch hier erweist sich die Philosophie als nicht unabhängig vom gesellschaftlichen Wandel der Zeit.

Über den Streit, wer den Klassikern näherstehe, sie besser verstehe, sind letztlich die Vertreter gegensätzlicher Standpunkte nicht hinausgelangt – ein Zeichen der einsetzenden Erstarrung des chinesischen Geisteslebens, der Isolierung und Ideologisierung, des Scholastizismus.

Insofern es der restaurativen Richtung vorwiegend um die Eliminierung der Yin-Yang-Lehre aus dem Konfuzianismus ging, war ihr Beitrag eher negativ. Charakteristisch für die Art »Philosophie« ist es nun, daß sie von den Lehren, die sie kritisiert und ablehnt, selbst nicht loskommt. So zeigt sich Yang Hsiung (Yang Xiong 53 v. Chr.–18 n. Chr.) in seinem Wahrsagebuch ›T'ai Hsüan‹ (Taixuan), mehr als ihm lieb sein konnte, den mystischen Tendenzen des Zeitalters, aber auch zum Beispiel Lao Tzu, verpflichtet.

Eklektisch wie ihr Ursprung erscheint auch der Inhalt seiner Ethik: »In der menschlichen Natur sind Gutes und Böses gemischt, pflegt man das Gute, so wird man ein guter Mensch, pflegt man das Schlechte, so wird man ein schlechter Mensch.«[34]

Der Vertrauensschwund der Beherrschten zu ihren Beherrschern kommt in Yangs Betonung der Wahrhaftigkeit zum Ausdruck: »Man darf sein Wort nicht brechen.«[35]

Kann man die Lehre Tung Chung-shus als ein Gemisch von Yin-Yang und Konfuzianismus ansehen, die Lehre Yang Hsiungs als taoistischen Konfuzianismus, dominieren taoistische Tendenzen bei Denkern wie Huai-nan Tzu (Huai Nanzi, gest. 122 v. Chr.), Wang Pi (Wang Bi, 226–49), im 7. Kapitel des, seiner Datierung nach, umstrittenen Buches ›Lieh-Tzu‹, dem »Yang Chu-Kapitel«, das nach dem Taoisten Yang Chu (Yang Zhu, 440–360 v. Chr.) benannt wurde, synkretistische Tendenzen bei Ko Hung (Ge Hong, ca. 250–330), dem chinesischen Paracelsus, sowie bei Ku Huan (Gu Huan, 430–493), der die Inder als Barbaren bezeichnete und daher den Buddhismus ablehnte, der ja nur eine Art Taoismus sei. Eine andere Gruppe

[34] Alfred Forke, Geschichte der mittelalterlichen chinesischen Philosophie. Hamburg, 2. Aufl. 1964, S. 90.

[35] Ebd., S. 92.

von Denkern – Naturalisten, Rationalisten, Skeptiker – stellte alles, was bis dahin gelehrt wurde, in Frage: Wang Chung (Wang Chong, 27–97 n. Chr.), Hsün Yüeh (Xun Yue, 148–209), Fan Chen (Fan Zhen, ca. 450–515).

Huai-nan Tzu war ein Enkel des Gründers der Han-Dynastie, des Kaisers Kao Tsu (Gao Zu) und gehört somit zur frühen Han-Zeit (206–100 v. Chr.). Sein Machtstreben – er wollte Kaiser werden – wurde ihm jedoch zum Verhängnis. Er kam der Verhaftung wegen Hochverrats zuvor und beging 122 v. Chr. Selbstmord. Mehr Bedeutung als für die Politik seines Landes gewann er für die Entwicklungsgeschichte des Taoismus. In dieser erscheint Huai-nan Tzu als stärkste Denkerpersönlichkeit zwischen dem alten Taoismus (400 v. Chr.) und dem Neo-Taoismus (400 n. Chr.). Seine Stärke lag auf dem Gebiet der Kosmologie: Entstehung der Welt, Zeitanalyse, Nichtsein. Die Geschicke der Menschen erscheinen teils durch ihre Taten bedingt, teils durch äußere Umstände. Der Heilige, der im Tao aufgeht, kann tun, was er will, und wird in grenzenloser Freiheit zum Herrn der Welt. Huai-nan Tzus Theorie des Krieges ähnelt der Lü Pu-weis (Lü Buweis), der – erstmalig in der chinesischen Geschichte – als Kaufmann und Nichtadliger die Regierungsgeschäfte für den (damals noch nicht mündigen) ersten Kaiser von China geführt hatte: »In alter Zeit sollen Kriege nur geführt sein, um Unruhen zu unterdrücken und um das Volk von Tyrannen zu befreien, nicht um Land zu erobern oder um Reichtümer zu erbeuten. Nur *gerechte* Kriege sind erlaubt. Dazu ist nicht einmal ein Kampf nötig, denn dem Heere des Befreiers fällt das Volk von selbst zu. Eroberungskriege führen zu keinem Erfolge.«[36]

Da die Werke von Lieh Tzu (5. Jahrh. v. Chr.) und Yang Chu (5./4. Jahrh. v. Chr.) verlorengingen, müssen die unter ihrem Namen überlieferten Texte, die von unbekannten Autoren stammen, später verfaßt sein, vielleicht schon gegen Ende der Chou-Zeit, wahrscheinlich in der Han-Zeit, möglicherweise aber auch erst in der Zeit der Dynastien Wei (220–265) oder Chin (Jin, 265–419). Im ›Lieh Tzu‹ herrschen, bei wenig neuen Gedanken, Resignation und Fatalismus vor; es ist ein Dokument des verfallenden Taoismus, das, im Gegensatz zu den Schriften schöpferisch positiver Denker wie Lao Tzu, Chuang Tzu und Huai-nan Tzu, zum »negativen Taoismus« gezählt

[36] Ebd., S. 45.

wird. Aus den Werken des früh verstorbenen Wang Pi (226 bis 249), Ho Yens (He Yans, gest. 249) und Kuo Hsiangs (Guo Xiangs, gest. 312) spricht der Geist der Erneuerung, des »Neo-Taoismus«. Wang Pi kommentierte Lao Tzu und das ›Buch der Wandlungen‹, Ho Yen schrieb Abhandlungen über das Tao ›Tao lun‹ (Daolun) und über das namenlose Nichtsein ›Wuming lun‹ (Wuminglun), und Kuo Hsiang kommentierte Chuang Tzu. In der theoretischen Philosophie waren diese Denker Taoisten, in der praktisch-politischen schlossen sie sich meist Konfuzius an.

Die geistige Bewegung des Neo-Taoismus der Wei- und Chin-Zeit, vorwiegend von jüngeren Autoren getragen, fand auch in Gründungen wie der ›Leichten Konversation‹ (Ch'ing-t'an; Qingtan) oder der seriösen ›Metaphysischen Richtung‹ (Hsüan-hsüeh; Xuanxue) Ausdruck. Zur ersten Gruppe gehörten die ›Sieben Erlauchten des Bambushaines‹, denn sie trafen sich in Bambushainen zum Trinken, Diskutieren und Schreiben von Gedichten, ein Juan Chi (Ruan Ji, 210–263) und ein Hsi K'ang (Xi Kang, 223–262), die sich eins mit dem Universum fühlten und erhaben über alle gesellschaftlichen Unterschiede. Gewiß trägt diese Bewegung romantische Züge: Eskapismus aus den chaotischen Zuständen der Zeit des untergehenden Han-Reiches, der Zwietracht, der Überschwemmungen und Dürren, der Palastintrigen und Eunuchenherrschaft, von Mord und Totschlag, des rapiden Bevölkerungsrückgangs. Den wenigen integren Denkern blieb kaum etwas anderes übrig, als sich den korrupten Regimes zu verweigern, in die innere Emigration zu gehen, zu resignieren oder, auf der Suche nach der wahren Wirklichkeit, eine sublime Metaphysik auszudenken: letzte Prinzipien, Fundamente, reines Sein, Transzendenz und Nichtsein. Andere Wege schlugen die Skeptiker ein: Wang Ch'ung in der mittleren (1. Jahrh. v. bis 1. Jahrh. n. Chr.) und Hsün Yüeh in der späteren Han-Zeit (100–220).

Wang Ch'ung verlor seinen Vater früh. Da er nicht die Mittel besaß, sich Bücher zu kaufen, las er unermüdlich in den öffentlichen Buchläden von Lo-yang und behielt, dank seines vorzüglichen Gedächtnisses, das Gelesene. In seiner Biographie heißt es: »Obgleich er arm war und nicht einmal einen Morgen Land besaß, auf dem er Unterkunft gefunden hätte, so war doch sein Geist freier als der von Königen und Herzögen, und obwohl er in dürftigen Verhältnissen lebte und keine Einkünfte hatte, die nach Scheffeln und Zentnern zählten, so war seine Stimmung doch so, als ob er zehntausende von Scheffeln zu verzehren gehabt hätte.«[37]

Von seinen Werken, einer ›Kritik der Sitten‹, die auf Breitenwirkung abzielte, einer Schrift über Verwaltung, seiner Makrobiotik und seinen ›Erörterungen und Erwägungen‹ (Lun Heng; Lunheng) sind nur die 30 Bücher des letzteren erhalten. Weil das Werk in ziemlich allen Punkten vom Gewohnten abwich, blieb es weitgehend unbekannt. Erst in neuester Zeit sind Gelehrte in aller Welt auf den »chinesischen Montaigne« aufmerksam geworden und würdigen ihn gebührend.

Wang Ch'ung erweist sich mehr und mehr als das kritische Genie und damit als die große Ausnahme in der chinesischen Geschichte der Philosophie. Nicht zuletzt deswegen blieb ihm, wie Mo Tzu und den Mohisten, sowohl in seiner als auch in der Folgezeit, größere Wirkung versagt. In seinem heroischen Kampf gegen alle möglichen Vorurteile erinnert er an die westlichen Vorkämpfer der frühen Neuzeit, z. B. an Roger und Francis Bacon. Wang Ch'ungs Kritik gilt dem Anthropozentrismus und Anthropomorphismus in seinen vielen Erscheinungsformen. Himmel und Erde sind keine menschenähnlichen Wesen. Die Welt ist nicht um des Menschen willen geschaffen und wird nicht von einer weisen und guten Macht regiert. Zwischen dem moralischen Wert des Menschen und seinem Glück besteht keine vernünftige Relation: guten Menschen geht es schlecht, schlechten gut. Nach einer alten und verbreiteten chinesischen Auffassung können die Herrscher den Lauf der Natur beeinflussen. Dies ist nicht wahr. Die Leiden der Menschen rühren den Himmel nicht: »Die Seufzer von zehntausend Menschen vermögen den Himmel nicht zu rühren.«[38]

Das Schicksal der Menschen beruht auf drei Faktoren: Natur, Taten und Zufälle. Der Mensch besitzt keine unsterbliche Seele, wird auch, wenn er gestorben ist, kein Geist. Die Verherrlichung des Vergangenen ist ein Irrweg. Es ist eher umgekehrt: die Gegenwart ist der Vergangenheit überlegen, und es gibt einen Fortschritt. Die Literatursprache verschleiert durch ihren schönen Schein Gedanken und Wirklichkeit eher als sie zu erhellen. Abgesehen von seinem unerschöpflichen philoso-

[37] Ebd., S. 110.
[38] Ebd., S. 120.

phischen Problemgehalt bildet das ›Lun Heng‹ ein wichtiges Kulturdokument der Han-Zeit.

Wang Ch'ung war bewußt Empiriker, Analytiker, Rationalist und Kritiker, außerdem ein stiller Forscher und gewissenhafter Lehrer. Er stellte nie den Erfolg über die Wahrheit, die Macht über das Recht und den Schein über das Sein. Auf erkenntnistheoretischem Gebiet berief er sich auf Wahrnehmungen, Tatsachen und Evidenz, nicht auf Prinzipien, Spekulationen und Hypothesen: ein wahrer Vorläufer der westlich-neuzeitlichen Wissenschaft, Newtons. Aber auch hier blieb die geistesgeschichtliche Entwicklung Chinas in hoffnungsvollen Ansätzen stecken. Auf dem Gebiet der praktischen Philosophie sammelte und sondierte Wang Ch'ung sorgfältig die Lehren seiner Vorgänger über die menschliche Natur: der Mensch wird gut oder schlecht geboren (Shih Shih; Shi Shi); der Mensch wird gut geboren (Meng Tzu); der Mensch ist ursprünglich weder gut noch schlecht (Kao Tzu; Gaozi); der Mensch ist ursprünglich schlecht (Hsün Tzu); der Mensch hat von Natur gute Anlagen, aber seine Gefühle sind verdorben (Tung Chung-shu); der Mensch ist von Natur aus schlecht, aber seine Gefühle sind gut (Liu Hsiang; Liu Xiang); die Natur des Menschen ist ein Gemisch von Gutem und Bösem (Yang Hsiung; Yang Xiong).

Ein moderner chinesischer Autor, Wu P'u (Wu Pu), hat seinen großen Landsmann in einer Artikelserie des Jahres 1927 so charakterisiert: »Wang Ch'ung ist der kühnste Denker unter den chinesischen Philosophen. Er hat nicht nur die Fesseln der allgemein anerkannten Wahrheiten vor der Han-Zeit, sondern auch die der späteren Zeit gesprengt. Darin besteht sein unvergänglicher Ruhm, aber deswegen ist er auch verleumdet und totgeschwiegen worden. Als größter Philosoph der älteren Han-Zeit gilt Tung Chung-shu, aber seine Theorien schweben in der Luft und sind an die Tradition gebunden. Wang Ch'ung stand an Ansehen tief unter ihm. Er galt als Rebell gegen die allgemeine Weltanschauung und die althergebrachten Meinungen, wurde deswegen geächtet, und seine Werke fanden keine Verbreitung. Heute kennen viele Chinesen ihn nicht einmal dem Namen nach. Wang Ch'ung ist der erste Philosoph, der seine Ansichten durch Erfahrungstatsachen begründete. Die Philosophie der Han- und Sung-Philosophen ist geheimnisvoll und leer, reine Phantasie ohne irgendwelche Beweise. Tung Chung-shu und Yang Hsiung kamen Wang Ch'ung nicht gleich. Er sollte uns noch heute als Vorbild dienen und wir sollten in unserer Zeit der geistigen Erstarrung seine Lehren annehmen.«[39]

In der späten Han-Zeit setzte Hsün Yüeh (148–209, Xun Yue) in mancherlei Hinsicht die Linie Wang Ch'ungs fort. Auch er verlor seinen Vater früh und besaß nicht das Geld, sich Bücher zu kaufen. Schon mit zwölf Jahren hatte er sich indessen als Autodidakt ein reiches Wissen erworben. Sein Geschichtswerk, seine Moralphilosophie und andere Abhandlungen sind verloren, erhalten blieb seine ›Darstellung der Ansichten‹ (Shen-chien; Shenjian). Über den philosophischen Standpunkt des Autors selbst erfährt der Leser: »Das Prinzip des Himmels beruht auf *yin* und *yang*, das der Erde auf Weichheit und Härte, das der Menschen auf Wohlwollen und Gerechtigkeit. *Yin* und *yang* beherrschen die Lebensgeister, Härte und Weichheit unterscheiden die verschiedenen Körper, Wohlwollen und Gerechtigkeit regeln die Handlungen. Das ist das Tao (Weltordnung). Die beiden wichtigsten Mittel für die Regierung sind Gesetze und Belehrung. Letztere ist die Umgestaltung durch *yang*, Gesetze sind der Ausdruck des *yin*. Wohlwollen ist die dabei gezeigte Güte, Gerechtigkeit die Angemessenheit, Sitte das darin Wandeln, Treue das daran Festhalten, Wissen das darum Wissen.«[40]

Originell und berühmt ist Hsün Yüehs Lehre von der menschlichen Natur, wonach der obere Bereich nur gut, der untere nur schlecht und der mittlere aus beiden gemischt ist. Natur und Gefühle entsprechen einander. Es gibt also nicht Gefühle, die nur schlecht sind, ebensowenig wie eine ausschließlich schlechte Natur. Nur durch eine Faktorenanalyse der menschlichen Natur und menschlicher Tätigkeit kommt man dem Schicksal, der Verteilung von Glück und Unglück, auf die Spur.

Auf dem Gebiet der Politik unterscheidet Hsün Yüeh sechs Regierungsmethoden: Verehrung des Himmels, Pflege der eigenen Persönlichkeit, Einstellung weiser Beamter, Mitgefühl mit dem Volk, angemessene Verordnungen und Förderung der Gewerbe. Die Ansätze zur bürgerlichen Gesellschaft und zum Rechtsstaat sind erkennbar.

Auch Fan Chen hatte seinen Vater früh verloren und deshalb in seiner Jugend viel zu entbehren, aber er schämte sich weder

[39] Ebd., S. 131.
[40] Ebd.

seiner Strohsandalen noch seines ärmlichen Gewandes. Bald übertraf er seine reicheren Mitschüler an Geist und Wissen, erhielt ein Amt im kulturellen, später im militärischen Bereich. Letzteres gab er aber wieder auf, da er seine Mutter sehr liebte, die die lange Abwesenheit ihres Sohnes nicht ertrug. Als ein Prinz, der an Buddha glaubte, Fan Chen nach seiner Meinung über das karma fragte, antwortete ihm dieser: »Das Leben des Menschen ist wie das eines Baumes. Die Blüten sprossen zusammen auf demselben Zweig und öffnen sich auf demselben Stengel. Vom Winde werden sie fortgeweht. Einige stoßen gegen Vorhänge und Gardinen und fallen auf Kissen und Matten herab, andere werden gegen Zäune und Mauern geweht und fallen neben einem Misthaufen nieder. Diejenigen, welche auf Kissen und Matten fallen, sind wie Eure Hoheit, diejenigen, welche auf den Mist fallen, wie Ihr untertäniger Diener. Wenn auch Rang und niedrige Stellung verschiedene Wege sind, so ist doch für karma kein Platz.«[41]

Aber auch Fan Chen, dieser einsame »Geistesritter ohne Furcht und Tadel«, ein »skeptischer Rationalist«, konnte den Siegeszug des Buddhismus in China nicht mehr aufhalten.

3.4. Buddhismus

3.4.1 Ausbreitung

Die geistesgeschichtliche Situation zu Beginn des chinesischen Mittelalters, also zur Han-Zeit, stellt sich dem Betrachter etwa so dar: Die große, kreative Zeit der chinesischen Philosophie war vorüber, die Standpunkte hatten sich herauskristallisiert, und es hatte sich ein Gleichgewicht der Kräfte, eine Art Patt-Situation ergeben. Der gesellschaftliche Wandel vom Feudalsystem im engeren Sinn zu einer offeneren Gesellschaftsform hatte eingesetzt und den orthodoxen Konfuzianismus in eine tiefe

[41] Ebd., S. 267.

innere Krise gestürzt. Der Taoismus vermochte ihn nicht zu verdrängen und verfiel nach und nach. Es war die Zeit für Experimente, für Eklektiker, Skeptiker und Einzelgänger. In der mittleren Han-Zeit ergaben sich für die Erneuerung der Philosophie beachtliche Chancen. Wang Chung erscheint als ein Repräsentant des Aufbruchs in die »Moderne«, aber es blieb, wie so oft in der chinesischen Geschichte, beim Aufbruch. Sollte nun einer Kraft, die von außen kam, dem Buddhismus, doch noch der Durchbruch gelingen?

Die Meinungen über die Bedeutung des Buddhismus für die Entwicklung Chinas im allgemeinen und der Philosophie im besonderen divergieren erheblich. Daß er das gesellschaftliche, politische und kulturelle Leben eine Zeitlang wesentlich mitbestimmte, läßt sich nicht bestreiten. Zu einer Verschmelzung der Kulturen kam es aber auch nicht. Blieb die buddhistische Philosophie eine indische Angelegenheit (Forke), oder gibt es einen spezifisch chinesischen Buddhismus (Zürcher)?[42]

Die Begegnung zwischen indischer und chinesischer Kultur war, ganz abgesehen von ihren Ergebnissen, ein kulturgeschichtliches Ereignis ersten Ranges, wobei die Initiative zweifellos vom indischen Kulturkreis ausging. Für das »Land der Mitte« war es die erste Begegnung mit einer ebenbürtigen nichtchinesischen Kultur. Auf die sprachlichen Probleme bei der Rezeption des Buddhismus wurde bereits hingewiesen, ebenso auf die ökonomischen Möglichkeiten eines »Großkapitalismus« im Gefolge des Buddhismus sowie auf den Einfluß des letzteren auf die chinesische Kunst. Hinzuzufügen wären das allgemeine religiöse Defizit Chinas, die »Marktlücke« für eine expandierende Weltreligion, die Verbesserung der Kommunikation infolge einer Intensivierung des Handels und Verkehrs zwischen Zentralasien und China zur Han-Zeit, ferner die Öffnung der chinesischen Gesellschaft, der Übergang vom Erbadel zur gentry, derart, daß man sogar von einem »gentry-buddhism« sprechen kann[43].

Alle diese Faktoren zusammen und gewiß noch viele andere – z.B. die Verwandtschaft des Taoismus mit dem Buddhismus (»matching concepts«) sowie die Krise des Konfuzianismus – haben das große kulturgeschichtliche Ereignis der Annäherung, Durchdringung und Trennung ermöglicht.

[42] Zum Problem vgl. E. Zürcher, The Buddhist Conquest of China. 2 Bde, Leiden 1959, S. XIf.

[43] Ebd., S. 4ff.

Die seit der Han-Zeit offene Hauptroute nach China führte von Kaschmir nach Zentralasien, zwischen den Gebirgen T'ien-shan (Tianshan) und K'un-lun (Kunlun), zum »Jade-Tor« Yü-men-huan (Yumenhuan). Die Route teilte sich bei Kashgar und führte nördlich (via Kucī, Turfan) und südlich (via Khotan, Miran) am Tarim-Becken bzw. an der Taklamakan-Wüste vorbei. Außerdem gab es noch Landrouten über Nepal nach Tibet, über Assam und Burma nach Südchina sowie den Seeweg nach Kanton. Von diesen Routen war die durch Zentralasien die bedeutendste. Um die Mitte des 7. Jahrhunderts gab es dort Hunderte von buddhistischen Klöstern. Tun-huang (Dunhuang) in Nordwest-China war einst ein Zentrum buddhistischer Bildung, umgeben von den »tausend Buddha-Grotten«, die dort zwischen 400 und 800 in Stein gehauen wurden. Die Route durch Tibet und Nepal war von der Mitte des 7. Jahrhunderts an offen, die Seeroute wurde bereits seit Beginn des 5. Jahrhunderts benutzt. Vom 7. Jahrhundert an war Kanton der Hauptlandeplatz für Buddhisten, die auf dem Seeweg nach China gelangten. Im 1. Jahrhundert westlicher Zeitrechnung taucht der Buddhismus zuerst in zeitgenössischen chinesischen Quellen auf; danach begann der Strom buddhistischer Missionare nach China, der seit dem 4. Jahrhundert eine Gegenbewegung chinesischer Pilger nach Indien auslöste. Zunächst war der Buddhismus wohl vorwiegend eine Religion von Fremden auf chinesischem Boden, bevor sie Anhänger unter den Chinesen fand, zuerst im einfachen Volk, dann in der unteren gentry und schließlich, wenn auch nicht sehr häufig, in den Familien der Großgentry (um 400).

148 v. Chr. kam ein zum Buddhismus bekehrter parthischer Prinz namens An Shih-kao (An Shigao) nach Lo-yang, wo er eine buddhistische Gemeinde gründete. Er hatte eine Menge buddhistischer Schriften mitgebracht, und in den folgenden Jahrzehnten entwickelte sich in der Stadt eine lebhafte buddhistische Lehr- und Übersetzertätigkeit im Teamwork. In der Frühphase der Rezeption bestanden in China Hīnayāna- und Mahāyāna-Buddhismus nebeneinander. Letzterer wurde von Lokakṣema (ca. 180) nach China eingeführt. Unter den späteren Übersetzern ragen Dharmarakṣa (Fa-hu, Fahu, um 300 in Ch'ang-an, Chang'an, Hsi-an) und Kumārajīva aus Kucī hervor, der 383 als Gefangener nach China kam und 401 vom Kaiser in die Hauptstadt berufen wurde. Er blieb bis zu seinem Tod (413) in China. Kumārajīva vereinigte nicht nur die Kultu-

ren Indiens, Zentralasiens und Chinas in seinem Denken, sondern beherrschte auch das Chinesische wie das Sanskrit. Ein Heer von Übersetzern arbeitete unter seiner Leitung, und der Ruhm Ch'ang-ans begann den Lo-yangs zu überstrahlen. Um 260 reiste erstmalig ein chinesischer Mönch, Chu Shih-hsing (Zhu Shixing), auf der Suche nach buddhistischer Literatur, in den Westen, nach Khotan. Ihm folgten andere. Aus der Einweg-Beziehung war, wenigstens auf der Kommunikationsebene, eine Wechselwirkung geworden.

Um 400 wurde dann auch die buddhistische Mādhyamika-Literatur in China bekannt. Die Abhidharma-Lehre (Hīnayāna) wurde teils von Gautama Saṃghadeva (383/84), einem Mönch aus Kaschmir, in Zusammenarbeit mit Chu Fo-nien (Zhu Fonian) übersetzt, teils von Hsüan-tsang von 651 bis 660. Seit Kumārajīva riß die Kette von Übersetzern und Interpreten buddhistischer Werke lange nicht mehr ab. Zu den letzten großen indischen Weisen, die nach China gingen (720) gehören Vajrabodhi und sein Schüler Amoghavajra (Pu-k'ong; Bu Kong, 746). Sie übersetzten zwischen 719 und 774 nicht weniger als 150 Vajrayāna-Texte ins Chinesische. Einem vom Kaiser eingesetzten (982) Übersetzerteam stand u. a. Dharmadeva (Fa-t'ien; Fatian) mit vor, ein Mönch aus Nālandā. Das Team bereicherte die chinesisch-buddhistische Textsammlung um 201 Bände. Nach 1036 erscheinen in den chinesischen Quellen keine Namen von indischen Gelehrten mehr, die nach China einwanderten. Der unermüdlichen Übersetzertätigkeit indischer und chinesischer Mönche wie Laien-Gelehrter verdanken viele wertvolle Texte, die im Sanskrit-Original verlorengingen, ihre Erhaltung. Der Buddhismus mußte jedoch in seinem Heimatland dem Brahmanismus weichen, und in China gewann der Neokonfuzianismus an Boden. Die vom Buddhismus ermöglichte Begegnung zweier großer Kulturen fand stellenweise ein dramatisches Ende.

Nicht weniger dramatisch verlief die Ausbreitung des Buddhismus in China, in mancher Hinsicht der Christianisierung Europas vergleichbar. Hier wie dort spielte das Mönchtum eine wichtige Rolle; hier wie dort waren die Klöster oft geistliche und geistige Zentren zugleich; hier wie dort war seit dem Auftreten der Stifterpersönlichkeit etwa ein halbes Jahrtausend vergangen; hier wie dort bestand ein deutliches kulturelles Gefälle von Süden nach Norden. Wesentliche Unterschiede lagen jedoch darin, daß das Christentum in kulturelles Neuland vordrang, der Buddhismus dagegen in ein altes Kulturland, und daß das Christentum Anspruch auf Alleinherrschaft erhob, der Buddhismus dagegen eher zu friedlichem Nebeneinander und zu religiöser Toleranz neigte. In jedem Fall zeugt die buddhistische »Eroberung« Chinas von der ungeheuren kulturschöpferischen Energie dieser Weltreligion und von einem beispielhaften Idealismus ihrer Träger, der Missionierenden wie auch der Missionierten. Wie chinesische Mönche (oder Laien), nicht selten länger als fünfzehn Jahre, äußerst beschwerliche Reisen auf sich nahmen, um zu den heiligen Stätten und Männern im fernen Indien zu gelangen, so unterzogen sich indische und chinesische Buddhisten großen Strapazen bei der Übersetzung heiliger Texte, beim Marsch tief ins Innere des riesigen Reiches und bei der Gründung neuer Kulturzentren. Von Kucī und Khotan in Zentralasien war bereits die Rede, ebenso von Tun-huang, Ch'angan, Lo-yang und Nan-hai (Nanhai, Kanton). Die buddhistische Bewegung hat wesentlich zur Erschließung Chinas beigetragen, wobei die Zeit der politischen Zerrissenheit zwischen der Han- und der Sui- bzw. Tang-Dynastie dem Buddhismus eher nützte als schadete, insofern neue Zentren der Herrschaft entstanden und damit auch neue Kristallisationspunkte des Buddhismus, unter den Dynastien Wei (220–265), Shu (221–263) und Lu (222–280), des westlichen (265–317) und östlichen (317–420) Chin-Reiches sowie der Nord- und Süd-Dynastien (420–589).

Für die Ausbreitung des Buddhismus waren auch äußere Faktoren von Bedeutung. Die Einnahme Lo-yangs und Ch'ang-ans (311) durch die Hunnen löste, wie später noch öfter, eine starke Nord-Süd-Bewegung aus, was wesentlich zur Verbreitung des Buddhismus in Mittel-, Süd- und Ostchina beitrug. Im Norden neigten die Eroberer dem Buddhismus zu, weil er grundsätzlich gegen den chinesischen Nationalstolz und gegen die Adelsherrschaft gerichtet war und weil er, wie das Christentum, eine gesellschaftlich ausgleichende Tendenz verfolgte. Tibetische und japanische Herrscher machten sich später die antiaristokratische Einstellung des Buddhismus zunutze. In China setzte sich der Mahāyāna-Buddhismus durch, der in erster Linie eine Religion des notleidenden Landvolks war, unter den Herrschern des T'opa(Tuoba)-Reiches im Norden avancierte der Buddhismus zu einer Art Staatsreligion oder Landeskirche mit einem »Papst« (T'an-yao; Tanyao seit 460) an der Spitze. Im Süden setzte sich, gegenüber dem Schamanentum im Norden, der »Meditationsbuddhismus« *(dhyāna)* durch. Im Norden, entlang der alten west-östlichen Handelsstraßen von Zentralasien bis zum Gelben Meer, mit Abzweigungen nach Norden, entstanden buddhistische Klöster.

Das Auf und Ab und Hin und Her der politischen Machtkämpfe von Kaisern, Königen, Fürsten und Adel im damaligen China, Konflikte, in die der Buddhismus verwickelt wurde, lassen sich hier im einzelnen nicht entwirren. Besonders hervorzuheben ist die Liebe des Kaisers Wu (502–549), des ersten Herrschers der Liang-Dynastie, zum Buddhismus.

3.4.2 Frühbuddhistische Denker

Eine der ältesten Quellen des Buddhismus in China, deren Sanskrit-Original verlorenging, ist die sog. Sūtra der 42 Kapitel. Sie enthält auch philosophische Lehren, die für die chinesische Rezeption bedeutsam wurden. Das Denken des Nichtdenkens, das Sprechen des Nichtsprechens, das Tun des Nichttuns, die Vergänglichkeit der Welt, der illusionäre Charakter der Ich-Vorstellung, die Abwertung weltlicher Rangunterschiede – die Würde eines Königs oder Fürsten wird mit einem Stäubchen in der Sonne verglichen –, die Lehre von der »Merkmallosigkeit aller Dinge«, die Interpretation des *nirvāṇa* als Erwachen, die Lehre von Leerheit *(śūnyatā)* und von der Täuschung *(māyā)*.

Einer der ersten chinesischen Philosophen, die sich näher mit dem Buddhismus befaßten und ihn verteidigten, war Mou-Tzu (Mouzi, um 200 n. Chr.). In seiner Schrift ›Berichtigung von Irrtümern‹ erweist er sich als ein genauer Kenner sowohl der chinesischen Klassiker als auch des Buddhismus, den er sogar höher schätzte als Konfuzianismus und Taoismus.

Der erste chinesische Mönch, der nachweisbar eine buddhistische Gemeinde in China gründete, war Hui-yüan (Hui Yuan, 334–416), ein Gefährte Tao-ans (Dao'ans, 312–385), der seinerseits in den »Heiligen Bergen« des T'ai-hang(Taihang)-Gebirges in Nord-Shan-hsi (Shanxi) ein Kloster gründete und die Reihe der frühen buddhistischen Meditationszentren eröffnete. Er begründete auch die Lehre vom ursprünglichen Nichtsein (*pen-wu*; penwu): das Nichtsein *(wu)* geht aller Entwicklung voraus, und die Leere *(k'ung; kong)* geht der Welt der Namen und Gestalten voraus. Alle *dharmas (fa)* sind urspünglich gegenstandslos. Fa-shen (Fashen, das ist Ch'u Tao-ch'ien; Chu Taoqian, 286–374) stammte aus Lang-ya (Langya, Shan-tung), wurde mit 17 Jahren Mönch, studierte in Ch'ang-an, wurde am Hof von Nanking gefeiert, verließ um 340 den Hof und zog sich in ein Kloster *(vihāra)* der Yü-chang(Yuzhang)-Berge (Süd-Che-chiang; Süd-Zhejiang) zurück, umgeben von Gleichgesinnten. Fa-shen lehrte die Entstehung des Seins (*yu*; you) aus dem Nichtsein *(wu)*, der existierenden Einzeldinge (dharmas) aus dem Sein.

Chu Fa-t'ai (Zhu Fatai, 320–387) kam aus Tung-kuan (Dongguan, Yishui) in Shan-tung, studierte mit Tao-an in Yeh, ging 365 nach Nanking, wo er in einem neugegründeten Kloster (Wa-kuan-ssu; Waguansi) und bei Hof großes Ansehen genoß. Über seiner Grabstätte ließ der Herrscher eine dreistöckige Pagode errichten. Er hatte Chu Fa-t'ais Interpretationen – über seine Theorie des Nichtseins ist nichts Genaueres überliefert – der Prajñāpāramitā-sūtras mit großem Interesse zugehört und war zum Buddhismus übergetreten. Die gnostische Lehre, die aus Südostindien stammt und seit 180 n. Chr. in China großen Anklang fand, ist im Mādhyamika entwickelt und gehört zum Mahāyāna-Buddhismus. Der Terminus heißt soviel wie »ans jenseitige Ufer gelangte Weisheit«.

Zur dritten großen Richtung des frühen Buddhismus gehört Chih Tao-lin (Zhi Daolin, Chih-tun; Zhidun, 314–366, aus Ch'enliu bei Kaifeng in Ho-nan). Er entstammte einer adligen, aber schon länger zum Buddhismus übergetretenen Familie, wurde 338 Mönch, hielt sich wiederholt in der Hauptstadt auf (340–343; 362–365), ging später nach K'uai-chi (Kuaiji) und starb, 52jährig, in den Shan-Bergen. Chih-tun war sehr angesehen, konnte es sich leisten, gegen die Etikette zu verstoßen, besaß weitreichende Beziehungen zur höheren Gentry und versuchte den Herrschern (z. B. Huan Wen) klarzumachen, daß der Buddhismus ihre Position nur stärke. Als Philosoph befaßte er sich besonders mit dem Verhältnis der Leere zur Erscheinungswelt, unter der er die gestalthafte Wirklichkeit verstand. Materie und Geist sollten weder als existent noch als nichtexistent bezeichnet werden. Sie erscheinen nur als solche in der Kette der Ursachen und Wirkungen, sind aber nichts darüber hinaus. Leere ist mit Materie identisch. Seng-chao (Seng zhao) war diese Auffassung nicht radikal genug. Er kritisierte: auch Kausalität ist illusorisch.

Zum Schrifttum Chih-tuns gehörten Abhandlungen, Kommentare, Interpretationen, ein ausgedehnter Briefwechsel, Gedichte und Vermischtes. In einem (verlorengegangenen) ›Streifzug durch die Tiefen der Mystik ohne Realitätsverlust‹ (Chi-se Yu-hsüan Lun; Jise Youxuan Lun) läßt sich das Bemühen erkennen, indische Metaphysik mit chinesischem Sinn für Realität zu verbinden, in seiner berühmten Interpretation des einleitenden Kapitels von Chuang-tzu (›Hsiao-yao-yu‹; Xiaoyaoyou) die Einbeziehung taoistischer Mystik. Im Gegensatz zu den vorher erwähnten Zirkeln der literati erscheint hier die Emanzipation der Metaphysik aus dem sozialen und politischen Umfeld als gebunden an den religiös-klösterlichen Erfahrungsbereich.

Chih Min-tu (Zhi Mindu) und Chu Fa-wen (Zhu Fawen, Chu Fa-yün; Zhu Fayun) repräsentieren um 350 die vierte frühbuddhistische Richtung (*i*, yi: Meinung, Interpretation, Theorie), eine Variation der Lehre von der Leerheit, die Lehre vom Nichtsein des Geistes (*Hsin-wu i*; Xinwuyi). Chih Min-tu gehörte zu den politischen Flüchtlingen, die von Norden über den Yangt-tzu-chiang kamen, von Chu Fa-wen ist nur sehr wenig überliefert. Das Novum ihrer Theorie der Leere besteht in der Subjektivierung: Leere ist kein ontologischer Status, kein objektives Faktum, sondern ein innerer Zustand des Geistes, die Abwendung von der objekt-orientierten Erkenntnis.

Tao-an, Fa-shen, Chih-tun und Fa-wen gehören zur Chin-Periode (265–420), Yü Fa-k'ai (Yu Fakai), Tao-yi (Daoyi) und Yü Tao-sui (Yu Daosui) zur Sung-Periode (420–479). Bei den letzteren wird die Entwicklung von der Objektivierung zur Subjektivierung noch deutlicher. Yü Fa-k'ai und Yü Tao-sui waren Hörer Yü Fa-lans (Yu Falans), der zu Beginn des 4. Jahrhunderts das Kloster Yüan-hua (Yuanhua) in den Shan-Bergen (Che-chiang) gegründet hatte. Letztere waren, nach dem bereits erwähnten Pionier Chu Shih-hsing, die ersten chinesischen Pilger, die (ca. 330) nach Indien wanderten. Beide erkrankten in Indochina und starben dort. Der begabte Yü Tao-sui war erst 30 Jahre alt.

Yü Fa-k'ai übernahm die Leitung des Yüan-hua-Klosters. Er war, wie sein Vorgänger, ein berühmter Mediziner, wie denn die Verbindung von medizinischer Kunst mit missionarischer Tätigkeit bereits für den frühen Buddhismus in China typisch war.

Die subjektivere Richtung des Yü Fa-k'ai begann mit der Richtung Chih-tuns zu konkurrieren, und zwischen den beiden

»Hauptzentren des gentry-Buddhismus« im Südosten kam es teilweise zu erheblichen Spannungen.

Yü Fa-k'ai entwickelte in seiner ›Abhandlung über die Doppelte Wahrheit des illusorischen Bewußtseins‹ (Huo-shih Erh-ti Lun, Huoshi Erdi Lun) eine Bewußtseinstheorie, die in doppelter Hinsicht Beachtung verdient, einmal als Zeugnis der philosophischen Entwicklung des Buddhismus, sodann auch als Zeugnis für einige spezifisch chinesische Züge der Theoriebildung.

Die Dreifache Welt (Trailokya, *san chieh*; sanqie), bestehend aus Begehren, Form und Geist, bezeichnet die »Lange Nacht« unserer Existenz, wobei Geist und Bewußtsein die Quelle des großen Traumes sind, der uns die Erscheinungen unseres Daseins vermittelt. Sobald wir aus diesem Traum erwachen, erlischt das »illusorische« Bewußtsein, und die Leerheit der Dreifachen Welt wird durchschaut. Der so erleuchtete Geist ist unabhängig und kann alles erzeugen.

Erwachen heißt also den illusorischen Charakter sowohl der Erscheinungswelt als auch des erkennenden Geistes durchschauen. Das ist die Lehre der »gespeicherten Eindrücke« (*Shih-han*; Shihan). Wichtig ist die Weiterbildung der Bewußtseinstheorie. Diese Entwicklung geht bei Tao-yi (gest. 401) aus Wu, am unteren Yangt-tzu-chiang, weiter, der in seiner Theorie von der illusorischen Erscheinungswelt (*Huan-hua*; Huanhua) den Begriff der Täuschung *(māyā)* voll auf die *dharmas* anwendet und ihnen den gereinigten, d.h. erleuchteten Geist *(shen)* gegenüberstellt: Dieser Geist ist nicht leer!

Die siebente Richtung (Kausalverknüpfung, *yüan-hui*; yuanhui) vertrat der früh verstorbene, aus Tun-huang (West-Kansu; Gansu) stammende und hochbegabte Yü Tao-sui. Er bestritt folgerichtig die Realität kausaler Verhältnisse.

3.4.3 Klassischer Buddhismus

Den sieben Denkern des frühen Buddhismus entsprechend, lassen sich in der weiteren Entwicklung der buddhistischen Philosophie Chinas sieben andere Richtungen mit namhaften Archegeten unterscheiden: Seng-chao (384–415), der an Nāgārjuna und Kumārajīva anknüpfte, buddhistisches Gedankengut systematisierte und zur Ausbreitung der in China auch unter dem Namen »Schule der drei Abhandlungen« (Nāgārjunas Mādhyamika-śāstra und Dvādaśaṃkāya-śāstra sowie Āryadevas Śata śāstra) bekannten Lehren beitrug; Tao-sheng (Daosheng, 360 bis 434), bekannt durch seine Lehren der Wiedervergeltung und unmittelbaren Erleuchtung; Chi-tsang (Jizang, 549–623), bekannt durch seine Theorie der Doppelten Wahrheit; Hsüan-tsang (Xuanzang, 596–664), der Begründer einer umfassenden Bewußtseinstheorie; Fa-tsang (Fazang, 643–712), in dem das buddhistische Denken in China seinen Höhepunkt erreichte; Chih-k'ai (Zhikai, 538–597), der Lehrer der vollendeten Harmonie; Hung-jen (Hongren, 601–674), eine der Gründergestalten des Zen-Buddhismus.

Die Entwicklung des chinesischen Buddhismus läßt sich, nach der Dominanz indischer oder chinesischer Ideen, in drei Stadien aufteilen: die frühbuddhistischen Denker stehen dem Taoismus nahe, von Seng-chao bis Chi-tsang nimmt indischer Einfluß (Nāgārjuna, Kumārajīva) zu, erreicht bei Hsüan-tsang und Fa-tsang (Asaṅga, Vasubandhu) den Höhepunkt und nimmt in den Schulen T'ien-t-ai (Tiantai) und Ch'an (Chan) zugunsten des Taoismus wieder ab.

Seng-chao stammte aus Shan-hsi (Shaanxi), mußte als Schreiber seinen Lebensunterhalt verdienen, entdeckte bei dieser Gelegenheit die Klassiker, fühlte sich aber zum Buddhismus hingezogen und wurde ein enger Mitarbeiter Kumārajīvas in Ch'ang-an (402). In seinen Schriften handelte Seng-chao z.B. von der Unveränderlichkeit der Dinge und Leerheit des Unwirklichen, wonach jedes Ereignis an seinen Augenblick gebunden ist. Die Folge der Augenblicke erweckt, wie die Einzelbilder eines Films, den Eindruck des Geschehens. Die Dinge kommen durch Verbindung von Ursachen zustande. Bei deren Trennung verschwinden sie wieder wie die Truggebilde eines Zauberkünstlers. In seiner Abhandlung ›Über prajńmā oder Nicht-Erḳenntnis‹ ist Weisheit (*prajñā*, *pan-jo*; banruo) nicht Erkenntnis im üblichen Sinn, sondern Wissen des Weisen (sheng-chih; shengzhi) zum Segen seiner Mitmenschen.

Gegenstand dieser Weisheit ist die absolute Wahrheit *(paramārtha ṣatya, chen-ti;* zhendi). Sie kann nicht selbst Gegenstand der Erkenntnis werden. Wie kann der Weise überhaupt erkennen? Er hat das Wissen des Qualitätslosen und besitzt die erleuchtende Kraft des (Wissens) um das Nichtwissen.

Tao-sheng stammte aus der Gegend von P'eng-ch'eng (Pengcheng) in Chiang-su (Jiangsu), wurde Mönch, studierte bei Kumārajīva und lebte später in den Bergen (Lu, Shan-hsi). Der Zweck von Worten und Symbolen ist das Erlangen der Wahrheit. Ist sie erreicht, erübrigen sich die Symbole. Tao-sheng wollte auch die »Heiden«, die nicht an Buddha glauben, von der Buddhaschaft nicht ausschließen: das Tor ist für alle offen! Was er mit seinem Satz, eine gute Tat ziehe keine Wiedervergeltung nach sich, genau meinte, ist ungewiß, möglicherweise interessenloses Handeln, was zum Ausstieg aus dem Zyklus der Wiedergeburten führt. Buddhaschaft aber wird, Tao-sheng zufolge, durch plötzliche Erleuchtung (*tun wu*; dunwu) erlangt, nicht durch graduelle (*chien*; jian). Hier unterscheidet sich die chinesische Theorie gundsätzlich von der indischen. Die chinesische Auffassung erweist sich jedoch als fragwürdig, soweit sie auf (allmähliche) Lernprozesse verzichten zu können glaubt. Ein anderes Problem, bei dem der Unterschied zwischen chinesischer und indischer Auffassung deutlich wird, war die Frage der Unsterblichkeit der Seele. Während die Buddhisten eine unveränderliche individuelle Seele im Zyklus der Wiedergeburten ablehnten, hielten die Chinesen an einem solchen *ego (ātman)* fest, denn sie unterschieden zwischen der Lebenskraft (*ch'i*; qi) und ihrem unsterblichen Kern *(shen)*.

Chi-tsang, Sohn eines parthischen Vaters und einer chinesischen Mutter, wurde in Nanking geboren. Mit sieben Jahren Mönch, zeichnete er sich durch rasches Erfassen des Wesentlichen und durch Tiefsinn aus, schrieb alsbald geistreiche Kommentare zur Mādhyamika-Lehre und trug wesentlich zur Fortbildung der »Schule der drei Abhandlungen« bei. Der zentrale Begriff dieser Schule war die Leerheit, gegenüber dem Unterscheidungen wie dharma, Sein, Nichtsein, Ursache, Wirkung, Entstehen und Vergehen verblaßten. Die Leerheit erscheint als letzte Wirklichkeit, Ursubstanz und Urprinzip (*cheng-li*; zhengli), gleichbedeutend mit nirvāṇa oder der obersten Buddhanatur *(dharmakāya)*. Diese Lehre spielte in China vom 4. bis zum 7. Jahrhundert eine große Rolle und kam Vorstellungen des Taoismus aus der Wei-Chin-Zeit (220–420) entgegen. Was die Chinesen an der buddhistischen Version anzog, war der hohe Grad der Abstraktion sowie ihr logisch kritisches Niveau. Der nominalistische Grundzug der Lehre appellierte an die antihierarchischen Tendenzen der Zeit. Chi-tsang ging aber weit über die »indischen« Möglichkeiten chinesischen Verstehens hinaus, indem er die noch von Seng-chao erstrebte Synthese chinesischer und indischer Begrifflichkeit zugunsten der letzteren aufgab, scharf zwischen Substanz und Funktion unterschied, zwei Wahrheitsebenen annahm, großes Gewicht auf die Widerlegung anderer Meinungen legte und dabei eine besondere Technik der Verneinung, die »Achtfache Negation« anwandte: *dharmas* fangen weder an noch hören sie auf zu existieren, sind weder zeitlich noch überzeitlich, weder gleich noch ungleich, weder kommend noch gehend. Die abstrakte Dialektik, der destruktive Negativismus und das Ausweichen vor Realität, Existenz und den Tatsachen erschienen den Chinesen auf die Dauer unerträglich. Während die Lehre 625 in Japan Aufnahme fand, ging sie im 9. Jahrhundert in China zugrunde. Chi-tsang trennte die weltliche Wahrheit scharf von der überweltlichen: Bejahung des Seins, Bejahung entweder des Seins oder des Nichtseins, entweder Bejahung oder Verneinung beider auf der einen Seite, Bejahung des Nichtseins, Verneinung des Seins und Nichtseins und weder Bejahung noch Verneinung beider auf der anderen Seite. Beim Aufstieg zur überweltlichen Wahrheit bleibt im Endeffekt nichts unverneint. Nach Auffassung mancher buddhistischer Gelehrter hat der Westen zwar die drei Ebenen: Sein – Nichtsein – sowohl Sein als auch Nichtsein erreicht, nicht aber die vierte: weder Sein noch Nichtsein. Faßt man indessen diese Position als Setzung der aboluten Wahrheit auf, erscheinen der westliche Begriff des Absoluten und der buddhistische Begriff der höchsten, überweltlichen Wahrheit als komplementäre Wege zu einem Ziel.

Hatte Seng-chao wichtige Systematisierungsarbeit geleistet, Tao-sheng das chinesische Erbe bewahrt, Chi-tsang den indischen Standpunkt radikalisiert, setzten Hsüan-tsang und Fatsang diese Tendenz fort und führten sie zum Höhepunkt. Hsüan-tsang aus Ho-nan wurde mit dreizehn Jahren Buddhist, war zutiefst von dem Verlangen beseelt, das Ursprungsland des Buddhismus kennenzulernen und begab sich 629 auf eine ebenso beschwerliche wie gefährliche Reise durch Zentralasien nach Indien. Nach langen Jahren der Wanderung und des Studiums dort kehrte er mit 657 buddhistischen Texten, von denen er selbst 75 übersetzte, nach China (Ch'ang-an) zurück (645) und wurde dort im Triumph empfangen. Sein Reisebericht ist eine der bedeutendsten Quellen und vermittelt wertvolle Erkenntnisse vom damaligen Indien und den Ländern zwischen Indien und China. Als Philosoph begründete Hsüan-tsang die Lehre vom reinen Bewußtsein (*vijñāna, shih*; shi). Danach sind *ātman (wo)* und *dharma (fa)* unreal, Produkte des Bewußtseins, das beide hervorbringt. Bewußtsein manifestiert sich in acht Formen geistiger Tätigkeit: Unterscheidung der äußeren Dinge mit Hilfe der fünf Sinne und eines koordinierenden Gemeinsinnes *(sensus communis)*, Verstand (*manyanā, ssŭ-liang*; suliang) sowie Vernunft (*vipāka-vijñāna, yi-shu shih*; yishushi) oder reifendes Bewußtsein, reifend, weil darin die Saat der unteren Vermögen heranreift und verarbeitet wird. Wie das Ich und die Dinge nicht existieren, so existiert das Bewußtsein nicht. Nicht zu verwechseln mit den acht Bewußtseinsarten sind die vier Funktionsweisen, die als Aspekte eines Prozesses erscheinen: Trennung von Objekt und Subjekt, Trennung und Überprüfung ihrer Daten, Erzeugung von Wissen sowie Kontrolle dieses Wissens. In mancher Beziehung ähneln diese Unterscheidungen den aristotelischen Analysen der Erkenntnisvermögen und -funktionen. Der Weg zum reinen Bewußtsein führt über fünf Stufen: Befreiung von Illusionen, Entscheidungsfähigkeit, Einsicht in die Wahrheit der Erleuchteten, Pflege dieser Wahrheit, Erreichen der vollendeten Wahrheit (*bodhi, chüeh*; jue) oder höchste eigene Erleuchtung. Dieser chinesischem Realitätssinn zuwiderlaufende abstrakte »Idealismus« fiel bald darauf in einen tausendjährigen (900–1900) Dornröschenschlaf.

Fa-tsang stammte, wie Chi-tsang väterlicherseits, aus Turkestan (Sogdiana). Sein Großvater war nach China ausgewandert. Er selbst wurde in Xi'an geboren, wo er zunächst mit Hsüan-tsang zusammenarbeitete, dann aber, infolge von Meinungsverschiedenheiten, andere Wege ging, die zur Gründung der Hua-yen(Huayan)- oder Blumenkranzlehre (Avataṃsaka sūtra) führten. Diese Lehre gibt der realen Welt einen höheren Stellenwert und steht damit chinesischem Denken näher. Man kann sie, im Unterschied zu Hsüan-tsangs »subjektivem Idealismus« als »objektiven Idealismus« bezeichnen. Der Welt des Bewußtseins und des Geistes oder dem Reich der Prinzipien (*li fa chieh*; lifajie) tritt das Reich der Phänomene, Tatsachen und Objekte, die reale Welt (*shih fa chieh*; shifajie) gegenüber, die auch als Erscheinungswelt *(rupa, se)* oder Welt des Scheins *(māyā, huan)* charakterisiert wird. Die drei Charaktere der Erscheinungswelt: Wahrnehmung, Denken und Einsicht in die wahre Wirklichkeit, die, im Unterschied zu Hsüan-tsang, nicht als veränderlich konzipiert wird, die fünf Lehr-Stufen: Hīnayāna, Mahāyāna, höhere Mahāyāna, unmittelbare Mahāyāna und vollendete Erkenntnis (*Ekāyana, yi ch'eng*; yicheng), die zehn Mysterien,

Tore oder Stufen der Erkenntnis sowie die sechs Qualitäten: Allgemeinheit, Besonderheit, Ähnlichkeit, Verschiedenheit, Integration, Desintegration können hier nicht weiter erörtert werden.

Spezifisch chinesisch, im Unterschied zu Hsüan-tsang, ist die Annahme einer vollendeten Harmonie im Weltgeschehen, wobei die dharmas als Faktoren universaler Wechselwirkung in das System integriert sind. Nicht zuletzt wegen seiner Hinneigung zu einer lebensnäheren Sicht der Dinge übte die Hua-yen-Lehre einen merklichen Einfluß auf den Neokonfuzianismus aus.

Die Annahme einer vollendeten Harmonie verbindet die Lehren Fa-tsangs mit der T'ien-t'ai-Philosophie, genannt nach dem gleichnamigen Gebirge im Ostteil Che-chiangs. Die Bezeichnung Lotos-Schule (Fa-hua; Fahua) erinnert an den Leittext dieser Richtung, die Lotos-sūtra. Der Archeget dieser Schule war Chih-k'ai, einer der führenden Buddhisten der Ch'en- (Chen, 557–589) und der Sui (590–617)-Dynastie. Die Hauptprobleme der Lotos-Schule waren: Die wahre Natur aller *dharmas*, die vollendete Harmonie der drei Wahrheitsebenen sowie Inhalt und Umfang des Denkens oder »die dreitausend in einem Augenblick des Denkens enthaltenen Welten«. Mit den Wahrheitsebenen ist die (kausale) Abhängigkeit der an sich leeren dharmas gemeint.

Der realistischere Zug dieser Lehre äußert sich einmal in der Aufwertung der sehr genau analysierten (Kategorientafel) *dharmas* – ihnen kommt eine zeitliche Wahrheit zu – sowie in der Auffassung vom »alleinen« Universum, in dem jedes Ding mit jedem in Verbindung steht. Alle Wesen besitzen Buddha-Natur, d.h. sind der Erlösung fähig. Die Vorstellung von zahllosen, in einem Augenblick des Denkens gegenwärtigen Welten, stammt von Chih-k'ai und erweist sich damit als typisch chinesisch. Die Unterscheidung von *hsing* (xing) und *shih* (shi), Natur und Ding, Wesen und Wirkung, erinnert wieder an entsprechende aristotelische Unterscheidungen *(dynamis-energeia)*.

Der Geist, in dem sich das gesamte Universum manifestiert, heißt *bhūtatathatā (chen-ju*; zhenru), ursprüngliche Dasheit oder, als Speicher aller möglichen Wesen, *tathāgata-garbha (ju-lai tsang*; rulai zang). Ein Vergleich mit dem aristotelischen *nous poiëtikos-pathetikos* liegt nahe. Aus der zugrundeliegenden Einsicht, daß alle Ereignisse dieser Welt von anderen abhängen, folgert die Lehre, daß der Geist, als Inbegriff aller Ereignisse, unrein ist, rein dagegen als schöpferisches, »leeres«

Prinzip. In der Interpretation der Leerheit als Sein zeigt sich der Unterschied der T'ien-t'ai-Lehre zur Hua-yen-Lehre und noch mehr zur Lehre vom reinen Bewußtsein. Umgekehrt: die Gegentendenz zur »Indisierung« verstärkt sich: Die chinesische Philosophie wurde sich in der Auseinandersetzung mit dem indischen Denken ihrer Identität, Eigenart und Stärke bewußt.

Im Ch'an (Chan, Zen)-Buddhismus findet diese Entwicklung ihren Abschluß. Cha'an steht für *dhyāna*, Meditation. Als meditative Praxis eroberten Buddhismus und Yoga die Welt, nicht als Theorien und Systeme. Bei den Altmeistern der Meditation in China (An Shih-kao, Kumārajīva, Tao-an und Hui-yüan, 150–400 n. Chr.) vermischte sich Indisches mit Chinesischem, Abkehr von der Welt und Sammlung von Energie. Tao-sheng hatte gelehrt: eine gute Tat zieht keine Vergeltung *(karma)* nach sich; Buddhaschaft wird durch plötzliche Erleuchtung erlangt. Am Ende stand die Theorie von der unmittelbaren Erleuchtung des Geistes. Die Gründung der Schule durch Bodhidharma (ca. 460–534) dürfte legendär sein. Mit Hung-jen (Hongren) setzte sich die chinesische Komponente durch: Verlagerung des Gewichts von der »Letzten Wirklichkeit« auf den »Geist«. Seine Nachfolger Shen hsin (Shenxin) und Hui-neng (Huineng) begründeten in China die Nord- und die Südschule. Die Nordschule lehrte die allmähliche, die Südschule die plötzliche Erleuchtung. Beide Schulen gingen vom Begriff *nirvāṇa* aus, den sie mit der Buddha-Natur gleichsetzten, die jeder Mensch erlangen kann. Während aber die Nordschule erst die Irrungen des Geistes überwinden zu müssen glaubte, bevor der Ruhezustand erreicht wird, lehnte die Südschule solche »Spaltung« des Geistes ab. Mit der Abkehr vom Apparat, von der (indisch-)buddhistischen Literatur, der Organisation und dem Glauben, mit der Lehre, daß jeder die Buddha-Natur besitzt bzw. erreichen kann, und zwar mit diesem seinem Körper und auch unmittelbar, setzte sich die chinesische Betrachtungsweise durch: Richte die Aufmerksamkeit auf den menschlichen Geist! Erkenne deine Natur und werde Buddha! Damit wird der Buddhismus zu einer Angelegenheit des mit sich selbst befaßten Geistes. Die zugehörige Technik heißt kung-an (gongan), japanisch koan, ein Verfahren zur Herbeiführung spontaner Wahrheitsfindung, von Entscheidungen und Handlungen.

Die Anhänger des Ch'an stimmen in fünf Punkten weitgehend überein: 1. Die höchste Wahrheit ist unaussprechbar; 2. Weisheit bedarf keiner besonderen, zielstrebigen Bemühungen; 3. Im Endeffekt wird kein ersichtlicher Gewinn erzielt; 4. Die kosmologischen und psychologischen Lehren der Buddhisten sind nicht viel wert; 5. Im Wassertragen und Holzspalten offenbart sich das Tao.

Der Erleuchtete tut nichts anderes als zuvor, aber er ist nicht mehr derselbe wie zuvor: weder Objekt noch Subjekt existieren für ihn.

3.4.4 Niedergang des Buddhismus

Faßt man die Unterschiede zwischen indischem und chinesischem Buddhismus zusammen, ergibt sich folgendes Bild: auf chinesischer Seite Spontaneität, auf indischer Kontinuität, hier Abstraktion, Spekulation und Negation, dort Konkretheit, Realismus und Positivismus, hier Kombinatorik, dort Dialektik, hier Sein, Harmonie und Integration, dort Nichtsein, Gegensätzlichkeit und Desintegration, dort Liebe zum Diesseits, hier Sehnsucht nach dem Jenseits, dort Erfüllung, hier Erlösung, dort Optimismus, hier Pessimismus. Im praktischen Bereich neigen die Chinesen zur Sozial-, die Inder zur Individualethik, die Chinesen zur epikureischen Lebenseinstellung, die Inder zu einer stoisch-asketischen: hier Weisheit, dort Pietät. Im Hinblick auf die zwischenmenschlichen Beziehungen stehen die Chinesen dem sokratischen Ideal der Philanthropie näher als der platonischen Idee des Guten, die indische Einstellung entspricht in Theorie und Praxis mehr der neuplatonisch-gnostischen. Alle diese Gegensätze gelten nur bedingt. Es findet sich im chinesischen Denken vieles, das dem indischen sehr ähnlich ist, wie es sicher auch im indischen Denken Tendenzen gibt, die chinesischen Einstellungen entgegenkommen, z. B. Relativierung der Werte, mystische und meditative Züge, Gewaltlosigkeit und Friedensliebe. Selten genug gibt es sogar geographische Trennungslinien der Einflußsphären. So benutzte man westlich des K'un-lun den Terminus Buddha-Weisheit, östlich dieses Gebirges den taoistischen Begriff »Große Einheit« zur Bezeichnung derselben Sache. Oft genug gehen Taoistisches und Buddhistisches ineinander über. Vielleicht läßt sich das spezifisch Chinesische am besten aus der Kritik chinesischer Autoren am Buddhismus herausfühlen: In der Restaurationszeit (624) sandte ein gewisser Fu-yi (Fuyi), ein einflußreicher Literat und Gegner des Buddhismus, ein Memorandum an den Kaiser:

»Der Buddhismus drang in einer fremdartigen und barbarischen Form von Zentralasien nach China ein und war als solcher damals weniger gefährlich. Aber seit der Han-Zeit begann man damit, die indischen Texte ins Chinesische zu übersetzen. Ihre Verbreitung begann, sich negativ auf den Glauben der Fürsten auszuwirken, und die Frömmigkeit schwand allmählich. Das Volk fing an, sich die Köpfe zu scheren, und weigerte sich, die Häupter vor den Fürsten und Ahnen zu neigen. Sie begannen umherzuwandern, zu betteln und wurden Mönche, um sich den öffentlichen Pflichten zu entziehen. Sie studierten ihre heiligen Texte und verweigerten anderen den Respekt unter dem Vorwand strenger Beachtung der Religion und des Strebens nach Vollkommenheit. Seitdem sie diesen ausländischen Weisen (Buddha) zu ehren begannen, wurde das Land eine Beute eindringender Barbaren. Wahre Herrscher verschwanden, Minister wurden zu Verrätern, die Regierung wurde tyrannisch, und die Opfer wurden vernachlässigt. Das Ergebnis ist, daß es zehntausende von Mönchen und Nonnen gibt. Ich bitte euch, daß Ihr sie zur Ehe zwingt, damit das Land hunderttausend Familien erhält. Dann werden sie Kinder aufziehen und die Reihen Eurer Armee füllen.«[44]

Schon zur Blütezeit des Buddhismus und lange vor der Gegenoffensive der Neokonfuzianer gab es in China überzeugte Konfuzianer, die Kritik am Buddhismus übten, wie der bereits erwähnte Fan Chen (ca. 450–515), der buddhistische »Scheinprobleme« entlarvte, u.a. die Lehre von der Trennung der Seele vom Körper.

Der Hauptgrund für Verfall, Verfolgung und Untergang des Buddhismus in China war, wie man allgemein annimmt, das Wiedererstarken des Konfuzianismus. Aber warum erstarkte dieser? Die tieferen Gründe dafür lagen, wie der eben zitierte Text bereits einigermaßen erkennen läßt, im Bündnis der konfuzianischen Intelligentsia mit dem neuen Adel, also im gesellschaftlichen Bereich. Die ursprünglich gegen die gentry gerichteten Lehren der Seelenwanderung und Wiedervergeltung wurden geschickt zu einem Machtinstrument der neuen Herrenschicht umfunktioniert: Nur wer den Herrschern gehorcht,

[44] P.C. Bagchi, India and China. New York, 2. Aufl. 1951, S. 109f.

kann – im nächsten Leben – mit einer Verbesserung seiner Lage rechnen. Aus der fast revolutionären *karma*-Lehre des Buddhismus war reaktionäre Ideologie zum Nutzen der neuen Machtelite geworden, vergleichbar der westlichen Thron- und Altar-Ideologie mit ihrer raffinierten Taktik der Verheißung und Vertröstung.

3.5 Neokonfuzianismus. Von der Philosophie zur Ideologie

Wie der Buddhismus in Indien dem Brahmanismus indirekt mit zum Siege verhalf, indem er ihn zur Gegenwehr herausforderte, und weil er sich selbst zu weit von seinem Ursprung entfernte, zu abstrakt wurde, wirkte er auch in China stimulierend auf den Konfuzianismus und erweckte ihn zu neuer Aktivität. Allein der Sieg der Konfuzianer war für China ambivalent. Wie der Sieg des Brahmanismus in Indien zur Festigung eines obsoleten Kastensystems beitrug, festigte der Neokonfuzianismus in China den Feudalismus im weiteren Sinn, ein reaktionäres Herrschaftssystem, das den wirtschaftlichen und geistigen Fortschritt blockierte, das Land immer weiter in die Isolation trieb, bis schließlich im 19. Jahrhundert äußere Gewalt die Öffnung erzwang, zu der die chinesische Gesellschaft unter der Adelsherrschaft nicht bereit war. So war mit dem Sieg des Neokonfuzianismus über den Buddhismus wieder eine großartige Chance für das Land vertan. Alles blieb in den Ansätzen stecken, ein einmaliger Aufbruch war vergebens.

3.5.1 Vorläufer

Der Konfuzianismus lag, wie gesagt, auch in der Blütezeit des Buddhismus nicht völlig darnieder. Einzelpersönlichkeiten wie Fan Chen oder Wang T'ung (Wang Tong, 584–617) zeigen das deutlich, und der Buddhismus hatte stets, nicht nur in den literati, erbitterte, unversöhnliche Feinde, deren Motive oft nicht die edelsten und besten waren: Konkurrenzneid, Nationalismus, Rückständigkeit, Beschränktheit, verbunden mit Machtgier: das uralte, widernatürliche Bündnis von Magie und Macht. Kein Wunder also, wenn die reaktionäre Richtung an älteste Traditionen, die größten der großen Denker (Konfuzius, Mencius) und die klassischsten der klassischen Texte (›Buch der Wandlungen‹, ›Buch der Riten‹ oder ›Großes Lernen‹, ›Lehre von Maß und Mitte‹, die ›Analecta‹, oder Sprüche des Konfuzius sowie ›Mencius‹) anknüpfte.

Es waren also in erster Linie Anciennität, Autorität und Pietät, worauf sich die Neokonfuzianer beriefen, nicht auf Gründe der Vernunft, neue Argumente und Ideen oder gar auf Tatsachen. Mit der »Größe« verbindet sich stets auch der Kult. Das wird schon bei den Vorläufern, Han Yü (Han Yu, 768–824) und Li Ao (um 800), deutlich, aber auch bei Chou Tun-i (Zhou Dunyi, 1017–1073), dem »Pionier« des Neokonfuzianismus. Schon die Vorläufer begannen mit der »Säuberung« der Lehre, also mit der Etablierung einer Orthodoxie. Han Yü sonderte beispielsweise Hsün Tzu und Yang Hsiung aus, von Mo Tzu gar nicht zu reden. Man bezeichnete sich nicht einmal als Nachfahren des Konfuzius oder Neokonfuzianer. »Tao Hsüeh Chia« (Dao Xue Jia, Schule des Tao-Studiums) lautete die Etikette, auch wenn man keine ursprüngliche Beziehung zum Tao, zu Lao Tzu oder den alten Taoisten besaß. Von den Legalisten und Sophisten hatte man dagegen gelernt, daß es einträglich war, sich den Machthabern als Berater, Experte oder »Helfer« anzubieten.

Niemand wußte besser als die Neokonfuzianer, daß man mit wohlklingenden, vielversprechenden Titeln gewaltigen Eindruck machen kann, so schrieb er ein Buch ›Über den Ursprung der Wahrheit‹ (Yüan Tao; Yuan Dao). Mit dem Kult der Größe verbindet sich erfahrungsgemäß der Kult der Ursprünglichkeit, modern: der Jargon der Eigentlichkeit. Schon Han Yü konnte Trivialitäten tiefsinnig ausdrücken und seinen Konformismus, wenn nicht Opportunismus, hinter edlen Beteuerungen und hochmoralischen Formulierungen verbergen. Da ist nicht nur vom *Tao* und *te* die Rede, sondern auch von *jen* (ren) und *yi*, Liebe und Gerechtigkeit, natürlich auch vom höheren Menschen. In der Polemik gegen Taoisten und Buddhisten brauchte man sich dann keinen Zwang mehr aufzuerlegen; wo die eigene Kreativität versagt, schaffen es Feindbilder. Die Stärke Han Yüs lag im Stil, nicht im Gedanken, in Rangerhöhungen von Denkern, die seinen Interessen entgegenkamen, auch wenn sie traditionell nur als gleichrangig mit anderen galten (Mencius, Hsün Tzu), aber nicht einmal in seinen Werturteilen erscheint er besonders originell (vgl. Yang Hsiung). Das Erstaunliche an solchen ungerechtfertigten Überschätzungen ist, daß sie die unkritische Menge überzeugen und daher allgemein akzeptiert werden. So wurde ›Mencius‹ tatsächlich ein Leittext für die Neokonfuzianer der Sung (960–1279)- und Ming (1368–1644)- Zeit. Neokonfuzianer wie Han Yü waren weniger gute Philosophen als gute Taktiker, die ihre Gegner sogar lobten, wenn dies sie selbst in einem günstigen Licht erscheinen ließ oder (und) den Gegner indirekt lächerlich machte oder herabsetzte. In all dem spiegelt sich in der geistigen Entwicklung die gesellschaftliche wider. Unterordnung der Vernunft, Wahrheit und Gerechtigkeit unter die Macht, des Rechts unter den Erfolg, des Gesetzes unter das Privileg, der Liebe unter den Vorteil und des Seins unter den Schein. Han Yü war auch ein Meister der moralischen Entrüstung über den (tatsächlichen) Verfall der Sitten und des Rechts, dem er mit seiner Taktik selbst Vorschub leistete. Phrasen wie Aufrichtigkeit des Denkens (intellektuelle Redlichkeit), Ausrichtung des Geistes (gerader Sinn) und beispielhafte Tugend (Vorbild) faszinierten die Gemüter und dienten gleichzeitig der Selbsterhöhung wie der Verschleierung. Han Yüs Theorie der orthodoxen Übermittlung des Tao von Konfuzius über Mencius bis zu den Neokonfuzianern ist ein Meisterwerk der Selbstdarstellung, Selbstrechtfertigung und Selbstinthronisierung. Han Yü rückte in Gentry-Kreise auf und erhielt ein Amt als Vizeminister. Sein Biograph bemerkt dazu: »Seine Worte erhielten weithin Geltung, so daß die Schüler zu ihm aufschauten, als wäre er ein hoher Berg.«

Li Ao, ein Schüler Han Yüs, war ebenfalls ein glänzender Stilist und erhielt den Beinamen »Literat«. Er schrieb einen ›Essay über die Rückkehr zur Natur‹, in dem er die Begriffe Natur *(hsing)*, Gefühl (*ch'ing*; qing) und Weiser *(sheng)* erörterte, ferner den Prozeß der Selbsterziehung zum Weisen und die Selbstdisziplinierung. Seine Ausführungen sind philosophisch nicht besonders ergiebig. Zu Beginn der Sung-Dynastie, um das Jahr 1000, herrschte zwischen den philosophischen Schulen des Buddhismus, Taoismus und Konfuzianismus ein ungefähres Gleichgewicht der Kräfte, verbunden mit einem Pluralismus der Standpunkte und Theorien. Wie die frühbuddhistischen

Denker die Weichen für die weitere Entwicklung des Buddhismus in China gestellt hatten, so leisteten auch die Vorläufer des Neokonfuzianismus wichtige Vorarbeiten für seine weitere Entwicklung, die hier nur in Umrissen dargestellt werden kann unter besonderer Berücksichtigung der Reformansätze.

3.5.2 Chou Tun-yi und Shao Yung

Einer der Hauptgründe für das Übergewicht des Konfuzianismus über die konkurrierenden Strömungen war die Einbeziehung buddhistischer und taoistischer Elemente in die eigenen Systembildungen. In Indien hatte der Brahmanismus den Buddhismus ebenfalls auf diese Weise mit den eigenen Waffen geschlagen. Bei Chou Tun-yi (Zhou Tunyi) ist der taoistische Einfluß unverkennbar. Seine Eliminierung mystisch-magischer Bestandteile des Taoismus kam dem Neokonfuzianismus zugute: er übernahm das Brauchbare, vermied den Aberglauben, der den Verfall des Taoismus beschleunigte. In seiner ›Erklärung des Diagramms des Höchsten und Letzten‹, einem relativ einfachen Schema des Weltaufbaus aus dem Höchsten, *yin* und *yang*, den fünf Elementen und den daraus entstehenden Dingen, versuchte er, Beziehungen zwischen den Größen Prinzip, Natur und Schicksal herzustellen, wobei allerdings die Beziehung des Prinzips zum Absoluten unerörtert bleibt. Durch seine Interpretation des ›Buches der Wandlungen‹ rückte er dieses in den Mittelpunkt konfuzianischer Neuorientierung. Mit seiner Betonung der Echtheit und dem Streben nach Ausgewogenheit des inneren und äußeren Lebens bereitete er entsprechenden ethischen Lehren der Brüder Ch'eng (Cheng), die bei ihm studiert haben sollen, den Weg. Er selbst liebte die Natur so sehr, daß er sich scheute, das Gras vor seiner Behausung zu schneiden.

Ein ungleich originellerer philosophischer Denker war Shao Yung (Shao Yong, (1011–1077), der aus der Gegend von Peking stammte und später nach Ho-nan zog. Shao verwandte vor allem drei Begriffe zur Erklärung des Weltgeschehens: Prinzipien, Zahlen und objektiv-faktisches Wissen. Seine Auffassung, daß die Prinzipien auch in Zahlen darstellbar sind, erinnert an die Spätphase der platonischen Ideenlehre. Shao hatte eine Art operationalen Weltverständnisses. Für den Wechsel ist der

Geist verantwortlich, der Zahlen bildet, diese bilden Formen und diese wiederum die Dinge. Der Mensch ist zwar das intelligenteste Lebewesen im Rahmen der natürlichen Evolution, aber auch er untersteht dem Gesetz der Zahl. In Shaos gesamter Philosophie spielt die Zahl eine Schlüsselrolle, insbesondere die Zahl 4: Elemente, Himmelskörper, Jahreszeiten, Lebewesen, Tugenden, Herrscher usw. Die Grundoperationen des Wandels erscheinen als Expansion und Kontraktion, Goethes Diastole und Systole vergleichbar. Shao verbindet das mathematische mit dem dynamischen Weltverständnis. Es ist also verständlich, wenn der orthodoxe Chu Hsi (Zhu Xi, 1130–1200) diesen selbständigen Denker nicht mit in den Kreis der fünf Meister der frühen Sung-Zeit aufnahm. Shao war arm, lebte in Lo-yang und lehnte, ganz den Wissenschaften hingegeben, Ämter ab. Er schrieb viele Werke, eine Kosmologie, Abhandlungen über die Form und über die Zahl, über Zeit und Geschichte sowie den Menschen und den Geist. Seine Schriften wurden von den Neokonfuzianern nicht beachtet und gerieten in Vergessenheit. Mit mehreren Denkern dieser Art hätte China den großen Sprung in die Neuzeit wahrscheinlich schon vor Europa schaffen können, aber alles blieb wieder beim alten.

3.5.3 Chang Tsai und die Brüder Ch'eng

Chang Tsai (Zhang Zai) (1020–1077), geboren in Ho-nan, lebte später in Xi'an (Shen-hsi). Sein Werdegang zeigt typische Merkmale des Neokonfuzianers: Unzufriedenheit mit dem Konfuzianismus, mangelnde Begabung für die Praxis – Chang Tsai liebäugelte mit einer militärischen Laufbahn –, Flirt mit dem Buddhismus und dem Taoismus und reumütige Rückkehr in den Schoß der Orthodoxie. Mit dem Bekleiden von Ämtern hatte der Philosoph wenig Glück und starb in großer Armut. Seine Leitidee war die Einheit des Universums und die Vielheit seiner Erscheinungen. Sie gewann für den gesamten Neokonfuzianismus große Bedeutung. Das Weltgeschehen vollzieht sich in unaufhörlicher Integration und Desintegration. Nichts ist isoliert, und doch ist jedes Ding vom anderen verschieden. Chang Tsai, der im Leben so wenig Liebe erfuhr, lehrte, daß die Liebe alle Menschen umfaßt und der Liebende mit Himmel und

Erde eins wird. Berühmt wurde Chang Tsai durch ein Kapitel seiner ›Lehre für Anfänger‹ (Cheng-meng; Zhengmeng), das an der Westseite seines Vorlesungsraumes niedergeschrieben war, die ›Westliche Inschrift‹. Das Spektrum seiner Themen erstreckt sich vom Buddhismus bis zum *yin yang*, von der Natur bis zum Geist und von der Leere bis zur Materie.

Ch'eng Hao (Cheng Hao, 1032–1085) und Ch'eng Yi (Cheng Yi, 1033–1108) waren Brüder und stammten aus Chung-shan (Zhongshan, Ting, Ho-pei). Die Familie zog später nach Kaifeng (Ho-nan). Beide wurden Philosophen und erinnern an die Brüder Asaṅga und Vasubandhu (5. Jahrh.) in Indien. Die Ch'eng-Brüder gehörten mit ihrem Onkel Chang Tsai, Shao Yung und Chou Tun-yi zu den fünf großen Meistern der chinesischen Philosophie im 11. Jahrhundert. Ch'eng Hao begründete die idealistische, sein Bruder die rationalistische Richtung der Neokonfuzianer. Bei beiden spielt der Begriff Prinzip *(li)* eine fundamentale Rolle. Es bedeutet soviel wie Geist, aber auch Natur, universale Ordnung, Wahrheit, universales Gesetz, aber auch schöpferische Kraft. Es ist also ein dynamisches Prinzip. Ch'eng Hao bildete den Begriff *T'ien-li* (Tianli), Prinzip des Himmels. Es wurde später als eine Art Naturrecht interpretiert. Während sein Bruder mehr den Aspekt: Einheit – Mannigfaltigkeit betonte, legte er mehr Gewicht auf den prozessualen Aspekt des Prinzips. Die idealistische Richtung führten Lu Hsiang-shan (Lu Xiangshan und Wang Yang-ming (Wang Yangming, 1472–1529) weiter, die rationalistische Chu Hsi.

3.5.4 Lu Hsiang-shan und Chu Hsi

Lu Hsiang-shan (1139–1193) stammte aus Kiangsi, bekleidete einige Ämter, zog aber die Lehrtätigkeit der Politik vor, ohne jedoch größere Schriften zu verfassen. Sein Charakter wird allgemein gelobt. 1183 gelang es ihm, bei einer Gegenüberstellung von Rechtschaffenheit und Profit, sein Publikum zu Tränen zu bewegen. Er betonte die moralische Autonomie des Geistes, den er mit dem obersten Prinzip *li* gleichsetzte. In fast allen Details der Lehre vertrat er Chu Hsi entgegengesetzte Standpunkte. Dieser Unterschied zwischen dem Prinzip und der Materie (*ch'i*; qi), für Lu fallen das Tao und die Dinge zusammen. Chu erörterte die menschliche Natur ausführlich, Lu kaum. Für ihn sind menschliche Natur, ihre Funktion und das Prinzip identisch. Chu unterschied zwischen einem fehlbaren menschlichen Intellekt und unfehlbarer moralischer Vernunft, Lu bestritt diesen Unterschied. Der Geist ist bei allen Individuen und im Universum der gleiche. Chu siedelte das oberste Prinzip über *yin* und *yang* an, Lu bezog diese Größen in den immateriellen Bereich ein. Während Chu, wie Lu, die menschliche Natur für ursprünglich gut hielt, dem himmlischen Prinzip (T'ien-li) aber die menschlichen Begierden gegenüberstellte, lehnte Lu eine solche Zweiteilung ab. Chu wollte bei der Erforschung der Gegenstände die in ihnen wirksamen Prinzipien erkennen, Lu begnügte sich mit der Erforschung des Geistes, in dem er alle Prinzipien lokalisierte. In der praktischen Philosophie bevorzugte Lu den einfachen, geraden Weg und hielt die differenziertere Betrachtungsweise Chus für schädlich. Während Chu detailliertes Wissen zu erlangen suchte, konzentrierte sich Lu auf die Pflege der moralischen Anlagen. Lu ging damit in der idealistischen Richtung Ch'eng Haos weiter, die in Wang Yang-ming (Wang Shou-jen; Wang Shouren, 1472–1529) gipfelte und in der Ming-Zeit (1368–1644) dominierte, Chu setzte den Rationalismus Ch'eng Yis fort. Die beiden Richtungen bestimmten das chinesische Geistesleben mehrere Jahrhunderte hindurch. Lu befaßte sich mit den Problemen Geist, Prinzip, Autarkie der moralischen Persönlichkeit, Natur, Gefühle, Dinge, Selbsterziehung.

Chu Hsi, der größte Synthetiker der chinesischen Philosophiegeschichte, hierin Thomas von Aquin (1225–1274) vergleichbar, wurde in Südostchina (Fu-chien; Fujian), gegenüber der Insel Taiwan, geboren, zog aber später mit seiner Familie nach Süd-An-hui (-Anhui). Sein Vater war Beamter und literarisch gebildet. Schon mit vier Jahren soll Chu seinen Vater gefragt haben, was jenseits des Himmels ist. Erst mit 30 Jahren, nach erfolgreicher Betätigung in verschiedenen Ämtern und einem eingehenden Studium des Buddhismus und des Taoismus, entschied er sich für den Konfuzianismus. Gegen Ende seines Lebens wurde er das Opfer von Hofintrigen und starb an der Ruhr. Wie Thomas von Aquin nach seinem Tod heiliggesprochen und zum Kirchenlehrer erhoben wurde, wurde Chu Hsi posthum geadelt und sein Name 1241 im Tempel des Konfuzius verewigt. Im Gegensatz zu Lu Hsiang-shan schrieb Chu Hsi viele und auch größere Abhandlungen, über jen, die vollendete Tugend, über Ch'engs Naturbegriff, über Gleichgewicht und Harmonie sowie über den Geist. Außerdem befaßte er sich mit Problemen aus fast allen Bereichen der Philosophie. Praktische Philosophie: moralische Selbsterziehung, wie man studieren soll, wie man den Geist und die Natur pflegen soll, über den nötigen Lebensernst, die Gemütsruhe, die Selbsterforschung und Erforschung der Dinge, Wissen und Handeln, Erweiterung des Wissens, über die Beziehung des Menschen zur Welt und sein Schicksal, über Prinzip und Materie, das Größte und Letzte, Himmel und Erde, die Natur, geistige Wesenheiten und Kräfte sowie über den Buddhismus.

Aus dem chinesischen Denkbereich berücksichtigte Chu Hsi bei seiner Synthese, außer den Klassikern, besonders Chou Tun-yis Diagramm, Shao Yungs Zahlentheorie, Chang Tsais Theorie der Materie sowie die Lehren der Ch'eng-Brüder über Prinzipien und Formen, den Weg *(Tao)*, Werkzeuge und Methode. Nach Konfuzius, Mencius, Lao Tzu und Chuang Tzu hat Chu Hsi den stärksten Einfluß auf die chinesische Philosophie ausgeübt.

Durch wiederholte Eingaben an seinen Herrscher, in denen er um Realisierung konfuzianischer Prinzipien sowie um die Bestrafung nachlässiger Beamter bat und vor Friedensschlüssen mit Angreifern warnte, suchte er seine patriotische Gesinnung unter Beweis zu stellen, lehnte aber dennoch bisweilen öffentliche Ämter ab oder wurde entlassen und zog ein Leben in Frieden und Armut vor, indem er an einer alten Kulturstätte in Chiang-hsi Vorlesungen hielt.

Die sechs wichtigsten Grundbegriffe des Neokonfuzianismus brachte Chu Hsi in einen systematischen Zusammenhang: das Letzte Große, das Prinzip, Materie, Natur, Forschung und Menschlichkeit. Im 17. Jahrhundert erfuhr die Lehre Chu Hsis eine Art Renaissance. Seine Klassiker-Interpretation und die darauf gegründete Examensordnung blieben in China bis 1905 verbindlich. Seine Philosophie überstand sogar die Revolution von 1917 und lebt im Neorationalismus Fung Yu-lans (Feng Yulan) weiter.

Was Chu Hsi über das Urprinzip sagt, könnte man als Motto über seine gesamte Philosophie stellen: »Das Urprinzip ist nichts anderes als die Vernunft von Himmel und Erde und von allen Dingen. Spricht man von Himmel und Erde, so ist das Urprinzip in ihnen, und spricht man von den Dingen, so hat jedes der vielen Dinge ein Urprinzip in sich. Ehe es Himmel und Erde gab, war diese Vernunft schon vorhanden.«[45]

3.5.5 Wang Yang-ming und Wang Fu-chih

Für 150 Jahre beherrschte Wang Yang-mings (1472–1529, aus Che-chiang, Ning-po, Ningbo) »dynamischer Idealismus« konkurrenzlos das geistige Leben Chinas. Der Geist der Philosophie Chu Hsis war inzwischen nahezu ausgestorben und die Prüfungsordnung, die eine Auslese der Besten erzielen sollte, war in ihr Gegenteil pervertiert, in einen Weg, sich Karriere, Erfolg und Profit zu erschleichen. Wang Yang-ming machte, nicht ganz zu Unrecht, das »System« dafür verantwortlich, in erster Linie also Chu Hsi, dessen Intellektualismus er durch eine Art Voluntarismus ersetzte. Wang suchte das Prinzip aller Dinge, von dem Chu so überzeugend sprechen konnte, in einem Bambusstrauch, den er untersuchte, jedoch vergeblich. Darauf wurde er krank, geriet physisch und psychisch in eine schwere Krise. Noch dazu fiel er bei Hof in Ungnade, als er gegen die Einkerkerung eines Kollegen durch einen mächtigen Hofgünstling protestierte. Dieser setzte durch, daß Wang Yang-ming in Gegenwart des Kaisers 40 Schläge mit dem Bambusrohr erhielt und nach dieser entehrenden Strafe auf einen untergeordneten Posten am »Ende der Welt« (Kuli-chou, Guizhou) versetzt wurde (1506). Dies wurde jedoch zum Beginn seiner geistigen Erneuerung, die in einer Erleuchtung (1508) ihren Höhepunkt erreichte. Wang erkannte das Prinzip nicht in den Dingen, sondern in sich selbst. Mit 42 Jahren (1514) war er dann so weit, daß er lehren konnte. Eines seiner Hauptthemen war die intuitive Erkenntnis (*liang chih*, liang zhi). Wang Yangming erlag nicht, wie sein großer Vorgänger und Gegenspieler, den Hofintrigen, sondern setzte sich auch hier durch und wurde einer der angesehensten und höchsten Beamten des Reiches. Er bekämpfte erfolgreich das Bandenwesen und schlug eine gefährliche Rebellion nieder. Er war nicht nur ein großer Philosoph, sondern auch ein großer Staatsmann und Heerführer.

[45] Forke, Geschichte der neueren chinesischen Philosophie. Hamburg, 2. Aufl. 1964, S. 176.

Das Spektrum seiner Interessen und Schriften war nicht so weit gefächert wie das von Chu Hsi, aber dafür verfolgte er das Wesentliche zielstrebiger: Menschlichkeit *(jen)*, Wissen und Handeln, Geist und Prinzip, das höchste Gut, Lauterkeit des Willens und Selbsterziehung. Pietät ist eine Übung des Geistes. Die Lauterkeit des Willens muß der Erforschung der Dinge vorausgehen. Chu Hsi hatte den umgekehrten Weg gelehrt. Dieser hatte unter *ko-wu* (gewu) die rationale, objektive Untersuchung der Dinge verstanden, Wang verstand darunter die Säuberung des Geistes von falschen Vorstellungen und die Bewahrung der ursprünglichen Reinheit. Gegen die Dekadenz der Zeit und den Verfall der konfuzianischen Ideale setzt Wang die Innerlichkeit, guten Willen und Moral, charakterliche, nicht intellektuelle Tugenden. Wangs Einstellung gab dem chinesischen Denken neue, starke Impulse. Aus seiner Lehre von der Einheit des Wissens und Handelns spricht der Willensmensch: Erkenntnis ist Anfang der Handlung, Handlung Vollendung der Erkenntnis. Diese Lehre fand besonders in der Ming-Zeit (1368–1644) Anklang. Wangs revolutionäre Denkweise bleibt ohne Berücksichtigung des historischen Hintergrundes weitgehend unverständlich. Bedenkt man aber die äußere Bedrohung Chinas im 15. Jahrhundert und den Verfall der Herrschaft im Inneren, wird das Aufbäumen des Selbsterhaltungswillens, das aus Wangs Philosophie spricht, begreiflich. Die gesellschaftlichen Verhältnisse waren unerträglich geworden: Günstlinge des Hofes und Mitglieder der kaiserlichen Familie erwarben Großgrundbesitz, die Bauern verarmten und verhungerten, eine unmenschliche Steuerlast trieb die Menschen scharenweise in Verzweiflung und in die Arme der Bandenführer, denen sich sogar Prinzen anschlossen.

Wangs Reformvorschläge waren den Machthabern zu radikal. In dem Maß, in dem sein Ansehen als Philosoph wuchs, wurde er in Hofkreisen zur persona non grata. 1521 zog er sich in sein Heimatland zurück, lebte, lehrte und schrieb dort an seinem bedeutendsten Werk, den Untersuchungen zum ›Buch der Riten‹. Seine Lehren waren keine Theorien, sondern beruhten auf (bitteren) Lebenserfahrungen, auf »hundertmaligem Sterben und tausendfachem Leid«. Während China auf Wang Yangming und seine Reformideen verzichten zu können glaubte, erlangte er in Japan Anerkennung und Verehrung. Neben der Chu Hsi-Schule (Shushigaku) entstand dort eine Wang Yangming-Schule (Yōmeigaku).

»Es gibt nur eine Natur. Sofern sie eine Substanz ist, nennt man sie Himmel, als Herrscher heißt sie Gott, sofern sie sich überallhin ergießt, heißt sie Schicksal, dem Menschen verliehen ist sie die menschliche Natur, und als Beherrscher des Körpers wird sie Geist genannt ... Das Fünkchen deines angeborenen Wissens ist dein Wegweiser. Wenn deine Gedanken auf irgend etwas gerichtet sind, und sie sind richtig, so weiß es das, und wenn sie falsch sind, so weiß es das ebenfalls. Du kannst ihm nicht das Geringste verbergen und darfst es nicht betrügen, sondern mußt in deinem Handeln dich ganz darauf verlassen. Alles Gute mußt du bewahren und alles Schlechte beseitigen. Was für eine Sicherheit und welche Freude liegt darin! Das ist das wahre Geheimnis der Erforschung der Dinge und die richtige Methode zur Erweiterung des Wissens. Wenn du dich nicht auf diese wahren Impulse verläßt, wie willst du da die Dinge erforschen?«[46]

Wang Fu-chih (Wang Fuzhi, 1619–1692), Sohn eines Gelehrten aus Hu-nan (Heng-yang; Hengyang), bestand sein erstes Examen 1642. Als Philosoph war er ein Selbstdenker, als Staatsbürger ein glühender Patriot, der, wenn auch vergeblich, seine Heimat gegen die vordringenden Manchus verteidigte und die Zusammenarbeit mit den Eroberern verweigerte. Mit 33 Jahren zog er sich in das Bergland seiner Heimat zurück, lebte dort einfach und bescheiden, denkend, lehrend und schreibend. Von seinen Werken blieben 77 erhalten, erschienen aber erst in der Mitte des 19. Jahrhunderts. Als Nonkonformist vertrat Wang auf politischem Gebiet revolutionäre Ansichten und interpretierte die Geschichte in sehr unorthodoxer Weise. Im 19. Jahrhundert noch wegen seines Materialismus abgelehnt, wurde er erst in diesem Jahrhundert voll rehabilitiert, in dieser Hinsicht Demokrit vergleichbar. Wang kritisierte sowohl den rationalistischen Neokonfuzianismus der Sung-Zeit als auch den idealistischen der Ming-Zeit. Er war ein Vorläufer der modernen chinesischen Denker. Er setzte Prinzip und Materie gleich, ein Ur- oder Himmelsprinzip lehnte er ab. Die Welt besteht nur aus konkreten Dingen. Prinzipien ohne konkrete Gegenstände gibt es nicht. Aus seinem Sinn für das Konkrete lehnte er auch eine Trennung von Prinzip und menschlichen Trieben ab. Konkrete Dinge tendieren zu korrekten Zuständen. Es gibt keine Prinzipien, Ideen oder Leitbegriffe für die Gesellschaft und die

[46] Ebd., S. 384 u. 393.

Geschichte. Ebensowenig darf die Vergangenheit als Leitbild für die Gegenwart dienen. Daher verwarf Wang den Feudalismus ausdrücklich, glaubte dagegen an Evolution und Fortschritt. Materialisten gab es auch vor ihm schon, seine Philosophie ähnelt der Chang Tsais und weist gleichzeitig voraus auf Yen Yüans (Yan Yuans) Favorisierung der Tatsachen und Bedürfnisse.

3.5.6 Yen Yüan und Tai Chen

Yen Yüan (1635–1704) aus Li-hsien (Lixian, Ho-pei) lehnte den Neokonfuzianismus überhaupt ab und forderte, auf die Klassiker, also Konfuzius und Mencius, zurückzugreifen. Er sah in der Neigung der Neokonfuzianer zum Theoretisieren einen Hauptgrund für den Verfall der Gesellschaft. Seiner Meinung nach können echte Werte nur in praktischen Künsten wie Musik, Landwirtschaft und Militärdienst realisiert werden. Er selbst war Mediziner und betrieb mit seinen Studenten Landwirtschaft, lehrte sie aber auch Singen und Tanzen, die Kunst des Bogenschießens und – Mathematik. In der materialistischen Grundkonzeption schloß er sich Wang Fu-chih an. Die Erforschung der Dinge hängt weder von Prinzipien ab noch vom Geist, sondern vom Lernen aus Erfahrung und von der Lösung praktischer Probleme. Damit stellte Yen Yüan die gesamte chinesische Tradition radikal in Frage. In der praktischen Verwaltung unterschied er sechs Zuständigkeiten: für Wasser, Feuer, Metall, Holz, Acker und Getreide, im ethischen Bereich sechs Tugenden: Weisheit, Menschlichkeit, Klugheit, Rechtschaffenheit, Redlichkeit und Friedensliebe, im Bereich der Künste: Zeremonien, Musik, Bogenschießen, Wagenfahren, Schreiben und Mathematik.

Tai Chen (Dai Zhen 1723–1777, aus Hsiu-ning; Xiuning, Anhui; Anhui) stammte aus einer Kaufmannsfamilie und arbeitete sich, ungeachtet mehrmaligen Scheiterns bei den höheren Examina, zu hohen und ehrenvollen Ämtern empor und wurde außerdem einer der angesehensten Gelehrten der Ch'ing-(Qing-)Zeit (1644–1912). Von seinen philosophischen Schriften sind sein Kommentar zu ›Mencius‹ und seine Arbeit ›Über die Natur des Guten‹ erwähnenswert. Überdies bereicherte er die Forschungen zur Mathematik und Geographie um einige Beiträge. Die allgemeine Abwendung vom Neukonfuzianismus und die Zuwendung zu den Realwissenschaften wird auch als »Han-Studium« bezeichnet. Man legte nun Wert auf Erfahrung, Tatsachen und Evidenz, befleißigte sich induktiver und kritischer Methoden in den philologisch-historischen Wissenschaften und fing an, vom Westen zu lernen. Tai Chen ist ein Repräsentant dieser Entwicklung des chinesischen Denkens. Er befaßte sich gleichermaßen mit Astronomie und Mathematik wie mit Text-Kollation und Text-Kritik. Er verstand unter Prinzip nichts anderes als die Ordnung der Gegenstände. Modern muten seine Ansichten an, nach denen der Intellekt nicht regieren kann, solange die Bedürfnisse nicht befriedigt werden oder Prinzipienwissen auf irrtumfreie Gefühle reduziert wird. Auch er hielt moralische Prinzipien für nötig, interpretierte sie aber eher ökonomisch als metaphysisch. Über 100 Jahre wirkte Tai Chen kaum, erst im 20. Jahrhundert wurde er plötzlich bekannt.

3.6 Moderne Autoren

3.6.1 K'ang Yu-wei und T'an Ssu-t'ung)

K'ang Yu-wei (Kang Yuwei, 1858–1927) aus Nan-hai (Foshan), Kuangtung (Guangdong), gehört zu den Philosophen, die, wenn auch nur für kurze Zeit, tatsächlich an die Schalthebel der Macht gelangten. Nach der Niederlage Chinas im Krieg mit Japan (1894/95) gewann K'ang den Herrscher für seine weitreichenden Reformpläne. Es folgte die »Reformperiode der hundert Tage« (1. Juni–20. September 1898). Als die Kaiserin aber mit Hilfe eines Staatsstreichs den Kaiser ab- und gefangensetzen und sechs Reformer hinrichten ließ, flüchtete K'ang nach Japan, wo er seinen Traum von einer reformfreudigen Monarchie angesichts der chinesischen Revolution von 1912 weiterträumte. 1914 setzte er sich für den Konfuzianismus ein, den er zur Staatsreligion machen wollte, 1917 wollte er sogar die Monarchie wieder einführen, aber 1924 scheiterte der von der Revolution zur Reaktion umgeschwenkte Konfuzianer endgültig, nachdem er Konfuzius als den wahren Reformer entdeckt hatte.

K'angs ›Buch der Großen Einheit‹ wurde erst acht Jahre nach seinem Tod veröffentlicht, ein Gemisch aus chinesischen und westlichen Utopien, aber auch buddhistische Vorstellungen sind darin enthalten. Sein Glaube an die Wunderkraft der Technik, z.B. an die Elektrizität oder an das Allheilmittel Wissenschaft, zeugt von einem Rest magischen Bewußtseins.

T'an Ssu-t'ung (Tan Sitong, 1865–1898, aus Hu-nan) schloß sich ebenfalls der Reformbewegung an. Als sie scheiterte, lehnte er es ab zu fliehen und wurde hingerichtet. In vielen Punkten stimmte er mit K'ang Yu-wei überein, auch in der Neigung zum wiederentdeckten Buddhismus. Er schwankte zwischen konfuzianischen, buddhistischen und christlichen Heilswegen, aber auch diese retteten ihn nicht vor tiefer Ratlosigkeit, Verzweiflung und schließlich dem bitteren Ende, das ein in der Agonie befindliches verbrecherisches Regime seinen wenigen echten Patrioten bereitete. T'an Ssu-t'ung war und blieb der einzige chinesische Philosoph, der *jen* zur Realität schlechthin erklärte und diesem Begriff, an den er sich offensichtlich klammerte, ein ganzes Buch widmete. Vor Konfuzius war jen eine Tugend unter anderen: Wohltätigkeit, Güte. Zur Han-Zeit bedeutete es auch Liebe, Zusammenleben. Han Yü (ca. 800) erweiterte den Begriff zur All-Liebe. Die Neokonfuzianer verstanden darunter Unparteilichkeit, Gewissen oder Vereinigung mit Himmel und Erde, das Prinzip der Liebe und des Geistes. K'ang gab ihm einen ganz anderen, modernen Sinn: Elektrizität, Energie; T'an setzte es mit der Urmaterie gleich. Aber auch diese Beschwörungsformel der Wirklichkeit nützte nichts mehr: die »Realität« schlug zu, und der Eskapismus war zu Ende.

3.6.2 Chang Tung-sun und Fung Yu-lan

Chang Tung-sun (Zhang Dongsun, 1886–1962), aus Chechiang) hielt sich einige Zeit in Japan auf, übersetzte Platonische Dialoge und war auch ein Kenner der modernen westlichen Philosophie. Er schrieb 13 Bücher, in denen er ein pluralistisches System mit Schwerpunkt auf der Epistemologie entwarf.

Einflüsse von Hume, Kant, Dewey, Russell und Lewis sind feststellbar. Seine Deutung der Begriffe als Produkte der Kultur prädestinierte ihn gleichsam für die marxistische Theorie, der er sich dann auch anschloß. Interessant ist, daß er die von Kant beanspruchte Allgemeingültigkeit seiner Erkenntnistheorie bestreitet, sie als ein typisches Produkt westlicher Kultur und Zivilisation zu verstehen sucht. Dabei wird die soziologische Grundorientierung Changs deutlich. Die Rezeption westlicher Philosophie war zu seiner Zeit in China in vollem Gange: Man studierte Huxley, Mill, Spencer, Montesquieu, Schopenhauer, Kant, Rousseau, Tolstoi und Kropotkin. Nach dem Ersten Weltkrieg folgten Descartes, Spinoza, James, Bergson, Eucken, Whitehead, Hocking, Schiller und T. H. Green.

Fung Yu-lan (aus Ho-nan) studierte in Peking und an der Columbia-Universität, versuchte eine Synthese des rationalistischen Neokonfuzianismus auf historischer Grundlage und gelangte zu einem System von imponierender Geschlossenheit. Es zeigt, daß der Neokonfuzianismus auch im 20. Jahrhundert noch nicht ausgestorben ist. Das System beruht auf vier Grundbegriffen: Prinzip, Materie/Kraft, Tao und Großes Ganzes. Prinzipien werden aus den Dingen abgeleitet. Die Summe aller Prinzipien ist das Große Letzte (*hsin li-hsüeh*; Xin lixue). Materie wird aus dem Sein der Prinzipien abgeleitet: Wenn Dinge existieren, muß es eine Kraft geben, die ihnen Existenz verleiht. Das Tao wird aus dem neokonfuzianischen Begriff des »Letzten Nichtseins« und des »Großen Letzten« abgeleitet: das Universum ist ein Funktionsganzes. Das »Große Ganze« setzt sich aus buddhistischen und taoistischen Elementen zusammen: eins ist alles und alles ist eins. Es entspricht ungefähr dem westlichen Begriff des Absoluten. Die chinesischen Begriffe Prinzip, materielle Kraft und Tao lassen sich mit den westlichen Begriffen Sein, Nichtsein und Werden vergleichen. Das »Große Ganze« ist auch als Lebensziel zu verstehen, das erfüllt wird durch Erforschung der Dinge, Selbstverwirklichung und Dienst am Ewigen (Himmel). Ist diese Stufe erreicht, wird der Körper mit allen Dingen eins und das »große *jen*«, die Menschlichkeit des Menschen beginnt. Der Weltbürger wird zum Himmelsbürger. Mit dieser modernen Metaphysik verbindet Fung Yu-lan nationale Hoffnungen auf eine Wiedergeburt Chinas, auf die hier nicht eingegangen werden kann. Das Prinzip Hoffnung oder die Hoffnung auf Glück hat jedenfalls in China vorzüglich seinen Platz. Es ist eine Chiffre für chinesische Träume und Wünsche. Fung Yu-lan zufolge steht die moderne Philosophie in China dem Volk näher als die traditionelle.

3.6.3 Hsiung Shih-li und Mao Tse-tung

Hsiung Shih-li (Xiong Shili, 1883–1968, aus Hu-pei) wiederholte im 20. Jahrhundert noch einmal den großen Weg der chinesischen Philosophie zweier Jahrtausende vom Buddhismus zum Neokonfuzianismus. Nach seiner Auffassung ist die Realität in einem Prozeß dauernder Transformation begriffen: schließen – öffnen. Der gesellschaftliche Hintergrund, das chinesische Schicksal der Isolation und der Überwindung der Isolation wird in den Grundbegriffen dieser Philosophie deutlicher als irgendwo sonst. Hsiung ging den umgekehrten Weg wie Mao: von der Revolution zum Buddhismus bzw. Konfuzianismus. Er hat damit eine auch im modernen China noch lebensfähige Alternative aufgezeigt. Die Frage ist, welchen Weg China im 3. Jahrtausend einschlagen wird. Öffnung oder erneute Isolation? Hsiung schwebt ein dynamischer Neokonfuzianismus vor, aber die Chance der Integration des Buddhismus scheint längst verpaßt zu sein. Der große Erfolg Hsiungs, vor allem bei der chinesischen Jugend, läßt vermuten, daß er mit seiner Abwendung von Revolution, westlichen Einflüssen und Modernität wesentliche Bereiche des Unterbewußten in der chinesischen Psyche angesprochen hat. Immerhin hat er bewiesen, daß auch zur Zeit Maos der Konfuzianismus noch eine Chance hat.

Mao Tse-tung (1893–1976), wieder ein Bauernsohn und Nationalheld der Chinesen, war Revolutionär, Ideologe, aber kein Philosoph. Er hat auch nie den Anspruch darauf erhoben. Dennoch ist der »Maoismus« zu einer Kraft geworden, die den Westen aufhorchen ließ. Auch hat Mao, von Haus aus Lehrer, Schriften verfaßt, die den Vergleich mit anderer marxistischer Literatur aushalten: ›Über Praxis‹ (1937), ›Über Neue Demokratie‹ (1940). Die Schrift über die Praxis enthält am ehesten Philosophisches: die Wahrheit durch die Praxis entdecken und durch Praxis die Wahrheit fördern; von der Erkenntnis der Wahrnehmung ausgehen und sie handelnd in rationale Erkenntnis verwandeln; rationale Erkenntnisse in revolutionäre Praxis umsetzen und dadurch die subjektive wie die objektive Welt umgestalten; Praxis, Erkenntnis, mehr Praxis, mehr Erkenntnis – eine Art Regelkreis, der sich ins Unendliche fortsetzt; mit jedem Kreisumlauf gelangen Praxis und Erkenntnis auf eine höhere Ebene: das ist die materialistische Auffassung von der Einheit des Wissens und Handelns. Es läßt sich nicht verkennen, daß in diesen Vorstellungen viel traditionelle chinesische Philosophie weiterlebt und mit ihr chinesische Geschichte, Gesellschaft und Kultur. Die moderne Philosophie soll, Mao zufolge, praktisch, wissenschaftlich, demokratisch und populär sein. Hier tritt ein fundamentaler Gegensatz zum westlichen Denken in Erscheinung, in dem die Philosophie von Platon bis Descartes und Wittgenstein immer Sache Einzelner war: Individualismus gegen Kollektivismus. Hier liegt ein philosophisches Problem, an dem auch der Westen nicht vorbeikommt.

Aber es gibt nicht nur Gegensätze zwischen den beiden Hemisphären. Für die Chinesen war Denken und Philosophieren, ähnlich wie bei den Griechen und Römern, immer auch eine Kunst des guten Geschmacks: *sapientia* (Weisheit) kommt von *sapere*, schmecken. Die Lehre von Mitte und Maß verbindet chinesisches mit aristotelisch-abendländischem Denken. Die Erfahrungen der Chinesen mit Herrschern und Politikern dekken sich weitgehend mit Platons Erfahrungen am Hof der Tyrannen von Syrakus.

Warum soll der Weg von der Philosophie zur Ideologie nicht umkehrbar sein? Die Voraussetzungen dafür sind in China wie im Westen gegeben.

Literaturhinweise

Bary, W. Th. de (Hrsg.): Sources of Chinese Tradition. New York 1960.

Bauer, W.: China und die Hoffnung auf Glück. München 1974.

Bechert, H. (Hrsg.): Die Welt des Buddhismus. München 1984.

Bernard-Maitre, H.: Sagesse chinoise et philosophie chrétienne. 2. Aufl., Paris 1949.

Bieg, L.: Die geistigen Kräfte des alten China: Der Konfuzianismus. In: China. Auf dem Weg zur »Großen Harmonie«. Hrsg. v. J. M. Kroker. Stuttgart 1974.

Bodde, D.: Essays on Chinese Civilization. Princeton 1981.

Buber, M.: Chuang-Tzu, Reden und Gleichnisse. Zürich 1951.

(The) Cambridge History of China. Cambridge 1978.
Chan, Wing-tsit: A Source Book in Chinese Philosophy. Princeton 1969.
Ders.: An Outline and an Annotated Bibliography of Chinese Philosophy. New Haven 1969.
Chang, C.: The Development of Neo-Confucian Thought. London 1958.
Chang, Tsung-Tung: Metaphysik, Erkenntnis und praktische Philosophie im Chuang-Tzu. Frankfurt 1982.
Ch'en, K. K. S.: Buddhism in China. Princeton 1964.
Cheng, T. H.: China, das Werk des Konfuzius. Zürich 1949.
China. Natur, Geschichte, Gesellschaft, Politik, Staat, Wirtschaft, Kultur. Hrsg. v. B. Staiger. Tübingen, Basel 1980.
Chou, J.: Die Ethik des Me Ti. Münster 1957.
Creel, H. G.: Chinese Thought. From Confucius to Mao Tse-tung. Chicago 1953.
Ders.: Confucius and the Chinese Way. New York 1960.
CTCC = Chu-tzu chi-ch'eng (Sammlung von Werken chinesischer Philosophen). Peking 1954.
Davidson, M.: A List of Published Translations from Chinese into English, French and German. Ann Arbor 1952.
Dawson, R. (Hrsg.): The Legacy of China. Oxford 1964.
Debon, G. u. W. Speiser: Chinesische Geisteswelt von Konfuzius bis Mao Tse-tung. Baden-Baden 1957.
Devaranne, P.: Konfuzius in aller Welt. Leipzig 1929.
Do-Dinh, P.: Confucius and Chinese Humanism. New York 1969.
Dumoulin, H.: Geschichte des Zen-Buddhismus. Bonn 1985.
Durant, W.: Kulturgeschichte der Menschheit, Bd. 2. München 1981.
Eberhard, W.: Geschichte Chinas. Stuttgart 1971.
Ders.: Lexikon chinesischer Symbole. Köln 1983.
Eckardt, A.: Lao tses Gedankenwelt. Baden-Baden 1957.
Ders.: China. Geschichte und Kultur. 2. Aufl., Freudenstadt 1968.
Eichhorn, W.: Kulturgeschichte Chinas. Stuttgart 1964.
Fairbank, J. K.: Chinese Thought and Institutions. Chicago 1957.
Fang, T. H.: The Chinese View of Life. Hongkong 1957.
Forke, A., The Chinese Sophists. In: Journal of the (North) China Branch of the Royal Asiatic Society 34 (1901–02).
Ders.: Die Völker Chinas. Berlin 1907.
Ders. (Übers.): Me Ti, des Sozialethikers und seiner Schüler philosophische Werke. Berlin 1922.
Ders.: Die Gedankenwelt des chinesischen Kulturkreises. München, Berlin 1927.
Ders.: Geschichte der alten, mittelalterlichen und neueren chinesischen Philosophie. 3 Bde, 2. Aufl., Hamburg 1964.
Forrest, R. A. D.: The Chinese Language and Its History. London 1948.
Franke, H.: Orientalistik. 1: Sinologie (Bibliographie). Bern 1953.

Franke, O.: Geschichte des Chinesischen Reiches. 5 Bde, Berlin 1930–1952.
Franke, W.: China und das Abendland. Göttingen 1962.
Fung, Yu-Lan: A History of Chinese Philosophy. 2 Bde, Princeton 1952–1953.
Geisser, F.: Mo Ti, der Künder der allgemeinen Menschenliebe. Bern 1947.
Granet, M.: Fêtes et chansons anciennes de la Chine. Paris 1919, 2. Aufl. 1929.
Ders.: La religion des Chinois. Paris 1922.
Ders.: Die chinesische Zivilisation. München 1980.
Ders.: Das chinesische Denken. München 1980.
Hackmann, H.: Chinesische Philosophie. (Geschichte der Philosophie in Einzeldarst., I, 5). München 1927.
Hamburger, M.: Aristotle and Confucius. A Study in Comparative Philosophy. In: Philosophie 31 (1956).
Hippel, E. v.: Die Staatsphilosophie des alten China. In: Zeitschr. f. philos. Forschung 6 (1952).
Hsiao, Kung-chuan: A History of Chinese Political Thought. Princeton 1979.
Hsü, L. Sh.: The Political Philosophy of Confucianism. 2. Aufl., London 1975.
Hummel, S.: Polarität in der chinesischen Philosophie. Leipzig 1948.
Ital, G.: Meditationen aus dem Geist des Zen. Frankfurt 1985.
Jaspers, K.: Die maßgebenden Menschen. Sokrates, Buddha, Konfuzius, Jesus. 5. Aufl., München 1975.
Kaltenmark, M.: Lao Tzu and Taoism. Stanford 1969.
Kapleau, Ph.: Die drei Pfeiler des Zen: Lehre – Übung – Erleuchtung. 3. Aufl., München 1975.
Kasoff, J. E.: The Thought of Chang Tsai. Cambridge 1984.
Kelen, B.: Confucius in Life and Legend. New York 1971.
Köster, H.: Hsün-tzu, dt., Kaldenkirchen 1967.
Kramers, R. P.: Konfuzius, Chinas entthronter Heiliger? Bern 1979.
Krause, F. E. A.: Ju-Tao-Fo. Die religiösen und philosophischen Systeme Ostasiens. München 1924.
Lauf, D. I.: Symbole. Verschiedenheit und Einheit in östlicher und westlicher Kultur. 2. Aufl., Frankfurt 1981.
Legge, J.: Yi-King. Book of Change. Oxford 1882.
Ders.: The Texts of Taoism. 2 Bde, London 1891.
Ders.: The Sacred Books of China. In: F. M. Müller: Sacred Books of the East, 3, 16, 17, 28. 2. Aufl., Oxford 1899.
Ders.: The Chinese Classics. 3. Aufl., Hongkong 1970.
Leibniz, G. W.: Novissima Sinica. Übers. H.-G. Nesselrath u. H. Reinbothe. Köln 1979.
Liao, W. K.: The Complete Works of Han Fei Tzu. Bd. 1, London 1939; Bd. 2, London 1959.

Lin Yutang: Weisheit des lächelnden Lebens. Stuttgart 1949.
Ders.: Mein Land und mein Volk. Stuttgart o. J.
Ders. (Hrsg.): Lao tse. Frankfurt 1956.
Ders. (Hrsg.): Konfuzius. Frankfurt 1957.
Ders.: Glück des Verstehens. Stuttgart 1963.
Liu, Wu-Chi: Confucius. His Life and Time. New York 1955.
Lust, J.: Index Sinicus. Cambridge 1964.
Mei, Yi-Pao: Motse. The Neglected Rival of Confucius. London 1934, Repr. Westpoint 1973.
Mensching, G.: Lao tse. Kevelaer 1955.
Moore, Ch. A.: Philosophy East and West. Princeton 1944.
Ders.: Philosophy and Culture – East and West. Honolulu 1962.
Moritz, R.: Hui Shi und die Entwicklung des philosophischen Denkens im alten China. Berlin 1973.
Munro, D. J.: The Concept of Man in Early China. Stanford 1969.
Nam, Sang-Rak: Das Problem »Physis«-»Nomos« im griechischen Denken im Verhältnis zur chinesischen Philosophie. Heidelberg 1985.
Needham, J.: Science in Traditional China. Hongkong 1981.
Revue bibliographique de sinologie. Den Haag, 1 (1955)ff.
Russell, B.: China und das Problem des Fernen Ostens. München 1925.
Schickel, J. (Hrsg.): Konfuzius. Materialien zu einer Jahrhundertdebatte. Frankfurt 1976.
Schluchter, W. (Hrsg.): Max Webers Studie über Konfuzianismus und Taoismus. Frankfurt 1983.
Schmidt–Glintzer, H.: Mo Ti. Solidarität und allgemeine Menschenliebe. Düsseldorf, Köln 1975.
Ders.: Mo Ti. Gegen den Krieg. Düsseldorf, Köln 1975.
Schwarz, E. (Übers.): So sprach der Weise. Chinesisches Gedankengut aus drei Jahrtausenden. Berlin 1981.
Soothill, W. E.: The three Religions of China. 3. Aufl., London 1973.
Staiger, B.: Das Konfuzius-Bild im kommunistischen China. Wiesbaden 1969.
Steinfeld, E.: Die menschlichen Beziehungen in der Sicht der Philosophen Mo-Tzu, Meng-Tzu und Hsün-Tzu. Berlin 1971.
Tou, Tsung-I: Confucianism vs. Marxism. An Analytical Comparison of the Confucian and Marxian Theories. Washington 1977.
Tsui, C.: Geschichte Chinas und seiner Kultur. Zürich 1946.
Waldenfels, H. (Hrsg.): Fernöstliche Weisheit und christlicher Glaube. Festschrift H. Dumoulin. Mainz 1985.
Waley, A.: Lebensweisheit im alten China. Hamburg 1952.
Watson, B.: Basic Writings of Mo Tzu, Hsün Tzu, and Han Fei Tzu. Columbia Univ. Press 1967.
Ders.: The Complete Works of Chuang Tzu. Columbia 1968.
Watson, W.: China before the Han-Dynasty. New York 1961.
Weber, M.: Konfuzianismus und Taoismus. In: Gesammelte Schriften zur Religionssoziologie, Bd. 1. Tübingen 1920.

Wieger, L.: A History of the Religious Beliefs and Philosophical Opinions in China from the Beginnings to the Present Time. New York 1969.
Ders.: Taoism. The Philosophy of China. Burbank, Ca. 1976.
Wilhelm, H.: Die Wandlung. Acht Essays zum I king. Zürich 1958.
Wilhelm R. (Übers.): Lun-yü. Jena 1910; Neuausg: Düsseldorf, Köln 1955 (H. Nette).
Ders. (Übers.): Lieh tse. Jena 1911.
Ders. (Übers.): Mong tse (Mencius). Jena 1916.
Ders. (Übers.): Yang Chu. Jena 1921.
Ders.: Chinesische Lebensweisheit. Darmstadt 1922.
Ders.: Von Kung-tse. Leben und Werk. Stuttgart 1925.
Ders.: Die Seele Chinas. Berlin 1926.
Ders.: Werden und Wandel des chinesischen Kulturkreises. Potsdam 1927.
Ders.: Dauer im Wechsel. In: Chinesisch-deutscher Almanach. Frankfurt 1928.
Ders.: Konfuzius und der Konfuzianismus. Berlin, Leipzig 1928.
Ders. (Übers.): Frühling und Herbst des Lü Bu We. Jena 1928.
Ders.: Chinesische Philosophie. Breslau 1929.
Ders. (Übers.): Lao tse, Tao Te king. 2. Aufl., Jena 1941.
Ders.: Lao-tse und der Taoismus. 2. Aufl., Stuttgart 1948.
Ders. (Übers.): Chuang tse. Düsseldorf 1951.
Ders. (Übers.): I king. Düsseldorf o. J. (ca. 1955).
Ders.: Wandlung und Dauer. Düsseldorf 1956.
Ders. (Übers.): Li ki. Düsseldorf o. J. (ca. 1960).
Ders. (Übers.): Chia yü. Düsseldorf 1961.
Witte, J.: Me Ti. Leipzig 1928.
Wright, A. F.: (Hrsg.): Studies in Chinese Thought. Chicago 1953.
Ders.: Buddhism in Chinese History. Stanford 1959.
Wright, A.: Confucian Personalities. Stanford 1962.
Yang, Jai-Hyuck: Der Begriff der Natur in der Lehre von Mao Tse-Tung und seine Wurzeln in der altchinesischen Philosophie. Karlsruhe 1983.
Young, J. D.: Confucianism and Christianity. Hongkong 1982.
Yü, Chün-fang: The Renewal of Buddhism in China. New York 1981.
Zürcher, E.: The Buddhist Conquest of China. 2 Bde, Leiden 1959.

4 Griechenland

4.1 Die Große Kolonisation: Der Kosmos

4.1.1 Die Welt der Hellenen

Das Volk der Hellenen hat Europa nicht nur den Namen gegeben, es hat auch politisch wie geistig wesentlich zu seiner Entstehung und Entwicklung beigetragen. Nach der mythischen Überlieferung verliebte sich Zeus in Europa, die Tochter des phönikischen Königs Agenor, verwandelte sich in einen Stier, entführte sie, die sich nichtsahnend auf seinen Rücken gesetzt hatte, nach Kreta und zeugte dort mit ihr Minos und Rhadamanthys, die als mythische Herrscher und als Vorbilder für Gerechtigkeit ins hellenische Bewußtsein eingingen. Der Mythos deutet die Verbindung von Orient und Okzident an, und tatsächlich führen älteste Spuren europäischer Zivilisation nach Kreta, einem Bindeglied zwischen Europa, Asien und Afrika.

In geschichtlicher Zeit haben die Griechen, die sich selbst Hellenen nannten, von den Römern aber nach einem Stamm, der sich in Unteritalien angesiedelt hatte, Griechen genannt wurden, drei Großtaten vollbracht, die das Schicksal Europas entscheidend mitbestimmten: die Große Kolonisation (800–500 v. Chr.), die Abwehr der Perser (490–479) und die Erschließung weiter Teile Asiens unter dem Makedonenkönig Alexander, der bis nach Indien vordrang.

Westliche Eigenart begann mit schöpferischen Antworten auf Herausforderungen der Umwelt und der Mitwelt, die, im Gegensatz zu den Verhältnissen in Indien und China, die Herausgeforderten nicht überforderten. Mildes Klima, eine reichgegliederte Landschaft, Länder und Meere in überschaubarer Größe trugen dazu bei, daß freier Schaffensdrang ein nahezu unbegrenztes Betätigungsfeld fand.

Für die »Große Wanderung« gab es äußere und innere Gründe: den Einbruch der Dorer, die als Eroberer nach Hellas kamen, Bevölkerungsüberschuß, Hader und Zwietracht im Innern, soziale Spannungen und wirtschaftliche Probleme, Mißernten, Mißwirtschaft und Hungersnot. Die Wanderung vollzog sich in mehreren Schüben; an ihr beteiligten sich nach und nach fast alle griechischen Stämme: Äoler, Ioner, Achäer und Dorer. Griechische Siedler haben ihre Neue Welt entdeckt und die Mittelmeerküsten sowie die Randgebiete des Schwarzen Meeres (Pontos Euxeinos) mit einer Kette blühender Pflanzstädte umgeben: Kyme (Cumae), Neapel (gegründet um 600), Tarent, Kroton, Sybaris, Poseidonia (Paestum) in Süditalien, auf Sizilien Katane, Himera, Agrigent und Syrakus, in Südfrankreich Massilia (Marseille, 600) und Nikaia (Nizza), in Spanien Mainake (Malaga), in Libyen Kyrene, an der Nilmündung Naukratis, an der Westküste Kleinasiens Milet, Phokaia und Ephesos neben vielen anderen, an den Küsten des Schwarzen Meeres Sinope und Trapezunt im Süden, Olbia und Tanais (Rostow) im Norden. Von Malaga bis Rostow beträgt die Luftlinie etwa 4000 Kilometer. Die Große Kolonisation der Griechen wird nicht zu Unrecht mit der Entdeckung und Erschließung Nordamerikas verglichen. Sie war nicht eine systematisch geplante und organisierte Gesamtaktion, sondern bestand aus einer Reihe spontaner und freier Einzelaktionen, die von einem neuen Weltgefühl getragen wurden, das sich auch in Versuchen theoretischer Weltbewältigung Ausdruck verschaffte: Die abendländische Philosophie war geboren. In ihr dominierte von Anfang an das Erlebnis der neuen, großen Welt, das heißt (griechisch) des Kosmos. Der griechische Weltbegriff enthält die Merkmale der Ordnung und Gesetzmäßigkeit, der Schönheit und des Schmucks. Die ionischen Naturphilosophen, auch alle übrigen »arché«-Denker oder Vorsokratiker haben nach dem Urstoff der Welt gesucht, nach dem Ursprung des Kosmos und seinem Urzustand. In kühnen Denkansätzen, großartigen Intuitionen und Visionen haben sie die Welt auf ihre Weise erschlossen und damit dem politischen ein ebenbürtiges geistiges Werk zur Seite gestellt.

Die Rahmenbedingungen für eine derartige Entfaltung schöpferischer Initiativen und kreativer Energien waren so günstig wie nie zuvor in der Geschichte der Menschheit.

4.1.1.1 Geographische Bedingungen

Geographisch bildet das Ägäische Meer mit seinen zahllosen Inseln und Inselchen eine ideale Übergangszone zwischen Europa und Asien, wie von der Natur geschaffen zum Brückenschlag zwischen Ost und West, ein Spielplatz oder Übungsfeld für Kolonisatoren, eine Art Drehscheibe zwischen den Kontinenten. Hinzu kommen die Verbindungen in nordöstlicher Richtung zum Pontos Euxeinos, dem Schwarzen Meer, über die Propontis, das Vor- oder Marmarameer, das durch den Hellespont im Westen und den thrakischen Bosporus im Osten begrenzt wird, sowie in südwestlicher Richtung um die Peloponnes nach Nordafrika, Sizilien, Unteritalien und zum Adriatischen Meer. Platon verglich die Bewohner der Mittelmeerküsten mit Ameisen oder mit Fröschen am Rande eines Teiches (Phaidon 109b), und Herodot bescheinigte den Ionern in Kleinasien das beste Klima der ihm bekannten Welt (I, 142).

4.1.1.2 Ethnische Vielfalt

Der reichen geographischen Gliederung entsprach eine nicht weniger eindrucksvolle ethnische Vielfalt: Makedonen, Thraker und Skythen im Norden, Myser, Lyder, Phryger, Karer, Perser und Phöniker im Osten, Ägypter und Libyer im Süden, Illyrer, Sikuler, Italiker, Ligurer und Iberer im Westen. Nimmt man die griechischen Stammesunterschiede hinzu, ergibt sich ein buntes Völkergemisch mit einer Fülle von möglichen Begegnungen, Einflüssen, Wechselwirkungen und Anregungen.

4.1.1.3 Wirtschaft

Die in Bewegung geratene Menschenwelt aktivierte Wirtschaft und Handel. Während im griechischen Mutterland infolge starrer feudaler Verhältnisse die Wirtschaft weitgehend stagnierte, blühte in den Neugründungen um sie herum das wirtschaftliche, gesellschaftliche und kulturelle Leben. Griechische Handwerkskunst, griechisches Organisationstalent und griechischer Erfindergeist suchten und fanden die nötigen Bodenschätze und Rohstoffe, die Pflanzen- und Tierprodukte, Mineralien und Naturalien, die Verkehrswege und Märkte. Von den nördlichen

Gestaden des Pontos brachten griechische Schiffe Fische, Früchte, Flachs und Getreide, Hölzer, Pelze und Metalle heran. Aus dem Hinterland gelangte Wolle in großer Menge in die Spinnereien und Webereien Milets, das zu einem Umschlagplatz von Waren, Währungen und Ideen wurde – und zur Geburtsstätte der abendländischen Philosophie. Handel und Wandel brachten allgemeinen Wohlstand und Reichtum für viele. Den Sklaven in Milet ging es wahrscheinlich besser als den Kleinbauern im vorsolonischen Attika oder den Periöken Spartas. Im Gegensatz zu dem kargen Boden des Mutterlandes bot Sizilien, der Demeter eigenes Land, den Kolonisten genügend Holz, Weizen, Obst, Wein, Oliven und Honig, ferner Schafe, Rinder und reichlich Fische. In Sizilien stießen die Griechen allerdings auf den heftigen Widerstand der Karthager. Nach wechselvollen Kämpfen, die sich über Jahrhunderte hinzogen, entschieden schließlich die Römer den Kampf für sich und damit für Europa. Akragas (Agrigentum) übertraf im 6. Jahrhundert alle übrigen Städte Siziliens an Größe und Reichtum, wurde aber später von Syrakus überholt, dessen Bevölkerung 495 v. Chr. die adligen Grundbesitzer vertrieb und die Demokratie einführte, die aber 485 von dem Tyrannen Gelon wieder beseitigt wurde.

4.1.1.4 Gesellschaft

Die gesellschaftliche Entwicklung zur Zeit der Großen Kolonisation führte vom Adelsstaat über die Hoplitenpolis und bisweilen über die Tyrannis zur Demokratie. Der Übergang läßt sich schon im Wechsel von Homer (um 800), dem Dichter der Adelsgesellschaft, zu Hesiod (um 700), dem bötischen Bauerndichter, erkennen, der die »geschenkefressenden Könige« und die Rechtsverdreher der Adelskaste attackierte. Anstelle der adligen Moral: Genieße und kämpfe! trat die bürgerliche Moral: Bete und arbeite!

Sklaverei gab es nicht nur im griechischen Mutterland, sondern auch in Großgriechenland (Magna Graecia). Man muß sich allerdings vor Pauschalbezeichnungen wie »Sklavenhaltergesellschaft« hüten. Sklaverei hatte in der Antike einen anderen Stellenwert als in der Neuzeit. Sie wurzelte weder in religiöser noch in rassischer Diskriminierung, sondern war, als Folge verlorener Kriege, schicksals- oder zufallsbedingt. Die Sklaverei traf

Vornehme wie Gemeine und war damit eher die Folge eines Glückswechsels als von »Minderwertigkeit«. Sie war auch kein ewiges Stigma. Jede Polis konnte im Kampf siegen und Sklaven machen oder unterliegen und versklavt werden.

Gesellschaftlicher Wandel war oft eine Folge sozialer Gegensätze und Spannungen. So verbündeten sich beispielsweise gegen Ende des 7. Jahrhunderts auf Lesbos Kaufleute und arme Bürger gegen die adligen Grundbesitzer, wählten Pittakos, einen der Sieben Weisen, einen Freund Solons, zu ihrem Führer und entmachteten den Adel. Dessen Versuch, die Macht zurückzugewinnen, schlug fehl: Pittakos verbannte die adligen Rädelsführer aus Lesbos, zeichnete sich in seiner Regierung durch Uneigennützigkeit, Tapferkeit, kluge Verwaltung und vorbildliche Gesetzgebung aus und legte nach getaner Arbeit freiwillig sein Amt nieder. Geschenke des Lyderkönigs Kroisos wies er mit der Begründung zurück, er habe schon doppelt soviel als er zum Leben brauche. Pittakos starb im hohen Alter und hoch geehrt. Zu den Sieben, eigentlich 17 Weisen, zählten außer Solon und Pittakos noch Bias von Priene und Thales von Milet als kluge Ratgeber von Völkern und Königen, der gemäßigte Tyrann Periandros von Korinth (625–585), der die Sklaverei beschränkte und die Arbeitslosigkeit beseitigte, Chilon, ein spartanischer Ephor mit politischer Sehergabe, sowie Kleoboulos von Lindos auf Rhodos, ein anderer gemäßigter Tyrann. Den Sieben Weisen, die sich damit als Vorläufer der Philosophen (mit Ausnahme von Thales) erweisen, wurden bestimmte Merksprüche oder Gnomen zugeordnet. Es gab auch eine gnomische Poesie. Pittakos: »Erkenne den richtigen Zeitpunkt!«; Solon: »Nichts zu viel!«; Bias: »Mehrere machen es schlimm!«; Thales: »Bürgschaft bringt Unheil!«; Periander: »Jegliches vorbedacht!«; Chilon: »Erkenne dich selbst!«; Kleoboulos: »Maß ist das beste!«

Gemäßigte Tyrannen wie Pittakos, Periander, Kleoboulos oder Thrasyboulos in Milet und Polykrates auf Samos trugen wesentlich zur Freisetzung von Kraftreserven zum Aufbau der griechischen Stadtstaaten bei und beschleunigten durch die Entmachtung der Feudalherren den Demokratisierungsprozeß in Griechenland. Im griechischen Mutterland drückte in vorsolonischer Zeit das Joch der Feudalherren die Bevölkerung besonders hart: »Die Herrschaft des griechischen Adels, die auf der überlegenen wirtschaftlichen und sozialen Stellung der Aristokratie beruhte, war eine ausgesprochene Kastenherrschaft. Vor allem vereinigten die Adelsgeschlechter in ihrer Hand den größten Teil des Grundbesitzes ... Gegen die schwergepanzerten Ritter *(hippeis)* kam der Heerbann der Gemeinfreien nicht auf. So zählte die breite Masse weder im Kriege noch im Rate. Die Kleinbauern sanken vielerorts zu Hintersassen der großen Grundbesitzer herab, und es ist wohl möglich, daß die in Hellas weitverbreitete Hörigkeit in dem Bauernlegen eine ihrer Wurzeln hat. Die griechische Adelsgesellschaft blickte auf die Masse vielfach mit hochmütiger Verachtung herab .. Es war ein hoffnungsloses, an Arbeit und Enttäuschung reiches Leben, und nur ein unerschütterlicher Glaube an die göttliche Gerechtigkeit vermochte die Menschen über die Widrigkeiten des irdischen Daseins zu trösten. Das Gegenbild zu dem harten Existenzkampf des Bauern war das Leben der Adelsgesellschaft: Kampfspiele, Wagenrennen, Jagd und Muße bildeten seinen Inhalt ... Die politische Exklusivität der regierenden Adelskaste beleuchtet die Beschränkung der Vollbürgerzahl auf einen Numerus clausus, oft auf »die Tausend« oder auf die »100 Häuser«. Es sind Begriffe einer ursprünglich militärischen Sphäre. Sie bestätigen das Urteil des Aristoteles, wonach sich die adlige Politeia in der Kriegerkaste verkörperte ... In vielen Fällen kam es zur Ausbildung einer regelrechten Klassenjustiz, unter der die breite Masse, Gemeinfreie und unter ihnen vor allem die kleinen Bauern, empfindlich zu leiden hatten.«[1]

4.1.1.5 Politik

Die politische Geschichte Griechenlands seit der Großen Wanderung ist gekennzeichnet durch die Überwindung des Königtums und der Adelsherrschaft mit der Tendenz zu freierer Lebensgestaltung und Beteiligung möglichst vieler Bürger am öffentlichen Leben. Olympia und Delphi wurden zu religiösen und geistigen Zentren Griechenlands. Das kriegerische Lebensideal der Adelsschicht wurde durch ein friedliches Ideal des Wettkampfs, des Sports und der Spiele ersetzt. Orakel, Mantik, Weissagung als Entscheidungshilfe, zumal in lebenswichtigen Fragen, waren weitverbreitete religiöse Erscheinungen. Im 8. Jahrhundert gewann das Orakel Apollons in Delphi Bedeu-

[1] Hermann Bengtson, Griechische Geschichte. München, 2. Aufl. 1960, S. 105f.

tung für alle Griechen. Die Hellenen hielten Delphi für den Nabel *(omphalos)*, für den Mittelpunkt der Welt. Weltbewältigung heißt nicht zuletzt Zukunftsbewältigung. Wie sich im religiösen Bereich Ansätze eines gemeingriechischen Bewußtseins, einer griechischen Ethik, der Friedenssicherung und des Völkerrechts bildeten, so entsprang aus der gleichen Quelle nach der Überwindung des Mythos die rationale Weltbeherrschung durch Erkenntnis und Wissenschaft.

Im griechischen Mutterland entwickelten sich Sparta und Athen zu überdimensionalen Stadtstaaten, wobei Sparta mehr zur oligarchischen, Athen zur demokratischen Regierungsform tendierte. Während sich die Demokratie in Athen, wie in vielen anderen klein- und großgriechischen Stadtstaaten, auf dem Umweg über die Tyrannis verwirklichen ließ, kam Sparta ohne sie aus. Athen trat das Erbe der ionischen Kultur in Westkleinasien an, insbesondere Milets, Sparta wählte den Weg der Stärke und wurde zu einem Militärstaat. In dieser Zeit festigte sich auch, durch Gesetzgebung, Kodifizierung des Rechts und Standardisierung der Moral, durch Ämter, Institutionen und Funktionen, die Struktur der Polis, eines spezifisch griechischen Gebildes, das nicht nur den abendländischen Begriff von Politik prägte, sondern auch viele seiner Inhalte mitbestimmte. Seit den griechischen Anfängen verbinden sich für westliches Bewußtsein mit dem Wort Politik Grundvorstellungen von Frieden und Sicherheit, Freiheit und Gerechtigkeit, Achtung vor dem Gesetz und der Würde des Menschen.

Für die Griechen bildeten Polis, Religion und Kultur eine unauflösliche Einheit. Wohin immer griechische Kolonisten auszogen, um eine neue Polis zu gründen, sie brachten ihre Stadtgottheiten und deren Kulte mit, pflegten sie weiter und schufen unsterbliche Kunstwerke zur Verehrung der Unsterblichen. Die Polis wurde zum geheiligten Ort der freien Entfaltung schöpferischer Kräfte und zum idealen Medium gemeinschaftsbezogener Selbstverwirklichung, Welt- und Lebensgestaltung. Neben den geographischen, wirtschaftlichen und sozialen waren damit auch die optimalen politischen Bedingungen für jene emanzipatorischen Prozesse gegeben, ohne die sich das griechische »Wunder« wohl nie ereignet hätte. Dieser einmaligen Konstellation von glücklichen Umständen und Faktoren ist es zu danken, wenn dem Westen schließlich gelang, was dem Osten verwehrt blieb.

4.1.1.6 Religion

Die Entwicklung führte bei den Griechen, unumkehrbar und modellhaft, vom Mythos zum Logos, von der Religion zur Philosophie. Seit Xenophanes und Heraklit ist Religionskritik ein wesentlicher Bestandteil des Philosophierens. Bei Platon gesellt sich zur Götterkritik die Dichterkritik, wenn man auch weder Xenophanes und Heraklit noch Platon als areligiöse oder unkünstlerische Naturen bezeichnen kann. Die Götter der Griechen sind ein Kapitel für sich, von dem hier nur das unbedingt Nötige zu sagen ist. Die griechische Religion ist von Natur aus polytheistisch, pluralistisch und polisgebunden. Bezeichnend ist für sie auch das Fehlen einer Priesterschaft, wie der Brahmanen-Kaste in Indien, das im übrigen auch eine polytheistische Religion besaß. Für die Griechen gilt die Formel Heraklits: Alles ist voller Götter. Für sie waren die Götter Wesen dieser Welt, oder: die Welt selbst war göttlich.

Philosophen wandten sich mit mehr oder weniger Erfolg gegen den Anthropomorphismus, die Vermenschlichung der Religion, gegen die Vorstellung, es sei möglich, Götter mit Opfern und Gebeten zu bestechen, gegen die Unmoral der Götter, gegen Aberglauben, Magie und Veräußerlichungen des Kultes. Wenn auch vom homerischen Zeus bis zum aristotelischen Gott, dem »unbewegten Beweger«, ein langer Weg zurückzulegen war: die Philosophen vergeistigten allmählich den Mythos, verwandelten ihn in einen Logos und leisteten damit wertvolle Vorarbeit, auf der das Christentum weiterbauen konnte.

4.1.1.7 Musik. Bildende Künste

Die Künste beantworteten auf ihre Weise die Herausforderungen der Neuen Welt und verliehen mit Hilfe der ihnen eigenen kreativen Energie dem chaotischen Material der Anregungen, Eindrücke und Erfahrungen kosmische Formen. Die Herausforderungen bestanden nicht nur in neuen Materialien und Techniken, sondern auch in neuen Göttern und neuen Ideen. Philippos von Opus, ein Schüler Platons und wahrscheinlicher Verfasser eines Nachtrags zu dessen ›Gesetzen‹, bemerkt in dieser ›Epinomis‹: »Was auch die Hellenen von den Barbaren übernehmen, am Ende machen sie etwas Schöneres daraus.« (987d 9f.)

Platon und Aristoteles wandten sich gegen musikalische Effekthascherei, die Vermischung der Tonarten, die Vertauschung von Instrumenten und suchten nach einer Musik, die der religiösen Tradition und den erzieherischen Aufgaben gerecht werden konnte. Sie wollten das Chaos aus der Musik verbannen und etwas Schönes und Gutes, etwas Kosmisches daraus machen. Sie bevorzugten die einfache und schlichte, männlich-dorische Tonart gegenüber der weiblich-weichlichen lydischen (z.B. für Klagelieder) und der zügellosen phrygischen. Ihre Vollendung fand die Musik nach griechischer Auffassung im Chorgesang.

In der Keramik standen Gefäße mit Mustern im dorisch-geometrischen Stil am Anfang, wobei sich im Laufe der Zeit die eckigen und starren Muster immer mehr mit Leben erfüllten und der wirklichen, bewegten Welt annäherten. Die dargestellten Themen unterstrichen die emanzipatorische Grundtendenz, die Überwindung von Ängsten, Wahngebilden und Zwängen: Bellerophon tötet die Chimaira, Perseus die Gorgo und Herakles den Kentauren, aus dessen Händen er eine Frau befreit. Das Gefäß bildet stets ein deutlich gegliedertes Ganzes, eine einheitliche Komposition mit klarer Ordnung, eine Welt für sich, einen Kosmos. Die bildenden Künste gingen in gewissem Sinn den umgekehrten Weg wie die Philosophie, nämlich von der Idee zur Erscheinung, vom Gesetz zur Gestalt und von der starren zur bewegten Gestalt, vom Logos zum Ergon, von der Abstraktion zum konkreten Wandel und Werden.

Entsprechend entwickelte sich die Plastik in der Befreiung von den Fesseln des Materials: Holz, Kalkstein, Marmor und Bronze, wobei Theodoros, der »Leonardo von Samos«, im 6. Jahrhundert den Bronzehohlguß aus dem Orient einführte. Von der 37. Olympiade (632) an waren Knaben als Kämpfer in Olympia zugelassen. Die bildenden Künstler hatten einen neuen Typ, den schönen Jüngling, den Kuros, entdeckt. Im Gegensatz zu ägyptischen, an die Architektur gebundenen einansichtigen Männer-Plastiken erscheint der Kuros vollrund, von den Fesseln der Architektur befreit, eine freie Gestalt, welche die Tektonik gleichsam in sich hineingenommen hat und nun wieder eine Welt für sich, einen Kosmos bildet. Die Nacktheit deutet auf den bedingungslosen Willen zur Wirklichkeit und Wahrheit, was oft als Naturalismus mißverstanden wurde. Zuversicht, Individualismus, Natürlichkeit und Vergeistigung sind den frühen bildenden Künstlern der Griechen und den »Naturphilosophen« gemeinsam.

Im Bereich der Kunst drückt wohl der Tempel griechisches Wesen am reinsten aus. Fast alle griechischen Tempel sind nach Osten gerichtet (Eingang, Bild). Stammesunterschiede machen sich u.a. in dorischen und ionischen Säulen bemerkbar, aber der Grundriß ist und bleibt derselbe: der rechteckige Megaron-Typ. Der Tempel löst den Palast ab; dem Wandel in der Architektur entspricht der Übergang von der feudalen Welt zur Welt der Polis mit ihren Göttern, ihrer Religion und Frömmigkeit. Nicht anders als das Standbild bildet der Tempel mit dem heiligen Bezirk einen Kosmos, eine eigene Welt. Hinsichtlich des Materials führt auch hier der Weg von Holz zum (Kalk)Stein und schließlich zum Marmor. Die Entwicklung des Tempelbaus zeigt unverkennbar eine Tendenz zu größerer Dynamik, Spannung, Bewegung, Auflockerung und Freiheit, z.B. in der immer freieren Anordnung des typisch griechischen Peripteros, des Säulenkranzes.

Mit der Dichtung ist die Grenze zur Philosophie erreicht, denn viele »Vorsokratiker« schrieben ihre philosophischen Werke in Gedichtform.

4.1.1.8 Dichtung

Zwischen der epischen (Homer, Hesiod) und der dramatischen Dichtung (Aischylos, Sophokles, Euripides) entstand in Griechenland die Lyrik. Ihre Blüte fällt in die Zeit der Großen Kolonisation. Im Gegensatz zu der nach Form (Hexameter) und Inhalt (Mythos) relativ geschlossenen Epik zeigt die lyrische Dichtung in Versmaß und Thematik eine nahezu unerschöpfliche Vielfalt. Anstelle der erzählten tritt die erlebte Wirklichkeit. Zu den Urthemen der Dichtung: Leben, Liebe, Kampf und Tod gesellen sich situations- und stimmungsbedingte Motive, bunt und mannigfaltig wie die neuentdeckte Welt selbst: Kultlieder (Dithyramben, Hymnen, Prosodien: Prozessionslieder), Kampflieder (Paiane), Hochzeits-, Mädchen-, Braut- und Tanzlieder (Hymenaioi, Partheneia, Epithalamia, Orchemata), erotische Lieder (Erotika), Trinklieder (Paroinia), Volkslieder, Lieder, die man bei fast jeder Art von Arbeit sang, »krumme« Lieder (Skolia), Lieder auf Wettkampfsieger (Epinikia), Loblieder (Enkomia), Klage- und Grablieder

(Threnoi, Epitaphia), Sprüche (Gnomai), Rätsel und Orakel (Ainigmata, Manteia), Ermunterungen (Paränesen) und vertonte Gesetzestexte (Nomen), Chorlieder, Einzellieder, Lieder zur Leier oder zur Flöte, Disticha, Epigramme, Oden. Elegien und Jamben (Spottlieder) gehörten dagegen ursprünglich nicht zur Lyrik.

Mannigfach wie die Gattungen sind auch die überlieferten Namen der Dichter. Alexandrinische Gelehrte stellten einen Kanon der neun besten auf: Alkman (ca. 620, Lydien, Sparta), Sappho (ca. 600, Lesbos), Alkaios (ca. 590, Lesbos), Stesichoros (ca. 580, Himera, Sizilien), Ibykos (ca. 530, Rhegion, Unteritalien), Anakreon (ca. 530, Theos), Simonides (ca. 520, Keos), Pindar (ca. 480, Theben), Bakchylides (ca. 465, Keos).

Andere weniger bekannte, wenn auch nicht immer weniger bedeutende Dichter waren Tyrtaios (Sparta), mit dessen ›Ethik‹ sich Platon in den ›Gesetzen‹ auseinandersetzte, Kallinos von Ephesos, der wohl älteste Vertreter des Kampfliedes, der, wie Tyrtaios, dem Epos noch sehr nahestand, der Spötter Hipponax von Ephesos, der nicht sehr tapfere Archilochos (Paros), Terpander (Lesbos, Sparta), der die siebensaitige Leier erfunden haben soll, Mimnermos (Kolophon), der Dichter der Vergänglichkeit, Lasos von Hermione, der die Dithyrambendichtung reformierte, und, neben vielen anderen, Theognis von Megara, auf den vielleicht der Satz »in vino veritas« zurückgeht. Im Zeichen gesellschaftlichen Wandels steht auch die »Emanzipation« der Frauen. Neben Sappho sind hier Korinna aus Tanagra, Telesilla aus Argos und Praxilla aus Sikyon zu nennen.

Die Zeit der höfischen Gesellschaft, des Adels, des Kriegertums, des Heroismus und damit des Epos war unwiderruflich vorbei. An die Stelle der göttlichen Gerechtigkeit *(themis)* trat die menschliche *(dike)*, anstelle der Fremdbestimmung die Selbstbestimmung, anstelle vermittelten Erlebens das authentische, eigene Erleben. Im Gegensatz zu Homer trat der Dichter mit Selbstäußerungen aus der Anonymität heraus.

Wenn auch nicht alle die genannten Künstler Dichterphilosophen im Sinne eines Xenophanes, Parmenides und Empedokles waren oder der Philosophie so nahestanden wie Solon, finden sich doch bei einigen von ihnen philosophische Einsichten, die sowohl in theoretischer als auch in praktischer Hinsicht zum Besten gehören, auf das spätere Denker zurückgreifen konnten. So stellte bereits Alkaios ganz beiläufig eine These auf, die zu einem Eckpfeiler griechischer Weltanschauung werden sollte:

Aus Nichts wird Nichts[2]. Seine Allegorie vom Staatsschiff wurde Gemeingut politischer Philosophie, Dichtung und Rhetorik von der griechischen Tragödie bis zur ›Antigone‹ Jean Anouilhs. Alkman, der erste Chorlyriker, ein lydischer Sklave, der in Sparta freigelassen wurde und dort ein Betätigungsfeld fand, warnte schon eindringlich vor der Hybris (Übermut, Überheblichkeit, Vermessenheit), ein Motiv, das die spätere Lyrik, Tragödie, Philosophie und Geschichtsschreibung gleichermaßen durchzieht. Terpander, auch in Sparta tätig, komponierte Nomen. Nomos heißt auch Gesetz. Platon erinnert in seinen ›Nomoi‹ ausdrücklich an diesen Zusammenhang. Sappho nimmt platonische Weisheit vorweg, wenn sie Schönheit und Gutheit miteinander verbindet *(kalokagathia)*[3].

Die Gestalt des Stesichoros vergegenwärtigt Ereignisse aus der Kolonisationszeit Westgriechenlands. Aristoteles[4] rühmt den Widerstand des Dichters gegen den Tyrannen Phalaris. Stesichoros läßt in seiner Sagenbehandlung besonders deutlich die Zwischenstellung der Lyrik zwischen Epos und Tragödie erkennen. Als Chorlyriker fügte er der Strophe und Antistrophe die Epode (Schlußgesang) zu. Der berühmte römische Rhetoriklehrer Quintilian (ca. 35–100 n. Chr.)[5] lobt das Ethos in seiner Personendarstellung. Stesichoros wirkte auch stark auf die archaische bildende Kunst, nicht zuletzt durch die Ausgestaltung seiner Heraklesfigur. Während Pythagoras seine Heimat wegen der Tyrannenherrschaft des Polykrates verließ und nach Unteritalien ging, gelangte Ibykos von dort an den Hof des Tyrannen auf Samos, wo Anakreon in hohen Ehren stand. Friedrich Schiller setzte dem archaischen Dichter in seiner auf einer Wandererzählung beruhenden Ballade ›Die Kraniche des Ibykos‹ ein klassisches Denkmal. Als erster Dichter erwähnt Ibykos die Orphiker. Ihm zufolge bezauberte die Schönheit Helenas den betrogenen Gatten Menelaos so sehr, daß ihm das Schwert entfiel, als er die Treulose töten wollte. Ibykos wurde zum Dichter der leidenschaftlichen Liebe, vor deren Gefahren er nachdrücklich warnte. Seine Auffassung von der Liebe als einer verwirrenden, leidbringenden, zerstörerischen Kraft be-

[2] Poetarum Lesbiorum Fragmenta. Ed. E. Lobel, D. Page. Oxford 1950, S. 320.

[3] Ebd., S. 50.

[4] Rhetorik, 1393b.

[5] Institutio oratoria, 10, 1, 62. Dieses Werk lag vom 16. bis 18. Jahrhundert dem Rhetorikunterricht zugrunde.

einflußte auch die Philosophen und wurde später zu einem Gemeinplatz. Anakreon, den der Krieg von einem Tyrannenhof (Polykrates) zum anderen (Hipparchos, Athen) getrieben hatte, wollte nichts mehr von Streit, Kampf und Krieg hören. Er widmete seine Schaffenskraft den schimmernden Gaben der Aphrodite und wurde, wie später Sokrates, zu einem Erotiker par excellence. Die deutsche Anakreontik fällt allerdings niveaumäßig gegenüber ihrem Archegeten stark ab (Ausnahme: Goethe). In Übereinstimmung mit den Sieben Weisen und späteren Philosophen lehnte Anakreon das Unmaß, auch in der Liebe, radikal ab. Im Gegensatz zum nüchternen Sokrates war ihm allerdings ein Zustand zwischen extremer Nüchternheit und Rausch am liebsten, wie ihn Platon in seinem ›Gastmahl‹ empfiehlt und zugrundelegt. Simonides, von Platon wie von vielen anderen hoch geschätzt, war ebenfalls viel herumgekommen, u.a. an den Hof Hipparchs. Er verstand sich besonders auf Chorlyrik und Epigrammdichtung, hatte den Sieg über die Perser besungen, was ihm viele Sympathien in Griechenland eintrug, und in Akragas (Agrigent, Sizilien) gelang es ihm sogar, zerstrittene Parteien zu versöhnen und einen Bürgerkrieg zu verhindern. Simonides erfaßte in seiner Kunst weite Bereiche des menschlichen Lebens, was seine Dichtung besonders attraktiv für Philosophen machte. Von Simonides stammt das vielleicht bekannteste griechische Epigramm auf die bei den Thermopylen gefallenen Helden: »Wanderer, kommst du nach Sparta ...« Bakchylides, ein Neffe des Simonides, folgte ihm nach Sizilien. Die Alexandriner faßten dessen Dichtungen in neun Büchern zusammen, von denen sechs Kultlieder enthielten: Dithyramben, Paiane, Prosodien, Parthenia, Hyporchemata, drei dagegen Lieder, die dem menschlichen Leben näherstanden: Epinikia, Erotika, Enkomia. Charakteristisch für den Zeitgeist erscheint die Abwertung des Heroischen in einigen seiner Gedichte.

Pindar besang in erhabenen Versen die Sieger der Spiele von Olympia, Delphi, Nemea und Isthmos. Von ihm sind 14 olympische, zwölf pythische, elf nemeische und sieben isthmische Epinikien erhalten. In gewisser Weise verkörpert Pindar die Gegenposition zu Homer. Beide sind Repräsentanten der Adelskultur und beide verherrlichen den Kampf. Während aber Homer den Krieg darstellt, widmet sich Pindar dem sportlichen Wettkampf, einer sublimierten, vergeistigten Form des Kampfes. Hinter dem Wandel der Versmaße, Inhalte und Philosophien verbirgt sich ein gesellschaftlicher, politischer und kultureller Wandel, der Übergang von der feudalen Gesellschaft zur Poliskultur.

Verglichen mit dem epischen Zeitalter vermitteln die Lyriker ein völlig neues Lebensgefühl; es zeichnet sich aus durch die Entdeckung des Individuums als Gegenpol zu einem nahezu ins Grenzenlose erweiterten Begriff des Kosmos und vertieft mit der Erschließung seiner neuen Dimensionalität des Subjektiven Heraklits Einsicht in die Unergründlichkeit der menschlichen Psyche, vor deren Möglichkeiten die Lyriker teils zurückschaudern, teils in Begeisterung ausbrechen. In ein neues Stadium geriet der geistige und politische Selbstbefreiungsprozeß der Hellenen aber erst, als das Schicksal sie auf die Probe stellte und der große Kampf um den Fortbestand der errungenen Freiheit begann.

Die griechische Philosophie ist alles andere als eine Sammlung von Spekulationen, Lehrmeinungen und Systemen weltfremder Theoretiker, sowenig wie der griechische Philosoph ein Lehrer und die Stätte seines Wirkens eine Schule im heutigen Sinn waren. Solche Klischees sind Vehikel endloser Mißverständnisse, die den Zugang zum Prozeß des Philosophierens selbst, zur philosophia perennis, erschweren. Versetzt man dagegen die Denker und ihre leider nur in Fragmenten überlieferten Äußerungen in ihren ursprünglichen Lebenszusammenhang zurück, beginnen sie zu sprechen und erzählen eine Geschichte, die sich an Spannung und Schönheit mit den Erzeugnissen der Dichter, der bildenden Künstler und Logographen durchaus messen kann.

4.1.2 Kosmologen

4.1.2.1 Thales von Milet

Thales von Milet (640–562), einer der Sieben Weisen, eröffnet die Reihe der griechischen Wahrheitssucher, Philosophen oder *arché*-Denker. Er drang darauf, daß sich die ionischen Städte angesichts der Bedrohung durch östliche Nachbarn zu einem

Bund zusammenschließen sollten –, leider ohne Erfolg. Auch sonst war sein Denken von seiner Umgebung, von der Begegnung zwischen Ost und West sowie vom Pioniergeist der Kolonisation geprägt. Tagtäglich konnte er das pulsierende Leben in der Hafenstadt Milet beobachten. Ist es daher zu verwundern, wenn er das Wasser für den Urstoff alles Lebendigen hielt? Ihn uneingeschränkt als Materialisten zu bezeichnen, trifft schon deshalb nicht zu, weil Thales auch anorganische Stoffe wie Metalle für beseelt hielt. Aristoteles begründet die Entscheidung des Thales für das Wasser mit seiner Beobachtung, daß Nahrung und Samen aller Wesen feucht sind. Richtig ist, daß Thales nicht spekulierte, sondern beobachtete, analysierte und aus Tatsachen Schlüsse zog, daß er nicht zu suchen aufhörte, bis er zu einer, der letzten *arché*, zum ersten Ursprung oder Prinzip aller Dinge vorgedrungen war. Ähnlichkeiten und Unterschiede zu Lao Tzu, der etwa zur gleichen Zeit wie Thales lebte, werden deutlich. Auch Lao Tzu verglich sein Urprinzip, das Tao, mit dem Wasser, aber er gelangte dazu auf dem Weg der Spekulation und Meditation, nicht auf dem der Beobachtung und Analyse.

Thales befaßte sich der Überlieferung zufolge nicht nur mit philosophischen und politischen Fragen, sondern in erster Linie mit mathematischen, astronomischen, meteorologischen und geographischen Problemen. Außerdem soll er ein guter Geschäftsmann gewesen sein, der seinen Kritikern bewies, daß Philosophen auch zu Reichtum gelangen können, aber keinen Wert darauf legen. Als Mathematiker und Meteorologe empfing Thales Anregungen von Ägypten. Er berechnete die Höhe der Pyramiden und suchte nach einer Erklärung für die jährliche Nil-Überschwemmung. Als Astronom lernte er manches von den Babyloniern. Ihm gelang es, den Tag der Sonnenfinsternis von 585 vorauszusagen.

Diogenes Laertios, ein griechischer Philosophiehistoriker aus der ersten Hälfte des 3. Jahrhunderts n. Chr., faßt die metaphysischen und ethischen Auffassungen des Thales wie folgt zusammen: »Das älteste der Wesen ist Gott, der unerzeugte; das schönste die Welt, das Werk Gottes; das größte der Raum, der allumfassende; das schnellste der Geist, der alles durchdringende; das stärkste die Notwendigkeit, die alles beherrschende; das weiseste die Zeit, die alles erfindende. Der Tod, sagte er, unterscheide sich nicht vom Leben. ›Warum also‹, erwiderte ihm einer, ›stirbst du nicht?‹ Darauf er: ›Eben weil es keinen Unterschied macht.‹ … Weitere Fragen und Antworten: Was ist schwer? ›Sich selbst erkennen.‹ Was leicht? ›Einem anderen einen Rat erteilen.‹ Was das Willkommenste? ›Sein Ziel erreichen.‹ Was das Göttliche? ›Was weder Anfang noch Ende hat.‹ Was hast du Erstaunliches gesehen? ›Einen greisen Tyrannen.‹ Wie kann man ein Mißgeschick am leichtesten tragen? ›Wenn man die Feinde in schlimmer Lage sieht.‹ Wie kann man am besten und gerechtesten leben? ›Wenn wir, was wir an andern tadeln, selber nicht tun.‹ Wer ist glücklich? ›Wer gesunden Leibes, vom Schicksal begünstigt und mit trefflicher Seelenbildung ausgerüstet ist.‹ Ferner: Sei eingedenk der Freunde, der anwesenden wie der abwesenden. Suche nicht äußerlich zu glänzen, sondern durch Streben und Tat Wohlgefallen zu erwecken. Suche nicht auf verwerfliche Weise reich zu werden. Mache dich keines Vertrauensbruches schuldig gegen solche, die dir in Treue verbunden waren.«[6]

4.1.2.2 Anaximander

Anaximander (611–546), ein jüngerer Zeitgenosse des Thales, stammte auch aus Milet. Er war ein Mann der Tat, der aktiv an der Großen Kolonisation teilnahm und die milesische Kolonie Apollonia am Schwarzen Meer gründete. Er zog, wie Thales, Schlüsse aus Beobachtungen. Seine Stärke lag auf dem Gebiet der Geographie und der angewandten Wissenschaften. Von den Babyloniern führte er die Sonnenuhr (Gnomon) ein und besaß wertvolle Kenntnisse auf dem Gebiet der Schiffahrt. Auf seiner Erdkarte waren die Kontinente Europa, Asien und Afrika verzeichnet. Der Geschichtsschreiber Hekataios, ebenfalls aus Milet, arbeitete gegen Ende des 6. Jahrhunderts an der Erdkarte Anaximanders weiter. In seinen ›Historia‹ setzte sich der Forscher Hekataios sehr selbstbewußt von den Erzählungen der Griechen ab und begründete damit die kritische Geschichtsschreibung schon lange vor Herodot: »Hekataios von Milet redet also: Dieses schreibe ich, wie es mir wahr zu sein scheint, denn die Reden der Hellenen sind vielfältig und lächerlich, wie sie sich mir darstellen.« Mit den Reden der Hellenen sind die Mythen gemeint.

[6] Diogenes Laertius, Leben und Meinungen berühmter Philosophen Hg. v. O. Apelt. I. Hamburg, 2. Aufl. 1967, S. 20f.

Der einzige aus Anaximanders Buch ›Über die Natur‹ erhaltene Text ist zugleich das erste Dokument abendländischer Philosophie: »Anfang der Dinge ist das Unbegrenzte. Woraus die Dinge werden, dahinein zu vergehen ist ihnen bestimmt, denn sie haben einander Strafe zu zahlen und Genugtuung zu leisten für ihre Ungerechtigkeit nach der Ordnung der Zeit.«

Homer gebraucht das Wort »apeiron« vorzüglich zur Bezeichnung unbegrenzter Land- und Wassermassen, z. B. »apeirona ponton«, das »grenzenlose Meer«. Was liegt für Siedler, die in die »endlosen« Weiten Kleinasiens und des Schwarzen Meeres vordringen, näher, als diese Erfahrung zum Ausgangspunkt für eine Interpretation des Weltgeschehens zu wählen und sie somit zu verallgemeinern? Wie dem auch sei: was von allen Deutungen des Begriffs übrigbleibt, ist nicht viel mehr als die auf Beobachtung beruhende befreiende Erkenntnis, daß alles, was entsteht, auch wieder zugrunde geht, übrigens eine typisch ionische Weisheit. Hinzu kommt die Unbestimmtheit des Urgrundes, aus dem und in den die Prozesse verlaufen; er ist nicht begrenzbar. Dann wird mit der kosmisch-naturphilosophischen Dimension die gesellschaftlich-rechtliche verbunden. Die Verwendung von Metaphern aus der Welt des Rechts zur Deutung von Naturvorgängen ist uralt. Zugrunde liegt die Erkenntnis: Alles, was existiert, muß dafür zahlen, daß es existiert. Für Heraklit beginnt der Tod mit der Geburt. Anaximander hat vielleicht auch, wie Heraklit, nicht nur die Grenzenlosigkeit des äußeren, sondern auch des inneren Kosmos erfahren und rückt damit in die Nähe indischer Vorstellungen von *ātman* und *brahman,* wobei die Inder allerdings Einheit und Erlösung suchen, die Denker des Westens dagegen die Herausforderung des Grenzenlosen, später des Unendlichen annehmen. Die geniale Vision Anaximanders beschränkt sich jedoch nicht nur auf das kosmische Grundgeschehen, sondern erfaßt, anderen Zeugnissen zufolge, wenigstens in Ansätzen auch das Evolutionsgeschehen: Aus dem ursprünglich flüssigen Zustand der Erde entstanden durch Erwärmung trockene Land- und feuchte Luftmassen. Wärmeunterschiede in der Atmosphäre setzten die Luftmassen in Bewegung. So entstanden die Winde. Landtiere, die zunächst Fische waren, nahmen erst nach Austrocknung der Landmassen ihre heutige Gestalt an. Zu ihnen gehört auch der Mensch.

4.1.2.3 Anaximenes

Anaximenes (um 550), ebenfalls aus Milet, hielt die Luft für den Urstoff, aus dem durch weitere Verdünnung Feuer, durch Verdichtung Wind, Wolken, Wasser, Erde, Steine entstehen. Indem er den Wandel des Bestehenden auf den Wechsel von Zuständen an einem Zugrundeliegenden zurückführte, ebnete er der wissenschaftlich-rationalen, empirischen Betrachtungsweise den Weg, die qualitative auf quantitative Unterschiede zu reduzieren sucht. Die menschliche Seele besteht aus Luft und hält uns zusammen, ebenso wie Atem *(pneuma)* und Luft *(aër)* den gesamten Kosmos. Anaximenes hat richtig beobachtet, daß Leben vom Atmen, von Luft abhängt. Die Theorie des Anaximenes erscheint auch dann plausibel, wenn man bedenkt, daß der Kosmos tatsächlich von gasförmigen Zuständen in flüssige und feste überging. Der Makrokosmos ist deutlich das große Modell, an dem sich das Bild des Mikrokosmos, d.h. vom Menschen orientiert. Von Materialismus kann man wieder nur in eingeschränktem Sinn sprechen, insofern auch bei Anaximenes der Stoff belebt ist (Hylozoismus).

4.1.2.4 Heraklit

Mit Heraklit von Ephesos (um 500) erreicht das prozessuale Weltverständnis der Ioner seinen Höhepunkt, wenn sich auch Heraklit von der rational-wissenschaftlichen bzw. empirischen Orientierung der Milesier etwas abhebt. Er hat wahrscheinlich ein Buch ›Über die Natur‹ geschrieben, das ihm infolge seiner Schwer- oder gar Unverständlichkeit schon im Altertum den Beinamen »der Dunkle« eintrug. Manches an seiner Sprache, Selbstdarstellung, an Leben und Lehre erinnert an Lao Tzu. Heraklits Sprache zeichnet sich, wie die Lao Tzus, durch große Dichte, Bilderreichtum, ungewöhnliche Stärke des Ausdrucks, glänzende Paradoxien und bestechende Formulierungen aus. Er fühlte sich unverstanden, wandte sich von seinen Mitmenschen ab, wies ein öffentliches Amt zurück, vereinsamte schließlich und starb unter rätselhaften Umständen. Heraklit schätzte, wie Lao Tzu, Gelehrsamkeit gering, legte dagegen großen Wert auf Selbsterkenntnis und suchte nach einem letzten Prinzip allen Geschehens, einem Urgrund, den er im Logos, Lao Tzu im Tao fand. Heraklit relativierte, nicht anders als Lao Tzu, Güter und

Werte angesichts des »Absoluten«, verbunden mit einer gewissen Melancholie im Hinblick auf die Vergänglichkeit des Glücks und die Unbeständigkeit aller menschlichen Verhältnisse. Aber es gibt nicht nur Ähnlichkeiten, sondern auch Unterschiede zwischen beiden Denkern. Während Lao Tzu das Volk liebt, zu einer tiefen Skepsis gegenüber Macht, Herrschaft und Größe neigt, Geduld, Sanftmut und sogar eine Art Feindesliebe empfiehlt, Gegensätze auszugleichen sucht und den Krieg mißbilligt, verherrlicht Heraklit den Krieg, steigert die Spannungen bis zum äußersten, neigt zu einem »aristokratischen Radikalismus«, verachtet die Menge, das Gesindel, den Pöbel und schwelgt bisweilen in faszinierenden Visionen von Blitz, Brand, Rauch, Zerstörung, Streit, Haß und Tod, z.B.: »Alles steuert der Blitz« (B 64)[7]; »Das nahende Feuer wird alles erfassen und richten« (B 65); »Wenn alles Bestehende in Rauch aufginge, würden die Nasen es wohl unterscheiden« (B 7); »Man soll wissen, daß allgemein Krieg herrscht, daß Recht Streit ist und alles nach Streit und Notwendigkeit geschieht« (B 80). Vieles davon läßt sich aus äußeren Ereignissen, seinen Kriegserlebnissen und aus seiner inneren Verfassung, aus seiner Verbitterung, verstehen. Er war ein leidenschaftlicher Parteigänger des Adels und konnte sich mit den gesellschaftlichen Veränderungen seiner Heimatstadt nicht abfinden, in deren Verlauf die adligen Grundbesitzer ihren Einfluß und ihre Macht verloren, Handwerker und Kaufleute dagegen zu Ansehen gelangten und, im Bund mit den unteren Volksschichten, eine demokratische Regierung einsetzten. Als Demokraten noch dazu einen adligen Freund Heraklits verbannten, loderte die Flamme seines Zornes mächtig auf: »Recht täten die Ephesier, sich Mann für Mann aufzuhängen allesamt und den Nicht-Mannbaren ihre Stadt zu hinterlassen, sie, die Hermodoros, ihren wertvollsten Mann, hinausgeworfen haben mit den Worten: Von uns soll keiner der wertvollste sein oder, wenn schon, dann anderswo und bei andern.« (B 121)

Ob Hermodoros »der wertvollste Mann« von Ephesos war, läßt sich kaum entscheiden. Wahrscheinlicher ist, daß Heraklit im Affekt übertrieb. In diese Richtung weist ein anderes Fragment: »Einer gilt mir zehntausend, falls er der Beste ist.« (B 49)

In diesen Zusammenhang gehört Heraklits Auffassung vom Krieg. Auch hier haben konkrete Ereignisse seine Weltanschau-

[7] B = Bezeichnung für Fragment in der Standardausgabe von Diels.

ung entscheidend mitbestimmt. Zur Zeit des ionischen Aufstandes gegen die Perser (500) stand Heraklit auf dem Höhepunkt *(akmé)* seines Schaffens. Bald mußte er die erste schwere Niederlage der Ioner ganz in der Nähe seiner Heimatstadt erleben, später dann auch die Zerstörung Milets. Ob er die Befreiung von der Herrschaft der Perser (479) noch erlebte, ist ungewiß. Jedenfalls wurde die Welt, in der er lebte, von Haß, Krieg und Tod geschüttelt und verwüstet. »Krieg ist aller Dinge Vater, aller Dinge König. Die einen erweist er als Götter, die anderen als Menschen, die einen macht er zu Sklaven, die anderen zu Freien.« (B 53)

Diese Verklärung des Krieges verbirgt fast völlig das unnatürliche, wenn nicht perverse Empfinden, das sich in der Wortwahl, im Vergleich des Krieges mit einem Vater oder König, erkennen läßt, denn ein wirklicher Vater zeugt, schafft Leben und tötet nicht, ein wahrer König sorgt für das Wohl seines Volkes, aber treibt es nicht massenweise ins Verderben. Kriegsliebe und Ruhmsucht hängen bei Heraklit, wie auch sonst, eng zusammen: »Eins gibt es, was die Besten allem anderen vorziehen: den ewigen Ruhm den vergänglichen Dingen; die Vielen liegen da vollgefressen wie das Vieh.« (B 29)

Heraklits Lebensweg ist mehr ein Leidensweg als ein Triumphzug. Diogenes Laertios berichtet darüber: »Als man ihn gemäß dem Ansehen, in dem er stand, ersuchte, als Gesetzgeber aufzutreten, wies er es mit Entrüstung von sich, weil die Stadt bereits zu sehr der Strömung der schlechten Verfassung anheimgefallen sei. Er wich dem Verkehr aus und spielte im Artemis-Tempel mit den Knaben Würfel, und als sich die Ephesier dort an ihn herandrängten, rief er ihnen zu: ›Was wundert ihr euch, ihr heilloses Gesindel? Ist dies nicht eine anständigere Beschäftigung als mit euch die Staatsgeschäfte zu führen?‹ Endlich wurde er des Zusammenseins mit den Menschen völlig überdrüssig, schied aus ihrer Gesellschaft aus und lebte einsam im Gebirge, sich von Gras und Kräutern nährend. Dadurch verfiel er der Wassersucht, kehrte in die Stadt zurück und fragte die Ärzte in rätselartigen Worten, ob sie aus Überschwemmung Dürre machen könnten. Da sie es nicht verstanden, grub er sich selbst in einem Kuhstall in den Rindermist ein in der Hoffnung, durch die Wärme werde das Wasser sich ausdunsten. Aber auch das half nichts. Er starb im sechzigsten Jahre.«[8]

[8] Diogenes Laertius II, S. 159f.

Heraklit wählte wohl nicht zufällig das Feuer zum Urelement. Er muß deswegen noch kein »Materialist« gewesen sein. Ein Mensch kann auch am inneren Feuer seiner Leidenschaften »verbrennen«.

»Diese Weltordnung, dieselbe für alle Wesen, schuf weder einer der Götter noch der Menschen, sondern sie war immerdar und ist und wird sein ewig lebendiges Feuer, erglimmend nach Maßen und erlöschend nach Maßen.« (B 30)

»Für Seelen ist es Tod Wasser zu werden, für Wasser aber Tod Erde zu werden. Aus Erde aber wird Wasser und aus Wasser Seele.« (B 36)

»Hat sich ein Mann betrunken, so wird er von einem unerwachsenen Knaben geführt, taumelnd, ohne zu merken, wohin er geht; denn feucht ist seine Seele.« (B 117)

Die Fragmente ergänzen einander. Was für den Makrokosmos gilt, gilt auch für den Mikrokosmos, die menschliche Seele, oder umgekehrt: Heraklits Bild vom kosmischen Feuer ist dann auch ein Abbild seiner »feurigen« Seele. Letzten Endes hat Heraklit, soweit man heute weiß, sogar recht, denn nicht nur der Anfangs- und Endzustand dieser Welt, sondern auch die große Masse des Kosmos selbst besteht in der Zwischenzeit aus »Feuer«. Ob und wieweit makrokosmische mit mikrokosmischen Zuständen zu vergleichen sind, bleibt offen.

Heraklits eigentliche Stärke liegt weniger auf dem Gebiet der empirischen Naturforschung als auf dem Gebiet intuitiv-introspektiver Psychologie. Darin übertrifft er nicht nur alle Denker der Antike, sondern kann sich auch mit den modernen messen. Zunächst ist sein Satz von der Unauslotbarkeit der menschlichen Seele anzuführen, der Wahlspruch einer jeden Psychologie sein könnte: »Die Grenzen der Seele kannst du, gehend, nicht herausfinden, und wenn du jeden Weg abschrittest, einen so tiefen Sinn (logos) hat sie.« (B 45)

An anderer Stelle heißt es: »Die Seele hat einen Sinn, der sich selbst mehrt.« (B 115) Dahin gehört auch: »Gegen das Herz anzukämpfen ist schwer, denn was es auch will, erkauft es um die Seele.« (B 85) Es besteht aller Grund, dem um Selbsterkenntnis ringenden Erforscher der Seele zu glauben, wenn er sagt: »Ich durchforschte mich selbst.« (B 101)

Aber Heraklit endete nicht im Agnostizismus. Er hielt an der Gemeinsamkeit des Denkens fest: »Gemeinsam ist allen das Denken.« (*phroneín,* B 113) Heraklits Ausführungen über Gegensätzlichkeit und Relativität liegen auf der Grenze zwischen

Erkenntnistheorie und Metaphysik: »Das widerstrebend Zusammengehende ergibt und aus dem Auseinanderstrebenden entsteht die schönste Harmonie.« (B 8) Durch Vergleiche mit einem gespannten Bogen bzw. einer gestimmten Leier wird deutlicher, was Heraklit unter Harmonie verstand: »Sie verstehen nicht, wie das Auseinanderstrebende mit sich übereinstimmt: gegenstrebige Harmonie wie des Bogens und der Leier.« (B 51) Für Heraklit ist die unsichtbare Harmonie stärker als die sichtbare (B 54). In die gleiche Richtung, nämlich auf ein Beharrendes hinter dem Wandel, weist der Satz: »Die Natur liebt es, sich zu verbergen.« (B 123)

Sowenig Heraklit zum Agnostiker wurde, wurde er zum Relativisten. Relativieren heißt für ihn, Verabsolutierungen auflösen, Erscheinungen einander nach bestimmten Bezugssystemen zuordnen, das Einende im scheinbar Gegensätzlichen erkennen: »Der Weg der Walkerschraube, grad und krumm, ist ein und derselbe« (B 59); »Der Weg hinauf hinab ein und derselbe« (B 60); »Meer: reinstes und scheußlichstes Wasser: Fischen trinkbar und Leben erhaltend, Menschen untrinkbar und tödlich« (B 61); »Unsterbliche: Sterbliche, Sterbliche: Unsterbliche, denn das Leben dieser ist der Tod jener und das Leben jener der Tod dieser« (B 62); »Der Mann heißt kindisch vor der Gottheit so wie der Knabe vor dem Manne« (B 79); »Der schönste Affe ist häßlich, mit dem Menschengeschlecht verglichen« (82); »Der weiseste Mensch wird, gegen Gott gehalten, wie ein Affe erscheinen in Weisheit, Schönheit und allem andern« (B 87); »Krankheit macht Gesundheit angenehm und gut, Hunger Sattheit, Mühe Ruhe« (B 111); »Für Gott ist alles schön und gut und gerecht; die Menschen aber haben das eine als ungerecht, das andere als gerecht angenommen.« (B 102)

Heraklits relativierende Betrachtungsweise hängt nicht zuletzt mit seiner Lehre vom Wandel zusammen, einem Hauptstück seiner metaphysischen Theorie und zugleich dem Höhepunkt prozessualen Weltverständnisses der Ioner. Vom Gegenstand aus gesehen: »Denen, die in dieselben Flüsse steigen, strömen andere und wieder andere Wasserfluten zu.« (B 12) Vom Subjekt aus gesehen: »In dieselben Flüsse steigen wir und steigen wir nicht, wir sind und wir sind nicht.« (B 49 a)[9] In seiner

[9] Kratylos, ein Herakliteer und Lehrer Platons, trieb die Lehre vom Fluß aller Dinge auf die Spitze und forderte damit in gewisser Weise die idealistische Gegenposition heraus.

›Metaphysik‹ versucht Aristoteles, beide Aspekte zu kombinieren und zu begründen:

»Man kann nicht zweimal in denselben Fluß steigen nach Heraklit und nicht zweimal eine ihrer Beschaffenheit nach identische vergängliche Substanz berühren, sondern durch das Ungestüm und die Schnelligkeit ihrer Umwandlung zerstreut sie sich und sammelt sich wiederum und naht sich und entfernt sich.« (B 91)

Für Heraklit wie für viele andere Denker leitet die Metaphysik fast wie von selbst zur Theologie über. Heraklit schwankt zwischen einer personalistisch-patriarchalischen und einer neutralistischen Konzeption des Absoluten, zwischen Gott und Natur. »Eins, das allein Weise, will nicht und will doch mit dem Namen des Zeus benannt werden« (B 32); »Von allen, deren Worte ich vernommen, gelangt keiner dazu zu erkennen, daß das Weise etwas von allem Abgesondertes ist« (B 108); »Eins nur ist das Weise, sich auf den Gedanken zu verstehen, als welcher alles auf alle Weise zu steuern weiß.« (B 41) Der Gedanke, das Weise, der Logos und Gott sind Annäherungen an das Absolute, ähnlich wie Lao Tzus verschiedene Bezeichnungen für das Tao, nur daß Heraklits Letztes dem Feuer, Lao Tzus Absolutes dem Wasser gleicht.

»Gott ist Tag Nacht, Winter Sommer, Krieg Frieden, Sattheit Hunger. Er wandelt sich aber gerade wie das Feuer, das, wenn es mit Räucherwerk vermengt wird, nach dem Duft eines jeglichen heißt.« (B 67)

Den Anthropomorphismus der Volksreligion lehnt Heraklit jedoch ab: »Sie beten auch zu den Götterbildern da, wie wenn einer mit Gebäuden eine Unterhaltung pflegen wollte, weil man nicht Götter erkennt und Heroen als das was sie sind.« (B 5)

Einmal scheinen Kosmos und Leben bei Heraklit von Gott, Vernunft oder Gesetz regiert, dann wieder vom Zufall: »Die Weltzeit *(aión)* ist ein spielendes Kind, das die Steine auf dem Brett hin und her rückt. Eines Knaben Königsherrschaft!« (B 52); »Der schönste Kosmos gleicht einem Haufen aufs Geratewohl hingeworfener Dinge.« (B 124)

Gesetzmäßigkeit und Zufälligkeit bestimmen die praktische Philosophie Heraklits bzw. seine Lebensphilosophie: »Alle menschlichen Gesetze nähren sich von dem einen göttlichen, denn dieses gebietet, soweit es nur will, und reicht aus für alle und ist sogar noch darüber« (B 114); »Das Volk muß für das Gesetz wie um die Stadtmauer kämpfen.« (B 44) Wie mit der

Gesetzesherrschaft allerdings der Gehorsam gegenüber einem einzigen zu vereinbaren sein soll, sagt Heraklit nicht: »Gesetz heißt auch, dem Willen eines einzigen folgen.« (B 33) Sicher ist nur, daß Heraklit damit nicht die Despotie oder das Führerprinzip rechtfertigen will: »Überhebung *(hybrin)* soll man mehr noch als Feuersbrunst löschen.« (B 43)

Neben Ansätzen zu einer rationalen Ethik finden sich bei Heraklit auch irrationale Momente. Von grundlegender Bedeutung ist sein Satz: »Die Einstellung gereicht dem Menschen zum Geschick« *(ē̃thos anthrṓpō daímōn* B 119). Einstellungen resultieren aus fixierten Affekt-Konstellationen oder Gewohnheiten. Dazu stimmt der zweite grundlegende Satz Heraklits über das Ethos: »Menschliches Verhalten *(ēthos)* hat zwar keine Einsichten *(gnṓmas),* aber göttliches.« *(theion* B 78) Tugend ist also nicht, wie bei Sokrates, Wissen. Heraklit hat die aristotelische Einteilung in ethische und dianoëtische Tugenden in gewisser Weise vorweggenommen. Die sokratische Orientierung kündigt sich indessen bereits an, so, wenn Heraklit fordert, nicht wie Schlafende, sondern wie Wachende zu handeln und zu reden, und wenn er allen Menschen die Fähigkeit zur Selbstbeherrschung und Selbsterkenntnis zuspricht. Ein stoisches Motiv klingt in folgendem Satz an: »Gesund denken ist die größte Vollkommenheit, und die Weisheit besteht darin, die Wahrheit zu sagen und zu handeln nach der Natur, auf sie hinhörend.« (B 112)

Einige pessimistische Äußerungen sind wohl erfahrungs- und erlebnisbedingt, so, wenn Heraklit es für besser hält, daß die Menschen nicht bekommen, was sie wollen (vgl. B 110) oder wenn er über die Sinnlosigkeit des Menschenlebens meditiert: »Heraklit scheint die Geburt als ein Unglück zu betrachten, wenn er sagt: Wenn sie geboren sind, haben sie Willen zu leben und dadurch ihr Todeslos zu haben – oder vielmehr auszuruhen – und sie hinterlassen Kinder, daß wieder Todeslose entstehen.« (B 20) Über das, was die Menschen nach diesem Leben erwartet, äußert sich Heraklit auch, allerdings nur negativ: »Der Menschen wartet, wenn sie gestorben, was sie nicht hoffen noch wähnen.« (B 27)

Heraklit tadelt Hesiod, Pythagoras, Xenophanes und Hekataios, da sie Vielwisserei der Vernunft vorzögen und bezichtigt Pythagoras sogar der Schwindelei. Seine Einstellung zu Homer ist ambivalent. Einmal hält er ihn und Archilochos für wert, von den Wettkämpfen ausgeschlossen und verprügelt zu werden, dann hält er ihn wieder für weiser als alle Hellenen. Der Ruhm des großen Dichters verfehlte wohl doch seine Wirkung nicht auf den nach Ruhm dürstenden Philosophen. Heraklit war übrigens der erste, der den Ausdruck »Philosoph« im späteren Sinn einführte: »Wahrheitsliebende Männer müssen vieler Dinge kundig sein.« (B 35) Wie sich das mit seiner Kritik an Pythagoras und Hekataios verträgt, ist schwer einzusehen.

Schließlich sei noch Heraklits Lehre vom Logos erwähnt, in der sich Selbstdarstellung und Kritik, Grundsätzliches und Methodisches vermischen: »Für der Lehre Sinn aber, wie er hier vorliegt, gewinnen die Menschen nie ein Verständnis, weder ehe sie ihn vernommen noch sobald sie ihn vernommen. Denn geschieht auch alles nach diesem Sinn, so gleichen sie doch Unerprobten, so oft sie sich erproben an solchen Worten und Werken, wie ich sie erörtere, nach seiner Natur ein jegliches zerlegend und erklärend, wie es sich verhält. Den anderen Menschen aber bleibt unbewußt, was sie nach dem Erwachen tun, so wie sie das Bewußtsein verlieren für das, was sie im Schlafe tun ... Drum ist es Pflicht, dem Gemeinsamen zu folgen. Aber obschon der Sinn gemeinsam ist, leben die vielen, als hätten sie eine eigene Einsicht.« (B 1.2)

Ein Bekenntnis zur analytisch-rationalen Naturerkenntnis! Ungeachtet einiger Übertreibungen, Ungereimtheiten und vielleicht sogar Widersprüche war Heraklit wohl der größte unter den ionischen Naturphilosophen.

4.1.2.5 Pythagoras und die Pythagoreer

Im griechischen Westen beginnt die Reihe der Philosophen mit der legendenumwobenen Persönlichkeit des Pythagoras aus Samos (580–500). Nach anfänglichen Studien in seiner näheren Umgebung, bei Thales, Bias und Anaximander, soll der junge und wißbegierige Mann in die große, weite Welt nach Asien und Ägypten gereist sein. In Babylonien lernte er chaldäische Priester kennen, bekannt als Mathematiker, Astronomen und Orakelkünstler, auf Kreta den Wundermann Epimenides, der gelegentlich zu den Sieben Weisen gezählt und von Platon in den ›Gesetzen‹ erwähnt wird. In Ägypten erhielt er Zutritt zu den heiligsten Stätten, wo er von den dortigen Priestern in geheimnisvolle Götterlehren eingeweiht wurde. Als er nach Samos zurückkehrte, herrschte dort der Tyrann Polykrates (um

540). Pythagoras wanderte daher nach Kroton in Unteritalien aus, kam aber schließlich vom Regen in die Traufe und wurde mit 300 seiner Anhänger getötet. Nach anderen Berichten floh er nach Metapont, wo er in hohem Alter starb.

Ob Pythagoras selbst Schriften verfaßt hat, ist umstritten. An Hörern bzw. Anhängern fehlte es ihm dagegen nicht. Er gründete eine Sekte, die sich schnell über die bedeutendsten Städte in Unteritalien und Sizilien ausbreitete, mit festen Regeln, Prüfungen, Weihen und Gebräuchen. Nach einer Zeit des Schweigens von fünf Jahren erfolgte die Aufnahme in den Bund. Man unterschied zwischen Exoterikern oder Akusmatikern und Esoterikern oder Mathematikern, lebte in Gütergemeinschaft und befolgte strenge Lebensregeln. Genuß von Fleisch, Eiern und Wein war verboten, ebenso, seine Mitmenschen, auch Sklaven, zu schlagen und kostbare Gewänder anzulegen. Pythagoras soll eine Art Gewissenserforschung eingeführt haben: »Worin hab' ich gefehlt, was getan, welcher Pflicht mich entzogen?« Mit der Zulassung von Frauen im pythagoreischen Bund errang die Emanzipation der Frau im Westen einen ersten Erfolg. Die pythagoreische, umfassend gebildete Frau blieb in der Antike ohne Konkurrenz. Pythagoras und seine Anhänger unterschieden sich wesentlich von dem, was man in Ionien unter Philosophen verstand. Sie bildeten eine Bewegung mit festen weltanschaulichen Leitlinien und praktisch-reformerischen Ambitionen, was ihnen schließlich zum Verhängnis wurde.

Bedeutende Pythagoreer waren der Philosoph Empedokles von Akragas, Philolaos von Theben (um 450) und Archytas von Tarent (um 400). In manchen Einzelheiten seiner Lehren schloß sich Pythagoras an die ionischen Naturphilosophen an (Erdgestalt), in anderen an die Babylonier und die Ägypter (Astronomie, Seelenwanderung), anderes wiederum fand er wahrscheinlich selbst, z.B. den nach ihm benannten Lehrsatz: »Im rechtwinkligen Dreieck ist das Hypothenusen-Quadrat gleich der Summe der Katheten-Quadrate.«

Für die Philosophie des Pythagoras wie für die seiner ionischen Kollegen war die Begegnung mit dem Kosmos das zentrale Erlebnis.

Unter Berufung auf Favorin, einen Enzyklopädisten zur Zeit Kaiser Hadrians (117–138), berichtet Diogenes Laertios (II, 133): »Von unserem Pythagoras sagt Favorin, er habe zur Bearbeitung des mathematischen Stoffes Definitionen eingeführt und auf diesem Wege seien dann Sokrates und dessen Schüler weiter fortgeschritten, und dann Aristoteles und die Stoiker. Auch habe er das Himmelsgebäude zuerst Kosmos genannt und die Erde als rund bezeichnet.«

Mathematik und Logik, Zählen und Definieren bzw. Beweisen gehören zusammen. Die Zuweisung bestimmter Erkenntnisse an Pythagoras oder an die (älteren) Pythagoreer ist nicht einfach, aber in diesem Zusammenhang auch nicht nötig. Die pythagoreische Philosophie hat theoretische wie praktische Aspekte. Zu den theoretischen gehören Kosmologie, Zahlentheorie, Musiktheorie, Analytik, zu den praktischen Ethik, Diätetik, gesellschaftlich-politische Vorstellungen sowie metaphysische und religiöse Annahmen (Seelenwanderung, Gott).

Charakteristisch für die pythagoreische Kosmologie ist die Ableitung der körperlich-materiellen Welt aus der Zahl: »Der Anfang von allem sei die Einheit (Monade); aus der Einheit aber stamme die unbestimmte Zweiheit, die gleichsam als Materie der Einheit, ihrer Ursache, zugrunde liege. Aus der Einheit ferner und der unbestimmten Zweiheit stammen die Zahlen; aus den Zahlen die Punkte, aus diesen die Linien, aus diesen die Flächengestaltungen, aus den Flächen die stereometrischen (mathematischen) Körper, aus diesen die sinnlich wahrnehmbaren Körper, deren Elemente, vier an der Zahl, folgende sind: Feuer, Wasser, Erde, Luft; sie unterliegen der Veränderung und einer durchgängigen Wandelbarkeit, und es bildet sich aus ihnen eine beseelte Welt, vernunftbegabt, kugelförmig, mit der Erde als ihrem Mittelpunkt, die auch ihrerseits kugelrund und bewohnt ist.«[10]

Aus der Analogie von Tonintervallen in der Musik mit den (ganzzahligen) Abständen der Himmelskörper entstand der Gedanke der Sphärenharmonie. Der Gedanke einer Harmonie des Kosmos entspricht zutiefst griechischer Naturerfahrung. Der Glaube an die Seelenwanderung erinnert an ähnliche indische, ägyptische und orphische Vorstellungen.

Die Orphiker waren eine mystische Sekte, deren mythischer Stifter der später als Schamane, Opfer- und Weihepriester verehrte Sänger Orpheus war. Im Mittelpunkt der orphischen Mysterien stand der Kult des Dionysos. Es besteht eine gewisse Ähnlichkeit zwischen orphischem und pythagoreischem Gedankengut. Die Ähnlichkeiten und Unterschiede sind im einzelnen noch wenig erforscht. Was man mit einiger Wahrschein-

[10] Diogenes Laertius II, S. 122.

lichkeit jetzt schon sagen kann, ist, daß die Orphik sich an breite Schichten des Volkes, zumeist an die Ausgebeuteten und Unterdrückten, wandte, deren Stimmung sich in der Formel zusammenfassen läßt: »Lieber tot, als so weiterleben!« Entsprechend pessimistisch ist die Weltanschauung der orphischen Volksreligion. Sie sieht im Körper ein Grab der Seele, orientiert das Leben am Jenseits und legt aus verständlichen Gründen viel Wert auf einen Ausgleich in einer anderen Welt, wo nach orphischer Auffassung ein Totengericht stattfindet. Der Gedanke der Reinigung der Seele verbindet Orphiker und Pythagoreer, für die wiederum die Seelenwanderungslehre und die Lehre vom Ähnlichwerden mit Gott *(homoíosis theó)* charakteristisch sind. Platon kennt sowohl das orphische als auch das pythagoreische Lebensideal *(bíos orphikós* bzw. *pythagorēios)* und zeigt sich in seinem Denken von beiden Lebensformen beeinflußt.

Nachdem die pythagoreische Philosophie zwei- bis dreihundert Jahre fast aus dem geistigen Blickfeld der Antike verschwunden war, erlebte sie im 1. Jahrhundert v. Chr. in Gestalt des Neupythagoreismus eine Art Renaissance. Neupythagoreer konnten sich neben Neuplatonikern behaupten, aber nicht nur das: Aristoteles hat im Prinzip recht, wenn er den Hauptsatz des Pythagoras bzw. der Pythagoreer in der Formel »Alles ist Zahl« zusammenfaßt. Die großartige Idee, die Welt mit mathematischen Mitteln zu erschließen, hatte Erfolg. Sie hat nach ihrem Siegeszug in der Neuzeit und der Gegenwart tatsächlich das erreicht, was weder einem asiatischen Despoten noch einem europäischen Diktator gelang: sie hat als unersetzbares Werkzeug der Welterfassung und Weltbewältigung die Welt erobert. Dieser Sieg wird stets mit dem Namen des Pythagoras, des Archegeten dieser Bewegung, verbunden bleiben.

4.1.2.6 Xenophanes

Xenophanes aus Kolophon (ca. 580–480), nordwestlich von Ephesos, von den Medern aus seiner Heimat vertrieben, war ein unruhiger Geist, führte 65 Jahre hindurch ein unstetes Wanderleben in Hellas, Sizilien und Unteritalien. Schließlich fand er in der um 553 von Phokäern gegründeten Pflanzstadt Elea eine Heimat. Er brachte etwas vom altionischen Forschergeist mit, für den er ein reiches Betätigungsfeld fand. Als Dichter verfaßte er Epen, Sillen (Spottgedichte) und Elegien, als Naturphilosoph eine Schrift ›Über die Natur‹. Stilistisch gehört er in die Übergangsphase vom Epos zur Prosa, sein Dialekt ist Ionisch, mit Dorismen vermischt. Er trug seine Gedichte nach Art der Rhapsoden vor. Cicero (acad. 4, 23) hielt ihn für einen mittelmäßigen Dichter. Als Philosoph war er auch nicht überragend, jedenfalls nicht mit Pythagoras oder Heraklit zu vergleichen, zwischen denen er philosophiegeschichtlich angesiedelt werden kann.

Von bleibendem Wert ist seine Mythen- bzw. Religionskritik. Sie läßt deutlich den Übergang des griechischen Geistes vom Mythos zum Logos erkennen. Wie in der Form, so haftet Xenophanes indessen auch im Inhalt noch an den von ihm heftig kritisierten epischen Vorbildern. Xenophanes scheint, nach seiner Darstellung eines Gelages zu urteilen, ein erfahrener Zecher gewesen zu sein, aber er will mäßig bleiben und den Mann loben, der nach dem Trank »Edles ans Licht bringt«, nicht Kämpfe der Titanen, Giganten und Kentauren oder »tobenden Bürgerzwist«, sondern er will »der Götter allzeit fürsorglich gedenken«. Sein Selbstbewußtsein läßt ihn nicht im Stich, wenn er den Ruhm der Sieger in Wettkämpfen mit seinen Leistungen vergleicht, denn niemand wäre eines Preises so würdig wie er, »dessen Ruhm über ganz Hellas reichen und nimmer vergehen wird«. Es ist ungerecht, Stärke dem Wissen vorzuziehen, »denn besser als Männer- und Rossekraft ist doch unser Wissen«. Sportliche Leistungen bringen weder die Stadt in bessere Ordnung, noch füllen sie ihre Speicher. Bald verspottet Xenophanes die älteren Dichter, bald aber auch Philosophen wie Pythagoras, über dessen Glauben an die Seelenwanderung er sich lustig macht: »Und es heißt, als er (Pythagoras) einmal vorüberging, wie ein Hündchen mißhandelt wurde, habe er Mitleid empfunden und dieses Wort gesprochen: ›Hör auf mit deinem Schlagen. Denn es ist ja die Seele eines Freundes, die ich erkannte, wie ich ihre Stimme hörte‹.« (B 7)

In seiner Dichterkritik kündigt sich eine bürgerlich-moralisierende Denkweise gegenüber der aristokratisch-kämpferischen an. In der ›Ilias‹ geht es um Sein oder Nichtsein, nicht um »Tugend«. Ares betrügt den Hephaistos mit seiner Gattin Aphrodite. Dieser wiederum überlistet jenen, als er die beiden in flagranti ertappt, ein Netz über sie wirft und den übrigen Göttern zur Schau stellt. Diese brechen in ein »homerisches Gelächter« aus. Glück und Stärke, List und Trug, Glanz und Schönheit, aber auch Untergang und Tod beherrschen das Dasein der Menschen und Götter. Jeder täuscht jeden und mißtraut jedem, und den letzten beißen die Hunde. Der Beste ist der Sieger. Gegen diese aristokratische Moral der Gewalt rebelliert Xenophanes: »Alles haben den Göttern Homer und Hesiod angehängt, was nur bei Menschen Schimpf und Tadel ist: Stehlen und Ehebrechen und einander betrügen.« (B 11)

Xenophanes rügt anthropomorphe Göttervorstellungen, ohne jedoch ganz von ihnen loszukommen. Der anthropomorphen Theologie stellt er seine eigene gegenüber: »Ein einziger Gott, unter Göttern und Menschen am größten, weder an Gestalt den Sterblichen ähnlich noch an Gedanken ... Gott ist ganz Auge, ganz Geist, ganz Ohr.« (B 23 f.)

Xenophanes' Bedeutung liegt mehr in seiner Kritik als in seinen metaphysischen Theorien, denn neben einer fast monotheistischen Konzeption steht bei ihm eine nahezu materialistische, sofern er Gott mit der Weltkugel gleichsetzt. »Erde und Wasser ist alles, was da wird und wächst.« (B 29)

Als Kritiker erkannte er dagegen eine Grundtatsache allen philosophischen Erkennens, die für Parmenides, Platon und die gesamte idealistische Philosophie des Abendlandes richtungweisend wurde: die Unmöglichkeit letzten Wissens, wie sie Goethe in Faust I beklagt:

> Und sehe, daß wir nichts wissen können!
> Das will mir schier das Herz verbrennen.

Xenophanes faßt den Gegensatz von Meinen und Erkennen, Schein und Sein in der Formel zusammen: »Und das Genaue freilich erblickte kein Mensch und es wird auch nie jemand sein, der es weiß (erblickt hat) in bezug auf die Götter und alle Dinge, die ich nur immer erwähne; denn selbst wenn es einem im höchsten Maße gelänge, ein Vollendetes auszusprechen, so hat er selbst trotzdem kein Wissen davon; Schein (meinen) haftet an allem.« (B 34)

Parmenides, der Nachfolger des Xenophanes, der diesen Ansatz seines Vorgängers übernahm und radikalisierte, sollte bereits die ganze Tragweite jener Grunderkenntnis erfahren.

4.1.2.7 Parmenides

Parmenides (um 500) lernte, wie Xenophanes, von den Pythagoreern, befaßte sich, wie dieser, mit anderen Aufgaben, z.B. Gesetzgebung für seine Heimatstadt Elea, und schrieb, wie dieser, ein Buch ›Über die Natur‹ in Gedichtform, von dem etwa 150 Verse erhalten sind. Cicero spricht im Hinblick auf das Werk von »weniger guten Versen« (acad. pr. 23, 74).

Die Situation, die Parmenides als Denker vorfand, war nicht sehr aussichtsreich: die Elemente Wasser, Luft, Feuer, Erde und das Unbegrenzte waren von seinen Vorgängern zur Erklärung des Weltgeschehens bereits herangezogen worden. Damit entfiel die »materialistische« Weltdeutung alten ionischen Stils. Aus der Interpretation des Urzustandes durch Heraklit: »Alles fließt« ergeben sich ungeahnte Schwierigkeiten. Die Konsequenzen dieses Denkansatzes bewogen die Nachfolger Heraklits, auf schriftliche, dann auf mündliche Darlegungen zu verzichten, da, wie sie meinten, die sich ständig verändernde Wirklichkeit jede Feststellung unmöglich machte. Schließlich versuchten es die Herakliteer mit Zeichen, Kopfnicken usw., verzichteten am Ende aber auch darauf. Sie hatten sich mit ihrer radikalen Metaphysik des Werdens selbst zum Schweigen verdammt. Xenophanes war zu dem wenig ermutigenden Ergebnis gelangt, daß vollkommenes Wissen nicht möglich und Schein über allem verbreitet ist.

Parmenides aber fand sich damit nicht ab. Ihm genügten Wahrscheinlichkeit, Vorläufigkeit und Meinungen nicht. Er wollte nicht mit der Ungewißheit leben, sondern verlangte letzte Gewißheit, alles oder nichts. Um überhaupt weiterzukommen, mußte er daher zunächst den Satz der Herakliteer widerlegen, da dieser jede weitere Erkenntnis, Aussage und Verständigung zu blockieren drohte. Parmenides versuchte es mit der Gegenthese: »Alles ruht«, nichts bewegt sich.

Wie kam er auf diesen Ausweg? Das hatte wohl mehrere Gründe. Vergleicht man die Umwelt, in der Parmenides aufwuchs, mit der Heraklits, wundert einen seine Antwort weniger: monolithische Gebirgsmassive, riesige Felsblöcke und Steilabbrüche, wie von der Ewigkeit selbst geschaffen, prägen die Landschaft Kampaniens. Sie wirken gewaltig, unbeweglich und öde. Nimmt man zur landschaftlichen die gesellschaftliche Komponente hinzu, die oligarchische Orientierung Eleas und die Herkunft aus einer reichen Familie, versteht man, neben der

Erhabenheit und dem Pathos, auch die »höhere Weihe« seiner Gedanken besser. An sich widerspricht die These »Alles ruht« jeder Beobachtung und Erfahrung und fordert geradezu zum Widerspruch heraus. Um diesem Widerspruch und der Gefahr zu begegnen, daß auch er nur eine Meinung vertrete, verfiel Parmenides auf den Gedanken, sich die Wahrheit von höherer Stelle eingeben zu lassen und seinen Erkenntnissen damit göttliche Autorität zu verleihen. Er verließ damit den Boden rationaler Argumentation und begab sich auf den des Mythos zurück. Indem Parmenides auf ein altes episches Klischee, die göttliche Offenbarung, zurückgriff, suchte er seine Behauptungen von vornherein gegen jeden Einwand zu schützen und ihnen den Nimbus der »höheren Wahrheit« zu geben. Parmenides wurde damit zum Begründer jener unwiderlegbaren idealistischen Denkweise, die sich gar nicht erst auf das Niveau der Tatsachen, Beobachtungen und Erfahrungen, die sie geringschätzt, herabläßt, sondern auf dem Olymp verharrt, unter Göttern, von dem einen, unveränderlichen Sein und ewiger Wahrheit umgeben, wo Denken und Sein zusammenfallen und es weder Bewegung noch etwas Leeres noch überhaupt ein Nichtsein gibt. War diese göttliche, metaphysische, ontologische Wahrheit nicht beweisbar, war sie doch auch nicht widerlegbar: Glaube macht selig!

Parmenides bekämpfte die empirische Wissenschaft der Ioner mit einer ganz neuen, einer Art Geheimwaffe. Er stellte der empirisch-rationalen Methode der ionischen Naturphilosophen eine zutiefst irrationale, besser schein-rationale Denkweise gegenüber und hatte damit großen Erfolg. Der alten Taktik eingedenk, daß Angriff die beste Verteidigung ist, sprach er seinen Gegnern, den ionischen Naturphilosophen, den Empirikern und Wissenschaftlern, rundweg die Rationalität ab: Wissenschaftler denken nicht!

In der Form lehnte sich Parmenides, wie in der literarischen Verkleidung und dem Versmaß (Daktylen), an ältere Dichter an. Gewiß nicht weniger aufschlußreich ist die Tatsache, daß er seine Gedanken einer Frau, der Göttin der Gerechtigkeit (Dike), in den Mund legte, zu deren Reich er verzückt und in Ekstase, auf einem Sonnenwagen in rasender Fahrt emporfuhr, von schönen Mädchen, den Heliaden, umschwärmt. Der visionäre Charakter seiner Eingebungen, Erleuchtungen und Offenbarungen steht also fest, aber Visionen müssen nicht absurd sein, können sogar Wahres und wissenschaftlich Brauchbares enthalten, was bei Parmenides tatsächlich der Fall ist.

In der Sache knüpfte er an die Unterscheidung des Xenophanes an, der Wissen und Meinen trennte. Das Lehrgedicht des Parmenides beruht auf diesem Ansatz, insofern er zwei Wege unterscheidet. Im ersten Teil des Werkes offenbart die Göttin Parmenides den Götterweg des Wissens und der Wahrheit, im zweiten den Menschenweg des Meinens und des Irrtums. In Wirklichkeit bestehen die »höheren Wahrheiten« des Parmenides aus einer Reihe von Tautologien, analytischen Urteilen: Das Seiende ist, das Nichtseiende ist nicht. Unter das Nichtseiende fällt alles, was sich bewegt, ferner das Leere, die Zeit und die Mannigfaltigkeit. Daraus folgt: das Seiende ist eins, zeitlos und unbewegt. Aber gibt es ein solches Seiendes? Die Pythagoreer hatten, wie ihr Grundsatz »Alles ist Zahl« erkennen läßt, etwas Ähnliches angenommen. Auch dieser Weg war also Parmenides versperrt. Platon entdeckte später die Ideen, aber davon war Parmenides noch weit entfernt, finden sich doch bei ihm Sätze, die stark an materialistische Auffassungen des »Seienden« erinnern, z.B.: »Je nach dem wie ein jeder besitzt die Mischung der vielfach irrenden Glieder, so tritt der Geist den Menschen zur Seite.« (B 16)

Indessen machte sich auch in diesem Fall Parmenides die Ratlosigkeit der anderen zum Bundesgenossen. Schließlich mußte sich doch etwas denken lassen, das gültige und verbindliche Aussagen über Seiendes, also Verständigung und Kommunikation überhaupt ermöglicht. Hier kam dem Denker das Denken, die Sprache selbst zu Hilfe, denn im Wort, im Gedanken manifestiert sich die entzeitlichte Wirklichkeit. Der Schritt von der raumzeitlichen Realität der Ioner zur zeitlosen, logischen Realität der Metaphysiker und Ontologen war getan. So konnte der Retter aus der Not eine Tugend machen und seine berühmte Identitätsthese aufstellen: »Das Denken und das, weswegen der Gedanke ist, sind dasselbe, denn du wirst das Denken nicht ohne das Seiende finden, in dem es ausgesprochen ist, denn nichts ist oder wird sein außer dem Seienden, da es ja die Moira daran gebunden hat, ein Ganzes und unbeweglich zu sein. Darum wird alles bloßer Name sein, was die Sterblichen in ihrer Sprache festgesetzt haben, überzeugt, es sei wahr: Werden sowohl als Vergehen, Sein sowohl als Nichtsein, Verändern des Ortes und Wechseln der leuchtenden Farbe.« (B 8)

Konsequenterweise hätte Parmenides auch seine Thesen zum Sein in seine Kritik »nur Name« einbeziehen müssen, aber das war, wie gesagt, etwas anderes. Parmenides »löste« das Problem, insofern er die Wahl der Bezeichnungen radikal von der Welt der Prozesse trennte und in jener die Wahrheit ansiedelte. Die ionische Welt des Werdens überantwortete er dem Meinen, dem Schein, dem Nichtsein.

Als Kritiker hatte Parmenides recht, weil er die Bedingtheit und damit Fragwürdigkeit aller Tatsachenerkenntnis aufdeckte, als Dogmatiker unrecht, sobald er daraus eine »Metaphysik« mit bestimmten Inhalten ableitete.

Sokrates, der weder ein Buch schrieb noch eine metaphysische Lehre verbreitete, sich vielmehr auf das Wissen des Nichtwissens beschränkte, war der einzige Philosoph, der dem Anspruch genügte, den Parmenides zwar erhob, aber selbst nicht erfüllte – doch davon später.

War die große Tat der ionischen Naturphilosophen die Befreiung von der schlichten Unwissenheit, so war die große Entdeckung des Parmenides die Befreiung von scheinbarem Wissen. Da, an einem absoluten Maßstab gemessen, letztlich alles Wissen bedingt und vorläufig ist, behält Parmenides recht, aber nur im negativ-kritischen Sinn. Sobald der Metaphysiker, Idealist oder Ontologe die sokratische Position des Nichtwissens verläßt und mit den empirischen Wissenschaften in Konkurrenz tritt, scheitert er, wie sein Archeget Parmenides.

Mit der Einführung philosophischer Selbstkritik bereicherte Parmenides die Philosophie weniger um eine neue Lehre, um ein neues System, als um die Einsicht, daß wahres Philosophieren immer eine Art *philosophia perennis*, ein philosophischer Prozeß ist, also gerade das Gegenteil von dem, was er glaubte, daß sie sei. Hier trifft er sich mit seinem Antipoden Heraklit, der aus seiner Gedankenwelt des Werdens nur herauskam, indem er ein unveränderliches Sein annahm, das er Logos nannte.

4.1.2.8 Zenon von Elea

Wie Parmenides als Vorläufer der Metaphysik gelten kann, so Zenon von Elea (um 460) als Vorläufer der Dialektik und damit der Logik. Er verfaßte ein Buch in Prosa über Paradoxien, von denen einige bekannt wurden, z.B. das von Achill und der Schildkröte. Achill, der schnellste Läufer des griechischen Heeres, vermag nicht, eine Schildkröte einzuholen, da diese jeweils weitergekrochen ist, während Achill ihren Vorsprung einholte. Am Beispiel des fliegenden Pfeiles wollte Zenon zeigen, daß der

Pfeil sich in Wirklichkeit nicht bewege, da er sich in jedem Zeitpunkt an einem Punkt des Raumes befinde und dort ruhe. Die Bewegung des Pfeiles sei Sinnestäuschung. Man sieht, wohin Logik im Bunde mit Metaphysik führen kann! Allerdings ist zuzugeben, daß sich Heraklits These der universalen Bewegtheit ebenso wenig beweisen läßt wie die Gegenthese von Parmenides. Isoliert man nämlich einen Gegenstand von allen anderen und beraubt ihn seiner Beziehungen zu allen übrigen Gegenständen (das »Eine«), ist seine Bewegung nicht mehr festzustellen, da hier mindestens zwei Objekte und ihre Relation bzw. ein Bezugssystem erforderlich sind. Die Schwierigkeiten der Eleaten entstanden, als sie die Erscheinungen der zeitlich-bewegten Welt ihrer zeitlosen Begriffswelt opferten. Letztlich entscheidet die Verwertbarkeit. Mit Hilfe des prozessualen Weltverständnisses der Ioner kann man die Welt verändern, mit dem begrifflichen der Eleaten die Welt nur interpretieren. Auch Zenon war ein Anwalt des Bestehenden, was bei ihm jedoch extreme Freiheitsliebe nicht ausschloß. Zu Platons sympathischem Bild von ihm paßt sein Verhalten gegenüber Nearchos, einem Tyrannen von Elea:

> Zenon, ein herrliches Ziel verfolgtest du, wolltest den Herrscher
> Töten und so dein Land von der Versklavung befrein.
> Doch du erlagst: es ließ dich der Herrscher im Troge zermürben.
> Doch was sage ich? Nein, nur deinen Leib, nicht dich selbst.

4.1.2.9 Melissos

Melissos von Samos (um 440) gehörte zu denen, die eleatisches Gedankengut in Ionien einführten. Er war, wie Zenon, auch ein tapferer Verfechter der Freiheit. Als Flottenchef kämpfte er 441 gegen den Angriff der Athener unter Führung des Perikles und besiegte ihn. Von seinen Schriften ›Über das Seiende‹ und ›Über die Natur‹ sind nur Bruchstücke erhalten. Wie die übrigen Eleaten glaubte er an die Unbeweglichkeit des einzig wahrhaft Seienden, an seine Unteilbarkeit und Zeitlosigkeit. Im Gegensatz zu Parmenides hielt er das Seiende auch für räumlich unendlich und unkörperlich, ohne jedoch diese Bestimmungen zu präzisieren. Melissos weist auf die Weiterentwicklung der Philosophie voraus, einmal in Richtung auf ein immaterielles Sein (Platon), sodann auf eine Verbindung von ionischer Kosmologie und eleatischer Ontologie (Aristoteles).

4.1.2.10 Empedokles

Empedokles (ca. 490–430) aus Akragas stammte aus einer reichen Aristokratenfamilie, die Rennpferde züchtete und sogar einen Sieger in Olympia stellte. Empedokles gehörte indessen, wie Solon, zu jenen echten Aristokraten, die nicht mit Zähnen und Klauen an ihrem Besitz, an Macht und Prestige hängen. Er muß, Aristoteles zufolge, die Freiheit der Herrschaft vorgezogen haben. Als Staatsmann beseitigte er 444 die Oligarchie in seiner Heimatstadt, schlug die Königswürde aus und führte, ein Freund des Volkes und der Gleichheit, die Demokratie ein. Den Bewohnern, die an Verschwendung gewöhnt waren, redete Empedokles ins Gewissen: »Die Akragentiner schwelgen, als müßten sie morgen sterben; ihre Häuser aber richten sie her, als würden sie ewig leben.«[11]

Als die Bewohner Selinunts von einer Seuche heimgesucht wurden, ließ Empedokles auf eigene Kosten ein Flußbett, die Ursache des Übels, säubern. Die Seuche verschwand, und die Bewohner der Stadt ehrten ihren Retter wie einen Gott. Kein Wunder also, wenn sein Leben, wie das des Pythagoras, von Legenden umwoben ist. Empedokles war äußerst vielseitig, er war Arzt, Politiker, Philosoph, Dichter und Redner. Wie Zenon die Dialektik, so begründete er, wie Aristoteles berichtet, die Rhetorik. Der berühmte Sophist und Rhetor Gorgias soll sein »Schüler« gewesen sein. Mit Pythagoras und Parmenides hatte er wohl auch schamanenhafte Züge gemeinsam. Über seinen Tod waren daher schon im Altertum alle möglichen Geschichten im Umlauf. Die einen entrücken ihn als Gott in den Himmel, die anderen erzählen, er sei in den Ätna gesprungen. Wahrscheinlich ist er aber auf der Peleponnes oder in Megara gestorben, wo er, aufgrund von Intrigen seiner Gegner, im Exil lebte.

Empedokles wird oft zu Unrecht als Eklektiker hingestellt, aber er war eher ein Synthetiker. An Persönlichkeiten wie Em-

[11] Diogenes Laertius II, S. 140.

pedokles wird der Einfluß deutlich, den medizinisches Denken auf die griechische Philosophie ausgeübt hat; Platon und Aristoteles liefern ebenfalls Beispiele dafür. Im allgemeinen hat die Forschung bisher viel zu wenig darauf geachtet. Die dichterische Fassung seiner Gedanken hat Empedokles u.a. mit Xenophanes und Parmenides gemeinsam, schrieb aber einen weitaus besseren Stil als sie, in ionischem Dialekt. In seinem Buch ›Über die Dichter‹ verglich Aristoteles Empedokles sogar mit Homer. Das Lehrgedicht ›Über die Natur‹ enthielt etwa 2000 Verse in drei Büchern. Die ›Katharmoi‹ (›Reinigungen‹) sollen 3000 Verse umfaßt haben. Es sind von beiden Werken nur noch 470 Zeilen erhalten. Daneben soll Empedokles noch einen ›Logos iatrikos‹ (ein ärztliches Lehrgedicht), Tragödien, politische und historische Schriften verfaßt haben. Das Lehrgedicht ›Über die Natur‹ ist seinem Freund Pausanias gewidmet.

Insgesamt zeichnen sich in der Philosophie des Empedokles folgende Problembereiche ab:

1. Naturphilosophie: Kosmologie, Kosmogonie, Astronomie, Evolution, Physikalisches, Medizinisches, Physiologisches, Biologisches und Psychologisches.
2. Metaphysik: Sein und Werden, Sein und Schein, mathematische Konzeption der Wirklichkeit, Pluralismus, Erhaltungssätze, Gott, Seele.
3. Praktische Philosophie: Religion, Ethik und Politik.
4. Erkenntnistheorie: Wahrnehmung, Denken, Glauben.

In der Kosmologie geht Empedokles von den vier Elementen der Ioner aus, ergänzt deren »materialistisches« Konzept jedoch durch ein »energetisches«, indem er die Kräfte Liebe und Haß, auf dieser Ebene also eine Art Dualismus oder Polarität, einführt, vergleichbar dem *yin* und *yang* der Chinesen. Die Liebe ist die einigende, der Haß die entzweiende Kraft. Die eine erhält einen positiven, die andere einen negativen Wertakzent. Die Weltentstehung dachte sich Empedokles wohl in vier Phasen:

1. Urzustand: Es herrscht die Liebe, das goldene Zeitalter; das Sein bildet eine Kugel, den Sphairos.
2. Haß zerstört die Harmonie; die Liebe sammelt sich im Zentrum, der Haß führt zu Trennung und Vereinzelung der Dinge, die auseinanderstreben.
3. Herrschaft des Hasses; alles ist mit allem und mit sich selbst verfeindet, die Liebe ist fast verschwunden; Zank und Streit, Zwietracht, Krieg und Zerfall zerstören die Welt.
4. Der Haß hat sich ausgetobt; die Liebe gewinnt wieder die

Oberhand und stellt den Sphairos, den vollkommenen Zustand, wieder her, usw. in infinitum.

Empedokles hat also im Prinzip bereits herausgefunden, woran auch manche heutigen Astronomen glauben: Expansion und Kontraktion des Universums, pulsierendes Weltall. Eine Erklärung für das Umschlagen der Liebe in Haß bleibt Empedokles schuldig, sowenig die moderne Astronomie den »Urknall« erklären kann.

Empedokles erkannte auch bereits, daß der Mond Sonnenlicht reflektiert, er kannte die Ursache für Sonnenfinsternisse sowie den feurigen Zustand des Erdinneren. Bei der Berührung des Feuers mit Wasser und Luft entstand nach Empedokles Erde, daraus entstanden wieder Körperteile, die alle möglichen Kombinationen miteinander eingingen, wobei die tauglichsten »überlebten« und immer »höhere« Formen bildeten:

»Wenn der Streit zur untersten Tiefe des Wirbels gekommen ist, aber in die Mitte des Strudels die Liebe gelangt, da vereinigt sich in ihr gerade alles dies, um nur ein Einziges zu sein, nicht auf einmal, sondern willig zusammentretend das eine von hier, das andere von da. Aus dieser Mischung nun ergossen sich unzählige Scharen sterblicher Geschöpfe. Vieles aber blieb noch ungemischt stehen zwischen dem sich Mischenden, soviel noch der Streit zurückhielt in der Schwebe befindlich. Denn nicht tadellos trat er aus jenen gänzlich heraus an die äußersten Grenzen des Kreises, sondern teilweise verharrte er noch drinnen (in den Gliedern), teilweise war er aber auch schon aus den Gliedern (des Alls = den Elementen) herausgegangen. Um wieviel er nun stets vorweglief, um so viel rückte stets heran der untadeligen Liebe mildgesinnter unsterblicher Drang. Schnell aber erwuchs zu sterblichen Dingen, was früher unsterblich zu sein verstand, und zu (kräftig) gemischten, was vordem ungemischt war, im Wechsel der Pfade. Und aus diesen Mischungen nun ergossen sich unzählige Scharen sterblicher Geschöpfe, in mannigfaltige Formen gefügt, ein Wunder zu schauen.« (B 35)

Gegenüber älteren Denkansätzen zur Evolution bedeutet der Ansatz des Empedokles einen Fortschritt, nicht nur, weil er detaillierter ist, sondern auch medizinisch-biologisches Wissen mit einbringt. In gewisser Hinsicht war Empedokles sogar der später infolge der Autorität des Aristoteles herrschenden teleologischen Konzeption voraus, insofern er von zufälligen Prozessen ausgeht, mechanistische Erklärungen zu geben versucht und den Gedanken der Anpassung an äußere Verhältnisse wenigstens implizit verwendet. Im einzelnen lohnt sich die Erörterung seiner Auffassungen nicht, da sie inzwischen wissenschaftlich überholt sind.

Im metaphysischen Bereich wird der vermittelnd-synthetische Charakter der Denkweise des Empedokles besonders deutlich. Hier sucht er die Position des Parmenides mit der Heraklits zu verbinden. Stoffe und Kräfte sind für Empedokles unentstanden und unvergänglich. Damit steht er auf dem festen Boden der griechischen Tradition. Die Extreme der eleatischen Ontologie vermeidet er dagegen, indem er die Mannigfaltigkeit des Seienden und die Bewegung akzeptiert. Die Leugnung der Bewegung und der Vielfalt waren ja auch die gröbsten Ungereimtheiten der eleatischen Denker. Gegenüber Heraklit vermeidet Empedokles das andere Extrem, die universale Bewegtheit, indem er, auf seine Kräfte Liebe und Haß zurückgreifend, Bewegung als Kombination unbewegter Teile oder Mischung von Elementen versteht. Er setzt dabei den bereits von Anaximenes beschrittenen Weg der Reduzierung qualitativer auf quantitative Unterschiede fort. Indem er Zahlenangaben über das Mischungsverhältnis der Elemente in zusammengesetzten Gebilden macht, folgt er der Idee des Pythagoras zur Mathematisierung des Kosmos, verbindet mithin das mathematische Konzept der Pythagoreer mit der eleatischen Ontologie und der heraklitischen Kosmologie. Empedokles behauptet nun nicht mehr pauschal, wie die Eleaten, die Unveränderlichkeit des Seins, auch nicht die Allbewegtheit Heraklits, sondern differenziert in Erhaltung der Materie und Erhaltung der Energie. Beide Prinzipien erfaßte er wenigstens intuitiv und setzte ihre Geltung voraus. Auf der Grundlage dieses pluralistischen, sorgsam differenzierenden Konzepts der Wirklichkeit konnte er auch so delikate metaphysische Fragen wie Gott und Seele erörtern, ohne in Spekulationen zu verfallen. Mit den Begriffen Haß und Liebe hatte Empedokles eo ipso zwei Kategorien aus dem Bereich der Affektpsychologie zur Erklärung des Weltgeschehens herangezogen. Auf diesem Hintergrund nimmt sich sein Glaube an die Seelenwanderung nicht mehr so abenteuerlich aus, gleicht doch das Auf und Ab, vom Geisterreich durch die Kette der Wiedergeburten ins Reich des Lebendigen und von dort wieder zurück, dem Schicksal des Sphairos. Ob Empedokles allerdings diesen mit Gott gleichsetzte, läßt sich nicht mit Sicherheit sagen. Immerhin wird auch auf diese Weise verständlich, warum sich Empedokles als Philosoph für das Heil seiner

Mitmenschen verantwortlich fühlte. Naturphilosophie, Metaphysik und Theologie verbinden sich zu einem Gesamtkonzept, das den Schlüssel zu einem neuen Selbstverständnis der Philosophie enthält. Der Philosoph liebt, sammelt, hilft den Mitmenschen und verbindet damit die Aufgabe des Arztes mit der des Politikers und Wahrheitssuchers.

Auf dem Gebiet der Erkenntnistheorie unterscheidet Empedokles zwar Wahrnehmung, Denken und Glauben, ohne sich aber vom »Materialismus« klar zu distanzieren. Die Annahme, daß alles am Denken teilhat, erinnert an Leibnizens Monadenlehre. Die Menschen erkennen Gleiches durch Gleiches: »Denn durch Erde schauen wir die Erde, durch Wasser das Wasser, durch Äther den göttlichen Äther, aber durch Feuer das vernichtende Feuer; die Liebe ferner durch unsere Liebe und den Haß durch unseren traurigen Haß.« (B 109)

Bei der Wahrnehmung strömen kleinste Teilchen von den Gegenständen zu unseren Sinnen und gelangen durch jeweils passende Poren in die Sinnesorgane. Den Sehvorgang bewirken feuerähnliche Abbilder, den Hörvorgang Lufterschütterungen, wobei Empedokles bereits Luft im Ohr voraussetzt, die den äußeren Reiz vermittelt. Die Einteilung der Erkenntnis in (unzuverlässige) Sinneswahrnehmung und denkendes Erfassen teilt Empedokles mit den Eleaten. Für den unerkennbaren Bereich der Wirklichkeit setzt er, die Hypothese der Eleaten präzisierend, eine Art höhere Einsicht oder Inspiration voraus. Hier berührt sich seine Erkenntnistheorie mit Metaphysik, Theologie und praktischer Philosophie. In ihnen spielt der Gedanke der Reinigung eine bedeutende Rolle, wonach die zweite Hauptschrift des Empedokles benannt wurde (›Katharmoi‹). In dieser Lehre verbindet Empedokles orphische und pythagoreische Motive. Reinigung, Hinkehr zur Liebe und Ähnlichwerden mit der Gottheit fallen in gewisser Weise zusammen. Der Weise fungiert bei diesem Prozeß als Seelenführer, Therapeut, politischer Reformer und Vermittler höherer Einsichten.

Vielleicht ist am Beispiel des Empedokles deutlich geworden, was auch für die Entwicklung der griechischen Kunst gilt: einmal Gefundenes beharrlich festzuhalten, mit neuen Erkenntnissen zu verbinden, das Konzept gleichzeitig zu vereinfachen und zu vervollständigen und mit diesem flexiblen Instrument der Erkenntnis der Wahrheit methodisch näherzukommen. Hierin unterscheidet sich westliches von östlichem Denken, und hier liegt nicht zuletzt der Grund für die größere Effizienz westlichen Wissens.

4.1.2.11 Demokrit

4.1.2.11.1 Kosmologie

Der eine Denker ist vielseitig, neigt daher zur Synthese und steht auch, wie Empedokles, im praktischen Leben seinen Mann, der andere zieht die philosophisch-wissenschaftliche Arbeit vor, was Vielseitigkeit in diesem Rahmen nicht ausschließt, konzentriert sich jedoch mehr auf ein Teilgebiet, das er um so gründlicher durchforscht. Ein solcher Denker war Demokrit. Er entwarf als erster griechischer Philosoph eine in sich geschlossene Theorie vom Kosmos, die im griechischen Denken konkurrenzlos dasteht und schon fast den wissenschaftlichen Maßstäben der Neuzeit entspricht.

Demokrit (ca. 460–351) stammte aus Abdera in Nordgriechenland, an der Grenze zu Thrakien. Die Stadt wurde 650 von Klazomenai aus gegründet, später von Thrakern zerstört, darauf von Bewohnern der lydischen Küstenstadt Teos, die vor den Persern flüchteten, wieder aufgebaut und blühte dann rasch zu einer wirtschaftlich und kulturell bedeutenden Polis auf.

Hier wirkte auch Leukippos (um 450), der sich mit den Eleaten auseinandersetzte und die Atomlehre begründete: »Kein Ding entsteht planlos, sondern alles aus Sinn und unter Notwendigkeit.« (B 2) Er wandte sich gegen die Auffassung, Gestirne als Götter, als lebende Wesen anzusehen, und verwendete Grundbegriffe der Atomistik wie Atom, Leeres und Wirbel. Da die Überlieferung wenig über sein Leben und seine Werke enthält, läßt sich sein Anteil an der Atomistik nicht genau abgrenzen, aber er gilt als ihr Begründer. Lange Zeit hindurch wurden die Atomisten, vor allem von christlichen Denkern und Vertretern des deutschen Idealismus, unterschätzt, wenn nicht sogar bekämpft, weil man in ihnen eine Gefahr für den Glauben und die Moral erblickte. Mit dem Siegeszug der Naturwissenschaften wandte sich das Blatt. Die Atomisten wurden rehabilitiert und stehen heute an wissenschaftlichem Ansehen oft sogar über Platon und Aristoteles.

Demokrit, zweifellos der Hauptvertreter antiker Atomistik, kam aus einer angesehenen und vermögenden Familie. Sein Erbe benutzte er für Forschungsreisen in den Orient und nach

Ägypten. Er kam auch nach Athen, wo man ihn kaum beachtete: »Denn ich kam nach Athen, da kannte mich keiner.« Demokrit war großzügig, weltoffen und fast schon ein Kosmopolit: »Einem weisen Mann steht jedes Land offen. Denn einer trefflichen Seele Vaterland ist das Weltall.« (B 247) Persönliche Bescheidenheit paarte sich bei ihm mit einem starken Bewußtsein vom Wert der Wissenschaft, denn er sagte, »er wolle lieber eine einzige ursächliche Erklärung *(aitiologia)* finden, als das Perserreich besitzen«. (B 118)

Demokrit war überzeugter Demokrat: »Die Armut in einer Demokratie ist dem gepriesenen Glück bei den Fürsten um soviel mehr vorzuziehen wie Freiheit der Knechtschaft.« (B 251)

In der Bereitschaft der Vermögenden, die Besitzlosen am Wohlstand teilnehmen zu lassen, sah Demokrit die beste Voraussetzung für Eintracht und unermeßlichen Segen (B 255). Politische Tätigkeit achtete er zwar, zog es aber vor, sich in seinem kleinen Häuschen einzuschließen und dort in aller Ruhe fleißig zu arbeiten. Nach einem an Erfahrungen, Arbeit und Erkenntnissen reichen Leben starb er, 109 Jahre alt. Demokrit muß tatsächlich ein erstaunliches Wissen besessen haben und sehr genaue Kenntnisse im einzelnen, wie schon ein Blick auf das Verzeichnis seiner Schriften zeigt. Die Hauptwerke, der ›Megas Diakosmos‹ (vielleicht von Leukippos) und der ›Mikros Diakosmos‹, die ›Große‹ und die ›Kleine Weltordnung‹, befassen sich mit naturphilosophischen Fragen und lassen das Grundanliegen aller Vorsokratiker, die Erforschung des Kosmos, deutlich erkennen. Neben diesen Hauptwerken finden sich andere naturphilosophische Schriften zur Kosmologie und Kosmographie, Astronomie, Geographie und Physik, ferner zur Biologie, Medizin und Psychologie, zur Diätetik, über Fieber- und Hustenkrankheiten, zur Erkenntnistheorie, zur Mathematik, Kunst und Sprache, zum Recht und zur Geschichte, über Landwirtschaft, Taktik und Waffenführung, über Zeit- und Unzeitgemäßes, über Babylon und die Chaldäer, Reiseberichte und nicht zuletzt Schriften zur Ethik: über Tapferkeit, Klugheit, Heiterkeit, Wohlbefinden, die Seelenverfassung des Weisen und die Dinge im Hades. Demokrits Werk umfaßte also ziemlich das gesamte Spektrum des damaligen Wissens. Außerdem soll er ein ungewöhnlich guter Menschenkenner gewesen sein, der in seinem langen Leben manche Probe davon abgab und seine Mitbürger immer wieder durch die Richtigkeit seiner Diagnosen überraschte. Man kann sich vielleicht vorstellen, warum Platon ihn nirgends erwähnt: wohl weniger aus Feindschaft und Neid als aus Verlegenheit vor diesem großen Könner, der eine ihm völlig entgegengesetzte Welt- und Lebensanschauung vertrat. Idealisten und Materialisten haben sich wenig zu sagen.

Wenn sich die griechische Philosophie wirklich nach Art einer rasanten Evolution entfaltet hat, muß auch die Atomistik, also Demokrit, eine ganz bestimmte Stelle in dieser Entwicklung einnehmen. Sein Platz, sein Beitrag und seine Rolle lassen sich nur durch eine Analyse seiner Ausgangssituation ermitteln.

Empedokles hatte eine umfassende Synthese versucht. Diese Art zu denken lag Demokrit nicht. Er mußte, wenn er weiterkommen wollte, bei den Schwächen seiner Vorgänger ansetzen, und davon gab es sowohl bei Empedokles als auch bei den Eleaten und Ionern einige. Zunächst einmal verzichtete Demokrit auf die dichterische Form und die Metaphorik eines Parmenides oder Empedokles. Anstelle von Glauben und Autorität setzte er folgerichtiges Denken und Vertrauen in die Vernunft. Demokrit tendierte zur wissenschaftlichen Behandlung der Probleme. Er war kein Prophet oder Schamane, sondern vor allem Denker, Theoretiker. Empedokles hatte mit der Einführung von Liebe und Haß Metaphern aus dem Bereich der Psychologie zur Erklärung des kosmischen Geschehens herangezogen. Das kam für Demokrit nicht in Frage. Ihm blieb also nur die Rückkehr zum *arché*-Gedanken, zur alten ionischen Naturphilosophie, aber waren nicht bereits alle *archaí* (z.B. Wasser, Luft) vergeben? Das Werden, wie Parmenides, zu leugnen, kam für Demokrit ebensowenig in Frage. Er wollte das Werden weder ungeprüft voraussetzen noch aus seinem Konzept verdrängen, sondern besser als seine Vorgänger verstehen, und doch mußte er die Berechtigung der Kritik des Parmenides am naiven Weltverständnis der Ioner anerkennen. Für eine mathematische Welterklärung im Anschluß an die Pythagoreer im Sinn der Neuzeit war die Zeit noch nicht reif. Demokrit setzte nun, und darin liegt die Größe seines Denkansatzes, wieder bei der *arché* ein, verstand den »Urstoff« aber nicht mehr nach Art der alten Ioner, sinnlich wahrnehmbar, konkret, sondern abstrakt eleatisch. Dabei vermied er sowohl die Fehler der Eleaten als auch die des Empedokles. Er setzte anstelle des unveränderlichen Seins die unveränderlichen Atome, anstelle des Nichtseins die Leere, anstelle der Unbeweglichkeit die Bewegung, anstelle der Einheit die Vielfalt. Anstelle des energetisch-metaphorischen

Konzepts des Empedokles blieb Demokrit auf dem festen Boden der Tatsachen, das heißt der »Materie«, und wurde daher als Materialist verstanden. Demokrits Methode ist analytisch, sofern er die gröbere, sinnlich wahrnehmbare Materie durch eine feinere, unsichtbare Materie, die Atome, ersetzt. Seine Methode ist induktiv, sofern sie vom Konkreten zum Abstrakten, von der Erscheinung zum Gedachten, von der Einzelbeobachtung zur Verallgemeinerung führt. Seine Methode ist außerdem logisch-rational, da sie nur solche Hypothesen zuläßt, die sich auf strenge Schlüsse aus Beobachtungen gründen, d.h. Demokrits Methode war, im Gegensatz zu Parmenides oder Empedokles, wieder ionisch-empirisch, wenn auch angereichert mit eleatischer Selbstkritik, also nicht empiristisch. Demokrit vermied, wie Empedokles, die Extreme der Eleaten: einheitliches, unbewegliches Sein, aber, im Gegensatz zu Empedokles, vermied er jedenfalls dessen »Kräfte«. Insofern steht Demokrit sogar den Eleaten näher als Empedokles. Es bleibt bei der physikalischen Bewegung, wie sie später im Impulssatz der klassischen Mechanik zusammengefaßt wurde. Damit sich die zahllosen Atome bewegen können, müssen sie Spielraum, leeren Raum, zwischen sich haben. Indem Demokrit darauf verzichtet, die Bewegung auf eine »erste Ursache« zurückzuführen, sie also letztlich zu »erklären«, nähert er sich der modernen Denkweise, die auch nicht mit Letztbegründungen operiert, sondern das Naturgeschehen (in Formeln) beschreibt. Aristoteles, der diesen »Mangel« bei Demokrit rügt, nahm zu einer unwissenschaftlichen Erklärung Zuflucht, nämlich zu seinem unbewegten Beweger: Gott. Aber noch in einer anderen Hinsicht erscheint Demokrit moderner als Aristoteles. Für Aristoteles ist die Ruhe der »göttliche« Urzustand, für Demokrit, wie für die Ioner, ist Bewegung der natürliche Zustand, den man zwar konstatieren, aber nicht erklären kann. Von hier bis zu der neuzeitlichen Theorie, nach der Ruhe nur ein Sonderfall von Bewegung ist, nämlich mit dem Index Null relativ zu einem gewählten Bezugssystem, war es nur noch ein Schritt, den Demokrit allerdings nicht mehr tat. Seine Leistung war groß genug, er hatte eine Theorie gefunden, die das Weltgeschehen verständlich machte, ohne auf metaphysische Annahmen nach Art der Eleaten zurückgreifen zu müssen: die Atomtheorie. Sie hat sich bewährt; ob sie »wahr« ist, ist eine andere Frage. Wohl nicht zufällig hat Demokrit eine Schrift zur Methodik verfaßt, über »Bewährungen«, d.h. nachträgliche Prüfung des Vorausgehenden. Etwas anderes ist auch nicht möglich, und seit die neuzeitliche Wissenschaft danach verfährt, kann sie einen Erfolg nach dem anderen verbuchen.

Mit der bereits von Alkaios her bekannten Annahme, daß Nichts aus Nichts entsteht, bewegt sich Demokrit im allgemeinen griechischen Erfahrungsbereich. Sein Weltkonzept läßt sich näher charakterisieren als atheistisch, materialistisch, deterministisch, pluralistisch, seine Philosophie überhaupt als rationalistisch, intellektualistisch, relativierend, objektivierend, empirisch und kritisch. Dabei ist sein Denken nicht immer frei von Widersprüchen, so, wenn er einerseits Zeus mit Luft gleichsetzt (B 30), andererseits behauptet, daß die Götter den Menschen alles Gute geben, für das Schlechte dagegen die Menschen verantwortlich sind (B 175). In letzterem stimmt er übrigens mit Platon überein. Ähnlich widersprüchlich ist seine Kritik am Geistbegriff des Anaxagoras (B 5) sowie sein Urteil zugunsten des Körpers gegen die Seele (B 159) und dann wieder der Vorrang, den er Vernunft und Seele gegenüber dem Körper zugesteht (B 187). Es mag sein, daß die Ursache für solche Widersprüche im Widerstreit von kritischen Intentionen mit kritiklos übernommenen traditionellen Glaubens- oder Wertvorstellungen liegt. Demokrits Anschluß an die Tradition wird besonders in seiner Ethik deutlich, die von Vernünftigkeit, Maßhalten, Gesetzesgehorsam geprägt ist. In vielen solchen Fällen wird der freie Wille des Menschen vorausgesetzt, während nach dem Weltkonzept die Notwendigkeit alles beherrschen soll. Gelegentlich kommt Demokrit selbst die Widersprüchlichkeit seiner Konzeptionen mit übernommenen Vorstellungen zum Bewußtsein, so wenn er auf erkenntnistheoretischem Gebiet die Abhängigkeit des Denkens von der Wahrnehmung feststellt und gleichzeitig die Unterordnung der »dunklen« Sinneswahrnehmungen unter das Denken fordert (B 125). Ein anderer schwacher Punkt seiner Theorie ist die Annahme von ausgedehnten Atomen, die aber nicht teilbar sein sollen, obwohl Demokrit sich des Unterschieds der mathematischen von der physikalischen Betrachtungsweise bewußt war. Eine gewisse Unklarheit herrscht auch in Demokrits Theorie von der Wirbelbewegung der Atome. Da die Atome nach Lage, Größe, Gewicht und Gestalt verschieden sein sollen, entstehen bei ihrer Bewegung im leeren Raum Zusammenballungen und daraus die Himmelskörper. Weil Demokrit, nach den vorliegenden Texten zu urteilen, nicht scharf zwischen der Welt im ganzen und den Weltsystemen im einzelnen unterschied, also zwischen Kosmogonie und Entstehung unseres Planetensystems oder der Erde, bleibt die Wirbeltheorie unklar, es sei denn, man versteht sie im modernen Sinn wie bei der Entstehung von Galaxien, was aber außerhalb des Erfahrungsbereichs der Atomisten lag. Das deterministische Weltbild Demokrits steht der mechanisch-kausalen Denkweise der klassischen Physik näher als der modernen energetischen Konzeption des Universums. So bleibt es zweifelhaft, ob man aus dem pluralistischen Weltbild Demokrits auf eine unendliche Zahl von Welten schließen darf oder nur auf zahllose Weltsysteme, die sich im ständigen Wandel befinden.

4.1.2.11.2 Ethik

Alle Versuche, die praktische Philosophie Demokrits aus seinen physikalischen Theorien abzuleiten, bleiben fragwürdig, da meistens die Heterogeneität der Herkunft beider nicht hinreichend berücksichtigt wird.

Die Ethik Demokrits enthält eine ähnliche Fülle von zum Teil grundverschiedenen Vorstellungen wie das demokritische Universum eine Unzahl verschiedenster atomarer Gebilde. Schon die Einordnung der Ethik erscheint unmöglich. Ist sie, wie die Ethik des Aristoteles, eine eudämonistische? Ist sie eine Pflichtethik oder eine utilitaristische Ethik, eine naturalistische oder eine Vernunftethik? Ist sie eine Gesinnungsethik oder eine Erfolgsethik, eine Norm- oder Situationsethik? Ist sie eine Individual- oder eine Gemeinschaftsethik? Von alldem enthält sie etwas und gewiß auch Spuren des atomistischen Weltbildes, aber viel zu wenig für eine Harmonisierung mit dem Kosmoskonzept der Atomisten. Das ist auch ganz natürlich, denn der Schwerpunkt des Denkens lag bei Demokrit, wie auch sonst bei den Vorsokratikern, auf der geistigen Durchdringung des Kosmos. In der Ethik und Politik, der Gesellschaftstheorie und Pädagogik schöpfte man dagegen aus den Quellen traditioneller Lehren, die sowenig ein System bilden oder systemkonform sind wie es der nahezu unerschöpfliche Reichtum persönlicher Lebenserfahrungen Demokrits selbst ist.

Hier nur in aller Kürze die Grundgedanken. Die Idee des Maßhaltens verbindet Demokrit mit griechischer Ethik und griechischer Weltanschauung überhaupt. Ein Satz wie: »Das unbotmäßige Leid einer schmerzerstarrten Seele verjage durch Vernunft!« (B 290) zeugt von der rationalistisch-intellektualistischen Orientierung demokritischen Denkens. Die relativierende Denkweise hat Demokrit mit Heraklit gemeinsam, auch die Auffassung von der feuerhaften Natur der Seele. Demokrit subjektivierte jedoch die Ethik nicht im Sinn des Protagoras. Für ihn gilt die objektivierende Betrachtungsweise des Naturwissenschaftlers auch auf ethischem Gebiet. Er unterschied, wie Platon, göttliche (Seele) und menschliche (Körper) Werte. Sein Leitbegriff ist die Wohlgemutheit *(euthymíe, euestó)*, nicht nur ein körperliches Wohlbefinden, sondern eher eine treffliche innere Gesamtverfassung, vor allem der Seele, unter der Leitung der Vernunft, der aristotelischen Glückseligkeit *(eudaimonía)* vergleichbar. »Wer wohlgemut leben will, soll nicht vielerlei treiben weder im eigenen noch im Gemeinschaftsleben und, was immer er treibt, nicht über seine eigene Kraft und Natur erstreben, sondern so sehr auf seiner Hut sein, daß, selbst wenn das Glück einschlägt und ihn zum Übermaß verführen will durch seinen Glauben, er das ablegt (niedrig schätzt) und nicht mehr anfaßt, als was seiner Kraft entspricht. Denn die mäßige Fülle ist etwas Sichereres als die Überfülle.« (B 3)

Daraus spricht die urgriechische Botschaft vom Maßhalten, von der richtigen Einschätzung der eigenen Kräfte und der Vermeidung von Selbstüberschätzung, Überforderung, Überheblichkeit *(hybris)*, Vielgeschäftigkeit und blindem Vertrauen auf das Glück. Maßlosigkeit im Streben nach Lust und Besitz führt ins Verderben. Die Botschaft des Maßes ist zugleich, wie später bei Aristoteles, eine Botschaft der Mitte. Sie setzt eine oberste Instanz der Entscheidung voraus, die Vernunft *(phronesis)*. Das zeigt Demokrits Schrift ›Tritogeneia‹, worin er die Göttin Athene (»Dreigeborene«) mit der Weisheit, Klugheit oder den drei Vernunftwahrheiten gleichsetzt: »gut überlegen, gut reden und tun, was nötig ist.« (B 2)

Was ist gut? Nach Demokrit das, was zuträglich ist, erhält, erfreut und nützt. In seinem Kanon der Güter erscheinen fast die gleichen Werte wie in Platons ›Gesetzen‹; menschliche Güter: Gesundheit, Kraft, Schönheit und Reichtum; göttliche Werte: Tapferkeit, Selbstbeherrschung, Gerechtigkeit und Weisheit; daneben aber auch Wohlverständigkeit (B 231), Unabhängigkeit (B 176), Geradheit (B 40), Offenheit (B 226), Wohlgeratenheit (B 57) und Großherzigkeit (B 46). Schlecht ist entsprechend entweder das Fehlen dieser positiven Charaktereigenschaften oder das Vorhandensein der entgegengesetzten »Laster«: Maßlosigkeit, Habgier, Zügellosigkeit, Ungerechtigkeit, Feigheit, Unehrlichkeit, Heuchelei, Neid, Streitsucht,

Schadenfreude, Abhängigkeit vom Zufall, Glück und äußeren Umständen, Leichtfertigkeit, Furchtsamkeit und Torheit. Naturgemäß gibt es mehr Laster als Tugenden. Demokrit glaubte, daß Gutes oder Böses bewirkende (Ab)bilder auf den Menschen zukommen und wünschte sich daher, glückbringender Abbilder teilhaftig zu werden (B 166). Hier liegt ein Fall vor, in dem die Einwirkung materialistischer Lehren auf die Ethik festzustellen ist. Etwas weniger fatalistisch klingt die Anweisung, einen Guten nachzuahmen, wenn man nicht selbst gut ist (B 39). Zwischen Natur und Erziehung besteht eine Art Wechselwirkung: »Die Natur und die Erziehung sind etwas Ähnliches. Denn die Erziehung formt zwar den Menschen um, aber durch diese Umformung schafft sie Natur.« (B 33) Die Atomisten bezeichneten auch Atome als Natur. Demokrit erkannte, daß viele auch ohne Anweisungen nach der Vernunft leben (B 53). Vergeblich ist es dagegen, jemanden, der sich einbildet vernünftig zu sein, zur Vernunft bringen zu wollen (B 52). Demokrits Maßstab waren Taten, nicht Worte: »Tüchtige Werke und Taten, nicht Worte soll man erstreben.« (B 55) An Sokrates erinnern die Sätze: »Wer Unrecht tut, ist schlimmer dran als der, dem Unrecht geschieht« (B 45) und »Ursache eines Fehlers ist die Unkenntnis des Besseren.« (B 83) Ein böses Leben ist nach Demokrit nicht ein böses *Leben*, sondern ein langes *Sterben* (B 160). Zwischen Bosheit, Mißmut und Angst besteht nach Demokrit ein ähnlicher Zusammenhang wie zwischen Rechtschaffenheit, gutem Mut und Zuversicht (B 174). Aktive Abwehr von Übeltätern ist besser als Nichtteilnahme an frevelhaftem Tun: »Schön und recht ist, den Frevler zu hindern; andernfalls, wenigstens nicht mitzufreveln.« (B 38) Der Gegensatz zu christlichen Auffassungen wird in folgender Maxime noch deutlicher: »Klugheit verrät es, sich vor drohendem Unrecht zu schützen; empfindungslosen Stumpfsinn dagegen, erlittenes nicht zu vergelten.« (B 193) Demokrit geht sogar noch einen Schritt weiter: »Nur die sind den Göttern lieb, denen das Unrechttun verhaßt ist.« (B 217) Der Zorn des Achill ist und bleibt in dieser Hinsicht der Maßstab griechischer Ethik, von Homer bis Aristoteles.

Zum griechischen Begriff der Gerechtigkeit gehört sowohl aktive Abwehr des Unrechts als auch Vergeltung für erlittenes Unrecht: »Wer einen Straßen- oder Seeräuber tötet, sollte stets straflos sein, mag dies mit seiner eigenen Hand oder auf seinen Befehl oder aufgrund einer Abstimmung geschehen ... Unrecht

Leidenden muß man nach Kräften rächend beistehen und es nicht geschehen lassen. Denn so etwas ist gerecht und gut, das Gegenteil aber ist ungerecht und schlecht.« (B 260 f.)

Demokrit lehnt es ab, Gnade vor Recht ergehen zu lassen, aber ebenso konsequent willkürliche Rechtsprechung. Hierher gehört auch Demokrits Vorschlag, strenge Beamte rechtlich gegen Repressionen Betroffener abzusichern (B 266). Seine Pflichtauffassung weist auf entsprechende stoische Lehren voraus.

In Demokrits Ethik wie in der Kants haben neben der Pflicht Gesinnung und guter Wille einen hohen Stellenwert: »Gut ist noch nicht Nicht-Freveln, sondern es nicht einmal wollen.« (B 62) »Schlimm ist, den Bösen nachzuahmen, den Guten aber nicht einmal nachahmen zu wollen« (B 79); »Feind ist nicht, wer Unrecht tut, sondern wer es will.« (B 89) Freundschaft beruht nach Demokrit auf Gleichgesinntheit (B 186), besonders im Hinblick auf »gut« und »schlecht«, wobei die Grenze zwischen Zuträglichem und Abträglichem das Erfreuliche und Unerfreuliche ist (B 188). Große Freuden entstehen z.B. bei der Betrachtung schöner Werke (B 194). Schönes erkennen und erstreben die, welche von Natur aus dazu geeignet sind (B 56). Der Kreis von dem, was nottut (Pflicht) über den guten Willen und die Gesinnung, das Zuträgliche, Erfreuliche und Schöne endet wieder dort, wo er anfing: bei der Natur oder der Notwendigkeit.

Sosehr dieses Konzept einleuchtet, bleiben doch noch einige Fragen offen: Wie verhalten sich Unglück, Verblendung und Zufall zur »Natur«? »Zufall ist freigiebig, aber unzuverlässig, Natur dagegen auf sich selbst ruhend *(autarkés)*, und darum trägt sie mit ihrer geringeren aber zuverlässigen Kraft doch den Sieg davon über das größere Versprechen der Hoffnung.« (B 176) Hoffnung und Glück im Sinn von Zufall hängen zusammen. Demokrit steht beiden ablehnend gegenüber. Die Autarkie des Menschen beruht auf Natur und Tugend. Aber ist der Zufall nicht eine Wirkung der Natur? Hier macht sich das Fehlen eines Gesetzesbegriffs bei Demokrit bemerkbar. Naturgesetze im neuzeitlichen Sinn kennt er nicht, und den Weg dazu mit Hilfe einer Geist-Metaphysik verbaute er sich selbst durch seine Kritik an Anaxagoras. Die Frage, wie sich Zufall und Natur zueinander verhalten, bleibt ebenso offen wie die Frage nach dem Verhältnis von »Kausalität« und »Freiheit«.

Eine für jeden Ethiker bittere Einsicht blieb auch Demokrit

nicht erspart: »Im Glück einen Freund zu finden ist leicht, im Unglück aber das allerschwierigste.« (B 106) Dabei besaß die Freundschaft in der Antike einen viel höheren Stellenwert als in der Neuzeit. Demokrit behandelt das Thema, wie Aristoteles, ausführlich in seiner Ethik. Die Gleichgesinntheit der Freunde folgt aus dem allgemeineren Prinzip des Demokrit, nach dem sich gleiche Lebewesen zu gleichen gesellen (B 164). Ein Leben ohne Freunde ist nicht lebenswert (B 99). Es bedarf keineswegs vieler Freunde. Einerseits sind nicht alle Freunde wirkliche Freunde, andererseits hat man mehr Freunde als man meint. Wer niemanden liebt, wird auch nicht geliebt (B 103). Unverträglich ist der, bei dem erprobte Freunde es nicht lange aushalten (B 100). Ebensowenig eignen sich Tadelsüchtige zur Freundschaft (B 109). So wie man nicht jeder Lust nachjagen soll (B 207), soll man auch nicht jedem gefallen wollen (B 153). Jede Art Streitsucht ist töricht, da sie nur das sieht, was dem Gegner schadet, den eigenen Vorteil aber nicht sieht (B 237).

Demokrit hat seine Ethik psychologisch gut fundiert. Seine Lehre von den Affekten, Begierden, Freuden, Genüssen, Leidenschaften und Lüsten, aber auch Konflikten, gehört zum Besten, was die griechische Philosophie, neben Heraklit und Platon, zu geben hat.

Im religiösen Bereich tendiert Demokrit, vergleichbar den Denkern der Aufklärung, dazu, Aberglauben und Ängste abzubauen. Aus der Beobachtung der Tiere ergibt sich, daß sie, im Gegensatz zum Menschen, ihre Bedürfnisse angemessen befriedigen. Insofern sind sie intelligenter (B 198). Demokrit kannte die Begriffe »Instinkt« und »Trieb« noch nicht. Der Mensch bedarf also einer Steuerung. Für den Griechen leistet dies die (natürliche) Vernunft als Inbegriff von Maßhalten, Selbstbeherrschung, Genügsamkeit, Zufriedenheit, Ausgleich, Gleichgewicht und Harmonie. Maßloses Begehren ist Kindes-, nicht Mannessache (B 70). Tapferkeit bedeutet noch nicht Selbstüberwindung. Selbstbeherrschung ist die gegen sich selbst gewandte Tapferkeit (vgl. B 214). Geldgier ist eine besonders häßliche Variante der *pleonexia* (des Mehrhabenwollens) und ist viel schlimmer als äußerste Armut (B 219). Zwischen Geiz und Verschwendung muß der Tüchtige das rechte Maß finden (B 229). Die allzu Sparsamen arbeiten, wie die Bienen, als ob sie ewig leben würden (vgl. 227). »Wenn du nicht nach Vielem begehrst, wird dir das Wenige viel scheinen. Denn geringes Begehren macht Armut ebenso stark wie Reichtum.« (B 284) Hier klingt schon die sokratische Botschaft von der göttlichen Bedürfnislosigkeit an. Es gibt jedoch bei Demokrit, ähnlich wie bei Platon, eine berechtigte Leidenschaft: »Rechtmäßige Leidenschaft: ohne Frevel nach den schönen Dingen streben.« (B 73)

Bei den Hoffnungen unterscheidet Demokrit zwischen erfüllbaren und unerfüllbaren oder denen der richtig Denkenden und der Unverständigen (B 58). Die Unverständigen lernen nicht durch Worte, sondern durch Mißgeschick (B 54, 76). Toren sehnen sich, ohne Freude am Leben, nach einem langen Leben und ängstigen sich vor dem Tod (B 200ff.), aber Menschen, die vor dem Tod fliehen, laufen ihm nach (B 203). Toren sehnen sich nach dem Abwesenden, das Gegenwärtige nützen sie nicht und finden in ihrem gesamten Leben an niemandem Gefallen (B 202, vgl. 204). Unverständige müssen beherrscht werden (B 75) und sollten nicht noch gelobt werden (B 113). Für Verständige ist es hart, sich von Geringeren beherrschen zu lassen (B 49). Ehrenvoll ist es dagegen, dem Gesetz, dem Regierenden und dem Weiseren nachzugeben (B 47). Wohlverständig ist, wer dem nicht nachtrauert, was er nicht hat, sondern sich über das freut, was er hat (B 231).

Demokrits Ansichten über arm und reich decken sich weitgehend mit den Anschauungen anderer griechischer Philosophen. Sie haben westliches Fühlen, Denken und Werten für zweitausend Jahre wesentlich mitbestimmt. Sie erwachsen aus psychologischen und anthropologischen Erkenntnissen von der Struktur der menschlichen Person und von der Natur des Menschen. Streben nach Besitz ist, nach allgemeiner griechischer Auffassung, dem begehrlichen Teil der Psyche zuzuordnen. Diese Schicht ist die unterste, mithin Reichtum das niedrigste der menschlichen Güter, gemessen an der oben erwähnten Skala der göttlichen und menschlichen Werte. Es besteht überhaupt kein Zweifel, daß der »Materialist« Demokrit in der Einschätzung der materiellen Werte dem gesamtgriechischen Wertekanon folgt. Das bedeutet: Unterscheidung zwischen ehrenhaftem und schimpflichem, gerechtem und ungerechtem, maßvollem und maßlosem Gewinnstreben, das somit der ethischen Beurteilung unterliegt. Allgemein gilt, daß Ansehen und Reichtum ohne Einsicht unsichere Güter sind (B 77). »Wer völlig dem Geld unterliegt, kann nie gerecht sein« (B 50); »Geld zu erwerben, ist nicht unnütz, wird es aber auf ungerechte Weise erworben, ist es schlimmer als alles andere.« (B 78) Schlechte Gewinne führen zum Verlust der Ehre (B 220).

Armut schließt Würde nicht aus (B 291). Demokrit plädiert für mäßigen Besitz: »Man soll erkennen, daß das menschliche Leben schwach ist und kurzdauernd und mit vielen Plagen und Schwierigkeiten vermengt, auf daß man nur für mäßigen Besitz sorgt und die Mühsal aufgrund des Notwendigen abgemessen wird ... Glücklich, wer bei mäßigem Vermögen wohlgemut, unglücklich, wer bei großem mißmutig ist.« (B 285f.)

Maß und Mitte sind Merkmale des Guten und Schönen. In folgendem Satz sind zwei Grundbegriffe der aristotelischen Theorie von der Tugend als einer Mitte zwischen zwei Extremen enthalten: »Schön ist in allem das Gleichmaß; Übermaß und Mangel scheint mir nicht so.« (B 102)

Das Innere hat bei Demokrit den Vorrang vor dem Äußeren, der Geist vor dem Körper: »Wenn das innere Wesen wohlgeordnet ist, dann ist auch das Leben in Ordnung« (B 61); »Körperschönheit ist etwas Tierisches, wenn sich nicht Verstand dahinter birgt.« (B 105) Der Geist ist die wahre Quelle des Schönen und der Freude (B 112, 146). Allerdings ist nicht alles, was der Mensch in sich vorfindet, schön und gut. Demokrit gehörte nicht zu den Schönfärbern, er ertrug auch den Anblick der weniger schmeichelhaften Innenaspekte: »Wenn du dein Inneres öffnest, wirst du eine buntgefüllte und leidenvolle Vorrats- und Schatzkammer von Übeln finden« (B 149) und setzte damit die nach tieferer Selbsterkenntnis strebende philosophische Tradition Heraklits fort, dessen psychologische Konflikttheorie er jedoch modifiziert, indem er die pessimistische Tendenz korrigiert: »Gegen das Herz anzukämpfen ist zwar schwer, aber Sache des Mannes, des wohl überlegenden, ist es, den Sieg zu gewinnen.« (B 236) Im Prinzip kannte Demokrit auch bereits den Vorgang der Verdrängung und eine seiner Konsequenzen: »Vergessen der eigenen schlechten Eigenschaften erzeugt Frechheit.« (B 196) Demokrits Psychologie ähnelt der Heraklits darin, daß sie neben dem funktional-operativen Aspekt der Seele, der die Erkenntnis- und Bewegungsfunktionen des Lebensprinzips Seele erfaßt, auch den personalen Aspekt berücksichtigt, der die Seele als Schicksalsträger eines Individuums auffaßt und damit das Seelenleben zum Gegenstand der Reflexion macht.

Damit tritt dem großen Kosmos, dem die Aufmerksamkeit der vorsokratischen Philosophen in erster Linie galt, nun auch der kleine Kosmos in Gestalt des Menschen gegenüber. Demokrit prägte die Formel dafür: »Der Mensch, eine kleine Welt.«

(B 34) Mit der These, daß Seligkeit oder Unseligkeit des Menschen nicht auf seinem Besitz beruht, sondern in seiner Seele fundiert ist (B 170f.), nähert sich Demokrit sogar einer idealistisch-christlichen Sicht der Dinge: Was nützt dem Menschen aller Reichtum, wenn er darüber Schaden nimmt an seiner Seele?

Demokrits Erziehungslehre und seine Diätetik sind von dem gleichen Geist durchdrungen, ohne aber die Basis zu verleugnen: In den wichtigsten Dingen haben die Menschen von den Tieren gelernt, und zwar auf dem Weg der Nachahmung (B 154). Das Erlernen der edlen Dinge im Leben erfordert Mühe, das Häßliche erntet man sonder Mühe von selbst (B 182). Zu den edlen Dingen gehören die Künste und Wissenschaften (B 59). Der sittliche Ernst der Ethik Demokrits, die Tendenz zur Innerlichkeit sowie die antinarzißtische Einstellung werden auch in seiner Aufforderung erkennbar, sich vor sich selbst mehr zu schämen als vor anderen (B 84, 244, 264).

Bei der Jugenderziehung ist der Leichtsinn das schlimmste (B 178). Zwei für alle Erziehung wichtige Gedanken finden sich bei Demokrit: der Lernende braucht sowohl Freiheit zur Entfaltung als auch geeignete Arbeitsbedingungen wie Wettkämpfe, um seine Grenzen zu erfahren und damit Bescheidenheit zu lernen (B 179). Im übrigen ist Überzeugung dem Zwang vorzuziehen, denn »wer mit Verständnis und Erkenntnis recht handelt, wird zugleich mannhaft und geradsinnig« (B 181). Furcht erzeugt Schmeichelei, aber kein echtes Wohlwollen (B 268).

Der Mensch lernt nicht für die Schule, sondern für das Leben, und hier gilt: »Die Bildung ist den Glücklichen Schmuck *(kosmos)*, den Unglücklichen Zuflucht« (B 180), ein Satz, den Aristoteles zitierte. Am meisten vermag in aller Erziehung das Vorbild (vgl. B 208). Demokrit erkannte wohl, daß Alter nicht unbedingt mit Verständigkeit einhergeht: »Es gibt gelegentlich Verstand bei den Jungen und Unverstand bei den Alten. Denn Zeit lehrt nicht Denken, sondern frühzeitige Erziehung und Naturanlage« (B 183); »Kraft und Schönheit sind der Jugend Güter, des Alters Blüte aber ist Besonnenheit.« (B 294) Damit bewegt sich Demokrit auf der Ebene griechischer Ethik. Insgesamt ist das Alter dem Jungsein vorzuziehen: »Der Greis war einmal jung, ob der Jüngling aber das Greisenalter erreichen wird, ist ungewiß. So ist das abgeschlossene Gut besser als das noch in der Zukunft liegende und unsichere.« (B 296) Auch das entspricht dem realistischen Sinn griechischer Lebensauffassung. Das Alter kann seinen Reiz haben: »Als alter Mann anmutig ist, wer von gewinnendem Wesen und auch von ernstem Wort ist.« (B 104): wahrscheinlich ein Selbstporträt des greisen Denkers, der sehr bestimmte Vorstellungen vom Lebenswandel und Tagesablauf hatte. Die Menschen haben es selbst in der Hand, gesund zu leben und bedürfen zu diesem Zweck nicht der Gebete. Ihre eigene Unmäßigkeit verhindert oft das gesunde Leben (B 234), ja wie es eine Krankheit des Leibes gibt, gibt es auch eine des Hauses und des Lebens (B 288). Tagesschlaf hielt Demokrit beispielsweise für ungesund. Gewiß war Demokrit kein »Puritaner«, denn ein Leben ohne Feste erschien ihm wie ein langer Weg ohne Gasthäuser (B 230).

Von Emanzipation der Frauen und Sklavenbefreiung scheint er nicht viel gehalten zu haben. Auch hier bleibt er auf dem harten Boden der Tatsachen in der Antike: »Das Weib soll sich nicht um die Rede mühen; denn das ist abscheulich« (B 110); »Von einem Weib beherrscht zu werden, ist für einen Mann wohl äußerste Vergewaltigung.« (B 111) Von Ehe und Kindern hielt Demokrit nicht viel, und Diener soll man seiner Meinung nach wie Glieder des Leibes verwenden, jeden zu etwas anderem (B 270).

Im Verhältnis von Gemeinschaft und Individuum scheint sich Demokrit um einen Ausgleich der Interessensphären bemüht zu haben: »Die Pflichten für die Staatsgemeinde soll man unter allen für die größten halten, auf daß sie gut verwaltet werde; dabei darf man weder streitsüchtig gegen die Billigkeit handeln noch sich selbst wider das allgemeine Beste eine Gewalt anmaßen. Denn ein wohlverwaltetes Gemeinwesen ist die größte Stütze, und hierin ist alles enthalten; ist dieses gesund, so bleibt alles gesund, und, geht dieses zugrunde, so geht alles zusammen zugrunde.« (B 252) Die eigenen Geschäfte über den öffentlichen zu vernachlässigen, ist abträglich, die Vernachlässigung der öffentlichen Geschäfte kann sogar gefährlich werden (vgl. B 253). Das Leben in Recht und Freiheit setzt Überwindung von Mißgunst und guten Willen voraus: »Die Gesetze würden nichts dagegen haben, daß jeder nach eigenem Belieben lebte, wenn nicht der eine den anderen schädigte. Denn Mißgunst schafft den Anfang der Zwietracht ... Das Gesetz will das Leben der Menschen wohlgestalten, es kann es aber nur, wenn sie selbst wollen, daß es ihnen wohlergehe; denn nur denen, die ihm folgen, offenbart es seine eigene Trefflichkeit.« (B 245, 248) Es ist nicht zu verhindern, daß auch schlechte Bürger zu hohen

Ehrenämtern gelangen. Je unwürdiger sie dafür sind, desto unbekümmerter werden sie, erfüllt von Torheit und Frechheit (vgl. 254).

Demokrit kannte das Grundübel griechischer Gemeinwesen nur zu gut und mahnte desto mehr zur Eintracht: »Bürgerzwist ist für beide Parteien ein Unglück. Denn Siegern wie Unterliegenden gereicht er in gleicher Weise zum Verderben ... Nur von Eintracht aus lassen sich die großen Werke wie auch die Kriege für die Gemeinden ausführen, anders nicht«. (B 249f.) Die Not der Gemeinschaft ist schlimmer als die des Einzelnen, denn hier besteht Hoffnung auf Abhilfe, dort nicht (B 287). Damit rührt Demokrit bereits an ein Problem, das Sokrates noch schwer zu schaffen machen sollte.

Von den zahlreichen Ratschlägen Demokrits in Dingen des täglichen Lebens, zu Ackerbau, Weinbau, Mauerbau, kann hier nicht die Rede sein, wie weise sie auch im einzelnen sein mögen. Sie haben hochfliegende metaphysische Spekulationen überlebt und gelten teilweise noch heute.

Demokrit sah den engen Zusammenhang von Medizin und Philosophie. Wie jene die Krankheiten des Leibes heilt, befreit die Weisheit die Seele von schädlichen Leidenschaften (vgl. B 31).

Mit Heraklit stimmt Demokrit in der Ablehnung der Vielwisserei überein (B 64). Man soll viel denken, nicht viel wissen (vgl. B 65). In der Sprachphilosophie scheint Demokrit nicht den naturalistischen, sondern den konventionalistischen Standpunkt vertreten zu haben (vgl. B 26), wenn er auch den Dichtern ein gewisses Maß an Wahnsinn zugestand (vgl. B 17f.).

In der Frage nach der Möglichkeit von Erkenntnis und Wahrheit neigte er der kritischen Einstellung des Xenophanes zu, die später auch Kant teilte: »Wir aber erfassen in Wahrheit nichts Untrügliches, sondern nur was wechselt entsprechend der Verfassung unseres Körpers und der ihm zuströmenden oder entgegenwirkenden Atome ... Daß wir nun, wie in Wirklichkeit ein jegliches beschaffen oder nicht beschaffen ist, nicht erfassen, ist vielfach klargelegt worden ... In Wirklichkeit aber wissen wir nichts; denn in der Tiefe liegt die Wahrheit ... Nicht alle Dinge verlange zu wissen, daß du nicht aller Dinge unkundig wirst.« (B 9f., 117, 169) Vielleicht das Tiefgründigste, was Demokrit über die Erkenntnis zu sagen hat, ist, daß sie insgesamt anthropomorph ist. »Ich behaupte Folgendes über das All: Mensch ist, was wir alle wissen« (B 165). Von dieser Erkenntnis führt eine Linie zum Subjektivismus und Relativismus des Protagoras, die andere zur Ideenphilosophie Platons und zur Geistmetaphysik des Aristoteles.

4.1.2.12 Anaxagoras

Anaxagoras (500–428) aus Klazomenai antwortete auf die Frage, wozu er auf die Welt gekommen sei: »Zur Beobachtung von Sonne, Mond und Himmel.« Als ihn einer fragte, ob er kein Herz für sein Vaterland habe, erwiderte er, nichts liege ihm mehr am Herzen als dieses, wobei er auf den Himmel zeigte. Anaxagoras war Kosmologe und Kosmopolit. Er stammte aus einer angesehenen, begüterten Familie und verbrachte 30 Jahre seines Lebens in Athen. Dort wurde er von Kleon, einem gefürchteten Demagogen, der Gottlosigkeit *(asebeia)* angeklagt. Er entging nur mit Mühe, durch das Eintreten seines Freundes Perikles für ihn, der Todesstrafe und kam mit der Verbannung davon. Sein Selbstbewußtsein blieb indessen ungebrochen. Als ihm jemand vorhielt, er habe auf Athen verzichten müssen, entgegnete er: »Nein, Athen auf mich.« Anaxagoras scheint nicht besonders vom Schicksal begünstigt gewesen zu sein. Auf die Nachricht vom Tod seiner Söhne reagierte er in heroischer Weise: er habe gewußt, daß er Sterbliche gezeugt habe. Mit Demokrit soll er sich nicht verstanden haben. Die letzten Jahre seines Lebens verbrachte er in Lampsakos, unweit Troja, in seiner ionischen Heimat. Als die Behörden ihn nach seinem letzten Wunsch fragten, bat er darum, den Kindern in seinem Todesmonat Spiele zu gewähren, was auch geschah. Die Lampsakener versahen sein Grab mit der Inschrift:

> Friedlich ruht Anaxagoras hier, der Sucher nach Wahrheit,
> Weit in den himmlischen Raum drang sein erleuchteter Geist.

Nach einem hervorstechenden Merkmal seiner (Geist)Philosophie nannte man ihn »Geist« *(nous).* An politischer Tätigkeit war er so wenig wie Demokrit interessiert. Von seiner Schrift ›Über die Natur‹ sind nur wenige Fragmente erhalten. Eines seiner Grundprobleme war, die ionische Lehre vom Werden mit der eleatischen Seinslehre zu kombinieren. Mit seinen Vorgängern teilte er die Ansicht, daß nichts aus dem Nichts entsteht oder sich in das Nichts auflöst. Anstelle von »Entstehen«

und »Vergehen« sollte man besser von »Mischung« und »Scheidung« sprechen (B 17). Anaxagoras setzte die Existenz von Dingen voraus. Ihre »Scheidung« bewirkt der Geist, das Prinzip der Bewegung (B 13). Der Theorie der Atomisten von kleinsten, unteilbaren Teilchen stellte er seine Theorie von der unbegrenzten Teilbarkeit gegenüber. Anaxagoras zufolge lassen sich die qualitativen Unterschiede der Dinge nicht auf quantitative zurückführen, vielmehr finden sich in allen Teilen Teile von allem anderen wieder, nur überwiegt im einen Teil diese, in einem anderen jene Bestimmung: alles ist in allem enthalten (B 6). Spätere nannten das die Homoiomeren-Theorie oder die Theorie der gleichen Teile: Fleisch besteht aus Fleischteilchen, nicht aber aus »Elementen«. Das bedeutete einen Rückschritt gegenüber der quantifizierenden physikalischen Betrachtungsweise, die sich gegenüber dieser mehr am Organischen orientierten Sicht am Ende durchsetzte. Platon und Aristoteles heben übereinstimmend hervor, Anaxagoras habe als einziger Naturphilosoph Naturvorgänge mit Hilfe eines geistigen Prinzips zu erklären versucht, leider habe er jedoch den Geistbegriff nicht rein, sondern nach Art materieller Substanzen konzipiert. Tatsächlich hat Anaxagoras, nicht unbedingt zum Vorteil der Entwicklung naturwissenschaftlichen Denkens, die sogenannte Geist-Metaphysik begründet[12].

»Das Übrige hat Anteil an allem, Geist aber ist etwas nicht durch Grenze Bestimmtes und Selbstherrliches und ist vermischt mit keinem Dinge, sondern ist allein, selbständig, für sich ... Er ist das feinste aller Dinge und das reinste und er besitzt von allem alle Kenntnis und hat die größte Kraft. Und was nur Seele hat, die größeren wie die kleineren Wesen, über alle hat der Geist die Herrschaft. Auch über die gesamte Umdrehung hat der Geist die Herrschaft angetreten, so daß er dieser Umdrehung den Anstoß gab. Und zuerst fing diese Umdrehung von einem gewissen kleinen Punkte an, die Umdrehung greift aber weiter und wird noch weiter greifen. Und was sich da mischte und abschied und voneinander schied, alles erkannte der Geist ... Und es scheidet sich vom Dünnen das Dichte, vom Kalten das Warme, vom Dunklen das Helle, vom Feuchten das

[12] Diogenes von Apollonia, ein Zeitgenosse des Anaxagoras, suchte dessen Geist-Metaphysik mit der Lehre des Anaximenes von der Luft als dem Urstoff aller Dinge zu verbinden. Origineller ist sein Satz von der Einmaligkeit jedes Einzeldinges im Weltgeschehen, einer Vorform des principiums identitatis indiscernibilium, die von N. Cusanus und G. W. Leibniz weitergebildet wurde.

Trockene. Dabei sind der Teile viele von vielen Stoffen vorhanden. Vollständig aber scheidet sich nichts ab oder auseinander, das eine vom andern, nur der Geist. Geist aber ist allemal von gleicher Art, der größere wie der kleinere. Sonst aber ist nichts dem anderen gleichartig, sondern wovon am meisten in einem Dinge enthalten ist, dies als das deutlichst Erkennbare ist und war das eine Einzelding.« (B 12)

Platon hat mit seiner Ideenlehre, Aristoteles hat mit seiner Theorie vom unbewegten Beweger (Geist: Gott) die Idee des Anaxagoras weiterentwickelt.

Die Bilanz vorsokratischer Bemühungen um Wahrheit und Freiheit hat einen personalen, einen philosophischen und einen wissenschaftlichen Aspekt.

Der personale Aspekt: Thales ermahnte seine ionischen Landsleute vergeblich zur Eintracht; Anaximander wanderte aus; Pythagoras wurde getötet oder mußte fliehen; Xenophanes wurde von den Medern vertrieben; Zenon wurde zu Tode gefoltert; Empedokles starb im Exil; Anaxagoras wurde verbannt.

Alles nur Zufall? Wohl kaum, so ging es später weiter: Sokrates wurde zum Tode verurteilt und hingerichtet; Platon wurde in die Sklaverei verkauft und wie durch ein Wunder gerettet; Aristoteles flüchtete vor einem Asebie-Prozeß. Die Reihe ließe sich fortsetzen, doch hier nur die klassischen Fälle: Hypatia wurde von fanatischen Christen auf grausame Weise getötet; Cicero fiel der Rache der Patrizier zum Opfer; Seneca kam den Schergen Neros durch Selbstmord zuvor; Boëthius wurde eingekerkert und hingerichtet.

Der philosophische Aspekt: Unterscheidung von (einfachen) Elementen und (zusammengesetzten) Dingen; Begründung der analytischen Methode; Ansätze zu einer Klassifizierung der Elemente (Thales, Anaximenes, Heraklit, Empedokles); Gegenüberstellung von Begrenztem und Unbegrenztem (Anaximander); Beginn, qualitative auf quantitative Unterschiede zu reduzieren (Anaximenes, Demokrit); Begründung des prozessualen Weltverständnisses, einer relativierenden Betrachtungsweise sowie die bis heute unwiderlegte Annahme periodisch entstehender und vergehender Welten (Heraklit); Einsicht in die Unmöglichkeit absoluter Erkenntnis und Mythenkritik (Xenophanes); Gegenüberstellung von Werden und Sein, Sein und Nichtsein, Entscheidung für das Sein und Unterscheidung von Sein und Schein (Parmenides); energetisches Weltkonzept, Erhaltungssätze und Ansätze einer Theorie der Evolution (Empedokles); Übergang von wahrnehmbaren zu unsichtbaren Elementen, umfassendes deterministisch-pluralistisches Weltkonzept und Annäherung an die wissenschaftliche Methode (Demokrit); Annahme einer wenn auch nicht widerspruchsfreien immateriellen Bewegungsursache des Weltgeschehens (Anaxagoras).

Der wissenschaftliche Aspekt: Vorhersage einer Sonnenfinsternis (Thales); Lehrsatz des Pythagoras; Kugelgestalt der Erde (Parmenides); Das Licht braucht Zeit zur Ausbreitung (Empedokles); Die Erde ist ein Planet (Philolaos); Der Kosmos besteht aus einer unbegrenzten Zahl von Weltsystemen (Atomisten); Entdeckung der Schiefe der Ekliptik (Oinopides von Chios, 2. Hälfte des 5. Jahrhunderts); Erklärung der Sonnen- und Mondfinsternis; Indirekte Beleuchtung des Mondes (Anaxagoras) – um nur einige Beispiele zu nennen.

Die philosophie- und wissenschaftsgeschichtlich bedeutendsten Errungenschaften der vorsokratischen Epoche dürften die Zahlentheorie des Pythagoras und die Atomtheorie Demokrits sein. Nach einem fast zweitausendjährigen Dornröschen-Schlaf entstand, aus der Kombination von Mathematik und klassisch-mechanischer Physik das erste naturwissenschaftlich brauchbare Konzept zur Weltbewältigung. Einige Sätze in den Fragmenten Demokrits lassen den Weg erkennen, den die Philosophie nach der kosmologischen Epoche einschlägt: Vom Makrokosmos zum Mikrokosmos; Alle menschliche Erkenntnis ist letztlich anthropomorph; Ohne guten Willen nützt die beste Verfassung nichts; Auf Taten, nicht auf Worte kommt es an. Die Sophisten wandten sich den Worten, Reden und Meinungen zu, interessierten sich vorwiegend für den Menschen und Probleme der Gesellschaft und übten Kritik an Recht, Moral und Religion.

4.2 Das Zeitalter der Polis: Der Mensch

4.2.1 Der Aufstieg Athens

Die Große Kolonisation hatte wirtschaftlich, politisch und kulturell auf das griechische Mutterland zurückgewirkt und dort folgenreiche Prozesse, wenn nicht in Gang gesetzt, so doch beschleunigt. Hier war es vor allem Athen, das von bescheidenen Anfängen politisch zu einer Großmacht und kulturell zum Zentrum Griechenlands (Thukydides, II, 41) aufstieg. Athen verdankt diesen Aufstieg einer konsequenten demokratischen und maritimen Politik, wirtschaftlicher Expansion und gesellschaftlichen Reformen, die den grundbesitzenden Adel entmachteten zugunsten neuer Gesellschaftsschichten, die Handel und Gewerbe trieben.

Geographisch lag Athen im Herzen Griechenlands, geschützt und von mildem Klima begünstigt, in unmittelbarer Nachbarschaft zu fast allen griechischen Stammesgebieten, nahe am Meer und gleichzeitig zu Lande eine Schlüsselstellung einnehmend. An der Großen Kolonisation hatte Athen so gut wie keinen Anteil. Erst gegen Ende des 6. Jahrhunderts trat es als potentielle Seemacht in Erscheinung, überflügelte dann jedoch im 5. Jahrhundert rasch seine Konkurrenten Korinth, Megara, Chalkis und Milet. Zu Beginn des 6. Jahrhunderts steckte der Agrarstaat Athen in einer tiefen Krise, hervorgerufen durch ungleiche Landverteilung, Bevölkerungszunahme, Abbrennen der Wälder, Erschöpfung des Bodens durch übermäßige Bebauung oder Überweidung mit folgender Erosion. Der Boden wurde schlechter, knapper, die Bauern verarmten und gerieten in Schuldknechtschaft. Drakon (um 620) wurde durch strenge Gesetze der Lage nicht Herr. Erst Solon (ca. 640–560), ein einsichtiger Aristokrat, beschritt den richtigen Weg, als er den Export vieler Agrarprodukte verbot, dagegen den von Öl, Wein, Wolle, Marmor und Keramik förderte. Sein Gesetz der Lastenabschüttlung *(seisachthia)*, das die Kleinbauern aus der drückenden Schuldknechtschaft befreite, die Beseitigung von Hypothekensteinen *(horoi)*, die Agrarreform sowie Münz-, Maß- und Gewichtsreformen stellten die attische Wirtschaft auf eine gesunde Grundlage. Durch Landflucht wuchs die Einwohnerzahl

Athens, und die Menschenmassen der Stadt mußten ernährt werden. So nahm die Produktion auf dem Land zu, und es kam zu einer Art Wechselwirkung zwischen wachsender Produktion und steigendem Konsum.

Auch die Athener machten die Erfahrung, daß Stadtluft frei macht. Die Tyrannis alten Stils hatte in Athen keine Chance. Peisistratos (560–528) war zwar ein Tyrann, aber, wie auch Pittakos, ein gemäßigter. Er war ein Freund Solons und setzte dessen Reformwerk fort, indem er das politische Gewicht der Stadtbevölkerung vergrößerte. Das dringend benötigte Kapital lieferten ihm die Silberminen von Laurion im Süden Attikas. Peisistratos glaubte, seine Position zu festigen, tatsächlich förderte er jedoch den Demokratisierungsprozeß. Er suchte zwischen den wachsenden Bedürfnissen der Stadtbevölkerung und den Mitteln des Landes zur Befriedigung dieser Bedürfnisse ein Gleichgewicht herzustellen, förderte Handel und Handwerk, holte Leute mit Unternehmergeist vom Land in die Stadt und sorgte durch ein großzügiges Arbeitsbeschaffungsprogramm für den inneren Frieden. In der Stadt sammelte sich Kapital an, das größere Investitionen in Landwirtschaft und Bergbau ermöglichte. Die frei gewordenen Bauern bauten Straßen und Tempel, die Händler ließen Schiffe bauen. Um 500 besaß Athen 50 davon, die geeignet waren, den Zielen maritimer Expansion zu dienen.

4.2.1.1 Die Demokratie

Durch seine Reformpolitik (510–506) verschaffte Kleisthenes dem Volk die Macht im Staat. Er ersetzte die alte Phylen-Ordnung nach Geschlechtern durch eine nach geographischen Gesichtspunkten und richtete den Rat der Fünfhundert (je 50 aus zehn Phylen) ein. Mit Hilfe des Scherbengerichts *(ostrakismós)* konnte das Volk undemokratische und unliebsame Politiker auf zehn, später auf fünf Jahre verbannen. Kleisthenes stützte sich bei seinen Reformen auf die Mittelschicht, das »Bürgertum«. Sein Werk steigerte die Möglichkeit ökonomisch-maritimer Expansion, indem es sie auch gesellschaftlich absicherte.

Damit war etwas in der Weltgeschichte Einmaliges gelungen: Die Demokratie als Inbegriff von Volkssouveränität und als politischer Rahmen freiheitlicher Lebensgestaltung war in hundert Jahren, Stufe um Stufe, langsam und folgerichtig verwirklicht worden. Neben den Olympischen Spielen, die in erster Linie der Körperbildung dienten, und der Platonischen Akademie zum Zweck der Geistesbildung war dies die dritte große Institution, die Hellas der Menschheit schenkte.

Die Leitlinien athenischer Demokratie, denen auch die attische Philosophie verpflichtet ist, sind: gleiches Recht (Isonomie), Freiheit, Gesetzestreue, auch gegenüber den ungeschriebenen Gesetzen, Arbeit, Wettkämpfe, Feste, Weltoffenheit, Liebe zur Kunst und zum Geist, Reichtum im Dienst der rechten Tat, Überwindung der Armut durch Anspannung der eigenen Kräfte, Sorgfalt im Haus- wie im Staatswesen, verbunden mit einem gesunden Urteil, Seelenstärke angesichts drohender Gefahren, Pflege uneigennütziger Freundschaft und ungezwungene Selbstverwirklichung.

4.2.1.2 Der Kampf um die Freiheit

Schon bald nachdem sich die Demokratie in Athen durchgesetzt hatte, sollte sie Gelegenheit haben, ihre Tugenden der Freiheitsliebe, Gesetzestreue und Seelenstärke zu bewähren. In den unermeßlichen Weiten des asiatischen Kontinents war unter den Achämeniden von der Stammlandschaft Persis aus ein Riesenreich entstanden, das sich vom Indus bis zur Ägäis und vom Kaukasus bis nach Nordafrika ausdehnte. Kyros der Große (559–529) hatte 539 Babylon erobert und das persische Weltreich begründet. Nach der Unterwerfung Kleinasiens streckten die Perser ihre Hände auch nach den hellenischen Siedlungen und Städten an der Nord- und Westküste Kleinasiens aus. Darüber hinaus verlockten Uneinigkeit und Unentschlossenheit des griechischen Mutterlandes den persischen Großkönig zu weiterer Expansion nach Westen. Zwar leisteten die ionischen Griechen der Westküste Kleinasiens verzweifelten Widerstand, aber Zwietracht und Verrat ließen den Freiheitskampf scheitern. Milet, die schönste Perle in der Kette ionischer Pflanzstädte, wurde größtenteils zerstört, die überlebenden Bewohner wurden an den unteren Tigris deportiert, und nicht einmal den berühmten Apollon-Tempel vor den Toren der Stadt verschonten die Perser. Im September 490 erlebte der persische Großkönig Dareios I. (521–485) jedoch eine erste Überraschung, als sein Feldherr Datis in der marathonischen Ebene in Attika an Land ging, um mit weit überlegenen Kräften Athen im Handstreich zu nehmen. Die Spartaner kamen, da sie vor Vollmond nicht ausrücken durften, zu spät zur Schlacht, so daß die Athener allein auf sich gestellt waren. Dank der besseren Taktik des athenischen Strategen Miltiades (550–489) wurden die Perser geschlagen und zum Rückzug gezwungen. In der olympischen Disziplin des Marathonlaufs lebt die Erinnerung an jenes große Ereignis und an den Überbringer der Siegesnachricht fort, der von Marathon nach Athen gelaufen und dort dann tot zusammengebrochen war.

Zehn Jahre später versuchte es der persische Großkönig Xerxes (485–465) von neuem. Mit einem Heer, wie es die Weltgeschichte zuvor noch nicht gesehen hatte, rückte er gegen Hellas. Nach dem ungleichen Kampf bei den Thermopylen zog Xerxes brandschatzend weiter und schonte auch die Heiligtümer der Griechen nicht. Wieder war es ein genialer Stratege, nicht einmal ein vollbürtiger Athener, der Athen und damit Griechenland rettete. Themistokles (525–459) hatte frühzeitig erkannt, daß in der unvermeidlichen Auseinandersetzung mit der persischen Landmacht Athen nur zur See eine Chance haben würde. Daher beschleunigte er mit großer Energie den Bau der Flotte und ließ als Archon des Jahres 493 Athens Hafenstadt Peiraios (Piräus) ausbauen. Indem er den delphischen Orakelspruch, die Athener sollten sich hinter hölzernen Mauern verteidigen, mit dem sonst niemand etwas anzufangen wußte, geschickt auf die Flotte bezog, setzte er mit allen Mitteln der Überredung, sogar mit Drohungen und Bestechung, durch, daß die Athener zwar ihre Stadt aufgaben, sich aber nicht auf die Peloponnes zurückzogen. Themistokles lockte die weit überlegene persische Flotte (1000 : 375) in die Meerenge von Salamis, wo die kleinen, wendigen und schnellen Schiffe der Athener den großen, schwerfälligen Schiffen der Perser am 20. September 480 eine vernichtende Niederlage beibrachten. Als die Spartaner unter ihrem König Pausanias 479 auch die persische Landstreitmacht bei Plataiai (Platää) geschlagen hatten, war die Bedrohung abgewendet. Die zweite Runde in der Auseinandersetzung zwischen Asien und Europa hatte Asien verloren. Bis zur Schlacht von Chaironeia (338) setzte kein fremdes Heer mehr den Fuß auf griechischen Boden. In Athen folgte eine in der Weltgeschichte einmalige Blütezeit der Kultur, das goldene Zeitalter der Fünfzig Jahre oder die Pentekontaëtie (478–431).

4.2.1.3 Die Pentekontaëtie

In dieser Zeit entstand unter anderem die griechische Tragödie. Aischylos (525–456), der erste der drei großen griechischen Tragödiendichter, gehörte der Generation von Marathon an. Er hatte am Kampf um die Freiheit teilgenommen. Eines seiner frühen Werke, ›Die Perser‹, handelt von der Niederlage des Xerxes. Aus dem Haß auf und der Furcht vor einem übermächtigen Feind wurde Mitgefühl für den Besiegten, der durch einen jähen Wechsel des Glücks gestürzt war, der sich nun billigem Amüsement ergab, sich an Grausamkeiten erfreute, in Indolenz verfiel und schließlich ermordet wurde. Der griechische Genius verharrte nicht im Haß, er transformierte die reale Erfahrung in ästhetische Wirklichkeit und zog die Lehren aus Verblendung *(ate)* und Überheblichkeit *(hybris)*. Hinter unersättlichem Machtstreben verbargen sich Ohnmacht und Nichtigkeit. Aischylos schrieb noch eine andere Tragödie, die, wie keine zweite, den Geist des Abendlandes in einer Gestalt zusammenfaßt, den ›Prometheus‹. Prometheus hatte den Göttern das Feuer gestohlen und es den Menschen gebracht, wofür er furchtbar bestraft wurde, bis ihn Herakles schließlich befreite. Die ungeheure Kreativität, die nach 479 in Griechenland, speziell in Athen, einsetzte, ist ohne das prometheische Lebensgefühl einer zu allem fähigen Kraft nicht zu denken. Sie war jedoch keineswegs von Ausbrüchen überschwenglichen Jubels begleitet, eher von tiefem Ernst und ehrfürchtiger Versunkenheit.

Auf gesellschaftlichem Gebiet ging der Demokratisierungsprozeß weiter. Auf Antrag des Ephialtes verlor der alte Adelsrat (Areopag, *Areios pagos*) 462 alle seine politischen Rechte. Die entsprechenden Aufgaben übernahmen der Rat *(boulé)*, das Geschworenengericht *(heliaía)* und die Volksversammlung *(ekklesía)*. Jeder Bürger erhielt das Recht, mittels Klage Beschlüsse auf ihre Gesetzmäßigkeit überprüfen zu lassen. Nach der Ermordung des Ephialtes (461) durch die Reaktion setzte Perikles die Reformtätigkeit fort: Tagegelder für Geschworene, Ratsherren und Beamte, Zulassung des dritten Standes (Zeugiten) zum Archontenamt. Die Demokratisierung konnte jedoch nicht verhindern, daß, neben den Demagogen, reiche adlige Geschlechter, die sich die Politik zur Lebensaufgabe machen konnten (Alkibiades), das politische Geschehen weiterhin maßgeblich mitbestimmten.

Im politischen Bereich begann der Attische Seebund mit dem

Peloponnesischen Bund unter Spartas Führung zu konkurrieren. Die spartanischen Ephoren setzten Pausanias, den Sieger von Plataiai, wegen angeblicher Konspiration mit den Persern gefangen, die Athener ostrakisierten Themistokles, den Sieger von Salamis, unter dem gleichen Vorwand. Sein Gegner, der adlige Kimon, sympathisierte mit den Spartanern und sandte ihnen, als sie einen Helotenaufstand niederwerfen wollten, ein Hilfskorps, das die Spartaner jedoch zurückwiesen (462). Von da an trennten sich die Wege der Bundesgenossen von 481 immer mehr, bis, mit dem Beginn des Peloponnesischen Krieges (431–404), auf beiden Seiten die zerstörerischen Kräfte endgültig die Oberhand gewannen und die tödliche Krise der Polis heraufbeschworen. Nach dem Tod des Pausanias herrschten in Sparta die Ephoren, das oligarchische Element der im Prinzip gemischten spartanischen Verfassung (König, Ephoren, Volksversammlung) für mehrere hundert Jahre, in Athen die radikalen Demokraten. Die Gegenüberstellung Oligarchie – Demokratie vereinfacht jedoch das Verhältnis Sparta – Athen zu sehr. In Wirklichkeit war die gemischte Verfassung der Spartaner demokratisch, Adel und Demagogen der Athener dagegen oligarchisch. Die Freiheitsliebe verband, wie der Kampf gegen die persische Invasion gezeigt hatte, Athener und Spartaner im tiefsten Grunde. Zwar verloren die Athener den Peloponnesischen Krieg, aber mit dem jeder Veränderung abholden Sparta, das auf seinem feudalistisch-militaristischen System beharrte, ging es seit dem 4. Jahrhundert immer mehr bergab.

Themistokles gab einer weitverbreiteten Meinung Ausdruck, wenn er nach dem Sieg über die Perser sagte: »Das haben nicht wir, sondern die Götter getan.« Wie der unerschütterliche Glaube des Aischylos an Zeus zeigt, war die Generation von Marathon noch in traditionellen religiösen Vorstellungen verwurzelt, wenn auch bald darauf eine tiefgreifende Wende einsetzte, die das religiöse Leben von Grund auf veränderte.

Die Kritik eines Xenophanes, eines Heraklit und eines Demokrit an den anthropomorphen Göttervorstellungen zog ihre Kreise, und es blieb nicht bei der Götterkritik. Demokrit versuchte bereits, den Glauben an ein Weiterleben nach dem Tod psychologisch zu erklären: »Manche Leute, die von der Auflösung der menschlichen Natur nichts wissen, aber im Bewußtsein ihrer schlechten Handlungsweise im Leben sind, mühen sich ihre Lebenszeit in Unruhen und Ängsten ab, indem sie erlogene Fabeln über die Zeit nach dem Ende erdichten.« (B 297)

Ein naiver Glaube an Gott und Unsterblichkeit war, nachdem dieser Weg einmal beschritten war, nicht mehr möglich. Hinzu kommt ein anderer, der soziale Aspekt. Mit der Verdrängung der Adelsgesellschaft schwand auch der Glaube an ihre großartigen Götter, die Olympier, welche die alte Welt- und Gesellschaftsordnung repäsentierten. Götter, die Unrecht tun, sind keine Götter. In dieser moralischen Kritik stimmen so verschiedene Persönlichkeiten wie der Komödiendichter Aristophanes (452–388) und der Tragödiendichter Euripides (480–406) überein, von den Sophisten ganz abgesehen. Mit dem Vordringen der demokratischen Gesellschaftsordnung verblaßten die alten Gottheiten und wurden aus Gegenständen der Verehrung zu Objekten der Kritik, ja des Spotts. Mit der Götterburleske hatte Homer, der Dichter der alten Adelskaste, hierin selbst den Anfang gemacht. Aristophanes stellte nun alles, was vorangegangen war, in den Schatten. In seinen Komödien wurden die Olympier zu Karikaturen. Der leidenschaftliche Kämpfer für die alte Ordnung merkte gar nicht, daß er ihr damit den Todesstoß versetzte. Mit Anspielung auf Demokrit setzt z.B. in den ›Wolken‹ König Wirbel Zeus ab. In den ›Vögeln‹ werden die Götter gezwungen, auf die Weltherrschaft zu verzichten, indem man ihnen den von der Erde aufsteigenden Opferrauch durch die Anlage einer Vogelstadt abschneidet. Das schlimmste aber ist für die Götter, daß sie nun auch von ihren irdischen Liebschaften abgeschnitten sind. Die gesellschaftlichen Implikationen liegen auf der Hand. Aristophanes durchschaute wie kaum ein anderer die religiöse Heuchelei der herrschenden Schicht und machte sie zur Zielscheibe der unentrinnbaren Pfeile seines Spotts. Die professionellen Seher Lampon und Diopeithes stellt er als habgierige und betrügerische Parasiten vor. Vielleicht hat Aristophanes überhaupt den in allen Kulturen zu beobachtenden Bund von Magie und Macht am schärfsten attackiert und zu seiner Entlarvung beigetragen. Etwas Vergleichbares haben weder die alten Inder noch die Chinesen, noch hat es das neuzeitliche Europa aufzuweisen. Ein Aristophanes war wohl nur im Freiraum athenischer Demokratie und griechischer Intellektualität möglich.

Anstelle der olympischen Gottheiten traten teils abstrakte Personifikationen wie Hybris, Ate, Nemesis und Tyche (Überheblichkeit, Verblendung, Vergeltung und Zufall), teils kamen ältere Schichten des Religiösen wieder zum Vorschein wie Magie, Orakelwesen, Mysterien, Aberglaube und Zauberei; oder es kamen neue Götter aus den Randgebieten und den Kolonien auch ins griechische Mutterland, z.B. die Retter aus Seenot, die Kabiren, von Samothrake nach Thessalien. Ebenfalls aus Thrakien stammt der Kult der Göttin Bendis, den Platon in der Einleitung zum ›Staat‹ erwähnt, und der phrygische Gott Sabazios, der ursprünglich wohl identisch war mit Dionysos.

Die Weltoffenheit Athens im 5. Jahrhundert wirkte sich also auch auf religiösem Gebiet aus. Der stoische Historiker und Geograph Strabon (1. Jahrh. v. Chr.) bemerkt dazu: »Gleich wie die Athener in allem anderen dauernd sehr gastfrei waren, so auch in Hinsicht auf die Götter; sie nahmen nämlich viele von den fremden Kulten auf, so daß sie auch von der Komödie verspottet wurden.«

Nach den Verheerungen der Perserkriege hatten die bildenden Künste vor allem drei Aufgaben: Wiederaufbau der Heiligtümer, Dank an die Götter und Ehrung der verdienten Männer. Besonders erwähnenswert sind der Bau des Zeustempels in Olympia (468–456) und der Wiederaufbau der Akropolis in Athen (448–406). Von 461 bis 429 stand Perikles an der Spitze des Staates. Dank seiner großzügigen Kulturpolitik wurde Athen zur konkurrenzlosen Kunstmetropole Griechenlands.

Von Siegesjubel und Triumphgefühlen ist in der Frühklassik (490–460) so wenig zu spüren wie in den ›Persern‹ des Aischylos, eher eine gewisse Schwermut, Ernsthaftigkeit und Besinnlichkeit.

Man entdeckte die Körperperspektive, im 4. Jahrhundert dann die Linienperspektive und schließlich die Luftperspektive. Mit der Aufgabe der Isokephalie (Köpfe am oberen Bildrand) und der Einführung des Kontraposts (Unterscheidung von Stand- und Spielbein) brachte der »strenge Stil« neue Bewegungselemente und Freiheitsgrade in die Kunstentwicklung ein, die sich psychologisch durch die Begriffe Vermenschlichung, Verinnerlichung und Vergeistigung charakterisieren läßt.

Wie in der Tragödie werden Handlung, Mythos und Ethos auch in den bildenden Künsten zu Leitkategorien. Die Mythen werden zum Medium griechischer Selbstdarstellung. Auf Giebelfeldern und Metopenreliefs erscheinen Kentaurenkämpfe, die den Kampf der Griechen gegen die Barbaren symbolisieren, gegen furchtbar starke und wilde Halbtiere, aber schon geht es nicht mehr um Sieger und Besiegte, sondern um eine gewisse menschliche Solidarität im Leiden: die Kentauren bekommen menschliche Züge, und aus der furchterregenden Gorgo wird die sterbende Medusa. In Athen wurde schon 476 das Standbild der Tyrannenmörder erneuert. Die von Antenor 510 geschaffene erste Gruppe hatten die Perser 479 geraubt. Alexander der Große brachte sie erst 150 Jahre danach aus Susa wieder zurück. Ein Motiv, das Philosophen, Geschichtsschreiber und Künstler dieser Zeit gleichermaßen bewegte, ist die Warnung vor der Hybris. Herodot faßte die Angst vor zu großem Glück mit folgendem Rückschlag in der Formel zusammen: »Alles Göttliche ist neidisch.« (I, 32)

Die Spätklassik (430–400) erinnert in mehr als einer Beziehung an Euripides: Steigerung der Spannungen, Erregtheit, Leidenschaftlichkeit. Anstelle der Raumvision des Pheidias tritt eine Art Raumillusion. Der Schwerpunkt der Figur verlagert sich nach außen. Sie wird »exzentrisch«, labil, wenn nicht haltlos.

Die Verbindungen zur Sophistik und Philosophie werden in der Tragödie noch deutlicher als in den bildenden Künsten. Während bei Aischylos das prometheische Lebensgefühl, verbunden mit einem unerschütterlichen Glauben an die gerechte Weltordnung des Zeus, dominiert, zeigen sich bei Sophokles (497–406) erste Spuren sophistischer Beeinflussung (›Philoktet‹), wenn auch der brave athenische Bürger noch nicht ins Fahrwasser der Skepsis gerät. Sophokles erkennt die Arroganz der Macht und leitet damit die Peripetie der Tragödie selbst ein. Die Götter treten mehr in den Hintergrund, das Göttliche wird abstrakter gedacht. Neben Zeus und Dike tritt die Erinys oder Nemesis, die Göttin der Rache oder Vergeltung. Die Tyche, der Zufall, gesellt sich dazu. Sophokles ist profaner als Aischylos: Im ›König Ödipus‹ nimmt ein unerbittliches Schicksal seinen Lauf; in der ›Antigone‹ erscheint der Mensch allein mit seinen Konflikten; im ›Aias‹ wird der Held zum Opfer seines eigenen Hasses und Wahns.

Bei Euripides ist der Mensch mit all seinen Nöten ganz allein. Verstrickt in das Netz verderblicher Leidenschaften siecht er dahin, ein Gottverlassener und Hilfesuchender zugleich. Was ihm bleibt, ist die Lust am Untergang, die selbstquälerische Gewißheit des Scheiterns, falls nicht ganz zufällig ein Gott eingreift und den Leidenden von seinen Qualen und Konflikten erlöst. In großem Umfang nehmen Frauen an dem tragischen Geschehen teil. Euripides entdeckte die dämonische Frauengestalt (Medea). Seine letzte Tragödie, die ›Bakchen‹, worin die rasende Königin-Mutter Agaue ihren eigenen Sohn Pentheus zerfleischt, stellt am Ende auch die philosophische Frage: Ist die Religion ein Wahnsinn oder die Vernunft?

4.2.2 Die Sophistik

Sophistik ist kein spezifisch westliches Phänomen, wie sich bereits bei der Erwähnung chinesischer Sophisten zeigte. Diese Tatsache erleichtert es, zu einem angemessenen Urteil über sie zu gelangen. Seit der Wiederaufwertung der Sophisten im 19. Jahrhundert, vor allem durch Friedrich Nietzsche, ist viel Unzutreffendes darüber geschrieben worden. Natürlich war, wenn nicht schon Sokrates selbst, Platon an der »ungerechten« Beurteilung der Sophisten schuld, weshalb dem Wort »Sophist« ein negativer Beigeschmack anhaftet. In Wirklichkeit seien die Sophisten, hieß es nun, viel besser als ihr Ruf, ganz abgesehen von den vielen wichtigen Entdeckungen, die sie auf fast allen Gebieten der Philosophie gemacht hätten. Aus der Wiederaufwertung wurde eine Rehabilitierung, aus dieser nicht selten eine Abwertung der sokratisch-platonischen Philosophie. Im 19. Jahrhundert blühte die Sophistik wie selten zuvor in der Geschichte. Seitdem ihre Früchte heranreiften, hat sich wieder eine etwas nüchternere Sicht der Dinge durchgesetzt, die im wesentlichen das Urteil Platons bestätigte, der sich wie kein anderer Denker um das Verständnis der Sophistik bemüht hat und die Sophisten offensichtlich besser verstand als diese sich selbst. Was die vielgerühmten Entdeckungen der Sophisten betrifft, bleibt davon nicht viel übrig, wenn man ins einzelne geht und ältere Quellen mitberücksichtigt. Protagoras (481–411) hat viel von Demokrit übernommen, und Gorgias (480–380) lernte die Rhetorik von Empedokles, um nur zwei Beispiele zu nennen.

Im Prinzip sind die griechischen Sophisten nichts anderes als ihre chinesischen Geistesverwandten: angepaßte, wenn nicht überangepaßte Intellektuelle, die die Wahrheit der Wirkung, das Recht der Macht und die Moral dem Geschäft unterordnen. Vom Zauberstab ihrer Wortgewalt berührt, verwandelt sich die Wirklichkeit in Schein, der Schein in Wirklichkeit. Das Medium totaler Scheinbarkeit ist der Nährboden der Sophisten, die Korruption der Gesellschaft die Bedingung ihrer Existenz. Da die Korruption ein universales Phänomen ist, ist die Sophistik es auch.

4.2.2.1 Protagoras

Sophistische Leitsätze sind meistens so unbestimmt und vage, daß es unmöglich ist, ihnen einen annähernd klaren Sinn abzugewinnen. Ein typisches Beispiel dafür ist der berühmte Satz des Protagoras, mehr Slogan als Lehrsatz: »Der Mensch ist das Maß aller Dinge, der seienden, daß (wie) sie sind, der nichtseienden, daß (wie) sie nicht sind.« (B 1) Der Satz enthält eine relativistische und eine subjektivistische Komponente, ohne daß sich mit Bestimmtheit sagen läßt, was mit beiden eigentlich gemeint ist. Die Unbestimmtheit erscheint beabsichtigt. Mit derartigen Sätzen kann man nämlich alles beweisen und widerlegen. Der überprüfbare Teil der Aussage ist trivial: kein Meßvorgang ohne Messenden, nämlich den Menschen. Als Slogan leistet der Satz dagegen viel mehr, er erzeugt ein schrankenloses Selbstbewußtsein, das Gefühl völliger Unabhängigkeit, Sicherheit und absoluter Überlegenheit. Daß es sich dabei um eine Scheinsicherheit handelt, bemerkt erst, wer den Satz auf seine Implikationen hin untersucht. Der einzige Denker, dem das bisher annähernd gelungen ist, ist Platon. Er fand schließlich den Gegen-Slogan dazu: »Nicht irgendein Mensch, sondern Gott ist das Maß aller Dinge«, ebensowenig eine wissenschaftliche Aussage wie die des Protagoras. Platon hat auch die antireligiöse Grundtendenz des Slogans richtig erkannt und sie in seiner Formel korrigiert. Protagoras eröffnete sein Buch ›Über die Götter‹ mit dem (scheinbar skeptischen) Gemeinplatz: »Von den Göttern weiß ich nicht, weder daß sie sind noch daß sie nicht sind; denn vieles hemmt uns in dieser Erkenntnis, sowohl die Dunkelheit der Sache wie die Kürze des menschlichen Lebens.« (B 4) Auch hier gab Protagoras einer antireligiösen Strömung des Zeitgeistes Ausdruck. Daß die empfindsamen Athener von solchen »Lehren« des Protagoras nicht begeistert waren, läßt sich verstehen, wenn sie ihm auch nicht den Prozeß (wegen Asebie) gemacht und seine Bücher verbrannt haben sollten.

»Er war der erste, der sich seinen Unterricht mit hundert Minen bezahlen ließ; auch war er der erste, der den Unterschied der Zeiten bestimmte und die Bedeutung des rechten Zeitpunktes darlegte und Redewettkämpfe veranstaltete und den Liebhabern des Wortstreits mit Sophismen aufwartete. Unbekümmert um den Sinn hielt er sich im Wortgefecht nur an die Worte und wurde so der Schöpfer der jetzt zur allgemeinen Mode gewordenen Eristik.«[13]

Daß es Protagoras tatsächlich in erster Linie um den Sieg im Wortstreit, nicht um Erkenntnis der Wahrheit ging, zeigt schon der aus der Ringersprache stammende Titel eines seiner Hauptwerke: ›Die Niederschmetternden‹ (nämlich Reden). Die gleiche prahlerisch-protzige Einstellung, die für die Sophisten charakteristisch ist, spricht aus einem anderen Buchtitel: ›Wahrheit‹. Vielleicht hat Protagoras auch nur einen Text unter zwei (oder sogar drei) vielversprechenden Titeln angeboten, was, damals wie heute, in den Kreisen verbreitet ist, welche die Wissenschaft zu Gewinn- oder Erfolgszwecken mißbrauchen. Andere Buchtitel des Protagoras waren: ›Eristische Technik‹, ›Vom Ringkampf‹, ›Von den Wissenschaften‹, ›Vom Staat‹, ›Vom Ehrgeiz‹, ›Von den Tugenden‹, ›Rechtsstreit über die Bezahlung‹ und ›Widerstreitsfragen‹. Wie bei den chinesischen spielte auch bei den griechischen Sophisten die Bezahlung eine wichtige Rolle.

Auf erkenntnistheoretischem Gebiet machte es sich Protagoras besonders leicht. Seine Behauptung, daß für jede Sache zwei entgegengesetzte Standpunkte der Beurteilung möglich sind, ist alles andere als wissenschaftlich. Ob seine entgegengesetzten »logoi« Aussagen, Gründe oder Meinungen sein sollen, bleibt unklar. Wertvolle erkenntnistheoretische Denkansätze früherer Denker gehen in der Trivialformel »Alles hat zwei Seiten« unter. Jeder hat mit dem recht, was er behauptet, und jeder kann behaupten, was er will, wenn er redegewaltig genug ist und ihm geglaubt wird; da läßt sich herrlich im Trüben fischen. Die für jede Theorie dieser Art letalen Folgen aus einer Verabsolutierung des sensualistischen Modells, wonach alle Wahrnehmungen wahr sind, ereilten jedoch auch die »Erkenntnistheorie« des Protagoras, die mit Eindrücken, nicht mit meßbaren Sinnesdaten operiert. Platon stellte in seinem nach Protagoras benannten Dialog dem subjektiven Operieren mit Eindrücken die Forderung einer objektiven Meßkunst gegenüber, der Welt der Eindrücke und Meinungen die Welt der Wahrheit und Wissenschaft.

[13] Diogenes Laertius II, S. 186.

Hatte Protagoras in der theoretischen Philosophie dem Schein zum Sieg über das Sein verholfen, dem Eindruck über die Erkenntnis, dem Meinen über das Wissen, mußte sich das auch auf dem Gebiet des Rechts, der Moral und Politik auswirken. Hier kommt es nach Protagoras darauf an, den Schein zu wahren, auch wenn man in Wahrheit ganz anders denkt und in Wirklichkeit ganz anders handelt. Die praktische, scheinbar hochmoralische Philosophie des Protagoras beruht auf Heuchelei: »Wenn man auch weiß, daß einer ungerecht ist, so hält man es doch für Verrücktheit, wenn er das selbst in Gegenwart vieler eingesteht, während man es doch sonst als ein Zeichen von gesunder geistiger Haltung ansieht, wenn einer die Wahrheit sagt. Man erklärt, jeder müsse sich selbst für einen gerechten Mann ausgeben, gleichgültig, ob er es in Wirklichkeit ist oder nicht, und wer sich nicht für gerecht erkläre, sei nicht recht bei Verstand; denn es müsse jeder an dieser Tugend irgendwie teilhaben, wenn er überhaupt in der menschlichen Gemeinschaft leben wolle.«[14]

Unterläuft die Heuchelei Wahrheit und Glaubwürdigkeit der Religion und Moral der Polis, so höhlt die Maxime, die schwächere Rede zur stärkeren zu machen (B 6b) die Rechtssicherheit der Polis aus. Mit der Untergrabung der traditionellen Werttheorie und Rechtspraxis der Polis verbindet sich bei Protagoras, wenn es ihm opportun erscheint, sogar moralischer Radikalismus und Rigorismus, so wenn er, unter Berufung auf Zeus, den, der nicht an Scheu *(aidós)* und Recht *(dike)* teilhaben kann, wie eine Krankheit aus der Gesellschaft ausmerzen lassen will. Das erinnert an die Lehre des chinesischen Legalisten Han Feitzu von den Staatsschädlingen oder an die Rede der Nazis von den Volksschädlingen. Legalismus und Irrationalismus gehören oft enger zusammen als man denkt. Von einem Rationalismus des Protagoras kann nicht die Rede sein, es ist ein Scheinrationalismus.

Vorläufig sind als Merkmale der Sophistik festzuhalten: scheinrational, opportunistisch, radikalistisch, eristisch, antireligiös, verantwortungslos und letztlich destruktiv. Die Sophisten stießen in Griechenland nicht nur in den sogenannten gebildeten Schichten auf Ablehnung. Der Sinn des einfachen Mannes für Echtheit, Glaubwürdigkeit und Wahrhaftigkeit ist oft größer als der der Gebildeten oder Verbildeten. Die antireli-

[14] Platon, Protagoras. Hg. v. O. Apelt. Hamburg, 3. Aufl. 1956, S. 18f.

giöse und pseudomoralische Intellektualität der Sophisten zehrte an der Substanz der Polis. Vielleicht die schlimmste Wirkung der Sophisten war, daß sie die von ihnen wesentlich mitverursachte Krise der Polis zu verschleiern suchten, indem sie in Theorie und Praxis der einsetzenden allgemeinen Verlogenheit Vorschub leisteten. Andere Sophisten bzw. Rhetoren, wie Gorgias, Hippias, Alkidamas, Antiphon, Lykophron, Diagoras von Melos, Prodikos von Keos und Platons Onkel Kritias haben ihr Teil zur Erosion der Lebensordnung der Polis beigetragen. Dahin gehören auch die Doppel-Reden *(dissoi logoi)* eines anonymen Autors und die möglicherweise fiktiven Gestalten Kallikles und Thrasymachos aus Platons ›Gorgias‹ bzw. in dem 1. Buch des ›Staates‹.

4.2.2.2 Gorgias, Hippias

Gorgias von Leontinoi aus Sizilien führte das Leben eines Wanderlehrers, hielt Festreden in Delphi und Olympia, Prunkreden in Privatkreisen, trat in Purpurgewändern auf, erzielte märchenhafte Honorare und weihte in Delphi sogar ein goldenes Selbstbildnis. Er verfaßte eine Lobrede auf Helena, worin er die Unwiderstehlichkeit des Redners auf die Überredung und die Wendung an die Affekte zurückführt. In seiner ›Verteidigung des Palamedes‹, der wegen Verrats angeklagt war, wechseln geistreiche Wortspiele, Metaphern und rhetorische Figuren mit Wortgeklingel und Klangeffekten ab. Gorgias war sich der bezaubernden *(thelgein)* Wirkungsmöglichkeiten der Sprache bewußt. Er trug in Theorie und Praxis wesentlich dazu bei, der Rhetorik zu jener gefürchteten Macht zu verhelfen, mit der man jede Wirkung erzielen und sogar die schwächere Sache zur stärkeren machen kann. In seiner Schrift ›Über das Nichtsein oder über die Natur‹ radikalisierte er gewisse skeptisch-agnostische Tendenzen der Sophistik zu einer Art Nihilismus. Er gelangte zu den Ergebnissen, daß nichts sei, daß, wenn etwas sei, es nicht zu erkennen sei und daß, wenn etwas sei und zu erkennen sei, es doch nicht mitteilbar sei. Damit entzog Gorgias der Verifizierbarkeit und der Falsifizierbarkeit von Aussagen, natürlich auch der eigenen, und jeder Art sinnvoller verbaler Kommunikation den Boden. Übrig blieb das Meer leerer Worte und Meinungen, das der beherrscht, der den größten Wirbel erzeugt und der sich die kostspielige Ausbildung in Rhetorik leisten konnte, die Gorgias anbot.

Hippias von Elis, ein Zeitgenosse des Sokrates, gehört zu den Sophisten, nach denen Platon einen seiner Dialoge benannte. Hippias war ein Tausendkünstler, der mit dem Anspruch auftrat, alles zu können und zu wissen. Er verfertigte sogar seine Kleidung und sein Schuhwerk selbst und rühmte sich höchster Geldeinnahmen aus seinen Lehrvorträgen und Prunkreden. Brüstete sich Gorgias damit, daß ihm nie der Redestoff ausgehe (B 17), so erklärte Hippias, daß er stets etwas Neues zu sagen versuche (A 14, 6). Das war harmlos im Vergleich zu seinem Versuch, die Natur gegen das Gesetz auszuspielen, das er als Tyrannen bezeichnete, der den Menschen zwinge, vieles gegen seine Natur zu tun. Mit diesem Angriff auf das Gesetz haben die Sophisten nach dem Angriff auf die Religion den zweiten schweren Anschlag auf die Polisordnung verübt. Beide zusammen wurden der Polis zum Verhängnis. Für die Hellenen war das Gesetz, neben den Göttern, das letzte Bollwerk, der Halt gegen Despotie und Tyrannei. Im Vertrauen auf ihre Gesetze hatten die Hellenen den Kampf um die Freiheit gewagt und gewonnen. Hippias kehrte die Wahrheit um und machte das Gesetz zum Tyrannen. Das mußte jeden, dessen Urteilsvermögen noch nicht völlig korrumpiert war, empören. Das Raffinement und zugleich der Denkfehler der Sophistik lagen in der Radikalisierung des Freiheitsbegriffs. Die sophistische Freiheit als Inbegriff individualistischer Bindungslosigkeit und Willkür hebt sich letzten Endes selbst auf. Platon gehörte zu den wenigen Denkern, welche diese für die Polis tödliche Gefahr erkannten. Ein wesentlicher Teil der philosophischen Bemühungen der Sokratiker hatte die Korrektur des radikalen Freiheitsbegriffs der Sophistik zum Ziel und damit die Rehabilitierung des Gesetzes als Pfeiler der Lebensordnung der Polis. Der Behauptung der Sophisten: »Die Natur ist das Gesetz«, wobei sie unter Natur nicht etwa, wie die vorsokratischen Philosophen, Harmonie, Kosmos und Gesetzmäßigkeit verstanden, vielmehr die Natur als Chaos, in dem das Recht des Stärkeren gilt, stellten die Sokratiker die in der philosophischen Tradition verankerte These entgegen: »Das Gesetz ist Natur.« Der Angriff der Sophisten auf das Gesetz war ein Angriff auf den griechischen Kosmos-Gedanken und damit auf das Herz griechischer Welt- und Lebensanschauung. Die weitblickenden Sokratiker, vor allem Platon, haben diese ungeheure Herausforderung verstanden und versucht, ihr zu begegnen.

4.2.2.3 Alkidamas, Antiphon

Um den Sophisten gerecht zu werden, darf nicht verschwiegen werden, daß ihr radikaler Freiheitsbegriff Richtiges implizierte. So forderte der Gorgias-Schüler Alkidamas die Befreiung der Sklaven. Es finden sich allerdings schon 50 Jahre zuvor bei Euripides zahlreiche Stellen, an denen die Sklaverei als unmoralische Einrichtung abgelehnt wird.

Der Logograph und Rhetoriklehrer Antiphon, über dessen Identität gewisse Zweifel bestehen, vertiefte das Mißtrauen gegen Moral und Rechtsordnung. Das Ergebnis war eine unüberbrückbare Kluft zwischen naturalistischem Weltverständnis und konventioneller Moral- und Rechtsauffassung. Wie primitiv und anthropomorph das Naturverständnis Antiphons, verglichen mit dem der ionischen Naturphilosophen, war, zeigen Stellen wie: »Die Erde krümmt sich beim Erdbeben« (B 30) oder: »Das Meer ist Schweiß« (B 32). Antiphon hat das Vertrauen der Menschen in Recht und Gesetz besonders durch die Verabsolutierung von Einzelerfahrungen erschüttert, die in Angst, Enttäuschung und Pessimismus wurzelten: Das Gesetz kann den, der ihm gehorcht, nicht vor Übergriffen schützen. Wer mit Unrecht anfängt, ist in der Regel im Vorteil gegenüber dem, der sich nur gegen Unrecht verteidigt. Recht und Moral erzeugen mehr Leiden und Schaden, als sie verhindern können, denn sie stehen im Widerspruch zur Natur. Hier wird besonders deutlich, wie das Negative in der Sophistik das Positive überwiegt. Antiphon, ein leidenschaftlicher Parteigänger der Oligarchen, wurde 411 im bedrängten Athen des Hochverrats angeklagt und kurz darauf hingerichtet.

4.2.2.4 Lykophron, Diagoras, Prodikos

Lykophron, ein anderer Schüler des Gorgias, trat als Gesellschaftskritiker auf und wagte sogar einen Angriff auf den Adel: »Des Adels Glanz hingegen ist etwas gar nicht in Erscheinung Tretendes, auf dem bloßen Wort beruht seine Vornehmheit.« (B 4) Seine erkenntnistheoretischen Ansichten waren eher radikal und primitiv als originell und weiterführend. Er schlug beispielsweise vor, daß Wörtchen »ist« ganz aus der Sprache zu verbannen (B 2). Wissenschaft verstand er als Zusammensein der Seele mit dem Wissen (B 1). In der Theorie des Rechts verstand er das Gesetz als Bürgen gegenseitiger Gerechtsame (B 3).

Der Atheist Diagoras von Melos war ein Zeitgenosse des Sokrates und lebte in Athen. Er radikalisierte Ansätze früherer Denker zur Religionskritik, ließ sich in die Mysterien einweihen, profanierte und verspottete sie anschließend, was ihm die Erbitterung der Athener zuzog, die einen Preis auf seinen Kopf setzten und seine Schriften verbrannten. Diagoras floh nach Korinth. Angeblich war er zum Atheisten geworden, als ein Meineidiger (von den Göttern) unbestraft blieb.

Prodikos von Keos, ebenfalls ein Zeitgenosse des Sokrates, kam bisweilen nach Athen, um diplomatische Aufträge auszuführen. Er verband die Pflicht mit dem Nützlichen und bot Kurse an, deren Preise sorgfältig gestaffelt waren. Er las sowohl über semantische Fragen (›Richtigkeit der Namen‹) als auch über Probleme der Moral, oft mit pädagogisch-protreptischem Einschlag, z.B. ›Herakles am Scheideweg‹, in den ›Horen‹ oder ›Lebensaltern‹. Außerdem war eine Schrift von ihm ›Über die Natur‹ im Umlauf. Nach Platon und anderen Zeugen zu urteilen war Prodikos eher der Typ des angepaßten Konformisten und Moralisten, der sich sehr genau überlegte, wo und wann er was sagte. Dabei mied er die gorgianische Überschwenglichkeit. Seine Sprache war differenziert, schmuckreich, im Ausdruck prächtig, und sein Redetalent glich die Rauheit seines Organs weitgehend aus.

4.2.2.5 Kritias, Kallikles

Einem sehr viel härteren Typ begegnen wir in Kritias, dem Onkel Platons, einem radikalen Oligarchen. Kritias stammte aus altem Adel, war ehrgeizig, herrschsüchtig und skrupellos. Er war einer der berüchtigten 30 Tyrannen von 404 und starb im Kampf gegen die Demokraten eines gewaltsamen Todes. Kritias war auch in der Religionskritik (Satyrspiel ›Sysiphos‹) extrem. Religion ist nach ihm nichts anderes als eine Erfindung schlauer Herrscher, um die Untertanen zu gehorsamen Dienern der (im Interesse der Herrschenden gegebenen) Gesetze zu machen. Er war ein Freund des Alkibiades und hat dessen Rückkehr aus Sparta nach Athen betrieben. Von beiden Männern wurden Platons Leben und Werk zutiefst mitgeprägt. Bei Kritias ist die Resignation des »Alten Oligarchen« zu finden: »Ach, nichts Gerechtes lebt im heutigen Geschlecht.« (B 12) Bald bewundert er die Spartaner, bald Anakreon, den Dichter von Wein, Weib und Gesang. »Sehnsüchte gibt es für uns nach allerlei im Leben. Der eine begehrt, Adel zu erlangen, dem anderen steht danach nicht der Sinn, sondern er will vieler Schätze Herr im Hause heißen; einem andern gefällt es, mit dem Aussprechen heilloser Gedanken seine Nächsten zu gewinnen in böser Kühnheit; wieder andere von den Sterblichen suchen häßliche Gewinne statt des Schönen: so ist das Leben der Menschen Irrsal. Ich aber wünsche von all diesem nichts zu erlangen, sondern den Ruf edlen Ruhmes möchte ich haben.« (B 15)

»Irrsal« *(plané)* ist wohl das richtige Wort für Leben und Wirken des Kritias, der, zunächst nach Thrakien, dann nach Thessalien verbannt, nicht eher Ruhe gab, bis er sich beim Volk wegen seiner Härte und Grausamkeit so verhaßt gemacht hatte, daß keine Macht der Welt ihn vor dem Schlimmsten bewahren konnte.

In den Dialoggestalten Kallikles (›Gorgias‹) und Thrasymachos (›Staat‹ I) hat Platon, unabhängig von der Historizität der Persönlichkeiten, den Typ des Sophisten für alle Zeiten festgehalten. Beide vertreten die Lehre vom Recht des Stärkeren, d. h. sie definieren Gerechtigkeit als Durchsetzung des eigenen Willens mit den Mitteln der Gewalt. Mit dieser Unterwerfung von Recht und Gerechtigkeit unter die Macht versetzten die Sophisten nicht nur dem griechischen Rechtsbewußtsein den Todesstoß, sondern erwiesen sich zugleich als geistiges Werkzeug der Mächtigen, um mit Georg Lukács zu sprechen, als parasitäre Intelligenz. Ein Sophist nach Art von Kallikles oder Thrasymachos liefert der herrschenden Kaste nicht nur jede gewünschte Rechtfertigung ihrer Macht, sondern sanktioniert darüber hinaus deren Gewaltakte und Verbrechen durch eine jeweils angepaßte Ideologie. Die sophistische Lehre vom Recht des Stärkeren ist die antike Version der »Zerstörung der Vernunft«.

Die radikalen Sophisten waren also alles andere als Herolde der Demokratie. In Wirklichkeit waren sie an keine politische Gruppierung gebunden, es sei denn an die machthabende. In der Praxis standen sie den oligarchischen Kreisen näher als den demokratischen. Wenn Nietzsche in seinem »aristokratischen Radikalismus« erzsophistische Tendenzen erneuerte und radikalisierte, zeigt das die Geistesverwandtschaft des imperialistischen 19. Jahrhunderts zur Glanzzeit griechischer Sophistik.

Die Sophisten haben durch die Radikalisierung gewisser legitimer Grundtendenzen griechischer Weltbewältigung, Emanzipation und Selbstverwirklichung wie Freiheit, Unabhängigkeit, individuelle Lebensführung, Entmythologisierung, Relativierung, Naturerkenntnis und Freude am agonalen Spiel das griechische Denken seinem (kosmischen) Ursprung entfremdet und in sein Gegenteil verkehrt, zu Streitsucht, Rechthaberei, Naturalismus, Relativismus, Subjektivismus, Immoralismus, Atheismus, Nihilismus, Individualismus, Selbstherrlichkeit, Willkür und Frevel *(hybris)*. Ob man sie deswegen tadelt, verurteilt, haßt oder nicht, Tatsache bleibt, daß sie wesentlich zum Zerfall der Lebensordnung der Polis beigetragen haben.

4.2.3 Sokrates

Sokrates hat, wie Christus, Buddha und Konfuzius, selbst keine Schriften verfaßt. Die Quellen, auf denen unsere Sokrates-Kenntnis beruht, sind indirekt, sind Annäherungen von unterschiedlichem Wert. Die Darstellung des Sokrates in den ›Wolken‹ des Aristophanes dürfte am weitesten von der Wirklichkeit abweichen, denn der Dichter brauchte eine bühnenwirksame, keine naturgetreue Gestalt. Er stellte Sokrates als Naturforscher dar, der in seiner »Denkanstalt« *(phrontistérion)* seltsame Dinge treibt und eine Gefahr für die Gesellschaft bildet. Xenophon (431–354), ein Offizier und Gefährte des Sokrates, verfaßte Schriften, die sich mit dem Schicksal des Sokrates befassen, die ›Memorabilien‹ und die ›Apologie‹. Er stellte Sokrates so brav und bieder dar, wie er selbst wohl war. Eine Tendenz zur Verharmlosung, besonders im Hinblick auf den Prozeß des Sokrates, ist unverkennbar. Aristoteles sah in Sokrates den Entdecker des Allgemeinen, der sich um Definitionen bemühte, aber wenn Sokrates sich nur mit sprachlichen oder logischen Problemen befaßt hätte, wären Anklage und Verurteilung noch abwegiger gewesen, als sie es ohnehin waren. Aristoteles hat zwar eine Seite der Sokratischen Fragetechnik (Elenktik) erkannt und analysiert, viele andere und nicht weniger bedeutsame Seiten der Persönlichkeit des Sokrates dagegen vernachlässigt, da sie ihn nicht interessierten oder er ihnen auswich. Die Dialoge Platons vermitteln zwar kein getreues Bild des historischen Sokrates, aber sie kommen der Wahrheit doch wohl am nächsten. Platon, selbst ein Tragödiendichter, benutzte Sokrates als Heldengestalt seiner Dialoge, dramatisierte also die Wirklichkeit, ohne ihr aber Gewalt anzutun. Es ist ebenso verfehlt, in Sokrates lediglich eine literarische Figur Platonischer Dialoge sehen zu wollen, wie zu glauben, Platon habe die Gespräche des Sokrates mit seinen sophistischen Gegnern nach Art von Reporten aufgezeichnet. Zwischen diesen Extremen liegt irgendwo die Wahrheit, wo, ist nur von Fall zu Fall zu entscheiden.

4.2.3.1 Persönlichkeit

Wägt man die verschiedenen Zeugnisse zu Sokrates, seinem Leben und Wirken, gegeneinander ab, bleibt ein Gerüst von Tatsachen übrig, das dem Eifer der Hyperkritiker standhält und eine Reihe gesunder Schlüsse zuläßt. Sokrates war der Sohn des Bildhauers Sophroniskos und der Hebamme Phainarete, stammte aus dem Demos Alopeke in Athen und wurde 470 geboren. Zunächst arbeitete er wohl als Steinmetz, wie sein Vater. Er soll u.a. die mit Gewändern bekleideten Charitinnen auf der Akropolis geschaffen haben. Sokrates war mit Xanthippe verheiratet und hatte drei Kinder. Was über den zanksüchtigen Charakter Xanthippes schon im Altertum mitgeteilt wird, sind Klatschgeschichten ohne jeden Wert, ebenso die Nachricht, Sokrates habe Euripides beim Dichten geholfen, worauf Nietzsche seine Sokrates-Interpretation gründete. Warum er seinen Beruf mit der Tätigkeit vertauschte, die ihm geschichtliche Bedeutung verlieh, läßt sich nicht genau sagen. Der Wechsel fiel in die Zeit, nachdem Athen den Zenit seiner Macht (455) überschritten hatte und auf den Konflikt mit Sparta zusteuerte, also in das Jahrzehnt vor dem Ausbruch des Peloponnesischen Krieges. Im Jahre 445/444 hat Sokrates die Rede des Perikles über den Bau der Großen Mauer (Gorgias 455e 5f.) gehört. Er hat seine Heimatstadt außer auf Feldzügen nicht verlassen. Bei der Belagerung Potidaias (430) zog Sokrates die Aufmerksamkeit der Athener durch seine Tapferkeit und seine Widerstandskraft gegen die Strapazen des Winterfeldzugs auf sich. Während der schweren Niederlage der Athener bei Delion (424) zeigte er sich unerschrocken und hilfsbereit gegenüber seinen Mitkämpfern, nicht anders als in der Schlacht bei Amphipolis (422). In diese Jahre fällt der Orakelspruch des Delphischen Apollon, den Chairephon, ein Gefährte des Sokrates, nach Athen mitbrachte: »Niemand ist weiser als Sokrates« (Apologie 21 a 6 f.). Die Botschaft bestätigte Sokrates in seiner Tätigkeit und ermunterte ihn, mit der Befragung seiner Mitbürger nach dem Sinn ihres Tuns fortzufahren. »Ich habe, meine Mitbürger, niemals eine andere amtliche Stellung im Staate bekleidet als die eines Ratsherrn. Meine Phyle, die Antiochis, hatte gerade die Leitung der Geschäfte, als ihr die zehn Feldherren, die sich nicht um Rettung der Schiffbrüchigen nach der Seeschlacht (bei den Arginusen) bemüht hatten, alle zumal aburteilen wolltet, in ungesetzlichem Verfahren, wie ihr späterhin alle selbst erkanntet. Damals war ich der einzige Prytan, der sich gegen dieses gesetzwidrige Verfahren erklärte, und obschon die Stimmführer drauf und dran waren, meine Verhaftung und Abführung durchzusetzen, und ihr lärmend beistimmtet, glaubte ich, doch lieber im Bunde mit Gesetz und Recht allen Gefahren trotzen zu müssen als aus Furcht vor Gefängnis oder Tod mich euch und euren widergesetzlichen Beschlüssen anzuschließen. Diese Vorgänge fallen in die Zeit, wo der Staat noch eine demokratische Verfassung hatte.«

Einige Jahre nach dem Arginusen-Prozeß (406), in dem es Sokrates darum ging, Menschenleben zu retten, hatte er wiederum Gelegenheit, seine Menschenliebe unter Beweis zu stellen. Konnte er die Verhaftung eines Mitbürgers unter der Schrekkensherrschaft der Oligarchen nicht verhindern, weigerte er sich doch, an diesem Verbrechen teilzunehmen: »Als aber die Wendung zur Oligarchie eingetreten war, ließen die Dreißig mich nebst vier anderen in ihr Amtslokal *(tholos)* kommen und gaben uns den Befehl, aus Salamis den dort heimischen Leon zur Stelle zu schaffen, um ihn hinzurichten, wie sie denn auch vielen anderen häufig derartige Befehle erteilten in der Absicht, möglichst viele zu ihren Mitschuldigen zu machen. Damals, darf ich sagen, habe ich nicht durch Worte, sondern durch die Tat bewiesen, daß ich mich, derb herausgesagt, keinen Deut um den Tod kümmere, dagegen auf nichts mehr halte als darauf, nichts Ungerechtes und Sündhaftes zu begehen. Denn selbst jenes Schreckensregiment konnte mich trotz all seiner Macht nicht dazu bringen, ein Unrecht zu begehen; nein, sobald wir die Amtsstätte verlassen hatten, machten sich die vier anderen alsbald auf nach Salamis und holten den Leon, ich aber eilte flugs wieder in meine Wohnung. Und wer weiß, ob ich nicht darüber mein Leben eingebüßt hätte, wenn jenes Regiment nicht über Nacht gestürzt worden wäre. Und diesen Vorgang werden mir viele von euch bestätigen können.«

Mit dem Umfeld des Sokrates-Prozesses befassen sich von den Platonischen Dialogen vor allem: ›Euthyphron‹, ›Apologie‹, ›Kriton‹ und ›Phaidon‹. Daneben wird Sokrates thematisch noch im Schlußteil des ›Symposion‹ sowie im ›Theaitetos‹ (Maieutik) behandelt. Im ›Euthyphron‹ konfrontiert Platon die Scheinfrömmigkeit des Sehers mit der echten Frömmigkeit des Sokrates. Euthyphron redet über Frömmigkeit, ohne zu wissen, wovon er spricht. Im Gegensatz zu Sokrates kennt er sich jedoch vorzüglich im Intrigieren und Verleumden aus, Methoden, die er Sokrates vergeblich zu seinem »Rechtsschutz« empfiehlt. Die ›Apologie‹ informiert über die anonyme (Aristophanes) und die offizielle Anklage wegen Gottlosigkeit und Verführung der Jugend. Einer der offiziellen Ankläger war Meletos, ein ziemlich schlechter Dichter, den Aristophanes verspottete. Er soll bald nach dem Tod des Sokrates selbst zum Tode verurteilt worden sein. Der zweite Vertreter der Anklage, Lykon, sprach für die Rhetoren. Sokrates hatte den Rhetoren und Sophisten arg zugesetzt. Anytos, ein Gerbereibesitzer, vertrat die kleinbürgerlich-konservative Opposition gegen den »Intellektuellen« Sokrates. Besonders hatte Anytos Sokrates verübelt, daß er seinem Sohn, einem begabten jungen Mann, der aus dem Spießermilieu herauswollte, eine Art Studienberatung gegeben hatte. Anytos verschloß seinem Sohn die höhere Bildung, der darauf der Trunksucht verfiel und ein schlimmes Ende nahm. Für Anytos war Sokrates an allem schuld. Das waren die Kräfte, die Sokrates zu Fall brachten. Er wurde 399 mit einer knappen Mehrheit schuldig gesprochen, mit einer größeren zum Tode verurteilt, als er auf seinem Standpunkt beharrte und eine geringe Summe als freiwillige Buße vorschlug. Kriton, ein Freund des Sokrates, wollte ihn noch vor der Hinrichtung aus dem Gefängnis befreien, was Sokrates unter Hinweis auf die Pflicht, den Gesetzen zu gehorchen, ablehnte. Wie Sokrates die letzten Stunden seines Lebens verbrachte, hat Platon im Schlußteil des ›Phaidon‹ festgehalten. Wenn weiter nichts von Sokrates bekannt wäre als diese wenigen Tatsachen, dann wäre die Überlieferung dieser seiner beispielhaften Haltung gerechtfertigt, zumal unser Jahrhundert so reich an erbärmlichen Gegenbeispielen von »Befehlsempfängern« und »widerstrebenden Konformisten« ist. Sokrates kannte genau die Grenze, an der solcher Konformismus zu Feigheit und Verbrechen wird. Er wußte genau, wo die Pflicht zum zivilen Ungehorsam beginnt. »In seinen Überzeugungen ließ er sich nicht irremachen; er hielt sich zur Demokratie, wie ersichtlich ist aus dem Widerstande, den er dem Kritias und dessen Genossen entgegensetzte.«[15]

Mit dieser antiken Beurteilung stimmt auch die kritische moderne Forschung überein[16].

4.2.3.2 Lehre

Sokrates hatte wenige Prinzipien, an denen er nicht rüttelte und nicht rütteln ließ. Sie lassen sich zusammenfassend als das Sokratische Ideal der Menschlichkeit charakterisieren. Einem freiheitlich gesinnten Bürger steht es nicht an, sich vor den Mächtigen zu beugen: »Vor den Großen dieser Erde ... hatte er wenig Respekt und nahm weder ihre Geldgeschenke an, noch ließ er sich zu einem Besuch bei ihnen bewegen.«[17]

Die Tatsache, daß Sokrates, im Unterschied zu den Sophisten, kein Geld für seine Unterweisungen nahm, hängt einerseits mit seinem Unabhängigkeitswillen zusammen, dann auch damit, daß er nicht den Anspruch erhob, etwas zu wissen. Die Erkenntnisse des Sokrates waren unbezahlbar. Gegen die Macht setzte er das Recht, gegen die Autorität das Wissen. Wenn er zwischen Unrechttun und Unrechtleiden wählen müsse, ziehe er letzteres vor (Gorgias 469c 1f.). »Nur eines, pflegte er zu sagen, sei ein wirkliches Gut, das Wissen, nur eines ein wirkliches Übel, die Unwissenheit; Reichtum und hohe Geburt hätten keine Würde in sich, sondern im Gegenteil nur Unheil.«[18] Hier liegt die Begründung für den berühmten Satz des Sokrates »Tugend ist Wissen.« Verbunden mit dem Satz »Ich weiß, daß ich nichts weiß« schließen die Prinzipien jede moralische Überheblichkeit oder Selbstgerechtigkeit aus.

Zum Sokratischen Ideal der Menschlichkeit gehören drei an Sokrates selbst zu beobachtende Eigenschaften: Nüchternheit, Bedürfnislosigkeit, Selbsterkenntnis. »Was von allem das Erstaunlichste ist«, bemerkt Alkibiades im ›Gastmahl‹ (220a 4f.), »kein Mensch sah Sokrates je betrunken«. Sokrates muß auf

[15] Diogenes Laertius II, S. 85.

[16] Vgl. Ulrich von Wilamowitz-Moellendorff, Platon. Berlin, 5. Aufl. 1959, Bd. 1, S. 75.

[17] Diogenes Laertius, S. 86.

[18] Ebd., S. 89.

seine Zeitgenossen ernüchternd gewirkt haben, was ihn bei den illusionssüchtigen Athenern gewiß nicht beliebter machte. Auf das riesige Angebot an Bedarfsartikeln in Athen reagierte Sokrates mit dem lapidaren Satz: »Wie zahlreich sind doch die Dinge, deren ich nicht bedarf!«[19] Die Bedürfnislosigkeit des Sokrates hat auch einen religiösen Aspekt: Nichts bedürfen ist göttlich.

Äußerlich gesehen vollzog Sokrates die Wendung von der Naturphilosophie zur Philosophie vom Menschen und der Gesellschaft gemeinsam mit den Sophisten, aber während diese den Menschen zum Maß aller Dinge erhoben, ging es Sokrates um Selbsterkenntnis im altgriechischen Sinn: Vergiß nicht, daß du nur ein Mensch bist! »Ich vermag noch nicht nach dem Delphischen Spruch mich selbst zu erkennen. Indessen scheint es mir lächerlich, andere Dinge zu betrachten, solange ich dieses noch nicht verstehe. Daher lasse ich also diese Dinge getrost beiseite und nehme das an, was man darüber für wahr hält. Was ich gerade sagte: Ich befasse mich nicht damit, sondern mit mir selbst, ob ich ein Tier bin, gewundener und aufgeblähter als Typhon, oder irgendein zahmeres und einfacheres Lebewesen, das von Natur aus am göttlichen und unaufgeblasenen Sein teilhat.« (Phaidros 229e 5ff.)

Typhon ist ein mythisches, drachenartiges Fabelwesen, ein Symbol des Chaos im Gegensatz zur kosmischen Weltordnung des Zeus. Nüchternheit, Bedürfnislosigkeit und Selbsterkenntnis waren nicht zuletzt Attribute einer überlegenen Sokratischen Gesundheit. Antike Quellen berichten übereinstimmend von der physischen Gesundheit des Sokrates (z.B. bei der Pest in Athen) und setzen sie bisweilen in Beziehung zu seiner seelischen Stärke: »Die Athener waren samt und sonders krank. Die einen starben, die anderen waren dicht daran. Sokrates wurde jedoch als einziger überhaupt nicht krank. Wer über einen solchen Körper verfügte: wie war dessen Seele wohl beschaffen?«[20]

War Sokrates einer der wenigen oder gar der einzige Gesunde in einer heillos erkrankten, korrupten, dekadenten Gesellschaft? In dieser Gesellschaft redete man über alles, ohne zu wissen, worüber man redete. Man redete gern, lange und viel, aber nicht miteinander, sondern aneinander vorbei oder gegen-

[19] Ebd., S. 86.
[20] Claudius Aelianus, Varia historia 13, 27.

einander. Man handelte rasch, hektisch und besessen, aber man tat immer seltener das Richtige. In einer solchen Situation bekommt das Auftreten des Sokrates, seine Ironie, Elenktik und Maieutik, seinen Sinn. Die Tätigkeit des Sokrates konzentrierte sich auf ein theoretisches, ein praktisches und ein gesamtmenschlich-psychotherapeutisches Ziel. In allen drei Beziehungen ging es ihm um die Verneinung der sophistischen Verneinungen, um die Rückführung aus ihren extremen, unhaltbaren und destruktiven Positionen, um die Umkehrung von Verkehrtheiten und damit um Richtigstellung, Kurskorrektur und inneres Gleichgewicht, insgesamt um das Heil der athenischen Gesellschaft. Der radikale Oligarch Kallikles spricht es im Platonischen ›Gorgias‹ unmißverständlich aus, als er sich anschickt, mit Sokrates zu diskutieren: »Denn wenn du es ernst meinst und das, was du sagst, tatsächlich wahr ist, wäre dann nicht dies unser menschliches Leben völlig auf den Kopf gestellt?« Genau das war die Diagnose des Sokrates und genau hier setzte er mit seinem Therapieversuch ein.

Zunächst ging es ihm darum, die spitzfindige Eristik, das Streitgespräch der Sophisten, das er ablehnte, in ein friedliches eirenisch-elenktisches Gespräch zurückzuverwandeln, in dem jeder durch freie Zustimmung Schritt für Schritt den Gang des Gesprächs mitbestimmen kann. Unter Elenktik verstand Sokrates nicht zuletzt die Bereitschaft, sich widerlegen zu lassen, sich den besseren Argumenten freiwillig zu beugen. Anstelle des militärisch-strategisch-eristischen Zuges bekommt das Gespräch auf diese Weise eine therapeutische, entkrampfende, kooperative Funktion. Der Satz des Sokrates: »Ich weiß, daß ich nichts weiß« ist als ehrliches Bekenntnis zu verstehen, von dem jeder Fortschritt im Gespräch abhängt, als Versuch, sich von eigenen Vorurteilen zu distanzieren. Die Mutter des Sokrates war Hebamme. Es mag damit zusammenhängen, daß er seine Aufgabe primär darin sah, im Gespräch Geburtshilfe zu leisten, ein Gespräch überhaupt erst zustandezubringen, ins Leben zu geleiten, zu ermöglichen. Die Maieutik des Sokrates war eine Art Wiederbelebungsversuch des durch die Eristik der Sophisten bereits weitgehend abgetöteten Logos. Die Sokratische Ironie war dabei alles andere als der Ausdruck eigenen Überlegenheitsgefühls, viel eher eine lächelnde Geste der Einladung zur Kommunikation, das Signal für Gesprächsbereitschaft und eine Aufforderung, seine Vorurteile abzulegen. Das schließt nicht aus, daß Sokrates auch kämpfte, wenn er, wie im Fall des

Kallikles, dazu gezwungen wurde. Hier geht es tatsächlich hart auf hart, und das Gespräch endet in Dissonanzen.

Im praktischen Teil seines Philosophierens durch gezielte Fragen ging es Sokrates darum, die durch die Sophisten gestörte Beziehung von Sprechen und Handeln zurückzugewinnen. Suchte Sokrates auf theoretischem Gebiet nach dem Allgemeinen, das eine verständliche Ordnung der Worte ermöglicht, so suchte er auf praktischem Gebiet nach Verbindlichkeit, nach Übereinstimmung von Worten und Taten. In der eristischen Rede kommt es nicht auf Verständigung an, sondern auf Durchsetzung der eigenen Meinung und auf Erfolg. Die zugehörige Praxis ist das Dschungelrecht des Stärkeren, die Gewalt, der Krieg, das Chaos. Die Sophisten waren nicht an Verständigung oder Kooperation interessiert, denn sie lebten vom Zwist, von Zwietracht und Streit. Die Hinwendung des Sokrates zum Menschen bedeutete nicht, wie bei den Sophisten, uneingeschränkten Individualismus, sondern bewußte, freie Selbsteinbindung in das Schicksal der Gemeinschaft, der Polis. Entsprechend bedeutete Relativierung für die Sophisten nicht Selbsterkenntnis als Erkenntnis eigener Begrenztheit gegenüber dem Göttlichen oder der Gemeinschaft, vielmehr Beziehungslosigkeit, Unverbindlichkeit, Verabsolutierung der eigenen Bedürfnisse und Interessen.

Im religiösen Bereich wird der Gegensatz: Sophistik – Sokratik noch deutlicher. Die Sophisten neigten zu einem, wenn auch verschleierten Atheismus, wobei sie die religionskritischen Ansätze früherer Denker radikalisierten und damit Götter wie Göttliches unmöglich machten. Sophistische Intellektualität ist an sich unfromm, ohne Ehrfurcht, zynisch, heuchlerisch und frivol. Sokrates tastete die Religion nicht an, gestand ihr einen eigenen Bereich im Leben der Polis zu, ohne jedoch den Aberglauben zu teilen. Sokratische Intellektualität führte nicht zu einer Gleichsetzung von Religion mit Aberglauben, sondern zu einer Ausscheidung abergläubischer Elemente aus der Religion und damit zu einer Sublimierung, Reinigung oder Vergeistigung des Religiösen. Sein Daimonion war weder eine Ersatzgottheit noch ein irrationaler Rest, wohl aber eine Instanz verinnerlichter und vertiefter religiöser Erfahrung. Dieses Daimonion riet ihm ab, Verkehrtes zu tun. Es stimmte mit der Grundhaltung des Nichtwissens überein. Sokrates wußte zwar nicht genau, was er wollte, aber sehr genau, was er nicht wollen durfte. Einen unschuldigen Menschen zu verhaften, kam für ihn nicht in Frage, auch wenn er dieses »Nein« nicht weiter begründen konnte. Anstelle des sophistischen Individualismus mit seiner mehr oder weniger offen eingestandenen Grundhaltung »Nichts ist verboten, alles ist erlaubt« setzte Sokrates im Prinzip das autonom-autarke Individuum, das sich selbstgegebenen Gesetzen unterwirft. Damit vertiefte er den alten demokratischen Freiheitsbegriff, der von Kleisthenes bis Perikles großartig funktioniert hatte. Anstelle der selbstherrlichen Freiheit radikaler Oligarchen wie Kritias oder Alkibiades, anstelle von Willkür und nihilistischem Chaotentum suchte Sokrates das innere Gleichgewicht des Einzelnen und das der athenischen Polis wiederherzustellen. Damit stellte er sich nicht nur in die Reihe der alten griechischen Vorkämpfer für die Freiheit, der Sieben Weisen, der Generation von Marathon, sondern wuchs über diese hinaus zum ersten Psychotherapeuten durch das Wort. In Athen scheiterte Sokrates mit seiner Therapie. Die athenische Demokratie war spätestens 411 so weit heruntergekommen, daß sie weder konstruktive von destruktiver Kritik zu unterscheiden vermochte noch echte Anstrengungen zu ihrer Rettung mehr vertrug und damit die Freiheit, deren Hort sie so lange gewesen war, selbst zerstörte. Lust am Untergang siegte über den Selbsterhaltungstrieb.

Der geniale Tragödien-Dichter Platon hat diese Zusammenhänge intuitiv erfaßt und Sokrates nicht nur einen ihm gebührenden Platz in der Weltliteratur und Philosophiegeschichte verschafft, sondern darüber hinaus ihn als denjenigen erkannt, der er wohl auch war: als einen Retter der Menschheit. Das Sokratische Ideal der Menschlichkeit ist zeitlos und wird alle sophistischen Versuche, es zu verdrängen, überleben.

4.2.3.3 Sokratiker

4.2.3.3.1 Xenophon

Zu den Sokratikern zählt man, außer Platon, Xenophon, Kriton, Simon, Aischines, Eukleides von Megara, Phaidon aus Elis, Antisthenes aus Athen sowie Aristipp von Kyrene; allesamt lebten um 400 v. Chr. Xenophons erwähnte Schriften mit apologetischer Tendenz richten sich zunächst gegen die um 393 von dem Sophisten Polykrates verfaßte nachträgliche Anklageschrift gegen Sokrates, welche die Verurteilung rechtfertigen sollte. Als Stratege und Landwirt befaßte sich Xenophon auch mit Themen, die sein großer Konkurrent Platon vernachlässigte, mit Ökonomik, Kriegskunst, Reitkunst und Jagd. Bekannt ist seine ›Anabasis‹, der Bericht über den Zug der Zehntausend (401) mit Kyros gegen den Großkönig Artaxerxes II. und vor allem über den gefahrvollen Rückmarsch bis ans Schwarze Meer, eine Darstellung, die wegen ihrer stilistischen Einfachheit und Anmut zur einführenden Schullektüre in den griechischen Sprachunterricht gewählt wurde. Man nannte Xenophon auch die »attische Muse«. Erwähnenswert sind seine Werke ›Kyropädie‹ (die Erziehung des Kyros) und ›Hellenika‹ oder griechische Geschichte. Xenophon verfaßte auch, wie Platon, ein ›Symposion‹ oder ›Gastmahl‹.

4.2.3.3.2 Kriton, Phaidon

Kriton, der selbst 17 Dialoge verfaßte, liebte Sokrates, sorgte auch für sein leibliches Wohl und versuchte ihn sogar nach der Verurteilung zur Flucht aus dem Gefängnis zu überreden, nachdem er alles vorbereitet hatte. Platon hat einen seiner Sokratischen Dialoge nach dem treuen Freund benannt, einen anderen Dialog nach Phaidon von Elis, der nach der Eroberung seiner Heimatstadt in die Sklaverei geriet, aus der ihn Kriton auf Veranlassung des Sokrates loskaufte. Er schrieb zwei Dialoge. Gern besuchte Sokrates den Schuster Simon in seiner Werkstatt. Dieser schrieb sogar 33 Dialoge. Aischines, ein anderer Sokratiker, verfaßte sieben sokratische Gespräche, deren Charakterdarstellung (Ethos) gerühmt wurde.

4.2.3.3.3 Eukleides von Megara

Eukleides von Megara – nicht zu verwechseln mit dem Mathematiker gleichen Namens, dem Begründer der euklidischen Geometrie, einem Mitglied der Platonischen Akademie – gehörte zu den einflußreicheren Gefährten des Sokrates, die ihrerseits »Schulen« gründeten. Charakteristisch für diese Philosophen ist einmal das Anknüpfen an vorsokratische Denkansätze, bisweilen auch an Lehren der Sophisten, sowie die Entwicklung »lebensphilosophischer« Standpunkte, die in die nachklassisch-hellenistische Periode der griechischen Philosophie vorausweisen. Eukleides beschäftigte sich besonders mit Parmenides. Seine Nachfolger nannte man Eristiker oder auch Dialektiker. Nach dem Tod des Sokrates flüchteten Platon und andere Sokratiker nach Megara, zu Eukleides, weil sie sich in Athen von restaurativ-reaktionären Politikern bedroht fühlten.

In der Logik befaßten sich die Megariker mit Analogien, Beweisen, Paradoxen und Fangschlüssen. Mit dem Kyrieuon oder Möglichkeitsbeweis des Diodoros Kronos (4. Jahrh.) befaßten sich zahlreiche Denker vom Altertum bis ins 20. Jahrhundert. Nicolai Hartmann hat sich im Zusammenhang seiner Modalanalyse damit auseinandergesetzt. Stilpon, ein anderer Denker aus diesem Kreis, polemisierte gegen Platons Ideenlehre. Der Milesier Euboulides wurde durch seine Trugschlüsse – »Lügner«, »Betrüger«, »Verhüller«, »Gehäufter«, »Gehörnter« und »Kahlkopf« – bekannt.

Auf dem Gebiet der Ethik befaßten sich die Megariker mit der Frage, ob das Gute eines oder vieles, ob es mit Gott oder der Vernunft gleichzusetzen sei und ob das Böse existiere. Ariston von Chios differenzierte die Tugenden nach den Gesichtspunkten Neigung und Beziehung. Die Stoiker griffen diese Theorie auf und entwickelten sie weiter. Tugend wird, ganz sokratisch, als Gesundheit der Seele verstanden. Die Verbindung von ontologisch-parmenideischen Gedanken mit axiologisch-sokratischen Wertgesichtspunkten wurde für Platons Idee des Guten bedeutsam.

4.2.3.3.4 Antisthenes, Diogenes von Sinope

Antisthenes schloß sich nach einem Studium der Rhetorik bei Gorgias dem Sokrates an und lehrte später im Gymnasium Kynosarges, von dem die Kyniker ihren Namen erhielten. Antisthenes war so fasziniert von Sokrates, daß er ihm seine Gefährten zuführte und täglich von Piräus nach Athen ging, um mit Sokrates zusammen zu sein. Auch Sokrates scheint ihn sehr geschätzt zu haben. Als einige vollbürtige Athener Antisthenes wegen seiner Abstammung von einer thrakischen Mutter verspotteten, erwiderte Sokrates, ein so trefflicher Mann wie Antisthenes könne schwerlich nur von Athenern abstammen. Die Schriften des Antisthenes füllten zehn Bände und umfaßten ein weites Themenspektrum: sprachliche Untersuchungen, über Ausdruck und Kennzeichen, über Sophisten, Disputierkunst und Weisheit, Frage und Antwort, Meinen, Wissen und Lernen, ferner über Probleme der praktischen Philosophie, das Gute, die Tugenden, Staat und Gesetz, Freiheit und Knechtschaft, aber auch über Ökonomik und Diätetik, über die Natur, die Tiere, Leben und Tod, Liebe, Zeugung und Kraft sowie über die Kunst, über Gestalten des Mythos, Gedichte Homers und die Dinge im Hades. Von Sokrates scheint Antisthenes besonders die Ideen der Autarkie und Freiheit übernommen zu haben, die Ausrichtung aufs Praktische und die Tendenz zur Verinnerlichung bei gleichzeitiger Ablehnung von äußeren Gütern wie Abstammung und Reichtum. Antisthenes trat für eine Gleichbehandlung der Frauen und Männer im Hinblick auf die Arete (Tugend, Tüchtigkeit, Trefflichkeit, Bestheit) ein. Sein Kosmopolitismus weist auf die Philosophie der Stoa voraus. Wichtig ist seine Einsicht in den Verfall eines Staates, der Gute und Schlechte nicht mehr zu unterscheiden vermag. Stoisch ist auch der antihedonistisch-rigoristische Grundzug der Ethik des Antisthenes. Die Ideenphilosophie Platons lehnte er ab: »Ein Pferd sehe ich, Platon, eine Pferdheit nicht.« Darauf Platon: »Du hast das Auge, mit dem man ein Pferd sieht, nicht aber das, mit dem man die Pferdheit erblickt.« Auf die Frage, welchen Gewinn ihm die Philosophie gebracht habe, erwiderte Antisthenes: »Die Fähigkeit, mit mir selbst zu verkehren.«

Bekannter und volkstümlicher als Antisthenes war der Kyniker Diogenes von Sinope (404–323). Der antike Begriff »kynisch« (zynisch) deckt sich nicht ganz mit dem neuzeitlichen, der radikale und sadistische Menschenverachtung meint. Der antike Zynismus erwuchs, wie sich aus Leben und Auftreten des Diogenes ersehen läßt, eher aus einem Gefühl der Verzweiflung angesichts einer hoffnungslos verlogenen Gesellschaft. Er will provozieren, schockieren und scheut dabei nicht vor Derbheit, Spott und Schamlosigkeit zurück. Der Unterton ist jedoch weniger kalt und zerstörerisch als humorvoll und versöhnlich. Diogenes schrieb unter anderem Bücher über das Gute, die Tugend und die Liebe. Er soll aus Sinope verbannt worden sein. Als ihm jemand vorhielt: »Die Sinopeer haben die Verbannung über dich verhängt«, erwiderte er: »Und ich über sie das Verbleiben.« Nach seinem Heimatort gefragt, antwortete er: »Ich bin ein Weltbürger!« Der kosmopolitische Zug verbindet ihn mit den Stoikern. Diogenes trieb das sokratische Ideal der Selbstgenügsamkeit auf die Spitze: Als er ein Kind aus der hohlen Hand trinken sah, warf er seinen Becher fort. Als Behausung genügte ihm ein Faß. Als Rowdies es zertrümmerten, stifteten ihm die Athener, bei denen er sehr beliebt war, ein neues. Demagogen nannte er Bediente des Pöbels. Begegnete er Steuermännern, Ärzten oder Philosophen, hielt er den Menschen für das verständigste Lebewesen, begegnete er dagegen Sehern, Berühmten oder Reichen, hielt er nichts für erbärmlicher als den Menschen. Die Menschen, sagte Diogenes, wetteiferten darin, sich gegenseitig zu Fall zu bringen und einander niederzutreten, aber um den Preis der Tugend kämpfe niemand. Sport hielt er nur insoweit für sinnvoll, als er die Gesundheit erhält und fördert. Als Alexander der Große ihn aufsuchte und fragte, ob er sich etwas wünsche, antwortete Diogenes: »Geh' mir aus der Sonne!« Darauf Alexander: »Wenn ich nicht Alexander wäre, möchte ich Diogenes sein.« Diogenes schloß daraus, daß den Göttern alles gehöre, die Weisen aber Freunde der Götter seien, daß, da Freunden alles gemeinsam ist, auch den Weisen alles gehöre. Dem Schicksal, sagte Diogenes, stelle ich den Mut entgegen, der Leidenschaft die Vernunft und dem Gesetz die Natur.

Eher Menschenliebe, Vereinsamung und Verzweiflung als Zynismus spricht aus dem Gang des Diogenes durch Athen: Er zündete bei Tage ein Licht an und sagte: »Ich suche einen Menschen.« Als er Oberpriester sah, die einen Unterpriester abführten, weil er eine Schale aus dem Tempelschatz gestohlen hatte, bemerkte Diogenes: »Die großen Diebe führen den kleinen ab.« Gefragt, was unter Menschen das Schönste sei, antwortete er: »Das freie Wort.« Als Vorbild in der Lebensführung betrachtete er den Herakles, der nichts höher hielt als die Freiheit. »Hohe Geburt und Ruhm sowie alles dergleichen war für ihn nur Zielscheibe des Spottes. Er hatte dafür die Bezeichnung ›Schmuckhüllen der Verworfenheit‹.«[21] Die kynische Einstellung zum Leben wurde zu der am wenigsten mißverständlichen und, weil elementaren, weltweit bekannten philosophischen Verhaltensweise.

4.2.3.3.5 Aristipp von Kyrene

Aristipp von Kyrene war, im Gegensatz zu Antisthenes, alles andere als ein Verächter der Lust und der Genüsse. Man kann daraus ersehen, wie breit die Palette sokratischer Lebensphilosophie war. Schon der Kirchenvater Augustin wunderte sich darüber. Als Hedonist stand Aristipp den Sophisten näher als Sokrates, auch darin, daß er Geld für seine Unterweisungen forderte. In der Erkenntnistheorie neigten die Kyrenaiker zum Sensualismus, wonach nur die Empfindungen frei von Irrtum sind. Kennt man die Empfindungen anderer Menschen nicht, kann man deren Interessen auch nicht verstehen. Für die praktische Philosophie folgte daraus die Tendenz zur Individualethik.

[21] Diogenes Laertius, S. 331.

Aristipp stellte sich die Lust als eine glatte, Unlust als eine rauhe Bewegung der Seele vor. Interessant ist seine Annahme, daß manche Menschen infolge einer verkehrten Geisteshaltung unfähig sind, zu genießen oder nach Lust zu streben. Der Weise wird das Streben nach Lust nicht übertreiben. Seine (praktische) Vernunft schützt ihn vor heftigen Leidenschaften und Aberglauben. Die Schriften Aristipps gehören eher zur Literatur als zur Philosophie. In seiner Lebensphilosophie hielt Aristipp es für besser, ein Bettler zu sein als ungebildet: Jenem fehle es nur an Geld, diesem aber an Menschlichkeit. Nach dem Wert der Philosophie gefragt, antwortete er: »Gesetzt, es wären sämtliche Gesetze aufgehoben, so werden wir Philosophen doch in unserer Lebensweise keine Veränderung eintreten lassen.« Auf die Frage, welchen Vorteil er persönlich von der Philosophie habe, erwiderte er: »Ein sicheres Auftreten im Verkehr mit jedermann.« Im Anschluß an Hegesias, Annikeris und Theodoros bildeten sich unter den Kyrenaikern Sekten. Theodoros war Atheist, bekämpfte den Götterglauben und hielt einen Zustand jenseits von Lust und Unlust für erstrebenswert. Annikeris hielt dagegen am Wert der Lustempfindung fest, schätzte besonders die »sympathische« Lust als Ergebnis der Freundschaft, Eltern- und Vaterlandsliebe und trug dem Faktor Gewöhnung – für menschliches Verhalten – Rechnung. Die Anhänger des Hegesias hielten die Glückseligkeit für unmöglich, da der Mensch im Leben zu vielen körperlichen und seelischen Leiden ausgesetzt sei. Der Weise zeichne sich mehr durch Vermeiden von Übeln als durch Streben nach dem Guten aus – eine ziemlich pessimistische Einstellung, die auf Schopenhauer vorausweist.

Eine eher sophistische als kyrenaische Theorie stellte Euhemeros auf. Er sah in den Göttern der griechischen Mythologie kluge Machthaber, die den religiösen Kultus an ihre Person banden, um dadurch das Volk besser beherrschen zu können, also Macht und Magie verbanden.

In gewisser Weise haben die Sokratiker nahezu alle Möglichkeiten hellenistischer Lebensphilosophie andeutungsweise vorweggenommen. Vor dem Übergang der griechischen Philosophie in ein weitgefächertes Spektrum von Weltanschauungen und Lebenseinstellungen stehen zwei Denker, die eine Synthese aller Bereiche der Philosophie – einmal mehr in poetisch-idealistischer, dann mehr in wissenschaftlich-realistischer Form – herzustellen suchten: die Klassiker Platon und Aristoteles.

4.2.4 Platon

Platon wurde im Jahre 428/27 geboren. Sein Vater hieß Ariston, sein Großvater Aristokles. Diesen Namen trug auch Platon. Von der väterlichen Familie ist nichts bekannt, von der mütterlichen wenig. Platons Mutter stammte aus einem Geschlecht, dem auch Solon angehört haben soll. Platon hatte zwei ältere Brüder und eine ältere Schwester. Adeimantos und Glaukon erscheinen im ›Staat‹ als Gesprächspartner des Sokrates, Potone war die Mutter des Speusippos, der nach Platons Tod der Akademie vorstand. Als Platon 347 starb, war die Familie bis auf einen Knaben namens Adeimantos erloschen.

Auch wenn Platon nicht selbst am Peloponnesischen Krieg teilgenommen haben sollte, ist nicht anzunehmen, daß die Kriegsereignisse spurlos an dem sensiblen jungen Mann vorbeigegangen wären. Die Glanzzeit der athenischen Demokratie, die Pentekontaëtie, das Zeitalter des Perikles, war vorüber. Als die sizilische Katastrophe hereinbrach, war Platon 15 Jahre alt. Die folgenden chaotischen Jahre besiegelten nicht nur das Schicksal der »Weltmacht« Athen, sondern brachten auch die Agonie der Demokratie, die Schreckensherrschaft der Oligarchen und die Eroberung seiner Heimatstadt durch die Spartaner. All das kann den jungen Mann nicht unbeeindruckt gelassen haben. Der frühe Tod seines Vaters und die Wiederheirat seiner Mutter mögen außerdem jenen tiefen Lebensernst bei ihm bewirkt haben, von dem die Überlieferung berichtet.

4.2.4.1 Dichter, Politiker, Philosoph

Man darf voraussetzen, daß Platon sorgfältig erzogen wurde. In seinen Werken spiegelt sich, angefangen von der Phase der Ammenmärchen, seine eigene Erziehung wider: Gymnastik und Musik, Verehrung Homers und gediegene Kenntnis seiner Werke. Er war ein sportlicher Typ, kein Streber oder Stubenhocker. Sein Spitzname (Platon) deutet wahrscheinlich auf eine athletische Gestalt, eine breite Brust, möglicherweise aber auch auf eine hohe, breite »Denkerstirn«. Bei den Isthmischen Spielen soll er sich als Ringkämpfer ausgezeichnet haben. Neben der obligatorischen Musik befaßte sich Platon auch mit Dichtkunst und Malerei. Hinzu kam Unterricht in Grammatik. Man kann mit einigem Recht von einer universalen Begabung des jungen Platon sprechen. Dieser Zug kennzeichnet auch sein Philosophieren. Daß Platon imstande war, Tragödien zu dichten, lassen, ganz abgesehen von Anekdoten, seine Dialoge selbst vermuten, z. B. der ›Gorgias‹. Der Dialog ist ein Grundbestandteil der griechischen Tragödie, der im Lauf ihrer Entwicklung die Chorlyrik immer mehr zurückdrängte (Euripides). Platon hat sich zwar, wie Aristoteles bemerkte, von den prosaischen Dialogen (Mimen) des Syrakusaners Sophron anregen lassen, aber er hat sie als Künstler zu einer spezifisch philosophischen Form der Darstellung weiterentwickelt und in den größeren geistesgeschichtlichen Zusammenhang, der die griechische Tragödie mit seiner Philosophie verbindet, eingefügt. Das Beispiel des Rhetoriklehrers Isokrates zeigt, daß in Athen auch eine weniger vom Geist der Tragödie beseelte Form der »Philosophie« existieren konnte. Ob Platon selbst Tragödien verfaßte, ist ungewiß. Wenn er dies tat, wird er rechtzeitig eingesehen haben, daß die Zeit der tragischen Dichtung zu Ende ging und ihre Welt eine andere war als die seine. In dem wahrscheinlich frühesten Dialog Platons, dem ›Ion‹, aber auch im ›Kleineren Hippias‹, der nicht viel später verfaßt wurde, läßt sich die Problematik wiedererkennen. Im ›Staat‹ erscheint dann die Dialogkunst als ausgewiesene philosophische Methode, als *dialektiké techne*. Was die gesellschaftlichen Probleme betrifft, wird nicht zuletzt die moralische Integrität des Sokrates Platon unwiderstehlich angezogen haben. Im Willen, sich nicht an korrupte und krankhafte Verhaltensweisen seiner Umgebung anzupassen, fand Platon endgültig und letztlich in Sokrates seinen geistigen Vater und sein Vorbild.

Platon war derjenige Künstler und Denker, der die besten Voraussetzungen mitbrachte, um das Sokratische Ideal der Menschlichkeit von Athen in eine allgemeinere Sphäre zu transponieren. Sein Lebensbündnis, seine Schicksalsgemeinschaft mit Sokrates, hatte für ihn nicht nur positive Folgen. Mit Sokrates und mit den Sophisten vollzog er jene Hinwendung zum Menschen, die zwangsläufig zu einer Vernachlässigung der kosmologischen Probleme zugunsten der soziologischen, ethischen, politischen und anthropologischen führte. Platon erwies sich aber auch hier als Sokratiker, das heißt als ein nie Auslernender, indem er diese Lücke spätestens seit dem ›Staat‹ bemerkte und auszufüllen suchte (›Timaios‹). Noch in zwei anderen Fällen treffen wir bei Platon auf Kurskorrekturen eigenen

Denkens, Zeichen ernsthafter Selbstkritik und damit seriösen Philosophierens. Einmal überdachte er die Ideenlehre nach ihrer klassischen Formulierung in den mittleren Dialogen und suchte sie ontologisch in der eleatischen Philosophie zu fundieren (›Parmenides‹), sodann korrigierte er gewisse Einseitigkeiten seines Staatsideals in seinem längsten und letzten Werk, den ›Gesetzen‹. Wer Platon verstehen will, wird ihn stets als Künstler, Politiker und Philosophen zu sehen haben. Jede Unterschätzung einer dieser Persönlichkeitskomponenten hat ein schiefes Platon-Bild zur Folge.

Im wahrscheinlich echten 7. Brief erhalten wir authentische Informationen über den inneren Werdegang des Denkers. In der Jugend herrschte der Wunsch nach politischer Betätigung vor, die Hoffnung auf eine Wende zum Besseren durch die Oligarchen (Platons Onkel Kritias!), dann folgte eine bittere Enttäuschung – die demokratische Verfassung erschien dagegen golden – und die Abwendung von der Politik. Nach dem Sturz der Dreißig faßte Platon erneut Hoffnung, aber wiederum wurde er enttäuscht: die ungerechte Verurteilung des Sokrates und anderes mehr – »so daß mir ganz schwindlig wurde« –, bis er zu der Einsicht gelangte, daß alle Staaten schlecht regiert werden und nur durch ungewöhnliche Anstrengungen und einen Glücksfall zu retten sind, woraufhin er schließlich den Weg zur Philosophie als der einzig möglichen Retterin (Sokrates!) fand.

Diese Entwicklung wird hinreichend durch andere Äußerungen Platons in seinen Werken bestätigt und ergänzt, u.a. in der ›Apologie‹: »Kein Mensch ist seines Lebens sicher, der euch oder einer anderen Volksmenge offen und ehrlich entgegentritt und allerlei Unrecht und Gesetzwidrigkeit im Staat zu verhindern sucht, sondern wer wirklich ein Vorkämpfer des Rechts sein will, der muß, um auch nur kurze Zeit sein Leben zu fristen, schlechterdings sich auf den Einzelverkehr beschränken und auf die Beteiligung an den öffentlichen Angelegenheiten verzichten.« (31 ef.)

Platon hat, ungeachtet der Möglichkeit einer steilen politischen Karriere, die antidemokratische Tendenz seiner berühmten und berüchtigten Verwandten, vor allem des Oligarchen Kritias, nicht geteilt, sondern sich gegen das oligarchische System ausgesprochen, wenngleich er auch die Schwächen der degenerierenden Demokratie seiner Zeit nicht ignorierte. Platon war ein ehrlicher Kritiker der Demokratie, aber nicht ihr Feind. Es gehört zu einer wahren, zu einer freiheitlichen Demokratie, berechtigte Kritik zu dulden und die zu Recht kritisierten Mißstände zu beseitigen. Wie die Verurteilung des Sokrates zeigt, vermochte dies die athenische Demokratie seinerzeit nicht mehr. Sie war, nicht zuletzt infolge der Kriegsereignisse, degeneriert, eher eine Ochlokratie (Pöbelherrschaft), Tyrannis oder Oligarchie als eine Demokratie. Platon hat diese Zusammenhänge durchschaut. Seine modernen Kritiker, die ihm Demokratiefeindlichkeit unterstellen und ihn zum Oligarchenfreund abstempeln, verwechseln offensichtlich demokratische Gesinnung mit demokratischer Ideologie. Eine Gesellschaft, die unfähig ist, Retter von Verbrechern zu unterscheiden, die ihre Retter beseitigt und Verbrechern huldigt, ist nicht mehr zu retten.

4.2.4.2 Wanderjahre

Platon war indessen nicht der Mann, der schnell aufgibt, schon gar nicht, wenn es um das Heil, die Wahrheit oder die Freiheit ging.

Mit der Bemerkung am Schluß des ›Phaidon‹, (1.16a 6f.) den Gefährten des Sokrates sei beim Tod ihres geistigen Behüters zumute gewesen wie Kindern, die ihren Vater verloren haben, charakterisiert Platon am besten sein inneres Verhältnis zu Sokrates. Nach der Beendigung der Lehrjahre unter dessen Obhut begannen mit dem erwähnten Zwischenspiel in Megara, wohin die Freunde des Sokrates vor der athenischen Restauration geflohen waren, für Platon die Wanderjahre, eine Zeit der Reisen, Experimente, neuen Begegnungen und Einsichten, aber auch Enttäuschungen. Eine erste Reise, nach Unteritalien und Sizilien, unternahm Platon zwischen 390 und 387, eine zweite 366/65 und eine dritte 361/60. Ob er Ägypten bereist hat, ist umstritten. Von einer geplanten Reise in den Orient sollen ihn die unsicheren Verhältnisse dort abgebracht haben. Auf der ersten Reise nach Unteritalien lernte er auch Vertreter orphisch-pythagoreischer Lehren (Totengericht, Seelenwanderung) kennen. Platon reinigte solche Vorstellungen von primitiven Bestandteilen, um sie in seinen literarischen Kunstmythen zu verwenden, im großen Stil zuerst im ›Gorgias‹. Vordergründig handelt es sich hier um eine Auseinandersetzung mit der Rhetorik. Darüber hinaus bedeutet der Dialog eine endgültige Absage an die Lebensform der radikalen, skrupellosen Machtpolitik:

Die Philosophie ist nicht die Verderberin, wie Kallikles, ein Vertreter dieser Machtpolitik, behauptet, sondern die Retterin. Die Verderberin ist die Rhetorik, die Sophistik.

In Sizilien überlagerten sich die Einflußsphären der Griechen und Karthager. Im gleichen Jahr, in dem die Perser bei Salamis geschlagen wurden (480), besiegten die Westgriechen die Karthager am Himeras, worauf Sizilien 70 Jahre lang Ruhe vor den Karthagern hatte und sich prächtig entwickeln konnte. Mit dem Sieg der Syrakusaner über das griechische Expeditionskorps (413) hatten sie den Weg von der Polis zum Territorialstaat gefunden, während sich im griechischen Mutterland die führenden Stadtstaaten gegenseitig bekriegten und damit das Ende des Polis-Zeitalters beschleunigten. Allerdings erschütterten auch in Sizilien schwere Rückschläge das Leben der Westgriechen. Im Jahr 409 waren die Karthager schon im Begriff, Sizilien zu erobern, zerstörten Selinus und Himera, wo sie 3000 Griechen dem Andenken ihres Feldherrn Hamilkar opferten, der sich nach seiner Niederlage 480 in die Flammen der Stadt gestürzt hatte. In höchster Not erstand den Griechen auf Sizilien auch diesmal wieder ein Retter, ein 25jähriger Offizier, der 406 zum alleinigen bevollmächtigten Feldherrn im Krieg gegen die Karthager gewählt wurde. Der bevollmächtigte Stratege war bald darauf, als Dionysios I., Tyrann von Syrakus (405–367). Er ließ die Demokratie äußerlich unangetastet und die Volksversammlung Beschlüsse fassen. Während er zunächst einen Stillhaltefrieden mit den Karthagern schloß, rüstete er fieberhaft auf und ließ die damals stärkste Kriegsflotte (300 Schiffe) bauen. Im Jahr 397 erklärte er den Karthagern den Krieg und drängte sie nach harten Kämpfen auf den nordwestlichen Teil der Insel zurück. Dionysios I. war nicht nur der Retter der Westgriechen auf Sizilien, sondern wohl auch der bedeutendste Feldherr und Politiker zwischen Perikles und Philipp von Makedonien. Wen wundert es, wenn Platon diesen Beherrscher der einzig noch vorhandenen griechischen Großmacht kennenzulernen wünschte?

Ob eine Begegnung zwischen Dionysios I. und Platon stattfand, ist ungewiß. Einige Umstände erschwerten überdies einen fruchtbaren Kontakt: politische Spannungen zwischen Athen und Syrakus, Tyrannenhaß in Athen und nicht zuletzt die Freundschaft zwischen Platon und dem Schwager des Tyrannen, Dion, der sich für Platons Reformpläne aufgeschlossen zeigte. Der Besuch endete für Platon nicht nur enttäuschend, sondern auch gefährlich, da der Tyrann ihn nach Ägina abschieben ließ, das sich im Krieg mit Athen befand, so daß Platon in Gefangenschaft und Sklaverei geriet. Annikeris aus Kyrene, der sich zufällig in Ägina befand, erkannte Platon und kaufte ihn frei.

4.2.4.3 Gründung der Akademie

Zwischen seiner ersten und seiner zweiten sizilischen Reise gründete Platon die Akademie (387), das erste Forschungszentrum der Menschheit, das Modell für alle künftigen Akademien, Hochschulen und Forschungszentren der Welt. Die antike Platonische Akademie bestand bis zum Jahr 529 n. Chr. fort, als der christliche Kaiser Justinian sie schließen ließ. 1459 erfolgte die Gründung einer neuen Platonischen Akademie in Florenz durch Cosimo de Medici. Von den drei großen Errungenschaften der Hellenen, die sie der Menschheit schenkten, den Olympischen Spielen, der Demokratie und der Akademie, war es letztere, die Stätte geistiger Arbeit, die in der Neuzeit zuerst wiedererstand. Ihr folgte die Demokratie, die sich als Staats- und Lebensform dem mittleren Seelenteil (nach Platon), also dem *bios praktikos*, zuordnen läßt, sodann schließlich die Erneuerung der Olympischen Spiele im Zeichen körperlicher Bestleistungen an der Schwelle zum 20. Jahrhundert. Die beiden folgenden Reisen Platons nach Sizilien, wo inzwischen der Sohn des Tyrannen als Dionysios II. (367–357) regierte, verliefen ebenso ergebnislos und enttäuschend für Platon wie die erste. An eine Umkehr der Politik, wie sie ihm vorschwebte, war nicht zu denken. Am Hof von Syrakus unterlag Platon, wie einst Sokrates in Athen, seinen Verleumdern.

Festeren Boden unter den Füßen hatte Platon in seiner Akademie, die er unweit des Kephisosflüßchens, im Südwesten des Poseidon-Hügels gründete, wo es schon im 6. Jahrhundert einen Heiligen Bezirk gab, der nach dem Heroen Hekademos Hekademeia oder Akademeia benannt wurde. Wo heute kahle Mauern, Straßenlärm und Bahnhofsnähe das Szenarium der griechischen Hauptstadt beherrschen, lagen einst fruchtbare Äcker, Gärten, Haine und ein Gymnasion. In dieser friedlich-idyllischen Umgebung dachte, forschte, lehrte und schrieb Platon. Seine Schule war nach attischem Recht ein Kultverein, eine Stätte der Musen, ein Mouseion. Ohne schriftliche Verfassung betreute ein Vertrauensmann das Anwesen, zuerst der Stifter selbst, dann sein Neffe Speusippos, von den Senioren und Junioren der Vereinigung gewählt. Über die Verwaltung des Ganzen ist kaum etwas bekannt, über die Arbeit in der Akademie nicht viel mehr. Soviel läßt sich vielleicht sagen, daß auf mathematisch-theoretischem wie auf politisch-praktischem Gebiet frei und ungezwungen geforscht, studiert und diskutiert wurde.

Die letzten Jahrzehnte seines Lebens, seine Meisterjahre, verbrachte Platon im Kreis seiner Akademie mit Forschungen, Studien und der Weiterarbeit an seinen Werken, vor allem den ›Gesetzen‹, seinem reifsten, gedankenreichsten und schwierigsten Werk. In ihm konvergieren die Linien Platonischer Denkarbeit, in ihm findet der Tragödiendichter Platon, der Philosoph, der Gründer, der Erzieher und Mahner Platon zu seinem Ursprung zurück: zum Politiker und Gesetzgeber, der er, wie Solon, immer gewesen war.

4.2.4.4 Schriften

Die Dialoge Platons lassen sich als gleichsam flankierende Arbeiten zu seinem größten Werk verstehen, an dem er nie aufhörte zu arbeiten, für das er kämpfte und litt: die Umkehr nicht mehr nur der Athener, um deren Heil sich Sokrates gesorgt hatte, sondern der gesamten Menschheit, soweit sie ihm bekannt war und soweit sie sich in dem von ihm geschilderten hoffnungslos zerrütteten politischen Zustand befand. Aus dem Anliegen Platons, eine solche Erneuerung des menschlichen Zusammenlebens zu bewirken, läßt sich sein Satz über den Philosophen-Herrscher verstehen, nach dem entweder die Herrscher anfangen müssen, von ihrer Vernunft wirklich Gebrauch zu machen oder die Philosophen, soweit sie dies tun, herrschen sollen. Platon meinte nicht Philosophieprofessoren, wie Kant irrtümlich annahm. Der Glaube an eine solche Wende der Menschheit, an eine Erneuerung oder Umkehr kennzeichnet Platon als religiösen Reformator. Sofern sich seine Hoffnung auf die Polis bezog, scheiterte er wie Sokrates, denn die Polis war nicht mehr zu retten, ihre Zeit war vorüber. Sofern er jedoch aus dem Zerfallsprozeß Überlebensbedingungen für jede Art menschlicher Gesellschaft ablas, wurde Platon zu einem überzeitlichen politischen Denker, Gesetzgeber und Weisen. Von diesem seinem letzten Anliegen her läßt sich auch verstehen, warum er seine Schriften nicht als adäquaten Ausdruck seiner Philosophie betrachtete: Nicht weil er irgendwo doch noch eine esoterische Philosophie verborgen hatte, etwa in Gestalt eines Vortrages über »Das Gute«, sondern weil überhaupt keine schriftliche Aufzeichnung das enthalten kann, was Platon als letztes Ziel seiner philosophisch-politischen Bemühungen ansah und was nur auf dem Weg der Erleuchtung mitteilbar ist. Auf dem Hintergrund eines vertieften Platon-Verständnisses erscheinen seine Schriften wie die Begleitmusik zu einem nie endenden Vorhaben: der Umwandlung der Menschheit im Sinn des Sokratischen Ideals der Menschlichkeit. Wenn Platon bis zum Schluß an dem Glauben festhielt, daß eine entsprechend begabte Herrscherpersönlichkeit diesen Wandel noch am schnellsten bewerkstelligen könne, muß man ihm deshalb nicht gleich Illusionismus oder Utopismus vorwerfen, denn auch der stärkste Denker bedarf schließlich noch eines Strohhalmes der Hoffnung, wenn er nicht in Resignation und Verzweiflung versinken will. Platon in dieser Weise verstehen heißt, seine Schriften weder unter- noch überbewerten. Sie behalten ihren Wert als Denkansätze, die, wenn sie sich auch thematisch verselbständigen, ein gemeinsames Zentrum haben.

Von den 34 überlieferten Platonischen Dialogen gelten 25 als höchstwahrscheinlich echt. Man kann sie in Gruppen einteilen und ungefähr nach ihrer Entstehungszeit ordnen, wobei nicht auszuschließen ist, daß Platon gelegentlich ältere Entwürfe mit neuen kombinierte oder an mehreren Werken gleichzeitig arbeitete. Zwei monumentale Werke dominieren: der ›Staat‹ und die ›Gesetze‹. Der ›Staat‹ kam zwischen 376 und 370 heraus und bündelte die Thematik fast aller früheren Dialoge aus einem Zeitraum von etwa 25 Jahren. An den ›Gesetzen‹ arbeitete Platon bis an sein Lebensende. Sie umspannen ihrerseits mit ihren (vom ›Staat‹) überleitenden, ergänzenden und vorbereitenden Studien einen Zeitraum von 25 Jahren. Die beiden Hauptwerke Platons sind eindeutig Arbeiten zur Politik, wie überhaupt der Schwerpunkt der Dialoge, entsprechend der Wendung der Sophisten und des Sokrates zur Gesellschaft, auf ethischem, politischem, gesellschaftlichem, anthropologischem und pädagogischem Gebiet liegt.

4.2.4.5 Frühdialoge

Die Dialoge bis zum ›Staat‹ lassen sich wiederum aufteilen, und zwar zunächst in Sokratische, aporetische oder Frühdialoge: Ihnen ist gemeinsam, daß sie, dem Nichtwissen des Sokrates gemäß, zu keinem Ergebnis führen: ›Ion‹, ›Hippias minor‹, ›Laches‹, ›Lysis‹, ›Charmides‹, ›Euthyphron‹, ›Protagoras‹, ›Euthydemos‹, ›Kratylos‹. Speziell mit Sokrates befassen sich, neben dem ›Euthyphron‹, die ›Apologie‹ und der ›Kriton‹ sowie Teile des ›Phaidon‹ und der Schlußteil des ›Symposion‹ nebst einer Einlage im ›Theaetet‹. ›Gorgias‹ und ›Menon‹ sind sogenannte Dialoge des Übergangs von der frühen zur mittleren Periode. Dieser gehören an: ›Phaidon‹, ›Symposion‹, ›Phaidros‹ und der ›Staat‹. Darauf folgen in einer Periode der Auseinandersetzung mit Problemen der Ideenlehre, der Einarbeitung in die zuvor vernachlässigte Naturphilosophie und der Vorarbeiten zu den ›Gesetzen‹: ›Parmenides‹, ›Timaios‹, ›Theaitetos‹, ›Sophistes‹, ›Politikos‹, das Fragment ›Kritias‹ sowie der ›Philebos‹.

Die Sokratischen Dialoge konzentrieren sich auf die Fragen: »Was ist Tugend?«, »Einheit der Tugend«, Sophistik, Rhetorik, Eristik, Poëtik, Rhapsodik, Sprache. Es finden sich erste Ansätze zur Ideenphilosophie, Psychotherapie und Erkenntnistheorie.

4.2.4.6 Ideenlehre

Die mittleren Dialoge enthalten neben sokratischen auch pythagoreische und mythische Elemente, z.B. die berühmte Lehre von der Ideenschau als Wiedererinnerung *(anamnesis)*. Die Ideenlehre nimmt Form an, und die Psychologie wird vertieft. ›Phaidon‹ und ›Symposion‹ vermitteln zwei komplementäre philosophische Einstellungen: Distanzierung gegenüber der raumzeitlichen Wirklichkeit, Reinigung und Askese sowie Durchdringung der raumzeitlichen Wirklichkeit mit Hilfe des Eros, der Aneignung und Zuneigung. Der ›Phaidros‹ enthält eine Palinodie oder bedingte Zurücknahme der ablehnenden Haltung, die Platon im ›Gorgias‹ gegenüber der Rhetorik an den Tag gelegt hatte, ferner eine Verbindung von Ideenlehre und Psychologie sowie eine Relativierung des Geschriebenen. Der ›Staat‹ faßt alle bisherigen Elemente in einer großangelegten Synthese zusammen: sokratisches, pythagoreisches, Mythisches, Ideenlehre, Psychologie, Erkenntnistheorie mit der zugehörigen Methode, der Dialektik, die an die Stelle der Rhetorik tritt. Berücksichtigt man die Tatsache, daß Platons Dialoge fast ausnahmslos Mehrzweckschriften sind, dann lassen sich die Werke vor dem ›Staat‹ bzw. die, welche ihn flankieren, zwanglos als notwendige Komponenten eines übergreifenden Konzepts verstehen, das zwar kein System ist, aber als ein solches erscheint. Das Ziel des Konzepts ist es, jene Wendung, Neuorientierung, Erneuerung oder Verwandlung im Leben der Menschen, speziell in der Politik, herbeizuführen, die ein Ende der Dauerkrisen, Kriege und Übel ermöglicht, von deren Existenz sich Platon in Athen, Syrakus und anderswo überzeugen konnte. Das Ziel ist also letztlich ein soteriologisch-religiöses. Der Philosophen-Herrscher-Satz als Kernaxiom des ›Staates‹ sucht der Situation Rechnung zu tragen, daß die Philosophen zwar das Ziel kennen, aber nicht die Mittel zur Durchsetzung beherrschen, die Herrscher zwar die Mittel besitzen, aber nicht das Ziel kennen.

Eine angemessene Faktorenanalyse wirft Licht in das scheinbare Dunkel Platonischer Synthetik und zeigt, daß jeder Schritt in den Werken Platons wohldurchdacht war und eine klare Funktion im Gesamtplan, nicht im System, hat. Die aporetischen Frühdialoge, die auf der sokratischen Ebene des Nichtwissens operieren, liefern einen Überblick über die Anzahl der Tugenden, ihre Zusammenhänge sowie über Einheit und Vielfalt, also eine Bestandsaufnahme der Sokratischen Problematik unter Berücksichtigung der sophistischen Tendenzen.

Die Annahme von Ideen, unsichtbaren, zeitlosen Wesenheiten, im Gegensatz zu den sichtbaren Gegenständen der raumzeitlichen Wirklichkeit, ergibt sich aus der Auseinandersetzung mit den philosophischen Positionen der Vorgänger, vor allem des Pythagoras, Demokrits und des Anaxagoras, ferner Heraklits und des Parmenides. Die älteren ionischen Naturphilosophen hatten die vier Elemente als letzte Wirklichkeit angenommen, Demokrit die (abstrakteren) Atome; das war eine »materialistische« Interpretation der Realität. Pythagoras hatte die Realität als Zahl, also nicht mehr körperlich, wohl aber quantitativ und noch nicht rein geistig interpretiert. Platon ergriff die dritte Möglichkeit, indem er den Ansatz der Pythagoreer weiter entmaterialisierte, spiritualisierte. Wenn die letzten Einheiten der Realität weder Atome noch Zahlen sind, können sie nur immaterielle, raum- und zeitlose Qualitäten sein, modern gesprochen, unwandelbare Substrukturen oder Informationsträger, nach denen sich die Prozesse der Welt des Werdens vollziehen, Platonisch ausgedrückt: Ideen. Warum hat Platon dann aber nicht den Geist *(nous)* des Anaxagoras übernommen, der doch den höchsten Grad der Spiritualisierung im vorsokratischen Denken erreicht hatte? Dieser *nous* war Platon noch nicht rein genug, noch nicht frei genug von materiellen Vorstellungsinhalten, außerdem barg er die Gefahr des Subjektivismus. Gerade ihr wollten aber Sokrates und Platon in ihrem Kampf gegen Protagoras und ihrem Streben nach Allgemeingültigkeit und Verbindlichkeit entgehen. Daher wählte Platon die objektivere, weniger anthropomorphe Lösung, nicht den (menschlichen) Geist, sondern die göttlichen, für sich bestehenden Ideen. Mit Demokrit stimmte Platon in der Forderung der Unsichtbarkeit letzter Einheiten der Realität überein. Gegen Demokrit forderte er die Immaterialität dieser letzten Einheiten. Mit Pythagoras stimmte Platon in der Immaterialität (der Zahlen) überein, gegen die Pythagoreer entschied er sich, da er den Zahlen nur eine quantitative, zwischen der Welt des Werdens und der des Seins vermittelnde Rolle zugestand. Für Anaxagoras sprach die Bevorzugung des Geistigen an sich, gegen ihn der materielle Rest seiner Konzeption sowie die Gefahr der Subjektivierung. Mit Heraklit stimmte Platon überein, insofern er eine veränderliche Welt nicht leugnete, gegen ihn wandte er sich, sofern die radikale Position der Veränderlichkeit Kommunikation unmöglich macht, die Sphäre des Logischen und der Sprache aufhebt. Mit Parmenides ging Platon, indem er dem Sein den Vorrang vor dem Werden gab, gegen ihn wandte er sich, sofern Parmenides die Einheit des Seins voraussetzte und alles Werden ausschloß. Platons Lösung, die Annahme von Ideen, war der einzig logische, mögliche und praktikable Ausweg aus der Situation Sokratischen Nichtwissens, unter Berücksichtigung der vorsokratischen »metaphysischen« Positionen. Mit der Annahme von Ideen hatte Platon die dritte Interpretationsmöglichkeit der Realität neben den Atomen und Zahlen gefunden, die im Rahmen der Tendenz zu höherer Abstraktion, Allgemeinheit und Spiritualität lag. Noch heute sind Materie, Energie und Information die drei metaphysischen Orientierungspunkte für jede Art von Interpretation der Wirklichkeit.

Wie sich die Annahme von Ideen aus der spezifischen Situation Platonischen Philosophierens verstehen läßt, so läßt sich auch seine Idee des Guten aus der Konstellation der Thematik des ›Staates‹ verstehen. In diesem Werk ging es Platon darum, die Sokratische Formel »Tugend ist Wissen« zu substantialisieren. Daß die Kategorie des Guten das oberste Prinzip der Tugenden ist, folgt schon aus dem Zusammenhang der Begriffe in der griechischen Sprache. Der Kunstgriff Platons bestand darin, die Sokratische Formel mit der Parmenideischen Metaphysik so zu verknüpfen, daß aus der Verschmelzung etwas Neues wurde, das den Ansprüchen gerecht wurde, die sich aus dem Ziel des soteriologischen Konzepts an seine Philosophie im engeren Sinn ergaben: Ermöglichung einer philosophisch-politischen Neuorientierung aufgrund eines »höheren« Wissens, das gleichzeitig die Sokratische Aporie des Nichtwissens, den sophistischen Agnostizismus und Skeptizismus sowie die Starre der Parmenideischen »Ontologie« überwunden und doch deren Halt übernommen hatte. Ein solches höheres Wissen um Gerechtigkeit, Tugend, das Gute und Schöne kann nur die Idee des Guten vermitteln, in der Einheit und Vielheit zu einem optimalen Ausgleich kamen.

Ähnliches gilt für die Idee der Gerechtigkeit, welche die göttlichen Tugenden zusammenfaßt und selbst als »Das Seine tun« definiert wird. Platon befreite die Gerechtigkeit von der Vorherrschaft der Macht und der Materie. Ein wahrer Akademiker ist, wer den Vorrang des Rechts vor der Macht und den Vorrang der geistigen vor den materiellen Werten anerkennt. Die zugehörige Methode der Kommunikation zwischen den Ideen ist die Dialektik.

Die Idee des Guten hat bei Platon mehrere Funktionen: Vermittlung zwischen der metarationalen, religiösen, soteriologischen Erfahrung und der rationalen, philosophisch-politischen Sphäre, Vermittlung zwischen Theorie und Praxis, Vermittlung zwischen Gnoseologie (Erkenntnistheorie) und Axiologie (Werttheorie).

4.2.4.7. Spätwerk

Eine universale Synthese dieser Art kann gar nicht ohne Schwachpunkte sein, was, bei aller Genialität, auch Platon schon bald, teils aufgrund eigener Reflexionen, teils in Form von Kritik aus den Reihen der Mitglieder seiner Akademie erkennen mußte.

Im ›Parmenides‹ liefert Platon eine freimütige Selbstkritik seiner Ideenlehre, versucht gleichzeitig, seine Metaphysik der Idee mit der eleatischen Ontologie zu verbinden sowie seine Option für die Eleaten zu rechtfertigen. Im ›Timaios‹ sucht er den naturphilosophischen Nachholbedarf, so gut es geht, zu decken, indem er sich den Standpunkt der fortschrittlichsten Denker auf diesem Gebiet, der Pythagoreer, zu eigen macht. Gleichzeitig soll der Dialog die Ordnung der Gesellschaft in der Ordnung der Natur fundieren, den Mikrokosmos im Makrokosmos verankern. Im ›Theaitetos‹[22] setzt er die im ›Protagoras‹ begonnene Auseinandersetzung mit Protagoras fort und verlagert den Schwerpunkt von der sokratisch-praktischen auf die erkenntnistheoretische Ebene. Im ›Sophistes‹ vertieft er die Auseinandersetzung mit der Sophistik, ferner die Methodik. Diairesis (Unterteilung), Dichotomie (Zweiteilung) und Dialektik (Gesprächskunst) erhalten analytisch-logische Züge. Schwierige Aporien der Ideen-Metaphysik und Ontologie werden schonungslos offengelegt, so das Problem des Nichtseins und die Verbindung der höchsten Kategorien. Im ›Politikos‹ stellt Platon einmal den Sophisten dem wahren Staatsmann gegenüber, sodann erörtert er die Gefahren einer zu weit gehenden Reglementierung durch Gesetze. Dieser Dialog und der ›Kritias‹, der den Ansatz einer Geschichtsphilosophie enthält, sowie der ›Philebos‹ mit einer Lustanalyse, einem fundamentalen Thema jeder Gesetzgebung, leiten zu den ›Gesetzen‹ über, die dem Modell des ›Staates‹ eine zweitbeste Lösung an die Seite stellen für den Fall, daß sich die Realisierung der Philosophenherrschaft oder der direkten Herrschaft der Vernunft als vorerst undurchführbar erweisen sollte. Platon kehrt hier auf den Boden Solons, der Polis und der Tradition zurück, ohne zu resignieren. Was er anbietet, ist eine faire Alternative. An dem Glauben, daß die Wendung zum Besseren in den menschlichen Verhältnissen am schnellsten durch einen entsprechend fähigen und integren Herrscher zu erreichen ist, hält er auch nach seinen Erfahrungen in Sizilien fest. Schwer zu vereinbaren mit solchen Bekenntnissen zum Modell des ›Staates‹ sind Äußerungen im 3. und 4. Buch der ›Gesetze‹, die eine vernünftige Alleinherrschaft negieren. Platon ist es nicht gelungen, diesen Widerspruch aufzulösen.

[22] Theaitetos (415–369) aus Athen war ein Freund Platons und gehörte zur Akademie. Er begründete die Stereometrie, von der Platon im ›Timaios‹ Gebrauch macht. Sein Lehrer war Theodoros von Kyrene, der konsequent den Weg von der Philosophie zur Mathematik ging.

Im Hinblick auf die kretisch-spartanische Tradition entwikkelte Platon die Theorie von der gemischten Verfassung, die wesentliche Züge moderner Theorien von der Gewaltenteilung vorwegnimmt. Platon war, wie anfangs gesagt, mütterlicherseits mit dem Gesetzgeber Solon verwandt. Hatte Sokrates ihn zur Philosophie geführt, so vergaß er darüber zeitlebens nicht seine gesetzgeberische Aufgabe. Sie tritt gegen Ende seiner Denkerlaufbahn wieder stärker in Erscheinung. Als Gesetzgeber sucht Platon nach einer Synthese von kretischer (Epimenides), spartanischer (Lykurg) und athenischer (Solon) Weisheit. Seine Theorie der gemischten Verfassung, eine Frucht dieser Arbeit, gelangte über den Historiker Polybios (ca. 200–120 v. Chr.) nach Rom und eroberte von da aus den republikanisch-demokratisch orientierten Teil der Welt. In seiner Gesetzgebung versuchte Platon dieser Theorie zu entsprechen: Einschränkung der Macht der Volksversammlung, neues Prozeßrecht im Gegensatz zu der in Athen etablierten Allmacht des Geschworenengerichts, Einsetzung von Euthynen, oberster Richter, denen die Beamten rechenschaftspflichtig waren, Einführung von Gesetzeswächtern als Gegengewicht gegen den Mißbrauch staatlicher Gewalt, Forderung einer hinreichenden (akademischen) Ausbildung als Voraussetzung für die Bekleidung höherer Staatsämter. All diese Maßnahmen weisen in die Richtung des neuzeitlichen Konstitutionalismus. Dabei wird oft verkannt, daß die spartanische Regierungsform den modernen Ideen nähersteht als die radikale athenische Demokratie.

In den ›Gesetzen‹ kommt die Auseinandersetzung mit Protagoras zum Abschluß. Dem Slogan des Sophisten stellt Platon den Satz entgegen: »Nicht irgendein Mensch, sondern Gott allein ist das Maß aller Dinge.« Diese Endformel ist das Ergebnis einer Entwicklung. Sie führt von der Idee des Guten im ›Staat‹ zum Demiurgen oder Weltbildner im ›Timaios‹ und von dort zu Gott, dem Maßstab aller Maßstäbe in den ›Gesetzen‹. Man versuche nur, sich die drei höchsten Begriffe in umgekehrter oder einer anderen Reihenfolge zu denken und wird erkennen, daß das weder von der Sache her noch genetisch einen Sinn ergibt. Auf die Relativierung der Philosophie, ihrer Reformpläne und ihres Vernunftanspruchs kann nur noch ein religiöses, metarationales, soteriologisches Konzept folgen. Nicht nur den Sophisten, sondern auch den Demagogen gibt Platon in den ›Gesetzen‹ die letzte, entscheidende und härteste Absage. Ohne den Namen des Alkibiades zu nennen, steht dessen dämonische

Verführergestalt unverkennbar hinter der Darstellung: »Der Gott, welcher, wie auch der bekannte alte Spruch verkündet, Anfang, Ende und Mitte aller Dinge in seiner Hand hat, wandelt ohne Fehl der Natur gemäß seine ewig gleiche Bahn; seine ständige Begleiterin aber ist die Gerechtigkeit, die strenges Gericht hält über die, welche sich dem göttlichen Gesetz nicht fügen; ihr ergeben ist jeder, der glückselig werden will und hält fest zu ihr in Demut und Bescheidenheit. Wer aber, geschwellt von Hoffart oder stolz auf Reichtum, Ehren oder Körperschönheit, die Glut in seiner Seele auch noch durch jugendlichen und unvernünftigen Übermut steigert, als ob er weder eines Herrschers noch eines Führers bedürfte, sondern sogar selbst fähig wäre, andern als Führer voranzugehen, der beraubt sich jeder Gemeinschaft mit Gott; verlassen aber von ihm, treibt er im Bunde mit Gesinnungsgenossen, die er für sich gewonnen hat, ein rastlos frevelhaftes Spiel und setzt damit alles in Verwirrung. Und gar manche sehen in ihm wer weiß was Großes; aber es dauert nicht lange, so muß er die gerechte Strafe über sich ergehen lassen, und so bereitet er sich selbst, seinem Haus und seinem Staat den völligen Untergang.«[23]

In den späten Dialogen Platons tritt Sokrates immer mehr in den Hintergrund. An seiner Stelle tritt in den ›Gesetzen‹ Platon selbst auf in der Rolle des Atheners. Während der Dialog in diesem Werk auf weite Strecken versiegt und einer nahezu prosaischen Darstellung weicht, kehrt Platon wenigstens in der Reflexion zu ihm zurück; dort bezeichnet er sein Werk auch ausdrücklich als Tragödie.

»Was aber die sogenannten ernsten Dichter, die Tragödiendichter nämlich, anlangt, so laßt uns den Fall setzen, es fänden sich einige von ihnen bei uns ein und richteten folgende Anfrage an uns: ›Liebe Fremdlinge, dürfen wir eure Stadt und euer Gebiet betreten? Und dürfen wir unsere Dichtung bei euch einführen und zur Darstellung bringen, oder wie denkt ihr es damit zu halten?‹ Was würden wir diesen gottbegeisterten Männern darauf wohl antworten? Meiner Ansicht nach Folgendes: ›Ihr hochgeschätzten Fremdlinge, wir sind selbst Dichter einer Tragödie und zwar womöglich der schönsten und besten. Unser ganzes Staatswesen ist seinem Aufbau nach nichts anderes als eine Nachahmung des schönsten und besten Lebens und gerade dies ist unserer Meinung nach tatsächlich die einzig wahre Tra-

[23] Platon, Gesetze I. Hg. v. O. Apelt. Hamburg 1945, S. 131 f.

gödie. Ihr also seid Dichter, wir aber nicht minder, und zwar für das nämliche Gebiet, also Nebenbuhler und Mitbewerber um den Preis des schönsten Dramas, und eine solche Leistung kann, wenn unsere Hoffnung uns nicht trügt, nur einer den Forderungen der Wahrheit entsprechenden Gesetzgebung gelingen. Glaubet daher nicht, daß wir so ohne weiteres euch gestatten werden, eure Bühne auf unserem Markte aufzuschlagen und eure stimmbegabten Schauspieler bei uns auftreten zu lassen, gegen die wir mit unseren Stimmitteln nicht aufkommen können, und wähnet nicht, daß wir uns dazu hergeben werden, euch öffentlich zu Knaben, Weibern und der gesamten Volksmenge reden und Einrichtungen in einer Weise beurteilen zu lassen, die von unserem Urteil darüber nicht nur abweicht, sondern überwiegend und fast ausnahmslos das gerade Gegenteil dazu ist. Denn wir würden doch geradezu von Sinnen sein, wir und der gesamte Staat, wenn man an Bewilligung eures Antrags eher denken wollte, als bis die Behörde ihr Urteil darüber abgegeben hat, ob eure Dichtung derart ist, daß sie sich hören lassen darf und zum öffentlichen Vortrag geeignet ist oder nicht. Nun also, ihr Söhne und Sprößlinge verführerisch weichlicher Musen, werden wir zunächst eure Gesänge den Behörden zur Vergleichung mit den unseren übergeben und wenn die euren als gleichwertig oder gar als besser befunden werden sollten, so werden wir euch die Aufführung gestatten, wo nicht, meine Besten, dann ist es uns unmöglich.«[24]

Damit ist auch die Kunst in Platons Gesamtkonzeption einbezogen. Auf eine kurze Formel gebracht, heißt das: Ohne wahre Philosophie keine menschenwürdige Politik, keine wahre Philosophie ohne echte Religion, keine echte Religion ohne aufrichtigen Glauben an Gott, das Maß aller Dinge, und alles dies erfordert Kunst. Erst als künstlerisches Spiel vor Gott wird das Leben, werden Politik und Philosophie jenen Ernst erreichen, der sie zur wahren Tragödie erhebt.

Im 10. Buch der ›Gesetze‹ ist von der Weltseele die Rede. Sie machte den Interpreten viel zu schaffen. Sieht man sie jedoch als vermittelndes Bewegungsprinzip zwischen dem Reich der unveränderlichen Ideen und der Welt des Werdens, dann bekommt auch sie einen guten Sinn im Gefüge Platonischer Spätphilosophie, die sich immer mehr dem Aristotelischen Konzept nähert. Aristoteles unterscheidet vier Ursachen: Stoff-, Form-,

[24] Ebd., II, S. 305 f.

Bewegungs- und Zweckursache. Platon vernachlässigt die stoffliche oder materielle Ursache in seinem Konzept ohnehin. Für die Formursache stehen die Ideen. Die Bewegungsursache erscheint bald in der Form des Eros, bald als Demiurg und schließlich als Weltseele. Gott entspricht der Zweckursache. Die Annahme einer Weltseele erscheint, von heute aus gesehen, gar nicht so ungereimt, insofern auch im modernen Konzept des Weltgeschehens Energie zwischen Information (Idee) und Materie (Stoff) vermittelt und damit, im menschlichen Bereich, Aktion ermöglicht.

Insgesamt ist für die ›Gesetze‹ charakteristisch, daß Platon – neben der Religion – dem Naturgeschehen und dem Zufall ein größeres Gewicht bei der Gestaltung menschlicher Verhältnisse zugesteht. Die Entwicklung der griechischen Religion im 4. Jahrhundert zeigt, in der Vergöttlichung des Zufalls *(Tyche)*, eine ähnliche Tendenz.

Man kann Platon manche Inkonsistenz des Denkens vorhalten, nicht aber, daß er die Welt nur zu interpretieren, nicht aber zu verändern gesucht habe. Sein politisches Reformprogramm ist im Grunde zeitlos. In der Möglichkeit einer baldigen Änderung der Verhältnisse täuschte er sich wohl, aber auf lange Sicht behielt er recht. Sein Mißtrauen gegenüber der Macht – »Große Macht korrumpiert die Menschennatur« (691c 5ff.) –, seine Forderung, die Macht dem Recht unterzuordnen, und seine Option zugunsten der Ideen und des Geistes gegen den Materialismus haben sich, wenn nicht überall durchgesetzt, so doch immer wieder bewährt und bewahrheitet.

Sokrates und Platon verdankt der Westen nicht zuletzt den Durchbruch in der Emanzipation der Freiheit und des Rechts aus den Fesseln der Herrschaft, Macht und Gewalt, der Wahrheit aus den Fesseln des Aberglaubens und der Scheinrationalität, des Geistes aus den Vorurteilen materialistischen Denkens. Von Sokrates bis Aristoteles nimmt der auf die Polis bezogene reformerische Impuls kontinuierlich ab. Das Wirkungsfeld des Sokrates war Athen, das Platons Großgriechenland und die Akademie als Gegenwelt zur Polis, das Wirkungsfeld des Aristoteles beschränkte sich auf die wissenschaftliche Bestandsaufnahme dessen, was ist, den *bios theoretikós*.

4.2.4.8 Würdigung

Zu einer angemessenen Würdigung Platons wird man nur gelangen, wenn man die künstlerischen, philosophischen, politischen und religiösen Aspekte seines Schaffens und Wirkens in ihrem Zusammenhang und in ihren Wechselwirkungen sieht. Platon war der einzige griechische Denker, der sowohl auf dem Gebiet der Realitätserfassung (Ideen) als auch auf dem der Institutionalisierung (Akademie) Bahnbrechendes leistete. Nimmt man die Größe seines Anliegens und die Vollendung seiner Darstellungskunst hinzu, erscheint es nicht unbillig, ihn wenigstens als den größten griechischen Denker zu bezeichnen, vielleicht aber auch als den bisher größten Philosophen der Menschheit. Von dem Philosophen A. N. Whitehead stammt das oft zitierte Wort, die abendländische Philosophie bestehe aus einer Reihe von Fußnoten zu Platons Werk.

Schon in der Antike hat man, wie ein Epigramm auf seinem Grabmal zeigt, Platons Andenken die gebührende Ehre erwiesen:

> Über die Menge erhaben an Reinheit und rechtlicher Denkart;
> Wahrhaft göttlichen Geistes, ruhet Aristokles hier.
> Gibt es einen, der allen an Weisheit weit überlegen,
> Dann reicht keiner an ihn, Neid und Gehässigkeit schweigt[25].

4.2.5 Aristoteles

4.2.5.1 Werdegang

Aristoteles wurde 384 v. Chr. in Stagira geboren, einem kleinen Ort an der Nordostküste der Chalkidike-Halbinsel, genannt nach der Mutterstadt Chalkis auf Euboia. König Philipp II. (359–336) von Makedonien ließ Stagira und 30 andere Städte, die sich im Chalkidischen Städtebund gegen ihn zusammengeschlossen hatten, im Jahre 350 zerstören. Aristoteles soll sich

[25] Diogenes Laertius I, S. 169.

für den Wiederaufbau Stagiras eingesetzt haben, der dann auch unter Philipp oder seinem Sohn Alexander erfolgte.

Aristoteles war kein »Halbgrieche«, sondern Ioner. Seine Heimat war das umkämpfte Grenzgebiet zwischen Hellas, Thrakien und Makedonien. Dank dieser Herkunft sowie seiner Abstammung aus einer sehr gebildeten Familie war er gleichsam dazu prädestiniert, ionische Naturphilosophie und attische Begriffsphilosophie zu verbinden. Nikomachos, der Vater des Aristoteles, war der Leibarzt des makedonischen Königs Amyntas II. (gest. 392). Er verfaßte sechs Bücher über die Heilkunst und ein Buch über die Natur. Seine Mutter Phästis stammte von einer Siedlerfamilie aus Chalkis ab. Aristoteles hatte noch einen Bruder und eine Schwester. Die Familie zog vermutlich schon früh an den Königshof in Pella, wo Aristoteles nicht nur Anregungen auf naturwissenschaftlich-medizinischem Gebiet empfing, sondern auch die Umgangsformen höfischen Lebens kennenlernte. Von der Abstammung und Erziehung her gesehen gab es wenige Voraussetzungen dafür, daß Aristoteles ein Reformer der Gesellschaft oder gar Revolutionär würde. Tatsächlich wirken seine politischen Ansichten, verglichen mit denen Platons, konservativ. Aristoteles wählte von Jugend auf sorgfältig seine Kleidung aus und achtete auf feine Manieren. Begünstigten Herkunft, Anregungen und reiche Erfahrungen seine Entwicklung, so verlor er andererseits früh seine Eltern. Proxenos aus Atarneus, ein Verwandter, erzog fortan den Knaben. Insgesamt weiß man über die für seine Entwicklung so wichtigen Jugendjahre sehr wenig. Man darf annehmen, daß Aristoteles jede Gelegenheit zur Weiterbildung nutzte. Wenn er an den Anfang seiner ›Metaphysik‹ den Satz stellt: »Alle Menschen streben von Natur aus nach Erkenntnis«, so dürfte das ganz besonders für ihn gelten. Neben der Freude am Lernen zeichnete Aristoteles wohl schon früh jener Lebensernst aus, der in einem seiner schwer zu übersetzenden Lieblingsworte, *spoudaios* (eifrig, aktiv, ernsthaft, seriös) zum Ausdruck kommt. Aristoteles scheint zeitlebens ein einsamer Mensch gewesen zu sein, tief veranlagt, von einer gewissen (herben) Schwermut gezeichnet, dem es nur mit Mühe gelang, seine inneren Spannungen und Gegensätze auszugleichen und der doch zu einem Meister des Ausgleichs widersprüchlicher Meinungen wurde, zum Vater der Logik, also auch zum Vater des Satzes vom Widerspruch. Er wurde seiner inneren Widersprüche offensichtlich Herr, analysierte und verarbeitete sie. In den ›Analytiken‹ sucht er Licht in das Dunkel zu bringen, in dem sich das widersprüchliche Sein verbirgt. Ein weiteres Lieblingswort des Aristoteles war *nous* (Geist), übrigens sein Spitzname in der Platonischen Akademie. Im »nous« erscheinen objektive Aspekte des idealen Seins mit subjektiven Momenten der menschlichen Persönlichkeit aufs engste verbunden.

Aristoteles, der in Athen Philosophie studieren wollte, lernte die Akademie kennen, als sich Platon auf seiner zweiten Reise nach Sizilien befand (367–65). Eudoxos von Knidos vertrat Platon damals in der Leitung der Akademie. Erst einige Zeit später stand Aristoteles dem Mann gegenüber, mit dem er 20 Jahre zusammenarbeiten und freundschaftlich verbunden bleiben sollte. Platon war etwa 45 Jahre älter als Aristoteles. Er lernte bald die Selbständigkeit, Sachlichkeit, Nüchternheit und hohe Abstraktionsgabe seines »Schülers« schätzen. Sah sich anfangs wohl nur Aristoteles von dem großen Denker herausgefordert, mußte Platon bald erkennen, daß das Verhältnis nicht einseitig blieb. Da beide Männer über genügend innere Größe verfügten, hatten Ehrgeiz und Überlegenheitsbedürfnis keinen Platz in ihren gemeinsamen Bemühungen um Erkenntnis. Es entstand aus der schöpferischen Spannung zwischen ihnen ein ungemein fruchtbares Verhältnis gegenseitigen Gebens und Nehmens. Natürlich fehlte es auch hier nicht an Neidern und Verleumdern, die Aristoteles bei Platon in ein schlechtes Licht zu setzen suchten, aber ohne Erfolg. Aristoteles war alles andere als eine devote oder servile Natur, weder eine gescheiterte Existenz noch ein Karrieremacher, der durch Widerspruchsgeist, Opposition und Provokation Eindruck zu machen suchte, um schließlich Ansehen und Stellung des Meisters zu usurpieren; wohl aber war er ein scharfer Kritiker, wenn es um die Sache ging. Nichts kann unbeliebter machen als treffende Kritik, von der Aristoteles reichlich Gebrauch machte. Außerdem war er kein Athener. So vereinsamte er infolge seines Temperaments und seiner radikalen Wahrheitsliebe immer mehr. Aristoteles, der sich so sehr nach Freunden und Freundschaft sehnte, fand nur wenige Freunde, dafür um so mehr Feinde. Besonders schwer traf ihn der Tod Platons. Die Leitung der Akademie übernahm der Neffe Platons, Speusippos. Es mag sein, daß sich Aristoteles zurückgesetzt fühlte, denn daran, wer der beste war, gab es wohl auch damals schon keinen Zweifel mehr. So folgte er einer Einladung des Hermias, eines ehemaligen Mitglieds der Platonischen Akademie, der über Atarneus herrschte, einen

Küstenstrich an der Nordwestküste Kleinasiens, ferner über Assos, eine Stadt am adramyttenischen Meerbusen in Mysien. Während Speusippos (347–339) also die Leitung der Akademie übernahm, fuhr Aristoteles mit Xenokrates, einem anderen Akademiker und späteren Vorstand der Akademie (339–315), zu dem landschaftlich schön gelegenen Ort in Kleinasien, wo die beiden drei sorgenlose und arbeitsreiche Jahre verlebten. Leider nahm die glückliche Zeit ein schlimmes Ende, als die Perser Hermias, der sich standhaft weigerte, Pläne seines Freundes Philipp, des Königs von Makedonien, zu verraten, kreuzigen ließen.

Wieder einmal hatte Aristoteles einen seiner wenigen Freunde verloren, aber der Aufenthalt in Assos brachte ihm auch manches Schöne und Erfreuliche: In Pythias, der Schwester (oder Nichte) des Hermias, fand er eine treffliche Lebensgefährtin, in Theophrast einen treuen Mitarbeiter, der nicht nur das Erbe des Aristoteles pflegte, sondern auch, nach dessen Tod, den Peripatos gründete. Und er fand hier Muße für umfangreiche empirische Studien. Nach einem kurzen Aufenthalt in Mytilene auf Lesbos erreichte ein Ruf des Makedonenkönigs Philipp den inzwischen nicht mehr ganz unbekannten, aber immer noch jungen Philosophen, der den dreizehnjährigen Prinzen Alexander erziehen sollte. Er nahm den Ruf an und begab sich mit Theophrast nach Pella. Über seinen Aufenthalt dort ist kaum etwas bekannt. Für Aristoteles bot die Hauslehrertätigkeit in Makedonien eine Gelegenheit, Gelerntes zu verarbeiten, weiterzudenken, Erkanntes zu festigen, Entwürfe zu überarbeiten und neue Vorhaben zu planen. Zugleich war die Erziehertätigkeit so etwas wie ein Test für die Stärke seiner philosophischen Motive und Interessen. Alexander liebte und bewunderte seinen Lehrer und sagte später, von seinem leiblichen Vater habe er das Leben erhalten, von Aristoteles gelernt, gut zu leben. Die sieben oder acht Jahre, die Aristoteles am makedonischen Hof zubrachte, waren also weder für den Erzieher noch für den Zögling verlorene Zeit. Allerdings war der fortlaufende Unterricht bei Aristoteles schon nach drei Jahren beendet, als der Vater Alexanders gegen Byzanz zu Felde zog und daher seinem Sohn die Regierungsgeschäfte anvertraute (340/39).

Einige Jahre später starb Pythias, die Frau des Aristoteles. Von ihr hatte er eine Tochter gleichen Namens. Seine neue Lebensgefährtin, Herpyllis aus Stagira, gebar ihm einen Sohn, Nikomachos, dem der Philosoph die ›Nikomachische Ethik‹

widmete. Weil Alexander den Kallisthenes, einen Verwandten des Aristoteles, der sich auf dem großen Feldzug dem Herrscher wegen dessen orientalischen Hofsitten widersetzte, hinrichten ließ, und weil Aristoteles zu dem Feldherrn Antipater, der sich gegen Alexander auflehnte, freundschaftliche Beziehungen unterhielt, trat zwischen Lehrer und Schüler eine Entfremdung ein. In Stagira fühlte sich der rastlose Denker nun verlassener denn je. So entschloß sich der nunmehr Fünfzigjährige, dreizehn Jahre nach Platons Tod, in seine geistige Heimat Athen zurückzukehren. Inzwischen war Xenokrates Leiter der Akademie geworden, aber für Aristoteles, der immer noch die Gunst Alexanders genoß, dessen Feldherrnruhm alles Bisherige zu überstrahlen begann, war der Zeitpunkt der Rückkehr nicht schlecht gewählt (335). Nordöstlich der Stadt, nahe einem Apollon-Heiligtum, mietete Aristoteles einige Gebäude für den Unterricht. Nach einem Beinamen des Apollon (Lykeios) wurde die Unterrichtsstätte Lykeion (daraus Lyzeum) genannt. In ihren, vom Schatten der Bäume kühlen Wandelgängen vollzog sich der Gedankenaustausch der Peripatetiker (Umherwandler). Die Akademie hatte eine Konkurrentin bekommen. Zwölf Jahre forschte und lehrte Aristoteles in einer Umgebung, die nicht mehr ganz neu für ihn war, aber nichts von ihrer anregenden Atmosphäre und ihrem geistigen Fluidum verloren hatte. Am Ende dieser Zeit war ein Werk entstanden, das Jahrhunderten, sogar Jahrtausenden trotzte und das sich mit Platons Dialogen messen konnte. Vormittags arbeitete Aristoteles mit Fortgeschrittenen auf der Grundlage seiner esoterischen, wissenschaftlich anspruchsvollen Schriften, nachmittags las er aus leichter verständlichen exoterischen Texten vor einem größeren Publikum. Mit seinen Hörern verband ihn eine Lebens- und Erkenntnisgemeinschaft, man nahm die Mahlzeiten oft gemeinsam ein. Aristoteles hatte dafür, wie für das gesamte Zusammensein, eine Ordnung entworfen. Dem Besitz stand er nicht so ablehnend gegenüber wie Platon. Von Haus aus wohlhabend, genoß er auch die Unterstützung Alexanders, der seinem ehemaligen Lehrer wohl nicht nur Material für seine Forschungsvorhaben lieferte. Aristoteles gestand auch in seiner Theorie den materiellen Gütern einen höheren Stellenwert zu als Platon und betrachtete sie als Voraussetzung eines glücklichen Lebens. Zumindest besaß er eine umfangreiche Bibliothek. Solange Alexanders Ruhm wuchs, hatte er in Athen nichts zu befürchten, ganz anders jedoch, als die Nachricht vom plötzlichen Tod des großen Feldherrn eintraf. Für manche Athener war und blieb er ein Fremder, ein Freund ihrer Feinde, ein Makedone, und darum haßten sie ihn. Zudem hatte sich Aristoteles durch herbe Kritik viel Unmut zugezogen. Als mit Alexanders Tod seine Rückendeckung schwand, sah er sich einer Front von Feinden gegenüber, die bald einen Vorwand für eine Anklage fanden. Sie warfen ihm, wie zuvor dem Sokrates, Religionsfrevel vor. Von dem Hierophanten (eine Art Hohenpriester) Eurymedon angestiftet, verklagte ihn Demophilos wegen Vergötterung des Hermias. Aristoteles hatte Hermias nach dessen Kreuzigung durch die Perser in einem Gedicht mit den göttlichen Helden der Vorzeit verglichen. Der Vorwurf des Religionsfrevels war natürlich, auch nach damaligen Maßstäben, an den Haaren herbeigezogen. Aristoteles spürte jedoch den Haß und die Feindschaft, die ihm in Athen plötzlich entgegenschlugen, und er verließ die Stadt. Die Athener, sagte er, sollten nicht noch einmal Gelegenheit bekommen, sich an der Philosophie zu vergehen. Im Herbst 323 begab er sich nach Chalkis auf Euboia, wo er in einem Landhaus, das der Familie seiner Mutter gehört hatte, schon im folgenden Sommer starb.

4.2.5.2 Von der Philosophie zur Wissenschaft

»Aristoteles ist es gewesen, der die entscheidende Wendung von der Spekulation zur empirischen Forschung vollzogen hat. Indem er seine Schüler zum planmäßigen Mitforschen, zum Sammeln und Sichten des Materials heranzog, wurde Aristoteles der Archeget der abendländischen Wissenschaft, der Schöpfer der Idee der wissenschaftlichen Organisation. Auf fast allen Gebieten des menschlichen Wissens – nur von der Medizin hat er, der Sohn eines Arztes, sich ferngehalten – hat er mit Hilfe seiner Schüler ein riesiges Material zusammengetragen und wenigstens zum Teil in zusammenfassenden Schriften verarbeitet. 158 Staatsverfassungen – von ihnen ist die auf einem Papyrus des Britischen Museums wiedergefundene ›Athenaíōn Politeíā‹ die berühmteste geworden –, eine vollständige Liste der Sieger in den Pythischen Spielen, die Urkunden der dramatischen Aufführungen in Athen, Forschungen auf dem Gebiet der Physik, der Meteorologie, der Zoologie, der Botanik – diese und viele andere Schriften zeugen von der Weite und Spannkraft seines rastlos forschenden, ordnenden und wertenden Geistes.

Dadurch, daß er erkenntnistheoretische und ethische Probleme in seine Forschungen einbezog, vereinigte Aristoteles auf der Höhe seines Lebens in sich nahezu die ganze universitas litterarum: So steht er als echter Universalforscher am Anfange der okzidentalen Wissenschaft, die nach seinem Tode in eine große Zahl von Teilbereichen zerfallen ist. Erst nach fast zwei Jahrtausenden ist dem Abendland in Leibniz eine ähnlich überragende, wahrhaft universale Persönlichkeit erstanden.«[26]

4.2.5.3 Dialoge

Von den 19 zu Lebzeiten des Aristoteles edierten Schriften sind nur Fragmente erhalten. Zunächst folgte er dem Beispiel Platons und verfaßte Dialoge. Die Gesprächspartner dieser Dialoge zeigen jedoch wenig Individualität. Hatte in den Platonischen Dialogen Sokrates die Führungsrolle, so übernahm Aristoteles sie in seinen Dialogen selbst. Thematisch beschränken sich die Aristotelischen Dialoge, wie die Platons, nicht auf bestimmte Gegenstände, sondern geben eher Längsschnitte durch alle oder die meisten Problembereiche der Philosophie. Zur Gruppe der Dialoge gehörten ›Eudemos‹, ›Über die Philosophie‹ und ›Über die Gerechtigkeit‹. Nicht in Dialogform verfaßt waren der ›Protreptikos‹, ›Über das Gute‹ und ›Über die Ideen‹. Im ›Eudemos‹, der einem 353 in Sizilien gefallenen Freund gewidmet war, behandelt Aristoteles das Problem der Unsterblichkeit der Seele. Der Dialog ›Über die Philosophie‹ enthält sowohl Platonisches als auch Kritik an der Platonischen Ideenlehre sowie eigene Denkansätze des Aristoteles. Der ›Protreptikos‹ vertritt das »anfeuernde«, zur Philosophie ermutigende Genos philosophischer Schriften. Die Platonischen Dialoge enthalten auch protreptische Teile, neben elenktischen, dialektischen, didaktischen, mythischen und narrativen. Der ›Eudemos‹ war an den kyprischen Fürsten Themiso gerichtet. Cicero gestaltete nach dem Aristotelischen Vorbild seinen Dialog ›Hortensius‹, der wiederum den Kirchenvater Augustin bewog, von der Rhetorik zur Philosophie überzuwechseln.

[26] Bengtson, Griechische Geschichte, S. 288.

4.2.5.4 Pragmatien

Wichtiger als die frühen, oft in Dialogform verfaßten Schriften des Aristoteles sind die Pragmatien oder Lehrschriften in Prosa. Von den 106 Büchern des ›Corpus Aristotelicum‹ sind nicht alle echt. Wer die Auswahl traf, wann, wo und wie das geschah, konnte bis heute nicht geklärt werden. Der wissenschaftliche Nachlaß des Aristoteles war nach seinem Tod 250 Jahre hindurch nicht auffindbar. Erst Andronikos von Rhodos stellte die uns heute vorliegenden Schriften im 1. Jahrhundert v. Chr. zusammen. Es lassen sich vier Gruppen von Schriften unterscheiden: sprachphilosophische, naturphilosophische, allgemeinphilosophische: Metaphysik oder Erste Philosophie sowie sozialphilosophische: Ethik, Politik.

Die meisten und die bedeutendsten Schriften der ersten Gruppe haben antike Interpreten bereits unter dem Namen ›Organon‹ (Werkzeug) zusammengefaßt. Dazu gehören: ›Kategorien‹, ›Topik‹, ›Hermeneutik‹ und die beiden ›Analytiken‹. Nicht mehr zur Logik, eher zur Sprachphilosophie gehören die ›Rhetorik‹ und ›Über die Dichtkunst‹.

Zur zweiten Gruppe gehören die ›Physik‹ sowie kosmologische, biologische und psychologische Schriften: ›Über den Himmel‹, ›Über Entstehen und Vergehen‹, ›Meteorologisches‹, ›Tierkunde‹, ›Über die Teile der Tiere‹, ›Über die Fortbewegung der Tiere‹, ›Über die Fortpflanzung der Tiere‹, ›Über die Seele‹ sowie kleine naturkundliche Arbeiten zur Wahrnehmung, zum Gedächtnis, über Schlafen und Wachen, Traum und Traumdeutung, Dauer des Lebens, Jugend und Alter, Leben und Tod, Atmung.

Die dritte Gruppe besteht aus einer Reihe von Arbeiten, die in der sog. ›Metaphysik‹ zusammengefaßt sind, die vierte Gruppe aus den drei Ethiken: ›Nikomachische Ethik‹, ›Eudemische Ethik‹ und ›Magna Moralia‹ sowie, neben der ›Politik‹, die ›Politeiai‹.

4.2.5.5 Sprachphilosophie

In der sprachphilosophischen Schrift ›Kategorien‹ unterscheidet Aristoteles zehn Grundbegriffe: Seiendheit *(ousíā)*, Quantität *(posón)*, Qualität *(poión)*, Relation *(prós ti)*, Ort *(pou)*, Zeit *(póte)*, Lage *(keisthai)*, Haben *(echein)*, Tun *(poiēin) und Leiden (paschein).* Die Kategorienlehre beruht auf der Beobachtung der Sprache *(legetai).* Gegenüber Platon verselbständigt sich bei Aristoteles die semantisch-logische Dimension der Sprache, wenngleich ihr ontologischer Bezug nicht aufgegeben wird. Die Sprache bildet auch bei Aristoteles die Wirklichkeit ab. Die wichtigste Kategorie ist für Aristoteles die Seiendheit. Allen Seiendheiten ist gemeinsam, daß sie nicht einem Zugrundeliegenden inhärieren. Ein Subjekt ist nicht Subjekt eines Subjekts, sondern selbst Bezugspunkt für Ausgesagtes. Während bei Platon in erster Linie das Allgemeine existiert, beschränkt Aristoteles Existenz auf Einzelgegenstände. Daraus ergab sich in der Folgezeit die Trennung von Wesen und Sein, essentia und existentia. Grammatisch ist die Seiendheit nach Aristoteles Subjekt, auf das sich das Prädikat bezieht, aber nicht selbst Prädikat. Hier liegt auch der Grund für die Spaltung in Subjekt *(hypokeímenon)* und Objekt *(antikeímenon)* sowie für die Entstehung der Subjekt-Prädikat-Logik, der erst Bertrand Russell in der Relationenlogik eine neue, mathematische, systematisierte, weiterführende Form der Logik gegenüberstellte. Von den ersten Seiendheiten unterschied Aristoteles noch zweite, worunter er die Art- bzw. Gattungsbezeichnungen verstand, wobei die Artbegriffe den ersten Seiendheiten näherstanden. Die Tendenz von einer allgemein-begrifflichen Interpretation der Wirklichkeit zur konkreten ist also deutlich. Im griechischen Denken besteht zwischen der Wirklichkeit und der Sprache einerseits, der Sprache und der Begrifflichkeit andererseits ein Verhältnis strenger, abbildender Entsprechung. Die Wahrheit der Sprache, ihr Logos, ist Wirklichkeit, und die Wirklichkeit ist kosmisch, logisch.

Sokrates hatte die Sophisten mit seiner Widerlegungskunst, der Elenktik, in Verlegenheit gebracht, Platon sie mit seiner Gesprächskunst, der Dialektik, widerlegt. Aristoteles ging auf diesem Weg weiter und gelangte zur Analytik oder Logik. Zur Analyse der Begriffe in den ›Kategorien‹ trat in der ›Topik‹ eine Analyse des Urteils. In den ›Analytiken‹ setzte er dann mit Hilfe vertiefter Methodenreflexion diese Forschungen fort, indem er Urteilsverknüpfungen analysierte; dabei fand und systematisierte er die Syllogistik, die Theorie vom logischen Schließen, ferner stellte er eine Lehre vom (logischen) Beweis auf. Wahrheitssicherung war das gemeinsame Ziel von Sokrates, Platon und Aristoteles.

Die ›Topik‹, in der er sich vorwiegend mit Begriffen und

Definitionen befaßt, und die übrigen logischen Schriften erwuchsen aus den Forschungen in der Akademie. Topica *(scripta)* sind Schriften, die sich auf bestimmte Gegenstandsbereiche (topos: Ort) beziehen, Beispielsammlungen als Grundlagen für Theoriebildung.

Nach der Erörterung von Kategorien und Urteilen behandelt Aristoteles in der Schrift ›Peri hermeneías‹ (›De interpretatione‹ oder ›Über den sprachlichen Ausdruck‹) die Arten der Aussage. Er setzt hier Untersuchungen der Platonischen Dialoge ›Kratylos‹, ›Theaitetos‹ und ›Sophistes‹ über die Benennung fort, wobei sich Aristoteles nicht den Naturalisten anschließt, sondern den Konventionalisten.

Die beiden Analytiken bilden das Kernstück Aristotelischer Sprachphilosophie. Im Gegensatz zu Platons Methoden der Diärese, Dichotomie und Dialektik grenzt Aristoteles Worte schärfer einerseits gegenüber Gegenständen, andererseits gegenüber Bedeutungen ab und operiert mit Buchstaben und Symbolen, was insgesamt zu einer Verselbständigung der Sprache gegenüber der »Ontologie« führte. Aristoteles interessierte die Zuordnung von Merkmalen zu Begriffen; er erkaufte die größere Unabhängigkeit des Denkens mit der Loslösung der Begriffe und der Sprache vom idealen Sein. Indem er Worte durch Symbole ersetzte, förderte er die Formalisierung der Logik sowie die Verbindung von Mathematik und Sprache. Die Mathematiker arbeiteten auch damals schon mit Symbolen. Die fortschreitend analysierende Methode des Aristoteles erlaubte eine präzisere Abgrenzung der Wirklichkeitsbereiche, als es Platon möglich war. In den ›Analytiken‹ konnte Aristoteles nachweisen, daß sich die Sprache zum Werkzeug wissenschaftlichen Erkennens eignet. Gegen Platons Diärese wandte er ein, daß sie keinen gültigen Schluß erlaube. Das Ergebnis seiner Theorie des Syllogismos faßte er in dem Satz zusammen: »Ein Schluß ist eine Rede, in der, wenn etwas gesetzt wird, etwas von dem Gesetzten Verschiedenes notwendig dadurch folgt, daß dieses ist.« Der Syllogismos seinerseits setzt Axiome voraus, die nicht erschlossen, sondern induktiv *(epagogé)* gefunden werden. Gegenüber Platons Ideenhierarchie, die zu einer Zweiweltenlehre *(chorismós)* unter Abwertung der raumzeitlichen Wirklichkeit führte, verlagert Aristoteles das Gewicht auf diese Wirklichkeit und schafft durch die Verbindung von Logik und Erfahrung die Grundlage zu einer nicht mehr nur dialektischen, sondern wissenschaftlichen Erfassung der Realität. Auf der Basis des dialektischen und apodiktischen Schlusses in der ›Topik‹ und der ›Ersten Analytik‹ folgt in der ›Zweiten Analytik‹ dann die Theorie des wissenschaftlichen Beweises, eine Art Wissenschaftstheorie in nuce. Wenn sich Aristoteles auch in dem Glauben täuschte, daß der Syllogismos aus Bekanntem neue Erkenntnis zu erschließen vermag, kann er doch wesentlich zur Ordnung der Begriffe beitragen.

Aristoteles hat zur Rhetorik und Poetik sowohl Dialoge (›Gryllos‹, ›Über die Dichter‹) als auch Pragmatien verfaßt. Die Mehrzahl seiner Schriften zu diesem Gebiet stammt wohl aus der letzten Phase seiner Studien in der Akademie. Die ›Rhetorik‹ läßt Grundzüge einer Komposition erkennen und eignet sich zur Veröffentlichung, die Schrift ›Über die Dichtung‹ wirkt dagegen in ihrer vorliegenden Form sehr uneinheitlich. Logik und Wissenschaft liefern nach Aristoteles genaue Erkenntnis, Dialektik und Rhetorik nur ungenaue. Während man daher von allen denkenden Menschen in gewisser Weise sagen kann, daß sie Rhetoriker und Dialektiker sind, sind sie aber noch lange nicht Wissenschaftler. Rhetorik ist für Aristoteles keine Wissenschaft, sondern eine Technik, wenn auch gewisse Teile der Rhetorik, die Enthymeme oder Wahrscheinlichkeitsschlüsse, sich wissenschaftlicher Sprechweise annähern. Sie sind gleichsam der logische Teil der Rhetorik. Aristoteles widmet in seiner ›Rhetorik‹ den Affekten besondere Aufmerksamkeit, was ihm eine gesonderte Behandlung derselben in seiner Psychologie ersparte. Auch für die Ethik gewinnen einzelne Erkenntnisse aus dem Bereich der Rhetorik Bedeutung. In der ›Rhetorik‹ erscheinen fast alle Tugenden, die auch in der ›Ethik‹ vorkommen: Gerechtigkeit, Tapferkeit, Mäßigung, Großmut, Hochherzigkeit, Freigebigkeit, Milde, Klugheit und Weisheit, sogar die Glückseligkeit. Die Rhetorik bevorzugt, im Unterschied zur Logik, Analogien, Beispiele und Bilder. Man unterscheidet eine beratende, gerichtliche und festliche (symbouleutische, dikanische und epideiktische) Rhetorik. Die beratende Rede bezieht sich auf politische Fragen, die gerichtliche auf Recht und Unrecht, die Festrede auf Lob und Tadel. Sie benutzt häufig die Steigerung oder Amplifikation, die Gerichtsrede den Beweis oder das Enthymem, die beratende Rede das Beispiel oder Paradigma. Alle Gattungen stellen die Fragen: Was ist möglich? Was ist geschehen? Was ist mehr wert? Die Theorie der Redekunst erörtert Beweisführung *(apodeixis)*, Redeweise *(lexis)* und Aufbau *(taxis)* der Rede. Die Sprache des Redners unterscheidet sich von der des Dichters. Sie soll angemessen *(prepon)* sein und die Mitte zwischen Schmucklosigkeit und Wortgepränge einhalten. Die Redekunst hat vier Hauptteile: Exposition, Darstellung des Sachverhalts, Beweis und Zusammenfassung. Was Aristoteles gibt, ist weniger ein Handbuch für den praktischen Gebrauch des Redners als eine Theorie der Redekunst. Im Gegensatz zu den im Altertum weitverbreiteten Leitfäden praktischer Rhetorik blieb die Aristotelische Darstellung der Rhetorik fast unbeachtet, ganz anders als seine Theorie der Dichtkunst.

Aristoteles verstand, wie Platon, die Kunst als Nachahmung (mimesis). In der Bewertung des Mimetischen stimmten dagegen beide Denker nicht überein. Für Platon war die raumzeitliche Welt ein Abbild der Ideenwelt, die Welt der Kunst jedoch nur ein Abbild der raumzeitlichen Welt, also ein Abbild des Abbildes. Damit verloren die Künste viel von ihrer Bedeutung. Aristoteles tastete den Eigenwert der Welt der Kunst nicht an. Er sah im Künstler weniger den Erzieher als den Darsteller der Wirklichkeit, der sie, nicht anders als der Wissenschaftler, analysiert, um sie dann aber, im Gegensatz zu diesem, zu einem Ganzen zusammenzufügen. Nur so ist der bekannte Satz des Aristoteles zu verstehen, die Kunst sei philosophischer als die Geschichtsschreibung, da sie es mehr mit dem Allgemeinen zu tun habe. Von der epischen und der tragischen Dichtung unterscheidet Aristoteles Komödie und Lyrik, ferner Flöten- und Zitherspiel. Alle diese Gattungen ahmen nach, unterscheiden sich jedoch in den Mitteln, Gegenständen und in der Art der Nachahmung, bei der Rhythmus, Wort und Harmonie entweder gesondert oder verbunden angewendet werden. Da alle Nachahmung gute oder schlechte Handlungen nachahmt, finden sich auch in der Kunst entsprechende Unterschiede. Die dargestellten Typen sind entweder besser oder schlechter als die derzeitigen Menschen oder gleichartig: Polygnot veredelte seine Figuren, Pauson stellte sie häßlicher dar, Dionysios so, wie sie waren. Bessere und schlechtere Charaktere gibt es auch in der Tragödie und in der Komödie. In der Nachahmung edler Charaktere stimmen Epos und Tragödie überein, unterscheiden sich aber im Versmaß, in der Art der Darstellung, nämlich berichtende Erzählung auf der einen, Handlung auf der anderen Seite, sowie in der Länge. Das Epos stellt in eigener oder fremder Person dar, die Lyrik in eigener Aussage und das Drama in eigener Handlung. Die Aristotelische Definition der Tragödie gehört zu den berühmtesten und meistkommentierten Texten überhaupt: »Es ist also Tragödie Nachahmung einer Handlung, würdig bedeutenden Inhalts und vollständig abgeschlossenen Verlaufs, der einen bestimmten Umfang hat, in künstlerisch gewürzter Sprache, deren Würzen jede für sich in den verschiedenen Partien der Tragödie zur Anwendung kommen, vorgeführt von gegenwärtig handelnden Personen und nicht durch erzählenden Bericht, durch Mitleid und Furcht die Läuterung der Empfindungseindrücke dieser Art abschließend zustande bringend. Ich nenne ›künstlerisch gewürzte Sprache‹ eine solche, welche Rhythmus, Harmonie und Gesang in sich schließt, und verstehe unter der ›gesonderten Anwendung für jede der bestimmten Darstellungsweisen‹ dies, daß einige Partien bloß metrisch gehalten sind, während dagegen zur vollständigen Darstellung anderer Gesang erforderlich ist.«[27]

Daß die Tragödie ein im Umfang begrenztes Ganzes sein soll, ist verständlich. Schwieriger wird es zu verstehen, was mit Furcht, Mitleid und Reinigung gemeint ist und wie diese Faktoren zusammenhängen. Es geht Aristoteles um die Befreiung von Affekten, die den Menschen mit Ängsten, Zwängen, Leiden und Konflikten plagen. Zwischen den dargestellten Personen (Helden), den Schauspielern und den Zuschauern wird eine Art affektiver Konsens hergestellt. Der Held, mit dem sich der Zuschauer zu identifizieren pflegt, weist den Weg zur Selbstbefreiung, wobei die Katharsis neben der ästhetischen auch psychologische, ethische und medizinische Komponenten aufweist. Die Tragödie kann somit erreichen, was der Weise durch Selbsterkenntnis, der Yogin durch Meditation und der Heilige durch Selbstaufopferung zu erreichen sucht. Das ihnen gemeinsame Ziel ist ein höherer Zustand, eine Selbsterlösung im Sinn von Selbstbefreiung.

Insgesamt sind beim Drama (von dran: tun, handeln) drei Faktoren im Spiel: Handlung *(praxis)*, Fabel *(mythos, plot)* und Charakter *(ethos)*. Die Fabel liefert den Stoff der Handlung, ist die »Seele der Tragödie«. Der Charakter offenbart sich in der Handlung, im Verhalten, in der Entscheidung. Eine Handlung ohne plötzlichen Schicksalswechsel *(peripéteia)* oder Erkennung *(anagnorismós)* ist einfach, mit einem dieser Bestandteile oder beiden, dagegen verwickelt. Die beste Erkennung ist nach Aristoteles die, welche mit plötzlichem Schicksalswechsel ver-

[27] A. Stahr, Aristoteles' Poetik, Berlin, 5. Aufl. o.J., S. 86f.

bunden ist. Dem Eingang des Chors geht der Prolog voraus. Was zwischen zwei Chorliedern liegt, ist ein Epeisodion. Ausgang *(exodos)* heißt der Teil der Tragödie, auf den kein Chorlied mehr folgt. Gewöhnlich hatte die klassisch griechische Tragödie fünf Akte. Die gute Tragödie läßt weder einen guten Menschen ins Unglück stürzen – das würde weder Mitleid noch Furcht erregen, sondern Empörung – noch einen bösen Menschen ins Glück erheben, denn das wäre überhaupt nicht tragisch. Der tragische Held steht vielmehr in der Mitte zwischen vollendeter Tugend und Verworfenheit. Er begeht einen Fehler *(hamartía)*, der verhängnisvolle Folgen hat. Dabei erscheint der Glückswechsel um so größer, je besser es dem Betroffenen ging.

Homer ist für Aristoteles nicht nur das Vorbild eines Dichters überhaupt, sondern auch ein tragischer Dichter im weiteren Sinn, da er als einziger Dichter alle die Qualitäten besitzt, die den vollendeten Dichter ausmachen. Mit der Analyse der Poesie und der Würdigung Homers durch Aristoteles ist die Verbindung zu den Anfängen der griechischen Wortkunst hergestellt. Am Ende erfolgt die Reflexion auf das Wesen des Dichterischen, die Aristoteles auf höchster Stufe vornimmt.

4.2.5.6 Naturphilosophie

Nachdem sich Aristoteles in der Platonischen Akademie viele Jahre mit sprachlichen Problemen befaßt hatte, lag eine Wende zur Naturphilosophie nahe, und es ergab sich die Möglichkeit einer Synthese von attischer Begriffsphilosophie und ionischer Naturphilosophie, wenn auch Aristoteles nicht alle Bereiche der letzteren in gleichem Maß beherrschte. Obwohl er die Physik als eigene philosophische Disziplin schuf, lag seine Stärke doch nicht auf dem Gebiet der Erforschung anorganischer Phänomene. Im Haus eines Mediziners aufgewachsen, neigte er viel eher zur belebten Natur, zu Biologie und Psychologie. Da die Erkenntnisse des Aristoteles auf dem Gebiet der Physik inzwischen durch die neuzeitliche Wissenschaft weitgehend überholt sind, kann man sich Einzelheiten ersparen. Aristoteles verstand unter Physik mehr eine Prinzipien- als eine Tatsachenwissenschaft. Er untersuchte die Begriffe Raum, Zeit, Bewegung, Veränderung, Unbegrenztes und Kontinuum, nicht die Phänomene selbst. So kann die Aristotelische Physik wohl einen Überblick über physikalische Probleme vermitteln, sie aber nicht lösen.

Diesen Preis mußte Aristoteles für die Annahme attischer Begriffsphilosophie, für seinen Platonismus zahlen. Einige Einsichten erscheinen plausibel, so wenn Aristoteles die Zeit als Zahl der Bewegung definiert und die Wechselbeziehung zwischen Zeit und Bewegung bestimmt: Der Zeit verdankt man die Meßbarkeit der Bewegung, der Bewegung die Meßbarkeit der Zeit usw. In der Physik, der Kosmologie und der Kosmogonie bleibt Aristoteles insgesamt hinter den Erkenntnissen Platons, der Pythagoreer sowie der ionischen Naturphilosophen zurück.

Wesentlich Besseres hat er auf den Gebieten der Biologie und Psychologie vorzuweisen. Mit Hilfe seiner klaren begrifflichen Abgrenzungen gelang es ihm, einen wohlgeordneten Stufenbau der Natur, angefangen von den anorganischen Phänomenen, über Pflanzen und Tiere bis hin zu intelligenten Lebewesen und zum Phänomen des Geistigen, zu konstruieren, eine Theorie, die noch im 20. Jahrhundert Anhänger und Fortbildner fand.

Die Aristotelische Schrift ›Über die Seele‹ gehört zu den meistkommentierten und -interpretierten philosophischen Texten überhaupt. Schon die Problemvorschau in der Einleitung zeigt ein hohes wissenschaftstheoretisches Niveau und ist mustergültig für die aporetische Methode des Aristoteles, die durch geeignete Fragestellungen die Lösung der Probleme erleichtert. Nach einer gründlichen Erörterung der Meinungen seiner Vorgänger, der Doxa-Kritik, definiert Aristoteles zu Beginn des 2. Buches die Seele als »erste Entelechie eines natürlichen, werkzeughaften *(organikoū)* Körpers« (412b 5f.). Der Entelechie-Begriff hat seine eigene Geschichte. Goethe hat ihn übernommen und modifiziert, Hans Driesch hat ihn für den Gebrauch in der Biologie abgewandelt. Bei Aristoteles impliziert der Begriff Entelechie Seiendheit *(ousía)* und Form *(eidos).* Die Seele verhält sich zum Körper wie die Form zum Stoff und ist selbst eine Substanz. Mit dem Begriff werkzeughaft ist die organische Struktur der Seele gemeint, also die alte Homerische Konzeption: Seele = Leben. Die Seele ist nach Aristoteles, im Gegensatz zu Platon, wie der Körper sterblich, sofern sie der Inbegriff von Lebensfunktionen, d.h. Erkenntnis- und Bewegungsfunktionen ist. Der Körper ist natürlich, sofern er ein Teil der Natur ist. Der Entelechie-Begriff verliert viel von seinem mystischen Glanz, wenn man ihn sprachlich analysiert und den Bezug zur Wirklichkeit nicht aus dem Auge verliert. Entelechie ist das, was prinzipiell das Ende (seines Prozesses) in sich hat. Damit grenzt Aristoteles durch Zeugung bzw. Geburt und Tod zeitlich begrenzte natürliche Prozesse von anorganischen, äußerlich begrenzten Prozessen ab. Ein Fluß, ein Steinschlag oder eine Lawine sind auch Prozesse, die einen Anfang und ein Ende haben, aber sie sind durch äußere Umstände begrenzt, haben das Prinzip ihrer Dauer, das Programm ihrer Entwicklung nicht in sich selbst. Die Aristotelische Definition der Seele zeichnet sich in mehrfacher Hinsicht aus: Verknüpfung von seelischen und körperlichen Prozessen, klare Begrifflichkeit infolge der Anwendung der (Aristotelischen) Kategorienpaare Form-Stoff und Wirklichkeit-Möglichkeit sowie des Substanzbegriffs, Präzisierung und Abgrenzung des Seelenbegriffs von anderen Kategorien der Naturphilosophie durch den Terminus technicus Entelechie, Begründung der organischen bzw. organologischen Naturbetrachtung, womit die teleologische eng zusammenhängt, deren eigentlicher Vater Aristoteles ist.

Eine Ausnahme in dieser geschlossenen Konzeption vom Seelischen, das einmal partiell (Seelenteile), zum anderen dimensional (Schichten) zu verstehen ist, bilden die sehr knappen Darlegungen des Aristoteles zum nous (Geist, Vernunft, Intelligenz) im 3. Buch der Schrift ›Über die Seele‹. Historisch handelt es sich einmal um den Versuch, den Geistbegriff des Anaxagoras weiter zu spiritualisieren, sodann um die Bewahrung des von Platon viel mehr betonten personalen Aspekts der Seele, mit dem die Lehre von der unsterblichen Seele eng zusammenhängt. Aristoteles suchte hier, wie auf so vielen anderen Gebieten, nach einem Mittelweg. Er unterschied zwischen einer sterblichen, passiven Vernunft, die ein Teil der (sterblichen) Seele ist, und einer aktiven, unsterblichen Vernunft, dem *nous poietikós* oder schöpferischen Geist. Dieser Begriff verweist in den Bereich der Aristotelischen »Metaphysik«, die man nicht als unvereinbar mit seiner Naturphilosophie ansehen muß. Allerdings bleibt die Spaltung des Geistes in einen sterblichen und einen unsterblichen Teil problematisch und wurde zu einer hoffnungslosen Crux in der abendländischen Geschichte der Metaphysik, zumal Aristoteles auch in seinen anderen Schriften nur andeutungsweise über den nous spricht. Die Aristotelische Theorie vom unsterblichen *nous* erhält auch vom Aristotelischen Gottesbegriff keine zusätzliche Evidenz, da der Aristotelische Gottesbeweis auf fragwürdigen Prämissen beruht, z.B. der Undenkbarkeit unendlicher Prozesse bzw. auf dem subjektiven Zwang des Denkers, einen Regreß in infinitum unbedingt zu vermeiden.

Weiter führt eine andere, an Gegenstandsbereichen orientierte Unterscheidung des Aristoteles, so wenn er zwischen einem *nous theoretikós,* einem *nous poietikós* und einem nous praktikós unterscheidet. Der Bezeichnung nach deckt sich der *nous poietikós* mit dem unsterblichen Geist. Die Zuordnung des Geistes zu Grundarten der Weltbewältigung wie Erkennen, Schaffen, Handeln ist für die Geschichte der Philosophie viel fruchtbarer gewesen als jene fragwürdige Zweiteilung.

Erkenntnistheoretisch aufschlußreich ist noch die Gleichsetzung von Erkennendem und Erkanntem im Akt des Erkennens *(energeia).* Die Fragen, was das Erkennende und was das Erkannte als solche sind, läßt Aristoteles offen. Hier setzte Kant die Analyse der am Erkenntnisvorgang beteiligten Faktoren fort, ohne jedoch zu einem prinzipiell anderen Ergebnis zu gelangen als Aristoteles.

4.2.5.7 Erste Philosophie

Sowohl auf dem Gebiet der Sprachphilosophie als auch auf dem der Naturphilosophie war Aristoteles analysierend zu gewissen Grundbegriffen oder Kategorien vorgedrungen. Natur und Sprache sind aber Bestandteile einer Wirklichkeit. Aristoteles wäre nicht der große Denker gewesen, der er war, wenn er sich mit den Ergebnissen begnügt und nicht weiteranalysiert hätte, um zu noch allgemeineren, den allgemeinsten Begriffen vorzustoßen, die Gegenstand einer Philosophie sind, die der Naturphilosophie und der Sprachphilosophie vorausgeht, einer Philosophie der Philosophien oder einer Ersten Philosophie, wie er sie nannte. Sie erhielt später den mißverständlichen Namen Metaphysik und wurde zeitweise als eine Art Geheimlehre angesehen, was sie nicht ist. Sie ist die Philosophie von der Wirklichkeit schlechthin, vom Sein des Seins und als solche sowohl Kategorialanalyse als auch Faktorenanalyse der Wirklichkeit, denn Sprachanalyse (Logik) und Naturanalyse (Physik) sind im Grunde nur zwei Seiten einer tiefer greifenden Wissenschaft vom Sein. In ihr fallen Erkenntnistheorie und Seinstheorie, Gnoseologie und Ontologie zusammen, wie im Erkenntnisakt Erkennendes und Erkanntes.

Bei der Faktorenanalyse der Wirklichkeit im Rahmen seiner Ersten Philosophie stieß Aristoteles auf vier Faktoren: Materie, Form, Kraft und Zweck oder Ziel. Für Kraft und Zweck kann man, moderner ausgedrückt, auch Energie und Information sagen. Traditionell hießen die Faktoren: Stoff-, Form-, Wirk- und Zweckursache. Die alten ionischen Naturphilosophen suchten und fanden die letzte Ursache im Stofflich-Materiellen, Empedokles entdeckte das energetische Konzept, Platon die Ideen oder Formursachen und Aristoteles hielt sich, nicht ohne Grund, für den Entdecker der Zweckursache.

Wirklichkeit ist nach Aristoteles nichts Vorhandenes, Vorgegebenes, sondern entsteht aus dem Zusammenwirken der vier Seinsfaktoren. Die Aristotelische »Metaphysik« ist eine Metaphysik des Schaffens, der künstlerischen Gestaltung, wie schon aus den Beispielen hervorgeht, die er zur Klärung seiner Grundbegriffe und ihrer Zusammenwirkung verwendet. Die Welt der Materie ist nach Aristoteles gestaltlos, chaotisch, nur der Möglichkeit nach seiend, nicht wirklich, eine Welt des Werdens, der Bewegung, des Nochnichtseins und des Nichtmehrseins, des ewigen Wandels, der Unbegrenztheit und der Unfaßbarkeit, der reinen Prozesse.

Wie nun der Bildhauer aus einem Marmorblock eine Aphrodite schafft, indem er die in seinem Geist erschaute Form oder Idee – der *nous* ist nach Aristoteles der Ort der Ideen – dem gestaltlosen Material aufprägt und es damit gestaltet, so hat man sich die Entstehung alles Wirklichen vorzustellen. Der Künstler oder Demiurg verkörpert die Schaffenskraft, die im Besitz der Idee ist und den Stoff nach der Idee formt, ihm die Idee oder Information eingibt, wonach er zu dem wird, was er ist. Die Form des Standbildes und die Idee des Künstlers, Form- und Zweckursache sind nur zwei Aspekte einer ideellen Wirklichkeit. Was übrigbleibt, sind Materie und Energie, Stoff und (geistige) Schaffenskraft. Hier kommt die kosmische Funktion des nous, wie sie Anaxagoras vorschwebte, ganz zur Geltung. Faßt man Form, Energie und Information (Idee) als die eigentlichen Faktoren der Wirksamkeit bzw. Wirklichkeit zusammen, bleibt für die Materie nur die Rolle der Möglichkeit übrig. Da der Zweck allen Gestaltens nicht das Gestalten, der Wandel, sondern das Gestaltete, das erkennbare und benennbare Produkt ist, ist die Zweck- oder Finalursache die Hauptursache. Aristoteles bleibt darin Platoniker, daß er der gestalteten Wirklichkeit den Vorrang vor dem gestaltlosen Werden gibt und den Vorgang der Gestaltung als Formgebung betrachtet. Er weicht von Platon ab, indem er die Ideen in den schöpferischen Geist hineinnimmt und sie zu einer Art von Zielvorstellungen umfunktioniert. Die Zielvorstellung ist aber bei aller Wirksamkeit das Wesentliche. Verwirklichung heißt Umsetzung einer Zielvorstellung in eine Wesenheit. Die Wesenheit ist das, was der Erkennende an allem, was er als existierend zur Kenntnis nimmt, wiedererkennt und als Seiendes identifiziert. Nach Aristoteles existieren die Wesenheiten nicht für sich, wie in Platons Ideenphilosophie, sondern sind an die Seiendheit gebunden, die aus einer untrennbaren Einheit von Existenz und Essenz besteht.

Wie überall, so gibt es aber auch hier eine Ausnahme, und hier erscheint die Erste Philosophie nicht mehr als Ontologie oder Metaphysik, sondern als Theologie. Gott ist für Aristoteles der Inbegriff jenes schöpferischen Geistes, der in seinem Denken den höchsten Grad aller möglichen Praxis, allen Schaffens und Seins erreicht hat. Gott ist nach Aristoteles unaufhörliches Denken des Denkens *(nóësis noéseos)*, reine Wirklichkeit, zeitlos, raumlos, immateriell und mit sich eins: der unbewegte Beweger. Hier hört das Denken, die Philosophie auf, und es beginnt der philosophische Glaube. Aristoteles hat vielleicht die äußerste Annäherung von Vernunft und Glauben erreicht, indem er Gott selbst als höchstes Prinzip der Vernunft, als »Geist« verstand.

4.2.5.8 Praktische Philosophie

Setzte die ›Erste Philosophie‹ gewisse Einsichten in die Grundbegriffe der Sprache und Natur voraus, so setzt die praktische Philosophie wiederum gewisse Erkenntnisse auf den Gebieten der Theologie, Metaphysik und Ontologie voraus. Es hat schon seinen Grund, daß Aristoteles die praktische Philosophie, Ethik und Politik dem reifen und erfahrenen Mannesalter vorbehält. Einmal ist auf diesen Gebieten nicht der gleiche Grad an Genauigkeit zu erreichen wie etwa auf dem der Mathematik, sodann hatte Aristoteles mit seiner Kritik an der Platonischen Ideenlehre, insbesondere an der Idee des Guten, die unmittelbare Verbindung von Ontologie und Axiologie aufgegeben und mußte sich folglich nach neuen Maßstäben umsehen. Es gibt keine Theorie des Guten derart, daß man sagen könnte, was immer gut und was immer schlecht ist. Der Maßstab des Guten ist der Gute, was für Aristoteles soviel bedeutet wie der Weise. Seine Ethik hat also eine starke Bindung an die Realität, weshalb man sie auch als Common sense-Philosophie bezeichnet hat.

Der realistische Grundzug der Aristotelischen Ethik zeigt sich noch in einer Reihe von anderen Zügen. Er überfordert den Menschen nicht, sondern ist sich der Macht der Gewöhnung und der Schwäche des menschlichen Willens bewußt, vom Fleisch ganz zu schweigen. Sokrates glaubte, daß Wissen zur Realisierung der Tugend genügt; Platon folgte ihm darin, wenigstens in seinen jüngeren Jahren; Aristoteles bestreitet den Satz des Sokrates aufgrund von Beobachtung und Erfahrung: er widerspricht offensichtlich den Phänomenen. Berief sich Aristoteles bei seiner Bestimmung des Guten auf gute Vorbilder, also auf traditionelles Wissen, so folgte er auch bei der Aufstellung seines Leitbegriffs der Ethik, der Eudämonie, seinen Vorgängern, z.B. Demokrit, auch wenn er in seinem Begriff der Wohlbestelltheit wesentliche Momente seiner eigenen Theorie, vor allem der Psychologie und Metaphysik, einarbeitete: die Zweckorientierung, den Wirklichkeitsbegriff sowie seine Auffassung vom Wesen und den Funktionen der Seele.

Aristoteles definiert die Glückseligkeit als »Tätigkeit der Seele gemäß der Tugend« (»psychēs enérgeia kat' aretén«). Für Aristoteles wäre es undenkbar, daß der Mensch im Nichtstun sein Glück fände. Daß Aktivität besser ist als Passivität, Tun besser als Sein, ist eine Prämisse, über die Aristoteles nicht weiter diskutiert. Sowenig »Glückseligkeit« den Aristotelischen Terminus *eudaimonia* genau trifft, paßt »Tugend« auf den griechischen Wertbegriff *arete*. Man würde treffender »Bestheit« sagen oder Tüchtigkeit, Trefflichkeit, aber die Bezeichnung Tugend hat sich nun einmal eingebürgert. Charakteristisch für den griechischen Tugendbegriff ist, daß auch ein Pferd oder ein Messer tugendhaft sein kann, nämlich, wenn es schnell läuft oder gut schneidet.

Außer den schon im Zusammenhang mit der ›Rhetorik‹ genannten Tugenden zählt Aristoteles in der ›Ethik‹ noch folgende weiteren auf: Wahrhaftigkeit, Umgänglichkeit, Gewandtheit, die (namenlose) richtige Haltung gegenüber Ehrgeiz oder Ehrgeizlosigkeit sowie die Scham, die vielleicht eher zu den Affekten als zu den Tugenden gehört. In der Seele kommen, Aristoteles zufolge, drei Gruppen von Erscheinungen vor: Vermögen *(dynámeis)*, Affekte *(páthē)* und Haltungen oder Verhaltensweisen *(héxeis)*. Die Tugend gehört zu letzteren. Sie ist außerdem ein Mittleres *(mesótes)* zwischen zwei Extremen, wobei die Mitte nicht als Kompromiß oder »Goldene Mitte« zu verstehen ist, sondern als Wertsynthese über den jeweils entgegengesetzten Affekten; so ist z.B. Tapferkeit eine Verhaltensweise, die sich über die Affekte Feigheit und Verwegenheit erhebt. Aristoteles unterscheidet zwischen ethischen und dianoëtischen, sittlichen und geistigen Tugenden. Zu letzteren gehört die Weisheit, zur ersteren die meisten übrigen Verhaltensweisen. Von grundlegender Bedeutung für die Ethik ist die Theorie der Lust. Auch hier gibt es verschiedene Arten der Lust, z.B. mehr körperliche oder mehr geistige. Ist die Lust ein Gut oder vielleicht das höchste Gut überhaupt, wie viele annehmen? Aristoteles verneint diese Frage und definiert die Lust als Begleiterscheinung der Tugend.

Die einleitenden Sätze der ›Nikomachischen Ethik‹ lassen nicht nur die wichtigsten Prinzipien der praktischen Philosophie des Aristoteles erkennen, sondern auch, in Umrissen, seine metaphysische Gesamtkonzeption:

»Jede Kunst und jede Lehre, desgleichen jede Handlung und jeder Entschluß, scheint ein Gut zu erstreben, weshalb man das Gute treffend als dasjenige bezeichnet, wonach alles strebt. Doch zeigt sich ein Unterschied der Ziele. Die einen sind Tätigkeiten, die anderen noch gewisse Werke oder Dinge außer ihnen. Wo bestimmte Ziele außer den Handlungen bestehen, da sind die Dinge ihrer Natur nach besser als die Tätigkeiten. Da die Handlungen, Künste und Wissenschaften viele sind, ergeben sich auch viele Ziele. Das Ziel der Heilkunst ist die Gesundheit, das der Schiffbaukunst das Schiff, das der Strategik der Sieg, das der Wirtschaftskunst der Reichtum. Wo solche Verrichtungen unter *einem* Vermögen stehen, wie z.B. die Sattlerkunst und die sonstigen mit der Herstellung des Pferdezeuges beschäftigten Gewerbe unter der Reitkunst, und diese wieder nebst aller auf das Kriegswesen gerichteten Tätigkeit unter der Strategik, und ebenso andere unter anderen, da sind jedesmal die Ziele der architektonischen, d.h. der leitenden Verrichtungen vorzüglicher als die Ziele der untergeordneten, da letztere nur um der ersteren willen verfolgt werden. Und hier macht es keinen Unterschied, ob die Tätigkeiten selbst das Ziel der Handlungen bilden oder außer ihnen noch etwas anderes, wie es bei den genannten Künsten der Fall ist. Wenn es nun ein Ziel des Handelns gibt, das wir seiner selbst wegen wollen, und das andere nur um seinetwillen, und wenn wir nicht alles wegen eines anderen uns zum Zwecke setzen – denn da ginge die Sache ins Unendliche fort, und das menschliche Begehren wäre leer und eitel –, so muß ein solches Ziel offenbar das Gute und das

Beste sein. Sollte seine Erkenntnis nicht auch für das Leben eine große Bedeutung haben und uns helfen, gleich den Schützen, die ein festes Ziel haben, das Rechte besser zu treffen? So gilt es denn, es wenigstens im Umriß darzustellen und zu ermitteln, was es ist und zu welcher Wissenschaft oder zu welchem Vermögen es gehört. Allem Anschein nach gehört es der maßgebendsten und im höchsten Sinne leitenden Wissenschaft an, und das ist offenbar die Staatskunst. Sie bestimmt, welche Wissenschaften oder Künste und Gewerbe in den Staaten vorhanden sein, und welche und wie weit sie von den Einzelnen erlernt werden sollen. Auch sehen wir, daß die geschätztesten Vermögen: die Strategik, die Ökonomik, die Rhetorik, ihr untergeordnet sind. Da sie also die übrigen praktischen Wissenschaften in den Dienst ihrer Zwecke nimmt, auch autoritativ vorschreibt, was man zu tun und was man zu lassen hat, so dürfte ihr Ziel die Ziele der anderen als das höhere umfassen, und dieses ihr Ziel wäre demnach das höchste menschliche Gut. Denn wenn dasselbe auch für den Einzelnen und für das Gemeinwesen das gleiche ist, so muß es doch größer und vollkommener sein, das Wohl des Gemeinwesens zu begründen und zu erhalten. Man darf freilich schon sehr zufrieden sein, wenn man auch nur einem Menschen zum wahren Wohle verhilft, aber schöner und göttlicher ist es doch, wenn dies bei einem Volke oder einem Staate geschieht. Darauf also zielt die gegenwärtige Disziplin ab, die ein Teil der Staatslehre ist. Was die Darlegung betrifft, so muß man zufrieden sein, wenn sie denjenigen Grad von Bestimmtheit erreicht, den der gegebene Stoff zuläßt. Die Genauigkeit darf man nicht bei allen Untersuchungen in gleichem Maße anstreben, sowenig als man das bei den verschiedenen Erzeugnissen der Künste und des Handwerks tut. Das sittliche Gute und das Gerechte, das die Staatswissenschaft untersucht, zeigt solche Gegensätze und solche Unbeständigkeit, daß es scheinen könnte, als ob es nur auf dem Gesetz, nicht auf der Natur beruhe. Und eine ähnliche Unbeständigkeit haftet auch den verschiedenen Gütern und Vorzügen an, indem viele durch sie zu Schaden kommen. Schon mancher ist wegen seines Reichtums und mancher wegen seines Mutes zugrunde gegangen. So muß man sich denn, wo die Darstellung es mit einem solchen Gegenstand zu tun hat und von solchen Voraussetzungen ausgeht, damit zufrieden geben, die Wahrheit in gröberen Umrissen zu beschreiben. Und ebenso muß man, wo nur das häufiger Vorkommende behandelt und vorausgesetzt werden kann, auch nur solches folgern wollen. Ganz ebenso hat aber auch der Hörer die einzelnen Sätze aufzunehmen. Darin zeigt sich der Kenner, daß man in den einzelnen Gebieten je den Grad von Genauigkeit verlangt, den die Natur der Sache zuläßt, und es wäre genauso verfehlt, wenn man von einem Mathematiker Wahrscheinlichkeitsgründe annehmen, wie wenn man von einem Redner in einer Ratsversammlung strenge Beweise fordern wollte. Jeder beurteilt nur dasjenige richtig, was er kennt, und ist darin ein guter Richter; deshalb wird für ein bestimmtes Fach der darin Unterrichtete und schlechthin der in allem Unterrichtete gut urteilen können. Darum ist ein Jüngling kein geeigneter Hörer der Staatswissenschaft. Es fehlt ihm die Erfahrung im praktischen Leben, dem Gegenstand und der Voraussetzung aller politischen Unterweisung. Auch wird er, wenn er den Leidenschaften nachgeht, diesen Unterricht vergeblich und nutzlos hören, da dessen Zweck nicht das Wissen, sondern das Handeln ist. Es macht hier auch keinen Unterschied, ob einer an Alter oder an Charakter der Reife ermangelt. Denn der Mangel hängt nicht von der Zeit ab, sondern kommt daher, daß man der Leidenschaft lebt und nach ihr seine Ziele wählt. Für solche Leute bleibt das Wissen ebenso nutzlos wie für den Unenthaltsamen, der das Gute will und es doch nicht tut. Wohl aber dürfte für diejenigen, die ihr Begehren und Handeln vernunftgemäß einrichten, diese Wissenschaft von großem Nutzen sein.«[28]

Die Grundorientierung der Ethik ist teleologisch. Wie das Streben nach einem Gut Kunst *(techne)* und Wissenschaft *(methodos)* verbindet, so auch den theoretisch-poëtischen Teil der Aristotelischen Philosophie mit dem praktischen, dessen Leitkategorie der Wert, dessen Betrachtungsweise die axiologische ist, die neben der logischen, naturphilosophischen und metaphysischen erscheint, nicht mehr, wie in Platons Idee des Guten, mit ihnen verschmolzen. Die praktische Philosophie tritt als selbständige philosophische Disziplin auf. Zielgerichtetheit und Zweckorientierung fallen im Begriff *telos* (Ende), in der Teleologie zusammen. Das Denken vom Ende her fundiert die Unterscheidung von Neben- und Selbstzweck, ebenso die wertverwirklichende Handlung, die dadurch selbst wertvoll wird, Sinn und Sein erhält. Das höchste Ziel allen Handelns ist die

[28] E. Rolfes, Aristoteles, Nikomachische Ethik. Hg. v. G. Bien. Hamburg 1972, S. 1ff.

eudaimonia. Sie impliziert Selbstgenügsamkeit, Selbständigkeit und Freiheit. Der Wertordnung entspricht die Ordnung der Lebensformen, in aufsteigender Linie: bios *apolaustikós* (Genuß), *praktikós* (Politik), *theoretikós* (Wissenschaft, Philosophie). Zur Glückseligkeit gehören, nach Aristoteles, auch äußere Güter. Für griechisches Denken ist die Einordnung der Ethik in die politische Philosophie charakteristisch. Die Polis bleibt für Aristoteles wie für Platon der Orientierungsmaßstab auch auf dem Gebiet der Ethik. In der für den ethischen wie für den rechtlichen und politischen Bereich gleichermaßen bedeutenden Frage der Willensfreiheit sucht Aristoteles zu differenzieren:

»Da unfreiwillig ist, was aus Zwang oder Unwissenheit geschieht, so möchte freiwillig sein, dessen Prinzip in dem Handelnden ist und zwar so, daß er auch die einzelnen Umstände der Handlung kennt. Denn es ist wohl verkehrt, wenn man als unfreiwillig bezeichnet, was aus Zorn oder Begierde geschieht.«[29]

Freiwillig *(hekoúsion)* bedeutet nicht so viel wie Bevorzugung *(prohairesis).* Dies ist der engere Begriff. Bevorzugung setzt Vernunft *(logos),* Planung *(dianoia)* und Überlegung *(boulé)* voraus. Bevorzugung erscheint danach als überlegtes Begehren *(orexis)* dessen, was wir vermögen *('eph' hemín).* Drei Faktoren wirken bei der Entscheidung und beim Handeln zusammen: Wahrnehmung *(aisthesis),* Geist *(nous)* und Verlangen *(orexis).* Die Wahrnehmung als solche löst keine Handlung aus. Das Denken bejaht oder verneint, der Wille verfolgt oder flieht. Ermöglicht die ethische Tugend eine Entscheidung und ist diese überlegender Wille, ist das Urteil der Vernunft wahr und der Wille vernünftig, sofern die Entscheidung ernsthaft *(spoudaía)* ist. Mit Hilfe von fünf Vermögen drückt die Seele, bejahend oder verneinend, die Wahrheit aus: durch Kunst *(techne),* Wissenschaft *(epistéme),* praktische Vernunft *(phronesis),* Weisheit *(sophía)* und Geist *(nous).* Wohlberatenheit *(euboulía),* Verständigkeit *(synesis)* und Urteilsvermögen *(gnome)* sind Erscheinungsformen der praktischen Vernunft. Der Geist erfaßt die Prinzipien, die Vernunft kontrolliert den praktischen Bereich. Im Entscheidungsprozeß wirken diese Faktoren zusammen.

Im 1. Buch seiner ›Politik‹ behandelt Aristoteles Haushalt, Hausgemeinschaft und Erwerb, im 2. Staatsformen, im 3. priva-

[29] Ebd., S. 48.

te und politische Tugenden sowie Verfassungstypen, Erziehung und Gesetzgebung, im 4. Stände, Ämter und Rechtspflege, im 5. den Wechsel der Verfassungen, im 6. Demokratie, Oligarchie und Behörden, im 7. den besten Staat und im 8. die Erziehung. Die grundlegende Definition seiner politischen Philosophie lautet: »Der Mensch ist ein Gemeinschaftswesen« *(zóon politikón)*, aber die Sprache unterscheidet ihn vom Tier, ferner sein Sinn für Gut und Böse, Recht und Unrecht. Die Gemeinschaft freier Bürger, die an Ämtern und Justiz teilhaben, trägt den Staat. Die Verfassung entspricht der Ordnung eines Staates. Die Tugend des Staatsbürgers, nicht die des Menschen, steht in Beziehung zur Verfassung. Die Verfassungsunterschiede beruhen auf den Ständen im Staat und ihrer Machtverteilung. Aristoteles unterscheidet acht Stände: Bauern, Handwerker, Händler, Arbeiter, Krieger, Richter und Ratsherren, Groß(grund)besitzer und höhere Staatsbeamte. Je nach dem Einfluß dieser Stände im politischen Leben kann man fünf Arten der Demokratie, vier der Oligarchie und drei der Aristokratie unterscheiden. Voraussetzungen für einen guten Staat und eine gute Verfassung sind ein starker Mittelstand und die Vermeidung großer Vermögensunterschiede. Daher sind Demokratien dauerhafter als Oligarchien. Für die Politik gilt also, was auch für die Ethik gilt: Einhaltung von Maß und Mitte. Der beste Staat ist der, der sich am höchsten Ziel orientiert, das höchste Ziel aber ist das beste Leben, das beste Leben besteht in der maximalen Verwirklichung der Tugend. Grundsätzlich sollen möglichst viele Staatsbürger aktiv am politischen Leben teilnehmen. Am wichtigsten für den Bestand des Staates und die Geltung der Verfassung ist die Erziehung. Das beste Gesetz, die beste Verfassung nützen nichts, wenn die Menschen nicht gelernt haben, nach dem Geist der Gesetze und der Verfassung zu leben. Am Anfang der Ethik stand eine subtile Analyse menschlichen Verhaltens, in der ›Politik‹ erscheint die Erziehung zur Tugend als Hauptaufgabe des Staates. In der Zielsetzung stimmen beide Werke überein: eudaimonia. Der Gegensatz von Theorie und Praxis ist aufgehoben. Theorie ist höchste Form der Praxis und der *eudaimonia* zugleich – eine neue Variante des Platonischen Satzes von den Philosophenherrschern? Aristoteles blieb auch hier Platoniker.

Der Themenkreis der Aristotelischen Philosophie beginnt sich zu schließen. Ausgehend von der Analyse der Sprache, gelangte Aristoteles in seiner Naturphilosophie zum Fundament des Logischen, verband dann Natur und Sprache in einer höheren Theorie, der ›Ersten Philosophie‹ oder Prinzipienlehre, um schließlich, in strenger Konsequenz eigener Methodik, das Gesamtwerk mit den Disziplinen der praktischen Philosophie abzuschließen.

4.3 Denkmodelle: Atome, Zahlen, Ideen

Bei dem unerschöpflichen Gedankenreichtum der griechischen Philosophie von Thales bis Aristoteles, also in einem Zeitraum von knapp 300 Jahren, läßt sich nur mit großer Mühe Wesentliches von weniger Bedeutendem scheiden, denn fast alle Erkenntnisse dieser Ansammlung menschlicher Intelligenz haben sich als wertvoll und weiterführend erwiesen. Dennoch sollte man nichts unversucht lassen, die zukunftsträchtigsten Denkmodelle ausfindig zu machen. Legt man einen hohen Maßstab an, bleiben drei Entdeckungen, die bis ins 20. Jahrhundert richtungweisend geblieben sind und vom modernen Denken weder ausgeschöpft noch eingeholt, geschweige denn überholt sind. Es sind dies das Atommodell Demokrits, das Zahlenmodell des Pythagoras und die Ideenkonzeption Platons. Heraklits Theorie vom Werden und die Lehre des Parmenides vom Sein betreffen nicht zwei besondere *archai* oder letzte Realitäten, sondern Zustände derselben. Demokrits Atomtheorie führt, wie gesagt, die »materialistische« Tradition der älteren ionischen Naturphilosophen weiter und gibt ihr, von einer höheren Reflexionsstufe aus, eine abstraktere, wissenschaftlich brauchbare Fassung. Die »materialistische« Weltbetrachtung erlebte in der Neuzeit eine ungeahnte Renaissance und beherrscht auch heute noch auf weite Strecken das wissenschaftliche, philosophische und ideologische Szenarium. Der »Idealismus« erlebte in Leibniz und Kant eine Art Wiedergeburt, während der sogenannte Deutsche Idealismus mit der Platonischen Ideenphilosophie nicht viel mehr als den Namen gemeinsam hatte. Die Vision des Pythagoras vom mathematischen Charakter der Wissenschaft scheint indessen sowohl den Idealismus als auch den Materialismus in den Schatten gestellt zu haben, insofern der gesamte moderne

Wissenschaftsbetrieb, Naturwissenschaften wie Gesellschafts- und Geisteswissenschaften, nicht mehr ohne mathematisch-informatischen Apparat denkbar ist.

Materie, Energie und Information sind die Schlüsselbegriffe modernen Seins und Bewußtseins. In ihnen leben die Modellvorstellungen der Griechen weiter, noch immer fruchtbar, noch lange nicht philosophisch bewältigt und noch voller Geheimnisse. Auf die Spur eines Zusammenhanges zwischen den drei Größen könnte die Beobachtung führen, daß sie, in aufsteigender Linie, der anthropologischen Dreiheit Körper, Seele, Geist entsprechen. Hier wäre an das energetische Konzept des Empedokles zu erinnern, wie Aristoteles es bereits im Prinzip erkannte. Aus der Beobachtung folgt der Schluß, daß westliche Weltbewältigung und Wirklichkeitserfahrung noch nicht alle anthropomorphen Bestandteile des Erkennens überwunden haben und noch tief im Subjektiven verhaftet sind. Der erste Schritt, sich auch davon zu befreien, ist mit der Einsicht in die Subjektivität eigenen Denkens verbunden, wie sie Aristoteles gewann, indem er die Platonischen Ideen in den *nous* einbezog *(topos eidōn)* und damit den Satz des Protagoras vom Menschen als Maß aller Dinge auf höherer Reflexionsebene nachvollzog und überwand, obwohl er sie durch seine Theologie beeinträchtigte. Wenn der Schritt des Aristoteles nicht der erste und einzige zur Selbstbefreiung von egozentrischer Subjektivität bleiben soll, muß sich das moderne Denken, nachdem es die Fesseln der Theologie abgestreift hat, auch noch der Fesseln des Anthropozentrismus (Protagoras) entledigen. Das wiederum setzt eine Neubesinnung, ein Umdenken, eine Umkehr im Sinn des Sokrates voraus. So bleiben die griechischen Denker, ungeachtet des Informationsvorsprungs, den die modernen Wissenschaften ihnen gegenüber haben, auch weiterhin wegweisend. Die Erneuerung der Philosophie in der Neuzeit war mit einer Wiedererstarkung sokratischer Einstellung zur Wirklichkeit und zum Menschen verbunden. Jede philosophische Weiterentwicklung in Gegenwart und Zukunft ist an diesem untrüglichen Maßstab zu messen. Sokratische Erneuerung oder Sophistik und Antisokratismus: das ist die Frage philosophischen Seins oder Nichtseins.

4.4 Weltanschauliche Grundpositionen des Hellenismus

4.4.1 Die Krise der Polis

Das 4. Jahrhundert, genauer: die Zeit von 404, dem Ende des Peloponnesischen Krieges, bis zur Schlacht von Mantineia (362) zwischen Boiotiern und Spartanern, gilt als die Periode des Niedergangs der hellenischen Poliswelt, auf die dann das Zeitalter des Hellenismus (360–30) folgt. Platon erlebte also das Ende der Polis mit, an die er geglaubt, deren Erneuerung er seine größten Werke gewidmet und der seine ganze Schaffenskraft gegolten hatte. Die Welt der Polis fiel infolge von Krisen, Kriegen, Hader und Zwietracht in einen Zustand totaler Erschöpfung. Syrakus versank im Chaos, nicht zuletzt infolge vergeblicher Versuche der Platoniker, die große Wende in der Politik herbeizuführen. An der Schwelle zweier Zeitalter und seit 335 wieder in Athen, erlebte Aristoteles den Aufstieg seines »Schülers« Alexander, zunächst zum Retter Griechenlands, dann zum Bezwinger der persischen Weltmacht und schließlich zum Weltentdecker und Versöhner Asiens und Europas. Was Aristoteles auf philosophischem Gebiet gelang, gelang Alexander dem Großen auf dem Felde der Politik. Der eine bewältigte die Welt mit dem Geist, der andere zerschlug den Gordischen Knoten mit dem Schwert.

Die Zeit vom Sieg der Hellenen über die Perser (480/479) bis zur Schlacht bei Chaironeia (338), in der die Makedonen unter ihrem König Philipp II. die Griechen besiegten, zerfällt, unter dem Aspekt des Aufstiegs und des Abstiegs hellenischer Freiheit und Macht, in zwei etwa gleich lange Abschnitte zu je 70 Jahren. Athen und Sparta hatten ein schlechtes Beispiel gegeben. Die größten Stadtstaaten, die, vereint, ihren äußeren Feind bezwungen hatten, wurden der inneren Gefahr, der Zwietracht, nicht Herr. Das hatte auf allen Gebieten des Lebens schwerwiegende negative Folgen. Um die Wende vom 5. zum 4. Jahrhundert setzte in Griechenland eine wirtschaftliche und soziale Krise ein, die sich immer weiter verschärfte. Sie ist wesentlich durch zwei Züge gekennzeichnet: das Absinken von Massen der Bevölkerung zum Proletariat, verbunden mit wachsender Arbeitslosigkeit, und eine ständige Verknappung der Nahrungsmittel, die zeitweise katastrophale Ausmaße annahm.

4.4.2 Der Aufstieg Makedoniens

Während es mit Griechenland bergab ging, entwickelte sich der Großflächenstaat Makedonien, eine Zwischenform zwischen Stadtstaat und Imperium, unter der straffen Führung seiner Könige, vor allem Philipps II., der ein großer Staatsmann war, steil aufwärts. Die Makedonen standen der griechischen Kultur interessiert und wohlwollend gegenüber.

Die Politik der Griechen bot ein eher trostloses Bild. Was die Perser nicht erreicht hatten, schafften die miteinander verfeindeten Stadtstaaten, die nun teils mit den Persern gemeinsame Sache machten, teils gegen sie kämpften: Sparta gegen Persien (399–394), Persien, Athen, Korinth und Argos gegen Sparta (395–387), Sparta gegen Theben (377), Theben gegen Sparta (371), Sparta und Athen gegen Theben (369), Phoker gegen Makedonen (356–346), die später Theben zerstörten (335). Zwanzig Jahre dauerte der verheerende Kampf um die Vorherrschaft, die am Ende niemand gewann. Hinzu kam das Wiedererstarken des Perserreiches, das 343/342 Ägypten eroberte. Der 2. Attische Seebund (377–338) wurde aufgelöst, Athen hatte aufgehört, die Ägäis zu beherrschen. Makedonien war und blieb eine Landmacht, obwohl es genügend Berührungspunkte mit dem Meer und Gelegenheit zur Seefahrt hatte. Als Lieferant von Holz, Teer, Wachs und anderer zum Schiffbau nötiger Materialien hatte es die griechischen Seemächte unter Kontrolle. Sogar der Makedonenhasser Demosthenes plädierte zeitweise, aus wirtschaftlichen Gründen, für gute Beziehungen mit den Makedonen. Athen war in seinem Verhältnis zu dem mächtigen Land im Norden zutiefst gespalten. Während Radikale wie Demosthenes es haßten und Feindbilder entwarfen, standen Männer wie Isokrates den Makedonen durchaus verständnisvoll und wohlwollend, wenn nicht freundschaftlich gegenüber. Der eigentliche Unterschied zwischen den griechischen Stadtstaaten und den sie umgebenden Großmächten war, daß bei diesen die Macht in einer Hand lag, bei jenen eine mehr oder weniger differenzierte Machtverteilung freiheitliche Formen des Zusammenlebens ermöglichte. Persien war eine Despotie, Syrakus eine Tyrannis, Makedonien eine Monarchie. Für die griechischen Stadtstaaten kam, nachdem Syrakus infolge innerer Zwistigkeiten ausgeschieden war – die Römer gliederten es 201 in ihre Provinz Sicilia ein, als sie Karthago in die Knie gezwungen hatten –, nur ein Bund mit den Makedonen in Frage. Kaum hatten sich die Griechen zur Anerkennung Philipps II. durchgerungen und ihn auf der panhellenischen Versammlung in Korinth (337) zum bevollmächtigten Feldherrn gewählt, durchkreuzte das Schicksal das mühsam erkämpfte Einigungswerk. Im Sommer 336 fiel der Makedone einem Mordanschlag zum Opfer.

4.4.3 Alexander der Große

Alle Augen richteten sich nun auf den Thronfolger Alexander (356–323), der sich bereits zu Lebzeiten seines Vaters auf Feldzügen in Thrakien ausgezeichnet hatte. Außer den Erbanteilen seines Vaters und der guten Erziehung durch Aristoteles prägten gewiß auch Züge seiner temperamentvollen, leidenschaftlichen Mutter Olympias das Wesen des jungen Mannes. Vielleicht war es die überaus seltene Verbindung von Maßlosigkeit und kühler, planender Intelligenz, die Alexander zu dem machte, was er wurde.

Er fühlte sich schon früh zu Großem berufen. Auf dem Feldzug in Thrakien hinderte ihn die Donau nicht, ans Nordufer des Stromes überzusetzen, um dort, wie später am Indus, Zeus und dem Flußgott ein Opfer zu bringen. Der römische Historiker Arrian (2. Jahrh. v. Chr.) führte dieses Verhalten Alexanders auf einen Affekt zurück, den er pothos nannte, ein Wort, das gewöhnlich, ein wenig zu romantisch, mit »Sehnsucht« übersetzt wird, im Fall Alexanders aber eher so etwas wie Fernweh bedeutet. Der Wille, an die Grenzen der Welt vorzudringen, und der ebenso unwiderstehliche Wille zu erkennen, was die Welt im Innersten zusammenhält, sind zwei komplementäre Formen westlicher Einstellung zur Welt. Alexander war eine religiöse, den mythischen Traditionen der Hellenen zutiefst verbundene Natur. Das zeigte sich, als er, am angeblichen Grab des Achill vor Troja, dem Helden der ›Ilias‹ ein Opfer brachte. Er stellte sich bewußt in die Reihe der großen Befreier, die mit dem griechischen Nationalhelden Herakles, dem Argonautenführer Jason und der jugendlichen Heldengestalt Achills beginnt, den das Schicksal zu höchstem Ruhm, aber auch zu frühem Tod ausersah. Caesar, ein anderer »Wegbereiter Europas«, setzte diese Reihe bewußt fort. Alexander kam nicht als Eroberer oder Weltbeherrscher nach Asien, um ein grausames Herrschaftssystem durch ein möglicherweise noch grausameres zu ersetzen, wie Hitler in Rußland, vielmehr als Befreier vom Joch der Despotie. Das wollte er, und so wurde er verstanden, von den meisten Griechen ohnehin, aber auch von Karern, Lydern, Lykiern, Pamphylen und Phrygern, von allen Völkern Kleinasiens, später von den Ägyptern und zahllosen anderen Völkern, die er von der Herrschaft der Perser befreite. Er brachte den Befreiten die Selbstregierung, respektierte fremde Eigenart und tolerierte andere Religionen. Viele Städte verehrten Alexander daher ganz spontan wie einen rettenden Gott und stifteten Kulte zu seinen Ehren. Die Priester von Memphis krönten ihn, nicht als Nachfolger des Großkönigs von Persien, sondern als Nachfolger der Pharaonen. In der Ammon-Oase von Siwa bestätigten die dortigen Priester des Ammon (Zeus), der auch in Griechenland höchstes Ansehen genoß, die Gottessohnschaft Alexanders und feierten ihn als Sohn des Ammon. Nach antiken Vorstellungen, die sich übrigens mit ähnlichen indischen und chinesischen Vorstellungen decken, ist der ein Gott, der Göttliches vollbringt. Aristoteles hatte gelehrt, daß der Mensch sowohl zum gottähnlichsten aller Lebewesen aufsteigen kann, als auch zur Bestie degenerieren, die schlimmer ist als alle Tiere. Alexander wurde nicht zu einem Gott, Menschen und die Welt verachtenden Frevler, zum grausamen Despoten und schließlich zum Paranoiker, sondern blieb den Idealen seines Erziehers treu und war eine Art Philosophen-Herrscher, wie Platon ihn sich zeitlebens gewünscht hatte.

Aus dem Vergeltungszug Alexanders wurde ein Befreiungszug, aus diesem, mit dem Vorstoß nach Indien, eine Entdekkungsfahrt. Wenn er nur seinem Fernweh hätte folgen können, hätte Alexander wahrscheinlich sein nächstes Ziel, das östliche Weltmeer, den Pazifischen Ozean, erreicht und dann vielleicht schon damals die Kugelgestalt der Erde entdeckt. Aber seine Männer waren am Ende. Insgesamt haben sie in über acht Jahren eine Strecke von 18000 Kilometern zurückgelegt, zum Teil unter schwierigsten geographischen und klimatischen Bedingungen, häufig noch dazu kämpfend. Der Rückmarsch durch die Gedrosische Wüste kostete noch einmal manchem Soldaten das Leben. Anfang 324 traf Alexander mit dem Rest seiner Getreuen in Pasargadai, nördlich von Persepolis, wo die persischen Königsgräber lagen, wieder ein.

Noch einmal gewährte ihm das Schicksal die Erfüllung einer großartigen Idee: die Versöhnung Asiens und Europas in Form einer Massenhochzeit: »Die makedonisch-persische Massenhochzeit zu Susa ist eines der bedeutendsten Symbole der völkischen Verschmelzungspläne Alexanders. Während der König selbst sich mit Stateira, einer Tochter des Dareios III., und mit Parysatis, der jüngsten Tochter des Artaxerxes III. Ochos, nach persischem Ritus ehelich verband, nahmen nicht weniger als 80 seiner vornehmsten Mitkämpfer und Freunde ... und außer ihnen 10000 Angehörige des makedonischen Heeres Perserinnen zu Frauen. Sie alle kannten den brennenden Wunsch des Königs, die beiden staatstragenden und staatserhaltenden Nationen des Weltreiches, Makedonen und Perser, miteinander zu verschmelzen, und leisteten ihm willig Folge. Um so schärfer wurde zu gleicher Zeit der innere Gegensatz zu jenen Makedonen alten Schlages, die dem König in seinem Gedankenfluge nicht zu folgen vermochten. So kam es in Opis bei der Entlassung von Veteranen zu einer regelrechten Meuterei. Der tiefbetroffene König vermochte sie zwar zu dämpfen, aber der Riß zwischen ihm und den konservativen makedonischen Kreisen war damit keineswegs geheilt.«[30]

Am 13. 6. 323 raffte den noch nicht 33 Jahre alten Herrscher ein heimtückisches Sumpffieber hinweg. Seinem unsterblichen Vorbild folgten römische Feldherrn wie Scipio Africanus Maior, Pompejus, Caesar, Trajan, Constantin und Julian mit mehr oder weniger Erfolg. Von Alexander führt eine Entwicklungslinie über den römischen Kaiserkult zum Gottesgnadentum der Fürsten im mittelalterlichen und neuzeitlichen Europa.

Mit selbstbefreiender, schöpferischer Welt- und Lebensgestaltung hat das Volk der Hellenen begonnen. Während es seiner Mitwelt Institutionen (Akademie, Demokratie, Olympische Spiele) und Denkmodelle (Ideen, Zahlen, Atome) von dauerndem Wert schenkte und so zum Schöpfer Europas wurde, gelang dem Makedonen Alexander das scheinbar Unmögliche: die Überwindung der Kluft zwischen Hellenen und Barbaren. Danach konnte das Licht hellenischen Geistes die damals bekannten Regionen der Erde erreichen, die Welt durchdringen und erhellen.

[30] Bengtson, Griechische Geschichte, S. 344 f.

4.4.4 Hellenistische Philosophie

Auf das Zeitalter hellenischer Philosophie folgte das hellenistische. Neben den alten bildeten sich neue Zentren geistiger Tätigkeit: Pergamon, Antiochia, Alexandria im Osten bzw. Süden, und später Rom im Westen. Erst jetzt begann das »alexandrinische« Zeitalter der Schulen, Bibliotheken und Gelehrten[31]. Die Befreiung von nationalen Schranken und Beschränktheiten weckte ein neues Lebensgefühl und eine neue Einstellung zur Welt, Kosmopolitismus und Individualismus. In der Philosophie, die zu weltweiter Bedeutung und Wirkung gelangte, erschienen beide Kräfte im Wechselspiel. Der vorwiegend praktisch orientierten Philosophie fiel die Aufgabe zu, weltanschauliche Grundpositionen zu entwickeln, wobei hier asketische Momente (Stoiker) überwiegen, dort der Lebensgenuß erstrebenswert erscheint (Epikureer). Die Stoiker knüpfen an das Sokratische Ideal der Unabhängigkeit (Autarkie) an und greifen auf ältere, vorsokratische Naturphilosophie, vor allem Heraklit, zurück. Die Epikureer teilen mit den Atomisten und den weniger asketischen Sokratikern die positive Einstellung zur Lust. Daneben lebt die Platonische Philosophie in der Akademie, die Aristotelische im Peripatos und die pythagoreische im Neupythagoreismus fort. Dogmatiker und Skeptiker befehden sich. Aus dem Orient dringen religiöse Vorstellungen ein und verbinden sich mit philosophischen. Während auf der einen Seite Fachwissenschaften wie Philosophie und Historie blühen, wächst auf der anderen der Einfluß der Popularphilosophie. Die Eklektiker suchen sich von allem das heraus, was ihnen am besten scheint, und den Neuplatonikern gelingt am Ende die große Synthese hellenistisch-römischen Denkens. Überhaupt sind Kombinationen, Synthesen, Verschmelzungen an der Tagesordnung: Alles in allem![32]

[31] Fast vollständig ist das Lexikon des Hesychios aus Alexandria (5. Jahrh. n. Chr.) erhalten, das wertvolle Worterklärungen enthält (Hg. Kurt Latte). Ioannes Stobaios aus Makedonien (5. Jahrh. n. Chr.) verfaßte die letzte »heidnische« Anthologie aus ca. 500 griechischen Dichtern und Prosaikern, eine unschätzbare Quelle für die neuere Forschung, ebenso das Lexikon des Suidas (10. Jahrh. n. Chr.).

[32] Eine gewisse Sonderstellung behaupten die Kyniker. Zu den älteren Kynikern zählen außer den Genannten Monimos, Onesikritos, Philiskos, Kratos, Metrokles und Hipparchia, zu den mittleren Bion von Borysthenes, Meleagros und Menippos von Gadara, Kerkides von Megalopolis sowie Teles, Menedemos,

In der hellenistisch-römischen Philosophie lassen sich drei Phasen unterscheiden. In der ersten, noch am meisten kreativen Phase (4.–1. Jahrh.) kristallisieren sich die Grundpositionen heraus: Suche nach der richtigen Weltanschauung, Lebensauffassung und Lebensführung, Hinwendung zur Praxis, neue Innerlichkeit. In der zweiten Phase (1. Jahrh. v. Chr.–3. Jahrh. n. Chr.) dominieren Rückkehr zur Orthodoxie, Suche nach Autoritäten, Glorifizierung der Gründerpersönlichkeiten, Kommentierung der Texte, religiöser Mystizismus, Sektenwesen, Synkretismus. Die dritte Phase (3.–6. Jahrh. n. Chr.) zeichnet sich durch Suche nach einer Einheit aus, nach Ganzheit und System, nach Einbeziehung aller Bestandteile, griechischer, orientalischer und römischer, in eine umfassende Kultursynthese der damaligen zivilisierten Welt *(oikouméne)*. Zusammenhängende Texte, wie aus der Zeit der klassisch-attischen Philosophie, liegen nicht vor. Der Zustand der Überlieferung ist fast noch trostloser als bei den Vorsokratikern. Was an Erwähnenswertem übrigbleibt, ist wenig genug, ungeachtet der intensiven Beschäftigung hellenistischer Gelehrter mit der Tradition. Zunehmende Pflege der Einzelwissenschaften, wachsende Gelehrsamkeit und großes Interesse am Werdegang der Philosophie führten erstmalig zu einer Art philosophiegeschichtlicher Forschung, wobei vier Arbeitsgebiete zu unterscheiden sind.

Zunächst die Biographie. Auf diesem Gebiet war der Peripatetiker Aristoxenos mit seinen ›Bioi‹ (Viten) wegweisend. Ernsthaftes Interesse für die Lebensschicksale der Denker sowie Sinn für das Ethisch-Charakteristische mischten sich dabei in der Folgezeit mit Legenden und Skandalgeschichten. Es entstanden Verzeichnisse *(pinakes)* berühmter Philosophen. Es wurden Echtheitsfragen aufgeworfen, Homonymen-Listen erarbeitet, Einleitungen, Kommentare und Paraphrasen verfaßt, daneben Glossen, Scholien, Hypomnemata, Zetemata, Aporien-Sammlungen und Problemlösungen sowie das chronologische Schema der *akmé* (40 Jahre) aufgestellt. Andere Gelehrte widmeten sich der Geschichte der Philosophenschulen, ihrer Gründer, Leiter und Diadochen, ihrer Beziehungen zu anderen Schulen sowie der Systematisierung der einzelnen Schulen und aller Schulen zusammen. Aus dieser Gruppe stammt auch das einzig vollständig erhaltene und für die moderne Forschung

Demetrios, Oinomaos und Demonax, zu den jüngeren Maximos und Heron von Alexandria sowie Sallustios.

unersetzliche, mehrfach zitierte Werk des Diogenes Laertios. Eine dritte Gruppe von Gelehrten erstellte Übersichten über Lehren, Meinungen und Probleme der Philosophie, war also mehr sachlich orientiert. Wegweisend für die Entwicklung solcher doxographischen Methoden war Theophrast, der auch bereits erwähnte Mitarbeiter des Aristoteles. Die beiden bedeutendsten erhaltenen Doxographien sind Pseudoplutarchs ›Placita philosophorum‹ und die Exzerpte des 1. Buches in der Auswahl-Sammlung des Johannes Stobaios (ca. 400 n. Chr.). Eine vierte Gruppe ordnete die Sekten *(hairéseis)* nach ihrem inneren Zusammenhang, z. B. nach der Abgrenzung ihrer Lehrmeinungen voneinander. Dazu gehören Eratosthenes von Kyrene (3. Jahrh.), der Akademiker Karneades, der Stoiker Panaitios und der Epikureer Apollodoros (2. Jahrh.). Zu diesen Resten antiker Philosophiegeschichtsschreibung kommen gelegentlich unbeabsichtigte Mitteilungen der Kirchenväter im Verlauf ihrer Polemik gegen die Heiden oder in ihren Apologien des Christentums. Die neueren Arbeiten zur Anordnung der griechischen Philosophiegeschichte knüpfen meistens an die von den Alten überlieferten Einteilungsschemata an, so Brugger an Diogenes Laertios. Hegel konstruierte die Geschichte der Philosophie unter Berufung auf den Weltgeist. Zeller leistete mustergültige kritische Arbeit und eröffnete recht eigentlich die moderne Rezeptionsphase, in der philologisch-historische Disziplinen neben soziologisch-psychologischen oft sehr wertvolle Einzelforschung betreiben. Besonders hervorzuheben ist an dieser Stelle Friedrich Ueberwegs grundlegende ›Geschichte der Philosophie des Altertums‹ (hrsg. von Karl Prächter), wiederaufgelegt in zahlreichen Ausgaben bis zur Gegenwart.

4.4.5 Stoiker

Bereits die Einteilung der Philosophie in Logik, Physik und Ethik durch die Stoiker zeigt einen für das Zeitalter des Hellenismus charakteristischen Zug zur Vereinfachung, der sich mit erhöhter Spezialisierung in Einzelfragen durchaus verträgt. So hat die Stoa wesentlich zur Herausarbeitung erkenntnistheoretischer Probleme und ihrer Abgrenzung gegenüber der Logik beigetragen, ebenso zur Verfeinerung der Psychologie, insbesondere der Affektenlehre. Charakteristisch für das hellenistische Zeitalter ist auch der Glaube, daß die Wahrheit in den Texten liege und durch Exegese herausgefunden werden könne. Dieser Glaube kam christlichen Vorstellungen von Wahrheit, Autorität und Erfahrung entgegen und hat die Methoden der Philosophie bis zum Anbruch der Neuzeit mitbestimmt. Die Wendung zur Praxis, obwohl man der Logik und Physik in der Theorie den Primat zugestand, ist weiterhin für das hellenistische Zeitalter bezeichnend. Die faktische Option für die Praxis entsprach der römischen Einstellung zur Welt, desgleichen die Neigung, zu erhalten statt neu zu schaffen. Die Tendenz, einheimische und exotische religiöse Vorstellungen zu vergeistigen, Mythen mit Hilfe der Allegorese in philosophische Einsichten umzumünzen, wirkte auf die religiösen Bedürfnisse zurück, steigerte sie und forderte die Religion zu erhöhter Kreativität heraus. Selbst vermeidbare Widersprüche infolge der Kontamination heterogener Quellen störten kaum mehr, ging es doch weniger um Konsistenz des Denkens als um Sehnsucht nach Erlösung. Römischer und christlicher Auffassung näherte sich die neue Höherbewertung des Charakters im Vergleich zum Intellekt.

Aus der großen Zahl von Anhängern der frühen, mittleren und vor allem der späten Stoa ragen je zwei hervor. Der Schulgründer Zenon von Kition (auf Zypern, 336–264) und Chrysippos von Tarsos (Kilikien, 281–205) gehören zur alten Garde. Zenon kam 315 nach Athen, wo er in der *Stoa poikile,* einer mit Gemälden Polygnots geschmückten Säulenhalle, dozierte, nachdem er bei den Kynikern, Megarikern und Akademikern studiert hatte. Seine Schriften – ›Politeia‹ oder ›Über die Verfassung‹, ›Über die Leidenschaften‹ und ›Über das Geziemende‹ – sind verlorengegangen[33].

Chrysipp war ein Vielschreiber, er soll täglich 500 Zeilen und insgesamt 705 Bücher geschrieben haben. Nach dem Urteil des berühmten Rhetors und Historikers Dionys von Halikarnassos (1. Jahrh. v. Chr.) gab es keinen besseren Dialektiker und keinen schlechteren Stilisten als Chrysippos. Der Zitatenschatz seiner Werke wurde mit zum Ausgangspunkt griechischer Florilegienliteratur (Blütenlese).

Zur mittleren Stoa zählen vor allem Panaitios von Rhodos

[33] Nachfolger Zenons war Kleanthes, ursprünglich ein Faustkämpfer. Sein ›Zeushymnus‹ wird in seiner philosophischen Bedeutung häufig überschätzt.

(2. Jahrh. v. Chr.) und Poseidonios aus Apameia in Syrien (135 bis 50 v. Chr.). Panaitios vertrat mehr den rationalen, Poseidonios den mystischen Flügel der Stoa. Panaitios' Beziehungen zu führenden Persönlichkeiten in Rom förderten den Einzug der Philosophie in die Stadt. Er übernahm plausible Lehren anderer Denker, milderte die asketisch-rigorosen Tendenzen der alten Stoa, verwarf die Apathie (Leidenschaftslosigkeit) und setzte mehr auf Fortschritt als auf Vollkommenheit. Poseidonios verband Qualitäten, die sich im allgemeinen ausschließen: fachwissenschaftliche Forschertätigkeit und religiöse Mystik, wodurch er zu einem Vorläufer des Neuplatonismus wurde.

Von den namhaften Vertretern der späten Stoa wandte sich Epiktet (55–135 n. Chr.) bewußt wieder altstoischen Lehren zu, die er mit tiefempfundenen religiösen Gehalten anreicherte. Er, Seneca und Marc Aurel werden im Kapitel über die römische Philosophie zur Sprache kommen.

Auf dem Gebiet der Logik – der Terminus ist stoisch – reduzierten die Stoiker die Zahl der Kategorien auf vier: Substrat, wesentliche Eigenschaft, Beschaffenheit und Verhältnis. Im Gegensatz zur aristotelischen Termlogik entwickelten und systematisierten sie die Aussagenlogik auf der Basis einer Art Semantik *(lektá)*, stellten Werttafeln auf, befaßten sich mit der Implikation und bildeten die formallogische Methode weiter. Die Stoiker entdeckten recht eigentlich das Phänomen der Sprache. Auf dem Gebiet der Grammatik waren sie bahnbrechend, bedeutsam für Terminologie und Theorie der Rhetorik sowie für erste Ansätze einer Erkenntnistheorie. Hier suchten sie nach einem Kriterium der Wahrheit. Die Wahrnehmung *(aisthesis)* verglichen sie mit den ausgestreckten Fingern, die Zustimmung *(synkatáthesis)* mit der halb geschlossenen Hand, die Erfassung des Objekts *(katálepsis)* mit der Faust, das Wissen *(katálepsis asphalés)* mit der Umschließung der Faust durch die andere Hand. Besondere Aufmerksamkeit schenkten die Stoiker der Phantasie, Vorstellung oder Einbildungskraft. Sehen kann man nur mit geöffneten, sich etwas vorstellen auch mit geschlossenen Augen. Zur Vorstellung nimmt der Verstand Stellung: zustimmend, ablehnend oder zurückhaltend *(epoché)*. Urteilen ist eine freie Tätigkeit des Verstandes. Aus gleichartigen Erinnerungen bildet sich Erfahrung. Durch Abstraktion gelangen wir von Vorstellungen zu Begriffen *(ennoiai)*, von denen die angeborenen Allgemeinbegriffe *(prolépseis)* zu unterscheiden sind. Sensualismus und Rationalismus konkurrieren offensichtlich miteinander. Der Kosmos kann nur durch Vernunft erkannt werden. Die Dialektik vermittelt die Normen, nach denen begriffen, geurteilt und geschlossen wird. Die Stoiker interpretieren den Begriff konzeptualistisch oder nominalistisch, also im Gegensatz zu Platons Ideenlehre. Die stoische Erkenntnistheorie hat Hobbes, Descartes und Locke beeinflußt.

Auf dem Gebiet der Physik, die auch das umfaßt, was Aristoteles Erste Philosophie nannte, also Metaphysik und Theologie, verbanden die Stoiker Heraklitisches mit Aristotelischem. Vorsokratisch ist der »Materialismus«, die Lehre vom Feuer als Urelement der Welt und vom periodischen Weltbrand *(ekpýrosis).* Die Gottheit ist nur ein feinerer Stoff und unterscheidet sich vom groben Stoff der Materie wie Wirkung vom Leiden. Schönheit, Zweckmäßigkeit und Bewußtsein in der Welt sind göttlichen Ursprungs. Die Wirklichkeit stellt sich in aufsteigender Linie dar, als Feuer, Hauch, Seele, Bewußtsein, Weltvernunft. Letztere enthält die Samen alles Vernünftigen *(logoi spermatikoí).* Bei der Weltentstehung verwandelt sich das göttliche Urfeuer in die vier Elemente. Nach Ablauf einer Weltperiode nimmt die Gottheit alle Dinge wieder auf, und die Welt geht wieder in Flammen auf. All dies geschieht notwendig, nach ehernen Gesetzen der Natur (*pronoia,* Vorsehung) und des Schicksals (*heimarméne,* Verhängnis). Die Seele ist ein Teil der göttlichen Substanz und hält den Körper zusammen, vergeht aber auch, wie dieser, beim Weltenbrand. Die einheitliche Seele besteht aus den fünf Sinnen, dem Sprechvermögen, der Zeugungskraft und dem steuernden Teil *(hegemonikón),* das seinen Sitz im Herzen hat.

Die Ethik der Stoiker gliedert sich in allgemeine Prinzipien und Anwendungen. Höchstes Lebensziel ist die Glückseligkeit (*eudaimonía, euroia:* guter Fluß). Glückselig ist, wer im Einklang mit der Natur lebt *(homologouménōs tē physei zēn).* Handeln ist nicht unwichtiger als Erkennen. Tugend reicht zur Glückseligkeit aus. Zwischen Tugend und Laster liegt das Indifferente *(adiáphoron),* von dem einiges abzuweisen, anderes gleichgültig ist. Lustgewinn darf nicht Ziel menschlichen Strebens sein. Die Lust tritt zur Tätigkeit hinzu. Die vier Grundtugenden decken sich mit denen Platons und der Sieben Weisen. Neu ist bei den Stoikern die Betonung der Pflicht. Das rechte Tun aus rechter Gesinnung *(katórthoma)* kennzeichnet den Weisen, die anderen begnügen sich mit dem, was sich ziemt *(kathékon).* Der Weise hat seine Leidenschaften überwunden, übt Gerechtigkeit, nicht Nachsicht – man vergleiche Konfuzius – und ist frei. An Würde steht er Königen und Göttern gleich, ist Herr über sein Leben, das er freiwillig beenden kann, wenn es ihm erforderlich scheint. Der Mensch ist ein von der Vernunft selbst zur Gemeinschaft bestimmtes Wesen. Für alle Menschen gibt es aber nur ein Gesetz, ein Recht und einen Staat, den Weltstaat. Der Stoiker ist Kosmopolit. In der Frage des freien Willens ist die stoische Ethik nicht frei von Widersprüchen: schicksalhafte Notwendigkeit auf der einen Seite, Verantwortlichkeit auf der anderen.

4.4.6 Epikureer

Verglichen mit den Denkern der Stoa bietet die Mannschaft des Kepos (Garten Epikurs, in übertragenem Sinn von seinen Anhängern), was Niveau und Wirkung betrifft, ein schwächeres Erscheinungsbild. Epikur (341–271) stammte aus einer Lehrerfamilie in Athen oder Samos, lernte bei dem Demokriteer Nausiphanes und kombinierte die demokritisch-aristippische Lehre von der Lust mit atomistischer Physik. Demokrits Schriften scheinen ihn, der zunächst Lehrer war, zum Studium der Philosophie bewogen zu haben. Die Sekte der Epikureer war eine Art Kultverein, ihr Heiliger der Stifter selbst. Das Ideal eines gehobenen Lebensgenusses und innige freundschaftliche Beziehungen verbanden die Epikureer. Ihre Lehre war einfach, konservativ und wurde in kurzen, prägnanten Formeln zum Auswendiglernen vermittelt. Leichte Verständlichkeit verband sich schon bei Epikur mit schlechtem Stil. Im Gegensatz zu dem Stoiker Chrysipp zitierte Epikur wenig oder gar nicht und soll über 300 Rollen beschriftet haben. Er befaßte sich teils mit logischen Themen: über Kanon und Kriterion, teils mit theologischen und physikalischen: über die Natur, die Atome und das Leere sowie über die Götter, auch mit ethischen: über gerechtes Handeln, Frömmigkeit und Dankbarkeit. Daneben existier(t)en auch Briefe von Epikur, z.B. an Herodot. Unter den Epikureern (Metrodor, Apollodor, Zenon von Sidon, Philodemos von Gadara) ragt der römische Dichter Titus Lucretius Carus hervor, der das berühmte Lehrgedicht ›De rerum natura‹ (Über die Natur der Dinge) verfaßte. Lukrez' Werk ist vielleicht die beste

Quelle epikureischer Philosophie, deren Grundtendenzen man so zusammenfassen kann: Befreiung von der Furcht vor den Göttern, Befreiung von Todesfurcht und Anleitung zum Seelenfrieden; alles dies im Rahmen einer atomistischen Kosmologie und einer Kulturentstehungstheorie.

Die Epikureer nannten ihre Logik Kanonik, weil sie Normen *(kanones)* der Erkenntnis und Maßstäbe der Wahrheit *(kriteria)* geben soll. Kriterien sind Wahrnehmungen, Begriffe *(prolépseis)* und Gefühle. Alle Wahrnehmungen sind als solche wahr. Begriffe sind Erinnerungsbilder früherer Wahrnehmungen. Die aus der Verbindung von Wahrnehmungen und Begriffen gebildeten Meinungen können wahr oder falsch sein, je nachdem, ob sie durch weitere Wahrnehmungen bestätigt oder widerlegt werden. Lust und Schmerz sind Kriterien dessen, was zu erstreben oder zu meiden ist. Die Epikureer huldigen somit auf erkenntnistheoretischem Gebiet einem ausgeprägten Sensualismus. Dialektik erübrigt sich nach Ansicht Epikurs, ebenso eine Logik im Sinne von Definitionen, Syllogismen und Beweisen, da sie nichts ergeben, was über das Feld der Wahrnehmungen hinausreicht. Epikur schätzte dagegen die Induktion, ohne davon jedoch eine Theorie zu liefern. In der Sprachphilosophie entschied er sich für die natürliche Entstehung der Sprache, Rhetorik hielt er, wie Dialektik und Logik im engeren Sinn, für entbehrlich.

Ebenso einfach, fast primitiv, erscheint die Epikureische Naturphilosophie, hat doch die Physik nur als Stütze der Ethik eine Bedeutung. Sowenig die Welt ein Werk der Götter ist, lebt die Seele nach dem Tod fort. Nichts entsteht aus dem Nichts oder vergeht in dieses. Das Weltgeschehen ist endlos und hat nur natürliche Ursachen. Neben dem leeren Raum existieren Atome, die sich nach Gestalt, Größe und Gewicht unterscheiden. Durch zufällige Abweichungen einzelner Atome aus ihren senkrechten Fallinien entstanden Kollisionen, Verflechtungen und Wirbel. So kam es zur Weltbildung, aber es gibt zahllose Welten. Zwischen den Welten leben die Götter und führen ein ewig ruhiges Dasein, ohne sich um den Lauf der Welten zu kümmern, also ein epikureeisches Dasein. Tiere und Menschen sind Produkte der Erde. Die menschliche Kultur schreitet vom Primitiven zum Höheren fort. Die luft- oder feuerartigen feinen Seelenatome breiten sich durch die gröbere Körpermasse aus, und die Vernunft hat ihren Sitz in der Brust. Die Sinneswahrnehmung beruht auf materiellen Bildern, die von der Oberfläche der Dinge abstrahlen. Der zufälligen Abweichung der senkrecht fallenden Atome verdankt der menschliche Wille seine Freiheit.

Über die Schwächen und Widersprüche der Theorie läßt sich manches sagen. Besonders auffällig ist der Widerspruch zwischen deterministischer Naturphilosophie und indeterministischer Ethik. Er beruht auf der Kontamination heterogener Lehrmeinungen. Paradox wirkt daher die erbitterte Polemik der Epikureer gegen den Fatalismus der Stoiker. Die Epikureer vertreten eine Individualethik. Ihr höchstes Ziel ist die Glückseligkeit, die, im Anschluß an die Kyrenaiker, mit der Lust gleichgesetzt wird. Von den Begierden sind nach Epikur einige natürlich und notwendig, andere zwar natürlich, aber nicht notwendig, andere wiederum weder natürlich noch notwendig. Nicht jede Lust ist also zu erstreben, nicht jeder Schmerz zu fliehen. Letztlich entscheidet der Lustkalkül, der das Übergewicht der Lust oder des Schmerzes feststellt. Richtige Einsicht in das Verhältnis von Lüsten und Schmerzen ist die Haupttugend. Aus ihr ergeben sich alle übrigen Tugenden. Die Tugend, das ist die Einsicht, führt zur Glückseligkeit. Der Weise besitzt sie. Am öffentlichen Leben beteiligt er sich nicht, da es die innere Ruhe stört. Das Recht ist ein zur Verhütung gegenseitiger Schädigung geschlossener Vertrag. Die Aufforderung »Lebe im Verborgenen!« wurde zum Leitmotiv epikureischer Lebensführung, die auf Privatisierung der zwischenmenschlichen Beziehungen, Pflege der Freundschaft und stillen Lebensgenuß abzielt.

4.4.7 Skeptiker, Eklektiker

Hatten Stoiker und Epikureer vorsokratische und sokratische Positionen zu verbinden gesucht und waren dabei zu mehr oder weniger konsistenten Systemen von entgegengesetzten Dogmen gelangt, so suchten die Skeptiker diese Extreme durch völlige Ablehnung zu überwinden, also nicht etwa, wie die Eklektiker, von beiden Positionen das ihnen Passende zu übernehmen. Die Skeptiker vertraten also eher die Position Weder-noch, die Eklektiker die des Sowohl-als-auch. Die Vierheit der großen Grundpositionen ist also strikt logisch ableitbar.

Der geistesgeschichtliche Ursprung der Skepsis führt also,

nicht anders als bei Stoikern und Epikureern, teils auf vorsokratische, teils auf sokratische, außerdem auf sophistische Elemente zurück. Von den Sophisten übernahmen die Skeptiker die Annahme gleich wahrer entgegengesetzter Behauptungen. Den Sokratischen Satz: »Ich weiß, daß ich nichts weiß« radikalisierten sie, indem sie auch das Wissen des Nichtwissens anzweifelten, womit sich der konsequente Skeptizismus, im Gegensatz zum sokratischen Ansatz, der mäeutisch war und Weiterbildungen nach Art Platons oder des Aristoteles zuließ, ja sogar provozierte, selbst aufhob. In gewisser Weise bedeutet der Pyrrhonische Skeptizismus einen Rückfall in den vorsokratisch-sophistischen Relativismus bzw. Skeptizismus. Anstelle des sophistischen Gegensatzes von Gesetz und Natur trat bei den nachsokratischen Skeptikern[34] der Gegensatz Gesetz und Gewöhnung, somit ein perfekter Konventionalismus. Wenn jede These ebenso wahr bzw. ebenso falsch *(oudén mallon)* ist wie die Gegenthese und die Wahrheit der Dinge durch die Erkenntnis unerfaßbar *(akatáleptos)* ist, bleibt dem Skeptiker nur die Enthaltung *(epoché)* des Urteils übrig: er stellt erst gar keine Thesen auf, behauptet nichts, enthält sich der Stimme und beschränkt sich auf Überlegung und Prüfung der Behauptungen. Der Enthaltsamkeit des Urteils folgt wie ein Schatten die Unerschütterlichkeit *(ataraxía)* im praktischen Leben. Die Skeptiker erstreben, wie die Stoiker, eine Art Meeresstille der Seele, innere Ruhe und inneren Frieden, Gleichmut gegenüber allem Äußeren, das ihnen als gleichgültig *(adiáphoron)* erscheint. Tugend besteht in der Zurückhaltung des Urteilens und Begehrens. Wer glückselig werden will, muß zur Einsicht kommen, wie die Dinge sind, wie wir uns zu ihnen zu verhalten haben und welcher Erfolg aus unserem Verhalten resultiert. Die Dinge, so urteilt der Skeptiker, sind unbeurteilbar, da Wahrnehmungen und Vorstellungen keine sichere Erkenntnis liefern. Der Nichtaussage oder Sprachlosigkeit *(aphasía)* entspricht die Nichtentscheidung. Da wir aber dennoch handeln müssen, bleibt uns – nach Auffassung der akademischen Skeptiker – als Norm für das Handeln nur die Wohlbegründetheit *(to eulogon)* und die Wahrscheinlichkeit, die Glaubwürdigkeit *(pithanótes)*.

Pyrrhon von Elis soll, zusammen mit dem Demokriteer

[34] Vertreter der jüngeren Skepsis sind Ainesidemos und Sextus Empirikus (2. Jahrh. n. Chr.). Sie knüpfen an Lehren des Pyrrhon und Timon von Phlius (320–230) an. Das Bündnis von Erfahrung und Skepsis weist in die Neuzeit voraus.

Anaxarchos am Feldzug Alexanders teilgenommen haben. Er folgte seiner eigenen Theorie und verfaßte, wie Sokrates, keine Schriften. Timon von Phlius (320–230), der bei dem Megariker Stilpon (380-300) studiert hatte, machte sich in seinen Spottgedichten (Silloi) über die griechischen Philosophen lustig, die er, mit Ausnahme von Xenophanes und Pyrrhon, Schwätzer nannte. An sich selbst legten weder er noch die folgenden Skeptiker so strenge Maßstäbe an, so daß zwischen Skeptikern und Akademikern kaum mehr zu unterscheiden ist, sofern auch bei diesen die sokratischen Verhaltensweisen des Nichtwissens und Nichtschreibens nicht in Vergessenheit geraten waren. Die Leiter der mittleren und der neueren Akademie, Arkesilaos (315–241) und Karneades (214–129) kann man als Skeptiker bezeichnen. Karneades wurde durch seine Lehre von der Wahrscheinlichkeit berühmt. Später kehrten die Akademiker dann wieder zum Dogmatismus zurück und näherten sich der Stoa. Antiochos von Askalon (2. Jahrh. v. Chr.) zog den Schluß des Eklektikers daraus, daß Akademie, Peripatos und Stoa in allem Wesentlichen einig seien. Die jüngere Skepsis (1. Jahrh. v. bis 2. Jahrh. n. Chr.) knüpft an ältere Lehrmeinungen an. Bekannt wurden vor allem Ainesidemos aus Knosos, der in Alexandria lehrte, und (der Arzt) Sextos (2. Jahrh. n. Chr.) der Empiriker, dessen teilweise erhaltenen Schriften uns die meisten Informationen über die Skeptiker liefern. Die jüngeren Skeptiker systematisierten ihre Argumente für den Zweifel in zehn, fünf oder zwei Tropen (Wendungen), deren Grundgedanke relativistischer Natur ist und seine Kraft aus der Erfahrungstatsache gewinnt, daß Beweisgänge letztendlich entweder in einem Regreß enden oder auf einen Zirkel hinauslaufen. Akzeptiert man die Tropen der Skeptiker, entfällt jede Möglichkeit einer syllogistischen Beweisführung, ebenso jede Erklärung nach dem Schema Ursache und Wirkung.

In der Neuzeit setzte David Hume die skeptische Tradition der Antike fort. Der Skeptiker orientiert sich in Fragen des Handelns am praktischen Verhalten im gewöhnlichen Leben: Befolgung dessen, was Wahrnehmung und Denken fordern, Befriedigung natürlicher Triebe, Pflege von Sitte und Gesetz, Beachtung der wissenschaftlichen Erkenntnis, ohne Anschluß an bestimmte Theorien. Im Vergleich zur akademischen Skepsis war die Pyrrhonische radikaler und überdies am Ideal der Ataraxie orientiert.

4.4.8 Kyniker

Neben den Skeptikern setzten auch die Kyniker ihre alten sokratischen Traditionen fort. Sie erfanden die literarische Form der »Diatribe«, die sich sowohl zur Darstellung ernstgemeinter philosophischer Untersuchungen eignete als auch zu populärem, pikantem und polemischem Gebrauch. Menippos von Gadara (3. Jahrh. v. Chr.) bediente sich wirkungsvoll der Satire, andere bevorzugten die Briefform. Die asketische Lebensauffassung der Kyniker, ihre »Ponosfreudigkeit« – ihre Vorliebe für Anstrengung – verwandelte sich unter dem Einfluß kyrenäisch-epikureischer Denkweise in einen milden Hedonismus, der sich kaum noch von den Anschauungen anderer Sekten unterscheiden läßt. Ähnliches gilt für die stoisch-kynische Apathie. Dion Chrysostomos (um 40 n. Chr.) stammte aus einer vornehmen Familie der bithynischen Stadt Prusa. Er interessierte sich auch für gesellschaftspolitische Fragen, wurde wegen seiner Freundschaft zu einem »Verdächtigen« von Kaiser Domitian verbannt (82), später wieder begnadigt und führte ein unstetes, kynisches Wanderleben, oft von Armut und Not geplagt. Seine Diatriben ähneln stellenweise Predigten, haben einen religiösen Einschlag – Gottverwandtschaft des Menschen –, gehen auch ästhetischen Fragen nicht aus dem Weg und streifen gelegentlich das Idyllische. Die späten Kyniker entdeckten Sokrates wieder und mit ihm die Ideale der Bedürfnislosigkeit, Unabhängigkeit und Freiheit, aber auch allgemeine Züge hellenistischen Denkens wie Neigung zum gesunden Menschenverstand, Pflege der Freundschaft, Erhabenheit über Glück und Unglück. Ihren besonderen Ausdruck fand diese Haltung in der (nicht nur stoischen) Legitimation des Selbstmords.

4.4.9 Peripatetiker

Der eigentliche Wettkampf um die Führung im Zeitalter der hellenistischen Philosophie fand weder zwischen Stoikern und Epikureern statt noch zwischen Skeptikern und Eklektikern, auch nicht zwischen jüdisch-christlichem und griechischem Denken, sondern zwischen Aristotelikern und Peripatetikern und Platonikern oder Akademikern, wobei der Platonismus sich nicht mit der Philosophie im Umkreis der Platonischen Akademie deckt. Den Sieg errang letztlich der Neuplatonismus. Das dürfte einmal seinen Grund in der Offenheit des Platonismus für die mystischen Komponenten der hellenistischen Philosophie haben, sodann auch in der Überlegenheit Platonischen Philosophierens an sich, in der sich Kunst und Wissenschaft, Mythos und Logos, Religion und Philosophie die Waage halten.

Von den älteren Peripatetikern wurden Theophrast und Aristoxenos schon genannt. Außerdem sind noch Eudemos, Dikaiarchos, Klearchos und Demetrios zu erwähnen. Theophrast erwarb Grundstück und Gebäude zur weiteren Pflege der Aristotelischen Philosophie, so daß der Peripatos fortan auch äußerlich mit der Akademie konkurrieren konnte.

Über das Leben des Eudemos ist kaum etwas bekannt. Er befaßte sich mit Problemen der Sprach- und Naturphilosophie, hielt sich enger als Theophrast an Aristoteles, verfaßte eine Geschichte der mathematischen und astronomischen Lehren und neigte der spiritualistisch-platonischen Denkweise zu, während Theophrast mehr zur physikalischen Betrachtungsweise tendierte, wenn er auch an der Lehre von der Unsterblichkeit des Geistes festhielt, den Geist jedoch nicht, wie Aristoteles, von außen in die Seele hineinkommen, sondern mit der Geburt entstehen ließ. Gegen die Stoiker hielt Theophrast an der These von der Ewigkeit der Welt fest, verstand die Denktätigkeit, im Gegensatz zu Aristoteles, als Bewegung, behauptete, wie Aristoteles, den Vorrang des dem Erkennen gewidmeten Lebens *(bios theoretikós)*, hielt äußere Güter, zusätzlich zur Tugend, für noch wichtiger als Aristoteles, bekämpfte in seiner Schrift ›Über Frömmigkeit‹ Tieropfer aus dem Glauben an die Gemeinschaft *(oikeiótes)* aller Lebewesen. Theophrast lieferte bedeutende Beiträge zur Naturkunde, vor allem der Botanik, arbeitete an einer Geschichte der Wissenschaften und erweiterte auf dem Gebiet der Ethik die Aristotelische Typenlehre in seiner Schrift ›Charaktere‹. Seine Darstellung der physikalischen Lehren früherer Philosophen bildet die Hauptquelle für die spätere doxographische Literatur. Der Musiktheoretiker Aristoxenos von Tarent erneuerte die von Platon verworfene Deutung der Seele als Harmonie und verfaßte neben Philosophen-Viten auch ›Elemente der Harmonie‹. Aristoxenos verband Pythagoreisches mit Platonischem wie Aristotelischem. Dikaiarchos aus Messene in Sizilien gab dem praktischen Leben den Vorrang vor dem theoretischen, verfaßte eine Art Kulturgeschichte Griechenlands *(bios Hellados)* und erkannte auch, daß die gemischte Verfassung am reinsten in Sparta verwirklicht war. Demetrios von Phaleron (345–283), ein Schüler Theophrasts, bewies als Staatsmann, daß Philosophen auch auf praktischem Gebiet Beachtliches leisten können. Seine philosophischen Schriften übertrafen an Zahl und Umfang die der übrigen Peripatetiker seiner Zeit.

Mit Straton von Lampsakos (um 300), dem »Physiker«, setzte sich die realistische Ausrichtung des Peripatos im Sinne Theophrasts bis hin zum Naturalismus und an die Grenze des Materialismus fort. Hatten frühere Peripatetiker pythagoreische, platonische und stoische Elemente in ihre Konzepte einbezogen, so näherte sich Straton den Lehren Demokrits, mit dem er einen (innerweltlichen) leeren Raum annahm, gegen den er aber die Auffassung von der unendlichen Teilbarkeit der Elemente vertrat. Die Welt erscheint ihm weniger als Werk Gottes denn als Produkt der Natur. Zwischen Wahrnehmung und Denken besteht eine Art Wechselwirkung. Ohne Wahrnehmung können wir nichts denken. Wahrnehmungen und Affekte sind Bewegungen der Seele. Den Sitz der Seele verlegte er zwischen die Augenbrauen. Straton neigte mehr zu fachwissenschaftlicher Gelehrsamkeit als zu metaphysischen Spekulationen. Sein Einfluß auf naturwissenschaftliche Disziplinen der alexandrinischen Zeit war groß, unter anderem auf den Arzt Erasistratos, den Mechaniker Heron und den Astronomen Aristarchos von Samos, den Begründer der heliozentrischen Weltbetrachtung[35].

Auch für die letzte Phase der peripatetischen Philosophie war der »Stratonismus« charakteristisch. Mit Andronikos von Rhodos, dem Herausgeber der Aristotelischen Schriften, begann die Reihe der Aristoteles-Kommentatoren, deren berühmtester Alexander von Aphrodisias (um 200 n. Chr.) wurde. Die Neigung zum Eklektizismus, vor allem platonischer und stoischer Elemente geht weiter, wenn auch die Aristotelische Philosophie dogmatischer und konservativer als die Platonische bleibt.

Im Gegensatz zur Platonischen fehlt der peripatetischen Philosophie die mystische Komponente fast völlig bei gleichzeitigem Überwiegen der gelehrten Forschung. Der konservative

[35] Der Geograph und Astronom Klaudius Ptolemaios und der Arzt Galenos (2. Jahrh. n. Chr.) zählen zu den Eklektikern mit peripatetischer Grundorientierung.

Charakter des Aristotelismus weist in Richtung Mittelalter (Thomismus) und Neuzeit (Neuthomismus) voraus.

4.4.10 Akademiker

Zur älteren Akademie gehörten außer den bereits beiläufig Erwähnten: Speusippos, Xenokrates, Philippos von Opus und Eudoxos von Knidos noch Polemon (um 310), Krates (um 300), Herakleides Pontikos (um 360) und Krantor (um 310). Die Nachfolger Platons hielten sich einerseits an gewisse Grundauffassungen ihres Meisters, andererseits korrigierten sie dessen Einseitigkeiten. Sie setzten die pythagoreisierende Tendenz Platons in seinen Altersjahren fort (Speusippos) und suchten wieder den Anschluß an den von Platon ignorierten Demokrit (Herakleides Pontikos). Wohl nicht zufällig waren Pythagoras und Demokrit die Schöpfer der beiden anderen überzeitlichen Denkmodelle (Zahlen, Atome), wobei die Atome den platonischen Ideen diametral gegenüber-, die Zahlen den Ideen näherstehen. In dem Verhalten der alten Akademiker steckt also eine immanente Logik. Herakleides lehrte übrigens die Achsendrehung der Erde und war damit seinem Zeitalter weit voraus. Bei Xenokrates tritt die Tendenz zum Systematisieren besonders hervor sowie die Neigung, Mathematik und Astronomie mit Theologie zu verbinden: die (männliche) Einheit ist der Himmel, Zeus, die Gestirne sind die olympischen Götter und unterhalb des Mondes herrschen (gute und böse) Dämonen.

Eudoxos ersetzte die Platonische »Teilhabe« der Dinge an den Ideen durch ein Verhältnis der »Mischung«. In der Ethik milderte er den Platonischen Rigorismus und akzeptierte, im Gegensatz zu Platon und Aristoteles, die Lust als höchstes Gut. In seiner berühmten Trostschrift ›Über den Kummer‹ stellte Krantor der kynisch-stoischen Apathie die Mäßigung der Affekte, die Metriopathie entgegen, ähnlich Polemon und Krates. Ein anderer Akademiker, Chion aus Herakleia am Pontos, befreite seine Vaterstadt von einem dort herrschenden Tyrannen.

Von der skeptischen Ausrichtung der mittleren Akademie[36]

[36] Zur Unterscheidung von Akademikern und Platonikern vgl. J. Glucker, Autiochus and the Late Academy. Göttingen 1978.

war bereits die Rede. Die pythagoreisierende Tendenz der alten Akademie kehrt im Neuplatonismus wieder, der, dank seiner enormen Integrationskraft, nicht nur fast alle Elemente griechischer Philosophie verknüpfte (Ausnahmen: Demokrit, Epikureer), sondern auch die jüdische Philosophie, wie den Neupythagoreismus, einbezog. Die führenden Persönlichkeiten dieser Entwicklung waren: der Jude Philon (geb. um 25 v. Chr.), Plutarch von Chaironeia (geb. 45 n. Chr.), als Vertreter des mittleren Platonismus, und Plotin (203–269 n. Chr.) als Vertreter des Neuplatonismus.

4.4.11 Neupythagoreer

Der alte Pythagoreismus war im 4. Jahrhundert v. Chr. erloschen. Im 1. Jahrhundert v. Chr. erlebte er eine Art Renaissance, wobei sich altpythagoreische Zahlenspekulation mit platonischem Dualismus oder stoischem Monismus verband, die mystische Komponente (hermetische Literatur, chaldäische Orakel) dagegen mit dem Offenbarungsglauben. Die neupythagoreischen Philosophen haben etwas Schamanenhaftes: Nigidius Figulus (1. Jahrh. v. Chr.), Apollonios von Tyana (1. Jahrh. n. Chr.) und Numenios aus Apameia (2. Jahrh. n. Chr.). Letzterer, ein direkter Vorläufer des Neuplatonismus, lehrte drei rangverschiedene Götter, den Geist (nous), den Schöpfer *(demiourgós)* und die Welt. In den teilweise mehr literarischen als philosophischen Werken der Neupythagoreer vermischen sich Formen und Inhalte in oft bizarrer Weise: Zahlentheologie (Nikomachos aus Gerasa, 2. Jahrh. n. Chr.), Orakelbücher, Heilslehren sowie Spruch- und Unterhaltungsliteratur. Eine ungemeine Bereicherung erfuhr der neuere Platonismus durch das Einströmen jüdischer und christlicher Vorstellungen. Numenios nannte Platon einen attisch redenden Moses. Theologie wird zur Theosophie, Theosophie bisweilen zur Theurgie.

4.4.12 Neuplatoniker

Philon stellte ein System der Theosophie auf, für das die Transzendenz Gottes charakteristisch ist. Gott existiert getrennt von der Welt, die sein Werk ist. Gott allein ist frei, alles Endliche unterliegt der Notwendigkeit. Die Einwirkung Gottes auf die Welt erfolgt durch Mittelwesen. Das oberste Mittelwesen ist der Logos, der Ort der Ideen. Der Logos durchdringt die sinnlich wahrnehmbare Welt als göttliche Vernunft, die sich in vielen Teilen als Geister, Engel, Dämonen, Seelen manifestiert. Der Logos ist die Idee der Ideen, weder geworden noch ungeworden. Er ist der erstgeborene Sohn Gottes und damit auch für den Menschen ein Gott. Der Logos ist der erste, die Welt der zweite Sohn Gottes. Der Logos vermittelt zwischen Gott und Welt und offenbart Gott in der Welt. Er hat sich den Juden zuerst offenbart. Von ihnen kam die Weisheit zu den Griechen. Alle Wissenschaften sind nur Propädeutik zur Gotteserkenntnis, zu der der (erleuchtete) Weise in der Ekstase gelangt. Die Aufgabe des Menschen ist nach Philon, wie bei Platon und den Pythagoreern, Verähnlichung mit Gott. Neu gegenüber der philosophischen Tradition der Griechen sind der Gedanke der Schöpfung aus dem Nichts und die Konzeption Gottes als eines Absoluten. Mit der griechischen Philosophie (Platon) stimmt die jüdische in der Annahme überein, daß Gott nicht für das Böse in der Welt verantwortlich ist. Philon verfaßte Schriften philosophischen Inhalts, meist Lesefrüchte aus seiner Jugendzeit, Erläuterungen zum Pentateuch, allegorische Interpretationen der Genesis sowie historisch-apologetische Schriften. In der Überordnung Gottes über die Idee des Guten meldet sich der Herrschaftsanspruch des jüdischen Monotheismus über nichtjüdisches Denken an.

Plutarch stammte, wie Philon, aus einer angesehenen Familie und übte, neben politischen Missionen, auch ein Priesteramt aus. Zunächst war er Redner, befaßte sich dann aber auch mit Mathematik, reiste viel innerhalb und außerhalb Griechenlands, wiederholt nach Rom, lehrte schließlich in kleinerem Kreis auch Philosophie und entwickelte eine fruchtbare literarische Tätigkeit. Seinen Hauptruhm errang Plutarch durch seine Parallelbiographien großer Männer in Griechenland und Rom, sodann durch seine ›Moralia‹, eine Sammlung kunstgeschichtlicher, naturwissenschaftlicher und medizinischer Arbeiten.

Plutarch befaßte sich auch mit tierpsychologischen Fragen. Die Breite seiner Interessen kam den eklektischen Tendenzen des Platonismus zugute. Philosophisch im engeren Sinn sind exegetische Schriften zu Platon, Streitschriften gegen Stoiker und Epikureer, ethisch-politische Schriften, ferner Arbeiten über Familienleben, Erziehung, Religion, Kunst sowie Trostschriften. Plutarch weiß so heterogene Bestandteile wie Skeptizismus und Mystizismus, Orthodoxie und Eklektizismus zu vereinen. An die Lehre des späten Platon von den beiden Weltseelen anknüpfend, gelangte er zu einem guten und einem bösen Urprinzip, also zu einem Dualismus. Da er auf einen möglichst reinen und einheitlichen Gottesbegriff Wert legte, mußte er, um das Böse zu erklären, die Dämonen als Zwischenwesen zwischen Gott und der Welt zulassen. Im Anschluß an die mittlere Stoa unterscheidet Plutarch drei Theologien: für Dichter, Philosophen und Gesetzgeber. Die erste ist anthropomorph und unwürdig, die zweite rational, aber unbrauchbar, die dritte zwar auch nicht wahr, aber nötig. Im Notfall arbeitet Plutarch mit der allegorischen Erklärung von Kulten und Mythen, von der er nicht selten Gebrauch macht. In seiner Kosmologie zeichnet sich ein Pluralismus ab, in der Psychologie akzeptiert er den Unsterblichkeitsglauben und in der Ethik sucht er nach Kompromissen zwischen akademisch-peripatetischen und stoischen Lehren: Metriopathie, aber Kosmopolitismus und Billigung des Selbstmords.

Im Neuplatonismus lassen sich drei Strömungen unterscheiden: die von Plotin gepflegte metaphysische (Rom, dann Syrien und Athen), die religiöse (Pergamon) und die »wissenschaftliche« (Alexandria). Der Neuplatonismus erfaßt also, wie der Machtbereich Alexanders, drei Kontinente und verwirklicht damit die hellenistische Welterschließung durch die hellenische Kultur. Zu den genannten Gruppen gehörten namhafte Gelehrte, die sich als Exegeten, Interpreten oder Kommentatoren Platonischer und Aristotelischer Texte einen Namen gemacht haben, aber auch teilweise durch eigene Schriften.

Der eigentliche Begründer des Neuplatonismus war nicht Plotin, sondern Ammonios Sakkas (175–242), der, in christlichem Glauben erzogen, zur Religion der Hellenen zurückkehrte. Von ihm hat Plotin gelernt. Zum ältesten Kreis gehörten ferner Origenes der Platoniker und Origenes der Christ sowie Herennios und Longinos. Eine exegetische Schrift des Herennios zum Thema Metaphysik läßt einen folgenschweren Wandel der Begriffe erkennen. Aus der Aristotelischen Kategorialanalyse von allgemeinsten Begriffen, die über den Bereich der Physik hinausgehen, wird eine mystische, »übernatürliche« Disziplin. Longinos, mehr Gelehrter und Rhetor als Metaphysiker, hielt, im Gegensatz zu Plotin, an der Platonischen Trennung von nous und Ideen fest.

Plotin wurde 203 in Ägypten geboren. Über Eltern, Vaterstadt und Geburtszeit wollte er nicht sprechen, angeblich, weil er sich schämte, in einem Körper zu stecken (Porphyrios). 244 kam er nach Rom, gewann die Gunst des Kaisers Gallienus und seiner Gemahlin, die sich für die Philosophie interessierten. Aus Plotins Plänen, in Kampanien eine Philosophenstadt zu gründen, wurde wohl infolge von Intrigen nichts. Er starb 269 auf dem Gut eines Freundes in Kampanien. Porphyrios (232–304) gab die 54 Schriften Plotins in sechs Gruppen zu je neun (›Enneaden‹) heraus. Plotin hatte erst mit 50 Jahren angefangen, seine Philosophie schriftlich darzustellen. Er hatte so ziemlich die gesamte griechische Philosophie präsent, war aber nicht nur ein ausgezeichneter Kenner der Materie, sondern auch ein spekulatives Genie. In der Renaissance gab Marsilius Ficinus die Werke Plotins in lateinischer Sprache heraus (1492).

Plotin folgt Platon in der Unterscheidung einer sinnlich wahrnehmbaren *(aisthetá)* und einer geistig erfaßbaren *(noëtá)* Welt. Im Unterschied zu Platon zerlegt er den übersinnlichen Bereich in Hypostasen und leitet die Sinnenwelt aus der geistigen her. Die höchste Hypostase ist fast nur negativ zu umschreiben. Positiv ist sie das Eine und das Gute. Die nächste Hypostase ist der Geist, eine Ausstrahlung des Einen. Im Geist scheiden sich Denkendes und Gedachtes, Subjekt und Objekt. Die unterste Stufe des Geistigen bildet die Seele, welche die wahrnehmbare Welt schafft und in eine obere und eine untere Seele zerfällt. Die eine tendiert zum Geist, die andere zur »Natur«, deren Substrat die Materie ist. Das Eine und die Materie sind die Endpunkte einer Linie, an deren Anfang die Lichtquelle steht und an deren Ende die Dunkelheit herrscht. Die Materie ist das Nichtseiende, dieses ein Produkt des Seienden. Plotin sucht also platonischen Dualismus und stoischen Monismus zu verbinden. Die Ideen wirken im nous als Kräfte und bewirken die Erzeugung des Seienden aus dem Einen (Emanation).

Hauptziel der Plotinischen Ethik ist die Befreiung der Seele aus den Fesseln des körperlichen Seins oder die Verähnlichung mit Gott. Höchstes Ziel ist die unmittelbare Anschauung des Urwesens, das Einswerden mit ihm in der Ekstase.

Bemerkenswert ist Plotins Auffassung, nach der es von jedem Einzelwesen eine Idee gibt. Neben den Begriffen Subjekt und Objekt profiliert sich auch der Begriff des Individuums. Nach Plotin ist es richtiger zu sagen: Der Leib ist in der Seele, als: Die Seele ist im Leib. Die Seele durchdringt den Körper wie Feuer die Luft. Entsprechend ist die Seele im Geist. In seiner Abhandlung ›Über die Vorsehung‹ gibt Plotin die ausführlichste Rechtfertigung Gottes im Hinblick auf die Übel der Welt (Theodizee), die das Altertum hervorgebracht hat.

Im praktischen Leben bedarf es der Umkehr der Seele, die nach ihrem Abfall vom Guten, Wahren und Schönen ihre Freiheit verloren hat. In der Tugendlehre schließt sich Plotin an die vier platonischen Grundtugenden an: Tapferkeit, Besonnenheit, Gerechtigkeit und Weisheit, gibt diesen Tugenden aber ein doppeltes Wirkungsfeld, einmal als politische Tugenden im praktischen Leben, sodann als kathartische Tugenden im individuellen Seelenleben. Offensichtlich versuchte Plotin die Aristotelische Konzeption von dianoëtischen und ethischen Tugenden mit der Platonischen Einteilung zu kombinieren.

Porphyrios eröffnet die Reihe der neuplatonischen Kommentatoren, widmet sich aber den Werken des Aristoteles nicht weniger, vor allem dessen logischen Schriften. Die ›Eisagoge‹ (Einführung) des Porphyrios in die Logik des Aristoteles, worin er die fünf Grundbegriffe: Gattung, Art, Unterschied, Spezifisches und Mitgehendes erörtert, wurde zu einem Standardwerk nicht nur des späten Altertums, sondern auch des Mittelalters, im orientalischen wie im abendländischen Bereich. Die Vita des Pythagoras, ein Teil der Philosophiegeschichte des Porphyrios, ist erhalten. Bedeutend ist ferner seine Schrift gegen die Christen, worin er besonders die Gottheit Jesu bestreitet, eine Vorläuferin moderner Bibelkritik. In der Ethik erweitert Porphyrios die Tugendlehre Plotins und unterscheidet vier Aspekte, in denen die vier Grundtugenden erscheinen: als politische und kathartische (wie Plotin), dann als zum Geist tendierende und paradigmatische oder rein geistige. Letztere verhalten sich zu den übrigen wie Urbilder zu Abbildern. Mantik (Wahrsagerei) und Theurgie (Beschwörung der Götter) schätzte Porphyrios gering. Er empfahl vegetarische Nahrung. Der Hauptvertreter des syrischen Neuplatonismus, Iamblichos aus Chalkis in Koilesyrien (um 300), arbeitete das Plotinische System im Anschluß an Porphyrios weiter aus, erfand neue Hypostasen im metaphysischen Bereich, zerlegte die Begriffe bis zur Haarspalterei, ordnete der Welt die Seelen der Götter, Engel, Dämonen und Heroen in einem hierarchisch-phantastischen System zu. Synkretismus mischt sich bei Iamblichos mit Scholastizismus, Systematik mit Schematismus, mystische Religiosität mit allegorisierendem Rationalismus. Dahinter steht das Bestreben, möglichst alle Bestandteile sowohl der griechischen als auch der orientalischen Philosophie und Religion in der Hypostasenordnung unterzubringen. Iamblichos schrieb Kommentare zu Platon und Aristoteles und befaßte sich ausführlich mit den Pythagoreern. Für die Exegese der Platonischen Dialoge setzte er Normen und erfand eine Methode, die das Proömium mit den Hauptteilen des Dialogs nach Zielvorstellungen zu einem Ganzen verbinden und damit eine einheitliche Interpretation ermöglichen sollte.

Aidesios, ein Schüler Iamblichs, verpflanzte den syrischen Neuplatonismus nach Pergamon. Hier tritt die Gelehrtentätigkeit völlig in den Hintergrund zugunsten von Mystik, Theologie, Theosophie und Theurgie, einer magischen Praxis mit den Zielen, auf die übersinnliche Welt einzuwirken und den Polytheismus wiederherzustellen. In diametralem Gegensatz zu Pergamon stand der Platonismus in Alexandria, wo nicht Mystik, Ekstase und Theurgie überwogen, sondern Gelehrsamkeit, Exegese und Erkenntnisstreben. Zwischen den alexandrinischen und den athenischen Neuplatonikern bestanden ähnlich enge Beziehungen wie zwischen denen von Syrien und Pergamon. Allerdings waren die Alexandriner wesentlich nüchterner als die zum Enthusiasmus und zu metaphysischen Spekulationen neigenden Athener. Außerdem trug die in Alexandria gegründete Katechetenschule zur Christianisierung der dortigen Philosophie bei, so daß christlicher Offenbarungsglaube dem Mangel der Alexandriner an Metaphysik abhelfen konnte. Die Weichenstellung der alexandrinischen Platoniker zugunsten von Aristoteles hatte für die mittelalterliche Philosophie weitreichende Folgen. Mit der Berufung des Neuplatonikers Stephanos an die »Universität« in Konstantinopel im 7. Jahrhundert gelangte hellenisch-alexandrinische Tradition in das christlich-byzantinische Ostreich.

Ein für die Christen weniger erfreuliches Kapitel ihrer Expansion in Alexandria war die grausame Ermordung der Philosophin Hypatia durch fanatische, vermutlich von ihrem Bischof aufgewiegelte Christen. Hypatia war nicht nur schön und gebildet, sondern auch wissenschaftlich und philosophisch kreativ. Sie arbeitete auf den Forschungsgebieten ihres Vaters Theon weiter und verfaßte Schriften mathematischen und astronomischen Inhalts. Ihr Schüler war der 411 zum Bischof von Ptolemais gewählte Synesios von Kyrene.

Der Neuplatoniker Hierokles von Alexandria gab ein Beispiel für die engen Beziehungen zwischen seiner Vaterstadt und Athen. Er lehrte in der dortigen Platonischen Schule und schrieb einen Kommentar zum neupythagoreischen ›Goldenen Gedicht‹. Seine Philosophie zeigt, daß man Eklektiker und doch Systematiker sein kann. Originell ist seine Umdeutung des Platonischen Demiurgen im jüdischen Sinn, sofern er die Welt aus dem Nichts schafft. Christlicher Einfluß zeigt sich in seiner Umdeutung der stoischen *heimarmene*, der starren Vorsehung in eine nach den Prinzipien von Gerechtigkeit und Vergeltung agierende göttliche Vorsehung, mit dem Ziel, Moral und Wissen der Menschen zu fördern. Gebete hielt er für überflüssig, da sie die Freiheit Gottes einschränkten.

In dem Aristoteliker Iohannes Philoponos, der sich zum Christentum bekannte, wird der Einfluß christlicher Vorstellungen auf die Philosophie noch deutlicher. Philoponos führt Platons Mythos von der Weltschöpfung auf den prosaischen Schöpfungsbericht zurück.

Zu den Neuplatonikern des lateinischen Westens zählt eine Reihe von Denkern, die Griechisches, Römisches und Christliches verschmolzen und nur noch wenig mit den athenischen Neuplatonikern gemeinsam haben. Im Gegensatz zu diesen ziehen sie die Logik der Metaphysik vor, beschränken sich auf das Übersetzen und Kommentieren Platonischer und Aristotelischer Schriften unter Einarbeitung der lateinischen philosophischen Literatur. Auch sie schlagen somit eine Brücke vom hellenistisch-römischen Altertum zum christlichen Mittelalter.

Abschließend ist noch der Ort zu erwähnen, an dem die hellenische Philosophie im engeren Sinne entstand: Athen. Die athenischen Neuplatoniker schlossen in Exegese, Systematik und Methodik an Iamblichos an. Ihren Höhepunkt erreicht die Richtung in Proklos (410–485), »dem großen Scholastiker der Antike«.

Nach Proklos vollzieht sich die Entwicklung des Einen in drei Stadien der Hypostasenbildung: Verharren des Untergeordneten im Übergeordneten, Hervortreten aus ihm und Rückkehr zu ihm. Zwischen dem Einen und dem Intelligiblen stehen die Henaden oder Gottheiten. Zwischen dem Intelligiblen und dem Intellektuellen steht das Intelligibel-Intellektuelle. Proklos perfektioniert die Begriffsspalterei des Iamblichos und sucht noch mehr Bestandteile traditioneller Religion und Philosophie in ein System zu zwängen. Kein Wunder, daß sich mit diesem Trieb nach Übersichtlichkeit bis in alle Einzelheiten ein Hang zum Irrationalismus verbindet, der bei Proklos nicht nur in dem Glauben an die Unbegreiflichkeit des Einen (wie bei Plotin) erkennbar wird, sondern auch in der (naheliegenden) Behauptung von der Unbegreiflichkeit seiner Deduktionen. Am Ende hebt sich also die klare Rationalität hellenischen Denkens selbst auf und fordert geradezu etwas Neues, Meta-Rationales, den Glauben. Das Christentum hat diese »Marktlücke« erkannt und für sich genutzt.

Wichtiger als die Hypostasen des Proklos zu den Hypostasen des Iamblichos oder Plotins sind die zum Teil sehr guten Kommentare zu Platonischen und Aristotelischen Schriften. Platon und Aristoteles heben sich am Ende auch hier als die zentralen Gestalten hellenischer Philosophie klar und deutlich ab.

Außer Proklos sind, neben vielen Unbedeutenderen, die Kommentatoren Syrianos, Simplikios und Damaskios zu nennen. Proklos selbst kommentierte Platons ›Timaios‹, ›Politeia‹, ›Parmenides‹ und ›Kratylos‹. Drei systematische Schriften des Proklos über Platons Theologie, Vorsehung, Schicksal und die Übel in der Welt liegen teilweise in lateinischen Übersetzungen des mittelalterlichen Dominikaners Wilhelm von Moerbeke (1215–1286?) vor. Proklos nahm bereits einige Grundgedanken der ›Theodizee‹ von G. W. Leibniz vorweg, so die Annahme, daß die nun einmal nicht zu leugnenden Übel dieser Welt wieder einem guten Zweck dienen und zur Vollkommenheit des Ganzen gehören. Die Annahme, daß Gott nicht für die Übel der Welt verantwortlich ist, teilen Proklos und Leibniz mit Platon. Mit letzterem nimmt Proklos an, daß Gleiches durch Gleiches erkannt wird, und schließt daraus, daß das übervernünftige Eine nicht mit menschlicher Vernunft zu erfassen ist. Es muß also noch ein über der Vernunft befindliches Seelenvermögen geben, das die Erfassung des Absoluten (in der Ekstase) ermöglicht.

Proklos schaute das übervernünftige Seelenvermögen in einem ätherischen Lichtleib, der zwischen Materialität und Immaterialität wirksam wird. Durch eine entsprechende Weiterbildung Platonischer Lehren des ›Phaidros‹ gelangte Proklos zu der Trias: Eros, Wahrheit, Glauben. Damit ist der Übergang von antiker (natürlicher) Weisheit zu christlichem (offenbartem) Glauben vorgezeichnet und auch die Metamorphose der vier hellenischen Kardinaltugenden, die in der Weisheit kulminieren, in die drei christlichen. Der Weg führt vom platonischen *eros* zur christlichen Liebe *(agape)*, von der Weisheit zum Glauben und von der antiken Orientierung am Diesseits und an der Gegenwart zur messianischen Erwartungshaltung, der Hoffnung auf ein seliges Leben im Jenseits oder (später) eine bessere Welt in dieser Welt. Platons Glaube an einen fähigen Philosophenkönig und jüdisch-christliche Messiashoffnung konvergieren in gewisser Weise und deuten auf die hierarchische Weltordnung des Mittelalters sowie die Revolutionen der Neuzeit voraus.

Als der christliche Kaiser Justinian 529 die »heidnische« Platonische Akademie schließen ließ, konnte er nicht ahnen, welch glanzvolle Wiederauferstehung ihr nach ungefähr 1000 Jahren in Florenz beschieden war, nachdem sein oströmisches Reich das Zeitliche gesegnet hatte, und noch weniger, daß Platons Akademie als Modell aller Universitäten der Welt die Weltreiche überleben sollte.

Mit Chosroës I. hatte 531 in Persien ein Freund griechischer Bildung und Philosophie den Königsthron bestiegen. An seinem Hof fanden Simplikios und Damaskios sowie fünf weitere Mitglieder der geschlossenen Platonischen Akademie Zuflucht. Im Friedensschluß mit dem oströmischen Reich (533) setzte der persische König unter anderem die Rückkehr der Griechen in ihre Heimat und die Gewährung von Glaubensfreiheit durch. Gegen die Perser hatten die Hellenen einst um ihre Freiheit kämpfen müssen, Perser waren es, die 1000 Jahre später vertriebenen griechischen Philosophen ihre Lehrfreiheit wiederschenkten.

Was die griechische Philosophie insgesamt und die hellenistische insbesondere betrifft, läßt sich die Folgerichtigkeit ihrer inneren Entwicklung nur staunend begreifen. Nach Art eines mathematischen Kalküls trieb ein Begriff, eine Formel, eine Position die andere mit unglaublicher Konsequenz und Präzision hervor. Am Ende kam ein Produkt dabei heraus, das zwar weder ein System bildet noch ein Wunder voraussetzt, wohl aber an Einheit in der Vielfalt, Ausgewogenheit und Schönheit in der Weltgeschichte, wie die griechische Kunst, ohnegleichen blieb.

Literaturhinweise

Abel, G.: Stoizismus und frühe Neuzeit. Berlin 1978.

Adomeit, K.: Antike Denker über den Staat. Heidelberg 1982.

Aldington, R.: A Book of Characters. New York 1924.

Alfieri, V. E.: Atomos idea. L'origine del concetto dell' atomo nel pensiero greco. Florenz 1953.

Allers, R.: Microcosmus from Anaximander to Paracelsus. In: Traditio 2 (1944).

Antweiler, A.: Der Begriff der Wissenschaft bei Aristoteles. Bonn 1936.

Apostle, H. G.: Aristotle's Philosophy of Mathematics. Chicago 1952.

Aristoteles: Opera. Hrsg. v. I. Bekker. 5 Bde, Berlin 1831–70, Repr., Darmstadt 1960.

Ders.: Werke. Hrsg. v. E. Grumach. Berlin 1956ff.

Ders.: Die Lehrschriften. Hrsg. v. P. Gohlke. Paderborn 1947ff.

Ders.: Metaphysik. Hrsg. v. F. F. Schwarz. Stuttgart 1974.

Ders.: Die Nikomachische Ethik. Hrsg. v. O. Gigon. 2. Aufl., München 1975.

Ders.: Poetik. Übers. v. M. Fuhrmann. München 1976.

Ders.: Politik. Übers. v. O. Gigon. München 1973.

Ders.: Rhetorik. Übers. v. F. G. Siereke. München 1980.

Ders.: Über die Seele. Übers. v. W. Theiler. Reinbek 1968.

Ders.: Vom Himmel. Von der Seele. Von der Dichtkunst. Übers. v. O. Gigon. Zürich 1950.

Ders.: Der Protreptikus. Hrsg. v. I. Düring. Frankfurt 1969.

Armstrong, A. H. u. R. A. Markus: Christian Faith and Greek Philosophy. London 1960.

Arnim, H. v. (Hrsg.): Stoicorum veterum fragmenta. 4 Bde, 2. Aufl., Leipzig 1921–23.

Arnold, U.: Die Entelechie. Wien 1965.

Ast, F.: Lexicon Platonicum. Repr. d. Ausg. von 1835–1838. 2 Bde, Bonn 1956.

Aubenque, P.: Le problème de l'être chez Aristote. 2. Aufl., Paris 1966.

Ders.: La prudence chez Aristote. Paris 1962.

Ders.: Etudes sur la métaphysique d'Aristote. Paris 1979.

Ders.: Concepts et catégories dans la pensée antique. Paris 1980.

Bailey, C.: The Greek Atomists and Epicurus. Oxford 1928.

Barker, E.: The Political Thought of Plato and Aristotle. (1906), Repr., New York 1959.

Ders.: Greek Political Theory. Plato and His Predecessors. (1918), Repr., London 1967.

Ders.: The Politics of Aristotle. Oxford 1946, Repr. 1962.

Beare, J.: Greek Theories of Elementary Cognition from Alcmaeon to Aristotle. Oxford 1906.

Becker, O.: Das Bild des Weges im frühgriechischen Denken. Berlin 1937.
Ders.: Das mathematische Denken der Antike. 2. Aufl., Göttingen 1966.
Beckmann, F.: Humanitas. Ursprung und Idee. Münster 1952.
Beierwaltes, W.: Platonismus und Idealismus. Frankfurt 1972.
Benz, E.: Das Todesproblem in der stoischen Philosophie. Stuttgart 1929.
Bieler, L.: Das Bild des »göttlichen Menschen« in Spätantike und Frühchristentum. 2 Bde, Wien 1935–36.
Bien, G.: Die Grundlegung der politischen Philosophie bei Aristoteles. Freiburg i. Br. 1973.
Bignone, E.: I Poeti filosofici della Grecia. Empedocle. Turin 1916.
Ders.: L'Aristotele perduto e la formazione filosofica di Epicuro. 2 Bde, Florenz 1936.
Billicsich, F.: Das Problem der Theodizee im philosophischen Denken des Abendlandes. Bd. 1: Von Plato bis Thomas von Aquino. Innsbruck 1936, 2. erw. Aufl. Wien 1955.
Boas, G.: Rationalism in Greek Philosophy. Baltimor 1961.
Bochenski, I. M.: Ancient Formal Logic. Amsterdam 1951.
Böhm, B.: Sokrates im 18. Jahrhundert. Leipzig 1929.
Böhme, R.: Von Sokrates zur Ideenlehre. Bern 1959.
Bonitz, H.: Index Aristotelicus. Bern 1870, Repr., Darmstadt 1960.
Boyancé, P.: Epicure. Paris 1969.
Bréhier, E.: Les idées philosophiques et religieuses de Philon d'Alexandrie. 3. Aufl., Paris 1950.
Ders.: Chrysippe et l'ancien stoïcisme. Neue erw. Aufl. Paris 1951.
Brès, Y.: La psychologie du Platon. Paris 1968.
Brett, G. S.: Psychology Ancient and Modern. New York 1928.
Brinton, C.: A History of Western Morals. New York 1959.
Brochard, V.: Les Sceptiques grecs. Paris 1959.
Brun, J.: Empédocle ou le philosophe de l'amour et de la haisse. Paris 1966.
Brunschvicg, L.: Le rôle du pythagorisme dans l'évolution des idées. Paris 1937.
Ders.: L'Actualité des problèmes platoniciens. Paris 1937.
Bubner, R. (Hrsg.): Aktualität der Antike. Göttingen 1979.
Burckhardt, J.: Griechische Kulturgeschichte. 4 Bde, Basel 1956 f.
Burkert, W.: Weisheit und Wissenschaft. Nürnberg 1962.
Ders.: Griechische Religion. Stuttgart 1977.
Burnet, J.: Early Greek Philosophy. London 1892, dt. Berlin 1913.
Bywater, I. (Übers.): On the Art of Poetry. Oxford 1909.
Cairns, H.: Legal Philosophy from Plato to Hegel. Baltimore 1949.
The Cambridge History of Later Greek and Early Medieval Philosophy. Hrsg. v. A. H. Armstrong. Cambridge 1967.
Cassirer, E.: Vom Mythos des Staates. Zürich 1949.

Chadwick, H.: The Sentences of Sextus. London 1959.
Chaignet, E. A.: Histoire de la psychologie des Grecs. 5 Bde, Paris 1887–92.
Cherniss, H.: Parmenides and the Parmenides of Plato. In: American Journal of Philology 53 (1932).
Ders.: Plato (1950–1957). In: Lustrum 4 (1959) u. 5 (1960).
Ders.: Plato as Mathematician. In: Review of Metaphysics 4 (1951).
Ders.: The Sources of Evil according to Plato. In: Proceedings of the American Philological Society 98 (1954).
Ders.: Aristotle's Criticism of Plato and the Academy. 2. Aufl., New York 1962.
Ders.: Aristotle's Criticism of Presocratic Philosophy. 2. Aufl., New York 1964.
Ders.: The Riddle of the Early Academy. Repr. New York 1962, dt. Heidelberg 1966.
Classen, C. J.: Sprachliche Deutung als Triebkraft Platonischen und Sokratischen Philosophierens. München 1959.
Ders. (Hrsg.): Sophistik. Darmstadt 1976.
Cohen, M. R. u. J. E. Drabkin (Hrsg.): A Source Book in Greek Science. Cambridge, Mass. 1958.
Coing, H.: Zum Einfluß der Philosophie des Aristoteles auf die Entwicklung des römischen Rechts. In: Savigny-Zeitschr. Rom. Abt. 69 (1952).
Commentaria in Aristotelem Graeca. Ed. cons. et auct. Acad. litt. reg. Boruss. 23 Bde, Berlin 1882–1909, Repr. 1960.
Cooper, L.: The Poetics of Aristotle. Its Meaning and Influence. Ithaca, N. Y. 1956.
Cornford, F. M.: Before and after Socrates. Cambridge 1932.
Ders.: Plato and Parmenides. London 1939, 2. Aufl. 1950.
Ders.: Principium sapientiae. Cambridge 1952.
Ders.: Plato's Cosmology. 3. Aufl., London 1952.
Ders.: Plato's Theory of Knowledge. New York 1957.
Credaro, L.: Lo Scetticismo degli Accademici. 2 Bde, Rom 1889–93.
Cross, R. C. u. A. D. Woozley: Plato's Republic. London 1964.
Cushman, R. E.: Therapeia. Chapel Hill 1958.
Dawson, M. M.: Ethics of Socrates. A Compilation of the Teachings of the Father of Greek and Roman Philosophy as Reported by His Disciples. London 1925.
Del Grande, C.: Hybris. Colpa e castigo nell' espressione poetica e lettereria degli scrittori della Grecia antica da Omero a Cleanthe. Neapel 1947.
Deman, T.: Socrate et Jésus. Paris 1944.
Demos, R.: The Philosophy of Plato. 2. Aufl., New York 1948.
Derbolav, J.: Erkenntnis und Entscheidung. Wien 1954.
Ders.: Platons Sprachphilosophie im Kratylos und in den späteren Schriften. Darmstadt 1972.

Diels, H. (Übers.): Parmenides' Lehrgedicht (griech. u. dt.). Berlin 1897.
Ders. (Hrsg.): Doxographi Graeci. 3. Aufl., Berlin 1958.
Ders.: Die Fragmente der Vorsokratiker (griech. u. dt.). 3 Bde, Berlin, 9. Aufl. 1959.
Diès, A.: Autour de Platon. Paris 1927.
Diller, H.: Hippokratische Medizin und attische Philosophie. In: Hermes 80 (1952).
Dittmar, H.: Aischines von Sphettos. Studien zur Literaturgeschichte der Sokratiker. Berlin 1912.
Dodds, E. R.: Die Griechen und das Irrationale. Darmstadt 1970.
Doent, E.: Platons Spätphilosophie und die Akademie. Wien 1967.
Dudley, D. R.: A History of Cynism from Diogenes to the 6th Century. London 1937.
Dümmler, F.: Antisthenica. In: Kleine Schriften, Bd. 1. Leipzig 1901.
Dupréel, E.: Les sophistes. Paris, Neuchâtel 1949.
Düring, I.: Von Aristoteles bis Leibniz. In: Antike und Abendland 4 (1954).
Ders.: Aristoteles. Heidelberg 1966.
Dyroff, A.: Die Ethik der alten Stoa. Berlin 1897.
Edelstein, L.: The Function of the Myth in Plato's Philosophy. In: Journal of the History of Ideas 10 (1949).
Ehrenberg, V.: Der griechische Staat. Bd. 1: Der hellenische Staat. Bd. 2: Der hellenistische Staat. Leipzig 1957–58.
Ehrhardt, A. A. T.: Politische Metaphysik von Solon bis Augustin. 2 Bde, Tübingen 1959.
Empedokles (Empédocle). 4 Bde, Hrsg. v. J. Bollack. Paris 1969.
Engelhardt, V.: Die geistige Welt der Antike. 3. Aufl., Stuttgart 1958.
Epikur: Von der Überwindung der Furcht. Übers. v. O. Gigon 2. Aufl., Zürich 1968.
Fascher, E.: Sokrates und Christus. Beiträge zur Religionsgeschichte. Leipzig 1959.
Feibleman, J. K.: Religious Platonism. The Influence of Religion on Plato and the Influence of Plato on Religion. London, New York 1959.
Ferguson, J.: Moral Values in the Ancient World. London 1958.
Festugière, A. J.: Socrate. Paris 1934.
Ders.: Contemplation et vie contemplative selon Plato. 2. Aufl., Paris 1950.
Field, G. C.: Socrates and Plato. London 1913.
Ders.: Plato and His Contemporaries. 2. Aufl., London 1948.
Forschner, M.: Die stoische Ethik. Stuttgart 1981.
Frank, E.: Wissen, Wollen, Glauben. Zürich 1955.
Fränkel, H.: Xenophanesstudien. In: Hermes 60 (1925).
Ders.: Dichtung und Philosophie des frühen Griechentums. New York, Frankfurt 1951.

Ders.: Wege und Formen frühchristlichen Denkens. München 1968.
Frede, M.: Die stoische Logik. Göttingen 1974.
Frenkian, A.: Der griechische Skeptizismus und die indische Philosophie. Bukarest 1957.
Friedländer, P.: Platon. 2 Bde, 3. Aufl., Berlin 1964.
Ders.: Platon. Bd. 3., Berlin 1975.
Fritz, K. v.: The Theory of the Mixed Constitution in Antiquity. New York 1954.
Ders.: Philosophie und sprachlicher Ausdruck bei Demokrit, Platon und Aristoteles. 2. Aufl., Darmstadt 1966.
Ders.: Platon in Sizilien und das Problem der Philosophenherrschaft. Berlin 1968.
Fuhrmann, M.: Das systematische Lehrbuch. Göttingen 1960.
Gauß, H.: Philosophischer Handkommentar zu den Dialogen Platos. Bern 1952ff.
Geffcken, J.: Zur Entstehung und zum Wesen des griechischen wissenschaftlichen Kommentars. In: Hermes 67 (1932).
Gernet, C.: Anthropologie de la Grèce antique. Paris 1968.
Giannantoni, G. (Hrsg.): I Cirenaici. Raccolta della fonti antiche. Florenz 1958.
Gigon, O.: Die antike Philosophie als Maßstab und Realität. Zürich 1977.
Gobry, I.: Pythagore ou la naissance de la philosophie présente. Paris 1973.
Goldschmidt, V.: Les dialogues de Plato. Structure et méthode dialectique. Paris 1947.
Ders.: Le système stoicien et l'idée de temps. 3. Aufl., Paris 1977.
Gomperz, H.: Die Lebensauffassung der griechischen Denker und das Ideal der inneren Freiheit. 3. Aufl., Jena 1927.
Gorman, P.: Pythagoras. London 1978.
Gould, J.: The Development of Plato's Ethics. Cambridge 1955.
Graeser, A.: Platons Ideenlehre. Bern 1973.
Green, G. C.: Scholia Platonica. Haverford, Penn. 1938.
Greene, W. C.: Moira. Fate, Good and Evil in Greek Thought. Cambridge 1944.
Gregory, J. C.: Short History of Atomism from Democritus to Bohr. London 1931.
Grube, G.: Plato's Thought. Repr. London 1980.
Gulley, N.: Platonic Theory of Knowledge. London 1962.
Ders.: The Philosophy of Socrates. London 1968.
Guthrie, W. K. C.: A History of Greek Philosophy. Cambridge 1962ff.
Ders.: The Sophists. Cambridge 1971.
Ders.: Socrates. Cambridge 1971.
Guyau, I. M.: La morale d'Epicure et ses rapports avec les doctrines contemporaines. 7. Aufl., Paris 1927.

Haag, E.: Platons Kratylos. Stuttgart 1933.
Hager, F. P.: Metaphysik und Theologie des Aristoteles. Darmstadt 1969.
Ders.: Ethik und Politik des Aristoteles. Darmstadt 1972.
Ders. (Hrsg.): Logik und Erkenntnislehre des Aristoteles. Darmstadt 1972.
Hamburger, M.: Morals and Law. The Growth of Aristotle's Legal Theory. New Haven 1951.
Ders.: Aristotle and Confucius. A Study in Comparative Philosophy. In: Philosophy 31 (1956).
Happ, H.: Hyle. Berlin 1971.
Hardie, W. F. R.: Aristotle's Ethical Theory. Oxford 1968.
Heath, T. L.: A History of Greek Mathematics. 2 Bde, Oxford 1921.
Heiberg, J. L.: Geschichte der Mathematik und Naturwissenschaften im Altertum. München 1925.
Heinimann, F.: Nomos und Physis. Basel 1965.
Held, K.: Heraklit, Parmenides und der Anfang der Erkenntniskritik und Logik. Berlin 1980.
Hennemann, G.: Grundzüge einer Geschichte der Naturphilosophie und ihrer Hauptprobleme. Berlin 1975.
Heraklit, Fragmente. Hrsg. v. B. Snell. 5. Aufl., München 1965.
Ders.: Cosmic Fragments. Hrsg. v. G. S. Kirk. Cambridge 1954.
Herter, H.: Platons Akademie. 2. Aufl., Bonn 1952.
Hicks, R. D.: Aristotle, De anima. Cambridge 1907.
Himmerich, W.: Eudaimonia. Die Lehre des Plotin von der Selbstverwirklichung des Menschen. Würzburg 1959.
Hirzel, R.: Der Dialog. 2 Bde, Leipzig 1895.
Ders.: Plutarch. Leipzig 1912.
Hoffmann, E.: Die Sprache und die archaische Logik. Tübingen 1925.
Ders.: Platonismus und christliche Philosophie. Zürich 1960.
Holden, H. A.: The Oeconomicus of Xenophon. 5. Aufl., London 1895.
Huber, C. E.: Anamnesis bei Plato. München 1964.
Huber-Abrahamowicz, E.: Das Problem der Kunst bei Platon. Diss. phil. Basel 1954.
Humbert, J.: Socrate et les petits socratiques. Paris 1967.
Idee und Zahl. Studien zur platonischen Philosophie. In: Abhandlungen der Heidelberger Akademie der Wissenschaften 1968.
Jaeger, G.: Nus in Platons Dialogen. Göttingen 1967.
Jaeger, W.: Die Anfänge der Rechtsphilosophie und die Griechen. In: Zeitschr. f. philos. Forschg. 3 (1949).
Ders.: Die Theologie der frühen griechischen Denker. Stuttgart 1953.
Ders.: Paideia. 3 Bde, 3. Aufl., Leipzig 1954–55.
Ders.: Aristoteles. Grundlegung einer Geschichte seiner Entwicklung. 2. Aufl., Berlin 1955.

Ders.: Diokles von Karystos. Die griechische Medizin und die Schule des Aristoteles. 2. Aufl., Berlin 1963.
Jantzen, J.: Parmenides zum Verhältnis von Sprache und Wirklichkeit. München 1976.
Jaspers, K.: Die großen Philosophen. München 1957.
Jolivet, R.: La Notion de substance. Essai historique et critique sur le développement des doctrines d'Aristote à nos jours. Paris 1929.
Jones, J. W.: The Law and Legal Theory of the Greeks. Oxford 1956.
Juengel, E.: Zum Ursprung der Analogie bei Parmenides und Heraklit. Berlin 1964.
Kabiersch, J.: Untersuchungen zum Begriff Philanthropia bei dem Kaiser Julian. Wiesbaden 1960.
Kaerst, J.: Geschichte des Hellenismus. 2 Bde, 2. Aufl., Leipzig 1917–26.
Kafka, G. u. H. Eibl: Der Ausklang der antiken Philosophie und das Erwachen einer neuen Zeit. München 1928.
Kahn, C. H.: Anaximander and the Origins of Greek Cosmology. New York 1960.
Kapp, E.: Der Ursprung der Logik bei den Griechen. Göttingen 1965.
Ders.: Theorie und Praxis bei Platon und Aristoteles. In: Ausgewählte Schriften. Berlin 1968.
Kelber, W.: Die Logoslehre von Heraklit bis Origines. Stuttgart 1976.
Kern, O. (Hrsg.): Fragmenta Orphicorum. Berlin 1922.
Ders.: Die Religion der Griechen. 3 Bde, Berlin 1926.
Kerschensteiner, J.: Platon und der Orient. Stuttgart 1945.
Kierkegaard, S.: Der Begriff der Ironie mit ständiger Rücksicht auf Sokrates. München 1929.
Kraemer, H. J.: Der Ursprung der Geistmetaphysik. Amsterdam 1964.
Kranz, W.: Kosmos und Mensch in der Vorstellung des frühen Griechentums. In: Nachrichten der Gesellschaft der Wissenschaften zu Göttingen. Fachgr. 1, N. F. 2, 7, Göttingen 1938.
Ders.: Griechentum. Eine Geschichte der griechischen Kultur und Literatur. Stuttgart 1952.
Ders.: Der Logos Heraklits und der Logos des Johannes. In: Rheinisches Museum für Philologie 93 (1949–50).
Ders.: Empedokles. Antike Gestalt und romantische Neuschöpfung. Zürich 1951.
Lahaye, R.: La philosophie ionienne. Paris 1966.
Lain-Entralgo, P.: Die platonische Rationalisierung der Besprechung (epodé) und die Erfindung der Psychotherapie durch das Wort. In: Hermes 86 (1958).
Landmann, M.: Elenktik und Maieutik. Drei Abhandlungen zur antiken Psychologie. Bonn 1950.
Lang, A. A.: Hellenistic Philosophy. London 1973.
Latte, K.: Der Rechtsgedanke im archaischen Griechentum. In: Antike u. Abendland 2 (1946).

Ders.: Kleine Schriften. München 1968.

Lauffer, S.: Der Menschheitsgedanke des Hellenismus. In: Studium generale 14 (1961).

Leinfellner, W.: Die Entstehung der Theorie. Freiburg i. Br. 1966.

Leisegang, H.: Pneuma hagion. Der Ursprung des Geistbegriffs der synoptischen Evangelien aus der griechischen Mystik. Leipzig 1922.

Ders.: Hellenistische Philosophie von Aristoteles bis Plotin. Breslau 1923.

Leist, F.: Moses, Sokrates, Jesus. Frankfurt 1959.

Le Senne, R.: Traité de morale générale. 3. Aufl., Paris 1949.

Lesky, A.: Platon und die Akademie. In: Geschichte der griechischen Literatur. Bern 1957–58.

Levinson, R. B.: In Defence of Plato. Cambridge, Mass. 1953.

Lichtenstein, E.: Der Ursprung der Pädagogik im griechischen Denken. Hannover 1970.

Lieberg, G.: Die Lehre von der Lust in den Ethiken des Aristoteles. München 1958.

Lion, A.: Anamnesis and the a priori. Oxford 1935.

Lloyd, G. E. R.: Aristotle. The Growth and Structure of His Thought. Cambridge 1968.

Ders. u. G. E. L. Owen: Aristotle on Mind and the Senses. Cambridge 1978.

Lodge, R. C., Plato's Theory of Ethics. Repr., London 1950.

Ders.: Plato's Theory of Art. 2. Aufl., London 1953.

Loenen, J. H. M. M.: Parmenides, Melissus, Gorgias. A Reinterpretation of Eleatic Philosophy. Assen 1959.

Loew, E.: Heraklit von Ephesus, der Entdecker des empirisch-physikalischen Wesens der Forschung. In: Rheinisches Museum für Philologie, Neue Folge 79 (1930).

Ders.: Das Verhältnis von Leben und Logik bei Heraklit. In: Wiener Studien 51 (1933).

Ders.: Empedokles, Anaxagoras und Demokrit. In: Wiener Studien 55 (1937).

Long, H. S.: A Study of the Doctrine of Metempsychosis in Greece from Pythagoras to Plato. Princeton 1948.

Lukasiewicz, A.: Syllogistic from the Standpoint of Modern Formal Logic. 2. Aufl., New York 1957.

Luria, S.: Die Infinitesimaltheorie der antiken Atomisten. In: Quellen u. Studien zur Geschichte der Mathemathik, Astronomie u. Physik Bd. 2 (1933).

Luschnat, O.: Das Problem des ethischen Fortschritts in der alten Stoa. In: Philologus 102 (1958).

Mackenzie, J. S.: The Conception of a Cosmos from Plato to Einstein. In: Hibbert Journal 28 (1931).

Magalhães-Vilhena, V. de: Le problème de Socrate. Le Socrate historique et le Socrate de Platon. Paris 1952.

Maier, H.: Sokrates. Tübingen 1913.
Mallet, M. C.: Histoire de l'école de Mégare et des écoles d'Élis et d'Érétrie. Paris 1845.
Mansion, A.: Le dieu d'Aristote et le dieu des chrétiens. In: La philosophie et ses problèmes. Recueil ... à R. Jolivet. Lyon 1960.
Marcuse, L.: Der Philosoph und der Diktator. Platon und Dionys. Berlin 1950.
Marrou, H. I.: Geschichte der Erziehung im klassischen Altertum. Freiburg i. Br. 1957.
Martin, G.: Platons Ideenlehre. Berlin 1973.
Mason, C.: Socrate, the Man Who Dared to Ask. Boston 1953.
Mau, J.: Stoische Logik. Ihre Stellung gegenüber der Aristotelischen Syllogistik und dem modernen Aussagekalkül. In: Hermes 85 (1957).
Melsen, A. G. M. van: Atom gestern und heute. Freiburg i. Br. 1957.
Menne, A. u. N. Offenberger: Zur modernen Deutung der aristotelischen Logik. I, Hildesheim 1982.
Menzel, A.: Kallikles. Wien 1922.
Merlan, P.: From Platonism to Neoplatonism. 3. Aufl., Den Haag 1975.
Meyer, H.: Platon und die aristotelische Ethik. München 1919.
Michelakis, E.: Platons Lehre von der Anwendung des Gesetzes und der Begriff der Billigkeit bei Aristoteles. München 1953.
Millington, E. C.: Studies in Cohesion from Democritus to Laplace. In: Lychnos (1944/45).
Minio-Paluello, L.: [Aristoteles] Categoriae et liber de Interpretatione recogn. brevique adnotatione crit. instr. Oxford 1949.
Montgomery, J. G. (Hrsg.): The State versus Socrate. A Case Study in Civic Freedom. Boston 1954.
Morall, J. B.: Aristotle. London 1977.
Moraux, P. (Hrsg.): Aristoteles in der neueren Forschung. Darmstadt 1968.
More, P. E.: Hellenistic Philosophies. Princeton 1923.
Ders.: The Religion of Plato. 2. Aufl., Princeton 1956.
Moreau, J.: L'Ame du monde de Platon aux stoïciens. Paris 1939.
Ders.: Réalisme et idéalisme chez Platon. Paris 1951.
Ders.: Stoicisme, Epicurisme. Paris 1979.
Morrow, G.: Plato's Cretan City. A Historical Interpretation of the ›Laws‹. Princeton 1960.
Moser, S.: Theorie und Erfahrung bei Platon und Aristoteles. In: Dialectica 6 (1952).
Moutsopoulos, E.: La Musique dans l'oeuvre de Platon. Paris 1959.
Mühl, M.: Die antike Menschheitsidee in ihrer geschichtlichen Entwicklung. Leipzig 1928.
Müller, H. J.: Freedom in the Ancient World. New York 1961.
Mugler, C.: La physique de Platon. Paris 1960.
Mullachius, F. W. A. (Hrsg.): Fragmenta philosophorum Graecorum. 3 Bde, Paris 1860–81.

Natorp, P.: Platos Ideenlehre. 2. Aufl., Leipzig 1921.
Nelson, L.: Die sokratische Methode. 2. Aufl., Göttingen 1929.
Nestle, W. (Übers./Hrsg.): Die Sokratiker in Auswahl. Jena 1922.
Ders.: Der Friedensgedanke in der antiken Welt. Leipzig 1938.
Ders.: Vom Mythos zum Logos. 2. Aufl., Stuttgart 1942.
Ders.: Griechische Weltanschauung in ihrer Bedeutung für die Gegenwart. Stuttgart 1946.
Ders.: Griechische Geistesgeschichte. 2. Aufl., Stuttgart 1956.
Nettleship, R. L.: Lectures on the Republic of Plato. 2. Aufl., London 1962.
Newman, W. L.: [Aristoteles] The Politics. 4 Bde, Oxford 1887–1902.
Niedermann, J.: Kultur. Werden und Wandlungen des Begriffs und seiner Ersatzbegriffe von Cicero bis Herder. Florenz 1941.
Nilsson, M. P.: Geschichte der griechischen Religion. 2 Bde, 2. Aufl., München 1955–61.
Ninck, M.: Die Entdeckung von Europa durch die Griechen. Basel 1945.
Northrop, F. S. C.: The Mathematical Background and Content of Greek Philosophy. In: Philosophical Essays for A. N. Whitehead. London 1936.
Nuyens, F.: L'évolution de la psychologie d'Aristote. Löwen 1948.
Oates, W. J.: The Ideal State of Plato and Aristotle. In: Greek Political Experience. Festschrift W. K. Prentice. Princeton 1941.
Ders. (Hrsg.): Stoa und Stoiker. Die Gründer. Panaitios, Poseidonios. Selbstzeugnisse und Berichte. Zürich 1950.
Ders.: Stoic and Epicurean Philosophers. New York 1957.
Oehler, K.: Der consensus omnium als Kriterium der Wahrheit in der antiken Philosophie und der Patristik. In: Antike und Abendland 10, 1961.
Ders.: Die Lehre vom noetischen und dianoetischen Denken bei Platon und Aristoteles. München 1962.
Onians, R. B.: The Origins of European Thought about the Body, the Mind, the Soul, the World, Time and Fate. 2. Aufl., Cambridge 1954.
Owen, G. E. L.: Zeno and the Mathematicians. In: Proceedings of the Aristotelian Society 58, 1957/58.
Parmenides: Die Anfänge der Ontologie. Hrsg. v. E. Heitsch. München 1974.
Ders.: Über das Sein (griech.-dt.). Hrsg. v. H. Steuben, Stuttgart 1981.
Patzig, G.: Die aristotelische Syllogistik. Göttingen 1959.
Pauly-Wissowa: Realenzyklopädie der klassischen Altertumswissenschaft. Stuttgart 1894ff.
Perls, H.: Plato, seine Auffassung vom Kosmos. Bern 1966.
Ders.: Lexikon der platonischen Begriffe. Bern 1973.
Perpeet, W.: Antike Ästhetik. Freiburg i. Br. 1961.
Pesce, D.: Epicuro e Marco Aurelio. Due studi sulla saggezza antica. Florenz 1959.

Philipson, C.: The Trial of Socrates. London 1928.
Philon: Opera quae supersunt. Hrsg. v. L. Cohn u. P. Wendland. 7 Bde, Berlin 1896–1930.
Pistorius, P. V.: Plotinus and Neo-platonism. An Introductory Study. Cambridge 1952.
Platon: Werke. Hrsg. v. O. Apelt. Leipzig, Hamburg 1916 ff.
Ders.: Opera. Hrsg. v. J. Burnet, 5 Bde, 8. Aufl., Oxford 1959.
Ders.: Ausgewählte Schriften. Hrsg. v. W. Nestle. 8. Aufl., Stuttgart 1978.
Platzek, E.-W.: Von der Analogie zum Syllogismus. Paderborn 1954.
Plotin: Opera. Hrsg. v. P. Henry u. H. R. Schwyzer. Paris 1951 ff.
Plutarch: Moralische Schriften. Übers. v. O. Apelt. 3 Bde, Leipzig 1926–27.
Pohlenz, M.: Grundfragen der stoischen Philosophie. Göttingen 1940.
Ders.: Griechische Freiheit. Wesen und Werden eines Lebensideals. Heidelberg 1955.
Ders.: Die Stoa. 2 Bde, 4. Aufl., Göttingen 1970 ff.
Poseidonius: Die Fragmente. Hrsg. v. W. Theiler. Berlin 1982.
Prauss, G.: Platon und der logische Eleatismus. Berlin 1966.
Preiswerk, A.: Das Einzelne bei Plato und Aristoteles. Leipzig 1939.
Putnam, J.: De l'origine et de la fin de la science grecque et de l'origine de la science moderne. In: Archives internationales d'histoire des sciences, 2 (1949).
Raeder, H.: Platon und die Sophisten. Kopenhagen 1939.
Ders.: Platon und die Rhetoren. Kopenhagen 1956.
Raven, J. E.: Pythagoreans and Eleatics. London, Cambridge 1948.
Rees, D. A. (Hrsg.): The Nicomachean Ethics. Oxford 1951.
Reinhardt, K.: Poseidonius. München 1921.
Ders.: Kosmos und Sympathie. München 1926.
Reverdin, O.: La religion de la cité platonicienne. Paris 1945.
Reymond, A.: Histoire des sciences exactes et naturelles dans l'antiquité grécoromaine. 2. Aufl., Paris 1956.
Ricken, F.: Der Lustbegriff in der Nikomachischen Ethik des Aristoteles. Göttingen 1976.
Rist, J. M.: Epicurus. Cambridge 1972.
Ders.: Stoic Philosophy. Cambridge 1977.
Ritter, C.: Platon. Sein Leben, seine Schriften, seine Lehre. 2 Bde, München 1910–23.
Ders.: Sokrates. Tübingen 1931.
Ders.: Platonismus und Christentum. Tübingen 1934.
Robin, L.: La Théorie platonicienne des idées et des nombres d'après Aristote. Paris 1908, Repr. Hildesheim 1963.
Ders.: La Théorie platonicienne de l'amour. 2. Aufl., Paris 1933.
Ders.: Pyrrhon et le scepticisme grec.. Paris 1944.
Ders.: La pensée grecque et les origines de l'ésprit scientifique. Paris 1948.

Ders.: Platon. 2. Aufl., Paris 1968.
Robinson, R.: Plato's Earlier Dialectic. 2. Aufl., Oxford 1953.
Rohde, E.: Psyche. 2 Bde, Tübingen 1925.
Rosán, L. J.: The Philosophy of Proclos. The Final Phase of Ancient Thought. New York 1949.
Rose, V. (Hrsg.): Aristotelis quae ferebantur librorum fragmenta. Leipzig 1886.
Ross, W. D.: Plato's Theory of Ideas. 2. Aufl., Oxford 1953.
Ders.: Aristotle. 5. Aufl., New York 1953.
Ders.: Aristotle's Physics. Oxford 1936.
Ders.: Aristotle's Metaphysics. 2 Bde, 2. Aufl., Oxford 1948, Repr. New York 1956.
Ders.: Aristotle's Prior and Posterior Analytics. Oxford 1949.
Ders.: Aristotle, De anima. Oxford 1961.
Roussos, E. N.: Heraklit-Bibliographie. Darmstadt 1971.
Ruben, W.: Indische und griechische Metaphysik. Leipzig 1931.
Rudberg, G.: Empedokles und Evolution. In: Eranos 50 (1952).
Rüsche, F.: Das Seelenpneuma. Seine Entwicklung von der Hauchseele zur Geistseele. Paderborn 1933.
Ryffel, H.: Metabolé politeiōn. Der Wandel der Staatsverfassungen. Diss. phil. Bern 1949.
Sambursky, S.: The Physical World of Late Antiquity. London 1962.
Sandvoss, E. R.: Die Fragestellung der aristotelischen Psychologie. Diss. phil. Tübingen 1954.
Ders.: Sokrates und Nietzsche. Leiden 1966.
Ders.: Soteria. Philosophische Grundlagen der platonischen Gesetzgebung. Göttingen 1971.
Sarton, G.: A History of Science. 1.: Ancient Science through the Golden Age of Greece; 2.: Hellenistic Science and Culture in the Last Three Centuries. Cambridge, Mass. 1952–59.
Sayre, F.: The Greek Cynics. Baltimore 1948.
Schadewaldt, W.: Das Weltmodell der Griechen. In: Neue Rundschau 68 (1957).
Ders.: Eudoxos von Knidos und die Lehre vom unbewegten Beweger. In: Hellas und Hesperien. Zürich 1960.
Schaefer, H. J.: Phronesis bei Platon. Bochum 1981.
Schaerer, R.: L'Homme antique et la structure du monde intérieur d'Homère à Socrate. Paris 1958.
Scheffer, Th. v.: Die Kultur der Griechen. Repr., Köln 1955.
Schmalenbach, H.: Macht und Recht. Platons Absage an die Politik. In: Natur und Geist, Festschrift Medicus. Erlenbach-Zürich 1946.
Schmekel, A.: Die Philosophie der mittleren Stoa in ihrem geschichtlichen Zusammenhange. Berlin 1892.
Schmidt, L.: Die Ethik der alten Griechen. 2 Bde, Berlin 1882.
Schmitt, P.: Geist und Seele. Studie über Logos, Nous und Psyche bei Heraklit und Platon. In: Eranos 13 (1945).

Scholz, H.: Eros und Caritas. Die platonische Liebe und die Liebe im Sinne des Christentums. Halle 1929.
Schroedinger, E.: Nature and the Greeks, Cambridge 1954, dt. Hamburg 1956.
Schwabl, H.: Sein und Doxa bei Parmenides und Empedokles. In: Wiener Studien 66 (1953).
Schwartz, E.: Charakterköpfe aus der Antike. 4. Aufl., Leipzig 1952.
Schweitzer, B.: Platon und die bildende Kunst der Griechen. Tübingen 1953.
Seel, G.: Die aristotelische Modaltheorie. Berlin 1982.
Seligman, P.: The »Apeiron« of Anaximander. London 1962.
Sextos Empeirikos: Opera. Hrsg. v. H. Mutschmann u. J. Mau. 3 Bde, 2. Aufl., Leipzig 1961–62.
Shorey, P.: Platonism. Ancient and Modern. Cambridge 1938.
Snell, B.: Die Ausdrücke für den Begriff des Wissens in der vorplatonischen Philosophie. Berlin 1924.
Ders.: Die Sprache Heraklits. In: Hermes 61 (1926).
Ders.: Das Bewußtsein von eigenen Entscheidungen im frühen Griechentum. In: Philologus 85 (1930).
Ders.: Die Entdeckung des Geistes. 4. Aufl., Göttingen 1975.
Ders.: Der Weg zum Denken und zur Wahrheit. Göttingen 1978.
Solmsen, F.: Die Entwicklung der aristotelischen Logik und Rhetorik. Berlin 1929.
Ders.: Plato's Theology. Ithaca, N. Y. 1942.
Ders.: Aristotle's System of the Physical World. Ithaca, N. Y. 1960.
Ders.: Ursprünge und Methoden der Aristotelischen Poetik. Darmstadt 1968.
Somigliana, A.: Monismo indiano e monismo greco nei frammenti di Eraclito. Padua 1961.
Spanu, H.: Methodologische Untersuchungen zur aristotelischen Wissenschaftstheorie. München 1976.
Stallmach, J.: Dynamis und Energeia. Meisenheim 1959.
Stanka, R.: Geschichte der politischen Philosophie. Bd. 1. Die politische Philosophie des Altertums. Wien 1951.
Stefanini, L.: Platone. 2 Bde, Padua 1949.
Stein, L.: Die Psychologie der Stoa. 2 Bde, Berlin 1886–88.
Steinmetz, P. (Hrsg.): Theophrastos, Charaktere. Bd. 1: Textgeschichte und Text. München 1960; Bd. 2: Kommentar und Übersetzung. München 1962.
Ders. (Hrsg.): Schriften zu den Politika des Aristoteles. Hildesheim 1973.
Stenzel, J.: Platon, der Erzieher. Leipzig 1928, Repr. Hamburg 1961.
Ders.: Studien zur Entwicklung der platonischen Dialektik von Sokrates zu Aristoteles. Leipzig 1931, Repr. Stuttgart 1961.
Ders.: Metaphysik des Altertums. München/Berlin 1929.
Ders.: Kleine Schriften zur griechischen Philosophie. Darmstadt 1956.

Ders.: Zahl und Gestalt bei Platon und Aristoteles. 3. Aufl., Bad Homburg 1959.

Strycker, E. de: Les témoignages historiques sur Socrate. In: Mélanges H. Grégoire, Bd. 2, Brüssel 1950.

Stückelberger, A.: Antike Atomphysik. München 1979.

Tatarkiewicz, W.: Geschichte der Ästhetik. Basel 1979.

Taton, R.: La Science antique et médiévale des origines à 1450. Paris 1957.

Taylor, A. E.: Socrates. London 1951.

Ders.: Aristotle. Neuausg. New York 1955.

Ders.: The Mind of Plato. Ann Arbor 1960.

Theiler, W.: Die Vorbereitung des Neuplatonismus. Berlin 1930.

Ders.: Plotin zwischen Plato und Stoa. In: Les sources de Plotin. Vandoeuvres 1960.

Ders.: Zur Geschichte der teleologischen Naturbetrachtung bis auf Aristoteles. 2. Aufl., Berlin 1965.

Tielsch, E.: Die platonischen Versionen der griechischen Doxalehre. Meisenheim 1970.

Tourney, G.: Empedocles and Freud. Heraclitus and Jung. In: Bulletin of the History of Medicine 30 (1956).

Toynbee, A. J.: Hellenism. The History of a Civilization. New York 1950.

Ueberweg, F.: Grundriß der Geschichte der Philosophie. Bd. 1. 12. Aufl., Berlin 1926.

Untersteiner, M.: Parmenide. Turin 1925.

Ders.: Sofisti. Testimonianze e frammenti. 3 Bde, Florenz 1949–54.

Usener, H.: Epicurea. Leipzig 1887.

Utermoehlen, O.: Die Bedeutung der Ideenlehre für die platonische Politeia. Heidelberg 1967.

Verdenius, W. J.: Mimesis. Plato's Doctrine of Artistic Imitation and Its Meaning to Us. Leiden 1949.

Vernant, J. P.: Die Entstehung des griechischen Denkens. Frankfurt 1982.

Viertel, W.: Der Begriff der Substanz bei Aristoteles. Königstein 1982.

Virieux-Reymond, A.: La logique et l'epistémologie des Stoïciens. Lausanne 1949.

Vlastos, G.: Ethics and Physics in Democritus. In: Philosophical Review 54 (1945); 55 (1946).

Ders.: Parmenides' Theory of Knowledge. In: Transactions and Proceedings of the American Philological Association 77 (1946).

Ders.: The Physical Theory of Anaxagoras. In: Philosophical Review 59 (1950).

Volkmann-Schluck, K. H.: Die Metaphysik des Aristoteles. Frankfurt 1979.

Vorländer, K.: Geschichte der Philosophie. Bd. 1. 9. Aufl., Hamburg 1949.

Waerden, B. L. van der: Zenon und die Grundlagenkrise der griechischen Mathematik. In: Math. Annalen 117 (1940).
Ders.: Die Astronomie der Pythagoreer. Amsterdam 1951.
Ders.: Die Pythagoreer. Zürich 1979.
Walsh, J. J. u. H. L. Shapiro (Hrsg.): Aristotle's Ethics. Belmont, Ca. 1967.
Weber, H.: Die Staats- und Rechtslehre Plutarchs von Chaironeia. Bonn 1959.
Wedberg, A.: Plato's Philosophy of Mathematics. Stockholm 1955.
Weerts, E.: Heraklit und die Herakliteer. Berlin 1926.
Wehrli, F.: Die Schule des Aristoteles. Basel 1945 ff.
Ders.: Ethik und Medizin. In: Museum Helveticum 8 (1951).
Ders.: Die antike Kunsttheorie und das Schöpferische. In: Museum Helveticum 14 (1957).
Ders.: Hauptrichtungen des griechischen Denkens. Zürich 1964.
West, M.: Early Greek Philosophy and the Orient. Oxford 1971.
Wheelwright, P.: Heraclitus. Princeton, N. J. 1959.
Wieland, W.: Platon und die Formen des Wissens. Göttingen 1982.
Wilamowitz-Moellendorff, U. v.: Aristoteles und Athen. 2 Bde, Berlin 1893.
Ders.: Der griechische und der platonische Staatsgedanke. Berlin 1919.
Ders.: Der Glaube der Hellenen. 3. Aufl., Basel 1959.
Ders.: Platon. 2 Bde, 5. Aufl., Berlin 1959.
Willmann, O.: Pythagoreische Erziehungsweisheit. Hrsg. v. W. Pohl. Freiburg i. Br. 1922.
Winspear, A. D.: The Genesis of Plato's Thought. 2. Aufl., New York 1956.
Wiplinger, F.: Physis und Logos. Wien 1971.
Witte, B.: Die Wissenschaft vom Guten und Bösen. Berlin 1970.
Wittmann, M.: Die Ethik des Aristoteles in ihrer systematischen Einheit und ihrer geschichtlichen Stellung untersucht. Regensburg 1920.
Wolf, E.: Griechisches Rechtsdenken. 4 Bde, Frankfurt 1950 ff.
Wolf, U.: Möglichkeit und Notwendigkeit bei Aristoteles und heute. München 1979.
Zeller, E.: Die Philosophie der Griechen in ihrer geschichtlichen Entwicklung. 6 Bde, Repr. Hildesheim 1963.
Ziegler, K.: Art. Plutarchos von Chaironeia. In: Pauly's Realenzyklopädie, Halbbd. 41 (1951).
Ders.: Plutarch in der abendländischen Welt. In: Gymnasium 59 (1952).
Zintzen, C., Die Philosophie des Neuplatonismus. Darmstadt 1977.

5 Rom

5.1 Von der Republik zum Imperium

Sowenig die römische Republik aus der athenischen Demokratie ableitbar ist und sowenig das Imperium Romanum das Alexanderreich unmittelbar fortsetzte, sowenig erscheinen das römische Recht als eine Weiterentwicklung griechischer Ethik und die römische Philosophie insgesamt als kontinuierliche Fortsetzung der griechischen, wenngleich sie unverkennbar aus der hellenistischen Gedankenwelt herauswuchs und auf mannigfache Weise mit ihr zusammenhängt.

Zur Verschiedenheit römischer Eigenart von griechischer haben geographische, ethnische, wirtschaftliche, gesellschaftliche und historische Faktoren beigetragen. Dank seiner östlichen Lage und der Ägäis war Griechenland für die Große Kolonisation gleichsam vorprogrammiert, auch für die Abwehr der Perser. Griechenland hat beide Aufgaben nicht nur glänzend gelöst, sondern auch mit dem Alexanderzug Initiative und Aktivität weit nach Asien hineingetragen und damit zur Erschließung des Kontinents beigetragen. Die griechischen Unternehmungen waren indes das Werk genialer Einzelner, bei denen, neben den Ideen, Glück und günstige Umstände viel zum Gelingen beitrugen. Ähnlich verhält es sich mit den kulturellen Schöpfungen der Griechen, etwa mit der athenischen Demokratie. Sie war in ihrer Radikalität und relativen Vollendung ein glücklicher Wurf, ein Selbstentwurf freiheitsliebender Polisbürger, gewagt und stets auch gefährdet.

5.1.1 Geographische Situation

Die Entwicklung Roms verlief in mancher Hinsicht ähnlich. Ähnlich waren die relativ günstigen geographischen und klimatischen Bedingungen und die Größe der Herausforderungen. Rom war dank seiner zentralen Lage zur Beherrschung des Mittelmeerraumes prädestiniert, aber hier beginnen auch schon die Unterschiede: Während im griechischen Mutterland und in Großgriechenland die Polis letzte Beziehungsgröße blieb, entwickelte sich der Stadtstaat Rom zum Flächenstaat und schließlich zum Großreich. Das Alexanderreich war in einem schnellen, kühnen Zug entstanden und ebenso rasch wieder zerfallen; es wirkt traumhaft und irreal. Die Römer stellten dieser blitzartigen, aber flüchtigen Verwirklichung einer kühnen Idee etwas Kleineres, aber Dauerhafteres gegenüber: ein Weltreich, das nicht überdimensional konzipiert war, aber dafür viele Jahrhunderte standhielt und zum Modell späterer europäischer Reichsbildungen wurde.

5.1.2 *Res publica*

Die Entwicklung Roms verlief in einer Folge von äußeren Wachstumsphasen und Expansionsschüben mit jeweils folgenden Phasen innerer Anpassung und gesellschaftlicher Wandlungen. Gemeinsam war den meisten griechischen und der römischen Staatsbildung die Überwindung der Monarchie, hier wie dort die Vertreibung der Könige. Der Freiheitswille, die gegen Despotie, Tyrannis und Monarchie gerichtete Grundtendenz verbindet Griechen und Römer von Anfang an. Bei der Überwindung der entweder autochthonen oder eroberungsbedingten, in jedem Fall aber auf Gewalt und Usurpation beruhenden Adelsherrschaft, gingen Griechen und Römer nicht immer die gleichen Wege. Während die Griechen mehr experimentierten und die gemischte Verfassung nach vielen Umwegen (gemäßigte Tyrannis) und Irrwegen (extreme Oligarchie oder radikale Demokratie) erst am Schluß, wenigstens als Ideal und in der Theorie erreichten (Platon, Aristoteles), arbeiteten die Römer mit den Erfahrungen der Griechen und begannen in der Praxis mit der gemischten Verfassung, so daß Polybios zu Recht behaupten konnte, die Römer hätten das Aristotelische Modell vom besten Staat verwirklicht, wenn das auch nur der Sache, nicht der Zeit nach stimmt, denn die Römer begannen schon viel früher mit ihrer Verfassungspraxis als die Griechen mit ihrer Theorie von der gemischten Verfassung. Nicht die athenische Demokratie, sondern die gemischten Verfassungen der dorischen Staaten (Kreta, Peloponnes) kamen der römischen Praxis und dem Platonisch-Aristotelischen Staatsideal am nächsten. Im Zwölftafelgesetz der Römer (um 450), also auch auf dem Gebiet des Rechts, ist der Einfluß griechischen Rechts (Solon) unverkennbar, was an dem spezifisch römischen Gesamtcharakter der Gesetzgebung nichts ändert.

Die Servianische Heeres- und Verfassungsreform in Rom führt, wie entsprechende griechische Reformen, zur Ersetzung gentilizischer Einteilungsprinzipien durch territoriale, durch Kuriat-, Tribut- und Zenturiatskomitien. In der Formel SPQR für *senatus populusque Romanus* kommt der Vorrang der Patrizier noch zum Ausdruck. Nach und nach zählten auch die Plebejer zum römischen Volk. Sie mußten den ihre Privilegien verteidigenden Patriziern jeden Fußbreit »Demokratie« abringen. »Plebejisch« hat noch heute, nicht nur im Munde elitär-snobistischer Neureicher, einen abschätzigen Unterton. Dabei waren es die »Plebejer«, welche die Hauptlast fortwährender Kriege zu tragen hatten.

Ziel der gemischten Verfassung ist es, Macht durch Recht zu bändigen, Machtkonzentrationen in den Händen Einzelner oder kleiner Gruppen zu verhindern und Amtsbefugnisse durch Amtsgegenbefugnisse einzuschränken. Schon in Sparta hatte man ein Doppelkönigtum, die Ephoren und die Volksversammlung. Die gemischte Verfassung vereinigt also monarchische, oligarchische und demokratische Elemente in einer für das Ganze möglichst unschädlichen Weise unter Beteiligung so vieler Bürger wie möglich am öffentlichen Leben. Dies ist der Sinn der Republik. Die »öffentliche Sache« *(res publica)* war in Rom von alters her eine Sache des Volkes *(res populi).* Das Volk bestand aus den freien Bürgern Roms. Das römische Bürgerrecht war daher in seiner strengen Begrenzung zur Zeit der Republik das meistbegehrte und höchstgeschätzte aller bekannten Staaten. »Republik« läßt sich zutreffend mit Gemeinwesen übersetzen. Die mitschwingenden Gefühlsmomente sind unübersetzbar. Für den Römer ist die Republik, ähnlich wie für die Athener die Demokratie, der Inbegriff von Freiheit, wobei in der römischen Republik der Dienst am Gemeinwesen höchste Tugend ist. Das Gemeinwohl soll das höchste moralische Gebot sein: »Salus rei publicae summa lex esto.« Die republikanischen Römer brauchten neben ihrer persönlichen Ethik keine politische Moral oder Verfassung. Die Aufopferung des Einzelnen, nicht für den Staat oder das Kollektiv, sondern für das gemeinsame öffentliche Wohl hat in Rom ihren höchsten Stellenwert erhalten. Zahllose Beispiele aus der römischen Geschichte bestätigen dies. Diese rationale republikanische Einstellung ist also nicht mit der irrationalen modernen Einstellung »Du bist nichts, dein Volk ist alles« zu verwechseln, die auf einer spezifisch neuzeitlichen Ideologie beruht.

5.1.3 Expansion und Organisation

Neben der Republik haben die Römer als bleibendes Vermächtnis der Menschheit das Recht sowie das Kulturbewußtsein geschenkt, das in rechtsstaatlicher Zivilisiertheit besteht und im Begriff der Menschlichkeit *(humanitas)* zum Ausdruck kommt.

Die Schöpfung des römischen Rechts als Gegenstück zur Ethik der Griechen zeugt von der realistischen Einstellung der Römer und ihrer praktischen Sicht der zwischenmenschlichen Beziehungen. »Konsens« und »Kooperation« sind nicht rein zufällig Termini römischen Ursprungs.

In der römischen Ämterordnung lebt das monarchische Element in einer Diktatur auf Zeit fort. In Zeiten äußerster Not ernennt der Magistrat für ein halbes Jahr einen Diktator, der seinerseits einen Reiterobersten ernennen darf. Der bekannteste römische Diktator war wohl Quintus Fabius Maximus Cunctator, der nach der Niederlage am Trasimenischen See (217) gerufen wurde. Der Senat (300, später 600 Mitglieder) repräsentiert das aristokratisch-oligarchische Element im Aufbau des römischen Staates. Das demokratische Element erscheint in den drei genannten Volksversammlungen. Die nach fünf Vermögensklassen *(classes)* in 193 Hundertschaften *(centuriae)* gegliederte Volksversammlung entscheidet über Krieg und Frieden, wählt die obersten Beamten (Konsuln, Prätoren, Zensoren), beschließt Gesetze und übt die Strafjustiz über die Bürger der

Stadt aus. Durch die Licinisch-Sextischen Gesetze (367/366) siegte das Staatsdenken über die Standesschranken. Die Bestimmungen ähneln zum Teil den Maßnahmen Solons in Athen zugunsten der unterdrückten Bevölkerungsteile: Aufhebung des Eheverbots zwischen Patriziern und Plebejern (445), Schuldenermäßigung, Limitierung des Großgrundbesitzes (125 Hektar), Zulassung der Plebejer zum Konsulat und später zu anderen höheren Ämtern wie Diktatur (356), Zensur (351), Prätur (337) und Priesteramt (300).

Nachdem die römische Führungsschicht mit Hilfe der Plebejer zunächst Mittelitalien, dann Süd- und Norditalien unterworfen hatte, wobei es nicht ohne Rückschläge abging, organisierte sie die Herrschaft in diesen Gebieten (Übergang vom Stadtstaat zum Territorialstaat) und wandte sich dem Hauptgegner im Süden, Karthago, zu. Die Karthager waren für die Römer eine ähnliche Herausforderung wie die Perser für die Griechen. Anlaß war das bereits zwischen Griechen und Karthagern umstrittene Sizilien. In den Punischen Kriegen (264 bis 241, 218–201, 148–146) gelang es Rom, das von Hannibal nach der Schlacht bei Cannae (216) fast besiegt worden wäre, Karthago schließlich zu vernichten. In drei weiteren Kriegen gegen Makedonien (215–205, 200–197, 171–168) konnte Rom auch diesen Gegner ausschalten und damit das Erbe Alexanders des Großen, den östlichen Mittelmeerraum, beherrschen. Der römische Sieg über den Achäischen Bund und die Zerstörung Korinths (146) vollendeten die Eroberung Griechenlands. Attalos III. von Pergamon vererbte sein Reich aus eigenem Antrieb den Römern, das damit zur römischen Provinz Asia wurde. Gleichzeitig nahm der Konsul Publius Cornelius Scipio Aemilianus das heiß umkämpfte Numantia ein (133) und zog damit auch Spanien und das westliche Mittelmeer in den römischen Einflußbereich. Das Römische Reich wurde, bezogen auf die damalige mediterrane Welt, zum Weltreich.

Auf diese Phase äußerer Expansion folgte wieder eine der organisatorischen Durchdringung des Gewonnenen, innerer Anpassung an die neue Situation und gesellschaftlichen Wandels. In diesem Zeitraum entstand das System der römischen Provinzen, die von Prätoren verwaltet, später ausgebeutet wurden. Es entstand eine von Sklaven betriebene Kriegsindustrie. Landwirtschaftliche Großbetriebe auf Sklavenbasis, die Latifundien, verdrängten den altrömischen Agrarstaat und den Bauernstand. Die sozialen Gegensätze verschärften sich. Den Optimaten, der Adelspartei unter Führung berühmter Patriziergeschlechter, traten die Populares (Volkspartei) gegenüber. Indem Rom die Rolle des Handelsstaates Karthago übernahm, dehnte sich der römische Fernhandel über das gesamte Mittelmeergebiet aus. Rom wurde zum mächtigsten Kapitalzentrum der Antike. Gegen Widerstände altrömisch gesinnter Männer (Zensor Cato) setzte sich, vor allem vom sogenannten Scipionenkreis gefördert, das griechische Bildungsideal durch.

Kriegführen, für den Stadtstaat Rom zum Überleben und zur Selbstbehauptung notwendig, wurde im Laufe der Zeit zum Selbstzweck, zum Lebensgesetz römischer Expansion, des römischen Weltreichs. Mit dem Sieg über den mächtigsten Gegner, Karthago, entfielen jedoch Herausforderungen dieser Größenordnung, und das hatte für Rom schwerwiegende Folgen. In Ermanglung ebenbürtiger äußerer Gegner wandte sich die Aggressivität gegen das eigene Gemeinwesen. Das römische Imperium war der Anfang vom Ende alles dessen, was die alten Römer für lebenswert gehalten hatten, wofür sie nötigenfalls zu sterben bereit gewesen waren: Freiheit, Rechtsstaatlichkeit und Menschlichkeit. Die Tugenden der alten Römer hatten sich, mehr als die griechischen, an Familie und Staat, an Praxis und Realität orientiert.

5.1.4 Wertbegriffe

Wertbegriffe, die zum Teil auch als Gottheiten in die synkretistische römische Religion Eingang fanden, waren, neben den schon genannten *(res publica, libertas)* der Tugendbegriff als solcher *(virtus)*, ferner Eintracht *(concordia)* und Frömmigkeit *(pietas)*. Entsprechende Wertbegriffe finden sich auch in der griechischen Ethik *(arete, homonoia, eusebeia)*. Die Freundschaft *(amicitia)* hatte bei Griechen und Römern einen ungleich höheren Stellenwert als im Mittelalter oder in der Neuzeit. In der Scheu *(verecundia)* finden sich religiöse, ethische und psychische Bedeutungskomponenten: Ehrfurcht vor dem Göttlichen (Numinosen), Besonnenheit, Scham (griech. *aidos)* und Ängstlichkeit, Gehemmtheit. Spezifisch römisch sind Wertbegriffe wie Sitte der Väter *(mos maiorum)*, Gewichtigkeit *(gravitas)*, Beständigkeit *(constantia)*, Ruhm *(gloria)* und Ehre *(ho-*

nos). Daneben vermitteln Ausdrücke wie Disziplin *(disciplina)*, Autorität *(auctoritas)*, Strenge *(severitas)*, Gehorsam *(obsequium)*, Fleiß *(industria)*, Unbestechlichkeit *(integritas)*, Rechtschaffenheit *(probitas)*, Sorgfalt *(diligentia)*, Überlegung *(consilium)*, Einsicht *(sapientia)*, Mäßigung *(temperantia)*, Milde *(clementia)*, Zurückhaltung *(continentia)*, Bescheidenheit *(modestia)*, Achtung *(reverentia)*, Würde *(dignitas)*, Majestät *(maiestas)* und Gemeinwohl *(salus)* tiefe Einblicke in den römischen Charakter, in römische Eigenart und römisches Wesen.

Viele dieser Eigenschaften, die zum Aufstieg Roms beigetragen hatten, spielten bei der Selbstzerstörung eine nicht weniger bedeutende Rolle und erwiesen sich damit als im tiefsten Grunde ambivalent.

5.1.5 Weltherrschaft und Weltgestaltung

Auf die großen außenpolitischen Erfolge im Süden, Westen und Osten folgt in Rom eine Phase blutiger Bürgerkriege, eingeleitet durch die Reformbewegung der Gracchen-Brüder (133–121 v. Chr.: Beschränkung des Grundbesitzes, Landzuweisung an die Proletarier, Ausdehnung des Bürgerrechts auf Latiner und italische Bundesgenossen). Adelspartei und Senat verhindern die Reformen, Tiberius Gracchus wird ermordet, Gaius Gracchus bleibt nur der Freitod. In einem Krieg (91–89) erzwingen die Bundesgenossen darauf die Verleihung des Bürgerrechts (89). Gaius Marius, ein demokratisch gesinnter *homo novus* aus dem Ritterstand, der Sieger über den Numiderkönig Jugurtha (111–105) sowie über die Teutonen und Kimbern (102/101), stirbt während seines siebten Konsulats (86), Sulla (Murena und Pompeius), der in drei Kriegen (88–84, 83–81, 74–64) König Mithridates VI. von Pontus besiegte, wird Diktator (82–79) und durch seine Ächtungslisten zum Inbegriff der adligen Restauration.

Drei mächtige Männer, Pompeius, Crassus und Caesar, finden sich zu einem Bündnis der Macht (60, Triumvirat) zusammen. Pompeius vertreibt die Seeräuber und ordnet den Osten neu, Crassus fällt im Krieg gegen die Parther an der Ostgrenze des Reiches, und Caesar, der »Wegbereiter Europas«, unterwirft Gallien (58–51). In einem blutigen Bürgerkrieg besiegt

Caesar, der Neffe des Marius, zwar aus patrizischem Geschlecht, aber Anhänger der Volkspartei, Pompeius (48, Pharsalus). Caesar wird Diktator auf Lebenszeit (45), aber bei einer Verschwörung der Senatoren schon am 15. März 44 ermordet. Unter dem Großneffen Caesars, C. Octavius (Beiname Augustus, 27 v.–14 n. Chr.), tritt an die Stelle der Republik eine neue (monarchische) Herrschaftsform, der Prinzipat, der den machtpolitischen Erfordernissen des römischen Weltreichs besser Rechnung tragen kann. Der Entdecker der »Catilinarischen Verschwörung« (63–62), der Konsul Cicero, Philosoph und leidenschaftlicher Republikaner, bedauert den Untergang der Republik und wird selbst, wie sein großer Antipode Caesar, das Opfer patrizischer Gewaltpolitik.

Unter den römischen Kaisern gab es nüchterne und größenwahnsinnige, schwache und fähige Herrscher. Unter Caligula (37–41), der sich als Alexander, Caesar und Gott fühlte, wurde der Prinzipat zum Gottkönigtum, und Nero (54–68) verfiel dem Caesarenwahnsinn. Unter den Adoptivkaisern (96–192, Adoption statt Erbfolge) erholte sich das Römische Reich und erreichte seine größte Ausdehnung (98–117, Trajan). Mit Marc Aurel (161–180) bestieg ein Philosoph den Kaiserthron. Unter Diokletian (284–305) setzte sich das Gottkaisertum wieder durch, und aus dem Prinzipat wurde ein Dominat. Konstantin (324–337) nahm das Christentum an, das unter Theodosius (379–395) bei Verbot aller heidnischen Kulte zur Staatsreligion wurde (391). Mit der römischen Religion, die von Natur aus tolerant, polytheistisch, pluralistisch und synkretistisch (offen für alle möglichen Kulte) war und mit dem Übergang des Prinzipats in ein allen republikanisch Gesinnten verhaßtes Imperium erlosch der römische Staatsgedanke endgültig. 476 setzte der Gote Odoakar den letzten römischen Kaiser Romulus Augustulus ab. Das weströmische Reich hörte auf zu existieren, das oströmische (Byzanz) konnte sich bis zur Eroberung Konstantinopels durch die Türken (1453) halten.

Über den Untergang des Römischen Reiches ist viel nachgedacht worden. Gewöhnlich werden drei Gründe zur Erklärung angeführt: das Andringen der Germanen, die Übernahme des Christentums und der sittliche Verfall. Hinzu kommen jedenfalls noch: die Überforderung der Administration durch die Ausweitung des Reiches, die Ausblutung der staatstragenden Schicht in den ständigen Kriegen, die innere Selbstzerstörung in Bürgerkriegen.

Die Begabungen der Römer lagen nicht, wie bei den Griechen, in der Idee und der theoretischen Bewältigung der Welt, in schöpferischer Phantasie, in genialen Einfällen und spontanen Einzelaktionen, sondern vielmehr im Sinn für das Nützliche, für Realität und Fakten, in der Anpassungs- und Aneignungsfähigkeit, in Anverwandlung und Toleranz, Organisation, Herrschaft und Dienst am Gemeinwesen bis hin zur Selbstaufgabe.

Während die Griechen theoretische Modelle zur Erklärung der Welt erfanden, die erste Akademie gründeten, die Demokratie auf den Weg brachten und Olympische Spiele abhielten, wandten sich die Römer der praktischen Weltbewältigung, den Profan- und Ingenieurbauten zu, bauten Straßen, Wasserleitungen und Etagenhäuser, pflegten den Bogen- und Gewölbebau (Kreuz, Tonnen, Kuppeln), entwickelten ein Recht, das für Europa Maßstäbe setzte, und verwirklichten nicht zuletzt die republikanisch-freiheitliche Herrschaftsform im Gegensatz zu Despotie, Monarchie, Tyrannis und Diktatur. Der Circus als Stätte der Massenveranstaltungen, Attraktionen und Sensationen verbindet auf anderer Ebene die Neuzeit mit dem römischen Altertum. Nicht zuletzt lag die Begabung der Römer in der Fähigkeit zur Vermittlung, zur Ausbildung von Kommunikationssystemen und in der Tendenz zur Ausbreitung des Wissens und der Humanität: Information und Kommunikation, Kultur und Zivilisation. Die kulturelle Entwicklung Roms vor dem Auftreten des ersten namhaften Vertreters der Philosophie, des Lucretius Carus, kann hier nur skizziert werden.

5.1.6 Worte oder Taten?

Für die älteste Zeit gilt: »Latium steht in der Dürftigkeit seiner künstlerischen Entwicklung fast auf der Stufe der kulturlosen Völker.«[1] Hatten sich in Griechenland Künste, Philosophie und Wissenschaften, Epik, Lyrik und Drama eines nach dem anderen organisch entwickelt, herrschte dort das Nacheinander, so rezipierte Rom alles dies praktisch gleichzeitig in fertigem Zu-

[1] Schanz-Hosius, Geschichte der römischen Literatur. München Repr. 1979, Bd. 1, S. 42.

stand, herrschte das Nebeneinander. Nachdem Rom mit der Bezwingung seines mächtigsten Gegners, Karthagos, den Weg zur Weltherrschaft beschritten hatte, blieb ihm keine andere Wahl, als sich der Welt zu öffnen, das heißt vor allem der griechischen Kultur. Der Einfluß der umliegenden Völkerschaften auf die Tiberstadt war weniger bedeutend. Rom wurde nicht in Italien integriert, sondern Italien wurde römisch. Bei der quantitativen und qualitativen Überlegenheit der von Rom importierten oder nach Rom drängenden griechischen Kultur war es nur natürlich, wenn sich dort zwei Parteien herausbildeten, Philhellenen und Griechengegner, die noch lange nach dem Sieg der ersteren nicht verstummten.

Roms erster Schriftsteller, Appius Claudius Caecus (Konsul 307 und 296), verfaßte Werke in Prosa und Poesie. In einer Cicero noch bekannten berühmten Rede beschwor er, bereits erblindet, den Senat (280), ein Friedensangebot des Königs Pyrrhus nicht anzunehmen. Griechischer Kultur öffnete er sich. In seiner Spruchsammlung *(sententiae)* findet sich, neben Pythagoreischem, echt Römisches: »Jeder ist seines Glückes Schmied.«

Ein gefangener Grieche aus Tarent, L. Livius Andronicus, schenkte den Römern epische, lyrische und dramatische Nachdichtungen griechischer Werke und erschloß damit drei Gebiete der Poesie auf einmal.

Cn. Naevius aus Kampanien, der noch im Ersten Punischen Krieg mitgekämpft hatte, griff als selbstbewußter Dichter in seinen Dramen die römische Aristokratie an, in der er ein Verhängnis für Rom sah. Die Adligen rächten sich an ihm, indem sie ihn einkerkern und mißhandeln ließen. Von einem Volkstribun schließlich befreit, verließ er die Stadt und starb, fern von der Heimat, für die er gekämpft hatte (201). Für die Bühne beanspruchte der freiheitsliebende Naevius das Recht der freien Meinungsäußerung, das er sich von keiner Macht der Welt hatte nehmen lassen.

Die zunehmenden sozialen Spannungen kamen auch in den 21 Komödien des genialen Dichters T. Maccius Plautus (gest. 184) zum Ausdruck, der sich an Vorbilder der neueren griechischen Komödie (Menander, Diphilos, Philemon) hielt, die er kontaminierte und mit Anspielungen auf Zeitgenössisches würzte. Im ›Curculio‹ erläutert ein Garderobemeister die römischen Stände. Eine bunte Typologie von Charakteren spiegelt das Alltagsleben in der Gesellschaft: um die gleiche Geliebte rivalisierende Väter und Söhne mit den dazugehörenden Familienkonflikten, prahlerische Offiziere, Hetären, Zuhälter, Gaukler, schlaue Sklaven, Parasiten, Intriganten, Sykophanten, Geizhälse und Verschwender, arme Fischer, verführte Mädchen, aber auch treue Ehegatten. Liebesintrigen wechseln mit Rührstücken, Gaunerstücke mit Tragikomödien, Gespensterkomödien mit Familiendramen, Wortgefechte mit Prügelszenen, Verwechselungsszenen mit Possen, mythologische Travestien mit Charakterstücken. Bunt wie Leben und Charaktere sind Metra und Sprache, in der sich Griechisches und Römisches, Exotisches und Plautinisches, Literarisches und Umgangssprachliches mischt.

Der Dichter mit den »drei Seelen«, Q. Ennius (239–269), sprach griechisch, lateinisch und oskisch (Unteritalien). Im Jahre 204 holte der Griechengegner Cato den Mann nach Rom, der die Hellenisierung der römischen Literatur am stärksten vorantreiben sollte. Ennius, der nichts Geringeres sein wollte als der Homer Roms, behandelte die römische Geschichte in epischer Form (*annales*, Hexameter), dichtete 20 Tragödien vor allem nach Mustern des Euripides und schrieb den frühesten römischen Traktat philosophischen Inhalts ›Euhemeros sive sacra historia‹, eine freigeistige Abhandlung im Stil der rationalen Mythenkritik des Euhemeros von Messene (Sizilien, ca. 340 bis 260), der unter Göttern nichts anderes verstand als Menschen von hervorragender Intelligenz, die nachträglich als Götter verehrt wurden. Diese religionskritische Tendenz setzt sich bei dem Dichterphilosophen Lukrez fort. Im ›Telamo‹ des Ennius kommt eine philosophische Grundeinsicht zur Sprache, die sich sokratischer Weisheit nähert, ihr aber eine römisch-realistische Pointe gibt[2]:

> Daß es Götter gibt, das habe ich gesagt und werd' es stets,
> Meine nur, es rührt sie nimmer, was der Menschen treibt Geschlecht.
> Kümmerte sie's, ging's Guten gut, den Bösen schlecht, was jetzt nicht ist.

Der berühmte Censor M. Porcius Cato (234–149), Verfasser der ältesten erhaltenen lateinischen Prosaschrift ›De agricultura‹, gab einer verbreiteten römischen Haltung Ausdruck, der Ten-

[2] Karl Büchner, Römische Literaturgeschichte. Stuttgart, 5. Aufl. 1980, S. 77f.

denz zu Isolationismus und Traditionalismus. Dieser Einstellung entsprach die Ablehnung der »Griechlein« *(Graeculi)*, denen man Leichtfertigkeit, Zungenfertigkeit, Spitzfindigkeit und Unzuverlässigkeit vorwarf: Charakter gegen Intellekt. Cato änderte bekanntlich seine Haltung, als er merkte, daß die Wirklichkeit anders verlief, denn er war Realist. Sein Motto lautete: »Rem tene, verba sequentur« (Halte dich an Tatsachen, Worte werden folgen). Er bekämpfte die dekadenten adligen Herren und bekannte sich zur altrömischen Mannhaftigkeit *(virtus)*. Im Zweiten Punischen Krieg hatte er sich ausgezeichnet. In 44 Prozessen mußte er sich verteidigen und wurde jedesmal freigesprochen. Er haßte die *Punica fraus*, die karthagische Falschheit, zutiefst und pflegte seine Reden mit dem Satz zu beenden: »Ceterum censeo Carthaginem esse delendam« (... im übrigen meine ich, daß Karthago zerstört werden muß). Die endgültige Zerstörung der Stadt erlebte der 85jährige nicht mehr. In seinem Todesjahr begann die Endrunde gegen Roms gefährlichsten Feind.

Während die Gegner der Griechen ausstarben oder Rückzugsgefechte lieferten, wurde die Partei der Philhellenen immer stärker. Die Haltung der römischen Regierung war zunächst catonisch. Der Senat ging 186 gegen die ausgelassenen Bacchusfeste vor und ließ 181 v. Chr. angeblich pythagoreisch beeinflußte Schriften des Königs Numa, die wieder aufgetaucht waren, verbrennen. 173 wurden die Epikureer Alkaios und Philiskos aus Rom ausgewiesen. Während 165 der pergamenische Grammatiker Krates nach Rom kam und die Philologie dort einführen durfte, verwies ein Senatsbeschluß von 161 Redner und Philosophen aus der Stadt. Als 155 eine Philosophengesandtschaft, bestehend aus dem Akademiker Karneades, dem Peripatetiker Kritolaos und dem Stoiker Diogenes, aus Athen nach Rom kam, war die römische Jugend von der Disputierkunst dieser Männer so begeistert, daß der Senat sie schnell wieder abzuschieben suchte. Allein solche Maßnahmen zeugten nur von der Hilflosigkeit gegenüber dem Siegeszug des hellenischen Geistes: »Graecia capta ferum victorem capit et artes intulit agresti Latio« (Das besiegte Griechenland siegte über den wilden Sieger und trug die Künste in das ländliche Latium)[3]. Der Konsul Titus Flaminius verkündete bei den Isthmien in Korinth (196) die Freiheit der Griechen und wurde als »retten-

[3] Horaz, epist. II, 1.

der Gott« des Hellenentums verehrt. Titusfeste und Tituslieder kündeten seinen Ruhm bis in die Kaiserzeit. Ähnlich verhielt sich der Scipionenkreis gegenüber dem Griechentum, den Cicero in seinen staatstheoretischen Schriften verewigte. Hatte man die Welt mit all den Quellen ihres Reichtums erobert, warum sollte man auf den Luxus der Philosophie verzichten? Gegen Ende des 2. Jahrhunderts n. Chr. waren Karthager, Griechen, die Bewohner Spaniens sowie Vorderasiens niedergerungen, und Rom war für die Eroberung durch die griechische Kultur, nicht zuletzt durch die Philosophie, reif.

Die römischen Landesherren waren durchaus nicht nur Eroberer und Ausbeuter. Männer wie P. Rutilius Rufus, ein Stoiker mit Leib und Seele, den man den besten Mann seines Jahrhunderts nannte, wetteiferten in ihren Bemühungen um das Wohl der Provinzbewohner und erweckten durch ihre Ehrlichkeit den Haß der Geldaristokratie in Rom. Erpresser klagten den Schuldlosen wegen Erpressung an und setzten seine Verurteilung durch. In der Provinz, die er angeblich erpreßt hatte, wurden er und sein Lehrer Aurelius Opilius, der ihn ins Exil begleitete, mit offenen Armen empfangen. Cicero besuchte ihn im Jahre 78 v. Chr. Andere Männer, auf die die Republik stolz sein konnte, waren Manius Curius Dentatus und C. Fabricius Luscinus, beide mehrmals Konsuln und einmal Zensor. Dentatus besiegte 290 v. Chr. Samniten und Sabiner, 275 Pyrrhos und war weder durch Eisen noch durch Gold zu bezwingen, ein Vorbild des integren Römers. Fabricius war ein Vorbild an Tapferkeit, Unbestechlichkeit und Rechtschaffenheit. Er schickte einen Verräter, der sich anbot, Pyrrhos zu vergiften, zu diesem zurück. Griechische Städte, die er befreite, errichteten ihm in Rom ein Standbild. Das Bild vom erobernden, ausbeutenden und unterdrückenden Römer ist einseitig. Es gab auch verantwortungsbewußte, integre und menschliche Vertreter des römischen Volkes, und ihnen verdankte Rom seinen Aufstieg, sein Ansehen und seine Weltgeltung.

Das Streben nach Anstand, Sittlichkeit und Menschlichkeit zeigt sich auch in der Dichtung und hier vor allem in der Komödie. P. Terentius Afer (gest. 159), ein freigelassener Afrikaner, erreichte in seinen sechs Komödien ein höheres dichterisches Niveau als Plautus, wenn es auch lange dauerte, bis sich der feinere Geschmack durchsetzte: die Halbwelt wird zurückgedrängt, Gelage auf der Bühne entfallen, der Ton ist feiner, die Sprache gewählter, die Kunst *(ars)* überwiegt, wie Horaz schon bemerkte. Caesar und Cicero vergleichen Terenz mit Menander, und der Gelehrte Varro erkannte, daß die Stärke des Terenz weniger im Pathos als im Ethos liegt. Im Mittelalter, in der Neuzeit und Moderne erfreute sich dieser Dichter hohen Ansehens. Von ihm stammt der Satz: »Homo sum, humani nil a me alienum puto« (Ich bin ein Mensch, nichts Menschliches ist mir fremd). Wenn auch erst Cicero den Terminus *humanitas* prägte, weist dieser zentrale Wertbegriff doch auf Terenz und seine Zeit zurück und führt direkt zum Scipionenkreis. Man darf darüber die andere, tyrannische Seite römischen Wesens nicht vergessen. Sie fand in der niedergehenden Tragödie ihren Ausdruck. Im ›Atreus‹, in einem der 45 nur in wenigen Fragmenten erhaltenen Stücke des Lucius Accius (170–86), kam der von Seneca mit Recht gerügte, in Altertum und Neuzeit oft wiederholte Satz vor: »Oderint, dum metuant« (Mögen sie hassen, wenn sie nur fürchten). Die Gegentendenz zur Humanisierung feierte 105 einen Triumph, als die Gladiatorenspiele den Rang von staatlichen Feiern erlangten.

5.1.7 Der Scipionenkreis

Im Hause der Scipionen, das bereits zur Zeit des älteren Scipio Africanus (Sieg über Hannibal 202) griechischer Kultur offenstand, gelang es Publius Cornelius Scipio Africanus minor Numantinus (Eroberung Numantias 133), den Historiker Polybios und den Philosophen Panaitios, beide Griechen, zu Freunden zu gewinnen. In »einer der wichtigsten Urkunden für die Geschichte des römischen Geistes«[4] hat Polybios (31, 23, 4ff.) die für Rom schicksalhafte Begegnung mit dem jungen Scipio festgehalten. Aus dem Hauslehrerverhältnis einer angesehenen römischen Familie zum griechischen »Sklaven« war eine lebenslange Freundschaft geworden. Nationale Vorurteile und Klassenunterschiede waren aufgehoben. Aus der griechischen Geisel war ein römischer Aristokrat geworden, aus dem Römer, nach Werturteil und Lebensstil, ein Grieche. Polybios schrieb die erste römische Universalgeschichte, die zugleich »die erste Universalgeschichte der Welt« ist[5], zugleich auch die Bibel für neu-

[4] Büchner, Römische Literaturgeschichte, S. 143.
[5] Ebd., S. 146.

zeitliches Verständnis von Republik, Demokratie und Konstitutionalismus. Der Stoiker Panaitios, der Scipio etwa 146 kennenlernte, verbrachte mehrere Jahre im Hause der Scipionen und nahm an den Gesprächen zwischen Scipio und Polybios teil. Nach dem Tode Scipios kehrte er in seine geistige Heimat Athen zurück. Von ihm ist nur ein wörtliches Fragment erhalten, das übrige vermittelt Cicero, vor allem in seinem Werk ›De officiis‹. Der griechische Begriff *kathekon* erscheint als *officium, kalon* als *honestum, prepon* als *decorum.* Fast alle Mitglieder des Scipionenkreises waren nicht Schüler des Panaitios, sondern seine Gesprächspartner, Mitdenker, Freunde.

5.1.8 Künste und Wissenschaften

Auf dem Gebiet der Geschichtsschreibung hatten die Römer mehr zu bieten als auf dem der Philosophie. Die Rhetorik entwickelte sich aus eigenen Anfängen (Leichenrede, Gerichtsrede), die Satire war eine römische Erfindung: »satura tota nostra est.«[6] In der dramatischen Dichtung überwog die Komödie, das Epos nahm eine Wendung zum Historischen, die Lyrik erschloß neue Dimensionen der Subjektivität. Während die Philologie größtenteils von außen nach Rom verpflanzt wurde, schöpfte die Altertumsforschung aus eigenen Quellen. Entsprechend gestellte Gelehrte und Gebildete hatten ihre Bibliotheken und Sammlungen in Rom. Aemilius Paulus hatte aus Makedonien eine Bibliothek mitgebracht, die er seinen Söhnen schenkte, Sulla brachte die Bibliothek des Apellikon von Teos mit, die, von einem griechischen Grammatiker namens Tyrannion geordnet, Rom unter anderem die Kenntnis der Aristotelischen Philosophie einbrachte.

Eine nicht zu unterschätzende Größe im römischen Kulturleben stellten die Mimographen dar. 238 wurde der Göttin Flora ein Tempel gebaut. Die Floralien, damit verbundene Festspiele, feierte man seit 173 regelmäßig. Über die ausgelassenen Tänze und mimischen Darstellungen dort ärgerte sich noch der Kirchenvater Augustin. Der künstlerische Mimus erreichte in Decimus Laberius und Publilius Syrus seinen Höhepunkt. Als Rit-

[6] Quintilian 10, 1, 93.

ter durfte Laberius seine Mimen nicht selbst darstellen, wohl aber der freigelassene Publilius, der um 83 v. Chr. als Sklavenjunge aus Syrien nach Rom kam, wo er, dank seiner hohen dichterischen Begabung, bald freigelassen wurde. Bei den Triumphalspielen Caesars (46 v. Chr.) besiegte er vor einem erlesenen Publikum – Cicero war auch anwesend – seinen Rivalen Laberius. Die Sentenzen des Publilius, die die römische Lebensphilosophie in kurzen und prägnanten Versen festhalten, gehörten mit ihrem nahezu unerschöpflichen Reichtum an psychologischer Einsicht in Mittelalter, Renaissance und Neuzeit zum beliebtesten Lern- und Lesestoff. Hier nur einige wenige Kostproben dieser Ethik für jedermann, die ziemlich alle Lebensbereiche umfaßt: »Geliehen, nicht geschenkt ist unser Leben.« »Du stirbst so oftmal, wie dir Freunde sterben.« »Dem Schlechten schenken heißt dem Guten nehmen.« »Gewinn, der Ehre kostet, ist Verlust.« »Der Plan, den man nicht ändern kann, ist schlecht.« »Verzögern läßt sich Gutes, nicht vernichten.« »Der Richter spricht beim Spruch auch sich ein Urteil.« »Des Frevlers Freispruch ist des Richters Schuldspruch.« »Sich selbst verdammt, wer schuldig spricht die Unschuld.« »Selbst Wahrheit, die der Stärkere setzt, ist Lüge.« »Beim Denken kämpft der Weise gegen alle.«[7]

Die Satire mit bestimmtem Inhalt, eine Art Gegenstück zur unnachahmbaren alten griechischen Komödie des Aristophanes, gab es in Rom seit C. Lucilius (ca. 180–102), dem Kleitomachos (gest. 110) eine Einführung in die akademische Philosophie widmete. Im Altertum war von Lucilius eine Satiren-Sammlung in 30 Büchern bekannt, worin er vor allem politische und gesellschaftliche Mißstände geißelte: Betrüger in der Maske von Biedermännern, Habsucht, Luxus, Aberglauben, Sprachverderbnis. Als Moralist ruft Lucilius zu altrömischer Tugend und Gesinnung auf, kämpft gegen Perversionen im Verhalten. Das Wohl des Vaterlandes hat den Vorrang, es folgt das Wohl der Eltern, an letzter Stelle das eigene. Man sieht, wohin die Entwicklung ging und was Lucilius verhindern wollte. Cicero erwähnte ihn häufig, und während der Dekadenz der Kaiserzeit entdeckte man ihn wieder und feierte ihn.

Die Geschichtsschreibung entwickelte sich von der Annalistik eines Q. Fabius Victor zur historischen Monographie eines

[7] Hermann Beckby, Die Sprüche des Publilius Syrus. München 1969, S. 33 u. 59.

L. Coelius Antipater weiter, von da zur Zeitgeschichte eines Sempronius Asellio und L. Cornelius Sisenna, zur Biographie des Cornelius Nepos und Autobiographie L. Cornelius Sullas, um in den künstlerisch und philosophisch hochwertigen Darstellungen des C. Crispus Sallustius in republikanischer Zeit zu gipfeln. Daneben gab es noch Stadtchroniken und Zeittafeln. Sallust übte als politischer Historiker vor allem in zwei Monographien Kritik an der römischen Führungsschicht, in seiner Schrift über die Verschwörung Catilinas und im ›Bellum Iugurthinum‹, einer Darstellung des Krieges gegen den afrikanischen König Iugurtha. »Dort brachte ein Häuflein adliger Taugenichtse den Staat an den Rand des Verderbens, hier erreichten die Habsucht und die Bestechlichkeit der herrschenden Klasse den höchsten Grad.«[8] Die Selbstkritik am römischen Imperialismus begann in Rom also schon zur Zeit der Republik. Sallusts tiefe Einsichten in Wesen und Wirkung der Dekadenz haben in Altertum, Mittelalter und Neuzeit lebhafte Resonanz gefunden. Die philosophische Grundorientierung ist stoisch (Poseidonios). Sallusts Definition der Freundschaft ging, neben anderen Sentenzen, als überzeitlicher Beitrag römischer Lebensphilosophie zur Ethik in die Geschichte ein: »Dasselbe wollen und dasselbe nicht wollen: das erst ist feste Freundschaft.« (Cat. 20, 4)

Die Zeit war für eine erste vergleichende Bilanz griechischer und römischer Größe reif. Diesem Bedürfnis entsprach Cornelius Nepos, ein Freund Catulls. Er bereicherte die römische Geschichtsschreibung durch seine Synkrisis ›Über berühmte Männer‹, in der Feldherren, Könige, Historiker, Redner, Dichter, Grammatiker dargestellt sind, ferner durch den Versuch eines chronologischen Abrisses der Weltgeschichte sowie durch eine Sammlung von Kuriositäten. Hierher gehören noch aufkommende publizistische Neuerungen, zum Beispiel die Veröffentlichung von Senatsprotokollen und die Herausgabe einer Stadtzeitung. Im Jahre 88 v. Chr. wurde die Einheit Italiens hergestellt, die Italiker wurden *cives Romani,* mit einem Recht, einer Sprache und einer Münze. Neben den Provinzialsprachen bildete sich die *urbanitas* heraus, die gepflegte Sprache der Kulturmetropole.

Die Rhetorik erhielt in der Gracchenzeit, der Zeit sozialer Krisen, neue Impulse. Die berühmtesten Redner des 1. Jahr-

[8] Schanz-Hosius, Geschichte der römischen Literatur, Bd. 1, S. 374.

hunderts v. Chr. waren, Cicero zufolge, M. Antonius (143–87) und L. Licinius Crassus (140–71), letzterer ein Meister der Invektive. Q. Mucius Scaevola Pontifex (140–82) galt als tüchtigster Redner unter den Juristen, Crassus als tüchtigster Jurist unter den Rednern. Im Stil des athenischen Redners Isokrates Reden auszuarbeiten, ohne sie zu halten, lag den Römern fern, näher dagegen praxisbezogene Improvisationen bei konkreten Anlässen. Dennoch erreichte die Redekultur im 1. Jahrhundert v. Chr. ihren Höhepunkt, und damit wurden auch Stilfragen aktuell. Den Asianern standen die Attiker gegenüber. Jene bevorzugten den »zerschnittenen Stil«, entweder in gezierter oder pathetischer Form, diese schlossen sich an den einfachen Stil des Atheners Lysias an – wie Isokrates ein Zeitgenosse Platons – und setzten sich, mit Cicero, in Rom durch. M. Iunius Brutus, dem Cicero mehrere Werke widmete und den er (vergeblich) zu seinem Redestil zu bekehren suchte, befaßte sich auch mit philosophischen Fragen. Er schrieb Monographien über die Selbstgenügsamkeit der Tugend, über die Pflichten und die Geduld.

Die allgemeine Tendenz zur Sprachkunst beherrschte auch die Jungrömische Dichterschule. Die Abneigung der Römer gegen Lyrik schwand, und man bemühte sich, als ein gelehrter Dichter *(poeta doctus)* zu erscheinen. Umfangreiche Epen lehnte man ab *(méga kakón,* ein großes Übel). Die Modernen *(neóteroi)* griffen kritisch in die politischen Konflikte ein. Es war die Zeit der Prozesse, Parteien und Pamphlete. C. Licinius Calvus haßte alle Mächtigen im Staat, und M. Furius Bibaculus griff, nicht anders als Catull, die Günstlingswirtschaft an. C. Valerius Catullus (87–57 v. Chr.), aus Verona, vereinigte höchste künstlerische Begabung mit Echtheit und Tiefe des Gefühls. Er erhob keinen Anspruch auf großes Künstlertum oder gar Genialität, sondern wollte nur ein Büchlein *(libellus)* mit Kleinigkeiten *(nugae)* bieten. Seine Bescheidenheit wurde, seitdem Coluccio Salutati Abschriften herstellen ließ (1375), reich belohnt. Er gilt heute als einer der größten Dichter Roms und der Weltliteratur. Er war ein Zeitgenosse des Lukrez, jedoch mehr Dichter als Philosoph, wenn auch seine gesellschaftskritischen Gedichte ins Schwarze treffen und sich in der Intention weitgehend mit der Kritik Sallusts oder Ciceros decken. Neben der subjektiven Seite seiner Haßliebe kommt in Catulls berühmtem Distichon, objektiv, die ganze Verzweiflung der integren römischen Jugend angesichts einer hoffnungslos korrumpierten Gesellschaft zum Ausdruck:

Ich liebe und hasse. Warum ich das tue, fragst du vielleicht:
Ich weiß es nicht, doch daß ich es tue, empfinde ich und vergehe in Qual.
Odi et amo. Quare id faciam, fortasse requiris:
Nescio,sed fieri sentio et excrucior. (85)

5.2 *Primum vivere, deinde philosophari*

5.2.1 Lukrez

Zu den spezifisch römischen Denkern zählen vor allem fünf: der Dichter Titus Lucretius Carus (96–55), der Konsul Marcus Tullius Cicero (106–43), der Prätor Lucius Annaeus Seneca (4 bis 65), der Kaiser Marcus Aurelius Antoninus (121–180) und der Konsul Anicius Manlius Torquatus Severinus, genannt Boëthius (ca. 480–524).

In dem unvollendeten Werk ›De rerum natura‹ (Über die Natur der Dinge) des Lukrez sind Lehren von Empedokles, Demokrit und Epikur mit eigenen Auffassungen des Dichterphilosophen verbunden. Das Lehrgedicht ist in sechs Bücher eingeteilt und umfaßt 7400 Hexameter. Es wurde von Cicero vor der Veröffentlichung redigiert.

Lukrez stammte wahrscheinlich aus einfachen Verhältnissen. Die Widmung seines Gedichts an C. Memmius, Prätor des Jahres 58 v. Chr., aus reichem Geschlecht des volskischen Landadels und Frauenheld, trägt werbende Züge. Die Urteile über die dichterische Qualität des Werkes divergieren stark, einige halten es für große Poesie, mit Homer oder Shakespeare vergleichbar, andere für mühsam versifizierte Prosa, mehr Rhetorik als Dichtung, wenn auch durch seine kraftvolle Sprache nicht ohne Reiz. Die Armut der lateinischen Sprache an geeigneten Worten für philosophische Begriffe macht sich schon beim Atombegriff bemerkbar, den Lukrez durch *elementa, primordia* oder *semina* wiedergibt. Der überraschende Anruf der Göttin Venus im Proömium des sonst ziemlich pessimistischen

Gedichts erklärt sich wohl nicht zuletzt aus der Haltung gegenüber Memmius, einem Günstling dieser Göttin, vielleicht auch aus der Frustration des Dichters selbst oder einfach aus der künstlerischen Absicht, der anorganisch-mechanistischen Weltkonzeption, einer Philosophie des Todes, die Fülle, das Leben und die Liebe als kontrastierende Mächte gegenüberzustellen. Es gelang dem Dichter jedenfalls, aus dem spröden Stoff ein eindrucksvolles Stimmungsbild zu machen, in dem sich Historisches, Zeitgenössisches und Weltanschauliches mit viel Gefühl, Pathos und Subjektivem mischen. Lukrez erlebte, wie Cicero, die Agonie der Republik und der Freiheit, Chaos und Zerfall, Kriege und Revolutionen, die Blutbäder des Marius und die Proskriptionen Sullas, den Bundesgenossenkrieg und die Verschwörung Catilinas. Von Soldaten, die gegen Mithridates gekämpft hatten, hörte Lukrez beispielsweise, wie die Sichelwagen des Königs den Gegnern reihenweise die Beine abgeschnitten hatten. Kein Wunder also, wenn das Gedicht von einer tiefen Sehnsucht nach Frieden, Sicherheit, Menschlichkeit und epikureischem Lebensgenuß durchdrungen ist, bricht doch das Werk mit einer erschütternden Schilderung der Pest in Athen (429–426) ab.

5.2.1.1 Religionskritik

Nicht weniger chaotisch als die politischen Verhältnisse zur Zeit des Lukrez waren die religiösen Vorstellungen. Orientalische Religionen und Mysterienkulte überschwemmten Rom, Wahrsagerei, Zauberei und Magie blühten wie nie zuvor. Da liegt das spezifisch römische und philosophische Anliegen des Gedichts: Befreiung von Ängsten vor den Göttern und dem Tod, Versöhnung mit der Natur, Kritik an Aberglauben, Heuchelei und Frömmelei: »So viele Übel konnte die Religion anstiften« (tantum religio potuit suadere malorum). Mit der religionskritischen Tendenz verbindet sich die Kritik an Ehrgeiz, Herrschaft und Machtstreben. Es ist sicher kein Zufall, daß das Wort »Religion« aus dem Lateinischen kommt, »Philosophie« dagegen aus dem Griechischen.

Die Kritik des Lukrez an der Politik seiner Zeit läßt sich in den Sätzen zusammenfassen: Der Unterschied zwischen Herrschern und Beherrschten ist illusorisch. Der Herrscher ist ein Mensch wie jeder andere. Herrschen ist überhaupt fragwürdig,

Macht eine illusorische Größe. Streben nach Ruhm und Macht gehört weder zu den natürlichen noch zu den notwendigen Bedürfnissen, sondern zu den verderblichen Begierden. Ehrgeiz, oder wie Lukrez ihn bezeichnet, »die blinde Gier nach Ehren« *(honorum caeca cupido)* verband sich mit der Habgier, dem Streben nach Reichtum. Herrscher sind in Wirklichkeit nicht frei, da sie ihre Entscheidungen vom Urteil anderer abhängig machen. Republikanische Gesinnung, deren Lebenselement die Freiheit ist, und Machtstreben, Herrschaft und Befehl *(imperium)* sind unvereinbar.

Mut, Leidenschaftlichkeit und Vehemenz[9] dieses Angriffs auf das uralte Bündnis von Magie und Macht unterscheiden römisches von hellenistischem Philosophieren und darüber hinaus westlichen Freiheitswillen von orientalischer Ergebenheit. Als einmalig, neu und ohne Parallele in der Antike erscheinen ferner der »Enthüllerfanatismus« des Lukrez, sein »Drang zur nackten Wahrheit«[10]. Typisch für die realistisch-praktische Einstellung der Römer zur Welt ist die Verbindung von Mut zur Wahrheit mit Freiheitswillen: Philosophie wird zur Selbstbefreiung aus den Fesseln korrupter Politik und Religion.

5.2.1.2 Atomistische Weltkonzeption

Einmalig dürfte auch das gefühlsmäßige Engagement des Lukrez sein, das Einfühlungsvermögen in das Weltgeschehen, die erlebte, gestaltete, dramatisierte Philosophie im Gegensatz zum kühlen, distanzierten, intellektuellen Denkstil seines großen Vorbildes, Epikurs. Auf das Proömium des 1. Buches – alle Bücher werden mit einem Proömium eingeleitet – folgt ein Enkomion auf Epikur. Nach dem Hinweis auf die Schwierigkeiten der Erörterung, einem festen Topos in der Einleitungstechnik antiker Rhetorik, den auch Aristoteles kannte und anwandte, folgen die Grundzüge der demokritisch-epikureischen Atomtheorie in dichterischem Gewand. Am Anfang steht der griechischem und römischem Denken gemeinsame Grundsatz: »Aus dem Nichts wird nichts«, dann aber auch seine Umkehrung: »Nichts wird zu nichts.« Es folgen Darlegungen über die Mate-

[9] *Vehementia,* griech. *deinótes,* ist ein Qualitätsmerkmal eindrucksvoller Rede.

[10] Titus Lucretius Carus, Welt aus Atomen. Hg. v. K. Büchner. Zürich 1956, S. 36.

rie und den leeren Raum, über die Eigenschaften der Atome, nach Art der Doxa-Kritik des Aristoteles eine Auseinandersetzung mit den Lehren der Vorgänger (Heraklit, Empedokles, Anaxagoras), ferner, nach einer Bemerkung über die eigene dichterische Sendung, die These von der Unendlichkeit des Weltalls, des Raumes und der Materie. Im 2. Buch befaßt sich der Dichterphilosoph, nach einem Bekenntnis zur epikureischen Lustlehre, mit der Bewegung, Gestalt und Beschaffenheit der Atome sowie mit der Entstehung und dem Untergang der Welt. Das 3. Buch ist der Natur von Seele und Geist gewidmet, ferner der Bemühung um Überwindung der Todesfurcht, das 4. Buch enthält die Lehre von den Abbildern *(simulacra)*, eine Erkenntnistheorie und eine Traumanalyse sowie eine Kritik der leidenschaftlichen, zerstörerischen Liebe. Im 5. Buch folgen Darlegungen über den Anfang und das Ende der Welt, über die Himmelskörper, speziell die Erde, über Zivilisation, Sprache, Gesetzgebung, Götterglauben, Krieg und Frieden. Im 6. Buch werden furchterregende Naturereignisse mit Hilfe der Atomtheorie erklärt, die Entstehung und Verbreitung religiöser Ängste, magnetische Erscheinungen und schließlich die Krankheiten. Der Themenkreis fügt sich in den Rahmen Welt – Mensch – Götter ein.

5.2.1.3 Theorie des Lichtes

Nach dem Weltverständnis des Lukrez erschließt die *ratio* den leeren Raum. Von der Materie und dem Raum sind die *coniuncta* und die *eventa* zu unterscheiden, die unabtrennbaren Eigenschaften der Dinge *(res)*, wie die Hitze des Feuers und ihre zeitlichen Veränderungen. Wäre die Materie nicht ewig, wäre schon alles vergangen, wäre sie nicht unendlich, könnte im unendlichen Raum keine Welt *(mundus)* entstehen. Atombewegungen lassen sich durch Sonnenstäubchen veranschaulichen: »Betrachte doch nur, wenn immer die Strahlen der Sonne in die dunklen Räume der Häuser eindringen und ihr Licht verbreiten! Viele winzige Körper wirst du da auf vielerlei Weise gerade im Lichte der Strahlen sich im Leeren mischen und wie in ewigem Streite Kämpfe und Gefechte führen sehen, Schar gegen Schar kämpfend, und sich keine Ruhe gestatten, durch ständige Sammlung und Trennung gequält. Daraus kannst du schließen, was es heißt, daß die Urkörper der Dinge in dem weiten Leeren immer gestoßen werden, sofern nur ein kleines Ding von großen Dingen ein Beispiel und Spuren ihrer Erkenntnis geben kann.«[11]

Subtile Beobachtungsgabe verbindet sich hier mit römischer Welterfahrung (Kampf) und künstlerisch-intuitivem Erfassen von Zusammenhängen, das der wissenschaftlichen Erkenntnis um mehr als 1500 Jahre vorauseilt, z.B. dem Fallgesetz im Vakuum: »Deshalb muß alles durch das ruhige Leere trotz ungleichen Gewichtes gleich schnell sich bewegen.« (II, 238f.) Zu dieser Einsicht waren einige Epikureer allerdings schon vor Lukrez gelangt. Für die Geschichte philosophischer und wissenschaftlicher Theoriebildung ist die Tatsache nicht uninteressant, daß die von allerlei bizarren Vorstellungen manchmal überwucherten Gedanken der Epikureer mehr Richtiges zur Welterklärung enthalten als die viel geschliffeneren und daher weniger angreifbaren Theorien ontologisch-idealistischer Provenienz. Dahin gehört auch die intuitive Erfassung der Lichtgeschwindigkeit, die nicht nur im Werk des Lukrez einen Höhepunkt bildet, sondern in der Naturphilosophie überhaupt:

»Erstens kann man ja oft sehen, daß leichte und aus kleinen Körpern gebildete Dinge schnell sind; dazu gehört das Licht der Sonne und ihre Wärme, weil sie aus winzigen ersten Teilchen gemacht sind, die sozusagen vorwärts getrieben werden und nicht zaudern, durch den dazwischen liegenden Raum der Luft zu gehen, getrieben von dem nachfolgenden Schlage; denn Licht wird immer durch Nachschub von Licht sofort ersetzt, und nacheinander wie in einem Gespann am Zugseil wird jeder Blitz vom anderen angestachelt. Deshalb müssen in gleicher Weise die Abbilder den unvorstellbaren Raum in einem Augenblick durcheilen können, erstens, weil weit hinter ihnen im Rücken eine kleine Ursache ist, die sie vorwärts bringt und treibt, außerdem, da sie von so flüchtiger Leichtigkeit getragen werden können, dann, weil sie mit so lockerem Gewebe ausgestattet entsandt werden, daß sie leicht jedes beliebige Ding durchdringen und den Luftraum gleichsam durchsickern können. Weiter, wenn die Teilchen der Dinge von innen heraus und aus der Tiefe geschickt werden, wie das Licht und die Hitze der Sonne, sieht man sie in einem Augenblick der Zeit fallen und sich über den ganzen Raum des Himmels hin ergießen und über

[11] II, 112–24. Lukrez, Über die Natur der Dinge. Hg. v. J. Martin. Berlin 1972, S. 103.

Länder und Meere hinfliegen und den Himmel überfluten. Wie ist es dann also mit denen, die schon in vorderster Linie bereitstehen, wenn sie weggeschleudert werden und nichts ihre Ausstoßung verhindert? Siehst du nicht, um wieviel schneller und weiter sie gehen müssen und daß sie eine vielfach größere Strecke durcheilen müssen in der gleichen Zeit, in der das Licht der Sonne den Himmel durchläuft? Das scheint mir vor allem ein wahres Musterbeispiel zu sein, mit welch schneller Bewegung die Abbilder dahingetragen werden, weil, sobald die glänzende Fläche des Wassers unter den offenen Himmel gesetzt wird, sofort, wenn mit Sternen der Himmel besetzt ist, die heiter strahlenden Sterne des Alls entsprechend im Wasser erscheinen. Siehst du jetzt also, wie in einem Augenblick nur das Bild aus den Gefilden des Himmels in das Reich der Erde herabstürzt? Darum mußt du wieder und wieder gestehen, daß Körper ausgesandt werden, die unsere Augen treffen und unser Sehvermögen reizen.« (IV, 183–217)

5.2.1.4 Aufklärende Psychologie

Ähnlich treffende Bemerkungen wie zur Welterklärung finden sich auch in den Ausführungen des Lukrez zu *anima* (Leben) und *animus* (Seele). In der Bemühung um eine differenziertere Sicht des Psychischen scheut Lukrez nicht einmal vor der Kritik an Demokrit zurück: Seelenatome sind viel feiner als Körperatome und können also nicht mit diesen vertauscht werden. Oft spürt man beispielsweise nicht das Bein einer Fliege am Körper, was Lukrez damit erklärt, daß es empfindungslose Körperstellen (ohne Seelenatome) gibt. Seele und Geist sterben mit dem Körper – Aristoteles hatte bekanntlich dem tätigen Geist ein Schlupfloch zugestanden –, aber der Tod ist deswegen nicht zu fürchten, nicht anders, als wären wir nie geboren. Im Vergleich zum ewigen Tod *(mors aeterna)* ist das Leben ein Nichts. Aus der (ohne die Atomlehre) unvermeidbaren Erkenntnis von der Unvollkommenheit der Welt läßt sich nur folgern, daß die Welt nicht das Werk der Götter ist. Da die Götter, wenn es sie gibt, weit vom Weltgeschehen entfernt ihr unsterbliches, sorgenfreies Dasein fristen und sich nicht um die Angelegenheiten der Menschen kümmern, besteht auch kein Grund, ihren Zorn zu fürchten:

»Wenn du das erkannt hast und festhältst, siehst du gleich,

wie die Natur, frei, ohne stolze Herren, selbst aus eigenem Willen alles tut ohne Götter. Denn bei den heiligen Herzen der Götter, die in stillem Frieden ruhige Zeiten genießen und ein heiteres Leben, wer vermöchte die Summe des unermeßlichen Alls zu lenken, wer in starker Hand mit Maß die mächtigen Zügel der Tiefe zu halten, wer in gleicher Weise alle Himmel kreisen zu lassen und alle die fruchtbaren Länder mit himmlischem Feuer zu wärmen oder an allen Orten zu gleicher Zeit gegenwärtig zu sein, daß er mit Wolken Finsternis schaffe und den heiteren Himmel durch Donner erschüttere, dann Blitz sende und oft auch die eigenen Tempel zerstöre und in die Wüste weichend wüte, den Blitz schwingend, der häufig an den Schuldigen vorbeigeht und Unschuldige des Lebens beraubt, die es nicht verdient haben?« (II, 1090 ff.)

War damit, wie die Dunkelmänner aller Zeiten und Schattierungen behaupteten, dem Unglauben und der Unmoral Tür und Tor geöffnet? Betrachtet man das Lebensideal des Lukrez genauer, könnte man zu einem entgegengesetzten Schluß gelangen. Er wollte nicht die Leidenschaften entfesseln, sondern sie bändigen, nicht die Lebensgier anregen, sondern sie, wie Hindus und Buddhisten, überwinden. Er wollte auch nicht fremde Lehren gegeneinander ausspielen, um mit seiner Lehre zu siegen, sondern er ließ für rätselhafte Erscheinungen mehrere Erklärungen zu, wenn sie nur rational und plausibel waren. Er teilte die Menschen nicht in Rechtgläubige und Heiden oder Ketzer ein, forderte weder Abgrenzung noch strebte er nach Überlegenheit, sondern er betonte die Gleichheit, suchte Gegensätze und Spannungen zu mildern, lehnte Machtwillen, Streit und Krieg ab. Ein Leben in Muße und Frieden, dem philosophischen Erkennen und wissenschaftlicher Forschung hingegeben, empfahl er dem ehrgeizigen Politiker Memmius. Was die Obskuranten dem Lukrez fast noch mehr übelnahmen als seinen »Atheismus«, »Immoralismus« und »Materialismus«, war seine subtile Analyse pseudoreligiöser Verhaltensweisen, die er als solche entlarvte. Wer die Angst als Wurzel zahlreicher Verbrechen erkennt und zudem einige Mechanismen der Heuchelei enthüllt, verdirbt denen, die von der Angst der Menschen profitieren, das Geschäft. Entlarvte Betrüger waren es in erster Linie, denen Lukrez als Befreier von Ängsten verhaßt war. In Wirklichkeit erweist sich Lukrez als viel religiöser und moralischer als die meisten seiner Kritiker:

»Dieselben Menschen aber, sind sie verjagt aus der Heimat

und weit weg von dem Anblick der Menschen verbannt und von schändlichen Verbrechen besudelt und schließlich noch beladen von jeder Art Mühsal, leben doch schließlich und ... wenden in ihrem Unglück noch eifriger ihr Herz der Religion zu. Deshalb ist es geratener, in Zweifel und Gefahr den Menschen zu betrachten und zu erkennen, wer er im Unglück ist; denn da entringen sich aus tiefster Brust Stimmen der Wahrheit, die Maske wird weggerissen von der wahren Gestalt. Die Habsucht schließlich und die blinde Begierde nach Ehren, die die armen Menschen zwingt, die Grenzen des Rechtes zu überschreiten und oftmals als Genossen und Helfer bei Verbrechen Tag und Nacht in unermüdlicher Arbeit sich zu mühen, um zum Gipfel der Macht aufzutauchen, diese Wunden des Lebens werden nicht zum kleinsten Teile von der Furcht vor dem Tode genährt ... Und während die Menschen, von falschem Schrekken getrieben, dem entfliehen und weit, weit weg sich entfernen wollen, häufen sie durch Bürgerblut Vermögen an und verdoppeln gierig ihren Reichtum, häufen Mord auf Mord und freuen sich grausam am traurigen Tode des Bruders ... Aus derselben Angst heraus quält sie oft auf ähnliche Weise der Neid, daß der vor ihren Augen mächtig ist, jener beachtet wird, und sie beklagen sich, daß dieser in Ehren daherkommt, sie selbst aber in Dunkel und Schmutze sich wälzen ... Und so ergreift so sehr die Menschen aus Furcht vor dem Tode Haß gegen das Leben und den Anblick des Lichtes, daß sie sich selbst den Tod antun, weil sie traurigen Herzens vergessen, daß gerade diese Furcht die Quelle ihrer Leiden ist ... Wie nämlich Kinder zittern und in tiefer Finsternis vor allem sich fürchten, so fürchten wir in hellem Lichte zuweilen, was man nicht mehr zu fürchten brauchte als das, wovor die Kinder in der Finsternis beben und was sie sich vorstellen, daß es auf sie zukomme. Diesen Schrekken nun und diese Finsternis der Seele müssen nicht die Strahlen der Sonne und die leuchtenden Pfeile des Tages zerstreuen, sondern nur die Erkenntnis der Natur und ihr inneres Gesetz.« (III, 48ff.)

5.2.1.5 Nachwirkung

Das Gedicht des Lukrez verfehlte seine Wirkung weder im Altertum noch in der Neuzeit. Es wirkte auf Horaz und Vergil; Ovid war vom Wert dieser Dichtung so überzeugt, daß er ihr

Geltung bis ans Ende der Welt prophezeite. Der Humanist Poggio di Guccio Bracciolini entdeckte 1418 Lukrez nach langer Vergessenheit wieder, der Arzt Girolamo Fracastoro schloß sich Lukrez in der Meinung an, Krankheiten schwebten als schädliche Samen in der Luft, Giordano Bruno teilte, im Gegensatz zu Aristoteles, die Annahme des Lukrez von vielen gleichartigen und veränderlichen Welten, und Pierre Gassendi (1592–1655) rehabilitierte die von Lukrez vermittelte Atomtheorie. Francis Bacon (1561–1626) schätzte an Lukrez besonders den abgeklärten Seelenzustand des Weisen, eine Haltung des Mitgefühls und nicht des Stolzes. Thomas Hobbes (1588 bis 1679) ebnete der Lukrez-Tradition im engeren, philosophischen Sinn in England den Weg. Michel Montaigne (1533 bis 1592) entdeckte den »Moralisten« Lukrez, Voltaire (1694 bis 1778) verehrte ihn, und Kant war sich der Bedeutung des Lukrez als Vermittler wesentlicher Züge seiner Kosmogonie bewußt. Friedrich der Große suchte und fand in gefahrvollen Situationen des Siebenjährigen Krieges Trost bei Lukrez, und Goethe nannte ihn einen »starken Geist«, womit er weniger die Bewältigung philosophischer Lehren der Griechen durch Lukrez gemeint haben dürfte als die mutige Art der Vermittlung einer Lebensphilosophie, also eine römische Charakterqualität.

Griff Lukrez auf die epikureische Philosophie zurück und hielten sich später Seneca und Marc Aurel vor allem an die Stoiker, so ist für Cicero Platon der eigentliche Gewährsmann. Cicero vergötterte Platon *(»deus ille noster«)* geradezu und wollte lieber mit Platon irren als gegen ihn recht behalten. Mit sicherem Instinkt hat der bedeutendste römische Redner den bedeutendsten griechischen Philosophen erkannt und, auch auf philosophischem Gebiet, einiges von ihm gelernt.

5.2.2 Cicero

5.2.2.1 Leben

Marcus Tullius Cicero wurde im Jahre 106 v. Chr. in Arpinum geboren. Er gehörte dem Ritterstand an *(eques)*. In Rom erhielt er seine erste rhetorische Ausbildung. Der griechische Dichter Archias förderte seine dichterischen Neigungen, aber damals bekannte Redner wie M. Antonius, C. Aurelius Cotta, L. Licinius Crassus und Sulpicius Galba zogen ihn wieder mehr auf das eigentliche Betätigungsfeld des begabten jungen Römers zurück, die Rhetorik. Dem Studium der Rechte widmete er sich bei einem berühmten Rechtsgelehrten, dem Auguren und dem Pontifex Scaevola. Cicero fühlte sich auch zur Philosophie hingezogen. Der Epikureer Phaidros von Athen beeindruckte ihn weniger als Philon von Larissa, der Leiter der Akademie, der 88 nach Rom geflüchtet war. In die stoische Philosophie führte ihn Diodotos ein. Ciceros Neigungen verteilten sich also auf die Gebiete Rhetorik, Philosophie und anfangs, wie die Platons, auch auf die Poesie. Dank seiner Begabung dafür übernahm Cicero die Dialogform und wurde zum namhaftesten Vertreter der römischen Kunstprosa.

Mit Hilfe der griechischen Philosophie wollte er die ihm zu oberflächliche römische Rhetorik auf ein höheres Niveau heben. Er wollte kein Techniker der Rede sein, sondern ein *vir doctus*, ein *actor veritatis*, wenn auch die *vita activa*, das praktische Leben, die Oberhand behielt. Entsprechend höhere Ambitionen verband er mit dem Studium der Rechte. Er maß das positive Recht an der Idee der Gerechtigkeit und die staatliche Ordnung am republikanischen Maßstab der Freiheit. In seiner ersten *causa publica* (80) verteidigte er Sex. Roscius gegen einen Günstling des Diktators Sulla. Aus Furcht vor ihm sowie aus gesundheitlichen Rücksichten verließ er mit seinem Bruder Quintus Rom für zwei Jahre, man würde heute sagen, zu einer Bildungs- oder Studienreise (79–77). In Athen schloß er mit dem Verleger und Schriftsteller Pomponius Atticus, einem reichen und angesehenen Adligen (Ritter) eine Freundschaft fürs Leben, studierte bei dem Akademiker Antiochos von Askalon (Palästina)[12], dem Epikureer Zenon von Sidon, dem Rhetor Demetrios, in Rhodos bei dem Stoiker Poseidonios und dem Rhetor Molon. Körperlich genesen und geistig bereichert, kehrte er nach Rom zurück, wo er im Jahre 75 einstimmig zum Quästor gewählt wurde. In Lilybäum auf Sizilien entfaltete er darauf eine segensreiche Tätigkeit, sorgte nach Kräften für die Armen und gewann dadurch das Vertrauen der Bevölkerung. Die Sizi-

[12] Antiochos (ca. 120–68) soll Philon von Larissa auf der Flucht nach Rom (88) begleitet haben, wo er in Lucullus einen Freund gewann. Er starb in Mesopotamien, wohin er Lucullus bei einem Feldzug begleitete. 79/78 lehrte er in Athen. Er suchte akademische Lehren mit peripatetischen und stoischen zu verbinden.

lier übertrugen ihm daher die Anklage gegen den berüchtigten Ausbeuter Verres, einen Senatorensohn. Cicero, der sonst nur widerwillig und selten als Ankläger auftrat, erfüllte seine Aufgabe gewissenhaft und mit Erfolg. Im Jahre 69 wurde er zum Ädilen gewählt, 66 zum Prätor, 63 schließlich zum Konsul. Aus Angst vor der Verschwörung des Adligen Catilina gegen den Staat suchte der Adel bei dem *homo novus* (Emporkömmling) Cicero Schutz, der die Verschwörung aufdeckte und den Verschwörer zur Strecke brachte. Zum Dank dafür intrigierten Mitglieder der gleichen Nobilität später gegen den »Vater des Vaterlandes«, was zu seiner Ächtung, zusammen mit 16 anderen angesehenen Republikanern, und schließlich zu seiner Ermordung führte (43).

In seiner politischen Haltung zeigt sich ein ähnliches Schwanken wie in seinen Interessen und Begabungen. Obwohl er als überzeugter Republikaner das Triumvirat ablehnte, suchte er bei den Mächtigen Schutz vor den dauernden Anfeindungen aus Adelskreisen. Im Kampf zwischen Caesar und Pompeius entschied er sich für diesen. Der Sieger Caesar trug jedoch Cicero nicht nur nichts nach, sondern nahm ihn in Freundschaft auf, kannte und schätzte er doch die ehrliche republikanische Gesinnung seines politischen Gegners (47). Als nach Caesars Tod Marcus Antonius die Hand nach der Herrschaft ausstreckte, stellte sich Cicero in seinen philippischen Reden gegen ihn (44/43). Auf Betreiben des Antonius wurde Cicero dann, wie gesagt, ermordet.

5.2.2.2 Grundtendenz

Cicero scheiterte einmal in seinem Glauben an die Wiederherstellung der Republik, sodann in seiner Hoffnung auf Erneuerung des römischen Lebens mit Hilfe der griechischen Philosophie, endlich auch mit seiner Liebe zum Frieden und seiner auf Versöhnung, Ausgleich und Kompromiß gerichteten Grundtendenz. Sein Schicksal gleicht in mancher Hinsicht dem Platons, den er nicht ohne Grund so hoch schätzte. Vielleicht spürte Cicero, daß Platons Ideenphilosophie genau das war, was den realistischen Römern fehlte und dessen sie zu einer Wiederherstellung der Freiheit bedurft hätten, aber die Synthese von griechischem »Idealismus« und römischem »Realismus« war wohl einem anderen Zeitalter vorbehalten, dem diese

Kraftanstrengung mit Hilfe einer neuen Religion, dem Christentum, stellenweise und zeitweise gelang. Die Philosophie verhalf Cicero wenigstens zu einer Anhebung des Niveaus der Rhetorik. Die 58 erhaltenen – 48 gingen verloren – teils politischen, teils gerichtlichen Reden Ciceros zeichnen sich durch eine hohe Sprachkultur aus, nicht minder aber auch durch ungewöhnlichen sittlichen Ernst, Verantwortungsbewußtsein und Wahrheitsstreben.

Cicero war nicht nur ein großer Praktiker der Rede, sondern auch ihr bester Theoretiker. In seinem berühmten Platon-Buch, in dem Ulrich von Wilamowitz-Moellendorff auf den Einfluß Platons auf Cicero zu sprechen kommt, nennt er den »Orator« (46) die »reinste rhetorische Schrift« Ciceros, das »bedeutendste Buch über Redekunst und Stil des Altertums, wenn nicht überhaupt« (269)[13]. Cicero hat als Philosoph nicht weniger denn als Rhetor von Platon und den Akademikern gelernt, wobei er Platonischen Idealismus mit akademischer Skepsis und stoischer Ethik verband. ›De republica‹ (53) und ›De legibus‹ (51) spiegeln im Gesamtwerk die Zweiteilung der großen politischen Schriften Platons wider: ›Staat‹ und ›Gesetze‹[14].

Aristoteles, der Platon gewiß näherstand als Cicero, wäre es nicht eingefallen, ihn als Gott zu bezeichnen[15]. Wenn Cicero lieber mit Platon irrt, als gegen ihn recht behält[16], Aristoteles dagegen der Wahrheitssuche den Vorrang vor der Liebe zu Platon gibt, bezeichnet dies besser als jeder andere Vergleich den Unterschied zwischen griechischer und römischer Einstellung zur Philosophie. Um so bedeutungsvoller sind die Stellen, wo Cicero tatsächlich von Platon abweicht. Auf Ciceros Versuche,

[13] Nicht weniger bedeutsam ist die Schrift ›De oratore‹ (55), die eng mit den philosophischen Werken über den Staat und die Gesetze zusammenhängt, sowie der ›Brutus‹ (46), »die erste antike Literaturgeschichte« (Büchner, Römische Literaturgeschichte, S. 191). Ciceros (unvollendetes) Jugendwerk zur Rhetorik, meistens als ›De inventione‹ zitiert, weil nur der erste der fünf Teile der Rhetorik, die Stoffsuche, behandelt ist, zeigt philosophisches Interesse. Die Schrift wurde im Altertum mehrfach kommentiert und im Mittelalter noch als Lehrbuch verwendet.

[14] Nimmt man Platons Dialoge, die sich mit der Rhetorik befassen (›Gorgias‹, ›Phaidros‹) hinzu und bedenkt, daß der ›Gorgias‹ nach den beiden großen politischen Schriften das umfangreichste Platonische Werk ist, wonach mehr als die Hälfte des Platonischen Gesamtwerks sich mit Fragen der Rhetorik und Politik befaßt, wird der Anschluß Ciceros an Platon noch deutlicher.

[15] Cicero, Brief an Atticus 4, 16, 3.

[16] Vgl. Tusculanae disputationes I, 39 und Aristoteles, Nikomachische Ethik 1096a 12ff.

Rhetorik und Philosophie wieder zusammenzuführen, das Rad der Geschichte gleichsam zurückzudrehen, ist hier nicht einzugehen. Sie sind gescheitert. Die Rhetorik erholte sich von Platons vernichtender Kritik nie mehr ganz. Soweit sie nicht überhaupt aus dem Spektrum der Bildungsdisziplinen verschwand, verlor sie durchweg den Stellenwert, den sie im Gefüge antiker Kultur besessen hatte. Ciceros philosophische Rhetorik und seine rhetorische Philosophie bleiben, was sie sind, hölzernes Eisen.

5.2.2.3 ›De republica‹

Cicero hat Platonische Dialoge übersetzt (›Protagoras‹, ›Timaios‹ und Xenophons ›Oikonomikos‹), ausgeschrieben *(apographa),* nachgestaltet, in das römische Geistesleben transponiert, latinisiert und popularisiert. Anstelle der Platonischen lebendigen Dialogform verwandte er die Aristotelische Form, den Scheindialog. Einige Teile der lange verschollenen Schrift Ciceros ›Über den Staat‹ – mit Ausnahme des 6. Buches (Somnium Scipionis) – wurden 1820 von Angelo Mai in einem Palimpsest der Vatikanischen Bibliothek wiederentdeckt. Cicero läßt den in den Jahren 54–51 verfaßten Dialog 129 v. Chr., also 23 Jahre vor seiner Geburt, in der Villa des P. Scipio Africanus stattfinden. Neun Personen aus dem berühmten Scipionenkreis, ausnahmslos bewährte Feldherren, höchste Amtsträger und angesehene Juristen, Rhetoren oder Historiker nahmen an dem Gespräch teil. Schon hier zeigt sich ein bemerkenswerter Unterschied zu Platons ›Staat‹, in dem politisch nahezu unbedeutende Privatleute philosophische Fragen erörtern. Bei Cicero dominiert die politische Praxis, bei Platon die philosophische Theorie. Cicero läßt keinen Zweifel daran, daß er der Praxis den Vorrang vor der Theorie gibt, und das ist römisch. Bei Cicero findet sich weder ein Satz, nach dem die Philosophen die besten Herrscher seien, noch ein Höhlengleichnis. Im 1. Buch werden die monarchische, aristokratische und demokratische Verfassungsform erörtert, wobei der demokratischen der Vorzug gegenüber den anderen beiden gegeben wird, der monarchischen wiederum vor der aristokratischen. Am besten erscheint jedoch die aus allen drei Elementen gemischte Verfassung, die in Rom realisiert wurde. Das Gemeinwesen *(res publica)* wird als »Sache des Volkes« definiert. Oberstes Ziel der Politik eines Volkes ist das Heil, das von der Wahl der Besten abhängt, aber wer sind die Besten? Man soll nicht glauben, daß die, welche sich als die Besten ausgeben, auch die Besten sind:

»Wenn auf der Grundlage dieses Mißverständnisses des gewöhnlichen Volkes eine Minderheit mit ihren materiellen Machtmitteln und nicht die sittlichen Kräfte im Staat die ausschlaggebende Rolle zu spielen beginnen, dann halten jene führenden Männer an dem Namen ›Optimaten‹ verbissen fest, ohne in Wirklichkeit mit diesem Namen irgend etwas zu tun zu haben. Denn Reichtum, Name, Macht, die der besonnenen Überlegung sowie des Maßhaltens in der persönlichen Lebensführung und in der Ausübung der über andere zustehenden Machtbefugnis entbehren, schließen in sich ein gerütteltes Maß unmoralischen Handelns und unbändigen Hochmuts, und keine Staatsform bietet ein Bild häßlicherer Entartung, als wenn die Wohlhabendsten für die Besten gehalten werden.«[17]

Im 2. Buch umreißt Cicero die Entwicklung der gemischten Staatsform in Rom, wobei die Macht der Tradition betont wird: Der römische Staat ist nicht das Werk eines Einzelnen, sondern vieler bedeutender Persönlichkeiten in vielen Jahrhunderten (II, 1). Im 3. Buch erörtert Cicero das Für und Wider der Gerechtigkeit im Staat, mit dem Ergebnis, daß ohne Gerechtigkeit kein Staat bestehen kann. Der Einzelne stirbt, das Gemeinwesen ist ewig: »Für ganze Staaten aber ist der Tod, der die Einzelpersonen der Strafe zu entziehen scheint, die eigentliche Strafe. Denn ein Staat muß eine ewige Dauer gewährleistende Verfassung haben. Deshalb ist kein Untergang eines Gemeinwesens ein natürlicher Vorgang, wie bei einem Menschen, für den der Tod eine unausweichliche Notwendigkeit darstellt und für den er auch sehr oft erwünscht ist. Wenn aber ein Staat aufgehoben, beseitigt, vernichtet, ausgetilgt wird, so ist dies gewissermaßen, um Kleines mit Großem zu vergleichen, ein ähnlicher Vorgang, wie wenn diese ganze Welt unterginge und zusammenstürzte.« (112)

In dem Glauben, daß die Polis oder der römische Staat ewig dauern, irrten sich Platon und Cicero. Das 4. Buch handelt von ethischen Einrichtungen des Staates, das 5. von Erziehung. Im 6. Buch vermittelt nur der Traum Scipios eine Vision nach Art des Schlußmythos im Platonischen ›Staat‹: »Allen, die das Vaterland gerettet, unterstützt, gefördert haben, ist im Himmel ein

[17] Cicero, Über den Staat. Hg. v. W. Sontheimer. Stuttgart 1985, S. 47.

sicherer Platz bestimmt, wo sie glücklich ein ewiges Leben genießen. Nichts ist nämlich jenem höchsten Gott, der die ganze Welt regiert, von allem irdischen Geschehen willkommener als die Versammlungen und Vereinigungen von Menschen, die sich auf der Grundlage des Rechts vollziehen und die den Namen ›Bürgerschaften‹ tragen. Deren Lenker und Erhalter gehen von hier aus und kehren wieder hierher zurück.« (141)

Ungeachtet dieser teilweisen Übereinstimmung gibt es tiefgreifende Unterschiede zwischen der Platonischen Konzeption und der Ciceros. Aus der Suche des Platonischen Sokrates nach der Gerechtigkeit wird in Ciceros Staatsschrift ein Plädoyer für die gefundene Gerechtigkeit. In der Form, aber nur in dieser, schließt sich Cicero an die berühmte Darstellung ›Für und Wider die Gerechtigkeit‹ an, die Karneades 155 in Rom gab, teilt allerdings die entsprechenden Ausführungen in seinem Gespräch zwei Personen, Laelius und Philus, zu. In der Sache kehrt der konservative Römer von der skeptischen Einstellung des Karneades zur positiveren Platons zurück. In der Bewertung der Gerechtigkeit stimmen Cicero und Platon überein, aber aus der Begriffsbestimmung Platons wird eine Handlungsbestimmung, aus der Definition eine Tendenz, aus der vagen Hoffnung Platons auf eine außergewöhnliche Herrscherpersönlichkeit, aus seinem Heilskonzept wird römisches Sendungsbewußtsein, aus der theoretischen Konstruktion ein historisches Faktum: Rom hat nicht nur den besten Staat und die besten Gesetze im Sinne Platons, sondern auch die ideale Verbindung von Theorie und Praxis. War nicht er selbst, Cicero, das typische Beispiel einer solchen idealen Verbindung? Rom, das will Cicero sagen, besitzt nicht nur eine Zielvorstellung, sondern verfügt auch über die Mittel, dieses Ziel zu erreichen. Es hat die besten Männer zur Verwirklichung der Idee, die Machtelite. Unversehens wird somit aus griechischer Staatstheorie so etwas wie eine Ideologie zur Rechtfertigung römischer Herrschaftsansprüche. Von den Römern lernten die Christen, die Philosophie in Dienst zu nehmen, und übertrafen darin später sogar ihre Lehrmeister: ein weiterer Schritt von der Philosophie zur Ideologie war getan. Cicero fühlte sich wohl als klassischer Repräsentant der idealen römischen Verbindung von politischer Theorie und politischer Praxis. Sein Selbstbewußtsein koinzidierte mit römischem Sendungsbewußtsein oder was er dafür hielt.

5.2.2.4 Cicero – Caesar

Es gab da nämlich noch eine andere Variante dieses Sendungsbewußtseins, wobei das Verbale fast restlos im Praktischen aufging: Gaius Julius Caesar (100–44). Caesar hat nie den Anspruch erhoben, ein Philosoph zu sein, und wird auch nicht zu den römischen Philosophen gezählt, obwohl er römische *ratio,* römische *virtus* und römischen Lebensstil bis zur Perfektion verkörperte. Caesar schrieb auch, aber nicht, wie Cicero, Aristotelische Dialoge, sondern Kommentarien; das ist insofern eine echt römische Gattung, als das Wort völlig in den Dienst der Tat tritt, die Tat nur vermittelt, unter gleichzeitigem Zurücktreten der Person. War Platon ein Sprachgenie, Cicero ein Perfektionist des Wortes und gelegentlich des Handelns, so war Caesar ein Genie des Handelns:

»Für die Literaturgeschichte bedeuten Caesars Kommentarien den Höhepunkt einer Prosa, die unter Verzicht auf jeden ›Schmuck‹, alles Beiläufige und Nebensächliche unterdrückend, einen Geschehenszusammenhang bis zum Letzten objektiviert und sein rein Faktisches zu einem eigenen Wesen kristallisiert. Im Referat und Bericht an den Senat lag da eine lange Tradition vor – in dieser Zeit scheinen übrigens auch diese Berichte rhetorischer Steigerung und Ausschmückung nicht entgangen zu sein –, aber Caesar vertritt nicht nur beste Tradition. Daß die Kommentarien das wurden, was sie sind, beruht auf seiner genialen einmaligen Fähigkeit, seine überlegene Bemeisterung der Situation adäquat im Wort auszudrücken. Mittel ist die dynamische caesarische Periode, die sich jedem, der sie einmal gelesen hat, eingeprägt hat. Sie beginnt gewöhnlich mit dem Subjekt, bringt dann alle fördernden und hemmenden Momente, um der sich daraus ergebenden Handlung im Verb am Schluß den resultierenden Abschluß zu geben. Die Objektivierung geht so weit, daß Caesar nur in der dritten Person und mit Namensnennung von sich spricht. Es handelt sich bei dieser Durchrationalisierung nicht um Abstraktion, sondern um strengste Disziplinierung der Sprache: Nur das, was im Gesamtzusammenhang Funktion hat, wird geduldet.«[18]

Caesar hat, was oft übersehen wird, nicht nur Tatsachenberichte verfaßt. Sein (verlorenes) Buch ›De analogia‹, das er Cicero widmete und in dem er in den in Rom entbrannten Streit um

[18] Büchner, Römische Literaturgeschichte, 211 ff.

Anomalie oder Analogie eingriff, ist ein Stück Sprachphilosophie von nicht zu unterschätzender Bedeutung. Caesar vertritt darin die Ansicht, daß die Sprache ausgefallene Worte vermeiden solle: »Vermeide wie eine Klippe ein ungewöhnliches und auffälliges Wort« (tamquam scopulum sic fugias inauditum atque insolens verbum). Daß die Sprache in erster Linie der Information und Verständigung zu dienen hat, nicht der Selbstdarstellung, ist auch ein ethisches Postulat, das dem sachlichen, realistischen und nüchternen Denken der Römer entsprach. Caesars ethische Anschauungen sind deshalb nicht unwichtiger für das Verständnis westlicher Eigenart und europäischer Geschichte als die Ciceros, weil sie nicht in einem besonderen Werk zusammengefaßt sind und nur beiläufig in Erscheinung treten. Dafür zwei Beispiele! Als sich die Helvetier in übertriebener Weise *(insolenter)* mit einem militärischen Sieg brüsteten, warnte Caesar sie vor Übermut: Die unsterblichen Götter pflegten nämlich, je mehr die Menschen unter der Veränderung ihrer Verhältnisse litten, denen, die sie für Verbrechen bestrafen wollten, bisweilen desto mehr Erfolge und längere Straflosigkeit zu gewähren (Bell. Gall. I, 14). Wäre Caesar, was ihm bisweilen unterstellt wird, nur ein Machtmensch gewesen, hätte er solche Argumente nicht gebraucht. Sie zeugen von einer im tiefsten Grund religiösen Natur, mindestens aber von dem ethischen Bewußtsein einer ausgleichenden Gerechtigkeit. Dieser Glaube verband Caesar mit Cicero. In dem gleichen Buch stellte Caesar der imperialistischen Maxime des Ariovist vom Recht des Stärkeren (I, 36) das Recht der im Kriege Besiegten auf Freiheit und eigene Gesetze gegenüber (I, 45). Die Leitlinien seines Handelns erscheinen gar nicht so weit entfernt von Ciceros Idealen.

5.2.2.5 ›De legibus‹

Cicero hat seine zweite große staatstheoretische Schrift ›De legibus‹, von der auch nur Fragmente erhalten sind, ausdrücklich in Beziehung zu Platons ›Nomoi‹ gesetzt. Szenerie und Anzahl der Dialogteilnehmer entsprechen dem Platonischen Vorbild. Das Gespräch findet in Arpinum, dem Geburtsort Ciceros, statt. Sein Bruder Quintus spielt die Rolle des konservativen Römers, Atticus die des weltoffenen Epikureers. Cicero selbst übernimmt, wie Platon (als Athener) in den ›Gesetzen‹, die

Gesprächsleitung. Abfassungszeit und Dialogzeit decken sich weitgehend (52/51). Das Werk Ciceros ist wahrscheinlich erst aus dem Nachlaß herausgegeben und erscheint, ähnlich wie die ›Nomoi‹, unvollendet. Drei Bücher sind (lückenhaft) erhalten. Wie viele Bücher das Werk ursprünglich hatte, läßt sich nur vermuten. Inhaltlich ist der Anschluß an den Athener noch deutlicher erkennbar als bei der ersten Schrift. Platon arbeitete, besonders im 9., 11. und 12. Buch, eine große Anzahl vor allem athenischer Gesetze in sein Werk ein. In seiner Gesetzgebung »kodifizierte« Cicero erstmalig römisches Recht, das, vom Zwölftafelgesetz bis zum Codex Justinianus, etwa 1000 Jahre hindurch, vorwiegend nur in Prätoren-Edikten und Kaiser-Erlassen seinen Niederschlag fand. Man hat daher nicht ohne Grund von einer Scheu der Römer gesprochen, ihr Recht zu kodifizieren. Ciceros Lehrer P. Mucius Scaevola hatte allerdings das römische Zivilrecht bereits in 18 Büchern systematisch dargestellt. Die spezifische Leistung Ciceros liegt nicht zuletzt in dem Versuch, römisches Recht mit griechischem, vor allem Platonischem und stoischem Gedankengut zu verschmelzen und philosophisch zu fundieren. Er beginnt in seiner Schrift ziemlich genau dort, wo Platon aufgehört hatte, bei der von Polybios vermittelten Idee der gemischten Verfassung, die er bereits seinem Staatsentwurf zugrunde gelegt hatte, ferner bei der Umdeutung, die Platon mit der sophistischen Antithese von Natur und Gesetz vornahm: Nicht die Natur, verstanden als Recht des Stärkeren, ist das Gesetz, sondern das Gesetz ist Natur. Da das Gesetz eine Zuteilung der Vernunft ist *(dianomé nou)*, ist auch die Natur vernünftig, kann also dem Gesetz nicht widersprechen. Damit näherte sich die Platonische Konzeption von Natur und Gesetz der stoischen an, die, unter Einbeziehung vorsokratischer Perspektiven den Gedanken des »Naturgesetzes« nur umfassender, mit einer Akzentverschiebung auf Natur, dachte. Der Weg zum Naturrecht war danach frei. Cicero beschritt diesen Weg in seiner Gesetzgebung. Hinzu kommt schließlich die theonomisch-theokratische Tendenz in Platons ›Gesetzen‹, in denen nicht mehr, wie im ›Staat‹, die Idee des Guten als höchster Maßstab erscheint, sondern Gott als Anfang, Mitte und Ende, als das Maß aller Dinge. Damit war auch der Satz des Protagoras umgekehrt. Auf dieser Grundlage baute Cicero nach römischer Art weiter. Im 1. Buch entwickelte er die Grundzüge eines theologisch orientierten Naturrechts, im 2. folgt das sehr ausführlich behandelte und in archaischer Sprache dargestellte Sakralrecht, im 3. Buch folgen Gesetze zur Ämterordnung, zum Staats- und Verfassungsrecht. Am Schluß des Buches fordert Atticus eine Behandlung des Rechts der Amtsträger *(de potestatum iure)*, die nicht mehr erfolgt. Wie viele Bücher das Werk umfaßte oder umfassen sollte, bleibt unklar. Macrobius zitierte noch aus einem 5. Buch. Da die Quellenfrage weitgehend ungeklärt ist, lassen sich die Anteile Ciceros am Entwurf nicht genau abgrenzen. Als spezifisch römisch erscheinen im 1. Buch der Gedanke einer Rechtsgemeinschaft sowohl der Menschen mit Gott als auch untereinander, die Verankerung von Moral und Recht in der Natur, die bald mit Gott, bald mit der Vernunft gleichgesetzt wird, sowie die Verwendung philosophischer Erkenntnis zur Leitung der Völker, zum Schutz der Guten und zur Bestrafung der Bösen. Im 2. Buch erscheinen typisch römische Tugenden personifiziert und zu Gottheiten erhoben: Verstand (Mens), Ehrfurcht (Pietas), Tapferkeit (Virtus), Treu und Glauben (Fides), Staatswohl (Salus), Ehre (Honos), Erntesegen (Ops), Sieg (Victoria), Glück (Fortuna) oder Zufall (Fors). Cicero sagt in diesem Buch ausdrücklich, daß seine Gesetze nicht nur für das römische Volk, sondern für alle tüchtigen und starken Völker gelten sollen (II, 35) und daß Staatspriester die Menschen von Furcht befreien sollen. Im 3. Buch kritisiert Cicero Platons übertriebene Furcht vor den negativen Auswirkungen von Veränderungen der Musik auf die Gesetze. Viel wichtiger ist seiner Ansicht nach, auf die Moral der führenden Schicht zu achten: »Ich aber glaube, daß mit der Veränderung der Lebensweise der Vornehmen die Moral der Staaten sich ändert. Deshalb bringt eine verkommene Führungsschicht um so mehr Verderben über den Staat, als sie sich nicht nur selbst den Lastern hingibt, sondern auch den Staat damit ansteckt, und sie schadet nicht nur, weil sie selbst verdorben ist, sondern weil sie auch andere verdirbt, und sie richtet mehr Unheil an durch ihr Beispiel als durch die unmoralische Tat.«[19]

Die Selbständigkeit der Staatsphilosophie Ciceros tritt danach vor allem im Organisatorischen, Juristischen und Religiösen in Erscheinung, also dort, wo die Stärken der römischen Tradition lagen. Als abhängig erweist sich Cicero dagegen vor allem in der Begriffs- und Theoriebildung, in abstraktem und konstrukti-

[19] Cicero, Über die Gesetze. Hg. v. E. Bader und L. Wittmann, Reinbek 1969, S. 83.

vem Denken. Cicero überträgt beispielsweise die Aufgaben der Gesetzeswächter *(nomophýlakes)*, die Platon in seinen ›Gesetzen‹ neu definierte, den in der römischen Ämterhierarchie ausgewiesenen und bewährten Zensoren.

5.2.2.6 Weitere Schriften

Von den übrigen philosophischen Schriften zeichnet sich die Abhandlung ›De finibus bonorum et malorum‹ (Über die Grenzen des Guten und Bösen, 45) durch Scharfsinn und methodische Strenge aus. In drei nach Ort und Zeit verschiedenen Gesprächen erörtert Cicero ethische Fragen, im ersten Gespräch (Buch 1) die epikureische Lehre vom höchsten Gut, auf die eine Kritik Ciceros folgt (Buch 2), im zweiten die stoische Lehre zum gleichen Thema (Buch 3), mit folgender Interpretation (Buch 4) im Sinne der synkretistischen Tendenzen des Antiochos von Askalon (geb. ca. 120). Im dritten Gespräch folgen die Lehren der Akademiker und Peripatetiker (Buch 5), gegen die Cicero kaum etwas einzuwenden hat. Cicero wendet sich sowohl gegen den Egoismus der Epikureer als auch gegen den Rigorismus der Stoiker. Ciceronisch-römisch erscheint die Betonung der Gemeinschaftswerte und die Menschheitsperspektive: »Unter allem Sittlichen aber, wovon wir hier sprechen, ist nichts so herrlich und von so weitreichender Bedeutung wie die Verbindung von Mensch zu Mensch, jener Zusammenschluß auf Grund gemeinsamen Nutzens und gemeinsamer Förderung, sowie der Liebe zum ganzen Menschengeschlechte.«[20]

Die nach Ciceros Villa bei Tusculum genannten ›Tusculanae disputationes‹ (45/44) umfassen fünf Gespräche, in denen eine Person die These, eine andere die Gegenthese aufstellt. Die Themen der fünf Bücher sind: Tod, Schmerz, Kummer, Leidenschaften und Glück. Das mit Dichterzitaten reich versehene Werk bietet römische Lebensphilosophie. Seine besondere Stärke liegt in der psychologischen Fundierung, wobei Cicero zahlreiche griechische Termini fachgerecht ins Lateinische zu übersetzen versucht. Das Werk ist eine der bedeutendsten Quellen zur antiken Psychologie. Dabei verfolgt Cicero den Zweck, sich als Archegeten der römischen Philosophie darzustellen, indem

[20] Cicero, Von den Grenzen im Guten und Bösen. Hg. v. Karl Atzert. Zürich, Stuttgart 1964, S. 445.

er beispielsweise das Werk des Lukrez einfach ignoriert. Seine Behauptung, daß die Römer auch auf kulturellem Gebiet den Griechen mindestens ebenbürtig seien, fällt schon fast in den Bereich der Ideologie. Wie römisch sein Philosophiebegriff ist, zeigt die »Definition«: »Dies habe ich seit jeher für die vollkommene Philosophie gehalten, fähig zu sein, über die wichtigsten Fragen gedankenreich und schön zu reden.«[21]

In den ›Tusculanen‹ finden sich manche treffenden Bemerkungen, zum Beispiel über die Mittelstellung der Philosophie zwischen Künsten und Wissenschaften, über die therapeutischen Möglichkeiten der Philosophie und über die Eitelkeit mancher Philosophen. Wenn Cicero Pythagoras, Demokrit und Platon mehrfach im Hinblick auf die ihnen gemeinsame Radikalität des Wahrheitswillens zusammen nennt, hat er auf dem Wege der Psychologie herausgefunden, was die Denker als Entdecker der drei griechischen Modellvorstellungen der Wirklichkeit (Zahlen, Atome, Ideen) tatsächlich verbindet. Hinter der Beschreibung und Klassifizierung der Affekte sowie der Latinisierung der zugehörigen Termini steckt große Liebe zum Detail und viel Kleinarbeit: »Aber den einzelnen Gattungen der Leidenschaften werden verschiedene Arten untergeordnet, wie etwa dem Kummer der Neid (*invidentia*; der Belehrung halber sei hier ein weniger gebräuchliches Wort angewandt, da invidia nicht nur von jenem ausgesagt wird, der beneidet, sondern auch von dem, der beneidet wird), Eifersucht, Mißgunst, Mitleid, Sorge, Leid, Traurigkeit, Grübeln, Schmerz, Jammern, Besorgnis, Ärger, Niedergeschlagenheit, Verzweiflung usw. Der Angst werden untergeordnet: Faulheit, Scham, Schrecken, Furcht, Entsetzen, Ohnmacht, Verstörtheit, Besorgnis; der Lust: Schadenfreude, Genuß, Eitelkeit usw.; der Begierde: Zorn, Erhitzung, Haß, Feindschaft, Zwist, Habsucht, Sehnsucht usw.« (IV, 16)

Auch im Hinblick auf die Erscheinung der Sucht finden sich erstaunlich aktuelle und moderne Einsichten.

Zu den ethisch-praktischen Schriften Ciceros zählen weiterhin die kleineren Arbeiten ›Cato maior de senectute‹ (Über das Alter) und ›Laelius de amicitia‹ (Über die Freundschaft), beide aus dem Jahre 44. Das erste Gespräch ist Atticus gewidmet, spielt 150 v. Chr. und verläuft zwischen dem jüngeren Scipio,

[21] Cicero, Gespräche in Tusculum. Hg. v. O. Gigon. München, Zürich, 5. Aufl. 1984, S. 13.

Laelius und Cato, der vier Vorwürfe gegen das Alter zurückweist: es beeinträchtige die Schaffenskraft, schwäche den Körper, raube die meisten Genüsse und sei nicht weit vom Tod entfernt. Das Alter weiß Rat *(consilium)* und verfügt über Ansehen *(auctoritas)*, kann seine Kräfte ökonomisch einsetzen, Natur und Gesellschaft freier genießen, so daß die Aussicht auf den Tod nicht mehr schreckt: »Darum scheinen mir Jünglinge so zu sterben, als ob mit einer Menge Wasser die Gewalt der Flamme überwältigt wird, Greise aber, als ob ein Feuer von selbst, ohne Gewalt, verbraucht erlischt; und wie Früchte vom Baum, wenn sie unreif sind, nur mit Mühe losgerissen werden, wenn sie reif und mürbe sind, abfallen, so entführt Gewalt den Jünglingen, den Greisen Reife das Leben. Diese aber ist mir so angenehm, daß ich, je näher ich an den Tod herankomme, sozusagen Land zu sehen glaube und mir endlich einmal in den Hafen nach langer Seefahrt zu kommen scheine.«[22]

Der Dialog ›De amicitia‹ (Über die Freundschaft) spielt im Jahre 129 v. Chr., dem Todesjahr des jüngeren Africanus, in der Villa des Laelius, nach dem der Dialog benannt ist und der das Gespräch leitet. Nebenredner sind die Schwiegersöhne des Laelius, C. Fannius und Q. Mucius Scaevola. Die Vorlage war eine (verlorene) Schrift Theophrasts ›Über die Freundschaft‹ (Peri philias). Man spricht über Wert und Wesen, Ursprung und Betätigung der Freundschaft. Ein ausführlicher Epilog schließt das Werk ab. Typisch römisch ist die Einschränkung der Freundschaft, sobald es um das Gemeinwesen geht: »Dies Gesetz also soll in der Freundschaft heilig festgestellt werden, daß wir um schimpfliche Dinge nicht bitten und sie nicht tun, wenn wir darum gebeten werden.«[23] Die Liebe zum Gemeinwesen steht also über der Liebe zum Freund. Wo dies nicht der Fall ist, beginnen Familienpolitik, Cliquenwirtschaft und Korruption: das Ende jedes freiheitlichen Gemeinwesens.

Die letzte Schrift ›De officiis‹ (Vom rechten Handeln) hat Cicero an seinen Sohn Marcus gerichtet. In drei Büchern werden ethische Konflikte behandelt, zwischen sittlichen Prinzipien, zwischen Nützlichkeitserwägungen sowie zwischen diesen und moralischen Prinzipien. Als Quelle diente hauptsächlich die Schrift ›Peri kathekontos‹ des Panaitios. Gegenüber Pa-

[22] Cato maior de senectute. Hg. v. K. Büchner (Cicero). Heidelberg 1964, S. 404.

[23] Ebd., S. 423.

naitios, der den geistigen Tugenden den höchsten Rang gab, betont Cicero als Römer die Werte der Gemeinschaft. »Panaitios kam es auf Unterscheidung an und auf die Erkenntnis des Besonderen und der Relativität der Situation, die auf Allgemeines zu beziehen ist, Cicero auf Entscheidung und *praecepta.*«[24]

Panaitios kam es wohl mehr auf die Herausarbeitung der Strukturen im Bereich der Werte an, Cicero auf die Meisterung von Wertkonflikten. Besonderes Gewicht legte er auf den Konflikt von Nutzen *(utile)* und Ehrenhaftigkeit *(honestum)*. Unehrenhafter Nutzen wird abgelehnt und ihm überhaupt die Nützlichkeit abgesprochen. Das Werk hat auf Theoretiker wie Praktiker großen Einfluß ausgeübt, so auf Seneca, Ambrosius, Augustinus, Isodor von Sevilla, Beda Venerabilis, Alkuin, Thomas von Aquin, Petrarca, Erasmus von Rotterdam, Francis Bacon, Spinoza und Voltaire. Friedrich der Große hielt es für das beste Buch über Moral und regte eine Übersetzung des Werkes an (1763). Kants Ethik ist stark davon beeinflußt, und Otto von Bismarck las noch als Staatsmann darin.

Von den verlorengegangenen Schriften gehören zur praktischen Philosophie ›De virtutibus‹, eine Art Anhang zu ›De officiis‹, in dem von den vier Kardinaltugenden die Rede war, der Dialog ›Hortensius‹, in dem Cicero, nach dem Vorbild des Aristotelischen ›Protreptikos‹, zur Philosophie ermunterte – das Werk bewirkte bei Augustin die Abkehr von der Rhetorik –, ein flüchtig gearbeitetes Büchlein ›Über den Ruhm‹, die ›Consolatio‹ (45), eine Trostschrift anläßlich des Todes seiner Tochter Tullia nach dem Vorbild von Krantors berühmter Schrift ›Peri penthous‹ (Über die Trauer) sowie eine Übersicht über juristische Begriffe, ›De iure civili in artem redigendo‹.

Cicero hatte den Ehrgeiz, die Philosophie insgesamt darzustellen. Dazu gehörten nach dem stoischen Kanon außer der Ethik die Logik und die Physik. Zur Logik in diesem etwas weiteren Sinn gehören die vor 46 verfaßten ›Paradoxa Stoicorum ad M. Brutum‹ sowie die im Jahre 45 begonnenen ›Academica‹. In der ersten Schrift werden folgende Paradoxa behandelt: Das sittlich Gute ist das alleinige Gut; Die Tugend reicht für das Glück aus; Alle Vergehen und alle guten Handlungen sind sich gleich; Nur der Weise ist Bürger, nur er ist frei und reich.

In den ›Academica‹, von denen das erste Buch der zweiten

[24] Ebd., S. 437.

Bearbeitung (an den Polyhistor Varro) und das zweite Buch der ersten Bearbeitung (›Lucullus‹) erhalten sind, geht es um die Gewißheit der Erkenntnis. Alle möglichen Standpunkte, angefangen von der naiven Sinnesgläubigkeit der Epikureer bis zur extremen Skepsis des Arkesilaos, der sogar das Sokratische Wissen des Nichtwissens anzweifelte, werden erörtert. Cicero behauptet den skeptischen Standpunkt im Anschluß an Philon von Larissa, also an der Wende von der Mittleren zur Neuen Akademie. Im Dogmatismus sieht er dagegen nicht nur Anmaßung *(arrogantia)*, sondern auch einen Mangel an Achtung *(verecundia)* vor der Meinung Andersdenkender, ein Standpunkt, den Cicero zeitlebens eingenommen und durchgehalten hat.

Zur Physik (!) gehörten, neben der Übersetzung des Platonischen ›Timaios‹, die drei Bücher ›De natura deorum‹ (Über die Natur der Götter), ›De divinatione‹ (Über die Wahrsagung) und ›De fato‹ (Über das Schicksal). Am Gespräch über die Natur der Götter (45/44) nehmen außer Cicero der Akademiker C. Aurelius Cotta, der Epikureer C. Velleius und der Stoiker Q. Lucilius Balbus teil. Velleius polemisiert gegen Platon und die Stoiker, gibt eine Übersicht über theologische Lehren von Thales bis Diogenes von Babylon (gest. ca. 150 v. Chr.), der an der Philosophengesandtschaft in Rom 155 teilgenommen hatte, und stellt dann die epikureische Lehre dar. Im zweiten Buch führt Balbus die Theologie der Stoiker vor: Dasein und Wesen der Götter, ihre Leitung der Welt und Fürsorge für den Menschen. Beide Sprecher werden von Cotta widerlegt. Als Quellen gelten Schriften des Kleitomachos (129 Leiter der Akademie), des Epikureers Zenon von Sidon sowie des Poseidonios. Im zweiten Buch der Schrift über die Wahrsagung (44) gibt Cicero einen Überblick über sein philosophisches Schrifttum. Er unterscheidet zudem natürliche (Träume, Ekstase) und künstliche (Eingeweide- und Vogelschau) Wahrsagung. Zugrunde lag das Buch des Poseidonios mit gleichlautendem griechischen Titel (›Perí mantikēs‹). Das Werk ist als Quelle für das »System des Aberglaubens« interessant. Während Cicero in seinem Werk über die Gesetze an der Wahrsagung festgehalten hatte, lehnte er sie nun als Aberglauben ab.

In der fragmentarisch überlieferten Schrift ›Über das Schicksal‹ (44) erörtert Cicero, ohne großen Erfolg, die Antinomie von Freiheit und Notwendigkeit. Als Römer kann er nicht dem Determinismus huldigen. Folglich verwirft er den Schicksalsglauben der Stoiker. In der Schrift ›Über die Natur der Götter‹ bleiben die Fragen nach der Existenz der Götter und der Unsterblichkeit der Seele letztlich unbeantwortet. Cicero blieb seinem skeptischen Standpunkt auch hier treu.

5.2.2.7 Wozu Philosophie?

Ciceros Scheitern und seine Erfolge zeigen recht eindrucksvoll, was Philosophie vermag und was nicht. In seiner Einstellung zur Religion, zur Mantik insbesondere, erfuhr Cicero die reinigende Kraft der Philosophie von Aberglauben und Anthropomorphismus. Ciceros Gottesbegriff ist den zeitgenössischen römischen Gottesvorstellungen an Klarheit und Reinheit weit überlegen. Wenn Cicero jedoch glaubte, daß die Philosophie Heilskonzepte oder politische Sanierungskonzepte für das römische Gemeinwesen liefern könnte, irrte er. Platon hatte, wenigstens in seinem letzten Werk, erkannt, daß die Rettung des Gemeinwesens nicht mehr möglich ist, sobald der Verfall zu weit fortgeschritten ist, modern ausgedrückt, den point of no return überschritten hat. Cicero scheint bis zum bitteren Ende an eine Wende mit Hilfe der Philosophie geglaubt zu haben. Insofern erweist er sich als naiver als Platon. Aber kann man einem Philosophen verübeln, daß er hofft? Doch wohl nur dann, wenn darunter das Denken leidet, und das ist im Falle Ciceros schwer nachzuweisen. Caesar hoffte zweifellos weniger und dachte zutreffender als Cicero. Bei Cicero von einem »Opfertod« zu sprechen, erscheint wenig plausibel. Wenn man überhaupt einen so gewagten Ausdruck verwendet, würde er eher auf Caesars Verhalten anwendbar sein, insofern er selbst seinen Tod im politischen Spiel der Kräfte einkalkulierte. Seine Adoption Octavians und seine Entscheidung für ihn erwiesen sich nachträglich als richtig. Auch er konnte den Untergang Roms damit nicht abwenden, wohl aber hinauszögern. Cicero hat durch seine Entscheidungen, Stellungnahmen und Eingriffe weder an seinem eigenen Untergang noch an dem Roms das geringste ändern können.

Wozu dann überhaupt Philosophie? Man scheitert offensichtlich mit der Philosophie, wie auch mit anderen Künsten, wenn man sie überfordert, wenn man etwas von ihr erwartet, was sie nicht zu leisten vermag, sie zu etwas benutzt, wozu sie nicht taugt, sie ihrem Zweck entfremdet. Wer wird einen Prüfstein zum Mauerbau verwenden? Die Philosophie kann anzeigen, daß etwas beim Einzelmenschen, in der Gesellschaft oder in der Politik nicht stimmt, sie kann Fehler entdecken, aber nicht beheben. Sokrates wußte oder ahnte das, indem er seine Tätigkeit auf Prüfung beschränkte. Die Aufgabe der Philosophie ist elenktisch-kritisch-diagnostisch, die Heilung soll man den Heilern überlassen, die Sanierung der Gesellschaft den dafür Zuständigen. Wer wird deshalb die Philosophie für überflüssig halten oder gar beseitigen wollen? Philosophie läßt sich nicht in Dienst nehmen. Sie gedeiht nur in einem Medium grenzenloser geistiger Freiheit und leistet dann Erstaunliches. Wer sie aber, wie Cicero, später das Christentum oder heutzutage mancher Parteipolitiker oder Ideologe für seine Zwecke einspannen will, wird enttäuscht. Cicero hatte dort Erfolge, wo er Normen des Handelns aufzeigte, zum Beispiel mit seiner Schrift ›De officiis‹. Er hatte auch Erfolg, wo er als Anwalt von Vernunft, Menschlichkeit und Gerechtigkeit auftrat. Cicero hatte schließlich glänzende Erfolge, wo er als Organisator philosophischer Ideen, als Vermittler philosophischer Weisheit sowie als Künstler der Darbietung, Auswertung und Verbreitung philosophischer Erkenntnisse handelte.

5.2.2.8 Nachleben

Als Augustus einen seiner Enkel bei der Cicero-Lektüre überraschte und der das Buch verbergen wollte, gab der Kaiser es ihm mit den Worten zurück: »Ein Meister des Wortes, mein Sohn, und voller Liebe zu seinem Vaterland.« Augustus selbst hielt sich, wie Caesar, an die Tatsachen.

Der Dichter Horaz (65–8 v. Chr.) hat auch von dem Philosophen Cicero manches gelernt[25]. Der Historiker Livius (59 v. Chr.–17 n. Chr.) war Ciceronianer und prägte die Formel: Es gehört ein Cicero dazu, um Cicero gebührend zu würdigen. Der römische Rhetoriklehrer Quintilian schrieb: »Je mehr dir Cicero gefällt, desto sicherer kannst du deiner Fortschritte sein.«[26] Ciceros Philosophie gelangte nicht zuletzt auf dem Umweg über die Rhetorik in die Schulen.

[25] Man vergleiche Ciceros Schrift ›De republica‹ mit dem ›Carmen saeculare‹ des Horaz.

[26] Institutio Oratoria XI, 112.

Im Christentum konnte sich die radikale Ablehnung der »heidnischen« Philosophie, die Einstellung eines Tatian (2. Jahrh.) oder Tertullian (ca. 160–220) nicht durchsetzen. Tertullian ließ weder Platon noch die Stoiker noch Cicero gelten. Clemens von Alexandrien (150–215) verachtete die »unwissenden Schreier«, die fanatisch gegen die Heiden ankämpften. Hieronymos (345–420) zitierte seinen Lieblingsautor Cicero an zahllosen Stellen und bezeichnete zwei Monographien des Lactantius (um 300) als Epitomai (Auszüge) Ciceronianischer Dialoge; Minucius Felix (um 200) folgte in seiner »Jungfernrede des lateinischen Christentums«[27] Cicero in Szenerie, Dialogform, Redeweise und Inhalt, in der Widerlegung der antiken Religion den religionsphilosophischen Schriften Ciceros, ebenso wie sein Lehrer Arnobius (um 300). Ambrosius (ca. 340–397), Ciceronianer wie Lactantius, übertrug die Moralphilosophie Ciceros ins Christliche. Nur der Geist war ein anderer geworden. Hatte Cicero u. a. Astronomie und Geometrie statt der unnützen Beschäftigung mit obskuren theologischen Problemen empfohlen, gab es, Ambrosius zufolge, nichts Dunkleres als Astronomie und Geometrie. Augustin hielt Ciceros Reden »zur Schärfung der Zunge« für nützlich, seine Dreiteilung der Religion (dichterische, bürgerliche, philosophische) konnte er nicht akzeptieren, am wenigsten die philosophische Religion der freien, denkenden Persönlichkeit. In Pelagius (4./5. Jahrh.) lebte das Ciceronische Erbe weiter: Unverderbtheit der Natur, Primat des Intellekts vor dem Willen, Willensfreiheit (gegen Augustins Prädestinationslehre), moralische Autonomie, Vorrang des objektiven Tugendaspektes vor dem subjektiven, der Tat vor der Gesinnung, Eigenwert der Tugend gegenüber der Gnade.

Die lange unterdrückte freie Persönlichkeit kam erst in der Renaissance wieder zur Geltung und mit ihr Cicero. Der Individualismus als treibende Kraft der Renaissance bedeutete Emanzipation vom kollektiven Geist des Mittelalters. Hatten die christlichen Denker vorwiegend das Werk Ciceros für ihre Zwecke benutzt, entdeckte Petrarca (1304–74) in Cicero die Persönlichkeit. Cicero wurde zum Befreier der Persönlichkeit aus den Fesseln der Scholastik. Die Häresie als Recht der freien Wahl und als Freiheit des Denkens, das Glück der Individualität und der Persönlichkeit wurden durch den wiederentdeckten

[27] Th. Zielinski, Cicero im Wandel der Jahrhunderte. Leipzig, Berlin 1908, S. 118.

Individualisten Cicero rehabilitiert. Die Wiederentdeckung von Ciceros Briefwechsel löste eine literarische Bewegung aus. Cicero erschien als Bildner und Künstler in der Formung der Persönlichkeit. Hatten die Kirchenväter Ciceronische Skepsis gegen die heidnische Religion eingesetzt, setzte mit der Renaissance die Gegenbewegung ein: Das Christentum erfuhr die Wirkung dieser Skepsis nun am eigenen Leibe. Humanismus, Reformation und schließlich die Aufklärung trugen zu jenem Erosionsprozeß bei, der in England am wirksamsten voranschritt und am deutlichsten zu erkennen ist. In Italien wuchsen von Petrarca bis Valla die geistigen Kräfte und Möglichkeiten in der Auseinandersetzung mit Cicero, mit dem die Entdeckung des klassischen Altertums erst eigentlich begann: Giovanni Boccaccios (1313–75) Lobgesang auf Cicero, Leonardo Brunis (1369–1444) Cicerokult, Coluccio Salutati (1331–1406) der »Affe Ciceros«, Francesco Poggio (1380–1439) der »Schüler« Ciceros und Lorenzo Valla (1405–57), der es wagte, Quintilian mit Cicero zu vergleichen.

Der erste Nordländer, der vom Cicero-Fieber ergriffen wurde, war der Schwärmer Christophorus Longolius, der sein ganzes Lebensglück opferte und einen frühen Tod in Kauf nahm, um seinen an Wahnsinn grenzenden Ehrgeiz zu befriedigen, ein Ciceronianer zu werden. In dieser Karikatur hob sich der Ciceronianismus selbst auf. Der satirische Dialog ›Ciceronianismus‹ des Erasmus von Rotterdam (1466–1536) tat ein übriges. Mit Erasmus endete die schöpferische Phase des Ciceronianismus, in deren Verlauf allerdings die lateinische Sprache zu einer toten Sprache wurde. Im Gegensatz zu Martin Luther (1483 bis 1546), der Cicero höher schätzte als Aristoteles, eröffneten deutsche Protestanten später eine rational nicht mehr zu begründende Kampagne ohnegleichen gegen Cicero. Nicht weniger kurios war das Ausspielen des Gegensatzes Caesar – Cicero im Streit der Guelfen gegen die Ghibellinen.

In England ging die Aufwertung Ciceros mit der Kritik am Offenbarungsglauben Hand in Hand, eine folgerichtige und beispielhafte Entwicklung, die den Geist der Neuzeit wie kaum eine andere verdeutlicht. Der Weg führte von Herbert von Cherbury über Hobbes, Newton, Locke, Anthony Collins, Bolingbroke, Shaftesbury und Francis Hutcheson zu Hume. Cherbury übernahm in seinem Buch ›De veritate‹ (1624) den Instinktbegriff von Cicero. Instinkt ist die innere Quelle der Wahrheit neben den Sinnen. Entsprechend gründet Cherbury seinen Deismus und seine Moralphilosophie auf den angeborenen Begriffen *(notiones innatae)* und der allgemeinen Übereinstimmung *(consensus gentium)*. Sein Verständnis der Willensfreiheit als des einzigen Naturwunders führt über Pelagius zu Cicero zurück. Befürworteten andere nur die Häresie als Anwendung der Wahlfreiheit, sah Hobbes in der Religion nichts anderes als staatlich sanktionierten Aberglauben. Während Cudworth, Newton und Locke den christlichen Gottesglauben mit Hilfe Ciceronischer Argumente zu retten suchten, kristallisierte sich von Locke bis Hume aus dem »Aberglauben« immer mehr die Substanz Ciceronischer Moral, speziell seiner Pflichtenlehre, heraus. Die »Gottesbeweise« erlagen erst bei Locke und bei Hume Ciceronischer Skepsis. Hatte der Logos Cicero vom stoischen Deismus zur akademischen Skepsis geführt, führte der Weg der englischen Philosophie ähnlich vom Deismus Cherburys zu Humes Skepsis. Humes ›Gespräche über die natürliche Religion‹ erinnern noch in der Rollenverteilung an diese Vorgänge. Der Vertreter der Orthodoxie, Demea, scheidet aus dem Gespräch aus. Kleanthes, der »Stoiker«, und Philo, der »Akademiker«, kehren bei Hume wieder, wobei hier wie dort letzterer den skeptischen Standpunkt beider Philosophen ausdrücken dürfte.

Von der englischen Aufklärung hängt inhaltlich die französische ab, von dieser wiederum die deutsche. Voltaire, Diderot und Montesquieu wären hier zu nennen, aber auch Mirabeau, Rousseau und Condorcet. Voltaire hat Cicero schwärmerisch verehrt. Von Friedrich dem Großen war bereits die Rede. Daß Cicero gewirkt hat, kann niemand ernsthaft bestreiten, und es war dies eine Wirkung zum Wohle der westlichen Welt.

5.2.3 Lebensphilosophien, Weltanschauungen, Sekten

Für die Entwicklung der römischen Philosophie in der Zeit von Cicero bis Seneca und darüber hinaus sind folgende Tendenzen charakteristisch: Übernahme religiöser Funktionen wie Heilsvermittlung, Trost und Erlösung; schärfere Trennung von wissenschaftlichem Denken und Popularphilosophie; Durchdringung benachbarter Disziplinen, vor allem von Dichtung und Geschichte, mit philosophischem Gedankengut; enzyklopädische und kompilatorische Tendenzen; Herausbildung von Weltanschauungen; verstärkte Neigung zum Stoizismus; Sektenbildungen; Institutionalisierung, zum Beispiel bei Festspielen und in der Verwaltung, sowie Etablierung als eigenständiger Kulturfaktor neben Künsten und Wissenschaften.

Einige Autoren weisen noch in die Zeit der untergehenden Republik zurück. Mit Cicero befreundet waren die Polyhistoren P. Nigidius Figulus (58 Prätor) und M. Terentius Varro (116–27 v. Chr.). Ersterer half Cicero bei der Niederwerfung der Catilinarischen Verschwörung und starb selbst in der Verbannung. Er setzte die pythagoreische Tradition in Italien fort und sammelte, wie Pythagoras, einen Kreis Gleichgesinnter um sich. Er befaßte sich mit grammatischen (29 Bücher ›Commentarii grammatici‹), naturwissenschaftlichen (›De vento‹), geographischen (›De terris‹), biologischen (›De animalibus‹), anthropologischen (›De hominum naturalibus‹) und theologischen (19 Bücher ›De diis‹) Fragen. Varro, der – neben kynischen Gedankengängen – auch zum Pythagoreismus neigte, verfaßte schätzungsweise 70 Werke in 600 Büchern. Erhalten sind seine drei Bücher über die Landwirtschaft sowie Teile seines Werkes über die lateinische Sprache. In seiner Schrift ›De philosophia‹ unterschied er 288 philosophische Standpunkte. Varro schuf die Grundlage für den Kanon der Sieben Freien Künste. Er unterschied noch neun. Architektur und Medizin fielen später weg. Über Martianus Capella, Cassiodor und Isidor von Sevilla wirkte Varros Kanon bis ins Mittelalter fort. Typisch für Varro und römisches Denken war seine Verbindung von Philosophie (Logik) und Geschichte in 76 Büchern (›Logistorici‹) aus seinen späteren Jahren. In diesem Werk setzte er dem Sachtitel einen Personennamen voran, zum Beispiel ›Cato über Kindererziehung‹. Neben pädagogischen Themen behandelte Varro theologische, juristische, ethische, diätetische, medizinische und politische Fragen.

Die Entscheidungsschlacht bei Actium (31 v. Chr.), die das Augusteische Zeitalter (27 v.–14 n. Chr.) einläutete, blieb auch für die Philosophie nicht ohne Folgen. Während Künste und Wissenschaften zu klassischer Blüte heranreiften, trat die Philosophie im engeren Sinn in den Hintergrund. Das mag damit zusammenhängen, daß Philosophie, wie Goethe[28] bereits zu-

[28] »Wer philosophiert, ist mit den Vorstellungsarten seiner Vor- und Mitwelt uneins.« In: Plato als Mitgenosse einer christlichen Offenbarung (1796). Werke. Berliner Ausgabe. 2. Abt., Bd. 15, S. 104.

treffend erkannte, an eine Art Nonkonformismus gebunden ist. Zur Zeit des Augustus, nach Überwindung der Bürgerkriegskrise in einer Welt relativer Sicherheit, in Frieden und Freiheit, erscheint die Philosophie wenig herausgefordert. So mußte der Princeps selbst, um den sich ein Kreis von Sokratikern gebildet hatte, zur Pflege der Philosophie ermuntern: »Hortationes ad philosophiam«. Seine Leitideen waren *pietas* (Frömmigkeit), *fides* (Vertrauen), *virtus* (Trefflichkeit), *clementia* (Milde). Die großen Förderer der Künste, C. Asinius Pollio (76 v.–5 n. Chr.), C. Cilnius Maecenas (ca. 70–8 v. Chr.) – Mäzen für Gönner der Kunst war schon im Altertum sprichwörtlich – und M. Valerius Messala Corvinus (64 v.–8 n. Chr.) zeigten sich auch gegenüber der Philosophie aufgeschlossen. Maecenas neigte zum Epikureismus und schrieb, wie Platon und Epikur, ein ›Symposion‹. Asinius Pollio gründete die erste römische Bibliothek und errang im Kulturleben der Stadt eine führende Stellung. Er wagte sich auch an eine von Cicero zwar geforderte, aber nicht in Angriff genommene Darstellung der römischen Geschichte. Seine (nicht erhaltene) Geschichte der Bürgerkriege erschien Horaz als ein »höchst gewagtes Unternehmen« (Carm. II, 1). Messala dichtete selbst und befaßte sich außerdem mit philologischen Problemen. Das berühmteste Mitglied seines literarischen Kreises war der Dichter Albius Tibullus (55–19 v. Chr.). Er, Sextus Propertius (ca. 56–15 v. Chr.), ferner P. Vergilius Maro (70–19 v. Chr.) und Q. Horatius Flaccus (65–8 v. Chr.) sowie P. Ovidius Naso (43 v.–18 n. Chr.) und Titus Livius (59 v.–17 n. Chr.) sind, auf literarischem Gebiet, die Hauptgestalten der Augusteischen Zeit, die, obwohl nicht selbst Philosophen, wesentlich zur philosophischen Artikulierung des Zeitalters beigetragen haben. Als Elegiker fanden Tibull, Properz und später Ovid Ausdrucksformen für ein verbreitetes Weltgefühl, das nach den Erfahrungen des Bürgerkriegs verständlich erscheint: Abwendung von der Welt, Hinwendung zum eigenen Inneren und Gründung einer eigenständigen Welt der Innerlichkeit im Getriebe des großen Weltgeschehens.

Während bei Livius und anderen Schriftstellern die Grenzen zwischen Philosophie und anderen Disziplinen verschwammen, unterschied man deutlicher zwischen wissenschaftlicher und Popularphilosophie. Pythagoreischem Vorbild entsprechend, nahm auch die schon zur Zeit Ciceros einsetzende philosophische Bildung der Frauen zu. Der ältere Seneca suchte dann später bereits die Liebe seiner Frau Helvia zur Philosophie in

Grenzen zu halten. Vielleicht übertrug sie ihre starke Neigung auf den jüngeren, den Philosophen Seneca.

Vor der Darstellung der Philosophie Senecas mag ein kurzer Überblick über die ohnehin nicht sehr zahlreichen Denker des ersten nachchristlichen Jahrhunderts das bisher Gesagte vervollständigen.

Bei den Philosophen wie bei den übrigen Autoren des 1. nachchristlichen Jahrhunderts kommen alle Schattierungen des Konformismus und Nonkonformismus vor: Anpassung, Kriecherei, Opportunismus und Verrat; innere Emigration, Kritik, Auflehnung und Widerstand bis hin zum Märtyrertod, wobei man besser nicht von Märtyrern im christlichen Sinn sprechen sollte, eher von Freiheitskämpfern, da die Römer nicht, wie die Christen, als Zeugen für eine von Gott geoffenbarte Wahrheit in den Tod gingen, sondern als Vorkämpfer für Ideen wie Freiheit, Republik und Gerechtigkeit. In den Verhaltensweisen spielen natürlich die Richtungsunterschiede eine Rolle. Ihrem Ideal des unauffälligen Lebens entsprechend, vermieden die Epikureer den Konflikt mit den Herrschern eher als die Stoiker, die zum Beispiel in ihrer Pflichtenlehre, hierin mehr Römer, den aktiven Dienst am Gemeinwesen stärker betonten. Die Pythagoreer waren infolge ihres Sektierertums und ihrer Tendenz zur Innerlichkeit sowenig wie die Epikureer konfliktbereit. Iunius Moderatus vertrat die Neupythagoreer. Von den Sokratikern neigten die Kyniker eher zu offenen Konflikten, was aber die Herrscher eher belustigte als beunruhigte. Als der Kyniker Demetrius, den Seneca hoch schätzte, große Zivilcourage bewies und aus seiner ablehnenden Haltung gegenüber den Herrschern kein Hehl machte, ließ ihm Vespasian ausrichten, er täte zwar alles, was ihn ins Verderben führe, aber einen bellenden Hund töte er nicht. Seneca: »Demetrius, der Männer besten, trage ich immer bei mir, beiseite lasse ich die Herren in Purpur und unterhalte mich mit diesem Halbnackten, bewundere ihn.«[29]

Zum größten Teil auf Seneca beschränkt sich die Kenntnis der Philosophie der Sextier, einer Sekte, die sich in Augusteischer Zeit bildete und die in ihrem kometenhaften Aufstieg und Verschwinden nicht zuletzt auch ein Symptom der inneren Emigration darstellen dürfte. Quintus Sextius pflegte zu sagen, selbst

[29] L. Annaeus Seneca, Ad Lucilium epistulae morales 62, 3. Hg. v. M. Rosenbach, Darmstadt 1974, S. 516.

Iuppiter vermöge nicht mehr als ein guter Mensch, er lebe nur länger (epist. 73, 12). Die Autarkie des moralischen Menschen gegenüber den Mächtigen war ein Kernpunkt stoischer Lehre. Sextius ging, der Tendenz zur Innerlichkeit folgend, darüber hinaus, indem er, ganz ähnlich wie später die Christen, eine tägliche Gewissenserforschung forderte. Auch wenn Sextius griechisch schrieb, dachte er römisch (epist. 59, 7). So entsprach er mit seinem Vegetariertum einer pythagoreischen Sitte, aber seine Begründung dafür war römisch. Während Pythagoras den Brauch mit der Verwandtschaft aller Lebewesen und der Seelenwanderung begründete, lehnte Sextius die Fleischnahrung ab, weil das Zerstückeln dem Genuß diene, Grausamkeit und Völlerei fördere (epist. 108, 18). Die Römer waren Gourmets. Ein berühmtes römisches Kochbuch hat einen berüchtigten Schlemmer der frühen Kaiserzeit zum Verfasser: Apicius, ›De re coquinaria‹ (10 Bücher). Auch Seneca war eine Zeitlang Vegetarier. Er übernahm von Sextius, um die Haltung des Weisen zu verdeutlichen, ein Bild aus dem militärischen Bereich: Wie die Truppen einsatzbereit und auf ein Zeichen ihres Feldherrn verfügbar sein müssen, muß der Weise über seine charakterlichen Fähigkeiten verfügen, um sie im Leben bei drohender Gefahr sogleich einsetzen zu können. Er muß auf alles gefaßt sein, denn bereit sein ist alles. Was Seneca bei Sextius suchte und fand, sagt er selbst: »Wenn du den Sextius liest, wirst du sagen: Er lebt, ist kraftvoll, ist frei, steht über dem Menschen, er entläßt mich voller Selbstvertrauen.« (epist. 64, 3) In einer Zeit der Ohnmacht, Knechtschaft und Verzweiflung waren Kraft, Freiheit und Selbstvertrauen dringender denn je nötig.

Q. Sextius Niger, möglicherweise ein Sohn des Quintus Sextius, schrieb ein Buch über medizinische Fragen (›Peri hylēs iatrikēs‹), das der ältere Plinius benutzte. Die auf Innerlichkeit gerichtete Bewegung der Sextier löste offenbar eine Welle von »Bekehrungen« aus – die Zeit war dafür reif –, zum Beispiel des Papirius Fabianus und des L. Crassicius Pasicles aus Tarent. Fabianus sagte sich von seinem Rhetorik-Lehrer Arellius Fuscus los und konvertierte, wie später Augustin, von der Rhetorik zur Philosophie. Seneca schätzte ihn fast noch höher als Sextius und hielt ihn, in der Form, für Cicero und Livius ebenbürtig (epist. 100, 9). Fabianus schrieb über die Ursachen der Naturvorgänge, über die Tiere und über politische Probleme *(civilia, politica)*. In seiner Ablehnung der theoretischen Philosophie und in seinem moralischen Rigorismus fühlte sich Seneca von

Fabianus bestätigt. Der Freigelassene Crassicius war zunächst Bühnenassistent und Schullehrer. Er wurde durch seinen Kommentar zu einem Kleinepos (›Smyrna‹) des C. Helvius Cinna über Nacht berühmt. Das Gedicht Cinnas behandelt die Liebe Smyrnas zu ihrem Vater, ein beliebtes Motiv hellenistischer Poesie[30]. Zu Crassicius strömten die jungen Leute aus vornehmen Familien. Auf dem Gipfel seines Ruhmes angelangt, gab er seine Vorlesungen auf und schloß sich den Sextiern an.

Auch Sotion von Alexandria, der in dem jungen Seneca (ca. 20 n. Chr.) die Liebe zu Pythagoras weckte, ihn zum Vegetarismus bekehrte und vielleicht sein Werk ›Über den Zorn‹ anregte, stand den Sextiern nahe. Im 30. Brief an Lucilius erwähnt Seneca den tapferen Historiker Aufidius Bassus (frühe Kaiserzeit) als ein rühmliches Beispiel für ungebrochene Schaffenskraft und Heiterkeit angesichts des Todes. Bassus, ein schwerkranker Mann, war Epikureer und schrieb ein Werk über den Krieg gegen die Germanen sowie ein anderes über römische Geschichte von den Bürgerkriegen bis zu seiner Zeit. Der ältere Plinius setzte es fort *(a fine Aufidii Bassi)*. Aus den politischen Wirren der Zeit hielt sich der Epikureer heraus.

Zwei weitere vorbildliche Philosophen, beide Stoiker, an die sich Seneca dankbar und gern erinnert, waren Attalus und Metronax. »Ich jedenfalls, wenn ich Attalus gegen Fehlhaltungen, Irrtümer, Lebensübel sprechen hörte, empfand oft Mitleid mit dem Menschengeschlecht und glaubte, er sei erhabener und höher als menschlicher Rang. Er selbst erklärte, er sei ein König, doch mehr als zu herrschen schien er mir, weil ihm das Recht zustand, über Herrschende zu urteilen.« (epist. 108, 13)

Hier wird die sich verschärfende Spannung zwischen Philosophie und Herrschaft deutlich. Attalus, unter Tiberius im Jahre 30 aus Rom verbannt, befaßte sich nicht nur mit Ethik, sondern auch mit meteorologischen Problemen. Noch im Alter hörte Seneca in Neapel Metronax. Auf eine Vorhaltung deswegen erwiderte er: »Solange muß gelernt werden, *wie* du lebst, *solange* du lebst.« (epist. 76, 3)

Weniger bekannt waren die Philosophen Sergius Plautus, Fabius Maximus, Stertinius und Plotius Crispinus, allesamt Stoiker. Plautus befaßte sich mit stoischer Erkenntnistheorie und übersetzte *ousían* mit *essentia*; Fabius, ein römischer Ritter aus

[30] Properz (2, 34, 41) erwähnt einen Dichterphilosophen – Lynceus ist wahrscheinlich ein Pseudonym – in seinen ›Socratici libri‹.

Narbo (Narbonne) verfaßte stoische Traktate; Stertinius erörterte in 220 Büchern Probleme der stoischen Philosophie und Crispinus betätigte sich als stoischer Wanderprediger, der in einer lasterhaften Zeit zur Tugend mahnte.

Hervorragende Persönlichkeiten waren die Stoiker Cornutus und Musonius. Zu den Hörern des Cornutus aus Leptis (Afrika) zählte kein geringerer als der früh verstorbene Persius, der seinem Lehrer in einem seiner Gedichte ein schönes Denkmal setzte und dessen Schriften Cornutus, mit Caesius Bassus, herausgab. Dem Historiker Silius Italicus, der die punische Geschichte dargestellt hatte, widmete Cornutus, der seine philosophischen Arbeiten in griechischer Sprache schrieb, eine Schrift über Vergil. Außerdem behandelte Cornutus grammatische und rhetorische Probleme. In seiner philosophischen Schrift setzte er sich mit der Kategorienlehre des Aristoteles sowie mit dem Stoiker Athenodoros von Tarsus, einem Freund Ciceros und Lehrer des Kaisers Augustus, auseinander. Eine Übersicht des Cornutus über die griechische Theologie in Form einer allegorischen Mythendeutung ist erhalten. Im Jahre 65 wurden er und Musonius von Nero verbannt. Musonius (30 bis 100) konnte später nach Rom zurückkehren (69), wurde aber unter Vespasian (71) erneut verbannt, dann wieder von dessen Nachfolger Titus zurückberufen (81) und endlich rehabilitiert. Bei ihm hörten Dion von Prusa (Dio Chrysostomos) und Epiktet. Von Musonius sind keine Schriften erhalten. Aus indirekter Überlieferung läßt sich jedoch einiges rekonstruieren. Seine Philosophie war praktisch orientiert und bestand vorwiegend aus Ethik. Musonius erörterte auch Fragen der Kleidung und des Benehmens, der Ehe und Familienplanung sowie die Stellung der Frau in der Philosophie. Ein »Schüler« des Musonius, Euphrates, kam später mit Artemidoros, dem Schwiegersohn des Musonius, nach Rom. Plinius der Jüngere hatte beide in Syrien kennengelernt und benutzte, wie Seneca in seinen ›Quaestiones naturales‹ die ›Geographoumena‹ des weitgereisten Artemidor, elf Bücher mit geographischen Aufzeichnungen.

5.2.4 Seneca

5.2.4.1 Leben

Lucius Annaeus Seneca (4 v.–65 n. Chr.) aus Cordoba (Spanien) teilte mit Cicero die vierfache Begabung für praktische Politik, Rhetorik, Dichtung und Philosophie. Er stammte aus einer begüterten Ritterfamilie, kam, wie Cicero, früh nach Rom, wo er Rhetorik und Philosophie studierte, reiste, wie Cicero, länger ins Ausland (Ägypten) und war, wie dieser, zweimal verheiratet. Nach Rom zurückgekehrt, wurde er Quästor und Senator. Nur mit Mühe entging der erfolgreiche Redner dem Zorn des Kaisers Caligula. Ungeachtet anfänglicher Intrigen, die ihm unter Kaiser Claudius eine Verbannung nach Korsika (41–49) eintrugen, stieg er unter Agrippina zum Prätor (50) und Konsul (55/56) auf. Sie vertraute Seneca die Erziehung ihres Sohnes Nero an. Zusammen mit dem Prätorianerpräfekten Afranius Burrus nahm Seneca fünf Jahre die Regierungsgeschäfte wahr. Er wirkte im Inneren des Reiches auf Versöhnung *(clementia, concordia ordinum)* hin und erzielte außenpolitisch im Armenienkrieg Erfolge. Nach dem Tod seines im Jahre 62 vielleicht vergifteten Kollegen verlor auch Seneca an Einfluß auf den jungen Nero. Er bot ihm seinen Rücktritt an und die Rückgabe seines Vermögens, was der Kaiser ablehnte. Seneca, der das Treiben Neros begreiflicherweise nicht billigte, zog sich dennoch vom öffentlichen Leben zurück und widmete sich auf seinem Landsitz literarischen Studien (62–65). Man bezichtigte ihn der Teilnahme an der Verschwörung des Piso und zwang ihn zum Selbstmord. Der stoischen Lehre vom Freitod gemäß starb er gelassen und würdevoll, nachdem er sich die Pulsadern durchschnitten hatte:

»Seneca verlangte unerschrocken, die Niederschrift seines Testaments zu bringen. Als dies der Centurio ablehnte, wandte er sich an seine Freunde mit den Worten, da er ja gehindert werde, ihnen für ihre Verdienste den schuldigen Dank abzustatten, hinterlasse er ihnen das nunmehr einzige, jedoch auch das Schönste, das er besitze, das Bild seines Lebens. Wenn sie dies im Gedächtnis behielten, würden sie den Ruf einer edlen Bildung als Lohn für ihre so unerschütterliche Freundschaft davontragen. Zugleich suchte er durch allerlei Gespräche und dann wieder nachdrücklich im Tone der Zurechtweisung ihrem

Weinen Einhalt zu gebieten und sie zu einer festen Haltung zurückzuführen, indem er fragte, wo denn die Lehren der Philosophie geblieben seien, wo die in so vielen Jahren geübte Einstellung auf drohende Gefahren. Wem sei die Grausamkeit Neros nicht bekannt gewesen? Es sei Nero ja nach der Ermordung seiner Mutter und seines Bruders nichts anderes übriggeblieben, als auch seinen Erzieher und Lehrer umzubringen.

Als er dieses und ähnliches, gleichsam für die Allgemeinheit berechnet, gesprochen hatte, umarmte er seine Gemahlin, und weil er jetzt um sie fürchtete, etwas weicher gestimmt, bat er sie inständig, ihren Schmerz zu mäßigen und sich diesem nicht ewig hinzugeben, sondern in der Betrachtung seines der Tugend gewidmeten Lebens die Sehnsucht nach dem Gatten durch tröstende edle Gedanken zu mildern. Seine Frau dagegen beharrte darauf, daß auch ihr der Tod bestimmt sei, und forderte die Hand des Mörders. Da sagte Seneca, der ihrem rühmlichen Entschluß nichts in den Weg legen wollte, zugleich in der Furcht, er müsse die von ihm einzig Geliebte Mißhandlungen überlassen: ›Ich habe dir die Mittel gezeigt, die das Leben erträglicher machen, du ziehst es vor, rühmlich zu sterben. Ich werde diesem deinem löblichen Entschluß nichts in den Weg legen. Mögen wir beide die gleiche feste Haltung bei diesem tapferen Sterben zeigen und dein Ende rühmlicher sein!‹ Darauf öffneten sie sich beide gleichzeitig die Pulsadern. Weil bei Senecas durch Alter und spärliche Nahrung geschwächtem Körper das Blut nur langsam abfloß, öffnete er auch die Adern an den Schenkeln und Kniekehlen. Von schweren Schmerzen erschöpft, riet er seiner Gattin, um nicht ihre mutige Haltung durch seine Schmerzen zu erschüttern und seinerseits durch den Anblick ihrer Qualen in einen Zustand des Schwachwerdens zu verfallen, in ein anderes Gemach zu gehen. Und da ihn auch im letzten Augenblick seine Beredsamkeit nicht im Stich ließ, rief er seine Schreiber herbei und diktierte ihnen längere Ausführungen, die im Wortlaut veröffentlicht worden sind, weshalb ich mir es erspare, sie umgeformt wiederzugeben.

Aber da Nero keinen persönlichen Haß gegen Paulina hegte und er vermeiden wollte, daß die Empörung über seine Grausamkeit weiter um sich greife, befahl er, ihren Tod zu verhindern. Auf Zureden der Soldaten verbanden die Sklaven und Freigelassenen ihre Arme und stillten das Blut, wobei man nicht weiß, ob sie es bemerkte ... Sie lebte dann noch einige Jahre in löblichem Gedenken an ihren Mann mit so bleichem und fahlem Gesicht und Körper, daß man deutlich sah, wieviel sie von ihrer Lebenskraft eingebüßt hatte. Indessen bat Seneca, da bei ihm das Verbluten nur langsam vor sich ging und das Sterben sich verzögerte, seinen lange bewährten treuen Freund und Arzt Statius Annaeus, das schon lange vorgesehene Gift zu holen, mit dem in Athen die von einem staatlichen Gericht Verurteilten hingerichtet wurden. Man brachte es, und er trank es, doch ohne daß es wirkte. Denn seine Glieder waren schon erkaltet, und der Körper nahm das Gift nicht mehr in sich auf. Zuletzt stieg er in ein Bassin mit heißem Wasser, und während er die zunächststehenden Sklaven bespritzte, sagte er, er weihe dieses Naß Iuppiter, dem Befreier. Dann ließ er sich in das Dampfbad bringen, wo er erstickte. Darauf wurde er ohne jede Leichenfeier verbrannt. So hatte er es in seinem Testament angeordnet schon zu einer Zeit, da er als ein ungeheuer begüterter und einflußreicher Mann für sein Lebensende vorsorgte.«[31]

5.2.4.2 Werke

5.2.4.2.1 ›De ira‹

Da die politischen Ereignisse in Senecas Leben auch sein literarisches Schaffen nach Inhalt, Form und Gehalt mitbestimmt haben, unterscheidet man zweckmäßigerweise, soweit möglich, zwischen vor, in und nach dem Exil in Korsika verfaßten Schriften, innerhalb der letzten Gruppe wiederum zwischen vor und nach dem Rückzug aus dem öffentlichen Leben verfaßten Werken. Im Anschluß an seine Reise nach Ägypten sind die (verlorengegangenen) Schriften über Ägypten und Indien entstanden, ferner seine Arbeit über Erdbeben sowie die Trostschrift an Marcia, die Tochter des Historikers A. Cremutius Cordus, zum Tod ihres Sohnes Metilius und, möglicherweise, die drei Bücher ›De ira‹ (Über den Zorn). Die Trostschrift sucht davon zu überzeugen, daß allzu langer Schmerz über Unabänderliches gegen die Natur ist, daß mit der Geburt das Sterben beginnt und der Mensch alle äußeren Güter nur leihweise besitzt. Hat das entrissene Kind Freude bereitet, möge sie dafür dankbar sein, auch wenn die Freude nur kurz war. Andere Menschen mußten ähnliches erleiden. Wer weiß, ob der frühe Tod nicht ein Segen für das Kind war.

[31] Tacitus, Annalen 15, 62–64. Hg. v. Kißel, S. 129ff.

Die seinem älteren Bruder Novatus gewidmete Schrift ›Über den Zorn‹ enthält wertvolle psychologische Beobachtungen und Erkenntnisse. In der Beurteilung des Zornes werden interessante Unterschiede zwischen griechischer und römischer Empfindungsweise deutlich. Sie werden in Senecas Kritik an der Aristotelischen Lehre vom Zorn erkennbar. Aristoteles hielt bekanntlich den Zorn als Reaktion auf eine böse Tat nicht nur für gerechtfertigt, sondern auch für ein Zeichen moralischen Wertes. Seneca, der allen Leidenschaften, vor allem dem Zorn den Kampf ansagt, leugnet das. Die kompromißlose, rigorose Einstellung des Seneca erscheint unangemessen, da sie zu gefährlichen Affektverdrängungen führt, aber Seneca versteht unter Zorn, wie auch seine Tragödien zeigen, etwas anderes als Aristoteles, nämlich Jähzorn, Wut, Raserei. Seine ebenfalls sehr interessanten Ausführungen über die Grausamkeit (2. Buch) lassen auch römische Eigenart erkennen. Daß die im 3. Buch vorgesehene Erörterung der Behandlungsmethoden des Zornes fast ganz ausbleibt, dürfte kein Zufall sein, sondern eher eine Folge der Schwächen der Theorie selbst. Die Trostschriften an die Mutter Helvia und an Polybius, einen einflußreichen Günstling des Kaisers Claudius, enthalten wenig Substanz. Seneca sucht seine Mutter damit zu trösten, daß seine Verbannung gar kein Unglück sei, sondern nur eine unbedeutende Ortsveränderung. Der tugendhafte Mensch sei überall zu Hause und glücklich. Die auch sonst zu beobachtende Neigung zu Verdrängung und Selbsttäuschung ist kaum zu übersehen, aber auch nicht die Stärke seiner (Auto-)Suggestionskraft. Die Schrift an Polybius zielt wohl weniger auf Trost für den Verlust seines Bruders als auf Fürsprache für den Verbannten. Sie enthält für den Autor peinliche Schmeicheleien.

5.2.4.2.2 Weitere Schriften

Nach dem Exil, aber vor der Abkehr vom Hofe Neros, dürften die Schriften ›De brevitate vitae‹ (Über die Kürze des Lebens), ›De clementia‹ (Über die Milde), ›De tranquillitate animi‹ (Über die Gemütsruhe), ›De constantia sapientis‹ (Über die Standfestigkeit des Weisen) und wahrscheinlich die sieben Bücher ›De beneficiis‹ (Über die Wohltaten) entstanden sein. Die Schrift ›Über die Kürze des Lebens‹ ist an den Verwalter des Getreidewesens in Rom, Paulinus, gerichtet. Er empfiehlt dem »gestreßten« Aufseher weniger Geschäftigkeit und dafür mehr Muße für Wesentliches, zum Beispiel die Bemühung um Weisheit. Geschäftigkeit verkürzt unser Leben, Besinnung konzentriert und verlängert es im Dienst für andere.

Die (unvollständig erhaltenen) drei Bücher über die Herrschertugend der Milde sollten wohl, nach Art späterer Fürstenspiegel, Nero von seinen grausamen Neigungen abbringen. Die Hoffnungslosigkeit des Vorhabens spiegelt sich im Überlieferungszustand der Schrift wider. Seneca definiert Milde als Nachgiebigkeit des Mächtigen gegenüber dem Untergebenen. Sie äußert sich zum Beispiel bei der Bestimmung des weniger als verdienten Strafmaßes. Eine andere Definition lautet: Von der Vernunft bewirkte Selbstbeherrschung dessen, der die Möglichkeiten zur Vergeltung besitzt (II, 3). Darauf wird zwischen Milde, Verzeihung *(venia)* und Mitleid *(misericordia)* unterschieden. Ganz unchristlich lehnt Seneca Mitleid ab als eine Schwäche des Gemüts, das, von Angst überwältigt, vor dem Elend zurückschreckt: eine für den Weisen unmögliche Haltung, der nicht mitleiden, sondern helfen und nützen will, von Mensch zu Mensch, ohne Tugendstolz oder heimliche Gedanken an Vorteile, ohne den Geholfenen zu beschämen oder ihn in die Rolle des Unterlegenen und Hilflosen zu drängen. Ebensowenig ist Verzeihung als gnädiges Schenken der verdienten Strafe, als pflichtwidriges Erlassen von Strafe für den Weisen möglich. Er will unter Wahrung der beiderseitigen Ehre schonen, raten, bessern. Insgesamt wird beim Mitleid Gefühlsduselei und Passivität abgelehnt, bei Verzeihung eine Gnade, die Gerechtigkeit und Ehre außer Kraft setzt.

Die Schrift ›Über die Standfestigkeit des Weisen‹ behandelt eine typisch römische Tugend in Form eines stoischen Paradoxons: Der Weise kann weder Unrecht noch Schande erleiden. Der Adressat der Schrift, Annaeus Serenus, war Präfekt der kaiserlichen Leibwache und starb noch vor Seneca an einem vergifteten Pilzgericht. Als abschreckendes Beispiel erscheint Caligula, als Muster des Weisen der jüngere Cato, als Quelle wird u. a. Epikur benutzt.

Der einzig wirkliche Dialog in dem zwölf Schriften Senecas umfassenden Dialog-Kanon ist das Gespräch ›Über die Gemütsruhe‹, ebenfalls Serenus gewidmet. Zu Beginn schildert Serenus Seneca seinen Seelenzustand. Sein seelisches Gleichgewicht ist gestört, er ist mit sich uneins *(sibi displicere)*, weder gesund noch krank, er schwankt zwischen Entschlossenheit zum Guten und Wendung zum Bösen, zwischen natürlichem Hang zur Sparsamkeit und faszinierender Verschwendung um ihn her, zwischen Aktivität und Muße, Politik und Philosophie, Ehrgeiz und Gleichgültigkeit, Fremdbestimmung und Selbstbestimmung: ein Zustand äußerster Schwäche. Wie läßt er sich überwinden? Seneca ermutigt ihn zum Selbstvertrauen, weist ihn auf ein hervorragendes Buch des Demokrit über Seelenruhe (›Peri euthymías‹) hin, sucht nach den Ursachen der Selbstquälerei und kommt dabei schon nahe an moderne Theorien heran. Da ist vom Unvermögen der Selbstverwirklichung *(cunctatio vitae parum se explicantis)*, von Frustration *(inter destituta vota torpentis animi situs)* und Ekel an sich selbst *(taedium et displicentia sui* II, 8, 10) die Rede, ferner vom Reisen als Flucht vor sich selbst, vom Sterben schon während des Lebens, von Zeiteinteilung, Ökonomie der Kräfte und dem Wechsel zwischen Anspannung und Entspannung, von der nötigen Abwechslung zwischen Einsamkeit und Geselligkeit und dem Mittelweg zwischen den Extremen des Leichtsinns und Starrsinns, der Überheblichkeit und der Depression (attollens – deprimens, II, 4). Im Zweifelsfall soll man lieber mit Demokrit über sein Schicksal lachen als weinen (XV, 2): eine nicht sehr christliche Empfehlung.

Die Schrift ›Über die Wohltaten‹ enthält auch manche treffenden psychologischen Beobachtungen und feinsinnige Bemerkungen. Der Autor geht von der Beobachtung aus, daß die Untugend der Undankbarkeit sehr verbreitet ist. Bei der Definition der Wohltat und der Bestimmung der richtigen Gesinnung dabei wird der Unterschied zum Christentum sogleich deutlich. Die Lehre Senecas kann man in der Formel zusammenfassen: Tue Gutes, aber schaue, wem! Ist der Empfänger der Wohltat würdig, soll man ohne Bedenken reichlich geben. Seneca wußte sehr genau, daß man mit Wohltaten auch Schaden anrichten kann. Die Schuld dafür liegt beim blind Gebenden. Wer schenken für eine leichte Sache hält, so heißt es in der Schrift ›Über das glückliche Leben‹, der irrt. Seneca differenziert sehr eingehend und genau: »Sehr viel enthält diese Aufgabe an Schwierigkeit, wenn man nur mit planvollem Handeln verteilt, nicht nach Zufall und plötzlicher Eingebung um sich streut. Um diesen mache ich mich verdient, jenem vergelte ich; diesem helfe ich, dessen erbarme ich mich; jenen unterstütze ich, weil er es wert, daß ihn nicht auf Abwege bringe die Armut noch in ihrem Banne halte; manchen werde ich nicht geben, mag Mangel bestehen, weil auch, wenn ich gegeben habe, Mangel bestehen wird; manchen werde ich anbieten, manchen sogar aufdrängen. Nicht vermag ich in dieser Sache zu verfahren ohne Sorgfalt; niemals führe ich genauer Buch, als wenn ich schenke.« (XXIV, 1)

Die an Gallio gerichtete Schrift ›Über das glückliche Leben‹ gehört wahrscheinlich schon in die letzte literarische Schaffensperiode Senecas. Die beiden Hauptprobleme sind: Was ist Glück? und: Wie wird der Mensch glücklich? Was Glück ist, kann nicht die Masse – zu ihr gehören auch Träger von Purpur und Kronen –, sondern nur der Weise bestimmen, und dieser definiert es als Leben in Übereinstimmung mit der Natur, in praktizierter Tugend, d.h. Trefflichkeit, Tüchtigkeit, Bestheit. Eine Voraussetzung des Glücks ist Freiheit: »Also muß man aufbrechen in die Freiheit.« (4, 5) Eine zweite Voraussetzung ist die Vernunft, denn die Natur richtet sich nach der Vernunft. »Das höchste Gut ist einer unbesieglichen Seele Kraft, Weitblick, Erhabenheit, Gesundheit, Freiheit, Harmonie und Schönheit.« (9, 4)

Das predigt der Weise, aber was tat er? Ist es etwa schön, eine Lobrede auf den verstorbenen Claudius zu schreiben und ihn gleichzeitig (in einer anonymen Schrift) zu verspotten? Ist es ehrlich, Neros Milde zu preisen, wenn der Autor von dessen Verbrechen wußte? Zeugt es von Harmonie, wenn man Bedürfnislosigkeit predigt, die Habgier anprangert, während man selbst ein Riesenvermögen zusammenrafft und beim Eintreiben von Schulden rücksichtslos vorgeht? Zeugt es von innerer Freiheit, wenn man den Ehrgeiz zu den Grundübeln zählt und völlig von ihm beherrscht wird? Seneca hat seine inneren Konflikte nie ganz bewältigt. Was dennoch für ihn spricht, ist, daß er dies zugibt, daß er sich nicht in eine Reihe mit den großen Weisen stellt, deren Vorbildlichkeit er immer wieder preist: »Fordere also von mir nicht, daß ich den Besten gleich sei, sondern besser als die Schlechten: das ist mir genug, täglich etwas von meinen Schwächen zu entfernen und meine Irrtümer in die Gewalt zu bekommen.« (17, 3)

Diese realistische Selbsteinschätzung, das Bewußtsein seiner Schwächen, die er weder zu vertuschen noch zu beschönigen sucht, und die letzte Bewährung im Tod sprechen nicht nur für die Aufrichtigkeit seines Wollens, sondern auch für die Echtheit seines Philosophentums. Gewiß wird man ihn nicht mit Sokrates auf die gleiche Stufe stellen, auch nicht mit Platon, ja nicht einmal mit Cicero, aber den von ihm einzig anerkannten Adel der Seele wird man ihm nicht absprechen können.

Die durch äußere Umstände wohl mitbeeinflußte Aufwertung der Muße, der Theorie gegenüber der Praxis, des Betrachtens gegenüber dem Handeln in der unvollständigen, Serenus gewidmeten Schrift ›De otio‹ entspricht eher epikureischer als römischer Lebensauffassung. An Aristoteles und die Peripatetiker erinnert die Auffassung, daß die Theorie auch eine Art Handlung ist.

Seneca besaß, wie Cicero, den Ehrgeiz, die Philosophie insgesamt, also systematisch darzustellen. Nach der stoischen Einteilung gehörten dazu Logik, Physik und Ethik. Die theoretische Philosophie vernachlässigte Seneca fast völlig. Zur Naturphilosophie zählen, außer einigen verlorenen Werken, sieben Bücher ›Naturales quaestiones‹ (Naturwissenschaftliche Fragen). Der Schwerpunkt seines Denkens lag aber eindeutig auf ethischem Gebiet. Seneca war kein Naturforscher. Er erörterte die naturwissenschaftlichen Fragen dialektisch. Im Mittelalter war das Werk angesehen, und Goethe gefiel es noch. Berühmt ist darin eine Schilderung des Weltuntergangs. Durch die Fortschritte der neuzeitlichen Naturwissenschaften sind Senecas Lehren – er selbst sah dies voraus –, überholt und können daher außer Betracht bleiben.

Im Grenzbereich zwischen Naturphilosophie und Ethik steht die an den Freund C. Lucilius gerichtete Schrift ›De providentia‹ (Über die Vorsehung). Von der Voraussetzung ausgehend, daß das Weltgeschehen einer höchsten Vernunft untersteht, will Seneca den Sinn menschlichen Leidens in sechs Thesen beweisen: Leiden sind für den Einzelnen wie für die Gemeinschaft heilsam. Die Guten unterwerfen sich daher den Leiden freiwillig, denn Leiden sind vom Schicksal auferlegte Prüfungen. Der gute Mensch wird geprüft, aber er bedarf keines Mitleids, denn er ist nicht unglücklich.

In den verlorenen Schriften, soweit noch nicht erwähnt, befaßte sich Seneca mit naturwissenschaftlichen Themen: mit der Gestalt des Universums, mit der Natur der Fische, aber auch mit ethischen Fragen: mit Pflichten und Aufmunterungen, mit Aberglauben und vorzeitigem Tod, Ehe und Freundschaft. Außerdem verfaßte er Reden, eine Biographie des Vaters, Briefe an Novatus und ein Werk über Moralphilosophie, in dem er der Tugendlehre eine Pflichtenlehre zuordnete. Als Haupttugenden erscheinen: Klugheit *(prudentia)*, Seelengröße *(magnanimitas)*, Selbstbeherrschung *(continentia)* und Gerechtigkeit *(iustitia)*.

5.2.4.2.3 ›Epistulae morales ad Lucilium‹

In seinen Reden verwendete Seneca nicht, wie Cicero, Perioden. Sein abgehackter, epigrammhafter Stil nach Art der kynischen Diatribe war damals Mode. Caligula charakterisierte Senecas Reden nicht ganz unzutreffend als »Sand ohne Kalk«. In der Tat ermüden seine Sentenzen, sein Moralisieren und seine Manieriertheit. Charakteristisch sind ferner Übertreibungen, die Überreizung des Lesers, eine gewisse Vorliebe für Grausamkeiten und Häßliches. Cicero hatte Schüler, Seneca ist unnachahmbar (Quintilian). Senecas Meisterwerk sind die in der heutigen Form wohl schon von ihm konzipierten und redigierten 124 Briefe, mehr an ein imaginäres Publikum als an Lucilius gerichtet und überwiegend ethischen Inhalts. Hier kommen die stilistischen Qualitäten des Autors voll zur Geltung: geschliffene Sentenzen, Pointen, Paradoxien, Prägnanz, Reichtum und Treffsicherheit des Ausdrucks, subtile Unterscheidungen und einprägsame Formeln: ein Feuerwerk des Geistes und darum wohl auch besonders bei den Franzosen beliebt (Corneille, Racine, Diderot), aber auch schon vorher: bei Dante und Erasmus und später bei Schopenhauer.

Die Briefe an Lucilius (20 Bücher) entstanden in den letzten Lebensjahren Senecas (nach 62): sie sind eine nahezu unerschöpfliche Quelle hellenistisch-römischer Lebensphilosophie, vor allem der Ethik und der Psychologie. Das Werk beginnt mit einer Betrachtung zur Vergeudung menschlicher Lebenszeit: »Der größte Teil des Lebens entgleitet unvermerkt, während man Schlechtes tut, ein großer Teil, während man nichts tut, das ganze Leben, während man Belangloses tut.« (1, 1) Und das schreibt ein Mann, der von sich sagen konnte: »Kein Tag vergeht mir in Müßiggang: einen Teil der Nächte behalte ich wissenschaftlicher Arbeit vor: nicht nehme ich mir Zeit zum Schlaf, sondern erliege ihm nur und halte die Augen, obwohl sie durch das Wachen ermüdet und zufallen, an der Arbeit fest.« (8, 1)

Die Lebensbilanz dieses rastlos tätigen Mannes erscheint erschreckend nüchtern, fast resigniert. War alles vergeblich, Eskapismus vor dem Wesentlichen? Seine Warnung vor zu viel Lesen und Reisen deutet darauf hin: »Nirgends ist, wer überall ist.« (2, 2)

Die Skepsis des welterfahrenen Politikers klingt auch aus seiner Mahnung zur Vorsicht bei der Auswahl von Freunden und im Umgang mit der Masse: »In allem berate dich *mit* deinem

Freund, aber *über* ihn vorher.« (3, 2) Seneca wußte aber auch, daß ein Leben ohne Freunde wenig taugt: »Keines Gutes Besitz ist ohne den Gefährten erfreulich.« (6, 4) An einen Leitsatz B. Russells: »Du sollst der Menge nicht folgen zum Bösen«[32] erinnern Senecas Maximen: »Entziehen muß man der Masse die zarte und zu wenig am Sittlichen festhaltende Seele: leicht läuft man zur Mehrheit über« (7, 6) und »Gewinnen kann man, außer auf schimpfliche Weise, die Liebe schimpflicher Menschen nicht.« (29, 11)

Für die zwischenmenschlichen Beziehungen empfiehlt Seneca einen Mittelweg zwischen Anpassung und Individualismus: »Werde weder den Schlechten ähnlich, weil es viele sind, noch feindlich den vielen, weil sie ganz anders sind. Ziehe dich auf dich selbst zurück, soweit du kannst; mit denen verkehre, die dich besser zu machen fähig sind, jene laß zu dir, die du vermagst besser zu machen: auf Gegenseitigkeit geschieht das, und Menschen, indem sie lehren, lernen.« (7, 8)

Für das Lernen ist, außer dem Leben, die Philosophie zuständig, aber welche? Seneca neigt zwar zur Stoa, aber er erkennt auch andere Richtungen an. Typisch römisch nimmt er, was ihm nützlich scheint. Von den Disziplinen der Philosophie erscheint ihm die Dialektik als spitzfindig und unnütz. Die Dialektiker »meinen, sie leisteten etwas« (49, 5). Die Naturphilosophie erntet zu Beginn der ›Naturales quaestiones‹ höchstes Lob, wo sie als Wissenschaft vom Göttlichen der Moralphilosophie als Wissenschaft vom Menschlichen gegenübertritt. Übrig bleibt also die Ethik, und Sokrates hatte in seinen Augen ganz recht, wenn er die gesamte Philosophie auf die Ethik zurückführte (71, 7).

Seneca unterscheidet zwischen Philosophie und Weisheit. »Weisheit ist das vollkommene Gut der menschlichen Seele; Philosophie ist die Liebe zur Weisheit und das Streben danach.« (89, 4) »Die Götter haben die Kenntnis der Philosophie niemandem gegeben, die Fähigkeit zur Philosophie allen.« (90, 1) Die Philosophie erscheint als Ratgeberin (38, 1), Schützerin (16, 5) und Befreierin: »Der Philosophie mußt du dienen, damit dir zuteil werde die wahre Freiheit.« (8, 7) »Im übrigen ist eine einzige Wissenschaft wirklich frei, weil sie frei macht: das ist die Philosophie, erhaben, stark, hochherzig.« (88, 2) Zeichnet sich die Philosophie vor den sogenannten freien Wissenschaften da-

[32] Autobiographie. Frankfurt a. M. Bd. 1, S. 20.

durch aus, daß sie als einzige wirklich befreit, ist sie auch die einzige Instanz für die Besserung der Seele: »Einzig durch eines vervollkommnet sich die Seele, durch die unwandelbare Kenntnis von Gut und Böse: keine andere Wissenschaft aber fragt nach Gut und Böse.« (88, 28) Ohne Philosophie fehlt der Seele daher die Entscheidungsfähigkeit, ist sie krank (15, 1). Als Vermittler von geistiger Freiheit und Gesundheit ist der Philosoph der Erzieher der Menschheit. (89, 13) »Handeln lehrt die Philosophie, nicht Reden.« (20, 2)

Was ist Weisheit? Die meisten Menschen wissen nicht, was sie wollen, außer im Augenblick des Wollens (20, 6). Die Weisheit bewirkt Konstanz des Wollens: »Stets dasselbe wollen und dasselbe nicht wollen.« (20, 5) Sallust hatte so die Freundschaft definiert (Catilina, 20). Die Leidenschaften machen das Wollen unstet und damit den Menschen abhängig vom Augenblick. Indem die Weisheit Stetigkeit gewährt, verleiht sie Freiheit. Philosophie führt zur Freiheit, Weisheit ist Freiheit (37, 4). Das Problem ist nur, ob die Menschen frei sein wollen. »Die Sklaverei hält nur wenige Menschen, viele halten die Sklaverei fest.« (22, 11)

Wodurch unterscheidet sich der Tor vom Weisen? »Während der Weise nichts entbehrt und dennoch viele Dinge nötig hat, hat der Tor nichts nötig, da er nichts zu gebrauchen weiß, entbehrt aber alles.« (9, 14) Der Tor lebt in einer Wunschwelt, der Weise in der realen: »Wenn du nach der Natur lebst, wirst du niemals arm sein, wenn nach Wunschvorstellungen, wirst du niemals reich sein.« (16, 7) Toren lassen sich durch Erfolge blenden, der Weise urteilt nach der Gesinnung – Kants Gesinnungsethik –, denn er weiß: »Die Anfänge stehen in unserer Macht, über den Ausgang urteilt das Schicksal.« (14, 16) Insgesamt erhält das Schicksal, wohl zeitbedingt, bei Seneca ein größeres Gewicht als bei Cicero. Wo Seneca auf das Schicksal zu sprechen kommt, wird seine Sprache fast poetisch.

Was vermag der Mensch in einer Welt, in der Zufall und Notwendigkeit das Zepter führen, die so verunsichert ist, daß das Glück als gefährlichstes Unglück erscheint? Die »Huld der Götter« hilft ihm nicht viel weiter. Ist der Philosoph mit seiner Weisheit am Ende? Senecas Ausweg aus diesem Dilemma war nicht der Gott der Christen, eher die Maxime: Hilf dir selbst, dann hilft dir Gott! Der Weise hilft sich also selbst (109, 6). Wenn er auch das Schicksal nicht abwenden kann, so kann er ihm doch, innerlich gestärkt, gelassen begegnen: »Keine Mauer ist für das Schicksal unüberwindlich – in unserem Innern wollen wir uns rüsten, wenn dieser Teil geschützt ist, kann der Mensch geschlagen werden, erobert werden kann er nicht.« (74, 19) Aus Senecas Perspektive erscheint äußere Aufrüstung als ein Symptom innerer »Abrüstung«. Die gleiche Verblendung, die den Menschen dazu treibt, Mauern gegen äußere Feinde zu errichten, treibt ihn zur Aufrichtung von Schranken in der Gesellschaft, aber nicht der Geburtsadel zählt, sondern der Adel der Seele, denn nur er widersteht den Schlägen des Schicksals.

Eine der naturwidrigsten Schranken bildete in der antiken Gesellschaft die Sklaverei. Als geistiger Aristokrat überwand Seneca diese Schranke in seiner Philosophie des Geistes: »Der Geist, doch dieser aufrecht, gut, groß: was anders kannst du ihn nennen als Gott, im Menschenkörper zu Gast weilend? Dieser Geist kann in einen römischen Ritter wie in einen Freigelassenen wie in einen Sklaven fallen. Was ist nämlich ein römischer Ritter oder ein Freigelassener oder ein Sklave? Namen, aus Ehrgeiz oder Ungerechtigkeit geboren.« (31, 11) Seneca lehnte die Sklaverei nicht nur aus moralischen Gründen ab, sondern entlarvte auch die Ideologie der Sklaverei: »Sodann brüstet man sich mit einem Sprichwort von derselben Anmaßung, so viele Feinde gäbe es wie Sklaven: nicht haben wir sie zu Feinden, sondern machen sie dazu.« (47, 5) Für den praktischen Umgang mit Sklaven empfahl Seneca: »Lebe mit deinem Sklaven milde, umgänglich auch, gewähre ihm Zugang zum Gespräch, zur Beratung, zur Mahlzeit.« (47, 13) Diese Einstellung ist gegenüber Platon und Aristoteles eindeutig ein Fortschritt. Seneca erkannte auch, daß der Wille zum Herrschen der Unfähigkeit entspringt, seiner selbst Herr zu werden, daß er in Habsucht, Ehrgeiz und nicht zuletzt in Furcht wurzelt. (47, 17)

Seneca überzeugt jedoch nicht weniger als Kritiker, denn als Schöpfer neuer Werte: Solidarität, Menschenrechte: »Dieses Zusammengehörigkeitsgefühl, sorgfältig und unverletzlich gehütet, das uns Menschen den Menschen verbindet und das Bewußtsein vermittelt, es gibt ein gemeinsames Recht des Menschengeschlechtes, trägt das meiste dazu bei, auch jene engere Gemeinschaft der Freundschaft ... zu fördern: alles nämlich wird mit einem Freunde gemeinsam haben, wer vieles mit einem Menschen.« (48, 3)

Vergleicht man damit etwa die Ausführungen Mo Tzus, wird ein weltweiter Konsens nonkonformistischer Philosophie in dieser und anderen Fragen deutlich. Indem Seneca Krieg und

Völkermord als Verbrechen gegen die Menschheit brandmarkte, leistete er eine Art Selbstkritik des römischen Imperialismus, parallel zu entsprechenden christlichen Tendenzen.

Auch wenn Seneca nicht mehr dazu kam, seine Ethik im Zusammenhang darzustellen, sind die Umrisse zu erkennen und lassen sich auf die Formel bringen: Natur = Gut = Tugend = Vernunft = Geist = Gott. Einiges davon ist hellenistisch, anderes römisch, und wieder anderes weist in die Richtung des Christentums. Die Vernunft wird nach der stoischen Oikeíosis-Lehre, der zufolge alle Dinge ihre spezifische Qualität besitzen, als das spezifische Gut des Menschen definiert (76, 8). Ebenfalls stoisch ist die Lehre von den *adiáphora,* den weder guten noch bösen Dingen, wozu Seneca den Tod zählt (82, 10. 13). Wo die lateinische Sprache nicht ausreicht, greift Seneca auf griechische Termini zurück, zum Beispiel auf die *anhyparxía* des Antipater von Tarsos (2. Jahrh. v. Chr.) für *paupertas.* Unter Armut will Seneca nicht geringen Besitz verstanden wissen, sondern das, was einem fehlt, das Nichtvorhandene. »Armut besteht nämlich nicht darin, wenig zu besitzen, sondern vieles nicht zu besitzen.« (87, 39) Seneca zufolge ist niemand arm, der sich selbst besitzt. Besitzstreben setzt Selbstverlust voraus wie Machtstreben Verlust der Selbstkontrolle. »Wer sich selbst besitzt, hat nichts verloren.« (42, 10) Modern ausgedrückt: Das Sein hat absoluten Vorrang vor dem Haben. »Güter vermitteln Seelengröße, Reichtum Anmaßung.« Reichtum ist nicht nur kein Gut, sondern ein Übel (87, 32f.).

Charakteristische Züge römischer Ethik sind: Selbstvertrauen, ökonomischer Einsatz der Kräfte, Initiative, Nutzen für die Gemeinschaft, Einsatzbereitschaft bis zum Opfertod. Als Ideal des Philosophen erscheint neben Sokrates der jüngere Cato (Uticensis, Urenkel des Cato Censorinus, 95–46), der sich nach Caesars Sieg bei Thapsus (46) das Leben nahm, weil er das Ende der republikanischen Freiheit nicht überleben wollte. Er hatte sich das Schwert in den Leib gestoßen, und als ein Arzt ihn zu retten suchte, soll er dessen Hilfe zurückgewiesen und sich die Eingeweide mit eigenen Händen herausgerissen haben. Zeitgenössische und spätere Stoiker verehrten ihn als Ideal des Weisen. Seine letzten Worte waren, Seneca zufolge: »Nicht für meine, bislang, sondern des Vaterlandes Freiheit habe ich gekämpft, und nicht versuchte ich das zu tun mit so großer Hartnäckigkeit, um frei, sondern um unter Freien zu leben.« (24, 7) In christliche Richtung weist ein Satz, der Stoisches, Römisches

(Sextier) und Christliches in einzigartiger Weise verbindet: »Ein heiliger Geist wohnt in uns, unserer schlechten und guten Taten Beobachter und Wächter: wie er von uns behandelt wird, so behandelt er selber uns. Ein guter Mensch aber ist niemand ohne den Gott.« (41, 2) Für das Verhältnis zu Gott und den Mitmenschen gilt die Maxime: »Lebe mit den Menschen, als ob der Gott es sähe, so sprich mit dem Gott, als ob die Menschen es hörten.« (10, 5) Man vergleiche: »Seien wir solidarisch: für die Gemeinschaft sind wir geboren.« (93, 53) Geradezu modern mutet der Gedanke der Relativität der Lebensdauer an: das kurze, aber erfüllte Leben dauert länger als das langandauernde. Seneca zitiert hier seine Quelle (Poseidonios): »Ein einziger Tag im Leben gebildeter Menschen erschließt mehr als Ungebildeten das längste Leben.« (78, 28) Wenn die sittliche Kraft zum Sterben fehlt, wird das Leben zur Sklaverei. »Sterben läßt sich, wie auch leben, lernen. Nur wer nicht leben kann, kann auch nicht sterben.« (77, 15)

Auch wenn Seneca kein System hinterließ, muß man ihm zugestehen, daß er das reiche Erfahrungsmaterial, das ihm der geistig-moralische und politisch-gesellschaftliche Verfall Roms bot, sammelte, analysierte und auszuwerten versuchte. Er leistete damit wertvolle Vorarbeit für jede künftige Ethik und erzielte auch schon beachtliche Ergebnisse, so wenn er Habsucht und Ehrgeiz als Wurzeln aller größeren Übel in der Welt erkannte, sie als chronisch verfestigte Fehlhaltungen und somit als Krankheiten verstand (75, 11), wenn er an den Beispielen der Genuß-, Ruhm- und Habsucht dem Phänomen der Sucht auf die Spur kam, das in seiner Tragweite erst in der Gegenwart ermessen wird, wenn er das Böse in der Umkehrung natürlicher und vernünftiger Verhaltensweisen erblickte und auch den Zusammenhang von Perversionen mit seelischen und geistigen Störungen sowie dem Wahnsinn erkannte und wenn er, im Anschluß an seinen Lehrer Attalus, herausfand, daß Haß und Bosheit auf den Boshaften zurückschlagen und ihn selbst zerstören: »Die Bosheit trinkt den größten Teil ihres Giftes.« (81, 22)

5.2.4.2.4 Tragödien

Senecas Tragödien sind die besten Kommentare zu seinen ethisch-psychologischen Erkenntnissen. Als Tragödiendichter und Philosoph nimmt er in der Geschichte der antiken Philosophie eine Sonderstellung ein. Seit Caesar hatte sich niemand mehr am Ödipus-Thema versucht. Daß Caesars Werk verlorenging, bedeutet sicher einen großen Verlust, nicht nur für die Literaturgeschichte, denn er verfügte, wie kaum ein anderer römischer Autor, über die Voraussetzungen, ein so anspruchsvolles Thema zu behandeln. Bei Sophokles werden dem Helden gerade die Gaben zum Verhängnis, denen er Ruhm und Ansehen, persönliches Glück und Königtum verdankt: starker Erkenntnistrieb, unbedingter Wahrheitswille und überragender Verstand. In dieser urgriechischen Tragödie ist die Enthüllung das Wesentliche, nicht das Geschehen als solches. Es liegt weit zurück. So elementar wie der Erkenntnistrieb des Ödipus ist die Gewalt des Schicksals, die das Opfer nach Art einer Naturkatastrophe ereilt. Für Ödipus gibt es kein Entrinnen. Die sein Unglück voraussagenden Orakelsprüche erfüllen sich mit unheimlicher Präzision. Von Schuld kann hier keine Rede sein. Anders bei Seneca: Aus der Tragödie der Selbsterkenntnis wird in seinem ›Ödipus‹ eine Tragödie der Selbstbehauptung. Die römische Mischung von Klugheit und Aberglauben wird in den Bemühungen des Helden deutlich, ein Schicksal zu vermeiden, das ihn längst getroffen hat. Er vertraut seiner ratio auch dann noch, als kein Zweifel mehr an seiner Selbsttäuschung besteht: Er will es nicht wahrhaben und wittert hinter allem ein Komplott gegen ihn, um ihn der Macht zu berauben. Er sucht die Ursache nicht bei sich oder bei den Göttern, sondern bei den bösen Mitmenschen. Daß Seneca hier die tyrannischen Machthaber der Kaiserzeit Modell standen, die allem und jedem mißtrauten, ist unverkennbar. So läßt sein Ödipus Kreon einkerkern. Zur schicksalhaften Verstrickung tritt die subjektive Schuld. Die Enthüllung ist Nebensache. Für die Geschichte der Ethik ist die Erschließung zweier neuer Dimensionen wichtig: Macht und Schuld.

Im ›Hercules furens‹ werden schon bei der Auswahl des Stoffes – Vorlage war der ›Herakles‹ des Euripides – römische Motive deutlich: Entartung des Machtmenschen, Caesarenwahnsinn. Die Problematik menschlicher Größe erscheint dagegen schon bei Euripides, der seinerseits in diesem Stück Sophokles sehr nahekommt (›Aias‹, ›Ödipus‹). Während Hercules seine letzte Heldentat vollbringt, bedrängt der Tyrann Lycus dessen Frau und Familie. Hercules kommt gerade noch rechtzeitig zurück, um das Schlimmste zu verhindern, verfällt aber darauf in Wahnsinn und tötet Frau und Kinder. Aus dieser und anderen, hier nicht weiter zu erörternden Tragödien Senecas spricht eine vertiefte Einsicht in Wesen und Wirkung des Bösen. Das eigentlich Böse am Bösen ist vielleicht, daß es gutwilligen Menschen keine Wahl läßt, auch Böses zu tun und damit selbst böse zu werden.

Hatte Cicero in der Unmoral der führenden Schicht die Hauptursache für den Zerfall des Gemeinwesens erblickt, konnte Seneca diese Einsicht ergänzen und vertiefen: Ist der Herrscher so verrucht, daß er im guten Menschen seinen »natürlichen« Feind sieht, ist alles sittliche Streben, alle Ethik und Moral umsonst. Der Untergang eines solchen Gemeinwesens ist unvermeidbar. Es scheint bisweilen so, als ob Seneca zu diesem Schluß gelangt wäre.

Nicht zuletzt wegen seines (gefälschten) Briefwechsels mit dem Apostel Paulus wurde Seneca im Mittelalter eifrig studiert und exzerpiert. Desiderius, der König der Langobarden, ließ die Werke Senecas abschreiben. Zahlreiche Seneca-Handschriften entstanden zwischen dem 8. Jahrhundert und der Renaissance. Dank seiner einprägsamen Sentenzen eignete sich Seneca besonders für Florilegien (Blütenlesen), zum Beispiel: »Non scholae, sed vitae discimus.« (106, 12, richtiggestellt) Unter dem Titel ›Formula vitae honestae‹ kursierte im Mittelalter eine Zusammenfassung von Senecas Ethik. Andere Exzerpt-Sammlungen waren die ›Monita‹ und das ›Liber Senecae de moribus‹. In der Neuzeit hat Seneca – außer den bereits Genannten – auch auf Lessing und Goethe gewirkt. Wenn er auch nicht die gleiche Wirkung wie Cicero hatte, dürfte er, von christlichen Denkern abgesehen, nach Bedeutung und Wirkung die zweitstärkste Denkerpersönlichkeit des römischen Altertums gewesen sein.

5.2.5 Epiktet

Der Untergang des Römischen Reiches vollzog sich offensichtlich nicht kontinuierlich, sondern in Schüben. Wie auf die Zeit der Bürgerkriege die Friedensära des Augustus folgte, begann nach der Schreckensherrschaft eines Caligula, Nero und Domitian mit Nerva und Trajan eine Phase der Erholung für das Reich. Wenn auch das Urteil: »Die Erde schien den Gliedern des Römerreichs ein Paradies zu sein«[33] ein wenig übertrieben

[33] Schanz-Hosius, Geschichte der römischen Literatur. Bd. 3, S. 1.

erscheint, läßt sich doch der Unterschied zu früheren Jahrzehnten nicht verkennen. Von der allgemein positiven Entwicklung profitierten Künste und Wissenschaften ebenso wie die Philosophie. Ein geistig aufgeschlossener und selbst kreativer Friedensfürst war der Kaiser Hadrian (117–138). Er sprach griechisch und lateinisch, reiste viel – mehrmals nach seiner geistigen Wahlheimat Athen –, war vielseitig gebildet, reformfreudig (Jurisprudenz), dichtete und musizierte selbst, schrieb außerdem Reden, Streitschriften, erörterte philologische Probleme und verfaßte eine Autobiographie. Für die Gelehrten ließ er in Rom eine Hochschule, das Athenäum, errichten. In der Philosophie neigte er zur Stoa und trug selbst einen Philosophenbart, der Mode wurde.

Antoninus Pius (138–161), der Nachfolger Hadrians, sorgte durch Ehrungen, Gehälter und Privilegien für das Wohl der geistigen Führungsschicht. Mit Marcus Aurelius (161–180) bestieg sogar ein Philosoph den Kaiserthron. Mit seinem Philosophenmantel verlieh er dem auch sichtbaren Ausdruck. Er setzte die Bildungspolitik seines Vorgängers fort. In Athen erhielten alle Hauptrichtungen der Philosophie ihre Vertreter und Stellen. Außerdem förderte Marc Aurel andere Wissenschaften, zum Beispiel Medizin und Philologie. Von den folgenden Kaisern, bis zur Mitte des 3. Jahrhunderts setzten Septimius Severus (193–211) und Alexander Severus (222–235), Gordianus I. und Gordianus II. (238) die bildungsfreundliche Politik fort – Septimius Severus gestattete die Redefreiheit –, nicht dagegen Commodus (180–192), der Sohn des Marc Aurel, Caracalla (212–217) und Elagabal (218–222).

Die markanteste Persönlichkeit in der Philosophie zwischen Seneca und Marc Aurel war Epiktet aus Hierapolis (Phrygien, ca. 55–135), zunächst Sklave des (von Nero) freigelassenen Epaphroditus, dann selbst freigelassen und Student der Philosophie bei Musonius Rufus; später lehrte er selbst in Rom. Die von Domitian verfügte Ausweisung aller Philosophen (89) traf auch ihn. Epiktet trug sein Los mit Gelassenheit: der Kaiser könne ihn zwar aus Rom, nicht aber aus dem Kosmos ausweisen. Er ließ sich in Nikopolis (Epirus) nieder, an einem viel benutzten Verkehrsweg von Rom in den Osten. In seiner neuen Heimat entwickelte Epiktet eine fruchtbare Lehrtätigkeit. Er selbst verfaßte keine Schriften. Sein wohl bedeutendster Hörer, der Historiker Flavius Arrianus von Nikomedia (ca. 95–175), bekannt durch seine Geschichte Alexanders des Großen, stellte aus Nachschriften der Vorlesungen Epiktets acht Bücher ›Diatribai‹ (›Dissertationes‹) zusammen, von denen vier erhalten sind. Erhalten ist auch das ›Encheiridion‹, eine Zusammenfassung der Ethik Epiktets für einen größeren Leserkreis. Es entstand ungefähr zur gleichen Zeit wie die ›Germania‹ des Tacitus. Gegen Ende seines Lebens soll Epiktet in Athen mit Kaiser Hadrian zusammengetroffen sein (131/32). Sein Todesdatum ist unbekannt.

Seinem Wahlspruch »Ertrage und entsage« (anéchou kai apéchou) entsprechend, nahm er sich in der Bedürfnislosigkeit Sokrates und Diogenes zu Vorbildern. »Als Sklave zu Rom ertrug er die Mißhandlungen seines Herrn mit echt stoischer Ruhe. Als ihm letzterer einst einen heftigen Schlag auf den Schenkel gab, sagte Epiktet: ›Du wirst mir das Bein zerschmettern.‹ Sogleich verdoppelte jener den Schlag und zerschlug ihm das Bein. Epiktet fuhr ruhig fort: ›Hab' ich es dir nicht vorausgesagt?‹«[34] Als ihm ein Dieb seine eiserne Lampe gestohlen hatte, begnügte er sich mit einer aus Ton. Simplicius (5. Jahrh.), der das Handbüchlein erstmals herausgab und kommentierte, bemerkte zu Epiktets Reden, sie vermöchten auch ohne Verheißung und Vertröstung auf ein besseres Jenseits die Menschen glücklich zu machen. Christliche Autoren erkannten bald den Wert des Handbüchleins, ersetzten die Namen Sokrates und Epiktet durch Paulus und Nilus (Asket) und gaben letzteren als Verfasser aus. Augustin sah in Epiktet den bedeutendsten Stoiker, Goethe vertiefte sich in seine Gedankenwelt, Schopenhauer und Nietzsche befaßten sich mit ihm, und in England wie in Frankreich erfreut sich das Büchlein traditionell großer Beliebtheit.

Auf die Lehren, die Epiktet aus der Stoa übernahm, ist hier nicht näher einzugehen. Übrigens erwähnt er die Vertreter der mittleren Stoa, Panaitios, Poseidonios und Seneca ebensowenig wie später Marc Aurel. Epiktet schließt sich an die ältere Stoa an, vor allem an Zenon und Chrysipp, neigt aber auch anderen philosophischen Richtungen zu, vor allem der sokratisch-kynischen. Während er scharf gegen die Akademiker polemisierte (I, 5), soweit sie sich gegen den gesunden Menschenverstand verschließen, schätzte er Platon hoch. Die bei Seneca feststellbare Tendenz zu Vorstellungen, die dem Christentum ähneln, verstärkt sich bei Epiktet: Anstelle der göttlichen Weltordnung der

[34] Marcus Aurelius Antoninus, Selbstbetrachtungen. Hg. v. A. Wittstock. Wiesbaden o.J., S. 186.

Stoiker tritt zunehmend ein liebender, persönlicher Gott (I, 6), der auch als Vater und Schöpfer erscheint (III, 24), anstelle von Schicksal und Vorsehung ist von Schickungen Gottes die Rede, ferner vom Sohn Gottes (I, 9), vom Schutzgeist in der Seele (I, 14), von der Sorge für die Seele (III, 22; vgl. Ench. 38) und sogar von Feindesliebe (I, 11). Die Übereinstimmungen zwischen Epiktet und dem Christentum erklären sich weniger aus der Sache als aus dem Geist der Zeit, der Stimmung, der allgemeinen Heilssehnsucht.

Andere Züge wird man dagegen kaum als christlich bezeichnen. Statt der Autorität der Offenbarung und des Glaubens an Übernatürliches herrscht bei Epiktet die Vernunft. Mehr als Ausdruck dieser Vernunft und römischer humanitas ist Epiktets Forderung von Milde im Urteil und Verhalten gegenüber den Mitmenschen zu verstehen, ferner sein Bürgersinn, seine Moral des »Tue recht und scheue niemand«, sein Tugendstolz, seine Auffassung von Mitleid und Selbstmord, seine hohe Bewertung der Gerechtigkeit und sein Festhalten am Ideal des Weisen. Sokrates, nicht Christus, ist sein großes Vorbild. Wenig christlich ist auch die Weiterführung des Polytheismus neben dem Monotheismus. Epiktet zeigt sich in dieser Frage unentschieden. Der allgemeinen Tendenz des hellenistischen Zeitalters entspricht seine manchmal schwer erträgliche Vereinfachung der Probleme und Ansichten, die aber römischer und christlicher Betrachtungsweise entgegenkamen. Epiktets Ethik ist keine Liebesethik, sondern eine Ethik der Selbstbehauptung mit stark römischem Einschlag: Selbsthilfe, Klugheit, Selbstvertrauen, Verankerung der Glücksfähigkeit und Glückswürdigkeit in der eigenen Person. Hierher gehören auch die Indienstnahme der Dialektik als Werkzeug der grundsätzlich praktisch orientierten Philosophie, seine starke Betonung der Selbstbestimmung – moralische Autonomie – und nicht zuletzt seine Freiheitslehre. Darin sind sogar gewisse Fortschritte gegenüber Seneca zu verzeichnen, hinter dessen intellektuellen Qualitäten Epiktet weit zurückbleibt. Im Vergleich zu Platon erscheint seine Philosophie dürftig. An Charakterstärke dürfte Epiktet dagegen Seneca übertreffen, der nicht die gleiche Übereinstimmung von Wort und Tat erreichte, der zu Schauspielerei und Schmeichelei neigte und manchmal sogar zum Intrigieren. Gemeinsam mit Seneca ist Epiktet das wachsende Unvermögen, griechische Eigenart zu verstehen, zum Beispiel in seiner Auffassung vom Zorn.

Während aber Seneca der griechischen Konzeption der Tragödie eine eigene Konzeption vom Tragischen entgegenstellte, fehlt es bei Epiktet fast völlig an Verständnis des Tragischen: »Was sind Tragödien anders, als versifizierte Leidenschaft von Leuten, die die Außendinge anstaunen.«[35] Die Grenzen geistesgeschichtlichen Verstehens werden in Epiktets Homer-Interpretationen deutlich: »Die Ilias ist nichts anderes als Vorstellung und Gebrauch von Vorstellungen. Paris hat sich vorgestellt, er müsse Menelaus' Frau entführen. Helena hat sich vorgestellt, sie müsse sich entführen lassen. Hätte sich also Menelaus vorgestellt, er müsse denken, daß es ein Gewinn für ihn sei, ein solches Weib zu verlieren, was wäre dann geschehen? Dann wäre nicht nur keine Ilias, sondern auch keine Odyssee entstanden.« (77) In dieser Darlegung Epiktets werden einige Züge seiner »Methode« erkennbar, die sich mit der Verfahrensweise mancher späteren christlichen Autoren deckt: Verabsolutierung eines Gedankens, der zum Dogma erhoben und so lange wiederholt wird, bis der (unkritische) Hörer ihn akzeptiert. Gedankenarmut, Absolutismus, Dogmatismus und in gewissem Sinne Fanatismus sind Symptome eines Denkens, das Einfluß gewinnen will. Epiktet wandte sich vorwiegend an Laien, »Fortschreitende« *(prokóptontes)*, die mehr das Heil als die Wahrheit suchten, Rezepte, Lebenshilfen und Lebensregeln, nicht Erkenntnis. Die Diatribe, eine Art Scheindialog mit imaginären Gesprächspartnern, bot Epiktet eine ideale Form für diese Art Philosophie, die predigthafte, erbauliche Züge hat.

Außer der Lehre von den Vorstellungen insistiert Epiktet immer wieder auf der Unterscheidung zwischen dem, was in unserer Macht liegt *(eph' hemīn)* und was nicht: »Der wichtigste Unterschied der Dinge ist der, daß die einen in unserer Macht stehen, die andern nicht. In die erstere Klasse gehören Urteil, Trieb, Begierde, Ablehnung, mit einem Worte alles, was unser Werk ist. In die letztere Klasse gehört unser Leib, unsere Habe, unser Ruf, unser Amt, kurz alles, was nicht unser Werk ist. Was in unserer Macht steht, ist seiner Natur nach frei, kann nicht verwehrt noch verhindert werden. Was nicht in unserer Macht steht, ist ohnmächtig und knechtisch, kann verwehrt werden und gehört einem andern zu. Bedenke also, daß du in Hindernisse, in Klagen, in Unruhe geraten und gegen Gott und

[35] Epiktet. Was von ihm erhalten ist, nach den Aufzeichnungen Arrians. Neuberarb. d. Übers. v. S. R. Schulthess, v. P. Mücke. Heidelberg 1926, S. 21.

Mensch Beschwerde führen wirst, wenn du das seiner Natur nach Knechtische für frei und das andern Angehörige für dein Eigentum hältst. Wenn du dagegen nur das, was wirklich dein ist, für dein ansiehst, was aber andern gehört, für das, was es ist, für etwas Fremdes, so wird dich niemals jemand zwingen, niemand dir wehren, du wirst gegen niemand Beschwerde führen, niemanden anklagen, wirst nichts widerwillig tun, es wird dir niemand Schaden zufügen, du wirst keinen Feind haben; denn es wird dir nichts begegnen, was dir nachteilig sein könnte.« (Ench. 1)

Epiktets Denken ist, viel stärker als er selbst dachte, an persönliche und zeitgeschichtliche Voraussetzungen gebunden. Es ist die Philosophie eines Freigelassenen, aber Vertriebenen, der verzweifelt nach einem Freiraum sucht, in dem er sicher und ungestört leben kann. Er findet diesen Freiraum nirgends in der Welt, wohl aber in sich selbst, dem allgemeinen Zug der Zeit zur Innerlichkeit entsprechend. Nur die Vorstellungen und der Wille sind frei, über alles andere herrschen andere Mächte: Gott, das Schicksal, der Kaiser, die Mächtigen. Die eigentliche Stärke Epiktets liegt dort, wo er aus eigener Erfahrung spricht. Rom, das Kaisertum, Herren und Sklaven, Selbstbehauptung und Unterwerfung, Macht, Moral und Schuld, Freiheit des Willens und der Lebensführung sind seine großen Themen, zu denen er Wesentliches und Wertvolles zu sagen hat. »Freiheit hat mit Sklavensinn so wenig Gemeinschaft, als Tugend mit Laster.«[36] »Es ist besser, mit einem einzigen Freien furchtlos und frei zu leben, als in Gesellschaft vieler in steter Furcht Sklave zu sein.« Epiktets Freiheitsbotschaft gipfelt in zwei Thesen: »Kein Mensch ist des andern Herr« (I, 29); »Wenn du willst, so bist du frei.« (I, 17)

Epiktet erkennt nur zwei Arten von Herrschaft als legitim an: die Herrschaft Gottes über die Welt und die Herrschaft der Gesetze zur Regelung zwischenmenschlicher Beziehungen. »Ich habe meinen Willen gänzlich Gott ergeben.« (IV, 1) So fand Epiktet sein Asyl der Freiheit, seine Insel der Vernunft, von der ihn niemand vertreiben konnte – aber um welchen Preis? Um den Preis der Verweigerung, des Verzichts auf Weltbewältigung und äußere Selbstverwirklichung. Hätte Epiktet in einer Welt leben können, wie sie ihm vorschwebte, wäre er wahrscheinlich nicht der geworden, der er wurde. Er wäre nicht

[36] Ebd., S. 350f.

mißhandelt und vertrieben, aber auch nicht in dem Maß herausgefordert worden. Daß er die Herausforderung annahm und nicht nach seinen Prinzipien verfuhr, darin liegt seine geschichtliche Bedeutung. Die Kompromißlosigkeit, Radikalität und Reinheit seines Wollens überzeugen, nicht seine Theorien. Dieses Wollen wird nur auf dem historischen Hintergrund der verfallenden römischen Moral und des untergehenden Imperiums verständlich. Wahnsinnige Caesaren, Bestien in Menschengestalt, waren es, die einen neuen Typus des Helden hervortrieben, den Heiligen. Das Beispiel Epiktets zeigt, daß es Heilige auch unter Nichtchristen gab. Der Typus des Heiligen als Alternative menschlicher Existenz in einem Zeitalter extremer Unmenschlichkeit erschien mit innerer Logik im Weltprozeß, sobald die Verhältnisse dafür reif waren. Als ein solcher Heiliger der Übereinstimmung von Worten und Taten, aber auch als unerschöpfliche Quelle praktischer Lebensweisheit, hat Epiktet auf Marc Aurel gewirkt, der ihn des öfteren mit großer Achtung erwähnt. Hier einige Proben seiner Lebensphilosophie:

»Ein Mensch, der keine Philosophie getrieben hat, pflegt andere wegen des eigenen Unglücks anzuklagen; wer angefangen hat, Philosophie zu studieren, klagt sich selbst an; wer vollständig durchgebildet ist, klagt weder andere noch sich selbst an.« (Ench. 5)

»Es wird demnach das wichtigste und vornehmste Geschäft eines Philosophen sein, daß er die Vorstellungen prüfe und unterscheide und keine ungeprüft annehme.« (I, 20)

»Unsere Seele ist einer Schale mit Wasser gleich und unsere Vorstellungen den Sonnenstrahlen, die auf das Wasser fallen. Wird das Wasser bewegt, so scheinen sich die Strahlen zu bewegen, die doch bewegungslos sind. Also, wenn der Geist eines Menschen sich verdunkelt, kommen nicht seine Fähigkeiten und Tugenden in Verwirrung, sondern der Geist, in welchem sie sind. Ist dieser still und helle, so sind sie es auch.« (III, 4)

»Reinige deine Begriffe! Hängt denn eins der Dinge, die nicht dein sind, an dir fest, ist es dir angewachsen, bringt es Schmerzen, wenn es von dir genommen wird? Und sagen sollst du, wenn du dich täglich darin wie auf dem Kampfplatze übst, nicht, daß du Philosophie treibst (der Name soll verpönt sein), sondern daß man die Freilassungszeremonie an dir verrichte. Denn dies ist die wahre Freiheit.« (IV, 1)

»Sage nie von einer Sache: ich habe sie verloren, sondern: ich habe sie zurückgegeben.« (Ench. 11)

»Laß dir Tod und Verbannung und alles andere, was furchtbar erscheint, täglich vor Augen sein, am allermeisten aber den Tod; so wirst du nie niedrig denken und nichts zu heftig begehren.« (Ench. 21)

5.2.6 Marc Aurel

5.2.6.1 Leben

Hatte Cicero als Konsul und Platoniker bewiesen, daß ein Philosoph fähig ist, das höchste Amt der Republik innen- und außenpolitisch erfolgreich zu führen, und hatte Seneca als Stoiker gezeigt, daß dies auch im Prinzipat möglich war, so lieferte Kaiser Marc Aurel mit dem Beinamen »Philosophus« den Beweis für die Richtigkeit des Platonischen Satzes, daß Philosophen Herrscher sein oder Herrscher seriös philosophieren sollten.

Marc Aurels Vater, der Prätor Annius Verus, stammte aus einer angesehenen Familie in Spanien. Marc Aurel wurde 121 n. Chr. in Rom geboren. Seit seinem zwölften Lebensjahr studierte er Philosophie und Rhetorik bei berühmten Lehrern wie Herodes Atticus, Fronto und dem Stoiker Junius Rusticus, der Marc Aurel für die stoische Philosophie gewann. Kaiser Hadrian schätzte den jungen Mann so sehr, daß er seinen Nachfolger Antoninus Pius bewog, Marc Aurel zu adoptieren, der sich mit der schönen Tochter seines Adoptivvaters, Faustina, vermählte, 139 Quästor und, nach fast 20 Jahren praktischer Tätigkeit in der Politik, 161 Kaiser wurde. Sowohl während dieser Zeit als auch in der Zeit seiner Regentschaft zeichnete er sich durch Wahrhaftigkeit *(verissimus)*, Selbstlosigkeit, eiserne Disziplin, Fleiß und Bescheidenheit sowie Milde und Freundlichkeit gegenüber anderen aus. Er erreichte ein Höchstmaß an Übereinstimmung von Lebenspraxis mit den stoischen Idealen. Mit einem schwächlichen Körper und, wie Cicero und Seneca, von labilem Gesundheitszustand, rang der zur Askese neigende Herrscher seiner Natur körperlich, seelisch und geistig Höchstleistungen ab: beim Fechten und Ringen und im Wettlauf; er schlief auf bloßer Erde, bewältigte ein enormes Arbeitsprogramm in der Verwaltung, kümmerte sich um das kleinste Detail, wobei seine humane Gesinnung besonders deutlich wird, so etwa, wenn er das Gladiatorenunwesen einschränkte und Unfälle bei Seiltanz-Aufführungen durch untergelegte Kissen zu mildern suchte; schließlich die unerbittliche Selbstanalyse, die in seiner Schrift ›An sich selbst‹ Ausdruck fand, einem Tagebuch, völlig frei von Rhetorik und Selbstverherrlichung, geschrieben in den langen, kalten Nächten an der Nordgrenze des Reiches, mit dem Griffel auf dem Feldbett des Feldherrnzeltes sitzend, beim kümmerlichen Schein einer Lampe – dennoch ein Meisterwerk, bilderreich, edel, echt und angefüllt mit erlebter, gelebter und lebensnaher Philosophie. Es war die Zeit, als die erste große Woge der Völkerwanderung (166) vier römische Provinzen überschwemmte und bis Aquileia in Norditalien vordrang. Hinzu kam die Pest, die einen großen Teil des römischen Heeres hinwegraffte, kamen Aufstände in Britannien und Germanien, blutige Kriege mit den Markomannen und Quaden in Böhmen, ein Krieg gegen die Parther sowie eine Hungersnot und der Verrat des Adoptivbruders und Mitregenten L. Verus. Mit all diesen Nöten und Problemen wurde Marc Aurel fertig, der selbst mit ins Feld zog und kämpfte, kaiserlichen Besitz veräußerte, um neue Legionen aufstellen zu können, Untreue mit Versöhnungsbereitschaft beantwortete und, wie durch ein Wunder, das von innen und außen bedrohte Reich behauptete, erneuerte und festigte.

Im Christentum sah Marc Aurel, wohl nicht zuletzt infolge seiner extremen Toleranz auf allen Gebieten, eine intolerante, staatsfeindliche und verbrecherische Sekte, die er, dem von der Vorsehung ein Kampf um Sein oder Nichtsein, um den Bestand des Römischen Reiches, aufgezwungen war, ablehnte und bekämpfte. Marc Aurel gab im Erziehungswesen der Philosophie den Vorrang vor der Religion. Seine Toleranz zeigte sich auch hier, indem er als Stoiker der stoischen Philosophie keinen Vorrang gegenüber anderen philosophischen Richtungen wie Peripatetikern, Akademikern oder sogar Epikureern zugestand. Marc Aurels versöhnliche, auf Frieden und Völkergemeinschaft gerichtete Tendenz, mit Alexanders Verschmelzungsidee Europas und Asiens vergleichbar, zeigt sich unter anderem darin, daß er damit begann, die zum Frieden gezwungenen Barbaren an den Grenzen des Reiches anzusiedeln und somit einen natürlichen Schutzwall zu errichten. Die innere Eintracht suchte er durch großzügige Sozialprogramme, Hilfe für die Armen, Steuererlasse und Schenkungen wiederherzustellen. Allem Luxus und Aufwand abhold, ließ er 176 den Triumph wohl mehr über sich ergehen. Kurz darauf zwangen ihn die treulosen Markomannen zu einem neuen Feldzug. Er schlug sie bei Carnutum in Pannonien, starb aber noch während des Krieges am 17. März 180, wahrscheinlich in Vindobona (Wien).

Das Lebenswerk Marc Aurels erweckte schon bei seinen Zeitgenossen »einen pietätvollen Schauder«. Man hatte den »Eindruck von etwas Übernatürlichem«, und den Spöttern verschlug es die Sprache. Es entbehrt wohl kaum der Ironie der Geschichte, wenn das einzige aus der Antike überlieferte Reiterstandbild (auf dem Kapitol in Rom) den Herrscher verewigt, dem alles Gerede von Größe und alle Selbstdarstellung zutiefst verhaßt war, wie alle Kriege, von denen er nur zu viele wider seinen Willen führen mußte. Die in Bronzetechnik nach dem Tod des Kaisers verfertigte Marc-Aurel-Säule ist mit Darstellungen aus den Markomannenkriegen versehen.

Der Hauptteil der Philosophie Marc Aurels besteht in seinem Lebenswerk, das gleichzeitig ein Denkmal stoischen Geistes, römischer Charakterstärke und christlicher Selbstaufgabe ist und somit nicht nur die Brücke von der hellenischen zur römischen Kultur aufzeigt, sondern auch die Richtung erkennen läßt, in der sich römische Zivilisation und römische Menschlichkeit weiterentwickeln konnten.

5.2.6.2 ›An sich selbst‹

Die in griechischer Sprache geschriebenen ›Selbstbetrachtungen‹ Marc Aurels wurden nachträglich in zwölf Bücher eingeteilt. Das 1. Buch enthält einen Überblick über alle diejenigen Personen, die zu seiner Charakterbildung wesentlich beigetragen haben. Er nennt sie beim Namen und schließt die Übersicht mit einem Dankeswort an die Götter dafür, daß sie ihm durchweg gute Menschen beschert haben. In tiefer Bescheidenheit schreibt er das Positive in seinem Leben Göttern und Mitmenschen zu, für die Fehler übernimmt er selbst die Verantwortung.

Die Tugenden, die Marc Aurel bei Eltern, Vorfahren und Erziehern kennenlernte, die er sich zu Vorbildern nahm, könnte man zu einem Tugendkatalog für Philosophenherrscher zusammenfassen, wobei der römische Einschlag unverkennbar ist: Milde und Gelassenheit, Männlichkeit, Einfachheit und Bescheidenheit, Frömmigkeit und Wohltätigkeit, Anspruchslosigkeit, Initiative, Einsatzbereitschaft, Verachtung von Denunzianten und Verleumdern, von Panikmachern und Wahrsagern, Nichteinmischung in fremde Angelegenheiten, Toleranz und Liebe zur Philosophie. »Rusticus[37] machte mir begreiflich, daß ich immer an der Bildung und Besserung meines Charakters zu arbeiten hätte, die falschen Wege der Sophisten vermeiden müßte, keine leeren Theorien aufstellen, keine Reden des Beifalls wegen halten noch den Asketen oder den Mitleidigen vor den Augen der Menge spielen sollte.« (I, 7)

Rusticus vermittelte Marc Aurel auch die Philosophie Epiktets: »Von Apollonius lernte ich die freie Denkart, zwar mit Bedachtsamkeit, doch ohne Wankelmut auf nichts Rücksicht zu nehmen als auf die gesunde Vernunft.« (I, 8) Antoninus Pius hatte den berühmten Stoiker aus Chalkis zum Lehrer Marc Aurels bestimmt. Als der Kaiser den Philosophen in den Palast zur Übernahme des Schülers bestellte, ließ er ihm ausrichten, es gehöre sich, daß der Schüler zum Lehrer käme, und so geschah es.

»Durch Fronto[38] wurde ich belehrt, daß mit der Willkürherrschaft Neid, Ränkesucht und Verstellungskunst verknüpft sind und wie wenig Menschenliebe diejenigen im Herzen tragen, die wir Patrizier nennen.« (I, 11) Im Urteil über die Patrizier stimmen Cicero, Seneca und Marc Aurel überein. Severus, ein Verwandter Marc Aurels, war ihm ein Vorbild in der Freiheits-, Wahrheits- und Gerechtigkeitsliebe: »Durch ihn bekam ich einen Begriff, was zu einem freien Staate gehört, wo vollkommene Rechtsgleichheit für alle ohne Unterschied herrscht und nichts höher geachtet wird als die Freiheit der Untertanen. Von ihm lernte ich, immer dieselbe sich nie verleugnende Hochachtung für die Philosophie zu bewahren, wohltätig und freigebig zu sein, von meinen Freunden das Beste zu hoffen und auf ihre Liebe zu vertrauen.« (I, 14)

Marc Aurel machte darauf aufmerksam, daß nicht zuletzt die

[37] Quintus Iunius Arulenus Rusticus, Konsul des Jahres 92, war Stoiker und setzte sich für Thrasea Paetus ein, der von Nero in den Tod getrieben wurde. Rusticus wurde 93 von Domitian wegen seiner Biographie des Paetus zum Tode verurteilt.

[38] M. Cornelius Fronto aus Cirta (Numidien) war ein berühmter Redner und Lehrer der Rhetorik, dann Erzieher Marc Aurels und des L. Verus, im Jahre 143 Konsul. Mit Fronto, dem Hauptvertreter des literarischen Archaismus, diskutierte Marc Aurel subtile Stilfragen, ließ sich aber von ihm nicht zur Rhetorik bekehren.

Dankbarkeit in die Reihe der Herrschertugenden gehört: »Ich danke den Göttern, daß ich rechtschaffene Großeltern, rechtschaffene Eltern, eine rechtschaffene Schwester, rechtschaffene Lehrer, rechtschaffene Hausgenossen, Verwandte, Freunde, ja fast durchweg gute Menschen um mich gehabt habe, ... daß ich unter einem Fürsten und Vater stand, der jeden Keim des Hochmuts in mir unterdrückte und mich überzeugte, daß man selbst am Hofe ohne Leibgarde, ohne Prachtkleider, ohne Fakkeln und Ehrensäulen und sonstigen Aufwand leben und sich fast wie ein einfacher Privatmann einschränken kann, ohne darum in seinen Verrichtungen als Staatsoberhaupt weniger Würde und Kraft zu beweisen, ... daß ich nie, sooft ich einem Dürftigen oder sonst Leidenden helfen wollte, zu sagen brauchte, ich hätte nicht die Mittel dazu, ... daß ich bei meiner Neigung zur Weltweisheit nicht in die Hände der Sophisten geriet, daß ich meine Zeit nicht durch Lesen ihrer Schriften, Verwicklung in Trugschlüsse oder Untersuchungen über die Geheimnisse des Himmels vergeudete. Ja dies alles war nur durch den Beistand der Götter und ein günstiges Geschick möglich.« (I, 17)

Während die theoretische Philosophie, wie bei Epiktet und Seneca, kaum eine Rolle spielt, finden sich bei Marc Aurel feinsinnige Ausführungen von Naturphilosophie, Psychologie, Metaphysik, Anthropologie und Ästhetik, wenn auch die praktische Philosophie, Ethik und Politik, dominiert. Gegenüber Epiktet macht sich in formaler Hinsicht die bessere Ausbildung bemerkbar, inhaltlich die größere Erfahrung des politischen Praktikers und, damit zusammenhängend, ein weitaus differenzierteres Urteilsvermögen. Genaue Beobachtung, unbestechliche Selbstanalyse, ein bohrender, ebenso scharfsinniger wie tiefschürfender Verstand, Klarheit, Prägnanz und Präzision des Ausdrucks – hier zeigt sich der Einfluß Frontos, der dazu erzog, zu jedem Sachverhalt und jedem Gedanken das genau passende Wort zu suchen – kennzeichnen die Denk- und Sprechweise Marc Aurels.

5.2.6.3 Weltverständnis

Seine Toleranz gegenüber den einzelnen philosophischen Richtungen bewahrte ihn vor der Einseitigkeit Epiktets, ohne daß er deswegen in einen primitiven Eklektizismus verfiel. Besonders hinter seinen Gedanken zur Ethik steht eine festumrissene

Konzeption. Sein Denken selbst ist zwar nicht widerspruchsfrei, aber weitgehend konsistent, pluralistisch, aber nicht uneinheitlich. Sein eigentümlicher Reiz liegt in der Vermittlung dieser Einheit, Ganzheit und Konsistenz durch pointierte Einzelaussagen, Aphorismen und gezielte Wortwahl. Ein Beispiel: »Die Dauer des menschlichen Lebens ist ein Augenblick, das Wesen ein beständiger Strom, wie Empfindung eine dunkle Erscheinung, der Leib eine verwesliche Masse, die Seele ein Kreisel, das Schicksal ein Rätsel, der Ruf etwas Unentschiedenes. Kurz, was den Körper betrifft, ist ein schneller Fluß, was die Seele angeht, Träume und Dunst, das Leben ist ein Krieg, eine Haltestelle für Reisende, der Nachruhm ist Vergessenheit. Was kann uns da sicher leiten? Nur eins: die Philosophie. Und ein Philosoph sein heißt: den Genius in uns vor jeder Schmach, vor jedem Schaden bewahren, die Lust und den Schmerz besiegen, nichts dem Zufall überlassen, nie zur Lüge und Verstellung greifen, fremden Tun und Lassens unbedürftig sein, alle Begegnisse und Schicksale als von daher kommend aufnehmen, von wo wir selbst ausgegangen sind, endlich den Tod mit Herzensfrieden erwarten und darin nichts anderes sehen als die Auflösung in die Urstoffe, woraus jedes Wesen zusammengesetzt ist. Wenn aber für die Urstoffe selbst darin nichts Schreckliches liegt, daß jeder von ihnen beständig in einen anderen umgewandelt wird, warum sollte man die Umwandlung und Auflösung aller Dinge mit betrübtem Auge ansehen? Das ist ja der Natur gemäß, und was mit der Natur übereinstimmt, ist kein Übel.« (II, 17)

Die Grundorientierung ist stoisch, das Weltverständnis heraklitisch, also prozessual. Überblickt man die ›Selbstbetrachtungen‹ als Ganzes, wird man feststellen, daß die wichtigsten traditionellen Denkansätze integriert sind. Die Seinsphilosophie erscheint bei Marc Aurel zur Erklärung des Bleibenden im Wechsel. Wenn es gilt, aus der Einsicht in das Weltgeschehen ethische Lehren zu ziehen, erscheinen stoische und epikureische Welterklärungen (Notwendigkeit oder Zufall) prinzipiell gleichberechtigt nebeneinander, wenn auch Marc Aurel zur stoischen Auffassung neigt. Von Sokrates, Platon und Aristoteles steht ersterer, wie bei Seneca, Epiktet und anderen Stoikern, auch bei Marc Aurel in hohem Ansehen. Der Einfluß Platons überwiegt gegenüber dem des Aristoteles. Aber weder Platon noch Sokrates entgehen der scharfsinnigen Kritik des realistischen Römers. Dabei erweist sich Marc Aurel als ausgezeichneter Kenner sowohl der griechischen Geschichte als auch der griechischen Literatur- und Philosophiegeschichte. Seneca und Epiktet dachten nicht daran, am idealen Charakter des Sokrates zu zweifeln. Marc Aurel stellt dagegen die Frage, ob Telauges, ein wegen seiner Frömmigkeit, Anspruchslosigkeit und Sittenstrenge hoch angesehener Sohn des Pythagoras, nicht einen edleren Charakter als Sokrates besaß. Ebenso freimütig kritisiert Marc Aurel Platon: »O Eitelkeit! Was willst du, Mensch? Tue doch, was gerade jetzt die Natur von dir fordert. Wirke, solange du kannst, und blicke nicht um dich, ob's einer auch erfahren wird. Hoffe auch nicht auf einen Platonischen Staat, sondern sei zufrieden, wenn es auch nur ein klein wenig vorwärtsgeht, und halte auch einen solchen kleinen Fortschritt nicht für unbedeutend.« (IX, 29)

Die Abneigung des Römers gegenüber zu hohen und fernen Zielen ist unverkennbar, aber auch er hat Sinn für das Ideale, zumal wenn dieses einen direkten Bezug vom Kosmischen zum Ethischen aufzeigt: »Die Pythagoreer lehrten, wir sollen in der Morgenstunde zum Himmel emporschauen, um uns nicht nur jener Wesen, die ihr Werk in ewiger Unveränderlichkeit und auf gleiche Weise betreiben, sondern auch ihrer Ordnung, ihrer Reinheit und ihres unverhüllten Zustandes zu erinnern. Denn die Gestirne sind ohne Schleier.« (XI, 27)

5.2.6.4 Theoretische Ansätze

Als Römer neigte Marc Aurel mehr zur Naturphilosophie der Pythagoreer, Heraklits und der Stoiker als zu eleatisch-platonischer Dialektik und Erkenntnistheorie. Aber auch zur theoretischen Philosophie finden sich bei ihm einige, für römisches Denken charakteristische Ansätze, so wenn er auf die Bedeutung der Meinung hinweist. Hier beginnt geistesgeschichtlich die Linie, die über Bacons Idolenlehre zur modernen Ideologiekritik führt. Die Bekämpfung von Vorurteilen ist ein fundamentales Anliegen Marc Aurels[39].

Ein schwieriges erkenntnistheoretisches Problem wird auf römische Weise, d.h. kurz und bündig, behandelt: »Die sinnlichen Gegenstände sind außer uns, einsam stehen sie, sozusagen vor unserer Tür. Sie wissen nichts von sich selbst, urteilen auch

[39] Vgl. II, 15; IX, 13; XI, 23.

nicht über sich. Wer ist es denn, der über sie urteilt? Unsere Vernunft.« (IX, 15)

Charakteristisch für Marc Aurels Denken ist der ständige Brückenschlag von der Theorie zur Praxis: »Bilde deine Urteilskraft sorgfältig aus. Das ist das wirksamste Mittel, daß keine Meinungen in dir entstehen, die der Natur und ebenso einem vernünftigen Geschöpfe widersprechen. Die Vernunft schreibt uns vor: Enthaltung von jeder Überstürzung in unseren Urteilen, Wohlwollen für die Menschen, Gehorsam gegen die Befehle der Götter.« (III, 9) Mit der Urteilsbildung hängt die Begriffsbildung eng zusammen: »Von jedem Gegenstande des Gedankenkreises bilde dir einen genauen, bestimmten Begriff, so daß du denselben nach seiner wirklichen Beschaffenheit unverhüllt, ganz und nach allen seinen Bestandteilen anschaulich zu erkennen und ihn selbst sowohl als auch die einzelnen Merkmale, aus denen er zusammengesetzt ist und in die er wieder aufgelöst wird, mit ihren richtigen Namen zu bezeichnen vermagst. Nichts ist geeigneter, uns erhaben über alles Irdische zu machen, als die Fähigkeit, jeden Gegenstand, der uns im Leben aufstößt, richtig und vernunftgemäß zu untersuchen und ihn stets auf solche Art zu betrachten, daß es uns zugleich klar wird, in welchem Zusammenhange er stehe, welchen Nutzen er gewähre, welchen Wert er für das Ganze, welchen für den einzelnen Menschen habe.« (III, 11)

Einfacher und treffender läßt sich der Sachverhalt schwerlich ausdrücken. Als Römer wollte Marc Aurel, wie vor ihm Lukrez und Seneca, ernüchtern, desillusionieren, entlarven. An Hand einer Reihe von Beispielen aus dem täglichen Leben zeigt er, wie man mit dem Schein fertig wird, um dann die Lehre daraus zu ziehen: »Ebenso muß man's im ganzen Leben machen, und wo einem Dinge in noch so beifallswürdiger Gestalt vorgespiegelt werden, sie entlarven, ihren Unwert sich anschaulich machen und ihnen die schimmernde Einkleidung, womit sie sich brüsten, nehmen. Denn der Schein ist ein furchtbarer Betrüger, und gerade wenn man glaubt, sich mit den allerbedeutendsten Dingen zu beschäftigen, bezaubert er am meisten.« (VI, 13)

5.2.6.5 Naturphilosophie

Zu den bedeutendsten Gegenständen gehörte nach stoischer Auffassung die Naturphilosophie. Als Lehre vom Göttlichen, im Gegensatz zum menschlichen Sein, umfaßte sie Physik, Metaphysik und Theologie. Auch hier finden sich, neben vielem Veralteten, erstaunlich moderne Denkansätze: die Forderung nach wissenschaftlicher Untersuchung der Verwandlung aller Dinge weist in die Richtung neuzeitlicher Naturforschung. Römisch ist dagegen die Rechtfertigung der Forschung. Sie soll zur Seelengröße erziehen (X, 11). Naturforschung als Selbstzweck, d.h. ohne Bezug zu Ethik, Moral und Religion, erscheint dagegen als jämmerlich und verwerflich (II, 13). Römisch ist auch der Gedanke, die »mit gründlichem Naturforscherblick« betriebene Gegenstandserkenntnis als eine Art Vernunfttraining zu betrachten (X, 31). Erstaunlich modern klingt die Rede vom »Gesetz der Schwere« (II, 30), das, nach Marc Aurel, die Natur vom Anorganischen bis zum Psychischen und Geistigen beherrschen soll. Römisch ist dabei der »Trieb zur Gemeinschaft« (vgl. IX, 9). Zur Polarität von Mikrokosmos und Makrokosmos tritt bei Marc Aurel die zwischenmenschliche Beziehung: »Forschend wende dich deiner eigenen Seele, der Seele des Weltganzen und deines Nächsten zu: deiner eigenen Seele, um ihr Sinn für Gerechtigkeit einzuflößen, der Seele des Weltganzen, um dich zu erinnern, du seiest ein Teil davon, der Seele deines Nächsten, um zu erkennen, ob derselbe unwissentlich oder wissentlich gehandelt habe, und zugleich zu bedenken, daß sie der deinigen verwandt ist.« (IX, 22)

Zur Metaphysik des Römers gehört der Glaube, daß die Natur notwendig an Gerechtigkeit und Nutzen orientiert ist (IV, 9f.). Überwiegt in der griechischen Metaphysik die kosmisch-ästhetisch-intellektuelle Komponente der Welterfahrung, dominiert in der römischen die ökonomisch-juristisch-moralische. »Dem Gesetze *deiner* Natur gemäß zu leben, kann niemand dich hindern; dem Gesetze der *gemeinsamen* Natur zuwider kann nichts dir widerfahren.« (VI, 58) In der Natur wie im Menschenleben gilt das Gesetz. Die Schilderung des gesetzmäßigen Weltprozesses, des ewigen Kreislaufs von Entstehen und Vergehen, in dem der Mensch bei aller Ausgesetztheit aufgehoben ist, die ergreifenden Visionen vom Wandel der Welt, von Veränderung, Verwandlung, Vergänglichkeit, Zeitlichkeit und vom Tod gehören zu den stilistischen Meisterleistungen Marc Aurels, die hier nicht annähernd gewürdigt, geschweige dargestellt werden können[40].

[40] Zum Thema Leidensfähigkeit des Menschen vgl. V, 18 und X, 3, zum

Hervorzuheben bleibt die nicht unmoderne Konzeption des Systems der Natur nach Art des Recycling: »Die Allnatur aber hat außerhalb ihres eigenen Kreises nichts. Das ist gerade das Bewundernswerte in ihrer Kunstfertigkeit, daß sie in ihrer Selbstbegrenzung alles, was in ihr zu verderben, zu veralten und unbrauchbar zu werden droht, in ihr eigenes Wesen umwandelt und eben daraus wieder andere neue Gegenstände bildet.« (XIII, 50)

5.2.6.6 Ethik

Naturphilosophie und Metaphysik, Religion und Theologie bilden die Fundamente der Ethik Marc Aurels. Diese Ethik ist eher synthetisch-integrativ als eklektisch. Hellenisches, Hellenistisches, Römisches und fast schon Christliches wird zu einem kunstvollen Ganzen verbunden, das zwar skizzenhaft bleibt, aber pointierte Einzelaussagen enthält, die den ganzen Schatz ethischen Wissens der Antike eher andeuten und exemplifizieren als explizieren. Prägnante Spruchweisheiten nach Art der griechischen Sieben Weisen wechseln mit scharfsinnigen psychologischen Analysen und bewährte Lebensregeln mit politischen Einsichten aus vielen Jahrhunderten römischer Geschichte. Ist Epiktets praktische Philosophie eine Ethik aus der Perspektive der Beherrschten und Verfolgten, so bietet Marc Aurel eine Ethik aus der Herrscher-Perspektive. Epiktet und Marc Aurel treffen sich in der Kritik am Machtdenken. Beide liefern wertvolle Beiträge zur Selbstkritik des römischen Imperialismus und damit zu seiner Überwindung. Bei dem hohen Abstraktions- und Reflexionsniveau der Darlegungen Marc Aurels läßt sich schwer sagen, ob seine Ethik eine eudämonistische oder utilitaristische ist, eine Pflicht- oder Liebesethik, eine Gesinnungs- oder Erfolgsethik, Situations- oder Normethik, Individual- oder Sozialethik. Alle diese Momente kommen darin vor, und weder das Mittelalter noch die Neuzeit hat dem etwas Gleichwertiges an die Seite zu stellen. Kein seriöser Versuch auf dem Gebiet der Ethik wird in Zukunft an Marc Aurel vorbeiführen.

»Denke zu jeder Tageszeit daran, in deinen Handlungen ei-

Untergang von Geschlechtern und Völkern VIII, 31, zur Geschichte VII, 49, zu Natur und Kunst XI, 10 und zum Tod IV, 5. 17. 37. 47f. 50; VI, 2. 24. 28. 47. 56; VII, 6. 32f. 35; VIII, 18. 25; X, 29. 36; XII, 7.

nen festen Charakter zu zeigen, wie er einem Römer und einem Mann geziemt, einen ungekünstelten, sich nie verleugnenden Ernst, ein Herz voll Freiheits- und Gerechtigkeitsliebe. Verscheuche jeden anderen Gedanken, und das wirst du können, wenn du jede deiner Handlungen als die letzte deines Lebens betrachtest, frei von Überstürzung, ohne irgendeine Leidenschaft, die der Vernunft ihre Herrschaft entzieht, ohne Heuchelei, ohne Eigenliebe und mit Ergebung in den Willen des Schicksals. Du siehst, wie wenig zu beobachten ist, um ein friedliches, von den Göttern beglücktes Leben zu führen. Die Befolgung dieser Lehre ist ja alles, was die Götter von uns verlangen.« (II, 5)

Der charakterlose Politiker als virtuoser Taktiker der Macht hat keinen Platz in dieser Ethik. Zur politischen Ethik des Römers gehört nicht nur Verstand, sondern auch Vernunft, nicht nur Erfahrung, sondern auch Charakter, Liebe, Herz. Zur Gerechtigkeits- tritt die Freiheitsliebe. Eine deutliche Absage erhalten dagegen Egozentrismus, Egoismus und die von Marc Aurel erst richtig durchschaute Heuchelei. Marc Aurel gehört zu den wenigen Autoren, die Philosophie von Sophistik genau zu unterscheiden vermochten, gerade weil er die Dinge nicht intellektualistisch verflachte, weil er echte von Scheinrationalität zu trennen vermochte. Ebenso bewahrte ihn sein gesundes Urteilsvermögen vor empiristischen Verirrungen, was die menschliche Natur betrifft. Er erkannte, daß »die Feindschaft der Menschen untereinander wider die Natur« ist. »Unwillen aber und Abscheu in sich fühlen ist eine Feindseligkeit.« (II, 1) Die Annäherung an christliche Auffassungen ist nicht zu verkennen. Antik bleibt jedoch der oberste Maßstab: Vernunft, nicht Offenbarung. Spezifisch römisch in der Ethik Marc Aurels sind die Zielstrebigkeit und die Betonung des Gemeinnutzens. An Seneca erinnert die Bedeutung der Zeiteinteilung. Hier wird der Einfluß der staatsmännischen Aufgaben auf das Denken deutlich, auch in der ökonomischen Orientierung des Kräfteeinsatzes (vgl. IV, 32. 51). »Man muß ein Ziel haben, auf das sich alle unsere Wünsche, alle unsere Gedanken richten.« (I, 7. vgl. V, 14) »Verschiebe nichts, laß Gelegenheiten nicht ungenutzt, schweife nicht vom Wesentlichen ab, denn das Leben ist kurz!« (III, 1. 14; vgl. II, 4; IV, 26) »Was die vernünftige und zu staatsbürgerlicher Tugend berufene Kraft nicht vernünftig oder gemeinnützig findet, das hält sie mit Recht für unter ihrer Würde.« (VII, 72) »All dein Tun und Denken sei so beschaffen, als solltest du möglicherweise im Augenblick aus diesem Leben scheiden.« (II, 11) Würde, Rechenschaft, Verantwortung, Verfassungstreue sind weitere Merkmale römischer Staatsethik. Sie wurzelt in römisch-stoischer Naturphilosophie und Metaphysik: »Zweck vernünftiger Wesen aber ist, die vernunftgemäßen Gesetze des Staates von der allerältesten Verfassung zu befolgen.« (II, 16) Gemeint ist die Verfassung des Universums. Von hier führt eine geistesgeschichtliche Linie zu Kants Lehre vom Vernunftreich der Zwecke: »Ich bin ein Glied der Gesamtheit von Vernunftwesen.« (VII, 13) Eine Trennung von Religion und Moral wäre weder römisch noch im Sinne Marc Aurels: »Du wirst ebensowenig etwas Menschliches ohne Beziehung auf das Göttliche wie umgekehrt glücklich zustande bringen.« (III, 13) Die Götter haben den Menschen nicht dem Bösen preisgegeben: »Es gibt kein denkbares Übel, bei dem die Götter nicht vorgesorgt hätten, daß der Mensch die Macht habe, sich davor zu hüten.« (II, 11)

Fast ebenso wichtig wie die Verehrung der Götter ist die Sorge für die Seele. Hier zitiert Marc Aurel Epiktet: »Eine Seele wird stets gegen ihren Willen der Wahrheit beraubt« und setzt hinzu: »Daher also auch der Gerechtigkeit, der Selbstbeherrschung, des Wohlwollens und jeder anderen Tugend.« (VII, 63) Von Zeit zu Zeit bedarf der Mensch der Einkehr und Selbstbesinnung: »Ziehe dich in dich selbst zurück ... Es gibt für den Menschen keine geräuschlosere und ungestörtere Zufluchtsstätte als seine eigene Seele.« (VII, 28; IV, 3) Neben der inneren Sammlung steht die Seelenerforschung: »Wozu wende ich denn jetzt meine Seele an? So mußt du dich bei jeder Gelegenheit selbst fragen und dann weiterforschen: Was geht jetzt in dem Teilchen meines Wesens vor, das man ja das gebietende nennt, und was für eine Seele habe ich also jetzt?« (V, 11) Mit der Fähigkeit zur Selbstzergliederung verbindet die Seele die Kraft zur Neubildung: »Die Eigenschaften der vernünftigen Seele sind folgende: Sie beschaut sich selbst, zergliedert sich selbst und bildet sich selbst nach eigenem Gefallen.« (IX, 1) Dabei ist es nicht mehr als recht und billig, sich dem anderen nicht zu verschließen: »Suche in das Innere jedes Menschen einzudringen; aber gestatte auch jedem anderen, in deine Seele einzudringen.« (VIII, 61) Sorge oder Vernachlässigung der Seele wirken sich im Guten wie im Bösen aus: »Sei in deinem Tun nicht nachlässig, in deinen Reden nicht verworren, in deinen Vorstellungen nicht zerstreut; laß deine Seele niemals sich verengen oder leidenschaftlich aufwallen oder in deinem Leben dich von Geschäften völlig mit Beschlag belegen ... Wie kannst du dir nun eine solche nie versiegende Quelle ... zu eigen machen? Wenn du dir selbst stündlich eine freie Gesinnung, verbunden mit Wohlwollen, Einfalt und Bescheidenheit, anzueignen strebst.« (VIII, 51) Wie bei Kant das moralische Gesetz und der Sternenhimmel die beiden Pole philosophischer Reflexion bilden, gehen auch bei Marc Aurel die Arbeit am Inneren mit der Reflexion auf das kosmische Geschehen Hand in Hand: »Betrachte den Umlauf der Gestirne, als wenn dein Leben mit ihnen umliefe, und erwäge beständig die wechselnden Übergänge der Grundstoffe ineinander. Denn solche Betrachtungen reinigen dich vom Schmutz des Erdenlebens.« (VII, 47) Die Seele steht nicht nur in einer Beziehung zur Welt, zu sich selbst und zum Nächsten, sondern auch zu Gott: »Alle Seelen sieht Gott in ihrer Nacktheit.« (XII, 2) Die Sehnsucht der Seele zu Gott – man vergleiche Augustin – ist mit einem Verlangen nach innerer Harmonie verbunden: »O meine Seele! Wirst du denn nicht endlich einmal gut und lauter und einig mit dir selbst?« (X, 1) Am Seelenbegriff des Römers würde ohne Bezug zur Rechtsprechung etwas Wesentliches fehlen: »Dringe in das Innere der Menschenseelen ein, und du wirst sehen, vor was für Richtern du dich fürchtest und was für Richter sie über sich selbst sind.« (IX, 18) Muß der Mensch vor dem Gericht in seinem Inneren eher als vor allen äußeren Richtern bestehen (vgl. VII, 58), bietet die Seele ihm aber auch einen stärkeren Schutz als alles andere in der Welt. Die denkende Seele gleicht einer Festung, und »der Mensch hat keine stärkere Schutzwehr, wohin er seine Zuflucht nehmen könnte, um fortan unbezwinglich zu sein. Wer nun diese nicht kennt, ist unwissend; wer sie aber kennt, ohne zu ihr seine Zuflucht zu nehmen, ist unglücklich.« (VIII, 48) Ist das Leben des Unglücklichen zu bedauern, ist das Leben des Gewissenlosen nichts mehr wert (VII, 24), und als ein »Abtrünniger« erscheint, wer seine Seele aus dem Verband der allen Vernunftwesen gemeinsamen Seele löste (IV, 29). Aber Marc Aurel gibt auch einen solchen Menschen nicht verloren. Wie das Leben auch sonst die Kraft zur Regeneration besitzt (VII, 2), hat Gott dem Menschen die Kraft zur Reintegration in die Gemeinschaft verliehen (VIII, 34; vgl. XI, 8). In der Frage der Unsterblichkeit der Seele verweist Marc Aurel auf die Aristotelische Unterscheidung von Stoff und Form, wonach die Seele als solche sterblich ist. Einen freien Willen setzt er, mit Epiktet, voraus: »›Einen Räuber der Willensfreiheit gibt es nicht‹ ist ein Wort Epiktets.« (IX, 36) Wenn Marc Aurel auch davor warnt, Unmögliches zu verlangen (IX, 42; XII, 16), gesteht er doch den Menschen einen größeren Freiheitsspielraum zu als Epiktet. Daß bei der Bestimmung des Freiheitsgrades auch der soziale Status persönlicher Erfahrungen mitgespielt hat, ist anzunehmen: »Denke nicht, wenn etwas dir schwer ankommt, daß es nicht menschenmöglich sei. Vielmehr, wenn etwas für einen Menschen möglich und seiner Natur angemessen ist, so glaube, es sei auch für dich erreichbar« (VI, 19) – eine eher optimistische als fatalistische Maxime.

Hatte Epiktet gelehrt, daß der Mensch frei sein kann, wenn er will, lehrte Marc Aurel, daß er glücklich sein kann, wenn er will: »Es liegt in deiner Macht, daß dein Leben glücklich dahinfließt, wenn du nur dem rechten Weg folgen und auf diesem urteilen und handeln willst.« (V, 34) Wie ist ein solches glückliches Leben konkret zu erreichen?

»Wenn du bei all deinem Tun immer der gesunden Vernunft folgst, dasjenige, was dir im Augenblicke zu tun obliegt, mit Eifer, Kraft, Wohlwollen betreibst und, ohne auf eine Nebensache zu sehen, den Genius in dir rein zu erhalten suchst, als ob du ihn sogleich zurückgeben müßtest, wenn du so ohne Furcht und ohne Hoffnung handelst, dir an der jedesmaligen naturgemäßen Tätigkeit und heldenmütigen Wahrheitsliebe in deinen Reden und Äußerungen genügen läßt, so wirst du ein glückliches Leben führen, und es gibt niemanden, der dich hindern könnte, so zu handeln.« (III, 12)

Außer der Lehre von der Willensfreiheit und von der Glückseligkeit gehören zur Ethik im engeren Sinn die Güter-, Tugend- und Pflichtenlehre. »Wähle ... wie ein freier Mann das höchste Gut und halte mit aller Macht fest daran. Das höchste Gut ist auch das Nützliche.« (III, 6) Für den Römer gibt es zwischen persönlichem Nutzen und dem für die Gemeinschaft Zuträglichen keinen Unterschied: »Zuträglich aber ist jedem Wesen, was seiner Anlage und Natur entspricht. Meine Natur aber ist eine vernünftige und für das Gemeinwesen bestimmte; meine Stadt und mein Vaterland aber ist ... Rom, insofern ich ein Mensch bin, die Welt. Nur das also, was diesen Staaten frommt, ist für mich ein Gut.« (VI, 44)

Zunächst einmal ist es wichtig, zwischen Scheingütern und echten zu unterscheiden: »Die geschätztesten Güter des Lebens«, wie Reichtum, Name, Ehre, Lust und Luxus, »sind eitel, modernd und unbedeutend.« (V, 33; vgl. 12) Ihnen treten als wahre Werte gegenüber: Einsicht, Wahrheitsliebe, Treue, Gerechtigkeit, Selbstbeherrschung, Tapferkeit und Scham. Daraus ergibt sich die Reihe der Tugenden: »Sei lauter, ehrbar, arbeitsam, nicht vergnügungssüchtig, zufrieden mit deinem Geschick, genügsam, wohlwollend, freimütig, einfach, ernsthaft und großmütig.« (V, 5) Hinzu kommen Rechtschaffenheit (VII, 15), Beständigkeit (IV, 49), Reinheit (VII, 47), Sanftmut (XI, 9) und andere Tugenden.

Wer sich in der Mitwelt umschaut, wird feststellen, daß sie gar nicht so arm an Tugenden ist: »Willst du dir ein Vergnügen machen, so betrachte die Vorzüge deiner Zeitgenossen, so die Tatkraft des einen, die Bescheidenheit des anderen, die Freigebigkeit eines dritten und so an einem vierten wieder eine andere Tugend. Denn nichts erfreut so sehr wie die Muster der Tugenden, die aus den Handlungen unserer Zeitgenossen uns in reicher Fülle in die Augen fallen. Darum habe sie auch stets vor Augen.« (VI, 40)

Für den Römer steht fest, daß sittliches Streben nicht vergeblich ist. Die Tugenden unterliegen nicht dem Kreislauf des Werdens, sondern führen aufwärts: »Aufwärts, niederwärts, im Kreislauf bewegen sich die Grundstoffe. Die Bewegung der Tugend aber geht nach keiner von diesen Richtungen; sie ist vielmehr etwas Göttlicheres und schreitet auf guter, wenn auch schwer zu begreifender Bahn vorwärts zum Ziele.« (VI, 17)

Mit anderen Worten: Was der Mensch mit freiem und gutem Willen erstrebt, wird nicht zugrunde gehen, ist ein Wert an sich. In den umfangreichen Tugendkatalogen an den genannten und anderen Stellen erscheinen viele der bereits genannten Wertbegriffe, spezifisch griechische (Gelassenheit, Seelenruhe, Genügsamkeit) und spezifisch römische (väterliche Sitte, Glaubwürdigkeit, Würde), aber auch gemeinsame (Gerechtigkeit, Selbstbeherrschung, Weisheit), ferner Tugenden mit christlichem Einschlag (Liebe, Mitleid, Versöhnungsbereitschaft), aber auch spezifische Herrschertugenden wie Milde, Nachsicht und Wohltätigkeit. Besondere Beachtung verdienen die Ideen der Rechtsgleichheit und Freiheit der Bürger. Marc Aurel erscheint fast als Republikaner. In der zunehmenden Spannung zwischen Macht und Freiheit ergreift er eindeutig für letztere Partei. Er verstand sich nicht als Befehlshaber, Herrscher oder Führer, sondern als Wahrer von Freiheit, Frieden und Gerechtigkeit, wobei er der Freiheit eine bemerkenswerte Sinnrichtung gab:

Freiheit ohne Übermut! Ähnlich fruchtbar ist seine Ablehnung von Härte, ohne der Weichheit das Wort zu reden: Milde, gepaart mit Unbeugsamkeit. Hier kündigt sich eine Charakterhaltung an, die den naiven Heroismus des Altertums – vom modernen Kult der Härte nicht zu reden – überwunden hat zugunsten eines differenzierteren Verhaltens in den menschlichen Beziehungen.

Lehrreich ist auch die Palette der Absagen, die Marc Aurel erteilt. Während er die Philosophen allgemein hochschätzt, verurteilt er die Sophisten. Die Ablehnung religiösen Aberglaubens teilt er mit Lukrez und Cicero. Auch hier versucht er, Gegensätzliches zu verbinden, philosophische Aufgeklärtheit mit Frömmigkeit. Seine Verachtung von Hochmut, Machtstreben, Ansehen, Ruhm und Ehre, Heuchelei und Eitelkeit nähert sich stark christlichen Auffassungen. Neuerungssucht schätzt er so wenig wie Caesar oder irgendein anderer Römer, Ränkesucht ist ihm verhaßt wie überhaupt jede Art von Unaufrichtigkeit, Unwahrhaftigkeit und Unehrlichkeit.

Auf der soliden Grundlage einer Güter- und Tugendlehre kann eine gegen Mißbrauch gefeite Pflichtenlehre folgen. Der Mensch hat Pflichten gegenüber den Göttern, sich selbst und den anderen Menschen, aber auch gegenüber Tieren und der Schöpfung insgesamt.

Es seien noch einige charakteristische Grundzüge seiner Ethik angeführt, die die Lebensformen, politische Fragen wie Herrschaft, Macht und Ruhm betreffen sowie das Selbstverständnis Marc Aurels. In Anzahl und Bewertung der Lebensformen schließt sich der Philosoph an die seit Aristoteles gebräuchliche Dreiteilung, *bios theoretikós, praktikós* und *apolaustikós,* an, wobei, echt römisch und mehr noch als bei Seneca, die Praxis den Ton angibt. Das beginnt schon morgens beim Aufstehen: »Wenn du des Morgens nicht gern aufstehen magst, so denke: ich erwache, um als Mensch zu wirken ... Du bist also zum Vergnügen geboren, nicht zur Tätigkeit, zur Arbeit?« (V, 1) Echt römisch ist auch der Rat: »Die Kunst, die du gelernt hast, sei dir lieb; da mußt du verweilen.« (IV, 31) Wer die Vernunft, seinen Genius und die Tugend achtet, benötigt weder Einsamkeit noch Zerstreuung oder eine tragische Pose: »Er wird, und darin liegt ein hohes Gut, leben ohne das Leben weder zu suchen noch zu fliehen ... Nur darauf ist er einzig und allein bedacht, seine Seele vor jeder Richtung zu bewahren, die eines denkenden und geselligen Wesens unwürdig ist.« (III, 7)

Zur Herrschaft ist nur befugt, wer sich selbst der Herrschaft der Vernunft unterwirft (vgl. IV, 1; X, 19). Macht ohne Vernunft ist verwerflich, besonders aber, wenn sie sich den Anschein von Vernünftigkeit gibt: »Der Hochmut, der sich mit scheinbarer Demut brüstet, ist der allerunerträglichste.« (XII, 27)

Wie ein roter Faden zieht sich durch die ›Selbstbetrachtungen‹ das Motiv von der Nichtigkeit des Ruhms: »Der Nachruhm, selbst der dauerndste, er pflanzt sich fort durch eine Reihe schnell dahinsterbender Menschen, die nicht einmal sich selbst kennen, geschweige denn jemanden, der längst vor ihnen gestorben ist.« (II, 10) »Was wäre aber auch eigentlich ein ewiger Nachruhm? Ein völliges Nichts ... Alles geht in einem Tage dahin, sowohl der Rühmende als der Gerühmte.« (IV, 33. 35)

Für Marc Aurel war viel wichtiger als aller Ruhm, daß er vor den strengen Maßstäben, die er sich selbst gesetzt hatte, bestehen konnte, daß er weder der Machtgier noch der Ruhmsucht zum Opfer fiel, und damit kam er dem Ideal Platons vom Philosophenherrscher recht nahe: »Hüte dich, daß du nicht ein tyrannischer Kaiser wirst! Nimm einen solchen Anstrich nicht an, denn es geschieht so leicht. Erhalte dich also einfach, gut, lauter, ernsthaft, prunklos, gerechtigkeitsliebend, gottesfürchtig, wohlwollend, liebreich und standhaft in Erfüllung deiner Pflichten. Ringe danach, daß du der Mann bleibst, zu dem dich die Philosophie bilden wollte. Ehre die Götter, fördere das Heil der Menschen! Kurz ist das Leben, und es gibt nur eine Frucht des irdischen Daseins: eine unsträfliche Gesinnung und gemeinnützige Werke.« (VI, 30)

5.2.7 Der Symmachuskreis

Wie mit Commodus (180–192), dem Sohn Marc Aurels und erstem »Purpurgeborenen« Roms, auf politischem Gebiet eine Phase des Verfalls einsetzte, ging es auch auf geistigem Gebiet im 3. Jahrhundert mit Rom rapide bergab. Darauf folgte noch einmal eine klassizistische Epoche, eine Art Renaissance, die ihren Höhepunkt um 400 erreichte und schließlich, nach einem letzten Aufleuchten römischen Geistes, die Agonie. Für die geistige Entwicklung in diesem Zeitraum sind folgende Tendenzen charakteristisch: Ablösung der nationalrömischen Literatur und Philosophie durch die christliche, verstärkter Einfluß der Provinzen, Wiedererstarken der griechischen Sprache und Kultur. Die Jurisprudenz nimmt eine Sonderstellung ein. Im Christentum entwickelten sich mit dem neuen Geist neue literarische Formen aus römischen (und griechischen) Ansätzen: Apologetik, Erbauungsliteratur (Traktate), Hirtenschreiben, Predigt, Exegese und Legende. Die christliche Philosophie wird im zweiten Band dieser Geschichte der Philosophie dargestellt. Auf die große Zeit der Spanier, z.B.: Seneca, Quintilian, Hadrian, Marc Aurel, folgte die große Zeit der Afrikaner, Gallier und Orientalen. Kaiser Commodus verfiel geradezu dem Orientalismus. Es beginnt ein Zeitalter der Desorientierung, der Ziel- und Maßlosigkeit, des Irrationalismus, Aberglaubens und des Extremismus. Mehr denn je verschwimmen nicht nur die Grenzen zwischen den Gattungen der Literatur, sondern auch zwischen Philosophie und Philologie – mit Pertinax (193) bestieg ein Philologe den Kaiserthron –, Wissenschaft und Unterhaltung. Verspieltheit, Manierismus und Miniaturismus wechseln mit pathetischem Heroismus, betonter Einfachheit und Archaismus, Blindheit für Wesentliches paart sich mit Liebe zum Ausgefallenen und Nichtigen, Sensationslust mit Klatschsucht und Originalitätssucht – Titianus, der »Affe« Ciceros, imitierte Ovids Heroidengedichte in Ciceronianischer Briefform – und mit Sterilität. Die Geschichtsschreibung verliert sich im Detail, in Schematismus und Oberflächlichkeit, die Rhetorik überbietet sich selbst in Wortschwall, in Prunk- und Schmeichelreden, Ohrenkitzel und Geschmacklosigkeiten jeder Art, die Dichter gefallen sich in sprachlichem Virtuosentum, Affektiertheit und gelegentlich in orakelhafter Unverständlichkeit, höchste Verfeinerung des sprachlichen Ausdrucks wechselt mit Solözismen (Sprachfehlern), Barbarismen und Vulgarismen, Attizismus konkurriert wieder mit Asianismus, Archaismus mit Modernismus und Klassizismus mit Provinzialismus.

Viele dieser Verfallssymptome finden sich auch in einer dritt- oder viertklassigen Philosophie, die hier nur am Rande zu erwähnen ist. Da wäre zunächst Apuleius aus Madaura (Afrika, geb. ca. 124) zu nennen, der ein Platoniker sein wollte. Er schrieb Romane (›Metamorphosen‹), Reden, Gedichte und philosophische Werke: eine (unvollendete) Darstellung ›De Platone et eius dogmate‹, worin man nach Platonischem suchen muß, eine Schrift ›De deo Socratis‹ über das Daimonion des Sokrates, das hier als Genius, Lemure oder Schutzgeist erscheint. Das Buch war wegweisend für die Dämonologie des Mittelalters und dürfte Kulturhistoriker interessieren. Schließlich suchte Apuleius mit einer (pseudo-aristotelischen) Schrift ›Über das Weltall‹ Eindruck zu machen, die aber nur sein Unvermögen dokumentiert, das Original zu verstehen. Daß Apuleius auch auf dem Gebiet der Logik mitzureden suchte, nimmt kaum wunder, und so ist unter seinem Namen auch eine Abhandlung ›Peri hermeneíās‹ überliefert.

Kulturgeschichtlich von Bedeutung sind auch die acht Bücher über Astrologie (335–37) von Iulius Firmicus Maternus aus Sizilien, einem Senator, der auch als Rechtsanwalt tätig war, wenngleich mit geringem Erfolg. Sein Freund Lollianus Mavortius, Statthalter von Kampanien, regte ihn zu astrologischen Studien an, die schließlich ihren Niederschlag in dem genannten Werk fanden, das sich weniger durch Sachkenntnis als durch Weitschweifigkeit und Ergebenheit gegenüber dem Kaiser auszeichnet. Nur der Kaiser soll der Einwirkung der Gestirne (Götter) nicht unterliegen, da er selbst ein Gott sei: insgesamt wohl eher das Machwerk eines Oberscharlatans für Scharlatane. In späteren Jahren lief der umhergetriebene Firmicus Maternus dann zum Christentum über, um sich hier durch Fanatismus und Intoleranz hervorzutun. In seiner Schrift ›Über den Irrtum der heidnischen Religionen‹ beherrschen Denunziation und Verleumdung das Feld. Zwischen 346 und 350 wandte er sich mit der Aufforderung an die Kaiser Constantius und Constans, durch scharfe Bestimmungen das Heidentum auszurotten. Den Kaisern stellte er dafür den Segen des Himmels in Aussicht.

Die Einstellung der Kaiser zu Literatur und Philosophie stand im Zusammenhang mit ihrer Einstellung zum Christentum. Das Mailänder Toleranzedikt (313) erkannte das Christentum als gleichberechtigt mit den anderen Religionen an. Constantin (324–337) setzte auf das Christentum und hoffte auf den Verfall der »heidnischen« Kulte. Seine Nachfolger Constans und Constantius (337–61) verfuhren im Sinne eines Firmicus Maternus und verfolgten das Heidentum. Iulianus (361–63) versuchte noch einmal, das Rad der Geschichte zurückzudrehen, weniger mit Gewalt als mit christlichen Mitteln: Er schrieb ein Buch gegen das Christentum, suchte christliche Rhetoren aus dem Schulunterricht zu drängen, rief verbannte Bischöfe zurück, nutzte also die inneren Widersprüche im Christentum aus, und suchte, wie einst Cicero, römische virtus mit hellenischem Geist zu verbinden. Auf literarischem Gebiet war sein Ideal eine Synthese von römischer *humanitas* und griechischer Liebe zum Schönen. Er pflegte die neuplatonische Philosophie und schrieb seine Schriften, Reden und Briefe in griechischer Sprache.

Auf Iulianus folgte mit Jovianus (363–64) wieder ein christlicher Kaiser. Valentinian I. (364–75) und Valens (364–378) schlugen auf bildungspolitischem Gebiet einen Kurs der Toleranz ein, den aber schon Kaiser Gratian (378–383) wieder verließ.

In Quintus Aurelius Memmius Symmachus (Konsul 485) erstand dem verzweifelten Heidentum ein letzter tapferer Vorkämpfer. Er richtete eine Bittschrift zwecks Erhaltung des Altars der Victoria an den Kaiser. Bischof Ambrosius antwortete mit zwei Streitschriften, die den absoluten Herrschaftsanspruch des Christentums im geistigen Leben forderten und durchsetzten. Unter Theodosius I. (379–395) wurde es Staatsreligion. Die heidnischen Kulte wurden verboten (391/92). Unter Honorius (395–423), Arcadius (395–408) und Theodosius II. (408–450) steigerte sich die Intoleranz gegen die Heiden. Die Gesetze von 408 und 416 machten der heidnischen Religion ein Ende: die Tempel wurden verstaatlicht, Altäre und Götterbilder beseitigt, Heiden wurden von der Verwaltung und Justiz ausgeschlossen und zu Staatsbürgern zweiter Klasse degradiert. Die Durchführung wurde teilweise christlichen Bischöfen übertragen, die das Heidentum bis in die Diaspora hinein verfolgten und unterdrückten. Die römische Religion war an ihrer eigenen Toleranz zugrunde gegangen.

Im Symmachus-Kreis sammelte sich noch einmal, wie einst im Scipionen-Kreis, was in der römischen Literatur und Philosophie des 4. Jahrhunderts Rang und Namen hatte: die Philosophen Vettius Agorius Praetextatus, Albinus, Macrobius, Eustathíos und Horus, außerdem Dichter, Philologen, Rhetoren und Mediziner. Allein auch dieses letzte Aufgebot heidnischer Intelligenz vermochte die Herrscher nicht umzustimmen, die inzwischen ihre stark angeschlagene Machtposition mit den neuen geistlichen Herren teilten in der trügerischen Hoffnung, sie dadurch zu erhalten: ein erstes Bündnis von Thron und Altar. Während die Christen mit neuen Vorstellungen, energischer Verbreitung ihres Glaubens und großem Zulauf der Massen aufwarten konnten, blieb die Bewegung des Symmachus-Kreises auf wenige Mitglieder einer aussterbenden geistigen

Aristokratie beschränkt und konnte sich daher nicht behaupten. Die kreativen geistigen Kräfte des Heidentums waren erschöpft. Der späte Klassizismus ging, ungeachtet seines Bündnisses mit dem Hellenentum, an seinem Formalismus, an seiner Ideenarmut, an mangelnder Überzeugungskraft und Vitalität zugrunde.

Von Symmachus selbst sind etwa 900 Briefe in zehn Büchern überliefert, ferner 49 ›Relationes‹ – Rechenschaftsberichte des *praefectus urbi* (384/85) an den Kaiser – und Fragmente von acht Reden. Vettius Agorius Praetextatus, ein Freund des Symmachus, erscheint unter den Adressaten seiner Briefe. Er starb als ein überzeugter Gegner des Christentums vor dem Antritt seines Konsulats (384). Er befaßte sich vor allem mit den Analytiken des Aristoteles. Albinus, vielleicht mit Ceionius Rufius, dem Konsul des Jahres 335, identisch, verfaßte geometrische und dialektische Schriften. Macrobius (um 400) verewigte in den teilweise erhaltenen sieben Büchern ›Saturnalia‹ den Symmachus-Kreis. Sein literarisches Vorbild war Platons ›Symposion‹. Das Werk enthält unter anderem Ausführungen über Religion, Philosophie, Astronomie, Physik und Medizin sowie Vergil-Interpretationen. Ganz überliefert ist der Kommentar des Macrobius zu Ciceros ›Somnium Scipionis‹. Neben bereits genannten Themen werden hier Zahlentheorie, Musik, Seelenlehre, Träume und geographische Fragen behandelt. Macrobius wurde für mittelalterliche Denker als Vermittler neuplatonischen Gedankenguts bedeutsam. Weniger bedeutend waren Eustathios und Horus.

Nicht zum Symmachus-Kreis gehörten der Neuplatoniker und Christ Chalcidius (4. Jahrh.) sowie der in hohem Alter (ca. 355) zum Christentum übergetretene Rhetor und Gelehrte C. Marius Victorinus aus Afrika. Unter Iulianus mußte er daraufhin seine Rhetorenschule schließen (362). Chalcidius übersetzte Platons ›Timaios‹ (bis 53c) ins Lateinische und kommentierte den Text. Bis zum Ende des 12. Jahrhunderts schöpfte das Mittelalter seine Platon-Kenntnis aus diesem nach Vorlagen gearbeiteten, unselbständigen Werk. Bedeutender als Denker wie als Schriftsteller ist Marius Victorinus. Seine rhetorischen, grammatischen und theologischen Arbeiten, auf denen sein Ruhm – er erhielt eine Statue auf dem Traiansforum – hauptsächlich beruht, sind hier nicht zu erörtern. Er übersetzte Werke von Platon und Aristoteles, kommentierte Schriften des Aristoteles, Ciceros und die Isagoge des Porphyrios. Selbst verfaßte er eine Schrift ›Über Definitionen‹ und eine (nicht erhaltene) Schrift über hypothetische Schlüsse. An Augustin vermittelte er neuplatonisches Gedankengut und trug nicht wenig zur Fortbildung der philosophischen Terminologie der lateinischen Sprache bei. Philosophisch weniger bedeutend, aber nicht weniger einflußreich, war Martianus Capella aus Karthago. Er schrieb (um 400) ›De nuptiis Philologiae et Mercurii‹ (Über die Hochzeitsfeier des Merkur und der Philologie), eine Enzyklopädie der Sieben Freien Künste *(artes liberales)*, die im Mittelalter für den Unterricht benutzt wurde. Sie gliedert sich in ein Trivium: Rhetorik, Dialektik, Grammatik und in ein Quadrivium: Arithmetik, Geometrie, Astronomie und Physik. In der Einkleidung seiner Darstellung schloß sich Martianus an Apuleius an. Ebenfalls von Apuleius abhängig, erörterte Marmertus Claudianus in seiner drei Bücher umfassenden Schrift ›De statu animae‹ (ca. 470) vom Standpunkt des christlichen Neuplatonikers die Frage nach der Beschaffenheit der Seele, deren Unkörperlichkeit er nachzuweisen suchte. Bei den Scholastikern stand er in hohem Ansehen.

5.2.8 Boethius

5.2.8.1 Leben

Keiner der (von Apuleius bis Marmertus) genannten Autoren kann sich an Rang, Wirkung und philosophischer Bedeutung mit Anicius Manlius Severinus Boethius messen, mit dem die Reihe der großen römischen Denker endet.

Die bei Seneca und Marc Aurel zu beobachtende Annäherung an christliches Denken setzt sich bei Boethius fort. Ob er sich selbst zum Christentum bekannte und die theologischen Abhandlungen, u.a. über die Trinität, selbst verfaßt hat, ist dabei von sekundärer Bedeutung. Boethius (geb. ca. 480) war, wie Cicero, Seneca und Marc Aurel, ein Mann der Praxis. Er stammte aus dem in senatorischem Rang stehenden römischen Geschlecht der Anicier, verlor schon früh seinen Vater und wurde im Haus seines künftigen Schwiegervaters Quintus Aurelius Symmachus sehr sorgfältig erzogen. Wie Marc Aurel widmete sich auch Boethius bereits früh philosophischen Studien, in denen er erstaunliche Fortschritte machte. Er setzte sich kein geringeres Ziel, als die Platonische und die Aristotelische Philosophie in einer großangelegten Synthese zusammenzufassen und sie, den Spuren Ciceros folgend, für seine Mitwelt bildungspolitisch zu nutzen. Als echter Römer zog er jedoch die Praxis der Theorie vor, stieg relativ früh zu Amt und Würden auf und bekleidete im Jahre 510 das Amt des Konsuls. Er gehörte zu den römischen Vornehmen, die bereit waren, mit dem Ostgotenkönig Theoderich zusammenzuarbeiten. Als *magister officiorum* (Chef der Zentralverwaltung, Hofkanzlei) gewann er zunächst durch seine weise Amtsführung das Vertrauen des Königs, obwohl gotische Höflinge gegen ihn intrigierten. In der Frage nach dem richtigen christlichen Bekenntnis – die Goten waren Arianer – nahmen damals die Spannungen zwischen Theoderich und dem oströmischen Kaiser zu, so daß es einem jungen und ehrgeizigen Hofbeamten gelang, Theoderich von einer Konspiration des Patriziers Albinus mit Byzanz zu überzeugen. Boethius setzte sich in selbstloser Weise für den Senator ein, was Cyprian ausnutzte, um ihn mit Hilfe falscher Zeugen in den Kreis der Verdächtigen einzubeziehen. Als Boethius, von der Unschuld des Albinus überzeugt, vor dem König freimütig sagte, wenn dieser ein Verräter sei, dann seien er und alle Senatoren es auch, ließ der König ihn einkerkern. Wie weit der Senat, einst eine »Versammlung von Königen«, heruntergekommen war, zeigt die Tatsache, daß er bereitwillig – wohl um sich zu entlasten und seine Ergebenheit zu demonstrieren – Albinus und Boethius ans Messer lieferte. Gegen Ende des Jahres 524 in absentia zum Tode verurteilt, wurde Boethius noch im gleichen Jahr, unweit von Mailand, hingerichtet und in Pavia bestattet. Seine Güter wurden eingezogen, von der Nachfolgerin Theoderichs jedoch später wieder zurückerstattet. Symmachus, der Erzieher und Schwiegervater des Boethius, fiel ebenfalls den Henkern zum Opfer.

5.2.8.2 Werk

Boethius bearbeitete die Fächer des Quadriviums – von ihm zuerst so benannt –, wovon zwei Bücher zur Arithmetik und fünf Bücher zur Musik erhalten sind[41], verfaßte Kommentare zu

[41] In der Arithmetik folgte Boethius dem griechischen Mathematiker Nikoma-

Aristoteles, Porphyrios und Cicero. Die ›Consolatio philosophiae‹ (Tröstung der Philosophie) ist sein bekanntestes Werk. Das Genus der Trostschrift war von Cicero nach griechischen Vorbildern in die lateinische Sprache übernommen worden. Die Trostschrift des Boethius besteht teils aus dialogischen Partien – Gesprächspartnerin ist die personifizierte Philosophie –, teils aus Gedichten in verschiedenen Metren. Sie wurde in 400 Handschriften überliefert und ungefähr hundertmal gedruckt. Seine metrische Vielfalt trug Boethius den Namen »Centimeter« ein.

So verfehlt es ist, in Boethius nur einen Synkretisten zu sehen, so wenig beschränkt sich seine Trostschrift auf Subjektives, wenn dieses auch, aus sachlichen wie aus zeitbedingten Gründen, eine erhebliche Rolle spielt. Was das Subjektive in Philosophie und Dichtung betrifft, waren die Römer den Griechen voraus, den Römern wieder die Christen. Wie bei Lukrez, Cicero und Seneca mischen sich bei Boethius rhetorische, poetische und philosophische Momente. Mit den Epikureern und gegen die Stoiker setzt Boethius die Willensfreiheit voraus, gegen die Epikureer lehnt er die mechanistische Konzeption des Kosmos ab sowie die Herrschaft des Zufalls. Gegen Epikureer und Stoiker hält Boethius an der Unsterblichkeit der Seele fest, wobei er neuplatonische mit Platonischen Motiven verbindet. Christlich ist sein Glaube an Gott, den er mit der Platonischen Idee des Guten und dem Begriff der Glückseligkeit des Aristoteles gleichsetzt. Bei Boethius, »dem letzten Römer und ersten Scholastiker«, kristallisieren sich bereits die drei Ideen der klassischen Metaphysik und der ›Kritik der praktischen Vernunft‹ Kants heraus: Gott, Unsterblichkeit, Freiheit. Boethius erörtert aber auch Probleme, die in Neuzeit und Gegenwart wieder aktuell geworden sind, zum Beispiel das Problem der Macht. Er präsentiert sich der Ärztin Philosophie als Patienten, der an Lethargie[42] leidet, die nach der antiken Nosologie ein klares Krankheitsbild aufweist: Schlafsucht, Fieber, Vergeßlichkeit,

chos von Gerasa, der für die Arithmetik eine ähnliche Bedeutung besaß wie Euklid für die Geometrie, die bei den Römern keine eigene Entwicklung aufweist. In der Musiktheorie schloß sich Boethius, außer an Nikomachos von Gerasa, auch Claudius Ptolemaeus an. In zwei Büchern behandelte er die Lehren vom hypothetischen Urteil. Die philosophische Terminologie bereicherte er u.a. durch die Termini *subiectum* und *praedicatum*.

[42] Vgl. hierzu Wolfgang Schmid, Philosophisches und Medizinisches in der ›Consolatio Philosophiae‹. In: Römische Philosophie. Hg. v. Gregor Maurach, Darmstadt 1976, S. 341ff.

Desinteresse, Beziehungsverlust zur Umgebung, Starre, im Endstadium möglicherweise das Delirium. Die Lethargie erhält in der Trostschrift symbolische Züge, wird zur Chiffre, und die heilende Philosophie *(philosophia medicans)* verweist auf den Seelenarzt Christus *(Christus medicus)*. Die schon von Platon entdeckte therapeutische Funktion der Philosophie wirkt und weitet sich aus.

5.2.8.3 Grenzen der Philosophie

Daß jemand, der ungerechterweise von seinem Herrscher zum Tod verurteilt ist und obendrein von denen, für deren Entlastung er sich einsetzte, preisgegeben wird, in Lethargie verfällt und zur Philosophie als letztem Trost Zuflucht nimmt, ist verständlich. Soviel zur subjektiven Seite. Boethius vermochte darüber hinaus seinen Zustand ins Allgemeine zu erheben, transparent zu machen, und darin liegt die eigentlich philosophische, objektive Leistung. Sein Problem ist, warum das Böse in der Welt so mächtig, das Gute so ohnmächtig ist. Die antike Ethik bleibt auf diese Frage die Antwort schuldig. Der bereits von Aristoteles angezweifelte Satz des Sokrates: »Tugend ist Wissen« versagt angesichts der Realität. Auch gibt weder die griechische noch die römische Religion auf die Frage eine Antwort, warum ein Retter des Vaterlandes wie Cicero den Häschern zum Opfer fiel, auch nicht auf die Frage, warum Nero Seneca in den Tod schicken durfte, und noch weniger auf die Frage, weshalb ein Unschuldiger, von »Freunden« verraten, sterben muß.

Antike Religion und antike Philosophie versagen angesichts einer vertieften Erfahrung des Bösen. Da die epikureische Annahme des blinden Zufalls für den Römer Boethius keine Lösung ist, kann nur eine neue Religion helfen, die der Erfahrung des radikal Bösen die Erfahrung eines unendlich Guten, Allweisen und Allmächtigen gegenüberstellt. Boethius sucht und findet noch Trost in der Philosophie, aber die Philosophie offenbart ihm eine höhere Weisheit, den Glauben an Gott, und gesteht damit ihre eigene Begrenztheit ein. Boethius befand sich in einer ähnlichen Lage wie der moderne Mensch, nachdem das offizielle Christentum angesichts einer noch tieferen Erfahrung des Bösen an Glaubwürdigkeit einbüßte, als es eine plausible Antwort auf die neue Herausforderung schuldig blieb und die Menschen mit veralteten Formeln abspeiste.

Das philosophische Grundproblem des Boethius stellt sich heute mehr denn je, es ist ein Menschheitsproblem: Warum ist das Böse so mächtig in der Welt und das Gute so machtlos, oder, mit Boethius zu sprechen: »Warum das also ins Gegenteil verkehrt wird, warum Strafe für Freveltaten die Guten trifft und die Bösen sich des Lohnes für die Tugenden bemächtigen – das befremdet mich aufs äußerste, und ich möchte von dir wissen, was als Grund eines so ungerechten Durcheinanders zu gelten habe.«[43]

Die Antwort der Philosophie, die mit der Unterscheidung von Vorsehung *(providentia)* und Schicksal *(fatum)*, ferner mit der Annahme der Willensfreiheit des Menschen und einer göttlichen Gerechtigkeit das »Durcheinander« zu entwirren sucht, überzeugt nicht ganz und führt zu Aporien, die im weiteren Verlauf der Philosophiegeschichte immer wiederkehren sollten und bis heute nicht behoben sind, soweit man sich überhaupt noch damit befaßt und die »Lösung« der Probleme nicht einfach den Theologen überläßt. Boethius war in seiner Argumentation kein Christ, in seinem Verlangen nach einer heileren Welt, nach Hoffnung und Trost, auf dem Wege zum Christentum.

5.2.9 Grundlagen der Rechtsphilosophie

Am Untergang des römischen Imperiums und der römischen Religion ist sowenig zu zweifeln wie am Untergang der griechischen Religion und der griechischen Polis, was aber nicht heißt, daß alle Errungenschaften der Griechen und der Römer mit untergingen. Akademie und Demokratie haben die Überlebenskraft des griechischen Geistes bewiesen, desgleichen Philosophie, Künste und Wissenschaften. Die Römer haben sie vermittelt. Ihre Errungenschaften lagen auf den Gebieten der Organisation, der Zivilisation und nicht zuletzt des Rechts. Damit legten sie auch die Grundlagen für eine Philosophie des Rechts.

Wer heute ein Handbuch der Rechtsphilosophie aufschlägt, stößt an vielen Stellen auf römische Grundbegriffe und Er-

[43] Boethius, Trost der Philosophie. Hg. v. Ernst Naitzke. Stuttgart 1965, S. 127f.

kenntnisse. Wie die Griechen auf den Gebieten der Kosmologie und Gnoseologie eine Reihe überzeitlicher Modelle (Atome, Zahlen, Ideen) entwickelten, so haben die Römer Modelle für die Erkenntnis gesellschaftlicher Zusammenhänge geliefert. Hierher gehören die Republik und das Recht. In Griechenland führte der Weg vom Mythos zum Logos, am Ende stand die Philosophie. In Rom führte der Weg der »Emanzipation« von der *religio* zur *ratio.* Gemeinsam ist den beiden Wegen die Tendenz zur Selbstbefreiung, unter anderem von den Fesseln des Anthropomorphismus, des Aberglaubens, der *superstitio.* Moderne Forschungen haben den sozialen Hintergrund der römischen Rechtsentwicklung ans Licht gebracht. Was die gemischte Verfassung für die Republik war, bedeutete der soziale Ausgleich für das römische Recht. In beiden Fällen handelt es sich um Bändigung der Macht. Die Spannung zwischen Macht und Recht hatte bereits Platon entdeckt und in seinen politischen Schriften idealiter aufgezeigt. Die Römer suchten dem Problem realiter beizukommen und erreichten Beachtliches. Niemand soll im Gemeinwesen machtlos sein und niemand übermächtig. Darauf zielt die allmählich durchgesetzte Gleichheit vor dem Gesetz hin. Die Römer haben den Weg zur Rechtsstaatlichkeit erstmals konsequent beschritten. Die Abschaffung der Sklaverei in der Neuzeit erscheint als Fortsetzung römischer Emanzipation aus der Willkür Einzelner oder von Gruppen. In Rom verlief die Entwicklung in fünf Etappen, vom Königtum zur Adelsgesellschaft, von dort zur Republik, zum Prinzipat und schließlich zum Dominat. Die bedeutsamsten Schritte dieser Entwicklung seien hier kurz erwähnt.

Am Anfang (451/50) stand die Aufzeichnung römischen Gewohnheitsrechts auf den Zwölf Tafeln durch die Decemvirn, ein Kollegium von zehn mit der Gesetzgebung beauftragten Männern. Kriminal-, Zivil- und Prozeßrecht waren noch nicht geschieden. Ziel der Gesetzgebung war die Eindämmung willkürlicher Rechtsprechung und öffentliche Kontrolle. Gesetzestexte wurden somit zum Hauptlernstoff der römischen Jugend, zum Lesebuch oder Katechismus. Daneben gab es noch einen Auszug von für die Öffentlichkeit interessanten Stellen aus dem Sakralrecht der Pontifikalbücher, das nach dem Oberpontifex Papirius benannte ›Ius Papirianum‹. Einen weiteren Schritt auf dem Wege der Rationalität und Transparenz des Rechts bedeutete die Veröffentlichung der Gerichtstage und Prozeßformulare *(legis actiones)* in Buchform im Jahre 304 auf Veranlassung des Appius Claudius Caecus. So entstand das ›Ius Flavianum‹. Der erste Rechtslehrer, Ti. Coruncianus (Konsul 280), war der erste plebeische Pontifex maximus. Er hielt öffentliche Rechtsberatungen ab und erteilte öffentlich Rechtsbescheide *(responsa)*. L. Acilius, der »Weise«, ein Zeitgenosse des alten Cato, kommentierte die Zwölftafelgesetze und suchte, interpretierend, neues Recht dem alten, geschriebenen anzupassen. Die ›Tripertita‹, ein Rechtsbuch des Sex. Aelius Paetus, des »Schlauen« (Konsul 198), bezeichnet insofern einen Wendepunkt in der Entwicklung des römischen Rechts, als er mit Hilfe einer durchgehenden Dreiteilung Gesetz *(lex)*, Interpretation *(interpretatio)* und Klageformel *(legis actio)* nebeneinanderstellte. Das ›Ius Aelianum‹ wurde als »Wiege des Rechts« angesehen.

Auf dem Gebiet des Rechts lassen sich, wie im Hinblick auf die Philosophie (Cato, Scipionenkreis), abschließende, konservative und progressive Öffnungstendenzen feststellen. So verfaßte Marcus Porcius Cato Licinianus, der Sohn des Cato Censorinus, 15 Bücher, die bezeichnenderweise unter dem Titel ›De iuris disciplina‹ zitiert wurden. Darin wird die allgemeine Tendenz zur Aufstellung von Regeln für spezielle Rechtsgebiete deutlich *(regula Catoniana* für Legatsrecht). Nicht weniger bezeichnend für den Geist des römischen Rechts war P. Mucius Scaevola, Konsul (133) und Verfasser von zehn Büchern über juristische Fragen, dem seine Gegner vorwarfen, er lasse lieber das Römische Reich zugrunde gehen als vom Recht abzuweichen. Ein Indiz für den Stellenwert des Rechtsdenkens im römischen Geistesleben liefert die wahrscheinlich erstmalige Verwendung der Dialogform in römischer Prosa zur Darstellung des Zivilrechts (M. Iunius Brutus). Quintus Mucius Scaevola Pontifex, Konsul (95) und Lehrer Ciceros, versuchte, in 18 Büchern, das derzeitige Recht zu ordnen. Er schrieb auch ein Buch mit dem griechischen Titel ›Horoi‹ (Definitionen). Hier wird der (logische) Einfluß griechischen Denkens auf römisches Recht deutlich. Dabei bleibt der Römer stets Empiriker, der eher reduktiv als deduktiv verfährt. Der Wille zur handelnden Weltbewältigung setzt in der Rechtsprechung die Fähigkeit zur Reduktion des Tatsächlichen auf das Rechtsrelevante voraus, und darin lag die Stärke der Römer, nicht in Ableitungen, Systemen, Konstruktionen oder Spekulationen, es sei denn, daß man System in seiner ursprünglichen Bedeutung von Zusammenstellung, Verband versteht. Geht es der praktisch orientierten Philosophie der Römer in erster Linie um brauchbare Formeln zur Lebensbewältigung, um Verbindung von Lebensklugheit mit Weisheit, so der römischen Rechtsprechung um Konfliktbewältigung mit möglichst geringem Reibungsverlust in einer zunehmend spannungsreichen und konfliktgeladenen Wirklichkeit, wobei sich Jurisprudenz folgerichtig im Zeitalter Ciceros zur Kunst entwickelte: »Ius est ars boni et aequi.«[44] Mit den sullanischen Quaestionenordnungen entstand das erste römische Gesetzbuch nach den Zwölf Tafeln sowie, nach schärferer Abgrenzung zwischen Kriminal- und Zivilrecht, das erste römische Kriminalgesetzbuch.

Eine der rechtsphilosophisch weitreichenden Erkenntnisse römischer Rechtspraxis kommt in der Formel »Summum ius, summa iniuria«[45] zum Ausdruck, in der Einsicht, daß nichts für den Bestand des Gemeinwesens gefährlicher ist als die rücksichtslose Verfolgung von Einzelinteressen unter dem Deckmantel der Legalität. Sallust warnte mit eindringlichen Worten vor den selbstzerstörerischen Kräften: »Concordia parvae res crescunt, discordia maximae dilabuntur.« (Durch Eintracht wachsen kleine Gemeinwesen, durch Zwietracht gehen große Reiche zugrunde)[46]. Neuere Herrscher und Staatsmänner, die sich über solche römischen »Binsenwahrheiten« erhaben dünkten, mußten ihre überzeitliche Geltung erfahren, nachdem sie Reiche verspielt, Länder verloren und ihre Völker ruiniert hatten.

Die Entwicklung der römischen Jurisprudenz zur Kunst wird bei dem Konsul (51), Rechtswissenschaftler und Freund Ciceros, Ser. Sulpicius Rufus greifbar. In fast 180 Büchern behandelte er ebenso gründlich wie ausführlich Einzelfragen des Rechts, erörterte aber auch allgemeinere Fragen, so erstmalig das prätorische Edikt, eine Hauptquelle des Rechts zur Zeit der Republik. Sein Schüler P. Alfenus Varus aus Cremona legte in 40 Büchern *(digesta)* eine geordnete Sammlung von Rechtsbescheiden *(responsa)* vor. Zu Beginn seines Gerichtsjahres pflegte der Prätor juristische Normen seiner Amtsführung bekanntzugeben. Ein Gesetz aus dem Jahre 67, die *lex Cornelia,* verpflichtete ihn dann zur Einhaltung seiner Normen. In der Praxis ergab sich daraus für die Nachfolger die Erhaltung von Bewährtem und der Verzicht auf weniger Geeignetes. So entwickelte sich in

[44] Am Anfang der Digesten nach Celsus-Ulpian.
[45] Cicero, De officiis I, 10, 33.
[46] Bellum Jugurthinum 10. 6.

einem fortwährenden Selektionsprozeß eine Materialsammlung für ein Gesetzbuch des Privatrechts. Der Verwirklichung von Caesars Reformplänen auf diesem Gebiet kamen seine Mörder zuvor.

In der Zeit des Prinzipats setzten sich Öffnungs- und Schließungstendenzen im römischen Rechtsleben fort. Der Übergang von der Republik zum Prinzipat wirkte sich auch auf die Rechtswissenschaft aus. Anstelle des Rhetors trat der Jurist, dem freiheitlich-republikanisch orientierten Rechtsdenken trat ein höfisches gegenüber, bewährte Juristen erhielten unter Augustus und Tiberius das begehrte *ius respondendi* – ein Schritt zur Verstaatlichung des Rechts –, das Recht zur Erteilung von Gutachten, und neben das prätorische Edikt traten als Rechtsquellen das Senatusconsultum, kaiserliche Erlasse, Konstitutionen: Edikte, Dekrete, Reskripte (Antworten auf Anfragen) und Mandate, Schreiben des Kaisers an Beamte.

Von der Augusteischen Zeit bis zur Zeit Hadrians konkurrierten in Rom zwei Juristenschulen, die republikanisch orientierten Proculianer und die kaiserlichen Sabinianer. Dem Piniergeist der Jurisprudenz im 2. Jahrhundert v. Chr. entsprach im 2. Jahrhundert n. Chr. eine klassische Epoche. Auch bei den kaiserzeitlichen Juristen gab es, wie bei den Philosophen, Männer, deren Worte und Taten übereinstimmten. So verübte M. Cocceius Nerva, Großvater Kaiser Nervas und Schulhaupt der Proculianer, Selbstmord (33 n. Chr.), weil er am Zustand seines Vaterlandes verzweifelte. Kaiser Tiberius vermochte nicht, ihn von seinem Entschluß abzubringen. Proculus, nach dem die Schule benannt wurde, schrieb elf Bücher *epistulae, quaestiones* und *responsa.* P. Iuventius Celsus jr. nahm an einer Verschwörung gegen Domitian teil und schrieb 39 Bücher *digesta.* L. Neratius Priscus, den Kaiser Traianus zum Nachfolger haben wollte, schrieb 15 Bücher *regulae* und drei Bücher *responsa.*

Zu den Sabinianern zählten, außer Masurius Sabinus, der als Ritter von Kaiser Tiberius das ius respondendi erhielt und drei vielzitierte Bücher über Zivilrecht schrieb, der von Nero verbannte C. Cassius Longinus und Cn. Arulenus Caelius Sabinus, der Bearbeiter des aedilizischen Edikts, sowie Iavolenus Priscus, der die Provinzen Britannia, Germania superior, Syria und zuletzt Africa verwaltete.

Das Recht der Kaiserzeit wurde als *ius novum* dem *vetus ius* gegenübergestellt. Das prätorische Edikt verband die republikanische Zeit der Kommentare zu den Zwölf Tafeln mit der Zeit der Kommentare zum redigierten prätorischen Edikt. Nach wie vor stand der Einzelfall im Mittelpunkt des Interesses. »Dadurch wurde ein unmittelbarer Kontakt zwischen Leben und Theorie hergestellt; alle luftigen Spekulationen waren unmöglich gemacht. Von der Kasuistik aus gelangte der römische Jurist zu dem tiefgehenden Einblick in das Wesen der einzelnen Rechtsinstitute.«[47] Mit der Herausbildung der *ars* verschwanden, wie im Bereich der Grammatik, die Schulgegensätze. Die nach dem Tode des Kaisers Antoninus vollendeten ›Institutiones‹ des sonst nicht näher bekannten Gaius bezeichnen den Höhepunkt der juristischen Lehrschrift, wie die Rhetorik in der ›Institutio oratoria‹ eines Quintilian ihre Krönung fand. Es begann die Epoche der großen Juristen der Kaiserzeit; allen voran standen Aemilius Papinianus und Domitius Ulpianus. Ersterer war ein Freund des Kaisers Septimius Severus, wurde aber in die Thronstreitigkeiten seiner Nachfolger hineingezogen und 212 hingerichtet. Er stand auch im Tode zu seiner Theorie, daß Handlungen gegen Pietät und gute Sitten niemals rechtmäßig sein können. Er schrieb 37 Bücher *quaestiones,* 19 Bücher *responsa* und zwei Bücher *definitiones.* Seine Methode war kasuistisch. Ulpianus schrieb 81 Bücher über das prätorische Edikt und zwei Bücher über das aedilische. In 51 Büchern behandelte er das Zivilrecht (nach Masurius Sabinus). Hinzu kamen Erörterungen schwieriger Rechtsfragen in zehn Büchern, zwei Bücher *responsa* und insgesamt acht Bücher über Rechtsregeln.

Die juristische Literatur läßt sich nach Gattungen in folgende Gruppen einteilen: Kommentare, Anmerkungen *(notae),* Auszüge *(epitomai),* geordnete, eigene oder fremde Exzerpte aus verschiedenen Autoren *(digesta)* und Monographien zu Einzelthemen. Mehr für den praktischen Gebrauch eignen sich die *responsa, quaestiones* und *epistulae,* ferner die *libri regularum,* opinionum und sententiarum, Zusammenstellungen von Rechtsregeln, sowie die für den Unterricht bestimmten institutiones.

Auf die Hochblüte oder Klassik des 2. Jahrhunderts n. Chr. folgte auch in der Jurisprudenz eine Zeit des Verfalls, an die sich dann die Zeit der Kodifizierungen schließt, die in dem monumentalen Werk Iustinians ihren Abschluß finden. Iustinian beauftragte eine Kommission von zehn Juristen unter Vorsitz Tribonians mit der Zusammenfassung dreier vorhandener codices:

[47] Schanz-Hosius, Geschichte der römischen Literatur. Bd. 3, S. 185.

Gregorianus, Hermogenianus und Theodosianus sowie kaiserlicher *constitutiones.* Der ›Codex Iustinianus‹ war 529 fertig und ist, in der revidierten Fassung von 534, erhalten. Eine zweite Kommission faßte in 50 Büchern das Juristenrecht zusammen *(digesta, pandectae),* eine dritte Kommission verfaßte als Lehrbuch die *institutiones.* Mit Übersetzungen, Paraphrasen, Scholien und Novellen – Konstitutionen Iustinians von 335–364/65 – versehen, wurde das ›Corpus iuris‹ nach Bedarf exzerpiert, ergänzt und verändert.

Der gleiche Kaiser, der die Platonische Akademie schließen ließ (529), schuf die Voraussetzung für den weltweiten Siegeszug des römischen Rechts. Als ein Vermächtnis römischen Geistes wurde dieses Recht von Ostgoten, Westgoten und Burgundern rezipiert. Lange bevor die Platonische Akademie in Florenz wiedererstand, erfuhr das römische Recht an der ersten Universität Europas, in Bologna, seine Renaissance, um dann im 12. Jahrhundert zur Weltgeltung aufzusteigen, einer Wirkung, die noch heute andauert. In Europa entwickelten sich aus Grundbegriffen des römischen Rechts, wie dominium, imperium, manus und potestas die Staatsgewalt und das subjektive Recht[48]. Die Begriffe auctoritas, mos maiorum, pietas und fides zeugen von der Macht der Tradition im römischen Recht. Aus der Erfahrung, daß Vertrauen auch mißbraucht werden kann, entwickelte sich der Begriff *bona fides* (guter Glaube) und wurde zum Bestandteil der meisten europäischen Rechte. Die stufenweise Ausdehnung des römischen Bürgerrechts zunächst auf Bundesgenossen, dann auf die Bewohner des Reiches (Caracalla 219) kann als Prozeß der Zivilisation verstanden werden. Augustin stellte der *civitas terrena* die *civitas Dei* gegenüber und lieferte damit die Metaphysik zur Weiterentwicklung des Bürger- und Reichsgedankens im christlichen Europa. Die Beispiele ließen sich vermehren *(obligatio, conditio, cautio)* und mit vielen Wertbegriffen verbinden, von denen anfangs die Rede war. Man darf dabei nicht vergessen, daß von den Griechen (Solon, Platon) in mancher Hinsicht glänzende theoretische Vorarbeit geleistet worden war. Platon hat in seinem letzten Werk, den ›Gesetzen‹, den Begriff der Zuverlässigkeit *(pistótes)* eingeführt, der mit dem römischen Begriff *fides* zwar verwandt, aber nicht identisch ist, ebensowenig mit dem germanischen

[48] Vgl. hierzu Franz Wieacker, Vom römischen Recht. Stuttgart, 2. Aufl. 1961, S. 10ff.

Begriff der Vasallentreue. Was dem römischen Recht zum Sieg in Europa verhalf, war weniger die (griechische) Allgemeinheit, als der hohe Grad der Abstraktion bei einem Minimum von Grundvorstellungen, die Herkunft aus der Praxis und die Verwendung in der Praxis sowie die Verbindung von Nützlichkeit und Wissenschaftlichkeit, überhaupt von Qualitäten, die sonst selten zusammentreffen. So blieb dem römischen Recht der Irrweg des Positivismus erspart. Cicero (De off. 3, 30) definiert das Verhältnis von Nützlichkeit und Sittlichkeit in klassischer Weise: »Nichts ist nützlich, wenn es nicht auch gut ist, und es ist nichts sittlich gut, weil es nützlich ist, sondern nützlich, sofern es gut ist.«

Die römische Unterscheidung von öffentlichem *(ius publicum)* und privatem Recht *(ius privatum)* hat sich allgemein durchgesetzt, ebenso die Unterscheidung von Bürgerrecht *(ius civile)* und Völkerrecht *(ius gentium)* sowie die von Recht und Moral. In der Methodik verfährt das römische Recht nicht deduktiv wie das kontinentaleuropäische, sondern induktiv. Das Leben des Römers war bis in die letzten Einzelheiten von religiösen Mächten *(numina)* geleitet. Die abstrakte Fassung des Göttlichen kehrt im hohen Abstraktionsgrad des römischen Rechts wieder. Die gedankenreicheren Rechtssysteme der griechischen Poleis gingen mit diesen unter. Der konservative Zug verbindet das römische Recht mit der römischen Religion: Lieber anbauen als umbauen, lieber umbauen als neu bauen. So konnte ein Bauwerk entstehen, das Jahrtausenden standhielt: solide, fundiert und konstant, eine nie verstummende Herausforderung an die Rechtsphilosophen bis auf den heutigen Tag.

5.2.10 Philosophie als Kulturgut

Römisches Recht, griechische Philosophie und christliche Religion gingen in Rom ein Bündnis ein, das nach dem Untergang des Römischen Reiches und einer fast tausendjährigen Zeit der Rezeption in Westeuropa die Welt mehr verändert hat als jede andere Kultur dieser Erde. Während sie zusammenfanden, haben alle drei Bündnispartner Veränderungen erfahren. Aus dem mühsam kodifizierten Landrecht einer kleinen Stadt am Tiber wurde das Reichsrecht eines Imperiums, aus einer Fülle verschiedener und einander widersprechender Theorien wurde ein einheitliches, praxisbezogenes Instrumentarium der Geisteskultur *(cultura animi*, Cic., Tusc. II, 13), und aus einer christlichen Sekte am Rande des Weltreichs wurde die römische Reichskirche. Drei Kräfte hielten dieses Bündnis zusammen: griechischer Geist, römische Tugend und christliche Liebe. Hier interessieren vor allem die Wandlungen des griechischen Geistes im römischen Einflußbereich. So gewiß das römische Recht im wesentlichen eine Kulturleistung der Römer war, war die (westliche) Philosophie eine Schöpfung der Griechen. Als die Römer ihr zunächst in Unteritalien und Sizilien begegneten, war sie schon weitgehend ausgereift, wenn nicht abgeschlossen. Ähnliches gilt für die von den Griechen erfundenen Künste und Wissenschaften. So waren Rom, schon aufgrund der geschichtlichen Situation, in der es sich befand, auf diesen Gebieten keine Neuschöpfungen möglich. Ihm war von Anfang an die Rolle des Vermittlers zugewiesen. Die Römer schufen weder eine eigene Philosophie noch besaßen sie zur Philosophie ein originäres Verhältnis wie die Griechen. Philosophie war für die Römer nie Selbstzweck, sondern ein Mittel zum Zweck. Ennius benutzte die emanzipatorische Kraft griechischer Religionskritik zur Befreiung aus den Fesseln einer zum Aberglauben und zum Werkzeug der Mächtigen degenerierenden Religion, wie das derzeitige römische Recht den Kampf gegen priesterlich-patrizische Vorurteile und Privilegien aufnahm. Hatte Lukrez in einer Zeit der inneren Krise und des Bürgerkriegs Philosophie, als ruhige Alternative des Einzelnen zur öffentlichen Unruhe, lebend und schaffend verwirklicht, so erfuhr Cicero, selbst tätiger Politiker, in einer erzwungenen Periode des Rückzugs von den Geschäften des Staatsmannes, in einer Phase äußerster Gefährdung der Republik, die heilende Kraft der Philosophie. Cicero wollte die griechische, speziell die Platonische Philosophie zur Erneuerung römischer Tugenden einsetzen, mit ihrer Hilfe verantwortungsvollere Politiker heranbilden, die den drohenden Verfall der Republik abwenden und zur Bewältigung größerer Aufgaben im Römischen Reich fähig sein sollten. Obwohl die Philosophie weder diesen Traum Ciceros noch seinen Traum von einer philosophischen Rhetorik erfüllte, sah er in der Philosophie ein Heilmittel der Seele *(animi medicina,* Tusc. III, 6). Im Denken Ciceros kommt das Spannungsverhältnis zwischen römischem Recht und griechischer Philosophie zur Entfaltung. Platon, Ciceros großes Vorbild, hatte gelehrt, daß sich in einem von Philosophenherrschern regierten Gemeinwesen Gesetze weitgehend erübrigen. Später, in seinen ›Gesetzen‹, hatte er allerdings eingesehen, daß die unmittelbare Herrschaft der Vernunft nicht so schnell zu verwirklichen ist. Aristipp hatte erklärt, daß das Leben des Philosophen sich nach dem Wegfall aller Gesetze nicht ändern würde. Der Philosoph folgt den Geboten der Vernunft freiwillig. Für einen realistischen und jeder Utopie abholden Römer mußte sich, im Hinblick auf die eigene Begabung zur Gesetzgebung, die Frage aufdrängen, ob sich nicht vielmehr die Philosophie in einem solchen hervorragend nach Gesetzen geregelten Gemeinwesen wie dem römischen erübrige: »In meinen Augen übertrifft das eine Büchlein der Zwölf Tafeln – sieht man die Quellen und Ursprünge der Gesetze an – wahrhaftig alle philosophischen Bibliotheken, sowohl durch das Gewicht seines Ansehens wie durch den Reichtum seines Nutzens.« (De or. I, 195) Daß die Philosophie unnütz sei, hörte man in Rom gar nicht selten. Andere Kritiker warfen den Philosophen Trägheit, Weitschweifigkeit, Weltfremdheit und Widerspruch von Wort und Tat vor. Die meisten römischen Denker lehnten daher den theoretischen Teil der Philosophie, also in erster Linie Dialektik, weitgehend ab, hielten Rhetorik, Grammatik, Naturphilosophie und Realwissenschaften für weit nützlicher und legten das Hauptgewicht auf die praktische Philosophie, die Ethik. Cicero erkannte jedoch, daß die Philosophie etwas zu leisten vermag, was die Jurisprudenz als solche nicht kann, nämlich sich rechtfertigen oder gar begründen. Tatsächlich versuchte er, seine eng an die römischen Gesetze anschließende Gesetzgebung philosophisch zu begründen. Ob die Philosophie das vermag, bleibe dahingestellt. Gewiß aber kann sie ein Prüfstein der Legitimität von Recht und Gesetz sein und die Frage untersuchen, ob das Recht seiner Bestimmung entspricht, Gerechtigkeit zu verwirklichen. Als Kritikerin positiven Rechts ist Philosophie ebenso legitim wie nützlich. Es ist daher keineswegs verwunderlich, wenn später ein namhafter Vertreter römischen Rechts, der Jurist Ulpianus unter Kaiser Alexander Severus, diese Aufgabe der Philosophie für das Recht beanspruchte und erklärte, die Jurisprudenz sei die wahre Philosophie *(vera philosophia)*. Seneca kam, unter dem Druck der Ereignisse, dem theoretischen Lebensideal griechischer Philosophen weit entgegen, wenn er Zenon und Chrysipp zugestand, daß sie Bedeutenderes leisteten als Heer- und Ämterführung: »Gesetze haben sie nicht für einen Staat allein, sondern für das ganze Menschengeschlecht gegeben.« (De otio VI, 4) Von Korruption und Verfall umgeben, einem halbwahnsinnigen Herrscher ausgeliefert, frustriert, pessimistisch und kränkelnd, suchte Seneca bei der Philosophie Zuflucht. Er brauchte sie, um nicht zu verzweifeln, für seinen Traum vom glücklichen Leben in einer trostlosen Welt und zur Linderung des eigenen Unglücks, in das er schicksalhaft verstrickt war. Auch hier erscheint die Philosophie in einer Zeit schwerster innerer Krisen: Stoizismus gegen tyrannische Herrscher. Seneca war es auch, der in dieser hoffnungslosen Situation die Idee von den Menschenrechten konzipierte.

Epiktets Freiheitsbotschaft entsprang ähnlichen Erfahrungen. In seiner Kritik am intellektuellen Hochmut der Akademiker kündigt sich eine veränderte Einstellung der Römer und später der Christen an, eine Kritik an jenem Aristokratismus im Gefolge Platons, der handwerkliches Können als Banausentum abqualifizierte.

In einer Zeit schwerster innerer und äußerer Krisen des Reichs fand Kaiser Marc Aurel den Weg zur Philosophie. Seine Kritik am Platonischen Staatsentwurf entspricht der realistischeren Einstellung des Römers, nicht den zweiten vor dem ersten Schritt zu tun. Marc Aurel praktizierte in seinen ›Selbstbetrachtungen‹ auch die römische Begabung zur Reduktion, indem er riesige Mengen philosophischer Lehren der Griechen auf Allerwesentlichstes verkürzte, ohne damit publizistische Ambitionen zu verbinden. Marc Aurel, der die Philosophie aufrichtig liebte, wie er Rhetorik und Sophistik verachtete, gelang es unter heroischen Anstrengungen, mit Hilfe der stoischen Philosophie Platons Traum vom Herrscherphilosophen, dem er selbst kritisch gegenüberstand, 500 Jahre nach dessen Tod annähernd zu verwirklichen. Seine Vorliebe für die stoische Philosophie erscheint so römisch wie die Catos oder Senecas, fanden doch die Römer in der Stoa ihre Neigung zu ernster und praktischer Lebensführung, zu Übereinstimmung von Wort und Tat und ihre Selbstdisziplin wieder. Während sich die Philosophie an der Seite der sieben Freien Künste zum Kulturgut entwickelte und das römische Recht zur philosophisch durchreflektierten letzten großen Kodifizierung heranreifte, gewann die christliche Religion in Literatur und Philosophie unaufhaltsam an Boden.

Die Ausrichtung der Römer auf die Praxis, auf reale Weltbewältigung und Lebensgestaltung, ihre ständige Reflexion auf die

Nützlichkeit einer Sache machte sie geeigneter zum Bündnis mit dem Christentum als die auf dem Gebiet der Theorie begabteren intellektuellen Griechen. Hinzu kam die Eigenart römischer Religiosität, deren Abstraktheit für die spezifisch römische Schöpfung des Rechts mitverantwortlich gewesen sein dürfte. Die Begabung der Römer für politische Organisation, für Freiheit in der Bindung an das Gemeinwesen, ihr Instinkt für Machtabstufungen und Effizienz, ihre Erfahrungen mit der Weltherrschaft, dem Weltreich und ihrer Menschheitsidee, aber auch ihre vertieften Erfahrungen mit dem Bösen sowie den Gefahren der Auflösung, Zersplitterung und Selbstzerstörung, schufen denkbar gute Voraussetzungen für eine neue, aufstrebende und dynamische Weltreligion.

Hatte Marc Aurel das Christentum aus Überzeugung abgelehnt, so ist sein Einfluß auf Boethius, den »letzten römischen Philosophen und ersten Scholastiker«, nicht zu verkennen. Die Philosophie entrückt bei Boethius der Welt und verblaßt zur Göttin, die ihn, subjektiv, über seine Lethargie und Verzweiflung hinwegtröstete, objektiv mit den Grenzen philosophischer Sinngebung des Lebens konfrontierte und damit, während der letzten großen Krise des weströmischen Imperiums, das Ende antiker Philosophie andeutete.

Das Jahr 529 wurde zu einem Schicksalsdatum in der europäischen Geistesgeschichte: Es brachte die Schließung der Platonischen Akademie und die Gründung des Klosters Monte Cassino. Philosophie als Selbstzweck, Selbstbefreiung und Selbsterkenntnis hatte zu bestehen aufgehört, ebenso als selbständige Lebensform. Das bedeutete nicht das Ende ihrer Existenz überhaupt. Als brauchbares Instrument der Machtbegründung durch die Vernunft *(philosophia ancilla theologiae)* erfreute sie sich sogar hoher Schätzung und eifriger Pflege. Sie wurde zu einem Gegenstand von Kultur und Tradition, zu einem geistigen Wert, zu einem Kulturgut.

Literaturhinweise

Ackermann, E.: Lukrez und der Mythos. Wiesbaden 1979.
André, J. M.: La philosophie à Rome. Paris 1977.
Bailey, C.: Lucretius, De rerum natura libri 6. 3 Bde, Repr. Oxford 1950.

Bieler, L.: Geschichte der römischen Literatur. 4. Aufl., Berlin, New York 1980.
Birley, A.: Mark Aurel. 2. Aufl., München 1977.
Blänsdorf, J. u. E. Breckel: Römische Philosophie. Freiburg i. Br. 1978.
Bodson, A.: La morale sociale des derniers Stoiciens. Paris 1967.
Boethius, A. M. T. S.: Trost der Philosophie. Übertr. v. E. Gothein, neu hrsg. v. W. Gothein. Zürich 1949.
Ders.: Opera, Pars 1 ff. Turnholti 1957 ff. (Corpus Christianorum, Ser. lat.).
Bollack, M.: La raison de Lucrèce. Paris 1978.
Bömer, F.: Der lateinische Neuplatonismus und Neupythagoreismus und Claudius Mamertus in Sprache und Philosophie. Leipzig 1936.
Bonhöffer, A.: Epiktet und die Stoa. Stuttgart 1890.
Boyancé, P.: Lucrèce et l'épicurisme. Paris 1963.
Bringmann, K.: Untersuchungen zum späten Cicero. Göttingen 1971.
Büchner, K.: M. T. Cicero, Vom rechten Handeln (lat.-dt.). 2. Aufl., Zürich, Stuttgart 1964.
Ders.: Cicero, Bestand und Wandel einer geistigen Welt. Heidelberg 1964.
Ders.: Das neue Cicerobild. Darmstadt 1971.
Ders.: Utile und honestum. München 1974.
Bütler, H.-P.: Die geistige Welt des jüngeren Plinius. Heidelberg 1970.
Cancik (Hrsg.): Untersuchungen zu Senecas Epistulae Morales. Hildesheim 1967.
Capelle, W. (Übers.): Epiktet, Handbüchlein und Auslese aus seinen Gesprächen. Jena 1925.
Christes, J.: Bildung und Gesellschaft. Die Einschätzung der Bildung und ihrer Vermittler in der griechisch-römischen Antike. Darmstadt 1975.
Cicero, M. Tullius: De natura deorum. Hrsg. v. A. S. Pease. 2 Bde, Cambridge, Mass. 1955–58.
Ders.: Über die Freundschaft (lat.-dt.). Hrsg. v. M. Faltner. München 1961.
Ders.: De finibus bonorum et malorum (lat.-dt.). Übertr. u. eingel. v. C. Atzert. Zürich, Stuttgart 1964.
Ders.: Vom rechten Handeln (lat.-dt.). Übers. v. K. Büchner. 2. Aufl., Zürich, Stuttgart, 1964.
Ders.: De re publica. Hrsg. v. K. Ziegler. Leipzig 1915, 7. Aufl. 1969.
Ders.: De officiis (lat.-dt.). Übers., komm. u. hrsg. v. H. Gunermann. Stuttgart 1978.
Ders.: De legibus. Hrsg. v. K. Ziegler. Heidelberg 1950, 3. Aufl. überarb. u. erg. von W. Görler, Freiburg, Würzburg 1979.
Ders.: De fato. Hrsg. (lat.-dt.) v. K. Bayer. 3. Aufl., München, 1980.
Ders.: Gespräche in Tusculum (lat.-dt.). Hrsg. v. O. Gigon. 5. Aufl., München, Zürich 1984.
Ders.: De re publica. Komm. v. K. Büchner. Heidelberg 1984.

Clarke, M. L.: The Roman Mind. New York 1968.
Cooper, W.: A Concordance of Boethius. Cambridge, Mass. 1928.
Costa, C. D. N., (Hrsg.): Seneca. London 1974.
Dahlmann, H.: Varro und die hellenistische Sprachtheorie. Berlin 1932.
Dulkeit, G. u. F. Schwarz: Römische Rechtsgeschichte. 4. Aufl., München, Berlin 1966.
Effe, B.: Dichtung und Lehre. Untersuchungen zur Typologie des antiken Lehrgedichts. München 1977.
Epiktet. Was von ihm erhalten ist, nach den Aufzeichnungen Arrians. Übers. v. Schulthess, neubearb. v. P. Mücke. Heidelberg 1926.
Erbse, H.: Die Vorstellung von der Seele bei Marc Aurel. In: Festschrift F. Zucker. Berlin 1954.
Farquharson, A. S. L. u. D. A. Rees: Marcus Aurelius. Oxford 1951.
Ferrero, L.: Storia del pitagorismo nel mondo romano. Turin 1955.
Flückiger, F.: Geschichte des Naturrechts. Bd. 1: Altertum und Frühmittelalter. Zürich 1954.
Fuhrmann, M.: Das systematische Lehrbuch. Göttingen 1960.
Ders. u. J. Gruber (Hrsg.): Boethius. Darmstadt 1984.
Gabriel, B.: Bild und Lehre. Studien zum Lehrgedicht des Lukrez. Diss. phil. Frankfurt 1970.
Gaertner, M. A.: Cicero und Panaitios. Heidelberg 1974.
Garbarino, G.: Roma e la filosofia greca dalle origini alla fine del II secolo a. C. 2 Bde, Turin 1973.
Ders.: Cicero. Ein biographischer Versuch. Wiesbaden 1969.
Gigon, O.: Die Erneuerung der Philosophie in der Zeit Ciceros. In: Entretiens de la Fondation Hardt, Bd. 3, Vandoeuvres 1957.
Ders.: Lukrez. In: Die Großen der Weltgeschichte, Bd. 2, Zürich 1972.
Ders.: Cicero und die griechische Philosophie. In: Aufstieg und Niedergang der römischen Welt. Bd. I, 4, Berlin 1973.
Goar, K. J.: Cicero and the State Religion. Amsterdam 1972.
Gordon, C. A.: A Bibliography of Lucretius. London 1962.
Görler, W.: Untersuchungen zu Ciceros Philosophie. Heidelberg 1974.
Görlitz, W.: Marc Aurel, Philosoph und Kaiser. Stuttgart 1954.
Graff, J.: Ciceros Selbstauffassung. Heidelberg 1966.
Gretenkord, J. C.: Der Freiheitsbegriff Epiktets. Bochum 1981.
Griffin, M. T.: Seneca. A Philosopher in Politics. Oxford 1976.
Grimal, P.: Le siècle des Scipions. 2. Aufl., Paris 1975.
Ders.: Seneca. Macht und Ohnmacht des Geistes. Übers. v. K. Abel. Darmstadt 1978.
Gruber, J.: Kommentar zu Boethius ›De consolatione philosophiae‹. Berlin, New York 1978.
Hadot, I.: Seneca und die griechisch-römische Tradition der Seelenleitung. Berlin 1969.
Hammond, M.: City-State and World-State in Greek and Roman Political Theory until Augustus. Cambridge, Mass. 1951.

Hampl, F.: Stoische Staatsethik und frühes Rom. In: Historische Zeitschrift 184, (1934).
Harder, R.: Einbürgerung der Philosophie in Rom. In: Antike 5 (1929).
Heilmann, W.: Ethische Reflexion und römische Lebenswirklichkeit in Ciceros Schrift ›De officiis‹. Wiesbaden 1982.
Heinze, R.: Vom Geist des Römertums. 4. Aufl., Stuttgart 1972.
Helm, R. (Hrsg.): Apulei Platonici Madaurensis Opera quae supersunt. 2 Bde, Leipzig 1907–08.
Heuss, A.: Ciceros Theorie vom römischen Staat. Göttingen 1975.
Hirzel, R.: Untersuchungen zu Ciceros philosophischen Schriften. 3 Bde, Leipzig 1877–1883.
Jagu, A.: Epictète et Platon. Paris 1946.
Johann, H. T.: Gerechtigkeit und Nutzen. Heidelberg 1981.
Kabza, A. (Übers.): Was Cicero vor 2000 Jahren über Greisenalter und Freundschaft schrieb. Cato maior de senectute – Laelius de amicitia. München 1961.
Kaser, M.: Das altrömische Jus. Studien zur Rechtsvorstellung und Rechtsgeschichte der Römer. Göttingen 1949.
Ders.: Römische Rechtsgeschichte. Göttingen 1950.
Kenney, E. J.: Lucretius. Oxford 1977.
Kenter, L. P.: M. Tullius Cicero, De legibus. A Commentary on Book I. Amsterdam 1972.
Kienast, D.: Cato der Censor. 2. erw. Aufl., Darmstadt 1979.
Klein, R.: Das Staatsdenken der Römer. Darmstadt 1966.
Klingner, F.: De Boethii Consolatione philosophiae. Berlin 1921.
Ders.: Römische Geisteswelt. 4. Aufl., München 1961.
Kroll, W.: Die Kultur der Ciceronischen Zeit. Repr. Darmstadt 1975.
Latte, K.: Römische Religionsgeschichte. München 1960.
Long, A. A. (Hrsg.): Problems in Stoicism. London 1971.
Ludwig, H.: Materialismus und Metaphysik. Studien zur epikureischen Philosophie bei T. Lucretius Carus. Köln 1976.
Lukrez, De rerum natura (lat.-dt.). Hrsg. v. H. Diels. 2 Bde, Berlin 1923/24.
Ders.: De rerum natura. Bd. 1–3, 4. Aufl. Cambridge 1886–1928.
Ders.: De rerum natura (lat.-dt.). Hrsg. v. K. Büchner. Stuttgart 1973.
Mančal, J.: Untersuchungen zum Begriff der Philosophie bei M. Tullius Cicero. München 1982.
Marc Aurel: Wege zu sich selbst. Hrsg. v. W. Theiler. Zürich 1974.
Ders.: Selbstbetrachtungen. Übers. v. F. C. Schneider. Essen 1981.
Marchesi, C.: Seneca. 3. Aufl., Mailand 1951.
Martin, J.: Lukrez und Cicero. In: Würzburger Jahrbuch für die Altertumswissenschaft 4 (1949–50).
Maurach, G. (Hrsg.): Seneca als Philosoph. Darmstadt 1975.
Ders.: Römische Philosophie. Darmstadt 1976.
Merguet, H.: Lexikon zu den philosophischen Schriften Ciceros. 3 Bde, Jena 1887–94, Repr. Hildesheim 1960.

Meyer, E.: Römischer Staat und Staatsgedanke. 4. Aufl., Zürich, München 1975.
Motto, A. L.: Seneca. New York 1973.
Müller, G.: Die Darstellung der Kinetik bei Lukrez. Berlin 1959.
Neuenschwander, H. R.: Marc Aurels Beziehungen zu Seneca und Poseidonius. Bern 1951.
Nichols, J. H.: Epicurean Political Philosophy. A Study of the De rerum natura of Lucretius. Ithaca 1976.
Norden, E.: Die antike Kunstprosa. 2 Bde, 5. Aufl., Darmstadt 1958.
Oppermann, H. (Hrsg.): Römische Wertbegriffe. Darmstadt 1967.
Paratore, E.: L'epicureismo e la sua diffusione nel mondo latino. Rom 1960.
Poncelet, R.: Cicéron traducteur de Platon. Paris 1957.
Pöschl, V.: Römischer Staat und griechisches Staatsdenken bei Cicero. Repr. Darmstadt 1962.
Rand, E. K.: Founders of the Middle Ages. Oxford 1928.
Rasmussen, D. (Hrsg.): Caesar. 3. Aufl., Darmstadt 1980.
Rawson, E.: Cicero. London 1975.
Regenbogen, O.: Seneca als Denker römischer Willenshaltung. In: Antike 12 (1936).
Rist, J. M.: Human Value. Leiden 1982.
Rozelaar, M.: Seneca. Eine Gesamtdarstellung. Amsterdam 1976.
Sallmann, K.: Studien zum philosophischen Naturbegriff der Römer mit besonderer Berücksichtigung des Lukrez. In: Archiv f. Begriffsgeschichte 7 (1962).
Schanz, M., C. Hosius u. G. Krüger: Geschichte der römischen Literatur. 5 Bde, Repr. München 1971.
Schmid, W.: Lukrez. Probleme der Lukrezdeutung. Hildesheim 1968.
Schneider, J.: Zwei Wege der Lebensführung. Epiktet und Thomas von Kempen. Würzburg 1952.
Sedgwick, H. D.: Marcus Aurelius. Oxford 1921.
Seel, D.: Cicero. 2. erg. Aufl., Stuttgart 1961.
Seneca: Briefe an Lucilius. Hrsg. v. E. Glaser-Gerhard. Hamburg 1965.
Ders.: Von der Seelenruhe. Philosophische Schriften und Briefe. Hrsg. v. H. Berthold. Bremen 1980.
Ders.: Philosophische Schriften (Studienausgabe). Hrsg. v. M. Rosenbach. Darmstadt 1980 ff.
Shackleton Bailey, D. R.: Cicero. London 1971.
Smith, R. E.: Cicero the Statesman. Cambridge 1966.
Solmsen, F.: Die Theorie der Staatsformen bei Cicero. In: Philologus 88 (1933).
Sørensen, V.: Seneca. Ein Humanist an Neros Hof. 2. Aufl., München 1985.
Straaten, M. van: Panétius. 2. Aufl., Amsterdam 1962.
Stückelberger, A.: Lucretius reviviscens. Von der antiken zur modernen Atomphysik. In: Archiv f. Kulturgeschichte 54 (1972).

Suerbaum, W.: Vom antiken zum frühmittelalterlichen Staatsbegriff. Münster 1961.

Süß, W.: Cicero. Wiesbaden 1966.

Testard, M.: Saint Augustin et Cicéro. 2 Bde, Paris 1958.

Valente, M.: L'ethique stoicienne chez Cicéron. Paris 1956.

Verdroß-Drossenberg, A.: Grundlinien der antiken Rechts- und Staatsphilosophie. Wien 1948.

Vogt, J.: Die Dämonie der Macht und die Weisheit der Antike. In: Welt als Geschichte 10 (1950).

Waiblinger, F. P.: Senecas Naturales quaestiones. München 1977.

Weil, B.: 2000 Jahre Cicero. Zürich, Stuttgart 1962.

Weische, A.: Cicero und die neue Akademie. Untersuchungen zur Entstehung und Geschichte des antiken Skeptizismus. Münster 1961.

West, D. A.: The Imagery and Poetry of Lucretius. Edinburg 1969.

Westphalen, K.: Die Kulturentstehungslehre des Lukrez. Diss. phil. München 1957.

Wieacker, F.: Vom römischen Recht. 2. Aufl., Stuttgart 1961.

Wilamowitz-Moellendorff, U. v.: Kaiser Marcus. Berlin 1931.

Zielinski, Th.: Cicero im Wandel der Jahrhunderte. 4. Aufl., Leipzig, Berlin 1929.

1

Deleuze, G. u. F. Guattari: Was ist Philosophie? (Übers.) Frankfurt a. M. 1996.

Gniffke, F. u. N. Herold (Hrsg.): Philosophie. Problemfelder und Disziplinen. Münster 1996.

Hersch, J.: Das philosophische Staunen. Einblicke in die Geschichte des Denkens. (Übers.) München 1996.

Retlich, N.: Literatur für das Philosophiestudium. Stuttgart 1998.

Sandvoss, E. R.: Philosophie. Selbstverständnis, Selbsterkenntnis, Selbstkritik. Darmstadt 1991.

Strawson, P. F.: Analyse und Metaphysik. Eine Einführung in die Philosophie. (Übers.) München 1994.

2

Chang, C. C.: Die buddhistische Lehre von der Ganzheit des Seins. München 1989.

Gorinda, L. A.: Buddhistische Reflexionen über die Bedeutung des Buddhismus für den Westen. Frankfurt a. M. 1990.

Grimes, J. A.: A Concise Dictionary of Indian Philosophy. New York 1996.

Hiriyanna, M.: Vom Wesen der indischen Philosophie. München 1990.

Humphreys, C.: Karma und Wiedergeburt. 4. Aufl., München 1985.

Kalupahana, D. J.: A History of Buddhist Philosophy. Honolulu 1992.

Lehmann, J.: Buddha. Leben, Lehre, Wirkung. Herrsching 1988.

Oetke, C.: »Ich« und das Ich. Analytische Untersuchungen zur buddhistisch-brahmanischen Atmankontroverse. Wiesbaden 1988.

Pappu, S. S. R. R.: Perspectives on Vedânta. Leiden 1988.

Schneider, U.: Einführung in den Hinduismus. Darmstadt 1989.

Schumann, H. W.: Buddhismus: Stifter, Schulen und Systeme. 5. Aufl., Olten 1988.

Sharma, A.: A Hindu Perspective in the Philosophy of Religion. New York 1991.

Siderits, M.: Indian Philosophy of Language. London 1991.

Tuck, A. P.: Comparative Philosophy and the Philosophy of Scholarship. On the Western Interpretation of Nâgârjuna. Oxford 1990.

Williams, P.: Mahâyâna Buddhism. London 1989.

Zimmer, H.: Yoga und Buddhismus. Indische Sphären. Frankfurt a. M. 1990.

3

Demariaux, J.-C.: Le Tao. Paris 1990.

Engler, F. K.: Diskussionen über das I-ching. Freiheit und Ordnung im Menschenschicksal. Freiburg i. Br. 1989.

Fiedeler, F.: Die Monade des I-ging. Symbolschöpfung und Evolution im Buch der Wandlungen. München 1988.

Gan, Shaoping: Die chinesische Philosophie. Darmstadt 1997.

Henderson, J. B.: Scripture, Canon, and Commentary. A Comparison of Confucian and Western Exegesis. Princeton, N.J. 1991.

Ivanhoe, P. J.: Ethics in the Confucian Tradition. The Thought of Mencius and Wang Yang-ming. Ithaca, N. Y. 1990.

Kohn, L.: Early Chinese Mysticism. Princeton, N.J. 1992.

Moritz, R.: Die Philosophie im alten China. Berlin 1990.

Page, M.: Die Kraft des Ch'i. Einführung in die chinesische Mystik und Philosophie. Basel 1990.

Paul, G. S.: Aspects of Confucianism. A Study on the Relationship between Rationality und Humaneness. Frankfurt a. M. 1990.

Rozman, G. (Hrsg.): The East Asian Region. Confucian Heritage and its Modern Adaptation. Princeton, N.J. 1991.

Schmidt-Glintzer, H.: Geschichte der chinesischen Literatur. München 1990.

T'ang I-chieh, Confucianism, Buddhism, Christianity and Chinese Cultures. Washington, D. C. 1991.

Tessenow, H.: Der chinesische Moralbegriff »i« Frankfurt a. M. 1991.

Wolf, K.: Westliche Taoismus-Bibliographie. 2. Aufl., Essen 1989.

4

Albert, K.: Über Platons Begriff der Philosophie. St. Augustin 1989.

Annas, J.: Hellenistic Philosophy of Mind. Berkeley, Calif. 1992.

Asselin, D.: Human Nature and Eudaimonia in Aristotle. Frankfurt a. M. 1989.

Ax, W.: Laut, Stimme und Sprache. Studien zu drei Grundbegriffen der antiken Sprachtheorie. Göttingen 1986.

Bächli, A.: Untersuchungen zur pyrrhonischen Skepsis. Bern, Stuttgart 1990.

Battistini, Y.: Trois présocratiques. Héraclite, Parménide, Empédocle. Paris 1988.

Baudart, A.: Socrate et Jésus. Paris 1999.

Bernard, W.: Rezeptivität und Spontaneität der Wahrnehmung bei Aristoteles. Baden-Baden 1988.

Boutroux, E.: Leçons sur Aristote. Paris 1990.

Billerbeck, M. (Hrsg.): Die Kyniker in der modernen Forschung. Amsterdam 1991.

Bobzien, S.: Die stoische Modallogik. Würzburg 1986.

Dies.: Determinism and Freedom in Stoic Philosophy. Oxford 1998.

Borsche, T.: Was etwas ist: Fragen nach der Wahrheit der Bedeutung bei Platon, Augustin, Nikolaus v. Kues und Nietzsche. München 1990.

Brague, R.: Aristote et la question du monde. Paris 1988.

Broadie, Ethics with Aristotle. Oxford 1991.

Brun, J.: L'épicurisme. 9. Aufl., Paris 1991.

Charpa, U.: Aristoteles. Frankfurt a. M. 1991.
Colish, M. L.: The Stoic Tradition from Antiquity to the Middle Ages. 2 Bde, 2. Aufl., Leiden 1990.
Döring, K.: Der Sokratesschüler Aristipp und die Kyrenaiker. Stuttgart 1988.
Ders. u. T. Ebert (Hrsg.): Dialektiker und Stoiker. Zur Logik der Stoa und ihrer Vorläufer. Stuttgart 1993.
Duhot, J.-J.: La conception stoïcienne de la causalité. Paris 1989.
Duvernoy, J.-F.: L'epicurisme et sa tradition antique. Paris 1990.
Edmond, M.-P.: Le philosophe-roi. Platon et la politique. Paris 1991.
Egger, P.: Der Ursprung der Erziehungsziele in der Lehre von Platon, Aristoteles und Neill. Stuttgart 1989.
Engberg-Pedersen, T.: The Stoic Theory of Oikeiosis. Aarhus 1990.
Erskine, A.: The Hellenistic Stoa. Political Thought and Action. London 1990.
Fasching, M.: Zum Begriff der Freundschaft bei Aristoteles und Kant. Würzburg 1990.
Ferejohn, M. T.: The Origins of Aristotelian Science. New Haven, Conn. 1990.
Figal, G.: Sokrates. 2. Aufl., München 1998.
Finan, T. u. V. Twomey (Hrsg.): The Relationship between Neoplatonism and Christianity. Dublin 1992.
Flashar, H. (Hrsg.): Grundriß der Geschichte der Philosophie. Bd. 4, Basel 1994.
Forschner, M.: Die stoische Ethik. 2. Aufl., Darmstadt 1995.
Ders.: Über das Glück des Menschen. Darmstadt 1993.
Furley, D.: Cosmic Problems. Essays on Greek and Roman Philosophy of Nature. Cambridge 1989.
Furth, M.: Substance, Form and Psyche. An Aristotelian Metaphysics. Cambridge 1988.
Geyer, C. F.: Das Böse in der Perspektive von Christentum und Neuplatonismus. In: Philos. Jahrb. 98, Nr. 2. 1991.
Giannantoni, G. (Hrsg.): Socratis et Socraticorum Reliquiae. 4 Bde, Neapel 1990.
Gigante, M.: Cinismo e epicureismo. Neapel 1992.
Gill, M. L.: Aristotle on Substance. The Paradox of Unity. Princeton 1989.
Goldschmidt, V.: Platonisme et pensée contemporaine. Paris 1990.
Greenberg, N. A.: The Poetic Thought of Philodemus. New York 1990.
Groarke, L.: Greek Scepticisme. Montreal 1990.
Guenther, R. u. R. Mueller: Das goldene Zeitalter. Utopien der hellenistischen und römischen Antike. Stuttgart 1988.
Gurtler, G. M.: Plotinus. The Experience of Unity. Frankfurt a. M. 1989.
Hahn, J.: Der Philosoph und die Gesellschaft. Selbstverständnis, öffentliches Auftreten und populäre Erwartungen in der hohen Kaiserzeit. Stuttgart 1989.

Hankins, J.: Plato in the Italian Renaissance. 2 Bde, Leiden 1990.
Höffe, O.: Aristoteles. München 1996.
Horn, C.: Antike Lebenskunst. Glück und Moral von Sokrates bis zu den Neuplatonikern. München 1998.
Hossenfelder, M.: Epikur. München 1991.
Hüni, H.: Wahrnehmungswirklichkeit nach Aristoteles. Würzburg 1992.
Irwin, T.: Aristotle's First Principles. Oxford 1988.
Johnson, C. N.: Aristotle's Theory of the State. London 1990.
Jones, H.: The Epicurean Tradition. London 1989.
Judson, L. (Hrsg.): Aristotle's Physics. A Collection of Essays. Oxford 1991.
Kamp, A.: Aristoteles' Theorie der Polis. Voraussetzungen und Zentralthemen. Frankfurt a. M. 1990.
Kaufmann, E.-M.: Sokrates. München 2000.
Kessler, E. u. a. (Hrsg.): Aristotelismus und Renaissance. Wiesbaden 1988.
Keyt, D. (Hrsg.): A Companion to Aristotle's Politics. Oxford 1991.
Kidd, I. G.: Posidonius. New York 1988.
Kirk, G. S. u. a. (Hrsg.): Die vorsokratischen Philosophen. Einführungen, Texte und Kommentare. (Übers.) Stuttgart, Weimar 1994.
Kobusch, T. u. B. Mojsisch (Hrsg.): Platon in der abendländischen Geistesgeschichte. Darmstadt 1997.
Königshausen, J.-H.: Ursprung und Thema von erster Wissenschaft. Die aristotelische Entwicklung des Problems. Amsterdam 1989.
Lasserre, F.: La naissance des mathématiques à l'époque de Platon. Paris 1990.
Lewis, F. A.: Substance and Predication in Aristotle. Cambridge 1991.
Lloyd, A. C.: The Anatomy of Neoplatonism. Oxford 1990.
Löbl, R.: Demokrits Atomphysik. Darmstadt 1987.
Ders.: Die Relation in der Philosophie der Stoiker. Würzburg, Amsterdam 1986.
Long, A. A. u. D. N. Sedley. The Hellenistic Philosophers. 2 Bde, Cambridge 1987–89.
Lord, C. u. D. K. O'Connor: Essays on the Foundation of Aristotelian Political Science. Berkeley, Calif. 1991.
Lukoschus, J.: Gesetz und Glück. Untersuchungen zum Naturalismus der stoischen Ethik. Frankfurt a. M. 1999.
Luserke, M. (Hrsg.): Die Aristotelische Katharsis. Dokumente ihrer Deutung im 19. u. 20. Jahrhundert. Hildesheim 1991.
Manuwald, B.: Studien zum unbewegten Beweger in der Naturphilosophie des Aristoteles. Stuttgart 1989.
Mitsis, P.: Epicurus' Ethical Theory. Ithaca, N. Y. 1988.
Morewedge, P. (Hrsg.): Neoplatonism and Islamic Thought. Albany, N. Y. 1992.
Norgan, M. L.: Platonic Piety. New Haven 1990.
Moutsopoulos, E. (Hrsg.): Platonisme et néoplatonisme. Paris 1991.

Mueller-Goldingen, C. (Hrsg.): Schriften zur aristotelischen Ethik. Hildesheim 1988.
Muller, R.: Introduction à la pensée des Mégariques. Paris 1989.
Niehues-Pröbsting, H.: Der Kynismus des Diogenes und der Begriff des Zynismus. Frankfurt a. M. 1988.
O'Meara, D. J.: Pythagoras Revived. Mathematics and Philosophy in Late Antiquity. Oxford 1989.
Osler, M. J. (Hrsg.): Atoms, Pneuma, and Tranquillity. Epicurean and Stoic Themes in European Thought. Cambridge 1991.
Pena, M.: Le stoïcisme et l'empire romain. Aix-en-Provence 1990.
Perry, W. T. u. E. A. Hacker: Aristotelian Logic. Albany, N. Y. 1991.
Pleger, W. H.: Die Vorsokratiker. Stuttgart 1991.
Plickat, B.: Aristoteles' Begründung des politisch Guten. Frankfurt a. M. 1989.
Price, A. W.: Love and Friendship in Plato and Aristotle. Oxford 1989.
Resor, M. E.: The Nature of Man in Early Stoic Philosophy. London 1989.
Ricken, F.: Antike Skeptiker. München 1994.
Robinson, D. N.: Aristotle's Psychology. New York 1989.
Romilly, J. de: Les grands sophistes dans l'Athènes de Péricles. Paris 1989.
Rosenbach, M. (Hrsg.): Seneca. Philosophische Schriften. 5 Bde, Darmstadt 1999.
Saunders, T. J.: Plato's Penal Code. Tradition, Controversy, and Reform in Greek Penology. Oxford 1991.
Schmitz, H.: Anaximander und die Anfänge der griechischen Philosophie. Bonn 1988.
Schofield, M.: The Stoic Idea of the City. Cambridge 1991.
Schrödinger, E.: Die Natur und die Griechen. Zürich 1989.
Schubert, A.: Untersuchungen zur stoischen Bedeutungslehre. Göttingen 1994.
Sharples, R. W.: Stoics, Epicureans, and Sceptics. An Introduction to Hellenistic Philosophy. London 1996.
Sherman, N.: The Fabric of Character. Aristotle's Theory of Virtue. Oxford 1989.
Sihvola, J.: Decay, Progress, the Good Life? Hesiod and Protagoras on the Development of Culture. Helsinki 1989.
Sinnott, A. E.: Untersuchungen zur Kommunikation und Bedeutung bei Aristoteles. Münster 1989.
Sprute, J.: Vertragstheoretische Ansätze in der antiken Rechts- und Staatsphilosophie. Göttingen 1989.
Steinmetz, P. (Hrsg.): Beiträge zur hellenistischen Literatur und ihrer Rezeption in Rom. Stuttgart 1990.
Stone, I. F.: Der Prozeß des Sokrates. Darmstadt 1990.
Striker, G.: Following Nature. A Study in Stoic Ethics. In: Oxford Studies in Ancient Philosophy 9 (1991).

Taylor, C. C. W.: Sokrates. (Übers.) Freiburg i. Br. 1998.
Therleff, H.: Plato. Helsinki 1989.
Urbanas, A.: La notion d'accident chez Aristote. Logique et métaphysique. Paris 1988.
Valenzuela, R.: Der Begriff des Tragischen bei Aristoteles, M. Scheler und O. Paz. Frankfurt a. M. 1988.
Verbeke, G.: Moral Education in Aristotle. Washington, D. C. 1990.
Vogel, C. J. de: Rethinking Plato and Platonism. Leiden 1988.
Weber, C. W.: Diogenes. Die Botschaft aus der Tonne. Frankfurt a. M. 1990.
Wedin, M. V.: Mind and Imagination in Aristotle. New Haven, Conn. 1988.
Weinkauf, W.: Die Stoa. Kommentierte Werkausgabe, übers. und hrsg. von W. W. Augsburg 1994.
White, N. P.: Stoic Values. In: Monist 73 (1990).
White, S. A.: Sovereign Virtue. Aristotle on the Relation between Happiness und Prosperity. Stanford, Calif. 1992.
Williamson, Jews in the Hellenistic World: Philo. Cambridge 1989.
Wörner, M. H.: Das Ethische in der Rhetorik des Aristoteles. München 1990.
Wright, M. R.: Cosmology in Antiquity. London 1995.
Zumsteg, G.: Wahrheit und Volksmeinung. Zur Entstehung und Bedeutung der aristotelischen Topik – Grundmodell des Denkens und Handelns in der Demokratie. Stuttgart 1989.

5

Conche, M.: Lucrèce et l'expérience. 3. Aufl., Treffort 1990.
Ferguson, J.: Epicureanism under the Roman Empire. In: Aufstieg und Niedergang der römischen Welt II, 36, 4 (1990).
Fuhrmann, M.: Cicero und die römische Republik. Eine Biographie. 3. Aufl., München 1991.
Griffin, M. u. J. Barnes: Philosophia Togata. Essay on Philosophy and Roman Society. Oxford 1989.
Grimal, P.: Sénèque ou La conscience de l'Empire. Paris 1991.
Gross, N.: Senecas Naturales quaestiones. Komposition, naturphilosophische Aussagen und ihre Quellen. Wiesbaden 1989.
Habicht, C.: Cicero als Politiker. München 1990.
Magee, J.: Boëthius on Signification and Mind. Leiden 1990.
Mantovani, M.: Bellum iustum. Die Idee des gerechten Krieges in der römischen Kaiserzeit. Bern 1990.
Maurach, G.: Seneca. Leben und Werk. Darmstadt 1991.
Ders.: Geschichte der römischen Philosophie. 2. Aufl., Darmstadt 1997.
Muller, P.: Cicéron, un philosophe pour notre temps. Paris 1990.
Rutherford, R. B.: The Meditations of Marcus Aurelius. A Study. Oxford 1989.
Salem, J.: La mort n'est rien pour nous. Lucrèce et l'éthique. Paris 1990.

Personenregister

Sachregister

Ernst R. Sandvoss

GESCHICHTE DER PHILOSOPHIE

Mittelalter, Neuzeit, Gegenwart

(Band II)

marixverlag

Inhalt

6 Christliche Philosophie

6.1 Die feudale Gesellschaft

6.1.1 Germanen

Die germanische Völkerwanderung (vom Ende des 4. bis zum Ende des 6. Jahrhunderts), verursacht durch klimatische Veränderungen, Bevölkerungswachstum, Landnot und Abenteuerlust, im Südosten ausgelöst durch das Vordringen der Hunnen, brachte Bewegung in die damalige Völkerwelt und führte zum Untergang des Weströmischen Reiches, auf dessen Boden Germanenreiche entstanden. Bedeutsam für die Entwicklung Europas wurde die Begegnung von Germanen und Christentum auf dem Trümmerfeld des Imperium Romanum. Der Bischof Wulfila (ca. 310–383) übersetzte die Bibel ins Gotische und gewann die Goten im Donaugebiet und auf dem Balkan für das arianische Christentum, das auch andere germanische Völker im Mittelmeerraum annahmen. Der Presbyter Arius lehrte die Wesensähnlichkeit (Homoiusie) des Gottessohnes mit dem Vater, konnte sich aber gegen die römische Orthodoxie unter Führung des Bischofs Athanasius nicht behaupten, der die Wesensgleichheit (Homousie) annahm und diese Lehre im Konzil von Nikaia (325) durchsetzte.

Die Germanen wurden als Föderaten in das Römische Reich eingegliedert und auf Kolonengütern angesiedelt. Während sie die römische Zivilisation übernahmen, gründeten sie bald selbständige Königreiche auf volksrechtlicher Basis. In die von den Germanen verlassenen Gebiete östlich der Elbe rückten die Slawen nach, ein weiterer für die Entwicklung des Abendlandes bedeutsamer Faktor.

Das erste germanische Reich auf römischem Boden, das Reich der Vandalen in Afrika (429–534), wurde von dem oströmischen Feldherrn Belisar zerstört. Während der Belagerung von Hippo Regius durch die Vandalen im Jahre 430 war der dort wirkende Bischof und Kirchenvater Augustinus gestorben; 455 hatten die Vandalen Rom geplündert. Byzanz, das »neue Rom«, war die Basis für die Entwicklung eines griechisch geprägten Christentums in Osteuropa. In Spanien entstand das Tolosanische Westgotenreich (419–507). Hier wurde von Eurich das älteste germanische Gesetzgebungswerk in lateinischer Sprache verfaßt, ein Produkt kultureller Verschmelzung: der ›Codex Euricianus‹ (um 470). Der für germanische Staatsgebilde typische Kampf zwischen Adel und König schwächte dieses Reich, dessen südlichen Teil die Byzantiner (551) eroberten, später (seit 711) eroberten es die Araber. Hier schuf Rekkeswind ein gemeinsames Gesetzbuch für Goten und Römer, die ›Lex Visigotorum‹ (654). Im Reich der Burgunder (443–534) entstand unter Gundobad (516) die ›Lex Burgundiorum‹. Das Reich eroberten später die Franken. Die byzantinischen Feldherrn Belisar und Narses vernichteten das Ostgotenreich (493–552) in Italien. Karl der Große eroberte das Reich der Langobarden (568–774) in Italien und vereinigte es, ohne das Herzogtum Benevent, mit dem Frankenreich. Den Weströmern unter Aëtius war es, im Bund mit den Germanen, gelungen, die Hunnen unter Attila zu vertreiben; ihr Sieg auf den Katalaunischen Feldern (451) war die letzte militärische Großtat Westroms zum Schutz des Abendlandes. Die Oströmer hatten die Reichsgründungen der Germanen auf römischem Reichsboden beseitigt und damit die römische Herrschaft im Mittelmeerraum wiederhergestellt. Das kluge Bündnis der Päpste, die auch weltliche Herrschaft ausübten, mit dem Frankenreich unter gleichzeitiger Abwendung von Byzanz (Zwei-Kaiser-Problem), war die dritte große Leistung für das entstehende Abendland.

6.1.2 Christentum

Die kulturelle Verschmelzung von Germanen und Römern vollzog sich vor allem auf den Gebieten, die auch das Leben der Römer bestimmt hatten, auf denen des Rechts und der Religion.

Auf dem Boden des Römischen Reiches begegneten sich Judentum, Christentum und Islam einerseits, Griechen, Römer und Germanen andererseits. Nirgends hat eine aufstrebende Weltreligion so günstige Bedingungen vorgefunden wie das

Christentum im Römischen Imperium. Es baute in religiöser Hinsicht auf der großartigsten Volksreligion, der Tradition der Juden auf, konnte auf das beste intellektuelle Rüstzeug, die griechische Philosophie, zurückgreifen, fand die idealen organisatorischen Voraussetzungen in einem abdankenden Weltreich vor und noch dazu ein großes Reservoir an unverbrauchten, zivilisationshungrigen Völkern. Allerdings hatte das Christentum auch Gefahren, innere wie äußere, zu bestehen[1]: Glaubensspaltung, Konkurrenz (Islam), philosophische Kritik und die germanischen Herrschaftsstrukturen. Die Auseinandersetzung mit diesen Gefahren bestimmt die Geschichte des Christentums in der Spätantike und im frühen Mittelalter.

Nicht anders als zur Zeit der Großen Kolonisation der Griechen, der klassischen griechischen Kultur, des Hellenismus sowie des Imperium Romanum stand auch das neue, christliche Europa im Zeichen der Vielfalt, der Synthesen und des Pluralismus. Geographisch und ethnisch ist dies evident, aber auf wirtschaftlichem, sozialem, politischem und kulturellem Gebiet herrschte ebenfalls eine große Mannigfaltigkeit.

6.1.3 Wirtschaft

Die Wirtschaftsweise der Germanen bestand hauptsächlich aus Ackerbau und Viehzucht. Es wurden die auch heute noch dominierenden Getreidearten angebaut, und die heute bekannten Haustierarten gab es schon gegen Ende der Steinzeit. Von den Römern lernten sie den Obst- und Weinbau. Der Boden gehörte der Sippe oder dem Gemeinwesen, die Gewannflur mit Feldgemeinschaft und Flurzwang entstand erst im Mittelalter. Seit der Bronzezeit handelten die Germanen mit den Bewohnern des Mittelmeergebietes: Bernstein, Frauenhaar, Pelze und Sklaven gegen Handwerksartikel und Fertigwaren.

Im Römischen Imperium setzte sich gegenüber der alten republikanischen Silberwährung die Goldwährung durch (von

[1] Eine nicht ungefährliche Konkurrenz waren die Lehren des Mani (ca. 216 bis 276), eines Erleuchteten, der in Persien und Indien predigte. Der nach ihm benannte Manichäismus beruht auf einem strengen Dualismus, der Unterscheidung eines Gottes des Lichts und eines Gottes der Finsternis, Ahura Mazdas und Ahrimans. Augustinus war neun Jahre lang Manichäer.

Caesar bis Konstantin): 1 Solidus = 24 Denare. Die seit dem 1. Jahrhundert entstandenen wirtschaftlichen Großräume (Gallien, Britannien, Germanien, Griechenland, Vorderasien, Afrika) verselbständigten sich im 3. Jahrhundert auf Kosten Italiens. In der Kaiserzeit weitete sich der Fernhandel dank eines gut ausgebauten Straßennetzes aus. Zur Befriedigung wachsender Bedürfnisse von Armee, Flotte und Verwaltung entstanden Fabriken, die jedoch nicht mehr als 100 Arbeiter, Sklaven oder Freie, beschäftigten. Handwerker schlossen sich in Korporationen zusammen. Die kleinen Freibauern konnten sich gegen ausländische Konkurrenz, Bandenunwesen und Steuereintreiber nur schwer behaupten und suchten Schutz bei den Großgrundbesitzern, denen sie ihr Land übergaben, um künftig als Kolonen oder Landarbeiter, dem Namen nach Freie, den Besitz der Reichen zu mehren. Die Gutsbesitzer *(potentes)*, die in prächtigen Gutshäusern *(villae)* wohnten, usurpierten Rechtsprechung und Steuergewalt, unterhielten oft eine eigene Polizeitruppe und residierten auf ihren Latifundien wie die Herren im Mittelalter. Gegen Ende der Kaiserzeit verlagerte sich der Schwerpunkt der Wirtschaft aufs Land, infolge eingeschränkten Handels kehrte man weitgehend zur Naturalwirtschaft zurück. Beides kam der Verschmelzung von Römern und Germanen entgegen, die in Dörfern lebten und Tauschhandel trieben.

6.1.4 Gesellschaft

Gesellschaftlich war die Konstellation nicht minder günstig. Den Anfängen des Feudalismus im Römischen Imperium entsprach bei den Germanen die für die Entwicklung des mittelalterlichen Feudalismus günstige Ständeeinteilung in Adel, Freie, Halbfreie und Sklaven. Der Adel entstand entweder durch gesteigertes Machtstreben einheimischer Familien oder durch Eroberung von außen. Dabei ging ethnische Schichtung in gesellschaftliche über. Aufgrund von Führungsansprüchen und Gefolgschaft oder Eroberung und Raub etablierte sich ein durch Besitz und Macht, nicht durch Recht, bevorzugter Herrenstand. Teils zeichnete er sich durch kriegerische Leistungen und Tugenden wie Mut, Ehre und Treue aus, teils schloß er sich ab, nahm elitäre Züge an und genoß seine Privilegien.

Beim Feudalismus ist zwischen einem weiten und einem engen Begriff zu unterscheiden. Im weiteren Sinn waren die Gesellschaften im alten Indien und China, in Hellas, Rom und Germanien feudale Gesellschaften, insofern eine Kriegerkaste das Monopol der Gewaltanwendung besaß und daraus gesellschaftliche Vorteile zog; im engeren, westlichen Sinn war der Feudalstaat ein Lehnsstaat, der sich im Frankenreich entwickelte und germanische wie römische Elemente enthielt.

Aus römischen und germanischen Anfängen entwickelte sich im frühen Mittelalter das Lehnswesen, die feudale Gesellschaft (*feudum:* Lehen), die im hohen Mittelalter Europa das soziale Gepräge gab, dann durch das Aufkommen von Söldnerheeren und Feuerwaffen ihre Funktion verlor (Don Quichotte) und in den Ständestaat überging. Deutschland blieb formell bis zum Untergang des ersten deutschen Reiches (1806) ein Lehnsstaat, dessen Reste im 19. Jahrhundert, 1918 oder erst durch das Kontrollratsgesetz 45 von 1947 offiziell beseitigt wurden. Inoffiziell und indirekt übt das Herrschaftssystem auch heute noch dank seiner fast zweitausendjährigen Tradition eine nicht zu unterschätzende Macht aus.

Schon für den spätrömischen Feudalismus war die Selbstauslieferung *(commendatio)* Freier (*ingenui in obsequio,* abhängige Freie) in den Schutz *(patrocinium)* großer und mächtiger Herren *(optimates, domini, proceres)* und damit die Begründung einer Klientel charakteristisch. Die Kehrseite der Schutzgewährung bestand in Dienstleistungen. Germanisches Gefolgschaftswesen und römisches Klientelverhältnis gingen ein Bündnis ein. Dem *comitatus* entsprach die Gefolgschaft, dem *puer* oder *miles* der *gwas* (keltisch), woraus *vassus, vasallus* und schließlich Vasall wurde. Aus dem *gasindus* wurde das Gesinde, zuletzt das Gesindel. Der Vasall empfing von seinem Herrn das Lehen *(beneficium),* das ihm Schutz und Unterhalt gewährte, und war dafür zu Rat *(consilium)* und Hilfe *(auxilium)* verpflichtet. Die persönliche Bindung blieb auch bei zunehmender Bedeutung des dinglichen Bestandteils ein durchgehendes Merkmal der Vasallität. Lehnsrechtlich war die Kommendation ein Vertrag, der für beide Seiten auf der Grundlage persönlicher Bindung Rechte und Pflichten implizierte. Bruch des Treueids, Pflichtverletzung eines Partners (Felonie) galt als schweres Verbrechen und wurde mit Sanktionen belegt, die aber bis zum 13. Jahrhundert oft wirkungslos blieben. In solchem Streit entschieden dann die Waffen.

Aus den komplizierten Abhängigkeitsverhältnissen von Herren, Vasallen und Untervasallen entwickelte sich eine Hierarchie der Grundbesitzrechte und Machtinstanzen, eine Lehnspyramide mit, je nach Land und Verteilung der Herrschermacht, verschiedenen, zentripetalen oder zentrifugalen Tendenzen. Dank eines nahezu unerschöpflichen Vorrats an erobertem Land und unaufhörlicher Kriege entstand zur Zeit der Karolinger ein weitverzweigtes Netz von Lehnsherren und Vasallen, ein System von Unter-, Neben- und Überordnung, eine politische Ordnung der Macht, die in Kunst, Philosophie und Religion analoge Ausdrucksformen suchte und fand. Die Aushöhlung und Auflösung dieses Systems der Machtverteilung durch Erblichkeit der Lehen, Verdinglichung der Beziehungen, Funktionsverlust und selbstzerstörerische Fehden, durch unersättliches Machtstreben, Rivalitäten und Prestigedenken bedeutete für den Menschen am Ende des Mittelalters nicht nur den Verlust von Halt und Orientierung, sondern auch den Untergang einer für absolut gehaltenen Weltordnung.

6.2 Hierarchische Weltordnung

6.2.1 Gott – Mensch – Welt

Ein Verständnis christlicher Philosophie ist ohne eine Kenntnis der Gesellschaft, der sie entstammt, nicht möglich, auch nicht ohne eine Analyse des christlichen Weltbildes, das untrennbar mit der Stifterpersönlichkeit des Christentums verbunden ist. Wenn es auch nicht leicht ist, Philosophisches streng von Theologischem und Religiösem zu trennen, so ist es doch nicht aussichtslos. Es gibt in der christlichen Botschaft und in den Lehren der Kirchenväter und Scholastiker Aussagen, die ihrem Charakter nach philosophisch sind und zum Philosophieren herausfordern, wurde doch Jesus Christus von großen Teilen der antiken Intelligenz als Philosoph verstanden. Gegen den christlichen Satz »Die Wahrheit wird euch freimachen« hätte wahrscheinlich kaum ein griechischer Philosoph Einwendungen erhoben. Neu, spezifisch christlich an dieser Aussage ist die Betonung der Freiheit. Ebensowenig hätte wohl irgendein für die Philosophie aufgeschlossener Römer, eingedenk der zahllosen äußeren und inneren Kriege, in die sein Land verwickelt wurde, die christliche Botschaft der Liebe, des Friedens und der Brüderlichkeit abgelehnt. Die Sehnsucht nach Frieden, Versöhnung und Menschlichkeit war zur Zeit von Christi Geburt weit verbreitet und entsprach der Stimmung der damaligen Welt. Die »Pax Augusta« war ein »heidnischer« Versuch, das Ersehnte zu verwirklichen. Spezifisch christlich war indessen die Radikalität der Forderung. Schon im Alten Testament erscheint die Nächstenliebe als sittlicher Wert. Und auch in Texten sowohl der hinduistischen und buddhistischen als auch der chinesischen Philosophie (Lao Tzu) finden sich bereits Lehren, nach denen Böses nicht mit Bösem und sogar mit Gutem zu vergelten ist. Das Gebot »Liebet eure Feinde!« radikalisiert diese Ansätze jedoch in einer bis dahin ungekannten Weise und bringt sie auf eine ethische Maximalformel.

In seinem letzten Dialog, den ›Gesetzen‹, hatte Platon in echt hellenischer Weise von Gott als dem Maß aller Dinge gesprochen. Mit der Idee, Gott als Vater, die Menschen als Gottes Kinder zu verstehen, hat erst das Christentum die Herzen der Menschen gewonnen. Das Christentum brachte auch ein neues Weltverständnis mit, wiederum so radikal wie nie zuvor und an die Erfahrung der Stifterpersönlichkeit gebunden: »Ich habe die Welt besiegt.« Christus wollte damit sicher nicht sagen, er habe als Imperator die Welt erobert, vielmehr, daß er der Versuchung, sie zu erobern, der Verlockung von Ruhm, Macht und Größe widerstand. Die Botschaft Christi ist die radikalste Absage an jede Art von Herrschaft des Menschen über Menschen, zugleich die radikalste Aufforderung zum Dienen, welche die Geschichte kennt.

Mit dem Satz »Ich bin der Weg, die Wahrheit und das Leben, niemand kommt zum Vater, denn durch mich« hat Christus die Wahrheit an die Persönlichkeit gebunden, der Wahrhaftigkeit den Vorzug vor der Richtigkeit gegeben, Wort und Tat unlösbar miteinander verknüpft und der Wahrheitssuche einen Sinn gegeben: das Heil der Seele, das wichtiger ist als alle Schätze dieser Welt. Platon hatte das Heil *(soteria)* der Welt von der Erkenntnis erwartet, Christus erkannte, daß auch der menschliche Geist der Versuchung durch das Böse, der Korruption und

Verderbnis ausgesetzt ist. Sein Ideal ist nicht der sokratische Philosoph oder der stoische Weise, sondern der Heilige, der seine Tugenden nicht selbst erwirbt, sondern von Gott geschenkt bekommt.

Anstelle des griechischen Vertrauens auf die Logik und der römischen Geborgenheit in der Ratio trat mit Christus der Glaube an Gott und an den Mittelsmann seiner Gnade: ein für antikes Empfinden höchst befremdlicher Gedanke. Christlicher Glaube hat etwas Unlogisches, Irrationales, Paradoxes.

Die griechische Philosophie, speziell die sokratische, kannte den Begriff des Weges, der Methode, einer Technik, um zur Erkenntnis zu gelangen. Christus bezeichnete sich selbst, sein Leben und seine Existenz, als Weg und gab damit dem Begriff des Weges einen tieferen Sinn, in dem asiatische, europäische und afrikanische Erfahrungen verschmolzen sind.

Wer war dieser Jesus Christus, der so von sich sprach: ein Größenwahnsinniger, ein Narr, ein Betrüger oder ein Erleuchteter, ein Heiliger, ein Sohn Gottes? Er selbst bezeichnete sich als Menschensohn. Seine Worte, seine Werke und sein Leben stimmen in einer Weise zusammen, die es weder vorher noch nachher wieder gegeben hat. Seiner Persönlichkeit haftet etwas Unerreichbares, Absolutes und Einmaliges an, das unendlich befreiend, beglückend und erlösend wirkt. Im Unterschied zu anderen Stiftern von Weltreligionen stammte Christus aus dem einfachen Volk, dessen Hilflosigkeit, Armut und Leiden ihn zutiefst bewegten. Er heilte Kranke, richtete Schwache wieder auf, gab Verzweifelten Hoffnung, linderte die Not der Armen, Gequälten und Unterdrückten und gab den Verachteten ihr Selbstvertrauen zurück. Gleichzeitig wandte er sich gegen die Selbstgerechten, Schriftgelehrten und Pharisäer, gegen Reiche und Richter, vor allem aber gegen den Hochmut der Herrschenden oder, mit dem Wort Senator Fulbrights zu sprechen, gegen die »Arroganz der Macht«. In christlicher Sicht ist der Hochmut die schlimmste Sünde, das Merkmal des Teufels. Entsprechend ist Demut eine spezifisch christliche Tugend, außerdem sind dies Mitleid, Glaube, Hoffnung und vor allen anderen die Liebe. Mit diesen Lehren stellte sich Christus in Gegensatz zu allem, was zuvor in der Welt allgemein hochgeschätzt war: Reichtum und Ansehen, Macht und Größe, Stärke und Härte. Die Geschichte des Christentums zeigt infolge dieser Bestimmung des Verhältnisses von Christ und Welt ein doppeltes Gesicht: der Christianisierung der Welt entspricht eine Verweltlichung des Christentums. Diese Prozesse können aufeinander folgen oder auch gleichzeitig auf verschiedenen Ebenen verlaufen. Insgesamt tritt im Verhältnis des Menschen zur Welt mit dem Christentum eine nie dagewesene Spannung auf. Gott hat die Welt aus dem Nichts geschaffen; das war eine dem griechischen Denken fremde Auffassung. Gott hat aber auch den Menschen als sein Ebenbild geschaffen; diese Vorstellung weicht ebensosehr von antikem Denken ab. Als Krone der Schöpfung kommt der Mensch zwischen Gott und die Welt zu stehen. Noch im Vorspiel zum ›Faust‹ umreißt Goethe den »Kreis der Schöpfung« mit den Worten: »Vom Himmel durch die Welt zur Hölle.« Vom Leben des Menschen im Diesseits hängt sein Schicksal im Jenseits ab. Gott, Mensch, Welt, Himmel und Hölle sind in einem Konzept, in einer »Weltordnung« zusammengefaßt, die ihrem Ursprung und Wesen nach christlich ist. Auch dies übersteigt die Grenzen antiken Vorstellens, Empfindens und Denkens.

6.2.2 Christianisierung der Welt – Verweltlichung des Christentums

Das politische Umfeld christlicher Welterfahrung war zunächst das Römische Imperium. Vor dem absoluten Maßstab christlicher Offenbarung konnten weder die ethischen Tugenden der Heiden bestehen noch ihre staatliche Ordnung. Dem Afrikaner Tertullian (ca. 160–220) erschienen die Tugenden der Heiden nur als glänzende Laster, und Augustinus (354–430), ebenfalls aus Afrika, stellte dem irdischen Kaiserreich der Römer Gottes himmlisches Reich, die Civitas Dei gegenüber. Bei dem Versuch, die Welt zu christianisieren, stießen die Apostel (Gesandte) des Herrn auf erhebliche Widerstände. Jakobus der Ältere wurde 44 hingerichtet, Jakobus der Herrenbruder 62 gekreuzigt. Mit Stephanus begann die lange Reihe der heidenchristlichen Märtyrer (Zeugen). 64 wurde Petrus gekreuzigt. In Athen, der Hochburg griechischer Philosophie, hatte Paulus nicht überzeugen können, in Rom wurde er, im gleichen Jahr wie Petrus, enthauptet, und dennoch breitete sich das Christentum unaufhaltsam aus, von Antiochia nach Syrien, von Ephesos nach Kleinasien, von Alexandria in Nordafrika, von

Konstantinopel über den Balkan und von Rom über Italien und Spanien.

Die Weigerung, dem Kaiser zu opfern, trug den Christen im Römischen Reich zahlreiche Verfolgungen ein. Am Ende wurde die an sich tolerante Religion der Römer (Pantheon) von dem intoleranten jüdischen Monotheismus der Christen verdrängt. Der Konflikt entzündete sich am Gottkaisertum, nicht an der Religion der Römer. Unter Theodosius wurde das Christentum zur Staatsreligion (391). Die römische Religion ging gewissermaßen an ihrer Toleranz gegenüber der Intoleranz zugrunde.

In der Zeit äußerer Auseinandersetzungen und innerer Spaltungen (Gnosis, Markion, Montanus) verlief ein erster Verweltlichungsprozeß des Christentums. Anstelle des ursprünglich demokratischen Führungsprinzips traten neue Organisationsformen, eine hierarchische Verfassung sowie Trennung von Klerus (Bischöfe, Priester) und Laien. Währenddessen vermittelten die Kirchenväter die griechische Theologie dem Westen (Hieronymus ca. 345–420; Ambrosius ca. 340–397; Augustinus). Die Christianisierung der Slawen ging seit dem 6. Jahrhundert mit dem Vordringen der römischen und byzantinischen Kultur in Osteuropa einher (Cyrillus und Methodius), im 9. Jahrhundert auch mit der Ausdehnung des Frankenreiches (Karl der Große). Die Slawen wurden in die Kirchenspaltung einbezogen: die Westslawen wurden römisch-katholisch, die Ostslawen griechisch-orthodox.

Zur Christianisierung trug wesentlich das Mönchtum bei, das sich von Ägypten und Syrien seit 300 schnell im Orient und dann auch im Okzident ausbreitete. Benedikt von Nursia, der Gründer des Klosters Montecassino, verband in der ›Regula Benedicti‹ mönchische Ideale (Askese, Reinheit der Lehre) mit römischer Disziplin: *stabilitas loci* (Verbleiben im Kloster), *conversio morum* (Armut, Gehorsam, Keuschheit), *ora et labora* (Gebet und Arbeit). Aufgaben des Klosters waren Armenpflege und Gastfreundschaft, Ackerbau und Viehzucht sowie schließlich auch Erziehung und Bildung und die Pflege der Wissenschaft.

Förderte das Mönchtum die Christianisierung der Welt, trug die Papstidee zur Verweltlichung des Christentums bei. Calixtus I. (217–222) hatte gegen Tertullian und Origenes (ca. 185–255) die Sonderstellung des Bischofs von Rom aufgrund von Matth. 16, 18 behauptet. Kaiser Theodosius entschied sich für den Anspruch des Bischofs von Rom auf die Lehrautorität. Der Papst trat fortan als Nachfolger des Petrus, Inhaber des »Apostolischen Stuhls« und Wahrer des rechten Glaubens auf, verfaßte in Anlehnung an die Form kaiserlicher Erlasse Papstbeschlüsse *(decretalia constituta)* und fühlte sich bisweilen nicht mehr nur als privilegierter Bischof, sondern, wie etwa Leo I. (440–461), als »geheimer weströmischer Kaiser«. Kaiser Valentinian III. bestätigte 445 den Primat des römischen Bischofs über das Abendland und gestand ihm das höchste Richteramt, die oberste Verwaltung der Kirche und das höchste Lehramt zu. Das Papsttum entstand also in Verbindung mit dem römischen Kaisertum und teilweise sogar durch seine Identifizierung mit diesem. Gelasius I. (492–496) ging noch einen Schritt weiter und forderte von Kaiser Anastasios I. die Unterordnung der weltlichen Herrscher unter das geistliche Oberhaupt der Kirche (Zweigewaltenlehre). Der nächste Schritt auf dem Weg der Machterweiterung bestand in der Erklärung, daß der Papst von keinem Menschen gerichtet werden darf (›Constitutum Silvestri‹). Die eigentlich weltliche Macht des Papstes begründete Gregor der Große (590–604); er zentralisierte das päpstliche Patrimonium, die Latifundien der römischen Kirche, übernahm weltliche Herrscherfunktionen in Rom, gewann Westgoten, Sweben und Langobarden für den katholischen Glauben und bekehrte auch die Angelsachsen, die die päpstliche Rechtsprechung anerkannten. Am Ende dieser Entwicklung, die wesentlich auf dem Anschluß an das Kaisertum in Rom und auf der Hinwendung zum aufstrebenden Frankenreich beruht, steht die Erklärung des Papstes zum Oberhaupt der gesamten Welt »Papa caput totius orbis«. Hätte Christus, der gesagt hatte: »Mein Reich ist nicht von dieser Welt«, diese Formel für sich akzeptiert?

Es zeichnet sich eine hierarchische Weltordnung ab, die von Gott über Christus und Petrus zum Papst führt, die die weltliche der geistlichen Herrschaft unterordnet und in einem weitverzweigten System mit vielen Verästelungen alle Bereiche des Lebens umfaßt, ordnet und auf ein absolutes Bezugssystem ausrichtet: ein faszinierender Gedanke, in dem sich die Idee römischer Weltherrschaft mit jüdischem Schöpferglauben und christlichem Heilsplan verbindet. Von der Schöpfung der Welt bis zu ihrem Untergang, dem Jüngsten Gericht, hat alles seinen Sinn, seinen Platz und seine Zeit. Diese Vision, dieses Konzept geht weit über alles hinaus, was griechische Philosophen erdacht und römische Staatsmänner für möglich gehalten hatten. Die Idee war phantastisch, ihrer Verwirklichung stellten sich jedoch ungeahnte Hindernisse entgegen. Zunächst einmal hatte man die Welt geordnet, bevor man sie hinreichend kannte. Die Welt war viel größer, rätselhafter und widersprüchlicher, als es der Bibel nach schien oder aus den Schriften des Aristoteles zu entnehmen war. Der Ordnung der Welt widersetzten sich Kräfte, an die man nicht gedacht hatte, sowohl äußere als auch innere. Von Karl dem Großen bis Friedrich II. (1212–1250) und darüber hinaus entbrannte ein erbitterter Kampf um den Primat der Macht. Die germanischen Herrscher glaubten zwar an Gott und Christus, fühlten sich aber nicht vom Papst abhängig, sondern leiteten ihre Herrschaft unmittelbar von Gott her. Die feudale Gesellschaft war zwar auch hierarchisch, aber ihre Hierarchie war eine andere als die des Pseudo-Dionysios Areopagita, eines christlichen Autors aus dem 5. Jahrhundert, der den Hierarchiebegriff einführte und mit ihm die gesamte mittelalterliche Philosophie beeinflußte. Schließlich, am Ende des Mittelalters, mußte man feststellen, daß die göttliche Weltordnung als Hierarchie aller Hierarchien Risse, Lücken und Unstimmigkeiten aufwies, die das gesamte Weltbild in Frage stellten. Der Versuch, die große Einheit herzustellen, war gescheitert. Das Papsttum hatte zwar den Kampf gegen das Kaisertum gewonnen, sich dabei aber zu sehr an die Ordnung der Macht angepaßt und dadurch an Glaubwürdigkeit verloren. Kirche, Klerus und Mönchtum waren verweltlicht und hatten sich weit von ihrem Ursprung, von Christus, den Evangelien und dem frühen Christentum entfernt. Man hatte die feudale Gesellschaft christianisiert und war selbst zu einem Teil von ihr geworden. Es bestand die Gefahr, daß die metaphysische Hierarchie, die als Korrektiv weltlicher Hierarchien einen guten Zweck erfüllt hätte, zur Rechtfertigung der feudalen Gesellschaft und ihrer zunehmend faulen Verhältnisse mißbraucht wurde.

6.2.3 Allmacht der Liebe oder Liebe zur Allmacht?

Aber nicht nur römische und germanische Herrschaftsstrukturen, innere Spaltungen und die Anpassung an die zu überwindende Welt drohten dem Christentum zum Verhängnis zu werden, sondern auch die große Konkurrenz aus der gleichen jüdischen Wurzel, der Islam. Seit dem Ende des 7. Jahrhunderts gab es zwei Religionen mit Absolutheitsansprüchen, und die guten Vorsätze beider Seiten, der Menschheit das Heil und den Frieden zu bringen, endeten in einer Reihe blutiger und grausamer Kriege. Ohne das Bündnis der Kirche mit der weltlichen Macht hätte sie kaum überlebt, aber dieses Bündnis brachte auch Nachteile. Man war angetreten, um die Menschen von Sklaverei, Herrschaft und Unterdrückung zu befreien, und fand sich eingebunden in eine Ordnung der Macht wieder. Die Spannung zwischen Freiheit und Ordnung, die daraus entstand, ist eine Variante der allgemeinen Spannung zwischen Mensch und Welt, ähnlich das Gegeneinander von Friedensabsichten und Kriegsverstrickungen. Ein weiterer besonderer Fall von Widersprüchlichkeit resultierte aus der Sorge um das Seelenheil des Einzelnen: sie führte zu Gesinnungsterror und zur Inquisition. Mit wachsender Macht und der Verbündung mit der Macht wurden aus den Verfolgten Verfolger, schlug Brüderlichkeit um in Bruderhaß und Brudermord. Aus der Allmacht der Liebe war stellen- und zeitweise die Liebe zur Allmacht geworden.

Insgesamt gelang es der feudalen Gesellschaft im weiteren Sinn, eine Reihe äußerer Gefahren vom Abendland abzuwenden: Karl Martell schlug die Araber bei Tours und Poitiers zurück (732); in langen und harten Kämpfen erwehrten sich Frankreich und England der Wikinger; Otto I. besiegte die Ungarn (955); zwischen 1000 und 1500 wurde Spanien zurückerobert; Herzog Heinrich beendete den Vorstoß der Mongolen in der Schlacht bei Liegnitz (1241), um nur die wichtigsten Ereignisse zu nennen.

Den größten Beitrag zur Erschließung Europas leisteten in aller Stille Bauern und Mönche, die in zäher Arbeit und ungeachtet aller Kriege, Seuchen und Nöte Urwald in Kulturlandschaft verwandelten. Nimmt man die Leistungen auf dem Gebiet der Kunst, vor allem der gotischen Architektur, hinzu, in der die hierarchischen Ordnungen des Himmels und der Erde versöhnt erscheinen, kann man ermessen, welche ungeheuren schöpferischen Kräfte in den jungen Völkern Europas schlummerten. Das Christentum hat es fertig gebracht, sie zu wecken, Übelstände der feudalen Gesellschaft wenn nicht abzuschaffen, so doch einzuschränken und eine Kultur hervorzubringen, die sich mit Leistungen der Griechen, Römer und anderer Kulturnationen messen kann.

Scheiterte das Christentum auch mit seinem Absolutheitsanspruch und gelang es ihm nicht, die Ordnung der Macht zu überwinden und durch eine allesumfassende Ordnung der Liebe zu ersetzen und damit seine Grundwerte Frieden, Freiheit und Brüderlichkeit sogleich zu verwirklichen, so hat es die Welt doch nachhaltig verändert und der Verwirklichung dieser Ideale nähergebracht: Gottesfriede, Landfriede, Ächtung von Gewalt, Überwindung des Kaiser- und Königtums sowie der feudalen Gesellschaft, langfristig die Abschaffung der Sklaverei und schließlich die Idee der Menschheit als einer Gemeinschaft freier, friedlicher und kooperativer Völker. De facto hat sich das Christentum in eine pluralistische Verfassung der Welt eingefügt und damit das europäische Konzept der Antike bestätigt, bewahrt und fortgeführt.

6.3 *Philosophia ancilla theologiae*

6.3.1 Theozentrisches Denken

Weder die römischen noch die christlichen Denker hatten eine originäre Beziehung zur Philosophie. Sie betrachteten die Suche nach der Wahrheit nicht als Selbstzweck, wie die griechischen Philosophen, sondern stellten sie in Dienst, benutzten sie für andere Zwecke. Cicero wollte mit Hilfe der Philosophie die republikanische römische Gesellschaft erneuern und betrachtete die Philosophie als ein Kulturgut, die Kirchenväter benötigten die Philosophie zur Verteidigung (Apologie) ihres Glaubens gegen die »Heiden«. In der Formel von der Philosophie als »Magd der Theologie« *(ancilla theologiae)* kommt die Unterordnung der Philosophie deutlich zum Ausdruck. Gleichzeitig drückt sie eine Verlagerung des Schwerpunkts aus. Der Schwerpunkt der Vorsokratiker lag auf der Erforschung des Kosmos; insofern war ihre Philosophie kosmozentrisch. Die Sophisten, Sokrates und im Anschluß daran die Sokratiker interessierten sich mehr für den Menschen; ihre Philosophie war anthropozentrisch. Bei den christlichen Denkern verlagert sich der Schwerpunkt wiederum, und zwar auf Gott; ihr Denken ist theozentrisch. Die Theologie ist nicht mehr, wie noch bei Aristoteles, ein Teil der Metaphysik, sondern Metaphysik und Philosophie überhaupt werden zu einer Art propädeutischer Disziplin für die Theologie. Das ist ungriechisch, unrömisch, aber aus dem Rang der Religion bei den Juden verständlich. Die Bibel wird zur Heiligen Schrift, zum Buch der Bücher, zum absoluten Buch und damit zum Maßstab der Wahrheit, die nicht mehr gesucht, verfehlt oder gefunden, sondern offenbart, geschenkt und vermittelt wird.

6.3.2 Von der Doxa zum Dogma

Entsprechend verschieden ist das Verfahren der griechischen und der christlichen Denker. Der griechische Weise nimmt zunächst wahr, das heißt er unterscheidet. Sapiens ist der Feinschmecker, der dort noch begrifflich unterscheidet, wo der Durchschnittsmensch gleichsetzt. Der Weg vom Groben zum Feineren ist zugleich der Weg der Abstraktion, der vom Einzelnen zum Allgemeinen führt. Demokrit ging davon aus, daß das Seiende teilbar sei. Die älteren ionischen arché-Denker blieben bei den vier Elementen: Wasser, Luft, Feuer und Erde stehen. Demokrit schloß aus der sichtbaren Teilbarkeit auf unsichtbare kleinste Teile, die Atome, er abstrahierte. Beobachtung in diesem vorneuzeitlichen Sinn, logische Analyse, Schließen und Abstrahieren waren die elementaren Bestandteile antiker Denkmethode. Hinzu kamen, wie bei allem echten Philosophieren, Phantasie, Intuition und Meditation. Den christlichen Denkern blieb dieser Weg verschlossen, weil ihnen die Wahrheit als Offenbarung vorgegeben war. Die Heilige Schrift war der Maßstab der Wahrheit, die Wahrheit selbst. Der Philosophie fiel die Aufgabe zu, die Vernunftwahrheit an den Glaubenswahrheiten zu messen, also primär nicht zu unterscheiden, sondern zu entscheiden. In diesem Sinn kann man den Unterschied zwischen griechischer Philosophie und christlichem Denken auf die Formel bringen: der griechische Weise unterscheidet, der christliche Denker entscheidet. Schon die römischen Denker neigten zu diesem Verfahren, da sie die griechische Philosophie wie einen Steinbruch, eine Sammlung von Theorien und Systemen betrachteten, aus denen es die brauchbaren auszuwählen galt. In den lateinischen Worten *cernere*: sehen, unterscheiden und *decernere*: entscheiden, beschließen, läßt sich die Verschiedenheit der Grundverfahren erkennen. Die scholastische Methode, die schulhafte Argumentationsweise mittelalterlicher Denker, beruht wesentlich auf der Auswahl vorgegebener Lehrmeinungen anhand von Texten, für die Gründe und Gegengründe angeführt werden. Schließlich entscheidet die Autorität des Magisters im Hinblick auf den Kanon der Wahrheit über wahr oder falsch. Nun werden allerdings auch im griechischen Denken schon Meinungen von Vorgängern erörtert. Aristoteles liefert in seinen berühmten Lehrschriften (›Metaphysik‹, ›Über die Seele‹) klassische Beispiele des Doxa-Berichts und der Doxa-Kritik[2]. Auch hat Aristoteles eine Konzeption als Maßstab für seine Beurteilung der Meinungen, aber diese Konzeption ist seine eigene, z. B. die Zweckursache oder das Begriffspaar Möglichkeit – Wirklichkeit. Er hat diese Konzeption aufgrund von Beobachtung der Phänomene, Abstraktion und Verallgemeinerung nach dem Prinzip der Minimierung der Prinzipien, also einem ökonomischen Grundsatz, entworfen, gefunden, erfunden. Es ist eine genuin philosophische Leistung. Die römischen und christlichen Denker machten sich solche Ergebnisse griechischer Philosophen zu eigen, urteilten und entschieden nach dem Prinzip der Nützlichkeit für ihre eigenen Zwecke und stuften die philosophischen »Systeme« entsprechend ihrem »Wert« ein. Das bedeutet nicht, daß christliche Denker überhaupt nichts Neues im Bereich der Philosophie aufzuweisen hätten. Neu war z. B. ihr Gottesbegriff im Sinn eines absoluten Bezugssystems. Für einen nach griechischer Art Philosophierenden ist allerdings mit einem solchen Bezugssystem für die Erkenntnis nichts gewonnen. Es erklärt alles und nichts, ist also überflüssig. Es hat lange gedauert, bis aus den neuzeitlichen Physikbü-

[2] Im griechischen Denken bezeichnet *doxa*, im Gegensatz etwa zu *epistéme* (Wissen, Wissenschaft), die ungeprüfte Annahme oder die Lehrmeinung.

chern Gott als unmittelbare Erklärung physikalischer Erscheinungen verschwand. Der griechische Philosoph suchte nach spezifischen Ursachen für Klassen von Gegenständen. Demokrit erklärte die materielle Welt mit Hilfe kleinster Teile, der Atome. Pythagoras erklärte die Verhältnisse im quantifizierbaren Bereich der Wirklichkeit mit Hilfe der Zahlen, Platon führte die Ideen zur Erklärung logischer Sachverhalte ein. Mit diesen, jeweils auf bestimmte Abschnitte der Wirklichkeit beschränkten Modellen läßt sich wissenschaftlich arbeiten, nicht aber mit der Universalursache Gott.

6.3.3 Auf das Heil kommt es an

Wissenschaftlich gesehen bedeutet also das christliche und schon das römische Denken einen Rückschritt gegenüber der griechischen Philosophie, aber das Leben besteht nicht nur aus Wissenschaft und Philosophie, und hier haben die christlichen Denker recht, wenn sie feststellen, daß elementare Bedürfnisse des menschlichen Gemüts nach Einheit, Erlösung, Heil, Geborgenheit und Gewißheit nicht mit logischen bzw. rationalen Mitteln zu befriedigen sind. Auch diese Unterscheidung ist nicht absolut. Platon stieß in seiner praktischen Philosophie auf den Begriff der *soteria*, des Heils, und christliche Denker haben in Detailfragen der Philosophie im engeren Sinn manches zur Klärung der Probleme beigetragen.

Grundsätzlich läßt sich der Unterschied griechischen Philosophierens und christlichen Denkens jedoch schwer verkennen: Die griechische Philosophie ist autonom, an Erkenntnisgewinn orientiert und verfährt analytisch, die christliche »Philosophie« ist heteronom, heilsorientiert und verfährt autoritär. Für den griechischen Philosophen ist das christliche Verfahren irrational, für den christlichen Denker das griechische Denken »nur« rational.

Man muß sich davor hüten, die Philosophie des Mittelalters als eine monolithische Einheit zu betrachten. Wie in der Gotik, der »steinernen Scholastik«, romanische und germanische, vorderasiatische, byzantinische und arabische Elemente verschmolzen sind, treffen in der mittelalterlichen Philosophie die verschiedensten Standpunkte, Richtungen und Methoden aufeinander. Schon bei der Fassung des jüdischen Gottesbegriffes durch die Kirchenväter weichen die Meinungen voneinander ab, die teils mehr griechisch geprägt sind, teils mehr römisch, afrikanisch oder orientalisch. Im Denken Augustins findet das Ringen der Kirchenväter um innere Einheit und die Verteidigung der »Apologeten« gegenüber Einwänden der Heiden ihren Höhepunkt und Abschluß in dieser Epoche.

6.4 Patristik

6.4.1 Jüdischer Glaube und griechischer Geist

6.4.1.1 Die Juden

Sowenig wie die Römer konnten sich die Juden den Einflüssen der griechischen Kultur entziehen. Griechische Philosophie und jüdische Religion waren einander schon vor Christi Geburt begegnet. Der Alexanderzug hatte den Freiraum für die Annäherung der drei damals bekannten Kontinente eröffnet und damit Bedingungen und Möglichkeiten auch für eine Weltreligion geschaffen. Wohl nicht zufällig lernten die Griechen im 3. Jahrhundert erstmals in Alexandria die jüdische Religion kennen. Megasthenes, Hekataios von Abdera und Klearchos von Soloi, ein Schüler des Aristoteles, sahen in den Juden eine »philosophische Menschenart«[3]. Der jüdische Philosoph Philon (geb. um 25 v. Chr.) sprach von der »Philosophie des Moses«, und der jüdische Historiker Josephus (geb. 37/38 n. Chr.) betrachtete die drei bekannten jüdischen Sekten der Sadduzäer, Pharisäer und Essener als philosophische Schulen. Zur Zeit des Josephus waren die Juden nicht nur in der Diaspora, sondern teilweise auch in Palästina weitgehend hellenisiert (»Hellenisten«). Um 200 v. Chr. entstand unter dem ägyptischen Herrscher Ptole-

[3] Vgl. Werner Jaeger, Diokles von Karystos. Berlin 1938, S. 137f. und Das frühe Christentum und die griechische Bildung. Berlin 1963, S. 22.

maios II. Philadelphos (308–246), der Alexandria zum Zentrum der hellenistischen Weltkultur machte, die erste und bedeutendste Übersetzung des Alten Testaments ins Griechische, die von 72 Dolmetschern erarbeitete sogenannte Septuaginta. »Die Umwandlung der Bibel in ein hellenistisches Buch ist für die Ausweitung der jüdischen Ideenwelt von größter Bedeutung; durch sie ist ein wichtiges Instrument jüdischer und christlicher Propaganda geschaffen worden.«[4]

Allerdings ist dabei sowohl zu berücksichtigen, daß die biblisch-jüdische Tradition – ebenso wie die griechische – vielschichtig ist, als auch daß der Annäherungsprozeß zwischen jüdischem Glauben und griechischem Geist nicht ganz reibungslos verlief. Es gab schon in Alexandria Antisemitismus, nicht selten als Reaktion auf den strengen Ritualismus und die Exklusivität der jüdischen Religionspraxis. Hinzu kamen auch wirtschaftliche Interessengegensätze. Wer die jüdische Religion verstehen will, muß die jüdische Geschichte studieren; sie wird aus den geschichtlichen Erfahrungen der Juden verständlich. Wie ein roter Faden durchzieht die Geschichte des jüdischen Volkes die Auflehnung gegen Fremdherrschaften: Auszug aus Ägypten; um 1000 Staatsgründung; schon bald der Zerfall in ein Südreich (Juda 925–587, Hauptstadt Jerusalem) und ein Nordreich (Israel 926–722, Hauptstadt Samaria); Zerstörung Samarias (722) durch Sargon II. (722–705), worauf Israel zu einer assyrischen Provinz wurde; Zerstörung Jerusalems durch den babylonischen Herrscher Nebukadnezar II. (604–562); Zerstreuung der Juden (Diaspora); Babylonische Gefangenschaft (586–538). Nach der Eroberung des Neubabylonischen Reiches durch Kyros II. (559–529) war Palästina ein Teil des Perserreichs. Jerusalem wurde kultisches Zentrum (Hohepriester) und politischer Mittelpunkt der Provinz Juda. Von 332 an stand Palästina unter der Herrschaft Alexanders des Großen. Die Samaritaner trennten sich von den Juden, und in Alexandria entstand ein neues Zentrum jüdischen Lebens. Die Hellenisten trennten sich von den konservativ-orthodoxen Juden. Ab 198 v. Chr. kamen die Juden unter die Herrschaft der Syrer und gerieten damit in den Konfliktbereich zwischen den Großmächten Ägypten (Lagiden) und Syrien (Seleukiden). Das Reformjudentum ging den Weg der Anpassung, Öffnung und

[4] Paul Wendland, Die hellenistisch-römische Kultur in ihren Beziehungen zum Judentum und Christentum. 2. u. 3. Aufl. Tübingen 1912, S. 196.

Hellenisierung, die Orthodoxen wählten den Widerstand: Aufstand (168) und Königtum (140–137) der Hasmonäer, Trennung von Konservativen (Sadduzäer), die sich jeder Neuerung verschlossen, gesetzestreuen Fortschrittlichen (Pharisäer), die zur Öffnung bereit waren, und radikalen »Aussteigern« und Asketen (Essener), die das Reich Gottes schon hier und jetzt verwirklichen wollten. Jesus von Nazareth gehörte, wenn überhaupt zu einer dieser Gruppen, so am ehesten zu den Pharisäern. Pompeius gliederte 63 v. Chr. Palästina in das römische Reich ein. Der vom römischen Senat zum jüdischen König ernannte Herodes rottete das Geschlecht der Hasmonäer aus und nahm Jerusalem ein. Einen letzten großen Aufstand der Juden (66–70 n. Chr.) schlug der spätere Kaiser Titus (79–81) nieder und ließ den Tempel von Jerusalem zerstören. Seines religiösen Mittelpunktes beraubt, erlosch das religiös-politisch aktive Judentum allmählich.

Die Einstellung der römischen Herrscher zu den Juden war indessen durchaus nicht immer negativ. Schon Pompeius hatte seinen jüdischen Freigelassenen das römische Bürgerrecht verliehen, und Juden erhielten römische Staatsämter. »Unter Caesar und Augustus spielen Juden eine große Rolle im Staatsleben, dann verfolgt sie Sejan unter Tiberius, Claudius vertreibt sie überhaupt aus der Stadt, aber am Hofe Neros sind sie wieder da. Vespasian bedient sich des Josephus als eines Propagandaleiters, Titus will die Jüdin Berenike heiraten, aber das Volk verhindert es, und zur Zeit Trajans ist der Senat ›voll von gottlosen Juden‹. Die antijüdischen Gesetze Hadrians hob Antoninus Pius wieder auf. Alexander Severus, in dessen Geburtsstadt Arca Caesarea eine von Römern besuchte Synagoge bezeugt ist, nimmt den Titel eines Archisynagogos an. Zuletzt hat Julian noch einmal aus Christengegnerschaft und unter Einfluß judenfreundlicher Neuplatoniker das Judentum begünstigt.«[5] Ohne die Ausbreitung der jüdischen Diasporagemeinden nahezu über das gesamte römische Weltreich, ohne das Netz ihrer Missionsstationen und ohne die Vorarbeit der jüdischen Apostel wäre jedenfalls der Übergang von der jüdischen Volksreligion zur christlichen Weltreligion und die unglaublich schnelle Ausbreitung des Christentums – ein natürlicher Vorgang, kein Wunder – nicht möglich gewesen.

[5] Carl Schneider, Geistesgeschichte der christlichen Antike. München 1970, S. 329 f.

Überschaut man die jüdische Geschichte insgesamt, erscheint die hoffnungslose Unterlegenheit und Abhängigkeit eines kleinen Volkes gegenüber viel größeren und viel mächtigeren Nachbarvölkern als ein durchgehender Zug. Dadurch gewann das Problem der Selbsterhaltung, der Selbstbehauptung, kurz des Überlebens, im jüdischen Denken einen sehr hohen Stellenwert. Weil die Juden den Ernst ihrer Lage nicht unterschätzten, gelang es ihnen, eine wirksame Überlebensstrategie zu entwikkeln und Probleme zu bewältigen, an denen andere Völker scheiterten. In ihrer wechsel- und leidvollen Geschichte konnten die Juden immer wieder beobachten, daß die großen und mächtigen Reiche ihrer Gegner untergingen, ihr eigenes Volk dagegen alle widrigen Ereignisse und Schicksale überstand. So begannen sie, an ihre Mission in der Welt zu glauben und an die Existenz eines übermächtigen, wenn auch unsichtbaren Verbündeten, der sie letzten Endes aus allen Nöten befreit. Die Nöte aber empfanden sie als Fügungen Gottes, als Heimsuchungen und Strafen für ihre Sünden, für Untreue und Ungehorsam gegenüber dem Herren aller Herren. Damit war das Grundmuster jüdischen Glaubens, der strenge Monotheismus, das große jüdische Erbe des Christentums, festgelegt, ebenso die Ausrichtung des Lebens nach Gesetz und Moral. Untrennbar mit diesem Glauben verbunden war die Liebe, als Wechselbeziehung zwischen Gott und Mensch verstanden, sowie die Hoffnung auf eine große Zukunft des jüdischen Volkes ohne Fremdherrschaft, Unterdrückung und Abhängigkeit, die Hoffnung auf Freiheit. Wesentliche Bestandteile dieser Geschichtserfahrung, Religion und Moral hat das Christentum übernommen. Dabei ist jedoch zu berücksichtigen, daß die religiöse Tradition der Juden selbst vielschichtig war, daß mannigfache und widersprüchliche geschichtliche Erfahrungen die religiösen Vorstellungen beeinflußt haben und daß nicht einmal der scheinbar so einheitliche jüdische Gottesbegriff eindeutig ist. Auch er verwandelte sich im Lauf der Zeit. Aus dem Gott der Familie, dem liebenden Vater, wurde Gott der Weltschöpfer, daraus wieder ein Volks- und Staatsgott, ein Herrschergott, der König aller Könige, der schließlich im römischen Reich mit dem Gottkaiser in Konkurrenz trat und diesen besiegte.

Die Stärke des jüdischen Gottes lag in der Vereinigung aller Kräfte und Funktionen in einer überragenden gestaltlosen Gestalt: Schöpfer der ganzen Welt, Lenker der ganzen Welt und dereinst Richter über die ganze Welt. Die letzte Weisheit des

Alten Testaments heißt daher Gottesfurcht: Unterwerfung unter seinen Willen bedeutet Auflehnung gegen alle Menschen, die die Welt beherrschen, sie Gott entwenden wollen. Nach Perioden eigener Königsherrlichkeit fand Israel immer wieder zu der ihm eigenen Regierungsform zurück, der Theokratie, dem Bund zwischen dem Allherrscher und seinem (auserwählten) Volk.

Die innige Verbindung der Juden mit ihrem Gott nahm gegenüber anderen Völkern, Staaten und Religionen exklusive Züge an. Die Frömmigkeit der Juden, ihr Überlebenskonzept wurde zum Stein des Anstoßes für die anderen. Sie hielten die Juden für hochmütig, Feinde aller übrigen Menschen, für gottlos – eine wahrhaft tragische Verkennung, beruhend auf einem Mißverständnis, für das die eine Seite die andere verantwortlich machte. Durch ständige innere und äußere Konflikte erschöpft, durch fehlgeschlagene Reichsgründungen entmutigt und voller Zweifel an den Prämissen seiner Existenz, geriet das Spätjudentum in eine schwere religiös-moralische Krise zwischen der Anpassung an eine übermächtige Weltkultur und weiterer, tieferer, strengerer Isolation und Absonderung. An diesem Zwiespalt leidet das Judentum damals wie heute. Die jüdische Religion war zwar allen anderen Religionen an Dynamik und Reinheit überlegen, aber sie hatte in den letzten beiden Jahrhunderten vor Christus doch an innerer Kraft eingebüßt, verlor sich in theologischen Streitigkeiten, erlag der Macht der Gewohnheit und erstarrte in Regeln, Ritualen und Zeremonien. In einem Zeitalter universaler Weltöffnung war sie als Volksreligion überlebt. War sie den Herausforderungen des hellenischen Geistes überhaupt gewachsen?

Zur Zeit von Christi Geburt waren die äußeren Umstände einer Öffnung des Judentums günstiger als je zuvor, aber es fehlten die innere Bereitschaft, die Kraft, der Mut. Sowenig das jüdische Volk Weltgeschichte im Sinne der Perser, Griechen und Römer machte, sowenig zeigte es sich der welthistorischen Aufgabe gewachsen, seine Volksreligion zur Weltreligion umzugestalten. Der Jude, der dennoch das scheinbar Unmögliche vollbrachte – die große Öffnung in einer Zeit der inneren Verschließung –, scheiterte in seinem Heimatland – wie Sokrates in Athen. Als Christus wurde Jesus zur Brücke zwischen Israel und dem Rest der Welt, zwischen Volks- und Weltreligion, zwischen dem Gott der Vergeltung und des Gesetzes und dem Gott der Liebe. Jesus von Nazareth war dieser Funke göttlicher

Liebe, der zwar in Israel keinen Zündstoff mehr fand und daher verglimmte, die nichtjüdische, nach Liebe dürstende Welt aber in einer ans Wunderbare grenzenden »Kettenreaktion« erfaßte, entflammte und wandelte.

6.4.1.2 Die Griechen

Die Zuweisung von Religion und Moral an die Juden, Wissenschaft und Kunst an die Griechen, ist in dieser allgemeinen Form unhaltbar. Griechische Religion, Moral und griechisches Rechtsempfinden nähern sich stellen- und zeitweise stark entsprechenden jüdischen Auffassungen. Die Abstraktheit des jüdischen Gottesbegriffs nähert sich dem sokratischen Prinzip vom Nichtwissen, einer Grundvoraussetzung jeder Art von Wissenschaft, die jüdische Sensibilität für menschliches Leid findet in der griechischen Tragödie ihre Entsprechung, und der jüdische Glaube an einen Sinn der Geschichte kommt auch in der griechischen Geschichtsschreibung zum Ausdruck, nur daß die griechische Geschichtsbetrachtung vergangenheitsorientiert ist und analytisch verfährt, die jüdische dagegen zukunftsorientiert, prophetisch. Bei allen Ähnlichkeiten sind jedoch stets die Unterschiede von Fall zu Fall zu berücksichtigen. Nur so gelangt man aus dem sterilen Denken in pauschalen Alternativen heraus. Am weitesten dürfte die aristokratische Welt- und Lebensauffassung Homers, des Verfassers der »griechischen Bibel«, von den Vorstellungen der jüdisch-christlichen Bibel abweichen, obwohl es auch hier ähnliche Züge gibt, zum Beispiel die Diesseitigkeit im Alten Testament – wenigstens in den älteren Teilen – und in den Homerischen Gedichten.

Aber schon bei Hesiod, dem Sprecher einer anderen Gesellschaftsschicht, nimmt die Annäherung zu. Kurt Latte hat diese Ähnlichkeit in eindrucksvollen Worten zusammengefaßt: »Der heiße Glaube, der gerade aus dem Triumph von Gewalt und Unrecht in dieser Welt die Erkenntnis schöpft, daß droben im Himmel ein gerechter Herr waltet, der am Ende alle Schuld heimsucht an den Schuldigen und ihrem Geschlecht, er hat bei Hesiodos ergreifende Töne gefunden, die nicht zufällig an die israelische Prophetenrede anklingen. Die gleiche Entwicklung führt hier wie dort dazu, als real und göttlich zu setzen, was die irdischen Ordnungen nicht verwirklichen und die Menschen doch mit Widerstreben im innersten Herzen als sittliche Norm anzuerkennen genötigt sind. Sowenig jemals eine Gesetzgebung völlig die ethischen Anschauungen ihrer Zeit ausschöpfen wird und so notwendig die Kluft zwischen den einmal festgelegten Satzungen und dem fortschreitenden sittlichen Empfinden sich stetig erweitern muß, bis das positive Recht den Forderungen der Moral langsam nachkommt – kein Staat und kein Gesetz kann sich auf die Dauer dem Zwange entziehen, den eine von lebendigem Glauben getragene Ethik ausübte.«[6] Eine gewisse Ähnlichkeit besteht zwischen dem Totengericht der Orphiker und den in späteren Schichten des Alten Testaments zu Tage tretenden Auffassungen vom Gottesgericht über den einzelnen Menschen. Die »kosmologische Eschatologie« der Apokalypsen, also die Lehre vom Jüngsten Gericht, stammt aus der babylonischen und der iranischen Mythologie[7]. Platon hat in seinen Kunstmythen wesentlich zur Verbreitung dieser Anschauungen der Volksreligion in den gehobenen Kreisen der griechischen und später hellenistischen Kultur beigetragen. Ausgeprägte moralische Begriffe von Schuld und Sünde hat das Altertum nicht hervorgebracht. Für die Hellenen verschob sich der religiöse Aspekt dieser Vorstellungen immer mehr ins Ethische und Intellektuelle: Verfehlung im Sinn von Fehleinschätzung, nicht Vergehen gegen Gott. Im Hellenismus wird das allerdings anders.

Einen Schritt weiter auf dem Weg der Annäherung zwischen hellenischem und jüdisch-christlichem Bewußtsein führt die griechische Tragödie, ein Produkt der »bürgerlichen« Polis-Gesellschaft. An sich schließen sich tragische Weltbetrachtung und (monotheistische) Gottergebenheit aus. Im verinnerlichten Begriff des Gesetzes nähert sich jedoch hellenisches Denken dem jüdischen Glauben. Antigone beruft sich auf ungeschriebene Gesetze, die sie den Satzungen der Polis vorzieht. An diesem Gesetzeskonflikt, der ein Seinskonflikt ist, scheitert sie, wird »schuldig«. Im unerforschlichen Ratschluß Gottes hebt das Christentum solche Spannungen auf. Weder für jüdisches noch für christliches Denken und Handeln gibt es letztlich Antinomien, unauflösbare Konflikte.

Der griechische Geschichtsschreiber Herodot spricht von dem für die Menschen so verderblichen Neid der Götter, eine

[6] Heiliges Recht. Tübingen 1920, S. 1.

[7] Rudolf Bultmann, Das Urchristentum im Rahmen der antiken Religionen. München 1963, S. 78.

Vorstellung, die sich zwar mit Homer verträgt, nicht aber mit der Bibel. Andererseits wird auch bei Herodot ein verinnerlichter, politisch gerichteter Gesetzesbegriff faßbar. Als der persische Despot Xerxes dem spartanischen König Demarat, einem politischen Flüchtling, seine überlegene Streitmacht demonstriert und von ihm erwartet, daß er angesichts solcher Übermacht den Griechen keine Chance mehr gibt, antwortet ihm dieser mit einem Hinweis auf die Freiheitsliebe und Gesetzestreue der Hellenen, an denen jeder Eroberungswille scheitern würde.

Am weitesten kommt die griechische Philosophie der jüdisch-christlichen Religion entgegen, in der Philosophie wiederum Platon. Die Bezeichnung Theologie stammt von ihm. Der Staat seiner ›Gesetze‹ ist eine Theokratie, und es gibt bei ihm eine Heilskonzeption, eine Soteriologie, welche die Grenzen der Philosophie gegenüber der Religion erkennen läßt. Weder jüdisch noch christlich ist dagegen Platons Ideenlehre. Sie hat aber, direkt und durch den Neuplatonismus vermittelt, wesentlich zur Vergeistigung christlicher Religiosität beigetragen. Weder die Juden noch die Christen haben, wie die vorsokratischen Denker, nach der *arché,* dem Urprinzip des Kosmos, gesucht. Deshalb haben sie auch nicht, wie die Griechen, Denkmodelle der Wirklichkeit (Ideen, Zahlen, Atome) gefunden, auch nicht die Wissenschaft als ein System widerspruchsfreier Aussagen über Seiendes. Die Olympischen Spiele, die Demokratie und die Akademie sind Ausdrucksformen griechischen Geistes und haben als solche die Welt erobert, die jüdische wie die christliche. Der größte Unterschied zwischen jüdisch-christlichem und griechischem Denken dürfte im Formalen und Technischen zu suchen sein. Wer die ›Griechische Verskunst‹ von Ulrich von Wilamowitz und Eduard Nordens ›Antike Kunstprosa‹ zur Hand nimmt, wird die Überlegenheit der Griechen auf diesem Gebiet bald erkennen. Die christlichen Denker haben ihren Gottesbegriff am Modell des aristotelischen Geist-Begriffs orientiert, die aristotelische Lehre von den Ursachen, besonders die Stoff-Form-Prinzipien übernommen, von der aristotelischen Logik und der Rhetorik gar nicht zu sprechen. Philon war Platoniker, Thomas von Aquin Aristoteliker.

Gegen den Satz des Protagoras vom Menschen als Maß aller Dinge, der im jüdischen wie im christlichen Denken unmöglich erscheint, hat Platon als erster den Kampf aufgenommen und ihm den Satz entgegengestellt, der in der gesamten hellenischen Philosophie christlich-jüdischer Auffassung am nächsten kommen dürfte: »Nicht irgendein Mensch, sondern Gott ist das Maß aller Dinge« (Gesetze 716 c 4–6). Allerdings darf man auch hier die Unterschiede nicht verkennen. Typisch griechisch, aber weder jüdisch noch christlich ist die Konzeption Gottes als Maß. Der Maßgedanke verbindet Form und Ethos, griechische Kunst und Kultur mit griechischer Ethik.

In mancher Hinsicht steht jüdisch-christlicher Glaube dem voluntaristischen Ansatz der Stoiker näher als der intellektualistischen Konzeption eines Sokrates, Platon oder Aristoteles.

6.4.1.3 Der Hellenismus

In der Verlagerung des Schwerpunktes der Wissenschaften von Athen[8] nach Alexandria (3. Jahrhundert), später auch nach Pergamon (2. Jahrhundert), Antiochia, Rhodos und schließlich nach Rom – nur die Philosophie dominierte weiterhin in Athen – spiegelt sich die politische Entwicklung wider, der Übergang vom Attischen Seereich zum Alexanderreich, von ihm zum Reich der Lagiden als Nachfolger der Pharaonen, zum Reich der Seleukiden als Nachfolger der persischen Großkönige und zum Antigonidenreich in Makedonien, das 168 v. Chr. römische Provinz wurde. Nach der Zerstörung Korinths (146 v. Chr.) vererbte Attalos von Pergamon sein Reich den Römern (133 v. Chr.) – seit 126 v. Chr. römische Provinz. Ägypten erhielt sich unter den Ptolemäern (323–30 v. Chr.) infolge seiner römerfreundlichen Politik noch einige Zeit seine Selbständigkeit, wurde 30 v. Chr. Kronland des Prinzipats und 296 n. Chr., unter Kaiser Diokletian, endlich doch Provinz des römischen Weltreiches.

Die römische Kulturentwicklung kann »als ein fortschreitender Hellenisierungsprozeß«[9] verstanden werden, anders ausgedrückt: »Mit dem Ende des politischen Hellenismus begann eine neue Phase des Hellenismus in der Kultur.«[10] Dabei spiel-

[8] »Athen hat an dem großen Gange der neuen Geschichte unter Alexander innerlich keinen Anteil genommen.« Wendland, Die hellenistisch-römische Kultur, S. 17.

[9] Ebd., S. 4.

[10] C. Bradford Welles in: Propyläen Weltgeschichte. Bd. 3, Frankfurt am Main 1986, S. 521.

ten weltanschauliche Momente, neben geographischen, wirtschaftlichen, gesellschaftlichen, politischen und kulturellen eine nicht unbedeutende Rolle.

Das Gesamtbild ist uneinheitlich und voller Widersprüche, der politischen Zerrissenheit Griechenlands ähnlich: Absterben der Poliswelt, Übergang zu Großstaaten, Ökonomisierung und Technisierung des Lebens, Überbevölkerung, Landnot, Kolonisations- und Expansionspläne, Verschmelzung von Hellenischem mit Orientalischem, panhellenischer Gedanke, Friedenssehnsucht, Persönlichkeitskult und Gottmenschentum, gleichzeitiger Hang zum Kolossalen und zum Miniaturismus, zum Universalismus und zum Individualismus, zum Realismus und zu mystischer Romantik, zu Öffnung und Verschließung, Unsicherheit, Zweifel und Angst im Gefolge von Einsamkeit und Verlassenheit. Große und mächtige Herrscher werden als Retter verehrt, vergöttlicht und angebetet: »In seiner praktischen Auswirkung läßt sich das religiöse Erlebnis der hellenistischen Griechen an Alexander dem Großen beobachten, dem ersten, größten und typischen Einzelrepräsentanten des Hellenismus.«[11]

Auch Alexander vermochte nur für kurze Zeit die wirtschaftliche Krise der hellenistischen Welt abzuwenden; aber nach der kurzen Erholung der hellenistischen Wirtschaft im Gefolge seiner Öffnungspolitik nach Osten erfolgten Rückschläge, die besonders Griechenland trafen[12]. In den Diadochenkämpfen der Nachfolger Alexanders, die zudem mit inneren Widerständen zu kämpfen hatten, ging das mühsam errungene politische Gleichgewicht bald verloren. Das Leben wurde unsicherer, unruhiger, aufreibender. Eine Zeitlang konnte dann Rom wenigstens die äußere Einheit wiederherstellen, und wieder folgte eine Phase des Aufschwungs, zumal wenn römisches Kapital in den Osten des Reiches zurückfloß *(negotiatores)*, aber an eine dauerhafte Genesung der hellenistischen Wirtschaft war nicht zu denken. Die Lasten der Abgaben zu Kriegszwecken drückten die Bevölkerung schwer. Die Verarmung Griechenlands gegen Ende des 3. Jahrhunderts v. Chr. hatte politische Ursachen. Apathie und Depression waren die Folgen. Ein wirklicher Ausgleich zwischen griechischem Polisdenken und orientalischem

[11] Ebd., S. 547f.

[12] Vgl. Michael Rostovtzeff, Gesellschafts- und Wirtschaftsgeschichte der hellenistischen Welt. Bd. 2, Darmstadt 1955, S. 811ff.

Monarchismus kam nie zustande, zwischen freiheitlicher Wirtschaft des Westens und wirtschaftlicher Kontrolle im Osten.

Eng mit den wirtschaftlichen hängen die gesellschaftlichen Veränderungen im Zeitalter des Hellenismus zusammen. Die griechischen Auswanderer: Soldaten, Kaufleute, Handwerker, Ärzte, Künstler und Schauspieler bildeten in den östlichen Ländern, zusammen mit der einheimischen herrschenden Schicht, bald eine kulturelle Oberschicht. Die griechische Sprache drängte das Aramäische, Ägyptische und Persische zurück, wurde zur Umgangssprache, und neben diese trat eine rechtliche Koiné griechischer Provenienz und Prägung. Die Herrscher zeigten sich gegenüber den Hellenisierungstendenzen im allgemeinen aufgeschlossen.

Neben der Oberschicht gab es eine gehobene Mittel- oder Bürgerschicht, ein typisches Produkt des Hellenismus. Zu ihr gehörten die griechischen Auswanderer und Einheimischen, die eine möglichst ungestörte Mehrung ihres Besitzes dem politischen Ehrgeiz, dem gesellschaftlichen Ansehen und dem wirtschaftlichen Streben nach Reichtum und Macht vorzogen. Die Masse der Einheimischen ging nie in den hellenisierten Schichten auf, ebensowenig die unteren Schichten *(laoi),* bestehend aus Land- oder Industriearbeitern, kleinen Pächtern, Söldnern oder fahrendem Volk. Am unteren Rande der Gesellschaft standen nach wie vor die Sklaven, wenn auch eine gewisse ausgleichende Tendenz zu beobachten ist[13], so wenn eine Stadt einen tüchtigen Arzt, der lange in ihren Diensten stand, mit der Bemerkung ehrt, »keinen Unterschied zwischen reich und arm, Freien und Sklaven« zu machen[14]. Der Massenzustrom von Sklaven, besonders nach Rom – z.B. nach der Schlacht bei Pydna 168 v.Chr. – förderte den Hellenisierungsprozeß und hatte, da viele Sklaven ihren Eroberern an Intelligenz überlegen waren, auch eine zivilisierende Funktion.

Eine Emanzipation der Frauen im modernen Sinn fand natürlich nicht statt. Ein griechischer Zug des Hellenismus, neben Spezialistentum und Professionalismus, war die Mobilität, der die Hellenen im klassischen wie im nachklassischen Zeitalter nicht zuletzt ihre Überlegenheit verdankten. Der Durchschnittsbürger wünschte »ein ruhiges und leichtes Leben des Vergnügens,

[13] Obwohl die strengen Gesetze fortbestehen, wird der Abstand zwischen Freien und Sklaven geringer. Ulrich von Wilamowitz-Moellendorff, Staat und Gesellschaft der Griechen. Berlin, Leipzig 1910, S. 189.

[14] Rostovtzeff, Gesellschafts- und Wirtschaftsgeschichte, Bd. 2, S. 885.

mit einem Minimum an Arbeit und Sorgen. Am Staat und an der Religion zeigten sie sehr wenig Interesse. Ihr Hauptbestreben ging dahin, ihren materiellen Besitz zu vermehren und ihn ihren Nachkommen zu vererben ... Eine soziale Revolution lag in den griechischen Städten des Hellenismus immer in der Luft, doch war ihr niemals ein dauernder Erfolg beschieden, keinesfalls in großem Umfang. Die vereinten Anstrengungen der Bourgeoisie und der Könige – später der Römer – vermochten immer die Gefahr abzuwenden, manchmal im letzten Augenblick.«[15]

Die hellenistische Philosophie war viel zu distanziert und individualistisch, um sich, von einigen Affektausbrüchen der Kyniker abgesehen, an sozialen oder wirtschaftlichen Fragen zu erhitzen. Allerdings verwarf Eratosthenes (ca. 285–205) die aristotelische Zweiteilung in Herren und Sklaven und forderte stattdessen, Menschen nur nach moralischen Maßstäben zu beurteilen: ein eindeutiger Fortschritt der hellenistischen gegenüber der klassisch-hellenischen Philosophie. Für die hellenistischen Philosophen waren die Reichen weniger Ausbeuter, Diebe oder Verbrecher als bemitleidenswerte Narren.

Allgemein eröffnete das Zeitalter des Hellenismus durch seine äußeren und inneren Öffnungstendenzen den Tüchtigen größere ökonomische und gesellschaftliche Entfaltungsmöglichkeiten als frühere Zeiten. Eine der wichtigsten Bedingungen hierfür, wie später für die schnelle Ausbreitung des Christentums, war der Ausbau kommunikativer Systeme, wobei die hellenistischen Herrscher auf die Satrapienordnung des Perserreiches zurückgriffen, die Römer wiederum auf die verbesserten Verkehrswege der Attaliden, Ptolemäer und Seleukiden und alle diese auf das weitverzweigte Netz griechischer Siedler, das weniger politische als kulturelle Einheit ermöglichte. Einigend wirkte nicht zuletzt das lebhafte Interesse der Griechen für fremde Lebens- und Geistesart. In seinem Antiochos I. gewidmeten Geschichtswerk machte ein Priester des Bel (Marduk) namens Berossos (3. Jahrhundert) die Griechen mit der babylonischen Kultur bekannt. Der ägyptische Priester Manethon (3. Jahrhundert) schrieb eine Geschichte seines Landes (›Aigyptiaká‹, Ptolemaios II. gewidmet) für griechische Leser. Der griechische Geograph Megasthenes (4./3. Jahrhundert) verfaßte eine Geschichte Indiens (›Indiká‹), wohin er um 300 als Gesandter des Königs Seleukos I. gelangt war. Schon im 5./4. Jahrhundert hat-

[15] Ebd., S. 897.

te der griechische Arzt und Historiker Ktesias von Knidos, seit 405 Leibarzt des persischen Königs Artaxerxes II., 23 Bücher zur Geschichte der Perser (›Persiká‹) verfaßt.

Mit der Horizonterweiterung angesichts einer grenzenlos erscheinenden Welt hielten die Bedürfnisse, Stimmungen und Gefühle jedoch nicht immer Schritt. War die Erde für den Menschen zu groß geworden? Die Geographie nahm, im Gegensatz zur Geschichtsschreibung, im Hellenismus einen gewaltigen Aufschwung. Eratosthenes schrieb ein Buch ›Über die Vermessung der Erde‹, begründete die Chronographie als Wissenschaft und erzielte beachtliche Fortschritte in der theoretischen wie in der angewandten Geographie. Seine Forschungen ermutigten Christoph Columbus zu seiner großen Entdeckungsfahrt. Alexanders Flottenchef Nearchos von Kreta segelte 325/24 vom Indus zum Euphrat, und der Massaliote Pythias von Gades (Spanien) gelangte bis zur Nordspitze Britanniens und zur Elbmündung. Der Universalgelehrte Poseidonios von Apameia (ca. 130–50 v. Chr.) beschrieb die Fahrt des Eudoxos von Kyzikos und des Kapitäns Hippalos (117/116) von Ägypten über das offene Meer nach Indien in seiner Schrift ›Über den Ozean‹.

Aristarch von Samos (3. Jahrhundert) stellte die Hypothese eines heliozentrischen Weltsystems auf, an die Kopernikus in seiner Schrift ›Über die Umläufe der Himmelskörper‹ anknüpfte. Unter Ptolemaios Soter (bis 283) faßte Euklid das geometrische Wissen der Zeit in seinen ›Stoicheia‹ zusammen. Der Syrakusaner Archimedes berechnete die Zahl π genauer als je zuvor, erfand die Integralrechnung und entwickelte das nach ihm benannte hydrostatische Gesetz. Apollonios von Perge in Pamphylien begründete die Theorie der Kegelschnitte und führte die Bezeichnungen Ellipse, Parabel und Hyperbel ein. Ktesibios von Alexandria erforschte die Gesetze des Luftdrucks, baute Automaten, Feuerspritzen und Orgeln, sein Schüler Philon von Byzanz (um 250) verfaßte eine Mechanik, und Heron von Alexandria (1. Jahrhundert n. Chr.) faßte in zahlreichen Schriften das Wissen seiner Vorgänger zusammen, fand Neues hinzu und beeinflußte die neuzeitliche Technik (Dampfkraft) bis ins 17. Jahrhundert. Insgesamt wurde in dieser Zeit auf mathematischem und naturwissenschaftlichem Gebiet mehr erfunden als in den darauf folgenden 1500 Jahren zusammen. Allerdings zielte die griechische Naturwissenschaft weniger auf Machtgewinn als auf Befriedigung des Erkenntnistriebes. Aus der populärwissenschaftlichen Literatur der Spätantike mit ihren Mirabilia-Sammlungen spricht ein Sinn für seltsame Dinge und Vorgänge, der dem christlichen Wunderglauben entgegenkam.

Herophilos von Chalkedon und Erasistratos von Keos leiteten in Alexandria eine neue Epoche medizinischer Forschungen ein: Vivisektionen (um 300 v. Chr.), Entdeckung der Nerven, schwierige Operationen. Vom Nutzen der Medizin überzeugt, akzeptierte das Christentum diese Tatsachenwissenschaft der Griechen ohne Bedenken. Im Nützlichkeitsdenken trafen sich Römer und Christen, im Gegensatz zu den Griechen, denen solches Denken banausisch erschien.

In den bildenden Künsten zeigt sich, neben dem alles klassische Maß überschreitenden Hang zum Monumentalen und Kolossalen: Sarapeion von Alexandria, Leuchtturm von Pharos, Standbild des Helios auf Rhodos (Koloß), Didymaion von Milet, Großer Altar von Pergamon, der liebevolle Zug zur Kleinkunst: Mosaiken, Münzporträts, Historienmalerei.

Unter den Dichtern des Zeitalters ragen Kallimachos von Kyrene und Theokrit von Syrakus (beide um 300 geb.) hervor. Theokrit schrieb ›Kleinbilder‹ *(eidýllia)* und wurde damit zum Schöpfer einer neuen, der idyllischen Kunstgattung. Kallimachos erfand das Kleinepos *(epýllion)*. Menander von Athen (4./3. Jahrhundert) und seine Zeitgenossen Diphilos von Sinope und Philemon aus Syrakus schufen die Neue Komödie, voll Realistik, Popularphilosophie und feiner Psychologie. Im Anschluß an die ›Charaktere‹ des Theophrast entwickelte sich ein starkes Interesse am Individuellen. Es entstand die Biographie. Das Absterben der tragischen Dichtung im Hellenismus – nicht in Rom – begünstigte die Verbreitung des (vordergründig) untragischen christlichen Glaubens. Weder das christliche Altertum noch das Mittelalter hat Tragödien hervorgebracht[16].

Der attische Philosoph und Staatsmann Demetrios von Phaleron, ein Schüler des Aristoteles[17], half Ptolemaios I. (Soter) bei der Einrichtung einer staatlich geförderten Forschungsstätte in Alexandria, dem Museion, einem sicheren und ruhigen Ort, an dem gearbeitet und nicht politisiert wurde. Außerdem wurden noch zwei Bibliotheken und eine Sternwarte eingerichtet. Man rüstete wissenschaftliche Expeditionen aus. Die irreversible Emanzipation der Wissenschaften von der Philosophie nahm

[16] Vgl. Olof Gigon, Das hellenische Erbe. In: Propyläen Weltgeschichte, Bd. 3, S. 644.

[17] Ein anderer Schüler des Aristoteles, Theophrast von Eresos, eröffnete mit seiner ›Pflanzengeographie‹ neue Wege der botanischen Forschung.

ihren Lauf. Die Entwicklung[18] alexandrinischer Gelehrsamkeit gipfelte in Didymos (geb. um 80 v. Chr.), einem Mann von »eisernem« Fleiß, der 3500 Bücher geschrieben haben soll, darunter Kommentare zu den meisten griechischen Dichtern. Gegen Ende des 2. Jahrhunderts entwickelte sich hier die christliche Katechetenschule des Pantainos, aus der Clemens und Origenes hervorgingen.

In religiöser Hinsicht war das Zeitalter des Hellenismus eine Periode des Übergangs und Umbruchs, der Neuorientierung und der Suche, wobei sich Religion und Politik immer mehr trennten, ebenso Volksglauben und philosophische Frömmigkeit. Oft entartete die Religion auch hier, wie im Judentum, zur bloßen Konvention. Es herrschte die *tyche (fortuna)*, der Zufall, oder die *anánke (necessitas)*, die Notwendigkeit, vielleicht auch die *heimarméne (fatum)*, das Schicksal, oder sogar die *pronoia (providentia)*, die Vorsehung. In dem Heilgott Asklepios, mit Sarapis und später mit Christus gleichgesetzt, verbinden sich Vorstellungen von Heil und Erlösung. Die Vorstellung einer Erbsünde lag griechischem Denken dagegen fern. Orientalische Gottheiten wurden hellenisiert in der aus den Kontinenten Europa, Asien und Afrika zusammenwachsenden neuen großen Welt, die gebieterisch nach religiöser Erneuerung verlangte, aber die größtenteils verbrauchten Götter, Kulte und Mythen vermochten die anwachsenden religiösen Bedürfnisse nicht zu befriedigen. Der Weg führt hier von der philosophischen Religionskritik zur philosophischen und von da zur christlichen Theologie. Sie rezipierte die Grundzüge jener ohne Scheu: Gott ist ewig, allweise, allgütig und allmächtig.

In der Philosophie konnte sich die »Weltuniversität« Athen bis zum Ende des Hellenismus behaupten. Typisch für die Entwicklung vom Hellenentum zum Hellenismus ist in formaler Hinsicht die Ablösung des Dialogs, zunächst durch die Pragmatie (gelehrte Abhandlung), dann durch die kynische Diatribe, die in der christlichen Predigt weiterlebte. Bion von Borysthenes (um 280) schuf die Diatribe als ein Gemisch von populärwissenschaftlichem Vortrag, prosaischer Paränese (Ermunterung) und Rhetorik. Bion – so Eratosthenes – kleidete die Philosophie ins Dirnengewand.

[18] In die Reihe der berühmten Philologen und Bibliothekare gehören Zenodot aus Ephesos (4./3. Jahrhundert), Aristophanes von Byzanz (etwa 257–180) und Aristarch von Samothrake (217–144 v. Chr.).

Der Kosmopolitismus der Stoiker entsprach mehr dem Geist Alexanders als die konservative Philosophie eines Platon oder Aristoteles. In der Stoa fanden sich Vertreter aus dem Orient, zum Beispiel Zenon der »Phöniker« und Diogenes, der »Babylonier«. Zenons ›Politeia‹ stand im Gegensatz sowohl zu Platons Idealstaat als auch zur Polis der Hellenen überhaupt. Chrysipp definierte den Menschen nicht mehr, wie Aristoteles, als *zoon politikón* (stadtstaatliches Lebewesen), sondern als *koinonikón* (gesellschaftsbildendes). Die Grundtendenzen dieser Philosophie sind Kosmopolitismus, Humanität, Verbrüderung der Menschheit. Im Streben nach Freiheit konvergieren Stoa und Christentum, wenn auch das Freiheitsverständnis beider ein anderes ist.

Die erlahmende Kreativität der spätgriechischen Philosophie (Kommentare) kam den gläubigen christlichen Denkern zugute. Vollends mußte die Philosophie bei dem Versuch scheitern, religiöse Bedürfnisse zu befriedigen. Sie konnte zwar obsolete Religionen zersetzen, sie aber nicht ersetzen. Der Kampf der Philosophie gegen die Volksreligion und die Tendenz zum Monotheismus kamen dem Christentum entgegen. Gottlos ist nicht, wer die Götter der Menge ablehnt, sondern wer ihnen die Vorstellungen der Menge anhängt. Am gefährlichsten für jede Art Religion, heidnische wie christliche, war die Kritik des Akademikers Karneades, der beispielsweise die stoische Vorsehung mit dem Hinweis auf das Glück der Ungerechten und Gottlosen erledigte. In ihrer rationalisierenden Theologie bereiteten die Stoiker sowohl für den Synkretismus den Boden als auch für die Apologetik. Das Schwanken der Stoiker zwischen spekulativer Metaphysik und realistischer Anpassung konnte auf die Dauer nicht überzeugen.

Schließlich eroberte das griechische Erziehungsideal der *paideia* die Welt, hellenisierte sie. Das griechische Gymnasion und das griechische Theater, das hippodamische Städtebaumodell, griechische Rechts- und Verwaltungseinrichtungen sowie das griechische Vereinswesen bestimmten das kulturelle Leben in Afrika und Asien wie im griechischen Mutterland. In den Monarchien der Diadochen waren die »Leute vom Gymnasion« die führende Bildungsschicht, deren Ideen mit jüdischen, römischen und orientalischen Vorstellungen verschmolzen.

Über die Grenzen von Stämmen, Völkern und Staaten erheben sich die Konzeptionen eines kulturellen Zusammenhangs der bewohnten Erde *(oikouméne)* mit ihrem Komplement einer zivilisierten Menschheit. Eine Weltkultur zeichnete sich ab. Was noch fehlte, war ein Weltreich als äußerer Rahmen und eine Weltreligion als innerer Halt. Das eine trugen die Römer zur Vollendung des Ganzen bei, das andere brachte das Christentum.

6.4.1.4 Die Römer

Die Spaltung der antiken Welt in einen vorwiegend westlich-römischen und einen vorwiegend östlich-hellenistischen Teil sollte auch das Schicksal des Christentums wesentlich mitbestimmen. In ihm setzte sich die Spaltung in verwandelter Form fort. Im Verlauf dieser Trennung überflügelte der Westen politisch und wirtschaftlich den Osten, wenn auch der von Rom gesteuerte Verfall der hellenistischen Staatenwelt nicht ohne Rückwirkungen auf die Stadt am Tiber blieb. Letztlich überlebte das Oströmische Reich politisch den Untergang des Westreiches, wenn auch um den Preis der Erstarrung zum Byzantinismus. Vom 2. Jahrhundert vor bis zum 2. Jahrhundert n. Chr. dominierte jedenfalls Rom auf politischem wie auf kulturellem Gebiet. Dann übernahm die christliche Religion die Führung.

Unter der Vorherrschaft der Römer expandierte und verflachte die Bildung zugleich. Die eigentliche Philosophie blieb das Privileg einiger weniger Hochgebildeter: *paucis philosophari.* Sonst herrschten (die zweite) Sophistik, Schulrhetorik, Popularphilosophie, Literatentum und gelehrte Betriebsamkeit: »quae philosophia fuit, facta philologia est«. Wie seit dem 19. Jahrhundert an die Stelle der großen Klassiker Leibniz und Kant mehr und mehr Leibnizianer und Kantianer, die Leibniz- und Kantphilologie traten, entstanden im Altertum die Platon- und die Aristotelesphilologie. Man darf diese Entwicklung nicht nur negativ beurteilen. Solange Rom die damalige Welt beherrschte, konnten sich Religionen, Philosophien, Künste und Wissenschaften frei entfalten. Ein so buntes und reichhaltiges Kulturangebot hatte die Welt noch nie gesehen.

Was Rom allerdings den zunehmend in die geistige und moralische Vereinzelung geratenden Menschen nicht geben konnte, war der religiöse Halt, ein zentrales Bezugssystem und ein übergreifendes Geschichtsbewußtsein. Die römische Religion öffnete sich fremden Vorstellungen, Kulten und Lehren in einem Maß, das sie zur Selbstaufgabe zwang. Das Angebot an

Lebensphilosophien verwirrte in seiner Mannigfaltigkeit und Oberflächlichkeit die Gemüter. Im rücksichtslosen Spiel der Kräfte und Mächte fühlte sich das Individuum moralisch hoffnungslos überfordert. Korruption, Gewalt, Brutalität, Terror, Zwietracht im Inneren und Kriege nach außen vergrößerten das Gefühl der Unsicherheit, Verlassenheit und Verlorenheit, ließen keine Seelenruhe aufkommen und erzeugten ein tiefes, weitverbreitetes Gefühl der Angst vor einer immer unheimlicher, hoffnungsloser, gnadenloser, boshafter und grausamer werdenden Welt. Rom konnte eine Zeitlang den äußeren Frieden mit Gewalt erhalten, den inneren Frieden vermochte es nicht zu stiften, es erreichte ein hohes Maß an technischer Zivilisation und Verkehrssicherheit, an Kommunikation und Organisation, aber das innere Gleichgewicht, die innere Ordnung und das Gefühl der Geborgenheit konnte es nicht geben. Rom war ein Weltreich geworden, aber die Herzen der Reichsbürger verarmten, hungerten und sehnten sich nach einem anderen Reich, in dem die Unterschiede von Kasten und Klassen, Rassen und Völkern, Herren und Sklaven aufgehoben waren.

6.4.1.5 Der Orient

Rom bekam die Nemesis seines Weltherrschaftsstrebens am eigenen Leib zu spüren. Aus dem Allerheiligsten der römischen Welteroberer war zum Schrecken der Aristokraten, Herrscher, Dichter und Historiker eine »Weltherberge« geworden, in der es nichts Heiliges mehr gab, in der Aberglaube, Magie und Astrologie ins Kraut schossen, ein Fest, ein Triumph und eine Orgie die andere ablöste, in der nur caesarische Machtnaturen die sensationshungrigen Massen bei Lust und Laune halten und den Pöbel bändigen konnten, in der man sich unersättlich und neuerungssüchtig der Flut von neuen Religionen, Kulten und Offenbarungen hingab, die aus dem Orient andrang und Rom überschwemmte.

Die hellenistische Propaganda hatte bereits ägyptische, phrygische und syrische Götter und Göttinnen den westlichen Bedürfnissen angepaßt. Der syrische Gott Baal löste als Sonnengott den altersschwachen Jupiter ab, der persische Botschafter des Lichtgottes, Mithra, der sich in Griechenland nicht durchsetzen konnte, stieg in Rom zum ersten Soldatengott auf und wurde zur gefährlichsten Konkurrenz für das Christentum. Die phrygische Göttin Kybele eroberte mit ihrem orgiastischen Kult, mit nächtlichen Feiern, Flötenmusik und wilden Tänzen den Westen. Kaiser Caracalla (186–217), der das römische Bürgerrecht allen Angehörigen des Reiches gewährte (212), nahm die ägyptische Göttin Isis unter die Staatsgottheiten auf. Aber auch die Schar solcher Elitegötter, die neuen Olympier, konnten den religiösen Synkretismus, den Polytheismus und die allgemeine religiöse Verwilderung nicht mehr aufhalten. Rom war endgültig zum Pantheon aller großen und kleinen Götter geworden, zum Hort des Aberglaubens, der Schamanen, Scharlatane, religiösen Geschäftemacher und Betrüger.

Mit den orientalischen Religionen gelangten jedoch nicht nur Magie, Mystik und Ekstatik in den Westen, sondern auch neue religiöse Vorstellungen, Muster und Motive. Das für die Geschichte des Christentums und des Abendlandes wohl wichtigste Muster war der Erlösungsgedanke. Entsprechend werden jene vorwiegend orientalischen Religionen auch unter dem Sammelbegriff Erlösungsreligionen zusammengefaßt. Die Juden kannten Erlösung vor allem als Befreiung des jüdischen Volkes aus der Fremdherrschaft, mit Hilfe Gottes. Griechische Philosophen sahen in der Spiritualisierung menschlicher Existenz eine Art Erlösung.

Aus der Vielzahl von Erlösungsmodellen sei eines, vielleicht das urtümlichste und wichtigste, herausgegriffen: ein Herr befreit die ihm Anvertrauten, die in die Gewalt seines Widersachers geraten sind, durch Geiselgabe. Die Geisel opfert sich freiwillig für das Volk, das so die verlorene Freiheit wiedererlangt: ein Vorgang, der sich in der Geschichte unzählige Male zugetragen hat, ein tausendfach belegtes, konkretes Erfahrungsmuster. Nicht minder zahlreich sind die Variationen dieses Motivs in Mythos und Sage, Literatur und Geschichte. Aus dem konkreten Verhaltensmuster wurde ein Mythologem, der Mythos vom guten Herrscher, der sein Volk durch Opferung seines Sohnes aus der Gewalt seines Widersachers befreit. Hinzu kommen Schuld und Sühne, Sündenfall, Umkehr und Rückkehr, Unheil und Heil. Daraus entstand das Ur-Geiseldrama der Menschheit. Da die historischen Quellen über außerchristliche Erlösungsbegriffe kaum etwas enthalten, bleibt man weitgehend auf Rückschlüsse angewiesen. Nicht zu zweifeln ist indessen daran, daß solche literarischen Motive und Verhaltensmuster in der hellenistischen Überlieferung den christlichen Autoren in großer Zahl vorlagen. Mit seinem großartigen Instinkt für publikumswirksame Motive erkannte schon Paulus die Möglichkeiten des Erlösungsgedankens und rückte ihn ins Zentrum der neuen, christlichen Religion, einer Welt- und Erlösungsreligion. Paulus täuschte sich nicht. Einer der Hauptgründe für den durchschlagenden Erfolg des Christentums war das gereinigte, entmythologisierte und wieder konkretisierte, an der historischen Person Jesus von Nazareths festgemachte und damit monopolisierte Erlösungsthema. Die Erlösung der Menschheit durch Jesus Christus wurde zu einem weltgeschichtlichen Heilsereignis. Eine vergleichbare Modellvorstellung hatte die gesamte antike Philosophie nicht aufzuweisen und konnte daher mit dem Christentum fortan nicht konkurrieren.

6.4.1.6 Die Weltreligion

Die Ausgangssituation des Christentums war hauptsächlich durch die Faktoren: Juden, Griechen, Hellenismus, Römer und Orientalismus bestimmt. Vom Judentum übernahm das Christentum den Monotheismus, den Missionsgedanken und die Zukunftsorientierung, wandelte aber alles dies in charakteristischer Weise ab. Aus Gott dem Gesetzgeber wurde ein Erlösergott, ein Gott der Liebe, aus der Bekehrung zur jüdischen Volksreligion wurde die Heidenmission, ein wichtiger Schritt zur Weltreligion, und aus der jüdischen Hoffnung auf Befreiung aus der Fremdherrschaft wurde die Naherwartung des Reiches Gottes unter Verlagerung der Diesseitshoffnung auf das Jenseits. Das gemeinsame Band, das Judentum und Christentum verband, war der Glaube.

In einer Situation, in der die römische Religion zerfiel, die Philosophie erstarrte und der Aberglaube blühte, konnte eine neue Religion Rettung bringen, die, ohne selbst dem Synkretismus zu verfallen, ihm doch Rechnung trug, die den Polytheismus durch einen ebenso konsequenten wie zeitgemäßen Monotheismus ersetzte und damit ein einheitliches Bezugssystem schuf, das den Menschen den nötigen inneren Halt geben konnte, die ferner aus der Enge der Volksreligion und des mythischen Bewußtseins in die raumzeitliche Wirklichkeit der Geschichte führte – das Christentum entstand im Brennpunkt dreier Kontinente, zu einer Zeit, als das römische Weltreich gebieterisch nach einer Weltreligion verlangte –, die dem diesseitigen Kaiserreich ein jenseitiges Reich Gottes gegenüberstellte, die der Orientierung an Vergangenheit und Gegenwart ein weltumspannendes Konzept für die Zukunft bot und die Sorge um das Überleben in die Sorge um das Seelenheil transformierte, ohne den Kontakt zur Welt ganz aufzugeben.

Von den Griechen übernahm das Christentum die Philosophie, aus der theoretischen Philosophie die Logik als Werkzeug, aus der praktischen vor allem die Ethik und die Idee der Paideia (Bildung, Erziehung), darüber hinaus die platonische Ideenlehre, die aristotelische Metaphysik und die neuplatonische Mystik. Auch hier wandelte das Christentum das Übernommene in charakteristischer Weise ab: Vernachlässigung der Naturphilosophie bis zur Feindschaft gegen die Atomisten, Wegfall der polis-orientierten politischen Komponenten und Übergang vom zyklischen zum linearen Geschichtsbild.

Vom Hellenismus übernahm das Christentum die ökumenische Orientierung, allerdings nicht die Ansätze zur Wissenschaft als Welterschließung und Weltbewältigung. Wie die Philosophie an ihrer Leistung für den Glauben und der Lebenshilfe, die sie gewährte, gemessen wurde, wurde die Wissenschaft am unmittelbaren Nutzen für das Leben (Medizin) gemessen.

Von den Römern nahm das Christentum die Organisationsformen, Recht, Disziplin und Ordnung in seinen Dienst, lehnte dagegen Kaiserkult und (zunächst) Weltherrschaftspläne, Toleranz und kulturelle Öffnung ab.

Nicht zuletzt von den Orientalen übernahm das Christentum, neben manchen anderen Vorstellungen, den Erlösungsgedanken, den es aber, teils dem römisch-westlichen Kulturkreis, teils dem östlich-hellenistischen gemäß, abwandelte.

All dies hat zur Entstehung, Gestaltung und Ausbreitung des Christentums beigetragen, erklärt aber noch keineswegs seinen Welterfolg; es bedurfte einer integren Stifterpersönlichkeit und eines genialen Vermittlers. Wie dies für die klassische griechische Polis Sokrates und Platon gewesen waren, so waren es für das römische Weltreich Jesus von Nazareth und Paulus.

6.4.1.7 Jesus von Nazareth

Waren die Kontakte des Judentums zur hellenistisch-römischen Welt zunächst eher sporadisch, so wurde aus der Annäherung im römischen Imperium ein Dauerkontakt, für Juden wie für Römer eine Herausforderung. Die Juden standen vor der Frage, ob aus der Annäherung eine Öffnung und Verschmelzung der eigenen religiösen Tradition mit der hellenistisch-römischen Kultur werden sollte, oder ob sie sich verschließen, sich in das Gehäuse ihrer Volksreligion zurückziehen und sich der geschichtlichen Herausforderung verweigern sollten. Innerhalb des Judentums gab es für die eine wie für die andere Möglichkeit Gruppierungen: die Orthodoxen waren für Verschließung und Verweigerung, die Fortschrittlicheren neigten zur Öffnung. In Jesus von Nazareth war die jüdische Existenzfrage Fleisch geworden. In ihm entschied sich das weitere Schicksal des Judentums, das in der Volksreligion verharrte, die Herausforderung nicht annahm, und indirekt das Schicksal der übrigen Welt. Ein unbekannter Mann aus dem Volk wurde ohne großes Zutun und vielleicht sogar gegen seinen Willen zum Wendepunkt der Weltgeschichte. Jesus von Nazareth, an sich weder konservativ noch revolutionär, zwang durch seine Offenheit, Integrität und Radikalität zur Öffnung, zum Offenbarungseid des Judentums. Die Mächtigen im Lande konnten oder (und) wollten sich nicht öffnen. Jesus, die Öffnung selbst, scheiterte im Land der Juden wie Sokrates in Athen und mußte wie dieser sterben.

Das Gemeinsame an Sokrates und Jesus und der Grund ihrer weltgeschichtlichen Wirkung sind die Krisen, die sie offenbarten und selbst in gewissem Sinn verkörperten, Sokrates die Krise der griechischen Polis, Jesus die Krise der jüdischen Religion, die zugleich eine moralische Krise der Menschheit war. Beide scheiterten vordergründig, sofern sie Veraltetes zu retten suchten, beide siegten, sofern sie der Menschheit neue Entwicklungsmöglichkeiten erschlossen. Die Athener ertrugen Sokrates nicht, weil er sie auf den Widerspruch von Worten und Taten hinwies, in dem sie lebten. Ihre Existenz war zu einer Scheinexistenz geworden. Die Juden beseitigten Jesus von Nazareth, nicht weil er gegen (religiöse) Gesetze verstoßen hatte oder neue einführen wollte, sondern weil er schonungslos die Nichterfüllung der alten aufdeckte und zur Umkehr aufforderte. Nicht der Mensch ist um des Gesetzes willen da, sondern das Gesetz um des Menschen willen. Gesetz und Leben brauchen sich aber nicht zu widersprechen. Sie widersprechen sich dort, wo der Buchstabe des Gesetzes über seinen Sinn, wo Legalität über Moralität triumphiert. Da wird das Recht zu einem Werkzeug der Macht, das Gesetz zum Feind des Lebens und die Religion nicht zum Inbegriff der Nächstenliebe, sondern zum

Mittel, den Nächsten zu übervorteilen und auszubeuten. Der jüdische Reformator Jesus von Nazareth wollte, wie Sokrates, Verkehrungen richtigstellen, die Gesundheit, Glück und Leben jeder Gesellschaft gefährden und damit die Entwicklungsmöglichkeiten der Menschheit zerstören. Insofern wird er mit Recht als Heiland und Retter der Menschheit verehrt.

6.4.1.8 Jünger, Apostel, Evangelisten, Christen

Die Lebens- und Leidensgeschichte Jesu läßt die Krise, in die das Spätjudentum geraten war, erkennen. Die Annäherung der jüdischen Tradition an die griechische bot der Synagoge die Chance, römische Reichskirche zu werden. Die Verschmelzung der jüdischen Religion mit der hellenistisch-römischen Kultur setzte allerdings eine geistige Öffnung des Judentums voraus, aber dazu war die orthodoxe Priesterschaft der Sadduzäer[18a], die mit Klauen und Zähnen an ihren Privilegien festhielt, nicht bereit. Sie lud sogar ein Justizverbrechen, den Mord an Jesus von Nazareth, auf sich, um die Öffnung zu verhindern.

Die Legendenbildung bemächtigte sich des unschuldigen Opfers eines niederträchtigen Verbrechens, des edelsten, reinsten und glaubwürdigsten Menschen seiner Zeit. Jünger, Apostel und Evangelisten machten in wenigen Jahrzehnten aus dem historischen Jesus von Nazareth den kerygmatischen Christus, den Messias, den Propheten und Gottes Sohn. Mit der Tötung des einzigartigen Reformators erreichte die jüdische Führungsschicht – nicht das jüdische Volk – genau das Gegenteil von dem, was sie beabsichtigt hatte. Sie tötete Jesus nicht, sondern verhalf ihm zu ewigem Leben, zur Auferstehung von den Toten und zur Apotheose. Als Christus lebte er weiter und wurde zum Quell wahren Lebens. Der jüdische Gott hatte gegen die herrschende Priesterkaste entschieden und Jesus Christus als seinen »Sohn« anerkannt, zum Teilhaber und damit zum Mitrichter der Welt erhoben. Die unvermeidliche Öffnung der jüdischen Religion vollzog sich gegen den Widerstand ihrer höchsten Vertreter. In Jesus, fortan auch Christus genannt, war sie Ereignis geworden, und so konnte, an seinen Doppelnamen anknüpfend, die Verschmelzung von hellenistisch-römischer Kultur, orientalischer Erlösungsmystik und jüdischer Religion

[18a] Salcia Landmann, Jesus und die Juden. München 1987, S. 91, 102.

stattfinden, ein weltgeschichtliches Ereignis, ein Wendepunkt in der Geschichte der Menschheit, mit dem völlig zu Recht die Zeitrechnung beginnt, die sich weltweit durchgesetzt hat.

6.4.1.9 Paulus

Hier kann nur kurz eines Mannes gedacht werden, dem bei der Entstehung des Christentums eine Schlüsselrolle zufiel: Paulus. Seine Bekehrung vom Juden zum Christen, sein »Damaskus« symbolisiert den Sprung in der Geschichte der jüdischen Religion, der mit der Öffnung verbunden war. Der geniale und rastlos tätige Mann sammelte und formierte die fortschrittlichen geistigen und moralischen Kräfte des Judentums und verlieh ihnen jene Durchschlagskraft, der das Christentum seinen Aufstieg zur römischen Reichsreligion und damit zur Weltreligion wesentlich mitverdankt. Nur an einem Ort scheiterte Paulus: in Athen, nach wie vor die Hochburg der Philosophie. Erst die gewaltsame Schließung der Platonischen Akademie durch den oströmisch-christlichen Kaiser Justinian (529 n. Chr.) bereitete der Philosophie ein vorläufiges, kein absolutes Ende. Auch sie erstand, nach einem Scheintod, wieder auf, lebte weiter und erlebte seither, wie das Christentum, Höhe- und Tiefpunkte.

Paulus, in Tarsos, einem Mittelpunkt griechischer Bildung, geboren, stand sowohl der griechischen Philosophie als auch orientalischen Erlösungslehren näher als die christliche Gemeinde in Jerusalem. »Jesu Predigt trägt mit ihrer Gebundenheit an jüdische Vorstellungen und ihrer Anerkennung der praktischen Geltung des Gesetzes einerseits, ihrem prinzipiellen Emporstreben aus den nationalen Schranken andererseits ein Doppelantlitz. Sie schloß die Möglichkeit der Rückbildung ins Judentum wie die des Sieges der vorwärtsstrebenden universalen Tendenzen in sich. Auf der rückwärts gewandten Seite steht die Jerusalemische Gemeinde, die Richtung in die Zukunft bestimmt Paulus.«[19]

Für die fortschrittliche Tendenz des Paulus sind charakteristisch: die Heidenmission, die Messiastheologie, ökumenische Ambitionen: Einheit des Weltreichs – Einheit der Menschheit, die Anpassung an das griechische Kulturniveau.

In dem letzten der vier Evangelien, im Johannes-Evangelium,

[19] Wendland, Die hellenistisch-römische Kultur, S. 241.

gewinnt die Logoslehre die Oberhand über die Messiastheologie, und von den hellenisierenden Zügen der Areopag-Rede in der Apostelgeschichte (Act. 17) führt unverkennbar eine Linie zur frühen christlichen Apologetik.

6.4.1.10 Die Gnosis

Die christliche Religion und die christliche Philosophie haben sich erst allmählich als dauerhafte Gebilde aus dem großen hellenistischen Verschmelzungsprozeß der Denk- und Glaubensinhalte herauskristallisiert, wobei sich die positiven Formen immer klarer und deutlicher von Fehlentwicklungen abhoben.

Die Gnosis (Erkenntnis), ein typisches Produkt des griechischen Geistes und griechischer Einstellung zur Welt, erfaßte das Christentum wie auch die übrigen orientalischen Religionen im Einflußbereich griechischer Kultur. Einige Kirchenväter sahen in der Gnosis eine schlimme, weil von innen zersetzende Gefahr für die christliche Religion und bekämpften daher diese »griechische Weisheit«, die sie für eine Art Philosophie hielten, erbittert. Vertreter der griechischen Philosophie wie Porphyrios erblickten dagegen in der Gnosis eine aus der Philosophie entstandene Religion. Tatsächlich ist schwer zu sagen, ob dieses Zwittergebilde eher eine religiöse Philosophie oder eine philosophische Religion war. Bezeichnend für die Gnosis als geisteswissenschaftliches Phänomen sind Vielgestaltigkeit und Undefinierbarkeit. Sie enthält griechische und christliche, jüdische und ägyptische, babylonische und persische Elemente. Von seriöser Philosophie unterscheidet sich die Gnostik durch den Hang zu ungezügelter Spekulation und Verwischung von Unterschieden, von echter Religion durch üppig wuchernde Magie und Aberglauben.

In der Gnosis verwischt sich der in der griechischen Geistesgeschichte hervorgetretene Gegensatz von Mythos und Logos wieder bis zur Ununterscheidbarkeit. Der Verwilderung des Denkens entspricht eine Verwilderung der Sprache, die orakelhafte Züge annimmt, zu einer universalen Mysteriensprache degeneriert und Dunkelheit, Unverständlichkeit und Verworrenheit bevorzugt.

Astrologie, Okkultismus und Zauberei gehören zum Repertoire gnostischer Sekten, ebenso wie Ekstase, Trance und geheime Riten. Für die Kirchenväter ergab sich daraus die Notwendigkeit, dem Mißverständnis entgegenzuwirken, als sei das Christentum nichts anderes als eine derartige Sekte, für die Philosophen das vitale Interesse, nicht mit den »Gnostikern« verwechselt zu werden. So fanden sich die Kräfte der alten Philosophie und der neuen Religion ganz von selbst zu einem Zweckbündnis zusammen, das zur Auslese des Besseren beitrug, ein Prozeß, der mit der Patristik noch lange nicht zu Ende war und im Grunde das Mittelalter hindurch andauerte.

Bereits der Kirchenvater Justin nennt als Archegeten der christlich-häretischen Gnosis den Samaritaner Simon Magus, einen Wundertäter, der sich und seine Gefährtin Helena – Irenäus zufolge eine Dirne aus einem Bordell in Tyros – als Gottheiten verehren ließ und seinen Anhängern Erlösung verhieß. Den Juden offenbarte er sich als Gottes Sohn, den Heiden als Inkarnation des Heiligen Geistes und wandte dabei das gleiche Missionsschema an wie Paulus, der den Juden als Jude und den Griechen als Grieche zu erscheinen suchte. Simon Magus wurde zu einem ebenso gefürchteten wie verhaßten Konkurrenten der echten Religion. Sein Schüler Menander, ebenfalls Samaritaner, ging noch weiter, indem er seinen Anhängern Auferstehung und sogar physische Unsterblichkeit in Aussicht stellte. Satornilos von Antiochia bezog dann auch Jesus in die gnostische Lehre ein.

Von den etwa 60 im Umkreis des Christentums aufblühenden Sekten seien hier nur sieben der für es gefährlichsten und bekanntesten genannt: Simonianer, Menandriner, Satornilianer, Basilidianer, Karpokratiaten, Markioniten, Valentiner. Zu den Sekten, die sich nicht auf eine bestimmte Stifterpersönlichkeit zurückführen lassen, gehörten die Ophiten (Ophis: Schlange), Schlangenverehrer, die Barbelognostiker mit ihrer Vierzahlsymbolik und die Anhänger der ›Pistis Sophia‹ der gnostischen Lehre eines in koptischer Sprache verfaßten Werkes.

Erst wenn man solche Texte kennt, kann man ermessen, welche Gedankenarbeit die Kirchenväter geleistet haben, die außer der Verteidigung gegenüber äußeren Gegnern auch den Kampf gegen die innere Zersetzung führen mußten, aber auch verstehen, daß dieser Kampf Spuren hinterließ. Was einem aufgeklärten Zeitalter mißfällt, imponierte einem wundergläubigen: das Phantastische, Bizarre und Absurde, Berührungsängste mit der (materiellen) Welt und Verteufelung der Sexualität, Großsprecherei und Schamanismus bis zur Selbstvergottung. Es ist zumindest einseitig, die christliche Philosophie an den großen

Werken der griechischen Klassik zu messen. Auf dem Hintergrund der Geisteswelt, in der die Apologeten lebten und dachten, erscheinen auch die Reinigung des Edlen vom überwuchernden Wildwuchs, die verarbeitende Bewahrung des Wertvollen und die Tradition des Besten als lohnende Aufgaben. Diese Aufgaben hat die christliche Philosophie in mühevoller Kleinarbeit in hervorragender Weise gelöst.

6.4.2 Apologeten

Im Unterschied zur Patrologie (Väterkunde) – ein Begriff, den der protestantische Theologe Johannes Gerhard 1653 einführte – umfaßt der weitere Begriff der Patristik, der aus der *Theologia patristica* herauswuchs, mit dem die Theologen des 17. Jahrhunderts die Lehre der Väter im Gegensatz zur *Theologia scholastica* bezeichneten, die Dogmen-, Liturgie-, Konzilien- und (christliche) Literaturgeschichte als Quellen für die Lehren der Kirchenschriftsteller, Kirchenväter und Kirchenlehrer, deren Anzahl später begrenzt und nach den Merkmalen *doctrina orthodoxa* (orthodoxe Lehre), *sanctitas vitae* (vorbildliche Lebensführung), *approbatio ecclesiae* (kirchliche Billigung) und *antiquitas* (Alter) kanonisiert wurde.

Die Sprache der christlichen Autoren war anfangs auch im Westen das Griechische, später (seit dem 3. Jahrhundert) das Lateinische, im Osten traten als Landessprachen das Syrische, Koptische und Armenische hinzu. Die Bezeichnung »Vater« statt Lehrer, Gefährte oder Freund ist kirchlichen, orientalischen, speziell jüdischen Ursprungs und betont die Autorität, Familiarität und Personalität der Kirchenführer, vor allem der Bischöfe. Im Westen entstand aus den Väterschriften und Florilegien die *doctrina patrum*, die als *sententiae patrum* in die mittelalterliche Sentenzenliteratur eingingen. Grundlegend für die Entwicklung der Patristik waren die Kirchengeschichte des Eusebius von Caesarea und die Geschichte der christlichen Literatur (135 Autoren) des Hieronymus. Gennadius, ein Priester aus Marseille, setzte 480 das Werk des Hieronymus fort. Ihm folgten Isidor von Sevilla (615–618) und Ildefons von Toledo (gest. 667). Im 9. Jahrhundert legte Photios eine Sammlung von 280 christlichen (und heidnischen) Büchern an. In der Zeit nach der

Reformation bemühten sich Kardinal Bellarmin und der Benediktiner Ceillier (23 Bände) um die Literatur der Väter. Im 16. und 17. Jahrhundert begann die wissenschaftliche Erfassung. Es entstanden bedeutende Einzelausgaben und Sammlungen, so die mit 382 Bänden von J. P. Migne (1844–1866). Im 19. Jahrhundert kamen viele Neuentdeckungen dazu, auch aus entfernteren Sprachen (Armenisch, Georgisch), und die Universitäten richteten Lehrstühle für Patrologie ein. Im 20. Jahrhundert begann die systematische und historische Einzelforschung mit der Untersuchung von Worten, Begriffen, Vorstellungen und mit der Erschließung neuer Quellen (Papyri, Bibliotheken).

Bei der Einteilung patristischer Autoren spielen räumliche und zeitliche Gesichtspunkte eine Rolle, Schriftsteller des lateinischen Westens und des griechischen Ostens, Alexandriner und Ägypter, Kappadokier, Antiochener und Syrer, Armenier. Geht man von entwicklungsgeschichtlichen Kriterien aus, hebt sich von der Periode der urchristlichen Literatur (Neues Testament, andere Evangelien, Apostelgeschichten, Apokalypsen, Briefe, Gemeindeschriften, Märtyrerakten, frühe Texte mit gnostischem Einschlag) die Periode der frühen Patristik und antihäretischen Literatur ab. Sie ist von Begegnung, Auseinandersetzung und Polemik zwischen Christen und Nichtchristen gekennzeichnet (Apologeten). Ihr folgt eine Periode der Aneignung, Verarbeitung und selbständiger philosophischer Versuche. In ihr gewinnen, da die heidnischen Vertreter der Philosophie kaum mehr etwas Neues zu bieten haben, die christlichen Autoren dank ihrer straffen Organisation, einheitlichen Zielsetzung, Radikalität und methodischer Konsequenz das Übergewicht. Es entstehen zahlreiche neuartige Entwürfe von relativ hoher Qualität. Der Westen holt den Vorsprung des Ostens auf und überholt ihn in Augustin, der den Höhepunkt der Patristik bildet und Werke von philosophischem Rang verfaßt. Darauf folgt eine Periode der Einübung, Funktionalisierung und Instrumentalisierung des antiken Erbes, die in eine Phase der Erstarrung des patristischen Denkens ausläuft. Eine scharfe chronologische Abgrenzung dieser Periode ist nicht möglich. Augustins ›Gottesstaat‹ trägt noch gewisse apologetische Züge. Mit der Anerkennung des Christentums erübrigt sich der Kampf um die Gleichberechtigung, mit dem Aufstieg zur Reichsreligion die Apologetik. Versuche, die heidnische Philosophie in Dienst zu nehmen, unternahmen schon die frühen Apologeten.

6.4.2.1 Justin, Tatian

Die Einstellung der Kirchenväter zur Philosophie war keineswegs einheitlich, bildeten sich doch erst im Verlauf der Auseinandersetzung mit der Philosophie, der Gnosis, mit anderen Sekten und Religionen christliche Identität, Theologie und Orthodoxie heraus. In der nuancenreichen Palette patristischer Standpunkte, in der großen Mannigfaltigkeit der Typen und Charaktere lassen sich allerdings zwei Grundeinstellungen unterscheiden, die im Christentum strukturbedingt und darüber hinaus sogar für die Stifterpersönlichkeit Jesus von Nazareth und letztlich auch für das Judentum bezeichnend sind: Öffnung und Verschließung, Verschmelzung und Abstoßung, liebende Aufnahme und haßerfüllte Verfolgung. Das gilt sowohl für die östlich-griechische als auch für die westlich-römische Patristik.

Der Apostelschüler und erste Apologet, Quadratus von Athen, überreichte im Jahre 124 Kaiser Hadrian eine Verteidigungsschrift, von der nur ein Fragment erhalten ist. Er bemühte sich in einer wundergläubigen Welt, die Überlegenheit der christlichen Religion nicht etwa durch die Echtheit des Glaubens zu erweisen, sondern durch die längere Dauer der Heilungswunder Jesu im Vergleich zu anderen Heilern[20].

Marcianus Aristides verfaßte seine Apologie (etwa 140) unter der Herrschaft des Kaisers Antoninus Pius. Aristides suchte den Kaiser von der Überlegenheit der christlichen Gottesidee und der Brüderlichkeit der Christen zu überzeugen. Im Anschluß an seine Unterscheidung von vier Menschengeschlechtern: Barbaren, Griechen, Juden und Christen, entwickelte er eine Art Ideologie, derzufolge Gott die Welt nur um der Christen willen weiterbestehen lasse. Christliche Autoren ersetzten nach und nach das römische Sendungsbewußtsein, nach dem Rom zur Weltherrschaft berufen war, durch ein christliches, das die römische Geschichte in seinen Dienst stellt: Rom mußte die Welt bezwingen, damit sich das Christentum im römischen Reich ausbreiten kann.

Der Bischof Melito von Sardes überreichte um 172 dem Kaiser Marc Aurel eine Apologie, in der die Ansätze des Aristides zu einer Ideologie im Sinn von Thron und Altar weitergebildet erscheinen: Römisches Kaiserreich und Christentum haben sich

[20] Vgl. Eric Robertson Dodds, Heiden und Christen in einem Zeitalter der Angst. Frankfurt a.M. 1985, S. 108.

gleichzeitig entwickelt, das Christentum brachte dem Kaiserreich Segen, mithin ist friedliche Kooperation für Staat und Kirche das beste. Melito stellte dem Philosophenkaiser das Christentum als eine »Philosophie« dar und verfaßte eine (verlorene) Schrift ›Über die Wahrheit‹.

Im Jahre 177 richtete Athenagoras eine Bittschrift an Kaiser Marc Aurel und dessen Sohn Commodus, in der er Platon, Aristoteles und die Stoiker als Vorläufer und Verbündete des Christentums würdigt. Seine Schrift zum Thema Auferstehung sucht, ganz im Gegensatz zu griechischen Auffassungen, Argumente für die leibliche Auferstehung beizubringen.

Im Kampf gegen die Gnosis zeichneten sich besonders Irenäus und Hippolytos aus. Neben Tertullian ist Irenäus aus Smyrna, der 177 Bischof von Lyon wurde, die wichtigste Quelle des 2. Jahrhunderts für die Lehren der Gnosis und ihre Widerlegungen. In fünf Büchern ›Gegen die Häresien‹ arbeitet er den Standpunkt der christlichen Orthodoxie heraus: die einzig wahre Gnosis ist die apostolische Lehre. Aus ihr und den Offenbarungen der Natur wird, soweit das überhaupt für Menschen möglich ist, Gott erkennbar, nicht durch die »Schau« der Gnostiker. Irenäus, »der erste bewußte Schrifttheologe der christlichen Kirche«[21], stellt nicht nur der *gnosis* der Häretiker die *pistis* (den Glauben) der Orthodoxen gegenüber, sondern betont auch den Unterschied zwischen christlichem Glauben und Philosophie.

Der römische Presbyter Hippolytos (gest. 236/37), ein Schüler des Irenäus, führte in seiner quellengeschichtlich bedeutsamen ›Widerlegung aller Häresien‹ die Häresien auf die griechischen Philosophien zurück. Die Griechen verherrlichten, in Unkenntnis des Schöpfers, die Schöpfung. Ihnen folgten die Häretiker. In seiner Schrift ›Über das Sein des Ganzen‹ sucht er Platon Widersprüche nachzuweisen und polemisiert gegen Lehren der Platoniker über die Seele und die Materie.

Justin und Tatian repräsentieren extreme Positionen der Öffnung und Verschließung gegenüber der Philosophie.

Justin aus Flavia Neapolis in Palästina stammte von griechischen Eltern, studierte die verbreiteten Richtungen der griechischen Philosophie – Pythagoreismus, Platonismus, Aristotelismus, Stoizismus – und konvertierte, von den Märtyrern beein-

[21] Hans von Campenhausen, Die griechischen Kirchenväter. Stuttgart 1956, S. 29.

druckt, zum Christentum. Er suchte die Verwandtschaft wahrer Philosophie mit christlicher Religion aufzuweisen. Wie Philon hielt er Platon für einen Schüler von Moses. Justin betätigte sich als philosophischer Wanderlehrer, geriet in Gegensatz zu den Kynikern und wurde schließlich 165 in Rom selbst zum Märtyrer. Von acht seiner Schriften, die der Kirchenvater Eusebius erwähnt, sind nur zwei Apologien und ein Dialog mit Tryphon erhalten. In einer Apologie, die an Kaiser Antoninus Pius gerichtet ist, interpretiert er die stoische Logos-Lehre als Vorbereitung auf das Christentum; in dem erhaltenen Dialog verteidigt er das Christentum gegen den von jüdischer Seite erhobenen Vorwurf, es gebe den Monotheismus preis. Von den Positionen der griechischen Philosophie lehnt Justin nur den Epikureismus und den Skeptizismus ab. Das Verständnis der Heiligen Schrift hängt seiner Meinung nach von der Gnade ab und nicht vom Vermögen der Vernunft.

Wie das Beispiel des Justin zeigt, verteidigten sich die Kirchenväter nicht nur gegen griechische Philosophen, sondern auch gegen die jüdische Orthodoxie. Dem Vorwurf, durch die Göttlichkeit Christi vom strengen Monotheismus abzuweichen, begegneten die Apologeten mit der Lehre über das Mysterium der Trinität: ein Gott in drei Personen: Gott Vater, Gott Sohn und Heiliger Geist.

Weniger tolerant gegenüber der griechischen Philosophie war der Syrer Tatian (2. Jahrhundert), der, wie Justin, von dem er in Rom bekehrt wurde, vor seinem Übertritt zum Christentum viele Richtungen der griechischen Philosophie kennengelernt hatte. Tatian hielt die griechische Philosophie für ein dämonisches Machwerk, was ihn nicht davor bewahrte, von der römischen Gemeinde als Ketzer ausgestoßen zu werden. In seiner Heimat lehrte und schrieb er jedoch weiter, kämpfte für die Einheit der christlichen Lehre, verkündete die Göttlichkeit Christi und erlangte in der Kirche seines Landes großes Ansehen.

6.4.2.2 Minucius Felix, Tertullian

Wie im griechischen Osten Justin und Tatian Toleranz und Intoleranz verkörpern, stehen sich im römischen Westen Minucius Felix und Tertullian als Vertreter philosophiefreundlicher und philosophiefeindlicher Tendenzen gegenüber.

Der römische Rechtsanwalt Marcus Minucius Felix verfaßte um 200, in Anlehnung an Ciceros ›De natura deorum‹, den nach einem verstorbenen Freund benannten Dialog ›Octavius‹. Gesprächspartner sind der Christ Octavius und der Heide Caecilius; Minucius Felix steht als eine Art Schiedsrichter zwischen den Freunden. Der Dialog – Schauplatz ist der Strand von Ostia – richtet sich an gebildete Heiden und enthält auffallend wenig christliches oder biblisches Gedankengut. Seine Stärke liegt in der Argumentation, in der Klarheit und Übersichtlichkeit sowie in dem freien, offenen Geist der Darstellung.

Den Philosophen beeindruckt am Christentum vor allem der konsequente Monotheismus, der Unsterblichkeitsglaube und der Ernst des sittlichen Strebens. Im Einklang mit Auffassungen der jüngeren Akademie glaubt Caecilius nicht daran, daß der Mensch von Gott, Schöpfung und Vorsehung etwas wissen kann. Ein allwissender Gott erscheint als Phantasieprodukt, die Lehren vom Weltuntergang und von der Auferstehung sind unglaubwürdig, die Christen leichtgläubig: »quod supra nos, nihil ad nos« (5, 13).

Octavius beruft sich dagegen für seinen Gottglauben auf Dichter, Philosophen und die Volksmeinung. Dem römischen Sendungsbewußtsein stellt er die These entgegen, Rom sei nicht durch seine Religion, sondern durch Raub und Gewalt groß geworden. Für die Wahrheit der christlichen Lehre spreche die Haltung der Christen. Caecilius kann sich den Argumenten des Octavius nicht entziehen und nimmt den christlichen Glauben an, wenn auch nicht als starres System von Lehren.

Minucius stellt das Christentum als eine Religion reiner Menschlichkeit dar. Ganz anders sein Antipode Tertullian.

Quintus Septimius Florens Tertullianus (160–220), Sohn eines römischen Hauptmanns, Rhetor und lateinischer Kirchenschriftsteller, stammte aus Karthago. Asketisch, radikal und rigoros lehnte er die weltoffene Episkopalkirche ab und fand schließlich Zuflucht bei den Montanisten, einer extremistischen phrygischen Erweckungsbewegung, beseelt von urchristlicher Naherwartung des Herrn. Tertullian wurde durch seine irrationalistische These: *Credo quia absurdum* (Ich glaube es, weil es absurd ist) bekannt. Die merkwürdige Formel scheint eine Art Bekennerantwort auf Vorwürfe griechischer Kritiker gegen »absurde« christliche Lehren gewesen zu sein, Vorwürfe, die sich in der Zeit zwischen Tertullian und Augustin noch verdichten und verschärfen sollten.

In seiner Schrift ›Ad nationes‹ greift Tertullian das Heidentum an. Sein ›Apologeticum‹ (an die römischen Statthalter) bestreitet die Berechtigung der Christenprozesse. Die Schrift ›Adversus Iudaeos‹ soll zeigen, daß die Propheten Christus voraussagten und daß in ihm das alte Gesetz aufgehoben ist. In der Schrift ›De testimonio animae‹ vertritt Tertullian die wichtige zukunftweisende Lehre, daß die Heiden im Grund ihrer Seele christlich fühlten, weil dies natürlich sei: *anima naturaliter christiana.* Eine andere Schrift richtete sich gegen die für Christen verbotenen unmoralischen Schauspiele, eine weitere gegen die Häretiker (Abweichler). ›Über die Geduld‹ lautet der Titel einer Schrift, in der Tertullian diese Tugend lobt, aber gesteht, daß er sie nicht besitze. An anderer Stelle tadelt er die Putzsucht der Frauen und fordert zum Tragen des Schleiers außer Hause auf. Tertullian wandte sich auch gegen den Kriegsdienst und damit verbundene Riten. Asketischer Rigorismus zeigt sich in seiner Bezeichnung der Zweitehe als Unzucht oder in seiner Verurteilung von Geistlichen, die »fleischliche Sünder« zur Buße zulassen. Revolutionär erscheint, daß er der Kirche das Recht zur Sündenvergebung abspricht. Im übrigen ist Tertullian, wie später die Puritaner, von der unheilbaren Verderbtheit der menschlichen Natur überzeugt.

6.4.2.3 Clemens Alexandrinus, Origenes

Mit Clemens von Alexandrien und Origenes beginnt eine neue Epoche der christlichen Philosophie. In ihnen erreichte der Verschmelzungsprozeß von christlichem Glauben und griechischer Philosophie einen ersten Höhepunkt. Clemens beachtete als erster die Spuren griechischer Literatur im Neuen Testament, Origenes wandte als Gelehrter erstmals die Gattungen der griechischen Wissenschaft auf die christliche Literatur an: kritische Ausgabe, Kommentar, Scholion, Dialog und Abhandlung. All dies trennte er konsequent von den Predigten, die der Erbauung dienten.

Auch die Auseinandersetzung mit der Gnosis erreicht ein höheres Niveau als zuvor. Die Gnosis, die sich als eine hellenistisch-synkretistische Religionsbewegung mit persischem (Dualismus) und mystischem (Erlösung) Einschlag zu erkennen gab, trat der christlichen Pistis nicht mehr nur als feindliches Prinzip entgegen. Die Vorstellung vom Menschen als Schlachtfeld zwischen dem Guten und dem Bösen, zwischen den Mächten des Lichts und der Finsternis, wobei auch der Mensch zur Erlösung beitragen kann, kam entsprechenden christlichen Auffassungen entgegen. Clemens und Origenes wuchsen über die primitiven Formen der Gnosis hinaus und bezogen sie, als »Gnostiker«, in ihre sublime Geistigkeit ein, schufen eine neue, gereinigte und geläuterte Form der Gnosis, die den Orthodoxen zwar immer noch suspekt war, deren Einfluß man sich aber nicht entziehen konnte.

Titus Flavius Clemens von Alexandria (ca. 150–215) gehört, wie Justin, zu den Kirchenvätern, die über eine gründliche griechische Ausbildung verfügten und dann zum Christentum gelangten. Er leitete vor Origenes die Katechetenschule in Alexandrien, floh während einer Christenverfolgung nach Kappadokien, wo er starb. Er verfaßte einen ›Protreptikos‹, eine Mahnschrift zur christlichen Wahrheit, drei Bücher über christliche Lebensführung sowie sieben Bücher ›Teppiche‹, Schriften zu allerlei Themen in bunter Folge. Wegen seiner vielen Zitate wurde das Werk zu einer wichtigen Quelle philosophiegeschichtlicher Forschung. Im Gegensatz zu dem Metaphysiker Origenes legte Clemens das Gewicht auf die Praxis, vor allem auf die Erziehung. In seinem Werk ›Paidagogós‹ stellt er Christus als den größten, göttlichen Erzieher der Menschheit dar. Während Tertullian Vernunft und Philosophie fast verteufelte, sah Clemens in ihnen eine Gottesgabe, die man schätzen und pflegen müsse. Tertullians Unterdrückung der Triebe stellte er ein Konzept zu ihrer Veredlung gegenüber. Wie der Philosoph von den Axiomen, so gehe der Christ von der Offenbarung aus. Clemens vertrat übrigens im Hinblick auf die Bibel die Theorie vom »Plagiat« der Heiden.

Eine gemäßigte Hellenisierung der Heiligen Schrift findet sich bei Origenes (185 in Alexandria, später in Palästina). Als Christ wurde er während der Christenverfolgung unter Kaiser Decius gefoltert und wegen seiner gnostischen Tendenzen 232 aus der Kirche ausgestoßen. Von den zahlreichen Werken »des fruchtbarsten aller christlichen Autoren« ist wenig erhalten. Dem Beispiel Philons folgend, wandte Origenes die allegorische Exegese auf die Heilige Schrift an. Aus der einmaligen Weltschöpfung wird bei ihm eine dauernde. Das Böse besteht im Abfall der (präexistierenden) Seelen von Gott, zu dem sie nach einer Zeit der Bindung an den Körper zurückkehren. Christliche Eschatologie verbindet sich mit zyklischer Weltbetrachtung der Griechen, wenn Origenes gleichzeitig an die Erlösung, sogar des Teufels, glaubt und an die ewige Wiederholung dieses Prozesses.

6.4.2.4 Gregor von Nyssa

Neben Alexandria gab es in Syrien, benachbarten Provinzen und Kleinasien Zentren christlicher Gelehrsamkeit. In scharfem Gegensatz zu den Alexandrinern standen die Antiochener, deren Schule von dem Presbyter Lukian im 3. Jahrhundert begründet wurde und im 4. sowie in der ersten Hälfte des 5. Jahrhunderts ihre Blütezeit hatte.

Antiochia entwickelte sich zu einem Mittelpunkt der Arianismus. Die Antiochener stellten der allegorischen Methode der Alexandriner die historisch-philologische Schriftauslegung entgegen und neigten mehr zum Aristotelismus als zum Platonismus. Von den zahlreichen Gelehrten dieser und anderer Schulen ragen die Kirchenhistoriker Eusebius von Caesarea (265 bis 339) und Chrysostomos (»Goldmund«), ein Meister der Rede und ein Mann tätiger Nächstenliebe, hervor. Beide waren der Philosophie gegenüber aufgeschlossen, und beide hatten unter den Anfeindungen der Orthodoxen schwer zu leiden: »Mit ehrlichem Entsetzen bemerkt Euseb, wie in der geschichtlichen Stunde der Befreiung und des gottgeschenkten Triumphes theologische Zanksucht und Intoleranz den Bau des Reiches und der Kirche zu erschüttern drohen und die christliche Einheitsfront auseinanderbricht.«[22]

Chrysostomos aus Antiochia, ein gebildeter und freimütiger Kirchenlehrer, erregte den Zorn des Patriarchen Theophilos von Alexandrien (385–412), der gegen ihn intrigierte und schließlich seine Verbannung durchsetzte. Nach seinem Tod wurde der Vorkämpfer für ein freies, aufgeklärtes Christentum allerdings rehabilitiert und zu einem der gefeiertsten Kirchenväter der Christenheit. Seine Homilien (fortlaufende Bibellesungen und -erklärungen) sind als einzige christliche Predigten des Altertums auch heute noch lesbar.

Wie Chrysostomos dem Theophilos erlag der aus Persien stammende und in Antiochia ausgebildete Nestorius (ca. 381 bis 451) den Angriffen des Bischofs Kyrill von Alexandria, einem

[22] Campenhausen, Die griechischen Kirchenväter, S. 69.

Verächter der Philosophie, der für die grausame Ermordung der Philosophin Hypatia mitverantwortlich war. Nestorius hatte die Menschennatur vom göttlichen Logos in Christus zu trennen versucht. Seine an sich plausible Lehre wurde jedoch auf der »Räubersynode« von Ephesos (431) von Kyrill und seinen radikalen Unitariern verurteilt. Nestorius erlebte seine Rehabilitation, als der Monophysitismus 451 gestürzt wurde. Auf dem Konzil von Chalkedon wurde er dann als Irrlehre abgetan.

Unter dem philosophisch vielleicht noch bedeutsameren Neuarianer Eunomius formierte sich der Widerstand gegen die Orthodoxen (Basilius von Caesarea) noch einmal, aber Eunomius wurde von Kaiser Theodosius verbannt und starb in der Verbannung (394). Mit seiner Lehre von den leeren Aussagen der Vernunft (bloße Namen) und von ihrer kombinatorischen Funktion im Hinblick auf die sinnlichen Wahrnehmungen nahm Eunomius von seinem empirisch-skeptischen Standpunkt aus wesentliche Einsichten des mittelalterlichen Nominalismus vorweg.

Als letzter Apologet des christlichen Altertums wird Theodoret (gest. 458), der Bischof von Kyros (Syrien), angesehen, der große abschließende Systematiker der griechischen Patristik.

Neben Basilius dem »Großen« (330–379) und Gregor von Nazianz (329–390) gehört als der philosophisch bedeutendste Kopf Gregor von Nyssa (335–394) zu den »Kappadokiern«. Er stellte seiner Theologie auch eine Anthropologie und eine Kosmologie zur Seite, diese im Anschluß an Platon und den Stoiker Poseidonios, jene im Anschluß an Platon und Philon. Nach Gregor gehört der Mensch, ein Wesen zwischen den Welten *(methorios)*, mit seinem Körper zur sichtbaren, mit seiner Seele zur unsichtbaren Welt. Eine gewisse Ähnlichkeit mit der ekstatisch-mystischen Frömmigkeit des Origenes ist unverkennbar. Dafür spricht auch Gregors Versuch, die christliche Lehre in einer geschlossenen Konzeption einheitlich darzustellen.

In der Erkenntnistheorie ist eine Ähnlichkeit mit Auffassungen des mittelalterlichen Realismus festzustellen. Gregors Ethik trägt asketische Züge, ist aber nicht lebensfeindlich. Gegen den Arianer Eunomius verfaßte er mehrere Schriften, die sich durch Mangel an Polemik, durch Scharfsinn und Korrektheit auszeichnen. In seiner Auslegung des Hohenliedes schwingt sich Gregor dagegen zum Dichterphilosophen auf:

»Das Bild Gottes

Die Schrift sagt: ›Achte auf dich selbst!‹ Das ist der sicherste

Schutz der Güter. Achte darauf, wie hoch über die übrige Schöpfung dich der Schöpfer ehrte! Nicht der Himmel wurde ein Bild Gottes, nicht Mond und nicht Sonne, nicht die Pracht der Sterne oder sonst etwas in der Welt Sichtbares. Du allein wurdest zum Abbild des alle Vernunft übersteigenden Wesens, Gleichnis der unvergänglichen Schönheit, Nachgestaltung der wahrhaftigen Gottheit, Gefäß des seligen Lebens, Ausprägung des wahren Lichtes, auf das schauend du wirst, was jenes ist, dessen Einstrahlung in dich du durch Zurückstrahlen aus deiner eigenen Reinheit nachahmst. Kein Seiendes ist so groß, daß es deiner Größe vergleichbar wäre. Der ganze Himmel wird von Gottes Spanne umfaßt, Erde und Meer werden von seiner Faust umgriffen. Und dennoch: den so Großen, so Gewaltigen, der die ganze Schöpfung in seine hohle Hand preßt, ihn nimmst du ganz auf, in dir wohnt er, und er, der deine ganze Natur durchwandert, leidet [in dir] nicht Enge. Er spricht ja: ›Ich werde unter ihnen wohnen und wandeln.‹ ... Hast du das einmal gesehen, so magst du dein Auge auf nichts Irdischem mehr ruhen lassen. Was sagte ich? Der Himmel selbst wird dir nicht mehr wunderbar scheinen.«[23]

Bildeten im 2. Jahrhundert Justin, im 3. Jahrhundert Origenes, im 4. Jahrhundert Gregor von Nyssa (neben Augustin) Höhepunkte im Verschmelzungsprozeß von Christentum und Philosophie, war im 4. Jahrhundert das Konzil von Nikaia vielleicht das folgenschwerste Ereignis für beide. Der »Kirchenmann« Athanasios (295–371) ruhte nicht eher, bis er, der »Friedensstörer und Feind der Götter« (362), seinen Widersacher Arius zur Strecke gebracht und der »Rechtgläubigkeit« zum Sieg verholfen hatte.

Tatsächlich erweist sich hier, wie später im Sieg Augustins über Pelagius, die Janusköpfigkeit aller orthodoxen Bestrebungen. Erzwungene Einheit ist die Quelle neuen, endlosen und sinnlosen Streits, haßerfüllter Zwietracht und schließlich erneuter Spaltung. »Christliche« Rechtgläubigkeit, »christlicher« Radikalismus und »christliche« Intoleranz erweisen sich als schlimmste Feinde des authentischen Christentums. Der Triumph des Athanasios erscheint, so gesehen, als indirekter Triumph des Gottkaisertums, des Christentums der Macht, über den Geist des Jesus von Nazareth und das Christentum

[23] A. Heilmann und H. Kraft (Hrsg.), Texte der Kirchenväter. Bd. 1, München 1963, S. 347.

der Liebe. Der Logik negativer Theologie zufolge erweist sich jede Orthodoxie letztlich als Heterodoxie, das heißt eine Orthodoxie ist unmöglich, es gibt sie gar nicht. Glaubenshaß, Glaubenskämpfe und Glaubenskriege sind Folgen verabsolutierter Meinungen, von Vorurteilen, von Illusionen des Machtstrebens und damit auch von religiösen Wahnvorstellungen: Pistis statt Gnosis. Die Spaltungen der Christenheit erscheinen somit nicht als von Gott gesandte Strafen oder tragische Zwischenfälle, sondern als Folgen religiösen Übereifers, selbstgerechter und damit selbstverschuldeter Verblendung, selbstkritiklosen Einheits- und Machtdenkens, ein strukturelles Problem, das dem Christentum bis zur Gegenwart zu schaffen macht. »In keiner Religion ist dieser Fanatismus, die rücksichtslose, vor keinem Frevel zurückschreckende Verfolgung aller Andersdenkenden, so dominierend geworden und geblieben wie im Christentum in all seinen Erscheinungsformen.«[24]

6.4.3 Gegner des Christentums: Kelsos, Julianus, Porphyrios

Vor der Darstellung Augustinischer Philosophie seien die hauptsächlichen Einwände nichtchristlicher Denker gegen das Christentum in ihren Grundzügen zusammengefaßt[25].

Die Quellen bilden die um 180 verfaßte ›Wahre Rede‹ (Logos alēthés) des Platonikers Kelsos, ferner die ›Wahrheitsliebende Rede‹ (Logos philalēthes) des Neuplatonikers Hierokles, die 362/63 verfaßte Schrift ›Über die Christen‹ von Kaiser Julianus (361–363), vor allem aber die fünfzehn Bücher ›Gegen die Christen‹, die der Neuplatoniker Porphyrios nach 270 verfaßte. Porphyrios, ein dem Judentum nahestehender Semit aus Tyrus, sagte sich vom Christentum los und schloß sich Plotin an. Er kannte Bibel und Kirche ebenso genau wie die griechische Philosophie. Außerdem war er ein scharfsinniger Denker, der viele Argumente moderner Bibelkritik vorweggenommen hat.

Die Christen haben keinen Grund (Kelsos), den Anthropomorphismus der griechischen Religion zu tadeln, da der Gott

[24] Eduard Meyer, Ursprung und Anfänge des Christentums. Bd. 2, Stuttgart 1923, S. 633.

[25] Zum Folgenden vgl. Wilhelm Nestle, Griechische Studien. Stuttgart 1948, 597ff.

der Bibel selbst anthropomorphe Züge trägt (Zorn, Liebe usw.). Die Vorstellung der Genesis vom Alter der Welt ist kindlich und beschränkt. Porphyrios moniert an der Geschichte vom Sündenfall, daß Gott den Menschen die Erkenntnis des Guten verwehrte. Julian wendet sich gegen die Lehre vom »auserwählten Volk«. Gegen den Dekalog wendet er ein, daß, außer dem Sabbatgebot und dem Verbot, andere Götter als Jahveh zu verehren, alle übrigen Gebote nur Forderungen enthielten, die in vielen anderen Gesetzgebungen schon enthalten seien und dort mit mehr Menschenliebe *(philanthropia)* verbunden seien. Im Messias-Glauben sehen die Kritiker den Anspruch auf künftige Weltherrschaft verdichtet. Porphyrios hielt im Hinblick auf seine Untersuchungen zu Daniel dem Prophetismus vor, daß er »Vergangenes erzähle« *(narrasse praeterita)*. Entsprechend ist der von Justinus besonders geschätzte »Weissagungsbeweis« als Hinweis des Alten Testaments auf Christus eine unhaltbare Konstruktion. Die Geschichten von der wunderbaren Geburt Christi, von seiner Auferstehung und anderen wunderbaren Ereignissen seines Lebens bezeichnete er als Legenden. An der Historizität Christi wurde dagegen nicht gezweifelt. Man vergleicht ihn mit dem ebenfalls historischen Wundertäter Apollonios von Tyana. Porphyrios hält die Evangelisten für Erfinder, nicht für Erzähler des Geschehenen und schließt aus Widersprüchen auf den mythischen Charakter der Evangelien. Vor allem in den Auferstehungsgeschichten, aber auch in der Stimme vom Himmel bei der Taufe Jesu sieht Porphyrios ein Gemisch von Halluzinationen, Exaltationen und Wunschträumen oder einfach Schwindel. Totenerweckungen seien von vielen Zauberern, die ihre Kunst in Ägypten gelernt hätten, berichtet. Daraus könne man nicht den Anspruch begründen, daß Christus der »Sohn Gottes« sei. Porphyrios erkannte jedoch die Tragweite dieses Anspruchs nicht. Christus war danach ja nicht der Sohn irgendeines Gottes, sondern des einzig wahren Gottes. Die Gottessohnschaft wurde so monopolisiert und zu etwas Einzigartigem erhoben, das sich dadurch besser zur ideologischen Fundierung einer Weltreligion eignete.

Besonders hart ist die Kritik des Porphyrios an Paulus, dem er Schauspielerei nachsagt, Erkrankung des Geistes, Heuchelei und Gewinnsucht. Hierokles nannte Petrus und Paulus, im Anschluß an Porphyrios, »ungebildete Schwindler und Zauberer«. Die Paulinische Naherwartung habe sich bereits als »ungeheuerliche Täuschung« entpuppt. Viele Griechen sehen in Jesus eine Art Philosophen, andere einen Sophisten, wieder andere einen Weltuntergangs- und Erlösungsprediger nach syrischer Art und andere einen Schwindler der Art, wie ihn der Satiriker Lukianos (ca. 120–180) in seinem ›Lügenpropheten‹ karikiert hat.

Man kann die Kritik der Griechen am Christentum von der theoretischen Seite her auf die Formel bringen: Zu wenig Erkenntnis, zu viel Glaube, viel zu viel Aberglaube. Die Christen hatten leichtes Spiel, den Vorwurf des Aberglaubens im Hinblick auf die Mythen der Griechen zurückzugeben. Auf praktischem Gebiet galten die Christen vielen Römern[26] als Atheisten, Umstürzler und Verschwörer. Den Atheismusvorwurf entkräftet Tertullian auf seine Weise: Religion ist an Gottesverehrung gebunden; Staatsgötter sind keine Götter, ihre Verehrung keine Religion; also verstoßen die Christen nicht gegen die Religion.

Vielen antiken Menschen war der »aufdringliche Bekehrungseifer« der Christen zuwider, zumal er Mitglieder einer Familie verfeindete, ferner die Absonderung vom Staat und die Intoleranz gegenüber anderen Religionen. Während Jesus gegen das Böse in der Welt aufgetreten war, stürzten seine Anhänger durch die Radikalität beim Durchsetzen ihrer Ziele die Welt in Zwietracht und Blutvergießen. Porphyrios hielt es für ungerecht, untadelige Reiche vom Himmelreich auszuschließen, es schuldigen Armen dagegen zu verheißen. Hier wie in vielen anderen Fällen meldet sich die aristokratische Grundeinstellung der Antike zu Wort. Was die Kritiker des Bekehrungseifers und der Intoleranz nicht sahen, war, daß im Christentum der ganz neuartige Anspruch auftrat, daß eine Weltreligion im Entstehen war. Die Kritiker am »plebejischen« Charakter des Christentums übersahen die Bedingtheit ihrer aristokratischen Maßstäbe. Christi Satz: »Kein Mensch ist gut, nur Gott ist gut« war ein harter Schlag gegen den Aristokratismus. Die Christen erlagen ihrerseits dem Aristokratismus, als sie etwas von der Exklusivität der Religion des jüdischen Volkes übernahmen. Sie gerieten dadurch in Spannungen zwischen Exklusivität und Öffnung, elitärem Auftreten und Nivellierungstendenz.

Antikes Empfinden wehrte sich gegen einen von der Natur getrennten, transzendenten Gott, gegen die schroffe Trennung von Gott und Mensch auf der einen, Natur auf der anderen

[26] Vgl. Eduard Zeller, Römische und griechische Urteile über das Christentum. In: Vorträge und Abhandlungen, Bd. 2, Leipzig 1877, S. 189ff.

Seite, also gegen das dualistische Weltkonzept, gegen die Verlagerung des Schwerpunktes vom Diesseits ins Jenseits, gegen die Lehren vom Tod als Folge der Sünde, von der Erbsünde, von Hölle und Teufel, vom Wunderglauben und von der Gnade Gottes aufgrund von Unterwerfung. Es sind also vor allem die orientalisch-despotischen Züge der neuen Religion, gegen die sich hellenisch-römisches Bewußtsein zur Wehr setzt. Das Potential an persönlichem Freiheitswillen, welches das Christentum enthält, wird verkannt, ebenso die Sehnsucht nach Gerechtigkeit und Frieden.

Nicht wenige Züge des Christentums wirkten schon auf Menschen der Antike anziehend: die Botschaft der Liebe, die Hilfsbereitschaft der Christen untereinander, die Stärke ihres Glaubens, der Überdruß am Denken, an Logik und Verstand, die Hoffnung auf eine bessere Welt, die Geborgenheit in einer umfassenden, einheitlichen Weltordnung. Sofern das Christentum blinden Glauben verlangte, mußte es mit griechischen Philosophen in Konflikt geraten, die im Zweifel die Wurzel geistigen Fortschritts sehen. Kelsos wirft dem Christentum vor, daß es Wissen und Weisheit verachte, Torheit und Unbildung dagegen hochschätze. Was solche Kritiker nicht bemerkten, war die Gefahr intellektuellen Stolzes, geistigen Hochmuts und Überschätzung der Vernunft. Nach Auffassung mancher antiker Kritiker setzte das Christentum auf Masse und Armut, Schwäche und Dummheit und gewann damit. Seneca sagte im Hinblick auf die Verbreitung des Sabbats: »Die Besiegten haben den Siegern Gesetze gegeben.« (De superst. fr. 41–43) Die antiken Kritiker sahen nicht, daß man den Sieg des Christentums auch anders sehen konnte: das Christentum siegte, weil es auf Befreiung, Frieden, Gerechtigkeit und persönliche Unsterblichkeit setzte. Was die Kritiker dagegen richtig sahen, war, daß mit dem Christentum eine radikale Umwertung einiger bis dahin für unumstößlich gehaltener Werte einsetzte.

Mit dem Gedanken der leiblichen Auferstehung mochte sich Porphyrios nicht anfreunden. Neben dem Monotheismus, der Allmacht Gottes, der Gottessohnschaft Christi, der Schöpfung der Welt aus dem Nichts, der Ausrichtung der Welt auf den Menschen, der bösen Natur des Menschen, dem Weltuntergang, der Erlösung und dem Weltgericht bildete die Lehre von der Auferstehung des Fleisches eine der Hauptzielscheiben antiker Kritik, während sich erstaunlicherweise gegen das Dogma der Trinität keine direkte Kritik erhob, vielleicht weil die Lehre vom Heiligen Geist wieder griechischen Anschauungen vom *logos* oder *nous* verwandt schien. Gottessöhne und Halbgötter gab es in der griechischen Mythologie mehr als genug. Platon lehrte die Unsterblichkeit der Seele, Aristoteles die des schöpferischen Geistes, aber die Auferstehung des Fleisches ist ein ungriechischer Gedanke. Ein Einwand des Porphyrios, der für die gesamte Kritik griechischer Nichtchristen am Christentum charakteristisch ist, mag diese Zusammenfassung beschließen:

Ein Schiffbrüchiger ertrinkt im Meer; Meerbarben fressen seinen Körper; Fischer fangen die Seebarben und essen sie; die Fischer werden getötet und von Hunden gefressen; die Hunde sterben und werden von Geiern gefressen: wie soll der Körper jener Schiffbrüchigen wieder zusammengesetzt werden, nachdem er so viele Auflösungen erfahren hat? Ein Christ konnte auf diesen Einwand nur mit dem Hinweis auf die Allmacht Gottes antworten. Für den antiken Menschen findet jedoch Gottes Allmacht in den Naturgesetzen ihre Grenzen. So kann Gott Geschehenes nicht ungeschehen machen. Es entbehrt nicht der Ironie, daß die Kirche im Mittelalter sich die Interpretation des Porphyrios aneignete, wenn sie die Asche verbrannter Ketzer in alle Winde streuen ließ, um deren Auferstehung auszuschließen.

Porphyrios übersah bei seiner an sich vernünftigen Kritik, daß eine wundergläubige Menge eine wunderbare Geschichte um so eher glaubt, je unwahrscheinlicher, ja absurder sie ist. Das Christentum wandte sich primär an die Kräfte des Unbewußten, nicht, wie die antike Philosophie, an Vernunft, Bewußtsein und Urteilskraft.

6.4.4 Augustinus

6.4.4.1 Leben

Im Westen führt die Entwicklung von den apologetischen Autoren Arnobius und Lactantius über Hilarius von Poitiers und Ambrosius zu Augustinus[27]. Der Rhetor Arnobius (um 300) in Sicca Veneria in Afrika verfaßte sieben Bücher ›Gegen die Hei-

[27] Zu Julius Firmicus Maternus, Marius Victorinus und Boethius vgl. Bd. 1!

den‹. Das Werk ist eine wertvolle Quelle für religionsgeschichtliche Seltenheiten. Als Heide fühlte sich Arnobius besonders vom christlichen Monotheismus und der Stifterpersönlichkeit Christus angezogen; er erkannte die Schwäche der Vernunft und die Stärke des Glaubens. Die griechischen Mythen und den Polytheismus lehnte er ab, ebenso die Anwendung der allegorischen Methode darauf.

Lactantius, Afrikaner und Schüler des Arnobius, wurde 303 von Kaiser Diokletian als Lehrer lateinischer Rhetorik nach Nikomedia berufen, verlor sein Amt mit dem Beginn der Christenverfolgung und wurde 317 Erzieher von Constantins Sohn Crispus. Über sein weiteres Schicksal ist nichts bekannt. In seinem Hauptwerk, den ›Sieben Büchern göttlicher Unterweisungen‹, stellt Lactantius den christlichen Glauben dar und verteidigt das Christentum. Andere Werke sind ›Über das Schöpfungswerk Gottes‹, ›Über den Zorn Gottes‹ und ›Über den Tod der Verfolgten‹, eine Abrechnung mit den Christenverfolgern. Lactantius versteht das Christentum als religiöse Philosophie, die den wahren Heilsweg und die Unsterblichkeit in einer jenseitigen Welt aufzeigt. Griechisch ist die Deutung der Sünde als Unwissenheit, christlich die Verheißung der Erlösung durch Offenbarung. Da er die christliche Heilslehre in die römische Gedankenwelt transponieren will, operiert er oft mit rationalen Argumenten.

Als Übersetzer der Einführung des Porphyrios in die Kategorienlehre des Aristoteles und Übersetzer Aristotelischer Schriften lieferte Marius Victorinus Afer (seit etwa 355 Christ) den Kirchenvätern wertvolles Rüstzeug für ihre verschiedenen Vorhaben. Zum Christentum bekehrt, kommentierte er Paulusbriefe und setzte sich mit den Arianern auseinander. Über Alkuin, der ihn ausschrieb, beeinflußte Victorinus die Scholastik.

Hilarius von Poitiers (ca. 315–366), der »Athanasius des Abendlandes«, war auch ein angesehener Hymnendichter. Sein Buch gegen die Arianer gilt als »vollendetste schriftstellerische Leistung, welche die Geschichte des Kampfes mit den Arianern aufzuweisen hat«. Bedeutsam für den Westen waren seine persönlichen Kontakte zu griechischen Kirchenschriftstellern und die Vermittlung ihrer Werke.

Ambrosius (339–397), Bischof von Mailand und Bekehrer Augustins, verband Christliches und Platonisches und besaß ausführliche Kenntnisse der griechischen Philosophie, vor allem Platons und Plotins, aber auch von Philon und Origenes.

Als Aurelius Augustinus (354–430) aus Tagaste in Numidien (Algerien) nach seiner Bekehrung zum Christentum (24. 4. 387) in dessen Kampf um Rom eingriff, war die Schlacht so gut wie gewonnen. Am 24. 2. 391 wurde das Christentum unter Kaiser Theodosius I. (379–395) römische Staatsreligion, die »heidnischen« Kulte wurden verboten. Mit dem Für und Wider in der Auseinandersetzung zwischen Heiden und Christen genaustens vertraut, ebenso mit der Heiligen Schrift und den Hauptrichtungen der griechischen Philosophie, wenn auch meist nur durch lateinische Autoren vermittelt (Cicero, Seneca, Marius Victorinus, Tertullian), konnte er auf die geistige Vorarbeit von zweieinhalb Jahrhunderten zurückgreifen und eine reiche Ernte einbringen.

Augustin stammte aus, wir würden heute sagen, kleinbürgerlichen Verhältnissen. Sein Vater Patricius war ein *tenuis municeps* (»Kleinbürger«). Neben der armen Landbevölkerung und dieser bürgerlichen Mittelschicht gab es damals in Nordafrika eine dünne Oberschicht, meistens Großgrundbesitzer und römische Beamte. Mit dieser Schicht verband Augustin sein hoher Bildungsstand. Seine Eltern hatten früh erkannt, daß Bildung das einzige Mittel für ihren Sohn war, in diese Oberschicht zu gelangen. Augustin wollte aufsteigen und ergriff die Chance, die ihm seine Eltern boten. Der Verschmelzungsprozeß von Eingeborenen, Puniern und Römern erzeugte im »Neuen Afrika« in den Kreisen, die am wirtschaftlichen Aufschwung teilnahmen, Lebensfreude und Optimismus. Unter dem hellen Licht der afrikanischen Sonne verbanden sich das Temperament der Afrikaner, griechischer Erkenntnisdurst, römischer Machthunger und christliches Erlösungsbedürfnis zu einer neuen, spannungsvollen Lebenseinheit, die aufstrebenden Naturen viele Möglichkeiten eröffnete. Augustins Vater verfügte nur über bescheidene Mittel, besaß aber einen großen Ehrgeiz. Er war friedfertig, nahm jedes Opfer geduldig auf sich, um seinem Sohn ein Leben zu ermöglichen, von dem er nur träumte, starb aber schon, als Augustin 19 Jahre alt war. Augustin besaß eine ausgesprochen starke Bindung zu seiner christlichen Mutter Monika, die bis zu ihrem Tod bestimmend in das Leben ihres Sohnes eingriff, belehrend, ermahnend, liebevoll bis zur Selbstaufgabe, wenn nötig streng, um das Seelenheil ihres Sohnes besorgt und seelisch stärker als dieser. Aus dieser geheimen Kraftquelle immer wieder schöpfend, gelang Augustin eine rasante Karriere: Studium in Madaura und Karthago, Lehrer der

Rhetorik in Tagaste, Karthago, Rom und Mailand. Über seine Zeit in Karthago (371–383) berichtet Augustin in den Büchern 3 bis 5 seiner ›Bekenntnisse‹. Vier Ereignisse aus diesen zwölf Jahren sind erwähnenswert: das Konkubinat mit einer Frau, deren Namen nicht überliefert ist (372–385) und die ihm einen Sohn schenkte: Adeodat; die »Bekehrung« zur Philosophie infolge der Lektüre von Ciceros Dialog ›Hortensius‹, einer Mahnschrift zur Philosophie; der Anschluß an die Manichäer (373–382/84) und der Tod eines manichäischen Freundes (376).

Das ausschweifende Studentenleben in Karthago schockierte Augustin. Er geriet in einen Konflikt zwischen der Sehnsucht nach einer sinnvollen Lebensgestaltung und triebbedingtem Unvermögen, ein solches Dasein zu verwirklichen. Augustin sublimierte mit Hilfe von Arbeit und Kulturgenuß so gut er konnte, fand aber darin keine Befriedigung. Als seine Liebesbeziehung und seine Ehepläne scheiterten, sah er sich genötigt, sein Leben neu zu definieren. Eine protreptische Werbeschrift Ciceros von zweitrangiger philosophischer Bedeutung, der ›Hortensius‹, wirkte auf ihn wie eine Offenbarung: Abkehr von der Rhetorik, Hinwendung zur Philosophie, Einkehr in sich selbst, zugleich aber auch Kritik an der Philosophie, weil dort die Rede von allen möglichen Dingen, nicht aber von Gott war, den er im tiefsten Grunde seines Herzens suchte und liebte. Auch vermißte er in der Philosophie eine angemessene Berücksichtigung von Christus. So wurde die Begegnung mit der Philosophie zugleich für Augustin, den *homo religiosus*, ein Anstoß zur Religion. Er mußte erkennen, daß auch die Philosophie ihm keine Antwort auf seine Frage nach dem Sinn des Lebens geben konnte. Es sollte noch eine Zeit dauern, bis er in der Botschaft Christi eine Antwort fand. Mochte Augustin in der Philosophie im technischen Sinn hinter den Denkern des Altertums zurückstehen, in einer Hinsicht war er ihnen voraus: er ahnte etwas vom Gang der Weltgeschichte, kannte die Kraft der Liebe und des Glaubens, hatte einen Sinn für Zukunftsträchtiges wie auch für das Übernatürliche, Metaphysische, Irrationale und Unbewußte.

Platon hätte Augustins Gedankengänge wahrscheinlich für ziemlich verworren gehalten, Cicero sein Ethos für weichlich, aber weder Platon noch Cicero hatten bemerkt, daß es mit der Polis bzw. der römischen Republik zu Ende ging, daß eine andere, neue Welt in den Geburtswehen lag, eine Gesellschaft ohne Sklaverei, ein leidenschaftlicher Glaube an *einen* Gott, daß einige nie angezweifelte Tugenden fragwürdig geworden waren und daß eine neue Religion den Menschen die Möglichkeit bot, Selbstliebe in Selbstaufgabe zu verwandeln und damit eine höhere Form des Menschseins zu realisieren. Von den Niederungen der Rhetorik hinweg hatte sein Genius Augustin an den lähmenden Zweifeln der skeptischen Philosophie vorübergeleitet; vielleicht war es auch die nie ermüdende Liebe seiner Mutter, die ihn vor Verirrungen bewahrte und auf den für ihn wahren Weg brachte. Kurz nach seiner Bekehrung zum Christentum starb Monika in Ostia am Tiber. In einem ergreifenden Nekrolog, in dem die Stärke seiner Mutterbindung erkennbar wird, hat Augustin seiner Mutter ein literarisches Denkmal gesetzt. Die Jahre nach der Bekehrung (386–388) verbrachte er in Italien, davon einige Monate auf dem Landsitz (Cassiciacum) eines Freundes, südlich des Comer Sees. Augustin nutzte die Zeit der Muße für philosophische Studien und verfaßte selbst philosophische Schriften: ›Gegen die Akademiker‹, ›Über das glückliche Leben‹, ›Über die Ordnung‹, ›Selbstgespräche‹, ›Über die Unsterblichkeit der Seele‹ (Mailand 387). Bis zu seiner Priesterweihe (391) lebte er dem Ideal philosophischer, kontemplativer, schöpferischer Tätigkeit. Danach füllten mannigfache Aufgaben in seiner Heimat sein Leben als Priester und Bischof von Hippo aus. Augustin verfaßte insgesamt über 200, zum Teil sehr lange Briefe, fast 1000 Predigten und über 100 größere Schriften. Von ihnen gewannen die ›Bekenntnisse‹ (397/98) und sein größtes Werk ›Über den Staat Gottes‹ (413 bis 426) bleibende Bedeutung. Augustin starb während der Belagerung Hippos durch die Vandalen, allein, im Gespräch mit Gott, wie er es sich gewünscht hatte.

6.4.4.2 Werke

Mit Augustin tritt eine neue Kraft in die Arena politischer, philosophischer und religiöser Auseinandersetzungen im niedergehenden römischen Imperium, an der Schwelle eines neuen Zeitalters. Augustins Denken ist von einer glühenden Liebe zu Gott beseelt. Die Ruhelosigkeit der Seele auf der Suche nach ihrem Schöpfer ist eine christliche Grunderfahrung, der Augustin klassischen Ausdruck verlieh: »Du hast uns auf Dich hin erschaffen, und unser Herz ruht nicht, bevor es in Dir Ruhe findet.« (Conf. I, 1) Neu ist die Glut religiöser Leidenschaft, die

Dynamik des Gefühls, die starke Emotion. Augustin wurde nicht nur von inneren Konflikten geschüttelt, sondern auch in zahlreiche äußere Konflikte und Glaubenskämpfe verwickelt, mit Manichäern, Donatisten, Pelagianern.

Das größte politische Ereignis in seinem Leben war die Eroberung und Plünderung Roms (410) durch den Westgotenkönig Alarich I. Damit ging ein Mythos zu Ende – zum letzten Mal war Rom 800 Jahre zuvor von den Senonen unter Brennus eingenommen worden –, der Glaube an die Unbesiegbarkeit des Imperiums, das sich 66 Jahre danach tatsächlich auflöste. Römische Flüchtlinge kamen nach Afrika, nach Karthago! Die Welt schien aus den Fugen geraten. Wie in vielen anderen Schriftdokumenten der Zeit, zitterten auch in Augustins ›Gottesstaat‹ die Ereignisse nach, aber damit nicht genug. Augustin, und darin liegt wohl die eigentliche Leistung des Werks, fragte nach dem Sinn des Geschehenen und hob es damit von der realen auf die geschichtliche Ebene. Er stellte in echt christlicher Weise, mit einer Radikalität, wie selten ein Denker vor ihm, weltliche Macht und Herrschaft, Größe, Sieg und Ruhm in Frage. Augustins ›Gottesstaat‹ ist nicht, wie Platons ›Staat‹, ein Werk der Staats-, sondern der Geschichtsphilosophie. Das Heil der Menschheit wird zum Thema wie zuvor in den ›Bekenntnissen‹ das Heil der Einzelseele. Der Vergleich weltlicher Machtgebilde mit Räuberbanden (De civ. Dei IV, 4–5) läßt an Deutlichkeit nichts zu wünschen übrig. Dem Staat des Teufels, dem Reich Satans *(civitas terrena)* stellte Augustin den Staat Gottes, das himmlische Reich *(civitas Dei)* gegenüber, Babylon oder Rom wider Jerusalem! Der ›Gottesstaat‹ ist die längste, bedeutendste und letzte Apologie des christlichen Altertums. Sie zeichnet sich weniger durch Erörterung von Einzelfragen aus als durch das Heilsangebot insgesamt, das angesichts der Evidenz der Ereignisse in einer heillosen Welt seinen Eindruck nicht verfehlte. Augustin hatte erkannt, daß es mit Kritik und Widerlegung von Kritik allein nicht getan ist. Es kam darauf an, die alte Ordnung durch eine bessere neue zu ersetzen, und das versuchte er.

Das neue Konzept geht von der theozentrischen Grundorientierung des Christentums aus, die das Verhältnis zwischen Gott und Mensch in wechselseitiger Liebe *(amor dei)* sieht. Liebe ist für Augustin der Wert aller Werte: »Liebe, dann tu, was du willst!« Im Gegensatz zur Weltordnung der Römer, die eine Rechtsordnung war, ist die christliche Ordnung eine Liebesordnung. Die Welt als solche verliert an Bedeutung und wird zur Stätte der Prüfungen, die der Mensch besteht oder nicht besteht. Dementsprechend erwartet ihn beim Jüngsten Gericht Erlösung oder Verdammnis. Da das Heilsangebot an die Vermittlung Christi und seiner Kirche gebunden ist, kommen zur Liebe Glaube und Hoffnung als Grundwerte hinzu. Der Menschennatur entsprechend manifestiert sich die Liebesordnung auf theoretischem Gebiet in der Gewißheit, auf praktischem in der Freiheit. Augustins Denken bewegt sich in einer doppelten Spannung: der zwischen Glauben und Wissen und der zwischen Freiheit und Ordnung. Bei der Begründung der neuen Heilsordnung fand Augustin manches für die Philosophie Bedeutsame heraus. Insgesamt zeigen sich die Konturen einer universalen christlichen Weltanschauung, die von den Denkern des Mittelalters ausgebaut und vollendet wurde.

Dank der bohrenden Ruhelosigkeit seines Intellekts auf dem Grunde ebenso unruhiger wie leidenschaftlicher Gefühle fand Augustin einen neuen Zugang zum menschlichen Selbstverständnis. Seine Formel deckt sich fast mit der Formel René Descartes': »Ich zweifle, also bin ich.« Augustin ging es dabei jedoch nicht um eine rationale Wissensbegründung oder eine Ermächtigung des Individuums, sondern um die elementare Bestimmung der Seele in ihrem Verhältnis zu Gott. Die »Erfindung« Augustins folgt aus seiner theozentrisch-anthropozentrischen Grundentscheidung. Die Augustinische Formel liegt auf der gleichen Linie wie seine Subjektivierung des Zeitbegriffs, ebenfalls einer Neuerung gegenüber dem antiken Wissen über die Zeit.

Nach Augustin wurde die Zeit mit der Welt aus dem Nichts geschaffen. Gott ist zeitlos, ewig, und seine Ewigkeit ist etwas ganz anderes als die weltliche Zeit. Augustin relativiert und subjektiviert die Zeit, indem er eine Gegenwart des Vergangenen von einer Gegenwart des Gegenwärtigen und einer Gegenwart des Zukünftigen unterscheidet: Gedächtnis, Anschauung und Erwartung. Die Zeit existiert nur im Geist des Geschöpfes, und daher gab es vor der Schöpfung keine Zeit. Geschichtsphilosophie und Heilslehre hängen eng mit diesem Zeitbegriff zusammen. Die lineare Geschichtsauffassung gegenüber der antiken zyklischen ist eine Entdeckung Augustins, die Heilslehre ist zwar nicht völlig neu, trägt aber wesentliche Züge von ihm, vor allem als Gesamtkonzept. Die platonischen Ideen deutete er zu Gedanken Gottes um und subjektivierte sie damit ebenfalls. Zur Entrationalisierung der antiken Erkenntnislehre trägt die christliche Bindung der Erkenntnis an den Glauben bzw. an die Liebe bei. Die Erkenntnis des Menschen reicht so weit wie seine Liebe. Zwischen Glauben und Erkennen besteht eine Art Wechselbeziehung: »Ich erkenne, um zu glauben« *(intelligo, ut credam)* und »Ich glaube, um zu erkennen« *(credo, ut intelligam).* Von den Seelenvermögen Gedächtnis *(memoria),* Intelligenz *(intelligentia)* und Willen *(voluntas)* dominiert letzterer, der auch mit Liebe *(amor)* gleichgesetzt wird.

Eine ähnliche Spannung wie die von Glauben und Erkennen durchzieht Augustins Denken über Freiheit und Ordnung. Einerseits setzt die Makrokosmos und Mikrokosmos durchwaltende göttliche Weltordnung strenge Determination voraus, andererseits fordert die christliche Anthropologie die Freiheit des Menschen. Sowenig nun Augustin anstelle des Wissens Unwissenheit, anstelle der Ratio völligen Irrationalismus treten lassen wollte, sowenig propagierte er die Unordnung, verstanden als uneingeschränkte Freiheit. Das neue Heilskonzept setzte sowohl Freiheit als auch Ordnung voraus. Heilskonzept und Weltordnung scheinen einander zu widersprechen, lassen sich aber vereinbaren, wenn man gewisse Einschränkungen akzeptiert. Es ist hier nicht der Ort, all den philosophischen und theologischen Gedankengängen nachzugehen, mit denen Augustin das Problem zu lösen versuchte: mit der Lehre von der Vorherbestimmung (Prädestination), der Erbsünde, der Rechtfertigung und der Gnadenlehre. In manchen Fällen schwankt er, so zwischen Traduzianismus, der die menschliche Seele bei der Zeugung aus den Seelen der Eltern entstehen läßt und mit ihr die Erbsünde, und dem Kreatianismus, demzufolge die menschliche Seele durch einen besonderen Schöpfungsakt Gottes entsteht, ferner in der Beurteilung der Wahrnehmung und äußerer Güter sowie in seiner Einstellung zur Askese. In der Frage, ob Gott das Gute will, weil es gut ist oder das Gute gut ist, weil Gott es will, entscheidet er sich für die letztere, die »voluntaristische« Auffassung. Ursache des Bösen ist der Wille, der sich von Gott abkehrt. Das Böse existiert nicht selbständig, sondern ist ein Mangel des Guten *(defectus boni).*

Über viele Jahre zog sich der Kampf Augustins gegen Pelagius (gest. nach 418) hin, einen britischen Mönch, der etwa zur gleichen Zeit wie er nach Italien gekommen war. Pelagius widersetzte sich der Lehre von der Erbsünde und legte, im Sinn der Stoiker und Römer, mehr Gewicht auf Selbstvervollkommnung aus eigener Kraft als durch Gnade. Augustin setzte gegen seinen Kollegen Pelagius Verurteilung seiner Lehre und Exkommunikation durch. Er erwies sich in diesem Fall wie in einigen anderen als intransigenter, unduldsamer Fanatiker.

Die 15 Bücher ›De trinitate‹ (399–419), ein weiteres Hauptwerk Augustins, enthalten eine Fülle von theologischen Spekulationen über die Dreieinigkeit. Augustin wendet das triadische Schema auf alle möglichen Bereiche an, in denen sich seiner Meinung nach die Dreiheit Gottes abbildhaft manifestiert, z. B. in Geist, Selbsterkenntnis, Selbstliebe; Gedächtnis, Einsicht, Wille; im Einzelmenschen, der menschlichen Gemeinschaft, der Wissenschaft. Solche Dreiteilungen, an sich ohne wissenschaftlichen Wert, erhielten, verbunden mit der Idee der Hierarchie, als Strukturelemente mittelalterlicher Systembauten einige Bedeutung. Insgesamt hat Augustin die mannigfachen Denkansätze seiner Vorgänger, Heiden wie Christen, zu einer ersten Synthese zusammengefügt, die zwar noch weit entfernt ist von dem überragenden Bauwerk des Thomas von Aquin, aber doch in vieler Hinsicht für das mittelalterliche Denken richtungweisend blieb. Augustin überzeugt weniger durch die Konsistenz seiner Theorien, durch seine Systematik und Methodik, als durch die Glut seiner religiösen Leidenschaft, den Glauben an Offenbarung und die Stärke seines Willens.

6.4.4.3 Fortleben

Zweifellos haben die Persönlichkeit und die Werke Augustins das Christentum entscheidend mitgeprägt, wie auch sein Leben und Werk von der Entwicklung des Christentums in der Antike mitbestimmt wurden. In Augustins Entwicklung spiegelt sich der Übergang von der Religion der Verfolgten (Donatisten) zu der der Verfolger, vom Christentum der Liebe zum Christentum der Macht. Man kann dafür sogar ein Datum anführen: die Krise von 395/96[28]. Sie hatte objektive und subjektive, sachliche und biographische, soziologische und psychologische Gründe. Augustin, der sein weltliches höheres Berufsziel in Italien verfehlt hatte, erreichte es in Afrika mit der Weihe zum Bischof: endlich war er, zeitlebens subaltern, eine Autorität, von Gott, wie er glaubte, berufen und auserwählt. An die Stelle des philosophischen Ideals des Weisen trat Christus, an die Stelle der

[28] Kurt Flasch, Augustin. Stuttgart 1980, S. 69.

Philosophie die Bibel, an die Stelle der Freiheit traten Gnade und Heil, an die Stelle der Wahrheit Autorität und Gehorsam, an die Stelle der Liebe Macht, Masse, Organisation und Gewalt. Augustin wurde zum »Ideologen der konstantinischen Wende« und Wegbereiter mittelalterlicher Papstpolitik[29].

In der Entwicklung der Lehre (Gnaden-, Erbsündenlehre) trug Augustin maßgeblich zu jenem dogmatischen Erstarrungsprozeß bei, den man als Konfuzianisierung des Christentums bezeichnen könnte und der im Mittelalter seinen Höhepunkt und Abschluß fand.

Es gelang Augustin, die Widersprüche seiner Lehre, seine inneren Konflikte, seine Angst vor Freiheit, Wahrheit, Wandel und Vielfalt, seine Unsicherheit, sein Schwanken, sein Scheitern, seine sexuellen Komplexe und seine Zwangsvorstellungen mit Hilfe seiner brillanten, schillernden Rhetorik zu überspielen, sich selbst und die Nachwelt über die wahren Motive seines Lebens und Wirkens, in bester Absicht (Seelenheil), zu täuschen. Das Erbe Augustins erweist sich damit als zutiefst ambivalent. Es entspricht den Maßstäben antiker sowenig wie der modernen Ethik: Autonomie, Authentizität, Toleranz. Im Endeffekt fallen viele der Vorwürfe, die Augustin gegen seine Mitmenschen erhob: Egoismus, Ehrgeiz, Stolz, Hochmut, Imperialismus, Machtstreben, Intrige, Terror und Gewalt, auf ihn selbst zurück. Von übernatürlichen Kräften, göttlicher Weisheit, höherem Bewußtsein und überlegener Moral ist bei alldem wenig zu spüren. Augustins Persönlichkeit und sein Werk lassen sich zwanglos aus natürlichen, menschlichen, allzumenschlichen Motiven verstehen. Bei aller Achtung vor seiner titanischen Anstrengung, vor der Größe seiner Leistung und der ungeheuren Wirkung seines Beispiels bestätigt sich an ihm, wenn an irgend jemandem, die Altersweisheit Platons, daß Machtgewinn die menschliche Natur korrumpiert.

Insgesamt gesehen: Die Idee der Liebe verband die griechische Philosophie mit der jüdisch-christlichen Religion, das Idol der Macht verknüpfte das römische Streben nach Weltherrschaft mit dem jüdisch-christlichen Absolutheitsanspruch. Die Geschichte des Christentums liefert eine Reihe von klassischen Beispielen für die Unvereinbarkeit dieser Konzeptionen, die dem Sinn der Antike für das Tragische nicht widerspricht, sondern ihn eher vertieft: Prometheus und Christus sind keine

[29] Ebd., S. 171.

absoluten Gegensätze, vielmehr ergänzen sich beide Paradigmen zu einer vertieften Erkenntnis der Wirklichkeit, die auch der Philosophie zugute kommt, nur daß die Herausforderungen im 20. Jahrhundert alle übrigen in der Geschichte der Philosophie weit übertreffen: Das Dasein erscheint rätselhafter, fragwürdiger, widersprüchlicher denn je.

6.4.5 Pseudo-Dionysios Areopagita, Boethius

Aus der letzten Periode der Patristik sind auf griechischer Seite, neben Pseudo-Dionysios, Synesios von Kyrene (um 400) und Johannes Damascenus (ca. 675–750), auf römischer Seite, neben Boethius, Cassiodor (ca. 480–565) und Isidor von Sevilla (gest. 636) besonders erwähnenswert.

Während sich Prokopius von Gaza (ca. 465–530), Leontius von Byzanz (ca. 475–545), Maximus Confessor (ca. 580–660) und der Aristoteles-Kommentator Johannes Philoponos aus Alexandria, Augustins Schüler Prosper von Aquitanien (gest. um 463) und Martin von Bracara (gest. 580) vorwiegend der Traditionsarbeit widmeten – Prosper verfaßte aus Schriften Augustins die erste Sentenzen-Sammlung des Abendlandes –, vertrat Synesios, ein Schüler der Philosophin Hypatia, auch als Bischof gegenüber der christlichen Orthodoxie einen liberalen, an der Philosophie orientierten Standpunkt. Nur unter dem Vorbehalt hatte er das Bischofsamt (410) angenommen. Synesios war glücklich verheiratet, wünschte sich »viele und wohlgeratene Kinder« und machte sich über den Bekehrungseifer seiner Kollegen lustig. Selbst Dichter, Philosoph und Staatsmann, bekämpfte er räuberische Barbaren und Landesfeinde nach außen, korrupte und machtgierige Elemente im Inneren erfolgreich. Mit dem Ernst des Lebens, mit Waffen- und Reitübungen verband der lebensfrohe Wahlchrist ›hobbies‹ wie Astronomie, Bücher und Jagd: so ging es also auch!

Cassiodor, der, wie Boethius, dem König Theoderich diente und das kalabrische Kloster Vivarium gründete, verfaßte, wie Martianus Capella, ein Kompendium der ›Septem artes liberales‹. In Spanien verfaßte Isidor, Erzbischof von Sevilla, eine Enzyklopädie in zwanzig Büchern. Sie war für Westeuropa, was die ›Quelle der Erkenntnis‹ von Damascenus für den byzantinischen Kulturkreis bedeutete.

Nicht nur für die mittelalterliche Mystik, sondern auch für die Scholastik wurde eine Gruppe von Schriften bedeutsam, die um 500 in Syrien entstanden waren: ›Über die himmlische Hierarchie‹, ›Über die kirchliche Hierarchie‹, ›Über göttliche Namen‹ und ›Über die mystische Theologie‹. Überliefert sind diese Schriften unter dem Namen des von Paulus bekehrten Areopagmitgliedes Dionysios von Athen. Die mittelalterlichen Autoritäten verehrten die Schriften des Dionysios fast wie die Bibel. Thomas von Aquin zitiert über 1700 mal daraus. Im Anschluß an den Neuplatoniker Proklos unterscheidet Dionysios eine bejahende, positive und eine verneinende, negative Theologie. Die bejahende führt von Gott in die Welt hinab, die verneinende von der Welt wieder zu Gott zurück. Auf dem Hintergrund des platonischen Ideenreiches und neuplatonischer theologisch-philosophischer Spekulationen entstand der Gedanke der Hierarchie[30], der zu einem Schlüsselbegriff für mittelalterliches Denken werden sollte. Der neuplatonische Dreischritt (Triade) wurde dabei mit dem Gedanken der Trinität verbunden. In entsprechender Umdeutung erscheint die kirchliche Hierarchie, ganz platonisch, als Abbild der himmlischen. Die Engelwelt ist in drei Triaden eingeteilt. Die irdische Hierarchie, das heißt die feudale Gesellschaftsordnung, das Herrschaftssystem des Mittelalters mit seiner ständischen Gliederung entspricht wiederum der kirchlichen Hierarchie. Zu dieser im Prinzip schon von Augustin entworfenen Ständeordnung gehört dann eine Standesethik mit abgestuften Pflichten. Im Endeffekt faßt die Hierarchie im weiteren Sinn Gott, Mensch und Welt in einer einzigen »Weltordnung« zusammen, die von der monarchischen Spitze über Engelwelt und Geisterreich bis zur gegliederten Kirche und organisierten Gesellschaft reicht. Dieses ursprünglich philosophische Weltbild degeneriert bei Glaubensverlust und Abbau geistlicher Autorität im Zuge der Verweltlichung des Christentums zu einer Ideologie, die den Oberbau zur Rechtfertigung weltlicher Herrschaftsstrukturen mißbraucht, und, was die Abhängigkeiten betrifft, in sein Gegenteil verkehrt.

Neben Augustin und Dionysios war vor allem Boethius für

[30] »Ihr realgeschichtliches Vorbild war der byzantinische Beamtenstaat«: Kurt Flasch, Das philosophische Denken im Mittelalter. Stuttgart 1987, S. 95.

die Entwicklung der christlichen Philosophie bedeutsam. Da er nach seiner Geisteshaltung und Wertorientierung zur antiken Philosophie gehört, wurde er bereits im ersten Band dieser Philosophiegeschichte behandelt. Hier seien einige der für die Entwicklung der christlichen Philosophie wichtigen Momente seines Denkens zusammengestellt[31]:

Weichenstellung für die frühscholastische Rezeption des Aristoteles als Logiker;

Fixierung der patristischen, speziell augustinischen Trinitätsspekulation;

Anwendung antiker philosophischer Methodenparadigmata auf christliche Inhalte;

Instrumentalisierung der antiken Philosophie, Inventarisierung philosophischer Terminologie;

Ontologisierung sprachlicher Formen und Formeln zu einer Kunstsprache, die Chiffrefunktion erhält;

Die Chiffren drücken vor allem soziale Zustände, Entwicklungen und Wandlungen aus;

Zunehmende Bedeutung und Bedeutungswandel der Metaphysik als System solcher Chiffren;

Rationalisierung der christlichen Philosophie des Westens durch das Medium der rationalen lateinischen Sprache;

Verbindung antiker und christlicher Leitbegriffe: Gutes (Platon), Glück (Aristoteles), Eines (Plotin), Gott (Christentum) mit impliziter Theodizee-Problematik (Rechtfertigung Gottes);

Übergang vom griechischen Theorie-Ideal zur christlichen Lebensphilosophie;

Vorbereitung christlich-personalistischen Denkens durch die Formel, z. B. *persona: »naturae rationalis individua substantia«*, oder frei: »unverwechselbarer Kern eines Vernunftwesens«[32];

Verdrängung der Naturphilosophie durch Theologie, christliche Anthropologie und begrifflichen Formalismus.

[31] Ausführlich: Flasch, ebd., S. 43 ff.

[32] Contra Eutychem. Ed. H. E. Stewart u. E. K. Rand, London 1918, S. 84.

6.5 Scholastik

6.5.1 Grundlagen

Christliche Grundorientierung und Führungsanspruch der Theologie verbinden die Lehren der Kirchenväter (Patristik) mit der Scholastik. Die Scholastik gegenüber der Patristik abzugrenzen[33], fällt nicht weniger schwer als das christliche Denken insgesamt von der antiken oder der neuzeitlichen Philosophie zu unterscheiden. Sowenig die patristische Philosophie sich als Einheit darstellt, sowenig kann man auch von einer einheitlichen Scholastik sprechen. Es lassen sich mindestens sieben verschiedene Komponenten in der mittelalterlichen Philosophie unterscheiden, daneben eine kaum übersehbare Menge von Richtungen und Kombinationen, Varianten und Synthesen. Wenn die Kirche mit ihrer ganzen Autorität, wie zur Zeit der Patristik, eine Orthodoxie, also eine Ordnung der Meinungen, zu etablieren suchte, so geriet sie eben dadurch in Konflikt mit dem christlichen Grundwert der Freiheit.

Die philosophische Entwicklung ist, wie die theologische, vom Realgeschehen, insbesondere vom gesellschaftlichen Wandel, nicht zu trennen. Dem Übergang von den spätantiken Gesellschaftsstrukturen zur feudalen Gesellschaftsordnung und von dieser zur bürgerlichen Gesellschaft entsprechen tiefgreifende Wandlungen im theologisch-philosophischen Bewußtsein, in der Gottesvorstellung, im Erlösungskonzept, im Menschen- und Weltbild sowie im Verhältnis des Menschen zu Gott, zu sich selbst und zur Welt.

Schon in der Frühphase der Scholastik wird das patristische Erbe der westlichen Welt angepaßt: Eriugena behauptet gegen

[33] Als ein Denker auf der Schwelle von Patristik und Scholastik erscheint der Angelsachse Beda Venerabilis (674–735). Schon die Themenstellung seiner philosophischen Schrift ›De rerum natura‹ läßt eine oft von Theologie und Metaphysik überwucherte Komponente mittelalterlichen Denkens erkennen, die erst in der Neuzeit wieder voll zur Geltung kam: die Naturphilosophie. Eine andere, politische Grundströmung lief der hierarchischen Orientierung zuwider, die Tendenz zur Volkssouveränität. Beda schöpfte u.a. aus der ›Naturgeschichte‹ des älteren Plinius (23–79 n. Chr.) und hielt so die Verbindung zur antiken Naturerfahrung aufrecht.

den spätaugustinischen Determinismus die Willensfreiheit. Die byzantinisch-mystischen Hierarchievorstellungen des Dionysios erfahren eine Korrektur zugunsten eines freieren, weniger subalternen Verhältnisses des Menschen zu Gott, und die von Boethius tradierte Version der aristotelischen Kategorienlehre wird vereinfacht und dynamischer gefaßt: Grundkategorien werden Ruhe und Bewegung, wobei letztere den Vorrang erhält. Die Gottesvorstellung verliert ihre orientalisch-spätantiken, despotisch-imperatorischen Züge, bekommt dafür zunächst lehnsherrlich-feudalistische, später menschlich-mildere, ja liebevoll-väterliche. Aus dem mythisierenden Erlösungskonzept nach Art eines Geiseldramas – Befreiung der Menschheit aus der Macht des Teufels – wird bei Anselm ein lehnsherrliches, indem der beleidigte Lehnsherr Satisfaktion bekommt und schließlich, bei Abälard, ein Liebeserweis Gottes an den Menschen. Der Mensch erscheint immer weniger als Sklave, dafür als freies Individuum, als gottähnliches Geschöpf und selbstbewußter Partner Gottes. Am Ende dieser Entwicklung steht der Begriff der Menschenwürde. Anstelle von Augustins verkümmertem Naturbegriff und seiner weltfremden bis weltfeindlichen Weltanschauung gewinnen Natur und Welt Zug um Zug ihren hellenischen Stellenwert zurück bis hin zur Wiederentdeckung der Natur in der Renaissance. Das Verhältnis des Menschen zu Gott, zu sich selbst und zur Welt wird von einem Jahrhundert zum anderen entkrampfter, offener, reicher, natürlicher. Mit dem Aufkommen der bürgerlichen Gesellschaft verbinden sich Tendenzen zur Selbstbefreiung des Menschen, zu Rationalität, Wissenschaft und Weltbewältigung. Die Mathematik wird zu einer gefährlichen Konkurrentin der Theologie. Verlängert man die Entwicklungslinien zurück und nach vorn, ergibt sich von den Anfängen des westlichen Denkens bis zur Gegenwart etwa folgendes Bild: Zunächst dominiert das kosmozentrische Denken (ionische Naturphilosophie), dann das anthropozentrische (attische Philosophie), darauf das theozentrische (Patristik, Mittelalter), danach wieder das anthropozentrische (Renaissance, Humanismus, Neuzeit), gegenwärtig, besonders seit der Entdeckung der Evolution, das kosmozentrische. Das moderne Bewußtsein ist, nur auf höherer Reflexionsstufe, wieder bei den Vorsokratikern angelangt, in der mathematischen Logik erlebte Pythagoras, in der Atomphysik Demokrit seine Renaissance. Patristik und Scholastik bezeichnen in dieser Sicht die Perioden größter Weltferne des Denkens, was dem weltfremden, abstrakten, feudalistisch-klerikalen Gesellschaftssystem entsprechen dürfte.

6.5.1.1 Augustinismus, Aristotelismus

Der erste namhafte Denker der Scholastik, Johannes Eriugena oder Scotus (810–877), ein Ire, den Karl der Kahle 840 an die Hofschule von Paris berief, übersetzte nicht nur die Schriften des Pseudo-Dionysios Areopagita, sondern setzte auch dessen neuplatonisch-mystische Denktradition fort, die griechische und syrische Elemente enthielt. Die Mystik blieb bis zum Ende des Zeitalters ein fester Bestandteil mittelalterlichen Denkens. Die Franziskaner schlossen sich an Augustin an, der die Ergebnisse des patristisch-apologetischen Zeitalters in einer Art Synthese zusammengefaßt hatte. Aristoteles, der Synthetiker vorsokratischer und sokratischer Philosophie, wurde zum Archegeten der Dominikaner. Thomas von Aquin, der »Fürst der Scholastik«, ein Dominikaner, versuchte dann die Synthese aller Synthesen, eine Verbindung von Aristoteles und Heiliger Schrift, die selbst wiederum eine Vielfalt von Meinungen, Standpunkten und Aspekten enthält. Die vierte Komponente mittelalterlichen Denkens – neben Augustinismus, Aristotelismus und Mystik – ist die arabische Philosophie. Hinzu kommen als fünfte Kraft die jüdische Philosophie, als sechste die byzantinische und als siebte die pythagoreische Tradition, die zum Erstarken der Mathematik führte, und als achte vielleicht die angelsächsisch-germanische Komponente, für die die Hinwendung zur Natur, zu Beobachtung und Erfahrung charakteristisch ist. Von den drei Grundpositionen hellenischer Philosophie fehlt im christlichen Denken nur der »Materialismus« Demokrits. Er kam erst wieder in der Neuzeit zur Geltung. Relativ schwach ist die Philosophie der Zahl (Pythagoras) vertreten – eine Ausnahme bildet die Schule von Chartres –, dagegen überwiegt bei weitem der Platonismus im umfassendsten Sinn, zu dem auch der »Realist« Aristoteles gehört. Die Scholastik selbst wuchs aus dem spätantik-römischen Curriculum der Artes liberales heraus. In Deutschland schrieb Hrabanus Maurus (767–856) aus Mainz, der *primus praeceptor Germaniae,* der »erste Lehrmeister Deutschlands« 22 Bände, eine Art Enzyklopädie, ›Über das Universum‹ (De universo).

Scholastiker, *doctores scholastici,* hießen ursprünglich die

Lehrer der sieben freien Künste, die an Dom-, Kloster- und Hofschulen unterrichteten. Unter Scholastik versteht man eine Disziplin, die kirchlich anerkannte theologische Lehren philosophisch fundiert und systematisiert. Die Epoche der scholastischen Philosophie reicht vom 9. bis zum 15. Jahrhundert und wird gewöhnlich aufgeteilt in: Frühscholastik (9.–12. Jahrhundert), Hochscholastik (13./14. Jahrhundert) und Spätscholastik (14./15. Jahrhundert). Die scholastische Methode besteht im Aufsuchen von Gründen für die Dogmen der Theologie und im Widerlegen von abweichenden Meinungen. Sie operiert mit Lehrmeinungen und bezieht sich auf Texte. Logik und Dialektik dominieren, nicht eigenes Denken, Beobachtung und Erfahrung. Die Disputation verdrängte Kontemplation und Meditation. War für die geistig erwachenden Völker des keltisch-gallisch-germanischen Kulturraums schon die »alte Logik« (Kommentar des Boethius zur Einführung des Porphyrios in die aristotelische Kategorienlehre) ein großartiges Spielzeug, mit dem man zu distinguieren, disponieren, subsumieren und spezifizieren lernte, so waren die gesamte aristotelische oder »neue Logik« (Analytiken) sowie die übrigen Schriften des Stagiriten eine Offenbarung. Man kann sich den Schock kaum vorstellen, den die Rezeption einer ausgereiften Hochkultur, auf philosophische Begriffe gebracht und im Zusammenhang dargeboten, bei diesen jungen Halbbarbaren auslöste. Aristoteles trug wesentlich dazu bei, daß die Philosophie sich aus der Vorherrschaft der Theologie allmählich emanzipieren konnte und an den Universitäten im Rahmen der Artisten-Fakultät ihren Platz fand. Der Grad der Abhängigkeit der Philosophie von der Theologie läßt sich schon aus der Tatsache ersehen, daß die namhaften mittelalterlichen Philosophen durchweg Theologen waren. Thomas von Aquin hat nicht übertrieben, wenn er das Verhältnis in klassischer Weise definierte: *Philosophia ancilla theologiae*. Dennoch gab es schon in der frühen Scholastik erstaunlich viele Anzeichen freiheitlichen Denkens, das sich jedoch gegen die Macht des Klerus nicht durchsetzen konnte. So verfaßte Gerbert von Aurillac (Auvergne), Erzbischof von Reims und später Papst Sylvester II. (999–1003), eine ›Geometria‹, entwarf eine natürliche Weltanschauung, stärkte das Vertrauen in die Vernunft und ordnete sogar die Theologie der Philosophie unter. Fulbert, Bischof von Chartres (960–1028), der den Dom erbauen ließ und die Schule von Chartres gründete, auch »Sokrates der Franken« genannt, warnte vor einem

Übermaß an Dialektik. Berengar von Tours (999–1088), der »Aufklärer des 11. Jahrhunderts«, wandte sich gegen den Glauben an die Unfehlbarkeit der Synoden und Konzilien: höchste Autorität sei die Vernunft, und ohne Exegese werde die Bibel zum Märchenbuch. Manegold (gest. 1103) und Lanfrank (1010 bis 1089), der Lehrer Anselms, vertraten bereits die Lehre von der Volkssouveränität.

6.5.1.2 Johannes Eriugena

Eriugena schrieb ›Über die Einteilung der Natur‹ (867) und erklärte das Weltgeschehen zyklisch, und zwar nach Art der Neuplatoniker: es gehe von Gott aus und kehre zu ihm zurück. Er unterschied eine schaffende und nichtgeschaffene (Gott), eine geschaffene und schaffende (Ideen) sowie eine geschaffene und nichtschaffende (Einzelwesen) Natur. Im Sein des Seins erkennen wir Gott Vater, in der Ordnung den Sohn und in der Bewegung den Heiligen Geist. Die Erlösung vollzieht sich ebenfalls in drei Stufen: Befreiung vom Veränderlichen, Rückkehr zum Zeitlos-Idealen, Vereinigung *(unio mystica)* mit Gott, wobei allerdings die Individualität der Seele in Gott erhalten bleibt. Auf die »karolingische Renaissance« folgte im 10. Jahrhundert eine Zeit des Verfalls. Im 11. Jahrhundert setzte mit der cluniazensischen Reformbewegung, dem erfolgreichen Kaiser Heinrich III. (1039–1056) und dem energischen Papst Gregor VII. (1073–1085) in Frankreich, Deutschland und Italien ein kultureller Aufschwung ein.

6.5.1.3 Anselm von Canterbury

Anselm wurde 1033 in Aosta (Piemont) geboren, trat 1060 in das Kloster Bec (Normandie) ein, wurde 1078 Abt und war von 1093 bis 1109 Erzbischof von Canterbury. Er setzte gegen König Wilhelm II. und Heinrich I. von England das Recht des Papstes auf Investitur durch. Der Leitsatz des »Vaters der Scholastik«: »Ich glaube, damit ich erkenne« verbindet ihn mit Augustin, ebenso seine Formel: »Glaube sucht Vernunft« *(fides quaerens intellectum)*, wie der ursprüngliche Titel seines ›Proslogion‹ (Anrede) lautete. Während Anselm in seinem ›Monologion‹ die Trinitätslehre Augustins darstellt, entwickelt er in der

›Anrede‹ (an Gott) den »ontologischen Gottesbeweis«: etwas Größeres als Gott läßt sich nicht denken. Daß ein Gegenstand im Intellekt ist, ist etwas anderes als erkennen, daß ein Gegenstand existiert. Im Intellekt zu sein und zu existieren ist größer als nur im Intellekt sein. Also kann nicht gedacht werden, daß Gott nicht existiert. Schon der Mönch Gaunilo zu Mar-Moutier, ein Zeitgenosse Anselms, wandte dagegen ein, daß es im Denken auch ungewisse und falsche Dinge geben könne. In einem ›Liber apologeticus‹ versuchte Anselm, seinen Beweis zu retten. Bekanntlich hat Immanuel Kant in seiner ›Kritik der reinen Vernunft‹ den Beweis Anselms erneut widerlegt. Die Argumentation Anselms setzt eine Unterscheidung zwischen dem Gegenstand als solchem und seinem Begriff voraus. Fällt beides im Begriff zusammen, wird der Beweis »gegenstandslos«. In der Schrift ›Warum Gott Mensch wurde‹ (Cur Deus homo) versucht Anselm, das Dogma der Inkarnation, der Menschwerdung Christi, zu begründen. Die Sünde als Beleidigung Gottes ist von endlichen Wesen nicht sühnbar. Gott mußte daher die Sünde selbst sühnen, durch das Opfer seines Sohnes, und nur so konnte die Menschheit von der unendlichen Schuld erlöst werden.

6.5.1.4 Realismus, Nominalismus

Das Eindringen logischer Beweise und juristischer Kategorien in die Theologie signalisiert die Rationalisierung der Religion, den eigentlichen Beginn der Scholastik. Mit der Verfeinerung der logischen Untersuchungen in der zweiten Hälfte des 11. Jahrhunderts wurde der Boden für den sogenannten Universalienstreit vorbereitet, in den Logik, Erkenntnistheorie und Metaphysik verwickelt waren. Die Kontroverse entspann sich im Anschluß an die berühmte Einleitung des Porphyrios in die aristotelische Kategorienlehre. Porphyrios wies das Problem, ob die Universalien (*genera* und *species*) für sich existierten (Realismus) oder nur in Gedanken (Nominalismus, Konzeptualismus) mit der Begründung ab, es sei zu schwierig für eine Einleitung. In Verbindung mit einer Unterscheidung des Boethius in seinem Kategorienkommentar, fragte man sich außerdem, ob die Allgemeinbegriffe Gegenstände *(res)* oder Bezeichnungen *(voces)* seien. Wilhelm von Champeaux (ca. 1070–1121) vertrat die platonisch-realistische, Roscelinus von Compiègne (ca. 1050–1120) die nominalistische Partei. Anselm bekämpfte Roscelinus, der in der Synode von Soissons (1092) verurteilt wurde und widerrufen mußte.

6.5.1.5 Peter Abälard

Peter Abälard (1079–1142), ein Schüler Roscelins, versuchte die Standpunkte zu versöhnen und bereitete die Formel vor, mit der die Denker der Hochscholastik das Problem bereinigten: die Universalien befinden sich als Ideen im Geist Gottes vor den Dingen *(ante rem)*, als Wesen in den Dingen *(in rebus)* und als (abstrahierte) Begriffe im Verstand *(post rem)*. In seiner Schrift ›Sic et non‹ (Ja und Nein) demonstrierte Abälard, selbst ein glänzender Dialektiker, die Wirksamkeit der scholastischen Methode. An 150 Beispielen christlicher Dogmatik zeigt er in diesem Sentenzenbuch, einer Sammlung von Aussprüchen der Autoritäten, wie man Meinungen konfrontiert *(pro et contra)*, abwägt und zu einer Entscheidung kommt. Seine Ethik: »Erkenne dich selbst!« *(scito te ipsum)* mißt die Werke an der Intention des Handelnden *(pro intentione agentis)*, legt Wert auf Gesinnung und Gewissen und plädiert für die Treue, verstanden als Stehen zu seiner Überzeugung[34].

Abälards ›Dialog eines Philosophen, eines Juden und eines Christen‹ erinnert an Lessings ›Nathan den Weisen‹ und enthält, wie dieses Werk, eine Botschaft religiöser Toleranz. Der Öffnungstendenz Abälards wirkte sein »unerbittlicher Feind«, der rigide und rigorose Zisterzienserabt Bernhard von Clairvaux (1091–1153) entgegen, der das Wissen der Erbauung unterordnen wollte und die *ventosa loquacitas philosophorum*, die »windige Geschwätzigkeit der Philosophen« rügte. Auf der Synode von Sens (1141) wurde Abälard exkommuniziert, zu lebenslänglicher Klosterhaft und Verbrennung seiner Schriften verurteilt.

[34] Arnold von Brescia (1100–1155), ein Schüler Abälards und leidenschaftlicher Kirchenreformer, konnte, als Haupt einer demokratisch-republikanischen Partei in Rom, diese Eigenschaften unter Beweis stellen, als Barbarossa ihn gefangennehmen und der päpstliche Stadtpräfekt ihn hinrichten ließ.

6.5.1.6 Gilbert de la Porrée, Hugo und Richard von St. Victor

Gilbert de la Porrée (um 1150) war einer der bedeutendsten Gelehrten aus der Schule von Chartres, aufgeschlossen für die arabischen Wissenschaften, besonders für Medizin, Mathematik und Naturwissenschaften sowie für die »neue Logik« des Aristoteles. Die Vision des kalabrischen Mönchs Joachim von Fiore (1145–1202) von der Geschichte als eines Weges zur Befreiung der Menschheit blieb ein Traum, den die Vertreter der Orthodoxie (Thomas von Aquin, Bonaventura) erfolgreich bekämpften.

Eine wissenschaftsfreundliche Art der Mystik pflegten Hugo und Richard von der Augustiner-Stiftsschule St. Victor in Paris. Hugo (1096–1141), ein gebürtiger Graf von Blankenburg am Harz, verfaßte nach dem Vorbild Augustins ein Selbstgespräch (›Soliloquium‹), unterschied das Auge des Fleisches vom Auge des Geistes *(ratio)* und dem der Versenkung *(contemplatio)*. Hugo verband in idealer Weise mystisches Erleben mit der Fähigkeit zur Reflexion und zur Theorie der Mystik. In der *cogitatio* erfaßt der Mensch denkend die Welt und hebt sie ins Bewußtsein, in der *meditatio* verarbeitet er das Erfaßte und dringt zum Wesen der Dinge vor, in der *contemplatio* gelangt er zur Vision des Göttlichen. Eine Einführung in Philosophie und Theologie enthält Hugos ›Didascalion‹ in sieben Büchern. Er führt damit die Tradition Cassiodors (6. Jahrhundert), Isidors (7. Jahrhundert) sowie des Hrabanus Maurus (9. Jahrhundert) fort. Das Werk entspricht, wie das berühmte Sentenzenbuch des »Magister sententiarum«, des Petrus Lombardus (um 1150), das das Erbe der Patristik ordnet und verarbeitet, einem weitverbreiteten Bedürfnis des Mittelalters nach umfassender Information. Richard von St. Victor vereinigte Scharfsinn und Spekulationsgabe mit Sinn für die Erfahrung *(experientia)*, bei der alle Theoriebildung beginnen muß, auch im Fall der Gottesbeweise. Der Aufstieg der Erkenntnis vollzieht sich im Hinblick auf die Objekte in sechs Stufen: Anschauung gemäß der Anschauung *(imaginatio)*, Anschauung gemäß des Verstandes *(ratio)*, Verstand gemäß der Anschauung, Verstand gemäß des Verstandes, über, aber nicht außer dem Verstand, über und außer dem Verstand. Bei der Kontemplation sind drei Grade zu unterscheiden: Erweiterung *(dilatatio mentis)*, Erhebung *(sublevatio)* und Entrückung *(alienatio)* des Geistes.

6.5.2 Aristoteles-Rezeption

Gegen Ende des 12. Jahrhunderts setzte die Wende von der Früh- zur Hochscholastik ein. Durch Vermittlung der Byzantiner, Syrer, Juden und Araber gelangten die bis dahin unbekannten Schriften des Aristoteles in den Westen. 1210 lag so ziemlich das gesamte Werk des Philosophen in arabischen und lateinischen Übersetzungen vor.

Nach der Schließung der Platonischen Akademie durch Justinian (529) war der Einfluß des Aristoteles in Byzanz gewachsen. Der Mönch Johannes Damascenus behandelte theologische Kontroversen mit aristotelischen Methoden. Der Patriarch Photios (ca. 820–897) und sein Schüler Arethas (ca. 860–932) pflegten das geistige Erbe der Griechen auch in Zeiten des Kulturverfalls (8. und 9. Jahrhundert). Die Neugründung der Akademie gegen Ende des 11. Jahrhunderts trug zur Wiederbelebung der aristotelischen und der platonischen Philosophie bei.

Die Syrer empfingen sowohl von den Griechen als auch von Persern Anregungen, was zu einer erstaunlichen Blüte der Philosophie in Edessa führte. Besonders die Nestorianer, eine Gruppe christlicher Häretiker, Anhänger eines ehemaligen Patriarchen von Konstantinopel, vermittelten den Arabern antikes Kulturgut. Zu Beginn des 9. Jahrhunderts nahmen die Wissenschaften am Kalifenhof zu Bagdad einen ungeahnten Aufschwung. Neben Physik, Astronomie, Medizin und Philosophie wurden Mathematik und Musik gepflegt. In der Begegnung der Kulturen verschmolzen persisch-dualistische Lichtmetaphysik sowie indische Lehren von *māyā* und *nirvāṇa* mit islamischen und, über Syrien und Ägypten, mit griechischen Vorstellungen, wobei die neuen Herren des Orients besonders die Logik und Methodik des Aristoteles schätzten. Ähnlich wie die weströmischen Denker der Spätantike (Boethius) und die frühchristlichen in Ost und West bemühten sich auch die Araber um eine Synthese von Platonismus, Aristotelismus und Neuplatonismus. So hütete etwa von 800 bis 1200 die islamische Kultur das philosophische und wissenschaftliche Erbe der Griechen und entwickelte es weiter. Danach verschloß sich der Islam dem wissenschaftlichen Fortschritt. Die »islamische Herausforderung« aber wurde zur »Schicksalsfrage der europäischen Kultur«[35].

[35] Flasch, Das philosophische Denken im Mittelalter, S. 262, 265.

6.5.2.1 al Kindi

al Kindi (um 800 – nach 870) aus Basra erkannte bereits den wichtigen Zusammenhang zwischen Naturwissenschaften und Mathematik. Auf beiden Gebieten leistete er Außergewöhnliches. Die aristotelische Lehre vom doppelten *nous,* dem aktiven und dem passiven Intellekt, ergänzte er durch zwei weitere Formen, den erworbenen und den demonstrativen Verstand, worin sich der Gegensatz empirisch – rational ankündigt. Die zehn aristotelischen Kategorien reduzierte er sinnvollerweise auf fünf: Materie, Form, Bewegung, Raum und Zeit.

6.5.2.2 al Farabi

al Farabi (gest. 950), aus Turkestan, ebenfalls in Bagdad lebend, Mystiker und Logiker in einer Person, versuchte, wie die Vertreter der Frühscholastik, das Denken an aristotelischer Logik zu schulen. Wie die Kirchenväter wies er der Philosophie eine apologetische Aufgabe zu, nur daß hier nicht die Bibel, sondern der Koran die Rolle der Heiligen Schrift übernahm. In der Trennung von Wesenheit und zufällig-wirklichem Dasein, in der Herausarbeitung des Kontingenzbegriffes sowie in der Annahme einer Übereinstimmung von Wesensreich und Dingwelt kommt al Farabi Leibniz nahe. Seine Einteilung der Philosophie in logische Propädeutik, Physik und andere Naturwissenschaften, Metaphysik und praktische Disziplinen entspricht der grundsätzlichen Einteilung des Aristoteles und kann sogar heute noch zur Groborientierung dienen.

6.5.2.3 Avicenna

Ibn Sina (lat.: Avicenna, 980–1037) aus der Provinz Buchara, studierte Medizin, Philosophie und Theologie, lehrte Medizin und Philosophie in Isfahan und war Leibarzt bei mehreren persischen Fürsten. Er war ein Mann der Theorie und Praxis zugleich, schrieb mehr als 100 Bücher, wurde von den islamischen Theologen ausgeschrieben, bekämpft und verdrängt, da er ihnen zu »heidnisch« war. Das Universalienproblem hatte er bereits gelöst, bevor es sich im Abendland stellte. Sein ›Kanon‹ bildete Jahrhunderte hindurch die Grundlage des medizinischen Unterrichts bei Mohammedanern und Christen. Sein Hauptwerk, das ›Buch der Genesung‹, ist eine Enzyklopädie in 18 Bänden. Ein Auszug daraus trägt den Titel ›Buch der Befreiung‹. In der *intentio prima* oder der ersten Intention richtet sich unser Denken auf die Dinge, in der *intentio secunda* auf die Dispositionen des Denkens selbst. Die Unterscheidung lebt in der neuzeitlichen Erkenntnistheorie weiter als *intentio recta* und *intentio obliqua.* Die Materie ist, für Avicenna wie für Aristoteles, ewig. Sie ist das Prinzip für die Vielheit der Individuen und der Inbegriff von Potentialität, während die Aktualität in Gott begründet ist. Der menschliche (potentielle) Intellekt wird entweder durch Unterricht aktualisiert oder durch göttliche Erleuchtung. In der Psychologie des Avicenna zeigt sich eine Tendenz zur Empirie. Begreiflicherweise schätzten die orthodoxen Scholastiker, wie die moslemischen Theologen, Avicenna nicht besonders. Auch sie betrachteten ihn als einen Feind der Religion.

6.5.2.4 al Ghasali

Die Reaktion ließ nicht lange auf sich warten. al Ghasali (1059 bis 1111) war wie al Farabi ein Sufi. Die Sufis (Wollträger) waren asketische Mystiker, die auf dem Weg religiöser Ekstase die Vereinigung mit Gott suchten. al Ghasali war eine unruhige, widersprüchliche Natur, lehrte in Bagdad, später in Syrien und kehrte im Alter in seine persische Heimat zurück, wie er auch im Alter wieder zur Mystik fand, nachdem er bald Skeptiker, bald Fideist gewesen war. In seiner ›Widerlegung der Philosophen‹ (Destructio philosophorum) versuchte er, die Ziele und Lehren der Philosophen ad absurdum zu führen. Averroës schrieb dagegen eine ›Widerlegung der Widerlegung der Philosophen‹ und warf al Ghasali demagogische Tendenzen vor. Worum es diesem ging, zeigt der Titel seines Hauptwerks ›Die Neubelebung der Religionswissenschaften‹. Er teilte die Erkenntnisse in für die Religion nützliche oder schädliche ein. Wie später David Hume zweifelte er das Prinzip der Kausalität an, setzte allerdings dafür als Universalursache Gott.

6.5.2.5 Averroës

Averroës (arab.: Ibn Ruschd, 1126–1198) stammte aus Cordoba in Spanien und studierte Theologie, Jurisprudenz, Medizin, Mathematik und Philosophie. Zunächst betätigte er sich als Richter in Sevilla und dann in Cordoba, gewann darauf die Gunst des Kalifen, dessen Leibarzt er wurde, und diente auch dessen Sohn noch eine Zeitlang in hohen Ehren. Gegen Ende seines Lebens wurde Averroës ein Opfer der Orthodoxen, die ihn anklagten, durch die Philosophie der Religion zu schaden. Seiner Ämter und Würden enthoben, mußte er die Verbrennung seiner Schriften erleben. Bald nach seinem Tod ging auch die Herrschaft der Mauren in Spanien zu Ende, und der Koran verdrängte die Philosophie endgültig. Averroës verehrte Aristoteles fast wie einen Religionsstifter und betrachtete es daher vor allem als seine Aufgabe, mit Hilfe von Kommentaren, Paraphrasen, Kompendien, Epitomen und Analysen ein möglichst getreues Bild der aristotelischen Philosophie herauszuarbeiten. Wie Aristoteles im Mittelalter als »der Philosoph«, so wurde Averroës als »der Kommentator« zitiert. Allerdings kannte Averroës Aristoteles nur aus arabischen Übersetzungen. Am weitesten weicht Averroës von seinem großen Vorbild in der Gotteslehre ab: Personalität Gottes, Schöpfung der Welt aus dem Nichts, anfanglose Schöpfung. Die Gottesidee des Averroës deckt sich also weitgehend mit der des Thomas von Aquin. Anders als dieser bestimmt der arabische Philosoph indessen den Geist. Nach ihm existiert der tätige Geist zwar nach dem Tod fort, nicht aber als individuelle Substanz, sondern als Teil des universalen, göttlichen Intellekts. Hier liegt der Hauptpunkt der Differenz zwischen dem »Heiden« und der christlichen Orthodoxie. Religiöse und philosophische Wahrheit unterscheiden sich nach Averroës nicht wesentlich. Beide fließen aus derselben Quelle, aus Gott. Die Sprache der Religion ist nur bildhafter als die der Philosophie. Die Lehre von der »doppelten Wahrheit«, einer theologischen und einer philosophischen, hat Averroës nicht vertreten, obwohl christliche Autoren ihm dies unterstellten. Eine fideistische Theologie lehnte er ab.

Im Westen stießen die Lehren der arabischen Denker besonders in Paris bei den Franziskanern auf Interesse. Ihre Bedeutung für die Philosophie des Westens liegt, neben der Vermittlung des Aristoteles überhaupt, in der spezifisch arabischen Interpretation gewisser aristotelischer Lehren, wie der Lehre vom

Geist, die das westliche Denken zur Präzisierung seiner Standpunkte herausforderte. In der Betonung des Natürlichen, in ihrer Neigung zur Befreiung des Denkens von den Fesseln der orthodoxen Theologie gingen einige arabische Denker über die im Westen üblichen Toleranzgrenzen hinaus, was ihnen Verketzerung und ihren Schriften Ächtung eintrug.

6.5.2.6 Isaak ben Salomon Israeli

Die jüdischen Denker haben, wie die arabischen, sowohl vermittelt als auch eigene Denkarbeit geleistet. Wie bei den Arabern und Christen gab es auch bei den Juden Abwehr- und Öffnungstendenzen gegenüber der griechischen Philosophie; letztere behielten schließlich die Oberhand. Am Anfang der jüdischen Philosophie steht die Kabbala, eine Geheimlehre, deren Ursprung bis in die Zeit vor Christus datiert wird. Das Buch Jezirah (Schöpfung) wurde wahrscheinlich im 9. Jahrhundert n. Chr. verfaßt, das Buch Sohar (Glanz) im 13. Jahrhundert. In der Kabbala erscheinen alte jüdische Vorstellungen mit griechischen, speziell neuplatonischen, vermischt. Berührungen mit anderen Kulturen und Religionen, der persischen, hellenistischen, römischen, christlichen und islamischen, erweiterten das Blickfeld der Juden.

Der erste näher bekannte jüdische Denker des Mittelalters war Isaak ben Salomon Israeli (ca. 850–940), der in Ägypten lebte. Er verfaßte Schriften medizinischen und philosophischen Inhalts. Seine philosophischen Werke ›Buch der Definitionen‹ und ›Buch der Elemente‹ sind in arabischer Sprache geschrieben. Die darin zu Tage tretende philosophische Grundorientierung ist eher neuplatonisch als aristotelisch. Aus seiner Zusammenstellung von Definitionen stammt auch die berühmte Wahrheitsdefinition: »Wahrheit ist Angleichung der Sache und des Intellekts« *(veritas est adaequatio rei et intellectus),* die u. a. von Thomas von Aquin und Bonaventura zitiert wird.

6.5.2.7 Saadja, Gebirol

Saadja (ca. 890–940) begründete die jüdische Religionsphilosophie. In seinem 932 verfaßten Hauptwerk ›Glaubens- und Vernunftgesetze‹ befaßt sich Saadja in zehn Kapiteln mit der Erschaffung der Welt, dem Schöpfer, mit Gesetz und Offenbarung, Gehorsam und Unbotmäßigkeit, Schuld und Verdienst, Wesen und Fortleben der Seele, Totenerweckung, Erlösung, Lohn und Strafe sowie den Sitten. Er wendet sich gegen Sophisten und Skeptiker, aber auch gegen Atomisten und Dualisten. Seine Grundgedanken sind: Einheit Gottes, Vielheit seiner Attribute, wie Leben, Allmacht, Weisheit, Schöpfung der Welt aus dem Nichts, Integrität des Gesetzes, Freiheit des Willens, leibliche Auferstehung, Weltgericht. Saadja kennt zwar die Kategorienlehre des Aristoteles, hält sie aber für nicht auf Gott anwendbar.

Der früheste jüdische Denker in Spanien war Salomon ben Jehuda ben Gebirol (ca. 1020–1070), den Scholastikern unter dem Namen Avicebron bekannt. Er verfaßte die Schrift ›Quelle des Lebens‹ (Fons vitae) in Dialogform. Das Werk behandelt die Kategorien Stoff und Form. Der göttliche Wille erscheint als Lebensquelle, aus der alle Formen hervorgehen. Nur Gott ist reine Form. Die geistlichen Substanzen haben auch eine Art Materie. Materie erscheint also teils als körperliche, teils als geistige. In absteigender Linie offenbart sich der göttliche Wille im Weltgeist, in der Weltseele und schließlich in der Natur.

6.5.2.8 Moses Maimonides

Ihren Höhepunkt erreichte die mittelalterlich-jüdische Philosophie in Moses Maimonides (1135–1204) aus Cordoba. Er kannte Aristoteles und die arabischen Kommentatoren, systematisierte den Talmud, vermittelte dem christlichen Europa arabische Wissenschaft und übte einen nicht geringen Einfluß auf die Scholastik aus. Sein Hauptwerk ›Führer der Umherirrenden‹ (um 1190) läßt die nach Orientierung suchende Grundtendenz seines Denkens erkennen. Maimonides will die, welche durch Beschäftigung mit der Philosophie ihren Glauben verloren, zum Glauben zurückführen. Das Gesetz verpflichtet nicht nur zum Gehorsam, sondern auch zur Erkenntnis der Wahrheit. Zu glauben ist, was durch die Sinne wahrgenommen, mit dem Verstand geprüft und was von den Propheten verkündet ist. Wenn Heilige Schrift und Wissenschaft einander widersprechen, ist die Schrift allegorisch auszulegen. Maimonides betrachtet Aristoteles als Autorität in wissenschaftlichen Fragen, nicht aber in religiösen, so in der Frage der Weltschöpfung und

Weltregierung. Gott ist unerkennbar und kann nur als reine Aktualität gedacht werden. Hier wird der Einfluß des Aristoteles deutlich. Auf dem Gebiet der Ethik lehrt Maimonides die Freiheit des Willens. Beweggründe unseres Handelns sollen weder die Hoffnung auf Lohn noch die Angst vor Strafe sein, sondern die Liebe zu Gott. Höchste Lust, höchstes Gut und höchstes Glück ist die Gottesschau. Wie Aristoteles unterscheidet auch Maimonides zwischen ethischen und dianoëtischen Tugenden und wie jener gibt er diesen den Vorzug. Gegen den Widerstand fanatischer Rabbiner setzte sich die Philosophie und Wissenschaft bejahende Grundtendenz des Maimonides durch und verschaffte ihm bei Juden, Arabern und Christen hohes Ansehen.

6.5.3 Entfaltung

6.5.3.1 Universitäten

Dem Wandel der äußeren Bedingungen, der Ausdehnung der Gegenstandsbereiche, des Stoffes und der Erweiterung des Blickfeldes mußten sich auch im Mittelalter die Organisationsformen des Lehrbetriebs, die Methoden der Aneignung und Verarbeitung sowie die Einstellung der Lernenden anpassen. Gegenüber den Klosterschulen bedeutete die Einrichtung von Universitäten – Bologna 1119, Oxford 1167/68, Paris 1175, Salamanca 1218, Padua 1222, Neapel 1224, Cambridge 1229 – einen großen Fortschritt. In Paris sammelten sich die *magistri* und *scholares* und gründeten in korporativer Vereinigung die *universitas* mit den vier auch heute noch erhaltenen Basis-Fakultäten: Theologie, Philosophie *(septem artes)*, Jurisprudenz und Medizin. Anfangs waren nur die »alte« (›Kategorien‹, ›Peri hermeneias‹) und die »neue Logik« (›Analytiken‹, ›Topik‹) des Aristoteles zugelassen, später auch dessen Metaphysik und Naturphilosophie. Neben den Universitäten erlangten die Ordensschulen der Franziskaner und Dominikaner für das Philosophiestudium Bedeutung, das lange Zeit hindurch vor allem der Aneignung aristotelischer Texte diente. Nach sechsjährigem Studium der freien Künste mit Abschlußexamen konnte ein Scholar Baccalaureus werden. Dazu mußte er Disputationen halten und an deren Ende selbst entscheiden *(determinatio)*.

Danach durfte er philosophische Textbücher erklären. Die Lehrform war die *lectio* oder *expositio*. Zwei Jahre darauf erfolgte dann gewöhnlich die Zulassung zum *magisterium in artibus*. Aus der *lectio* gingen die literarischen Formen des Bibelkommentars und des Sentenzenkommentars hervor. Neben der *lectio* gab es die *quaestio* und die *disputatio*, die Frage und die Erörterung. Die Frage bildete gleichsam das Rückgrat des Unterrichts und wurde in der Erörterung weiter gepflegt (aufgezeichnet: *quaestiones disputatae*). Die *disputationes ordinariae* fanden vierzehntägig statt und dienten der Vertiefung des Gelernten. Außerdem gab es *quaestiones* und *disputationes de quolibet*. Sie fanden jährlich zweimal in der Advents- und Fastenzeit statt. Sie waren gleichsam die Turniere der Gelehrten, auf denen sie ihre Gelehrsamkeit vor einem breiteren Publikum beweisen konnten. Jeder Fragende konnte dabei Fragen aus dem Gesamtgebiet der betreffenden Wissenschaft stellen. Ihren literarischen Niederschlag fanden sie in den Untersuchungen vermischten Inhalts *(quodlibetales)*. Freie zusammenhängende Darstellungen kleineren Umfangs hießen Opuscula, umfassende Arbeiten Summen. Die Dialogform verschwand dagegen. Die Ordensgeistlichen erzielten die besten Leistungen und verdrängten den Weltklerus an den Universitäten.

Mit der Einnahme Toledos (1085) gelangten die Christen in den Besitz vieler wertvoller Texte der arabischen Philosophie und Wissenschaften. Hinzu kamen später die Übersetzungen aus dem in Konstantinopel bekannten aristotelischen Urtext mittels der Übersetzerschule in Sizilien. Zunächst verwertete man naturgemäß in Spanien die neuerschlossenen Quellen. Hier ging Dominicus Gundisalvi (um 1150), der Archidiakon von Segovia, mit gutem Beispiel voran. Er schrieb ›Über die Schöpfung der Welt‹, ›Über die Unsterblichkeit der Seele‹ und ›Über die Einteilung der Philosophie‹. In der Naturphilosophie leistete die Schule von Oxford Pionierarbeit. Alexander Neckham (um 1200) schrieb ein Lehrgedicht ›Über die Naturen der Dinge‹. Alfredus Anglicus verfaßte etwa zur gleichen Zeit eine Schrift ›Über die Bewegung des Herzens‹ und übernahm als erster die aristotelische Definition der Seele als Entelechie anstelle der allgemein herrschenden platonischen Konzeption. Michael Scotus übersetzte 1217 eine astronomische Arbeit der Araber ins Lateinische und löste damit den Kampf zwischen dem aristotelischen und dem ptolemäischen Weltkonzept aus, der mit dem Sieg des letzteren endete.

6.5.3.2 Robert Grosseteste, Johannes von Salisbury

Robert Grosseteste (1175–1253), Bischof von Lincoln, war Heiliger und Universalgelehrter in einer Person. Grosseteste vertraute bereits mehr der Erfahrung als den Autoritäten und erriet bereits im 13. Jahrhundert die Auffassung vom Licht als Urzustand der Materie – »Das Licht ist die erste körperliche Form« – und erkannte die wichtige Rolle der Mathematik für das Verständnis der Welt. Die Welt entwickelt sich, Grosseteste zufolge, nach geometrischen und physikalischen Gesetzen.

Was den Reichtum seiner Bildung und den Stellenwert der Empirie betrifft, erinnert Grosseteste an seinen Landsmann und Vorgänger Johann von Salisbury (1110–1180), den ersten großen Staatstheoretiker des Mittelalters, der sich Ciceros Stil zum Vorbild nahm, in seinem ›Policraticus‹ die Nichtigkeiten des Hoflebens einer geistlich-geistigen Lebensführung gegenüberstellte, das Recht zu Revolution und Tyrannenmord behauptete und in seinem ›Metalogicus‹ über Nutzen und Wert der Logik reflektierte. Als Krone aller Wissenschaften erscheint ihm die Ethik. Vorbedingung zur Glückseligkeit ist die Tugend, Vorbedingung der Tugend die Selbsterkenntnis, eine Frucht der Vernunft und der Gnade Gottes.

6.5.3.3 Wilhelm von Auxerre, Wilhelm von Auvergne

In Frankreich setzte Wilhelm von Auxerre (gest. ca. 1235) die Tradition des Dichterphilosophen Alanus ab insulis (1120 bis 1202) fort, dessen ›Anticlaudianus‹ (um 1182) er kommentierte. Darin waren bereits Themen der aristotelischen Naturphilosophie und Metaphysik behandelt. Alanus wollte Axiome und Beweise auch in die Theologie und Philosophie einführen. Wilhelm von Auxerre gehörte zu der vom Papst Gregor IX. eingesetzten Kommission (1231), welche die naturkundlichen Schriften des Aristoteles für den Lehrbetrieb »reinigen« sollte. Er verfaßte die ›Summa aurea‹, einen sehr geschätzten Kommentar zum Sentenzenbuch des Petrus Lombardus.

Wilhelm von Auvergne (gest. 1249) führte die platonisierende Kosmologie eines Thierry von Chartres[36] (gest. um 1150) wei-

[36] Bernardus Silvestris widmete um 1150 seinem Freund Thierry sein Hauptwerk ›Megacosmus et Microcosmus‹. Wilhelm von Conches (1080–1145), der

ter. Thierry hatte mit Hilfe pythagoreischer Zahlen-Metaphysik die Schöpfungsgeschichte kommentiert (›Über die Werke der sechs Tage‹). Wilhelms Ziel ist eine von der Theologie weitgehend unabhängige Kosmologie (›De universo‹).

6.5.3.4 Franz von Assisi

Franz von Assisi (1183–1226) fühlte sich zum apostolischen Wanderprediger berufen und stiftete im Jahr 1209 den nach ihm benannten ersten Bettelorden. Das Motto: »Fliehe, schweige, ruhe!« *(Fuge, tace, quiesce!)* entspricht einmal allgemein mönchischen Tendenzen, sodann auch den Erfahrungen des Stifters und nicht zuletzt dem Bekehrungserlebnis Augustins. Franziskus war sowenig ein Philosoph wie sein Konkurrent Dominikus, der sechs Jahre danach ebenfalls einen Bettelorden gründete, der seinen Namen erhielt. Dominikus (1170–1221) aus Caleruega in Kastilien war Sekretär des Bischofs Diego von Osma und wurde 1206 mit der Bekehrung der Albigenser betraut. Franziskus wollte wie Jesus leben und wirken: predigen, heilen, helfen, in Armut und Zurückgezogenheit leben, Nächstenliebe pflegen und die Vereinigung mit Gott suchen. In mystischer Verzückung empfing er am 17. 9. 1224 die Wundmale Christi, die erste von der Kirche als historisch akzeptierte Stigmatisation. Wenige Wochen später verfaßte er in rhythmischer italienischer Prosa den ›Sonnengesang‹, auch Gesang der Kreaturen (Canticus creaturarum) genannt. Bekannt und oft in der Kunst dargestellt sind die Tierpredigten des heiligen Franziskus, der zum Patron der Tierschützer wurde. Für Philosophie und Wissenschaft interessierte sich Franziskus nicht, Besitz und Macht lehnte er ab. Demgegenüber verwendeten die Dominikaner mit Eifer und großem Fleiß Philosophie und Wissenschaft zur Glaubensbegründung. Mit den Franziskanern und Dominikanern kam Leben in das philosophisch-scholastische Treiben des 13. Jahrhunderts: es begann der große Kampf zwischen Augustinismus und Aristotelismus, das zentrale Ereignis der Hochscholastik.

vielleicht auch in Chartres lehrte, befaßte sich mit grammatischen und naturphilosophischen Fragen.

6.5.3.5 Alexander von Hales, Bonaventura

Zunächst standen die Aussichten für die Franziskaner nicht schlecht. In Alexander von Hales (1170–1245) und Johannes Fidanza (Bonaventura, 1221–1274) hatte die Sache Augustins zwei hervorragende Anwälte gefunden. Alexander aus dem Kloster Hales in Gloucester trug den Beinamen »der Unwiderlegliche«. Er trat 1231 in den Franziskanerorden ein. Sein monumentales Hauptwerk, die ›Summa universae theologiae‹, übertraf an Systematik und Vollständigkeit alle bisherigen Werke. Roger Bacon meinte, nicht ohne Spott, das Werk sei schwerer als ein Pferd, und zweifelte seine Echtheit an. Als erster Scholastiker beherrschte Alexander von Hales die Lehren der Bibel, des Aristoteles, der Kirchenväter, der Araber und die Sentenzenliteratur in nahezu vollendeter Weise. Im Anschluß an das Sentenzenbuch des Petrus Lombardus behandelte Alexander 440 Quaestionen in vier Büchern. Er war auch ein virtuoser Methodiker, der nach der Sic et non-Methode Abälards vorging: Autoritäten *(pro et contra),* Lösung des Problems *(solutio)* und Widerlegung der Gegengründe *(refutatio).* Die dialektischen Operationen waren ihm ebenso vertraut: Definition, Distinktion und syllogistische Begründung. Auf erkenntnistheoretischem Gebiet war Alexander Realist, hielt apodiktische (notwendige) Gottesbeweise für möglich und akzeptierte Anselms ontologischen Gottesbeweis. Hier lagen aber auch schon die Schwachpunkte seiner Theorie und die Angriffspunkte für seine Gegner.

Die zweite bedeutende Persönlichkeit auf seiten der Franziskaner war Bonaventura aus Viterbo. Er studierte in Paris, nannte Alexander von Hales seinen Lehrer und Vater und trat 1244 oder schon früher in den Orden der Franziskaner ein, übernahm 1248 den Ordenslehrstuhl in Paris, wurde 1257 Ordensgeneral, 1273 Bischof von Albano und Kardinal. Verehrt als »Doctor seraphicus«, starb er in Lyon während des Konzils. Bonaventura, eine im Grunde konservative Natur, mehr Eklektiker als Systematiker, versuchte Scholastik und Mystik zu vereinigen. Seine Mystik läßt sich zwischen der der Viktoriner und der Meister Eckharts lokalisieren, enthält aber auch augustinisch-areopagitische Elemente. Berühmt wurde die auf Alanus ab insulis und das ›Buch der 24 Philosophen‹ zurückgehende, später von Pascal übernommene Formel: Gott ist »wie eine intelligible Sphäre, deren Zentrum überall und deren Peripherie nirgends ist.«[37]

In seinem Buch ›Des Geistes Wallfahrt zu Gott‹ (1259) unterscheidet Bonaventura sechs Stufen der Erhebung der Seele. Die Welt ist die Spur Gottes, die Seele das Bild Gottes, den man »durch« oder »in« sein(em) Bild bzw. seine(r) Spur betrachten kann, ihn selbst als Sein oder Gutes. Seine an Grosseteste erinnernde Lichtmetaphysik stellt Bonaventura in der Schrift ›Über die Zurückführung der Künste auf die Theologie‹ dar. Die Ideen erkennt man nicht auf dem Weg der Abstraktion (Aristoteles), sondern durch göttliche Erleuchtung (Illuminationslehre Augustins). Beim Erkennen lassen sich wieder sechs Stufen unterscheiden: Wahrnehmung, Vorstellung, Verstand, Vernunft, Geist und schließlich die Schau. Die Gottesschau ist die höchste Form der Erkenntnis. Sie besteht in der liebenden Vereinigung der Seele mit dem »Seelenbräutigam«. Die Analogie ist für Bonaventura der Zauberschlüssel allen Erkennens. In der Welt bilden die niederen die höheren Sphären ab. In der Dreiheit Substanz-Akzidenz-Relation (Verbindung beider) spiegelt sich die Dreieinigkeit. Im Anschluß an Augustin konstruiert Bonaventura auch die Geschichte in sechs Epochen, die den Schöpfungstagen entsprechen. Bedeutsam für die »rasante« Entwicklung der politischen Theorie zwischen 1200 und 1350 ist Bonaventuras Kritik an der Erbmonarchie, in der er einen »Ausbund der Unvernunft« sieht[38].

6.5.3.6 Albertus Magnus

Dem Doppelgestirn der Franziskaner – Alexander von Hales und Bonaventura – stehen auf der Seite der Dominikaner Albertus Magnus und Thomas von Aquin gegenüber. Albert von Bollstädt (1193–1280) wurde zu Lauingen an der Donau geboren. Er studierte in Padua Medizin und Philosophie, trat wahrscheinlich 1223 in den Dominikanerorden ein, studierte nun auch Theologie und lehrte in Köln und Paris. Den Beinamen »der Große« erhielt der sonst eher unscheinbare Mann, der »Doctor universalis« vor allem wegen seiner naturwissenschaft-

[37] Jean Pépin, in: François Châtelet (Hrsg.), Geschichte der Philosophie. Bd. 2, Frankfurt 1973, S. 165.
[38] Flasch, Das philosophische Denken im Mittelalter, S. 303, 347.

lichen Kenntnisse (Zoologie, Botanik), die ihm sogar den Ruf der Zauberei eintrugen. Albert schrieb viel, seine Werke füllen in der Pariser Ausgabe (1890–99) 38 Quartbände. Auf philosophischem Gebiet paraphrasierte und kommentierte Albert aristotelische Schriften unter Verwertung der arabischen und jüdischen Kommentare und Übersetzungen. Albert trat für eine Trennung der Autoritäten und Kompetenzen ein: Augustin für theologische Fragen, Aristoteles für philosophische und Hippokrates oder Galen für medizinische. In der Frage der Weltentstehung schloß sich Albert jedoch nicht an die aristotelische Konzeption einer ewigen Welt an, sondern an Maimonides, der die Weltschöpfung durch Gott als Dogma des Glaubens hinnahm. Albert versuchte, Natur und Übernatur in einer hierarchischen Ordnung zusammenzufassen. Aufgabe des Philosophen ist es, das System der Tatsachen in einem System des Wissens abzubilden, dem die Logik als Werkzeug, als Propädeutik vorausgeht. Die Philosophie zerfällt in die Gruppe der objektiv-theoretischen und der subjektiv-praktischen Disziplinen, in die auf Gott und Welt bezogenen Disziplinen der Theologie, Mathematik und Physik und die auf den Menschen bezogenen der Ethik, Politik und Ökonomik. Hinter der ersten Gruppe zeichnen sich die drei griechischen Modelle: Idee (Gott), Zahl, Atom ab, in der zweiten die griechischen Basisdisziplinen der anthropozentrischen Phase (Sophistik, Sokratik). Eine gewisse Ausnahme bildet die Ökonomik, der nur Xenophon besondere Aufmerksamkeit schenkte. Daß sie bei Albert erscheint, ist für die weitere Entwicklung der Philosophie nicht unwesentlich. Nicht weniger bedeutsam ist, daß auch der genetisch-evolutionäre Aspekt der Seinspyramide auf dem Umweg über die Logik bei Albert ins Spiel kommt. Hier kündigen sich Tendenzen an, die, besonders bei den angelsächsischen Denkern, über das spezifisch mittelalterlich-hierarchische Weltverständnis hinausweisen.

6.5.3.7 Thomas von Aquin

6.5.3.7.1 Leben

Thomas von Aquin (1225–1274) wurde auf dem Bergschloß Roccasecca (Aquino, im Neapolitanischen) geboren und bereits mit fünf Jahren der Obhut des Abtes von Monte Cassino, Sinibald, übergeben. Die Abtei hatte damals schon eine bewegte

Geschichte hinter sich, war von Langobarden, dann von Sarazenen zerstört worden und hatte sogar über 100 Jahre brach gelegen. Zur Zeit von Thomas lag sie auf der Grenze zwischen päpstlichem und kaiserlichem Einflußbereich. Mit zehn Jahren begann er das Studium der sieben freien Künste an der 1224 gegründeten Universität Neapel. Im Trivium, dem ersten Teil der *artes liberales,* unterrichtete ihn ein Magister Martinus, im Quadrivium, dem zweiten Teil, Petrus von Hibernia, der Aristotelische Werke kommentierte und den jungen Thomas wohl zuerst mit ihnen bekanntmachte. Gegen den Willen seiner Familie trat Thomas 1243 in den Dominikanerorden ein und nahm in Santo Domenico Maggiore zu Neapel aus der Hand des Priors Thomas Agni das Ordensgewand entgegen. Als seine Ordensoberen ihn 1244 zu den höheren Studien nach Paris schickten, nahmen seine Brüder Thomas unterwegs gefangen und hielten ihn ein Jahr auf den väterlichen Burgen fest. Aus der Gefangenschaft befreit, kehrte er 1245 zunächst nach Neapel zurück und studierte darauf in Paris (1245–1248), wo er Albertus Magnus kennenlernte, der sein Lehrer wurde. Als Albert vom Generalkapitel beauftragt wurde, in Köln eine Ordensuniversität zu gründen, begleitete Thomas ihn für vier weitere Jahre intensiven Studiums. Von 1252 bis 1255 las Thomas als *baccalaureus biblicus,* sodann als *baccalaureus sententiarius* über die Bibel sowie über die Sentenzen des Petrus Lombardus. 1256 erhielt er die *licentia docendi* und wurde damit Magister bzw. Professor der Theologie. Als Thomas seine Lehrtätigkeit begann, brach der Kampf aus zwischen den Pariser Professoren des Weltklerus und den Gelehrten aus den beiden Bettelorden. Thomas wurde in diesen Kampf verwickelt und verteidigte in einer Schrift den Standpunkt seines Ordens. 1259 wirkte er beim Generalkapitel in Valenciennes an der Verfassung einer Studienordnung *(ratio studiorum)* seines Ordens mit und kehrte noch im gleichen Jahr nach Italien zurück, wo er 1260 vom Provinzkapitel seiner Ordensprivinz in Neapel zum *praedicator generalis* ernannt wurde. In den Jahren 1259–1264 verfaßte er seine ›Summa contra gentiles‹, das Gesamtwerk gegen die Heiden, von 1261 bis 1264 hielt er sich als Theologe des päpstlichen Hofes (Orvieto) in der Nähe Urbans IV. auf. Manche Schriften dieser Zeit verfaßte er für den Papst oder widmete sie ihm (›Catena aurea‹, ›Contra errores Graecorum‹). Am Hof Urbans IV. lernte er auch den sprachkundigen Ordensgenossen Wilhelm von Moerbeke (ca. 1215–1286) kennen, der Werke des

Proklos, Archimedes, der Aristoteles-Kommentatoren Alexander von Aphrodisias, Themistios, Ammonios[39], Johannes Philoponos und Simplikios, besonders aber Schriften des Aristoteles selbst ins Lateinische übersetzte. Dieser Übersetzertätigkeit verdanken die Aristoteles-Kommentare des Thomas mit ihre Überlegenheit über die arabischen, denen eine so genaue Textgrundlage fehlte. Papst Clemens IV. (1265–1268) bot Thomas den erzbischöflichen Stuhl von Neapel an. Thomas erwirkte unter Bitten und Tränen, daß ihm die Stellung eines einfachen Ordensmannes erhalten blieb, damit er sich ausschließlich den Wissenschaften widmen könne. Im Jahr 1265 berief ihn das Provinzkapitel in Anagni zur Leitung des Ordensstudiums. Von 1267 bis 1268 übte er das Amt eines *lector curiae* am Hof des Papstes in Viterbo aus. Die Muße, die ihm sein Lehramt in Italien wohl in reicherem Maß ließ als das in Paris, verwendete er zu mannigfachen literarischen Arbeiten, vor allem an seinem reifsten Werk, der ›Summa theologiae‹, deren erster Teil in S. Sabina auf dem Aventin entstanden war. Zu Beginn des Jahres 1269 wurde Thomas wieder als Professor der Theologie an die Universität Paris zurückberufen.

Der zweite Pariser Aufenthalt des Thomas (1269–1272) wurde zum Höhepunkt seines literarischen Schaffens. Allerdings wurde er auch diesmal wieder in allerlei Streitigkeiten verwikkelt: gegen die Opposition des Weltklerus gegen die Bettelorden, gegen die Franziskaner und gegen den lateinischen Averroismus. Hier ging es um die Einheit des Intellekts und um die persönliche Unsterblichkeit. Thomas versuchte, die aristotelische Lehre vom Geist *(nous)* von neuplatonisch-averroistischen Bestandteilen zu reinigen und sie mit der christlichen Auffassung von der persönlichen Unsterblichkeit der »Geistseele« zu verbinden. Der Averroismus wurde 1270 tatsächlich durch den Bischof von Paris verurteilt. Thomas blieb also Sieger. Seine ebenso besonnene wie entschlossene Haltung führte dazu, daß er auch aus dem Lager seiner Gegner (Siger von Brabant) Anhänger gewann, so zum Beispiel Peter von Auvergne, einen Professor der Artistenfakultät, der einige Aristoteles-Kommentare des Thomas vollendete. Siger von Brabant (gest. 1282) lehrte einen gemäßigten Averroismus: Ewigkeit der Welt, unsterblicher, aber überindividueller Intellekt. Indessen erklärten sich

[39] Hermeion (um 480 n. Chr.), zu unterscheiden von Ammonios Sakkas (um 200 n. Chr.), dem Lehrer Plotins.

auch Mitglieder des eigenen Ordens gegen die von Thomas eingeschlagene Richtung der Aristoteles-Interpretation, so der Engländer Robert von Kilwardby (1272 Erzbischof von Canterbury, 1278 Kardinal, gest. 1279 in Viterbo), der eine vorzügliche Einleitung in die Philosophie (›De ortu et divisione philosophiae‹) verfaßte, und John Peckham (1279 Erzbischof von Canterbury, gest. 1292), der die Einheit der substantialen Form im Menschen (Thomas) leugnete. Gegenüber dem Intellektualismus des Thomas vertrat der »Doctor sollemnis«, Heinrich von Gent, ein Mitglied des Weltklerus, den Vorrang des Willens.

Im Frühjahr 1272 wurde Thomas von seinem Ordensoberen von seiner Lehrtätigkeit in Paris abberufen und mit der Leitung des Ordensstudiums an der Universität Neapel betraut. Die mannigfaltigen Beanspruchungen der letzten Jahre, interne Streitigkeiten und Glaubenskämpfe, hatten aber doch die physischen Kräfte des an Wassersucht leidenden Denkers überfordert. Anfang Dezember 1273 fühlte er sich außerstande, noch etwas zu schreiben. Auf die Frage seines Freundes Reginald von Piperno, warum er zu schreiben aufhören wolle, erwiderte Thomas, daß er nicht weiterschreiben könne, weil alles, was er geschrieben habe, verglichen mit dem, was er über göttliche Dinge schauend erkannt habe, ihm nun wie Spreu vorkomme. In diesem Zustand erreichte ihn eine Einladung Gregors X. zum Konzil in Lyon. Auf der Reise dorthin erkrankte er schwer und starb am 7. 3. 1274 im Zisterzienserkloster Fossanova bei Terracino. Beim Empfang der Sterbesakramente, so wird berichtet, sprach Thomas die Worte: »Ich empfange dich, Lösegeld meiner Seele. Aus Liebe zu dir habe ich studiert, Nächte durchwacht und mich abgemüht, dich habe ich gepredigt und gelehrt. Nie habe ich etwas gegen dich gesagt. Ich verharre auch nicht hartnäckig auf meiner Ansicht, sondern wenn ich mich über dieses Sakrament je unrichtig geäußert haben sollte, unterstelle ich es dem Urteil der Heiligen Römischen Kirche, in deren Gehorsam ich jetzt aus dieser Welt scheide.«

Auf dem Sterbebett erklärte Thomas von Aquin den Mönchen von Fossanova das Hohe Lied der Liebe (Salomo). Die sterblichen Überreste des rastlosen Denkers fanden ihre Ruhestätte in der Dominikanerkirche von Toulouse, seit der Französischen Revolution ruhen die Gebeine in der Kirche St. Sernin ebendort. Papst Johannes XXII. hat Thomas 1323 heiliggesprochen, Papst Pius V. ihn 1567 zum Kirchenlehrer erhoben. Man nannte den Heiligen »Doctor communis«, später auch »Doctor angelicus«.

6.5.3.7.2 Werk

Der Kampf zwischen den augustinischen Franziskanern und den Dominikanern war zugunsten der letzteren entschieden. Nicht der letzte Grund für diesen Ausgang dürfte in der hohen Qualität der aristotelischen Philosophie zu suchen sein; ein anderer lag in der sorgfältigen Vorbereitung durch Wilhelm von Moerbeke und Albert den Großen, wieder ein anderer in der formalen Begabung des Thomas, und weitere Gründe lagen schließlich in den Mängeln seiner Gegner, in der Abwertung des Wissens durch die Franziskaner im allgemeinen und der mystischen Ausrichtung Bonaventuras im besonderen[40].

Eine sinnvolle Thomas-Interpretation kommt um die Frage nicht herum, was von der »Philosophie« des Thomas nach Abzug aller aristotelischen, platonischen, neuplatonischen, patristischen und frühscholastischen Bestandteile übrigbleibt, wenn anders die Beschäftigung mit Thomas nicht zu einem Wiederkäuen längst bekannter Lehren führen soll. Wo man bisher überhaupt diese Frage ernsthaft stellte, kam man entweder zu dem Ergebnis, daß gar nichts übrigbleibt oder alles in einem neuen Licht erscheint. Nur eine ins einzelne gehende Faktorenanalyse kann hier weiterführen, eine Entscheidung von Fall zu Fall. Was aufgrund bereits in dieser Richtung erfolgter Sondierung gesagt werden kann, ist wenig genug. Offenbar besteht die Leistung des Thomas weitgehend im vorsichtigen Vermeiden von Meinungsextremen, im Ausgleich (wenn auch nicht im unbedingten), in zunehmender Differenzierung, alles im Dienst der großen Synthese. Was man bei Thomas findet, sind Akzentverschiebungen, Richtigstellungen, vorsichtiges Ausscheiden von Falschem, Zurechtrücken von Ungereimtheiten, Unterstreichungen des Richtigen: eine unendliche Fein- und Feinstarbeit des Geistes, eine Art Filigranarbeit der Vernunft.

Ob in der Architektur, Dichtung, Goldschmiedekunst, Buch- oder Glasmalerei – in allen Bereichen der Kultur und Gesellschaft war damals der gleiche Geist am Werk: »Der zur Synthe-

[40] Der Franziskaner Petrus Johannes Olivi (1248–1298) bewahrte das Erbe Bonaventuras und beeinflußte den Spiritualismus des 14. Jahrhunderts. Zugleich aber erweist er sich als selbständiger Denker. In seiner Willenslehre weist er auf Duns Scotus voraus. Seine Lehre wurde verurteilt, seine Schriften wurden verbrannt.

se strebende Geist des Jahrhunderts, manifestiert in der Philosophie der Scholastiker, fand seinen vollendeten dichterischen Ausdruck in Dantes ›Göttlicher Komödie‹. Wie die gotische Kathedrale und die ›Summa‹ des Thomas von Aquino besitzt sie enzyklopädische Größe, umfaßt das ganze Leben und ist in ihrer formalen Struktur ein Abbild der kosmischen Ordnung ... Die Kunst mittelalterlicher Kathedralen bietet ein getreues Spiegelbild der Gesellschaftsordnung ... Die mittelalterliche Gesellschaft gleicht einer Pyramide, in der Tote und Lebende zusammenhausen und über der Gott thront. Die Heiligen wirken ins Leben hinein wie bei Homer die Götter: am Leben und Treiben der Sterblichen zutiefst interessiert; jeder war einer Kultstätte besonders zugetan, einem Menschenkreis besonders hilfreich – eine Art höherer Aristokratie. Wie die griechischen Götter verfügten sie über wunderbare Kräfte; man erwartete, daß sie auch Gewalt anwenden würden, um die Ihren zu schützen. Sie blickten meist auf eine menschliche Vergangenheit voll heroischer Tugenden zurück und schätzten in ihren Schützlingen die Eigenschaften, die sie selber mit solchem Ernst in sich entwickelt hatten. Von ihnen aus führten zwei Stufenleitern in die Niederungen der menschlichen Gesellschaft: eine geistige, geistliche, Papst und Bischöfe an der Spitze, Äbte und Mönche, Archidiakone, Domherrn und andere Kleriker in der Mitte, die Ortsgeistlichkeit unten; eine säkulare mit Kaisern und Königen, Prinzen und Baronen, Rittern und Edelleuten, Kaufleuten und Handwerkern, Bauern und Knechten.«[41]

Die Werke des Thomas bilden einen Kosmos für sich, die Summen gleichen Pyramiden oder Kathedralen. Bei den Werken lassen sich vier Gruppen unterscheiden: Kommentare, meistens zu aristotelischen Werken, die Summen, von denen die ›Summa contra gentiles‹ in vier Bücher und 464 Kapitel eingeteilt ist, – die ›Summa theologiae‹ ist unvollendet –, die ›Quaestiones disputatae‹ bzw. ›Quodlibetales‹, wozu ›De ente et essentia‹ (1252), die ›Quaestiones disputatae de veritate (1256/59), ›Über die Seele‹ (1266) und ›De unitate intellectus contra Averroistas‹ (1270, gegen Siger von Brabant) gehören.

Was nun die spezifisch thomistischen Akzente betrifft, so trennt er einmal das mit den Mitteln natürlicher Vernunft Erkennbare schärfer von den Glaubenswahrheiten. Es gibt Grün-

[41] Christopher Brooke, Die Kathedrale in der mittelalterlichen Gesellschaft. In: Die großen Kathedralen. Köln 1984, S. 13ff.

de für die Annahme Gottes (Gottesbeweise), die Trinität dagegen ist ein Mysterium. Im Gegensatz zu Alexander von Hales akzeptiert Thomas den ontologischen Gottesbeweis Anselms nicht und zwar infolge einer sorgfältigeren Unterscheidung zwischen Essenz und Existenz einerseits, Zufall und Notwendigkeit andererseits. So ist zwar kein Schluß vom Begriff auf die Existenz Gottes erlaubt, wohl aber von zufälliger auf notwendige (= nicht zufällige) Existenz. Ähnlich verfährt er in der Frage der Weltschöpfung. Ob die Welt einen Anfang hat oder nicht, läßt sich nicht wissenschaftlich beweisen. Hier beginnt der Glaube – an die geoffenbarte Schöpfung.

Logik, also die Lehren von Definition, Urteil, Schluß und Beweis, übernimmt Thomas von Aristoteles. Auf dem Gebiet der Erkenntnistheorie unterscheidet er wiederum genauer als die meisten seiner Vorgänger. Er folgt weder dem Prinzip *Credo ut intelligam* noch dem *Intelligo, ut credam* ohne Einschränkung, verschiebt aber den Akzent zugunsten des letzteren. Der Glaube tritt nicht als Anhängsel zur Vernunfterkenntnis hinzu (Maimonides), sondern verhält sich zur Erkenntnis wie der Tempel zur Vorhalle. In der Ästhetik rückt Thomas den Begriff des Schönen in die Nähe von Erkenntnis und Wahrheit. Bei den Griechen war das Schöne mit dem Guten untrennbar verbunden. In der metaphysischen Fundierung der Seins-, Erkenntnis- und Wertordnung bei Thomas fehlt aber der Begriff des Schönen: »Ens est unum, verum, bonum« (Das Sein ist eines, wahr und gut). Anstelle des Schönen ist das Wahre getreten bzw. das Eine. Beides ist für die christliche Sicht der Dinge bezeichnend: Gegensatz von Gut und Schön, Einheit (Monotheismus). In der »technischen« Metaphysik, also den Grundbegriffen, schließt sich Thomas wieder eng an Aristoteles an, allerdings unter Betonung des Kausalitätsgedankens, den er für die Theologie benötigt. Mit Aristoteles lehnt Thomas den »Realismus« Platons und der meisten Frühscholastiker ab, sucht aber zwischen Aristoteles und Platon zu vermitteln, indem er die Ideen, wie Augustin, als Gedanken Gottes zuläßt. In der Fassung des Begriffs »Individuum« geht Thomas mit seiner Lehre von der *materia signata* etwas über Aristoteles hinaus, zieht aber noch nicht die Konsequenz der Nominalisten in der Spätscholastik, wonach nur die (individuellen) Einzelgegenstände wirklich sind. Auf dem Gebiet der Ethik folgt Thomas Aristoteles in der Unterscheidung von dianoëtischen und ethischen Tugenden, ihrer Rangzuweisung und der Lehre von der Tugend als Mitte zwischen zwei Extremen, präzisiert aber den Begriff der Willensfreiheit im Sinn eines natürlichen, durch die Erbsünde nicht verlorenen Wahlvermögens *(synteresis)*. Während die Synteresis ein Habitus (Verhaltensweise) ist, manifestiert sich das Gewissen im Akt der Anwendung unseres Wissens auf das, was wir tun. Mit den vier antiken Kardinaltugenden (Weisheit, Gerechtigkeit, Besonnenheit, Tapferkeit) werden die drei christlichen (Glaube, Hoffnung, Liebe) verbunden. Auf gesellschaftlichem Gebiet zog Thomas Hörigkeit und Leibeigenschaft sowenig wie Aristoteles die Sklaverei in Zweifel. In der Schrift ›De regimine principum‹ (Über die Herrschaft der Fürsten)[42], begründet Thomas den Staat sowohl von der Natur als auch von Gott her. Die Monarchie erscheint ihm als beste, die tyrannische als schlechteste Staatsform. Die Einbettung des einzelnen in die »Hierarchie der Lebenszwecke«, wie die feudale Gesellschaft sie definiert, wird von Thomas nicht in Frage gestellt[43]. Er opferte die christliche Freiheit einer scheinbar gottgewollten Ordnung, deren Bedingtheit er, wie die meisten seiner Zeitgenossen, nicht durchschaute.

Thomas ist zwar noch weit entfernt von der Praxis moderner Ideologen, die Herrschaftssystemen bewußt Rechtfertigungskonzepte liefern, aber einige Schritte in diese Richtung hat auch er getan, insofern er vorgefaßte Meinungen in Form von Dogmen, verbunden mit den Interessen klerikaler und weltlicher Machtgebilde, nicht anzweifelte. Im Denken des Thomas, einem äußerst kunstvollen Kompromiß, gewann die Ordnung das Übergewicht über die Freiheit und forderte damit gleichsam die Gegenbewegung heraus. Daß Thomas gerade Aristoteles zum geistigen Führer wählte, läßt sich aus der geistigen Situation beider Denker verstehen, die Synthetiker eines Zeitalters bzw. Kulturkreises waren, mehr oder weniger von der Endgültigkeit ihrer Konzepte überzeugt. Die Geistesgeschichte zeigt jedoch, daß nicht nur philosophische Meinungen und Standpunkte, sondern auch religiöse Auffassungen und Bedürfnisse dem Wandel unterliegen, eine bittere Erkenntnis für alle Absolutisten. Heute interessiert es kaum noch jemanden, ob der

[42] Die Schrift wurde von *Tolomeo di Lucca* (gest. 1318, Bischof von Torcello), einem Schüler (und Beichtvater) Thomas von Aquins, wenn auch mit veränderter, antimonarchischer Grundtendenz fortgesetzt.

[43] »Die Erstursache des Thomas verhielt sich wie ein wohlberatener Lehnsherr: Er griff nicht in die Zuständigkeit der Vasallen ein.« Flasch, Das philosophische Denken im Mittelalter, S. 334.

Sohn für wesensgleich oder wesenseins mit dem Vater gehalten wird, und wenn jemand, wie der Mystiker Bernhard von Clairvaux (1115–1153), in Europa zum Kreuzzug gegen die Ungläubigen aufriefe, predigte er tauben Ohren.

6.5.4 Spätzeit

Die Gegenkräfte gegen die Verschulung und die Verweltlichung des Denkens regten sich bereits in der Vor- oder Frühscholastik, wurden zur Zeit der Hochscholastik, als Thomas von Aquin den Gipfel seines Ruhmes erreichte, stärker und brachen in der Spätscholastik durch. Es waren keine feindlichen Kräfte, die von außen kamen, sondern zutiefst christliche Impulse, die zur Selbstauflösung der Scholastik führten, allem voran der Freiheits- und Wahrheitswille. Gerade bei begeisterten Anhängern des Thomas wird die zunehmende innere Distanz deutlich, so bei Dante Alighieri (1265–1321), der in seiner Schrift ›De monarchia‹ (um 1309) die weltliche Herrschaft *(imperium)* der geistlichen *(sacerdotium)* nicht mehr unterordnet, wie Thomas, sondern nebenordnet.

6.5.4.1 Roger Bacon

Roger Bacon (1214–1293), ein Zeitgenosse des Thomas und Franziskaner war ohnehin kein Anhänger des »Doctor angelicus«, aber schon ein gefährlicher Kritiker; gefährlich, weil seine Kritik naturwissenschaftlicher Denkweise entsprang und die gesamte »Philosophie« der Scholastik in Frage stellte. Roger Bacon, »Doctor mirabilis«, stammte aus einer reichen englischen Familie, studierte in Oxford, unter anderem bei Robert Grosseteste, und in Paris, wo er Alexander von Hales und Albertus Magnus kennenlernte. Seinen Lehrstuhl in Oxford mußte er auf Betreiben der Orthodoxie verlassen. Der Ordensgeneral Hieronymus von Ascoli verwarf 1278 die Lehren Bacons und verurteilte ihn zur Klosterhaft. Wie lange sie dauerte, ist nicht bekannt.

Was lehrte Roger Bacon? Zwischen 1266 und 1268 verfaßte er nach längeren Vorarbeiten drei Schriften, das ›Opus maius‹, das

›Opus minus‹ und das ›Opus tertium‹. Sein Hauptwerk, das ›Opus principale‹, vollendete er nicht. Bacon hielt die riesigen »Summen« der Scholastiker für unfruchtbar. Albert und Thomas erschienen ihm wie Knaben, die lehren wollen, ehe sie wirklich gelernt haben. Anstelle von Autoritäten, Dogmen und Texten forderte er Erfahrung, Messung und Vernunftbeweise, anstelle von Theologie Mathematik und Physik. Krone aller Wissenschaften sei die *scientia experimentalis.* Forderte Bacon in den Naturwissenschaften Rückkehr zu den Dingen, forderte er auf dem Gebiet der Geistes- und Sprachwissenschaften Rückkehr zu den Quellen und das Studium der Sprachen selbst, ein Programm, das dann später im Humanismus weitgehend verwirklicht wurde. Bacon war aber nicht nur ein Theoretiker und Programmatiker, sondern auch ein Praktiker und Erfinder. Er erfand Vergrößerungsgläser, befaßte sich mit Fragen der Optik und Astronomie sowie mit chemischen Problemen und der Kalenderreform. Aus naheliegenden Gründen tastete er die Autorität des Papstes, die Herrschaft der Kirche und die Lehren der Heiligen Schrift nicht an.

6.5.4.2 Raymundus Lullus, Petrus Hispanus

Zu dieser Gruppe der modernen, antischolastisch-naturwissenschaftlich orientierten Denker gehört Raymundus Lullus (1235–1315) aus Palma auf Mallorca, auch »Doctor illuminatus« genannt, seit 1292 Franziskanertertiar. Er bereiste England und Deutschland, lehrte in Paris und Montpellier, missionierte bei den Muslims in Nordafrika sowie im Orient und wurde schließlich von ihnen gesteinigt. Er war Mystiker und Logiker, Dichter und Enzyklopädist zugleich. In seinem Hauptwerk, der ›Ars generalis‹ (Allgemeine Kunst), entwickelt Lullus ein System von Grundbegriffen, Prinzipien und Regeln, das er mit Hilfe der Kombinatorik in eine »Kunst des Forschens, Beweisens und Erfindens« *(ars investigandi, demonstrandi et inveniendi),* die sogenannte »Lullische Kunst«, integriert *(ars magna et ultima).* In seiner ›Dissertatio de arte combinatoria‹ (1666) hat sich G. W. Leibniz mit der Kunst des Lullus befaßt, den er als Begründer der »Logica inventiva« würdigt und als Vorläufer seiner eigenen *ars combinatoria* oder Kombinationskunst ansieht. Lullus gilt auch als Vorläufer der modernen Logik.

Lullus' neue, an Mathematik, Mechanik und Relationenlogik orientierte Wissenschaftskonzeption setzte ein ebenso universales, praxisnahes Methodenkonzept voraus, einen Weg, alles zu wissen, *viam ad sciendum omnia.* In der praktischen Philosophie orientierte er sich an einem eher bürgerlichen als feudalen Grundwert, dem *bonum publicum.* Ein weiteres Ziel des Lullus war die Herstellung des religiösen Friedens, den er durch den Fanatismus der Orthodoxen am meisten bedroht sah.

Einen Beitrag zur Systematisierung der Logik lieferte Petrus Hispanus aus Lissabon (gest. 1277), später Papst Johann XXI., ein Anhänger des Thomas wie Dante und Vinzent von Beauvais (gest. 1264), der Verfasser des ›Speculum maius‹, einer großangelegten Enzyklopädie. Petrus Hispanus verfaßte ein für Jahrhunderte grundlegendes Lehrbuch der Logik, die ›Summulae logicales‹.

Zu den naturwissenschaftlich orientierten Denkern des 13. Jahrhunderts, die ihrer Zeit voraus waren, über sie hinaus wirkten, gehört ein Schüler Alberts, der Schlesier Witelo, dessen von Alhazens Optik abhängige Schrift ›Perspectiva‹ noch Johann Kepler ergänzte. Witelo verfaßte auch andere naturphilosophische Schriften, so zur Astronomie und Psychologie, denen ein mathematisch-dynamisches Weltbild zugrunde lag.

6.5.4.3 Johannes Duns Scotus

Auf den Grundlagen der Scholastik baute Johannes Duns Scotus (1270–1308), der »Doctor subtilis«, die stärkste Gegenposition der Franziskaner zu Thomas auf. Duns Scotus lehrte in Oxford, Paris und Köln, hielt an den wichtigsten Lehren der älteren Franziskanerschule fest und teilte auch den gemäßigten Realismus des Thomas, nicht aber dessen Auffassung der Individualität. Zu den Bestimmungen durch Geschlecht und Art *(genus, species)* tritt die individuelle Bestimmung *(haecceitas),* die nicht nur im Intellekt, sondern auch in den Dingen, und zwar nicht nur der Möglichkeit *(virtualiter),* sondern auch der Form nach *(formaliter)* bestehen soll. Zur Tierheit *(animalitas)* des Sokrates tritt seine Menschheit *(humanitas)* und zu dieser noch seine Sokratesheit *(socratitas).* Die Materie ist nicht mehr nur Möglichkeit (Potenz) wie bei Thomas. Als Wirklichkeit mit verschiedenen Graden erhält sie einen neuen Stellenwert. Eine

Folge dieser Sicht ist, daß die Seele nicht mehr die einzige Form im Menschen bleibt, vielmehr durch eine Körperlichkeit *(corporeitas)* ergänzt wird. Der größte Unterschied zu dem Intellektualisten Thomas besteht jedoch in dem Vorrang, den Duns Scotus dem Willen zugesteht *(voluntas est superior intellectu)*, womit eine Aufwertung der Freiheit verbunden ist. Der Wille unterliegt keiner Bestimmung, er ist völlig frei. Diese Auffassung befindet sich grundsätzlich im Einklang mit dem Voluntarismus Augustins, dem Duns Scotus auch sonst verpflichtet ist, dessen Erleuchtungstheorie er aber ablehnt. Nach Duns Scotus reicht das »natürliche Licht« zur Erkenntnis aus. Die Bedeutung der Alternative zu Thomas wird bei der Anwendung auf den Gottesbegriff deutlicher. Gott erscheint nur durch seinen Willen determiniert. Das Gute ist gut, weil Gott es so will, entsprechend das Böse. Gott kann Schuldige straffrei lassen und Unschuldige bestrafen. Aus den Lehren des Duns Scotus folgte eine starke Aufwertung des Individuums, seiner Selbständigkeit und Freiheit: je mehr Individualität, desto vollkommener. Der individuelle Wille ist eine Urtatsache wie die Liebe Gottes. Die Lehren des Duns Scotus, der keine Summe mehr schrieb, wirkten mehr auf neuzeitliche Philosophen wie Leibniz als auf die römische Kirche, die sich im Prinzip den Standpunkt des Thomas zu eigen machte. Duns Scotus wurde als unbestechlicher Kritiker sowohl theologischer als auch philosophischer Begriffe und Lehren für das Denken im 14. Jahrhundert wegweisend, das nicht zuletzt in der Prüfung zahlreicher Ideen und Denkansätze der vorhergehenden Jahrzehnte seine Erfüllung fand. Die Tendenz des Duns Scotus zur Denkökonomie, die sich bei Ockham fortsetzt, läßt sich als »stabilisierende Stütze frühbürgerlicher Wirtschaftserfahrungen«[44] verstehen.

6.5.4.4 Vorboten einer neuen Zeit

Das 14. Jahrhundert brachte wenig Erfreuliches: den Hundertjährigen Krieg zwischen England und Frankreich (1339–1453), die Ausbreitung der Pest über ganz Europa (seit 1347), das Große Schisma (1378–1417), den Niedergang des Papsttums und die Verweltlichung der Kirche, den Niedergang des deutschen Kaiserreichs und die Aufgabe der universalen Reichsidee.

[44] Flasch, Das philosophische Denken im Mittelalter, S. 448.

Die Spätscholastik ist gekennzeichnet durch erbitterte Kämpfe zwischen Thomisten (Dominikanern) und Scotisten (Franziskanern), den Streit der extremen Minoriten mit der Kurie (Armutsideal), die Abkehr der Denker von Kirche und Papsttum, durch Modernismus, Nominalismus und Mystizismus; »Gottesfreunde«, die »Brüder vom gemeinsamen Leben«, die »Nachfolge Christi«-Bewegung, Beginen (Bettlerideal) und Flagellanten (Geißler) treten auf, Hierarchie, Zölibat und Ablaß werden verworfen (John Wiclif, gest. 1384). Die unaufhaltsame Trennung von Theologie und Philosophie wird institutionalisiert. Zwar hatte die Verurteilung von 219 unorthodoxen Thesen durch den Bischof von Paris (1277), der sich der Bischof von Canterbury anschloß, noch einmal die Macht der Orthodoxen demonstriert, aber das öffentliche Interesse an solchen Glaubensfestlegungen schwand, Kritik an der Metaphysik und politisches Urteilsvermögen nahmen zu, Erfahrung, Induktion und Analyse, Mathematik und quantifizierende Betrachtungsweise begannen ihren Siegeszug. Petrus Johannes Olivi hatte erkannt, daß es der Philosophie mehr auf den Weg als auf Ziele ankommt, und Dietrich von Freiberg (ca. 1250–1312) verlangte die Trennung von Philosophie und Offenbarung, setzte neue Maßstäbe für erkenntnistheoretische Erörterungen und begründete eine konsequent rationale Weltsicht. Damit waren die Grundlinien der weiteren Entwicklung der Philosophie vorgezeichnet.

Auf Duns Scotus, den »Lehrer für Jahrhunderte«, folgte eine Reihe von weniger hervorragenden Denkern, die sehr verschiedene Wege gingen und denen kaum mehr als die Kritik an den Systemen und Methoden der Scholastik gemeinsam ist. Die Zuwendung zu den Naturwissenschaften verstärkte sich, oft verbunden mit einer gewissen Skepsis auf erkenntnistheoretischem Gebiet. Solche »Vorboten einer neuen Zeit« sind die Dominikaner Jakob von Metz und Durandus de S. Porciano, der Franziskaner Petrus Aureoli und Heinrich von Harclay, Kanzler der Universität Oxford. Jakob von Metz (um 1300) polemisiert in mehr als 40 Punkten gegen Thomas und kritisiert vor allem dessen Lehre von der Form und vom tätigen Intellekt. Durandus (ca. 1270–1334), auch »Doctor modernus« genannt, stellte in seinem Kommentar zu den Sentenzen des Petrus Lombardus Thomas eine nominalistische Position entgegen. Er behandelte in der Metaphysik das Problem der Relation, in der Erkenntnistheorie die Frage nach der Gültigkeit von Allgemeinbegriffen sowie das Problem der Wahrheit und in der Psychologie das der geistigen Erkenntnis.

Petrus Aureoli (gest. 1322 zu Avignon) war Franziskaner und seit 1321 Erzbischof von Aix. Er polemisierte so ziemlich gegen alle festgelegten Denkrichtungen und neigte zum Empirismus. Heinrich von Harclay (1270–1317, Avignon) verfaßte einen Sentenzenkommentar und Quaestiones, in denen er das Problem der Realität von Relationen sowie die Universalienfrage erörterte. Er lehnt Thomas im allgemeinen ab, folgt Duns Scotus in einigen Fragen, während er in anderen auf Ockham vorausweist.

6.5.4.5 Wilhelm von Ockham

Wilhelm von Ockham (ca. 1290–1349), der führende Denker der Spätscholastik, gilt als Begründer des Nominalismus. Er war Franziskaner, lehrte in Oxford, geriet in Konflikt mit der Kurie und wurde 1324 nach Avignon vorgeladen. Aus der »Untersuchungshaft« flüchtete er nach Pisa, stellte sich in den Schutz Kaiser Ludwigs des Bayern, der sich ebenfalls im Streit mit dem Papst befand. Wilhelm folgte dem Kaiser nach München, lebte dort im Franziskanerkloster und starb, nicht lange nach dem Tod seines Beschützers (1347) an der Pest. Bei Ludwig dem Bayern hatte auch der Averroist Marsilius von Padua Zuflucht gefunden (1326), der Verfasser der revolutionären politischen Schrift ›Defensor pacis‹, in der er das Prinzip der Volkssouveränität vertrat: Souverän ist das Gesetz, das ist das Volk, das die Gesetze gibt. Der Klerus hat keinen Anspruch auf eine Sondergerichtsbarkeit, er darf keinen Staat im Staate bilden. Die Wissenschaft soll dem Leben aller Menschen, nicht der Herrschaft weniger dienen. Wilhelm von Ockham schrieb viel, einen Sentenzenkommentar, eine ›Summe der ganzen Logik‹, Arbeiten zur Naturphilosophie, speziell der Physik, einen ›Dialog zwischen Lehrer und Schüler über die Gewalt weltlicher und geistlicher Machthaber‹ sowie Quaestionen. Ockham vertrat gegen Anselm, Thomas und Duns Scotus konsequent den Nominalismus: nur die Einzeldinge sind wirklich. Begriffe sind Schöpfungen des Verstandes (daher auch: Konzeptualismus), oder sie sind Zeichen: Terminismus. Berühmt wurde Ockham auch durch sein Prinzip der Minimierung der Seinsarten, das »Ockhamsche Rasiermesser«: *entia non sunt multiplicanda praeter necessitatem* (Gegenstände – Objekte gleich Begriffe – dürfen nicht ohne Notwendigkeit vermehrt werden). Die Worte *(nomina)* sind Zeichen *(signa)* für Vorstellungen *(signa concepta sive mentalia, passiones* oder *intentiones animae).* Intuition ist die natürliche Art des Erkennens. Innere und äußere Anschauung sind die Hauptquellen des Wissens. Ockham ist, wie viele seiner angelsächsischen Vorgänger, Empiriker. Erkenntniskritik und Wissensanalyse lassen die Welt zusehends kontingenter (zufälliger) und das Denken komplizierter erscheinen. Die Kluft zwischen Vernunfterkenntnis (Philosophie) und Offenbarung (Theologie) wird größer. Die Vernunft kann weder Existenz noch Eigenschaften Gottes beweisen, sondern allenfalls durch Analogieschlüsse plausibel machen. Theologie ist keine Wissenschaft. Als Theologe hielt es Ockham allerdings weiterhin für verdienstvoll, das Unbeweisbare zu glauben. Daß er durch solche Auffassungen mit der kirchlichen Autorität in Konflikt geriet, ist verständlich. Ockham ist, wie Duns Scotus, Voluntarist. Mehr als ontologische und metaphysische Subtilitäten interessiert ihn jedoch die Verflechtung des Willens mit den Affekten und Trieben, also die (empirische) Psychologie. Die letztlich auf Gottes Willen zurückzuführende Ethik zeigt auch bedenkliche Aspekte: eine schlechte Handlung braucht keine Sünde zu sein, wenn sie zur Ehre Gottes geschieht. Werte an sich gibt es nicht. Gott hätte es auch anders einrichten können: »Aliter tamen potuit deus ordinare.« Vernünftiger erscheint die Maxime: Verletzt ein Fürst das Gemeinwohl, kann das Volk ihn absetzen und den Tyrannen töten. Das Kirchenvolk steht über der Autorität von Papst, Konzil und Geistlichkeit. Ein wesentlicher Pfeiler mittelalterlicher Gesellschaftsordnung, die Trennung von Klerus und Laien, geriet damit ins Wanken. Ockhams Kritik an feudalen und klerikalen Hierarchievorstellungen war der Ausdruck einer tiefen, für das Spätmittelalter bezeichnenden Autoritätenkrise. Aus der Kritik an der feudalen Besitz- und Herrschaftsordnung erwächst die demokratische Auffassung, nach der politische Macht auf dem Konsens der Bürger beruht.

Ungeachtet der Verurteilung seiner Lehre seitens der Universität Paris wuchs der Schülerkreis Ockhams, und der Nominalismus trat seinen Siegeszug an. Nikolaus von Autrecourt verknüpfte den aristotelischen Satz vom Widerspruch mit der inneren Erfahrung oder dem Bewußtsein. Seiner Meinung nach läßt sich aus der Existenz eines Dinges nicht mit Evidenz auf die

Existenz eines anderen Dinges schließen. Wie später Hume bezweifelte er die strenge Gültigkeit des Kausalitätsprinzips. Wie dieser verband er auch Empirie mit Skepsis. Nikolaus bestritt den Anspruch der Metaphysik, eine strenge Wissenschaft zu sein: sie gibt nur Begriffserklärungen und bringt keinen eigentlichen Erkenntnisgewinn. Seine Kritik richtet sich ferner gegen das elitäre Wissenskonzept der ewigen Wahrheiten. Von da war es kein großer Schritt mehr bis zu Lorenzo Vallas (moderner) Auffassung, nach der die Metaphysik auf sprachlichen Mißverständnissen beruht. In der Kosmologie griff er, ein Vorläufer Galileis, auf den lange verdrängten Atomismus Demokrits zurück. Auch ihm wurde der Prozeß gemacht, und er mußte seine unorthodoxen Schriften 1347 in Paris öffentlich verbrennen.

6.5.4.6 Johannes Buridan, Nicolaus von Oresme

Johannes Buridan, ein überzeugter Anhänger Ockhams, Philosoph, nicht Theologe, war 1327 und 1348 Rektor der Pariser Universität. Er interessierte sich mehr für logische, physikalische und psychologische Probleme als für theologische. Buridan hielt die Frage, ob sich der Wille bei gleichen Alternativen für oder gegen eine entscheiden könne, für unlösbar, da der Determinismus gegen das Prinzip der Verantwortlichkeit verstoße, der Indeterminismus aus gleichen Bedingungen nicht verschiedene Folgen zulasse. Bekannt ist der »Esel des Buridan«, der zwischen zwei gleichen Heubündeln wählen kann, sich nicht rührt und schließlich verhungert. Das neue Zeitalter kündigte sich bei Buridan in seiner Kritik der aristotelischen Physik an. Er griff die Impetus-Hypothese (Philoponos, Ockham) auf, wonach der Beweger dem Bewegten eine Kraft mitgibt, die das Bewegte in der Richtung so lange weiterträgt, bis eine Gegenkraft wirksam wird, und übertrug sie auch auf kosmische Bewegungen. Damit wurde aber die Lehre des Aristoteles von der durch Intelligenzen oder Gott gesteuerten kosmischen Bewegung hinfällig. Bei Buridan zeichnet sich bereits eine Art Himmelsmechanik ab. Seine Physik beeinflußte, durch Albert von Sachsen (Bischof von Halberstadt, gest. 1390) vermittelt, Leonardo da Vinci.

Nicolaus von Oresme (gest. 1382), Theologe und seit 1377 Bischof von Lisieux, übersetzte im Auftrag König Karls V. die ethischen, politischen und ökonomischen Texte des Aristoteles ins Französische und verfaßte selbst Schriften auf diesen Gebieten. Er gilt als der »bedeutendste Nationalökonom des 14. Jahrhunderts«. Auf naturphilosophischem Gebiet schloß er sich der Wurftheorie Buridans an und nahm die These des Kopernikus von der Erdbewegung vorweg, ebenso die analytische Geometrie des Descartes und Galileis Fallgesetz (›De difformitate qualitatum‹).

6.5.4.7 Pierre d'Ailly, Johannes Gerson

Die Engländer formalisierten Ockhams Logik weiter. In Frankreich verfaßte Kardinal Pierre d'Ailly (gest. 1420), ein Anhänger Ockhams, eine geographische Schrift mit dem Titel ›Imago mundi‹ (Das Bild der Welt). Sie beeinflußte Christoph Columbus, sein Kommentar zur aristotelischen Meteorologie Amerigo Vespucci. Auf erkenntnistheoretischem Gebiet geht er Descartes und Berkeley voraus, indem er die Selbsterkenntnis für sicherer als die äußere Wahrnehmung hält. In seiner Weltanschauung verbinden sich skeptische und mystische Elemente.

Johannes Gerson (1363–1429), der, wie sein Lehrer Ailly, aktiv am Konzil von Konstanz teilnahm, neigte mehr der Mystik zu, die er über Philosophie und scholastische Theologie stellte, im Anschluß an Augustin und Pseudo-Dionysios sowie die Viktoriner und Bonaventura.

6.5.4.8 Dietrich von Freiberg, Meister Eckhart und andere Mystiker

In Deutschland fand die Mystik ihren hervorragenden Vertreter in Meister Eckhart (1260–1327). Er empfing von Dietrich von Freiberg, dem zur Naturphilosophie und Erfahrung neigenden Schüler Alberts des Großen, mannigfache Anregungen. Eckhart, ein Dominikaner aus Thüringen, ist der erste Philosoph, der in deutscher Sprache schrieb. Er lehrte und predigte vielerorts in Deutschland, war aber auch in Paris, Straßburg und Köln tätig, wo man ihm einen Prozeß in Glaubensangelegenheiten anhängte. Eckhart widerrief bedingt und wandte sich an den Papst. Ehe jedoch die Bulle, die 28 seiner Sätze verdammte, eintraf, starb er. Sein ›Opus tripartitum‹ läßt sowohl scholastischen als auch platonischen Einfluß erkennen, und es ist schwer zu sagen, ob Eckhart ein scholastischer Mystiker oder ein mystischer Scholastiker war. Nicht weniger schwierig ist seine Position auf erkenntnistheoretischem Gebiet zu bestimmen. Einerseits hält er an der realistischen Position von Albert und Thomas fest – das Allgemeine ist wirklich –, andererseits hat sein Intellektualismus eine voluntaristische Note, indem er das Wirkliche ins Innere verlegt und eine starke Dynamik der Seele voraussetzt. Religiöse Erfahrung, Gotterleben, Selbsterkenntnis, Visionen und Ekstase beherrschen sein Denken, nicht Logik, Systematik oder Analyse. Auch der neuplatonische Gedanke des Ausgangs von Gott und der Rückkehr zu ihm findet sich bei Eckhart. Augustinisch klingt seine These von der Verankerung allen Seins in Gott. Die Einkehr in sich selbst, die Entdekkung des göttlichen Fünkleins *(scintilla)* in der Natur der Seele, des Menschen im Menschen, ist ein deutscher Zug seiner pantheistisch-panentheistischen Mystik, ebenso die Betonung der Freiheit, das Versinken in Gott – oder ins Nichts. Gott mußte schaffen: er braucht uns wie wir ihn[45]. Für Eckhart ist die Schau Gottes bereits in diesem Leben möglich, nicht erst, wie bei Thomas von Aquin, im Jenseits. Nicht die Werke heiligen uns, sondern wir sollen die Werke heiligen. Tugend ist ein Wirksamwerden Gottes in uns. Im Grunde gibt es nur eine Tugend, und das ist, ähnlich wie bei den alten Griechen, die Harmonie, die Schönheit, verbunden nicht mehr mit dem Eros, wie bei Platon, sondern mit der Liebe. Sie weiß nichts von Sünde und vertreibt die Furcht. Eckharts Verringerung der Kluft zwischen Geistlichen und Laien ist ein Ausdruck liebenden Erkennens und weist auf das neue Zeitalter voraus, ebenso seine enge Verbindung von Geist und Freiheit zu einer Freiheit des Geistes. Antifeudalistisch wie seine Freiheitsbotschaft, sein dynamischer Gottes- und Seelenbegriff, seine Tendenz zur Empirie sowie seine Kritik an der »Dingontologie« waren seine ethischen und gesellschaftlichen Ideen: Armut, Echtheit, Selbständigkeit und Gleichheit. Eckhart hatte, wie gewiß viele seiner Zeitgenossen, erkannt, daß der Geburtsadel weniger ein Stand als ein Mißstand ist und daß Könige und Kaiser weniger von Gottes als von Teufels Gnaden die Welt zu beherrschen suchen.

Von einer Art Taumel ergriffen, predigten und schrieben an-

[45] »Die feudale Vorstellung von göttlicher Erhabenheit ... wich einer neuen frühbürgerlichen Wertschätzung der intellektuellen Tätigkeit vor dem bäuerlichen Primat des festen Grundbesitzes.« Flasch, Das philosophische Denken im Mittelalter, S. 412.

dere Mystiker: Johann von Ruysbroek (1293–1381) in Holland schrieb über ›Die sieben Grade der Liebe‹; Johann Tauler von Straßburg (1300–1361) rief zur »Gottbesessenheit« auf; Heinrich Seuse von Konstanz (1300–1366) schwelgte von der Vereinigung mit dem »allersüßesten« Jesus; die »Brüder und Schwestern des freien Geistes« lehrten die moralische Indifferenz unserer Handlungen in Gott; Gerhard Groote stiftete die »Bruderschaft vom gemeinsamen Leben« und Thomas a Kempis verfaßte ein Buch ›De imitatione Christi‹ (Über die Nachfolge Christi).

6.5.4.9 Nicolaus Cusanus

Gewissermaßen auf der Schwelle vom Mittelalter zur Neuzeit steht die rätselhafte Persönlichkeit des Nicolaus Cusanus (1401–1464) aus Kues an der Mosel. Er verließ sein Elternhaus – sein Vater war Weinbauer – aus unbekanntem Grund, fand einen Schutzherrn, der ihn den »Brüdern vom gemeinsamen Leben« in Deventer zur Obhut und Erziehung übergab. Sie erkannten seine Begabung und ließen ihn an der Universität Heidelberg studieren. Von dort ging er schon nach einem Semester nach Padua und studierte bei namhaften Lehrern Jurisprudenz, Mathematik und Philosophie. Mystik und Mathematik verbanden sich in ihm zu einer untrennbaren Einheit. Nach sechsjährigem Aufenthalt in Italien und einem vergeblichen Versuch, sich in Mainz als Rechtsanwalt niederzulassen, entschloß sich Cusanus zum Studium der Theologie in Köln, der Hochburg der Scholastik in Deutschland. Er trat in den Augustinerorden ein, nahm am Basler Reformkonzil teil und verfaßte 1434 die für seine Einstellung bezeichnende Denkschrift ›Concordantia catholica‹. 1437 reiste er mit einer päpstlichen Gesandtschaft nach Byzanz, um eine Vereinigung der Kirchen anzubahnen, was jedoch fehlschlug. Als erster deutscher Denker betrat Cusanus die Hemisphäre griechischer Kultur. Da er Griechisch verstand, konnte er mit griechischen Gelehrten Verbindung aufnehmen. Von neuen Eindrücken und Erkenntnissen erfüllt, konzipierte er auf der Rückfahrt von Byzanz nach Venedig die Idee zu seinem an Sokrates und Platon erinnernden Hauptwerk ›De docta ignorantia‹ (Über das wissende Nichtwissen, 1440). Die Rückkehr zu den Ursprüngen vorsokratischen und sokratischen Philosophierens war für ihn so bezeichnend wie der Anschluß an die Mystik der frühscholastischen Philosophie, an Eriugena. Als Mathematiker hatte er Sinn für die pythagoreische Philosophie, die zu einem festen Bestandteil seiner Vorstellungswelt wurde. Vom niederen Verstand der Scholastiker, der Ratio, unterschied er den höheren Verstand, den Intellekt. Die Grundidee seines Werkes ist die *coincidentia oppositorum,* der »Zusammenfall der Gegensätze«. Darin treffen sich pythagoreische, heraklitische, platonische und neuplatonische Vorstellungen. Das Eine, Absolute, Unendliche, Übergegensätzliche manifestiert sich im Universum, dem Makrokosmos, und im Individuum, dem Mikrokosmos, im unendlich Großen und im unendlich Kleinen. Zwischen dem Unendlichen an sich und dem Endlichen gibt es kein Verhältnis *(infiniti ad finitum proportio non est).* Um die unendliche Kluft zwischen beiden zu überwinden, modifizierte Cusanus den platonischen Methexis-Begriff im Sinn von Repräsentation oder symbolischer Teilhabe *(participatio)* des Relativen am Absoluten, das im Universum durch Ausfaltung *(explicatio)* als Maximum erscheint, im Individuum durch Zusammenfaltung *(complicatio)* als Minimum. Gott ist die *complicatio explicans* oder die ausfaltende Zusammenfaltung. Das Unendliche, als Absolutes transzendent, wird gleichnishaft im Endlichen immanent. Alle Erkenntnis endlicher Gegenstände beruht auf Messungen, Vergleichen *(comparatio).* Das Absolute übersteigt alles Meßbare *(superlatio). Comparatio* und *superlatio* verhalten sich zueinander wie Endliches *(finitum)* und Unendliches *(infinitum).* Um sich verständlich zu machen, muß der Philosoph Symbole verwenden *(symbolice investigare).* Die rationale, auf Endliches gerichtete Logik wird zur symbolischen Logik des Unendlichen. In seiner ›Visio Dei‹ (1453), der ›Schau Gottes‹, bringt Cusanus Beispiele für seine Art der Logik. Dem veränderten Gottesbegriff entsprechen Wandlungen im Weltverständnis und im Menschenbild. Die hierarchische Weltordnung des Mittelalters verwandelt sich bei Cusanus in ein Universum, in dem das Einzelne das Ganze vertritt, spiegelt, repräsentiert. Entsprechend tritt das Individuum in einen neuen Weltbezug. Der Nominalismus des Cusanus zeigt sich in der Bindung des Absoluten an das Individuelle. Die Welt bekommt einen neuen Sinn, das Individuum einen neuen Rang, ein neues Selbstbewußtsein. So verbinden sich griechische Kosmologie und christliche Weltanschauung, in der Freiheit, Individualität, Personalität dominieren, alles dies zunächst in mystisch-symbolisch-rätselhafter

Weise, aber die Grundtendenz ist zu erkennen: sie führt vom theozentrischen Mittelalter zur anthropozentrisch-kosmozentrischen Neuzeit. In diese Richtung weisen auch die Ausführungen des Cusanus über Maß und Zahl, seine »symbolische Logik« und die von ihm entdeckte Spannung zwischen dem Relativen und dem Absoluten. Mit der einsetzenden Rehabilitierung Demokrits geht, bei Cusanus, die Rehabilitierung des Pythagoras einher. Er wirft den Scholastikern vor, sie hätten das Erbe des Pythagoras verspielt, der dem Namen und der Sprache nach der bedeutendste Philosoph gewesen sei: eine Wertung, die bis ins 20. Jahrhundert vorausweist.

In der Praxis war der große Mystiker nicht sehr erfolgreich. 1448 zum Kardinal ernannt, erhielt er 1452 das Bistum Brixen zugewiesen. Bei dem Versuch zu reformieren, erging es ihm ähnlich wie seinem Vorbild Platon. Er fand in Siegismund, dem Landesherzog von Tirol, einen hartnäckigen Gegner und geriet sogar in Gefangenschaft. Nach Jahren der Fehde zog er sich resigniert nach Rom zurück, wo er noch einige Werke verfaßte.

Ziemlich zur gleichen Zeit, da Cusanus sein Hauptwerk schrieb und die Dialogform wieder einführte, eröffnete Cosimo von Medici in Florenz die neue Platonische Akademie. Die große Zeit des Aristoteles war vorüber, ein neues, platonisches Zeitalter brach an. Auf der Schwelle zweier Zeitalter weist Cusanus sowohl in die Antike zurück als auch in die Neuzeit voraus, auf Kepler, Newton und Leibniz.

Man macht es sich gewiß zu leicht, wenn man glaubt, die Scholastik habe gar nichts zur Entwicklung der Philosophie beigetragen. Aristoteles hat nicht nur das christliche Denken geprägt. Mindestens haben die mittelalterlichen Denker durch ihre Aneignung der griechischen Philosophie, speziell durch ihre Aristoteles-Rezeption, das griechische Erbe bewältigt und in eine neue Kultur integriert; somit ist das Verhältnis nicht einseitig. Aber auch in Einzelfragen haben die Scholastiker Lehren des Aristoteles ergänzt und erweitert, am ehesten dort, wo der Schwerpunkt der Rezeption lag, auf dem Gebiet der Logik[46].

Etwa 1000 Jahre waren nötig, um das großartige Werk der griechischen Philosophie zu vollenden, wiederum 1000 Jahre dauerte die Aneignung, Verarbeitung und Verwandlung des

[46] Vgl. hierzu, I. M. Bochenski, Formale Logik. Freiburg, München 1956, S. 293.

Gedankengutes durch die Kirchenväter und Scholastiker. Ihnen ist es zu verdanken, daß die antiken Denker im neuzeitlichen Denken weiterleben und es ständig zum Weiterdenken herausfordern.

6.5.4.10 Ausblick

Patristik und Scholastik, das sollte man nicht vergessen, umspannen einen Zeitraum von tausend Jahren, Neuzeit und Gegenwart nur etwa ein halbes Jahrtausend. Innerhalb der Neuzeit heben sich Renaissance, Humanismus und Reformation als Bewegungen der frühen Neuzeit von der Aufklärung ab. Die frühe Neuzeit steht politisch im Zeichen der Bildung von Nationalstaaten, gesellschaftlich im Zeichen der Konkurrenz von Bürgertum und feudaler Gesellschaft (Klerus, Adel). Ökonomisch dominiert bis zum Zeitalter der Aufklärung die Agrarwirtschaft. Wie sich die Philosophie im späten Mittelalter von der Theologie emanzipierte, so beginnen sich nun die Wissenschaften von der Philosophie zu emanzipieren. Religion und Philosophie treten in ein neues Spannungsverhältnis. Das politische Kernproblem der Neuzeit ist Triumph (Machiavellismus) oder Bändigung der Macht (Demokratie, Rechtsstaat). Religion und Philosophie werden in das Schwerefeld der Machtproblematik gezogen (Staat – Kirche, Konformismus – Nonkonformismus). Mit dem Aufschwung der Technik beginnt im 19. Jahrhundert eine neue Phase zunächst der europäischen, dann auch der Weltgeschichte. Gesellschaftlich ist die Entwicklung durch Zunahme der bürgerlichen und Abnahme der feudalen Kräfte gekennzeichnet, ferner durch die Entstehung gravierender sozialer Probleme, ökonomisch durch den Übergang von der Agrar- zur Industriegesellschaft. Das Machtproblem gewinnt weltweite Bedeutung (Weltherrschaft), Nationalismus und Imperialismus schließen ein verhängnisvolles Bündnis, ähnlich dem von Thron und Altar. Die Philosophie degeneriert weitgehend zur Ideologie, entweder mit reaktionär-imperialistischen Zügen (Nietzsche) oder mit revolutionären (Marx). Eine Serie von Krisen, gipfelnd in zwei Weltkriegen, schüttelt die Menschheit. Das Problem der Macht nimmt apokalyptische Dimensionen an.

Innerhalb der Religion, Philosophie und Politik entstehen, als Begleiterscheinungen der Menschheitskrisen, spezifische Krisen, Krisenherde und Strategien zur Krisenbewältigung. Das Christentum zeigt, seiner Struktur entsprechend, eine starke Spannung zwischen Öffnung und Verschließung, liberalen und konservativen Tendenzen. Das Christentum der Liebe droht dem Christentum der Macht zu unterliegen. Die Philosophie erstarrt entweder zu Systemen, Ideologien, Schulen oder wird sokratischer, besinnt sich auf ihr Nichtwissen und öffnet sich für Erfahrungen und Methoden fremder Kulturen. Die Politik artet entweder, vor allem als Bündnis von Feudalismus und Imperialismus, zu immer brutaleren und grausameren Formen des Machiavellismus aus, erliegt der unersättlich kumulierenden Dämonie der Macht oder versucht sie, als Demokratie, pluralistische Gesellschaft und Rechtsstaat, einigermaßen zu bändigen.

Insgesamt bringt dann das 20. Jahrhundert einen Rückzug des Feudalismus, wenn auch mit charakteristischen Unterschieden in Europa und Übersee. China überwand den Feudalismus mit Hilfe westlicher Ideen und Methoden, in England gelang der Übergang am frühesten und besten, in Frankreich, wenn auch blutig, aber immer noch früh genug. Mitteleuropa, Deutschland, Österreich und Italien wurden zur Beute des Faschismus, einem Verwesungsprodukt des feudalistischen Zeitalters. Rußland, ein relativ spät christianisiertes europäisches Land, überwand zwar den Feudalismus aus eigener Kraft, erzeugte aber neue, den feudalistischen ähnliche Strukturen, die in einem erneuten revolutionären Anlauf vielleicht überwunden werden.

Im 20. Jahrhundert treten in der westlichen Welt einige seit ihrer Entstehung wirksame geistige Kräfte, Probleme und Strukturen in neuen Formen wieder auf. Der Gegensatz von jüdischem Glauben und griechischem Geist kehrt als ideologisch-utopisch orientierte oder als Wissenschaftsgesellschaft wieder, das römisch-imperialistische Streben nach Weltherrschaft konkurriert mit der christlich-humanistischen Idee des Weltfriedens, wobei die Technik neue Dimensionen paradiesischer Weltgestaltung oder infernaler Weltzerstörung eröffnet. Die althellenischen Probleme des Verhältnisses von Recht und Stärke, Recht und Gerechtigkeit, Idee und Wirklichkeit zeigen neue Dimensionen, Aspekte und Anwendungsmöglichkeiten, die weder von den Religionen noch von der Philosophie gemeistert sind, aber die Erkenntnis wechselseitiger Abhängigkeit von Religion und Philosophie gewinnt an Boden: eine spätmittelalterliche Erkenntnis!

Wenn man etwas Allgemeines, die Neuzeit Übergreifendes und Zukunftweisendes zur Philosophie sagen will, könnte man sie als Katalysator von zur Weltkultur führenden Entwicklungen verstehen, wie sie im römischen Weltreich ein Ferment hellenistischer Kultur war oder im Mittelalter ein Ferment des zur Weltreligion heranreifenden Christentums.

Literaturhinweise

Abaelard: Philosophische Schriften. Hrsg. v. B. Geyer. Münster 1919. 1921. 1933.

Albertus Magnus: Opera omnia. 38 Bde, Paris 1890–99.

Allers, R.: Anselm v. Canterbury. Leben, Lehre und Werke. Wien 1936.

Altaner, B. u. A. Stuiber: Patrologie. 7. Aufl., Freiburg i. Br. 1966.

Analecta Anselmiana. Hrsg. v. F.S. Schmitt. 5 Bde, Frankfurt 1969 ff.

Anselm von Canterbury: Opera omnia. 6 Bde, Hrsg. v. F.S. Schmitt. Edinburgh 1946–1961.

Arts libéraux et philosophie au moyen âge. Montreal 1969.

Augustinus: Opera. Turnhout 1954 ff.

Ders.: Werke. Hrsg. v. C.J. Perl. Paderborn 1940 ff.

Badawi, A.: La transmission de la philosophie grecque au monde arabe. Paris 1968.

Baeumker, C.: Die europäische Philosophie des Mittelalters. In: Die Kultur der Gegenwart 1, 5. 3. Aufl., Berlin 1923.

Baker, D. (Hrsg.): Relations between East and West in the Middle Ages. Edinburgh 1973.

Baumgardt, R.: Der Magier. Das Leben des Albertus Magnus. München 1949.

Baudry, L.: Guillaume d'Occam. Sa vie, ses oeuvres, ses idées sociales et politiques. Paris 1950.

Baylis, H. J.: Minucius Felix and His Place among the Early Fathers of the Latin Church. London 1928.

Beck, H.-G.: Das byzantinische Jahrtausend. München 1978.

Benz, E.: Marius Victorinus und die Entwicklung der abendländischen Willensmetaphysik. Stuttgart 1932.

Bernard, H.: Sagesse chinoise et philosophie chrétienne. Tientsin, Leiden, Paris 1935.

Bernath, K.: Thomas von Aquin. 3 Bde, Darmstadt 1978 ff.

Bernhart, J.: Die philosophische Mystik des Mittelalters von ihren antiken Ursprüngen bis zur Renaissance. München 1922.

Berschin, W.: Griechisch-lateinisches Mittelalter. Bern 1980.

Berubé, C.: De la philosophie à la sagesse chez St. Bonaventura et Roger Bacon. Rom 1976.

Ders.: De l'homme à Dieu selon Duns Scot, Henri de Grant et Olivi. Rom 1983.

Bett, H.: Johannes Scotus Erigena. New York 1964.

Bibliothek der Kirchenväter (BKV). Hrsg. v. A. Heilmann. 82 Bde, München 1911 ff.

Boehner, Ph.: Ockham. Philosophical Writings. 4. Aufl., London 1967.

Bonaventura: Opera omnia. 10 Bde, Quaracchi 1882–1902.

Borst, A.: Lebensformen im Mittelalter. Frankfurt a. M. 1979.

Bredow, G. v.: Platonismus im Mittelalter. Freiburg i. Br. 1972.

Brentano, F.: Geschichte der mittelalterlichen Philosophie im christlichen Abendland. Hamburg 1980.

Brown, P.: The World of Late Antiquity. London 1971.

Ders.: Augustinus von Hippo. München 1973.

Bujo, B.: Die Begründung des Sittlichen. Paderborn 1984.

(The) Cambridge History of Later Greek and Early Medieval Philosophy. Hrsg. v. A. H. Armstrong. Cambridge 1967.

Chaunu, P.: Le temps des réformes. La crise de la Chrétienté, 1250 bis 1550. Paris 1975.

Chesterton, G. K.: Thomas von Aquin. 3. Aufl., Freiburg i. Br. 1978.

Cooper, B. Z.: The Idea of God. A Whiteheadian critique of the St. Thomas Aquinas' Concept of God. Den Haag 1974.

Copleston, F. Ch.: Aquinas. Baltimore 1975.

Corbin, H.: Histoire de la philosophie islamique. Paris 1964.

Corpus Christianorum. Series Latina. Turnhout 1954 ff., Forts. 1966 ff.

Corpus Scriptorum Ecclesiasticorum Latinorum (CSEL). Wien 1866 ff., Nachdr. New York, London 1965 ff.

Crombie, A. C.; Grosseteste and the Origins of Experimental Science. Oxford 1953.

Ders.: Von Augustinus bis Galilei. München 1977.

Dales, R. C.: The Intellectual Life of Western Europe in the Middle Ages. Washington D. C. 1980.

Daly, L. J.: The Medieval University, 1200–1400. New York 1961.

Daniel, N.: The Arabs and Medieval Europe. London 1975.

Dante Alighieri: Monarchia. Hrsg. v. P. G. Ricci. Florenz 1965.

Davy, M. M.: Initiation médiévale. La philosophie au XIIe siècle. Paris 1980.

Dean, H. A.: The Political and Social Ideas of St. Augustine. New York, London 1963.

Demandt, A.: Der Fall Roms. Die Auflösung des römischen Reiches im Urteil der Nachwelt. München 1984.

Dempf, A.: Die Ethik des Mittelalters. München 1927.

Ders.: Meister Eckhart. 2. Aufl., Freiburg i. Br. 1960.

Ders.: Sacrum Imperium. 3. Aufl., München 1962.

Diesner, H. J.: Isidor von Sevilla und das westgotische Spanien. Trier 1978.

Dietrich von Freiberg: Opera omnia. Hrsg. v. K. Flasch. Hamburg 1977 ff.

Dodds, E. R.: Pagan and Christian in an Age of Anxiety. Cambridge 1965, dt. Frankfurt a.M. 1985.
Dörrie, H.: Porphyrios als Mittler zwischen Plotin und Augustin. In: Miscellanea Mediaevalia, Bd. 1: Antike und Orient im MA. Berlin 1962.
Duby, G.: Krieger und Bauern. Frankfurt 1983.
Ders.: Die Zeit der Kathedralen. Frankfurt 1986.
Dunbar, H. E.: Symbolism in Medieval Thought. New York 1961.
Duns Scotus, Johannes: Opera omnia. Hrsg v. C. Balić. Vatikan 1950ff.
Ders.: Opera omnia (Vivès). 26 Bde, Paris 1639, Repr. 1891–95.
Easton, S. C.: Roger Bacon and His Search for a Universal Science. Oxford 1952.
Eckert, W. P. (Hrsg.): Thomas von Aquin. Interpretation und Rezeption. Mainz 1974.
Eckhart: Werke. Stuttgart 1936ff.
Effenberger, A.: Frühchristliche Kunst und Kultur. Von den Anfängen bis zum 7. Jahrhundert. München 1986.
Evans, G. R.: Anselm and a New Generation. Oxford 1980.
Flasch, K.: Augustin. Einführung in sein Denken. Stuttgart 1980.
Ders.: Das philosophische Denken im Mittelalter. Von Augustin zu Machiavelli. Stuttgart 1986.
Fortin, E. L.: Dissidence et philosophie au moyen âge. Montreal 1981.
Fuchs, H.: Augustin und der antike Friedensgedanke. 2. Aufl., Berlin 1965.
Fuhrmann, M. u. J. Gruber (Hrsg.): Boethius. Darmstadt 1984.
Gersch, St.: From Iamblichus to Eriugena. An Investigation of the Prehistory and Evolution of the Pseudo-Dionysian Tradition. Leiden 1978.
Gewirth, A.: Marsilius of Padua and Medieval Political Philosophy. New York 1951.
Gilson, E.: Die Metamorphosen des Gottesreiches. München 1959.
Ders.: Der Geist der mittelalterlichen Philosophie. Wien 1950.
Ders.: Christliche Philosophie von ihren Anfängen bis Nikolaus von Cues. 3. Aufl., Paderborn 1954.
Ders.: Die Philosophie Bonaventuras. 2. Aufl., Darmstadt 1960.
Ders.: S. Thomas d'Aquin. 6. Aufl., Paris 1941.
Ders.: Le Thomisme. 6. Aufl., Paris 1972.
Ders.: Johannes Duns Scotus. Düsseldorf 1961.
Ders.: Dante und die Philosophie. Freiburg i. Br. 1953.
Ders.: Index scholastico-cartésien. 2. Aufl., Paris 1979.
Goichon, A.-M.: La philosophie d'Avicenne et son influence en Europe médiévale. 2. Aufl., Paris 1951.
Grabmann, M.: Thomas von Aquin. 8. Aufl., München 1949.
Ders.: Der göttliche Grund menschlicher Wahrheitserkenntnis nach Augustinus und Thomas von Aquin. Münster 1924.
Ders.: Die Grundgedanken des hl. Augustinus über Seele und Gott. 2. Aufl., Köln 1929 (Repr. 1967).

Ders.: Mittelalterliches Geistesleben. 3 Bde, Repr. München 1957.
Ders.: Die Geschichte der scholastischen Methode. 2 Bde, Repr. Basel 1961.
Grant, E.: A Source Book in Medieval Science. Cambridge, Mass. 1974.
Grundmann, H.: Vom Ursprung der Universität im Mittelalter. Darmstadt 1964.
Grunebaum, G. E. v.: Der Islam im Mittelalter. Zürich 1963.
Ders.: Das Fortleben der Antike im Islam. Zürich, Stuttgart 1965.
Guttmann, J.: Die Philosophie des Judentums. München 1933.
Haren, M.: Medieval Thought. Basingstoke 1985.
Harnack, A. v.: Die Mission und Ausbreitung des Christentums in den ersten drei Jahrhunderten. 4. Aufl., Wiesbaden 1924.
Hashagen, J.: Kulturgeschichte des Mittelalters. Hamburg 1950.
Haskins, Ch. H.: The Renaissance of the Twelfth Century. 7. Aufl., Cambridge, Mass. 1979.
Haverkamp, A.: Aufbruch und Gestaltung. Deutschland 1056–1273. München 1984.
Heer, F.: Europäische Geistesgeschichte. Stuttgart 1953.
Heers, J.: Le travail au moyen âge. 4. Aufl., Paris 1982.
Heimsoeth, H.: Die sechs großen Themen der abendländischen Metaphysik und der Ausgang des Mittelalters. 3. Aufl., Stuttgart 1954.
Hochberg, H.: The Empirical Philosophy of R. and Fr. Bacon. In: Philosophical Studies 20 (1953).
Hoffmann, E.: Platonismus und die christliche Philosophie. Zürich 1961.
Holte, R.: Béatitude et sagesse. S. Augustin et le problème de la fin de l'homme dans la philosophie ancienne. Paris 1962.
Huber, K.: Die Anfänge des Liberalismus im Mittelalter. München 1936.
Hübinger, P. E. (Hrsg.): Bedeutung und Rolle des Islam beim Übergang vom Altertum zum Mittelalter. Darmstadt 1968.
Hufnagel, A.: Intuition und Erkenntnis nach Thomas v. Aquin. Münster 1932.
Imbach, R. (Hrsg.): Wilhelm von Ockham. Texte zur Theorie der Erkenntnis und der Wissenschaft (lat./dt.). Stuttgart 1984.
Jaeger, W.: Early Christianity and Greek Paideia. Cambridge, Mass. 1962, dt. Berlin 1963.
Jaspers, K.: Nikolaus Cusanus. München 1964.
Ders.: Von der antiken zur mittelalterlichen Metaphysik. München 1979.
Jolivet, J.: Abélard. Paris 1969.
Jones, A. H. M.: The Later Roman Empire. 3 Bde, Oxford 1964.
Junghans, H.: Ockham im Lichte der neueren Forschung. Berlin, Hamburg 1968.
Keeler, L. W.: The Problem of Error from Plato to Kant. Rom 1934.
Klibansky, R.: The Continuity of the Platonic Tradition during the Middle Ages. London 1939.

Kluxen, W.: Philosophische Ethik bei Thomas von Aquin. 2. Aufl., Hamburg 1980.
Koch, J. (Hrsg.): Artes liberales. Leiden, Köln 1959.
Kohlenberger, H.: Die Wirkungsgeschichte Anselms von Canterbury. 2 Bde, Frankfurt 1975.
König, E.: Augustinus philosophus. München 1970.
Koyré, A.: Descartes und die Scholastik. Bonn 1923.
Kühn, W.: Das Prinzipienproblem in der Philosophie des Thomas von Aquin. Amsterdam 1982.
Lagarde, G. de: La naissance de l'esprit laique. Bd. 4 u. 5., Löwen, Paris 1962–63.
Landmann, S.: Jesus und die Juden. München, Berlin 1987.
Lasswitz, K.: Geschichte der Atomistik vom Mittelalter bis Newton. 2 Bde, Repr. Hildesheim 1963.
Lechner, O.: Idee und Zeit in der Metaphysik Augustins. München 1964.
Leff, G.: William of Ockham. Manchester 1975.
Le Goff, J.: La civilisation de l'Occident médiéval. Paris 1964, dt. München, Zürich 1970.
Leisegang, H.: Die Gnosis. 4. Aufl., Stuttgart 1955.
Lewis, E.: Medieval Political Ideas. 2 Bde, New York 1954.
Ley, H.: Studie zur Geschichte des Materialismus im Mittelalter. Berlin 1957.
Lindberg, D. C.: Science in the Middle Ages. Chicago, London 1978.
Ders. (Hrsg.): Roger Bacon's Philosophy of Nature. Oxford 1983.
Lindgren, U.: Gerbert von Aurillac und das Quadrivium. Wiesbaden 1976.
Lloyd, R.: Petrus Abaelardus. The Orthodox Rebel. 2. Aufl., London 1947.
Lottin, O.: Psychologie et morale aux XIIe et XIIIe siècles. Gembloux 1957.
Louis, R. u. J. Jolivet (Hrsg.): Pierre Abélard – Pierre le Vénérable. Paris 1975.
MacGrade, A.-S.: The Political Thought of William Ockham. London, New York 1974.
Mähl, S.: Quadriga virtutum. Die Kardinaltugenden in der Geistesgeschichte der Karolingerzeit. Köln, Wien 1969.
Maier, A.: Studien zur Naturphilosophie der Spätscholastik. 5 Bde, Rom 1949–1958.
Maier, F. G.: Augustin und das antike Rom. Stuttgart 1955.
Marebon, J.: From the Circle of Alcuin to the School of Auxerre. Cambridge 1981.
Marrou, H. J.: S. Augustin et la fin de la culture antique. 2. Aufl., Paris 1949.
Marsilius von Padua (lat./dt.). Hrsg. v. H. Kusch. 2 Bde, Darmstadt 1958.
Maurer, A.: Medieval Philosophy. 2. Aufl., Toronto 1982.

Mausbach, J.: Die Ethik des hl. Augustinus. 2 Bde, 2. Aufl., Freiburg i. Br. 1929.
Meersseman, G.: Geschichte des Albertismus. Rom 1935.
Metz, J.B.: Christliche Anthropozentrik. Über die Denkform des Thomas von Aquin. München 1962.
Meyer, H.: Geschichte der abendländischen Weltanschauung. Bd. 3, 2. Aufl., Paderborn 1952.
Miethke, J.: Ockhams Weg zur Sozialphilosophie. Berlin 1969.
Migne, J. P.: Patrologiae cursus completus. Ser. 1: Eccl. graeca. 167 Bde, Paris 1857–1912; Index. 2 Bde, Paris 1928–1945; Ser. 2: Eccl. latina. 221 Bde (mit Index), Paris 1841–1864.
Mojsisch, B.: Meister Eckhart. Analogie, Univozität und Einheit. Hamburg 1983.
Montgomery-Watt, W.: Islamic Philosophy and Theology. Edinburgh 1979.
Moos, P. v.: Consolatio. Studien zur mittelalterlichen Trostliteratur über den Tod und zum Problem der christlichen Trauer. München 1971.
Morris, C.: The Discovery of the Individual. London 1972.
Murray, A.: Reason and Society in the Middle Ages. Oxford 1978.
Nardi, B.: Studi di filosofia medievale. Rom 1960.
Ders.: Dante e la cultura medievale. 3. Aufl., Rom, Bari 1983.
Newald, R.: Nachleben des antiken Geistes im Abendland bis zum Beginn des Humanismus. Tübingen 1960.
Nikolaus Cusanus: Opera omnia. Leipzig, Hamburg 1932ff.
Ders.: Werke (lat./dt.). Hrsg. v. L. Gabriel u. D.W. Dupré. 3 Bde, Wien 1964–1967.
Nygren, A.: Eros und Agape. 2 Bde, 2. Aufl., Gütersloh 1954.
Ockham, W. v.: Opera philosophica et theologica. St. Bonaventure, N. Y. 1967ff.
O'Donnell, J. J.: Cassiodorus. Berkeley 1979.
Ohnsorge, W.: Konstantinopel und der Okzident. Darmstadt 1966.
O'Meara, J. J.: Eriugena. Dublin 1969.
Ormsby, M. E.: Theodicy in Islamic Thought. The Dispute over al-Ghazali's ›Best of All Possible Worlds‹. Princeton 1983.
Otto, W.: Der Geist der Antike und die christliche Welt. Bonn 1923.
Overfield, J. H.: Humanism and Scholasticism in Late Medieval Germany. Princeton 1984.
Parma, Ch.: Pronoia und providentia. Der Vorsehungsbegriff Plotins und Augustins. Leiden 1971.
Paul, J.: Histoire intellectuelle de l'occident médiéval. Paris 1973.
Pieper, J.: Scholastik. München 1960.
Pinborg, J.: Die Entwicklung der Sprachtheorie im Mittelalter. Kopenhagen 1967.
Platzeck, E. W.: R. Lull. Sein Leben, seine Werke, die Grundlagen seines Denkens. 2 Bde, Düsseldorf 1964.
Plinval, G. de: Pélage. Ses écrits, sa vie et sa réforme. Lausanne 1943.

Quillet, J.: La philosophie politique de Marsile de Padoue. Paris 1970.
Raimundi Lulli opera latina. Bde 1ff., Palma de Mallorca 1959ff.
Rashdal, H.: The Universities of Europe in the Middle Ages. 3 Bde, Oxford 1936.
Rintelen, F. J. v.: Leibnizens Beziehungen zur Scholastik. In: Reden und Aufsätze. Basel 1927.
Roger Bacon: Opus majus. Hrsg. v. H. Bridges. 2 Bde, Oxford 1897 bis 1900, Nachdr. Frankfurt 1964.
Ders.: Philosophy of Nature. Hrsg. v. D.C. Lindberg. Oxford 1983.
Roques, R. (Hrsg.): Jean Scot Erigène et l'histoire de la philosophie. Paris 1977.
Rosenberg, J.T.: The Principles of Individuation. Washington 1950.
Rüegg, A.: Die Jenseitsvorstellungen vor Dante. 2 Bde, Zürich 1947.
Rüthing, H.: Die mittelalterliche Universität. Göttingen 1973.
Schilling, O.: Die Staats- und Soziallehre des hl. Thomas von Aquin. 2. Aufl., München 1930.
Schwer, W.: Stand und Ständeordnung im Weltbild des Mittelalters. 2. Aufl., Paderborn 1952.
Sharif, M. M. (Hrsg.): A History of Muslim Philosophy. Bd. 1, Wiesbaden 1963.
Simon, M. u. H.: Geschichte der jüdischen Philosophie. München 1984.
Southern, R. W.: Western View of Islam in the Middle Ages. Cambridge, Mass. 1962.
Ders.: Saint Anselm and His Biographer. Cambridge 1966.
Ders.: Medieval Humanism. Oxford 1970.
Stanka, R.: Die politische Philosophie des Mittelalters. Wien 1957.
Steenberghen, F. van: Maître Siger de Brabant. Löwen 1977.
Ders.: La philosophie au XIIIe siècle. Löwen, Paris 1966.
Stelzenberger, J.: Die Beziehungen der frühchristlichen Sittenlehre zur Ethik der Stoa. München 1933.
Sternberger, D.: Der Staat und das Reich in der Verfassungslehre des Marsilius von Padua. Wiesbaden 1981.
Stock, B.: Myth and Science in the Twelfth Century. A Study of Bernard Silvester. Princeton 1972.
Tellkamp, A.: Das Verhältnis J. Lockes zur Scholastik. Münster 1927.
Testard, M.: S. Augustin et Cicéron. 2 Bde, Paris 1958.
Thimme, W.: Augustins geistige Entwicklung in den ersten Jahren nach seiner Bekehrung (386–391). Berlin 1908.
Thomas von Aquin: Opera omnia (Editio Leonina). Bd. 1ff., Rom 1882ff.
Index thomisticus. Hrsg. v. R. Busa. 49 Bde, Stuttgart-Bad Cannstatt 1974ff.
Thomas, R.: Petrus Abaelardus. Trier 1980.
Thorndike, L.: History of Magic and Experimental Science. 8 Bde, New York 1923–1958.
Tierney, B.: Origins of Papal Infallibility, 1150–1350. Leiden 1972.

Tooke, J. O.: The Just War in Aquinas and Grotius. London 1965.
Töpfer, B. u. E. Engel: Vom staufischen Imperium zum Hausmachtkönigtum. Weimar 1976.
Ullmann, W.: The Individual in the Middle Ages. Baltimore 1966.
Ders.: Medieval Political Thought. 2. Aufl., London 1975.
Vauchez, A.: La spiritualité du moyen âge occidental, VIIIe–XIIe siècle. Paris 1975.
Verbeke, G.: The Presence of Stoicism in Medieval Thought. Washington, D. C. 1983.
Verpaalen, A. P.: Der Begriff des Gemeinwohls bei Thomas von Aquin. Heidelberg 1954.
Vignaux, P.: De Saint Anselme à Luther. Paris 1976.
Viller, M. u. K. Rahner: Askese und die Mystik in der Väterzeit. Freiburg 1939.
Völker, W.: Kontemplation und Ekstase bei Pseudo-Dionysios Areopagita. Wiesbaden 1958.
Völkl, R.: Die Selbstliebe in der Hl. Schrift und bei Thomas von Aquin. München 1956.
Vorster, H.: Das Freiheitsverständnis bei Thomas von Aquin und Martin Luther. Göttingen 1965.
Weimar, P. (Hrsg.): Die Renaissance der Wissenschaften im 12. Jahrhundert. Zürich 1981.
Weinberg, J. R.: Nicolaus of Autrecourt. Princeton 1948.
Ders.: Medieval Philosophy. Princeton 1964.
Ders.: Ockham, Descartes, and Hume. Madison, Wisc. 1977.
Wiesenthal, F.: Die Wandlungen des Friedensbegriffes von Augustin bis Thomas. München 1949.
Wippel, J. F.: Metaphysical Themes in Thomas Aquinas. Washington, D. C. 1984.
Wittmann, M.: Die Ethik des heiligen Thomas von Aquin. München 1923.
Wolff, M.: Geschichte der Impetustheorie. Untersuchungen zum Ursprung der klassischen Mechanik. Frankfurt 1978.
Zimmermann, A.: Albert der Große. Seine Zeit, sein Werk, seine Wirkung. Berlin 1981.
Ders. (Hrsg.): Die Auseinandersetzungen an der Pariser Universität im 13. Jahrhundert. Berlin 1976.
Ders. (Hrsg.): Studien zur mittelalterlichen Geistesgeschichte und ihren Quellen. Berlin 1982.
Zimmermann, H.: Das Mittelalter. 2. Bde, Braunschweig 1975–1979.
Zimmermann, R.: Der Kardinal Nikolaus von Cusa als Vorläufer Leibnizens. Wien 1852.

7 Philosophie der frühen Neuzeit

7.1 Vom Reich zum Nationalstaat

Die Abgrenzung zwischen Mittelalter und Neuzeit ist nach wie vor umstritten. Sie schwankt zwischen dem 13. (Crombie) und dem 18. (Troeltsch) Jahrhundert. Im vorausgehenden Kapitel zeigte sich, daß wesentliche Züge neuzeitlichen Denkens bereits hervortraten, als die Scholastik ihren Höhepunkt erreicht hatte. Thomas von Aquin und Roger Bacon waren Zeitgenossen. Auf der anderen Seite ist nicht zu übersehen, daß sich erst im Zeitalter der Aufklärung spezifisch neuzeitliche Tendenzen durchsetzten und in der Philosophie ihren bleibenden Ausdruck fanden. Es empfiehlt sich daher, die Epoche der Neuzeit zu unterteilen, und zwar in die *frühe Neuzeit,* vom Ausgang des Mittelalters (um 1500) bis etwa zum Ende des Dreißigjährigen Krieges (1648), oder, in philosophiegeschichtlicher Perspektive, von Cusanus bis Leibniz, in das Zeitalter der *Aufklärung,* oder von Leibniz bis Kant, und in die *späte Neuzeit,* worunter man entweder die Zeit von Kant bis zur Gegenwart verstehen kann oder besser das 19. Jahrhundert im Gegensatz zum modernen oder gegenwärtigen Zeitalter, das wiederum politisch wie geistesgeschichtlich mit dem Ende des Zweiten Weltkrieges (1945) einen Einschnitt aufweist.

7.1.1 Weltordnung ohne Weltkenntnis

Den Anfang eines neuen Zeitalters wird man erst dann verstehen, wenn man sich klar darüber wird, warum das alte zu Ende ging. Diese Fragestellung hat sich im Hinblick auf den Untergang des Römischen Reiches bzw. der Antike bewährt, sie sollte daher auch beim Übergang vom Mittelalter zur Neuzeit berücksichtigt werden. Das Mittelalter war weder nur eine Unterbrechung zwischen Antike und Neuzeit noch – sehr wahrscheinlich – der Zenit der Weltgeschichte. Was die Philosophie und die Wissenschaften betrifft, kann sich das Mittelalter mit den Hellenen nicht messen, schon eher mit den Römern. Die Stärke des Mittelalters lag eindeutig auf religiösem Gebiet und auf einzelnen Gebieten der bildenden Kunst, vor allem der Architektur. Aber auch zu Recht, Politik, Organisation, Handel und Finanz hat das Mittelalter beachtliche Beiträge geliefert. Es hat das Erbe der Antike bewahrt, gepflegt und die westlichen Völker aus der Barbarei geführt, es hat wesentlich dazu beigetragen, daß aus Wildnis und Urwald eine Kulturlandschaft wurde und die Zeiten des Friedens zunahmen, ferner daß den Menschen in Not und Verzweiflung wieder Halt und Hoffnung gegeben wurde sowie das Gefühl, in einer gottgewollten Weltordnung aufgehoben zu sein. Das ist nicht wenig, und wer dies alles mit den Errungenschaften der Neuzeit vergleicht, wird sich vor Überheblichkeit hüten.

Wenn die Einheit des mittelalterlichen Weltbildes, die feudale Gesellschaftsordnung dennoch am Ende zerbrach, dann lag das weniger an äußeren Feinden oder an mangelndem guten Willen der Beteiligten, als an einigen falschen Prämissen, auf denen das gesamte System beruhte. Wie Roger Bacon richtig bemerkte: Man hatte ein Weltbild entworfen, ohne die Welt hinreichend zu kennen. Außerdem hatte man ein Bild vom Menschen entworfen, das der Natur des Menschen nur sehr unvollständig entsprach. Man hatte dem Wandel, der Veränderung und dem Werden zu wenig Rechnung getragen, man hatte der Welt eine Seinsordnung, ein Ewigkeitsgewand angepaßt, aus dem sie bald herauswuchs. Ebensowenig ließ sich die Natur des Menschen auf ein Konzept festlegen, das den Wandel dieser Natur zu wenig berücksichtigte. Hinzu kamen auch moralische Gründe: menschliche Schwäche, Korruption, Verwahrlosung der Sitten, Habgier, Neid und Selbstsucht, hinzu kamen Ehrgeiz, Herrschsucht und Überheblichkeit, schließlich auch äußere Gründe: wirtschaftliche, gesellschaftliche und politische Faktoren.

7.1.2 Neue Horizonte

Noch während des Mittelalters entstanden in Europa unterschiedliche, nicht zuletzt geographisch bedingte Wirtschaftsräume. Die norditalienischen Städte, vor allem Venedig, waren prädestiniert für den Orienthandel. Durch die Kreuzzüge kam der vergleichsweise unterentwickelte Westen mit der fortgeschritteneren islamischen Wirtschaft in Berührung. Die Einführung der Dreifelderwirtschaft, zuerst in Nordfrankreich, führte zu einer starken Bevölkerungszunahme, so daß weite Gebiete des Ostens durch die Expansionspolitik Heinrichs des Löwen, der Mönchsorden und der Ritterorden urbar gemacht und besiedelt werden konnten. Die Hanse erschloß den Nord- und Ostseeraum für den Handel. So entstand eine mitten durch das Kaiserreich verlaufende Trennungslinie zwischen der nach Skandinavien und England orientierten norddeutschen Tiefebene und dem nach Italien blickenden süddeutschen Raum. Das Rheingebiet im Westen zeichnete sich durch handwerkliche Tätigkeit aus. Mitteldeutschland wurde zu einer dichtbesiedelten Mischzone. Die Städte mit ihren Zünften übernahmen eine bedeutende Rolle im wirtschaftlichen Leben. In Böhmen und Sachsen begann der Bergbau zu florieren, in Holland kamen die Windmühlen auf, in Flandern und Florenz blühte die Tuchherstellung. Die Juden erschlossen das private Kreditwesen, italienische Handelszentren wie Venedig und Genua förderten Bankwesen und Fernhandel. Handelswechsel, Handelsgesellschaften, Papiergeld, Börsen und Messen kamen auf. Eine an Rentabilität orientierte Wirtschaftsordnung löste die mittelalterliche Arbeits- und Eigentumsordnung ab. Im Gegensatz zu diesen aufsteigenden Tendenzen verfielen die Landwirtschaft und das Grundherrenwesen. Die Verfeinerung des Kompasses und der Bau von hochseetüchtigen Karavellen sowie die Erweiterung des Horizonts durch die aufkeimenden Naturwissenschaften ermöglichten Fahrten über die Weltmeere, die Entdeckung Amerikas, des Seewegs nach Indien und die Erdumseglung. Dadurch verlagerte sich der Schwerpunkt vom Mittelmeerraum und dem europäischen Norden auf den Atlantik. Spanien und Portugal, darauf England, errangen dank ihrer Lage und ihrer Initiative die Herrschaft der Meere. Die Entdeckung des Schießpulvers revolutionierte das Kriegswesen. Ritterheere erwiesen sich zunehmend als unbrauchbar, wurden schließlich funktionslos, die Ritter wurden zu Raubrittern, die das Kriegshandwerk zum Selbstzweck erhoben, und, wie die Piraten auf See, nun zu einer Gefahr für die zivilisierte Menschheit.

7.1.3 Gesellschaftlicher Wandel

All die Entdeckungen, wirtschaftlichen Entwicklungen und technischen Erfindungen hatten tiefgreifende gesellschaftliche und politische Folgen. Sie trafen die gesamte Hierarchie der Herrschaft, von der Spitze bis hin zur Basis; die großartige Pyramide zerfiel in ihre Bestandteile, aus denen sich neue, weniger hierarchische Strukturen bildeten. Dem Lehnsstaat folgte der Ständestaat, diesem nach Zwischenspielen und mit regionalen Unterschieden der neuzeitliche Staat, in dem antike Elemente sichtbar wurden: Republik und Demokratie. Der Unterschied zwischen Klerikern und Laien verringerte sich, seitdem an den Universitäten und im gebildeten Bürgertum eine neue frühbürgerliche Intelligenzschicht heranreifte, die sich aus den Fesseln der Kirche und der feudalen Gesellschaft befreite. Während ursprünglich das Wort »Nation« die Studenten nach ihrer Herkunft bezeichnete, wurde es auf dem Konzil von Konstanz bereits auf die dort vertretenen Mächte England, Frankreich, Deutschland und Italien angewandt. Die Entwicklung zum Nationalstaat verlief in den einzelnen Ländern verschiedenartig und verschieden schnell. Der Hundertjährige Krieg stärkte das Nationalgefühl Englands und Frankreichs und förderte die Ausbildung dieser Länder zu Nationalstaaten. Beide Länder wurden in der Entwicklung neuzeitlich-moderner Staatsformen führend. In Italien setzte sich wieder das antike Prinzip des Stadtstaats durch. Neben die Feudalstaaten traten die Signorien (Stadtherrschaften). Die am meisten der Tradition der Reichsidee verhafteten Länder Deutschland, Österreich, Italien und Spanien versäumten die Entwicklung zum Nationalstaat oder erreichten ihn erst spät, was das politische Gefälle in Europa zwischen veralteten und modernen Staats- und Gesellschaftsformen vergrößerte. Dazwischen bildeten sich in den Niederlanden und in der Schweiz kleine, aber fortschrittliche politische Staaten.

Überblickt man die Wandlungsprozesse, die vom Mittelalter in die Neuzeit führen, lassen sich vier Grundzüge feststellen: auf wirtschaftlichem Gebiet der Frühkapitalismus mit der Ablösung der Natural- durch Geld- und Erwerbswirtschaft. Nicht mehr Geburt, sondern Beruf, Besitz und Leistung sollen den Rang in der Gesellschaft bestimmen. An die Stelle der Geburts- tritt die Geldaristokratie, das Bürgertum wird allmählich zu einer einflußreichen Schicht. Infolge der Verlagerung des Schwerpunkts vom theozentrischen Denken auf das anthropozentrisch-kosmozentrische bekommt das Individuum einen neuen Stellenwert. Der Mensch steht der Welt gegenüber, fühlt sich einsam, gottverlassen und strebt bald nach schwärmerischer Vereinigung mit der neuentdeckten Natur, bald nach Überlegenheit über die Natur und Beherrschung der Welt. Die neue Einstellung des Menschen ist individualistisch; das zeigt sich nicht nur in den Beziehungen zwischen den einzelnen Menschen, sondern auch in denen der Völker. Der Staat erscheint als eine Art Großindividuum. Zwischen den Staaten herrscht der Naturzustand, also Rivalität, Kampf, Krieg. Eine gesteigerte Form der neuen Einstellung des Menschen zur Welt ist der *homo universalis,* verkörpert etwa in Leonardo da Vinci, aber auch in den großen Entdeckern, in den Kondottieri und Konquistadoren. Der universal gebildete Renaissance-Mensch ist eine Variante dieses Typs. Betrachtet man das Wirtschaftliche nicht isoliert, wird auch dieses zum Ausdruck eines neuen Menschentums, das die Herausforderungen der Welt angenommen hat, die tatsächlich viel größer waren, als man im Mittelalter angenommen hatte. Hand in Hand mit der Zunahme an Energien, Spannungen und Krisen stieg, seit der Erfindung des Buchdrucks (1453) durch Johannes Gensfleisch zu Gutenberg (1397–1468), der Informationsaustausch.

7.1.4 Krise der Kirche

Besondere Bedeutung kommt in der Übergangsphase vom Mittelalter zur Neuzeit der Kirche, in dieser wiederum dem Papsttum zu. Das Oberhaupt der Kirche hatte zwar den Vorrang der geistlich-geistigen Herrschaft vor der weltlich-politischen noch einmal behauptet, aber durch die wiederholte Anwendung des

Bannes, der Exkommunikation und dann wieder der Absolution, durch Paktieren aufgrund von machtpolitischen Erwägungen und durch Selbstwidersprüche erheblich an Autorität und Glaubwürdigkeit eingebüßt.

Gegen den Anspruch Bonifaz VIII. (1294–1303) auf Steuerfreiheit und weltliche Oberhoheit traten französische Rechtsgelehrte (Legisten) für die Hoheitsrechte ihres Königs, Philipps IV. (1285–1314) ein. Der Papst antwortete mit der Bulle ›Unam Sanctam‹, die »gemäß der Lehre von den zwei Schwertern« den mittelalterlichen Führungsanspruch des Papstes auch über weltliche Machthaber unmißverständlich zum Ausdruck brachte. Bonifaz verbot Abgaben der Geistlichkeit an den Staat. Philipp der Schöne spielte dagegen die reale Macht seines erstarkten Königtums aus, setzte den Papst kurzerhand gefangen, erzwang nach dessen Tod die Wahl einer Reihe französischer Päpste, die die Abhängigkeit der Kurie vom französischen König besiegelten, und verlegte die Residenz des Papstes von Rom nach Avignon. Es begann die Zeit der »babylonischen Gefangenschaft der Kirche« (1309–1377). Vielleicht noch schlimmer wirkte sich jedoch der innere Verfall aus, der in Avignon einsetzte bzw. sich fortsetzte: verschwenderische Hofhaltung, Belastung der Christenheit mit Abgaben, Einzug des persönlichen Besitzes der Geistlichen nach ihrem Tod (Spolien), Ämterkauf (Simonie), Jahrgelder (Annaten), Ämterverleihung (Provisionen), Ämterreservierung (Reservationen), Gebühren für Gnadenbriefe und Ablaß oder Loskauf von Strafen für Sünden. Als es dann noch zur Doppelwahl von Urban VI. (Rom) und Clemens VII. (Avignon) kam, begann das Große abendländische Schisma (1378–1417). Ein tiefer Riß ging durch die Christenheit Europas. Später (1409) gab es sogar drei Päpste, die auf dem Konzil von Konstanz abgesetzt und durch einen vierten (Martin V., 1417–1431) ersetzt wurden. An diesem größten Konzil seit Nizäa (325) nahmen 33 Kardinäle, 900 Bischöfe und 2000 Doktoren teil. Die Reform der Kirche »an Haupt und Gliedern« *(causa reformationis)* wurde aufgeschoben. Offensichtlich war die Kirche außerstande, ihre wichtigsten Probleme selbst zu lösen. 100 Jahre schwelte die Glut weiter, bis sie dann in der Reformation und in den darauffolgenden Kriegen aufloderte, die nun auch das westliche Christentum spalteten.

7.1.5 Staatenbildung

Mit dem Zusammenbruch des staufischen Kaisertums und dem Verfall des Papsttums zerbrach die hierarchische Weltordnung des Mittelalters endgültig. Aus ihren Teilen entstanden die Nationen. Da die Mittlerrolle der Kirche unglaubwürdig geworden war, blieb dem Einzelnen nichts anderes übrig, als sein Heil auf eine persönliche, unmittelbare Bindung an Gott zu gründen. Die Herrscher der Staaten leiteten ihre Autorität nicht mehr aus der göttlich-geistlichen Weltordnung ab, sondern aus der Idee der Autonomie, aus der Macht, aus Besitz und Geld. Nach dem Vorbild kirchlicher Abgaben erhoben die neuen Herren Steuern, um die Mittel für Hofhaltung, Söldner und Verwaltung zu erlangen, und vergaben Nutzungsrechte (Zoll, Münze) an Städte und Gesellschaften. Adlige Grundbesitzer und die hohe Geistlichkeit partizipierten über das Steuerbewilligungsrecht an der politischen Macht und vergrößerten im 14. und 15. Jahrhundert durch Zusammenschlüsse gegen den Landesherrn ihre Privilegien; es entstand ein dualistischer Ständestaat. Im Westfälischen Frieden (1648) erhielten die Reichsstände dann staatliche Souveränität, und der Fürstenstaat löste den Personenverbandsstaat ab, während das Reich zerfiel. Die gesellschaftlichen und verfassungsrechtlichen Veränderungen waren Ausdruck eines gestiegenen Bedürfnisses nach Freiheit, das zwar echt christlich ist, aber in der Neuzeit, nach der Auflösung der mittelalterlichen Ordnung, erst zur Entfaltung kam, besonders in der bürgerlichen Gesellschaft der Städte: Stadtluft macht frei! Die Städte erkämpften sich neue Freiheiten, Rechte und Privilegien und wurden zu Zentren der Kultur, die »Freien Reichsstädte« wurden zu Modellen neuzeitlicher Nationalstaaten.

Für das Kernland des Reiches begann eine Zeit der Zerrissenheit, Ohnmacht und Schwäche. Nach dem Ende der Staufer herrschte in Deutschland ein chaotischer Zustand, von dem Kurfürsten, Fürsten und Ritter profitierten. Man wählte möglichst schwache Könige, um den eigenen Besitz zu vergrößern. Rudolf von Habsburg (1273–1291) gelang es, auf eine Hausmacht gestützt, die Verhältnisse in Deutschland einigermaßen zu ordnen und die deutsche Südostgrenze zu sichern. Die Kurfürsten beschlossen zu Rhense (1338), daß der König nicht der Bestätigung durch den Papst bedürfe, der Reichstag zu Frankfurt fügte hinzu, daß mit der Wahl zum König auch die kaiserliche Gewalt (römischer Kaiser) gegeben sei. In der ›Goldenen Bulle‹ (1356) bestätigte Kaiser Karl IV. die Privilegien der Kurfürsten, die erbliche Mitglieder des Reichstags wurden; hinzu kamen später Vertreter der Städte. In einem dualistischen Ständestaat war somit die Macht zwischen Kaiser und Reich geteilt.

Durch geschickte Erb- und Heiratspolitik (Böhmen, Burgund, Ungarn) erweiterten die Habsburger ihre Hausmacht allmählich zu einer Weltmachtstellung. Während Deutschland über Ansätze zu einer Reichsverfassung und zur Überwindung der territorialen Zersplitterung nicht hinauskam, entstanden neue mustergültige Staaten auf altem Reichsboden, die Schweiz (1499) und schließlich die Niederlande (1648). Versuche Karls V. und Philipps II., das mittelalterliche Universalreich wiederherzustellen, scheiterten. Das Prinzip des Nationalstaates hatte sich durchgesetzt.

In den europäischen Städten entstand ein frühes Proletariat, die Kluft zwischen arm und reich vergrößerte sich. Patrizier und Zünfte bekämpften sich. Hinzu kamen Aufstände der Bauern und Handwerker in England, Frankreich, Italien und Deutschland, städtische Parteikämpfe in Italien und religiöse Kriege, die auf das Reformationszeitalter vorausweisen.

Überblickt man die politische Entwicklung der frühen Neuzeit insgesamt, so lassen sich zwei Grundtendenzen erkennen: die Herausbildung von rivalisierenden Nationalstaaten nach dem Scheitern des päpstlich-kaiserlichen Hierarchiekonzepts und eine erste Rollenverteilung der jungen Nationen in Europa, von denen keine ein absolutes Übergewicht erringen kann. Die Nationalstaaten Europas bilden seit ihren Anfängen in der frühen Neuzeit eine pluralistische Völkergemeinschaft, und pluralistischen Charakter hat auch die Philosophie von Anfang dieses Zeitalters an. In den europäisierten Teilen der Welt erringen die Angelsachsen in Sprache und Kultur einen bemerkenswerten Vorsprung.

Frankreich beschritt in der zweiten Hälfte des 16. Jahrhunderts den Weg des Absolutismus, den Jean Bodin (1530–1596) durch die Lehre von der Souveränität des Staates vorbereitet hatte. Der König besiegte den Adel, Frankreich blieb katholisch und erlangte unter Heinrich IV. (1589–1610) den nationalen Einheitsstaat. Ein wirtschaftlicher Aufschwung verlief parallel mit der ersten französischen Koloniegründung in Kanada.

In Italien versuchte der römische Notar Cola di Rienzo

(1313–1354) nach der Lehre der Volkssouveränität des Marsilius von Padua mit einem Schlag die römische Republik aus der Souveränität des römischen Volkes wiederherzustellen. Er scheiterte am Widerstand des römischen Adels, Italien blieb zerrissen wie Deutschland.

7.2 Die Kopernikanische Wende

7.2.1 Renaissance, Humanismus, Reformation

Das heliozentrische Weltbild des Kopernikus war nicht neu. Sowohl im Altertum als auch im Mittelalter gab es Vertreter dieser Idee, aber sie wurden von den »Autoritäten« verdrängt. Aristarch von Samos hatte schon 300 v. Chr. erstaunlich genau die Entfernungen von Sonne und Mond zur Erde berechnet, und Nikolaus von Oresme sowie Buridan hatten die Bewegung der Erde gelehrt. Roger Bacon forderte eine messende, empirisch-mathematische Naturwissenschaft, aber der Platonismus im weiteren Sinn, im Bund mit dem dogmatisch-orthodoxen Christentum, haben viele richtige Erkenntnisse unterdrückt. So kam es, daß erst Galilei an die Lehren Demokrits anknüpfen und sie entscheidend weiterbilden konnte. Der »Materialismus« Demokrits war von Platon wie vom Christentum geächtet. In der Neuzeit hat dann die Atomtheorie Demokrits der platonischen Ideenlehre den Rang abgelaufen. Ähnlich verlief die Entwicklung auf politischem Gebiet. Weder der Gedanke der Demokratie noch der der Republik wurde in der Neuzeit geprägt. Griechische und römische Vorstellungen wurden, nachdem sie von der christlich-feudalen Weltanschauung verdrängt waren, wieder entdeckt, umgebildet und leben bis heute weiter. Die drei großen für die frühe Neuzeit typischen Bewegungen: Renaissance, Humanismus und Reformation haben im Mittelalter Vorläufer gehabt: die karolingische »Renaissance«, den »Humanismus« besonders der Schule von Chartres im 12. Jahrhundert, die Reformbestrebungen von Wiclif, Hus und vielen anderen.

Man versperrt sich die Einsicht in geistesgeschichtliche Zusammenhänge, wenn man die Entwicklungen eindimensional, linear und monokausal interpretiert. Oft bleibt Richtiges lange verborgen, Wahrheit wird von Macht, Wissen und Autorität verdrängt, Einseitigkeiten, Verabsolutierungen und Monopole beherrschen das Feld, bis die Natur die Gewaltsamkeiten und Verzerrungen gleichsam selbst korrigiert. Auch Ideen bilden im Verlauf der Zeit Schwerpunkte, bleiben im Hintergrund oder treten hervor: vorhanden sind sie immer. Wenn christliches Denken aus der Welt nur eine Folie für das Heilsgeschehen machte, Natürliches bis zur Unkenntlichkeit gegenüber dem Übernatürlichen verblassen ließ, mußte diese theozentrisch-anthropozentrische Sicht eines Tages eine Selbstkorrektur erfahren, und so verschoben sich die Akzente am Beginn der Neuzeit auf eine anthropozentrisch-kosmozentrische »Weltanschauung« hin. Die kritiklose Übernahme mönchisch-asketischer Ideale in der Laienwelt mußte, als das Übernatürliche ins Unnatürliche umschlug, zu einem Ausbruch der fast erstickten Leidenschaften, Triebe, Gefühle und natürlichen Bedürfnisse führen bis hinauf in die Spitze der geistlichen Hierarchie. Man sollte die Renaissance-Päpste weniger verurteilen als versuchen, auch sie zu verstehen. Sie waren von dem neuen Lebensgefühl der Renaissance hingerissen, berauscht, fasziniert. Sie entdeckten die Natur in sich wieder und wurden zu begeisterten Förderern der Künste, sie waren verschwenderisch und weltlich, aber auch Freunde alles Großen und Schönen dieser Welt.

Der Begriff »Renaissance« (italienisch: *rinascimento,* deutsch: Wiedergeburt) wurde von dem Maler und Schriftsteller Giorgio Vasari um 1550 eingeführt. Bezeichnend für diese Bewegung ist die Hinwendung zur Welt, deren Herausforderungen empfunden, angenommen und leidenschaftlich bejaht werden. Renaissance, Humanismus und Reformation sind europäische Ereignisse, wenn auch mit unterschiedlichen Schwerpunkten. Die Renaissance hatte eindeutig ihren Schwerpunkt in Italien, die Reformation in Deutschland; Italien steht der Antike näher als Deutschland. Die Renaissance umfaßt die gesamte Kultur, vor allem die bildenden Künste, sie ist eine elementare Bewegung, der Humanismus dagegen ist mehr eine Sache der neuen bürgerlichen Intelligenz, die Literatur und Wissenschaften pflegte. Zwischen Humanismus und Reformation besteht kein ausdrückliches und durchgehendes Bündnis. Als religiöse Bewegung griff die Reformation vielleicht am tiefsten in das Leben ein.

7.2.1.1 Chrysoloras, Plethon

Hier interessieren vor allem die philosophischen und wissenschaftlichen Grundtendenzen des neuen Zeitalters. Im Gegensatz zum Mittelalter, aber auch zum alten Rom, die beide keine originäre Beziehung zur Philosophie hatten, erwacht mit der Renaissance auch die Philosophie zu neuem Leben. Die tragende bürgerliche Intelligenzschicht ist der Kirche nicht mehr verpflichtet und kann sich daher den neuen Herausforderungen der Welt stellen. Der Anschluß an das alte Griechenland wird in der Erneuerung der platonischen Akademie in Florenz und in der Berufung griechischer Gelehrter deutlich: Manuel Chrysoloras (1350–1415) und Johannes Bessarion (1395–1472). Chrysoloras lehrte als erster nach vielen Jahrhunderten wieder Griechisch in Italien und verfaßte die erste griechische Grammatik der Renaissance. Renaissance und Humanismus wollten das Christentum nicht ablösen oder ersetzen, vielmehr innerhalb desselben Vernachlässigtes zur Geltung bringen, Verabsolutierungen abbauen, Monopole und Einseitigkeiten korrigieren. So betrachtet erscheinen Renaissance und Humanismus wie auch Reformation als Kurskorrekturen eines pluralistisch-europäischen Gesamtkonzepts, nicht als Ablösung einer Geschichtsepoche durch eine andere.

Georgios Gemistos Plethon (1355–1452), ein byzantinischer Philosoph, wollte durch Verschmelzung von platonischen, neuplatonischen, stoischen und zoroastrischen Gedanken mit islamischen eine Weltreligion gründen. Sein »Schüler« war Bessarion. Leo Hebräus (1465–1525) aus Portugal, ein jüdischer Dichterphilosoph und Bekannter Mirandolas, schrieb u. a. ›Dialoghi d'amore‹. Danach ist die Liebe das einigende Band zwischen Gott, der Welt und den Menschen.

7.2.1.2 Pico della Mirandola, Petrarca

In Pico della Mirandolas (1463–1494) Streben nach einer Synthese von Platon und Aristoteles – wie einst Boethius – von neuzeitlichem Naturverständnis und christlicher Freiheit sowie von Kabbala und Philosophie zeigt sich die synthetische Grundtendenz des Humanismus. Die *studia humanitatis* oder *humanista* verstärken derartige Bestrebungen des Mittelalters, wenn sie sich auch in einem gewissen Gegensatz zur Scholastik sehen. Die allgemeine Devise lautet: von den Texten zu den Tatsachen bzw. von Übersetzungen und Paraphrasen zu den Urtexten und Quellen, vom Interpretieren zum Schaffen. Im Schaffen seiner selbst erlangt der Mensch eine neue Würde.

»Ich glaube nun, erkannt zu haben, warum der Mensch das glücklichste Wesen und mithin allgemeiner Bewunderung wert ist, und wie man seine Stellung in der Ordnung des Universums zu verstehen hat, um die ihn nicht nur die Tiere, sondern auch die Gestirne und die überirdischen Geister beneiden ... Schon hatte Gott Vater, der Baumeister, das Haus der Welt, wie es uns vor Augen liegt, diesen erhabenen Tempel der Gottheit, nach den Gesetzen verborgener Weisheit errichtet; die überhimmlische Region hatte er mit Geistern geschmückt, die Bahnen des Äthers mit ewigen Wesen belebt, die Bereiche des schmutzigen Abfalls der unteren Welt hatte er mit allerlei Getier bevölkert. Nun aber, nach Vollendung des Werkes, sehnte sich sein Erbauer nach einem, der den Sinn dieses großen Werkes erwägen, seine Schönheit lieben und seine Größe bewundern könnte. Deshalb dachte er, als schon alles ... vollbracht war, zuletzt erst an die Erschaffung des Menschen ... Also ließ er sich auf den Entwurf vom Menschen als einem Gebilde ohne unterscheidende Züge ein; er stellte ihn in den Mittelpunkt der Welt und sprach zu ihm: ›Keinen festen Ort habe ich dir zugewiesen und kein eigenes Aussehen, ich habe dir keine dich allein auszeichnende Gabe verliehen, da du, Adam, den Ort, das Aussehen, die Gaben, die du dir wünschst, nach eigenem Willen und Ermessen erhalten und besitzen sollst. Die beschränkte Natur der übrigen Wesen wird von Gesetzen eingegrenzt, die ich gegeben habe. Du sollst deine Natur ohne Beschränkung nach deinem freien Ermessen, dem ich dich überlassen habe, selbst bestimmen. Ich habe dich in die Weltmitte gestellt, damit du um so leichter alles erkennen kannst, was ringsum in der Welt ist. Ich habe dich nicht himmlisch noch irdisch, nicht sterblich noch unsterblich geschaffen, damit du dich frei, aus eigener Macht, selbst modellierend und bearbeitend zu der von dir gewollten Form ausbilden kannst. Du kannst ins Untere, zum Tierischen, entarten; du kannst, wenn du es willst, in die Höhe, ins Göttliche wiedergeboren werden.«[1]

Christlich ist die Annahme eines Schöpfergottes, die Lokali-

[1] Pico della Mirandola, De dignitate hominis. Eingel. v. E. Garin. Bad Homburg v. d. H. 1968, S. 27f.

sierung des Menschen in der Mitte der Welt sowie die Betonung der Freiheit, neuzeitlich die Selbstschöpfung des Menschen, der prometheische Geist und der Gedanke der Menschenwürde, eine Elementarkategorie der Menschenrechte.

Francesco Petrarca (1304–1374) bekennt sich zu Platon, Cicero und Augustin. Christlich ist seine Idee einer frommen, demütigen Philosophie, im Gegensatz zu den hochmütigen Naturforschern. Cicero nimmt er sich zum Vorbild im Sprechen, Platon im Denken. So führt eine Linie von Hellas über das antike Rom und das christliche Mittelalter zur neuen humanistischen Mitmenschlichkeit. In seiner Schrift ›Vom einsamen Leben‹ wird der individualistische Zug neuzeitlichen Menschentums sichtbar. Nach dem Minnesang wurde Petrarcas Liebesdichtung zu einem europäischen Modell.

7.2.1.3 Boccaccio, Salutati, Bruni, Valla, Alberti

Giovanni Boccaccio (1313–1375), ein Freund Petrarcas, schreibt den ersten Novellenband der Neuzeit, das ›Decamerone‹ (um 1350), in dem eine veränderte Einstellung zur Erotik den Wandel von der ritterlichen zur bürgerlichen Gesellschaft anzeigt. Boccaccio besorgte das erste vollständige Manuskript der Homerischen Gedichte, die er im Urtext lesen konnte.

Coluccio Salutati (1331–1406), ein anderer Freund Petrarcas, hatte als Kanzler der Signoria in Florenz die Berufung des Chrysoloras angeregt, Ciceros ›Briefe an die Freunde‹ bekanntgemacht und Petrarcas Epos ›Africa‹ veröffentlicht. Als christlicher Ethiker glaubte er an die Willensfreiheit des Menschen, und als Politiker verteidigte er die bürgerlichen Freiheiten gegen jede Art von Tyrannei. Dialektik lehnte er, wie Petrarca, ab. Sokrates und der heilige Franziskus waren seine Vorbilder.

Antike und Christentum verschmelzen auch im Denken Leonardo Brunis (1369–1444), des Amtsnachfolgers von Salutati. Er sucht antike Hingabe an die Gemeinschaft des Stadtstaates mit christlicher Nächstenliebe zu verbinden. Der Philosoph soll sich den Wissenschaften, der Welt sowie der Gemeinschaft öffnen und – er soll heiraten.

Lorenzo Valla (1406–1457), der Sekretär des ersten päpstlichen Humanisten, Nikolaus V. (1447–1455), begründete die historisch-kritische Methode oder den philologischen Humanismus, indem er die Vulgata untersuchte und Bibelkritik übte. In seiner mustergültig abwägenden Schrift ›Über die Freiheit des Willens‹ erörtert er die Gründe für und gegen die Freiheit. In seiner frühen Schrift ›Über die Lust‹ (1431) kommt Epikur wieder zu Ehren.

Leon Battista Alberti suchte dem von Baldassare Castiglione (1478–1529) geprägten Ideal des »uomo universale«, der umfassend gebildeten Persönlichkeit, so nah wie möglich zu kommen. Er befaßte sich mit mathematischen, sprachlichen, physikalischen und ökonomischen Fragen, letzteres im Anschluß an Xenophons ›Oikonomikos‹, ein Werk, das lange im Schatten der platonisch-christlichen Tradition stand und nun, im bürgerlichen Zeitalter, wiederentdeckt wurde.

7.2.1.4 Ficinus, Pomponazzi, Zarabella

Marsilius Ficinus (1433–1499), ein Freund Cosimo de Medicis, übersetzte die Werke Platons und Plotins. Er verfaßte, wie Valla, eine frühe Schrift ›Über die Lust‹ (1457), in der er Platon und Aristoteles zu versöhnen suchte, später in seiner ›Theologia Platonica‹ (1474) auch das Christentum mit der Philosophie. Christlich und neuzeitlich zugleich ist sein Bekenntnis zur Freiheit. Die Seele, die Trägerin der Freiheit, verbindet Gott mit der Natur. Aus dem Stadium, Gott in der Natur zu lieben, gelangt der Mensch auf den richtigen Weg dazu, die Natur in Gott zu lieben.

Den Platonikern mit dem Zentrum Florenz standen die Aristoteliker gegenüber, deren Zentrum die Universität Padua war. Die Aristoteliker waren in Averroisten und Alexandristen – nach dem Aristoteles-Kommentator Alexander von Aphrodisias (200 n. Chr., Athen) – gespalten. Beiden gemeinsam war das Ungenügen an den scholastisch umgedeuteten Lehren des Aristoteles; sie forderten den Rückgang zu den Texten. An der Streitfrage der Unsterblichkeit der Seele schieden sich die Geister. Hinter dem Streit wird eine tiefe Krise des Aristotelismus erkennbar. Der Alexandrist Pietro Pomponazzi (1462–1524) leugnet im Gegensatz zu Ficinus in seiner Schrift ›Über die Unsterblichkeit der Seele‹, die er, wie Aristoteles, als Entelechie versteht, die Unsterblichkeit bzw. modifiziert den aristotelischen Gedanken in bezeichnender Weise. Schon bei Aristoteles bildete sich ein Hiat zwischen der sterblichen Seele und dem unsterblichen, schöpferischen Geist; das ist möglicherweise eine Konzession an platonische Theorien. Die Averroisten ließen diesen Geist beim Tod des Individuums in den überindividuellen »Weltgeist« als einen Teil desselben zurückkehren. Die wissenschaftlich sauberste Lösung wäre nun gewesen, auch die Sterblichkeit dieses Geistes zu konzedieren, aber dazu konnte sich Pomponazzi als Christ nicht durchringen. Während er Entelechie als Einheit des Selbstbewußtseins versteht und damit einem Kantischen Gedanken nahekommt, gesteht er dem Geist als Vermögen der Selbstreflexion und der Bildung von Allgemeinbegriffen eine Art Unsterblichkeit zu, die aber, und darin wird der Unterschied zwischen Mittelalter und Neuzeit sichtbar, ihren Sinn im Diesseits erhält. Sogar die Religion läßt sich natürlich erklären. In der Schrift ›Über das Schicksal, den freien Willen und die Vorherbestimmung‹ hält Pomponazzi an der Freiheit fest, obwohl er die stoische Lösung für die sinnvollste ansieht. Das Problem Freiheit – Kausalität, das Kant so sehr beschäftigt, zeichnet sich ab. Pomponazzi blieb nichts anderes übrig als die Zuflucht zur Lehre von der doppelten (theologisch-philosophischen) Wahrheit. Philosophiegeschichtlich ist daraus zu ersehen, daß eine unzureichend gelöste Frage eine Kette von Halbheiten und Mißverständnissen auslösen kann.

Giacomo Zarabella (1533–1589) schlägt mit seiner Lehre von der resolutiven und der kompositiven Methode eine Brücke zwischen der aristotelischen Logik und der neuzeitlichen Methodik, wenn er auch die Bedeutung der Mathematik für die Naturwissenschaften noch nicht erkannt hat.

7.2.1.5 Nizolius, Caesalpinus, Machiavelli, Fracastoro

Marius Nizolius (1498–1576) wollte, im Gegensatz zum Formalismus der Scholastik, in den Begriff der Logik auch Grammatik und Rhetorik einbeziehen, um sie im neuzeitlichen Sinn fester an die realen sprachlichen Gegebenheiten zu binden, wobei allerdings, wie Leibniz in der Vorrede seiner Neuausgabe der Schrift des Nizolius ›Über die wahren Prinzipien und die wahre Methode des Philosophierens‹ (Frankfurt a. M. 1670) bemerkt, die induktive und die deduktive Methode nicht zu ihrem Recht kommen.

Andreas Caesalpinus (1519–1603) versuchte, zwischen Averroisten und Alexandristen zu vermitteln und dabei auch den Platonikern gerecht zu werden. Bedeutender war er als Naturforscher. In seinen 16 Büchern ›Über die Pflanzen‹ (1583) entwickelte er eine Art »natürliches System der Pflanzen« und eröffnete damit eine neue Phase der Botanik. Ähnliches schwebte ihm für die Mineralogie vor. Seine Untersuchungen des Blutkreislaufs weisen auf Harvey voraus.

Schwer einzuordnen ist der Staatstheoretiker und Kanzleibeamte Niccolo Machiavelli (1469–1527), der weder Platoniker noch Aristoteliker war, aber auch kaum etwas mit dem ›Fürstenspiegel‹ Petrarcas oder dem utopischen ›Sonnenstaat‹ Campanellas gemeinsam hat. In seinen Schriften ›Discorsi‹ und ›Il Principe‹ aus dem Jahr 1513 enthüllt er die Abgründe der Korruption und der Verkommenheit der Politik seiner Zeit, in denen er, wie so mancher »Realist« vor oder nach ihm, die wahre menschliche Natur erkennen zu können glaubt. Sie zu bändigen hält der »Republikaner« Monarchie, Staatsräson und Macht für geeignete Mittel. Wie damit die Geltung von Religion und Moral, an denen Machiavelli festhält, vereinbar sein soll, bleibt das Geheimnis einer tief gespaltenen Natur, die aus dem Konflikt von erlebter Ohnmacht und Bewunderung von Stärke, Macht und Größe nicht herausfand, es sei denn durch Überanpassung. Friedrich der Große schrieb als Kronprinz einen ›Antimachiavel‹. Nietzsche, Mussolini und Hitler haben Machiavelli bewundert. Was dieser zweifellos besser als seine Zeitgenossen erkannte, war der für die Neuzeit so bestimmende Faktor Macht.

Gemeinsam ist Platonikern, Aristotelikern, Machiavelli und den Naturphilosophen das Abrücken von der Theologie, ihren Dogmen, ihrer Metaphysik und ihren Voraussetzungen. Girolamo Fracastoro (1483–1553), Leibarzt Papst Pauls III., verfaßte ein Lehrgedicht über die Syphilis in lateinischer Sprache. In seinem Werk ›Über Sympathie und Antipathie‹ verband er Vorstellungen des Empedokles mit neuzeitlicher Theoriebildung und versuchte bereits, die Fernwirkung (Magnetismus) von Körpern aufeinander dadurch zu erklären, daß er Teilchen annahm, die sich von einem Körper lösen und in den anderen einströmen.

7.2.1.6 Cardano, Telesio, Patrizi, Campanella, Bruno

Geronimo Cardano (1501–1576) verband Vorstellungen von Pythagoras, Empedokles und Demokrit mit christlicher Frömmigkeit. Er war Arzt, Philosoph und Mathematiker, schrieb ›Über die Feinheit der Dinge‹, ›Über die Verschiedenheit der Dinge‹ und eine Autobiographie. Neben der »Cardanischen Formel« (Lösung der reduzierten kubischen Gleichung), die aber wohl von N. Tartaglia stammt, befaßte er sich, im Anschluß an Philon von Byzanz, mit der in drei Richtungen freien Aufhängung, z. B. von Kreiseln, der »Cardanischen Aufhängung«. Er nahm eine Urmaterie, aber kein Vakuum an, eine Weltseele als Prinzip der Bewegung und des Lebens, der Wärme und des Lichts. Von den vier Elementen der Vorsokratiker ließ er nur Wasser, Luft und Erde gelten. Cardano wandte sich gegen den christlichen Glauben, Natur und Welt seien um des Menschen willen und zu seinem Nutzen erschaffen. Der Mensch kann Gott meditativ erfassen, aber auch im mathematischen Erkennen, denn das gesamte Weltgeschehen untersteht dem Gesetz der Zahl. Im Gegensatz zu Machiavelli betont Cardano die Wichtigkeit der Religion für das Leben im Staat. Geistliche und weltliche Macht sind nicht zu trennen. Der Mensch schuldet den Gesetzen Gehorsam.

Bernardino Telesio (1508–1588) studierte Philosophie, Mathematik und Naturwissenschaften, wurde zu einem Gegner des Aristoteles, verfaßte das Werk ›Über die Natur der Dinge‹ (1586) und gründete eine nach ihm benannte Gesellschaft zur Erforschung der Natur. Er neigte zur empirischen Naturforschung, schloß sich an vorsokratische Denker an, aber auch an die Stoiker und den Empiriker Galenos (129–199), der Leibarzt des Kaisers Marc Aurel gewesen war. Als Erkenntnistheoretiker, Psychologe und Ethiker beeinflußte er Bacon, Hobbes und Spinoza. Nach Telesio wurzeln die höheren Erkenntnisvermögen auf nach mechanischer Art verknüpften Empfindungen. Erinnerung beruht auf dem Vermögen der Seele, Eindrücke zu speichern, und das Denken nimmt Erinnertes vorweg. Das Denken vollzieht sich in Analogien und steht an Verläßlichkeit hinter der Wahrnehmung zurück. Im Gegensatz zur theologischen Lehre vom Seelenheil betont Telesio das Prinzip der Selbsterhaltung, das das Verhalten aller Lebewesen bestimmt. Was die Selbsterhaltung fördert, erzeugt Lust und Liebe, was sie behindert dagegen Haß. Tugenden sind nach Telesio Tapferkeit, Geschicklichkeit, Güte und Weisheit. Tapferkeit und Weisheit stimmen mit dem antiken Kanon überein, Güte weist ins christliche, Geschicklichkeit ins bürgerliche Denken. Die Verbindung zum Übersinnlichen, zu Theologie und Metaphysik, läßt Telesio nicht ganz abreißen, wenn er einen Geist postuliert, der sich über den Bereich der Selbsterhaltung erhebt und zum Göttlichen aufschwingt.

In seiner ›Neuen Philosophie von allem‹ (1591) verbindet Francesco Patrizi (1529–1597) Gedanken von Telesio mit neuplatonischer, christlicher und orientalischer Philosophie. Sein Hauptproblem ist die Beziehung des Materiellen zum Immateriellen. Dabei spielen Licht und Raum eine besondere Rolle. Patritius entdeckte die Bedeutung des Raumes als eines mathematisch konstruierbaren Kontinuums von Punkten, auf welches das Naturgeschehen bezogen werden kann. Das reine, von Gott ausgehende Licht ist unkörperlich, das sichtbare Licht dagegen, das z.B. von der Sonne ausgeht, ist bereits materialisiert. Die teilweise sehr spekulativen Gedanken des Patritius weisen auf Theorien von Gassendi, Descartes und Newton voraus.

Das Schicksal des Dominikaners Tommaso Campanella (1568–1639) ist nicht weniger lehrreich als dessen Werke. Als Opfer spanischer Inquisition verbrachte er 27 Jahre in Haft, wurde als Ketzer und Verräter verurteilt, gefoltert und eingekerkert, um am Ende, in seinem Buch ›Über die spanische Monarchie‹ (1625), ein spanisches Universalreich mit päpstlicher Spitze zu fordern. In den Deutschen sah er eine ebenso große Gefahr wie in den Türken. Campanellas Erkenntnistheorie erinnert an Telesio. Wahrnehmungen sind frei von Irrtum, Wahrnehmen heißt Wissen *(sentire est scire).* Schwer damit zu vereinbaren ist seine Lehre von der Gewißheit der Selbsterkenntnis, die auf Augustin zurück- und auf Descartes vorausweist. Sensualismus und Idealismus lassen sich nur in einer Metaphysik nach Art von Cusanus oder Leibniz vermitteln, durch Zusammenfall der Gegensätze im Absoluten oder mit Hilfe einer von Gott bewirkten prästabilierten Harmonie. Gott besitzt Macht, Weisheit und Liebe *(posse, nosse, velle),* Kräfte, die in die Welt und die Menschen eingehen und durch die der Mensch wieder zu Gott zurückfindet. Neuplatonische und christliche Mystik verbinden sich mit neuzeitlicher Durchdringung der Natur und ergeben ein dynamisches Konzept der Verschmelzung von Bewußtsein und Kraft, Information und Energie. Erkenntnis führt zum Glauben, Philosophie zur Theologie bzw. Mystik zurück. Der *codex scriptus* der Offenbarung und der *codex vivus* der Natur widersprechen sich letztlich nicht.

Widersprechen sich Campanellas ›Sonnenstaat‹ (1623) und seine spanische Universalmonarchie ebensowenig? Im ›Sonnenstaat‹ entwirft er im bewußten Gegensatz zu Platons Staatsentwürfen eine Utopie, in der ein Priesterkönig Sol mit drei Fürsten Pon *(potestas)*, Sin *(sapientia)* und Mor *(amor)* regiert, wobei Pon für das Heer zuständig ist, Sin für die Wissenschaft und Mor für die Erziehung. Das Leben ist bis ins letzte Detail, ja bis zur Zeugung geregelt: vier Stunden Arbeit am Tag, kein Privateigentum, Gemeinsamkeit von Frauen und Kindern und gemeinsame Mahlzeiten. Im Mittelpunkt der mathematisch genau konstruierten Sonnen-Stadt erhebt sich ein gewaltiger Tempel.

Giordano Bruno (1548–1600), ein Ordensbruder Campanellas, kam nicht mit Kerkerhaft davon. Nach einem langen Wanderleben, das ihn nach Genf und Paris, nach Oxford, nach Marburg, Wittenberg, Prag, Helmstedt und Frankfurt und schließlich auch nach Venedig führte, starb er in Rom, als Märtyrer für Freiheit und Wahrheit, auf dem Scheiterhaufen. Seine Asche wurde in alle Winde verstreut, sein Name geächtet. Der Orthodoxie der Reformierten konnte er sowenig abgewinnen wie der lutherischen in Deutschland. Zum Verhängnis wurden ihm schließlich seine Lehren von der Unendlichkeit des Universums und der Vielzahl der Welten.

Giordano Bruno war ein Dichterphilosoph, universal begabt und interessiert. Er verfaßte in italienischer Sprache Dialoge, später Gedichte mit Erläuterungen in lateinischer Sprache. Er bekannte sich zu Kopernikus, war aber zugleich Mystiker, der Neuplatonisches und Christliches verband: Der Leib ist in der Seele, die Seele im Geist, der Geist in Gott. Gott ist Natur, die Natur ewiger Wandel, der Tod Ausdruck von Auflösung und Zusammensetzung. Die Individuen oder Monaden erscheinen als »Kontraktionen der Gottheit« (vgl. Leibniz!). Die gesamte Welt ist lebendig und wird von der Weltseele gestaltet, die dem Prinzip aller Dinge, der universellen Vernunft, gehorcht. Die göttliche Substanz ist jedoch menschlicher Vernunft unzugänglich. Die Materie ist reine Möglichkeit, ohne Energie, das Böse ist ein Nichtsein. Die gleiche Stufenleiter führt von der Natur zu den Dingen herab und für die Erkenntnis von den Dingen zur Natur hinauf. Die Stärke der Philosophie Brunos liegt weniger in logischer Konsistenz und Systematik als in schönheitstrunkener Hingabe an die wiederentdeckte Natur, in einer faustischen Stimmung: »In tristitia hilaris, in hilaritate tristis« (Heiter in der Trauer und traurig in der Heiterkeit). Wahre Philosophie ist Giordano Bruno zufolge eher Poesie, Malerei oder Musik als Architektonik.

Während im 16. Jahrhundert die Naturwissenschaften ihre eigenen Wege zu gehen begannen, breitete sich der Humanismus über Europa aus. Der Phase des Aufbruchs folgte die Expansionsphase.

7.2.1.7 Lefèvre d'Etaples, Bouillé, de la Ramée

In Frankreich »reinigte« Jacques Lefèvre d'Etaples (Faber Stapulensis, um 1455–1536) die Philosophie des Aristoteles von scholastischen Bestandteilen, übersetzte die Bibel sowie Schriften von Nicolaus Cusanus und Raymundus Lullus, geriet aber wegen seiner kirchlichen Reformbestrebungen in Schwierigkeiten (1525). Erfolgreicher waren die Reformversuche des der Mathematik zuneigenden Gelehrten auf dem Gebiet der Logik, die er vom scholastischen Formalismus zu befreien suchte (Schule der Fabristen).

Charles Bouillé (Carolus Bovillus, 1472–1553) verband die Vorliebe für den Cusaner mit Lefèvre. Von seinen vielen Schriften ist das Buch ›Über den Weisen‹ am bekanntesten. Beim Erkenntnisprozeß ist das aufnehmende Vermögen *(vis susceptiva)* an den Körper gebunden, das urteilende *(vis judicativa)* an die Seele. Modern mutet der Gedanke an, daß der Mikrokosmos als Gedächtnis die Spezies des Makrokosmos speichert. In reflexiver Selbsterkenntnis erreicht der Mensch die höchste Stufe des Bewußtseins. Die Hauptaufgabe der Logik ist die Herausarbeitung der Gegensätze *(ars oppositorum)*. Makrokosmos und Mikrokosmos, äußere Natur und Gedächtnis bewahren als solche ihre Identität, während in der Betrachtung (speculatio) ihre Gegensätzlichkeit offenbar wird.

Pierre de la Ramée (Petrus Ramus, 1515–1572) stammte, wie Lefèvre, aus der Picardie. Er wurde als Calvinist in der Bartholomäusnacht ermordet. Seine ›Dialectique‹ (1555) ist das erste philosophische Werk in französischer Sprache. Im Gegensatz zum scholastischen Formalismus betonte er, wie später Leibniz, die erfinderischen *(inventio)* und urteilsbildenden *(iudicium)* Momente der Logik und näherte sie der Rhetorik an. In Heidelberg hielt er Vorlesungen über Cicero. Mit Lefèvre verband ihn die Neigung zur Mathematik, deren befreiende Kraft er schätzte, mit Bouillé die an Cusanus erinnernde Metaphysik, wonach der Mensch als winziger Punkt im All doch das Universum im Geist zu umspannen vermag. Von den französischen Humanisten wirkte Ramée am stärksten, nicht zuletzt in Deutschland, wo es neben Ramisten und Antiramisten auch Semiramisten gab. Die Breitenwirkung des Ramismus in der Methodik und in den praktischen Disziplinen verbindet Humanismus und Aufklärung.

7.2.1.8 Agricola, Erasmus von Rotterdam, Luther, Melanchthon, Zwingli, Calvin

Rudolf Agricola (1443–1485) aus Baflo bei Groningen studierte in Löwen und darauf in Italien, seinen Lebensabend verbrachte er in Heidelberg und Worms. Agricola vermittelte Ideen der Platonischen Akademie nach den Niederlanden und nach Deutschland. Seine drei Bücher ›Über die Kunst der Dialektik‹ (1480) sind an Aristoteles, Cicero und Seneca orientiert. Er will Beredsamkeit *(eloquentia)* mit Klugheit *(prudentia)* verbinden, Autoritäten durch das eigene Urteil ersetzen und den biblischen Glauben mit dem humanistischen Bildungsideal vereinigen.

Erasmus von Rotterdam (1467–1536) begründete mit seinen Ausgaben der lateinischen und griechischen Kirchenväter die Patrologie, förderte die Textkritik des Neuen Testaments und stellte ein Bildungsprogramm für das Gymnasium auf: ›De ratione studii‹ (1512). Ihm ging es um eine Verbindung von Altertum und Christentum, Humanismus und Reformation, weshalb er sich auch mit theologischen Fragen befaßte und in einen Streit mit Luther geriet: ›Diatribe de libero arbitrio‹ (Abhandlung über den freien Willen, 1524), worauf Luther mit einer auch die Philosophie berührenden Schrift ›De servo arbitrio‹ (Über den unfreien Willen) antwortete. Erasmus konzedierte in der Frage der Willensfreiheit den Primat der Gnade, behielt dem Menschen aber die Freiheit vor, sich Gott zu – oder sich von ihm abzuwenden. Selbst zu wollen statt sich Gott anzuvertrauen, das war Luther nicht genug, ja erschien ihm als böse. Da Luther die Prämisse »Gott« sowenig wie Erasmus anzweifelte, sah er die Gefahren eines Glaubens nicht, wenn diese Prämisse entfällt. In einem atheistischen Zeitalter verliert der »nur Gläubige« seinen einzigen Halt und verfällt dem Bösen, erleidet also oder tut gerade das, was Luther vermeiden wollte. Darin liegt die bis heute nicht behobene Tragik seines Ansatzes. Luther hat dagegen völlig recht, wenn er jedes philosophische Ansinnen, die Welt in einem einheitlichen System zu erfassen, auf eine

Formel zu bringen, verurteilt. Mit Luthers wie mit der Einstellung des Erasmus lassen sich die gleichen Ergebnisse erzielen oder verfehlen. Es ist daher nicht einzusehen, warum eine Auffassung den absoluten Vorrang haben soll, es sei denn, es verbirgt sich dahinter ein Machtanspruch, der alte mittelalterliche Anspruch von der Herrschaft der Theologie über die Philosophie. Diesen Anspruch hat die Philosophie der Neuzeit mit Recht zurückgewiesen, nicht zuletzt Kant, und darin besteht die Emanzipation der Philosophie von der Theologie. Luther hat aber noch in einer anderen philosophisch relevanten Frage tiefer gesehen als irgendein anderer Reformator: in der Verurteilung des Machtstrebens, vielleicht der größten Gefahr für den neuzeitlichen Menschen überhaupt. Die Herrenschicht, die nach Luther seine Warnungen mißachtete, vergötterte in Theorie und Praxis die Macht.

Eine versöhnlichere Richtung gegenüber Erasmus, dem Humanismus und der Philosophie schlug Philipp Melanchthon (1497–1565) ein, der Begründer des »protestantisch-scholastischen Aristotelismus«. 1525 gab er Ciceros Schrift ›Über die Pflichten‹ neu heraus, 1526 die beiden ersten Bücher der ›Nikomachischen Ethik‹ des Aristoteles. Darauf wandte sich der *praeceptor Germaniae* der Ausarbeitung eines eigenen Systems in drei Teilen zu: Dialektik, Physik und Ethik. An Metaphysik war er nicht interessiert, und das kopernikanische Weltsystem hielt er für eine geistreiche Spielerei.

Bei dem Schweizer Ulrich Zwingli (1484–1531) tritt das praktische Interesse noch mehr hervor. Ihm war der Geist der Florentiner Akademie nicht weniger vertraut als der Platons oder Senecas. In seiner Schrift ›Über wahre und falsche Religion‹ (1525) gestand er der Vernunft gegenüber der Offenbarung eine gewisse Selbständigkeit zu, schloß sich in der Willensfrage dagegen Calvin und Luther an. Wie Erasmus zweifelte er nicht daran, daß Sokrates und andere ethisch hochstehende Denker des Altertums die Seligkeit erlangen. Gegen die Ausschließlichkeit der Bibel stellte er die umfassende Offenbarung. Sakramente sind nur Symbole, auf die Bewährung des Christentums in der Praxis kommt alles an. Zwingli stand zu seinen Worten: er fiel in der Schlacht bei Kappel.

Die Ausrichtung auf die religiöse Praxis wird bei Johann Calvin (1509–1564) noch deutlicher. Hinzu kommt seine Begabung für die Jurisprudenz, für Technik und Organisation, die es ihm erlaubte, Distanz zum Staat mit großer Aktivität im öffentlichen Leben zu verbinden. Calvin stammte aus der Picardie, studierte in Paris auch Jura und kommentierte Senecas Schrift ›Über die Milde‹ (De clementia, 1532). Bis zu einem gewissen Grad gelang ihm die Verbindung von Renaissance-Platonismus mit reformatorischer Theologie. Seine ›Institutio religionis Christianae‹ (1535) verrät den Juristen, sie ist die letzte umfassende Dogmatik der Reformation. Calvin übernahm die lutherische Prädestinationslehre und vollzog eine Wendung zum Alten Testament, das nicht mehr als Gesetz im Gegensatz zu christlicher Freiheit erscheint, wie bei Luther, vielmehr in der Sache mit dem Evangelium übereinstimmt. Stoische Elemente zeigen sich in der Annahme eines natürlichen Rechts *(lex naturalis)* in der Seele, im natürlichen Instinkt *(instinctus naturalis)* und in der allgemeinen Annahme *(communis praesumptio)* der Existenz Gottes. In seiner politischen Philosophie lassen sich Ansätze zu einer individualistisch-demokratischen Betrachtungsweise erkennen. Wie in seiner Rechtfertigungslehre neuzeitliche Fortschrittsgläubigkeit mitschwingt, läßt sich bei ihm der ideale Staat nicht ohne die bürgerlichen Tugenden verwirklichen.

7.2.1.9 Montaigne, Charron, Vives, Suarez, Sanchez

Neigung zur Stoa, insbesondere zu Seneca, sowie ein juristisches Studium verbinden Michel de Montaigne (1533–1592) aus Bordeaux mit Calvin, ebenso die Neigung zur Praxis, in der sich Montaigne bereits mit 21 Jahren als Parlamentsrat und später als wiedergewählter Bürgermeister seiner Heimatstadt bewähren konnte. Mut und Offenheit retteten ihn im Bürgerkrieg aus gefährlichen Situationen. Montaigne war aller hochgestochene und meist verlogene Idealismus zuwider. Den Satz des Sokrates: »Ich weiß, daß ich nichts weiß« modifizierte Montaigne in charakteristischer Weise: »Que sais-je?« Sokrates ist für Montaigne das Vorbild eines Weisen. Autoritätsgläubigkeit, Dogmatismus und Orthodoxie widerstrebten seinem gesunden Zweifel. Dem Beifall der Ja-Sager zog er die Widerrede vor, aus der er lernen konnte. In seinen ›Essais‹ vertritt Montaigne eine besonnene Skepsis nach Art Pyrrhons, wenn auch der christliche Akzent »demütiger Glaube« nicht fehlt. Wie Luther verurteilt er den Wahn, ein wahres Wissen von der Welt besitzen zu können: die Vernunft geht oft in die Irre, die Sinne trügen, und die Umstände ändern sich fortwährend. Wie Luther beurteilt auch er das Vermögen der Vernunft skeptisch, wendet aber gegen Luther ein, daß er der Zügellosigkeit Tür und Tor öffne. Heraklitische Einsicht in die Veränderlichkeit der Welt, in den ständigen Fluß der Dinge, das prozessuale Weltverständnis der Ioner transponiert Montaigne auf die Ebene neuzeitlicher Selbsterfahrung: das Subjekt ändert sich ebenso, wie die Objekte sich ändern. Dem Relativismus sucht er durch Unterwerfung unter die Offenbarung zu entgehen, aber auch unter die Gesetze der Natur und der Gesellschaft, die mehr als gottgewollte Spielregeln erscheinen. Montaigne hat mit seinen ›Essais‹ nicht nur ein neues literarisches Genus geschaffen, sondern auch einen kaum zu überschätzenden Einfluß auf die geistige Entwicklung der Neuzeit bis zur Gegenwart ausgeübt.

Pierre Charron (1541–1603), ein Freund Montaignes, verfaßte ein dreibändiges Werk ›De la sagesse‹ (1601), die erste von der Theologie unabhängige Moralphilosophie der Neuzeit, auch wenn er bisweilen zwischen Orthodoxie und Skepsis schwankte. An Sokrates und Seneca orientiert, gewann er in Natur, Vernunft und Selbsterkenntnis hinreichende Stützen für eine autonome Moral, die im Wertbegriff der *prud'homie* gipfelt, einem Ideal gelassener und selbstkritischer Menschlichkeit oder menschlicher Ehrenhaftigkeit, das an keine bestimmten religiösen, theologischen oder nationalen Voraussetzungen gebunden ist. Nur die illusionslose Einsicht in die zerstörerischen Kräfte der menschlichen Natur, in *corruption et contagion* kann den Menschen von eingefleischten Vorurteilen und hartnäckigen Irrtümern befreien, ihm helfen, schlimme Leidenschaften wie Habsucht, Ehrgeiz, Neid, Eifersucht, Furcht und Rachsucht zu überwinden.

Ludovicus Vives (1492–1540) aus Valencia lehnte, wie Montaigne, Spekulationen und Systeme ab. Er studierte in Paris, hielt sich auch in Löwen auf, wo er Erasmus kennenlernte, und reiste nach England, wo ihn, durch Vermittlung von Thomas Morus, Heinrich VIII. zum Erzieher seiner Tochter Maria berief. Vives kommentierte auf Anregung des Erasmus Augustins ›Gottesstaat‹ (1522), schrieb gegen die scholastischen Dialektiker, verfaßte eine der ersten Philosophiegeschichten der Neuzeit (1518) und den Dialog ›Sapiens‹ (1512) sowie das enzyklopädische Werk ›De disciplinis‹ (1531). Vives macht sich zum Anwalt von Praxis, Erfahrung, Beobachtung und Experiment, erachtet wie Melanchthon und Montaigne den Wert der Metaphysik für gering, schließt sich in der Ethik an die Platoniker und Stoiker an und erkennt bereits, daß die Menschen sich oft mit wahrscheinlichen Erkenntnissen begnügen müssen. In seiner Lehre vom Gedächtnis und von den Affekten weist er auf die Psychologie des 17. Jahrhunderts (Assoziationsgesetz) voraus. Interessant ist sein Gedanke, daß Affekte nur durch Affekte zu überwinden sind. Vives war ein Gegner des Kriegs und neigte zu (stoischem) Kosmopolitismus.

Francisco Suarez (1548–1617), ein Landsmann von Vives, aus Granada, verfaßte ›Disputationes metaphysicae‹ (1597), die erste systematische Darstellung der Metaphysik, in der er in einigen nicht unwesentlichen Punkten (Individuum, Materie) von Aristoteles und Thomas abweicht. In seiner Auffassung vom Raum nähert er sich Descartes, in seiner Freiheitslehre verteidigt er die Freiheit gegen jede Art von Prädestination, in der Staatslehre betont er die Freiheit des Einzelnen und akzeptiert, wie später Hobbes, die Idee des Staatsvertrages. Suarez betrachtete die Demokratie als naturgemäße Staatsform, wobei die Souveränität auf den Staat übergeht, der im Völkerrecht die Rolle des Vertragspartners übernimmt. Suarez war ein Gegner des Kolonialismus. Bis zum Beginn des 17. Jahrhunderts setzte er an einigen deutschen Universitäten die Scholastik Melanchthons fort.

Francisco Sanchez (1552–1632) aus Portugal vertrat in seinem Buch ›Quod nihil scitur‹ (1580) einen gemäßigten Skeptizismus, der nicht nur die Sinneswahrnehmungen, sondern auch das Denken anzweifelt. Auch die Syllogistik liefert keine brauchbaren Ergebnisse. Kritik am Erkenntnisideal des Aristoteles spricht aus Sätzen wie: »scientia est rei perfecta cognitio«. Nur Gott besitzt vollkommenes Wissen und also auch die wahre Wissenschaft. Der Mensch kann als Mikrokosmos auch nicht in und aus sich selbst den Makrokosmos erkennen, eher umgekehrt. Die individuellen Gegenstände sind für menschliches Erkennen teils zu groß, teils zu klein, das Allgemeine ist nur eine Fiktion. Der Mensch, der sich auf Beobachtung, Experiment und Urteil verlassen muß, erreicht das ideale Wissen nicht. Der Gedanke, daß er nur das weiß, was er kann, weist auf Vico voraus.

7.2.1.10 Cherbury, Morus, Bodin, Knox, Althusius, Grotius

Lord Edward Herbert of Cherbury (1581–1648) schuf eine Art Religionsphilosophie und begründete die sittlich religiöse Vernunftautonomie sowohl gegenüber der Offenbarung als auch gegenüber skeptischen Einwänden. In seinem Werk ›De veritate‹ entwickelt er seine sieben elementaren Vernunftwahrheiten *(notitiae communes)*, wonach die Wahrheiten in vier Klassen erscheinen: Wahrheiten der Sache, der Erscheinung, des Begriffs und des Intellekts. In der Schrift ›De religione gentilium‹ stellt Cherbury fünf Grundartikel der Vernunftreligion auf sowie einen Kanon zum Verständnis der Entwicklung der Menschheitsreligionen.

Britannien ist das Land, in dem 100 Jahre vor Campanellas ›Sonnenstaat‹ eine Utopie entstand (1516), deren Verfasser der Lordkanzler Heinrichs VIII. war: Thomas Morus (1478–1535), ein echter Humanist, der seine moralische Integrität mit dem Tod durch Hinrichtung »büßte«. Der genaue Titel seines Werkes lautet: ›De optimo statu rei publicae deque nova insula Utopia‹ (Über die beste Verfassung des Gemeinwesens und über die neue Insel Utopia). Thomas Morus setzte die Reihe der an Platons »Idealstaat« und an Augustins »Gottesstaat« anknüpfenden Denker fort. Typisch neuzeitlich und für Morus spezifisch ist nun, daß die Idee Platons zur »Utopie«, einem neuen literarischen Genus wird. Neu ist auch die Gesellschaftskritik: Das Grundübel liegt in der Anhäufung des Reichtums in den Händen einer parasitären Oberschicht, während die unteren Volksklassen Not leiden. Morus fordert daher Abschaffung des Privateigentums und des Geldes, den Sechs-Stunden-Tag und Religionsfreiheit, läßt aber Sklaverei (Verbrecher) und Verteidigungskriege zu. Die *philosophia civilis* – im Gegensatz zur *philosophia scholastica* – will möglichst viel Freizeit zur geistigen Ausbildung, zur Pflege der Künste und Wissenschaften und zur Kreativität überhaupt gewinnen.

Jean Bodin wurde zu Angers geboren, studierte Jura, untersuchte Staatsverfassungen und definierte den Begriff der Souveränität. Mit Cherbury verbindet ihn der weite religionsgeschichtliche Horizont. In seinen ›Sechs Büchern über die Republik‹ (1577) entscheidet er sich für die absolute Monarchie, die aber ihre Grenzen am persönlichen Eigentum und im Steuerbewilligungsrecht der Stände findet. Zur Souveränität gehören Gesetzgebung, Entscheidung über Krieg und Frieden, Begnadigungsrecht und Ernennung der höchsten Beamten. Als Geschichtsphilosoph schlägt Bodin neue Wege ein, indem er geographische, ethnische und wirtschaftliche Faktoren bei der Analyse geschichtlicher Phänomene berücksichtigt. In seinem religionsphilosophischen Werk ›Siebenteiliges Gespräch über die verborgenen Geheimnisse der erhabenen Gegenstände‹ (posthum) treffen sich im toleranten Venedig Vertreter verschiedener Bekenntnisse: je ein Jude, Katholik, Moslem, Calvinist, Lutheraner, Synkretist und Anhänger der Naturreligion (Bodin). Das Gespräch endet mit einem Plädoyer für religiöse Freiheit, Toleranz und Schutz der Religionen durch den Staat, für die Ablehnung des Atheismus und die Bestrafung von Magie. Ein Kriterium für die Absolutheit einer Religion ist nicht zu finden, der Streit über »die wahre Religion« ist daher widersinnig.

Der schottische Reformator John Knox konnte sich auf den schottischen Humanisten George Buchanan (1506–1582), einen Lehrer Montaignes, berufen, wenn er zum Widerstand gegen den Absolutismus aufforderte. Buchanan, ein Mitglied des Gerichts über Maria Stuart, zählt zu den sogenannten Monarchomachen. Er vertrat das Prinzip der Volkssouveränität, befürwortete das Widerstandsrecht und den Tyrannenmord. Soweit konnten also die Meinungen ausgewiesener Humanisten voneinander abweichen. Die Grenzen zwischen Republikanern bzw. Demokraten und Monarchisten fielen nicht etwa mit denen der Konfessionen zusammen.

Während sich Vertreter des Protestantismus wie Johann Oldendorp (1480–1567), der im Anschluß an Melanchthon das Naturrecht begründete, auf den Begriff der »Obrigkeit« (Landesherrn) beschränkten und nationalen oder Reichsinteressen eher kühl gegenüberstanden, vertrat der Calvinist Johannes Althusius (1557–1638), seit 1604 Syndikus der Stadt Emden, energisch die Volkssouveränität gegenüber dem Adel und den Fürsten und erkannte ein Widerstandsrecht gegen Herrscher an, welche die Interessen des Volks verletzen. Er rückte anstelle des Herrschaftsvertrages den Gesellschaftsvertrag in den Mittelpunkt der Betrachtung und setzte sich für die Interessen der Bauern und Bürger ein. Das Volk als politisch wie religiös autonome Instanz besitzt das Majestätsrecht. Alle Gewalten sind dem Volk verantwortlich, das aus freien und gleichberechtigten Bürgern besteht. Ein verantwortungsloser Fürst kann seines Amtes enthoben und sogar zum Tod verurteilt werden, wenn er gegen das Prinzip des öffentlichen Wohls schwer verstößt. Kardinal Robert Bellarmin (1542–1621) stand den Fürsten ähnlich kritisch gegenüber. Der Papst solle das Recht haben, bei Verletzung christlicher Belange seitens der Herrscher, die Beherrschten von ihrem Untertanen-Eid zu entbinden.

Hugo Grotius (1583–1645) aus Delft war Humanist, Dichter, Philosoph, Jurist und Theologe. Er übersetzte Euripides, schrieb historische Werke nach dem Muster von Tacitus und betrieb Bibelexegese nach kritisch-historischen Gesichtspunkten. Als Staatsmann wurde er nach einem politischen Machtwechsel zu lebenslanger Haft verurteilt, aber durch seine kluge Frau gerettet; er trat in schwedische Dienste und wurde Botschafter. Dieser vielseitige, theoretisch wie praktisch geschulte Humanist, dessen Lehrmeister Aristoteles und die Stoiker waren, ließ konfessionelle Gesichtspunkte fast völlig außer acht, konzipierte die Grundzüge des Seerechts, um seinem Land den Ostindien-Handel zu erleichtern, fundierte das Naturrecht und begründete das Völkerrecht. Zusammen mit dem Naturrecht erörtert er in seinem Werk ›Über das Recht des Krieges und des Friedens‹ (1625) auch das Kriegsrecht.

Weder das Recht Einzelner noch das von Staaten ist auf dem Nutzen allein zu gründen, sondern auch auf dem Willen zur Gemeinschaft (Aristoteles). Neben dieser natürlichen ist Gottes Wille die zweite Quelle des Rechts. Auch wenn es keinen Gott gäbe, reicht die natürliche Quelle zur Rechtsbegründung aus. Kriege lassen sich einteilen in private, öffentliche und gemischte. Es gibt danach vier Arten von Kriegen: zwischen Privatpersonen (1), Privatpersonen gegen Staat (2), Staat gegen Privatpersonen (3) und Staat gegen Staat (4). Fall 1 ist nur in Notwehr erlaubt, Fall 2 (Aufruhr) nicht; Fall 3 betrifft die Strafverfolgung, die bei gesitteten Völkern dem Staat zusteht und nicht der Vergeltung dient, sondern der Besserung und Abschreckung; Fall 4 ist gerecht, wenn Kriege auf beiden Seiten von denen ausgehen, die die höchste Gewalt im Staat haben, wenn sie eine gerechte Ursache (erlittenes Unrecht) haben – Verteidigung gegen Angriffe, Wiedererlangung von Weggenommenem und Bestrafung –, und wenn beide Parteien im Krieg nicht die Bedingungen verletzen, von denen ein künftiger Friede abhängt. Kriege zur Bestrafung von Staaten sind nur dann erlaubt, wenn seitens dieser eine evidente Verletzung göttlichen und menschlichen Rechts vorliegt. Präventivkriege sind nicht gerecht. Ebensowenig kann ein Krieg für beide Seiten gerecht sein, auch wenn jede Seite im guten Glauben an ihre Sache Krieg führt. Offensichtlich wollte Grotius einen Damm der Vernunft (Natur) gegen die zu seiner Zeit ausufernde Kriegspraxis errichten. Seine Denkweise steht in diametralem Gegensatz zu der Machiavellis.

Schon zu Beginn der Neuzeit, in Renaissance und Humanismus, besteht also eine außerordentlich große Spannweite der Meinungen, die kaum auf ein Prinzip reduzierbar sind. Die für die Folgezeit unermeßlich segens- und einflußreichen Unterscheidungen von Grotius haben die Entwicklung des Völkerrechts maßgebend mitbestimmt. In philosophischer Hinsicht unterscheidet Grotius zwischen natürlichem *(ius naturale)* und positivem *(ius voluntarium)* Recht. Auch Gott vermag das Naturrecht, das ein Recht der Vernunft ist ($2 \times 2 = 4$) nicht zu ändern. Das positive Recht wird durch Übereinkunft begründet. Grundsätzlich gilt, daß Verträge und Versprechungen einzuhalten sind *(pacta sunt servanda)*. Dieser Satz erhält seine Verbindlichkeit durch das Naturrecht. Menschen bilden bürgerliche Gemeinschaften, weil der einzelne im allgemeinen zu schwach ist, sich gegen Gewalt und Terror zu schützen. Selbsterhaltungstrieb und Geselligkeitstrieb wirken bei der Bildung der menschlichen Gesellschaft zusammen.

7.2.1.11 Paracelsus, Agrippa von Nettesheim, Johann Baptista van Helmont, Franz Mercurius van Helmont, Franck, Böhme

Ein bizarres Gemisch von Altem und Neuem, mittelalterlicher Weltanschauung und renaissancehafter Vertiefung in die Natur kennzeichnet das Denken des zu Einsiedeln in der Schweiz geborenen Arztes Theophrastus Bombastus von Hohenheim, der sich Paracelsus nannte (1493–1541). Er studierte in Deutschland, Italien und Frankreich, war 1526 Chirurg in Straßburg, ging noch im gleichen Jahr nach Basel, wo er als Stadtarzt und Professor tätig war, geriet jedoch in Konflikt mit seinen Kollegen und begann darauf ein unstetes Wanderleben, das ihn schließlich nach Salzburg führte, wo er starb.

Die Bedeutung des Paracelsus liegt mehr auf den Gebieten der Medizin und Chemie – einigen galt er als Reformer der Medizin, anderen als Scharlatan – als auf dem der Philosophie. Sein Wirken ist aber auch für die Entwicklung der Naturphilosophie aufschlußreich, insofern es die Kluft zwischen magisch-mystisch-vorwissenschaftlichem Denken und seriöser Naturphilosophie verdeutlicht. Die erste Gesamtausgabe seiner Werke (1589–1591) umfaßte 10 Bände, darin das ›Paragranum‹ (1530), das ›Opus paramirum‹ (1531), die ›Philosophia magna‹ (1532/33), die ›Astronomia magna oder die ganze Philosophia sagax‹ (1537/38) sowie ›Labyrinthus medicorum‹ (1538). Paracelsus zufolge ist die Medizin die höchste Wissenschaft, da sie ganz unmittelbar auf das Wohl des Menschen abzielt, heilt und dabei das gesamte Wissen von Welt und Überwelt einbezieht. Die heilende Kraft der Medizin liegt in der Liebe. Nicht aus Büchern, sondern aus Natur und Praxis, Erfahrung und Experimenten soll man die medizinische Wissenschaft lernen. Zur Experienz muß aber die Szienz kommen, damit der Aufstieg vom Sichtbaren zum Unsichtbaren gelingt. Die wahre Wissenschaft kann alles, während bloße Theorie nur zu Spekulationen führt.

Äußerst spekulativ und mystisch zugleich klingt, was Paracelsus über den Weltzusammenhang sagt: Ursprung allen Seins ist Gott. Anfangs waren alle Dinge in der *prima materia,* im *mysterium magnum* oder im göttlichen Abgrund verborgen. Da sprach Gott »Es werde!«, und es bildete sich die Urmaterie der sichtbaren Welt, der große Limbus oder Samenbehälter, aus dem Makrokosmos und Mikrokosmos hervorgingen. Die Urmaterie *(hyle)* ist ohne Form und Eigenschaft. Aus ihr brütete der Geist die Welt aus, wobei die Geschöpfe mit einer Produktionskraft versehen wurden. Zuletzt entstand der Mensch, der – ganz mittelalterlich – als Zweck der Schöpfung und Mittelpunkt der Welt erscheint, um den sich alles dreht. Trinitätsspekulation steht hinter dem Gesetz der Dreiheit, das auch den Urstoff differenziert in Sulphur (Schwefel), Mercurius (Quecksilber) und Sal (Salz), die als Kräfte oder Geister anzusehen sind. In allen Dingen bedingen sie einander und bilden eine Art Gleichgewichtszustand. Dieser Zustand kann durch Auflösung oder Verbrennung verlorengehen. Beim Verbrennen eines Holzscheits verbrennt z. B. der Schwefel, das Quecksilber wird zu Rauch, Salz bleibt als Asche zurück. Aus der Dreiheit *(yliadus)* dieser Ursubstanzen entstehen die klassischen vier Elemente Erde, Wasser, Luft und Feuer in gewissen Zusammensetzungen. Sie sind die »Mutter« der Dinge, die sich gemäß der Dominanz der einen über die anderen bilden. Da die Materie aller Metalle eine ist, können die Metalle in andere umgewandelt werden. Durch Trennung von Luft und (himmlischem) Feuer hier, Erde und Wasser dort, entstanden Himmel und Erde, wobei die Welt einem Ei gleicht, dessen Dotter der Erde und dessen Schale dem Himmelsgewölbe entspricht. Aus den Samen (Elementen) wachsen die Früchte (Dinge) gemäß ihrer schöpferischen Kraft, dem *archeus* oder Lebensgeist. Alles in der Natur lebt, und es gibt nur eine innere Entwicklung. Wenn der Arzt heilt, regt er den *archeus* an, macht sich die Heilkräfte der Natur zunutze. Allem, was auf Erden ist, entspricht etwas im Himmel und umgekehrt. Das gilt auch für das Verhältnis zwischen Mensch und Welt, Mikrokosmos und Makrokosmos. Der Mensch ist nur aus der Welt und die Welt nur aus dem Menschen zu begreifen. Alle Erkenntnis ist Selbsterkenntnis.

Die wirkungsvollste Idee des Paracelsus war aber wohl die Einbeziehung der Chemie in die medizinische Wissenschaft, woraufhin man die Ärzte fast 100 Jahre lang in Paracelsisten und Herbalisten einteilte. Letztere gaben pflanzlichen Heilmitteln den Vorzug.

In die Reihe naturphilosophischer Mystiker, die von Meister Eckhart über Paracelsus zu Jakob Böhme (1575–1624) führt, sind auch Agrippa von Nettesheim (1486–1535), Johann Baptista van Helmont und sein Sohn Franz Mercurius van Helmont (1614–1699) sowie Sebastian Franck (1499–1542) einzuordnen. Agrippa von Nettesheim nahm zur Erklärung des Weltgeschehens nach antikem Vorbild eine Weltseele an, den *spiritus mundi;* die Natur betrachtete er als einen Organismus, in dem alles nach einem umfassenden Gesetz abläuft. Die Helmonts haben Lehren des Paracelsus weitergebildet, aber auch eigene Ideen zur Entwicklung der Naturphilosophie beigetragen. Baptista van Helmont verbesserte die Methoden der chemischen Analyse und legte seine Erkenntnistheorie (Beobachtung, Mathematik, Intuition) einem Reformprogramm der Erziehung zugrunde: anstelle von Dialektik sollen die jungen Leute Mathematik lernen und mit geographischen, ethnographischen, biologischen und astronomischen Erkenntnissen vertraut gemacht werden. Mercurius van Helmont prägte den Begriff der Monade, einen Baustein der Metaphysik Leibnizens. Sebastian Franck aus Donauwörth, erst katholischer, dann evangelischer Geistlicher, darauf freier Schriftsteller, aber auch als Übersetzer und Seifensieder tätig, führte, wie Paracelsus, ein unstetes Wanderleben und starb, von Not heimgesucht und von den Mächtigen gehaßt, einsam und verlassen. Franck kämpfte gegen die starre

Orthodoxie, wo immer er ihr begegnete und verschaffte sich auf diese Weise immer mehr und immer mächtigere Feinde. Seine Begabung lag weniger auf systematischem als auf historischem Gebiet. In dem Titel eines seiner Werke, den ›Paradoxa‹, spiegelt sich die Widersprüchlichkeit des Autors und der Gesellschaft, in der er verdammt war zu leben. Die Geschichte enthüllt den Weltplan Gottes, die Machenschaften der Mächtigen und die menschliche Torheit. Als Gesellschaftskritiker sieht Franck die Wurzel aller Übel in der Tyrannei der Geistlichen und Fürsten, im Zwang der Kirchen und Staaten. Wahrhaft freies Christentum ist unparteiisch, die wahre Kirche ist der unsichtbare Leib aller Gläubigen. Sie umfaßt auch Sokrates und Seneca.

Böhmes Denken vollzieht sich mehr wie ein Drama, in einer Kette von Visionen, als in dialektischen Prozessen, wobei er mehr als Prophet denn als Denker, mehr als Theosoph denn als Philosoph erscheint. Seine Mystik trägt stark voluntaristische Züge, sein Stil ist kraftvoll, urwüchsig, bilderreich, tiefsinnig und entspringt echtem Empfinden: ein Dokument des geistigen Lebens der Reformationszeit. Vieles an seiner Kosmogonie oder Theogonie erinnert an griechische, aber auch an germanische Mythen, anderes an die Naturphilosophie des Paracelsus. Dahinter steht, wie bei den Vorsokratikern, ein prozessuales Weltverständnis, keine Ontologie. Gott erscheint bei ihm als Leben, Kraft und Wille, ein Wille, der sich aus dem Urgrund des Nichts selbst gebiert. In Gott entsteht die ewige Natur, aus Gott die geistige Welt, danach die irdische, in der sich das Menschheitsgeschehen abspielt: Sündenfall, Erlösung und Wiedergeburt. Der Mensch kann in sich selbst das göttliche Drama entdecken: »Durchbruch bis in die innerste Geburt der Gottheit.« Die irdische Natur bringt sich ständig aufs neue selbst hervor und kann so als Symbol der göttlichen Natur verstanden werden, wenn auch der Unterschied zwischen innerseelischer Gotteserfahrung und außerweltlichem Schöpfergott nicht deutlich wird, aber Theosophie ist Erleuchtung, Ergriffenheit und stammelnde Offenbarung, keine Welterklärung. Der Kampf zwischen Bösem und Gutem erinnert an persischen Dualismus und orientalische Mystik. Der Gedanke, daß das Böse Triebfeder des Guten ist, kehrt bei Goethe wieder. Gut sein heißt nicht wollen, nicht werden, nicht wirken. Gut und Böse gehören zusammen wie Ja und Nein, bilden ein dialektisches Ganzes. Gott als das Eine und die Wahrheit wäre unerkennbar ohne die

Gegenkraft. Die Wahrheit selbst ist antinomisch. Im Menschenbild Böhmes hat die Freiheit einen sehr hohen Stellenwert. Über den freien Willen des Menschen kann auch Gott nicht gebieten. Als freier Mensch ist jeder Mensch gleichsam selbst Gott. Die Betonung der Freiheit hat wohl zu der großen Wirkung beigetragen, die Böhme in England beschieden war (König Karl I. 1625–1649, Henry More 1614–1687). In Frankreich beeinflußte er Pierre Poiret (1646–1719) und Louis Claude de Saint-Martin (1743–1803), in Deutschland vorwiegend die nachkantische spekulative Philosophie.

7.2.2 Naturwissenschaften

7.2.2.1 Leonardo da Vinci

Von der Gruppe der mystischen Naturphilosophen hebt sich klar eine andere Gruppe von Forschern ab, der nach der Phase des Aufbruchs und der Phase der Ausbreitung der eigentliche Durchbruch in die Neuzeit mit Hilfe von Erfahrung, Experiment, Mathematik und technischen Hilfsmitteln gelang. Zu dieser Gruppe zählen in erster Linie Leonardo da Vinci (1452 bis 1519), Nikolaus Kopernikus (1473–1543), Galileo Galilei (1564–1642), Johannes Kepler (1571–1630), Pierre Gassendi (1592–1655) und Isaac Newton (1643–1727).

»Man sagt, daß die Erkenntnis, die von der Erfahrung erzeugt wird, rein handwerksmäßig sei, und nur diejenige wissenschaftlich, die im Geist entsteht und endet, und auf halbem Weg zwischen Wissenschaft und Handwerk diejenige, die aus der Wissenschaft entsteht und im Werk der Hände endet. Doch scheint mir, daß jene Wissenschaften eitel und voller Irrtümer sind, die nicht geboren wurden aus der Erfahrung, der Mutter jeder Gewißheit, oder nicht in einer bekannten Erfahrung enden, d.h. solche, bei denen weder Ursprung noch Mittelweg noch Ende durch irgendeinen der fünf Sinne hindurchgehen. Und wenn wir an der Gewißheit aller Dinge, die durch die Sinne gehen, zweifeln, um wieviel mehr müssen wir an den Dingen zweifeln, die diesen Sinnen aufsässig sind, wie etwa die Wesenheit Gottes und der Seele und ähnliches, worüber man streitet und kämpft; denn wahrlich, es geschieht, daß immer, wo die Vernunft ausbleibt, das Gezänk einspringt, was bei den Dingen, die gewiß sind, nicht geschieht.«[2]

Mit dieser Rehabilitierung der Wahrnehmung als Erkenntnisquelle hat Leonardo ein altes Vorurteil beseitigt, das sich aus einer antik-aristokratischen und einer christlichen Komponente zusammensetzte. Die erste führt auf Platon und Parmenides zurück, letztere auf alte, festverwurzelte asketische Ideale des Christentums. Beide zusammen ergeben eine ideologisch bedingte Abwertung der »sinnlichen Wahrnehmung« zugunsten von »reinem« Denken, von Erleuchtung oder Offenbarung. Leonardo hat gleichzeitig das Handwerk rehabilitiert. Handwerker galten seit der Zeit der Sophisten als »Banausen«, Sokrates pflegte sich dagegen in seinen Gesprächen auf Beispiele aus dem Bereich des Handwerks zu berufen. Handwerk bedeutet Arbeit, eine ebenfalls unaristokratische, bürgerliche Kategorie, die mit der Neuzeit wieder Geltung erlangt hat. Die Rehabilitierung der Sinne als Erkenntnisquelle mußte die hierarchische Gesellschaftsordnung ähnlich bedrohen wie die zur Zeit Leonardos aufkommende Buchdruckerkunst, die das Bildungsprivileg des Klerus beseitigte, indem sie weiteren Schichten Zugang zum geistigen Leben und zur Bildung verschaffte. Hinzu kommt die befreiende Bewegung der Reformation mit ihrem Demokratisierungseffekt.

Die von Leonardo an anderer Stelle erhobene Forderung, daß die Vernunft zur Erfahrung hinzutreten und sie begründen müsse, ist für die wissenschaftliche Erkenntnis der gesamten Neuzeit richtungweisend. Kopernikus paßte seine Theorie den Beobachtungen *(observationes)* an, nicht umgekehrt, und das bewirkte die Kopernikanische Wende. Newton ging von der einfachen Beobachtung eines Apfels aus, der vom Baum fiel. Die Analyse von Wahrnehmungen bei der Beobachtung des Vogelflugs führte mit Hilfe der Technik – *techne* bedeutet (griechisch) Handwerk, Kunst – zur Entwicklung flugfähiger Modelle und schließlich zur Entdeckung der aerodynamischen Gesetze, die mit Hilfe von Dialektik und Logik schwerlich je gefunden worden wären. Der Durchbruch westlicher Philosophie und Wissenschaft, die Befreiung aus den Fesseln der mittelalterlichen dogmatischen Theologie und Scholastik war nur aufgrund des von Leonardo aufgestellten Programms möglich.

[2] Leonardo da Vinci, Philosophische Tagebücher. Hrsg. v. G. Zamboni. Reinbek 1958, S. 27ff.

Hier liegt der entscheidende Unterschied zur indischen und chinesischen Philosophie, der dieser Durchbruch nicht gelang. Sinneswahrnehmung wurde zum Sinnesdatum und damit zum Baustein der Theorie. Leonardo, dann Galilei und seine Nachfolger haben die Theoriebildung Demokrits rehabilitiert, die auf die gleiche Weise erfolgte und nur von der platonisch-aristotelischen Formenlehre verdrängt wurde. Der Triumphzug Demokrits in der Neuzeit beginnt bei Leonardo. Aus der Anknüpfung an Demokrit – und Pythagoras –, nicht an Aristoteles, Platon oder Thomas von Aquin, konnte sich die klassische Mechanik entwickeln: »Die mechanische Wissenschaft ist überaus edel und vor allen anderen Wissenschaften äußerst nützlich, weil durch sie alle lebenden Körper, die Bewegung besitzen, ihre Tätigkeiten ausüben.«[3]

Leonardo spricht von der Erfahrung als »Mutter jeder Gewißheit«. Das bedeutet eine Revolution nicht nur gegen Offenbarungsglauben, dogmatische Theologie und Scholastik des Mittelalters, sondern darüber hinaus gegenüber allen Systematisierungsversuchen der Natur seitens des »reinen« Denkens, das der Natur die Gesetze vorschreibt, wie Kant noch meinte. Wenn Leonardo bemerkt, daß die Gewißheit des »Geistes« viel fragwürdiger ist als die der Sinne, so ist das nicht weniger revolutionär als seine Erkenntnis, daß Theologeme, Philosopheme und Ideologeme für Zank und Streit verantwortlich sind. (Er hätte auch »Kriege« hinzufügen können.) »Hüte dich vor den Lehren jener Spekulanten, deren Überlegungen nicht von der Erfahrung bestätigt sind.«

Leonardo da Vinci gehört nicht zu den Persönlichkeiten, die sich in eine Epoche einordnen lassen, eher zu denen, die eine Epoche bestimmen. Die Vielseitigkeit seiner Kreativität, verbunden mit Perfektion, als Architekt, Bildhauer, Maler, Musiker, Astronom, Anatom, Festungsbauer, Ingenieur, Erfinder und Philosoph ist nicht nur für die frühe Neuzeit einmalig. Einige wenige Beispiele mögen den ungewöhnlich kreativen Stil seines Philosophierens verdeutlichen.

Leonardo beweist, daß es auch in der Beobachtung so etwas wie Genialität gibt: »Schreibe vom Schwimmen unter Wasser, und du hast das Fliegen des Vogels in der Luft.«

Aus der Perspektive des genialen Erfinders sieht das Verhält-

[3] Codex über den Vogelflug, Folio 3r. A. M. Brizio, in: Leonardo. Hrsg. v. L. Reti, Frankfurt 1974, S. 296.

nis von Erfahrung und Vernunft etwas anders aus als aus der des Theoretikers: »Meine Absicht ist es, erst die Erfahrung anzuführen und sodann mit Vernunft zu beweisen, warum diese Erfahrung auf solche Weise wirken muß.«

Danach verfuhren Galilei, Newton und alle neuzeitlichen Wissenschaftler, die fruchtbare Arbeit leisteten. Ein Logiker würde kaum glauben, was der Maler Leonardo sah: »Die zwischen Licht und Schatten gesehenen Dinge werden sich besser abheben als die, die im Licht oder im Schatten stehen.«

Einem Philosophen, der eine Ethik schreibt, kann man nur wünschen, daß er die Beobachtungsgabe eines Leonardo besitzt: »Beachte auf den Straßen, wenn es Abend wird und das Wetter schlecht ist, die Gesichter von Männern und Frauen, wieviel Anmut und Sanftheit man auf ihnen sieht.«

Zum Schluß ein Wort besonders für die, welche es angeht: »Den Ehrgeizigen, die sich weder mit der Wohltat des Lebens noch mit der Schönheit der Welt begnügen, ist die Buße aufgegeben, daß sie selber ihr Leben verderben und nicht den Nutzen und die Schönheit der Welt besitzen.«[4]

7.2.2.2 Kopernikus

An den Namen Nikolaus Kopernikus (1473–1543) aus Thorn hat sich die Rede von der »Kopernikanischen Wende« gehängt, die, wie gesagt, eigentlich schon im späten Mittelalter begonnen hat und, geht man noch weiter zurück, vielleicht eher die Rehabilitierung einer verdrängten Denkweise als eine Wende war.

Kopernikus studierte in Krakau Mathematik und Astronomie, in Bologna und Padua Jura und promovierte 1503 in Ferrara zum Doktor im kanonischen Recht. Während eines zweiten Aufenthalts in Padua studierte er auch Medizin. Er kannte Schriften des Cusanus und des Ficinus. 1497 wurde er in das Domkapitel zu Frauenburg in Ostpreußen aufgenommen und bekleidete in den folgenden Jahren verschiedene geistliche Ämter im Bistum Ermland; der Reformation schloß er sich nicht an, weil er eine Revolution befürchtete.

Das Papst Paul III. gewidmete Hauptwerk des Kopernikus ›De revolutionibus orbium coelestium libri VI‹, bald nach seiner Rückkehr aus Italien verfaßt, erschien erst in seinem Todes-

[4] Ebd., S. 293ff.

jahr 1543. In der Widmungsvorrede bemerkt Kopernikus, daß er Anregungen für seine Arbeit von antiken Autoren, u.a. aus dem Bericht Plutarchs empfangen habe, der auf Theorien der Erdbewegung bei den späten Pythagoreern hinweist. Die dem Papst gewidmete Schrift wurde von Luther abgelehnt, und sie stand von 1616 bis ins 19. Jahrhundert auf dem römischen Index der verbotenen Bücher. In der von dem protestantischen Theologen Osiander (ohne Namensnennung) verfaßten Vorrede zum Werk des Kopernikus wird die Lehre als Hypothese eingeführt. Kopernikus selbst hatte nur Wahrscheinlichkeitsgründe für die Richtigkeit seiner Lehre angegeben, die jedoch den Vorzug rechnerischer Kürze vor anderen Erklärungen besaß sowie von dem Prinzip der Relativität der Bewegung ausging. Erst als Galilei die Richtigkeit der Annahme des Kopernikus durch Erfahrungstatsachen bewies, begannen die Angriffe der Kirche, die offenbar nicht imstande war, dem Werk wissenschaftlich gerecht zu werden und es daher, aus ideologischen Gründen, bekämpfte, und das, obwohl Kopernikus an der Kugelgestalt der Welt und der anthropozentrischen Sicht festgehalten hatte. Die Kirche erreichte dadurch den genau entgegengesetzten Effekt, wie alle Systeme, welche die Wahrheit monopolisieren und Andersdenkende mit Gewalt unterdrücken.

7.2.2.3 Brahe, Kepler

Der dänische Astronom Tycho Brahe (1546–1601), ein »Genie der Beobachtung« wie Leonardo, überprüfte die Tabellen des Kopernikus und nahm an einigen Details Anstoß, lehnte aber dessen heliozentrisches Weltsystem ab, das er durch ein anderes, vermittelndes System zu ersetzen suchte. Folgenschwerer für die mittelalterlichen Theologen war die Entdeckung eines neuen Sterns in der Cassiopeia durch Brahe, womit dem von Kopernikus, ungeachtet einiger Zweifel, noch nicht aufgegebenen Glauben an kristalline Gestirnsphären der Boden entzogen wurde. Brahe, ein Empiriker reinsten Wassers, richtete mit Unterstützung von König Friedrich II. von Dänemark in Uranienborg eine Sternwarte mit Laboratorium ein, die zu einem Zentrum astronomischer Studien in Europa wurde. Von Kaiser Rudolf II. nach Prag berufen, richtete er auch dort eine Sternwarte ein. Unter seinen Mitarbeitern befand sich Kepler, der nach Brahes frühem Tod das Beobachtungsmaterial übernahm, das die Voraussetzungen für seine Berechnungen der Planetenbahnen lieferte.[5]

Johannes Kepler (1571–1630) aus Weil bei Stuttgart studierte in Tübingen, lehrte in Graz Mathematik und Moral, arbeitete dann zwölf Jahre lang mit Brahe zusammen, wobei ihm die Aufgabe zufiel, die Marsbahn zu berechnen, war nach Brahes Tod kaiserlicher Hofmathematicus in Linz (1612–1627) und starb, auf der Suche nach einem neuen Aufenthaltsort, in Regensburg. In Graz verfaßte er sein bekanntes Jugendwerk, das ›Mysterium cosmographicum‹ (1596), worin er in ziemlich schwärmerischen Tönen die Schönheit, Vollkommenheit und Göttlichkeit der Welt feiert und eine neuplatonisch-mystisch gefärbte Weltanschauung vertritt. Während der Zusammenarbeit mit Brahe reifte er zu einem ausgezeichneten Astronomen heran, der aber auch auf Gebieten der Doliometrie, Optik und Akustik Hervorragendes leistete. Auf der Grundlage von Brahes jahrelangen Beobachtungen der Marsbewegung errechnete er auf induktivem Weg mit Hilfe ebenso schwieriger wie präziser Rechenverfahren die tatsächlichen Bahnen und Geschwindigkeiten der Planeten. Die drei Keplerschen Gesetze waren gefunden, von denen er die beiden ersten in der ›Neuen Astronomie‹ 1609, das dritte in der ›Weltharmonie‹ 1619 veröffentlichte:

1. Die Planeten bewegen sich in Ellipsen, in deren einem Brennpunkt die Sonne steht.
2. Der Radiusvektor (Verbindungslinie zwischen Sonne und Planet) überstreicht in gleichen Zeiten gleiche Flächen.
3. Die Quadrate der Umlaufzeiten der Planeten verhalten sich wie die Kuben ihrer mittleren Entfernung von der Sonne.

Diese Gesetze lassen sich aus Newtons Gravitationsgesetz ableiten und gelten allgemein für Massen, die sich um einen gemeinsamen Schwerpunkt bewegen. Die Erfahrung im Bund mit der Mathematik hatte einen glänzenden Sieg errungen. An der Kugelförmigkeit der Welt, an dem Glauben, daß es nur fünf Planeten geben könne, an der Beseelung des Kosmos (»Erdseele«) und an der anthropozentrisch-theologischen Auffassung »Alles ist um des Menschen willen da« hielt Kepler allerdings fest.

[5] In England untersuchte damals William Gilbert (1540–1603) elektrische und magnetische Erscheinungen (De magnete, 1600). Seine Idee, daß kein Punkt des Alls den Vorzug vor einem anderen habe, weist auf Einsteins Relativitätsprinzip voraus.

7.2.2.4 Galilei, Cavalieri

Den nächsten Schritt auf dem Weg zu einer in sich geschlossenen »Himmelsmechanik« tat Galileo Galilei (1564–1642) aus Pisa. Ausgehend von Euklid und Archimedes, befaßte er sich in seiner ersten Untersuchung ›La Bilancetta‹ mit der hydrostatischen Waage zur Ermittlung der Körperdichte. Zur Mathematik und Empirie traten die bereits von Leonardo mitrehabilitierte Technik und ein ausgeprägtes philosophisches Methodenbewußtsein. Galilei rehabilitierte seinerseits die Atomlehre Demokrits, die er, mit Hilfe der Mathematik und neuer physikalischer Erkenntnisse, zur klassischen Mechanik fortbildete. 1589 wurde Galilei Professor für Mathematik in Pisa, 1592 erhielt er die Professur für Mathematik in Padua. Dort lehrte er 18 Jahre, die glücklichste und fruchtbarste Zeit seines Lebens: Entdekkung der Parabelform der Wurfbewegung mit folgender Entdeckung der Fallgesetze; Isochronismus der Pendelschwingungen und Grundlegung der Dynamik; wenn nicht Entdeckung, so doch Verbesserung des Fernrohrs; Entdeckung der Jupitermonde mit Hilfe des von ihm konstruierten Fernrohrs; Entdekkung der erdhaften Natur des Mondes; Erklärung der Milchstraße als eine Anhäufung zahlloser Sterne. Neben einer Abhandlung über den Proportionalzirkel (1606) verfaßte er 1610 den ›Nuncius Sidereus‹, die ›Botschaft von den Sternen‹, worin er seine mit Hilfe des Fernrohrs gemachten Entdeckungen zusammenfaßte. Das Buch erregte gewaltiges Aufsehen. Der Großherzog von Toscana berief ihn als Mathematicus Primarius an die Universität Florenz, ohne Vorlesungsverpflichtungen. Galilei setzte seine Entdeckungen fort: Einzelheiten des Saturn, Venusphasen, Sonnenflecken. Er bemerkte gelegentlich, daß er in seinem Leben mehr Jahre mit dem Studium der Philosophie als Monate mit dem der Mathematik verbracht habe.

Jesuiten und die Inquisition wurden auf Galilei aufmerksam. In seinem nächsten Werk ›Il saggiatore‹, dem ›Goldwäger‹ (1623), nahm er noch nicht ausdrücklich zu der inzwischen (1616) indizierten Lehre des Kopernikus Stellung, es war eine Antwort auf die Angriffe des Jesuitenpaters Grassi. 1632 konnte das Hauptwerk erscheinen: ›Dialogo sopra i due massimi sistemi del mondo‹, eine Erörterung des ptolemäischen und des kopernikanischen Weltmodells. Während die Fachwelt dem Werk höchste Anerkennung zollte, eröffneten die Machthaber den Inquisitionsprozeß gegen Galilei, der, wie einst Sokrates, mit 70 Jahren vor Gericht gestellt wurde. Von den Torturen des Verfahrens zermürbt, mußte er vor dem Heiligen Officium in Rom seine Lehre widerrufen und sich auf sein Landhaus bei Florenz in eine Art Isolationshaft begeben, die erst nach und nach gemildert wurde, so daß er Besuch empfangen konnte. Fast erblindet, faßte er die Ergebnisse seiner Forschungen zur Bewegungslehre in seinen ›Discorsi‹ (1638) zusammen. Bis zu seinem Tod, auch darin Sokrates ähnlich, erörterte er mit seinen Schülern wissenschaftliche Probleme.

Galilei endete nicht mehr wie Giordano Bruno (1600) auf dem Scheiterhaufen. Auch der äußerliche Sieg der Kirche war kein absoluter mehr. Geistig hatte sie den Kampf verloren, wenn sie auch machtpolitisch an Einfluß wieder gewann. Die von Kopernikus eingeleitete und von Galilei vollendete Wende war jedoch nicht mehr rückgängig zu machen. Galilei hatte Aristotelismus wie Scholastizismus überwunden. Zur Anwendung von Beobachtung und Erfahrung traten bei ihm Messungen und technische Mittel in großem Umfang. Mit seinem Fernrohr hatte er den Bereich der Sinnesdaten künstlich erweitert. Durch die Kombination von Synthese *(metodo compositivo)* und Analyse *(metodo risolutivo)* führte er die Induktion über das Niveau der Empiristen hinaus. Durch seine Lehre von der Subjektivität der Empfindungen förderte er die mechanistische Erklärung der Natur (Objekte). Aus der mathematischen Naturerklärung Keplers wurde eine auf Erfahrungstatsachen fundierte universale Erklärung des Weltgeschehens.

Bonaventura Cavalieri (1598–1647), ein Schüler Galileis, vollzog den nächsten Schritt, indem er Bewegungsvorgänge von Körpern weiter analysierte und schlug so die Brücke von entsprechenden Ansätzen Keplers zu Leibniz bzw. von Galilei zu Newton (Infinitesimalrechnung). Der Weg führte in der Mathematik zur Ableitung der Eigenschaften von Gebilden unter der Voraussetzung ihrer stetig veränderten Bewegung. Die aristotelischen Formen ließen sich somit auch als Bewegungsfunktionen von Körpern verstehen. Der Weg führte von der Form zur Funktion oder von Platon zu Pythagoras und Demokrit.

7.2.2.5 Newton

Den letzten großen Schritt, Abschluß und Krönung der klassischen Mechanik zugleich, tat Isaac Newton (1642–1727). Der

Titel seines Hauptwerks beginnt mit dem Wort Philosophie: ›Philosophiae naturalis principia mathematica‹ (Mathematische Prinzipien der Naturphilosophie). Er zog gleichsam die Summe naturwissenschaftlicher Forschung seit Kopernikus. Sein Beitrag war die Gravitationstheorie. »Irdische« und »himmlische« Mechanik erscheinen in einem System zusammengefaßt und zu einem Modell neuzeitlicher Naturerkenntnis verdichtet. Berühmt wurde die Absage Newtons an Spekulationen, im Sinne Leonardos: »Ich bilde keine Hypothesen.« Im Kampf gegen Scholastiker und Metaphysiker einerseits, aber auch gegen Hypothesenbildner der Neuzeit blieb Newton Sieger. Seine Experimentalphysik wurde auch zum Modell einer experimentalen Philosophie, die sich in die strenge Zucht von Erfahrung, Beobachtung und Rechnung begab: In der Naturphilosophie ist so viel Wahrheit, wie Mathematik in ihr ist. Der Rest ist persönlicher Glaube, Frömmigkeit oder Weltanschauung. Eine anscheinend unüberbrückbare Kluft zwischen Glauben und Wissen tat sich auf: ein Problem für das folgende Jahrhundert. Newton gestattete sich in seiner an Henry More (1614–1687) anschließenden Lehre vom absoluten Raum (Sensorium Gottes) und von der absoluten Zeit eine Art Privat-Metaphysik.

7.3 Die Emanzipation der Philosophie von der Theologie

7.3.1 Aufbruch, Ausdehnung, Durchbruch, Konsolidierung

Auf die Phasen des Aufbruchs, der Ausdehnung und des Durchbruchs folgte die Phase der Konsolidierung, für die Philosophie die Epoche der »konstruktiven Systeme«. Diese Phasen sind jedoch nicht streng chronologisch abgrenzbar, und mit der Ausbildung der Nationalitäten wuchsen auch die Abstände der Entwicklungen in den einzelnen Ländern.

In Italien, wo Leonardo da Vinci und Galilei maßgeblich zum Durchbruch der Naturwissenschaften beigetragen hatten, setzte nach Galilei mit dem Eindringen der Jesuiten und dem erneuten

Machtzuwachs der Kirche die lange Periode des Niedergangs freier Geistesentwicklung ein. Italien, das Europa unendlich Vieles und Großes gegeben hatte, wurde um die Früchte der Freiheit gebracht, ebenfalls um die nationale Einheit. Die Scholastik gelangte wieder zu Ansehen und Vorherrschaft. Nur die Jurisprudenz, deren die Kirche zur Konsolidierung ihrer Machtansprüche bedurfte, konnte im Heimatland abendländischen Rechts eine gewisse Selbständigkeit behaupten.

Spanien erging es nicht viel anders. In der Heimat des Jesuitenordens konnte sich die Scholastik nicht nur behaupten, sondern sogar erneuern; es entstand die sogenannte »spanische Neuscholastik«.

Deutschland verspielte im Dreißigjährigen Krieg, der anfangs ein Glaubenskrieg war, dann mehr und mehr zu einem politischen Machtkampf wurde und schließlich in Barbarei endete, viel von dem, was die Reformation erreicht hatte. Wie so oft in der deutschen Geschichte blieb am Ende alles in der Schwebe, unentschieden: eine gewaltige Kraftentfaltung ohne durchschlagenden Erfolg. Auch hier blieb, wie in Italien, die nationale Einheit aus. Das Land war völlig erschöpft, politisch ohnmächtig, die Bevölkerung dezimiert, die Wirtschaft weitgehend zerstört, und das kulturelle Leben lag danieder. Auf dem Gebiet der Philosophie suchte Leibniz den Nachholbedarf mit einer gewaltigen geistigen Anstrengung zu bewältigen. Es gelang ihm Erstaunliches, aber die beabsichtigte große Synthese glückte nicht. Sein Werk blieb Stückwerk, wie der Ansatz Francis Bacons und die Systeme der übrigen großen Denker der frühen Neuzeit. Offensichtlich war eine systematische Einheit auf dem Niveau Thomas von Aquins nicht mehr zu erreichen.

Zu den großen konstruktiven Denkern der frühen Neuzeit werden Descartes, Hobbes, Spinoza, Locke und Leibniz gezählt. Ob Francis Bacon noch zum Zeitalter der Renaissance zu zählen ist oder zur frühen Neuzeit, ist umstritten. Ein Denker, dem man kaum gerecht wird, wenn man ihn lediglich als »Zeitgenossen der Großen« einordnet, ist Blaise Pascal, der nicht nur ein glänzender Erfinder, Mathematiker, Philosoph und Repräsentant der Neuzeit war, sondern auch einer ihrer tiefblickenden Kritiker. Zwar hat er kein System konstruiert, aber das haben Bacon, Spinoza und Leibniz auch nicht. Es besteht kein Grund, ihn aus der Gruppe von Denkern auszusondern, die man als das leuchtende Siebengestirn am Himmel der frühen Neuzeit bezeichnen kann, darunter drei Angelsachsen und vier

Kontinentaleuropäer: Bacon, Descartes, Pascal, Hobbes, Spinoza, Locke und Leibniz. Von einigen wird Locke zum Zeitalter der Aufklärung gezählt, was von der Wirkung her eine gewisse Berechtigung hat, insofern man den weiteren Begriff der Aufklärung zugrundelegt. Von den Problemen und der Auseinandersetzung mit den Denkern, die ihn prägten, also vom Ursprung her gesehen, gehört er zur Konsolidierungsphase der großen philosophischen Emanzipationsbewegung von der Theologie, die im Zeitalter der Aufklärung das scholastische Verhältnis von Theologie und Philosophie umgekehrt hat. Locke kann daher als Vorläufer der Aufklärung gesehen werden, nicht aber als ihr eigentlicher Vertreter. Die Länder, in denen sich die Philosophie der frühen Neuzeit am besten entwickeln konnte, waren England und Frankreich, die ihre nationale Einheit gefunden und ein hohes Maß an geistiger Freiheit behauptet hatten.

7.3.1.1 Bacon

Francis Bacon (1561–1626) stammte aus London, war der jüngste Sohn des Großsiegelbewahrers von England, studierte in Cambridge, begleitete den englischen Gesandten für zwei Jahre nach Paris, wurde danach Jurist, Mitglied des Parlaments, 1604 Rechtsberater der Krone, 1613 Oberstaatsanwalt, 1617 Großsiegelbewahrer, 1618 Lordkanzler, verlor aber 1621, wegen passiver Bestechung verurteilt, seine Ämter und seinen Sitz im Parlament, wurde jedoch, weil er sich auf Wunsch des Königs nicht verteidigte, bereits nach wenigen Tagen aus der Haft entlassen und am Ende seines Lebens sogar ins Oberhaus berufen. In der Zwischenzeit lebte er zurückgezogen und seiner großen Liebe hingegeben – den Wissenschaften. 1605 erschien sein Buch ›Über den Fortschritt und die Beförderung der Wissenschaft‹, später umgearbeitet als ›Über die Würde und die Mehrung der Wissenschaften‹ (1623, das einzige vollendete philosophische Werk Bacons), 1620 das ›Novum Organum‹ und 1623 die ›Naturgeschichte‹. Das systematische Hauptwerk ›Instauratio magna imperii humani in naturam‹ blieb im Zustand der Planung. Das ›Neue Werkzeug‹ sollte das (alte) Organon des Aristoteles ersetzen. Bacons Werdegang und die Titel seiner Werke zeigen, wo seine Hauptinteressen lagen. Er war Politiker, Wissenschaftsorganisator, Programmatiker, Logiker, Methodiker, Philosoph, aber kein Physiker, noch weniger Mathematiker. Bacon besaß zwar nicht die Fähigkeiten eines Leonardo oder Galilei, aber er war mit der wissenschaftlichen Entwicklung vertraut. Von ihm stammt das Wort: »Wissen ist Macht«: *tantum possumus quantum scimus.* Er wußte, was man mit der Wissenschaft machen kann, seine Werke sollten Entdeckungsfahrten ins Reich der Wahrheit sein. Bacon schrieb für die Menschheit, die er von Unmündigkeit befreien wollte, aber er verstand sich nicht nur auf allgemeine Parolen und Zielsetzungen. So arbeitete er ein induktives System der Logik auf der Grundlage von Erfahrung aus, verband damit eine Methodenlehre, die für lange Zeit richtungweisend blieb, und glaubte auch, daß es nicht ganz ohne Metaphysik gehe. Er hielt daher an dem Begriff der Form fest, was der Klarheit seiner Naturphilosophie nicht zuträglich war und ihm den Ruf eintrug, in scholastischem Denken befangen zu sein. Charakteristisch für seinen Ansatz ist der Gedanke der Unabhängigkeit von Moral und Politik von der Theologie, und hier wird die durchgehende Tendenz zur Emanzipation deutlich, deutlicher als bei vielen Naturphilosophen, die über die traditionellen theologischen und metaphysischen Denkformen nicht hinausgelangten. Nach Bacon untersteht auch die Moral dem Naturgesetz, das äußerlich als Konsens und innerlich als Instinkt erscheint.

Den Gegenstand der Philosophie bestimmt Bacon umfassender als die mehr spezialisierten Naturphilosophen. In seinem *globus intellectualis* fallen der Philosophie drei Gegenstandsbereiche zu: Gott, Mensch und Natur. Hier tritt das christliche Grundkonzept wieder hervor, das vollständiger ist als das antike oder das neuzeitliche. Bei der Theologie unterscheidet er eine *theologia naturalis,* die zur Philosophie gehört, von der *theologia inspirata,* die Sache des Glaubens ist. Diese auf einem soliden Fundament beruhende Unterscheidung erwies sich als nützlich für die Zukunft. Bacon war kein Gegner der Religion. Bekannt ist sein Ausspruch, daß oberflächliches Philosophieren zum Atheismus führe, tieferes Eindringen dagegen zur Religion zurück: »Wer das Dasein Gottes leugnet, zerstört den Adel der Menschheit.«

Von fundamentaler Bedeutung ist Bacons erste »Ideologiekritik«, der er nicht zuletzt seinen Ruhm verdankt. Sowohl die einseitigen Empiriker als auch die einseitigen Rationalisten irren sich. Es gibt vier Quellen ihrer Irrtümer, die *idola tribus* oder naturbedingten Täuschungen der Sinne und des Verstandes, die allen Menschen gemeinsam sind, die *idola specus,* Besonderheiten des einzelnen, individuelle Anlagen, Gewohnheiten usw., die *idola fori,* die sprachbedingten Trugbilder des Marktes und die *idola theatri,* die Trugbilder der Schulphilosophie, denen auch Naturphilosophen zum Opfer fallen. Bacons Programm zur Erkennung und Auflösung der Trugbilder weist über die Grenzen der frühen Neuzeit hinaus, zurück ins Altertum zur Doxakritik von Platon und Aristoteles, voraus in die Gegenwart zu Psychoanalyse und Ideologiekritik. Die Bekämpfung von Vorurteilen ist eine der Grundaufgaben der Philosophie zu allen Zeiten und in allen Lebensbereichen. Bacon hat als Philosoph das Verdienst, diese Aufgabe in einer der Neuzeit gemäßen Weise formuliert zu haben. Spezifisch neuzeitlich bei ihm ist die Betonung der Macht. Im Kampf zwischen Royalisten und Parlamentariern stand Bacon auf seiten des Königs, war aber kein Vertreter des Absolutismus; an einer Verschärfung des Gegensatzes zwischen König und Parlament war ihm nicht gelegen. Er wollte England zur Vormacht in Westeuropa machen, welche die protestantischen Interessen mit Nachdruck vertreten konnte.

Bacons ›Nova Atlantis‹, ein Gegenstück zu Platons Atlantis-Erzählung im ›Kritias‹, läßt charakteristische Unterschiede der antiken und der neuzeitlichen Version des Atlantis-Motivs erkennen. Bei Platon spielt die Geschichte in grauer Vorzeit und trägt patriotisch-moralische Akzente – die armen, aber tugendhaften athenischen Vorfahren besiegen den technisch überlegenen Feind aus dem fernen Westen –, Bacons Utopie weist in die Zukunft: Wissenschaft als Quelle von Wohlstand und Glück der Menschheit. Beide Werke sind unvollendet, und in beiden spielt die Technik eine große Rolle. In Bacons zukunftsträchtigen Visionen verbinden sich christliche Paradiesvorstellungen mit Alchemie und neuzeitlichem Machtstreben: Gewinnung von Gold aus Blei, Pflanzen-, Tier- und Menschenzüchtung, chemische Ernährung, Telephone, Luftschiffe, modernste Waffen, Lösung aller sozialen Probleme und grenzenloses Glück für alle.

7.3.1.2 Hobbes

In der Betonung des Machtgedankens führt eine klare Linie von Bacon zu Thomas Hobbes (1588–1679), der in der Emanzipation der Macht (von kirchlicher Autorität) sogar noch etwas weiter ging als Machiavelli. Hobbes war der Sohn eines Landgeistlichen aus Malmesbury, wurde in puritanischem Geist erzogen und lernte in Oxford die scholastische Philosophie kennen. Mit 20 Jahren Baccalaureus, aber ziemlich mittellos, trat er als Reisebegleiter in den Dienst des Barons Cavendish, des späteren Earl of Devonshire. Da er politischer Schriftsteller werden wollte, begann er seine Laufbahn mit einer Übersetzung des Thukydides (1628) und half Bacon beim Übersetzen seiner Essays. Im Mittelpunkt seines Interesses stand der Mensch, und insofern interessierten ihn auch die aufstrebenden Naturwissenschaften, insbesondere das Problem der Sinneswahrnehmung. Er studierte die Werke Galileis und Descartes' und faßte den Plan zu einem philosophischen System auf der Grundlage einer nominalistischen Logik, einer naturalistischen Anthropologie und einer materialistischen Körperlehre. Vor der Revolution flüchtete er, ein Befürworter absoluter Souveränität, nach Paris (1640–1651). Als die Amnestie wirksam wurde, kehrte er nach London zurück und schloß sein System ab: ›De corpore‹ (1655), ›De homine‹ (1658); ›De cive‹ war schon 1642 erschienen. Außerdem verfaßte er den ›Leviathan‹ (1651), genannt nach dem von Jahwe überwundenen Drachen im Alten Testament, worin er seine Staatslehre darlegte, ferner den ›Behemoth‹, eine Geschichte des »Langen Parlaments« sowie in hohem Alter eine Übersetzung Homers in Jamben. Die Philosophie soll aus Wirkungen auf ihre Ursachen schließen und Voraussagen ermöglichen. Die Logik befaßt sich mit Namen als Zeichen für Begriffe. Ein Satz ist die Verbindung zweier Namen, von deren Verbindung seine Wahrheit abhängt. Die Namengebung erfolgt nach der Konvention. Denken ist ein Rechnen mit Begriffen, die Mathematik operiert mit einem eigenen Zeichensystem. Von geometrischen Gebilden ist apriorische Erkenntnis möglich.

Die »Erste Philosophie« soll die wissenschaftlichen Grundbegriffe systematisieren. Ideen stammen aus der Erfahrung. In der Bewegungslehre spielen die Begriffe Conatus (Anfangsbewegung) und Impetus (Antriebskraft) eine Rolle. Was die Natur dem Menschen zeigt *(ostensa),* ist eine Erscheinung oder ein

Phänomen, das im Lebewesen durch Bewegung von Teilchen vermittelt wird. Wahrnehmung ist mit Gedächtnis verbunden: *sentire se sensisse, meminisse est.* Empfindungen und Wahrnehmungen existieren nur im Subjekt und sind den Gegenständen außerhalb nicht ähnlich. Auch die Assoziation von Ideen erfolgt auf mechanische Weise. Regen Eindrücke unseren Blutkreislauf an, empfinden wir Lust, hemmen sie ihn, Unlust. Willensfreiheit gibt es nicht. Jeder Akt folgt notwendig aus vorhergehenden Bewegungen. Die Welt besteht aus Himmelskörpern, zwischen denen sich unsichtbare Atome (Äther) bewegen. Schwere ist eine Folge der Erdanziehung.

Seiner Gesellschaftslehre legt Hobbes zwei Prinzipien zugrunde, das Streben nach Besitz und Macht *(cupiditas naturalis)* und das natürliche Verlangen nach Überleben *(ratio naturalis),* der Vernichtung zu entgehen. Der Mensch strebt nach Vorteil und Ruhm. Naturzustand der Menschen ist der Krieg aller gegen alle *(bellum omnium contra omnes).* Jeder Mensch ist seinen Mitmenschen ein Wolf *(homo homini lupus).* Wille zur Selbsterhaltung und der Drang nach Genuß beherrschen den Menschen. Der Zustand gegenseitiger natürlicher Feindschaft ist jedoch für den einzelnen nicht vorteilhaft, Vergesellschaftung ist nützlicher. Furcht vor dem Tod und der Wunsch, sich das Leben angenehmer zu machen, sowie die Hoffnung, sich die Mittel dazu durch Arbeit zu verschaffen, bewegen den Menschen zum Frieden, nicht die Liebe zum Nächsten oder der Gedanke an das Gemeinwohl. Um zu kooperieren, muß der Mensch tun, was er nicht mag, und zwar aus Furcht vor den sonst eintretenden Konsequenzen, die er noch weniger mag. Der Mensch entschließt sich zum Gewaltverzicht aus Furcht vor mehr Gewalt und überträgt sein Recht aufgrund eines Vertrages dem Staat *(translatio iuris).* Der Staat erscheint als eine Person *(persona civilis),* die den Willen aller repräsentiert und alle beherrscht. Nur als Träger unumschränkter Gewalt *(summum imperium)* kann der Staat Sicherheit und Frieden gewährleisten. Die Gesetze der menschlichen Gesellschaft erweisen sich eigentlich als Naturgesetze, weil sie Selbsterhaltung und Selbstentfaltung ermöglichen. Legitimität ohne Macht gibt es bei Hobbes nicht, was ihn sowohl bei den Royalisten als auch bei den Revolutionären verdächtig machte. Nicht das Naturrecht, sondern die Macht der Untertanen schränkt die Herrschaft ein. Regierung deckt sich bei Hobbes weitgehend mit Macht. Er entschied sich für den Macht-, nicht für den Rechtsstaat. Außerhalb des Staates herrschen Krieg, Angst, Armut, Dummheit, Barbarei und Schmutz, innerhalb des Staates dagegen Frieden, Sicherheit, Reichtum, Wissenschaft, Geselligkeit und Ordnung. Eine an sich beste Staatsform gibt es nicht, wenn auch Hobbes zur absoluten Monarchie tendiert. Was die Macht im Staat festigt, ist gut, was ihr abträglich ist, schlecht. Strafen sollen nicht Geschehenes vergelten, sondern künftige Vergehen abwenden. Religion ist vom Staat anerkannte Furcht vor überirdischen Mächten, alles andere ist Aberglaube. Die Bibel will Hobbes nicht antasten, die Philosophie aber muß frei sein, damit sie gedeiht. Als Merkmale der Philosophie von Hobbes werden allgemein angeführt: Atheismus, Materialismus, Naturalismus, Individualismus, Utilitarismus, Egoismus, Determinismus, Nominalismus und Konventionalismus. Hobbes' Menschenbild ist nicht aus der Erfahrung, aus psychologischer Beobachtung erwachsen, sondern eine Konstruktion, die allerdings auf dem Hintergrund der Bürgerkriege in England verständlich wird. Sein Weltbild setzt die mechanistische Physik nach Art von Galilei und Descartes voraus. Hobbes war der erste, der seine politische Philosophie in ein Konzept mechanistischer Naturauffassung einbezog. Er hat die Herausforderung der Neuzeit erkannt und konsequent darauf reagiert. Seine Konzeption von Regierung, Herrschaft und Staat war durch und durch neuzeitlich, individualistisch, utilitaristisch und machtorientiert.

7.3.1.3 Locke

John Locke (1632–1704) war der Sohn eines Rechtsgelehrten aus der Gegend von Bristol, besuchte die Westminster-Schule in London und studierte in Oxford, vor allem Naturwissenschaften und Medizin, wobei ihn besonders die Schriften Descartes' beeindruckten. Scholastische Disputierübungen lehnte er ab, weil sie ihm steril erschienen und Zank und Streit förderten. Von 1667 bis 1675 lebte er im Haus des späteren Earl of Shaftesbury. Er bereiste auch Deutschland und Frankreich, wo er sich von 1675 bis 1679 aufhielt, flüchtete aus politischen Gründen 1683, wie zuvor sein Gönner, nach Holland, konnte aber nach der »Glorreichen Revolution« 1689 nach England zurückkehren und erhielt das Amt eines Commissioner of trade and plantages. 1689 erschien Lockes Brief über Toleranz anonym, 1689–1690 sein bedeutendstes Werk ›Versuch über den menschlichen Verstand‹, 1693 eine Schrift über Erziehungsfragen, die Rousseau beeinflußte, und 1695 ›Über die Vernunftmäßigkeit des Christentums, wie es in der Schrift überliefert ist‹. Diese Schrift beeinflußte Voltaire. Locke war der erste neuzeitliche Denker, der das Erkenntnisproblem in seiner Tragweite erkannte, aufgriff und in umfassender Weise erörterte. Wie bei Bacon steht am Anfang die Suche nach der geeigneten Methode, und Locke wäre kein Engländer gewesen, hätte er sich nicht für Empirie und Induktion entschieden, allerdings mit cartesianischem Einschlag, insofern er vom Bewußtsein ausgeht. Die »angeborenen Ideen« des Descartes lehnte er indessen ab.

Wollte Bacon mit seiner Idolen-Lehre die Vernunft u.a. von scholastischen Formeln befreien, setzte Locke diese Arbeit fort, indem er durch eine Grenzbestimmung der Vernunft unnützes Denken auszugrenzen suchte. Die Seele gleicht einer unbeschriebenen Tafel *(tabula rasa)*. Alle Erkenntnis beruht auf äußerer *(sensation)* oder innerer *(reflection)* Erfahrung. Locke hat zwar die Formel nicht geprägt, aber sie gibt seine Lehre wieder: »Nihil est in intellectu, quod non fuerit in sensu« (Nichts ist im Verstand, was nicht in den Sinnen war). Bei den Vorstellungen lassen sich einfache und zusammengesetzte unterscheiden. An der Raumvorstellung sind Gesichts- und Tastsinn beteiligt. Einige sinnlich wahrnehmbare Eigenschaften, die primären Qualitäten, kommen den äußeren Gegenständen zu: Ausdehnung, Bewegung, andere, die sekundären Qualitäten, nur dem wahrnehmenden Subjekt: Farben, Töne. Außerdem gibt es noch eine dritte Klasse von Qualitäten: die Kräfte *(powers)*, z.B. die Kraft des Feuers, Eisen zu schmelzen. Im einzelnen unterscheidet Locke: Vorstellungskraft *(perception)*, Behaltevermögen *(retention)*, Unterscheidungsvermögen *(discerning)*, Vergleichen *(comparing)*, Zusammensetzung *(composition)*, Benennung *(naming)* und Abstraktion *(abstraction)*. Bei den komplexen Ideen sind zu unterscheiden: Modi, Substanzen und Relationen. Wille und Verstand sind geistige Kräfte. Freiheit ist die Kraft, vermöge der wir entscheiden, nicht Willens-, sondern Wahlfreiheit. Substanzen sind z.B. Körper, Geist, Gott. Beim Wissen sind wiederum drei Arten zu unterscheiden: intuitives, demonstratives und sensitives Wissen. Wahrscheinlichkeitsurteile müssen an der Erfahrung geprüft werden. In der Einteilung der Wissenschaften folgt Locke dem alten stoischen Prinzip, das er geringfügig abwandelt: Physik, Praktik (Ethik) und Semiotik (Logik).

Gut und schlecht decken sich mit Lust und Unlust oder dem, was sie bewirken. Recht und Unrecht ist nach drei Gesetzen zu unterscheiden, dem göttlichen: Sünde und Pflicht, dem bürgerlichen: Verbrechen und Unschuld und der öffentlichen Meinung: Tugend und Laster. Jede religiöse Gemeinschaft und Meinung ist zu tolerieren, ausgenommen Katholiken und Atheisten, weil diese Gott und die Offenbarung leugnen, jene das römische Oberhaupt anerkennen.

In der zweiten ›Abhandlung über die Regierung‹ legt Locke, teilweise im Gegensatz zu Hobbes, seine politischen Auffassungen dar. Sie enthalten Gedanken von Richard Hooker (1553 bis 1600) aus seinem für die Verfassung der anglikanischen Kirche grundlegenden Werk ›Of the laws of ecclesiastical polity‹ und Thomas von Aquin. Locke stützt sich also sowohl auf mittelalterliche als auch auf reformatorische Traditionen. Das führt zu einer gewissen Unklarheit seiner politischen Ansichten, deren Grundtendenzen jedoch, ungeachtet des Common-sense-Stiles seiner Philosophie, erkennbar sind. Die Macht der Regierenden wird einmal durch moralische Gesetze begrenzt, sodann durch das Herkommen. Regierungen sind dem Volk verantwortlich. Das Individuum und seine Rechte sind verpflichtende Prinzipien. Locke versteht unter diesen Grundrechten der Persönlichkeit Leben, Freiheit, Eigentum. Auf letzteres legt er besonderes Gewicht, was die gesamte nachfolgende Entwicklung beeinflußte. Dadurch daß der Schutz des Eigentums einen so hohen Stellenwert erhält, nähert sich Locke wieder Hobbes an, in dessen Lehre der individuelle Nutzen ein treibendes Motiv ist. Der Individualismus in allen Gesellschaftslehren von Locke bis John Stuart Mill ist denn auch weniger ein Produkt logischer Analyse als psychologisch durch die Interessen der herrschenden bürgerlichen Schicht bedingt[6].

Locke verteidigte das Recht der Revolution und des Widerstandes gegen Tyrannei im Rückblick auf die Englische Revolution, aber er war ein gemäßigter, kein radikaler Revolutionär. In der Unterordnung von Herrschaft, Macht und Regierung unter Recht und Moral stimmt Locke mit Cicero, Seneca und den meisten mittelalterlichen Denkern überein, aber gerade der synthetische Charakter seiner Darlegungen beeinträchtigt ihre Klarheit.

[6] Vgl. George H. Sabine, A history of political theory. Hinsdale, Ill. 1973, S. 490.

7.3.1.4 Boyle, Hartley, Priestley

Von englischen Denkern im Einflußbereich Lockes sind noch Robert Boyle (1627–1691), David Hartley (1705–1757) und Josef Priestley (1733–1804) zu nennen. Boyle begründete die Chemie als empirische Wissenschaft. Er bekannte sich zur metaphysikfreien, tatsachenorientierten Forschung: ›De ipsa natura‹ heißt sein Hauptwerk (1682). Die Chemie bestätigt die Atomtheorie, Demokrit erscheint auch hier rehabilitiert. Aus den drei primären Qualitäten Größe, Gestalt und Bewegung sind auch die sekundären Eigenschaften ableitbar. Der Arzt Hartley systematisierte die Ansätze Lockes zur Assoziationspsychologie und begann mit der Aufstellung des später von George Boole und Stanley Jevons ausgearbeiteten Logikkalküls. Priestley entdeckte den Sauerstoff und führte Assoziationen und Entscheidungen auf Gehirnprozesse zurück. Psychologie soll ein Teil der Physiologie werden, Physik des Nervensystems, was ihn nicht hinderte, an die Unsterblichkeit der Seele zu glauben und den Materialismus als Metaphysik zu bekämpfen. In dieser Frage entbrannte eine heftige Kontroverse, der sogenannte »Materialismusstreit«.

Überblickt man die Geschichte der englischen Philosophie von Bacon bis Locke, so siegte nach einer durch Religionskriege und Revolutionen bedingten Zeit der Machtorientierung in ihr doch am Ende das Recht über die Macht. Das System von Hobbes blieb isoliert und ohne weiteren Einfluß. Es war eine logisch konsistente Konstruktion, die von falschen Prämissen ausging. Locke ging von richtigeren Prämissen aus auf Kosten der Konsistenz seines Systems. Indem Locke siegte, siegte die englische Grundorientierung an der Erfahrung. Hobbes näherte sich in seiner konstruktiven Tendenz am meisten kontinentalem Systemdenken. Hand in Hand mit dem Sieg des Rechts kam, nach den bitteren Erfahrungen der Religionskriege, der Sieg der Toleranz. Aber auch hier gibt es eine für englisches Denken charakteristische Ausnahme: keine Toleranz gegenüber der Intoleranz! Die Entschlossenheit der Engländer gegenüber totalitären, expansiven Systemen ist bis ins 20. Jahrhundert ein Merkmal englischer Politik geblieben. Wenn das Abendland den christlichen Grundwert der Freiheit retten und in hohem Maß verwirklichen konnte, verdankt es dies nicht zuletzt den Engländern. Im Streit Augustins gegen Pelagius war die neuzeitlich-europäische Entwicklung gleichsam vorprogrammiert: Ordnung hier – Freiheit dort. England hat sich im Zweifelsfall immer für die Freiheit entschieden, ohne deswegen in das gefürchtete Chaos abzugleiten. Locke ist ein klassisches Beispiel dafür. England hat damit auch der Toleranz zum Sieg verholfen, und es ist kein Zufall, daß Locke gerade diese Frage ausführlich behandelt hat. Im weltlich-liberalen, toleranten, am Common sense und am Recht orientierten Denken Lockes vollendete sich die neuzeitliche Emanzipation der Philosophie von der Theologie. Natürlich hat die Position Lockes auch ihre Schwächen. Neben ihrer logischen Inkonsistenz ist vor allem der bürgerlich-ideologische Einschlag nicht zu verkennen, der zu einer unverhältnismäßig starken Betonung des Rechts auf Eigentum führte. In der kapitalistischen Grundorientierung waren Bacon, Hobbes und Locke einig. Mit diesen Nachteilen mußte die englische Philosophie und Politik ebenfalls leben – bis zur Gegenwart.

7.3.1.5 Descartes

René Descartes (1596–1650) stammte aus einer alten, angesehenen und begüterten Familie in La Haye (Touraine). Sein Vater war Parlamentsrat in Rennes, seine Mutter starb wenige Tage nach Renés Geburt an Tuberkulose. Das Kind war kränklich und schwach, überlebte aber dank der rührenden Pflege seiner Amme. Von 1604 bis 1612 besuchte er die von Heinrich IV. kurz zuvor gegründete Jesuitenschule in La Flèche[7], lernte dort die alten Sprachen, aber auch Logik, Moral, Physik und Metaphysik, und erhielt einen verhältnismäßig guten Unterricht in Mathematik. Rückblickend beurteilte er diese Zeit zwiespältig. Einmal fühlte er sich »in ein Dickicht von Zweifeln und Irrtümern geführt«, dann hielt er die empfangene philosophische Propädeutik für ausgezeichnet. Zeitlebens übte Descartes in religiösen, theologischen und kirchlichen Fragen vorsichtige, diplomatische Zurückhaltung. Mit 17 Jahren ging er nach Paris und kostete vom großen Leben, spielte im Casino, hatte aber

[7] Einer der ersten Schüler von La Flèche war Marin Mersenne (1588–1648), ein Freund Descartes' und ein Mittelpunkt des derzeitigen geistigen Lebens in Frankreich. Mersenne pflegte eine »weltweite« Korrespondenz. Seine Grundorientierung blieb jedoch jesuitisch-antineuzeitlich. In seinem Hauptwerk, der ›Harmonie universelle‹ (1636/37) lehrt Mersenne die Subjektivität der Sinnesqualitäten.

nicht den gewünschten Erfolg. Er promovierte an der Universität Poitiers in Zivil- und Kirchenrecht. Gewiß nicht frei von Abenteuerlust, suchte er wieder den Kontakt zur großen, freien Welt, diesmal als Kriegsmann unter verschiedenen Fahnen. Er befand sich in dem Heer, das den König von Böhmen bei Prag besiegte, dessen Tochter Elisabeth er später in Holland unterrichtete. Im Winterquartier von Neuburg bei Ulm ging ihm am 10. November 1619 »das Licht einer wunderbaren Entdekkung« auf: die analytische Geometrie. Descartes bereiste außer Deutschland in diesen Jahren noch Ungarn, Holland, die Schweiz und Italien, ohne jedoch Galilei zu treffen. Zum Dank für seine Erfindung wallfahrte er nach Loretto, wie er es gelobt hatte. Im lärmenden Paris hielt er es nur drei Jahre aus (1625 bis 1628) und siedelte nach Holland über, wo er fast seine gesamte weitere Lebenszeit verbrachte. In 20 Jahren wechselte er dort 24mal den Wohnsitz, vielleicht aus Vorsicht, vielleicht nur, um Ruhe zu haben: »Bene qui latuit bene vixit« (Im Verborgenen läßt sich gut leben). Es gelang ihm jedoch nicht ganz, vor seinem zunehmenden Ruhm zu flüchten, und er wurde in alle möglichen Streitigkeiten mit der Geistlichkeit verwickelt. In Amsterdam lebte er mit einer Frau zusammen, von der nicht viel mehr als ihr Name (Helene) bekannt ist. 1649 folgte er einem Ruf der Königin Christine von Schweden, die sich sehr für seine Philosophie interessierte, starb aber schon nach wenigen Monaten, vielleicht infolge des rauhen Klimas, an einer Lungenentzündung.

Descartes war nicht nur Mathematiker und Philosoph, er befaßte sich darüber hinaus mit Problemen der Physik, Astronomie, Anatomie, Physiologie und Biologie, mit Psychologie, aber auch mit Erkenntnistheorie, Metaphysik, Ethik und Theologie. Mathematik und die klassische Mechanik haben sein Weltbild, wie das von Galilei, entscheidend mitbestimmt. In der Folge seiner Schriften läßt sich die Konstruktion seines Systems mitverfolgen, das allerdings nicht nach dem üblichen Schema: Logik, Physik, Ethik gegliedert ist, sondern nach Art der Mathematik Euklids, aus einer Folge von Sätzen, Schlüssen und Beweisen besteht. Am Anfang stehen, wie bei Bacon, mathematische Erwägungen. Das Problem der Methode, des Zugangs zur Welt, beherrschte die geistigen Pioniere der frühen Neuzeit, für die das Universum eine ähnliche Herausforderung zum Erkennen wurde, wie einst der Kosmos für die Vorsokratiker. Die ›Regulae ad directionem ingenii‹ (ca. 1630) sollten drei Teile mit je zwölf Regeln umfassen, wovon nur die erste Hälfte zur Ausführung kam. Locke kannte die Schrift und Leibniz stellte eine Abschrift davon her. Alle Wissenschaften hängen zusammen und bilden die Einheit des Wissens unter der Leitung der menschlichen Vernunft. Von ihr hängt alle Erkenntnis ab. Will man nicht über Dinge streiten, ohne sie wirklich zu kennen, muß man Leistungsfähigkeit und Reichweite des Erkenntnisvermögens untersuchen. Der Ansatz ist also erkenntnistheoretisch. Zur sicheren Wahrheit gelangen wir durch Intuition und Deduktion. Erstere ist unmittelbar, klar und deutlich, letztere erreicht Evidenz nur vermittelt, schrittweise. Die Verbindung von Begriffen ist notwendig, wenn man in der Trennung keinen von beiden distinkt erfassen kann, zum Beispiel keine Gestalt ohne Ausdehnung. Die intuitiven Erkenntnisse bestehen aus notwendigen Verknüpfungen. Der Wissenschaftler hat die Aufgabe festzustellen, wie aus den einfachen Grundsätzen das übrige zusammengesetzt wird. Die Analyse der Erfahrungsgegenstände führt zu einfachsten Begriffen wie Punkt, Linie, Fläche, Raum, Ding, Denken, Sein und Nichts. Bei der Untersuchung der Objekte kooperieren Sinneswahrnehmung, Phantasie und Gedächtnis. Entsprechend stellt sich die Wirklichkeit grundsätzlich, geteilt in körperliche und geistige Bestandteile, dar. Alle qualitativen Unterschiede lassen sich, im Hinblick auf ihre Ausdehnung, auf quantitative zurückführen. Induktion setzt Deduktion voraus. Die Wissenschaft konstruiert im Geist die Natur, deren Kenntnis uns die Sinne vermitteln. Alles ist letztlich Zahl (Pythagoras), der Mathematiker konstruiert die Welt.

Der ›Discours de la méthode‹ (1637) enthält in sechs Abschnitten Überlegungen zu den Wissenschaften, grundsätzliche Regeln der Methode, daraus abgeleitete Regeln der Moral, Gründe für die Existenz Gottes und der menschlichen Seele, physikalische Probleme in ihrem Zusammenhang und Erfordernisse zur weiteren Untersuchung der Natur. Die Methode ist am Muster der Mathematik orientiert und umfaßt vier Grundsätze: 1. Nur das hat als wahr zu gelten, was sich dem Geist als klar und bestimmt, damit als evident darstellt. 2. Jedes komplizierte Problem ist in Teilprobleme zu zerlegen. 3. Das Denken muß vom Leichten zum Schwierigen fortschreiten. 4. Die Aufzählungen müssen vollständig sein.

Moralische Regeln sind solange als provisorisch anzusehen, bis die Moralphilosophie zu exaktem Wissen gelangt. Daher soll man einstweilen die vorhandenen Gesetze und Gewohnheiten beachten, der Religion folgen, Extremismus und Radikalismus vermeiden, nichts versprechen, was die Freiheit mindert, konsequent handeln, eher sich selbst beherrschen als gegen das Schicksal kämpfen und sich damit abfinden, daß man nur seiner Gedanken völlig Herr ist.

In den sechs ›Meditationes de prima philosophia‹ erörtert Descartes das, was angezweifelt werden kann, die Natur des Geistes, der uns bekannter ist als der Körper, die Existenz Gottes, Wahrheit und Irrtum, das Wesen der körperhaften Gegenstände und noch einmal die Existenz Gottes und die Existenz der körperhaften Dinge sowie den wirklichen Unterschied zwischen Geist und Körper. Weder die Sinne noch das Denken geben absolute Gewißheit über die Existenz einer Außenwelt. Wenn ich auch an allem zweifeln kann, so doch nicht daran, daß ich zweifle: Ich zweifle (denke), also bin ich. Der »realistische« Einschlag im Denken des Descartes wird in der Formel *Sum res cogitans* (Ich bin ein denkendes Ding) deutlich. Als allgemeine Wahrheitsregel kann ich gelten lassen: Alles das ist wahr, was ich klar und deutlich wahrnehme. Ein Gott, der mich betrügen wollte und absolute Macht über mich hätte, könnte auch diese Regel außer Kraft setzen, indem er mich täuschte, nicht aber die Grunderfahrung meines Zweifels. Nun glaube ich aber nicht an einen Gott, der mich betrügt, sondern habe eine angeborene Idee in mir, der zufolge ich mir Gott als unendlich, weise, gut und vollkommen denke. Als endliches Wesen kann ich eine solche Idee nicht selbst gebildet haben, sondern es muß eine Ursache dieser Idee unabhängig von mir existieren, die selbst die Merkmale meiner Idee von ihm aufweist: Gott. Außerdem kann ich als endliches, unvollkommenes Wesen nicht selbst die Ursache meines Daseins sein, vielmehr bedarf ich zu meiner Entstehung und Erhaltung einer Ursache, die keiner Ursache für ihre Existenz bedarf. Aus beiden Gründen kann ich schließen, daß Gott kein Betrüger ist, denn Betrug und Bosheit sind Zeichen einer mangelhaften, nicht einer unendlich vollkommenen Natur. Der erste Beweis deckt sich weitgehend mit dem ontologischen Gottesbeweis, den Anselm von Canterbury ungefähr 500 Jahre zuvor benutzte. Damit war die Wahrheitsregel vorerst gerettet. In den ›Principia philosophiae‹ (I, 45) definierte Descartes einige Jahre später seine Begriffe »klar« und »deutlich« etwas genauer:

»*Klar (clara)* nenne ich die Erkenntnis, welche dem aufmerkenden Geiste gegenwärtig und offenkundig ist, wie man das klar gesehen nennt, das dem schauenden Auge gegenwärtig ist und dasselbe hinreichend kräftig und offenkundig erregt.

Deutlich (distincta) nenne ich aber die Erkenntnis, welche, bei Voraussetzung der Stufe der Klarheit, von allen übrigen so getrennt und unterschieden *(sejuncta et praecisa)* ist, daß sie gar keine andren als klare Merkmale in sich enthält.«[8]

Wenn Gott den Menschen nicht täuscht und er seinen Vorstellungen vertrauen kann, woher kommt dann der Irrtum? Descartes begründet ihn mit dem Vermögen, das den Menschen mit Gott gemeinsam ist, dem freien Willen, der zu den richtigen Unterscheidungen der Vorstellung urteilend Stellung nimmt und falsch entscheiden kann. Die Quelle des Irrtums liegt also nicht in unserer Vernunft oder in Gott, sondern im freien Willen, der uns gottähnlich macht. Es gilt daher die Regel, sich überall eines Urteils zu enthalten, wo keine deutliche und klare Erkenntnis vorliegt.

Was nun die Erkenntnis der Natur betrifft, so kann ich von der Existenz der mathematischen Gegenstände ausgehen, deren Dasein so gewiß ist wie das Dasein Gottes. Die Existenz der Dinge und Körper außer mir lassen sich dagegen sehr wohl bezweifeln, wenn auch nicht alles Täuschung sein kann, was die Natur, das Produkt Gottes, mir mitteilt. Hier kommt der realistische Grundzug cartesianischen Denkens zum Vorschein, der sich durchaus mit seinem Rationalismus verträgt, so daß man versucht sein könnte, von einem rationalen Realismus zu sprechen. Ich habe Ideen von Sinnesgegenständen, die nicht von mir stammen und die ohne mein Zutun entstehen. Sie müssen von Substanzen verursacht sein, die den Gehalt meiner Ideen real enthalten. Wenn Gott, der mich ja nicht täuschen will, in mir die Idee von Körpern außer mir entstehen läßt, müssen solche Körper auch wirklich existieren. Wenn ich zur Prüfung meiner Vorstellung Sinne und Verstand einsetze und kein Widerspruch festzustellen ist, kann ich den Wahrnehmungen vertrauen. Die gesamte Argumentation ist insofern zirkulär, als von der Idee auf die Existenz Gottes und von diesem wieder auf »Realität« der Idee geschlossen wird. Descartes beweist letztlich die Existenz Gottes sowenig wie die der Außenwelt, er nimmt beide als gegeben hin, und darin zeigt sich, wie sehr auch seine emanzipatorische und freiheitsliebende Intelligenz noch in der

[8] Arthur Buchenau, Descartes. Die Prinzipien der Philosophie. Hamburg, 1955, S. 15.

christlichen Vorstellungswelt des Mittelalters befangen war. Letzteres gilt auch für Pascal, Spinoza und Leibniz. Die Mängel der »Beweise« zeigen aber auch die Fragwürdigkeit der strengen mathematischen Methode auf philosophischem Gebiet. Descartes entschied sich als typischer Vertreter neuzeitlich-moderner Arbeitsweise für die Perfektion auf einem Gebiet anstelle von Halbheiten auf allen Gebieten.

Descartes arbeitete zwar in vielen anderen wissenschaftlichen Bereichen, der Philosophie im weitesten Sinn, aber er kannte seine Grenzen und hörte dort auf, wo die Bewältigung des Empirischen, z. B. in der Medizin, seine Zeit und seine Energie überstieg.

Das systematische Hauptwerk Descartes', die ›Principia philosophiae‹ (1644), handelt von den Prinzipien menschlicher Erkenntnis, der materiellen Dinge, von der sichtbaren Welt und von der Erde. Die höchste Form menschlichen Erkennens ist die kausale Erkenntnis. Gottes Existenz ist notwendig, die der Dinge zufällig. Zu den ewigen Wahrheiten zählen: Aus Nichts entsteht Nichts. Unmöglich ist das Gleiche zugleich und ist nicht. Geschehenes kann nicht ungeschehen sein. Wer denkt, kann nicht nicht existieren, solange er denkt. Die Wirklichkeit zerfällt in denkende und ausgedehnte Substanz *(res)*. Empfindungen, Gefühle und Begehren gehen von der mit dem Körper verbundenen Substanz aus. Substanz ist eine Sache, die zu ihrer Existenz keiner anderen bedarf. In diesem Sinn ist eigentlich nur Gott Substanz. Die anderen Substanzen können wir nur durch Mitwirkung Gottes erkennen. Gestalt und Bewegung sind Modi der Ausdehnung, Empfindung, Vorstellung und Wille Modi des Denkens. Modi können in der Substanz wechseln, wobei die Zustandsänderung die Qualität ausmacht. Was an den Substanzen gleich bleibt, sind die Attribute. Körperliches Sein fällt mit Ausdehnung zusammen. Einen leeren Raum gibt es nicht und keine Atome im Sinne Demokrits und nicht mehrere Welten. Die allgemeine Ursache der Bewegung ist Gott, die besondere Ursache folgt aus den Naturgesetzen. Die Menge *(quantitas)* der Bewegung im Universum ist konstant. Jedes Ding verharrt in seinem Bewegungszustand, solange es nicht durch äußere Ursachen daran gehindert wird (Trägheitssatz). Jedes Teilchen bewegt sich geradlinig, solange es nicht mit einem anderen zusammenstößt. Aus Richtungsänderungen der Körper ergeben sich in der Materie Kreisläufe. Die Richtungsänderung eines Körpers hängt von der Stoßkraft des begegnenden Körpers ab. Ist die eigene Stoßkraft größer, überträgt er so viel Bewegung, wie er einbüßt, auf den anderen Körper.

In der Kosmologie bestreitet Descartes die Erdbewegung und stellt eine Wirbeltheorie auf, wonach sich die Himmelsmaterie, welche die Planeten umgibt, nach Art eines Wirbels bewegt, in dessen Mittelpunkt die Sonne steht. Die Hypothese des Descartes setzte sich nicht durch und bedeutet gegenüber Brahe, Kopernikus und Kepler keinen Fortschritt.

Seine biologischen Theorien hatte Descartes in einem aus Vorsicht nicht veröffentlichten Werk »Le monde‹ entwickelt. Später entstand daraus der ›Traité de l'homme‹. Darin vergleicht Descartes den menschlichen Körper mit einer Maschine. Tiere haben keine Seele und können nicht empfinden. Da die menschliche Seele unausgedehnt ist, kann es zwischen ihr und dem Körper, wenn überhaupt, nur einen Berührungspunkt geben, den Descartes ins Gehirn verlegt, und zwar in die Zirbeldrüse. Allerdings setzt die Einwirkung der Seele auf den Körper die Mitwirkung Gottes voraus. Der französische Arzt Julien Lamettrie (1709–1751) verwertete die These Descartes' vom Körper als Maschine in seinem Buch ›L'homme machine‹ (1748). Das wohl nicht zuletzt infolge der Vorherrschaft der mathematischen Methode unbefriedigend gelöste Körper-Seele-Problem wurde zu einem Kernproblem der auf Descartes folgenden Denker, besonders bei Leibniz.

In seiner Schrift ›Traité des passions de l'âme‹ (1649) sucht Descartes auch die psychischen Phänomene aus seiner mechanistisch-physiologischen Konstruktion abzuleiten. Revolutionierend in der Philosophie wurde sein Begriff des Bewußtseins, den er dem Materialismus als Hort des geistig-seelischen Seins und der Innerlichkeit entgegensetzte. Nach Descartes sind die seelischen Funktionen Bewußtseinsweisen *(pensées)*, die in *actions* (Wille) und *passions* (Perzeptionen) aufzuteilen sind. Willensvorgänge *(volontés)* enden entweder in der Seele (Entscheidungen) oder im Körper (Handlungen). Vorstellungen werden entweder vom Körper oder von der Seele verursacht. Leidenschaften sind danach Perzeptionen, Gefühle oder Emotionen, die von den Lebensgeistern gespeist werden.

Die Leidenschaften stimmen die Seele auf das ein, wozu sie den Körper bewegen. Daher ist es unbedingt erforderlich, die Leidenschaften zu beherrschen, wozu sich die Pflege der Tugend besonders eignet. Descartes unterscheidet sechs ursprüngliche Leidenschaften: Liebe, Haß, Freude, Traurigkeit, Begehren und Bewunderung. Von Natur sind die Leidenschaften gut, nur schlechter Gebrauch und Übermaß schaden. Beherrscht die Weisheit die Leidenschaften geschickt, können sie zu Quellen der Freude werden. Selbstbeherrschung, Freiheit und Großmut *(générosité)* sind Grundwerte in Descartes' Ethik. Das höchste Ziel, die Glückseligkeit, resultiert aus diesen Tugenden. Die vergleichsweise geringe Beachtung, die Descartes der Ethik schenkte, ist, mit Ausnahme Spinozas, ein durchgehendes Merkmal der frühneuzeitlichen Denker, die zunächst einmal von den Erfolgen und Methoden der Naturwissenschaften und der Mathematik fasziniert waren. Als spezifische Merkmale der Cartesianischen Philosophie werden allgemein angeführt: Intellektualismus, Rationalismus, Dualismus. Jedenfalls war er kein Idealist. Als Realisten kann man ihn schon eher bezeichnen, wenn man nur nicht den mittelalterlichen Begriff zugrundelegt. Schließlich erscheint bei ihm nicht nur die körperliche Wirklichkeit als *res*, sondern auch der Geist, das Denken, die Vernunft, und das ist weder ein Zufall noch nebensächlich.

Als Mersenne Descartes darauf aufmerksam machte, daß seine große Entdeckung, das »Cogito, ergo sum«, bereits bei Augustin vorkomme, ging er der Sache nach und versuchte seine Position gegenüber der Augustins abzugrenzen: »Ich finde wirklich, daß sich Augustin der von mir gewählten Worte bedient, um die Gewißheit unseres Seins zu beweisen. Aber er zeigt alsdann, daß es in uns ein der Trinität Analoges gibt, und zwar in der Weise, daß wir ›sind‹, daß wir um dieses unser Sein ›wissen‹, und daß wir dieses Sein und dieses Wissen in uns ›lieben‹ – während ich mich des Seins der Cogitatio bediene, um deutlich zu machen, daß dieses denkende Ich eine immaterielle Substanz ist, die nichts Körperliches hat.«[9]

Der Unterschied von christlich-existentiell-gefühlsmäßiger und neuzeitlich-intellektuell-erkenntnistheoretischer Einstellung ist evident, und doch ist der christliche Anteil an der Anthropozentrik Descartes' nicht zu verkennen. Gerade im Gegensatz zu Augustin tritt ein Mangel an mathematisch-mechanistischer Weltbetrachtung in Erscheinung: der fehlende Sinn für die Geschichte. Im Vergleich zu den Engländern erscheint dagegen die politische Komponente des Denkens verkümmert, wie später auch bei Leibniz. Angesichts des Prozesses gegen Galilei befleißigte sich Descartes äußerster Vorsicht: »larvatus

[9] An Mersenne, November 1640.

prodeo« (ich erscheine maskiert). Gemeinsam mit Locke ist Descartes dagegen die hohe Schätzung der Freiheit. Die zentrale Bedeutung des Individuums verbindet das Denken der Renaissance und der frühen Neuzeit. Spezifisch für Descartes und seinem theoretischen Dualismus verwandt ist die Gespaltenheit in der Praxis zwischen Weltabkehr und Weltzuwendung, Epikureertum und Abenteuerlust, Verachtung des Ruhms und Eitelkeit, Bescheidenheit und Stolz, Sanftmut und Zorn, Gefühlskälte und starker Emotion, radikaler Skepsis und Vertrauen auf Gott *(veracitas Dei)*. Mit Bacon verbindet Descartes der Kampf gegen Vorurteile. Er wollte wie Bacon ein ›Novum Organum‹ schaffen.

Descartes beeinflußte das Denken der Neuzeit in ähnlichem Maße wie später Kant: Hobbes, Pascal, Spinoza, Malebranche, Geulincx, Leibniz, um nur die wichtigsten Namen zu nennen. Daneben entstand in Holland im Anschluß an Descartes der theologische Rationalismus von Bekker und Clauberg, in Frankreich setzten Mersenne, Rohault und De la Forge sowie bei den Jansenisten Arnauld das Werk Descartes' fort. Der Cartesianismus wurde zeitweilig zur Modephilosophie. Auf der anderen Seite erreichten die Jesuiten, daß die Schriften Descartes' 1662 auf den Index gesetzt wurden. Ludwig XIV. verbot den Unterricht in cartesianischer Philosophie an den Universitäten Paris und Angers.

Descartes erfuhr nicht nur Kritik von seiten der Orthodoxie. Gewisse Einseitigkeiten seines Systems selbst, vor allem der schroffe Dualismus, Rationalismus und Intellektualismus, aber auch sein Individualismus und Anthropozentrismus, sein Konformismus und sein Mangel an Sinn für die Geschichte forderten zu Umbildungen, Ergänzungen, Korrekturen und Gegenpositionen heraus.

7.3.1.6 Geulincx, Malebranche

Arnold Geulincx (1624–1669), aus Antwerpen, suchte den Dualismus durch seine Theorie von den gelegentlichen Ursachen *(causae occasionales)* zu entschärfen. Der körperliche Reiz und der Willensimpuls in der Seele sind nur Gelegenheiten, die Gott, die wahre Ursache *(causa vera)*, dazu benutzt, um in der Seele die Empfindung und im Körper die Bewegung anzuregen. Geulincx verwandte auch das Beispiel der beiden von Gott aufeinander abgestimmten Uhren, die ohne kausale Abhängigkeit voneinander in gleicher Weise die Zeit messen, das Leibniz aufgriff und mit dem er seine spezielle Theorie von der prästabilierten Harmonie illustrierte. Geulincx war auch ein Vorläufer Kants, insofern er lehrte, daß wir nicht die Dinge an sich erfassen, sondern nur mit den Kategorien unseres Denkens, die wir irrtümlicherweise in die Objekte verlegen. Geulincx unterscheidet vier Erkenntnisstufen: subjektive Sinneswahrnehmung, sichere, aber nicht evidente Erkenntnis, Evidenz und Weisheit. Nur Gott besitzt vollkommene Weisheit.

In seiner ›Recherche de la vérité‹ untersuchte Nicole Malebranche (1638–1715) die Quellen des Irrtums und die Herkunft unserer Ideen von den Dingen der Außenwelt. Er gelangt zu dem Ergebnis, daß Irrtum auf einer freien Zustimmung der Seele beruht, die jedoch von falschen Voraussetzungen ausgeht. Weder der Körper noch die Seele noch Gott sind der Ursprung jener Ideen. Wir schauen die Idee durch Teilhabe in Gott: »Nous voyons toutes choses en Dieu« (III, 2, 6). Wie die materielle Welt der Ort der Körper, so ist Gott der Ort der Geister: *lieu des esprits.* Da unser Geist aber sowohl mit Gott als auch mit dem Körper verbunden ist, entstehen Leidenschaften, die unsere Fehlentscheidungen mitbedingen, aber wir sind für sie verantwortlich. Es gilt, Unachtsamkeit und Beschränktheit zu vermeiden, ein System praktischer Wahrheit zu schaffen und den Schwerpunkt weniger auf das Ich als auf Gott zu legen, denn von den äußeren Dingen haben wir nur Vermutungen und von unserem Ich nur eine vage Vorstellung. Die Ähnlichkeiten mit Spinoza sind unverkennbar, und Malebranche sah den Unterschied zwischen der Position Spinozas und seinem Denken vor allem im Verhältnis von Gott und Welt: Spinoza lokalisiere Gott in der Welt, er die Welt in Gott.

7.3.1.7 Spinoza

Die theozentrisch-antiindividualistische und die mystische Tendenz teilte Malebranche mit Baruch (Benediktus) de Spinoza (1632–1677) aus Amsterdam. Seine Familie hatte wie viele andere jüdische Familien wegen der religiösen Verfolgung Portugal verlassen und in den relativ freien Niederlanden eine Zuflucht gefunden. Spinoza erhielt in einer von portugiesischen Emigranten neugegründeten Schule seinen ersten Unterricht, u.a. von dem berühmten Talmudisten Levi Morteira, lernte Schriften von Maimonides, Gersonides und Ebreo kennen, kam so mit Averroismus und Platonismus in Berührung, erlernte bei dem freiheitlich-humanistisch gesinnten Franz van den Ende die griechische und die lateinische Sprache, studierte darauf Theologie und Philosophie sowie die Naturwissenschaften, wobei er auf Descartes stieß, der ihn wesentlich beeinflußte. 1656 schloß man ihn wegen »schrecklicher Irrlehren« aus der jüdischen Gemeinde aus und sprach den Bannfluch über ihn aus. Spinoza schloß sich keiner anderen Glaubensgemeinschaft an. Von 1656–1660/61 lebte er in der Nähe von Amsterdam, darauf in Voorburg und schließlich im Haag. Seinen Lebensunterhalt verdiente er, wenigstens teilweise, mit dem Schleifen von Gläsern, was wahrscheinlich seine Erkrankung an Schwindsucht beschleunigte und damit seinen frühen Tod bewirkte. Eine Philosophie-Professur in Heidelberg, die ihm Karl Ludwig von der Pfalz anbot, schlug er aus, weil er um seine Freiheit fürchtete. Erst spät lernte man seine Philosophie schätzen, erkannte seine Größe als Mensch und Denker und errichtete ihm im Haag ein Standbild (1880).

Spinoza hat vergleichsweise wenig geschrieben, zunächst (ca. 1660) den ›Tractatus de Deo et homine eiusque felicitate‹, dann den ›Tractatus de intellectus emendatione‹ (1662) und den ›Tractatus theologico-politicus‹ (1665) sowie schließlich sein Hauptwerk, die ›Ethik‹ (1662–1665). Spinoza erweist sich in dem politischen Traktat als ein ebenso beredter wie überzeugender Anwalt der Glaubens-, Denk-, Rede- und Schreibfreiheit. Die Emanzipation der Philosophie von der Theologie wird bis in die Formulierung hinein deutlich: positive Religion und Philosophie haben getrennte Aufgaben. Keine von beiden dient *(ancillatur)* der anderen. Das bedeutet eine bewußte und definitive Absage an die mittelalterliche Formel *philosophia ancilla theologiae*. Weit davon entfernt, eine Tatsache zu beschreiben, stellt Spinoza vielmehr ein Programm auf, das in Europa noch lange nicht überall erfüllt ist. Wenn die europäischen Völker zu Beginn der Neuzeit wieder ein originäres Verhältnis zur Philosophie und damit zur geistigen Freiheit fanden, verdanken sie das nicht zuletzt dem Mut und der Entschlossenheit Spinozas, der Beleidigungen, Beschimpfungen, Vereinsamung, Ächtung und Verfolgung ertrug, um seinem Ideal der geistigen Freiheit wieder Geltung zu verschaffen. Das Zeitalter der Aufklärung konnte auf den Fundamenten Spinozas und Lockes weiterbauen. Spinoza war es auch, der in seinem Traktat der absolutistischen Theorie von Hobbes entgegentrat, der also bereits die Gefahren des neuzeitlichen Nationalstaates für die menschliche Gemeinschaft erkannte, und er war es, der, obwohl er sich keinen Illusionen über das Verhalten der Masse hingab, die demokratische Regierungsform schon damals für die beste hielt. Der Schluß des Traktats nimmt wertvolle Gedanken der Menschenrechtserklärungen voraus:

»Hiermit habe ich gezeigt: 1. Es ist unmöglich, den Menschen die Freiheit zu nehmen zu sagen, was sie denken. 2. Diese Freiheit kann ohne Schaden für das Recht und die Autorität der höchsten Gewalten jedem zugestanden werden, und jeder kann diese Freiheit erhalten, ohne daß jenem Rechte Eintrag geschieht, sofern er sich daraus nicht die Erlaubnis nimmt, etwas im Staate als Recht einzuführen oder den anerkannten Gesetzen entgegenzuhandeln. 3. Jeder kann diese Freiheit besitzen, unbeschadet des Friedens im Staate, und es wird kein Mißstand sich daraus ergeben, der sich nicht leicht verhüten ließe. 4. Auch unbeschadet der Frömmigkeit kann jeder diese Freiheit besitzen. 5. Gesetze über spekulative Dinge sind völlig nutzlos. 6. habe ich gezeigt, daß diese Freiheit nicht nur ohne Schaden für den Frieden des Staates, die Frömmigkeit und das Recht der höchsten Gewalten zugestanden werden könne, sondern daß sie vielmehr zugestanden werden müsse, um all dies zu erhalten. Denn wo man dem entgegen sich bemüht, den Menschen diese Freiheit zu nehmen, und wo man die Meinungen Andersdenkender vor Gericht zieht anstatt ihres Geistes, der doch allein sich verfehlen kann, da wird an rechtschaffenen Leuten ein Exempel statuiert, das eher nach einem Martyrium aussieht und das die anderen mehr erbittert und zum Mitleid, ja zur Rache bewegt als daß es sie abschreckt. Treu und Glaube und die guten Sitten werden vernichtet, Heuchler und Verräter großgezogen, und die Gegner triumphieren, weil man ihrem Haß nachgegeben hat, und weil es ihnen gelungen ist, die Inhaber der Regierungsgewalt zu Parteigängern der Lehre zu machen, als deren Ausleger sie gelten. So kommt es denn, daß sie sich deren Autorität und Recht anzumaßen wagen und sich ohne Scheu rühmen, sie seien von Gott auserwählt und ihre Beschlüsse seien göttlich, die der höchsten Gewalten aber nur menschlich und müßten daher den göttlichen, d.h. ihren eigenen Beschlüssen weichen. Niemand kann verkennen, daß dies alles mit dem Staatswohl in völligem Widerstreit steht. Darum ziehe ich ... den Schluß, daß nichts die Sicherheit des Staates besser gewährleistet als wenn Frömmigkeit und Religion bloß in der Übung der Nächstenliebe und der Billigkeit bestehen und wenn das Recht der höchsten Gewalten in geistlichen und weltlichen Dingen sich nur auf Handlungen bezieht, im übrigen aber jedem das Recht zugestanden wird, zu denken, was er will, und zu sagen, was er denkt.«[10]

In seiner »Ethik« folgte Spinoza dem Zug der Zeit und errichtete nach dem Muster Euklids eine Konstruktion *more geometrico* mit Definitionen, Axiomen, Lehrsätzen, Korrolarien und Scholien. Aristoteles hatte bereits erkannt, daß im Bereich der praktischen Wissenschaften nicht der gleiche Genauigkeitsgrad zu erzielen ist wie in der Mathematik und daher solches Beginnen für ein Zeichen von Unbildung erklärt. Spinoza hätte in dieser Beziehung tatsächlich von Aristoteles lernen können, aber er kannte ihn wohl zu wenig und verachtete seine Philosophie, dem Trend der Zeit entsprechend. Befreit man die Ethik von ihrem mathematischen Korsett, bleibt genug Substanz übrig, um sie in eine Reihe mit der ›Nikomachischen Ethik‹ des Aristoteles oder der ›Ethik‹ Nicolai Hartmanns zu stellen. Am Anfang steht der ontologische Fehlschluß nach Art Anselms von der Essenz Gottes auf seine Existenz. Hätte Spinoza auf den Beweis verzichtet und Gottes Existenz mit Hilfe der Intuition begründet, hätte er vielleicht eher überzeugt. Auch hier erscheint ein fruchtbarer Gedanke mit Fehlern früherer Philosophen belastet. Spinoza zufolge ist Gott Ursache seiner selbst *(causa sui)*. Der metaphysische Dualismus verschwindet, indem Spinoza nur eine Substanz annimmt, deren unendliche Attributreihen als denkende und ausgedehnte Substanzen erscheinen. Gott ist somit die einzige, unendliche, unbedingte Substanz. Endlich heißt ein Gegenstand, sofern er durch einen anderen begrenzt werden kann. Eine Substanz ist, was in sich ist und durch sich vorgestellt wird. Attribute sind Wesensmerkmale der Substanz. Gott ist danach ausgedehnt. Modi (oder Akzidenzen) sind Zustände der Substanz in einem anderen, durch das es vorgestellt wird. In-sich-Sein und In-anderem-Sein begründen den Unterschied zwischen Substanz und Modus. Die Attribute ergeben in ihrer Gesamtheit die Substanz. Attribute sind Unterscheidungen der Vernunft mit Begründung in der

[10] Baruch de Spinoza, Theologisch-politischer Traktat. Übers. v. C. Gebhardt. Leipzig o.J., S. 360ff.

Sache. Gott ist außerdem absolut frei und ewig. Gottes Wesen ist mit seiner Existenz identisch. Im Anschluß an die Scholastiker unterscheidet Spinoza eine *natura naturans* (Gott) und eine *natura naturata* (Modi, Gegenstände). Wille und Intellekt verhalten sich zum Denken wie Bewegung und Ruhe zur Ausdehnung. Platonische Ideenlehre, aristotelische Nous-Lehre, philonische Logoslehre, plotinische Verbindung von Nous und Ideen, christliche Trinitätsvorstellungen sowie die averroistische Interpretation des tätigen Geistes liefen in der Konzeption des göttlichen Intellekts bei Spinoza zusammen. In seiner Lehre vom unendlichen Geist *(mens)* bildet der Geist als denkendes Ding *(res cogitans)* Ideen oder Begriffe *(conceptus)*. Die adäquate Idee verbürgt höchste Gewißheit. Die Wahrheit erscheint als Maß ihrer selbst *(norma sui et falsi)*. Wie die einzelnen Gedanken Gott als Denken zur Ursache haben, haben alle einzelnen Körper Gott als Ausdehnung zur Ursache. Die Ordnung und Verbindung der Ideen ist dieselbe wie die Ordnung und Verbindung der Dinge. Ein Modus der Anschauung und seine Idee sind nur zwei Ausdrücke für ein- und dieselbe Sache. Indem der menschliche Geist die Natur vieler Körper zugleich mit der seines Körpers erfaßt, gelangt er zur Vorstellung der Außenwelt. Mit dem Geist ist eine Idee des Geistes oder Idee der Idee oder Form der Idee verbunden, das Selbstbewußtsein. Spinoza unterscheidet drei Arten von Erkenntnis: Vorstellung *(opinio* oder *imaginatio)*, Verstand *(ratio)* und Intellekt *(scientia intuitiva)*. Die Ratio erfaßt die Dinge unter einer gewissen Form der Ewigkeit, der Intellekt ganz unter dem Gesichtspunkt der Ewigkeit. Der menschliche Wille ist sowenig absolut frei wie das menschliche Denken unendlich. Aus den primären Affekten Begehren, Freude und Traurigkeit leitet Spinoza alle übrigen ab. Die Gesetze der Affekte gleichen denen der Mechanik. Der Wert der Affekte hängt von dem Maß ihrer Förderlichkeit für unser Denken und Sein ab. Leidenschaften verwirren unseren Verstand und lähmen unseren Willen, sie knechten uns. Der Mensch muß sich aus diesem Zustand, so gut er kann, befreien. Kaum irgendwo wird der Sinn der Philosophie als Prozeß der Selbstbefreiung deutlicher als in Spinozas Lehre von den Leidenschaften. Indem wir die Dinge oder uns selbst erkennen, begreifen wir Gott als ihre Ursache. Vorstellung der Ursache erzeugt Freude und Liebe. Gotteserkenntnis ist Gottesliebe. Die intellektuelle Liebe Gottes *(amor Dei intellectualis)* ist ewig. In der Gottesliebe partizipiert der Mensch an der Ewigkeit. Der mystische Einschlag dieser Philosophie ist unverkennbar, aber wie man ein so extrem theozentrisches Denken mit Atheismus, Pantheismus, Naturalismus oder gar Materialismus bezeichnen konnte, bleibt ein Rätsel für Religionspsychologen. Mendelssohn und Lessing leiteten im Zeitalter der Aufklärung die Rehabilitation Spinozas ein, dessen »Pantheismus« in Goethe eine innere Revolution hervorrief.

7.3.1.8 Pascal

Kämpfte Spinoza gegen die jüdische Orthodoxie, so nahm der Jansenist Blaise Pascal (1623–1662) den Kampf gegen die Jesuiten auf. Seine Schrift ›Lettres provinciales‹ (1656), in der er die Moral der Jesuiten angriff, erregte in Frankreich die Gemüter und trug dort zur späteren Aufhebung des Ordens bei. Cornelius Jansen, Bischof von Ypern (1585–1638), hatte durch sein Buch ›Augustinus‹ moralische Kräfte geweckt und Anhänger gefunden, die sich im Kloster Port-Royal zusammenfanden. Zu ihnen gehörten Antoine Arnauld und Pierre Nicole.

Pascal war ein genialer Mathematiker, der mit zwölf Jahren von sich aus eine Anzahl Sätze Euklids herausfand, mit siebzehn Jahren den ›Versuch über die Kegelschnitte‹ verfaßte, der den »Pascalschen Satz« enthält, mit 20 Jahren eine Rechenmaschine konstruierte und in Weiterführung von Versuchen Torricellis das Prinzip des hydrostatischen Gleichgewichts ableitete und zur Konstruktion hydraulischer Pressen benutzte. In seinem 24. Jahr geriet er in eine schwere gesundheitliche Krise, von der er sich nie mehr ganz erholte. Er siedelte mit seiner Schwester – seine Mutter hatte er verloren, als er drei Jahre alt war – nach Paris über, wo er im Herzog von Roannez und dessen Schwester echte Freunde und adäquate Gesprächspartner fand. Chevalier de Méré, der Verkünder des »honnête homme«, machte ihn mit den Schriften Montaignes bekannt. Als seine Schwester nach Port-Royal ging, folgte Pascal ihr, arbeitete auch dort an mathematischen Problemen weiter: Zahlentheorie, Infinitesimal- und Wahrscheinlichkeitsrechnung. Mehr noch als die Wissenschaften gaben ihm dort die menschlichen Kontakte in einem Medium strenger, asketischer Frömmigkeit. Wie einst Pythagoras verband Pascal tiefe Religiosität mit mathematischer Intelligenz, nur daß die Religion im Fall Pascals das Christentum war. Sein Plan einer ›Apologie der christlichen

Religion‹ zeigt, wie sehr sich das Blatt seit dem Ende des Mittelalters gewendet hatte. Zu einer Lösung der anstehenden religiösen Probleme reichte es jedoch nicht mehr. Überfordert, von den religiösen Kämpfen zermürbt und von übertriebener Askese geschwächt, starb Pascal schon 1662 und erfüllte ein Denkerschicksal, das dem Spinozas nicht unähnlich ist. Seine verstreuten Notizen zur Religionsphilosophie erschienen nach seinem Tod unter dem Titel ›Pensées sur la religion‹ (1669).

Ihre besondere Bedeutung erhält die Philosophie Pascals durch eine doppelte Frontstellung: einmal gegen Scholastik und Orthodoxie, sodann aber auch gegen den Cartesianismus und damit implizit gegen den Wissenschaftsoptimismus der frühen Neuzeit. Dem Rationalismus Descartes' setzte Pascal die »Logik des Herzens« entgegen, seinem Intellektualismus die Skepsis. Bei ihm kann weder von einem Dualismus die Rede sein noch von einem Monismus, eher von einem Agnostizismus, der durch eine ekstatische Gläubigkeit aufgefangen wurde. Pascal war der einzige Denker der frühen Neuzeit, der nicht nur die Extreme der Tradition kritisierte, sondern auch ein grundsätzliches Fragezeichen hinter die Errungenschaften der Neuzeit setzte, obwohl er ihre Richtigkeit und Wirksamkeit nicht bezweifelte. Er arbeitete an der berühmten Logik von Port-Royal mit und stand sowohl zu den Theorien Galileis als auch zur Modellfunktion der mathematischen Methode des Descartes. Aber Pascal erkannte auch, daß die Mathematik ihre Grenzen hat, nämlich dort, wo die Ordnung der Liebe beginnt: Das Herz hat seine Gründe, welche die Vernunft nicht kennt. Die Vernunft erkennt zwar die Natur bis zu einem gewissen Grad – aber was ist das im Vergleich zur Natur überhaupt, zur Unendlichkeit im Großen wie im Kleinen?

»Der Mensch betrachte also die ganze Natur in ihrer Größe und vollen Majestät; er wende seinen Blick ab von den niedrigen Gegenständen, die ihn umgeben. Er betrachte jenes strahlende Licht, das aufgehängt ist wie eine ewige Lampe, das Weltall zu erleuchten; die Erde soll ihm wie ein Punkt erscheinen, verglichen mit der weiten Bahn, die dieser Stern zurücklegt, und er soll darüber staunen, daß selbst diese weite Bahn nur eine sehr feine Spitze ist, verglichen mit der Bahn [anderer] Sterne, die das Firmament durchziehen.

Wenn aber unser Blick da stehenbleibt, soll unsere Vorstellung noch weiter vordringen; ihre Fassungskraft wird ermüden, längst ehe die Natur ihre Gaben erschöpft hat. Diese ganze sichtbare Welt ist nur ein kaum wahrnehmbarer Strich im weiten Schoße der Natur. Keine Vorstellung kommt ihr nahe. Wir mögen unsere Fassungskraft noch so sehr über die Grenzen dieser vorstellbaren Räume hinaus aufblasen, wir werden nur Atome hervorbringen im Vergleich zur Wirklichkeit. Diese ist eine Kugel, deren Mittelpunkt überall, deren Umfang nirgends liegt. Schließlich ist dies das größte fühlbare Zeichen der Allmacht Gottes: daß unsere Vorstellung sich in diesem Gedanken verliert.

Wenn dann der Mensch zu sich selbst zurückgekehrt ist, soll er bedenken, was er selbst ist, verglichen mit dem, was sonst noch ist; er soll sich betrachten, als wäre er verirrt in diesem entlegenen Winkel der Natur; und von diesem kleinen Kerker aus, in den er sich gestellt findet – ich meine das Universum –, lerne er die Erde, die Königreiche, die Städte und sich selbst richtig bewerten. Was ist ein Mensch im Unendlichen?

Aber ich will ihm noch ein anderes, ebenso erstaunliches Wunder vor Augen stellen: er dehne seine Forschungen auf die kleinsten Dinge aus, die er kennt. Eine Milbe zeige ihm in der Kleinheit ihres Körpers noch unvergleichlich viel kleinere Teile: Beine mit Gelenken, Adern in diesen Beinen, Blut in diesen Adern, Säfte in diesem Blut, Tropfen in diesen Säften, Dämpfe in diesen Tropfen; und er soll diese letzteren Dinge noch einmal teilen und seine Kraft in diesen Vorstellungen erschöpfen, und das letzte Objekt, das er zu erreichen vermag, soll jetzt der Gegenstand unserer Abhandlung sein: er wird vielleicht denken, er habe die äußerste Kleinheit der Natur erreicht. Ich will ihm darin einen neuen Abgrund zeigen. Ich will ihm im Inneren dieses Bruchstückes von einem Atom nicht nur das sichtbare Weltall ausmalen, sondern die Unermeßlichkeit der Natur, soweit man sie überhaupt fassen kann. Er soll darin eine Unendlichkeit von Weltallen sehen, deren jedes sein Firmament hat, seine Planeten, seine Erde, seine Tiere und endlich Milben, in denen er abermals finden wird, was jene ersten Milben ihm gezeigt haben; und wenn er in den [Milben, die er zuletzt gefunden hat] immer wieder ohne Ende und ohne Ruhe das gleiche findet, soll er sich in diesen Wundern verlieren, die in ihrer Kleinheit ebenso erstaunlich sind wie jene anderen durch ihre Ausdehnung; denn wer wird nicht darüber staunen, daß unser Leib, der noch eben im Weltall nicht wahrzunehmen war, der unsichtbar war im Schoße des Alls, jetzt selbst ein Koloß ist, eine Welt, oder vielmehr ein All, verglichen mit dem Nichts, zu dem wir nicht vordringen können?

Wer sich so betrachtet, wird vor sich selbst erschrecken, und wenn er bedenkt, wie er in der Stoffmasse, welche die Natur ihm gegeben hat, zwischen diesen beiden Abgründen des Unendlichen und des Nichts existiert, wird er beim Anblick solcher Wunder erzittern; denn wenn seine Neugierde sich in Verwunderung verwandelt, wird er, glaube ich, geneigter sein, diese Wunder schweigend zu betrachten, als ihnen mit Anmaßung nachzuspüren.

Was ist denn schließlich der Mensch in der Natur? Ein Nichts im Hinblick auf das Unendliche, ein All im Hinblick auf das Nichts, eine Mitte zwischen dem Nichts und dem All, unendlich weit davon entfernt, die Extreme zu begreifen. Das Ende der Dinge und ihr Anfang sind in einem undurchdringlichen Geheimnis unüberwindlich für ihn verborgen. Er ist ebenso unfähig, das Nichts zu sehen, aus dem er gezogen ist, wie die Unendlichkeit, von der er verschlungen ist.

Was bleibt ihm also anderes übrig, als daß er einen Schein von der Mitte der Dinge wahrnimmt, in ewiger Verzweiflung, weder ihren Anfang noch ihr Ende zu erkennen? Alle Dinge sind aus dem Nichts hervorgegangen und setzen sich bis ins Unendliche fort. Wer kann diesen erstaunlichen Schritten folgen? Der Urheber dieser Wunder begreift sie. Kein anderer vermag es. Weil die Menschen nicht an diese Unendlichkeiten gedacht haben, ließen sie sich in ihrer Vermessenheit zur Erforschung der Natur hinreißen, als ob sie in irgendeinem Verhältnis zu ihr stünden. Es ist seltsam, daß sie in ihrer Anmaßung, die ebenso unendlich ist wie ihr Objekt, die Prinzipien der Dinge begreifen und von da zur Erkenntnis von allem haben gelangen wollen. Denn es besteht kein Zweifel, daß eine solche Absicht nur der haben kann, dessen Anmaßung oder Fassungskraft so unendlich ist wie die Natur.

Wer unterrichtet ist, begreift, daß fast alle Dinge an der doppelten Unendlichkeit der Natur teilhaben, da sie ihr Bild und das ihres Urhebers auf sie geprägt hat. So sehen wir, daß alle Wissenschaften dem Umfang ihrer Forschungen nach unendlich sind; denn wer zweifelt daran, daß z. B. die Geometrie eine Unendlichkeit von Unendlichkeiten an Lehrsätzen zu entwikkeln hat? Sowohl in ihrer Anzahl wie in der Feinheit ihrer Prinzipien sind [diese Lehrsätze] unendlich; denn wer sieht nicht, daß die, welche man als die letzten vorlegt, nicht auf sich selbst stehen, daß sie auf andere gestützt sind, die wiederum aus anderen abgeleitet werden, so daß wir niemals zu einem letzten Prinzip kommen? Aber wir stellen letzte [Prinzipien] auf, die der Vernunft [in demselben Sinne] als solche erscheinen, wie es bei den stofflichen Dingen der Fall ist, wo wir etwas einen unteilbaren Punkt nennen, jenseits dessen unsere Sinne nichts mehr wahrnehmen, wie sehr auch [dieser unteilbare Punkt] durch seine Natur ins Unendliche weiter teilbar ist.«[11]

Pascal war in Wirklichkeit weder Dogmatiker noch Skeptiker. Für den Dogmatismus wissen wir zu wenig, für den Skeptizismus zuviel. Einen Versuch, dieses Dilemma zu überwinden, unternahm Kant mit seinem Kritizismus.

7.3.1.9 Bayle, Vico

Von Skeptizismus kann man eher bei Pierre Bayle (1647–1706) sprechen, der, ähnlich wie Mersenne, eine umfassende literarisch-philosophische Vermittlerrolle spielte, sich unter anderen mit Leibniz auseinandersetzte und das ›Dictionnaire historique et critique‹ verfaßte, eine Enzyklopädie, die das Geistesleben der Aufklärung stark beeinflußte. Bayle zweifelte sowohl an absoluten Glaubenssätzen als auch an absoluter Erkenntnis, hielt Dogmen zwar für widervernünftig, aber gerade deshalb für glaubenswert, betrachtete die Lehre vom freien Willen als ein Mysterium und gewann durch die scharfe Trennung von Glauben und Vernunft Spielraum für eine autonome Moral. Damit war der Boden für Voltaire und Kant vorbereitet.

Von einer ganz anderen Seite setzte Giambattista Vico (1668 bis 1744), Professor der Rhetorik zu Neapel, mit seiner Kritik am Cartesianismus ein. Vico schätzte besonders Platon, Tacitus und Bacon, entwarf das Programm einer Geschichtsphilosophie und Völkerpsychologie (›Scienza nova‹) und kritisierte an Descartes die einseitig naturwissenschaftlich orientierte Denkweise. Er forderte, mehr die Kräfte in der Geschichte, das Leben in seiner Vielfalt, die Entwicklung von Sprache, Kunst, Religion und Gesetzgebung zu erforschen. Bekannt wurde Vico durch sein Axiom *verum idem factum*: der Mensch erkennt nur das, was er selbst schafft.

[11] Blaise Pascal, Gedanken. Übertr. v. W. Rüttenauer. Bremen 6. Aufl. 1964, S. 146ff.

In Leibniz war inzwischen ein Denker herangereift, der beides: naturwissenschaftliche Methodik und historisch-kritisches Denken miteinander verbinden konnte.

7.3.1.10 Leibniz

7.3.1.10.1 Leben, Entwicklung

Gottfried Wilhelm Leibniz (1646–1716) steht am Ende einer Entwicklung. Philosophisch gesehen, ist er der große Synthetiker frühneuzeitlichen Denkens, der darüber hinaus auch Mittelalter und Antike in seine Gedankenwelt einbezieht. Zum Glück hat er nie versucht, ein System daraus zu machen. Künstlerisch betrachtet, ist er der Philosoph des Barock, dessen oft erdrückende Vielfalt der Ideen, Aspekte, Begabungen und Interessen an Leonardo erinnert. Sowenig es fruchtet, aus den philosophischen Aphorismen von Leibniz ein System zu konstruieren, so aussichtslos ist es, nach einer einheitlichen Linie in seinem Leben zu suchen. Auch hier herrscht die Fülle: zahllose Begegnungen, nicht nur mit Philosophen, ein fast unübersehbarer, meistens philosophisch gehaltvoller Briefwechsel, Reisen und wieder Reisen, Initiativen, Denkschriften, Anregungen, Audienzen und Gespräche mit den verschiedensten Persönlichkeiten über unterschiedlichste Projekte. Bis nach dem Fernen Osten streckte Leibniz, von unersättlichem Erkenntnisstreben bewegt, seine geistigen Fühler aus. Daß es bis heute keine befriedigende Gesamtausgabe seiner Werke gibt, beruht nicht zuletzt auf Leibnizens Arbeitsweise, dessen Entwürfe, Notizen und Fragmente, in alle Richtungen verstreut, bald hier, bald dort auftauchen und die Herstellung einer Ausgabe fast unmöglich machen. Angesichts dieser Überlieferungssituation erscheint es zweckmäßig, die Phasen seiner philosophischen Entwicklung, so gut es geht, abzugrenzen und die zugehörigen Schwerpunkte und Schriften von Fall zu Fall zu erörtern.

Leibniz hatte auf juristisch-politischem Gebiet schon Beträchtliches geleistet, bevor er auf die sogenannten exakten Wissenschaften stieß, so daß die beiden ersten Phasen relativ sicher zu bestimmen sind: von den Geisteswissenschaften zu den Naturwissenschaften. Das historische Interesse dominiert naturgemäß gegen Ende seines Lebens, wenn er auch schon früh für geschichtliche Fragen aufgeschlossen war. Die philosophische

Suche nach der ganzen Wahrheit beherrscht sein Leben von Anfang bis zum Ende, wenn auch im Lauf seines Lebens eine Schwerpunktverlagerung festzustellen ist: weg aus dem Labyrinth der Machtpolitik, hin zum Reich der Wahrheit, Vernunft, Gerechtigkeit und Liebe, vom Werden zum Sein, vom Zeitlichen zum Zeitlosen. Entsprechend lassen sich im Leben und Schaffen des Philosophen sechs Schwerpunkte aufzeigen, die nicht in chronologischer Folge auftreten, wohl aber in ihren mannigfachen Wechselwirkungen einen Problemkontext erkennen lassen: Rechtsgelehrsamkeit, Naturwissenschaft, Politik und Philosophie, Geschichte und Theologie.

Leibniz wurde am 21. Juni 1646 in Leipzig geboren. Sein Vater war dort Notar und Professor der Moral. Seine Frau stammte ebenfalls aus einer Juristenfamilie. Leibniz war sechs Jahre alt, als sein Vater starb. Seine Mutter, eine fromme, stille Frau, erzog die Kinder sorgfältig. Die umfangreiche Bibliothek seines Vaters war für Leibnizens Entwicklung von entscheidender Bedeutung. Frühreif, von grenzenlosem Erkenntnisstreben und dem Hang zu selbständigem Forschen beseelt, erlernte er von sich aus die lateinische Sprache und las mit acht Jahren den Livius. Außerdem interessierten ihn Cicero, Quintilian, Seneca, Plinius, Herodot, Xenophon, Platon und die Kirchenväter. So war sein Weg der universalen, in klassischem Altertum fundierten Bildung von Kindheit an vorgezeichnet. Für seine Entwicklung zum Logiker war die Bekanntschaft mit Aristoteles wichtig. So stellte er bereits mit vierzehn Jahren die Frage, ob es nicht, wie es Klassen einfacher Begriffe gibt, auch Klassenordnungen von Sätzen geben müsse. Neben den antiken Autoren studierte er die wichtigsten scholastischen Philosophen, sogar spanische Scholastiker wie Fonseca, Fuertes und Suarez. Aus dem Studium der Kontroversienliteratur entwickelte er ein für sein ferneres Denken wichtiges Methodenprinzip, die systematische Prüfung von Lehrmeinungen, das Abwägen und gerechte Beurteilen aller möglichen Standpunkte. Im Gegensatz zur Praxis vieler moderner Autoren ist Leibnizens äußerst penible und präzise Berücksichtigung allen verfügbaren Schrifttums zu einem Problem besonders hervorzuheben. Er vertrat die Meinung, auch in dem geringsten Buch stecke immer noch manches Körnchen der Wahrheit. Mit Hilfe seiner autodidaktisch-konstruktiven Methode gelang es ihm, sich in kürzester Zeit in fremde Wissensgebiete einzuarbeiten und schnell das Wesentliche vom Unwesentlichen zu trennen. Leibniz beherrschte mit dreizehn Jahren das Lateinische so gut, daß er für einen kranken älteren Mitschüler an einem Vormittag ein Pfingstgedicht von 300 Hexametern verfaßte und auswendig vortrug. Mit fünfzehn Jahren begann er das Studium an der Universität Leipzig. In Philosophiegeschichte unterrichtete ihn der bekannte Aristoteliker Jakob Thomasius. Von der Theologie fühlte sich Leibniz wegen der ewigen konfessionellen Streitereien abgestoßen. Nach zwei Semestern erwarb er sich den Baccalaureus mit einem sowohl für neuzeitliches Denken als auch für seine Entwicklung bezeichnenden Thema: ›De principio individui‹. Von hier führt eine klare Linie zu seiner Monaden-Metaphysik. Wie bei allen guten Theoretikern war auch bei Leibniz der Hang zur Praxis stark. Der Titel seiner Magisterarbeit läßt erkennen, wie er die Philosophie aus dem Fachstudium heraus ableitete: ›Specimen quaestionum philosophicarum ex iure collectarum‹ (1664). Als Reaktion auf einen allzu frühen Promotionsversuch in Altdorf entschloß sich Leibniz kurzerhand, das Studienfach zu wechseln, was ohnehin in seiner Absicht lag. Schon mit fünfzehn Jahren hatte er der Scholastik Lebewohl gesagt und sich für Physik und Mathematik entschieden. Später promovierte er dann doch noch in Altdorf zum Doktor der Rechte und bekam sogar – mit 20 Jahren – eine Professur angeboten, die er ausschlug: »Mein Geist bewegte sich in einer ganz anderen Richtung.« Eine Zeitlang setzte Leibniz, in Diensten des Kurfürsten von Mainz, seine juristische Tätigkeit fort (1668 bis 1672) und arbeitete an der Verbesserung des ›Corpus iuris civilis‹ mit. Die reformerischen Tendenzen seiner Beiträge zur Rechtslogik werden erkennbar. Anstelle der scholastischen Autoritäten tritt die Gesetzmäßigkeit der Vernunft. Wenn sich positive Rechtssätze widersprechen, muß man auf die überzeitlichen Prinzipien des Naturrechts zurückgreifen. Leibniz war in die gleiche Schule gegangen wie sein Landsmann, der bekannte Rechtsgelehrte Samuel Pufendorf (1632–1694), nämlich bei dem Mathematiker Erhard Weigel in Jena. Nach einem Ausflug in die Werkstätten der Alchimisten (Rosenkreuzer) in Nürnberg brachte Leibniz seine ›Neue Methode‹ (1667) für die Rechtswissenschaft heraus. Mit 24 Jahren (1670) avancierte er zum Rat am Kurmainzischen Revisionsgericht, das zu den höchsten Gerichtshöfen des Reiches zählte. Mit seiner mathematischen Methode knüpfte er an Reformversuche des Rechtswesens von Althusius (1687) an, der den Stoff des römischen Rechts nach der Logik des Petrus Ramus zu ordnen vorschlug.

Die Arbeit wuchs Leibniz jedoch über den Kopf und blieb – wie so vieles in seinem Leben – unvollendet.

Zu einem Wendepunkt in seinem Leben und Schaffen wurde sein Aufenthalt in Paris (1672–1676), wohin er in diplomatischer Mission reiste. Nach dem Tode des Kurfürsten und Boineburgs, der Leibnizens großer Gönner war, erhielt der viel zu viel auf Reisen befindliche Rat seinen Abschied (1674).

In Paris lernte Leibniz die höhere Mathematik bei einem der damals bedeutendsten Mathematiker und Physiker: »Ich war noch ganz und gar Fremdling in der höheren Geometrie, als ich in Paris 1672 die Bekanntschaft Christian Huygens machte. Ich bekenne, daß ... ich ganz persönlich vor allem diesem Mann nach Galilei und Descartes das meiste verdanke.« Im Lauf des Sommers befaßte sich Leibniz auch mit den mathematischen Schriften Pascals. Es folgte für ihn eine Zeit atemberaubender Forschungen und Entdeckungen auf dem Gebiet der Mathematik. Seine Hoffnung, mit einem gegenüber Pascal verbesserten Modell der Rechenmaschine, das er am 9. Januar 1675 in der Académie des sciences vorführte, in Paris eine Lebensstellung zu erlangen, schlug fehl. Dafür erhielt er kurz darauf ein Angebot Herzog Johann Friedrichs aus Hannover, das er schließlich annahm.

In der physikalischen Theoriebildung Leibnizens in dieser Zeit lassen sich zwei Phasen unterscheiden: 1. Die Kritik an Mechanismus, Monismus und Materialismus führte ihn zu einer dynamisch-energetischen Naturauffassung. 2. Vom Kraftbegriff gelangte er zum Begriff der Monade. Die philosophische Durchdringung der dynamischen Physik führte ihn dann weiter zum metaphysischen Begriff der Monade als letzter spiritueller Einheit des Weltgeschehens. Zur Zeit seines Aufenthaltes in Paris erreichte Leibniz den Höhepunkt seiner mathematisch-naturphilosophischen Studien. In Hannover erwartete ihn ein anderer Aufgabenkreis.

Leibniz war auf dem Gebiet des Bergbaus sozusagen erblich belastet. Das erklärt vielleicht sein großes Interesse am Bau von Maschinen zu Förderzwecken im Bergbau. Der Herzog von Hannover war im Hinblick auf die Harzbergwerke an solchen Vorhaben interessiert, und es kam zu einem Vertragsabschluß. Zwischen 1680 und 1686 reiste Leibniz nicht weniger als 31 mal in den Harz und hielt sich dort insgesamt 165 Wochen auf, aber aus seiner »Windkunst«, mit deren Hilfe das Grubenwasser in den Harzer Bergwerken bewältigt werden sollte, wurde nichts.

Das Projekt erwies sich in der von Leibniz vorgesehenen Form als undurchführbar, so daß der Herzog den Abbruch der Versuche anordnete. Ansonsten hatte Leibniz die Bibliothek zu verwalten, die er für seine Zwecke bestens nutzen konnte. Er war als Hofrat der Justizkanzlei zugeteilt und wurde 1696 zum Geheimen Justizrat befördert. Er hatte Gutachten zu erstellen, Flugschriften zu verfassen und hin und wieder eine diplomatische Mission auszuführen. Nach dem Tode Johann Friedrichs verschlechterte sich das Verhältnis zu seinen Dienstherren (Herzog Ernst August 1679–1698, seit 1692 Kurfürst und Kurfürst Georg Ludwig 1698–1727, seit 1714 Georg I. König von England) allmählich. Als Ersatz für die gescheiterte Windkunst hatte sich Leibniz (1685) erboten, eine Geschichte des Welfenhauses zu schreiben, die seinem Herrn jedoch viel zu langsam vorankam, was bei Leibnizens Vielseitigkeit, der Verzettelung seiner Interessen und seiner Reiselust kein Wunder war. Berufung und Beruf gerieten miteinander in Konflikt. Leibniz rechtfertigte zwar die Politik seiner Landesherren, nahm an den Wiedervereinigungsbestrebungen der christlichen Kirchen maßgebend teil und verfaßte eine hochwertige philosophische Schrift nach der anderen, aber seine Welfengeschichte kam nur langsam voran. Bei dieser Gelegenheit entdeckte er in Italien wichtige Urkunden, die den Herrschaftsanspruch seiner Dienstherren fundierten, aber den hohen Herren war mehr an panegyrischer als an historisch-kritischer Geschichtsschreibung gelegen. In seinen letzten Jahren (1700–1716) dominierten wissenschaftsorganisatorische Probleme. Er wurde 1700 der erste Präsident der Sozietät der Wissenschaften in Berlin. Als man ihn jedoch in Hannover wegen seiner häufigen Aufenthalte in Berlin der Spionage verdächtigte, als die Royal Society gegen Leibniz den Plagiatsvorwurf hinsichtlich der Infinitesimalrechnung erhob (1712), als die Anfeindungen und Intrigen gegen ihn am Hof zunahmen, als er ein Reiseverbot und in Gestalt Eckharts einen Kontrolleur erhielt – alles das, während er Weltruhm erlangte, zum Reichshofrat ernannt wurde (1713) und mit Peter dem Großen zusammentraf, aber keine Aussicht hatte, seinen Wohnsitz nach Wien oder Paris zu verlegen –, da ließ sein Lebenswille nach. Seinen Ehrgeiz und seine Ergebenheit den Herren dieser Welt gegenüber lohnten diese ihm schlecht, und er starb nicht viel anders als der von ihm mißbilligte Spinoza, einsam. Die Behandlung, die man dem Toten angedeihen ließ, entsprach der, die Leibniz in Hannover, besonders in den letzten Jahren seines Lebens, erfahren hatte: »Des seel. Geh. Raths von Leibniz Cörper wurde am 14. Decemb. in der Neustädter Kirche zu Erden bestattet, wozu alle Hof-Bediente geladen waren, aber niemand erschien.«

Leibnizens politische Aktivität konzentrierte sich in der Zeit, die er im Dienst des Welfenhauses verbrachte, abgesehen vom innenpolitisch-administrativen Komplex, im wesentlichen auf drei große außenpolitische Ziele: die Herstellung einer handlungsfähigen, führenden politischen Einheit im deutschen Bereich, die Herstellung einer europäischen Einheit und einer Einheit des christlichen Glaubens.

Bei dem Versuch, diese Ziele vorwiegend auf dem Weg politischer Publizistik durchzusetzen, geriet Leibniz, nicht zuletzt infolge der Abhängigkeit von seinen jeweiligen Dienstherren, in ein Labyrinth von Interessengegensätzen. Weit davon entfernt, das politische Kräftespiel zu durchschauen, richtig einzuschätzen oder gar zu beherrschen, wurde er zu einer Art Spielball der Mächtigen. Entsprechend gering ist auch sein Beitrag zur Emanzipationsbewegung der Philosophie von der Theologie und von weltlicher Herrschaft, für die er ja eintrat und arbeitete.

Unvergleichlich mehr als alle übrigen frühneuzeitlichen Denker leistete er dagegen auf philosophischem Gebiet im engeren Sinn, in der Logik, Erkenntnistheorie, Psychologie, Ästhetik, Sprachtheorie und Metaphysik, aber auch in der Theologie. Das Spezifische an Leibnizens Theorien ist der extreme, radikale Idealismus. Man hat den Eindruck, daß, je weiter er sich von den politischen Realitäten entfernte, seine idealistische Konstruktion desto mehr ins Überdimensionale wuchs, stellenweise ins Phantastische. Mit seiner Entscheidung für den Idealismus stellte er jedenfalls die Weichen für die weitere Entwicklung der deutschen Philosophie, die im 19. Jahrhundert ihren Höhepunkt erreichen, sich zugleich aber als Sackgasse erweisen sollte. Die größeren philosophischen Arbeiten Leibnizens sind durchweg später verfaßt als die politischen, die ›Confessio philosophi‹ (1673) folgt dem ›Consilium Aegyptiacum‹ (1671/72), seinem ersten großen Plan im politischen Bereich, womit er den französischen König von Europa, speziell dem Reich, auf Ägypten ablenken wollte. Der ›Discours de métaphysique‹ folgt dem sogenannten ›Caesarinus Fuerstenerius‹, der einen Interessenausgleich zwischen Kaiser und Territorialfürsten ermöglichen sollte. Leibniz brachte zwar Interessantes zum Souveränitätsbegriff vor, ein großer politischer Erfolg war damit aber nicht verbunden. Im ›Mars christianissimus‹ (1683) »entlarvte« Leibniz den längst bekannten Charakter der Politik Ludwig XIV. Die ›Nouveaux essais sur l'entendement humain‹ (1703–1704) folgten auf ›Erwägungen zum Recht des Hauses Braunschweig-Lüneburg hinsichtlich der Thronfolge in England‹ (1701). Dies alles macht eine Entwicklung, mindestens eine Schwerpunktverlagerung vom Politischen aufs Philosophische verständlich, ähnlich wie die Entwicklung bei Platon verlief. Von der Philosophie führt dann eine spätere Entwicklung zur Geschichte und Theologie, auch hier ähnlich wie bei Platon. (Die mathematischen Schriften sowie der Briefwechsel bleiben hier außer Betracht.)

7.3.1.10.2 Theoretische Philosophie

Den Rahmen traditioneller Logik verließ Leibniz erstmals in seiner Schrift ›De arte combinatoria‹, worin er der Syllogistik, im Einklang mit spätmittelalterlichen Autoren, speziell Lullus, eine Erfindungskunst *(ars combinatoria)* entgegenzustellen suchte. Leibniz wandte hier die kombinatorische Mathematik auf Schlußfiguren des Aristoteles an. Auf dem Satz von Hobbes »Denken ist rechnen« weiterbauend, entwickelte er die mathematische Zeichensprache zu einer Art Kalkül weiter. Insofern sich das logische Zeichensystem verallgemeinern läßt, erhalten wir eine symbolische Begriffssprache, eine Kunstsprache der Vernunft, die zugleich die Wirklichkeit abbildet, eine *characteristica realis.* Die Bildung einer solchen *characteristica universalis* gehörte zu den Lieblingsideen des Barockzeitalters.

Auf dem Gebiet der Erkenntnistheorie reichen die Forschungen Leibnizens bis in die Pariser Zeit zurück, als er sich mit Descartes und Malebranche auseinandersetzte. Leibniz läßt das Cartesianische »Cogito, ergo sum« nicht als ewige Wahrheit gelten, faßt es vielmehr als eine Grunderfahrung auf. Besonders aus der Position von Malebranche, daß man die Ideen in Gott schauen kann, folgt, daß Gott das einzig unmittelbare Objekt unseres Erkennens ist, die Ideen sind gleichsam Objekte zweiten Grades, die »Außendinge« Objekte dritten Grades. Wer diese radikale Umkehr der natürlichen Perspektive, wie sie beispielsweise der Naturauffassung Galileis zugrundeliegt, nachvollziehen kann, hat auch Leibnizens idealistisch-revolutionäre Erkenntnistheorie im Prinzip verstanden. Der empirischen Erkenntnistheorie in der Locke zugeschriebenen Formel: »Nichts ist im Intellekt, was nicht zuvor in den Sinnen war«, stellt Leibniz gegenüber: *nisi intellectus ipse* (wenn nicht der Intellekt selbst). Diese idealistische erkenntnistheoretische Position ist indessen nur eine Folge der grundsätzlicheren metaphysischen Theorie, die sich in ihren Anfängen bereits in Leibnizens schon erwähnter Erstlingsschrift abzeichnet. Problemgeschichtlich knüpft die Schrift an den »Universalienstreit« des Mittelalters an. In Leibnizens Erstlingsschrift findet sich eine höchst charakteristische Wendung: »Jedes Einzelwesen wird zu einem solchen durch die Gesamtheit seiner Wesenheit.« Im Leibnizschen Begriff des Individuums erfährt das Universalienproblem des Mittelalters eine extreme Zuspitzung: Insofern das Individuum die eigentliche und einzige Substanz wird, erreicht der Nominalismus, der ja die Existenz der Universalien leugnete, seinen Höhepunkt. Insofern jedoch das Leibnizsche Individuum nicht materiell, sondern als Geistmonade zu verstehen ist, gipfelt in der Annahme seiner Existenz die Grundauffassung des Realismus, nach der Geistiges existiert. Tatsächlich bleibt Leibnizens monadologisches System das einzig streng durchgeführte »System« auf individueller Grundlage in der Neuzeit. Berücksichtigt man ferner den Einfluß Spinozas auf Leibnizens Metaphysik, so erscheint dessen Monadenwelt in gewissem Sinn als die ins Substantielle transponierte Attributen-Ordnung Spinozas. Was besagt die Leibnizsche Formel des Individuums?[12]

Sie besagt, daß eigentlich nur Individuen existieren, wobei die Individuen als selbständige Einheiten zu verstehen sind, nicht als Konkretionen eines Allgemeinen. Im Einzelnen und nur in ihm ist das Allgemeine, wie auch das Individuum nur als geistige Wesenheit ist, nicht als raumzeitliches Atom irgendwo und irgendwann im Weltgeschehen. Nach der Auffassung von Leibniz existiert überhaupt nur das, was aus sich und in sich selbst Einheit ist. Der Abstand zu jeder atomistischen Interpretation des Individuums, die von äußeren, raumzeitlichen Daten ausgeht, wird deutlich. Der Grund für die Einheit des Individuums ist nicht sein Stellenwert im Bereich der materiellen Welt, sondern seine innere Unverwechselbarkeit, Unzerstörbarkeit, Einmaligkeit. Zweifellos tritt hier eine Tendenz zur organologisch-teleologischen Interpretation menschlichen Daseins der mechanistisch-materialistischen Sicht entgegen. Mit der Existenz des

[12] Einige der folgenden Ausführungen sind aus der Leibniz-Darstellung (1976) des Verfassers übernommen.

Individuums wird, wie Leibniz später ausführt, durch einen Schöpfungsakt Gottes Dasein gesetzt, sein Eigenwert begründet, und wie es nur durch ein Wunder entstand, kann es auch nur durch ein Wunder vernichtet werden. Die materielle Auflösung im Sinne des Todes ist nicht möglich. Das Individuum ist als solches unsterblich. Damit rettete Leibniz nicht nur die Lehre von der Unsterblichkeit der Seele, sondern auch den Glauben an Gott und die Schöpfungslehre. Er verband christlich-mittelalterliche Theologie mit neuzeitlichem Individualismus. Ist die Welt Schöpfung des vollkommensten Wesens, kann sie nicht unvollkommen sein. Nach Leibniz ist sie nicht nur vollkommen, sondern die beste aller möglichen Welten.

7.3.1.10.3 Metaphysik

Bei der Entwicklung des Monadenbegriffs sind eine kritische, eine energetische und eine spiritualistische Phase zu unterscheiden. In der kritischen Phase grenzt Leibniz seinen Begriff des Individuums gegenüber dem Atom, also gegenüber Atomismus und Materialismus ab. In der naturphilosophischen Phase konzipiert er das Individuum als Energiezentrum, in der letzten Phase als spirituelle Wesenheit. Die Monaden, die als »substantielle Einheiten« oder »einfache Substanzen« umschrieben werden, befinden sich nicht in einer raumzeitlichen Wirklichkeit, wie die naive Auffassung meint und den Monaden demzufolge eine Art Körperdasein zuschreibt, sondern sie begründen diese Wirklichkeit erst, sind selbst raum- und zeitlos, wenn man so sagen will, Realität vor aller raumzeitlichen Realität. Das Verhältnis von Monade und Erscheinung bestimmt sich danach als Beziehung zwischen der Einheitsfunktion des Bewußtseins und der Mannigfaltigkeit seiner Inhalte, wobei die Einheit nicht im Sinne von *unitas* räumlich-visuell zu verstehen ist, sondern als Akt der Vereinigung, *successio, unio, operatio.* Mit der Deutung der Monade als Substanz, der Substanz als Operation, die gesetzmäßig zur Einheit der Mannigfaltigkeit fortschreitet, schließt sich der Kreis von der naturphilosophischen zur metaphysischen Interpretation der Monade, denn die Operation ist eine geistige Arbeits- und damit Kraftleistung. Wenn es sinnlos ist, nach etwas zu fragen, das über den Bereich der Phänomene hinausreicht, wenn man Leibniz den Begriff der Monade als eines einheitstiftenden Bezugssystems in Form einer Hypothese konzedieren will, bleibt allerdings die Frage, warum er den Begriff der prästabilierten Harmonie im weiteren Sinn einführte und was er damit meinte. Dieser weitere Begriff der prästabilierten Harmonie ist nicht mit dem engeren zu verwechseln. Letzterer bezieht sich auf die von Gott gestiftete Harmonie der Operationen, die die beiden Substanzen Seele und Körper ausführen. Descartes hatte die Parallelität seelischer und körperlicher Vorgänge durch die Theorie der Wechselwirkung erklärt, die Okkasionalisten, vor allem Geulincx, durch die Theorie der Gelegenheitsursache. Leibniz schlug als dritte Lösung seine spezielle Theorie der prästabilierten Harmonie vor. Ein Beispiel von Geulincx umbildend, verglich er Seele und Körper mit zwei Uhren, die Gott nicht, wie ein schlechter Handwerker, gelegentlich aufeinander abstimmt, wohl aber von vornherein so genau aufeinander eingestellt hat, daß sie stets die gleiche Zeit zeigen.

Versteht man die monadologische Struktur der Wirklichkeit streng, dann ist jede einzelne Monade das Maß aller Dinge. Sie perzipiert ihre Realität, bildet ein Bezugssystem, spricht mit Gott, als ob es außer Gott und ihr nichts gäbe und spiegelt, selbst fensterlos, das Universum auf ihre und nur auf ihre Weise. Eine Kommunikation der Monaden erscheint auf dieser Grundlage ausgeschlossen. Jedes Individuum, jede Seele, jede Monade ist ein Kosmos für sich, nur Gott und sich selbst verbunden, aber ohne Kontakt zu anderen Monaden. Dieser Gedanke, konsequent zu Ende gedacht, würde das Ende mitmenschlichen Daseins, zwischenmenschlicher Bezogenheit, die totale Einsamkeit der individuellen Substanz bedeuten. Wollte Leibniz diese, für sein gesamtes Denken geradezu vernichtenden Konsequenzen vermeiden, mußte er nach einem Weg suchen, die Monaden aus ihrer Isolation zu befreien, sie zu kommunikationsfähigen Substanzen machen, deren Interdependenz durch übergeordnete, allgemeine Gesichtspunkte gesichert war. Dieses Ziel suchte er nun durch eine Verallgemeinerung des Prinzips der prästabilierten Harmonie zu erreichen. Danach besteht nicht nur zwischen Seele und Körper der einzelnen Monaden eine vollkommene Übereinstimmung, sondern auch zwischen den individuellen Substanzen untereinander. Indem so jede Monade prinzipiell das gleiche Universum, nur von ihrem Standpunkt aus, perzipiert, kommt die Grundlage einer Verständigung über das von allen Geschaute zustande. Neben der so gestifteten Möglichkeit der Kommunikation durch das Wort mußte gleichzeitig durch die prästabilierte Harmonie im weiteren Sinn eine Abstimmung der Systeme der bewirkenden Ursachen und der Endzwecke aufeinander angenommen werden, damit die Monaden auch als handelnde, aktive Wesenheiten in einem kommunikativen Zusammenhang operierten, nicht sozusagen aneinander vorbei entschieden bzw. aneinander vorbei handelten. In diesem Sinn verstand Leibniz die prästabilierte Harmonie als Harmonie zwischen dem physischen Reich der Natur und dem moralischen Reich der Gnade, also als Grundprinzip der Versöhnung zwischen den Menschen als Naturwesen und den Menschen als Vernunftwesen. In den Lehren von der Monade und der prästabilierten Harmonie konvergieren fast alle Linien Leibnizschen Denkens: Logik, Erkenntnistheorie, Metaphysik, Naturphilosophie und Theologie. Wie steht es indessen mit der praktischen Philosophie bei Leibniz?

7.3.1.10.4 Praktische Philosophie

Leibniz hat nie eine Ethik verfaßt, die nach Umfang und Bedeutung mit den Arbeiten in den übrigen philosophischen Teildisziplinen Schritt halten könnte. Der Grund für diese Unterentwicklung der Ethik bei Leibniz, wenn man so sagen soll, dürfte vor allem darin zu suchen sein, daß der Trend der Philosophie seinerzeit eher in Richtung naturphilosophischer, erkenntnistheoretischer und religiöser Erörterungen verlief als in ethisch-moralischer, was sich bei Kant radikal änderte. Spinoza bildet die große Ausnahme. Vielleicht neigte Leibniz auch eher zu einer metaphysisch-ästhetischen Betrachtungsweise der Dinge, die ja die spezifisch ethische Problematik eingrenzt und in gewisser Weise zu absorbieren sucht. Leibniz war auch aufgrund seiner Studienentwicklung, die von der Rechtswissenschaft zur Philosophie führte, eher zu einer juristischen Auffassung zwischenmenschlicher Probleme prädisponiert als zur ethischen. Seine kritischen Bemerkungen zu den ersten drei Teilen der Ethik von Spinoza (1678) beschränken sich, wie schon aus dem Titel ›Ad Ethicam B. d. Sp.‹ hervorgeht, vor allem auf die Kritik der Lehren Spinozas. Bei Leibniz finden sich ethische Erörterungen durch sein gesamtes literarisches Werk hindurch verstreut, ganz abgesehen von den juristischen Arbeiten, von denen ethische Fragen naturgemäß nicht zu trennen sind. In der Ethik von Leibniz sind antike und christliche Momente enthalten, wobei letztere den Ausschlag geben. Gottesliebe und Menschenliebe sind die Leitkategorien. Man kann seine Ethik daher als Liebesethik verstehen, einerseits im Gegensatz zur eudämonistischen Ethik des Aristoteles, andererseits zur stoisch-kantischen Pflichtethik.

7.3.1.10.5 Psychologie, Ästhetik

Auf den Gebieten der Psychologie, Ästhetik und Sprachtheorie war Leibniz nicht weniger bahnbrechend als in Fragen der Organisation der Wissenschaften. Ein beliebter Gegenstand damaliger Psychologie war die Affektenlehre. 1679 verfaßte Leibniz eine Arbeit ›De affectibus. Ubi de potentia, actione, determinatione‹. Er wandte sich darin gegen den cartesianischen Dualismus. Die metaphysische Konzeption der prästabilierten Harmonie im engeren Sinn erlaubte ihm einen organologischen Ansatz. Das organologische Denken wurde, nicht zuletzt durch Leibniz, zu einem Merkmal deutscher Naturauffassung. Charakteristisch für Leibniz ist nun die Verbindung von funktionaler und personaler Betrachtungsweise der Seele. Die Seele des Tieres ist unaufhörlich, die Seele des Menschen unsterblich. Die menschliche Seele ist Prinzip von Zurechnung, Verantwortung, Sünde und Strafe, also eine moralische, nicht nur eine biologische Größe. Christliche Vorstellungen von Schuld, Erlösung und Weltgericht bilden den Hintergrund der moralisch-personalistischen Konzeption der Psyche. Leibniz hat bereits eine Art Psychologie des Unbewußten geschaffen, womit er den rationalistischen Konzepten zeitgenössischer Psychologie weit voraus war. *Petites perceptions* sind Perzeptionen, die zu schwach sind, um vom Ich bewußt apperzipiert zu werden. Auch der Begriff der Disposition spielt in Leibnizens Psychologie eine Rolle. Eine Disposition ist eine erschlossene, unbewußte Bedingung von Bewußtsein. Der Übergang von bewußten zu unbewußten Perzeptionen vollzieht sich so kontinuierlich wie der Aufstieg von nackten Monaden über Pflanzen- und Tierseelen zu intelligenten Lebewesen, den Geistmonaden.

Seltsamerweise hat die Forschung Leibniz als Künstler und Kunsttheoretiker fast völlig vernachlässigt, und das, obwohl er, wie Platon, Dialoge schrieb, in Hexametern dichtete und stilistisch nicht nur in der deutschen Sprache Außergewöhnliches hervorbrachte. Mit den Klassikern teilte Leibniz die Ansicht, daß Kunst der sittlichen Erziehung zu dienen hat. In der Sprachphilosophie, die zur Zeit von der Forschung endlich gebührend berücksichtigt wird, ist auf seine Schrift vom August 1677 zu verweisen ›Dialogus de connexione inter res et verba‹ sowie auf das 3. Buch seiner ›Nouveaux essais‹, das ›Von den Worten‹ handelt. Was die Entstehung der Sprache betrifft, konkurrierten zur Zeit von Leibniz wie zu der von Platon zwei Theorien, die naturalistische und die konventionalistische.

Letztere vertrat z. B. Locke. Leibniz läßt diese Theorie nur für das Chinesische gelten, eine Sprache, für die er großes Interesse zeigte. Für die indogermanischen Sprachen hielt er an der naturalistischen Sprachtheorie fest. Bei ihm hängen logische und sprachliche Erwägungen eng zusammen. Der Grammatik wies er die Aufgabe zu, eine Kombinatorik der aussprechbaren Begriffszeichen ohne viel grammatische Regeln zu entwickeln. In späteren Jahren überwogen historische Sprachanalysen die logischen.

Während in England (1660) und Frankreich (1666) Akademien entstanden, regte sich in Deutschland nichts dergleichen. Leibniz machte Eingaben an Kurfürsten und Kaiser, ohne Erfolg. Schließlich siegte das Prestigedenken in Berlin, wo Leibniz in der Kurfürstin Sophie Charlotte eine einflußreiche Befürworterin seiner Pläne fand. Am 19. März 1700 genehmigte der Kurfürst Friedrich III. die Gründung einer Sternwarte und einer Sozietät der Wissenschaften in Berlin. Leibniz wurde zum lebenslänglichen Präsidenten der Sozietät ernannt. Als er starb, nahm die Preußische Akademie der Wissenschaften so wenig Notiz vom Tod ihres Gründers wie der Hof in Hannover.

7.3.1.10.6 Geschichte

Geschichtliche Forschung war für Leibniz nie Selbstzweck, eher eine Art Suche nach der Wahrheit, also ein mit echter Philosophie und wahrer Kunst verwandtes Erkenntnisstreben, das sich zeitlich vorwiegend auf die Dimension der Vergangenheit erstreckt. Geschichtswissenschaft bedeutete also für ihn nicht Historismus, sondern die Kunst, das Gewesene mit dem Gegenwärtigen und Zukünftigen, mithin das Zeitliche angesichts des Ewigen mit dem Überzeitlichen zu verbinden und damit in kritischer Analyse und Synthese ein Sinnganzes zu stiften, in dem und aus dem heraus menschliche Existenz erst geschichtlich verstanden werden kann. Leibniz hat die historische Dimension offensichtlich schon früh entdeckt, wenn auch seine historische Forschertätigkeit in die späteren Abschnitte seines Denkens und Schaffens fällt, sich jedenfalls nach seinen grundlegenden Erkenntnissen auf naturwissenschaftlichem Gebiet entfaltete. Während ihm die Welfengeschichte zum großen Hindernis seiner philosophischen und wissenschaftlichen Pläne wurde, konzipierte er im Anschluß an eine Audienz beim Kaiser 1688 die Grundzüge moderner historisch-kritischer Geschichtsschreibung *(ars critica)* und eilte damit wieder einmal seiner Zeit voraus. Leibnizens Leistung als Historiker steht in einem Mißverhältnis zu seiner Wirkung auf die Geschichtswissenschaft, die ihm zufolge vor allem drei Ziele hat: Erzeugung von Lust an der Erkenntnis des Individuellen, Gewinnung nützlicher Lehren für das Leben und Erschließung vergangener Gründe für gegenwärtiges Geschehen.

7.3.1.10.7 Theologie

Hatte Leibniz als Rechtsgelehrter über die Grenzen des positiven Rechts hinausgefragt, als Naturwissenschaftler auf den Begriff des Unendlichen hingewiesen, als politischer Publizist die Ohnmacht der Vernunft erfahren müssen, als Philosoph in den Begriffen der »Monade« und der »prästabilierten Harmonie« das Wesen der Welt zu ergründen und als Historiker die vérités de fait mit den vérités de raison zu versöhnen versucht, so konvergieren alle diese geistigen Bemühungen in seiner Theologie. Das Recht bekommt seinen letzten Halt in der göttlichen Gerechtigkeit; die Natur ist der Ausdruck einer göttlichen Ordnung; die Politik sollte dem Willen Gottes und dem Heil der Menschheit dienen, nicht der Selbstverherrlichung, dem Machtgewinn und der Zerstörung; die Philosophie schöpft ihre letzte Gewißheit aus der einen göttlichen Wahrheit und Vernunft; und die Geschichte offenbart den Heilsplan Gottes im Wechsel der Zeiten. In dieses systemlose »System« fügt sich der Themenkreis seiner Theologie im engeren Sinn ein, schließt es sachlich wie chronologisch ab, krönt und vollendet es. Die ›Theodizee‹ ist das größte vollendete Werk von Leibniz. In ihm kehren ziemlich alle theologischen Fragen wieder, die ihn zeitlebens beschäftigten: die Güte, Weisheit, Gerechtigkeit und Allmacht Gottes, Freiheit und Unsterblichkeit des Menschen, der Ursprung des Bösen, die wahre Frömmigkeit, Eucharistie, Gnade und Prädestination, Wunder, Glaube und Vernunft. War seine Theologie nur der Versuch einer Versöhnung zwischen dem Christentum und den Naturwissenschaften? Dann sagt es sich leicht, Leibniz sei gescheitert. Gelang ihm die Versöhnung von Glauben und Vernunft? Dann hätte sich Kants Grenzziehung zwischen beiden wohl erübrigt. Überzeugt seine Theorie von der besten aller Welten? Sicher beruht sie nicht auf unbegründetem Optimismus.

Ein beachtlicher Teil der ›Theodizee‹ ist der Auseinandersetzung mit Bayle gewidmet. In der »Einleitenden Abhandlung« untersucht Leibniz das Verhältnis von Glauben und Vernunft.

Dies ist bekanntlich auch das Grundanliegen der kritischen Philosophie Kants. Nach Leibniz »können die einfachen Vorstellungen, die notwendigen Wahrheiten und die Schlußfolgerungen der Philosophie der Offenbarung nicht entgegen sein«. Umgekehrt bedeutet das, daß alle der Offenbarung widersprechenden Lehren nicht wahre Philosophie sein können. Über den göttlichen Glauben sagt Leibniz: »Doch ist der göttliche Glaube, wenn er einmal die Seele entzündet hat, mehr als eine bloße Meinung und hängt nicht mehr von den Meinungen und Motiven ab, die ihn erwecken; er geht über den Verstand hinaus, bemächtigt sich des Willens und Herzens und wir tun mit Wärme und Freude, was uns das göttliche Gesetz befiehlt, ohne an besondere Gründe zu denken oder uns mit logischen Schwierigkeiten, die der Geist sich vor Augen stellen kann, aufzuhalten.«

Im ersten Teil der ›Versuche über die göttliche Gerechtigkeit, die Freiheit des Menschen und den Ursprung des Übels‹ unterscheidet Leibniz zwei Klassen von Schwierigkeiten, die sich um folgende Probleme gruppieren: 1. Lassen sich göttliche Allmacht und menschliche Freiheit vereinbaren? 2. Läßt sich die Existenz des Bösen mit der Güte und Gerechtigkeit Gottes vereinbaren?

Leibniz unterscheidet zwischen metaphysischen, physischen und moralischen Übeln. Das metaphysische Übel besteht in der Unvollkommenheit aller endlichen Wesen, das physische im Leiden, also Schmerz, das moralische in der Sünde. Dabei ist das physische in der Regel eine Folge des moralischen Übels. Man erduldet Schlechtes, weil man schlecht gehandelt hat. Wenn jemand unter schlechten Handlungen eines anderen leidet, ohne einen Anteil am Verbrechen zu haben, ist sein Leiden als Vorbereitung für ein größeres Glück anzusehen. Man darf sicher sein, daß Gott, der größte Architekt und beste Monarch, das Weltgeschehen so geordnet hat, daß das größtmögliche Gut verwirklicht wird, vorausgesetzt, man rechnet metaphysische, physische und moralische Güter zusammen.

Leibniz findet den Ursprung des Übels in der Freiheit der Geschöpfe angelegt. Menschliche Erkenntnis ist klar oder verworren, klar bei wahrem Vernunftgebrauch, verworren, wenn wir von Leidenschaften beherrscht werden. Mit Augustin gesteht Leibniz den Menschen die Freiheit eines Sklaven zu. Was bei ihm Fessel und Zwang bewirken, bewirken beim Menschen die Leidenschaften. Wir wollen, was uns gefällt, aber das ist oft nur scheinbar ein Gut, in Wirklichkeit ein Übel, und unser übler Zustand hindert uns daran, das der Vernunft Gemäße zu tun.

Nach Leibniz schuf Gott die beste aller möglichen Welten, und man kann das Verhältnis von göttlicher Vorsehung und menschlicher Freiheit in dieser Welt vielleicht dadurch veranschaulichen, daß man sagt, die Möglichkeiten menschlicher Freiheit sind in den göttlichen Weltplan gleichsam einprogrammiert.

Über das Verhältnis von göttlicher Güte zu seiner Weisheit und Allmacht legt Leibniz dar, die Güte habe Gott im voraus genötigt, jedes mögliche Gut zu erschaffen, seine Weisheit ihn veranlaßt, daraus eine Auswahl zu treffen und so nachfolgend das Beste zu erwählen und seine Allmacht ihm die Mittel gegeben, das Beste auszuführen.

Am Ende der Leibnizschen »Theologie« stehen weder die Angst noch das Nichts, sondern die Zuversicht, die Unverzagtheit im Hinblick auf den einen, ewigen, gütigen, weisen und allmächtigen Gott. Antike Philosophie, christlicher Glaube, mittelalterliches Denken und neuzeitliche Wissenschaftlichkeit sind ein ideales Bündnis eingegangen, eine universale Synthese, die im »System der prästabilierten Harmonie« und der Idee der »besten aller möglichen Welten« ihren hoffnungsvollen, überzeitlichen Ausdruck fand. Leibniz verstand den Menschen als Geschöpf Gottes, nicht Gott als Produkt menschlicher Einbildung; damit reiht er sich in die Tradition der großen Denker des Abendlandes ein: Platon, Augustin, Thomas von Aquin.

7.3.1.11 Rückblick

Blickt man auf die Positionen der frühneuzeitlichen Denker zurück, so läßt sich sagen, daß keines ihrer »Systeme« aus einem anderen ableitbar oder darauf reduzierbar ist. Es handelt sich um grundverschiedene, zum Teil sogar widersprüchliche Entwürfe, die eine pluralistische Gedankenwelt der Neuzeit erkennen lassen. Eine absolute Philosophie als System aller Systeme gibt es hier sowenig wie im Mittelalter, in der Antike oder in irgendeiner anderen Kultur zu irgendeiner Zeit. Zum anderen ist zu sehen, daß die drei Grundkonzeptionen der klassisch griechischen Philosophie (Atome, Zahlen, Ideen) in der Neuzeit wiederkehren und gewisse Kombinationen eingehen. Bei Hobbes verbinden sich Atomismus und mathematisches Denken zu einem mechanistisch orientierten Materialismus, bei Leibniz Ideenphilosophie und mathematisches Denken zu einem theologisch orientierten Idealismus, bei Descartes und Pascal überwiegt die Mathematik. Bei anderen Denkern gibt es Mischformen. Kein einziger der frühneuzeitlichen Denker löste sich vollständig vom Mittelalter und der christlichen Tradition. Der geistige Emanzipationsprozeß der Neuzeit wurde in Gang gesetzt, aber nicht abgeschlossen.

Literaturhinweise

Aaron, R. I.: John Locke. 3. Aufl., Oxford 1971.

Abbagnano, N.: B. Telesio. Mailand 1947.

Aconcio, G.: De methodo. Repr. Düsseldorf 1971.

Alberti, L. B.: Opere volgari. Bari 1960ff.

Allen, J. W.: A History of Political Thought in the 16th Century. London 1957.

Allison, H. E.: Baruch de Spinoza. Boston 1975.

Apel, K. O.: Die Idee der Sprache in der Tradition des Humanismus von Dante bis Vico. 3. Aufl., Bonn 1980.

Aster, E. v.: Geschichte der neueren Erkenntnistheorie. Berlin, Leipzig 1921.

Bacon, Fr.: The Works. Hrsg. v. J. Spedding. 14 Bde, Repr. Stuttgart-Bad Cannstatt 1961ff.

Baird, A. W. S.: Studies in Pascal's Ethics. Den Haag 1975.

Baron, H.: The Crisis of Early Italian Renaissance. Princeton 1955.

Ders.: From Petrarca to Leonardo Bruni. In: Studies in Humanistic and Political Literature. Chicago, London 1968.

Bec, C.: Cultura e società a Firenze nell età della Rinascenza. Rom 1981.

Belaval, Y.: Leibniz critique de Descartes. Paris 1978.

Bietkowski, H. u. W. Zorn: The World of Copernicus. Warschau, New York 1973.

Blumenberg, H.: Die kopernikanische Wende. Frankfurt 1965.

Ders.: Die Legitimität der Neuzeit. Frankfurt 1973.

Boas, M.: The Scientific Renaissance, 1450–1630. London 1962.

Bodin, J.: Œuvres philosophiques. Hrsg. v. P. Mesnard. Paris 1952ff.

Boehle, R.: Der Begriff des Individuums bei Leibniz. Meisenheim 1978.

Bonansea, B. M.: T. Campanella. Renaissance Pioneer in Modern Thought. Washington 1969.

Borkenau, F.: Der Übergang vom feudalen zum bürgerlichen Weltbild. Repr. Darmstadt 1976.
Bosco, U.: Petrarca. 3. Aufl., Bari 1968.
Branca, V. (Hrsg.): Giorgio Valla, tra scienza e sapienza. Florenz 1981.
Brandt, R.: Eigentumstheorien von Grotius bis Kant. Stuttgart-Bad Cannstatt 1974.
Bréhier, E.: Moyen age et renaissance. 7. Aufl., Paris 1967.
Bruni, L.: Werke. Repr. Wiesbaden 1969.
Brunschvicg, L.: Blaise Pascal. Paris 1953.
Buck, A.: Die humanistische Tradition in der Romania. Bad Homburg 1968.
Ders.: Zu Begriff und Problem der Renaissance. Darmstadt 1969.
Burckhardt, J.: Kultur der Renaissance in Italien. 13. Aufl., Stuttgart 1922.
Burdach, K.: Reformation, Renaissance, Humanismus. 2. Aufl., Berlin, Leipzig 1926.
Ders.: Vom Mittelalter zur Reformation. Berlin 1962.
Caracassone, E.: Montesquieu et le problème de la constitution française au 18e siècle. Repr. Paris 1970.
Cassirer, E.: Individuum und Kosmos in der Philosophie der Renaissance. Repr. Darmstadt 1969.
Ders.: Das Erkenntnisproblem in der Philosophie und Wissenschaft der neueren Zeit. 4 Bde, Repr. Darmstadt 1973/74.
Cohn, J.: Geschichte des Unendlichkeitsproblems im abendländischen Denken bis Kant. Darmstadt 1960.
Collins, J. D.: Descartes' Philosophy of Nature. Oxford 1971.
Craven, W. G.: G.P. della Mirandola. Symbol of His Age. Genf 1981.
Denissoff, E.: Descartes, premier théoricien de physique mathématique. Paris 1970.
Deregibus, A.: Bruno e Spinoza. 2 Bde, Turin 1980.
Descartes, R.: Œuvres. Hrsg. v. C. Adam u. P. Tannery. 12 Bde, Repr. Paris 1974ff.
Descartes-Bibliographie v. G. Sebba. Den Haag 1964.
Dilthey, W.: Weltanschauung und Analyse des Menschen seit Renaissance und Reformation. 9. Aufl., Göttingen 1970.
Dunn, J.: The Political Thought of John Locke. Cambridge 1969.
Eckert, W. P.: Erasmus von Rotterdam. 2 Bde, Köln 1967.
Erasmus, D.: Werke. Hrsg. v. W. Welzig. 8 Bde, Darmstadt 1967ff.
Erdmann, J. E.: Von Cartesius bis Kant. 4 Bde, Stuttgart 1932.
Farrington, B.: The Philosophy of Francis Bacon. Liverpool 1964.
Fedi, R. F.: Petrarca. Florenz 1975.
Ferguson, W. K.: The Renaissance in Historical Thought. Cambridge, Mass. 1948.
Ficinus, M.: Opera omnia. 2 Bde, Repr. Turin 1959–1960.
Fiebig, H.: Erkenntnis und Erzeugung. Hobbes' operationale Philosophie der Wissenschaft. Meisenheim 1973.

Fischer, K.: Geschichte der neueren Philosophie. 10 Bde, Heidelberg 1897–1911.
Fleckenstein, J.O.: Naturwissenschaft und Politik. Von Galilei bis Einstein. München 1965.
Fracastoro, G.: Opera omnia. Repr. Padua 1739.
Franklin, J. H.: John Locke and the Theory of Sovereignty. Cambridge 1981.
Freiesleben, H.C.: Kepler als Forscher. Darmstadt 1970.
Friedmann, G.: Leibniz et Spinoza. Neuausg. Paris 1975.
Friedrich, H.: Montaigne. 2. Aufl., Bern 1969.
Frischeisen-Koehler, M.: Die Philosophie der Neuzeit (bis Kant). 13. Aufl., Tübingen 1953.
Galilei, G.: Le Opere. Hrsg. v. A. Favaro. 20 Bde, 2. Aufl., Florenz 1929; hrsg. v. G. Abetti u.a. Florenz 1968.
Gandillac, M. de: La philosophie de la renaissance. Paris 1973.
Garin, E. (Hrsg.): L'opera e il pensiero di Giovanni Pico della Mirandola nella storia dell' umanesimo. 2 Bde, Florenz 1965.
Ders.: Il ritorno dei filosofi antichi. Neapel 1983.
Geulincx, A.: Opera philosophica. Hrsg. v. J.P.N. Land. Den Haag 1891–1893.
Ders.: Ethik. Übers. v. G. Schmitz. Hamburg 1948.
Geymonat, L.: G. Galilei. 5. Aufl., Turin 1969.
Gilmore, M.P. (Hrsg.): Studies on Machiavelli. Florenz 1972.
Dies.: Montesquieu adversaire de Hobbes. Paris 1981.
Gough, J. W.: J. Locke's Political Philosophy. 2. Aufl., Oxford 1973.
Goyard-Fabre, S.: La philosophie du droit de Montesquieu. Paris 1973.
Grimaldi, N.: L'expérience de la pensée dans la philosophie de Descartes. Paris 1978.
Gueroult, M.: Spinoza. 2 Bde, Hildesheim 1969–1974.
Ders.: Etudes sur Descartes, Spinoza, Malebranche et Leibniz. Hildesheim 1970.
Gurwitsch, A.: Leibniz. Philosophie des Panlogismus. Berlin, New York 1974.
Hall, A. R.: Von Galileo zu Newton, 1630–1720. Darmstadt, Gütersloh 1965.
Ders.: Eighty Years of Locke's Scholarship. Edinburgh 1983.
Hall, E. W.: Modern Science and Human Values. Princeton, N.J. 1956.
Hampshire, S.: The Age of Reason. The 17th Century Philosophers. New York 1956.
Hay, D.: Europe in the Fourteenth and Fifteenth Centuries. London 1966.
Heinekamp, A.: Das Problem des Guten bei Leibniz. Bonn 1969.
Hessing, S.: Speculum Spinozanum. London 1978.
Hobbes, Th.: Works. Hrsg. v. W. Molesworth. 11 Bde, Repr. Aalen 1966.
Hoffmann, J.E.: Leibniz in Paris. Cambridge 1974.

Hofmann, H.H. (Hrsg.): Die Entstehung des modernen souveränen Staates. Köln 1967.
Holton, G. J.: Thematic Origins of Scientific Thought. Kepler to Einstein. Cambridge, Mass. 1973.
Huber, K.: Leibniz. München 1951.
Huizinga, J.: Erasmus. 4. Aufl., Basel 1951.
Jaspers, K.: Descartes und die Philosophie. 4. Aufl., Berlin 1966.
Ders.: Leonardo da Vinci als Philosoph. Bern 1953.
Ders.: Spinoza. München 1978.
Jolley, N.: Leibniz et Locke. Oxford 1984.
Jones, H.: Pierre Gassendi. Nieuwkoop 1981.
Kaegi, W.: Erasmus and the Age of Reformation. New York 1947.
Kayser, R.: Spinoza. Bildnis eines geistigen Helden. Mit einer Einleitung von A. Einstein (engl.). New York 1946.
Kemp, M.: Leonardo da Vinci. London 1981.
Kepler, J.: Gesammelte Werke. Hrsg. v. W. Dyck u. M. Caspar. München 1937ff.
King, P.: The Ideology of Order. London 1974.
Klein, J.: Denkstrukturen der Renaissance. Essen 1984.
Klemmt, A.: Descartes und die Moral. Meisenheim 1971.
Kopernikus, N.: Werke. 10 Bde. Hrsg. v. H. M. Nobis. Hildesheim 1974ff.
Koselleck, R. u. R. Schnur (Hrsg.): Hobbes-Forschungen. Berlin 1969.
Kristeller, P.O.: Eight Philosophers of the Italian Renaissance. Stanford, Ca. 1966.
Ders.: Die Philosophie des Marsilio Ficino. Frankfurt 1972.
Ders.: Humanismus und Renaissance. 2 Bde, München 1974–1976.
Kruck, G.: René Descartes. Zürich 1983.
Krüger, L.: Der Begriff des Empirismus. Berlin 1973.
Kuhn, T. S.: Die Kopernikanische Revolution. Frankfurt 1966.
Kurz, H. (Hrsg.): Volkssouveränität und Staatssouveränität. Darmstadt 1970.
Landino, C.: De vera nobilitate. Hrsg. v. M. Lentzen. Genf 1970.
Lapeyere, H. (Hrsg.): De Machiavel à B. Croce. Genf 1970.
Lechler, G.: Geschichte des englischen Deismus. Repr. Hildesheim 1965.
Le Guern, M.: Pascal et Descartes. Paris 1971.
Studia Leibnitiana 1, 1969ff.
Leibniz, G.W.: Sämtliche Schriften und Briefe. Akademie-Ausgabe, Leipzig 1924ff.
Ders.: Confessio philosophi. Hrsg. v. O. Saame. Frankfurt 1967.
Ders.: Die philosophischen Schriften. 7 Bde. Hrsg. v. C.J. Gerhardt. Repr. Hildesheim 1960/61.
Lemos, R.M.: Hobbes and Locke. Power and Consent. Athens, Ga. 1978.
Lezius, F.: Der Toleranzbegriff Lockes und Pufendorfs. Repr. Aalen 1971.

Link, Chr.: Subjektivität und Wahrheit. Stuttgart 1978.
Livret, G.: Les guerres de la religion. 2. Aufl., Paris 1966.
Locke, J.: Works. 10 Bde, Repr. Aalen 1963.
Ders.: Ein Brief über Toleranz. Hamburg 1966.
Ders.: Versuch über den menschlichen Verstand. 2 Bde, Hamburg 1981.
Löffler, H.: Macht und Konsens in den klassischen Staatsutopien. Köln, Berlin 1972.
Lopez, R. S.: The Three Ages of the Italian Renaissance. Boston 1970.
Machiavelli, N.: Gesammelte Schriften. Hrsg. v. H. Floerke. München 1925.
Mackie, J. L.: Problems from Locke. Oxford 1976.
Macpherson, C. B.: Die politische Theorie des Besitzindividualismus. Von Hobbes bis Locke. 2. Aufl., Frankfurt 1973.
Malebranche, N.: Œuvres complètes. Hrsg. v. A. Robinet. Paris 1984.
Mandrou, R.: La France aux 17e et 18e siècles. Paris 1970.
Margolin, J. C.: L'humanisme en Europe au temps de la renaissance. Paris 1981.
Mark, T. C.: Spinoza's Theory of Truth. New York 1972.
Martin, A. v.: Soziologie der Renaissance. 3. Aufl., München 1974.
Masai, F.: Plethon et le platonisme de Mistra. Paris 1965.
Mason, Sh. M.: Montesquieu's Idea of Justice. Den Haag 1975.
Mayer-Tasch, P. C.: Thomas Hobbes und das Widerstandsrecht. Tübingen 1965.
Meuthen, E.: Das 15. Jahrhundert. München, Wien 1980.
Mittelstraß, J.: Neuzeit und Aufklärung. Berlin, New York 1970.
Monsegu, B. S.: Filosofia del humanismo en J. L. Vives. Madrid 1961.
Morot-Sir, E.: La métaphysique de Pascal. Paris 1973.
Morus, Th.: The Complete Works. New Haven, London 1963 ff.
Müller, K.: Leben und Werk von G. W. Leibniz. Frankfurt 1969.
Nagel, F.: Nicolaus Cusanus und die Entwicklung der exakten Wissenschaften. Münster 1984.
Napoli, G. di: Lorenzo Valla. Filosofia e religione nell' umanesimo italiano. Rom 1971.
Nelson, R. J.: Pascal. Cambridge, Mass. 1981.
Nizolio, M.: De veris principiis et vera ratione philosophandi contra pseudophilosophos libri 4. Hrsg. v. Q. Breen. 2 Bde, Rom 1956.
O'Bourke Boyle, M.: Rhetoric and Reform. Erasmus' Civil Dispute with Luther. Cambridge, Mass. 1983.
Ong, W. G.: Ramus. Method and the Decay of Dialogue. 3. Aufl., New York 1974.
Oppermann, H. (Hrsg.): Humanismus. Darmstadt 1970.
Ortega y Gasset, J.: Vives – Goethe. Madrid 1973.
Owen, J.: The Sceptics of the Italian Renaissance. Repr. New York 1970.
Paqué, R.: Das Pariser Nominalistenstatut. Zur Entstehung des Realitätsbegriffs der neuzeitlichen Naturwissenschaft. Berlin 1970.

Pascal, Bl.: Œuvres. Hrsg. v. L. Brunschvicg. 14 Bde, Paris 1904–1914, Repr. New York 1966.
Patrizi, F.: Nova de universis philosophia. Ferrara 1591.
Paul, L. A.: Sir Th. Moore. Freeport, New York 1970.
Petrarca, F.: Opera. 4 Bde, Repr. Ridgewood 1965.
Pico de Mirandola, G.: Opera omnia. Basel 1572, Repr. Turin 1971.
Pluta, O.: Kritiker der Unsterblichkeitsdoktrin in Mittelalter und Renaissance. Amsterdam 1986.
Pomponazzi, O.: Opera. Repr. Hildesheim 1970.
Poppi, A.: La dottrina delle scienze in G. Zarabella. Padua 1972.
Préposiet, J.: Bibliographie spinoziste. Besançon 1973.
Randall, J. H., jr.: The School of Padua and the Emergence of Modern Science. Padua 1961.
Risse, W.: Die Logik der Neuzeit. 2 Bde, Stuttgart-Bad Cannstatt 1964–1970.
Ritter, G.: Weltwirkung der Reformation. 3. Aufl., München 1969.
Ders.: Die Dämonie der Macht. 6. Aufl., München 1948.
Robinet, A.: Malebranche et Leibniz. Paris 1955.
Ders.: Leibniz und wir. Göttingen 1967.
Röhrich, W.: Sozialvertrag und bürgerliche Emanzipation. Von Hobbes bis Hegel. Darmstadt 1972.
Rose, P. L.: The Italian Renaissance of Mathematics. Genf 1975.
Ross, R. (Hrsg.): Thomas Hobbes in His Time. Minneapolis 1975.
Rostock, M.: Die Lehre von der Gewaltenteilung in der politischen Theorie von John Locke. Meisenheim 1974.
Rotta, S.: Il pensiero politico francese da Bayle a Montesquieu. Pisa 1974.
Ruggiero, R. u. A. Tenenti: Die Grundlagen der modernen Welt: Spätmittelalter – Renaissance – Reformation. Frankfurt 1967.
Russell, B.: The Philosophy of Leibniz. London 1900.
Salutati, C.: De tyranno. Hrsg. v. F. Ercole. Bologna 1942.
Ders.: De nobilitate legum et medicinae. Hrsg. v. E. Garin. Florenz 1947.
Ders.: De laboribus Herculis. Hrsg. v. B. L. Ullmann. Zürich 1951.
Ders.: De seculo et religione. Hrsg. v. B. L. Ullmann. Florenz 1957.
Sandvoss, E.: G. W. Leibniz. Göttingen 1976.
Sasso, G. N.: Machiavelli. Stuttgart 1965.
Schiedermair, H.: Das Phänomen der Macht und die Idee des Rechts bei G. W. Leibniz. Wiesbaden 1970.
Schmitt, Ch. B.: Aristotle and the Renaissance. Cambridge, Mass. 1983.
Shapere, D.: Galileo. A Philosophical Study. Chicago 1974.
Siegel, I. J.: Rhetoric and Philosophy in Renaissance Humanism. Princeton 1968.
Sperl, A.: Melanchthon zwischen Humanismus und Reformation. München 1959.
Spinoza, B.: Werke. Hrsg. v. C. Gebhardt. 7 Bde, Hamburg 1965–1978.

Talmor, E.: Descartes et Hume. Oxford 1980.
Telesio, B.: Varii de naturalibus rebus libelli. Repr. Hildesheim, New York 1971.
Totok, W. (Hrsg.): Leibniz. Sein Leben, sein Wirken, seine Welt. Hannover 1966.
Tracy, J. D.: Erasmus. The Growth of a Mind. Genf 1972.
Ullmann, B. L.: The Humanism of C. Salutati. Padua 1953.
Valla, L.: Opera omnia. 2 Bde, Turin 1962.
Varga von Kibed, A.: Die Philosophie der Neuzeit (G. Bruno – Kant). München 1980.
Vedrine, H.: Les philosophies de la renaissance. Paris 1970.
Vives, L.: Opera omnia. Repr. London 1964.
Vorländer, K.: Von Machiavelli bis Lenin. Leipzig 1926.
Walton, C.: De la recherche du bien. A Study of Malebranche's Science of Ethics. Den Haag 1972.
Watkins, J. W. N.: Hobbes' System of Ideas. 2. Aufl., London 1973.
Webster, C. (Hrsg.): The Intellectual Revolution of the 17th Century. London 1974.
Ders.: The Great Instauration (F. Bacon). London 1975.
Wesseler, M.: Die Einheit von Wort und Sache. Der Entwurf einer rhetorischen Philosophie bei M. Nizolio. München 1974.
Westfall, R. S.: Science and Religion in 17th Century England. New Haven 1958.
Wilbur, J. B. (Hrsg.): Spinoza's Metaphysics. Assen 1976.
Williams, B.: Descartes. Das Vorhaben der reinen philosophischen Untersuchung. Königstein/Ts. 1981.
Willms, B.: Die politischen Ideen von Hobbes bis Ho Tschi Minh. 2. Aufl., Berlin 1972.
Wohlfahrt, G.: Denken der Sprache (Vico, Hamann, Humboldt, Hegel). Freiburg i. Br. 1984.
Wolfson, A.: Spinoza. A Life of Reason. 2. Aufl., New York 1969.
Woolhouse, R. S.: Locke's Philosophy of Science and Knowledge. Oxford 1971.
Zammatico, C. u. A. Marinoni (Hrsg.): Leonardo, der Forscher. Stuttgart, Zürich 1981.
Zweig, A.: Spinoza. Portrait eines freien Geistes 1632–1677. Darmstadt 1968.

8 Das Zeitalter der Aufklärung

8.1 Der aufgeklärte Monarch

8.1.1 Zwischen Reaktion und Revolution

Wenn es angeht, die abendländische Geschichte, speziell die Geschichte der westlichen Philosophie, als einen Prozeß der Selbstbefreiung zu verstehen, dann widersprach die christliche Freiheitsbotschaft im Grunde den entsprechenden Tendenzen der Antike nicht, sondern aktivierte sie, brachte eine zuvor nicht gekannte Dynamik in den Prozeß der Selbstbefreiung und radikalisierte ihn. Christianisierung der Welt erwies sich aber nur in der Wechselwirkung als möglich, als gleichzeitige Verweltlichung des Christentums. Der Versuch des Christentums, gleichsam im ersten Anlauf das Gesellschaftssystem, das sich teils auf spätantik-römische, teils auf germanische Strukturen der Herrschaft stützte, umzustürzen, scheiterte. Das Christentum ging notgedrungen – wollte es überhaupt die Welt verändern, mußte es kooperieren – ein Bündnis mit den Herren dieser Welt ein, und es wurde auf diese Weise so tief ins Weltliche verstrickt, verweltlicht, daß es Gefahr lief, seine Identität zu verlieren.

Renaissance, Humanismus und Reformation reaktivierten die Kräfte der Selbstbefreiung, doch um den Preis der Spaltung. Sie erkannten im traditionellen Christentum, in der römischen Kirche, ihren Gegner, statt ihn dort zu suchen, wo er wirklich war. Hatte man der römischen Kirche Verweltlichung vorgeworfen, so verweltlichte man selbst um so mehr, als man sich mit dem gemeinsamen Gegner, den Herren dieser Welt, verbündete: man paßte sich an. Die neue Verweltlichung hatte vor allem drei Folgen. Im Christentum förderte sie einen Prozeß der Identitätssuche auf beiden Seiten, gegenüber der Außenwelt leitete sie einen Prozeß der Entdeckung, Erschließung und Christianisierung ein, in gesellschaftlicher Hinsicht erreichte sie wenig. Die

Nutznießer dieser Entwicklung, insbesondere des Konflikts der Kirchen, waren die weltlichen Herren, die Fürsten, die Könige. Es folgt das Zeitalter der Könige als absolute Herren der entstandenen Nationalstaaten, wobei allerdings in Europa charakteristische Unterschiede festzustellen sind. In England erwiesen sich die Kräfte der Freiheit am stärksten, dort gab es nur eine kurze Periode absolutistischer Herrschaft, die der Tudorkönige. Thomas Hobbes lieferte die zugehörige Philosophie, die aber ein Fremdkörper in der englischen Geistesgeschichte blieb. Die Puritaner entmachteten die Könige, und John Locke als Vertreter der neuen bürgerlichen Gesellschaftsschicht konnte sich mit seiner auf Erfahrung, auf *common sense,* Vernunft und Toleranz gegründeten Philosophie, ungeachtet einiger Inkonsistenzen seines Denkens, durchsetzen. Ihm war in der alten wie in der neuen Welt eine ungeahnte Wirkung beschieden.

Die Aufklärung, die vordergründig als Kampf der Vernunft gegen den Glauben, der Philosophie gegen das Christentum verstanden wird, setzte im Grunde das christliche Werk der Selbstbefreiung fort, jedoch auf säkularer Ebene. Ihr gelang es, negative Erscheinungen in beiden Konfessionen zurückzudrängen und auch, unter Berufung auf die Menschenrechte, den Absolutismus zu stürzen, der sich in dem Machtvakuum nach dem Sturz des Feudalismus und nach dem Zusammenbruch des mittelalterlichen hierarchischen Weltbildes in Europa etabliert hatte. Auch hier verlief die Entwicklung in den europäischen Nationen unterschiedlich. Den Engländern, in denen die freiheitlichen Kräfte des Christentums am wirksamsten waren, gelang der Übergang zum modernen Verfassungs- und Rechtsstaat ohne größere Schwierigkeiten. England wurde, politisch, zum Vorbild in Europa. In Frankreich, wo der Feudalismus infolge von Nationalstaatlichkeit und Zentralismus am kräftigsten war, gelang die Befreiung nur mit Hilfe der Revolution.

In »Deutschland« konnten sich nicht nur Fürsten und Könige behaupten, sondern es kam sogar wieder zur Ausbildung eines Kaisertums. Das Kaisertum in Frankreich blieb nur eine Episode, 1871 hatte sich die Republik dort endgültig durchgesetzt.

Den Österreichern gelang der Weg in die Freiheit ebensowenig wie den Deutschen. Am schlimmsten wütete, nach hoffnungsvollen Ansätzen, die Reaktion in Rußland, wo Katharina II. als Zarin nach außen expansive Machtpolitik betrieb, im Innern die freiheitlichen Kräfte unterdrückte.

Deutschland, Österreich und Rußland wurden, wenn nicht zu Zentren der Unfreiheit, so doch zu Ländern mit scheinbarer Freiheit. Hier sammelten sich die stärksten gegen Freiheit und Menschenrechte gerichteten Kräfte in Europa. In Amerika gelang der Durchbruch auf Anhieb.

Die Vereinigten Staaten waren mit dem Erbe von Klerus und Adel, Orthodoxie und Monarchie nicht belastet. Sie begannen in Freiheit, so daß noch im 18. Jahrhundert sogar die erste Rückwirkung auf Europa einsetzen konnte. Der Marquis de Lafayette, der in Amerika für die Befreiung von England mitgekämpft hatte, hängte in seinem Arbeitszimmer zwei Tafeln auf, deren eine die Rechte der Amerikaner aufzeigte, die andere mit der Überschrift »Die Rechte der Franzosen« war leer.

Die Polen, eine freiheitsliebende Nation – Tadeusz Kościuszko hatte, wie Lafayette, für die amerikanische Unabhängigkeit gekämpft –, blieben, nicht anders als im 20. Jahrhundert, zwischen reaktionären Mächten eingeschlossen und wurden, sobald sich der Wille zur Einheit in Freiheit regte, von den »aufgeklärten Monarchen« brutal unterdrückt, ihr Land wurde immer wieder aufgeteilt.

8.1.2 Absolutismus

Im Absolutismus, einer spezifisch neuzeitlichen Erscheinung, verbinden sich caesaropapistische Vorstellungen mit dem germanischen Glauben an das königliche Charisma. Jacques Bossuet (1627–1704), ein Hofpriester Ludwig XIV., gab die Parole aus: »Un roi, une foi, une loi« (»Ein König, ein Glaube, ein Gesetz«). Der Herrscher von Gottes Gnaden schuldet weder der Kirche noch dem Volke Rechenschaft. Der damit erhobene Anspruch geht einerseits über die alten Ansprüche von Papst und Kaiser hinaus, die eine Teilung der Gewalten vorsahen und die geistliche Gewalt in der Hierarchie über die weltliche stellten, andererseits übersteigt er das germanische Königtum, denn der germanische König war nur *princeps inter pares*, bedurfte also der Zustimmung des Adels und des Volkes. Die neuzeitliche Entwicklung setzt ein verändertes Verhältnis zur Macht voraus, das in seiner Dämonie bei Machiavelli in Erscheinung tritt und später bei Francis Bacon.

Die Entmachtung des Klerus und des Adels war eines der Hauptziele der absoluten Herrscher. Was das Volk angeht, wollte der Herrscher alles für, aber nichts durch das Volk leisten. Die Kehrseite zu: »Ich bin der erste Diener meines Staates« war stets: »L'état c'est moi«. Ludwig XIV. und sein Hof waren für kleine und große Fürsten in Deutschland das Vorbild. Neue Freiheiten und Reformen werden verordnet, von oben eingeführt, nicht der Initiative und der Entscheidung des Volkes überlassen. Innenpolitischer Druck wird nach außen kanalisiert. Der absolutistische Herrscher braucht den Krieg zum Überleben. Die Massen werden mit Idolen von Einheit, Stärke, Größe und Macht geködert.

Friedrich II. von Preußen war zweifellos ein aufgeklärter Monarch im besten Sinne. Von Natur aus ein Freund der Musen, dem Machtstreben wie dem Militarismus abhold, wurde er innerlich durch die grausamen Erziehungsmethoden seines Vaters gebrochen, worauf sich das natürliche Verhältnis von Moral und Macht bei ihm umkehrte und er zum Vertreter des Systems wurde, das er einst gehaßt hatte. Um so glaubwürdiger erschien er den Künstlern und Philosophen am Hof, die nur eine glanzvolle Seite des preußischen Stils kennenlernten, der in mancher Beziehung beispielhaft war: »Jeder soll nach seiner façon selig werden«; Aufnahme von religiös Verfolgten; Pflichtethos und alle übrigen oft genannten preußischen Tugenden, die unter der Herrschaft dieses Monarchen herrlich aufblühten, wenn diese Blüte auch an die Person des »alten Fritz« gebunden war. Der begeisterten Intelligenz, die sich um ihn scharte, blieb allerdings die andere Seite verborgen: unmenschlicher Drill und Zuchtstock in den Kasernen, wo ein »rohes, so ungebildetes wie arrogantes adliges Offizierskorps unumschränkte Gewalt« ausübte. Der aufgeklärte Monarch trieb seine Soldaten in Kriege, die er selbst vom Zaun gebrochen hatte. Bei der Unterdrückung des polnischen Volkes verbündete er sich mit der Zarin, Polen wurde, wie eine Beute unter Räubern, aufgeteilt (1772, 1793, 1795).

Innenpolitisch waren die Methoden in Preußen nicht viel anders. Friedrich Wilhelm I. (1640–1688), der Große Kurfürst, zerschlug die Ständeordnung, die, kontinuierlich eine mittelalterliche Entwicklung fortsetzend, nach dem Maßstab des common sense am ehesten dazu berufen war, zwischen der feudalen und der modernen Verfassungsordnung zu vermitteln. Er entmachtete die Stände nicht nur, sondern ließ ihre Führer hinrichten oder zu Festungshaft verurteilen. Friedrich III. krönte sich 1701 in Königsberg selbst zum König von Preußen.

Ein Erfolg Friedrichs des Großen war, daß Voltaire, der unermüdliche Vorkämpfer für Freiheit und Toleranz, seiner Einladung nach Potsdam folgte (1750), wo es allerdings nach drei Jahren zum Bruch kam. Männer wie d'Alembert und Lessing vermochte der große König nicht an seinen Hof zu ziehen. Nicht zu übersehen ist, daß in dem System, das er, wenn nicht schuf, so doch perfektionierte, echte Freiheit nicht möglich war. Verordnete Freiheiten sind keine echten Freiheiten, aus politischen Gründen gewährte Menschenrechte sind keine wirklichen Menschenrechte. Diese Unechtheit trug dazu bei, daß das System, als sein Herr gestorben war, bei der ersten ernsthaften Belastung zusammenbrach. Bei allen nicht zu leugnenden Leistungen und Tugenden blieb das preußische System, zumal in der auf Napoleon folgenden restaurativen Epoche, ein System der scheinbaren Vernunft und der scheinbaren Freiheit, und an diesem Schein ist es schließlich gescheitert: weil das Vertrauen zum Menschen fehlte. Die Unterordnung von Gewissen und Vernunft unter Politik und Staatsräson kann auf die Dauer nicht funktionieren. Sie erzeugt Untertanen und ebnet charakterlich Minderwertigen den Weg, sie ist menschen- und menschheitsfeindlich.

Der grundsätzliche Unterschied zwischen der Entwicklung in England und auf dem Kontinent liegt im Primat des Rechts, worin Locke mit Platon und Thomas von Aquin übereinstimmt. Die Engländer entschieden sich für das Recht und wurden mächtig, was diejenigen Kontinentaleuropäer nie verstehen lernen, die von den Prämissen und vom Primat des Machtdenkens ausgehen. Sie sehen den Aufstieg Englands nur als Folge besonders brutaler Machtpolitik, verbunden mit Falschheit und Heuchelei. Diese Auffassung widerlegt sich jedoch selbst, sobald man erkennt, daß die Engländer dort, wo sie das Recht zeitweise der Macht unterordneten, schwere Niederlagen hinnehmen mußten. Ihre amerikanischen Kolonien sagten sich vom Mutterland los, und sie verloren ihr Empire, als Egoismus und Machtdenken ihre zivilisatorische Mission einholten. Friedrich der Große widerstand zwar in der Theorie und unter Anleitung Voltaires der Faszination Machiavellis, in der Praxis erlag er ihr aber um so mehr, und in dieser Verbindung von Streben nach Größe auf der »Grundlage« verkehrter Wertprämissen liegt einer der tiefsten Gründe für Deutschlands späteres politisches Versagen. Der Kult der Macht, im Zeitalter des aufgeklärten Absolutismus in Preußen begonnen, von Denkern wie Hegel und Nietzsche ideologisch fundiert, trug zu den Katastrophen auch unseres Jahrhunderts bei.

8.1.3 Verwirklichte und geträumte Freiheit

Aufklärung ist von Kant im Rückblick zutreffend als »Ausgang des Menschen aus seiner selbstverschuldeten Unmündigkeit« definiert, nur daß Kant für Deutschland nicht einen Zustand beschrieb, sondern ein Programm aufstellte. Neben Friedrich dem Großen war Kaiser Josef II., der Nachfolger Maria Theresias, ein aufgeklärter Monarch im besten Sinn des Wortes, wenn er auch stets »den zweiten Schritt vor dem ersten« zu tun pflegte (Friedrich der Große). Er war zutiefst von den Menschheitsidealen der Aufklärung beseelt und reformierte mit Feuereifer. Er beseitigte die Leibeigenschaft der Bauern (1781/82), schaffte die Folter ab, gewährte religiöse Toleranz, vereinheitlichte Rechtswesen und Verwaltung, führte Methoden des Merkantilismus in die Wirtschaft ein, förderte das Schulwesen, betrieb Kirchenpolitik im Sinn der Aufklärung, reduzierte das Klosterwesen, ließ Armenhäuser und Spitäler errichten und erwog sogar die Trennung einer österreichischen Staatskirche von Rom. Viele Pläne mußte er aufgeben, einige widerrufen und andere unvollendet lassen, als er, vom Dienst für das Volk verbraucht, 1790 starb. Sein Bruder Leopold II. ging vorsichtiger zu Werk, rettete so manche angefangene Reform in Österreich und setzte auch in italienischen Stadtrepubliken, die zu Österreich gehörten, Reformen durch. In Mailand erschien 1764 ein Buch von Cesare Beccaria (›Über Verbrechen und Strafen‹), in dem, neben der Abschaffung der Folter, auch die der Todesstrafe gefordert wurde. In Spanien setzte die Aufklärung unter Karl III. (1759–1788) ein. Sein Minister Campomanes beschnitt die Rechte der Kirche, die ein Viertel des Bodens und große steuerfreie Einnahmen besaß. Sein portugiesischer Kollege, der Marquis von Pombal, setzte das Verbot des Jesuitenordens durch und verfolgte einen entschieden gegen Kirche und Kurie gerichteten Kurs. Dem Verbot der Jesuiten folgten Frankreich, Spanien, Neapel, Parma und schließlich der Papst selbst, der den Orden 1773 aufhob. In Preußen wurde er geduldet. Es war ein Verdienst der Aufklärung, daß der Papst die Gegenreformation aufgab. In Deutschland regierten einige tüchtige aufgeklärte Fürsten: so etwa Karl Friedrich von Baden, Karl August von Sachsen-Weimar, Karl Theodor von Bayern. Allerdings gab es auch weniger landesväterliche Fürsten in Deutschland, die ihre Soldaten nach Amerika verkauften, um ihre Schulden zu tilgen oder ihrem Luxus zu frönen: so in Ansbach, Hessen-Kassel, Waldeck. In Dänemark setzte der Minister Graf Bernstorff die Bauernbefreiung (1788) und die Pressefreiheit (1790) durch. Sophie Friederike von Anhalt-Zerbst regierte nach Peters III. Tod als Zarin Katharina II. (1762–1796) in Rußland. Sie hatte Beccaria, Bayle, Montesquieu und Voltaire gelesen und trat ihre Herrschaft mit hochfliegenden Reformplänen an, gab diese jedoch nach kurzer Zeit wieder auf – ein Flirt mit der Aufklärung. Rußland wurde daraufhin von schweren Aufständen der Bauern gegen ihre Unterdrücker, die Gutsbesitzer, heimgesucht. Die Zarin ließ den Aufruhr in Blut ertränken, gehorchte dem Adel und steuerte fortan einen erzreaktionären Kurs. In Deutschland blieben Einheit und Freiheit ein Wunschtraum der Dichter. Wie Leibniz das freie, reale Individuum zur unendlich aktiven, unsterblichen Geistmonade sublimierte, so träumten Goethe, Schiller und Beethoven von Freiheit, Gleichheit und Brüderlichkeit, und meistens waren die Träume schöner als die Wirklichkeit. In England und Frankreich, wo man sich mehr an der Realität orientierte, ging alles sehr langsam und weniger schön voran, dafür blieb man mit den Füßen auf dem Boden.

»Auch in der Mitte Europas lösten die englischen Ideen eine ungeheure Bewegung aus, so wie in Wörlitz seit 1765 der erste englische Park auf dem Kontinent entstand, und in ihm das ›gotische Haus‹ (1772). Das Herz, entdeckt und freigesetzt, machte dort die Revolution ... In Deutschland wurde die Umwälzung zur geistigen Revolution weltgeschichtlichen Ausmaßes, unpolitisch, weil die Zersplitterung in Kleinstaaten Aktionen verhinderte, das Nationalgefühl erst erwachte, die aufgeklärten Landesväter Mißstände beseitigt hatten, und eben weil diese ›deutsche Bewegung‹ des Denkens, Dichtens und Musizierens die Kräfte auf das Feld des Geistes rief. Goethes Lebensspanne (1749–1832) übergriff etwa den Zeitraum dieser Bewegung, die Arbeit an seinem »Hauptgeschäft«, dem ›Faust‹, begleitete über 60 Jahre tätig diese Zeit, folgte schöpferisch den philosophischen, poetischen, künstlerischen, naturwissenschaftlichen ›Metamorphosen‹. Friedrich II., Klopstock, Basedow, Napoleon, Beethoven, Stein persönlich begegnend, Freund Schillers und Byrons, faßte er in sich wie kein anderer die Epoche zusammen.«[1]

Schiller mußte sich, nach einem literarischen Versuch mit den neuen Ideen, durchhungern. Vor dem Verhungern rettete ihn ein Ehrengehalt des Herzogs Friedrich Christian von Augustenburg und des dänischen Finanzministers E. H. Graf von Schimmelmann. Drei Jahre vor seinem Tod wurde er in den Adelsstand erhoben. Goethe blickte als Olympier auf die Ideale der Revolution herab und lebte am Musenhof in Weimar ein sorgenfreies Leben, von Josef II. in den Adelsstand erhoben (1782). Einer der wenigen Großen der »Goethezeit«, der vor den Mächtigen dieser Welt nicht den Hut zog, war Ludwig van Beethoven. In Deutschland bedurfte es der Kraft eines Titanen, um die Würde des Menschen gegenüber Göttern und Halbgöttern zu behaupten.

8.2 Herrschaft und Vernunft

8.2.1 Aufklärung

Das 18. Jahrhundert gilt allgemein als das Zeitalter der Vernunft, der Philosophie, der Aufklärung, die eine europäische Bewegung ist, wenn auch mit Unterschieden in den einzelnen Ländern. Aufklären, französisch *éclairer* (Leibniz), englisch *to enlighten* (Milton), hat eine rationale und eine theologische Bedeutungskomponente: Klarheit und Erleuchtung. Beide hängen naturgemäß zusammen. »Aufklärung« hat auch eine religionskritische Nebenbedeutung: Herausführung aus der Finsternis

[1] Albrecht Weber, Weltgeschichte. Stuttgart 1966, 887f. – J. J. Winckelmann (1717–1768) schlug die Brücke zur Antike und wurde mit seiner noch lange nicht veralteten Formel für griechisches Wesen »Edle Einfalt und stille Größe« zum geistigen Anreger in der Goethezeit, darüber hinaus zum Begründer der neueren Archäologie und der vergleichenden Kunstgeschichte.

des Aberglaubens, des Mittelalters. So wird das Wort zu einem Epochenbegriff mit den charakteristischen Merkmalen: von seiner Vernunft Gebrauch machen, Vorurteile bekämpfen, erziehen, unterweisen, informieren (Aufklärung im Unterricht), an die Macht der Vernunft glauben, nichts ungeprüft hinnehmen, Kritik und Toleranz üben, Menschenwürde und Menschenrechte anerkennen, frei denken und urteilen (Freidenker), sich auf seine Sinne und sein gesundes Urteil verlassen, kompromißbereit sein, jedenfalls nicht orthodox oder absolutistisch eingestellt sein, menschlich fühlen, alles verstehen, sich öffnen für fremdes Wesen und für fremde Kulturen. Schon aus dem Sprachgebrauch läßt sich erkennen, daß Aufklärung Weltoffenheit, Weltkenntnis, Welterfahrung voraussetzt.

8.2.2 Wirtschaft und Gesellschaft

Um 1800 waren den Europäern bereits 83 Prozent der Erde, 60 Prozent ihrer Landfläche bekannt. Diese ungeheure Erweiterung des geographischen Horizonts mußte sich auf geistigem Gebiet auswirken und eine Neigung zur Relativierung von Maßstäben erzeugen, die mit hergebrachtem Denken und traditionellen Herrschaftsstrukturen, die als solche beschränkt sind, kollidieren. Wirtschaftliche, gesellschaftliche, wissenschaftliche und technische Veränderungen begleiteten den religiösen Wandel.

In der Betonung des wirtschaftlichen Faktors stimmten England und Frankreich überein. Frankreich war im 17. Jahrhundert unter Richelieu, Mazarin und Colbert vorangegangen und hatte sich auch außerhalb Europas große Vorteile durch Handel und Koloniegründungen verschafft, fiel dann aber, infolge des Kampfes mit den Habsburgern um die Vorherrschaft auf dem europäischen Kontinent, in den letzten Jahrzehnten der Regierung Ludwigs XIV. zurück. England war der große Gewinner. Dort bahnte sich, mit dem Aufbau eines Weltreichs von bisher nicht gekannter Größe, die industrielle Revolution an. England band durch seine geschickte Gleichgewichts- und Subsidienpolitik Frankreich an das Schlachtfeld Europa, während es in Nordamerika und Indien die Franzosen verdrängte. Im gleichen Jahr, als Preußen im Frieden von Hubertusburg (1763) seinen Platz als fünfte Großmacht in Europa gegen Österreich erkämpft hatte, gewann England im Frieden von Paris Kanada und Louisiana von Frankreich, Florida von Spanien. Damit wurde Nordamerika angelsächsisch. In der Mitte Europas rivalisierten Preußen und Österreich. England setzte mit Locke auf die Vernunft, vermied möglichst kriegerische Konflikte und wurde auf wirtschaftlichem Weg zur Weltmacht, Preußen ging den Weg der militärischen Expansion. Während in England Königtum und Geburtsadel entmachtet waren und eine neue bürgerliche Führungsschicht *(gentry)* aufstieg, erhielt sich in Preußen die Herrschaft von Monarchie und Adel, dessen ureigentliches Geschäft das Kriegführen war.

Frankreich stimmte mit England auch in der Ausbildung einer bürgerlichen Gesellschaft überein. Der Konflikt zwischen dem »Dritten Stand« und dem »Ancien régime« spitzte sich zu, wobei sich das Bürgertum als Inbegriff der Nation fühlte: »Der Dritte Stand ist eine vollständige Nation«. Die eigentlich Unterdrückten und Leidtragenden, die Bauern – bis zu 70 Prozent des bäuerlichen Einkommens wurden weggesteuert – waren nicht einmal die Kräfte, die zur Revolution trieben. Der Adel verteidigte seine Privilegien mit Erfolg, und der Klerus leistete nur freiwillige Abgaben. Hinzu kam die Unfähigkeit Ludwigs XV. (1715–1774), kamen Mißwirtschaft, Verschuldung, Korruption. Ludwig XVI. (1774–1792) begann mit Reformen, als es zu spät war. Die verspielt idyllische Hofkultur des Rokoko täuschte über den wahren Zustand der Gesellschaft und den Staatsbankrott hinweg, aber die Entwicklung war nicht aufzuhalten. Die seit 1614 nicht mehr einberufenen Generalstände traten zusammen, und die Französische Revolution (1789 bis 1791), *das* Ereignis des 18. Jahrhunderts, vielleicht sogar der Neuzeit, begann. Die Nationalversammlung beschloß die Befreiung der Bauern und die Abschaffung der Feudalordnung. Was die Religion nicht vermochte, gelang der Philosophie.

»Mit dem Dekret, dessen erste Worte ›Die Nationalversammlung hebt das Feudalregime gänzlich auf‹ lauteten, endete auch formal-juristisch das Zeitalter des Feudalismus, ein Jahrtausend adlig-priesterlicher Herrschaft nach germanischen Grundzügen, endete endgültig das Mittelalter, die große Umwälzung seit 1300 war mit dem Sieg der Volkssouveränität theoretisch abgeschlossen und in Europa erstmalig verwirklicht. Die Prinzipien der Revolution – Freiheit der Person, Rechtsgleichheit, Gewissens- und Glaubensfreiheit, Recht der freien Meinungsäußerung – sie verkündete die Erklärung der Menschenrechte vom 26. August 1789, die Jefferson formulieren half. Dann ging man an die Ausarbeitung der Constitution, der ersten geschriebenen Verfassung Europas (1791), die ein Einkammersystem mit zweijähriger Periodizität, Zensurwahlrecht, Kontrolle der Regierung durch das Parlament, aufschiebendes Veto des Königs festlegte. Sie war bürgerlich-konstitutionell. Nicht ein absoluter König hatte, von aufklärerischen Ideen geleitet, dem Volk Rechte zugestanden, sondern das Volk setzte in einem revolutionären Akt die Rechte seiner Regierung.«[2]

8.2.3 Die Macht der Idee

Hatte die Vernunft die Herrschaft besiegt? Die Macht der Idee war jedenfalls bewiesen. Die erste Begeisterung, die alle freiheitsliebenden Menschen in Europa erfaßt hatte, erlosch bald, als der Konvent (1792/93) den König zum Tode verurteilte und ihn hinrichten ließ, als die »Schreckensherrschaft« (1793/94) hereinbrach, das Christentum durch den »Kult der Vernunft« ersetzt (1794), eine neue Zeitrechnung eingeführt und die Hauptstadt vom Terror heimgesucht wurde. Indessen hatte sich, von solchen Auswüchsen abgesehen, in Frankreich die Volkssouveränität durchgesetzt. Napoleon, der »Vollender« der Revolution, wollte ihre Errungenschaften, soweit sie den privaten Sektor betrafen, nicht antasten: »Die Revolution ist auf die Grundsätze gebracht, von denen sie ausgegangen ist; sie ist beendet.« Auch die auf Napoleon folgende restaurative Epoche konnte den einmal eingeschlagenen Weg nicht mehr zurückgehen. Im ›Code civil‹ wurden die Prinzipien der neuen Gesellschaftsordnung juristisch verankert. Im rechtlichen und wirtschaftlichen Bereich realisierte Napoleon die liberalen Tendenzen der frühen Revolutionszeit und wurde dadurch in Europa zum Bahnbrecher einer modernen Gestaltung von Wirtschaft, Recht und Gesellschaft. Unter seiner Regie kehrten Ordnung und Sicherheit wieder ein, die Verwaltung wurde gestrafft, die Steuern gingen ein, der neue Landbesitz der Bauern blieb erhalten, das Bürgertum blieb die herrschende Gesellschaftsschicht,

[2] Weber, Weltgeschichte, S. 925 f.

und die Wirtschaft erholte sich. Nach der Beseitigung aller Privilegien, der Zünfte und aller Handelsbeschränkungen präsentierte sich das neue Frankreich als einheitliches nationales Wirtschaftsgebiet mit Zollgrenzen nur nach außen. Gegen die Vormachtstellung Englands konnte auch Napoleon nichts ausrichten, seine Kontinentalsperre (1806–1813) erreichte ihr Ziel nicht, und bei Waterloo siegten verbündete englische und preußische Truppen über den großen Feldherrn.

1776 veröffentlichte Adam Smith sein epochales Werk ›Inquiry into the Nature and Causes of the Wealth of Nations‹, die »Bibel des Kapitalismus«. Smith sah die Ursache des Wohlstands in der Arbeit. Produktion und Konsum regeln sich nach dem »Naturgesetz« von Angebot und Nachfrage und bestimmen so den Marktpreis. Freihandel und freie Konkurrenz verbürgen soziale Harmonie. Die klassische Nationalökonomie war entstanden. In Cromford entstand fast gleichzeitig die erste moderne Fabrik, eine mechanische Baumwollspinnerei.

Preußen folgte dem englischen Beispiel, bedeutete aber keine Konkurrenz für England. Der Vater Friedrichs des Großen richtete Lehrstühle für Kameralwissenschaft ein. Die Kameralisten dehnten mit ihren rationalen Methoden den Geist der Aufklärung auf das Gebiet der Wirtschaft aus. 1772 wurde in Preußen eine privilegierte Seehandlung für überseeischen Handel gegründet. Friedrich der Große schuf Finanzmonopole für Kaffee, Tabak und Salz. Im letzten Viertel des 18. Jahrhunderts nahm die Weltwirtschaft ihren Anfang, eine globale Wirtschaft, deren Teile die Nationalwirtschaften bildeten. Eine Reihe bedeutender wissenschaftlicher Entdeckungen und technischer Erfindungen begleiteten den ökonomischen Expansionsprozeß: kinetische Gastheorie (Bernoulli, 1738), Berührungselektrizität (Galvani, 1790), natürliches System der Lebewesen (Linné, 1735), Wasserstoff (Cavendish, 1766), Sauerstoff (Scheele, 1771), Stickstoff (Rutherford, 1772), Verbrennungstheorie (Lavoisier, 1780), Thermometer (Fahrenheit 1718, Celsius 1742), Gußstahl (Huntsman, 1735), Spinnmaschine (Wyatt, 1738), Hinterlader (Chaumette, 1751), Blitzableiter (Franklin, 1752), Taucherglocke (Smeaton, 1778), Heißluftballon (Montgolfier, 1783), mechanischer Webstuhl (Cartwright, 1785), hydraulische Presse (Bramah, 1795), Drehbank (Maudsley, 1800), Dampfschiff (Fulton, 1807). Wissenschaft und Technik, zwei Erscheinungsformen neuzeitlicher Vernunft, beginnen im 18. Jahrhundert ihren Siegeszug und bestimmen das Geschehen in zunehmendem Maße mehr als irgendein absolutistischer Herrscher.

Außer der Französischen Revolution und der Emanzipation der USA verdienen zwei revolutionäre Ereignisse in der zweiten Hälfte des Jahrhunderts besondere Erwähnung: die Revolutionierung des Handels durch die Einführung des Freihandels (Eden-Vertrag zwischen England und Frankreich, 1787) und die Einleitung der industriellen Revolution durch die Erfindung der Dampfmaschine (James Watt, 1765).

In Europa verbreiterte sich die Kluft zwischen den demokratischen Staaten des Westens und den Monarchien im Osten auch in wirtschaftlicher Hinsicht. Die Trennungslinie verlief mitten durch Deutschland: England, Frankreich und einige Territorien Südwestdeutschlands auf der einen Seite, Österreich, Preußen und Rußland auf der anderen. Hier Agrarwirtschaft und Landadel, dort Bürgertum und Industrie. Die Unterschiede auf wirtschaftlichem, gesellschaftlichem, politischem und kulturellem Gebiet wirken bis in die Gegenwart fort.

Hatte die Aufklärung die Macht der Idee eindrucksvoll und ermutigend demonstriert, so war es ihr doch nicht gelungen, das Reich der Vernunft zu etablieren. Das Christentum wurde nicht abgeschafft, die neue Zeitrechnung blieb ein Wunschtraum. Was folgt daraus? Offensichtlich kann die Ordnung der Vernunft weder die Ordnung der Liebe noch die Ordnung der Macht ersetzen. Herrschaft setzt Unvernunft voraus wie Vernunft Freiheit von Herrschaft impliziert. Bei dem Versuch, die Welt durch Vernunft zu erhellen, war es den Philosophen ähnlich ergangen wie den Vertretern des Christentums bei dem Versuch, die Welt zu christianisieren. Wie die Kirche unversehens in einen Prozeß der Verweltlichung geriet, so gerieten die Philosophen popularisierend in den Bereich der Ungewißheit. Die Philosophie wurde abhängig: von Herrschern, aber auch vom Publikum.

Die Bemerkung Voltaires über seine Ankunft in Potsdam ist aufschlußreich: »Er nahm meine Hand, um sie zu küssen«, und »Ich küßte seine Hand und machte mich zu seinem Sklaven.« Das Bündnis von Herrschaft und Vernunft ging in die Brüche, wie einst das Verhältnis zwischen Platon und Dionysios (I. u. II.), nur daß es bei Platon schneller ging. Die Begegnung zeigt aber noch mehr. Die Gegnerschaft zwischen Philosophen und Priestern kommt dem Machtmenschen gelegen. Er spielt die einen gegen die anderen aus und herrscht über beide. Der Fehler Voltaires war weniger, daß er um seine Freiheit bangte, als daß er nicht merkte, wozu er gebraucht wurde. Aber davon ganz abgesehen wird die Kluft zwischen Freiheit und Herrschaft deutlich; sie ist ähnlich groß wie die zwischen Vernunft und Herrschaft.

Der Kampf der Philosophie gegen die Religion war nicht vergeblich gewesen, er war für beide Seiten eine Herausforderung. Die Religion sah sich gezwungen, Glauben von Aberglauben zu scheiden und damit ihre Identität zu sichern, die Philosophie mußte erkennen, daß am Glauben nicht alles Aberglauben ist, und erfuhr so ihre Grenzen. Die in der Aufklärung besonders deutlich zu Tage getretene Spannung zwischen Glauben und Wissen hat der abendländischen Menschheit eine Dynamik verliehen, wie sie sonst nicht vorkommt. Die Philosophie befindet sich dabei eher in der Schuld der Religion als umgekehrt, denn Vernunft ist mehr von Liebe abhängig als Liebe von Vernunft. Ein Hauptvorwurf, nicht nur von Gegnern, sondern auch von Vertretern der Aufklärung selbst, gegen diese, ist die Vernachlässigung der Gefühlssphäre. Die Aufklärung hat in ihrem Kampf gegen das Christentum immer wieder Dogmen und Wundergeschichten kritisiert, gegenüber dem Kern, der Liebesbotschaft, blieb sie weitgehend blind. Der Aufklärung ist zwar der Sturz des Feudalismus gelungen, nicht aber die Zähmung der Macht, denn ihr entging die Entstehung neuer Machtzentren, die in ihrer spezifisch neuzeitlichen Emanzipation vielleicht noch gefährlicher sind als die überwundenen. Der Glaube der Aufklärung, die Weltprobleme im wesentlichen gelöst zu haben, erwies sich schon bald als Irrtum. Die Vertreter der Aufklärung erlagen dabei einer ähnlichen Selbsttäuschung wie die Schöpfer des hierarchischen Weltbildes im Mittelalter: beide sahen das Naturgeschehen verkürzt. Auch war das neue Weltbild nicht so rational, wie man glaubte. Die Aufklärung gleicht mehr einem Rausch der Vernunft als der Vernunft selbst, bei genauerem Hinsehen erweist sie sich als irrational, als Glaube, als »christlich«. Viele Aufklärer legten zwar Bekenntnisse zur Vernunft ab, aber ihr Denken war oft ziemlich flach. Was die meisten Philosophen der Aufklärung unterschätzten, war die Macht des Herkommens, der Tradition, der gewachsenen Strukturen – auch sie sind ja eine Art Natur. Man braucht nur die Philanthropen des 18. Jahrhunderts mit der *philanthropia* des Sokrates zu vergleichen, und man kann sich eines Lächelns nicht erwehren. Kann man sich vorstellen, daß Sokrates, wenn er derart über die Religion gesprochen hätte wie Voltaire, um Absolution nachgesucht hätte? Zwischen Platons Sokratesdarstellung und dem Sokratesbild bzw. -kult des 18. Jahrhunderts besteht ein gewaltiger Unterschied. Die Aufklärung wurde von ihren eigenen Tendenzen eingeholt. Gegenüber den tiefschürfenden Denkansätzen des 17. Jahrhunderts erscheint sie oft abgestanden, steril, unglaubwürdig, in ihrer Überbelichtung eher unscharf als klar und deutlich. Im Vergleich mit antiker Strenge des Denkens haftet der Aufklärung bisweilen etwas Theatralisches, Zirkushaftes an: eine Art Clownerie der Vernunft. Schließlich emanzipierten sich die ernsthaft forschenden Wissenschaften von der Philosophie wie diese einst von der Theologie.

Hatte die Aufklärung recht? Um diese Frage kommt niemand herum, der sich im Sinn einer *philosophia perennis* um Einsicht in die Entwicklung des Denkens bemüht. Die Aufklärung hatte recht, wenn sie die Politik der Moral unterordnete, sie hatte unrecht, wenn sie die Herrschaft der Vernunft versprach. Reine Vernunft eignet sich nicht zum Herrschen, aber Herrschaft bedarf der Vernunft zur Legitimation. Die Ismen, gleichsam Sekten der Philosophie, strafen diese Lügen, wenn sie an eine wahre, absolute Philosophie glauben machen will, ähnlich wie die Konfessionen den Absolutheitsanspruch christlicher Glaubenswahrheit. Die Aufklärung sollte, wie die Reformation, nicht als geistesgeschichtliches oder religionsgeschichtliches Phänomen in den Annalen als »erledigt« verbucht, vielmehr als Programm verstanden werden und als andauernder Prozeß. Dann lautet die Parole nicht mehr: »Ecrasez l'infâme!«, sondern aufgeklärtes Christentum oder christliche Aufklärung.

8.3 Philosophie als universale Bildung

8.3.1 Großbritannien

8.3.1.1 Toland, Collins, Bolingbroke, Cumberland, Clarke, Wolleston, Ferguson, Paley, Home, Burke

Deisten unterscheiden sich von Theisten dadurch, daß sie keine Eingriffe Gottes in die von ihm geschaffene Welt annehmen. Gott überläßt danach den Weltlauf den Naturgesetzen. Theisten nehmen dagegen an, daß Gott in das Weltgeschehen eingreift und als Person zu den Menschen Beziehungen aufnimmt. Pantheisten glauben, daß Gott in allem, Panentheisten, daß alles in Gott ist. Die Bezeichnung »Pantheist« stammt von dem Iren John Toland (1670–1722), der als »Freidenker« angesehen wurde und das für den englischen Deismus grundlegende Buch ›Christianity not mysterious‹ verfaßte. John Lockes Freund Anthony Collins (1676–1729) vertrat die Ansicht, daß freies Denken weder beschränkt werden kann noch darf und daß es gepflegt werden muß. Hier tritt bereits der erzieherische Aspekt der Aufklärung in Erscheinung. Ein überzeugter Deist war auch der britische Staatsmann Henry Saint-John Viscount Lord Bolingbroke (»John Bull«), der 1713 den Frieden von Utrecht schloß und sich gegen die Thronbesteigung des Hauses Hannover wandte. Er war, wie Locke, Empiriker und bezeichnete die spekulativen Philosophen von Platon bis Malebranche als *genus ratione furens*, eine Art Raserei der Vernunft. Einer von Bolingbrokes Verehrern war Voltaire. Schon vor Locke hatte Richard Cumberland (1632–1718) Hobbes' Lehre vom natürlichen Egoismus die Lehre vom natürlichen Wohlwollen gegenübergestellt.

Samuel Clarke (1675–1729) vertrat in brieflichen Auseinandersetzungen mit Leibniz (1715/16), die sich vom physikalischen bis in theologische Bereiche ausdehnten, die Lehre Newtons. Hobbes' Nominalismus und Subjektivismus trat Clarke mit Argumenten aus dem Umfeld der Newtonschen Physik entgegen: Wie die Naturgesetze das Weltgeschehen bestimmen, regulieren die Sittengesetze das Verhalten des Menschen. Der Mensch ist ein vernünftig-sittliches Wesen und darf nicht ohne seine ausdrückliche Zustimmung als Mittel zur Erreichung von irgendwelchen Zwecken benutzt werden. Die Ähnlichkeit mit entsprechenden Auffassungen Kants liegt auf der Hand.

William Wolleston (1659–1724) lehrte, jede Handlung sei gut, die einen wahren Gedanken ausdrückt. Adam Ferguson (1723 bis 1816) suchte nach einer Synthese von Selbsterhaltung (Selbstliebe), Geselligkeit (Wohlwollen) und Vollkommenheit (Selbstachtung). William Paley (1743–1805) definierte die Moralphilosophie in seiner Schrift ›Principles of moral and political philosophy‹ (1785) als Wissenschaft von den Pflichten und ihrer Begründung. Eine Handlung ist gut, wenn sie die allgemeine Glückseligkeit vermehrt. Henry Home (1696–1782) analysierte in seinem 1762/65 erschienenen dreibändigen Werk ›Elements of criticism‹ die ästhetischen Eindrücke, untersuchte u.a. das Schöne und Erhabene und stellte eine Theorie der Gemütsbewegungen auf[3]. Sein Einfluß auf Kant und Schiller war nicht gering. Edmund Burke (1729–1797) verfaßte eine ›Philosophische Untersuchung über den Ursprung unserer Ideen vom Erhabenen und Schönen‹ (1756), die Kant, Lessing, Mendelssohn und Schiller beinflußte. Burke unterscheidet zwischen den mit Schmerzen und Gefahr verbundenen Leidenschaften der Selbsterhaltung und den mit Lust verbundenen der Geselligkeit; er erkannte, daß übermäßig Großes oder Unendliches Schaudern erregt. Burke verdanken wir eine Stellungnahme zur Französischen Revolution (›Reflections on the Revolution in France‹, 1790), die wesentliche Unterschiede von englischem und französischem Denken erkennen läßt: »Die bloße Idee einer neuen Staatsverfassung ist hinreichend, um einen wahren Briten mit Ekel und Abscheu zu erfüllen. Zur Zeit der Revolution wünschten wir, was wir jetzt wünschen, alles, was wir besitzen, als eine Erbschaft von unseren Vätern ansehen zu können. Wir haben uns wohl vorgesehen, auf diesen Erbstamm kein fremdartiges Pfropfreis zu impfen, das sich mit dem ursprünglichen Gewächs nicht verwebt haben würde. Alle Reformen, die wir bisher vorgenommen haben, sind von dem Grundsatz der Achtung für das Alte ausgegangen, und ich hoffe, ja ich bin fest überzeugt, alle, die noch jemals stattfinden mögen, wer-

[3] Hierher gehören auch die Arbeiten des Dichters Alexander Pope (1688 bis 1744), ›An Essay on Criticism‹ (1711–1713) und ›An Essay on Man‹ (1732–1734). Sie geben ein detailliertes Bild von der Weltanschauung im Zeitalter der Aufklärung.

den sorgfältig auf Analogien der Vergangenheit, auf Autorität und Beispiel begründet werden.«[4]

8.3.1.2 Shaftesbury, Hutcheson, Mandeville

Anthony Ashley Cooper, Earl of Shaftesbury (1671–1713), der Enkel des mit Locke befreundeten Lord Shaftesbury, wurde im Geist Lockes erzogen. Er bereiste Holland, Frankreich, Italien und Deutschland und war seit 1695 ein politisch aktives Mitglied des Parlaments. Shaftesbury liebte das Altertum, kannte Platon, Aristoteles, die Stoiker und Plotin ebenso genau wie den Cambridger Platoniker Henry More. Er erörterte philosophische Probleme nach Art platonischer Dialoge und vertrat das antike Bildungsideal des »schönen und guten Mannes«. In seinen ›Characteristics of Men, Manners, Opinions, Times‹ (3 Bände, 1711) behandelt er Themen wie Tugend, Enthusiasmus, Moral, Gemeinsinn, Kunst und Künstler.

Die Welt ist ein vom Geist geordnetes, harmonisches Ganzes, in dem das Individuum als Mikrokosmos den Makrokosmos abbildet. Aus dem Streben des Einzelnen zum Ganzen ergeben sich für ihn ästhetische und ethische Forderungen. Ein Übermaß an Selbstsucht oder Mitleid ist schädlich. Bosheit und Grausamkeit sind unnatürliche, böse, zerstörerische Neigungen. Der Charakter ist gut, wenn alle Neigungen des Einzelnen dem Wohl der Gattung dienen. Ein allgemeiner Sinn für das Erhabene und Schöne in den Dingen dient dem Menschen als Maßstab. Die Tugend hängt vom Gebrauch der Vernunft ab, welche die Neigungen steuert. Weder Mode noch Gesetz, weder Gewohnheit noch Religion können die ewigen Maßstäbe in unserer Natur verändern, wozu das Gefühl für Recht und Unrecht gehört. Das Moralische ist vom Religiösen prinzipiell unabhängig. Tugend ist Voraussetzung für echte Frömmigkeit und vollendet sich im Glauben an Gott. Ein Mensch ist tugend- oder lasterhaft entsprechend der Konstellation seiner Grundaffekte, der zum allgemeinen Wohl führenden natürlichen Affekte, der zum individuellen Wohl führenden Selbstaffekte und der unnatürlichen, auf keines von beiden gerichteten Affekte. Die Regeln der Moral sind ebenso evident wie die der Mathematik.

[4] Edmund Burke, Betrachtungen über die Französische Revolution. Übers. v. Friedrich Gentz. Frankfurt 1967, S. 66.

Bedeutsam erscheint der Gedanke, daß Tugend und Laster, Verdienst und Glück, Schönheit und Vollkommenheit von erkenntnistheoretischen und metaphysischen Voraussetzungen unabhängig gelten, z.B. ob wir die Welt als Traum oder Wirklichkeit auffassen. Tugend und Schönheit fallen im geistigen Leben und Schaffen zusammen. Es gibt drei Klassen von Schönheit: tote Formen oder leblose wohlproportionierte Gegenstände, formende Formen, die Intelligenz, Kraft und Bewegung besitzen, und Formen, die formende Formen schaffen, die zeugen und weiterwirken. Indem der Mensch in sich Harmonie herstellt, hilft er das Universum vollenden. Dazu gehört Geselligkeit; solange der Mensch einsam und ohne Freunde lebt, ist er kein vollwertiger Mensch.

Francis Hutcheson (1694–1746), Professor für Moralphilosophie in Glasgow, ordnete die unsystematischen Darlegungen Shaftesburys und trug zu ihrer Verbreitung bei. Tugend gründet nach Hutcheson in einem moralischen Gefühl *(moral sense)*, das nur urteilt, während das nicht interessierte Wohlgefallen zum Handeln antreibt. Hutcheson vergleicht die Liebe zwischen Menschen mit der Gravitationskraft. Einem interesselosen Gefühl verdankt der Mensch auch sein Vermögen, Schönheit zu empfinden. Objektiv beruht Schönheit auf einem Verhältnis von Einheit und Vielheit, subjektiv auf dem Empfindungsvermögen.

Bernard de Mandeville (1670–1733) wandte sich gegen Shaftesburys Annahme von Altruismus und Wohlwollen beim Menschen. In seiner zunächst anonym veröffentlichten Fabel ›Der summende Bienenkorb oder der ehrlich gewordene Schurke‹ (1705), später mit dem Titel ›Die Bienenfabel oder: Private Laster – Wohltaten für das Ganze‹ (1714), verteidigt er Egoismus, Laster und Leidenschaft als Antriebskräfte für das wirtschaftliche, politische und gesellschaftliche Leben. Eitelkeit, Ehrgeiz, Heuchelei, Betrug und Schwelgerei fördern das Gemeinwesen. Größe und Gerechtigkeit, Tugend und Macht sind unvereinbar. Die Tugenden sind nur von ehrgeizigen Politikern erfunden, um die Massen zu beherrschen. Ähnliche Theorien finden sich bei den griechischen Sophisten und bei Nietzsche.

8.3.1.3 Berkeley

George Berkeley (1685–1753) kehrte wieder zu erkenntnistheoretischen Problemen zurück und bildete Lockes empirische Theorie in eigenartiger Weise zu einer Art Konzeptualismus weiter. Berkeley stammte aus dem Südosten Irlands, besuchte das Trinity College in Dublin, wo er auch als Lehrer und Diakon tätig war. Er lehrte Griechisch und Hebräisch und befaßte sich daneben mit mathematischen, naturwissenschaftlichen und philosophischen Studien, mit Descartes, Malebranche, Newton, Locke. Seine geistige Entwicklung läßt sich an Hand seines philosophischen Tagebuchs (1706–1708) verfolgen. In drei Werken legte er seine Philosophie dar: ›Eine neue Theorie des Sehens‹ (1709), ›Abhandlung über die Prinzipien der menschlichen Erkenntnis‹ (1710), ›Drei Dialoge zwischen Hylas und Philonous‹. In den Jahren 1713–1720 lernte er, als Reisebegleiter, Frankreich und Italien kennen. 1728–1731 reiste er nach Nordamerika und wirkte in Newport (Rhode Island) als Missionar, wo er nach fehlgeschlagenen Plänen für die Gründung einer Missionsschule auf den Bermuda-Inseln eine philosophische Gesellschaft gründete. Zurückgekehrt, verfaßte der »freidenkende Antifreidenker« seinen ›Alciphron‹, eine Streitschrift gegen das Freidenkertum, wodurch er die Gunst der Königin gewann, die ihm 1734 ein Amt als Bischof von Cloyne (Südirland) verschaffte. Berkeley hatte zwar schon früh sozialreformerische Ideen vertreten und die Korruption gegeißelt, aber er scheute, wie bereits seine Schrift ›Passiver Gehorsam‹ (1712) zeigt, jeden gewaltsamen Umsturz und trat für die jeweils regierende Obrigkeit ein. So konnte er sich dann in Cloyne der Erziehung seiner Kinder, der Bekämpfung von Armut, Arbeitslosigkeit, Bettelei und Trunksucht, der Sozialfürsorge und vielen anderen praktischen Vorhaben zur Weltverbesserung widmen.

In seiner Theorie des Sehens radikalisierte Berkeley die Unterscheidung Lockes von sekundären und primären Qualitäten, indem er auch diese subjektivierte. Die Raumwahrnehmung entsteht aus Gesichts- und Tastempfindungen, die nach Erinnerung und Assoziation verbunden werden. In seiner Schrift über die Erkenntnisprinzipien hebt Berkeley die Beziehungen der Sinneswahrnehmungen zur Außenwelt völlig auf. Es gibt auch keine abstrakten Ideen, sondern nur Einzelvorstellungen, die das Abstrakte repräsentieren: Wir denken in Beispielen. Die

Existenz der äußeren Dinge besteht in ihrem Wahrgenommenwerden: *esse est percipi.* Existiert dann überhaupt nichts außer den Wahrnehmungen? Indem Berkeley Geister und deren Funktionen (Ideen und Willensakte) zugrunde legt, verbindet er seinen erkenntnistheoretischen Sensualismus bzw. Konzeptualismus mit einem metaphysischen Spiritualismus. Es gibt eine einfache, tätige, ideenbildende Substanz: das Ich, die Seele, der Geist. Indem der Geist Ideen perzipiert, erscheint er als Verstand, indem er sie produziert, als Wille. Geist ist Bewußtsein. Er kann nur in seinen Funktionen und Wirkungen erkannt werden. Sein Wesen besteht nicht im Erfaßtwerden, sondern im Erfassen: *esse est percipere.* Der Geist als solcher ist unerkennbar. Der Unterschied von Wahrnehmungs- und Phantasievorstellungen besteht in der Stärke der Wahrnehmung. Gott hat es so eingerichtet, daß die Tageswahrnehmung, die Sonne, die wir nicht im Traum, sondern bei Tag erblicken, stärker ist. Nur diese starken oder Realvorstellungen sind Ideen. Bei Berkeley deckt sich also der Bereich der Ideen mit dem der Sinneswahrnehmungen; er ist daher kein Idealist. Naturgesetze sind nur Zeichen. Kategorien wie Materie, Kausalität, Bewegung und Substanz sind entbehrlich. Auch die Axiome, Theoreme und Zahlen der Mathematik sind für Berkeley nur Zeichen, denen keinerlei Objekte entsprechen. Arithmetik und Geometrie sind nur als angewandte, praktische Disziplinen nützlich. Die Infinitesimalrechnung ist rein spekulativ und deshalb überflüssig. In den Dialogen hebt Berkeley seinen Standpunkt gegenüber dem von Malebranche ab, dem zufolge wir die Dinge in Gott schauen. Malebranche negiere dagegen sowohl die Dinge als auch die Allgemeinbegriffe. In der Voraussetzung Gottes stimmen beide Denker überein und zeigen damit den theologischen Grundzug ihrer Konstruktionen. Berkeley meint, seine Lehre vereine die Auffassung des einfachen Mannes, der die Dinge, die er sieht, für wirklich hält, mit der Auffassung des Philosophen, nach der die wahrgenommenen Dinge nur als Vorstellungen im Geist bestehen. Daraus folgt, daß in der Welt nichts anderes existiert als die perzipierenden Subjekte und die Objekte, deren Sein im Wahrgenommenwerden besteht.

Im ›Alciphron‹ bekämpft Berkeley Mandevilles Rehabilitierung der Laster und Shaftesburys Begriff der moralischen Schönheit, erörtert den Gottesbegriff und die Offenbarung, beansprucht die Religion für die Grundlegung der Ethik und den höchsten Rang für das Christentum, tritt für die Glaubwürdigkeit der Bibel ein, untersucht die Vereinbarkeit von Glauben und Wissen und lehnt Freidenkertum wie Skeptizismus und Atheismus ab. Kants oft wiederholte Behauptung, Berkeley habe die Welt der Sinnenerfahrung für bloßen Schein erklärt, trifft nicht zu. Von seiner Wirkung auf Hume gesehen, erscheint Berkeley als »kritischer Positivist«.

In seinem letzten Werk ›Siris‹ (Band) geht Berkeley von einer medizinischen These, der Heilwirkung des Teerwassers, aus und knüpft daran eine Reihe von Themen, die ihn von der Physiologie und Physik bis hin zur Metaphysik und Theologie führt. Platonisches, Neuplatonisches, Aristotelisches und Christliches erscheinen darin verbunden oder verschmolzen: die Lehre von den Ideen, dem Geist, dem Einen und Gott, dessen Wesen Geist ist. Manche seiner Ausführungen, zumal seines Versuchs, das Böse zu interpretieren, erinnern an Leibnizens ›Theodizee‹.

8.3.1.4 Hume

8.3.1.4.1 Leben

David Hume (1711–1776), zweiter Sohn eines schottischen Landadligen, wurde in Edinburgh geboren. Adelstitel und Grundbesitz erbte sein Bruder. Mit seiner Schwester teilte er eine kleine Rente, die nicht zum Lebensunterhalt reichte. Mit zwei Jahren verlor er seinen Vater. In seiner Entwicklung gestört, schwächlich und labil, wuchs er in Schottland auf, erhielt die damals übliche Ausbildung und entdeckte bereits früh seine Neigung zur Literatur, die zur beherrschenden Leidenschaft seines Lebens wurde. Zwischen seinem Brotstudium (Jura) und seiner Neigung entstand ein ähnlicher Konflikt wie bei Leibniz. Hume gab das Jurastudium auf und studierte Literatur, aber auch Philosophie. Zu seinen Autoren gehörten Vergil und Cicero. Ein Versuch, sich den Lebensunterhalt als Kaufmann zu verdienen, scheiterte. 1734 ging er nach Frankreich, wo man billiger leben konnte. Dort verfaßte er auch sein Erstlingswerk ›Ein Traktat über die menschliche Natur‹. Das dreiteilige Werk, das vom Verstand, von den Affekten und von der Moral handelt, erschien 1739/40 in England, wohin Hume 1737 zurückgekehrt war. Seine Hoffnungen auf schnellen Ruhm und Gewinn zerschlugen sich, und das Werk wurde ein Mißerfolg. Hume ging wieder an die Arbeit, nahm mehr Rücksicht auf das Publikum und schrieb nach Art von Bacon und Locke. Schon bald hatte er 27 teils literarische, teils moralisch-politische Themen behandelt, die 1741/42 in zwei Bänden erschienen. Sie kamen beim Publikum gut an, und Hume vergaß seinen anfänglichen Mißerfolg. Aber weder konnte er an der Universität Edinburgh eine Professur für Ethik bekommen noch in Glasgow eine für Logik. Mehr Erfolg hatte er als Gesellschafter, Sekretär und Reisebegleiter, wobei er sich ein kleines Vermögen erwarb, auf das er stolz war. Daneben arbeitete er eifrig in der Philosophie weiter, so daß 1748 seine ›Untersuchung über den menschlichen Verstand‹, eine Neufassung des ersten Teils des Traktats, erscheinen konnte, aber auch diesmal hatte das Werk wenig Erfolg. Darauf bearbeitete er den dritten Teil seines Jugendwerks neu, woraus die ›Untersuchungen über die Prinzipien der Moral‹ entstanden, seine literarische Bestleistung, ferner die ›Politischen Exkurse‹. Die beiden Werke brachten ihm den langersehnten großen Erfolg. 1752 wählte die Juristische Fakultät der Universität ihn zum Bibliothekar. Hume nutzte den Zugang zu einer großen Bibliothek und schrieb eine Geschichte Englands von der Landung Caesars bis zur Revolution von 1688. Das Werk, an dem er zehn Jahre gearbeitet hatte, umfaßte acht Bände und erschien 1763. 1757 veröffentlichte Hume in London seine ›Naturgeschichte der Religion‹. Die ›Dialoge über natürliche Religion‹ erschienen erst 1779, drei Jahre nach seinem Tod. 1763 begleitete er als Gesandtschaftssekretär den Earl von Hertford nach Paris, das für ihn, wie für Leibniz und später für Alexander von Humboldt, eine Art Wahlheimat wurde: »In Paris zu leben bedeutet eine echte innere Befriedigung infolge der großen Anzahl feinfühlender, gebildeter und höflicher Menschen, mit denen man dort zusammenkommt, eine Gesellschaft, mit der Paris alle anderen Städte dieser Welt übertrifft. Ich dachte einmal daran, dort mein ganzes weiteres Leben zu verbringen.«

Hume gewann in d'Alembert, Diderot, Helvetius, Buffon, Marmontel und Holbach wertvolle Freunde und Bekannte. Er korrespondierte mit Voltaire und fand in der Gräfin Bouffler eine Frau – die einzige in seinem Leben –, die er gleichermaßen als Freundin und Gesprächspartnerin schätzte. Durch sie lernte er auch Rousseau kennen, dem er 1766 in London ein Asyl verschaffte. Die letzten Jahre seines Lebens verbrachte Hume, wohlhabend, im eigenen Haus und von Freunden umgeben, wieder in Edinburgh. Zu seinen Freunden gehörte Adam Smith.

Beim Ausbruch des Unabhängigkeitskrieges (1775–1783) bemerkte er: »Ich bin Amerikaner von Prinzip.« Adam Smith und der Geschichtsschreiber Edward Gibbon verehrten Hume als ihren Lehrer. Er starb am 25. 8. 1776 an einem Leberleiden, das er standhaft wie ein Stoiker ertragen hatte.

8.3.1.4.2 Werke

Schwerpunkte seines Denkens bilden die Erkenntnistheorie, in der manches an Locke und Berkeley erinnert, die Moral- und die Religionsphilosophie. Hume wollte, wie viele andere Denker seiner Zeit, eine solide Grundlage für die Wissenschaften erarbeiten, die er noch als Teildisziplinen der Philosophie ansah. Als Methode kam für ihn nur eine Verbindung von Erfahrung und Beobachtung *(experience and observation)* in Frage. Die Einleitung des Traktats enthält eine Art Programm seiner empirisch-skeptischen Philosophie. Hume unterteilt die Bewußtseinsinhalte *(perceptions)* in Eindrücke *(impressions)* und Ideen *(ideas)*. Das Denken ist an die Wahrnehmung gebunden und kombiniert die Sinnesdaten. Die Ideen sind Abbilder der Eindrücke, auch die Gottesidee. Die Verknüpfung der Vorstellungen erfolgt nach den Prinzipien der Assoziation: Ähnlichkeit *(resemblance)*, Berührung *(contiguity in time or place)*, Ursache und Wirkung *(cause and effect)*. Von den Substanzen, Modi und Relationen Lockes bleiben bei ihm nur letztere übrig, die er in sieben Klassen einteilt: Ähnlichkeit, Identität, Raum und Zeit, Quantität und Zahl, Grade derselben Eigenschaft, Widerstreit, Kausalität. In der Kritik abstrakter Ideen schließt sich Hume an Berkeley an, ferner in der Lehre von Raum und Zeit. Bei den Vorstellungen sind einfache und zusammengesetzte zu unterscheiden, die sich in einfache auflösen lassen, diese wiederum in einfache Eindrücke. In der ›Untersuchung‹ teilt Hume die Gegenstände des Denkens in Beziehungen von Ideen *(relations of ideas)* und Tatsachen *(matters of fact)* ein. Zur einen Gruppe gehören alle auf Intuition und Deduktion beruhenden Sätze, zur anderen Sätze, die sich auf nach Ursache und Wirkung zusammenhängende Geschehnisse beziehen. Damit werden zwei Probleme aktuell: das Kausalitätsproblem und die verknüpfende Instanz. Berkeley hatte noch eine Seele angenommen. Hume löst auch diese in ein Bündel von Perzeptionen auf. Entsprechend radikalisiert er auch die Analyse des Kausalbegriffs gegenüber Berkeley und Malebranche. Humes Frage ist, mit welchem Recht wir aus gewohnten Folgen auf künftige

Folgen schließen. Der Schluß ist logisch nicht zu begründen. Induktion ist kein logisches Beweisverfahren. Wir können es aber psychologisch analysieren. Dabei ergibt sich, daß wir den Zwang der Gewohnheit als Notwendigkeit in die Welt der Tatsachen zurückprojizieren, also im Zirkel schließen. Hume, und das ist charakteristisch für seine Art der Skepsis, will nicht den Glauben gegen die Wissenschaft ausspielen, vielmehr die Wissenschaft sicher auf der Basis von Instinkt und Gewohnheit operieren lassen, wenn sie nur um ihre Bedingtheit weiß. Die Stoßrichtung der Argumentation Humes richtet sich gegen Logik und Metaphysik. Die Logik kann sowenig zur Grundlegung der Erfahrungswissenschaften beitragen wie die Metaphysik. Daher soll man nicht versuchen, die Wissenschaften mit apriorischen Erkenntnissen zu gängeln. Von diesem Standpunkt aus erscheinen die Konstruktionen eines Staatsvertrags hinfällig. Die Herrschaftsverhältnisse sind nicht durch Konvention zustandegekommen, sondern haben sich in Zeiten der Not ergeben und werden nachträglich als Rechte beansprucht. Zwischen Motiven und Handlungen bestehen ähnliche Zusammenhänge wie zwischen den Naturvorgängen. Der Wille ist daher nicht völlig frei, wir sind uns aber unserer Freiheit bewußt. Max Planck hat in seinem berühmten Aufsatz über die Willensfreiheit diese Beziehung weiter analysiert. Naturwissenschaftliche und moralische Gesetzmäßigkeit hängen bei Hume – wie bei Kant – unauflöslich zusammen. An Kant erinnert auch die Tendenz, Gutes um seiner selbst willen zu tun. Der Versuch, den Empirismus zum alleinigen Maßstab unseres Handelns zu machen, wird durch die Tatsachen widerlegt.

In der Religionsphilosophie erweist sich Hume bereits als Überwinder der Aufklärung, insofern er die Gefahren einer überzogenen Religionskritik ohne Reflexion auf das Vermögen der Vernunft klar erkennt. Was Hume am etablierten Christentum kritisiert, ist weniger das Festhalten am Glauben als gezielte Vernunftfeindlichkeit. Hume stellt diese Einstellung der Lockes gegenüber, des wahrscheinlich ersten Christen, der erkannte, »daß man sich bei der Entdeckung sämtlicher Grundsätze der ... Theologie stets einer Argumentationsweise bedient hat, die dem Prozeß der Wahrheitsfindung in der Moral, in der Politik oder in der Physik durchaus ähnlich ist«. Kant schließt sich dieser Position Lockes und Humes an, wenn er feststellt, daß die Grundsätze philosophischer Moral mit den Geboten der Religion übereinstimmen: zwei Formeln für eine und ein-

und dieselbe Wahrheit. Hume wiederum stimmt mit Bacon darin überein, daß Atheismus den Adel der Menschheit zerstört und wenig Philosophie von der Religion fort-, viel Philosophie zu ihr zurückführt. Hume hat indessen treffend zwischen echten und korrupten Vertretern des Klerus unterschieden: »So sind sie also heute Skeptiker, morgen Dogmatiker; welches System auch immer diesen ehrwürdigen Herren Macht über die Menschen verschafft und insoweit ihren Zwecken dient, das machen sie mit Sicherheit zu ihrem Leitprinzip und zur herrschenden Lehre.« Streben nach Macht und Herrschaft korrumpiert sowohl die Ordnung der Liebe als auch die der Vernunft. Adam Smith setzte Humes relativierende Betrachtungsweise und seine Analyse der gesellschaftlichen Phänomene fort, verfeinerte und ergänzte sie. Die von Thomas Reid (1710–1796) begründete Schule, James Beattie (1735–1803), Dugald Stewart (1753–1828) und andere kehrten wieder zur Common sense-Philosophie Lockes zurück, weil ihnen der »Spiritualismus« Berkeleys und der »Skeptizismus« Humes zu lebensfremd erschienen.

8.3.2 Frankreich

8.3.2.1 La Rochefoucauld, La Bruyère, Vauvenargues, Fontenelle

Pierre Bayles berühmtes ›Dictionnaire‹ war 1702 erschienen. Es führte in Lützenburg (Charlottenburg) zu lebhaften Gesprächen zwischen der preußischen Königin Sophie Charlotte und Leibniz über die Vereinbarkeit von Vernunft und Offenbarung. Bayle verneinte sie, Leibniz versuchte in seiner Rechtfertigungsschrift Gottes, der ›Theodizee‹ (1710), Gründe für diese Vereinbarkeit beizubringen, ohne sich zu fragen, inwieweit damit eine Rechtfertigung des Herrschaftssystems verbunden war, dem er anhing. Der Unterschied zwischen deutscher Fügsamkeit und französischem Widerspruchsgeist wird hier schon erkennbar. Friedrich des Großen Devise: »Räsonniert so viel ihr wollt, aber gehorcht!« war für Voltaire schon nicht mehr akzeptabel und trug zum Bruch zwischen den beiden bei. Voltaire merkte jedoch nicht, wer der lachende Dritte bei dem

Kampf war, den er gegen die Kirche austrug. Friedrich der Große schrieb 1767 an Voltaire: »Bayle hat den Kampf begonnen. Eine Anzahl Engländer folgte ihm. Ihr seid berufen, den Kampf zu vollenden!« Bayle war der erste Philosoph des christlichen Abendlandes, der auch gegenüber den Atheisten Toleranz forderte und einen Atheisten-Staat für möglich hielt. Der englische Einfluß auf die französische Aufklärung ist kaum zu überschätzen. Es besteht indessen ein wesentlicher Unterschied zwischen den englischen und den französischen Denkern. Jene zogen in der Aufklärung philosophische Schlüsse aus relativ unblutigen gelungenen Reformen ihrer Gesellschaft, wobei alle Beteiligten auf ihre Kosten gekommen waren, diese standen noch vor der Bewährungsprobe, vor ungelösten Problemen, unterdrückt von einem korrupten Herrschaftssystem, umgeben von sozialem Zündstoff.

Der auf psychologischem Gebiet geniale französische Gesellschaftskritiker François de la Rochefoucauld (1613–1680) hatte bereits vor der eigentlichen Aufklärungsbewegung in seinen ›Maximen‹ (Aphorismen) die Verkommenheit des Ancien régime durchschaut und entlarvt. Als scharfsinniger Analytiker von Verhaltensweisen trat Jean de la Bruyère (1645–1696) hervor. Seine ›Charaktere‹ setzen die Tradition Theophrasts fort. Den Spuren La Rochefoucaulds folgend, rang Luc Clapier de Vauvenargues (1715–1747) um ein neues, weniger pessimistisches Verständnis der menschlichen Natur. Voltaire verehrte ihn. Nicolas Chamfort (1741–1794), Anhänger und Opfer der Französischen Revolution, setzte die psychologische Entlarvung der »Herrscher« fort, an deren moralischem Verfall er verzweifelte. Weniger durch Gesellschaftskritik als durch sein rational-naturwissenschaftliches Denken wurde Bernhard de Fontenelle (1657–1757) zu einem Wegbereiter der Aufklärung.

8.3.2.2 Voltaire

Pierre L. M. de Maupertuis (1698–1759), Charles de Montesquieu (1689–1755) und Jean Marie Arouet, genannt Voltaire (1694–1778), kamen um 1729 von ihren Englandreisen zurück und waren so fasziniert, daß man schon fast von Anglomanie sprechen kann. Voltaires bewundernde Briefe ›Sur les Anglais‹ (1728) fielen in Frankreich zunächst der Zensur zum Opfer und wurden verbrannt. Erst 1741 erhielt er für seine ›Eléments de la philosophie de Newton‹ die Druckerlaubnis. Locke neigte er am meisten zu: ›Le philosophe ignorant‹ (1767). In diese Reihe gehören auch Voltaires ›Lettres philosophiques‹ (1731) und sein ›Dictionnaire philosophique‹ (1764). Die Schriften zeigen die breite Palette seiner literarischen Möglichkeiten. Neben Wörterbuch, Abhandlungen, Aufsätzen und Monographien stehen Dialoge, Dramen, Disputationen, Essais, Predigten, Romane, Geschichtswerke und eine über ganz Europa ausgedehnte Korrespondenz. Voltaire gebrauchte als erster den Ausdruck »Philosophie der Geschichte« (1765). Gastfreundlich als Schloßherr von Ferney, liebenswert als Gesprächspartner und menschlich als Verteidiger unschuldig Verfolgter, verkörpert er den Geist der Aufklärung in Frankreich wie kein zweiter. Voltaire war Deist, kein Atheist: »Wir verdammen den Atheismus, verabscheuen den Aberglauben, lieben Gott und die Menschheit.« Bekannt ist auch sein Ausspruch: »Gäbe es keinen Gott, so müßte man ihn erfinden.« Über Leibnizens Optimismus, seine »beste aller Welten«, machte er sich jedoch im ›Candide‹ lustig. Er war allen metaphysischen Spekulationen abgeneigt und hielt daher auch die Fragen nach der Unsterblichkeit der Seele und der Willensfreiheit kaum für entscheidbar. Auf ethischem Gebiet hielt er dagegen an Lockes Ideen fest, wenn er auch, sowenig wie im politischen Bereich, großen Einfallsreichtum erkennen ließ. Voltaire predigte mehr Moral, als daß er sie begründete. In mancher Hinsicht blieb er mehr Christ, als ihm bewußt war. Was die soziale Frage betrifft, teilte er noch weitgehend die Auffassungen des Ancien régime, mit dessen führenden Vertretern im Ausland er – dauernd oder zeitweise – auf gutem Fuße stand: in Dänemark, Schweden, Rußland und Preußen. Manchmal verleiteten ihn auch Ehrgeiz, Eitelkeit, Geschwätzigkeit, Geiz und Gewinnsucht zu wenig vorbildlichem Verhalten, so daß er am Streit mit dem Preußenkönig nicht ganz unschuldig war. Insgesamt überwiegen jedoch eindeutig die gewinnenden Züge in seinem Leben und Schaffen. Man spricht im Hinblick auf das 18. Jahrhundert vom Zeitalter Voltaires, was für die Aufklärung in Frankreich zutreffen dürfte. In gewisser Hinsicht leitete er die Aufklärung in Europa in Wort und Tat. Aufgrund oft bewiesener Hilfsbereitschaft und Menschlichkeit genoß der »Weise von Ferney« zu Recht den Ruf, »einer der größten Wohltäter der Menschheit« zu sein. Als er nach seinem Aufenthalt in der Schweiz, 84jährig, nach Frankreich zurückkehrte, um die Aufführung seiner letzten Tragödie ›Irène‹ mitzuerleben, wurde daraus ein Triumphzug, und in Paris empfing man ihn »wie einen König.«

8.3.2.3 Montesquieu

Wesentlich kühler als Voltaire, aber von einer nicht weniger großen Leidenschaft für die Freiheit beseelt, erscheint Charles de Secondat Montesquieu. Als Mitglied der Akademie von Bordeaux hatte er sich durch naturwissenschaftliche, ethische und historische Arbeiten ausgezeichnet, bevor er berühmt wurde. In den zunächst anonym erschienenen ›Lettres Persanes‹ kritisieren zwei Perser auf der Reise durch Frankreich schonungslos die bestehenden Verhältnisse, besonders die politische und religiöse Unfreiheit. Nach seinem Aufenthalt in England schrieb Montesquieu die ›Betrachtungen über die Ursachen der Größe der Römer und ihres Verfalls‹ (1734), worin er als Grund republikanisch-römischer Größe zutreffend die Freiheit anführt. Nach 17jähriger Vorarbeit erschien 1748 ›L'esprit des lois‹, das in 18 Monaten nicht weniger als 20 Auflagen erlebte. Der Geist der Gesetze hängt vom Geist des Volkes ab, das sie schuf, wobei Montesquieu, wie Bodin, natürliche Faktoren wie Landschaft und Klima neben den ethnischen, sozialen und historischen berücksichtigt. Die englische Verfassung erscheint ihm als die beste. Bezeichnend für sie sind Konstitutionalismus und Gewaltenteilung, wobei Montesquieu zur Exekutive und Legislative als dritte die Rechtsprechung hinzufügt. Psychologisch betrachtet wurzeln die Despotie in der Furcht, die Monarchie im Ehrgefühl und die Demokratie in der Bürgertugend. Das Werk Montesquieus hat das politische Denken weit über Frankreichs Grenzen hinaus wesentlich beeinflußt.

8.3.2.4 Maupertuis

Pierre de Maupertuis hatte sich in England eingehend mit Newtons Theorien befaßt. Friedrich der Große berief ihn 1746 zum Präsidenten der Preußischen Akademie nach Berlin. Maupertuis hatte eine Expedition nach Lappland zwecks Erforschung der Erdgestalt geleitet. Die Ergebnisse seiner Gradmessung (1736) bestätigten Newtons Annahme einer Abplattung des Erdkörpers an den Polen. In seinem ›Essai de cosmologie‹

(1750) und in dem ›Examen philosophique de la preuve de l'existence de Dieu‹ (1756) begründete Maupertuis im Anschluß an Newton den Deismus, wobei er die empirische Methode Humes auch auf die Mathematik anwandte. Die Begriffe »Kraft« und »Ursache« wollte er aus der strengen Wissenschaft entfernen, die es mit Beobachtungen, Experimenten und Messungen zu tun hat. Ebensowenig bedeutete ihm die Lehre von den primären Qualitäten, gegen die Berkeley schon Einwände erhoben hatte. Nach Maupertuis ist die Wissenschaft, wie die Sprache, ein System von Zeichen, das Zusammenhänge von Bewußtseinsinhalten darstellt. Die Erfahrungen mit der Natur insgesamt deuten auf eine durchgehende Gesetzmäßigkeit, die Maupertuis als »Loi de la moindre quantité d'action« einführt, als »Gesetz der geringsten Tätigkeitsmenge«. Die Natur erreicht danach ihre Ziele mit einem möglichst geringen Aufwand an Bewegung.

Die französische Philosophie der Aufklärung umfaßt ziemlich das gesamte Spektrum der bekannten Standpunkte (Ismen), mit einigen charakteristischen Varianten. So erscheint neben dem englischen Deismus bei Bayle erstmals der Atheismus als hoffähig. Naturalismus und Materialismus gibt es sowohl in England als auch in Frankreich, ebenso Sensualismus. Für Frankreich ist dagegen das Gegensatzpaar Rationalismus (Voltaire) – Irrationalismus (Rousseau) charakteristisch, weniger der Gegensatz von Moralismus und Immoralismus, dafür aber der Positivismus.

8.3.2.5 D'Alembert

Positivistische Züge zeigten sich bei Maupertuis. Sie verstärkten sich bei Jean L. d'Alembert (1717–1783), der mit Denis Diderot (1713–1784) die ›Encyclopédie ou dictionnaire raisonné des sciences, des arts et des métiers‹ (1750–1780) in 35 Bänden herausgab. Sie wurde zum »Reallexikon der Aufklärung in Europa«. D'Alembert lebte als Privatgelehrter und Akademiemitglied bescheiden in Paris, lehnte verlockende Angebote der Kaiserin Katharina und Friedrichs des Großen ab und schrieb mathematische, mechanische und astronomische Arbeiten, die ihm bald Weltruf eintrugen. Auf Anregung Friedrichs des Großen verfaßte er 1759 den ›Essai sur les éléments de philosophie‹, worin er die naturalistisch-materialistische Naturbetrachtung zur positivistischen weiterentwickelte. Er befolgte, wie verschiedene andere französische Gelehrte, streng die Regel Newtons, keine Hypothesen aufzustellen, eine Regel, die d'Alembert auch auf die Philosophie übertrug. Bei ihm kündigt sich die Verselbständigung der Wissenschaften gegenüber der Philosophie bereits an. Philosophie ist zusammenfassende Erfahrungs- und Tatsachenwissenschaft. Die Außenwelt ist uns so unbekannt wie unsere Innenwelt. In dieser Beziehung ist d'Alembert Skeptiker wie Hume. Nur die Phänomene sind uns gegeben. Der Begriff der Materie ist weitgehend undurchsichtig. Raum und Zeit existieren nicht als solche. Vor dem Erfahrungswissen endet jedoch die Skepsis, ermöglichen uns doch die Erfahrungswissenschaften das Handeln. Alles Erkennen basiert auf Erfahrung. Das Denken setzt Sinnesdaten in Beziehung zueinander und vergleicht Ideen. Ziel der Wissenschaften ist die Ermittlung von Abhängigkeitsverhältnissen, deren Ursachen im Dunklen bleiben. Bilden die Phänomene einen Tatsachenzusammenhang, bilden die Wissenschaften einen Problemkontext. Beide bestimmen die Entwicklungsgeschichte der Wissenschaften. Hier wird Bacons großes Programm erfüllt.

8.3.2.6 Turgot, Condorcet, Condillac

Anne Robert Turgot (1727–1787), zunächst Theologe, dann Verwaltungsfachmann, dann Ökonom, führte das Wissenschaftskonzept d'Alemberts weiter und entwickelte Gedanken, die bis ins 20. Jahrhundert vorausweisen. Turgot war Marine-, dann Finanzminister. Sein großangelegtes Reformwerk scheiterte am Widerstand der privilegierten Stände und seiner Gegner am Hof. Turgot war ein bedeutender Wirtschaftstheoretiker und beachtenswerter Philosoph. Seine ›Betrachtungen über die Bildung und Verteilung des Reichtums‹ (1766) zeigen physiokratische Einflüsse. Turgot analysierte die Wirkungen des Kapitals, der Wirtschaft, des Verkehrs und machte sich Gedanken über die Einkommensverteilung. Unter dem Stichwort »Existence« legte er in der ›Enzyklopädie‹ die Grundsätze seiner positivistischen Erkenntnistheorie dar. Ausgangspunkt ist eine Menge von Empfindungen in ständig sich verändernden Relationen, wobei einige Komplexe eine gewisse Konstanz aufweisen und so die Welt der Objekte konstituieren. Das Ich ist nur ein bevorzugter Empfindungskomplex, eine Art Bezugssystem. Von Existenz sprechen wir, wenn wir etwas in ein System von Beziehungen einordnen. Existenz als solche ist unerkennbar. Turgot stellte auch ein Programm zur Universalgeschichte der Menschheit auf, deren stufenweise Entwicklung im Rahmen natürlicher Bedingungen aufzuzeigen wäre. Die bei dieser Entwicklung auftretende Gesetzmäßigkeit kehrt in allen Kulturen wieder. Ganz allgemein lassen sich bei der Ausbildung menschlicher Intelligenz drei Phasen unterscheiden, die religiöse, die philosophische und die wissenschaftliche. Der Sieg der mathematischen Naturwissenschaften über jede Art von Metaphysik führt zu einem universalen Wissenschaftskonzept und zu einer völlig neuen Lebensgrundlage.

Einen positivistischen Zug weist die Geschichtsphilosophie des Mathematikers, Politikers und Philosophen Antoine Condorcet (1743–1794) auf, der Turgot nahestand. Condorcet, bekannt durch seine Arbeiten zur Integralrechnung, zur Kometentheorie und zur Wahrscheinlichkeitslehre, war Mitglied der Akademie und gehörte dem Kreis der Enzyklopädisten an. 1792 erwählte ihn die Nationalversammlung zum Präsidenten. Er brachte umfassende Reformvorschläge zur Erziehung ein: Beseitigung aller Klassenunterschiede im Bildungswesen, das von Staat und Kirche unabhängig sein sollte, Erwachsenenbildung, Emanzipation der Frau, Rechte der Neger. 1794 wurde er als Girondist verhaftet und starb am Tage nach seiner Verhaftung. Condorcet war ein engagierter Vertreter des sozialen Fortschritts. Im Gegensatz zu Montesquieu vertrat er das Ideal des demokratischen Einheitsstaates, eine liberale Wirtschaftspolitik und eine »mathématique sociale«. Aus seiner Schrift ›Esquisse d'un tableau historique des progrès de l'esprit humain‹ (1794) spricht ein tiefer Glaube an den guten Kern im Menschen und an seine unendliche Entwicklungsfähigkeit *(perfectibilité indéfinie).*

Etienne B. de Condillac (1715–1780) verband mit Lockeschen Gedankengängen ein positivistisch-sensualistisches Konzept (›Traité des sensations‹, 1754), worin er nur noch äußere Wahrnehmungen als Quelle unserer Vorstellungen anerkennt. Er entwickelt seine Theorie am Modell einer fiktiven beseelten Marmorstatue, in der nach und nach Empfindungen, Reproduktion, Assoziation und Abstraktion entstehen. Das Ich besteht aus der Gesamtheit der Sensationen. Erinnert sich die Seele an Lustempfindungen, entsteht Begehren. Die Seele ist immateriell, da Materie nicht empfinden kann. Condillac ist also kein Materialist.

8.3.2.7 La Mettrie, Holbach

Materialisten waren dagegen Julien Offray de la Mettrie (1709 bis 1751) und Baron Dietrich von Holbach (1723–1789). La Mettrie wechselte von der Theologie zur Medizin und studierte bei Boerhaave in Leiden, einem Anhänger Spinozas. In seiner ›Histoire naturelle de l'âme‹ (1745) erklärte er psychische Funktionen aus der Organisation des Körpers, was ihn seine Stelle als Militärarzt kostete. Seine Schrift wurde öffentlich verbrannt, er flüchtete nach Holland. Einen Gedanken des Kirchenvaters Arnobius aufnehmend, glaubte La Mettrie, daß der Geist eines Kindes, das ohne Kontakt zu Mitmenschen aufwächst, völlig leer bleibt. Mit seiner Schrift ›L'homme machine‹ (1747), die den Menschen aus cartesianisch-mechanistischer Sicht als Maschine betrachtet, machte sich La Mettrie noch unbeliebter. Diesmal flüchtete er nach Preußen, wo Friedrich der Große das »Opfer der Pfaffen und Narren« aufnahm und ihn in die Akademie berief. In Potsdam verfaßte er die Abhandlung ›L'homme plante‹, worin er den Gedanken einer vergleichenden Biologie entwickelt, das Empfinden auch den Pflanzen zuschreibt und das Denken als Gehirnfunktion ansieht. Interessant ist der Gedanke, daß der Mensch unter den Lebewesen den höchsten Rang einnimmt und Geist besitzt, weil er die meisten Bedürfnisse hat. Die Leistungsfähigkeit des Geistes beruht indessen nicht auf seiner angeblichen Körperlosigkeit, sondern auf der Feinheit der Gehirnwindungen. Das Dasein Gottes und die Unsterblichkeit der Seele werden nicht grundsätzlich bestritten, aber als Atheist lebt man ohne Illusionen glücklicher. Ein Staat von Atheisten wäre der glücklichste. Glück bedeutet in La Mettries sensualistischer Ethik soviel wie Lust. Reue ist ein negativer Affekt, sofern er die Summe der Unlust in der Welt vermehrt. Wer seine Kräfte in den Dienst der Gemeinschaft stellt, genießt ein höheres Glück als der Egozentriker. Interessant ist auch La Mettries Ansicht, die Cesare Lombrosos Theorie vorwegnimmt, wonach Verbrecher eher krank als böse sind. An die Stelle von Theologen und Juristen sollen Ärzte treten. In seinem moralphilosophischen ›Discours sur le bonheur‹ und seinem ›Système d'Epicure‹ hält er einen epikureischen Lebensstil für erstrebenswert. Friedrich der Große verfaßte eine Lobrede auf den früh Verstorbenen.

Dietrich von Holbach entwarf ein ›Système de la nature‹, das dem jungen Goethe »grau«, »kimmerisch« und »totenhaft« vorkam. Das Werk trägt eklektische Züge: Materialismus von La Mettrie, Sensualismus von Condillac, Determinismus und Atheismus von ihm selbst. Was in der Physik die Bewegung bewirkt, Trägheit, Anziehung und Abstoßung, bewirken im Wechsel der zwischenmenschlichen Beziehungen Selbstliebe, Liebe und Haß. Die Vorstellung Gottes ist nicht nur unnütz, sondern sogar schädlich, denn sie erklärt nichts und tröstet niemanden und ängstigt nur. In der Moral sucht Holbach das Prinzip der Selbstliebe mit dem des Wohlwollens zu versöhnen.

8.3.2.8 Buffon, Robinet

Die organische Weltbetrachtung als Gegengewicht zur mechanistischen fehlt im Spektrum der französischen Aufklärung nicht. Ihre Vertreter sind Georges de Buffon (1707–1788) und Jean Robinet (1735–1820). Buffon schrieb eine ›Allgemeine und spezielle Naturgeschichte‹, die in 44 Bänden von 1749 bis 1804 erschien und bald den deistisch-mechanistischen Theorien Voltaires ernsthafte Konkurrenz machte. Buffon betrachtete die Natur als einen großen Organismus. Indem er die Lebewesen aus organischen Molekülen entstanden dachte, nahm er in gewisser Weise die neuere Zellentheorie vorweg. Bekannt wurde sein oft mißverstandener Satz »Le style, c'est l'homme même«. »Der Stil ist Ausdruck der schöpferisch-ordnenden Intelligenz des Menschen.«

In seinem Hauptwerk ›De la nature‹ (1761–1766) nimmt Robinet, an Leibnizens Monadenlehre anknüpfend, eine kontinuierlich fortschreitende Entwicklung der Lebewesen an, die auf den Menschen zielt. Sein Gesamtbild der Natur ist teleologisch, organisch, vitalistisch orientiert. Die Gesamtsumme der Kräfte im Universum ist konstant. Den moralischen Sinn, den er mit Hutcheson und anderen voraussetzt, leitet er aus besonderen Gehirnfibern ab. Gott ist unerkennbar.

8.3.2.9 Helvétius, Diderot

Claude Helvétius (1715–1771) geht von der Selbstliebe als einzigem Motiv unseres Handelns aus, Erziehung und Gesetzgebung müssen sie mit dem Gemeinwohl in Einklang bringen. Unterdrückung der Leidenschaften erzeugt Dummheit, denn sie haben eine stimulierende Funktion. Deshalb kommt alles auf ihre Regelung und Steuerung an. Gut ist ein Mensch, wenn er sein Interesse derart wahrnimmt, daß er auch die Interessen anderer fördert. Das allgemeine Wohl ist der höchste Maßstab. Man soll nicht das Eigentum abschaffen, sondern jedem Gelegenheit zum Erwerb von Eigentum geben, Ausbeutung der Arbeitskraft verhindern, die Arbeitszeit auf sieben bis acht Stunden begrenzen und die Allgemeinbildung fördern. Bei Helvétius verbinden sich Anliegen der Aufklärung mit Problemen der modernen Arbeitswelt.

Die Technik verbindet den zweiten Hauptherausgeber der ›Enzyklopädie‹, Denis Diderot, mit der modernen Welt. Seine Vielseitigkeit erinnert an Voltaire. Von der Theologie wechselte er zur Rechtswissenschaft über, interessierte sich aber gleichzeitig für Mathematik und Musik und wurde zum Schluß freier Schriftsteller. Zunächst übersetzte er Shaftesburys Abhandlung über Verdienst und Tugend (1745). Der englische Einfluß wird auch in seinem anfänglichen Deismus und Skeptizismus erkennbar. Unter dem Einfluß von La Mettrie, d'Alembert, Robinet und Leibniz näherte er sich einer organisch-pantheistischen Form der Weltbetrachtung. An die Stelle der Monaden setzte er jedoch Atome, deren Empfindungen im animalischen Bereich bewußt werden und schließlich im Denken des Menschen gipfeln. Das All ist ein großes Individuum, das selbst erhalten bleibt, während sich in ihm alles ständig wandelt. Schön ist das Naturgemäße. Diderot, eine freiheitsliebende Natur, wehrt sich gegen den Zwang von Kunstregeln. Mit Shaftesbury teilte er das antike Ideal des schönen und guten Menschen. Er war nicht nur ein glänzender Stilist, sondern auch ein berühmter Epiker und Dramatiker. Goethe hat seinen Dialog ›Rameaus Neffe‹ ins Deutsche übertragen. 1745 begann er mit seiner Arbeit an der ›Enzyklopädie‹, die er über 20 Jahre gegen alle Widerstände unermüdlich zum erfolgreichen Abschluß führte[5]. 1754 erschienen seine ›Pensées sur l'interprétation de la nature‹. Einige nicht für die Öffentlichkeit bestimmten Werke erschienen nach seinem Tod: ›Entretiens entre D'Alembert et Diderot‹ und ›Le rêve de D'Alembert‹ (1769). In etwa 1000 Artikeln der ›Enzyklopädie‹ machte er seine Leser mit den wichtigsten technischen Verfahren seiner Zeit bekannt.

[5] Zu den Enzyklopädisten gehörte auch François Quesney (1694–1774), der mit seinem ›Tableau économique‹ zu den Gründern der Physiokraten-Schule zählt.

8.3.2.10 Rousseau

Mit Jean-Jacques Rousseau (1712–1778) steigert sich die französische Aufklärung zu revolutionärer Radikalität und hebt sich dabei gleichsam selbst auf. Wie Pascal gegen den Rationalismus des Descartes das Gefühl aufgeboten hatte, erhebt sich die Glut der Leidenschaft in Rousseau gegen den Intellektualismus der zeitgenössischen Kultur, die Rousseau als unerbittlicher Kritiker in die Schranken fordert. Rousseau war der Sohn eines Uhrmachers in Genf, genoß keine sorgfältige Erziehung, entlief aus der Lehre, verließ seine Heimatstadt, vagabundierte eine Zeitlang umher, bis ihn ein katholischer Geistlicher fand, der ihn Madame de Warens aus Vevey zur Obhut empfahl. Sie wurde Rousseaus Pflegemutter und Geliebte, bekehrte ihn zwar (vorübergehend) zum katholischen Glauben, scheiterte aber bei dem Versuch, ihn für die Geistlichkeit zu gewinnen. Nach ein paar glücklichen Jahren mit Madame de Warens auf einem Hof bei Chambéry trieb es ihn weiter, diesmal nach Paris, wo er mit Schriftstellern verkehrte und selbst zu schreiben versuchte. Da überwältigte den jungen Mann, der schon früh an schweren Nervenstörungen litt, eine Art Offenbarung, die sein Leben von Grund auf verändern sollte: er entdeckte eines Tages, als er Diderot besuchen wollte, rein zufällig im ›Mercure de France‹ die Preisfrage der Akademie von Dijon: »Hat die neuzeitliche Ausbreitung von Naturwissenschaft, Kunst und Technik zur Veredlung der Sitten beigetragen?« (1750) Offensichtlich traf diese Frage auf alles, was sich in seinem Herzen an Unmut, Ängsten, Hemmungen, Zweifeln und Fragen angestaut hatte. Er fühlte sich von tausend Lichtern geblendet, von Herzklopfen und Schwindel erfaßt und brach in Tränen aus. Diderot schlug ihm vor, die Preisfrage in paradoxer Form zu beantworten. Rousseau schrieb, entdeckte seine stilistische Begabung, die Zauberkraft des Wortes und – erhielt den Preis. Über Nacht war er ein berühmter Mann. Seine Antwort auf diese Frage war ein niederschmetterndes Nein. Die Kultur der Neuzeit hat das Glück des Menschen zerstört, ihm die geistige Unschuld geraubt, die Tugend verdrängt, hat sein Herz mit Mißtrauen, Kälte und Haß erfüllt, Charakter und Sitten verdorben und seine Natur korrumpiert. Die Wissenschaften sind unnütz in dem, was sie erstreben, und gefährlich durch das, was sie schaffen. Soviel zum ›Discours sur les sciences et les arts‹!

1755 stellte die Akademie eine zweite Preisfrage: »Welches ist der Ursprung der Ungleichheit unter den Menschen? Beruht sie auf Naturnotwendigkeit?« Wieder war Rousseau der Gewinner. In seinem ›Discours sur l'origine et les fondements de l'inégalité parmi les hommes‹ gibt er eine von Diderot beeinflußte brillante Schilderung der geschichtlichen Entwicklung des Menschen vom Naturzustand zur bürgerlichen Gesellschaft. Ursprünglich lebte der Mensch gesund, glücklich und zufrieden mit dem, was ihm die Natur bot. Alle waren gleich, und niemand beneidete den anderen. Mit der Einführung des Ackerbaus und des Eigentums schwand dieser glückliche Zustand. Als einer hinging, ein Stück Land einzäunte und verkündete: »Dies ist mein Land!«, die anderen es glaubten und hinnahmen, da begann der Wettlauf um Besitz und Macht, der Unterschied von Reich und Arm, die Umkehrung von Recht und Unrecht. Ein Staatsvertrag wurde unentbehrlich, der die Ungleichheit des Besitzes und den Verlust der Freiheit verewigte. Zwischen den Staaten folgte das gleiche Spiel: Kampf um Besitz, Vorteile und Macht, Willkür, Gewalt und Krieg, bis hin zur Verkehrung der Naturgesetze.

Die naturrechtlichen Ideen, die für die Französische Revolution größte Bedeutung erlangten, legte Rousseau in dem Enzyklopädie-Artikel ›De l'économie politique‹ (1755) dar. Es folgte der ›Contrat social‹ (1762). Rousseau setzt sich darin unter anderem mit Hobbes' Staatslehre auseinander. Durch Verjährung kann Gewalt nicht zu Recht werden. Gemeinschaft kann nur auf gemeinsamem, freiem Willen beruhen. Im Gesamtwillen *(volonté générale)* ist der Einzelwille aufgehoben. Er ist nicht mit dem Willen aller *(volonté de tous)* zu verwechseln. Der einzelne ist als Teilhaber der Souveränität ganz souverän, nicht nur Bürger, sondern Staatsbürger *(citoyen)*. Privateigentum soll eingeschränkt, aber nicht aufgehoben werden. Zwischen Volk und Regierung besteht kein Vertrag, sondern das Volk erteilt der Regierung einen Auftrag, ein Mandat. Staat und Kirche sind zu trennen, aber ganz ohne Religion geht es auch nicht.

In dem ›Glaubensbekenntnis des Savoyischen Vikars‹, einem Teil der Schrift über Erziehung ›Emile ou sur l'éducation‹ (1762), stellt Rousseau seine Gefühlsreligion einerseits der materialistisch-mechanistischen Weltanschauung des Zeitalters gegenüber, andererseits der Offenbarungsreligion. Die Naturreligion reicht für den Gottesglauben aus, ebenso für den Glauben an die Unsterblichkeit der Seele und an die Freiheit des Willens. Im Bereich der Erziehung ist ebenfalls die Natur die beste Erzieherin, wenn auch nicht völlig auf Unterweisung verzichtet werden kann. Die richtige Erziehung geht davon aus, daß alles gut ist, was Gott schuf, daß es jedoch der Pflege und Veredlung bedarf. Die richtige Erziehung entwickelt unsere inneren Fähigkeiten, verwertet die Erfahrungen, die der junge Mensch in und mit der Natur macht, und lehrt ihn die Anwendung seiner Erfahrungen und Fähigkeiten im praktischen Leben.

Von Rousseaus sonstigen Werken sind sein Briefroman ›Julie ou la nouvelle Héloïse‹ (1761), eine großartige Schilderung der Schweizer Alpen- und Seelandschaften – und seine ›Confessions‹ (›Bekenntnisse‹ 1781, posthum) zu nennen. Wie der Schluß des ›Contrat social‹ zeigt, wo die Annahme der vier Artikel zur Staatsreligion, zu denen die Toleranz gehört, bei Strafe der Verbannung gefordert wird, sind die Lehren Rousseaus in sich widersprüchlich, nicht anders als das Leben und die Psyche ihres Urhebers selbst.

8.3.3 Deutschland

In der deutschen Philosophie der Aufklärung herrschen folgende Tendenzen vor: Verbindung von englischem Empirismus und französischem Rationalismus, Anknüpfung an Leibniz und Aufstellung von Systemen. Wie in der englischen und in der französischen Aufklärungsphilosophie heben sich originelle Denker von Popularphilosophen ab[6]. Zu ersteren gehören die Schweizer Leonard Euler (1707–1783) und Johann Heinrich Lambert (1728–1777) sowie Johann Nikolaus Tetens (1736 bis 1805), zu letzteren die meisten Schüler Christian Wolffs, die fast sämtliche Lehrstühle innehatten – vor 1750 gab es schon über 100 Wolffianer –, einige Gegner Wolffs sowie Samuel Rei-

[6] Christian August Crusius (1715–1775), vielfach unterschätzt, wandte sich gegen den Wolffianismus und beeinflußte auch Kant. Der Mathematiker Abraham Gotthelf Kästner (1719–1800), seit 1756 in Göttingen, dichtete Epigramme im Stil Gottscheds, Georg Christoph Lichtenberg (1742–1799) schrieb u.a. Aphorismen und Satiren. Bekannt sind seine ›Briefe aus England‹. Wie dieser wandte sich auch der Berliner Schriftsteller und Verlagsbuchhändler Friedrich Nicolai (1733–1811) gegen den zeitgenössischen Geniekult und die kirchliche Orthodoxie. Naturforscher und Kirchenreformer in einer Person war Emanuel Swedenborg (1688–1772), mit dem sich Kant auseinandersetzte.

marus (1694–1768), Moses Mendelssohn (1729–1786) und Gotthold Ephraim Lessing (1729–1781). Die dominierende Figur zwischen Leibniz und Kant ist Christian Wolff (1679 bis 1754), mehr Systematiker als eigenständiger Denker. Aus der Zeit vor Wolff verdienen Samuel Pufendorf (1632–1694), Walter Graf von Tschirnhaus (1651–1708) und Christian Thomasius (1655–1728) besondere Erwähnung. Pufendorfs Kritik am Zustand der Jurisprudenz im Reich (1661) wurde bereits erwähnt. In seinen Schriften ›Naturrecht und Völkerrecht‹ (1672) und ›Über die Pflicht des Menschen und des Bürgers‹ (1673) versucht er einen Mittelweg zwischen naturalistischem Individualismus (Hobbes) und Gemeinschaftssinn (Grotius) einzuschlagen, wozu er sich der geometrischen Methode bedient (Spinoza). Als erster deutscher Wissenschaftler trennte er die Philosophie bewußt von der Theologie und behauptete gegen mancherlei Anfeindungen die Eigenständigkeit der Philosophie. Tschirnhaus verband Methodenelemente von Spinoza, Huygens und Hobbes mit Gedanken von Leibniz und teilte alle Erkenntnisgegenstände in wahrnehmbare, rationale und reale ein.

8.3.3.1 Thomasius, Wolff, Baumgarten

Christian Thomasius gab die erste wissenschaftliche Zeitschrift in deutscher Sprache heraus (1688), sagte sich von der Theologie los und schloß sich den französischen Denkern an, die er besonders schätzte. Von den Scholastikern aus Leipzig vertrieben, fand er in Halle unter Friedrich III. von Brandenburg eine Zufluchts- und Arbeitsstätte, aus der die Universität entstand (1694). Nach der Lektüre Lockes nahm er den Kampf für Toleranz und Menschenrechte auf, wandte sich gegen Folter und Hexenwahn und neigte insgesamt zu einer Art Common sense-Philosophie.

Christian Wolff, Sohn eines Gerbers aus Breslau, sollte Theologie studieren, wandte sich aber der Philosophie zu, studierte die Werke von Descartes, Spinoza, Tschirnhaus und Leibniz und erhielt auf dessen Empfehlung 1706 eine Professur in Halle. Die Orthodoxen setzten 1723 bei König Friedrich Wilhelm I. die Absetzung Wolffs durch. Er mußte innerhalb 48 Stunden unter Androhung der Todesstrafe das Land verlassen. Auf der Verbreitung seiner Schriften stand lebenslängliche Kerkerstrafe.

Friedrich II. berief ihn später – von Marburg – nach Halle zurück, wo er feierlich empfangen wurde. Wolff schrieb viel – teils in lateinischer, teils in deutscher Sprache –, breit und weitschweifig, aber verständlich. Die tiefsinnigsten Gedanken Leibnizens gab er auf oder paßte sie seinem und seiner Schüler Verständnis an. Die Wissenschaften teilte er ein in Vernunft- und Erfahrungswissenschaften, in Ontologie, Kosmologie, Psychologie und natürliche Theologie; Moral, Politik und Ökonomik stehen auf der einen, empirische Psychologie, Experimentalphysik und Technologie auf der anderen Seite. An die Stelle der frühneuzeitlichen Verankerung des Wissens im Selbstbewußtsein trat bei Wolff die Ontologie als eigentliches Fundament, was einem Rückfall ins scholastische Denken gleichkam. In der praktischen Philosophie stellte er dem Glücksprinzip das Prinzip der Vervollkommnung gegenüber, wenn auch nicht unter Ausschluß der »Glückseligkeit«. Grund der Sünde ist die Unwissenheit, woraus die Pflicht des Philosophen zur Aufklärung folgt. Fortschritt ist das Ziel für den Einzelnen wie für die Gesellschaft. Das Völkerrecht versteht Wolff als erweitertes Naturrecht. Für die Ästhetik fand Wolff keinen Platz in seinem System. Alexander Baumgarten (1714 bis 1762), ein fähiger und selbständiger Schüler Wolffs, füllte diese Lücke aus. Er erwarb sich große Verdienste in der Sache und in der Terminologie der »Ästhetik«. Kant rühmte an Wolff, daß er Deutschland den »Geist der Gründlichkeit« gebracht habe.

8.3.3.2 Euler, Lambert, Tetens

Leonard Euler war nicht nur ein hervorragender Mathematiker, sondern auch ein scharf denkender, kritischer Philosoph. In der Physik vertrat er am konsequentesten in Deutschland die Position Newtons, also der klassischen Mechanik. In seinen Schriften ›Mechanik‹ (1736), ›Réflexions sur l'espace et le temps‹ (1748) und seiner ›Theorie der Bewegung‹ (1765) forderte er, die Naturphilosophie solle sich nach den Erkenntnissen der Wissenschaften richten und nicht diese nach den Spekulationen jener. Die Anmaßung der Philosophen, die Grundbegriffe der empirischen Physik kritisieren, weil sie nicht in ihr System passen, bezeichnet er als »elende Schikane«. Hier kündigt sich unüberhörbar die Emanzipation der Wissenschaften von der Philosophie an.

Johann Heinrich Lambert, seit 1765 Mitglied der Berliner Akademie, folgt den Spuren Bacons, wenn er sein Hauptwerk ›Neues Organon‹ (1764) nennt. Auch er war Philosoph, Mathematiker und Naturwissenschaftler in einer Person. Das ›Neue Organon‹ ist in vier Teile gegliedert: Lehre vom Denken, von der Wahrheit, von den Zeichen und von den Phänomenen. Während die Wahrnehmungen die Inhalte des Denkens liefern, bestimmen Logik und Mathematik seine Form. In den ›Kosmologischen Briefen‹ (1761) versucht er, aus der Form der Milchstraße und Newtons Gravitationstheorie Schlüsse auf den Bau des Universums zu ziehen.

Johann Nikolaus Tetens, einer der bedeutendsten Psychologen seiner Zeit, daneben auch Physiker und Philosoph, begann schon früh mit einer Kritik an der Metaphysik. Sein Ziel war, die analytische Psychologie der Engländer und Franzosen mit Leibnizens Theorie von der Aktivität der Seele zu verbinden. Gegen Wolffs Theorie der Zweiteilung der seelischen Vermögen in Vorstellen und Wollen setzt Tetens eine Einteilung in Erkenntnis-, Beziehungs- und Gefühlsvermögen. Kant hat der Dreiteilung dann endgültig zum Sieg verholfen. Die Zergliederung des Vorstellungsvermögens in ein perzeptives, produktives und reproduktives stammt auch von Tetens. Ausgangspunkt der wissenschaftlichen Psychologie ist die Selbstbeobachtung. In späteren Schriften (1783) hat sich Tetens mit der Erkenntnistheorie Kants auseinandergesetzt.

8.3.3.3 Reimarus, Mendelssohn, Lessing

Samuel Reimarus, ein Vertreter des kritischen Deismus, befaßte sich vorwiegend mit religionsphilosophischen Fragen. Für ihn war die Schöpfung das einzige Wunder Gottes. In seinen ›Abhandlungen von den vornehmsten Wahrheiten der natürlichen Religion‹ (1754) distanziert er sich einerseits vom Christentum, andererseits von Naturalismus und Materialismus. Sein Hauptwerk, an dem er bis kurz vor seinem Tod schrieb, die ›Apologie oder Schutzschrift für die vernünftigen Verehrer Gottes‹, wagte er nicht mehr zu veröffentlichen. Lessing gab die ›Wolfenbüttler Fragmente‹ ohne Namensnennung in den Jahren 1774–1778 heraus. Reimarus erkennt Gesetzmäßigkeit und Zweckmäßigkeit in der Natur an, ohne aber dem Anthropozentrismus zu huldigen. Offenbarungs- und Vernunftreligion sind nach seiner Auffassung unvereinbar.

Moses Mendelssohn verfaßte auf breiter und solider philosophischer Grundlage – Maimonides, Locke, Leibniz, Spinoza, Wolff, Baumgarten – eine Reihe von Schriften, in denen er die Position der Aufklärung zu Fragen der Theologie und Metaphysik in ausgewogener und fairer Weise vortrug. Der Staat soll keine Übereinstimmung der Gedanken und Gesinnungen erzwingen, sondern solche pflegen, die zu guten Handlungen führen. Glaubensfreiheit, nicht Glaubenseinheit ist erstrebenswert. Eines der höchsten Vernunftgebote ist die Toleranz, jedoch nicht gegenüber der Intoleranz (Locke!). Aufgabe der Philosophie ist es, was der gesunde Menschenverstand ungenau erkennt, klar und deutlich ins Bewußtsein zu heben. Mendelssohn suchte als Deist die Existenz Gottes und die Unsterblichkeit der Seele zu beweisen, wobei er sich auf Argumente von Reimarus stützte. Mit seiner Arbeit ›Abhandlung über die Evidenz in dem metaphysischen Wissenschaften‹ erhielt Mendelssohn einen Preis der Berliner Akademie (1763); Kant wurde »Zweiter«, seine Arbeit wurde als »beinahe gleich« beurteilt. Als die Akademie Mendelssohn zu ihrem Mitglied gewählt hatte, strich der sonst so tolerante König den Juden aus der Liste.

Der Dichterphilosoph Gotthold Ephraim Lessing hat in seinem Drama ›Nathan der Weise‹ (1779) dem Prinzip der Toleranz auf dem europäischen Kontinent den reinsten Ausdruck gegeben und es zum Ideal erhoben. Sowohl seine Dichtungen als auch seine philosophischen Schriften erfrischen durch den Geist der Freiheit, den sie vermitteln. In seiner vielleicht reifsten theoretischen Schrift, ›Die Erziehung des Menschengeschlechts‹ (1780), setzt Lessing die Altersstufen des Menschen in Beziehung zur Menschheitsgeschichte. Das Alte Testament entspricht nach dem göttlichen Erziehungsplan der Kindheitsphase, das Neue Testament der Phase des Jünglings, das Neue Evangelium, das der Mannesphase entspricht, steht noch aus. Hinter Dichtung und Philosophie des »freiesten Geistes der deutschen Aufklärung« verbirgt sich ein pädagogisches Anliegen bisher unbekannten Ausmaßes, das dazu berechtigt, Lessing als »Lehrer der Menschheit« zu bezeichnen.

8.3.3.4 Kant

8.3.3.4.1 Leben

Immanuel Kant (1724–1804), Sohn eines Riemermeisters, wuchs in Königsberg auf, einer damals blühenden Stadt von etwa 50000 Einwohnern, die im Schnittpunkt zweier Kulturen lag und eine Art Brücke zwischen Nordwesteuropa und Rußland bildete. Über Kants Kindheit ist wenig bekannt. Feststeht, daß er eine starke Bindung zu seiner Mutter hatte. Als er schon über 60 Jahre alt war, erinnerte er sich noch mit Achtung und Liebe an sie: »Ich werde meine Mutter nie vergessen, denn sie pflegte und nährte den ersten Keim des *Guten* in mir, sie öffnete mein Herz den Eindrücken der *Natur;* sie weckte und erweiterte meine *Begriffe,* und ihre *Lehren* haben einen immerwährenden Einfluß auf mein Leben gehabt.«

Seine Mutter, die bereits 1738 starb, war es also, die schon in den Kinderjahren die Richtung für Kants Grunderfahrung der Natur und des Moralischen bestimmte: »der gestirnte Himmel über mir und das moralische Gesetz in mir«. Von 1732 bis 1740 besuchte er das Gymnasium Fridericianum, einem Herzenswunsch seiner Mutter entsprechend. Die protestantischen Gelehrtenschulen waren damals noch nicht vom Geist der Aufklärung ergriffen und entsprachen mit ihrer engen Verbindung von christlicher Lehre und Studien des klassischen Altertums eher den Vorstellungen Melanchthons, wobei sich das Studium der Antike wesentlich auf die Erlernung der lateinischen Sprache beschränkte. Kant hat die griechische Sprache nicht erlernt und kannte daher Texte von Platon oder Aristoteles nur mittelbar. Weder in Kants Werken noch in seinen Briefen begegnet uns ein griechischer Satz im Original. Die alten Sprachen standen wiederum im Dienst des Religionsunterrichts, der Bibelkunde und Theologie. Für Primaner gab es am Fridericianum seit 1730 eine »logische« Klasse, die 1734 zur »philosophischen« wurde. Neben der Logik gab es Unterricht in Geschichte der »Weltweisheit«, und man erwarb Grundkenntnisse der Vernunft- und Naturlehre, worin der Philosophiebegriff Kants und die Einteilung seiner Philosophie in ihren Grundzügen zu erkennen sind. Über den Philosophieunterricht bemerkte Kant später zu einem Mitschüler: »Diese Herren konnten wohl keinen Funken, der in uns zum Studium der Philosophie ... lag, zur Flamme bringen.« Naturkunde lernte man im Rahmen der Philosophie, ein Physikkurs wurde erst nach Kants Schulzeit eingeführt. Die Pietisten waren mehr an Realfächern interessiert, wie Geschichte und Erdkunde. Man teilte die Geschichte in eine alte und eine neue ein und unterschied fünf Gebiete: biblische Herrscher und römische Kaiser, Geschichte der Reiche und ihrer Herrscher, Kirchengeschichte, Gelehrtengeschichte und – Wiederholung.

Die Gymnasialbildung machte aus Kant einen fleißigen, gewissenhaften, bibelfesten, belesenen und wissensreichen Gelehrten, weckte aber kaum seine Begabung für Philosophie. Er war und blieb in der Hauptsache Autodidakt. Seine karge Schulbildung war mehr für das verantwortlich, was er nicht erreichte, als für seine Erfolge, sie behinderte ihn mehr, als daß sie ihn befreite. Vor allem waren es theologisch-religiöse Zwänge, die ihn, zusätzlich zu dem kleinbürgerlichen Milieu, aus dem er stammte, geistig einschnürten. Kants ungeheure Freiheitsliebe wird mehr als Sehnsucht denn als erlebnisbedingte Erfahrung verständlich.

Die Studienzeit gehört zu den am wenigsten bekannten Abschnitten in Kants Leben. Er begann sein Studium 1740, schlug sich als Student recht und schlecht durch, wurde von seinem Oheim und seinen Kommilitonen finanziell unterstützt und verdiente sich als Vorlesungs-Repetitor Geld dazu, gelegentlich auch mit Billard-Spiel. Besonders gefördert fühlte er sich durch Martin Knutzen (1713–1751), einen außerordentlichen Professor für Logik und Metaphysik, der mehr Wert auf »Selbstdenker« als auf »Nachbeter« legte. Knutzen machte Kant auf Newton aufmerksam. Etwa Mitte 1747 verließ Kant die Universität ohne Abschluß. Der Schwerpunkt seiner Interessen hatte sich, wie einst bei Leibniz, von der pietistisch-theologischen Bildung auf Philosophie, Mathematik und Naturwissenschaften verlegt, aber Kant blieb auch den antiken Autoren, die er sehr schätzte, zeitlebens verbunden. Er studierte vorzüglich die Humaniora, was sein Interesse für den Menschen, für Menschheit und Menschlichkeit antrieb. Die einzige Schrift, die er während seines siebenjährigen Studiums verfaßte, trug den Titel ›Gedanken von der wahren Schätzung der lebendigen Kräfte‹, worauf Lessing mit einem spöttischen Epigramm antwortete. Mit dem Tod seiner Mutter (1738) hatte Kant einen wichtigen religiös-moralischen Halt verloren, mit dem Tod seines Vaters (1746) verlor er den Rückhalt in der Familie. Danach brach er das Studium ab und war nach landläufiger Vorstellung »gescheitert«, aber er gab nicht auf: »Ich habe mir die Bahn schon vorgezeichnet, die ich halten will. Ich werde meinen Lauf antreten, und nichts soll mich hindern, ihn fortzusetzen.«

In den folgenden Jahren seiner Hauslehrerzeit (1747–1755) muß Kant so etwas wie eine Identitätskrise durchgemacht haben, aus der er gestärkt hervorging. Seine Entwicklung in dieser Zeit geht in der eingeschlagenen Richtung zur Naturwissenschaft weiter, ihn interessierten die Achsendrehung der Erde, die Erdzeitalter, die Theorie des Himmels. Den Plan, seine Erstlingsschrift fortzusetzen, gab er auf. Als Hauslehrer bei der Familie von Hülsen lernte er aristokratische Umgangsformen kennen, deren Annahme ihm mehr Sicherheit im Auftreten und ein stärkeres Selbstbewußtsein gab. So verfügte er über genügend geistige und persönliche Kraft, um in einem Jahr sowohl zu promovieren als auch sich zu habilitieren und damit sein akademisches »Comeback« (1755/56) zu sichern. Aus dem Hauslehrer wurde ein Magister, aus dem Studenten ein Doktor und Privatdozent.

In der Zeit seiner Magister-Tätigkeit (1755–1771) bestimmten vor allem drei Denker Kants weitere Entwicklung: Newton, Hume und Rousseau. Sie bezeichnen zugleich die nachfolgende Schwerpunktverlagerung seines Denkens von der Naturphilosophie zur theoretischen und von der theoretischen zur praktischen Philosophie. Die Karriere blieb hinter der inneren Entwicklung zurück. Kant bewarb sich zweimal vergeblich um eine Professur, verzichtete dann auf ein sachfremdes Angebot, nahm eine untergeordnete Bibliothekarsstelle an, lehnte einige Berufungen nach auswärts ab und erhielt endlich, 46 Jahre alt, das längst verdiente Ordinariat für Logik und Metaphysik in Königsberg. Wenn Kant bemerkte: »Ich strebe mir die Dinge, nicht mich den Dingen unterzuordnen«, so gilt das wohl nur für seine geistige Entwicklung. Tatsache war, daß kaum ein Denker so abhängig von äußeren »Dingen« war und blieb wie Kant. Er wünschte sich Unabhängigkeit, Freiheit, Autonomie, Autarkie und Emanzipation, aber er war nicht frei. Ängstlichkeit und Schwäche hinderten ihn daran, die Welt, die er in seinen Geographie-Vorlesungen so genau beschrieb, wirklich kennenzulernen, zu reisen, wie z.B. Leibniz, Hume, Voltaire und Rousseau. Kant war im Geiste Kosmopolit, in der Realität ein Gefangener, der sich selbst, schon geographisch, immer fester an einen engen Lebensraum band. Das Berufsleben absorbierte sein Privatleben mehr und mehr. Er identifizierte sich mit seinem Amt in einem Maße, daß nur wenig Raum zur Entfaltung persönlichen Lebens übrigblieb: Ehelosigkeit, Vereinsamung, Hilflosigkeit gegenüber den täglichen Dingen, das war die Wirklichkeit. Kant verdrängte diese Wirklichkeit zugunsten eines übersteigerten Idealismus. Hinter der Formel: »Die Vernunft schreibt der Natur Gesetze vor« verbergen sich Angst vor der Welt mit folgender innerlicher Überkompensation. Das Ich beherrscht die Welt. Kants Verhältnis zu Um- und Mitwelt ist nicht frei von Eskapismus, weg von der realen, raumzeitlichen Welt hin zu einer idealen Über-Welt, dem Reich der Vernunft, von tatsächlicher Selbstversklavung zu einer Sphäre abstrakter, grenzenloser Freiheit. Er wurde auf diese Weise das Opfer seines eigenen asketischen Idealismus, dessen Wirkungsweise er nicht durchschaute. Daher bekommt seine Philosophie, soweit sie sich von der skeptisch-kritischen Grundtendenz der ›Kritik der reinen Vernunft‹ entfernt, immer mehr ideologische Züge: Selbstbefreiung hier, Selbstversklavung dort. Kant verfolgte seinen Weg mit fast kompromißloser Konsequenz. Er glaubte nicht nur an die Vernunft, sondern identifizierte sich mit ihr. Einer seiner Biographen stellt fest, daß Kant in seinem Leben eigentlich nie krank, aber auch nie ganz gesund war. Ein extrem vernünftiges Leben, Regelmäßigkeit, Planung und Pünktlichkeit erhielten, wie er selbst glaubte, seine Gesundheit und sein Leben. Das war wohl auch der Fall, aber die Nemesis, die jeder Überspannung eines Prinzips folgt, traf auch ihn: er merkte nicht, daß das Prinzip seiner geistigen Gesundheit auch das Prinzip seiner vitalen Selbstzerstörung war. Körperlicher Verfall, psychische Verödung und schließlich auch auf geistigem Gebiet der Schwachsinn waren nicht zuletzt Folgen seiner einseitigen Lebensführung. Noch der Leichnam Kants verriet Spuren davon: »Sein Gesicht war nicht merklich entstellt, aber übrigens ein über alle Vorstellung ausgedörrter, abgemergelter Körper.« Leichenbegängnis und Totenfeier übertrafen alles, was Königsberg in der Hinsicht zuvor gesehen hatte. Viele Tage wallfahrten die Königsberger zu dem aufgebahrten Leichnam ihres toten Mitbürgers, den sie wohl mehr liebten und verehrten als verstanden.

8.3.3.4.2 Vorkritische Schriften

Von den vorkritischen Schriften verdienen seine ›Beobachtungen über das Gefühl des Schönen und Erhabenen‹ (1763/64) besondere Erwähnung. Kant hatte dieses Werk im Forsthaus Moditten als Gast seines Freundes, des Oberförsters Wobster, verfaßt. In der Waldeinsamkeit hielt es Kant bisweilen sogar länger als eine Woche aus. Dort entstand seine populärste, stilistisch anmutigste Schrift. Allerdings stören moralische Betrachtungen den ästhetischen Genuß, und Schiller bemerkte dazu später zu Goethe: »Über die letzten Gründe des Schönen lernt man darin nichts.« Diese kritische Bemerkung läßt sich ohne Schaden für Kants Größe auf ziemlich alle seine vorkritischen Schriften anwenden. Sie sind wissenschaftlich ohne Bedeutung, genügten zwar der Profilierung zum Magister und Privatdozenten, sind aber für die Geschichte der Philosophie kaum relevant. Hätte Kant nichts anderes geschrieben, wäre er längst vergessen. Die Wendung von der dogmatischen Metaphysik zur Vernunftkritik kündigt sich in seiner Inaugural-Dissertation ›De mundi sensibilis atque intelligibilis forma et principiis‹ (Die Form und die Prinzipien der Sinnen- und Verstandeswelt, 1770) an. Im Gegensatz zu den früheren Schriften, in denen er zwischen Naturphilosophie und Theologie, Ästhetik und Metaphysik, Logik und Popularwissenschaft schwankte, betrat er hier zum ersten Mal festen Boden, auf dem ihm der Erfolg treu bleiben sollte: Erkenntnistheorie, Selbstkritik der Vernunft. Aber auch diese Schrift ist noch weitgehend eine Absichtserklärung, ein Versprechen, das Kant erst vierzehn Jahre danach in seiner ›Kritik der reinen Vernunft‹ einlösen sollte, dann aber in großartiger Weise.

8.3.3.4.3 ›Kritik der reinen Vernunft‹

Was versteht Kant unter den Begriffen »Kritik«, »rein« und »Vernunft«? Er lehnt sich eng an die griechische Grundbedeutung der Worte an: Kritik ist die Fähigkeit oder sogar die Kunst zu unterscheiden *(krinein*, lat.: *discernere)*, letztlich also eine analytische Tätigkeit, zunächst der Wahrnehmung, dann der Vorstellung, des Denkens und schließlich der Vernunft. Jede Entscheidung setzt Unterscheidung voraus, soll sie nicht ziellos, irrational, willkürlich sein und ins Leere gehen. In Kants Problemsituation hieß das in erster Linie, richtige von falschen, echte von unechten Problemen zu unterscheiden. Hume hatte mit seiner Skepsis Kant aus seinem »dogmatischen Schlummer« geweckt, d. h. von der naiven Dogmatik der Wolffschen Metaphysik befreit. Vieles war aber auch in der langen Auseinandersetzung neuzeitlichen Denkens mit Theologie und Metaphysik in der Schwebe geblieben, vieles war kontrovers und manches unklar. Kant spürte daher das Verlangen, die Grenzen deutlicher zu ziehen, aus dem Dogmatismus herauszukommen, ohne in Skepsis zu verfallen. Das ist in erster Linie das Anliegen seiner »Kritik«.

Kritik heißt auch Reinigung. Darin fließen antike, mittelalterliche und neuzeitliche Vorstellungen von Reinheit zusammen. Platons Ideen oder der Geist Gottes erscheinen als absolut rein. Da der Mensch versuchen soll, Gott ähnlich zu werden, muß auch seine Vernunft so rein wie möglich werden. Die Ideen kann sie nur erfassen, wenn sie möglichst wenig weltliche, raumzeitliche, sinnliche Elemente enthält. Reine Vernunft bekommt die Bedeutung »unabhängig, frei von Erfahrung«. Die Erkenntnis einer solchen Vernunft ist, im Gegensatz zur erfahrungsgebundenen, aposteriorischen Erkenntnis, apriorisch. Apriorisch heißt für Kant soviel wie rein begrifflich, vor der Erfahrung, unabhängig von der Erfahrung, notwendig, allgemeingültig. Die Begründung einer von aller Erfahrung unabhängig urteilenden, aber Erfahrungsgegenstände einbeziehenden apriorischen Erkenntnis, der synthetischen Urteile a priori wird zum fundamentalen Problem von Kants »Kritik der reinen spekulativen Vernunft«. In der Einteilung der Vernunft in theoretische und praktische Vernunft schließt er sich der Sache nach Aristoteles an. Verstand ist bei Kant das Vermögen der Begriffe, Vernunft das Vermögen der Ideen. Eine Erkenntnis, »die sich nicht sowohl mit Gegenständen, sondern mit unserer Erkenntnis von Gegenständen, sofern diese a priori möglich sein soll, überhaupt beschäftigt«, nennt Kant transzendental. Die Definition einer solchen Philosophie lautet: »Die Transzendental-Philosophie ist die Idee einer Wissenschaft, wozu die Kritik der reinen Vernunft den ganzen Plan *architektonisch,* d.i. aus Prinzipien, entwerfen soll, mit völliger Gewährleistung der Vollständigkeit und Sicherheit aller Stücke, die dieses Gebäude ausmachen. Sie ist das System aller Prinzipien der reinen Vernunft. Daß diese Kritik nicht schon selbst Transzendental-Philosophie heißt, beruht lediglich darauf, daß sie, um ein vollständiges System zu sein, auch eine ausführliche Analysis der ganzen menschlichen Erkenntnis a priori enthalten müßte.«

Dieser Konzeption entsprechend, zerfällt die transzendentale Elementarlehre in eine Ästhetik, worin Kant die Probleme des Raumes und der Zeit erörtert, in eine Logik, wozu die Analytik gehört, worin vielleicht das berühmteste Stück der ›Kritik der reinen Vernunft‹ enthalten ist, die Deduktion der reinen Verstandesbegriffe oder die Kategorientafel: I. Quantität (Einheit,

Vielheit, Allheit); II. Qualität (Realität, Negation, Limitation); III. Relation (Inhärenz, Kausalität, Gemeinschaft); IV. Modalität (Möglichkeit, Dasein, Notwendigkeit); ferner die transzendentale Dialektik, zu der die sogenannte Antinomienlehre gehört. In der transzendentalen Methodenlehre handelt Kant von der Disziplin der reinen Vernunft.

Ästhetik ist nach Kant, der den Begriff von Baumgarten übernahm, die Wissenschaft von den Grundsätzen der sinnlichen Wahrnehmung. Die Wissenschaft vom Schönen ist Ästhetik in einem anderen Sinn. Die transzendentale Ästhetik hat es nicht mit Daten der äußeren Wahrnehmung, sondern mit innerer Anschauung zu tun. Innerlichkeit und Subjektivität sind Merkmale der Kantischen Theorie von Raum und Zeit, die er Newtons Begriffen vom absoluten Raum und von der absoluten Zeit entgegenstellt. Kants »transzendentale« Erörterung von Raum und Zeit kann als eine Art Modell synthetischer Erkenntnis a priori angesehen werden. Raum- und Zeitvorstellung vermitteln uns nicht Erkenntnis der Dinge, wie sie an sich sind, sondern wie sie erscheinen, oder: Erscheinungen heißen alle Gegenstände empirischer Anschauung, sofern sie noch nicht durch Begriffe erfaßt sind. Damit ist der Weg von den reinen Anschauungsformen zur begrifflichen Erkenntnis vorgezeichnet. Raum und Zeit besitzen also in Kants Konzeption keine empirische Realität, sondern transzendentale Idealität. Die Erscheinung ist indessen kein Schein, weil ihr das Ding an sich zugrunde liegt. Raum und Zeit sind zwar a priori und ideal, aber nicht angeboren. Kant legt auf die Unterscheidung empirisch-psychologischer und transzendentaler Betrachtung großen Wert.

Die Ergebnisse seiner Analytik faßt er wie folgt zusammen: »Die transzendentale Analytik hat demnach dieses wichtige Resultat: daß der Verstand a priori niemals mehr leisten könne als die Form einer möglichen Erfahrung überhaupt zu antizipieren, und da dasjenige, was nicht Erscheinung ist, kein Gegenstand der Erfahrung sein kann, daß er die Schranken der Sinnlichkeit, innerhalb denen uns allein Gegenstände gegeben werden, niemals überschreiten könne. Seine Grundsätze sind bloß Prinzipien der Exposition der Erscheinungen, und der stolze Name einer Ontologie, welche sich anmaßt, von Dingen überhaupt synthetische Erkenntnisse a priori in einer systematischen Doktrin zu geben (z. B. den Grundsatz der Kausalität), muß dem bescheidenen einer bloßen Analytik des reinen Verstandes Platz machen ... Also beziehen sich alle Begriffe und mit ihnen alle

Grundsätze, so sehr sie auch a priori möglich sein mögen, dennoch auf empirische Anschauungen, d.i. auf data zur möglichen Erfahrung. Ohne dieses haben sie gar keine objektive Gültigkeit, sondern sind ein bloßes Spiel, es sei der Einbildungskraft und des Verstandes, respektive mit ihren Vorstellungen.«

Damit grenzt Kant seine Vernunftkritik gegen die traditionelle Ontologie klar und deutlich ab: eine Vernunftkritik, die Wissenschaft als Wissenschaft möglich machen soll, Exposition der Erscheinungen, Ermöglichung von Erfahrung. Vernunftkritik erscheint also im Prinzip nicht als erfahrungsfeindlich. Nur als Transzendentalismus und Idealismus gerät sie in ein Spannungsverhältnis zur Welt der Tatsachen. Hier liegt auch die Grenze, bis zu der Kants Art der Vernunftkritik sinnvoll ist. Der große Erfolg, den Kant mit seiner ›Kritik der reinen Vernunft‹ hatte, beruht nicht zuletzt auf seiner Präzisierung des Erfahrungsbegriffs, der auf die Erfahrungswissenschaften befruchtend zurückwirken konnte. Leider war Kants Einstellung gegenüber der Erfahrung nicht immer so eindeutig. Dort, wo er religiöse Absolutheitsansprüche auf das Gebiet der Moral übertrug, ging dies zu Lasten der »pöbelhaften« Erfahrung.

In der transzendentalen Dialektik richtet sich seine Kritik vor allem gegen drei Bestandteile traditioneller Metaphysik, gegen rationale Kosmologie, rationale Psychologie und rationale Theologie. Kant versuchte, das Verhältnis zwischen den drei Bezugssystemen allen Philosophierens neu zu bestimmen: zwischen Welt, Mensch und Gott. Die Welt verblaßte in seiner Konzeption zum Ding an sich, Gott blieb nur ein Postulat menschlicher Vernunft, der Mensch, genauer die menschliche Vernunft, wurde zum allbeherrschenden Mittelpunkt – eher eine ptolemäische als eine kopernikanische Wende des Denkens. Kant folgte damit der Grundlinie neuzeitlich-modernen Denkens, welches das Individuum in den Mittelpunkt allen Seins stellt. Anstelle der biblischen Version von Gott, dem Schöpfer des Vernunftwesens Mensch, setzte Kant die Version vom Vernunftwesen Mensch, das Gott postuliert. Der Menschenschöpfer Gott ist durch den Gottschöpfer Mensch ersetzt: eine andere Art von kopernikanischer Wende. Kant hat die Botschaft von der Ablösung Gottes durch den Menschen in chiffrierter Form vermittelt. Wesentliche Gedanken des theistischen Weltbildes kehren jedoch in seiner Weltanschauung in modifizierter Form wieder: anstelle des biblischen Gottes das moralische Gesetz, anstelle göttlicher Vorsehung ein Reich der Zwecke, anstelle der

Gottesliebe und Menschlichkeit die Übereinstimmung der natürlichen mit der moralischen Dimension des Weltgeschehens.

Nach dem Vorbild logischer Lehrbücher folgt bei Kant auf die Elementarlehre die Methodenlehre. Sie bekommt aber bei ihm – neben der Auswertung der Ergebnisse der ›Kritik der reinen Vernunft‹ für deren Anwendung – die Aufgabe, den Eindruck der Destruktivität des Hauptteils ein wenig zu mildern. Kritisch gereinigte Metaphysik wird wieder hoffähig, und Kants erste Schritte in diese Richtung beginnen sich abzuzeichnen: ›Prolegomena zu einer jeden künftigen Metaphysik, die als Wissenschaft wird auftreten können‹ (1783), Moralphilosophie, ›Grundlegung zur Metaphysik der Sitten‹ (1785) und ›Metaphysik der Sitten‹ (1797). Kant kam nicht mehr zur Systematisierung seiner kritischen Metaphysik, aber sein »Opus posthumum«, sein Nachlaß, läßt erkennen, daß die Frage nach Gott wieder an den Anfang rücken, der Mensch zum verbindenden Glied zwischen Gott und Welt werden sollte. Kant hat das von ihm selbst gestörte Gleichgewicht zwischen diesen drei Größen nicht wieder herstellen können, da ihm der Tod nicht mehr Zeit dazu ließ. Bis heute ist das Gleichgewicht noch nicht wiedergefunden.

Von zwei voneinander unabhängigen Kritikern sind gegen Kants »Kopernikanische Wende« sowohl im Hinblick auf die theoretische als auch auf die praktische Philosophie schwerwiegende Einwände erhoben worden. In seinem erkenntnistheoretischen Hauptwerk ›Human Knowledge. Its Scope and Limits‹ sprach Russell Kant das Recht ab, angesichts seiner subjektiv-anthropozentrischen Interpretation der Welt von einer kopernikanischen Wende zu reden. Kants Wende sei viel eher eine ptolemäische Gegen-Wende (»Ptolemaic counter-revolution«) gewesen, und er habe den Menschen wieder dort inthronisiert, wo Kopernikus ihn entthront habe, was sich natürlich nicht auf das Verhältnis Sonne – Erde bezieht, sondern auf die Metaphorik Kants. Seine Transzendentalphilosophie ist bis heute kontrovers. Was man Kant zubilligen muß, ist, daß er in die Richtung des Kopernikus gehen wollte. Wenn es ihm nicht gelang, lag das wohl in erster Linie an seinem synthetischen Vorhaben und der subjektivistisch-idealistischen Grundposition, die von Leibniz vorgegeben war. Jedes synthetische Verfahren der Art wie das Kantische läuft Gefahr, es beiden Seiten nicht recht zu machen, und hier liegt tatsächlich ein schwacher Punkt in Kants Denken: er konnte sich nicht völlig zu der neuzeitlichen Linie durchringen, die von Leonardo da Vinci zu Hume, d'Alembert und Euler führt.

Nietzsches Kritik bezieht sich zwar auf die praktische Philosophie Kants, weist aber grundsätzlich in die gleiche Richtung. Auch sie hält Kant eine Inkonsistenz im Ansatz vor. »Ich gedenke ... des alten Kant, der, zur Strafe dafür, daß er ›das Ding an sich‹ – auch eine sehr lächerliche Sache! – sich *erschlichen* hatte, vom ›kategorischen Imperativ‹ *beschlichen* wurde und mit ihm im Herzen sich wieder zu ›Gott‹, ›Seele‹, ›Freiheit‹ und ›Unsterblichkeit‹ *zurückverirrte,* einem Fuchs gleich, der sich in seinen Käfig zurückverirrt.«[7]

Für Nietzsche ist weder der transzendentale Idealismus Kants akzeptabel noch seine Moralphilosophie, wenn auch der Schwerpunkt seiner Kritik auf letzterer liegt. Tatsächlich stammt die Moralphilosophie Kants wesentlich aus der Erfahrung (Stoiker, Shaftesbury, Hutcheson, Rousseau), nicht aus der Vernunft. Da sie nicht wenige Elemente enthält, die für die bürgerliche Gesellschaft spezifisch sind, gerät sie hart an die Grenze der Ideologie, was Kant verborgen blieb.

8.3.3.4.4 ›Kritik der praktischen Vernunft‹

Mit der ›Kritik der reinen Vernunft‹ hatte Kant seine Antwort auf die erste Grundfrage der Philosophie zu geben versucht: »Was kann ich wissen?« Die zweite Grundfrage lautet: »Was soll ich tun?« Seitdem Aristoteles die Ethik als gesonderte Disziplin der Philosophie erstmals konzipiert und dargestellt hatte, war sie zu einem unentbehrlichen Bestandteil jedes philosophischen »Systems« geworden, das den Anspruch auf eine umfassende Behandlung der Probleme erheben wollte. Kann man die aristotelische Ethik als eudämonistische Ethik einordnen, die christliche als Liebesethik, so gehört Kant, darin den Stoikern und Römern ähnlich, zu den Pflichtethikern. Von den Denkern der Aufklärung war für Kant besonders Rousseau von Bedeutung: »Rousseau hat mich zurecht gebracht.« Kant ist zwar Rousseau verpflichtet, aber ihm gegenüber, wie gegenüber allen Vorgängern, durchaus selbständig. Besonders zeigt sich das in der Begründung der Ethik. Rousseau begründete sie im Gefühl, Kant in der Vernunft, im Sittengesetz.

Begriff und Einteilung der praktischen Vernunft schließen

[7] Friedrich Nietzsche, Werke. Hrsg. v. K. Schlechta. Band 2, München 1955, S. 195f.

sich, wie bei der reinen Vernunft, an die Handbücher der Leibniz-Wolffschen Schule sowie Baumgartens an. Die ›Kritik der praktischen Vernunft‹ ist, wie die ›Kritik der reinen Vernunft‹, in eine Elementarlehre (Analytik, Dialektik) und eine Methodenlehre gegliedert. Die Prinzipienlehre seiner Moralphilosophie behandelte Kant in der ›Grundlegung zur Metaphysik der Sitten‹ und in der ›Kritik der praktischen Vernunft‹, den speziellen Teil, Tugendlehre und Rechtslehre, in der ›Metaphysik der Sitten‹. Zur praktischen Philosophie gehören Moral und Recht, Pflichten gegen Gott, sich selbst und andere sowie Rechte und Pflichten nach der Eigentumsordnung *(dominium)* und Herrschaftsordnung *(imperium)*. Diese wiederum trennt private und öffentliche Pflichten innerhalb des Staates sowie völkerrechtliche Verpflichtungen der Staaten untereinander. Den Pflichten gegenüber Gott widmete Kant eine eigene Studie, ›Die Religion innerhalb der Grenzen der bloßen Vernunft‹ (1794). Die Schrift ›Zum ewigen Frieden‹ (1795) hängt mit dem Völkerrecht zusammen und erörtert politische wie geschichtsphilosophische Fragen. Der ›Streit der Fakultäten‹ (1798) enthält Kants Ideen zur Kulturpolitik. In Fragen des Naturrechts lehnte er sich an Christian Wolffs, in den ethischen Fragen an Alexander Baumgartens, in der Rechtsphilosophie an Achenwalls Ideen an, in theologischen Fragen an verschiedene Handbücher der Dogmatik. Von theologischer Seite beeinflußte die reformatorische Rechtfertigungslehre, von philosophischer Seite das stoische Naturrecht in Form der Lehre Baumgartens die Moralphilosophie Kants. Hatte die Ontologie die Naturgesetze *(normae physicae)* zu formulieren versucht, eröffnete das Naturrecht den Zugang zu den Gesetzen der Moral *(normae morales)*. Wie Kant die traditionelle Ontologie durch eine Gnoseologie zu ersetzen suchte, so stellte er der theologisch-metaphysischen Naturrechtslehre seine Moralphilosophie gegenüber.

Die kopernikanische Wende besteht in beiden Fällen in einer Wendung vom Göttlichen zum Menschlichen, von der Christianitas zur Humanitas, von der Theologie zur Anthropologie. Der stoische Begriff des *kathekon*, die *obligatio* (Pflicht) kam Kants Bestreben entgegen. Der Begriff der Pflicht hat einen juristischen und einen moralischen Aspekt. Kant betont in seiner praktischen Philosophie den moralischen. Beide Pflichtbegriffe setzen einen Menschen voraus, der frei entscheiden kann. Die Pflicht übt auf den Menschen einen äußeren und einen inneren Zwang *(coactio)* aus. Einmal kommt die Forderung der

Pflicht von außen, die Gesellschaft fordert etwas vom Individuum und kann es (rechtlich) erzwingen, zum andern erlegt der Mensch sich selbst Zwang auf, fühlt oder weiß sich moralisch verpflichtet.

Am Anfang der Kantischen Pflicht- oder Gesinnungsethik steht das Bekenntnis zum guten Willen: »Es ist überall nichts in der Welt, ja überhaupt auch außerhalb derselben zu denken möglich, was ohne Einschränkung für gut könnte gehalten werden, als allein ein *guter Wille.* Verstand, Witz, Urteilskraft und wie die *Talente* des Geistes sonst heißen mögen, oder Mut, Entschlossenheit, Beharrlichkeit im Vorsatze als Eigenschaften des *Temperaments* sind ohne Zweifel in mancher Absicht gut und wünschenswert; aber sie können auch äußerst böse und schädlich werden, wenn der Wille, der von diesen Naturgaben Gebrauch machen soll und dessen eigentümliche Beschaffenheit darum *Charakter* heißt, nicht gut ist. Mit den *Glücksgaben* ist es ebenso bewandt. Macht, Reichtum, Ehre, selbst Gesundheit und das ganze Wohlbefinden und Zufriedenheit mit seinem Zustande unter dem Namen der *Glückseligkeit* machen Mut und hierdurch auch öfters Übermut, wo nicht ein guter Wille da ist, der den Einfluß derselben aufs Gemüt und hiermit auch das ganze Prinzip zu handeln berichtige und allgemein-zweckmäßig mache; ohne zu erwähnen, daß ein vernünftiger unparteiischer Zuschauer sogar am Anblick eines ununterbrochenen Wohlergehens eines Wesens, das kein Zug eines reinen und guten Willens ziert, nimmermehr ein Wohlgefallen haben kann, und so der gute Wille die unerläßliche Bedingung selbst der Würdigkeit glücklich zu sein auszumachen scheint.«

Gegen Kants Kritik an der eudämonistischen, letztlich also aristotelischen Position der Ethik, lassen sich schwerwiegende Bedenken erheben. Kant verläßt den Bereich des Verifizierbaren. Wenn die Glückseligkeit ein fragwürdiges Gut ist, ist es die Glückswürdigkeit noch mehr, zumal, wenn jede Kontrollmöglichkeit der Motive fehlt. Während Aristoteles dem Menschen Erreichbares zeigt, fordert Kant von ihm Unmögliches, indem er das Gesetz zum Selbstzweck erhebt. Hier zeigt sich etwas von der Unglaubwürdigkeit des deutschen Idealismus, des moralischen Rigorismus, gegen den sich unter anderen Goethe und Schiller wandten. Aus Kants Biographie wird manches verständlich: Wer in bürgerlicher Enge lebt und sich selbst versklavt, der sieht nicht ein, daß andere es besser haben sollen. Kant ist anscheinend nicht auf die Idee gekommen, daß die

Prinzipien seiner Moral, die er verabsolutierte, subjektiv und empirisch bedingt sein könnten. Ihm fehlte jeder ideologiekritische Selbstbezug. Ob die auf Natürliches und Erreichbares gerichtete, jedenfalls realistische Ethik minderwertiger ist als der auf Selbsttäuschung beruhende widernatürliche Idealismus Kants, ist durchaus nicht sicher. Eine Philosophie, die den Menschen zum Heiligen machen will und ihn dann zum Verbrecher machen kann, die ihm Freiheit, Autonomie und Menschenwürde verspricht und ihn in Wirklichkeit zum Befehlsempfänger und Untertanen degradiert, ist fragwürdig. Hat man die theoretische Verkehrtheit des Ansatzes begriffen, kann man die zahlreichen einnehmenden Züge von Kants Moralphilosophie gebührend herausstellen, vor allem die Botschaft des guten Willens, der Pflichterfüllung und der Achtung vor dem Gesetz. »Die Vorstellung eines objektiven Prinzips, sofern es für einen Willen nötigend ist, heißt ein Gebot (der Vernunft), und die Formel des Gebots heißt Imperativ.«

Kants Freiheitslehre führt tief in die Transzendentalphilosophie hinein. Er unterscheidet zwischen einem empirischen und einem intelligiblen Charakter. Das moralische Gebot wäre sinnlos, wenn wir ihm nicht entsprechen könnten: »Du kannst, denn du sollst!« Aber die Willensentscheidung und die folgenden Handlungen sind Vorgänge in der Zeit und gehören damit zur Erscheinungswelt, sie sind notwendig. Kant bemüht sich, mit Hilfe seines Grenzbegriffs »Ding an sich«, Freiheit und Notwendigkeit zu versöhnen. Als Erscheinungswesen untersteht der Mensch dem Gesetz der Kausalität, aber er ist nicht nur Erscheinungs- oder Naturwesen, sondern auch Noumenon oder Vernunftwesen. Er besitzt einen intelligiblen Charakter, ist Ding an sich und damit frei. Der intelligible Charakter des Menschen wirkt als Kausalität aus Freiheit.

Daß das Problem damit gelöst ist, wird niemand behaupten wollen, und Kant hat wohl selbst nicht allen Ernstes daran geglaubt. Die metaphysische Freiheit ist die *ratio essendi* des moralischen Gesetzes, und die moralische Freiheit ist die *ratio cognoscendi* der Freiheit – ein Zirkel, der über das Ergebnis nicht hinwegtäuscht: die Realität des moralischen Gesetzes ist weder *a priori* noch *a posteriori* zu beweisen. Am Ende nimmt Kant doch wieder Zuflucht zu Theologie und Bibel, zur »himmlischen Stimme«, dem »Wort Gottes« oder dem Gewissen. Während der hypothetische Imperativ (der Klugheit) analytisch ist – »Wer den Zweck will, will auch das Mittel« –, ist der kategorische Imperativ ein synthetisches Urteil *a priori*. Kant hat seinen kategorischen Imperativ in verschiedene Formeln gekleidet, von denen die bekannteste lautet: »Handle nur nach derjenigen Maxime, durch die du zugleich wollen kannst, daß sie ein allgemeines Gesetz werde.«

Die Begriffe »gesetzgebend« und »frei« korrespondieren miteinander. Sowohl an der theonomen als auch an der eudämonistischen Moral hat Kant auszusetzen, daß ihr Gesetz von außen kommt, daß der Mensch fremdbestimmt, heteronom ist. Autonom wird der Mensch als moralischer Selbstgesetzgeber. Aber der Mensch ist sowenig allein in der Welt, wie er der Natur Gesetze vorschreibt. Wie soll er sich z.B. in einer Welt verhalten, in der durchweg Heteronomie herrscht? Kant läßt, streng genommen, in einem solchen Fall dem Menschen keine andere Wahl, als ein Heiliger zu werden, der sich aus der Welt zurückzieht, wie er selbst es tat, oder die Welt gegen ihren Willen gewaltsam zu verändern. Hier zeigt sich die Brüchigkeit eines ebenso weltfremden wie überspannten Idealismus.

Im Konflikt zwischen Pflicht und Neigung hat der Mensch nicht nur unbedingt gegen die Neigung zu entscheiden, sondern eine Handlung soll auch nur dann moralisch sein, wenn sie überhaupt gegen die Neigung erfolgt. Schiller hat dazu schon das Nötige gesagt. Es bleibt nur der Hinweis übrig, daß eine solche Einstellung langfristig mehr zerstören muß als sie kurzfristig aus dem Menschen an sittlichem Heroismus herauspreßt. Eine solche Einstellung ist aber extrem unmoralisch.

»Pflicht! du erhabener, großer Name, der du nichts Beliebtes, was Einschmeichelung bei sich führt, in dir fassest, sondern Unterwerfung verlangst, doch auch nichts drohest, was natürliche Abneigung im Gemüte erregte und schreckte, um den Willen zu bewegen, sondern bloß ein Gesetz aufstellst, welches von selbst im Gemüte Eingang findet und doch sich selbst wider Willen Verehrung (wenn gleich nicht immer Befolgung) erwirbt, vor dem alle Neigungen verstummen, wenn sie gleich insgeheim ihm entgegenwirken: Welches ist der deiner würdige Ursprung, und wo findet man die Wurzel deiner edlen Abkunft, welche alle Verwandtschaft mit Neigungen stolz ausschlägt, und von welcher Wurzel abzustammen, die unnachlaßliche Bedingung desjenigen Werts ist, den sich Menschen allein selbst geben können?«

Das klingt wunderschön, zu schön, um wahr zu sein. Hier scheint die Wurzel nach oben gekehrt. Bei allen Versuchen, die

Verwurzelung des Menschen im Tierreich zu verleugnen, ist nicht viel herausgekommen. Wer den Übermenschen will, erzeugt den Untermenschen. Selbst wenn man den Standpunkt Kants in der Moralphilosophie akzeptiert, läuft ein dadurch verarmtes Gefühlsleben Gefahr, den Menschen zum willenlosen Werkzeug von politischen Verbrechern zu degradieren, wenn diese nur Größe haben und Achtung gebieten, womit genau das Gegenteil von dem erreicht wäre (und erreicht wurde), was Kant, der Philosoph des guten Willens, sicher gut meinte und gut wollte.

8.3.3.4.5 ›Kritik der Urteilskraft‹

Mit der ›Kritik der Urteilskraft‹ (1790) versuchte Kant, sein System zu vollenden. Aristoteles hatte neben der theoretischen und praktischen noch eine poietische, eine herstellende oder schaffende Vernunft unterschieden. Ob Kant an Aristoteles anknüpfte oder, wie so oft, von der Dreizahl (Trinität) fasziniert war, oder ob ihn noch andere Gründe zur Abfassung seiner dritten und letzten Kritik bestimmten, läßt sich nur schwer entscheiden. Während sich der Begriff »Ästhetik« in der transzendentalen Ästhetik der ›Kritik der reinen Vernunft‹ auf die Anschauungsformen Raum und Zeit bezieht, erscheint er hier im Zusammenhang mit der Analytik des Schönen und Erhabenen sowie einer Kritik der teleologischen Urteilskraft. Der Gang der Erörterung wird von vielen Anmerkungen unterbrochen, ist holprig, zeigt Symptome des Altersstils und wirkt eher verwirrend als klärend. Die Einleitung verfaßte ein Schüler Kants, Jakob Sigismund Beck (1761–1840). In der Disposition: Analytik, Dialektik, Methodenlehre folgt die ›Kritik der Urteilskraft‹ den beiden anderen Kritiken.

In der praktischen Philosophie ist von einem intelligiblen Reich der Zwecke die Rede. Die damit verbundene Frage nach der Bestimmung des Menschen führt auf die Frage nach den Naturzwecken, nach der Teleologie zurück, ist doch der Mensch nach Kant sowohl ein Natur- als auch ein Vernunftwesen. Physik, klassische Mechanik und Kausalität sind Denkmodelle für die ›Kritik der reinen Vernunft‹. In der ›Kritik der Urteilskraft‹ fungiert die Biologie als Modell und damit die Zweckmäßigkeit. Damit rehabilitierte Kant die Finalursache, die er weder in der ›Kritik der reinen Vernunft‹ als Erkenntnisprinzip noch in der ›Kritik der praktischen Vernunft‹ als Prinzip moralischer Urteilsbildung verwenden konnte. So verband das ästhetische Moment das Zweckprinzip mit der theoretischen Philosophie, das Moment der Freiheit im »harmonischen Spiel der Kräfte« (Baumgarten) mit der praktischen. Der Begriff Naturzweck verbindet die ästhetische und die teleologische Urteilskraft, die sich im Endeffekt immer mehr als theologische erweist.

Sowenig es Kant gelang, seiner auf die Gefühle von Lust und Unlust bezogenen subjektiven Ästhetik ein objektives Fundament zu geben, sowenig gelang ihm die Begründung einer objektiven Teleologie ohne subjektiv-theologischen Einschlag. Die Urteilskraft verdankt ihre Ernennung zu einem besonderen Vermögen der systembedingten Notwendigkeit des Zweckmäßigkeits-Prinzips, nicht aber wird dieses aus der Urteilskraft abgeleitet. Ebensowenig überzeugt Kants Versuch, die neue, reflektierende Urteilskraft mit der alten, bestimmenden zu verknüpfen. Der Begriff des Naturzwecks ist kein Prinzip der reflektierenden Urteilskraft, wie Kant wollte, sondern bleibt ein biologisches, am Begriff des Organischen orientiert. Wenn Kant, seinem transzendentalen Ansatz gemäß, der Logik den Verstand, der Ethik den Willen und der Ästhetik den Geschmack zuordnete, durfte er sich nicht wundern, wenn diese von ihm nicht so gemeinte Subjektivierung als echt aufgenommen wurde, was in Wissenschaft und Ästhetik zum Subjektivismus, in der Ethik zum Relativismus führte. »*Geschmack* ist das Beurteilungsvermögen eines Gegenstandes oder einer Vorstellungsart durch ein Wohlgefallen oder Mißfallen *ohne alles Interesse.* Der Gegenstand eines solchen Wohlgefallens heißt *schön.* ... *Schön* ist das, was ohne Begriff allgemein gefällt ... *Schönheit* ist Form der *Zweckmäßigkeit* eines Gegenstandes, sofern sie *ohne Vorstellung eines Zwecks* an ihm wahrgenommen wird. *Schön* ist, was ohne Begriff als Gegenstand eines *notwendigen* Wohlgefallens erkannt wird.« In der Bestimmung »interesseloses Wohlgefallen« folgt Kant der Ästhetik von Hutcheson, wie er sich in der Forderung der Reinheit der Farben und Töne, die er an anderer Stelle erhebt, auf Euler beruft.

In der »Analytik des Erhabenen« unterscheidet Kant zwischen dem Mathematisch-Erhabenen und dem Dynamisch-Erhabenen. Mit dieser Unterscheidung schließt er an entsprechende der beiden anderen Kritiken an, an die 1. und die 2. Antinomie der ›Kritik der reinen Vernunft‹, wo das Mathematisch-Erhabene mit dem Problem des Weltganzen *(totalitas mundi)* zusammenhängt, an das 2. und 3. Postulat der praktischen Vernunft in der ›Kritik der praktischen Vernunft‹, wo das Dynamisch-Erhabene auf die Probleme der Freiheit und des Intelligiblen führt. Die Welt des Ästhetischen realisiert in gewisser Weise das theoretisch Unfaßbare und das praktisch nur Geforderte. Wie kommt es, daß wir beim Anblick des Erhabenen Achtung empfinden? Kants Lehre vom Erhabenen sollte die Antinomienlehre der ›Kritik der reinen Vernunft‹ und die Lehre von den Postulaten in der ›Kritik der praktischen Vernunft‹ vervollständigen. Das Gefühl des Natur-Erhabenen erinnert den Menschen an seine Bestimmung und erfüllt ihn daher mit Achtung. Beim Dynamisch-Erhabenen tritt auch der drohende Aspekt in Erscheinung. Die Natur ist groß, aber auch gefährlich, rettend, aber auch zerstörend. Dabei entdeckt Kant die Kräfte, welche eine große Herausforderung der Natur in der menschlichen Seele weckt: »Kühne, überhangende, gleichsam drohende Felsen, am Himmel sich auftürmende Donnerwolken, mit Blitzen und Krachen einherziehend, Vulkane in ihrer ganzen zerstörenden Gewalt, Orkane mit ihrer zurückgelassenen Verwüstung, der grenzenlose Ozean, in Empörung gesetzt, ein hoher Wasserfall eines mächtigen Flusses und dgl. machen unser Vermögen zu widerstehen in Vergleichung mit ihrer Macht zur unbedeutenden Kleinigkeit. Aber ihr Anblick wird nur um desto anziehender, je furchtbarer er ist, wenn wir uns nur in Sicherheit befinden; und wir nennen diese Gegenstände gern erhaben, weil sie die Seelenstärke über ihr gewöhnliches Mittelmaß erhöhen und ein Vermögen zu widerstehen von ganz anderer Art in uns entdecken lassen, welches uns Mut macht, uns mit der scheinbaren Allgewalt der Natur messen zu können.«

8.3.3.4.6 Spätwerk

Auf Kants späte Naturphilosophie einzugehen, lohnt sich nicht. Sie ist vielleicht der schwächste Teil seines ganzen »Systems«. Um so wertvoller sind seine Ausführungen zur Religionsphilosophie, Geschichtsphilosophie, politischen Philosophie und zur Anthropologie. Hier nur das Allerwichtigste.

Die dritte große Frage der Philosophie lautet: »Was darf ich hoffen?« In seiner gegen Leibniz gerichteten Abhandlung ›Über das Mißlingen aller philosophischen Versuche in der Theodizee‹ (1791) legt Kant dar, daß die Theodizee es »nicht sowohl mit einer Aufgabe zum Vorteil der Wissenschaft als vielmehr mit einer Glaubenssache zu tun« hat. In der Polemik gegen Leibniz wird die antitheologisch-wissenschaftliche Grundtendenz

Kants deutlich: Keine Vermengung von Wissen und Glauben! Mit der Schrift ›Religion innerhalb der Grenzen der bloßen Vernunft‹ (1793) schwenkte Kant in die allgemeine Tendenz der Aufklärung ein, die Religion als ein Naturphänomen zu verstehen suchte. Im »ersten Stück« vertrat Kant die Lehre vom radikal Bösen in der menschlichen Natur (Erbsünde), der sich die deutschen Klassiker nicht anschließen mochten. Radikal böse ist, Kant zufolge, der Mensch, der die Moral von der Selbstliebe abhängig macht und damit die sittliche Ordnung der Motive umkehrt. Es gibt drei Grade im Hang zum Bösen: Schwäche, Unaufrichtigkeit und Heuchelei. Im »vierten Stück« rebelliert Kant gegen Klerus, Pfaffentum und Obskurantismus, beugte sich aber im Endeffekt doch den Mächten der Reaktion. Am 1. 10. 1794 erging eine Kabinettsorder des Königs an Kant, die ihm das Mißfallen des Monarchen kundtat und ihm im Falle weiterer Schriften dieser Art ernste Konsequenzen androhte. Kant gehorchte, der Devise Friedrichs des Großen gemäß.

In der Geschichtsphilosophie hatte Kant eine Konzeption, die sich mit der Hegels durchaus messen kann. An der Geschichte interessierte ihn vor allem die Entwicklung der Menschheit, nicht als Abfolge von Kriegen, Eroberungen und Herrscherhäusern, sondern als Kulturgeschichte. Seine Schrift ›Mutmaßlicher Anfang des Menschengeschlechts‹ (1786) entstand unter dem Einfluß von Rousseau. 1784 erschien der Aufsatz ›Beantwortung der Frage: Was ist Aufklärung?‹ mit der berühmten Definition von der Befreiung aus selbstverschuldeter Unmündigkeit. Kant trifft damit den Kern nicht nur dessen, was Aufklärung, sondern auch was Philosophie ist: ein Prozeß der Selbstbefreiung, der Emanzipation schlechthin.

Die Schrift ›Zum ewigen Frieden‹ (1795), Kants politisches Testament, weist ihn als einen Denker von hohem politischen Rang aus. Der erste Abschnitt der Schrift enthält Präliminarartikel zum ewigen Frieden, der zweite die Definitivartikel. Die Präliminarartikel verbieten bei Friedensschlüssen geheime Vorbehalte, in der Absicht, den Krieg bei Gelegenheit fortzusetzen, die Einverleibung anderer Staaten, die Unterhaltung von stehenden Heeren, die Anhäufung von Staatsschulden in Beziehung auf äußere Konflikte, die Einmischung von Staaten in Verfassung und Regierung anderer Staaten sowie Feindseligkeiten, die das Vertrauen in einen künftigen Frieden unmöglich machen. In der Frage der Revolution gelangte Kant nicht zu einem abschließenden, widerspruchsfreien Urteil.

Die vierte und letzte große Frage der Philosophie, die in gewisser Weise die anderen umgreift, lautet: »Was ist der Mensch?« Kants anthropologische Schriften werden meistens unterschätzt. Sie beruhen auf Beobachtungen und Erfahrungen und zeugen von einem Gespür für psychologische Zusammenhänge. Ein Satz seiner ›Anthropologie‹ veraltet sicher niemals: »Das Talent hat einen Marktpreis, das Temperament einen Affektionspreis, der Charakter ist über jeden Preis erhaben.«

Kant angemessen zu würdigen oder seine Wirkung zu beschreiben, ist bisher noch nicht gelungen. In gewisser Weise endet mit ihm nicht nur das Zeitalter der Aufklärung, sondern auch das Zeitalter der Philosophen. Mit ihm verglichen sind alle, die folgten, Epigonen, Kantianer oder Antikantianer, aber keine Ebenbürtigen. Kant hatte das Glück, am Ende einer Epoche zu stehen, ähnlich wie zuvor Leibniz. So konnte er die doppelte Ernte einbringen, die Synthese der Synthese vollziehen, frühe Neuzeit und Aufklärung zusammenfassen zu einem Ganzen, das sich in vieler Hinsicht mit Werken der Größten aus Altertum und Mittelalter messen kann.

Literaturhinweise

Aldrige, A. O.: Voltaire and the Century of Light. Princeton 1975.

Alphéus, K.: Kant und Scheler. Repr. Bonn 1981.

Althusser, L.: Montesquieu. La politique et l'histoire. 4. Aufl., Paris 1974.

Ardley, G.: Berkeley's Renovation of Philosophy. Den Haag 1968.

Aune, B.: Kant's Theory of Morals. Princeton, N. J. 1979.

Ayer, A. J. u. R. Winch: British Empirical Philosophers. New York 1968.

Ders.: Hume. Oxford 1980.

Bahr, E. (Hrsg.): Kant u. a: Was ist Aufklärung? Thesen und Definitionen. Stuttgart 1974.

Baker, K. M.: Condorcet. From Natural Philosophy to Social Mathematics. Chicago 1975.

Baruzzi, A.: Aufklärung und Materialismus im Frankreich des 18. Jahrhunderts. München 1968.

Baumgardt, D.: Bentham and the Ethics of Today. Princeton 1952.

Bayle, P.: Œuvres diverses. 4 Bde, Repr. Hildesheim 1964 f.

Beck, L. W.: The Philosophy of Immanuel Kant. New York 1976.

Ders.: The Philosophy of David Hume. New York 1984.

Bennett, J.: Locke, Berkeley, Hume. Central Themes. Oxford 1971.
Bentham, J.: Works. 11 Bde, 1838ff.; Repr. New York 1962.
Bergner, I.: Voltaire. 2. Aufl., Berlin (Ost) 1978.
Berkeley, G.: Works. Hrsg. v. A. A. Luce u. T. E. Jessop. 9 Bde, Edinburgh 1949ff.
Berman, M.: The Politics of Authenticity. Radical Individualism and the Emergence of Modern Society. New York 1970.
Beyer, Ch. J.: Nature et valeur dans la philosophie de Montesquieu. Paris 1982.
Blackstone, W. T.: Francis Hutcheson and Contemporary Ethical Theory. Athens, Ga. 1965.
Blake, R. M. u.a.: Theories of Scientific Method (15.–19. Jh.). Seattle 1960.
Bohatec, J.: Die Religionsphilosophie Kants. Repr. Hildesheim 1966.
Bolingbroke, H.: Works. Hrsg. v. D. Mallet. 5 Bde, Repr. Hildesheim 1968.
Bracken, H. M.: Berkeley. London 1974.
Brockdorff, C. v.: Die englische Aufklärungsphilosophie. München 1924.
Broiles, R. D.: The Moral Philosophy of David Hume. 2. Aufl., Den Haag 1969.
Brooks, R. A.: Voltaire and Leibniz. Genf 1964.
Brush, C. B.: Montaigne et Bayle. Den Haag 1966.
Burke, E.: Works. 12 Bde, Repr. Hildesheim 1975.
Busch, W.: Die Entstehung der kritischen Rechtsphilosophie Kants 1762–80. Berlin 1979.
Campbell, T. D.: Adam Smith's Science of Morals. London 1971.
Cassirer, E.: Die Philosophie der Aufklärung. 3. Aufl., Tübingen 1973.
Ders.: Kants Leben und Lehre. Darmstadt 1977.
Cohen, H.: Kants Theorie der Erfahrung. 2. Aufl., Berlin 1885.
Condillac, E. B.: Œuvres. 3 Bde, Paris 1947ff.
Condorcet, J.A.N.C.: Œuvres. 12 Bde, 1947; Repr. Stuttgart-Bad Cannstatt 1968.
Dédéyan, C.: Voltaire et la pensée anglaise. Paris 1956.
Delekat, F.: Immanuel Kant. 2. Aufl., Heidelberg 1966.
Ders.: J. H. Pestalozzi. Der Mensch, der Philosoph und der Erzieher. 3. Aufl., Leipzig 1968.
Dieckmann, H. (Hrsg.): Diderot und die Aufklärung. München 1980.
Dietze, G.: Kant und der Rechtsstaat. Tübingen 1982.
Dirschel, K.: Der Roman der Philosophen: Diderot, Rousseau, Voltaire. Tübingen 1985.
Durkheim, E.: Montesquieu et Rousseau. Paris 1953.
Eisler, R.: Kant-Lexikon. Repr. Hildesheim 1972.
Essar, D. F.: The Language Theory, Epistemology, and Aesthetics of J. L. d'Alembert. Oxford 1976.
Farr, W. (Hrsg.): Hume und Kant. Interpretation und Diskussion. Freiburg i.Br. 1982.

Fassmann, K. (Hrsg.): Die Konstituierung der neuzeitlichen Welt. Frankfurt 1984.
Fetscher, I.: Rousseaus politische Philosophie. Frankfurt 1981.
Fromm, S.: Wittgensteins Erkenntnisspiele contra Kants Erkenntnislehre. Freiburg 1979.
Gaskin, J. C. A.: Hume's Philosophie der Religion. Frankfurt 1979.
Gay, P.: The Enlightment. 2 Bde, 3. Aufl., London 1979.
Göpfert, H. G. (Hrsg.): Das Bild Lessings in der Geschichte. Heidelberg 1981.
Grimsley, R.: The Philosophy of Rousseau. Oxford 1973.
Hall, R.: Fifty Years of Hume Scholarship. Edinburgh 1978.
Hamann, J. G.: Sämtliche Werke. Hist.-krit. Ausgabe. Hrsg. v. J. Nadler. 6 Bde, Wien 1949–1957.
Hankins, Th. L.: J. d'Alembert. Oxford 1970.
Harrison, J.: Hume's Theory of Justice. Oxford 1981.
Hazard, P.: La crise de la conscience européenne 1680–1715. 3 Bde, 1935, dt. Hamburg 5. Aufl. 1939.
Heintel, P.: Zur Kantforschung der Gegenwart. Darmstadt 1981.
Helvétius, C. A.: Œuvres complètes. Repr. Hildesheim 1967.
Herder, J. G.: Sämtliche Werke. Hrsg. v. B. Suphan. 33 Bde, Repr. Hildesheim 1967/68.
Heydenreich, T. (Hrsg.): Denis Diderot: 1713–1784. Zeit, Werk, Wirkung. Erlangen-Nürnberg 1984.
Hicks, G. D.: Berkeley. 2. Aufl., New York 1968.
Hoppe, H.: Synthesis bei Kant. Berlin 1983.
Horowitz, J. L.: Claude Helvétius: Philosopher of Democracy and Enlightment. New York 1954.
Hume, D.: Works. Hrsg. v. T. H. Green u. T. H. Grose. 4 Bde, Repr. Aalen 1964.
Ders.: Eine Untersuchung über den menschlichen Verstand. Übers. v. H. Herring. Stuttgart 1967.
Ders.: Dialoge über natürliche Religion. Hrsg. v. G. Gawlick. 5. Aufl., Hamburg 1980.
Hutcheson, F.: Works. Hrsg. v. B. Fabian. 7 Bde, Repr. Hildesheim 1969 ff.
Imboden, H.: Montesquieu und die Lehre von der Gewaltenteilung. Berlin 1959.
Jaspers, K.: Kant. Leben, Werk, Wirkung. München 1975.
Kant, I.: Werke. Hrsg. v. d. Preußischen bzw. Deutschen Akademie der Wissenschaften. Berlin 1910 ff.
Ders.: Studienausgabe. Hrsg. v. W. Weischedel. Darmstadt 1956 ff.
Kaulbach, F.: Immanuel Kant. Berlin 1969.
Ders.: Das Prinzip Handlung in der Philosophie Kants. Berlin 1978.
Ders.: Studien zur späten Rechtsphilosophie Kants. Würzburg 1982.
Ders.: Ästhetische Welterkenntnis bei Kant. Würzburg 1984.
Keynes, G.: A Bibliography of George Berkeley. Oxford 1976.
Knott, B.: Aufklärung. Konstanz 1975.

Köhler, H.: G. C. Lichtenberg. München 1973.
Kopper, J.: Einführung in die Philosophie der Aufklärung. Darmstadt 1979.
Ders.: Die Stellung der ›Kritik der reinen Vernunft‹ in der neueren Philosophie. Darmstadt 1984.
Kramnick, J.: Bolingbroke and His Circle. Cambridge, Mass. 1968.
Krauss, W.: Studien zur deutschen und französischen Aufklärung. Berlin 1963.
Krausser, P.: Kants Theorie der Erfahrung. Frankfurt 1981.
Labrousse, E.: Pierre Bayle. 2 Bde, Den Haag 1963 f.
Laing, B. M.: David Hume. 2. Aufl., New York 1968.
Lauener, H.: Hume and Kant. Bern 1969.
Lefèvre, R.: Condillac, ou la joie de vivre. Paris 1966.
Leidhold, W.: Ethik und Politik bei Francis Hutcheson. Freiburg i. Br. 1985.
Lessing, G. E.: Werke. Hrsg. v. H. G. Göpfert. 8 Bde, München 1970 bis 1979.
Lichtenberg, G. Chr.: Schriften und Briefe. Hrsg. v. W. Promies. 2. Aufl., München 1973 ff.
Lindgren, J. R.: The Social Philosophy of Adam Smith. Den Haag 1973.
Lyons, D.: The Interest of the Governed. A Study in Bentham's Philosophy of Utility and Law. Oxford 1973.
Mackie, J. L.: Hume's Moral Theory. London 1980.
Mall, R. A.: Hume's Concept of Man. New York 1968.
Mandeville, B. de: The Fable of the Bees, or, Private Vices, Public Benefits. Hrsg. v. F. B. Kaye. 2 Bde, Oxford 1924; dt. Frankfurt 1968.
Mandrou, R.: Staatsräson und Vernunft, 1649–1975. Frankfurt 1976.
Mason, H. T.: P. Bayle and Voltaire. London 1963.
Mason, S. M.: Montesquieu's Idea of Justice. Den Haag 1975.
Mercer, Ph.: Sympathy and Ethics. Oxford 1972.
Meyer, E.: Humes und Berkeleys Philosophie der Mathematik. Repr. Hildesheim 1980.
Mittelstraß, J.: Neuzeit und Aufklärung. Berlin 1970.
Monro, H. D.: Empiricism and Ethics. Cambridge 1967.
Ders.: The Ambivalence of B. Mandeville. New York 1975.
Montesquieu, Ch. de: Œuvres complètes. Hrsg. v. A. Masson. Paris 1950–1955.
Ders.: Vom Geist der Gesetze. Übers. v. E. Forsthoff. 2 Bde, Tübingen 1951.
Morris, Chr. R.: Locke, Berkeley, Hume. Westport, Co. 1980.
Morrow, G. R.: The Ethical and Economic Theories of Adam Smith. Repr. New York 1973.
Murphy, R. T.: Hume and Husserl. Den Haag 1980.
Noxon, J.: Hume's Philosophical Development. Oxford 1973.
Obergfell, F.: Begriff und Gegenstand bei Kant. Würzburg 1985.

Olscamp, P. J.: The Moral Philosophy of George Berkeley. Den Haag 1970.

Parekh, B. (Hrsg.): Jeremy Bentham. Ten Critical Essays. London 1974.

Parkin, Ch.: The Moral Basis of Burke's Political Thought. Cambridge 1956.

Passmore, J. A.: Hume's Intentions. 3. Aufl., London 1980.

Paton, H. J.: Der kategorische Imperativ. Berlin 1962.

Pestalozzi, J. H.: Sämtliche Werke. Hrsg. v. A. Buchenau. Leipzig, Zürich 1927ff.

Pitcher, G.: Berkeley. London 1977.

Plamenatz, J.: The English Utilitarians. Oxford 1966.

Popkin, R. H.: The History of Scepticism from Erasmus to Descartes. 3. Aufl., New York 1968.

Primer, J. (Hrsg.): Mandeville Studies. Den Haag 1975.

Prauss, G. (Hrsg.): Kant. Zur Deutung seiner Theorie vom Denken und Handeln. Köln 1973.

Quinton, A.: Utilitarian Ethics. London 1973.

Rade, Cl.-D.: Klassische Staatsphilosophen der Neuzeit. Bonn 1983.

Rang, M.: Rousseaus Lehre vom Menschen. Göttingen 1958.

Raphael, D. D.: British Moralists, 1650–1800. 2 Bde, Oxford 1969.

Recktenwald, H. C.: Adam Smith. München 1976.

Ders.: Ethik, Wirtschaft und Staat. Adam Smith's politische Ökonomie heute. Darmstadt 1985.

Reichardt, R.: Reform und Revolution bei Condorcet. Bonn 1973.

Reichmann, E.: Die Herrschaft der Zahl. Stuttgart 1968.

Requadt, P.: Lichtenberg. 2. Aufl., Stuttgart 1964.

Richter, M. (Hrsg.): The Political Theory of Montesquieu. London 1977.

Roberts, T. A.: The Concept of Benevolence. London 1973.

Robinson, Ph. E.: Jean-Jacques Rousseau's Doctrine of the Arts. Bern 1984.

Rosenfield, L. D. C.: From Beast-Machine to Man-Machine. 2. Aufl., New York 1968.

Rousseau, J. J.: Œuvres complètes. Hrsg. v. B. Gagnebin u. M. Raymond. 4 Bde, Paris 1959ff.

Salmon, Chr. V.: The Central Problem of David Hume's Philosophy. New York 1983.

Sandvoss, E.: Immanuel Kant. Stuttgart 1983.

Santeler, J.: Die Grundlegung der Menschenwürde bei I. Kant. Stuttgart 1973.

Schabert, Th. (Hrsg.): Aufbruch zur Moderne. München 1974.

Schacht, R.: Classical Modern Philosophers: Descartes to Kant. London 1984.

Schneiders, W.: Naturrecht und Liebesethik. Hildesheim 1971.

Schober, J.: Die deutsche Spätaufklärung. Frankfurt 1975.

Schöffler, H.: Deutsches Geistesleben zwischen Reformation und Aufklärung. 3. Aufl., Frankfurt 1974.
Schoeps, J. H.: Moses Mendelssohn. Königstein/Ts. 1979.
Schrader, W. H.: Ethik und Anthropologie in der englischen Aufklärung. Hamburg 1984.
Schulthess, D.: Philosophie et sens commun chez Thomas Reid. Bern 1983.
Schumann, H.-G.: Edmund Burkes Anschauungen vom Gleichgewicht in Staat und Staatensystem. Meisenheim 1964.
Schwartz, J.: Diderot et Montaigne. Genf 1966.
Segreff, K.-W.: Moses Mendelssohn und die Aufklärungsästhetik im 18. Jahrhundert. Bonn 1984.
Seillière, E.: Diderot. Paris 1944.
Sicard, E.: Kant und das Problem der Evidenz. Basel 1981.
Smith, A.: Works. Hrsg. v. D. Stewart. 5 Bde, Repr. Aalen 1963.
Ders.: Theorie der ethischen Gefühle. Übers. v. W. Eckstein. Repr. Hamburg 1977.
Smith, D. W.: Helvétius. A Study in Persecution. Oxford 1965.
Spink, J. S.: French Free Thought from Gassendi to Voltaire. London 1960.
Stegmüller, W.: Der Begriff des synthetischen Urteils a priori und die moderne Logik. In: Zschr. f. philos. Forschung 8 (1954).
Ders.: Das Problem der Induktion. Repr. Darmstadt 1975.
Steinberg, J.: Locke, Rousseau and the Idea of Consent. Westport, Co. 1978.
Stephen, L.: History of the English Thought in the 18th Century. 2 Bde, Repr. New York 1963.
Stroud, B.: Hume. London 1977.
Topitsch, E. u. G. Streminger: Hume. Darmstadt 1981.
Tuschling, B. (Hrsg.): Probleme der ›Kritik der reinen Vernunft‹. Berlin 1984.
Vaihinger, H.: Kommentar zu Kants ›Kritik der reinen Vernunft‹. Stuttgart 1922.
Varga v. Kibed, A.: Die Philosophie der Neuzeit (Bruno – Kant). München 1980.
Voltaire: Œuvres complètes. Hrsg. v. L. Moland. 52 Bde, Paris 1877ff.
Ders.: Œuvres philosophiques. Hrsg. v. R. Petit. Paris 1955.
Vorländer, K.: Immanuel Kant. 2. Aufl., Hamburg 1977.
Vossler, O.: Rousseaus Freiheitslehre. Göttingen 1963.
Wade, I. O.: The Intellectual Development of Voltaire. Princeton 1969.
Ders.: The Structure and Form of the French Enlightment. 2 Bde, Princeton 1977.
Warnock, G. J.: Berkeley. Harmondsworth 1969.
Weinberg, J. R.: Ockham, Descartes and Hume. Madison, Wisc. 1977.
Wettstein, R. H.: Kants Prinzip der Urteilskraft. Königstein 1981.
Wilkins, B. T.: The Problem of Burke's Political Philosophy. Oxford 1967.

Williams, H.: Kant's Political Philosophy. Oxford 1983.
Wolff, Chr.: Gesammelte Werke. Neuausg. Hrsg. v. J. Ecole u.a. Hildesheim 1962ff.
Wolff, H.M.: Die Weltanschauung der deutschen Aufklärung. 2. Aufl., Bern 1963.
Wolff, M.: Der Begriff des Widerspruchs. Königstein 1981.
Wright, J. P.: The Sceptical Realism of David Hume. Manchester 1983.
Yovel, Y.: Kant and the Philosophy of History. Princeton 1980.
Zabeeh, F.: Hume. Precursor of Modern Empiricism. 2. Aufl., Den Haag 1973.

9 Von der Metaphysik zur Mathematik

9.1 Die Emanzipation der Wissenschaften von der Philosophie

9.1.1 Allgemeine Charakteristik

In seiner Einleitung zur großen ›Enzyklopädie‹ bemerkte d'Alembert, daß auf das Zeitalter der Religion und der Philosophie nun das Zeitalter der Wissenschaft folge. Er beschrieb damit die tatsächliche geschichtliche Entwicklung, die von der Emanzipation der Philosophie von der Theologie in der frühen Neuzeit zur Emanzipation der Wissenschaften von der Philosophie im Zeitalter der Aufklärung geführt hat. Newton (1643 bis 1727) hatte seine wissenschaftlichen Untersuchungen noch als ›Philosophiae naturalis principia mathematica‹ bezeichnet. Euler (1707–1783), ein überzeugter Newtonianer, protestierte energisch gegen die »elende Schikane« der Philosophen, die aufgrund von Spekulationen die Naturerkenntnis der Wissenschaften zu diskreditieren versuchten. D'Alembert (1717–1783) zog nur die Konsequenz aus diesem Mißverhältnis von Anspruch und Erkenntnis, um der Philosophie – und Theologie – Lebewohl zu sagen.

Das Schicksal der Philosophie wird seitdem wesentlich von ihrer Einstellung zu den Wissenschaften mitbestimmt. Dieses Verhältnis wurde mehr und mehr zum Indikator für die Glaubwürdigkeit der Philosophie, wie zuvor die Einstellung der Theologen zur Philosophie zum Indikator ihrer Glaubwürdigkeit geworden war.

Die Entwicklung der Philosophie im 19. Jahrhundert verlief in den einzelnen Ländern unterschiedlich. Vom 16. bis zum 18. Jahrhundert war die Philosophie, nach dem Ausscheiden Italiens infolge der Gegenreformation, fast ganz auf England, Frankreich und Deutschland beschränkt. Im 19. Jahrhundert traten die USA hinzu. In Polen entwickelte sich schon zu Beginn des Jahrhunderts eine eigene Philosophie, in Schweden um die Jahrhundertmitte und in Rußland in den letzten Jahrzehnten des 19. Jahrhunderts. Der Däne Sören Kierkegaard (1813–1855) hat wesentlich zur Begründung christlich orientierter Existenzphilosophie beigetragen. In Holland tendierten die Philosophen seit der Mitte des Jahrhunderts zur Empirie der Angelsachsen (Opzoomer 1821–1892), in Norwegen ebenfalls, wenn auch etwas später (Ibsen 1828–1906). Gegen Ende des Jahrhunderts dominierte in Dänemark und Norwegen, wie vorher schon in Italien und Ungarn, der Positivismus. In Rußland und einigen anderen Ländern Osteuropas überwogen, im Unterschied zum westlich-rationalen Denken, Mystik und Irrationalismus (Solowjew); gleichwohl gewann gegen Ende des Jahrhunderts auch dort der Positivismus an Boden. In Südamerika setzte sich zu dieser Zeit der Positivismus Herbert Spencers durch.

Überblickt man das philosophische Szenarium des 19. Jahrhunderts insgesamt, so kann man eine einheitliche oder durchweg dominierende Denkweise nicht entdecken. Anfangs übte der Deutsche Idealismus über die Grenzen Europas hinaus einen großen Einfluß aus. Gegen Ende des Jahrhunderts befand sich der französische Positivismus auf dem Vormarsch. Das herausragende Ereignis war indessen der Durchbruch der Evolutionstheorie Charles Darwins (1809–1882) in der Jahrhundertmitte.

9.1.2 Großbritannien

9.1.2.1 James Mill, John Stuart Mill, Bain, Hamilton, Bentham, Sidgwick

Die englische Philosophie nach Hume konnte sich ohne Bruch, ja ohne größere Störung durch Revolution oder Restauration, frei entfalten. Zwar gab es auch hier konservativ, liberal oder sozial orientierte Denker, im wesentlichen aber war sie autonom und hielt sich an die seit Bacon bewährten Methoden der Analyse, Beobachtung und Erfahrung. Die Kontinuität der Entwicklung, also der Anschluß an Hume und Berkeley, wird besonders in der Assoziationsphilosophie von James Mill

(1773–1836), John Stuart Mill (1806–1873) und Alexander Bain (1818–1903) deutlich.

Nach ihr entstehen aus elementaren Empfindungen, dank einer nicht weiter erklärbaren Kraft der Assoziation, zusammengesetzte psychische Gebilde. Der psychische Prozeß wird mit chemischen Vorgängen *(mental chemistry)* verglichen. Er führt zur Herstellung einer Beziehung auf äußere Objekte. Hatte die psychische Bedingtheit menschlicher Erkenntnis Hume zur Skepsis geführt, machten John Stuart Mill und Bain gleichsam aus der Not eine Tugend und sahen gerade in den psychischen Zwängen einen Grund für die Gültigkeit empirischer Erkenntnis. Mathematik und die allgemeinen Kategorien unterstehen ebenfalls dem Gesetz der Assoziation.

Im Anschluß an den Begründer der Common-sense-Philosophie, Thomas Reid (1710–1796), vertrat William Hamilton (1788–1856) eine Art naiven Realismus, wonach wir die äußeren Objekte unmittelbar erkennen, wie sie sind. Der Standpunkt mag zwar praktisch brauchbar sein, taugt aber nicht zu einer theoretischen Vertiefung des Problems.

John Stuart Mill hat sich in der ›Examination of Sir W. Hamilton's philosophy‹ (1865) mit dessen Anschauungen auseinandergesetzt. In seiner Schrift ›A System of Logic, Ratiocinative and Inductive‹ (1843) bildete er die Assoziationslehre zu einer im psychologischen Individualismus fundierten umfassenden Logik und Methodenlehre weiter, auf ethischem Gebiet die Lehren Benthams zu einem differenzierenden »Utilitarismus« (1863). Jeremy Bentham (1748–1832), Rechtsanwalt und Privatgelehrter, wurde durch sein Prinzip des »größtmöglichen Glücks der größtmöglichen Zahl« bekannt, ferner durch seine Maxime: »Jeder hat für einen, niemand für mehr als einen zu gelten.« Außerdem hat Bentham wertvolle Klassifikationsarbeit zum Thema Lust und Unlust im Hinblick auf Recht, Gesetzgebung und Moral geleistet. Im Anschluß an Mills Utilitarismus versuchte Henry Sidgwick (1838–1900) in seiner Schrift ›Methods of Ethics‹ (1875) das Verhältnis vom Glück des Einzelnen zum Glück aller, eines der Grundprobleme des Utilitarismus, dadurch zu beheben, daß er das Begehrenswerte als das definierte, was begehrt werden *soll.* Zweck menschlichen Handelns soll danach sein, in einer möglichst großen Menge von Lebewesen in Gegenwart und Zukunft einen begehrenswerten Gefühlszustand zu erzeugen.

9.1.2.2 Darwin, Spencer

Mit den Entdeckungen des Naturforschers Darwin beginnt in der Philosophie eine neue Epoche[1]. Darwin gehört zu den Denkern, die Herausforderungen annehmen, die mit einer empirischen Erweiterung unserer Erkenntnis der Welt verbunden sind. Er gewann seine Theorie nicht nur in der Studierstube, sondern nahm auch an einer fünfjährigen Expedition teil, die Australien, Südamerika und die pazifischen Inseln erforschte. Da für Biologen im Budget kein Geld vorgesehen war, fuhr er auf eigene Kosten auf der ›Beagle‹ mit. Darwin brachte eine große Menge Material mit nach Hause, das er in jahrzehntelanger, mühevoller Arbeit sichtete und auswertete. Der Erfolg seines Werkes ›Die Entstehung der Arten durch natürliche Auslese‹ (1859) war durchschlagend. Er konnte nachweisen, daß die verschiedenen Tier- und Pflanzenarten nicht unabhängig voneinander entstanden waren, sondern sich auseinander durch natürliche Selektion entwickelt hatten. Pflanzen und Tiere vermehren sich in geometrischer Progression, nicht aber die Lebensmöglichkeiten. Darwin wandte hier eine Lehre eines Landsmannes, des Geistlichen und Nationalökonomen Thomas R. Malthus, übrigens eines frühen Mahners zur Geburtenbeschränkung, auf die Pflanzen- und die Tierwelt an. In der Natur herrscht der Kampf ums Dasein *(struggle for life)*, in dem sich nur die besten Einzelwesen und Arten an veränderte Lebensbedingungen anpassen *(survival of the fittest)*. Eine besondere Form der Auslese ist die natürliche Zuchtwahl, wobei schwächere Einzelwesen der gleichen Art nicht zur Fortpflanzung gelangen.

Während die Evolutionstheorie Darwins, abgesehen von einigen orthodoxen kirchlichen Kreisen, allgemein angenommen wurde, wurde die Theorie vom Kampf ums Dasein zu einer Art Ideologie weitergebildet, also zu einer Rechtfertigungslehre kapitalistischer Ausbeutung (Vulgärdarwinismus).

Herbert Spencer (1820–1903), sowenig wie Darwin Fachphilosoph, vielmehr zunächst Ingenieur, dann freier Schriftsteller, hatte schon vor Darwin das Entwicklungsprinzip als oberstes Gesetz des Naturgeschehens entdeckt und eingeführt. 1896 lagen Spencers Werke in zehn Bänden vor.

[1] Ein Vorläufer Darwins war Jean Lamarck (1744–1829), dessen Abstammungslehre (Lamarckismus) sich jedoch gegenüber der experimentellen Genetik nicht behaupten konnte.

In den ›First Principles‹ geht Spencer vom gesunden Menschenverstand aus, der die Existenz einer Wirklichkeit ohne weitere Fragen voraussetzt. Die objektivierende Wissenschaft führt zu dem Ergebnis, daß diese Wirklichkeit sich nicht mit dem deckt, was wir denken; die subjektivierende Wissenschaft sucht zu erklären, warum wir die Wirklichkeit nicht so denken, wie sie ist, und die Religion entdeckt in der unbekannten Realität ihr ureigenstes Feld. Wir haben nicht zwischen dem Glauben an Gott als Person oder an etwas Geringeres zu wählen, sondern möglicherweise an etwas Höheres.

Das Weltgeschehen vollzieht sich in den Prozessen der Entwicklung *(evolution)* und der Auflösung *(dissolution)*. Eine Erscheinung entsteht als Folge des Übergangs von einem aufgelösten, nicht wahrnehmbaren in einen konkreten, wahrnehmbaren Zustand et vice versa. Auf Integration und Dissipation folgen Absorbtion und Desintegration. An elementaren Tatsachen unterscheidet Spencer die uns unbekannten Ursachen der Erscheinungen, das vergleichende Bewußtsein sowie lebhafte und schwächere Vorstellungen. Im Kleinen wie im Großen werden die Prozesse von Anziehung und Abstoßung beherrscht. Da Materie und Bewegung ihrer Menge nach unverändert bleiben, während die Bewegung den Stoff verteilt, erhalten wir nach einem festen Rhythmus entgegengesetzt gerichtete Stoffverteilungen im Kosmos. Die moderne Astronomie bietet in ihrer Theorie vom pulsierenden Weltall ein ähnliches Modell an.

In den ›Principles of Biology‹ untersucht Spencer die Welt des Lebendigen auf der Basis der Evolutionstheorie. Organische Gebilde sind das Ergebnis von organischen Funktionen in einer endlosen Reihe von Wechselwirkungen. Mit der Veränderung der Lebensbedingungen ändern sich die Arten der Organismen.

Die ›Principles of psychology‹ enthalten auch die Annahme einer geistigen Substanz, die wir ebensowenig erkennen können wie die »Substanz« des Weltgeschehens. Empfindungen, gleichsam seelische Atome *(units of feeling)*, lassen sich, wie in der Mechanik, als Stöße *(shocks)* oder Eindrücke verstehen. Die »objektive Psychologie« befaßt sich mit den Entwicklungsstufen des Geistes: Reflexe, Instinkt, Auflösung der Automatismen, Hemmungen, Bewegungsimpulse, Gedächtnis, Vernunft und Wille. Die »subjektive Psychologie« geht analytisch von den höchsten psychischen Erscheinungen zu den elementaren voran. Der einfachste Bewußtseinsprozeß ist der Vergleich. Die

Kategorien sind individuell angeboren, im Hinblick auf die Gattung durch Erfahrung entstanden. Das menschliche Gehirn ist ein Verzeichnis der Erfahrungen. Geistige Tätigkeit besteht im Differenzieren und Integrieren von Bewußtseinszuständen. Kriterium der Wahrheit ist die Unfaßbarkeit des Entgegengesetzten. Mit der Evolutionstheorie ist, Spencer zufolge, kein idealistisches, sondern nur ein realistisches Weltkonzept vereinbar.

Die ›Principles of Sociology‹ präsentieren die Gesellschaft als eine Art Organismus, als Produkt »überorganischer Evolution«. Diese Perspektive hat gegenüber der von Marx den Vorzug, daß sie sich nicht auf soziale und ökonomische Faktoren beschränkt, sondern diesen Mittelbau auf dem soliden Unterbau der Evolutionstheorie gründet, also auf eine Analyse des Naturgeschehens. Gemäß dem Denkansatz der Neuzeit ist das Individuum das soziale »Atom«. Der »soziale Organismus« unterscheidet sich vom tierischen durch die allgemeine Verbreitung des Bewußtseins in ihm.

In den ›Principles of Morality‹ führt Spencer intuitive Erkenntnisse auf den Erfahrungsschatz der Art zurück. Für den Einzelnen sind moralische Prinzipien apriorisch – gegenüber Kant also eine Relativierung, verstanden als Entflechtung von Verabsolutierungen. Spencer erreicht auf diese Weise eine erfahrungs- und wissenschaftsfreundliche Theorie der Moral. Gut oder schlecht werden Handlungen nach ihren Zwecken genannt. Selbsterhaltung und Arterhaltung sind Endzwecke menschlichen Wollens. Die Entwicklung der Art vollzieht sich optimal, wenn die Handlungen der Menschen für sich, ihre Nachkommen und die Gemeinschaft ein Höchstmaß an Lebensentfaltung ermöglichen. Der Mensch handelt richtig, wenn er zu einer positiven Bilanz von Freuden und Schmerzen gelangt. Pflichtgefühl ist nach Spencer ein »repräsentatives« Gefühl, das sich auf entfernteres Wohlergehen bezieht. Zwang rührt von religiöser oder staatlicher Strafdrohung her; Ziel ist es, das »Müssen« oder »Sollen« zum Verschwinden zu bringen: eine im Vergleich zu Kant sowohl realistischere als auch menschlichere Moralauffassung. Selbstaufopferung ist nicht weniger natürlich als Selbsterhaltung, Egoismus und Altruismus haben sich parallel entwickelt. Altruistische Freude ist nicht bewußt egoistisch.

Spencer, Mitherausgeber der Zeitschrift ›Economist‹, arbeitete auch über soziologische Themen (›Soziale Statik‹, 1850, ›Studium der Soziologie‹, 1873). Er begründete die Soziologie in England, unabhängig von Auguste Comte. In England gab es, gemäß der politischen Meinungsvielfalt, Denker verschiedenster Grundorientierung, wenn auch naturgemäß weniger Konformisten als in monarchisch gesinnten Ländern. Spencer war liberal gesinnt, ein leidenschaftlicher Nonkonformist.

9.1.2.3 Malthus, Ricardo, Owen

Angesichts der großen und neuen sozialen Probleme infolge der industriellen Revolution beherrschten in England nicht nur Denker das Feld, die, wie Thomas Robert Malthus (1766–1834) und David Ricardo (1772–1823) an der gott- oder naturgegebenen Ordnung des Reichtums und der Armut festhielten, sondern auch Männer mit Sinn für soziale Gerechtigkeit, wie der Industrielle Robert Owen (1771–1858), der durch Schrift und Tat in seinem Bereich zu reformieren suchte durch die Verkürzung der Arbeitszeit bei gleichbleibendem Lohn, die Abschaffung unsozialen Wettbewerbs und die Einrichtung von Schulen und Kindergärten. England, das früher als andere europäische Länder den Feudalismus bezwungen hatte, bekämpfte auch als erstes Land Auswüchse der Industrialisierung im bürgerlichen Zeitalter ohne Zuhilfenahme von Ideologien und Revolutionen.

9.1.2.4 Carlyle, Coleridge, John und Edward Caird, Wallace, McTaggert, Green, Bradley

Zu erwähnen bleibt schließlich die ausführliche Auseinandersetzung mit kontinentaler, speziell mit deutscher Philosophie. Thomas Carlyle (1795–1881) betrachtete zwar metaphysische Systeme als geistige Abgeschmacktheiten, arbeitete aber unermüdlich, um seinen Landsleuten die Quellen deutscher Philosophie zu erschließen. Dabei legte er vor allem Wert auf die praktischen Bereiche. Besondere Aufmerksamkeit schenkte er der Phantasie, die er, im Gegensatz zur Reflexion, als Kennzeichen gesunder geistiger Entwicklung verstand: Der Verstand ist nur das Fenster, die Phantasie aber das hindurchblickende Auge.

Von dem nuancenreichen Angebot englischer Philosophie im 19. Jahrhundert seien wenigstens noch drei Richtungen erwähnt, die das weitverbreitete Empirismus-Klischee Lügen strafen: der kritische Idealismus, der kritische Realismus und der Pragmatismus. Denker des kritischen Idealismus setzten sich umfassend und gründlich mit ziemlich allen namhaften Vertretern der philosophischen Tradition Deutschlands auseinander. Der Dichter Samuel T. Coleridge (1772–1834) machte die Engländer mit der Gedankenwelt Schellings bekannt und suchte nach einer Synthese von Kant, Spinoza und dem Christentum. Die Brüder John (1820–1898) und Edward (1835 bis 1908) Caird befaßten sich in Darstellung und Kritik mit Hegels Religionsphilosophie und mit Kant. William Wallace (1843 bis 1897) bemühte sich um Hegels Philosophie. Einflüsse von Leibniz, Fichte und Herbart finden sich bei H. W. Carr, J. S. Makkenzie und G. F. Stout. J. M. Ellis McTaggert (1866–1925) verband Gedanken von Leibniz und Hegel mit eigenen Denkansätzen, und James Ward (1843–1925) setzte sich mit Leibnizens und Kants Metaphysik auseinander. Ungeachtet ihrer zahlreichen Beziehungen zum Deutschen Idealismus haben englische Denker ihn nicht übernommen. Wie Thomas H. Greens (1836 bis 1882) ›Introduction to Hume‹ (1874) zeigt, handelt es sich eher um die Herausarbeitung von Problemen, die in der traditionellen empirisch-skeptisch oder evolutionistisch orientierten englischen Philosophie unklar geblieben waren, wie etwa das Verhältnis von der Empfindung zu ihrem Objekt. Francis H. Bradleys (1846–1924) Kritik an der Assoziationspsychologie läuft darauf hinaus, daß diese nicht scharf genug zwischen Vorstellungsinhalten und psychischen Prozessen trennt. Eine besondere Note bringt der für die Entwicklung der Psychologie bedeutsame Forscher James Ward in die Diskussion, indem er gegenüber den intellektualistischen Varianten des Idealismus die voluntaristische stärker betont. Nicht das Wissen, sondern das Wollen bestimmt primär unsere Erfahrung und unser Handeln. Nicht der metaphysische Dualismus von Geist und Materie ist von Interesse, vielmehr der Dualismus von Subjekt und Objekt im Gesamtbereich der Erfahrung.

Wenn Urteile nur Wiederverbindungen von Gegenstandsaspekten sind, die durch das Denken erst getrennt werden, dann bleibt dem Menschen auf diesem Wege, Bradley zufolge, die Einsicht in die wahre Verfassung der Welt verschlossen, ebenso die Erkenntnis, warum die wahre Welt sich nur als Erscheinungswelt zu erkennen gibt. Die Leitbegriffe der Erscheinungswelt sind in sich widersprüchlich. Bradley beseitigt diese Widersprüche jedoch nicht mit Hilfe eines plausiblen Metaphysikkonzepts. Gegen Kants Annahme eines »Dings an sich« wendet Green ein, daß dadurch der eine Kosmos in zwei Welten gespalten wird, zwischen denen keine rationale Beziehung herzustellen ist. Weder eine dualistische noch eine monistische Metaphysik hilft weiter. Was übrigbleibt, ist lediglich ein System von Beziehungen als unmittelbares Zeugnis von Erkenntnisprozessen. In der praktischen Philosophie billigt Green sozialen Institutionen insoweit moralischen Wert zu, als sie dem Menschen gestatten, seine Willenskräfte in vernünftiger Weise einzusetzen.

9.1.2.5 Hodgson, Adamson, Schiller

Als Vertreter einer realistisch orientierten Philosophie sind Shadworth H. Hodgson (1832–1912) und Robert Adamson (1852–1902) zu nennen. Mit den »Idealisten« ist ihnen eine kritische Intention gemeinsam, nach der die Metaphysik, die in Kants oder Hegels Prämissen steckt, als solche nicht akzeptiert werden kann, sondern allenfalls als Endergebnis einer langen Reihe von Einzeluntersuchungen auf solider empirischer (nicht empiristischer) Grundlage. Hodgson kritisiert an Kant die scharfe Trennung zwischen Subjekt und Objekt, Denken und Wahrnehmung sowie die Interpretation der Vernunft als Kraft. In der Reflexion des Bewußtseins wird die Objektbeziehung vor allem Denken hergestellt. Auf dem Weg einer subjektiven Analyse der Erfahrung gelangt man zu letzten Einheiten und einfachsten Kombinationsformen, aus denen sich die komplexe Vorstellung einer Außenwelt zusammensetzt. Das Bewußtsein läßt sich als Prozeß wie auch als Existierendes auffassen, wobei die reflexive *ordo cognoscendi* von der Gegenwart in die Vergangenheit führt, die *ordo existendi* in die Zukunft. Anstelle von Ursachen will Hodgson nur die wirklichen Bedingungen *(real conditions)* gelten lassen. Materie ist sowohl bedingend als bedingt, Bewußtsein nur bedingt.

Adamson bestreitet Kants Annahme einer objektiven Einheit des Bewußtseins, ebenso die Ableitung des Selbstbewußtseins aus begrifflichem Denken. Nicht der Verstand macht die Erfahrung möglich, sondern die Erfahrung den Verstand. Die Erscheinungen existieren nicht selbständig zwischen Subjekt an sich und Wirklichkeit an sich. Der Fehler der Idealisten ist, daß sie Bewußtseinszustände und Bewußtseinsinhalte gleichsetzen und darum auch Wahrheit und Existenz. Vorstellungsinhalte existieren nicht, sondern sind nur Organisationsformen subjektiver Erfahrung. Interessant ist Adamsons Hinweis, daß einige metaphysische Leitkategorien des Materialismus und des Idealismus übereinstimmen, z.B. die Unveränderlichkeit von Atomen und Denkinhalten. Zukunftweisend ist auch Adamsons Bemerkung, daß aus dem Begriff eines höchsten Gutes keine konkreten Handlungsanweisungen abzuleiten sind. Nur durch Analyse und Reflexion unserer Erfahrungen auf moralischem Gebiet können wir herausfinden, was sein soll. Idealisierung ist nicht auf den Bereich der praktischen Philosophie beschränkt, sie ist eine allgemeine Erscheinung menschlichen Seelenlebens.

Die Pragmatiker fordern, das Erkenntnisproblem nicht aus dem Lebenszusammenhang herauszulösen. Die strikte Trennung von Theorie und Praxis ist nicht gerechtfertigt, »reines« Denken gibt es nicht. Bedürfnisse und Interessen bestimmen das Verhalten. Der Mensch bestimmt als Wollender und Entscheidender die Wirklichkeit mit. Auf dem Grund der Tatsachen erscheinen die Werte. Zweckmäßigkeit ist ein Kriterium der Wahrheit. Wahrheit – alles andere als eine Eigenschaft von Vorstellungen und Begriffen – ist das Produkt eines Prozesses, der Verifizierung, der Zweckerfüllung. Ferdinand Canning Scott Schiller (1864–1937) bestimmt den Pragmatismus als epistemologische Methode, nicht als Metaphysik. Es steht frei, daran eine Metaphysik anzuknüpfen. Gegen die Methode des Absolutismus, menschliche Erfahrungen von einem angeblich unbedingten Standpunkt aus zu beurteilen, setzt er die »humanistische« Forderung der Beurteilung vom persönlichen Standpunkt. Schiller verallgemeinert den Kantischen Begriff des Postulats und wendet ihn auch im theoretischen Bereich an. Auf diese Weise gelangt er zu einer Art Umbildung von Mechanismus und Teleologie: Die mechanistische Interpretation der Natur entspricht unseren Absichten, sie ist nicht weniger anthropomorph als die teleologische, aber sie nützt mehr, ist im Grunde teleologisch. Die Suche der Philosophen nach einer von menschlichen Bedürfnissen und Wünschen unabhängigen Realität ist vergeblich. Real ist die vom Willen des Menschen nach seinen Wünschen geformte und formbare Welt. Hier berührt sich englisches mit amerikanischem Denken.

9.1.3 Frankreich

Die französische Philosophie des 19. Jahrhunderts nimmt in mancher Hinsicht eine Zwischenstellung zwischen dem freiheitlich-pluralistischen Denken der Engländer und den spekulativen Systemen der deutschen Metaphysik ein. Daneben gibt es starke spezifisch französische Denkrichtungen, die im Positivismus Auguste Comtes gipfeln. Schon in der ersten Hälfte des Jahrhunderts lassen sich zwei charakteristische Tendenzen in der französischen Philosophie beobachten, die bis in die Gegenwart weiterwirken: Evolution der Ideologien und Emanzipation der Wissenschaften. In politischer Hinsicht finden sich neben liberalen reaktionäre, konformistische und fortschrittlich-soziale Denkansätze. Die Kontinuität des Denkens im Zeitalter der Aufklärung ist nicht so ausgeprägt wie in England, ja es kommt stellenweise zum Bruch mit der Vergangenheit.

9.1.3.1 Destutt de Tracy, Cabanis, Laplace, Maine de Biran

Es ist wohl kaum ein Zufall, daß Antoine L. C. Destutt de Tracy (1754–1836), Mitglied der Constituante von 1789 und des Senats nach dem 18. Brumaire, den Terminus »Ideologie« prägte. Der Einfluß politischer Ereignisse auf den Werdegang der Philosophie ist wieder unverkennbar. Sein Hauptwerk ›Eléments d'idéologie‹ erschien in vier Bänden (1801–1819). Es umfaßt neben der eigentlichen Lehre von den Ideen eine Grammatik, eine Logik, eine Willenslehre und eine Lehre vom Geist der Gesetze. Von dem mittelalterlichen Curriculum der Freien Künste führt die Entwicklungslinie zur neuzeitlichen Verfassungstheorie, zu philosophischer Bildung und zu politischer Instruktion. Bei Destutt de Tracy überwiegt indessen die Bildungsintention, nicht die Indoktrination zugunsten einer Gesellschaftsschicht. Er förderte auch das Studium der Kantischen Philosophie in Frankreich.

Ein anderer bedeutender Denker dieser Generation war der Mediziner Pierre J. E. Cabanis (1757–1808). Er untersuchte die psychologischen Zusammenhänge zwischen Natur und Moral in umfassenden Analysen der einschlägigen Faktoren: Klima, Lebensverhältnisse, Geschlecht, Alter, Temperament, Empfindung, Instinkt, Schlaf und Krankheit.

Der Astronom Pierre S. Marquis de Laplace (1749–1827) erklärte das Universum im Geist der Enzyklopädisten mechanisch, verfaßte eine Kosmogonie und wandte die Wahrscheinlichkeitsrechnung auf den sozialen Bereich an.

Die Einordnung François P. Maine de Birans (1766–1824) als Metaphysiker oder Psychologe ist umstritten, wohl nicht zuletzt aufgrund der Entwicklung seines Denkens, die ihn vom Sensualismus Condillacs zunächst zur Theorie der Wahrnehmung und Bewußtseinsphilosophie führte und schließlich zur Anthropologie, in der sich die Entwicklungsstufen seines Denkens spiegeln: Der Sinnesempfindung entspricht das animalische Leben, dem Willen das menschliche und der Liebe das göttliche. Manche Gedankengänge der mittleren Periode (Ich, Wille, Widerstand, Nicht-Ich) erinnern an Fichte.

Neben den wissenschaftlich und philosophisch weiterführenden Denkern gab es ein breites Feld von Konformisten und Reaktionären aller Schattierungen, vom romantisch-religiösen Ästheten bis hin zum radikalen Ultramontanen.

9.1.3.2 Ampère, Jouffroy, Cousin

Für die Entwicklung der Philosophie und der Wissenschaften gleichermaßen bedeutsam sind dagegen Forscher und Denker wie André-Marie Ampère (1775–1836) und Théodore Jouffroy (1796–1842). Ampère, einer der größten Physiker seiner Zeit, war auch ein scharfer Denker und bedeutender Psychologe. Sein ›Essai sur la philosophie des sciences‹ (2. Aufl. 1857) ist der beste Kommentar zum Emanzipationsprozeß der Wissenschaften seit der Aufklärung. Seine Einteilung der Wissenschaften nach der Art ihrer Gegenstände in zwei Hauptklassen, in kosmologische und noologische, ist wohldurchdacht, sein operatives Verständnis des Geistes – vergleichen, erklären, fühlen, handeln – mutet modern an. Seine Theorie von den »Konkretionen«, die sich aus der Verschmelzung von Empfindungen und Erinnerungen bilden, dürfte noch heute für die Wahrnehmungspsychologie interessant sein. Im Gegensatz zu Kant hält Ampère die »Noumena« für nicht unerkennbar.

Jouffroy behauptet die Eigenständigkeit der Psychologie gegenüber der Physiologie einerseits und der Metaphysik andererseits. Er unterscheidet sechs ursprüngliche seelische Prozesse: Empfindung, Intelligenz, Neigung, Wille, Ausdruck und

Bewegung. Die Wissenschaft der Ästhetik erforscht das Sichtbare als Zeichen des unsichtbaren Schönen, und im Bereich der Moral herrscht die Zweckmäßigkeit. Jedes Wesen hat im Universum ein Ziel. Der Mensch verfolgt sein Ziel bewußt und frei, von seinem Gewissen geleitet.

Victor Cousin (1792–1867) bereiste wiederholt Deutschland und lernte Goethe, Schelling und Hegel kennen. Bei seinem letzten Besuch (1824/25) wurde er verdächtigt, einer italienischen Geheimorganisation anzugehören, und verbrachte ein halbes Jahr in einem Berliner Gefängnis. Als Professor der Philosophie machte Cousin 1828/29 in Vorlesungen seine Landsleute mit Hegels Philosophie bekannt. Als Liberaler avancierte er nach der Revolution von 1830 zum Minister des Öffentlichen Unterrichts und versuchte danach, Philosophieunterricht gegen reaktionäre Bestrebungen zu verteidigen, zog sich aber nach 1848 aus der Politik zurück.

9.1.3.3 Saint-Simon, Proudhon

Den reaktionär gesinnten Denkern standen solche mit reformerischer oder revolutionärer Gesinnung gegenüber, zum Beispiel Claude Henri Comte de Saint-Simon (1760–1825) und Pierre J. Proudhon (1809–1865). Saint-Simon war ein Schüler d'Alemberts und Comtes Lehrer. Er verallgemeinerte den wissenschaftlichen Fortschrittsglauben Condorcets und hoffte auf eine umfassende religiöse, geistige und gesellschaftliche Neuordnung. Er erkannte die wichtige Rolle der Industrie für gesellschaftliche Veränderungen. Daher wollte er den Industriekapitänen und den Wissenschaftlern die Führung des Staates überlassen. Vor allem lag ihm eine Verbesserung der Lage der Arbeiter am Herzen. Simon hatte viele Schüler, die mit ihm an die Verbrüderung der Menschen glaubten, an den Fortschritt von Technik und Wissenschaft, die Gleichstellung der Geschlechter und an die Aufwertung des körperlichen Daseins.

Proudhon, Individualist und Sozialist in einer Person, außerdem Autodidakt und Gesellschaftskritiker, verurteilte das Eigentum: »La propriété, c'est le vol« (Eigentum ist Diebstahl). Er begründete die Philosophie der Arbeit und glaubte, daß das Proletariat das Bürgertum ersetzen werde. An die Stelle des politischen Rechts werde das ökonomische treten, Krieg entspreche nicht der erreichten Bewußtseinsstufe der Menschheit, und eine Vereinigung demokratisch regierter Staaten werde für Frieden sorgen (Völkerbund).

9.1.3.4 Comte

Der bedeutendste französische Denker dieser Epoche war ohne Zweifel Auguste Comte (1798–1857), der Schöpfer des Positivismus in Frankreich und der Begründer der Soziologie. Comte machte sich die Evolutionstheorie so sehr zu eigen, wie er die Metaphysik ablehnte. Die Evolution der Gesellschaft vollzieht sich in drei Phasen oder Stadien: von der Theologie zur Metaphysik und von ihr zur positiven Wissenschaft. Seine Einteilung der Wissenschaften begründete er nach ihrem Fortschritt und ihren Wechselbeziehungen: Mathematik, Astronomie, Physik, Chemie, Biologie, Soziologie. Diese Wissenschaften, zuletzt die Soziologie Comtes, haben sich von den Fesseln der Metaphysik befreit und werden, im Bund mit weiteren künftigen Wissenschaften, die positive Gesellschaft schaffen. Dazu gehören eine positive Politik und eine positive Religion. Anstelle der Verehrung Gottes soll ein »Kultus der Menschheit« treten. Comte war selbst mathematisch und naturwissenschaftlich ausgebildet, lehrte eine Zeitlang an der École Polytechnique in Paris und wurde von zahlreichen Anhängern wie ein Heiliger verehrt. Humboldt zählte zu seinen Hörern. In der Kosmologie war Comte Newtonianer. Das Dreistadiengesetz läßt sich auf die Entwicklung des Individuums, auf die der Menschheit wie auch auf die Entwicklung der Wissenschaften anwenden. Auf religiösem Gebiet führte der Weg vom Fetischismus zum Polytheismus und schließlich zum Monotheismus. In den einzelnen Wissenschaften verfährt die elementare Methode deskriptiv, die höhere stellt die Gesetzmäßigkeiten fest. Im wissenschaftlichen Zeitalter fällt der Philosophie einmal die Aufgabe zu, die Prinzipien der aufeinanderfolgenden Wissenschaften zu erforschen, sodann, die neuen Erfindungen in den vorhandenen Wissenskosmos einzuordnen. Den Hauptfortschritt gesellschaftlicher Entwicklung sieht Comte im Übergang vom kriegerischen zum industriellen Dasein. Am Katholizismus sei die Unterordnung der Intelligenz unter das Gefühl negativ, die Trennung von geistlicher und weltlicher Macht dagegen positiv. Ziel der »positiven Philosophie« ist eine umfassende Änderung der Lebensverhältnisse, wobei der ökonomische Wandel auch einen Wandel des Individuums fordert, das den Egoismus überwinden und den Altruismus pflegen muß. Erst dann entsteht das soziale Gefühl, das eine Veränderung der Gesellschaft zum Positiven bewirkt. Comtes positivistische Formel lautet: »L'amour comme principe, l'ordre comme base, le progrès comme but« (Liebe als Prinzip, Ordnung als Fundament, Fortschritt als Ziel). Eine ideale Synthese von Mittelalter und Neuzeit oder nur ein Wunschtraum?

9.1.3.5 Ribot, Bertholet, Cournot, Poincaré

Knüpft sich die Emanzipation der Soziologie in Frankreich an den Namen Comtes, so beginnt die moderne Psychologie mit Théodule Ribot (1839–1916), dessen ›Psychologie anglaise contemporaine‹ 1870 erschien, im gleichen Jahr wie Hippolyte Taines (1828–1893) ›De l'intelligence‹. Ribot verkündete die Ablösung der Psychologie als einer experimentellen Wissenschaft von der Philosophie. Die neue Psychologie arbeitet mit zwei Methoden, einer subjektiven, der Selbstbeobachtung, und einer objektiven, der vergleichenden. Ribot machte englische und deutsche psychologische Theorien in Frankreich bekannt: von James und John Stuart Mill, Spencer, Herbart, Lotze und Wundt.

Die Anfänge der modernen Chemie reichen ins 18. Jahrhundert zurück. Marcelin Bertholet (1827–1907) war einer der letzten Vertreter dieses Fachs, der noch zu den Philosophen zählt, weil er ein umfassendes Allgemeinwissen besaß und eine Reihe bedeutender philosophischer Schriften verfaßte: ›Science et philosophie‹ (1886).

Der Mathematiker Antoine A. Cournot (1801–1877) untersuchte die Methoden vieler Wissenschaften und bestimmte ihr Verhältnis zur Philosophie in seinem ›Essai sur les fondements de nos connaissances‹ (1851). Die Philosophie faßt die Prinzipien der Wissenschaften zusammen, ohne deren Wahrscheinlichkeitscharakter anzutasten. Bahnbrechend waren auch die Untersuchungen des Mathematikers Henri Poincaré (1853 bis 1912), der mit seiner konventionalistischen Theorie den Absolutheitsglauben an Prinzipien erschütterte.

Um die Reihe der von Comte aufgezählten Wissenschaften des neuen Zeitalters zu vervollständigen, darf die Astronomie nicht unerwähnt bleiben. Am 1. 1. 1801 entdeckte Giuseppe

Piazzi (1746–1826) den ersten Asteroiden Ceres zwischen der Mars- und der Jupiterbahn. Damit war ein weiterer Schritt auf dem Wege der Loslösung von Metaphysik, Apriorismus und Absolutismus getan.

Seit d'Alembert hatte die französische Philosophie das besondere Verdienst, den Emanzipationsprozeß der Wissenschaften von der Philosophie erkannt und methodisch unterbaut zu haben. In der zweiten Hälfte des 19. Jahrhunderts, unter dem Eindruck der fehlgeschlagenen Februarrevolution von 1848 und der Reaktion im 2. Kaiserreich, setzte jedoch eine Art innerer Emigration ein, in deren Verlauf sich skeptische und spiritualistische Tendenzen die Waage hielten. In den letzten Jahrzehnten des Jahrhunderts, als Frankreich endgültig Republik wurde (1870), setzten sich den anglo-amerikanischen verwandte Kräfte in der Philosophie durch. In diesen Zeitraum fällt auch die Auseinandersetzung mit der deutschen Philosophie, speziell der Kants.

9.1.3.6 Renouvier, Lachelier, Boutroux, Bergson

Charles Renouvier (1815–1903) geht zwar von Kant aus, gestaltet aber dessen Ansatz in charakteristischer Weise um. Von den Kantischen Antinomien akzeptierte Renouvier nur die Thesen, also Anfang und Endlichkeit der Welt. Im Gegensatz zu Kant legte er mehr Gewicht auf Vorstellungen und Erfahrungen sowie auf die Kategorien des Werdens. In der Anzahl der Kategorien nähert er sich wieder Aristoteles an: Relation, Zahl, Lage, Reihenfolge, Qualität, Werden, Kausalität, Zweckmäßigkeit und Persönlichkeit. Diesen neun Kategorien entsprechen Tätigkeiten, die man in drei Gruppen einteilen und auf die Gemütskräfte Verstand, Wille und Leidenschaft beziehen kann. Entsprechend lassen sich auch die Wissenschaften anordnen. Renouvier verzichtet sowohl auf das Ding an sich als auch auf die Noumena, ebenso auf den Dualismus von Erscheinungswelt und Reich der Freiheit, während er den Anteil des Glaubens auch an der Vernunfterkenntnis hervorhebt. Freiheit ist eine Realität der Erscheinungswelt. Pflichten gelten nicht absolut, sondern relativ zum sozialen Umfeld und zu den geschichtlichen Umständen; das ist eine weniger idealistisch-weltfremde Perspektive als bei Kant. Das positive Recht hat nur im Zusammenhang mit den historischen Bedingungen moralischen Wert.

Renouvier verwirft auch die Unsterblichkeit des transzendenten Ich. In der Geschichtsphilosophie will er nicht, wie Hegel, eine Konstruktion geben, sondern von einer Analyse der Tatsachen im Bereich des Geistigen ausgehen. Bedeutsam ist die Betonung von Tätigkeit und Freiheit, des Willens, des Glaubens sowie der Einheit der Welterfahrung.

Für die französische Philosophie des 19. wie des 20. Jahrhunderts hat die Freiheit einen sehr hohen Stellenwert. Auch hier hat das politische Geschehen eingewirkt. Wie die englische Philosophie des 19. Jahrhunderts eine Art Selbstkorrektur des empirischen Standpunktes vornimmt, so finden sich auch in der französischen Philosophie Kräfte, die ein Gegengewicht gegen den Positivismus zu bilden suchen. Hierher gehören Jules Lachelier (1832–1918), Emil Boutroux (1845–1921) und Henri Bergson (1859–1941), die aber schon in das 20. Jahrhundert hineinreichen.

Lachelier knüpfte an Maine de Biran, Renouvier und nicht zuletzt an Kant an, bildete aber deren Lehren zu einem spiritualistischen Realismus weiter. Neben der kausalen Betrachtungsweise gesteht er der teleologischen eine Berechtigung zu, insofern sie gegenüber der mechanistisch-kausalen Welt eine durch Geist und Bewußtsein bestimmte Sphäre der Freiheit und Zweckmäßigkeit erschließt. Lachelier will die Metaphysik auf die Psychologie gründen, ein Weg, der Kant völlig fern liegt. Auf dem Weg der reflexiven Analyse des Bewußtseins gelangt man zu elementaren Einheiten, aus denen auf dem Weg der Synthese der Aufbau des Organismus und der realen Welt erfolgen kann. Der Übergang von der Analyse zur Synthese deckt sich mit dem Übergang von der Psychologie zur Metaphysik. Dem Bewußtsein und damit auch der Empfindung geht der Wille voraus; das Ich wird so als Inbegriff der Individualität, der Spontaneität und Freiheit verstanden.

Boutroux wendet sich in seiner Schrift ›De la contingence des lois de la nature‹ (1874) gegen den Determinismus, dessen Herrschaft er durch ein freies, schöpferisches Prinzip einschränkt. Auf diese Weise lassen sich die positiven oder exakten Wissenschaften dem Reich der Notwendigkeit zuordnen, während Metaphysik, Moral, Kunst und Religion dem geistigen Reich der Freiheit näherstehen.

Bergson hat seine Philosophie selbst als »neuen Spiritualismus« bezeichnet und damit sowohl gegenüber älteren Ansätzen dieser Art (Maine de Biran, Jouffroy, Cousin) abgegrenzt als auch gegenüber dem Rationalismus, Intellektualismus und Positivismus. Die Erscheinungen des Bewußtseins haben drei Merkmale: Intensität, Dauer und Freiheit. Das Gehirn speichert nur die Bewegungsmechanismen *(mécanismes moteurs)*, das heißt Bilder und Gedanken. Die »reine« Erinnerung, das »reine« Denken und der »reine« Geist arbeiten ohne Gehirnzentren. Neben der Sphäre motorischer Intelligenz öffnet sich das Reich der Intuition, des freien Denkens und Schaffens, der Metaphysik. In seinem Hauptwerk ›L'Evolution créatrice‹ (Schöpferische Entwicklung) legt Bergson seine Auffassung vom schöpferischen Leben des Geistes dar, das sich weder vorausbestimmen noch determinieren läßt. Am Anfang steht der »schöpferische Schwung« *(élan vital)*, der sich in Instinkt und Intelligenz spaltet. Instinktives Leben gelangt nicht zu Intelligenzleistungen, und das intelligente Lebewesen kann nicht auf das Instinktsystem zurückschalten. Die positiven Wissenschaften sind legitim, aber sie erfassen nur die äußeren Erscheinungen des Lebens. Das Leben kann nur in einem Akt innerer Anschauung *(intuition)* seiner selbst gewahr werden.

9.1.4 Deutschland

9.1.4.1 Schulze, Hamann, Herder, Jacobi

Für die Entwicklung der deutschen Philosophie im 19. Jahrhundert ist die Wiederbesetzung von Fichtes Lehrstuhl in Berlin symptomatisch. Nicht Jakob Friedrich Fries (1773–1843), die wissenschaftlichere Intelligenz und der freiheitlichere Charakter, erhielt ihn, sondern Hegel, der der preußischen Restauration huldigte, den Freiheitswillen dem Machtstreben unterwarf und, von den Machthabern belohnt, »eine Art philosophischer Diktator Deutschlands«[2] wurde. Nach seinem »Sieg« attackierte er seinen ehemaligen Mitbewerber, der als liberal gesinnter Patriot am Wartburgfest teilgenommen und sich in seiner Schrift ›Vom Deutschen Bund und Deutscher Staatsverfassung‹ (1817) für Freiheit und Volkssouveränität eingesetzt hatte. He-

[2] Karl Vorländer, Geschichte der Philosophie. Bd. 2, Leipzig 8. Aufl. 1911, S. 307.

gel nannte ihn einen »Heerführer der Seichtigkeit«, der die Wissenschaft der Herrschaft des Begriffs entziehe und mit seiner liberalen Denkweise den Staat, ein System der Vernunft, gefährde. Fries verlor 1819 auf Drängen Preußens seinen Jenaer Lehrstuhl, durfte aber seit 1824 als Mathematiker und Physiker, seit 1837 auch wieder als Philosoph Vorlesungen halten. Hegels ›Grundlinien der Rechtsphilosophie‹ erschienen 1821. Seine Taktik ist ebenso einfach wie raffiniert und wirksam. Dem Gegner wird die Eignung zum Beruf (Wissenschaftlichkeit) abgesprochen und das Etikett der Staatsgefährdung umgehängt. Hegel wußte auch, daß der Angriff, in einem entsprechenden Regime, die beste Art der Verteidigung ist, denn in Wirklichkeit war *er* der »Heerführer der Seichtigkeit«, mangelte es *ihm* an wissenschaftlichem Denken und war *seine* Auffassung vom Staat antiquiert. Hegels »Sieg« war ein Präzedenzfall nicht nur für die deutsche Philosophie; er legitimierte auch auf politischem Gebiet ein Denken, das für Preußen wie für Deutschland unheilvolle Folgen hatte.

Mit Fries begann in der deutschen Philosophiegeschichte des 19. Jahrhunderts der fruchtbare Prozeß der Emanzipation der Wissenschaften von der Philosophie, wobei die Philosophie in ein originäres, operatives Verhältnis zu den Wissenschaften trat. Mit den spekulativen Systembildnern begann der Verfall des Idealismus, aus dem sich zwei gefährliche Zerfallsprodukte ablösten. Aus Hegels scheinrationalem Idealismus ging durch die Umkehrung von Karl Marx ein rationalistischer oder historischer Materialismus hervor und durch Nietzsches Umkehrung ein irrationaler Naturalismus. Zwischen den Ideologien auf der einen und der wissenschaftlichen Philosophie auf der anderen Seite entstand eine Anzahl Misch- und Spielformen, so zum Beispiel ein naturwissenschaftlich orientierter Materialismus und ein naturwissenschaftlich orientierter Idealismus. Eine mittlere Linie verfolgten und behaupteten Positivisten und Realisten. Charakteristisch war auch die Reihe der Erneuerungen – Neukantianer, Neufichteaner, Neuschellingianer, Neuhegelianer und Neuthomisten – und gegenstandsorientierten Disziplinen der Philosophie, die im 20. Jahrhundert als sogenannte Bindestrich-Philosophien an Gewicht zunahmen: psychologisch orientierte Philosophie, Anthropologie, Philosophie der Kunst, Sprachphilosophie, Sozialphilosophie, Rechtsphilosophie, Moralphilosophie, Religionsphilosophie, Natur- und Geschichtsphilosophie.

Zur nachkantischen Periode der deutschen Philosophie im engeren Sinn, dem »Zeitalter der spekulativen Systeme« (bis 1831) zählen in jedem Fall Fichte, Schelling und Hegel. Zur Übergangsphase von Kant zum »Deutschen Idealismus« gehören Gottlob Ernst Schulze, Hamann, Herder und Jacobi.

Schulze (1761–1833), Professor in Helmstedt und Göttingen (seit 1810), wandte sich in seiner anonym erschienenen Schrift ›Änesidemus‹ (1792) indirekt gegen Kant. Er wollte Humes skeptische Philosophie gegen die »Anmaßungen der Vernunftkritik« verteidigen. Die Schrift wurde später ergänzt (›Kritik der theoretischen Philosophie‹ 1801) und beeindruckte Fichte, aber die dringende Kurskorrektur, verbunden mit Kontakten zur englischen Philosophie, unterblieb.

Johann Georg Hamann (1730–1788), der »Magus des Nordens«, hatte 1758 in London eine »Erweckung« erlebt und neigte zu einer christlichen Philosophie des Glaubens und des Gefühls. Hamanns Kritik an Kants Vernunftgläubigkeit blieb ohne nachhaltige Wirkung.

Johann Gottfried Herder (1744–1803), erst Anhänger, dann Gegner Kants, war von Shakespeare, Shaftesbury und Spinoza beeinflußt. In seinen ›Ideen zur Philosophie der Geschichte der Menschheit‹ (1784–1791), zu denen Kant in zwei Besprechungen kritisch Stellung nahm, wollte Herder die Entwicklung der Menschheit in ihrer ganzen »lebendigen Wirklichkeit« und Erfahrungsfülle aufzeigen. Sein Humanitätsbegriff zielte auf die harmonische Ausbildung und Entfaltung aller menschlichen Kräfte und Fähigkeiten. Sein Bildungsideal entsprach mehr dem freiheitlichen Weimar Karl Augusts als dem Geist des Preußenkönigs. Auch Herder unterlag.

Friedrich Heinrich Jacobi (1743–1819), ein Geschäftsmann aus Düsseldorf, wollte kein Schulphilosoph sein. Er wurde 1804 zum Präsidenten der Akademie der Wissenschaften in München ernannt und präzisierte seine Lehren in der Schrift ›David Hume über den Glauben oder Idealismus und Realismus‹ (1787). Jacobi setzte dem Verstand Vernunft und Gefühl entgegen und warnte vor den Gefahren eines überspitzten Rationalismus, der leicht in sein Gegenteil umschlage. Die Entwicklung des Deutschen Idealismus lieferte Beispiele dafür.

Leibniz und Kant hatten zwar idealistische Konzeptionen von Philosophie, aber solche, mit denen fruchtbares wissenschaftliches Arbeiten möglich war. Kants Kampf gegen die dogmatische Metaphysik, sein riesiges Werk der Vernunftkritik, so sollte man meinen, habe metaphysische Spekulationen vom weiteren Gang der Philosophie ausgeschlossen. Genau das Gegenteil war der Fall. Die Denker, die dem großen Philosophen aus Königsberg unmittelbar folgten, besaßen offensichtlich nicht seine Zucht des strengen Denkens, und so entstanden Systeme, die als solche kaum mehr überzeugen, wenn sie auch im einzelnen, wo sie ihre eigenen Prinzipien durchbrechen, manches Brauchbare und bisweilen sogar Gute enthalten.

9.1.4.2 Fichte

Johann Gottlieb Fichte (1762–1814), aus Rammenau in der sächsischen Oberlausitz, war der Nachfahre eines schwedischen Feldwebels aus dem Heer Gustav Adolfs. Sein Vater war Bandwirker und lebte in einfachsten Verhältnissen. Fichte zeigte früh Talent zum Predigen. Ein Edelmann aus der Gegend entdeckte seine Begabung und vermittelte dem Knaben einen Platz auf der Fürstenschule in Pforta (1774–1780). Danach studierte er in Jena und Leipzig Theologie, fühlte sich aber mehr zur Philosophie hingezogen, wo ihn besonders das Freiheitsproblem interessierte. Als Geldsorgen ihn fast zum Selbstmord trieben, erhielt er 1788 in Zürich eine Hauslehrerstelle. Dort verlobte er sich mit einer Nichte des Dichters Klopstock und lernte Pestalozzi kennen sowie den Physiognomen Lavater. Wieder in Leipzig, entdeckte er Kant und war so begeistert von dessen Philosophie, daß er in sechs Tagen seinen ›Versuch einer Kritik aller Offenbarung‹ niederschrieb und Kant selbst in Königsberg vorlegte (1791). Die Schrift war im Geist Kants geschrieben, und dieser vermittelte Fichte einen Verleger; die Schrift erschien anonym. Man glaubte, sie sei von Kant, und Fichte war »über Nacht ein berühmter Mann«. In Zürich, wo er inzwischen geheiratet hatte, erlebte er die Französische Revolution, die seine begeisterte Zustimmung fand. Er verfaßte in »Heliopolis, im letzten Jahre der alten Finsternis« 1793 eine Rede: ›Zurückforderung der Denkfreiheit von den Fürsten Europas‹ und ›Beiträge zur Berichtigung der Urteile des Publikums über die Französische Revolution‹, beide anonym. 1794 bekam Fichte eine Professur in Jena, wo ihm Theologen das Leben schwer machten. Wegen angeblichem Atheismus bei der Obrigkeit denunziert – er hatte es gewagt, Gott und moralische Weltordnung gleichzusetzen –, wurde er von der kursächsischen Regierung des Atheismus angeklagt und schließlich, da er sich nicht einschüchtern ließ und selbstbewußt reagierte, seines Amtes enthoben. In Berlin, wo Fichte reichlich Anhänger und Freunde fand, hielt er während der französischen Besetzung 1807–1808 seine ›Reden an die deutsche Nation‹, worin er eine Erneuerung der Moral und Erziehung des deutschen Volkes forderte. Fichte wurde 1810 Professor, 1811 Rektor der neugegründeten Berliner Universität, starb aber schon 1814 an einer fiebrigen Erkrankung, die sich seine Frau bei der Pflege Verwundeter zugezogen und auf ihn übertragen hatte. Zehn Jahre danach wurde der Wiederdruck seiner ›Reden an die deutsche Nation‹ verboten.

Fichte war zweifellos ein freiheitsliebender Mann mit Zivilcourage, aber auch ein Egozentriker und Rhetoriker. Unter seiner Regie wurde die idealistische Philosophie Kants zu einer deutschen Angelegenheit, in der das »Ich« eine führende Rolle spielt, wurde zum »Deutschen Idealismus«. Ein weiterer Schritt auf dem Weg der Philosophie zur Ideologie war getan. Fichte radikalisierte Kants transzendentalen Denkansatz. Philosophieren ist Nicht-leben und Leben ist Nicht-philosophieren. Fichtes Denken beginnt mit einer Setzung, einer Tathandlung, der Etablierung des Absoluten, und dieses Absolute ist das Ich. Auf die Arbeiten aus der Zeit in Jena: ›Grundlage der gesamten Wissenschaftslehre‹ (1794), ›Grundlage des Naturrechts nach Prinzipien der Wissenschaftslehre‹ (1796) und ›Das System der Sittenlehre nach Prinzipien der Wissenschaftslehre‹ (1798) folgen ›Die Bestimmung des Menschen‹ und ›Der geschlossene Handelsstaat‹ (1800), ›Über das Wesen des Gelehrten‹ (1805), ›Grundzüge des gegenwärtigen Zeitalters‹, ›Anweisung zum seligen Leben‹ (1806) und ›Die Tatsachen des Bewußtseins‹ (1810).

Die ›Wissenschaftslehre‹ expliziert im 1. Teil die Grundsätze der Identität, des Widerspruchs und der wechselseitigen Einschränkung. Daraus deduziert Fichte im 2. Teil die Grundlagen des Wissens: Das Ich setzt sich als Ich und etabliert sich durch diese freie Tathandlung selbst als letzte Instanz der Unterscheidung und der Entscheidung. Mit dem Ich setzt das Ich zugleich die Gegeninstanz, die in Unfreiheit verharrt: dem Ich tritt ein Nicht-Ich entgegen. Da sich beide innerhalb des Ich befinden, schränken sie einander ein. Es gilt also: Ich setzt im Ich dem teilbaren Ich ein teilbares Nicht-Ich entgegen. Daraus folgen zwei weitere Sätze, die die Wissenschaft als theoretische und als praktische fundieren: Indem sich das Ich durch das Nicht-Ich beschränkt, verhält es sich erkennend, indem es das Nicht-Ich als bestimmt durch das Ich setzt, verhält es sich handelnd.

Man kann nach Fichte philosophierend vom Objekt zum Verständnis des Subjekts gelangen oder umgekehrt. Welche Philosophie einer wählt, hängt davon ab, was für ein Mensch er ist. Fichte betrachtet in einem säkularisiert christlichen Sinn die Welt als Widerstand für die Aktivitäten des Ich. Der Anthropozentrismus ist in gewissem Sinn christlich, die Interpretation neuzeitlich. Die Natur als solche erscheint als das Unvernünftige und hat keinen Zweck. Naturverachtung und Verabsolutierung des Ich ergänzen einander. Für einen theistischen Gottesbegriff ist in Fichtes Konzeption kein Platz. Später neigte er zum Mystizismus und zu einer Art Pantheismus. In seiner antieudämonistisch-rationalen Willensethik fordert Fichte die Überwindung des Machtstrebens durch den Vernunftwillen. In der Achtung vor der freien Persönlichkeit des anderen findet die eigene freie Persönlichkeit Erfüllung. Fichtes Staatstheorie ist eher sozialistisch als liberal. Der Staat soll dem Einzelnen Schutz des Lebens und des Eigentums garantieren, aber auch das Recht auf Arbeit; Müßiggang und Not sind zu beseitigen. Der Staat beaufsichtigt die Berufswahl und den Bodenbesitz. Der »geschlossene Handelsstaat« kennt weder Freihandel noch Freizügigkeit, weder fremde Währungen noch Gewerbefreiheit. Gegenüber Kant ist eine Verengung des Horizonts festzustellen: vom Kosmopolitismus zum Nationalismus. Wenn auch die Welt am deutschen Wesen noch nicht genesen soll, so hängt doch, Fichte zufolge, das Schicksal der Menschheit vom Schicksal des deutschen Volkes ab.

9.1.4.3 Schelling

Läßt der Deutsche Idealismus bei Fichte einen überzogenen Hang zum Rationalismus erkennen, zeigt er in Friedrich Wilhelm Schelling (1775–1854) einen ebenso starken Hang zum Irrationalismus, zu Romantik und Mythos, Transzendenz und Mystik. Konzentrierte sich Fichte auf die Philosophie des Subjekts, sein Denken und Tun, und gelangte zu einer spekulativen Logik und Ethik, so konzentrierte sich Schelling auf die Naturphilosophie und schuf eine spekulative Physik.

Schellings ehrgeiziger Vater, ein Theologe aus Leonberg, erreichte es, daß sein Sohn bereits mit 15 Jahren ins theologische Seminar (in das berühmte Tübinger Stift) aufgenommen wurde. Er studierte dort zusammen mit Hölderlin und dem fünf Jahre älteren Hegel, mit dem er zunächst befreundet, dann auf Lebenszeit verfeindet war. In Tübingen verfaßte er die Schriften ›Über die Möglichkeit einer Form der Philosophie‹ und ›Vom Ich als Prinzip der Philosophie‹. Sein Standpunkt deckte sich weitgehend mit dem der ›Wissenschaftslehre‹ Fichtes. Nach der Abschlußprüfung hielt es Schelling nicht länger in seiner Heimat aus: »Es wird mir alles zu eng hier in unserem Pfaffen- und Schreiberland.«

Als Reisebegleiter der jungen Barone von Riedesel kam er auch nach Weimar, Jena und Leipzig. In Jena hörte er Fichte, gab 1797 seine Hofmeisterstelle auf und erhielt auf Empfehlung Goethes eine Stelle als außerordentlicher Professor in Jena (1798). Dort lernte er Caroline, die Frau August Wilhelm Schlegels, kennen, die einen Kreis von Romantikern um sich versammelt hatte und später seine Frau wurde. Von 1803 bis 1806 war er Philosophieprofessor in Würzburg, später in Erlangen (1820–1826) und München (1827–1841), schließlich in Berlin, wohin ihn Friedrich Wilhelm IV., der »Romantiker auf dem Thron«, berufen hatte (1841), »um der Drachensaat des Hegelschen Pantheismus, der flachen Vielwisserei und der gesetzlichen Auflösung häuslicher Zucht« entgegenzuwirken. Schelling wurde jedoch bald in Fehden und Prozesse verwickelt, zog sich verbittert von der Vorlesungstätigkeit zurück und starb vereinsamt im Kurort Ragaz in der Schweiz.

Die philosophische Entwicklung Schellings läßt sich zwanglos in vier Phasen gliedern. Am Anfang steht die Übereinstimmung mit Fichte (1794–1796). So wie Fichte sein Kant-Erlebnis hatte, hatte Schelling sein Fichte-Erlebnis. Darauf folgen Versuche auf dem Gebiet der Naturphilosophie (1797–1799): ›Ideen zu einer Philosophie der Natur‹ (1. Teil, 1797), ›Erster Entwurf eines Systems der Naturphilosophie‹ (1797), nebst einer Einleitungsschrift ›Über den Begriff der spekulativen Physik und die innere Organisation eines Systems dieser Wissenschaft‹ (1799) sowie ›Von der Weltseele‹ (1798). Es blieb beim 1. Teil der ›Ideen‹ und beim ›Entwurf‹ eines Systems, und über zwei Bände kam Schellings ›Zeitschrift für spekulative Physik‹ (1800–1801) nicht hinaus. Es versteht sich, daß ein genialer Denker vom Rang Schellings empirische Forschung im Stil Boyles und Newtons geringschätzte, wollte er doch ins »innerste Wesen« der

Natur vordringen. Die Ergebnisse sind dann auch mehr Erleuchtungen als Erkenntnisse: das System der Natur ist zugleich das System des Geistes. Die Materie ist schlummernder Geist. Die Schrift ›Von der Weltseele‹ hat den Untertitel ›Eine Hypothese der höheren Physik zur Erklärung des allgemeinen Organismus‹. Im Gegensatz zu Galilei, Newton und Kant faßt Schelling den Kosmos als Organismus auf, dessen universales Prinzip die Polarität ist. Sie äußert sich in der Elektrizität als Positivität und Negativität, im chemischen Bereich als Säuren und Alkalien, im biologischen als Erregbarkeit und Erregung sowie im geistigen als Subjektivität und Objektivität. »Was unserer Erde angehört, hat alles eine gemeinschaftliche Eigenschaft: diese, daß es dem positiven Prinzip, das von der Sonne uns zuströmt, entgegengesetzt ist. In dieser ursprünglichen Antithese liegt der Keim einer allgemeinen Weltorganisation.« Schelling war nicht der erste und nicht der letzte, der der Faszination einer »Weltformel« erlag.

Was beim ›System der Natur‹ nicht so recht glücken wollte, versuchte der 25jährige in seinem ›System des transzendentalen Idealismus‹ (1800), das »alle Teile der Philosophie in *einer* Kontinuität und die gesamte Philosophie als fortgehende Geschichte des Selbstbewußtseins« darstellen sollte. Schelling geht dabei, wie Fichte, vom Subjekt aus. Dieses ist mit einer höheren Erkenntnisquelle, der »intellektuellen Anschauung«, ausgestattet, vermag daher sein eigenes Wesen zu erhellen und steigt dabei von der Empfindung über Anschauung, Reflexion und Urteil bis zum Wollen empor, das die objektive Welt bewußt produziert. Die Potenzen der Natur kehren in der Entwicklung des Bewußtseins wieder. Geschichte ist Offenbarung des Absoluten als Übereinstimmung von Bewußtem und Unbewußtem, wenn sich auch die wahre Harmonie erst in der Kunst vollzieht. Die Philosophie der Kunst ist daher der Gipfel allen Philosophierens, das »Allerheiligste, wo in einiger und ursprünglicher Vereinigung gleichsam in *einer* Flamme brennt, was in der Natur und Geschichte gesondert ist, und was im Leben und Handeln, ebenso wie im Denken, ewig sich fliehen muß.«

Im Reiche der Hypothesen und Visionen verwischen sich die Grenzen zwischen rationaler Welterklärung und Illusionen. Mit dem ›System der Identität‹ oder der ›Philosophie des Absoluten‹ (1800–1803) will Schelling endgültig über Fichte hinauskommen und zur letzten Einheit des Absoluten vordringen, das als »totale Indifferenz von Subjekt-Objekt« oder »Identität des

Idealen und Realen« bestimmt wird. Gegen Fichtes subjektiven Idealismus setzt Schelling seinen, wie er glaubt, objektiven Idealismus: aller Dualismus ist »auf immer vernichtet« und alles soll »absolut Eines werden«.

Ob subjektiver oder objektiver Idealismus, eine Philosophie, die dem Absoluten huldigte und keine nennenswerten Ansprüche an die naturwissenschaftliche Intelligenz stellte, paßte besser zum Weltverständnis des Preußenkönigs und anderer Fürsten als die Lehren Newtons, Eulers, Lockes, Montesquieus oder Rousseaus. Je phantastischer, scheinrationaler und weltfremder ein solcher Idealismus war, desto mehr lenkte er Herrscher wie Beherrschte von den anstehenden gesellschaftlichen Aufgaben ab. Mit Kultur hatte sich das Ancien régime getarnt, Kultur diente den Herrschern der Restauration zur Tarnung ihrer Machtpolitik und ihrer Rückständigkeit auf fast allen Gebieten des öffentlichen Lebens. In einem degenerierten System degenerierte auch der ehrwürdige Idealismus Kants zu einem willfährigen Konformismus, der sich zusehends in der Hofnarrenrolle gefiel. Dieser Konformismus war für die Herrschenden eher ein willkommener Zeitvertreib als eine ernste Gefahr, für die Philosophie bedeutete er den Anfang vom Ende. Hinzu kamen wirtschaftlich bedingte (Produktionsweise), Veränderungen der Gesellschaft. War die Architektonik der Vernunft bei Kant noch Ausdruck der Suche nach ewigen Wahrheiten, paßten sich die Systembildungen des Deutschen Idealismus den Bedingungen von Angebot und Nachfrage, des Marktes und der Mode an. Auch hier begann der Konkurrenzkampf: Hatte Hegel Schelling verdrängt, so sollte Schelling Hegels Erbschaft beseitigen. Daß daraus nichts wurde, hatte andere Gründe. In dem von den deutschen Idealisten gar nicht bemerkten Prozeß der Ökonomisierung auch der geistigen Produktion verwandelten sich die ewigen Wahrheiten von einst zu zugkräftigen Leitbegriffen und Werbeparolen, zu reaktionären, liberalen oder sozialistischen Ideologien.

Schellings »Freiheitslehre« kommt dem reaktionären Zeitgeist insofern entgegen, als sie den Kern der Freiheitsproblematik ins Theologische verschiebt: Freiheit an sich bedeutet in Gott sein. Menschliche Freiheit besteht in der Entfernung des Ichs von Gott oder des Eigenwillens vom göttlichen Willen. Eine solche Lehre auf der Grenze zur Theosophie stört keinen Herrscher, wenn es um die Gewährung von konkreten Freiheiten und Menschenrechten geht. Die letzte Phase von Schellings philosophischer Entwicklung mündet ein in Theosophie, Mythologie und Mystik. Der absolute Weltgrund erscheint ebenso irreal wie irrational: »Eine wortreiche, verworrene, abstruse Scholastik, ein unerquickliches Gemenge aus spekulativen, ihren Hauptbestandteilen nach seiner früheren Philosophie entnommenen Ideen, trüber Theosophie, willkürlich gedeuteten Bibelstellen und kirchlicher Dogmatik.«[3]

Von einer rationalen geistigen Weltbewältigung im Sinne Galileis, Newtons oder Darwins kann weder bei Fichte noch bei Schelling die Rede sein. Wie steht es damit bei Hegel?

9.1.4.4 Hegel

Georg Wilhelm Friedrich Hegel (1770–1831), Sohn eines Rechnungsbeamten aus Stuttgart, studierte, nach dem Besuch eines humanistischen Gymnasiums, im Tübinger Stift Philosophie (1788–1790) und Theologie (1790–1793). Dort lernte er Hölderlin und Schelling kennen. Gemeinsam war den drei jungen Männern die Begeisterung für die griechische Antike. Daneben studierten sie auch eifrig Kant und Schiller. Nach der theologischen Abschlußprüfung verbrachte Hegel, wie Kant, Fichte und Schelling, einige Zeit als Hauslehrer, zunächst in Bern (1794–1797), dann in Frankfurt am Main (1797–1800). In Bern verfaßte Hegel, von Kant beeinflußt, ›Das Leben Jesu‹ (1795) und eine Abhandlung über das Verhältnis von Vernunftreligion zu positiver Religion (1795/96), im Sommer 1798 die Schrift ›Über die neuesten inneren Verhältnisse Württembergs, besonders über die Gebrechen der Magistratsverfassung‹. Hegel interessierte sich also zunächst für theologische und politische Fragen. In einer anonymen Schrift kritisierte er damals auch die politischen Zustände in Bern. Es folgte eine Schrift über die deutsche Reichsverfassung (1801/02). Nach dem Tod seines Vaters (1799), der ihm ein kleines Kapital hinterließ, faßte er den Entschluß, ein philosophisches System aufzustellen, und wurde in Jena Privatdozent (1801). Dort schloß er sich zunächst Schelling an. Spekulationen, die er in seiner Dissertation ›De orbitis planetarum‹ über das Planetensystem angestellt hatte, erwiesen sich infolge der (bereits erwähnten) Entdeckung des ersten

[3] Eduard Zeller, Geschichte der deutschen Philosophie seit Leibniz. 2. Aufl. 1875, S. 561.

Asteroiden als unhaltbar. In der Schrift ›Differenz des Fichteschen und Schellingschen Systems der Philosophie‹ (1801) bekennt sich Hegel zu Schelling. In einem Entwurf aus jener Zeit zum ›System der Sittlichkeit‹ hob er die heilsame Wirkung des Krieges im Gegensatz zu Kants Friedensideal hervor. Während er 1807 die ›Phänomenologie des Geistes‹ vollendete, bewunderte er Napoleon, den ›Weltgeist zu Pferde‹. Im Frühjahr 1807 zog es Hegel nach Bayern, wo ihm sein Freund Niethammer, zuständig für die höheren Schulen des Landes, eine Stellung als Rektor des Nürnberger Gymnasiums verschaffte (1808–1816). In dieser Zeit entstand Hegels ›Wissenschaft der Logik‹. 1816 erhielt er einen Ruf als Professor der Philosophie nach Heidelberg. Dort erschien 1817 die einzige vollständige Darstellung seines Systems, die ›Enzyklopädie der philosophischen Wissenschaften im Grundriß‹. Daran schloß sich die Berufung nach Berlin (1818–1831) an.

Hegels philosophisches Grundkonzept erweist sich genetisch als eine Synthese aus Ideen Fichtes und Schellings und damit als legitimes System des spekulativen Idealismus, insofern Fichte und Schelling wieder in Kant wurzeln. Von Fichte übernahm Hegel einmal den Gedanken der Bewegung der Vernunft, sodann den dialektischen Dreischritt These - Antithese - Synthese, von Schelling die Vorstellung eines Absoluten und die Gleichsetzung desselben mit der Vernunft, dem Geist. Hegel radikalisierte die Prämissen seiner Vorgänger, insofern er den dialektischen Prozeß zum universalen Vehikel des Wirklichkeitsverständnisses machte und die Wirklichkeit als universale Manifestation der Vernunft ansah. Spezifisch für Hegel ist der Glaube, daß in seinem System der Prozeß der Philosophie, die Offenbarung der Vernunft, zur Vollendung gekommen sei. Nach Hegel ist die Natur entäußerter Geist oder die Idee in ihrem Anderssein. Kehrt der Geist in sein Ansichsein zurück, stellt sich die absolute Vernunft wieder her. Entsprechend gliedert sich die Philosophie in Logik, in Natur- und in Geistesphilosophie. Logik ist die Wissenschaft von der Idee als solcher, Naturphilosophie von der Idee in ihrem Anderssein, Geistesphilosophie von der zu sich selbst zurückkehrenden Idee. Diese Dreiheiten sind wiederum in Dreiergruppen aufgeteilt. Im Gegensatz zu Schelling, der sich auf die »intellektuale Anschauung« und sein Genie verläßt, erhebt Hegel den Anspruch auf strenge Wissenschaftlichkeit seines Verfahrens. Der individuelle Geist entwickelt sich, Hegel zufolge, analog zum Weltgeist in folgenden Stufen: Bewußtsein, Selbstbewußtsein, Vernunft, Geist, Religion, absolutes Wissen (Philosophie).

Die Logik, die eine Lehre von der Idee, also Metaphysik sein soll, zerfällt in die Lehren vom Sein, vom Werden und vom Begriff. Das Sein zerfällt in Werden, Dasein und Fürsichsein (Qualität), in reine, bestimmte und unendliche Quantität sowie in das Maß (lose), worin Quantität und Qualität sich verbinden oder aufheben. Das Wesen zeigt sich, reflektiert, als Gesetz von der Identität, vom Widerspruch und vom zureichenden Grund, erscheinend als Gegensatz von Inhalt und Form, Ganzem und Teil, Ding und Eigenschaften und in Wirklichkeit als Vernunft. Es gilt daher: was vernünftig ist, ist wirklich und umgekehrt. Die drei Modi der Wirklichkeit im weiteren Sinn sind Möglichkeit, Wirklichkeit im engeren Sinn und Notwendigkeit, die drei Verhältnisse sind Substantialität, Kausalität, Wechselwirkung.

Der Begriff umfaßt als subjektiver Begriff die Elemente der traditionellen Logik: Begriff im engeren Sinn, Urteil und Schluß, als objektiver Begriff die mechanischen, chemischen und teleologischen Komponenten, als Idee das Leben, Erkennen und Idee im anfänglichen Sinn. Das Einzelne ist nur Erscheinung des Allgemeinen.

Soviel zur Logik. Die Naturphilosophie, Hegels schwächste Seite, ist in Mechanik, Physik und Organik gegliedert oder in Auseinander, Kohäsion und Gestalt. Zur Philosophie des Geistes gehören Psychologie, Ethik, Rechts-, Staats- und Geschichtsphilosophie sowie Ästhetik und Religionsphilosophie. Zum subjektiven Geist gehören: Anthropologie, Phänomenologie und Psychologie im engeren Sinn, zum objektiven: Recht, Moralität und Sittlichkeit (Familie, bürgerliche Gesellschaft, Staat) sowie Geschichte, zum absoluten Geist: Kunst, Religion und Philosophie.

Die Geschichtsphilosophie gilt als stärkste Seite der Hegelschen Philosophie, was weder im Hinblick auf Leibnizens Handhabung der kritischen Methode noch auf Kants Geschichtskonzept zu halten sein dürfte. Einige Beispiele aus seiner Geschichtstheorie: In der Weltgeschichte geht es, wie überall, vernünftig zu. Die »Volksgeister« und großen Persönlichkeiten sind nur Werkzeuge des Weltgeistes. Die Weltgeschichte ist zugleich das Weltgericht. Die »List der Vernunft« besteht darin, daß sie die Leidenschaften der Menschen für ihre Zwecke einspannt. In jedem Zeitalter übernimmt ein Volk in der Weltgeschichte die Führung. Hat es seine Mission erfüllt, folgt ein anderes. Die Geschichte zerfällt in vier große Perioden, die orientalische, griechische, römische und germanische. Sie entsprechen dem Knaben-, Jünglings-, Mannes- und Greisenalter. Als die Menschheit des Schießpulvers bedurfte, war es da. (Das gilt dann wohl auch für alle weiteren Waffen bis hin zur Atombombe!) In der Theorie soll die Weltgeschichte die Entwicklung des Begriffs der Freiheit aufzeigen, in der Praxis wurde Hegels System »zur wissenschaftlichen Behausung des Geistes der preußischen Reaktion«[4]. Seine letzte Schrift war eine in diesem »Geist« gehaltene Kritik freiheitlicher englischer Reformen.

Die Analogie von Lebensaltern und Geschichtsperioden ist höchst irreführend. Nach Hegel endet mit dem Zeitalter Hegels die Geschichte, was nicht nur von den Tatsachen widerlegt ist, sondern auch die extreme Vergangenheitsorientierung dieser Perspektive zeigt, von grotesken Simplifizierungen nicht zu reden, die schon zu Hegels Zeiten Anachronismen waren. Was das Greisenalter betrifft, kann man Hegel zustimmen: seine Art der Geschichtsbetrachtung ist greisenhaft. Die Rede von Mission und Weltgericht verrät die Verstrickung dieser scheinbar so rationalen Philosophie in theologische Dogmen und Vorurteile. Ein Vorurteil ist auch, daß in jedem Zeitalter ein Volk die Führung übernehme. Das paßt zu Preußens Führungsansprüchen im 19. Jahrhundert und zum folgenden imperialistischen Zeitalter der deutschen Geschichte. Die berühmte Hypothese von der List der Vernunft gilt nur unter der Voraussetzung eines Theologems, der Annahme eines persönlichen Gottes, der die Welt nach den Prinzipien Hegelschen Vernunftglaubens lenkt. Daß nicht nur einzelne Menschen, sondern ganze Völker zu Werkzeugen degradiert werden, widerspricht nicht nur der Kantischen Auffassung von Menschenwürde zutiefst, sondern auch dem Grundkonsens christlich-neuzeitlicher Lebensauffassung. Daß es in der Weltgeschichte wie überhaupt in der Wirklichkeit vernünftig zugehe, kann doch nur jemand behaupten, der entweder völlig weltfremd ist, was Hegel nicht war, oder die Augen vor der Realität verschließt, aber es gibt plausible Erklärungen für Hegels »Panlogismus«, der im Grunde ein Scheinrationalismus, ein Illusionismus war. Hegel brauchte seinen »Panlogismus« vor allem aus zwei Gründen: Wollte er dem Irrationalismus entgehen, in den Schelling aufgrund ähnlicher

[4] Vorländer, ebd., S. 307.

Spekulationen schließlich verfallen war, mußte er seinen Spekulationen, einem Gemisch von Theologemen und Philosophemen, ein streng wissenschaftliches Gewand umlegen. Hegel tat dies, indem er Logik und Metaphysik ineinander verschwimmen ließ und seine dialektische Methode virtuos handhabte. Hegel wußte, daß sich Wissenschaften wegen der »elenden Schikane« der Philosophen, die spekulierten statt zu denken, von der Philosophie emanzipierten, aber er wollte diesen Prozeß nicht wahrhaben und wenn möglich verhindern. So monopolisierte er die Vernunft für sein System und Wissenschaftlichkeit für seine Methode, obwohl weder sein System etwas mit Vernunft noch seine Methode etwas mit Wissenschaft gemeinsam hat.

Was die Interpretation Hegels nicht nur äußerst schwierig, sondern im Grunde unmöglich macht, ist, daß sich die Dialektik der Rechenschaftsablegung entzieht; damit ist jede Form einer rationalen Auseinandersetzung ausgeschlossen. Die Mäeutik des Sokrates und Platons Kunst der Gesprächsführung dienten der Wahrheitssuche, der ständigen Rechenschaftsabgabe und der Herstellung von Konsens, verbunden mit der Bereitschaft, sich widerlegen zu lassen. Indem Hegel Logik und Metaphysik kontaminierte, entzog er rationaler Wahrheitssuche den Boden. Seine Dialektik ist eher eine Technik der Verschleierung von Tatsachen als eine Kunst der Wahrheitssuche, eher eine Strategie mit dem Ziel totaler Unterwerfung oder Bekehrung des anderen als die Ermöglichung kreativen Denkens. Hegels Systematik und Dialektik ist dort zu Hause, wo es mehr um Macht als um Wahrheit geht, wo Monarchen, Diktatoren oder Parteifunktionäre über wahr und falsch entscheiden, wo philosophische Lehrstühle nach Loyalität oder Parteizugehörigkeit vergeben werden und wo die Freiheit des Denkens der Allmacht des Systems zum Opfer fällt. Es gab eine Zeit, da auch Hegel die Freiheit und die revolutionären Ideen liebte, aber diese Zeit war spätestens mit dem Beginn seiner Tätigkeit in Berlin vorbei. Der Greis Hegel verleugnete die Ideale seiner Jugend – aus Angst vor der Freiheit.

Hegels scheinrationales System gleicht einem titanischen Versuch, die Vernunft auf vernünftige Weise zu liquidieren, um das Ancien régime, das uralte Bündnis von Magie und Macht zu erneuern, oder, mit Hegel zu sprechen, die Vernunft sich selbst aufheben zu lassen.

9.1.4.5 Idealismus, Materialismus, Positivismus

In der Philosophie des 19. Jahrhunderts bedeutet Hegels System einmal den Abschluß des spekulativen Idealismus, sodann einen wichtigen Schritt im allgemeinen Verfallsprozeß des Deutschen Idealismus, der in Marx und Nietzsche seinen Abschluß fand.

Man kann die deutsche Philosophie des 19. Jahrhunderts nach verschiedenen Gesichtspunkten einteilen. Gewöhnlich unterscheidet man drei Abschnitte oder Epochen, wobei nur über die erste Epoche, bis zu Hegels Tod (1831), weitgehender Konsens besteht. Es ist das Zeitalter der spekulativen Systeme oder des an Kant anschließenden Deutschen Idealismus im engeren Sinn. In jedem Fall gehören Fichte, Schelling und Hegel dazu. Einige namhafte Historiker der Philosophie unterteilen mit guten Gründen die restlichen Dekaden in zwei Abschnitte, mit dem Jahr 1870 als Zäsur. Der erste ist das klassische Zeitalter des Materialismus um die Jahrhundertmitte, der zweite ist gegenüber der Philosophie des 20. Jahrhunderts, der Gegenwart, der Moderne nur äußerst schwierig abzugrenzen. Eine solche Anordnung hätte, chronologisch gesehen, Vorteile. Legt man indessen größeres Gewicht auf Dynamik und Entwicklung, wird man nach Grundlinien suchen, die die Kontinuität der wirksamen Kräfte stärker zum Ausdruck bringen. In beiden Fällen ergibt sich ein pluralistisches Konzept, wobei das dynamische besser zur Gesamtdisposition paßt und den Vorzug verdient.

Die griechische Philosophie hat drei Grundmodelle der Wirklichkeits-Interpretation hervorgebracht: Pythagoras das Zahlenmodell, Demokrit das Atommodell und Platon das Ideenmodell. Diese drei Modelle haben die Grundzüge westlichen Philosophierens bis in die Gegenwart entscheidend bestimmt. Auch im 19. Jahrhundert treten die Modelle wieder in Erscheinung. Bis 1831 herrscht der Idealismus eindeutig vor. Infolge der spezifischen Denkkonstellation bei Hegel schlägt der Idealismus um die Jahrhundertmitte in sein Gegenteil um, in den Materialismus. Damit sind die äußeren Positionen bezeichnet, aber die Extreme konnten sich nicht durchsetzen. Gegen Ende des Jahrhunderts ist auch in Deutschland ein starker Trend zum Positivismus festzustellen, der sich zunächst mit der Evolutionstheorie verbindet und dann im 20. Jahrhundert, mit Empirie und Analyse vereinigt, zur treibenden Kraft wissenschaftlich-rationalen Philosophierens wird. Wenn man so will, hat der Mathematiker Pythagoras einstweilen gesiegt.

Grundlegend für das 19. Jahrhundert ist nun, daß sich alle möglichen Kombinationen von Idealismus und Positivismus sowie Materialismus und Positivismus finden, aber nicht solche von Idealismus und Materialismus. Die beiden Richtungen stehen sich so unversöhnlich gegenüber wie einst Platon und Demokrit. Marx wollte Comte mit Hegel verbinden und entschied sich letztlich für Hegel, für den »historischen« Materialismus – das war sein Fehler, der hier nicht weiter zu erörtern ist. Hier stellt sich dagegen die Aufgabe, zunächst das Schicksal des verfallenden Idealismus bis zu seinem vorläufigen Ende zu verfolgen, sodann Aufblühen und Verblühen des Materialismus darzustellen und schließlich das Spiel der Kräfte zu Beginn dieses Jahrhunderts zu analysieren. Ungefähr decken sich diese Bewegungen mit den traditionellen chronologischen Einteilungen.

9.1.4.6 Alexander und Wilhelm von Humboldt, Schleiermacher, Fries, Herbart, Beneke, Bolzano

Im Einklang mit Kants Idealismus im weiteren Sinn, aber im Gegensatz zum spekulativen Idealismus Hegels steht eine in der Regel viel zu wenig beachtete Gruppe von Denkern: Alexander (1769–1859) und Wilhelm (1767–1835) von Humboldt, Friedrich Ernst Daniel Schleiermacher (1768–1834), Jakob Friedrich Fries (1773–1843), Johann Friedrich Herbart (1776–1841), Friedrich Eduard Beneke (1798–1854) und Bernhard Bolzano (1781–1848).

Die Publizität der »großen« Denker im 19. Jahrhundert steht zunehmend in einem Mißverhältnis zu ihrer tatsächlichen philosophischen Bedeutung, wenn auch andererseits ein hoher Publizitätsgrad nicht eo ipso ein Zeichen für mindere philosophische Qualität ist. Marx ging es nicht in erster Linie um Erkenntnis und Wahrheit, sondern um Änderung von Bewußtsein und von gesellschaftlichen Verhältnissen. Er ist weniger Denker als Revolutionär, weniger Philosoph als Ideologe. Seine Wirkung steht außer Zweifel. Nietzsche war publizitätssüchtig, setzte auf Legendenbildung, Skandale und ließ sich ein ›Dokument‹ beschaffen, das seine adlige Abstammung bezeugen sollte: sein Erfolg war beträchtlich. Hegel opferte die schwäbische Besinnlichkeit der Berliner Hektik, huldigte einem reaktionären Regime und avancierte zum Philosophenpapst von Königs Gnaden.

Während Hegel das idealistische System der Systeme zu Papier brachte, praktizierten die Brüder Humboldt einen anderen, nicht weniger deutschen Idealismus. Der Kosmopolit Alexander von Humboldt hat wesentlich zur Emanzipation einer ganzen Reihe von Wissenschaften beigetragen. Manche seiner Erfahrungen und Methoden mögen überholt sein, sein wissenschaftliches Ethos ist unüberholbar. Wo gab und wo gibt es Männer, die ihr eigenes Vermögen und Lebensglück so in den Dienst der Forschung stellen wie Humboldt es tat, der fast sein gesamtes Vermögen für Forschungszwecke ausgab, der auf lukrative Ämter verzichtete, um seine Selbständigkeit als Wissenschaftler zu erhalten, der als geborener Diplomat acht diplomatische Missionen für seinen König gewissenhaft ausführte, doch nie dem Machtrausch verfiel? Statt auf seinem Familiengut ein Leben in hohen politischen Stellungen und Ehren zu führen, abwechselnd mit Aufenthalten an exklusiven Ferien- und Badeorten, zog Humboldt es vor, in dem von Schlangen und Krokodilen wimmelnden Dschungel Venezuelas zu forschen. Am 23. Juni 1802 versuchte er in Ecuador, den 6300 Meter hohen Chimborazo zu ersteigen. Er blieb nur 400 Meter unter dem Gipfel, und stieg mehr als 1000 Meter über den höchsten Punkt, der vorher erstiegen war. Die Ausbeute seiner fünfjährigen Forschungsreise durch Südamerika waren nicht weniger als 60000 Pflanzen, darunter 3500 neue Arten. Für die Archäologie wurden seine Sammlungen indianischer Handschriften und Kunstgegenstände bedeutsam sowie seine Theorie über die asiatische Herkunft der Indianer, ihrer Inka-, Maya- und Azteken-Kulturen.

In der Astronomie trug seine Messung des Meteorfalles von 1799 zur gesetzmäßigen Erkenntnis meteorischer Periodizität bei. Auf dem Gebiet der Geographie legte er mit seinem Begriff der Isotherme einen Grundstein für die Klimakunde, wie die Geographie erst durch ihn recht eigentlich zu einer anerkannten Wissenschaft wurde. In der Geologie stammen die ersten geologischen Querprofile von ihm, und er erkannte als erster die Beziehungen zwischen Vulkanismus und gebirgsbildenden Kräften sowie die geologische Verwandtschaft gewisser Gebirgsketten in Amerika, Europa und Asien. In der Geophysik führten Humboldts Messungen zum Gesetz der Abnahme magnetischer Stärke zwischen den Polen und zur Kenntnis magnetischer »Gewitter« durch Polarlichter. In der Meteorologie entwickelte er mit Gay-Lussac die erste Theorie über die chemischphysische Zusammensetzung der Lufthülle. Die Ozeanographie verdankt Humboldt wichtige Beobachtungen über Meeresströmungen, nach ihm wird die kalte Strömung vor der Westküste Südamerikas als Humboldtstrom benannt. Humboldt bereicherte die Physiologie um wertvolle Erkenntnisse über den Einfluß großer Höhen auf den menschlichen Körper. Unschätzbaren Gewinn zog schließlich die Zoologie aus den Tierbeobachtungen des universalen Gelehrten und Forschers. Auf seine Initiative geht schließlich die Verwendung von Guano als Dünger in Europa und Amerika zurück.

Die Schaffenskraft seines Geistes hat Goethe mit folgenden Worten charakterisiert: »Was ist das für ein Mann! Ich kenne ihn so lange, und doch bin ich von neuem über ihn in Erstaunen. Man kann sagen, er hat an Kenntnissen und lebendigem Wissen nicht seinesgleichen. Und eine Vielseitigkeit, wie sie mir gleichfalls noch nicht vorgekommen ist! Wohin man rührt, er ist überall zu Hause und überschüttet uns mit geistigen Schätzen.«

Von 1805 bis 1834 arbeitete Humboldt vor allem in Paris an seinem großen Reisewerk. ›Voyage aux régions équinoxiales du nouveau continent‹, das 36 Bände umfaßt. Von 1843 bis gegen Ende seines Lebens widmete er sich seinem Hauptwerk, dem ›Kosmos‹, dem Entwurf einer physischen Weltbeschreibung, die 1845–1862 bei Cotta in Stuttgart erschien. Daneben schrieb Humboldt eine Reihe anderer bedeutsamer Werke, so ein Buch über Mexiko, die ›Ansichten der Natur‹, sowie drei Bände über Zentralasien, in denen er die Forschungsergebnisse seiner Rußlandreise von April bis Dezember 1829 veröffentlichte.

Humboldt hatte wenig Verständnis für die politischen Kämpfe, Kriege und Revolutionen, die Europa während seines langen Lebens erschütterten. Er war weder ein Fachidiot noch ein politisierender Wissenschaftler, er war in erster Linie und vor allem ein Mensch von großer Autorität, und diese Menschlichkeit verliert selbst dann als Vorbild ihre Wirkung nicht, wenn einige seiner Theorien eines Tages überholt und einige Ergebnisse seiner Forschungen veraltet sein sollten. Humboldt war Empiriker, wenn auch kein Empirist.

Wilhelm von Humboldt schenkte der Welt kein philosophisches System, verkörperte aber in Wort, Leben und Tat das Ideal der Menschlichkeit, das von Sokrates bis Kant die europäische Wirklichkeit mitgestaltet hatte, nicht im Sinn von Macht und Vorherrschaft, wohl aber mit dem Ziel kreativer

Weltgestaltung und freier persönlicher Entwicklung. In dieser und im freien Schaffen der Nationen findet der Staat nach Wilhelm von Humboldt seine absolute Grenze. Ziele der Geschichte sind nicht Expansion, Eroberung und Größe, sondern Verwirklichung von Menschlichkeit. Wilhelm von Humboldt schrieb weder eine Logik noch eine Metaphysik, aber er begründete die Sprachphilosophie und reorganisierte als Leiter des preußischen Unterrichtswesens (1808–1810) den gesamten höheren Schulunterricht im Sinn seines Humanitätsideals. Er bekam sein Amt nicht, weil er der Reaktion huldigte, sondern er legte nach den Karlsbader Beschlüssen sein Amt nieder, weil er die Reaktion für unvereinbar mit dem reformatorisch-Kantischen Ideal der Menschenwürde hielt.

Schleiermacher war ein freisinniger Denker, der, wie Fries, von Hegel in der Zeit der Reaktion angefeindet wurde. Alles andere als ein Konformist, bereitete er mit den mutigen Männern der preußischen Hauptstadt die Erhebung vor. Und er war der »größte Theologe, den der Protestantismus seit der Reformationszeit und vielleicht bisher überhaupt gehabt hat.«[5]

Schleiermacher verfaßte ›Grundlinien einer Kritik der bisherigen Sittenlehre‹ (1803), einen ›Grundriß der philosophischen Ethik‹ (1841) und erwarb sich außerdem bleibende Verdienste durch seine große, originalgetreue Platon-Übersetzung.

Gegenüber der verengten Moralkonzeption Kants greift Schleiermacher auf Platon, Spinoza und Leibniz zurück und gewinnt dadurch eine für die freiheitliche Lebensgestaltung viel reichere und brauchbarere Palette ethischer Disziplinen: Verkehr, Eigentum, Wissen und Gefühl. Neben der Pflichten- und Tugendlehre behandelt er auch die Güterlehre. Das ethische Handeln soll Einheit von Vernunft und Natur stiften. Neben den vier antiken erscheinen die drei christlichen Kardinaltugenden. Schleiermacher erkannte die Wichtigkeit des Gefühls für Religion und Moral und korrigierte damit eine Einseitigkeit Kants. Religiosität ist ein Gefühl völliger Abhängigkeit vom Unendlichen. Religion kann dem Menschen zur Herstellung innerer Harmonie verhelfen. Hier werden Gedanken Goethes und Schillers wieder lebendig.

Fries war nicht weniger als Hegel ein Kantianer, vielleicht sogar mehr, da er der Mathematik und den empirischen Wissenschaften einen größeren Einfluß auf die Philosophie zugestand

[5] Ebd., S. 322.

als Hegel und da er den spekulativen Idealismus ablehnte. 1807 erschien seine ›Neue Kritik der reinen Vernunft‹, 1821 eine ›Psychische Anthropologie‹. Fries erkannte auch, daß der Kantische Apriorismus ohne solide Grundlage in der Psychologie wenig taugt. Das Apriori ist nur auf dem Weg psychologischer Analyse und innerer Beobachtung erreichbar. In der Ethik sprengt er, wie Schleiermacher, die Enge der Kantischen Konzeption und erkennt, darin schon modern, die Wichtigkeit von Werten und Gefühlen für Ethik und Moral. Ethik versteht Fries auch schon als eine Art Praxeologie oder »handelnde Vernunft«. Das Grundprinzip der Ethik ist der Glaube an die Wirklichkeit des Guten und Wertvollen, an die Fähigkeit der Wertschätzung und an die Aufgabe, die Menschheit zu veredeln.

Der Mensch weiß von den Erscheinungen kraft des Verstandes, er glaubt an das wahre Wesen der Dinge kraft seiner Vernunft und er ahnt das eine im anderen kraft seines Gefühls. Fries beeinflußte eine Reihe namhafter Gelehrter, vor allem Ernst F. Apelt (1812–1859), den Verfasser einer ›Theorie der Induktion‹ (1854) und der ›Epochen der Geschichte der Menschheit‹ (1845/46).

Herbart war Kantianer und Realist zugleich, indem er, wie Nicolai Hartmann im 20. Jahrhundert, an die realistischen Elemente der Kantischen Philosophie anknüpfte. Mit den philosophischen verband er psychologische und pädagogische Interessen. Als Hauslehrer in Bern hatte er den Pädagogen Johann Heinrich Pestalozzi (1746–1827) kennengelernt. In Göttingen habilitierte sich Herbart in Philosophie und als erster in Pädagogik (1802). Philosophie hat nach ihm die Aufgabe, Begriffe zu klären. Er erweitert Kants engen Erfahrungsbegriff und definiert Metaphysik als Wissenschaft vom Realen. Wie der Rauch auf das Feuer, so weist der Schein auf das Sein zurück. Erklären heißt Widersprüche beseitigen. Die Seele als solche ist für den Menschen nicht erkennbar. Die Psychologie befaßt sich mit der Selbsterhaltung der Vorstellungen im seelischen Bereich. Sie operiert mit mathematischen Methoden. Vorstellungen sind Kräfte, die sich hemmen, fördern oder im Gleichgewicht halten. Vorstellungen werden nicht vernichtet, sondern verdrängt, unter die Bewußtseinsschwelle gedrückt. Eine Vorstellung herrscht im Bewußtsein, wenn sie von keiner anderen gehemmt wird. Meistens finden jedoch Hemmungen statt. Die Summe dessen, was aus dem Bewußtsein verdrängt ist (Hemmungssumme) ist gleich der Summe der einzelnen Vorstellungen, vermindert um die stärkste. Neben dieser statischen hat die Psychologie eine mechanische Aufgabe, indem sie die Wechselwirkungen der Vorstellungen verfolgt und mathematisiert. Verstand, Wille und Gefühl erscheinen als Verhältnisse von Vorstellungen. Der Wille wird von Motiven bestimmt und hängt von Vorstellungen ab. Antik und auch modern erscheint Herbarts Verbindung von Ethik mit der Ästhetik. Ethik ist danach keine Tugendlehre, sondern eine Lehre vom sittlichen Geschmack, der sich im moralischen Urteil ausdrückt. Herbart unterscheidet fünf praktische Ideen (individuell): innere Freiheit, Vollkommenheit, Wohlwollen, Recht und Billigkeit; und deren Ableitungen (sozial): Folgsamkeit, Kultur, Verwaltung, Rechtsgemeinschaft, Lohnsystem. Die Pädagogik ist in der Ethik und in der Psychologie fundiert. Zweck der Pädagogik ist Erziehung zur Tugend, das heißt zur Wirksamkeit innerer Freiheit, die auf einem Gleichgewicht von Kräften der Einsicht und des Willens beruht. Der Staat hat die Aufgabe, Spielraum für die sittliche Verwirklichung der ethischen Ideale in der Gesellschaft zu schaffen.

Nach dem Zerfall der Hegelschen Schule breitete sich die realistisch-psychologisch-wissenschaftliche Philosophie Herbarts in Deutschland und Österreich aus. Sie erwies sich als äußerst fruchtbar im Emanzipationsprozeß der Wissenschaften. Es entstand daraus die ›Anthropologie der Naturvölker‹ von Theodor Waitz (1859), der die Psychologie außerdem mit Physiologie verband, ferner die Völkerpsychologie von M. Lazarus und H. Steinthal.

Beneke habilitierte sich 1822 in Berlin. Hegel war dagegen, und schon entzog der Minister von Altenstein dem jungen, erfolgreichen Konkurrenten Hegels unerhörterweise die Lehrbefugnis (1824), wahrscheinlich auf Betreiben Hegels, der, im Bunde mit der Reaktion, offensichtlich keine andere Auffassung neben der seinen ertrug: Fries, Schleiermacher, Schopenhauer, Beneke. Beneke war Berliner, nahm 1815 am Feldzug teil und neigte mehr Fries als Hegel zu, ferner Schleiermacher, Herbart und der englischen Philosophie. Von Altenstein war es, der Beneke über die preußischen Grenzen hinaus auf seine Weise verfolgte und die sächsische Regierung nötigte, die Beneke ein Ordinariat für Philosophie zugedacht hatte, den jungen Gelehrten nicht anzustellen. Beneke fand in Göttingen ein Asyl, lehrte dort (1824–1827) und erhielt nach Hegels Tod in seiner Heimatstadt eine außerordentliche Professur, zog dann aber den andauernden akademischen Anfeindungen den Freitod vor. Beneke wollte, wie Herbart, die Philosophie auf der sicheren psychologischen Erfahrungsgrundlage aufbauen. Er wählte aber, im Gegensatz zu Herbart, nicht die Mathematik, sondern die innere Erfahrung als Erkenntnisquelle. Er schrieb ein ›Lehrbuch der Psychologie als Naturwissenschaft‹ (1833). Die antimetaphysische und antispekulative Tendenz ist durchweg zu erkennen. Beneke lehnte angeborene Begriffe und Seelenvermögen ab und erkannte nur das Selbstbewußtsein als elementare psychologische Tatsache an. Kants größter Fehler war, Beneke zufolge, daß er unabhängig von der Erfahrung Anschauungsformen und Kategorien einführte. Beneke bestimmt als Methoden der philosophischen Grundwissenschaft dagegen die sorgsame Beobachtung und die vorsichtige Induktion. Anstelle der Moral setzt Beneke das ›Natürliche System der praktischen Philosophie‹ (1837–1840). Sittliche Begriffe und Urteile entstehen aus sittlichen Gefühlen, am Ende steht das abstrakte Sittengesetz. Benthams eudämonistisch-utilitaristische Anschauungen vertiefte Beneke zu einer Wertlehre. Zu den zahlreichen Anhängern oder den von Beneke Angeregten gehört der Philosophiehistoriker Friedrich Ueberweg (1829–1871).

Bolzano, ein Denker, der viel zu wenig studiert wird, ging nicht zu Kant, sondern zu Leibniz zurück, mit dem er auch die mathematische Grundorientierung teilt. Der katholische Priester und Professor für philosophische Religionslehre an der Universität Prag mußte 1819 wegen angeblicher Irrlehren seine Lehrtätigkeit einstellen; der Druck seiner Schriften wurde verboten. Als Mathematiker mit einem Werk über ›Paradoxien des Unendlichen‹ (1851) gehört Bolzano schon ins 20. Jahrhundert, zu den Modernen. Seine philosophischen Ansätze stehen seinen mathematischen Ideen nicht nach. Er verband höchste Abstraktionsfähigkeit mit großem Scharfsinn. Schon lange vor Husserl, der ihn wiederentdeckte, trennte Bolzano konsequent den psychologischen Denkvorgang vom Denkinhalt. Hegels Methode erschien ihm als »heillose Faselei«. Zum Deutschen Idealismus insgesamt bemerkt Bolzano, »daß man nichts deutlich denkt, mit bloßen Bildern spielt und jede auch noch so oberflächliche Ähnlichkeit zweier Dinge für eine Identität derselben ausgibt«. Bolzano unterzog auch ziemlich alle wichtigen Lehren Kants einer scharfen und im Endeffekt ablehnenden Kritik. Mit Leibniz stimmt er dagegen häufig überein. Kants Unterscheidung von analytischen und apriorischen Urteilen ist nach Bolzano nicht haltbar, ebensowenig Kants Lehre vom synthetischen Urteil. Kants These von der Unmöglichkeit aller Metaphysik hält er entgegen, daß dies bereits ein (nach Kant) unzulässiges Urteil über das Ding an sich impliziert. Seine ›Wissenschaftslehre‹ (4 Bände, 1837) geht von drei elementaren Einheiten aus, der Vorstellung an sich, dem Satz an sich und der Wahrheit an sich. Vorstellung an sich ist »alles dasjenige, was als Bestandteil in einem Satz vorkommen kann, für sich allein aber noch keinen Satz ausmacht.« Vorstellungen als solche sind weder wahr noch falsch, wohl aber Sätze. Vorstellungen, die ein einzelnes Objekt zum Gegenstand haben, heißen Einzelvorstellungen oder Anschauungen. Bolzano verwendet auch den Begriff »Gültigkeit« und bezeichnet damit »den Begriff des Verhältnisses, in welchem die Menge der wahren Sätze, die sich aus einem Gegebenen dadurch erzeugen lassen, daß man gewisse, in ihm als veränderlich zu betrachtende Vorstellungen nach einer gewissen Regel mit anderen vertauscht, zur Menge aller steht, die so zum Vorschein kommen« (Wissenschaftslehre II, 81). Bolzano kritisiert sowohl die Schlußlehre der traditionellen Logik als auch die traditionelle Wahrscheinlichkeitslehre (Verhältnis der günstigen Fälle zu allen übrigen). Nach ihm ist Wahrscheinlichkeit ein Verhältnis zwischen Sätzen und beinhaltet die vergleichsweise Gültigkeit eines Satzes im Hinblick auf andere Sätze. Wie Bolzano in der Urteilslehre Theorien Brentanos vorwegnahm, so ging er in der Philosophie der Mathematik den Modernen voran: nichteuklidische Geometrie, begrifflicher Charakter der mathematischen Wahrheit, Kritik der Größen- und Mengentheorie, Anwendung der Mathematik auf beliebige Gegenstände. Bolzano trennt scharf zwischen Vorstellungen und Urteilen, das für ihn ein Meinen, Fürwahrhalten und Behaupten ist, im Gegensatz zum bloßen Denken. Bei den Urteilen sind Wahrnehmungsurteile von vermittelten oder Erfahrungsurteilen zu unterscheiden, eine Unterscheidung, die Russell später ähnlich trifft. Mit Hilfe einer Art Faktorenanalyse bestimmt Bolzano das Verhältnis von Wille und Urteil, wobei herauskommt, daß das Urteil vom Willen weitgehend unabhängig ist und aus der Beschaffenheit sämtlicher in der Seele anwesenden Vorstellungen resultiert.

In der praktischen Philosophie argumentiert Bolzano gegen Kant zugunsten einer eudämonistischen Theorie wie später Fechner. Erst nach seiner Entdeckung durch Husserl, also mehr durch einen Zufall, rückte Bolzano in den Mittelpunkt modernen philosophischen Interesses.

9.1.4.7 Schopenhauer

Gegenüber den scharfsinnigen Analysen Bolzanos wirken Schopenhauers Theorien geradezu einfach, soweit er nicht Kantische Lehren übernimmt. Arthur Schopenhauer, Sohn eines Bankiers und einer Schriftstellerin, war eine gespaltene Natur, die mit ihren Konflikten und Problemen nicht fertig wurde und daher in einer Traumwelt Zuflucht suchte. Er bereiste England und Frankreich, studierte nach dem Tod seines Vaters (1809) in Göttingen Naturwissenschaft, Geschichte und Philosophie, befaßte sich mit Platon und Kant, hörte 1811 in Berlin Fichte, dessen Lehren ihm jedoch nicht zusagten. 1813 promovierte er in Jena mit der Arbeit ›Über die vierfache Wurzel des Satzes vom zureichenden Grunde‹, verbrachte den folgenden Winter in Weimar, wo er Goethe kennenlernte. Dort befaßte er sich auch mit der indischen Philosophie. Von 1814 bis 1818 lebte er in Dresden, mit der Abfassung seines Hauptwerks ›Die Welt als Wille und Vorstellung‹ beschäftigt. 1820 habilitierte er sich in Berlin, wo er bis 1832 als ziemlich unbeachteter Privatdozent tätig war. 1822–1825 hielt er sich in Italien auf und verbrachte die letzten Dekaden seines Lebens in Frankfurt am Main. Von den Universitätsphilosophen, die ihn ignorierten, hielt er nicht viel, verfügte aber über genügend Selbstbewußtsein, um nicht dem Beispiel Benekes zu folgen. Immerhin hatte er den Mut, den Kampf mit dem allmächtigen Hegel aufzunehmen, gegen den er aber wenig auszurichten vermochte, da dieser über die besseren Beziehungen verfügte und wohl auch über die eindrucksvollere Rhetorik und Dialektik. Im Ausland hatte Schopenhauer mehr Erfolg als in Preußen. Seine Arbeit ›Über die Freiheit des menschlichen Willens‹ (1837) wurde von der Königlich Norwegischen Sozietät der Wissenschaften preisgekrönt. 1856 stellte die Universität Leipzig eine Preisaufgabe über seine Philosophie; Schopenhauer starb 1860, als sein großer Ruhm als »Klassiker der Philosophie« sich zu verbreiten begonnen hatte.

Schopenhauers Philosophie hat ihre Stärken in der Form, in ihrer echten, das heißt unverlogenen Subjektivität, in der Fülle der Visionen, Stimmungen und Nuancen, in einem erlesenen

Geschmack, nicht nur in der Freisinnigkeit und Großzügigkeit des Denkens, sondern auch in einer gewissen Seelenstärke und Geistesgröße. Wissenschaftliche Verdienste erwarb sich Schopenhauer im Hinblick auf die Indologie, die von ihm starke Impulse erhielt (Paul Deussen 1845–1919). In der Erkenntnistheorie unterscheidet Schopenhauer vier Klassen von Vorstellungen: empirische, begriffliche, apriorische (Raum, Zeit, Kausalität) und reflexive, die sich auf das Subjekt des Wollens beziehen. In der praktischen Philosophie erscheint der Satz vom zureichenden Grund als Gesetz der Motivation.

In seinem Hauptwerk befaßt sich Schopenhauer mit den Objekten der Erfahrung und der Wissenschaften, mit der Objektivation des Willens, mit den Platonischen Ideen und mit dem Lebenswillen aufgrund der Selbsterkenntnis. Die Welt ist meine Vorstellung: das ist der Ausgangspunkt allen Philosophierens, zugleich der Grund für die Subjekt-Objekt-Spaltung. Der Satz: »Kein Objekt ohne Subjekt« widerlegt jeden Materialismus im Ansatz. Die Subjekte sind Objektivationen des Willens, der dem »Ding an sich« Kants entspricht. In dem Maß, in dem es gelingt, die niederen Objektivationsstufen des Willens zu überwinden, nähert sich das Individuum der Idee, die, bei Schopenhauer wie im griechischen Denken, mit der Schönheit verbunden wird. Schopenhauers Philosophie der Kunst gipfelt in seiner Theorie der Musik, die er als Abbild des Willens selbst bezeichnet.

In der Ethik modifiziert bzw. vereinfacht Schopenhauer Kants Lehre vom intelligiblen Charakter des Menschen und paßt sie seinem System an. In der Erscheinungswelt, in ihrem empirischen Charakter ist das Handeln des Menschen determiniert, in der intelligiblen Sphäre dagegen ist der Mensch frei und damit indirekt für seine Handlungen verantwortlich: *operari sequitur esse.* Schopenhauers Moralphilosophie hat einen starken religiösen Einschlag und zwar in Form einer Verbindung christlicher und indischer Vorstellungen. Danach ist das Mitleid das Fundament jeder Moral. In Schopenhauers pessimistischer Sicht der Welt werden Religion und Moral zum Quietiv des Willens mit dem Ziel der Erlösung von Welt und Wollen (Nirvana). Schopenhauers Denken enthält viele mystische Elemente. Im Gegensatz zu Descartes, Locke, Kant und Hegel kann man seine Philosophie als Voluntarismus bezeichnen. Ihr Irrationalismus verbindet sie retrospektiv mit Schelling, prospektiv mit Nietzsche.

9.1.4.8 Die Hegelsche Schule

Im Denken von Marx und Nietzsche, im Materialismus und im Naturalismus, erreicht der Verfall des Deutschen Idealismus (im weiteren Sinn) seinen Höhepunkt und Abschluß zugleich. Der Umschlag vom extremen Idealismus zum extremen Materialismus um die Jahrhundertmitte hatte mehrere Gründe. Gesamteuropäisch war die neuzeitliche Rehabilitierung des mit dem Namen Demokrits verbundenen Materialismus von Galilei und Hobbes bis La Mettrie und Holbach so weit vorangeschritten, daß sie Deutschland, wenn auch mit Verspätung, erreichen mußte. Die Materialisten waren von zwei Seiten geächtet, von den an Platon orientierten Idealisten und von den christlichen Denkern. Die Aufklärung hatte die christlichen Bedenken zerstreut, und der Idealismus hatte sich in Deutschland durch seine unglaubwürdigen Spekulationen selbst den Boden entzogen. Für den Positivismus war die Zeit noch nicht reif, denn Positivismus und Evolutionismus setzen ein hohes Maß von Wissenschaftlichkeit, Empirie und skeptischer Schulung des Urteils voraus, Bedingungen, die in Europa derzeit eigentlich nur in England, vielleicht aber auch in Frankreich erfüllt waren. Der deutsche Materialismus um die Jahrhundertmitte war kein Blitz aus heiterem Himmel, sondern eine ebenso logische wie natürliche Erscheinung. Die Hegelsche Schule zerbrach in einen rechten und in einen linken Flügel. In beiden Lagern hatte man längst erkannt, daß mit den Lehren des großen Meisters alles und nichts zu beweisen ist, und man sehnte sich danach, aus dem Dickicht blutleerer Spekulationen herauszukommen. Der einzige, der Hegel bis zum bitteren Ende die Treue hielt, war Karl Ludwig Michelet (1801–1893), von 1829 bis 1893 außerordentlicher Professor in Berlin und ebenso unbedeutend wie die »Rechten«. Die Leute der Mitte, die etwas auf sich hielten, suchten sich in den aufblühenden Fachdisziplinen zu profilieren: Johann Eduard Erdmann (1805–1892), Eduard Zeller (1814–1908), Albert Schwegler (1819–1857), Kuno Fischer (1824–1907), Friedrich Theodor Vischer (1807–1887), Eduard Gans (1798–1839), Karl Rosenkranz (1805–1879), oft als Historiker der Philosophie.

Von den »Linken« – die Bezeichnung hatte David Friedrich Strauß (1808–1874) eingeführt – war philosophisch eigentlich nur Ludwig Feuerbach von Bedeutung. Strauß war Theologe, Karl Marx (1818–1883), Friedrich Engels (1820–1895) und Ferdinand Lassalle (1825–1864) waren Politiker, Revolutionäre oder Ideologen.

Das ›Leben Jesu‹ (1835/36) wirkte in der deutschen Öffentlichkeit wie Sprengstoff und spaltete die Hegelsche Schule.

Strauß hatte in diesem Buch eine ganze Reihe von Tabus der orthodoxen Theologie beseitigt und den Kirchenglauben stark erschüttert. In dem so entstandenen Vakuum breitete sich der Anti-Idealismus, der vom Christentum geächtete Materialismus aus.

9.1.4.9 Feuerbach

Ludwig Feuerbach (1804–1872), Sohn des berühmten Kriminalisten Anselm Feuerbach und Onkel des gleichnamigen Malers, opferte seine akademische Laufbahn seiner Überzeugung. Seinen Werdegang stellte er selbst kurz und bündig dar: »Mein erster Gedanke war Gott, mein zweiter die Vernunft, mein dritter und letzter der Mensch.« Feuerbach starb arm und vereinsamt in Rechenberg bei Nürnberg. Er löste sich ausdrücklich von Hegel, dessen Philosophie er treffend »rationale Mystik« nannte. Hatte Strauß das Christentum historisch analysiert, so tat Feuerbach dies in seinem Werk ›Das Wesen des Christentums‹ (1841) vom psychologischen Standpunkt aus. Engels bemerkte dazu: »Man muß die befreiende Wirkung dieses Buches selbst erlebt haben ... Die Begeisterung war allgemein; wir waren alle momentan Feuerbachianer.«

Feuerbach sah die Religion als ein Produkt des menschlichen Egoismus an. Hegels »höhere Wahrheit« hat wesentlich dazu beigetragen, sie unglaubwürdig zu machen. Gott ist ein Phantasieprodukt, geboren aus menschlichen Nöten. Religion entspringt dem Wunschdenken. Die einzig solide Grundlage der Moral ist daher der Materialismus. In der Rezension einer Schrift Moleschotts erscheint dann Feuerbachs oft mißverstandene berühmte Formel: »Der Mensch ist, was er ißt.« Feuerbach meinte: Wer das Volk bessern will, soll ihm, statt Predigten gegen Sünde und statt höheren Wahrheiten lieber hinreichend zu essen geben. Sittlichkeit ohne Glückseligkeit ist nach Feuerbach ein Wort ohne Sinn. Soweit liegt er auf der Linie der Kritik an Kants Rigorismus seit der deutschen Klassik. Dann aber treten einige neue Momente hinzu: der kategorische Imperativ ist die Stimme des Gefühls. Sie bezieht sich nicht nur auf das Ich, sondern auf das Ich und das Du und schließt Genuß nicht aus: »Folge unverzagt deinen Neigungen und Trieben, aber *allen:* dann wirst du keinem einzigen zum Opfer fallen.« In Feuerbach hatte sich der spekulativ-extreme Deutsche Idealismus selbst korrigiert: er war in sein Gegenteil umgeschlagen.

9.1.4.10 Naturwissenschaft und Materialismus

Weitere Anhänger des naturwissenschaftlich fundierten Materialismus waren: Karl Vogt (1817–1895), Jakob Moleschott (1822–1893), Ludwig Büchner (1824–1899; ›Kraft und Stoff‹ 1855, 21. Aufl. 1904), Heinrich Czolbe (1818–1873) und Ernst Haeckel (1834–1919), ein Schüler Darwins.

Die Naturwissenschaften hatten in der Mitte des Jahrhunderts in Deutschland einen starken Aufschwung genommen, verbunden mit Fortschritten der Technik und der materiellen Daseinsbewältigung überhaupt. Mitverursacht wurde diese Entwicklung zweifellos durch den Schwund des Kirchenglaubens, Enttäuschungen auf politischem Gebiet (1848/49) und Ernüchterung nach dem Zusammenbruch des spekulativen Idealismus. Auf dem Gebiet der Physik hatten Julius Robert Mayer (1814–1878), James P. Joule (1818–1889) und Hermann Helmholtz (1821–1894) das Prinzip der Erhaltung der Energie entdeckt bzw. formuliert; in der organischen Chemie hatte Justus Liebig (1803–1873) große Erfolge auf dem Gebiet der Agrikulturchemie und der physiologischen Chemie; Theodor Schwann (1810–1882) entdeckte die Zelle als Elementarbaustein organischer Gebilde (1839); Emil Du Bois-Reymond (1818–1896) untersuchte tierische Elektrizität, und der Mediziner Rudolf Virchow (1821–1902) erklärte: »Leben ist nur eine besondere Art der Mechanik, und zwar die allerkomplizierteste Form derselben.«

9.1.4.11 Marx

Als Marx und Engels ihr Werk begannen, war der Materialismus kein Novum mehr in der deutschen Geisteskultur. Karl Marx, Sohn eines jüdischen Rechtsanwalts aus Trier, studierte Jurisprudenz, Philosophie, Geschichte und andere Fächer in Bonn und Berlin, bevor er 1841 in Jena mit der Arbeit: ›Differenz der demokritischen und epikureischen Naturphilosophie‹ promovierte. Der Anschluß an den antiken »Materialismus« ist also ideengeschichtlich zu belegen, ebenso an den deutschen »Idealismus«, den Marx an Hegels Wirkungsstätte kennenlernte. Anfangs war er begeisterter Hegelianer und verleugnete seine Vorliebe für diesen Denker auch später nicht, aber er empfand auch den Gegensatz der von Hegel behaupteten Versöhnung von Idee und Wirklichkeit im Staat und der Realität von Staat und Gesellschaft seiner Zeit. Als die preußische Kultusverwaltung seinem Freund Bruno Bauer die Lehrberechtigung entzog, sah auch er keine Chance mehr für eine akademische Laufbahn und wurde Mitarbeiter, später Redakteur der linksliberalen ›Rheinischen Zeitung‹, ein erster Anlaß, sich mit ökonomischen Fragen zu befassen. Aus Preußen ausgewiesen, gründete er 1844 mit Arnold Ruge in Paris die ›Deutsch-Französischen Jahrbücher‹, nachdem er 1843 Jenny von Westphalen, die Tochter eines hohen preußischen Beamten, geheiratet hatte. Sie blieb ihm in Not und Armut zeitlebens eine treue Gefährtin (gest. 1881). In Paris traf er auf die verschiedenen Formen des Sozialismus und vollzog den Schritt zum revolutionären Sozialismus. Dort lernte er auch Friedrich Engels, einen Fabrikantensohn aus Barmen, kennen, der ein Buch über ›Die Lage der arbeitenden Klasse in England‹ geschrieben hatte und Marx über die Situation der Industriearbeiterschaft und die Mißstände in den Fabriken informierte. Marx und Engels wurden Freunde und arbeiteten 40 Jahre lang eng zusammen. In Paris arbeitete Marx am ›Vorwärts‹ mit, lernte dort auch Proudhon, Louis Blanc, Heinrich Heine und Michail Bakunin kennen und vertiefte seine ökonomischen Studien. 1845 wurde er auf Betreiben der preußischen Regierung aus Paris ausgewiesen, ging zunächst nach Brüssel, wo er mit Engels die Streitschriften ›Die Heilige Familie‹ und ›Die deutsche Ideologie‹ verfaßte. Er setzte sich darin mit Linkshegelianern wie Bauer, Feuerbach und Stirner auseinander. 1847 verfaßten Marx und Engels im Auftrag des Londoner Bundes der Kommunisten das ›Kommunistische Manifest‹, das Anfang 1848 erschien. Es enthält eine radikale Kritik der bürgerlichen Wirtschafts- und Gesellschaftsordnung und einen Aufruf an die Proletarier aller Länder zum Klassenkampf. Marx wurde auch aus Belgien ausgewiesen, redigierte während der Revolutionsjahre (1848/49) die ›Neue Rheinische Zeitung‹ in Köln, worin er sich unter anderem für einen Krieg der deutschen Demokraten gegen das reaktionäre Rußland einsetzte. Nach dem Scheitern der Revolution wurde Marx erneut ausgewiesen und lebte fortan bis zu seinem Tod als Emigrant in London, wo er als Journalist für amerikanische, englische, österreichische und deutsche Zeitungen schrieb. Von seinem Hauptwerk, dem ›Kapital‹, erschien zu seinen Lebzeiten nur der erste Band (1867), der zweite und der dritte Band wurden später von Friedrich Engels herausgegeben. Marx verband die Utopien französischer Sozialisten mit Hegelscher Dialektik, Feuerbachschen Atheismus mit säkularisierter Theologie zu einem radikalen Umkehrprodukt des Idealismus, zur Ideologie eines kämpferischen Materialismus. Marx und Engels stellten dem theoretisch-akademischen, mechanistischen, bürgerlichen Materialismus eine neue Variante zur Seite, den historischen und dialektischen Materialismus, in den ökonomische, soziologische, politische und ideologische Komponenten eingingen[6].

War Marx ein Philosoph? Einfluß und Wirkung können nicht über die Wahrheit einer Theorie entscheiden. Fest steht, daß Marx die Wahrheit nicht um ihrer selbst willen suchte. Am sokratischen Maßstab gemessen ist der, der die Wahrheit zu besitzen glaubt, kein Philosoph. Der Marxismus weist diesen Einwand zurück, indem er jede Art von Philosophie als Ideologie abqualifiziert. Dann entscheidet das wahre Bewußtsein, aber damit ist das Problem nicht aus der Welt geschafft. Es kehrt innerhalb des »wahren Bewußtseins« wieder, wie es innerhalb des Christentums wiederkehrte, als es einen Absolutheitsanspruch erhob, um darauf in erbitterte Kämpfe um die »Orthodoxie« zu verfallen.

Marx bezeichnete den Deutschen Idealismus nicht ganz zu Unrecht als deutsche Ideologie. Genauer betrachtet war Hegels Philosophie eine scheinrationale Erklärung. Durch Umkehrung von Scheinrationalität läßt sich aber kein wahres Bewußtsein gewinnen, wie Marx glaubte, sondern immer nur Scheinrationalität, die auch dem »Dialektischen Materialismus« anhaftet. Bei den Ideologien sind Rechtfertigungsideologien und Revolutionsideologien zu unterscheiden, je nachdem, ob es um Erhaltung oder Änderung des Status quo geht. Der Marxismus ist aus einer revolutionären zu einer Status-quo-Ideologie geworden,

[6] Vgl. Friedrich Albert Langes ›Geschichte des Materialismus‹ (1866), ein äußerst informatives, oft wiederaufgelegtes Standardwerk, das auch heute seine Bedeutung für das Verständnis eines geistes- und weltgeschichtlichen Phänomens noch nicht verloren hat.

die in den Ländern, wo sie verkündet wird, von den Machthabern schon lange nicht mehr ernstgenommen wird und nur mehr der Erhaltung ihrer Herrschaft dient.

Die von Marx prognostizierte Verelendung fand nicht statt, und die klassenlose Gesellschaft erwies sich als Fehlkonstruktion. Die marxistische Ideologie ist ökonomisch, politisch und soziologisch widerlegt. Was den dialektischen Geschichtsprozeß betrifft, so bleibt den heutigen Machthabern kommunistisch regierter Länder nichts anderes übrig, als diese Theorie dem tatsächlichen Weltprozeß nachträglich anzupassen und sich damit laufend selbst zu widerlegen: bisher stets das Schicksal verabsolutierter theoretischer Positionen.

Was an Positivem vom Marxismus übrigbleibt, ist in erster Linie das humane Grundanliegen, wie es auch schon im Denken Feuerbachs zum Ausdruck kommt, die berechtigte und notwendige Kritik an Mißständen der bürgerlichen Gesellschaft, des Staates und der Kirche: der Protest gegen eine Kirche, die die Armen den Mächtigen und Reichen preisgibt und sich selbst zum Komplizen der Reaktion macht, der Widerstand gegen einen Staat, der die Menschenrechte unterdrückt, gegen eine Gesellschaft, die die Eigentums- und Besitzrechte verabsolutiert.

9.1.4.12 Nietzsche

Friedrich Nietzsche (1844–1900) bezeichnete seine Philosophie als umgedrehten Platonismus und zählte Hegel zu den »unbewußten Falschmünzern«. Der Voluntarismus Schopenhauers sagte ihm mehr zu. Vor diesem Hintergrund erscheint Nietzsches Ideologie der Macht als zweites Umkehr- oder Zerfallsprodukt des Deutschen Idealismus. Während Marx einen rationalistischen Materialismus kreierte, wurde Nietzsche zum Archegeten eines irrationalistischen Naturalismus auf individualistischer Grundlage. Marx und Nietzsche ähneln sich als Schöpfer von Ideologien, im Mißverhältnis von philosophisch-wissenschaftlichem Erkenntnisgewinn und Wirkung sowie im posthumen Aufblühen ihres Ruhmes. Ansonsten waren sie im Leben und Denken so gegensätzlich wie kaum zwei andere Naturen.

Während Marx mit dem zur Menschenmasse degradierten Volk empfand und dessen Not lindern wollte, verachtete Nietzsche den »Pöbel« und wollte sogar die Not der Leidenden künstlich vergrößern, um das Machtgefühl der höheren Menschen zu steigern. Nietzsches Philosophie der Macht, radikaler Ausdruck des imperialistischen Zeitalters, war ein Kompensat persönlicher Ohnmacht und tiefster Frustration wie ziemlich alle seine übrigen Philosopheme oder Ideologeme: ewige Wiederkehr, Unschuld des Werdens, *amor fati* usw. Während Hegel Verbrechen als Begleiterscheinungen historischer Größe rehabilitierte, verherrlichte Nietzsche sie als Abzeichen des starken Menschen. Hegel, Marx und Nietzsche gemeinsam ist die Angst vor der Freiheit, die im Endeffekt – reaktionäre oder sozialistische – totalitäre Systeme erzeugt, welche die Freiheit ausschließen, die ihre Bildung ermöglichte. Die komplementäre Komponente zur Selbstaufhebung der Vernunft ist die Selbstaufhebung der Freiheit. Nietzsches spezifischer Beitrag zu dieser Entwicklung besteht, wie der Schopenhauers, im Subjektivismus und Voluntarismus, darüber hinaus im Naturalismus (Darwinismus), Irrationalismus (Schelling), Individualismus (Stirner) und Radikalismus. Nietzsches Schriften und Gedanken sind in hohem Maß subjektiv und werden eigentlich nur unter ständiger Reflexion auf die Lebensdaten verständlich, was hier zu weit führen würde. Nietzsches oft erwähntes Erstlingswerk ›Die Geburt der Tragödie aus dem Geist der Musik‹ (1872) besteht aus einem kritischen, scheinbar gegen Sokrates, in Wirklichkeit gegen die rational-wissenschaftliche Kultur seiner Zeit gerichteten Teil und einem mythisch-visionären Teil, worin Nietzsche unter dem Deckmantel einer Ästhetik des Apollinischen und Dionysischen höchst brisante politische Vorstellungen einfließen läßt: die Deutschen haben sich durch ihre Reichsgründung viel weiterreichende Machtziele verscherzt.

Die vier ›Unzeitgemäßen Betrachtungen‹ (1873–1876) und ›Menschliches Allzumenschliches‹ (1878–1880) aus der Basler Zeit, vielleicht auch noch die ›Morgenröte‹ (1881) und ›Die Fröhliche Wissenschaft‹ (1882) lassen sich als philosophische Schriften verstehen. ›Also sprach Zarathustra‹ gehört zur prophetischen Phase, die folgenden Schriften zur ideologischen: ›Jenseits von Gut und Böse‹ (1886), ›Zur Genealogie der Moral‹ (1887), ›Der Fall Wagner‹ (1888), ›Götzendämmerung oder Wie man mit dem Hammer philosophiert‹ (1888). Das Hauptwerk ›Der Wille zur Macht. Versuch einer Umwertung aller Werte‹ blieb in den Anfängen stecken. Das 1. Buch trägt den Titel ›Der

Antichrist‹. Nietzsche gab sich, wie manche Revolutionäre vor und nach ihm, der Hoffnung hin, daß die Zeitrechnung auf ihn bzw. sein Werk umgestellt würde. In seiner bereits vom Wahnsinn gezeichneten Selbstbiographie ›Ecce homo‹ ernannte sich Nietzsche selbst zum Weltenherrscher und Gott (Selbstapotheose).

Nietzsches Grundlehren, von Karl Jaspers als »Absurditäten« bezeichnet, lassen sich in wenigen Sätzen zusammenfassen:

1. Gott ist tot – es lebe der *Übermensch!*
2. Alles war schon einmal da und kehrt ewig wieder: *Ewige Wiederkehr.*
3. Wille zum Leben heißt *Wille zur Macht.*
4. Sünde ist eine jüdische Erfindung. Dafür: *Unschuld des Werdens.*
5. Anstelle von Freiheit: Liebe zum Schicksal oder *amor fati.*

Nietzsches Lehren wurzeln samt und sonders in subjektivem Erleben und deuten auf Frustration infolge übermächtiger Schuldgefühle, Verabsolutierung der Macht infolge extremer persönlicher Ohnmacht, Mystifizierung eines Déjà-vu-Erlebnisses, unbewältigten Verlust des christlichen Glaubens. Gemeinsam ist seinen Lehren ein tiefer Irrationalismus mit stark theologischem Einschlag.

9.1.4.13 Stirner

Egozentrismus und Egoismus verbinden Nietzsches Standpunkt mit dem Johann Caspar Schmidts, der sich Max Stirner nannte (1806–1856). Ob und wieweit Nietzsche von Stirner abhängt, ist infolge Nietzsches spärlicher Angaben über seine Quellen noch eine ungeklärte Frage. Stirner war als Pädagoge und Zeitungskorrespondent tätig. Sein Hauptwerk ›Der Einzige und sein Eigentum‹ erschien 1845, war anfangs eine Sensation und wurde bald wieder vergessen wie sein Autor, der früh, arm und vereinsamt starb. Gott, Kaiser, Papst und Vaterland sind für Stirner nur Gespenster, die verscheucht werden müssen. Ideale sind »Sparren«. Das einzige, was zählt, bin *Ich.* Der *Eigene* ist der geborene Freie, der Freiheitssüchtige nur ein Träumer. Stirners Motto lautet: »Ich hab' mein Sach' auf nichts gestellt.« Staat und Gesellschaft sind Feinde des Ich, das sie nur benutzen sollte. Stirners ethischem Solipsismus entspricht ein erkenntnistheoretischer, der auf Fichte zurückweist. Aus Stirners Theorien spricht eine große Sehnsucht nach Freiheit, die Verzweiflung des Individuums im Zeitalter der Restauration, das im Grunde für das Auftreten von Extremisten und Radikalisten wie Marx, Engels, Nietzsche und Stirner verantwortlich ist.

9.1.4.14 Positivisten: Laas, Jodl, Avenarius, Mach, Dühring, von Gizycki, Ostwald, Tönnies

In den letzten Jahrzehnten des 19. Jahrhunderts, nach dem Niedergang des spekulativen Idealismus und der Hochblüte des Materialismus um die Jahrhundertmitte, nach den Systemen und Ideologien, gewinnt der Positivismus auch in Deutschland an Boden, stark orientiert an englischen Denkern, am englischen Positivismus, Evolutionismus und Empirismus. Hierher gehört eine Gruppe von Denkern, deren Grundmerkmal die Ablehnung jeder Art von Metaphysik ist: Ernst Laas (1837–1885), Friedrich Jodl (1848–1914), Richard Avenarius (1843–1896) und Ernst Mach (1838–1916). Ihnen nahe stehen Eugen Dühring (1833–1921), Georg von Gizycki (1851–1895), Wilhelm Ostwald (1853–1932) und Ferdinand Tönnies (1855 bis 1936).

In seinem Hauptwerk ›Idealismus und Positivismus‹ (1879 bis 1884) grenzt Ernst Laas, an Hume und John Stuart Mill anknüpfend, den Standpunkt des Positivismus vom Idealismus, vor allem Platons und Kants, ab. Nach ihm ist Positivismus »diejenige Philosophie, welche keine andere Grundlage anerkennt als positive Tatsachen, d. h. äußere und innere Wahrnehmungen«. Der Positivismus geht von folgenden Prämissen aus: Korrelation von Objekt und Subjekt. Das Ich hat keinen Vorrang und erscheint als Bezugssystem. Die Wahrnehmungsobjekte sind variabel. Es gibt keine notwendige Erkenntnis. Die gesetzmäßigen Beziehungen sind Projektionen des Subjekts auf die Objekte. Alle Erkenntnisse sind nach bestimmten Regeln transformierte Wahrnehmungen. Die Welt ist die Summe möglicher Wahrnehmungsinhalte. Der Positivismus wendet sich gegen Scholastik, das Absolute, apriorische Vernunftgesetze, die Annahme einer spontanen Aktivität eines Geistes und gegen eine übersinnliche Welt.

Friedrich Jodl, Verfasser einer ›Geschichte der Ethik‹ (2 Bände, 1882–1889) und eines ›Lehrbuchs der Psychologie‹ (1897), schloß sich, wie Laas, an Mill an, außerdem an Feuerbach und Comte. In der Erkenntnistheorie vertrat er einen kritisch-realistischen Standpunkt. Seine Religionsphilosophie und seine Ethik sind anthropozentrisch orientiert. Ideen sind keine Wesenheiten, sondern Aufgaben, Zielvorstellungen. In der Ethik sucht Jodl nach einer Synthese von Gesinnungsethik und Wohlfahrtsprinzip auf der Grundlage des Eudämonismus. Zwischen Feuerbach, Comte und Mill, Vertretern der führenden Kulturnationen Europas, stellt Jodl einen positivistischen ethischen Konsens fest: »Das Ideal in uns und der Glaube an die Verwirklichung des Ideals durch uns. Das ist die Formel der neuen Religion, für die der Begriff des Glaubens nicht die Bindung an übernatürliche Mächte bedeutet, sondern die lebendige Gewißheit der Gottwerdung des Menschen im Lauf der Geschichte.«

Georg von Gizycki gründete 1892 mit dem Astronomen W. Foerster in Berlin eine Gesellschaft für ethische Kultur nach dem Vorbild ähnlicher Bewegungen in England und in den USA, mit dem Ziel, Gerechtigkeit, Wahrhaftigkeit und Menschlichkeit zu praktizieren. Der Gesellschaft gehörten auch der Sozialphilosoph Ferdinand Tönnies, bekannt durch seine Arbeiten über Hobbes, an sowie Franz Staudinger, der nach einer Synthese zwischen Kant, Locke und Marx suchte.

Richard Avenarius, Begründer des Empiriokritizismus, bemühte sich in seiner ›Kritik der reinen Erfahrung‹ (2 Bände, 1888–1890) und der Schrift ›Der menschliche Weltbegriff‹ (1891) um die Ausscheidung aller metaphysischen Bestandteile aus der Erkenntnis sowie um die Überwindung des Subjekt-Objekt-Gegensatzes: »Ich und die Umgebung stehen hinsichtlich des Gegebenseins vollständig auf gleicher Stufe.« Avenarius legte Wert auf mathematische Präzisierung seiner Gedanken und benutzte häufig die Formelsprache.

Eugen Dühring vertrat einen dem Materialismus nahestehenden positivistischen Standpunkt, griff das deutsche Universitätswesen an, was die Entziehung seiner Lehrbefugnis zur Folge hatte, und war einer der erfolgreichsten philosophischen Autoren der zweiten Hälfte des 19. Jahrhunderts. Bei ihm wird die Hinwendung zur Mathematik ebenso deutlich wie die Emanzipation von der Philosophie: »Alles ist abzählbar«; »Meine Geschichte der Philosophie soll von der Philosophie emanzipieren.«

Der bedeutendste Denker der Gruppe war der Mathematiker, Physiker und Philosoph Ernst Mach. Von Mach führt eine direkte ideengeschichtliche Verbindung zu Albert Einstein, dem Schöpfer des modernen physikalischen Weltbildes. In diesem Zusammenhang sind Machs Schriften ›Erkenntnis und Irrtum‹ (1905), ›Die Analyse der Empfindungen und das Verhältnis des Physischen zum Psychischen‹ (2. Aufl. 1900) und ›Die Mechanik in ihrer Entwicklung‹ (1883) von besonderer Bedeutung. Mach ist reiner Empiriker und auch Gegner des Kantischen Apriorismus. Im Kausalbegriff sah Mach einen Fetisch und ersetzte ihn durch den mathematischen Funktionsbegriff. Ebensowenig hielt er an der Identität im Wechsel der Erscheinungen fest. Dies ist eine Täuschung. »Nicht das Ich ist das Primäre, sondern die Elemente.« Der Unterschied zwischen Physik und Psychologie beruht auf einer unterschiedlichen Betrachtungsweise. Bahnbrechend ist Mach weiterhin in der Betonung des ökonomischen Charakters wissenschaftlicher Forschung, der sich in jedem »Naturgesetz« zeigt. Die Naturwissenschaften stellen das Instrumentarium für das Denken und Handeln bereit zum Zweck der Weltbewältigung. Bacons Programm erscheint erfüllt. In seinem Nachruf auf Ernst Mach hat Albert Einstein dessen philosophisch-begriffskritische Leistung besonders gewürdigt: »Begriffe, welche sich bei der Ordnung der Dinge als nützlich erwiesen haben, erlangen über uns leicht eine solche Autorität, daß wir ihren irdischen Ursprung vergessen und sie als unabänderliche Gegebenheiten hinnehmen. Sie werden dann zu ›Denknotwendigkeiten‹, ›Gegebenen a priori‹ usw. gestempelt. Der Weg des wissenschaftlichen Fortschritts wird durch solche Irrtümer oft für lange Zeit ungangbar gemacht. Es ist deshalb durchaus keine müßige Spielerei, wenn wir darin geübt werden, die längst geläufigen Begriffe zu analysieren und zu zeigen, von welchen Umständen ihre Berechtigung und Brauchbarkeit abhängt, wie sie im einzelnen aus den Gegebenheiten der Erfahrung herausgewachsen sind. Dadurch wird ihre allzugroße Autorität gebrochen. Sie werden entfernt, wenn sie sich nicht legitimieren können, korrigiert, wenn ihre Zuordnung zu den gegebenen Dingen allzu nachlässig war, durch andere ersetzt, wenn sich ein neues System aufstellen läßt, das wir aus irgendwelchen Gründen vorziehen.«[7]

Eine andere ideengeschichtliche Verbindungslinie zum 20. Jahrhundert führt über den Nobelpreisträger für Chemie, Wilhelm Ostwald, den Begründer der physikalischen Chemie

[7] Physikalische Zeitschrift 17, 1916, S. 101.

in Deutschland. Ostwald bekämpfte den Materialismus und stellte ihm ein energetisches Konzept gegenüber, wonach alles Wirkliche letztlich aus Energie besteht. Logik und Mathematik sind »Ordnungswissenschaften«. In der ökonomischen Fassung des Wissenschaftsbegriffes zeigt sich die Verwandtschaft des Denkens zu Mach. Wissenschaft ist, Ostwald zufolge, eine mit möglichst geringem Aufwand an Kraft erreichte Prognose künftiger Prozesse. Sie ist nur auf induktivem Weg zu erreichen. Ostwald war Pazifist, bemühte sich um eine internationale Hilfssprache und die Reform des Schulwesens. Besondere Aufmerksamkeit schenkte er der Farbenlehre, die er umfassend neu behandelte mit dem Ziel, ihre psychologischen, physikalischen und technischen Aspekte zu berücksichtigen, um damit sowohl der Kunst als auch der Industrie zu dienen.

Ferdinand Tönnies befaßte sich mit Problemen der öffentlichen Meinung und mit dem Geist der Neuzeit. Sein besonderes Interesse galt der Unterscheidung von Gemeinschaft (Familie, Volk) und Gesellschaft (Großstadt, Staat).

9.1.4.15 Fechner, Lotze, von Hartmann, Wundt, Vaihinger, Sigwart, Brentano, Lipps, Dilthey und andere

In diesen Zusammenhang gehört Gustav Theodor Fechner (1801–1887), einer der Hauptbegründer der experimentellen mathematischen Psychologie und psychologischen Ästhetik. Er setzte der spekulativen »Ästhetik von oben« eine »Ästhetik von unten« entgegen.

Rudolf Hermann Lotze (1817–1881) suchte in seinem ›Mikrokosmos‹ (1856–1864) dem Makrokosmos Alexander von Humboldts ein Analogon für die Welt des Geistes zu schaffen. In seiner Konzeption ist die moderne Trias Information – Energie – Materie vorgebildet, denn er gliedert die Wirklichkeit in Naturgesetze, Kräfte und Stoffe und entwirft einen Gesamtplan für die ursprüngliche Anordnung der Materie.

Es würde zu weit führen, all die Kombinationen und Synthesen philosophischer Richtungen in der zweiten Hälfte des 19. Jahrhunderts im einzelnen anzuführen. Nur die wichtigsten seien kurz erwähnt.

Eduard von Hartmann (1842–1906) versuchte eine Synthese von Naturwissenschaft und Metaphysik. In seiner späteren Entwicklung neigte er zu einem »transzendentalen Realismus«, begründete die »induktive Metaphysik« und die »Philosophie des Unbewußten«.

Wilhelm Wundt (1832–1920) gehört, wie Fechner, zu den Begründern der experimentellen – oder physiologischen – Psychologie sowie der Völkerpsychologie, in deren Rahmen er ethnologische, sprachliche und religiöse Probleme untersuchte. Wundt forderte die rückhaltlose Anerkennung der empirischen Wissenschaften als Basis für jede weitere Theoriebildung. Zum Positivismus konnte er sich jedoch nicht durchringen. Einen neuen Akzent setzte Wundt in seiner Weltanschauungslehre. Aufgabe der Philosophie ist danach die »Zusammenfassung unserer Einzelerkenntnisse zu einer die Forderungen des Verstandes und die Bedürfnisse des Gemüts befriedigenden Welt- und Lebensanschauung«, was ihm den Beinamen »Leibniz unserer Tage« eintrug.

Als eine pragmatistische Variante des Positivismus kann man Hans Vaihingers (1852–1933) Fiktionalismus ansehen, in dem er zwar am Sensualismus festhält, aber der Wissenschaft die Möglichkeit bestreitet, zu objektiven Erkenntnissen zu gelangen, denn diese besteht nur aus biologisch nützlichen Fiktionen. Der Einfluß des Darwinismus ist offensichtlich. In der Forderung eines bewußten Subjektivismus steht Vaihinger Nietzsche nahe.

Christoph Sigwart (1830–1904) konzipierte Logik als eine Normen- und Methodenlehre des Denkens und verschaffte ihr dadurch Einfluß auf die »positiven« Wissenschaften. Die Logik hat eine analytisch-psychologische Aufgabe: Untersuchung der Urteile, eine normative: Ermittlung der Bedingungen und Gesetze ihres normalen Verlaufs sowie eine technische: Aufstellung von Regeln, durch die man vom natürlich-unvollkommenen zum wissenschaftlichen Denken gelangt.

Franz Brentano (1838–1917) baute in seiner ›Psychologie vom empirischen Standpunkt‹ (1874) auf den seelischen Grundfunktionen Vorstellen, Urteilen und Wollen die Disziplinen Ästhetik, Logik und Ethik auf. Er erkannte die Bedeutung der psychischen Akte für die Urteilslehre und erstrebte eine Reform der Logik, die dann sein Schüler Edmund Husserl vollzog.

Theodor Lipps (1851–1914), Gründer des Psychologischen Instituts in München, bemühte sich um die äußerst schwierige Abgrenzung der Philosophie zur Psychologie und kam zu dem Ergebnis: »Die Psychologie ist *die* philosophische Wissenschaft, und umgekehrt, die philosophische Wissenschaft oder die Philosophie als Wissenschaft, das ist die Psychologie.«

Wilhelm Dilthey (1833–1911) schuf eine Erkenntnistheorie der Geisteswissenschaften, grenzte sie gegenüber den Naturwissenschaften ab und unterschied drei Weltanschauungstypen: Materialismus (Demokrit), objektiven Idealismus (Leibniz) und Idealismus der Freiheit (Platon). Um nicht im Skeptizismus zu enden, verwandelt sich die Philosophie in Weltanschauungslehre.

Charakteristisch, vor allem für die zweite Hälfte des 19. Jahrhunderts, sind die Erneuerungen (Neo-) oder Renaissancen älterer Denkrichtungen, auf die hier nicht näher einzugehen ist[8]. Adolf Trendelenburg (1802–1872) erneuerte den Aristotelismus, der Vatikan erhob den vor allem von Joseph Kleutgen (1811–1883) aktivierten Neuthomismus in den 70er Jahren zur offiziellen Kirchenphilosophie, Josef Hillebrand (1788–1871) und Immanuel Hermann Fichte (1796–1879), Bolzano, Lotze und Brentano griffen unter anderem auf Leibniz zurück, Neukantianismus und Neokritizismus erschienen in zahlreichen Variationen: physiologische (Helmholtz 1821–1894), metaphysische (Liebmann 1840–1912, Volkelt 1848–1930), realistische (Riehl 1844–1924), logizistische (Cohen 1842–1918, Natorp 1854–1924, Cassirer 1874–1945), werttheoretische (Windelband 1848–1915, Rickert 1863–1936, Münsterberg 1863–1916), relativistische (Simmel 1848–1918). Leonard Nelson (1882–1927) begründete die Neufriesische Schule, Adolf Lasson (1832–1917) und andere verschrieben sich dem Neoidealismus, Oswald Külpe (1862–1915) und andere dem Neorealismus, Hans Driesch (1867–1941) erneuerte die Metaphysik im »Neovitalismus«, Ernst Troeltsch (1865–1923) die Metaphysik der Religion und Paul Häberlin (1878–1960) die metaphysische Psychologie.

[8] Neben den bekannten Neuaristotelikern und Neukantianern gab es auch Neuspinozisten und Neuhegelianer.

9.1.5 Italien: Romagnosi, Cattaneo, Loria, Ardigò, Labriola, Croce, Tarozzi

Nach zweihundertjähriger Pause (Ausnahme: Vico) infolge der Jesuitenherrschaft regte sich in Italien gegen Ende des 18. Jahrhunderts das freie Denken wieder. Giovanni D. Romagnosi (1761–1835) übertrug den Sensualismus Condillacs auf die Jurisprudenz, Pasquale Galluppi (1770–1846) begründete demgegenüber die empirische Philosophie. Carlo Cattaneo (1801 bis 1869), ein Schüler Romagnosis, war ein föderalistischer Republikaner, verweigerte der Monarchie den Treueid und lebte deswegen in Lugano. Er gründete, wie einst Leonardo da Vinci, die Philosophie auf Erfahrung und schloß sich in der Ausrichtung aufs Praktische an Bacon, Locke und Comte an. Es entstand die »Neue Schule« oder »scuola positiva«.

Achille Loria begründete eine positivistische Nationalökonomie und Soziologie. Roberto Ardigò (1828–1920), Kanonikus in Mantua, legte sein Priestergewand ab und schuf ein positivistisches System, verinnerlichte die Evolutionslehre Spencers, faßte physische und physiologische Tatsachen als zwei Aspekte der gleichen Realität auf und ließ dem freien Willen einen gewissen Spielraum. Seine Moral ist soziologisch orientiert.

Antonio Labriola (1843–1904) kehrte dem Hegelianismus den Rücken und wurde Sozialist. Er wollte anstelle der Philosophie der Ideen eine Philosophie der Dinge setzen und die Geschichte der Ideen durch die Geschichte der Dinge erklären.

Benedetto Croce (1866–1952) hörte Labriola in Rom, schwankte zwischen Hegelianismus und Marxismus, blieb im Endeffekt jedoch Positivist, der die Philosophie auf eine Methodologie der Geschichte reduzierte. Marx, Hume und die englischen Empiristen übten einen dauernden Einfluß auf sein Denken aus.

Giuseppe Tarozzi (1866–1958), ein Schüler Ardigòs, bekämpfte Determinismus wie Materialismus und gab dadurch dem italienischen Positivismus eine neue Richtung. Er unterschied strikt zwischen Philosophie als System und Philosophie als Forschung, der er den Vorzug gab. Der Jesuit Cornoldi, ein Neuthomist, fällte ein hartes Urteil über die moderne Philosophie: »Die Geschichte der modernen Philosophie ist nichts anderes als die Geschichte der intellektuellen Irrungen des dem Schwindel seines Stolzes überlassenen Menschen, so daß diese

Geschichte die Pathologie der menschlichen Vernunft heißen könnte.«

9.1.6 Holland: Opzoomer, Heymans

In Holland befreite Cornelis Willem Opzoomer (1821–1892), wegen seiner freisinnigen Denkweise in religiösen Fragen von den Orthodoxen heftig angegriffen, die Philosophie aus den Fesseln der Theologie und spekulativen Metaphysik. Opzoomer war Pazifist und Empirist.

Der Autodidakt Gerardus J. P. J. Bolland verfaßte im Anschluß an Hegel scharfsinnige und selbständige Arbeiten zur Logik ›Collegium logicum‹ (1904/05), setzte sich mit Eduard von Hartmann auseinander (›Alte Vernunft und neuer Verstand‹ 1902), zeigte die Entwicklung des Christentums aus alexandrinischer Theosophie auf (›Het Evangelie‹ 1909) und bekämpfte Katholizismus, Sozialismus, Theosophie und Freimaurerei.

Gérard Heymans (1857–1930) entwickelte sich vom Kritizisten zum Empiriker und betrachtete die empirische Methode als die einzig sinnvolle für die Philosophie, wenn er sich auch der Grenzen dieser Methode bewußt war: ›Gesetze und Elemente des wissenschaftlichen Denkens‹ (1890), ›Einführung in die Metaphysik auf der Grundlage der Erfahrung‹ (1905) und ›Einführung in die Ethik‹ (1914). Auf dem Gebiet der theoretischen und der empirischen Psychologie wurde Heymans für Holland wegweisend.

9.1.7 Dänemark: Kierkegaard

In Dänemark herrschte von jeher die empirische Betrachtungsweise vor. Sören Kierkegaard (1813–1855) führte einen erbitterten Kampf gegen die kirchliche Orthodoxie. Er studierte zunächst, wie Nietzsche, Theologie und Klassische Philologie, lebte dann als freier Schriftsteller und wird gern als ein Vorläufer der Existenzphilosophie angesehen. Kierkegaard entdeckte die Macht der Presse und des Publikums, aber auch das verhängnisvolle Bündnis der Kirche mit den Mächtigen. Er empfing zwar Einflüsse von Hegel (Dialektik), lehnte jedoch Systeme ab, da sie den prozessualen Charakter der Existenz verkennen. Das Leben will rückwärts verstanden, aber vorwärts gelebt werden. Erinnerung und Reflexion schaden dem Leben. Wahrheit ist Leben, Existenz, Subjektivität. Es gibt drei Arten zu existieren: ästhetisch, moralisch und religiös oder eigentlich nur zwei: das Leben des Genusses (Don Giovanni) oder die christliche Existenz, zu der der Mensch, von Angst gequält, durch einen »Sprung« gelangt. Paradoxien haben bei Kierkegaard eine wichtige Funktion. Ziel ist es, die Seele heil aus einer hoffnungslos verkommenen Welt zu retten.

9.1.8 Schweden: Hägerström

Axel Hägerström (1868–1939), Rechts-, Sozial- und Moralphilosoph, gelangte von Kant und Hegel zu einer empirisch-positivistischen Einstellung mit atheistisch-antiklerikalem Einschlag. Er befürwortete Begriffsanalysen, lehnte jedoch die Metaphysik ab, kritisierte den Subjektivismus oder erkenntnistheoretischen Idealismus und sprach Werturteilen den Wahrheitswert ab, ebenso normativen Sätzen. Begriffe wie Recht (*right*) oder Pflicht (*obligation*) lehnte er als metaphysikträchtig ab. Hägerström war der Gründer sowohl einer philosophischen als auch einer juristischen Schule.

9.1.9 Norwegen: Bjerknes, Löchen, Aall

In den letzten Jahrzehnten des 19. Jahrhunderts setzte sich während des Kampfes um politische Selbständigkeit in Norwegen die empirisch-naturwissenschaftliche Denkweise endgültig gegen den Hegelianismus der reaktionären Universitätsphilosophie durch. Hier erlangten die Arbeiten des Mathematikers C. A. Bjerknes (gest. 1903) über Newton, zur Fernwirkung und allgemein zur Naturphilosophie, große Bedeutung, ferner die

Arbeiten Arne Löchens (geb. 1850) zum Bewußtseinsproblem auf der Grundlage gehirnphysiologischer Analysen sowie Anathon Aalls (1867–1943) Studien zur Rechtsphilosophie und Experimentalpsychologie. Aall vertrat einen pluralistisch-realistischen Standpunkt und hielt eine Philosophie nur dann für wertvoll, wenn sie ihr Material aus den historisch oder naturwissenschaftlich gegebenen Erlebnissen nimmt und sich an den Tatsachen der psychologischen Erfahrung orientiert.

9.1.10 Polen: Sniadecki, Tarnowski, Twardowski, Bieganski, Lukasiewicz, Abramowski

Im Gegensatz zu der lange allein herrschenden katholischen Philosophie begründete der polnische Astronom Jan Sniadecki (1756–1830) den »polnischen Positivismus«, den Juljan Ochorowicz (1850–1917) in der zweiten Hälfte des Jahrhunderts fortsetzte. Neben dem radikalen Positivismus in Warschau gab es einen gemäßigten in Krakau unter Stanislaw Tarnowski (1837–1917). Beide Schulen waren sich einig in der Opposition gegen die Unterdrückung der Unabhängigkeit durch die Russen. Man war sich auch einig in der Ablehnung aller metaphysischen Spekulationen und in der Pflege naturwissenschaftlichen Denkens. Der »polnische Messianismus« ist ein Kapitel für sich. Philosophisch bedeutsam ist die Ausbildung der Einzeldisziplinen, wozu, neben den traditionellen Disziplinen, Rechtsphilosophie, Philosophie der Medizin, Psychologie, Sprachphilosophie und Ästhetik gehören. Kazimierz Twardowski, ein Mitbegründer der »Lemberger Schule«, analysierte Denkvorgänge und kam zu ähnlichen Ergebnissen wie Edmund Husserl. Er führte die formale Wahrheit auf die materielle zurück, bemühte sich um strenge Beweisführung sowie präzise Methodik und bildete Lehrkräfte auch für die Wissenschaften aus. Der Arzt Wladyslaw Bieganski (1857–1917) gelangte von ethischen Problemen zu erkenntnistheoretischen und logischen Fragen, näherte sich in seinen Auffassungen Ernst Mach und legte, wie dieser, Wert auf Prognostik. Jan Lukasiewicz (1878 bis 1956) stellte der traditionellen zweiwertigen Logik ein Modell der mehrwertigen Logik entgegen und schuf eine besondere Symbolsprache. Edward Abramowski (1868–1918), Soziologe und Leiter des Psychologischen Instituts in Warschau, wandte sich, wie Freud, Problemen des Unbewußten zu.

9.1.11 Ungarn: Böhm, von Pauler

In Ungarn hatte zunächst Descartes das philosophische Denken bestimmt. Im 19. Jahrhundert verlief die Entwicklung von Kant und Hegel zu Comte und Spencer. Ähnlich wie in Italien und Norwegen wirkte sich die nationale Bewegung auch auf die Philosophie aus. Um die Jahrhundertwende vertraten Karl Böhm (1846–1911), danach Akos von Pauler (1876–1933) eine eigenständige Denkrichtung. Böhm trennt sorgfältig zwischen Ontologie und Axiologie, spricht der Gesellschaft keinen Selbstwert zu, wohl aber dem Wahren, Schönen und Guten. Pauler sucht dagegen in seinem umfassenden System die Werte des Schönen und Guten auf den Wahrheitswert zu reduzieren. Er stellt neben die traditionellen philosophischen Disziplinen die Ideologie sowie neben die Methoden der Induktion und Deduktion die Reduktion, die zu den Prinzipien führen soll. Paulers Standpunkt läßt sich als »dynamischer Dualismus« beschreiben.

9.1.12 Rußland: Czernyschewskij, Lawrow, Solowjew

In Rußland verlief die Entwicklung ähnlich wie in Deutschland und einigen anderen europäischen Ländern, vom Hegelianismus am Beginn des Jahrhunderts zum Materialismus in der Jahrhundertmitte und schließlich in den letzten Jahrzehnten zum Positivismus. Durch die Revolution wurde die Entwicklung unterbrochen. Der bekannteste Vertreter des Materialismus, der Nationalökonom N. G. Czernyschewskij (1812 bis 1889), wurde 1864 von Zar Alexander II. nach Sibirien verbannt. Er untersuchte das Verhältnis von Kunst und Wirklichkeit, befaßte sich mit anthropologischen Fragen und setzte sich mit darwinistischen Theorien auseinander. Der Positivismus erwies sich als stärker und einflußreicher als der Materialismus.

P. Lawrow (1823–1900), zunächst Artillerieoffizier, dann Revolutionär, forderte den Verzicht auf metaphysische Wesenserkenntnis der Welt zugunsten eines zusammenfassenden Verstehens der Erscheinungen, wobei die Wechselwirkungen zwischen Individuum und Gesellschaft von besonderer Bedeutung sind.

Eine stark mystische Komponente weist dagegen das Denken des Dichterphilosophen Wladimir Solowjew (1853–1900) auf. Da er sich für die Begnadigung der Mörder Alexanders II. einsetzte, wurde er 1881 zum Rücktritt von seinem akademischen Lehramt genötigt und von der Kirche preisgegeben. Er wird als der erste bedeutende russische Philosoph angesehen. In seiner frühen Phase glaubte er an eine ähnliche messianische Aufgabe Rußlands wie einige polnische Denker für ihr Land. Wie Nietzsche befaßte sich Solowjew gegen Ende seines Lebens mit dem Problem des Antichristen (›Kurze Erzählung vom Antichrist‹), allerdings mit dem Unterschied, daß er sich nicht zum Antichristen bekannte oder gar sich selbst dafür hielt, sondern ihn in der Form einer apokalyptischen Vision erlebte. Solowjew hoffte auf eine Vereinigung der christlichen Kirchen mit dem jüdischen Glauben und neigte selbst zum Katholizismus.

9.1.13 Vereinigte Staaten von Amerika: Franklin, Emerson, Peirce, James

In den Vereinigten Staaten von Amerika trafen in der Philosophie anfangs platonische, christlich-puritanische, empirisch-realistische, personalistisch-mystische und positivistisch-wissenschaftliche Momente zusammen. Benjamin Franklin (1706 bis 1790) und die führende Intelligenz der Revolutionszeit wandten sich vom neuenglischen Pietismus ab und dem *radical empiricism* und der pragmatischen Weltbetrachtung zu nach dem Motto: Unser Zeitalter ist das der Vernunft und der freien Forschung. Vor ihr hat sich jede Meinung auszuweisen: »Summon before the tribunal of reason every fact, every opinion.«

Die Ideale der Revolution, Demokratie, Republikanertum, Freiheit, Menschenrechte und Menschenwürde, waren bereits tief im amerikanischen Wesen verwurzelt, als Ralph Waldo Emerson (1803–1882), einer der wenigen von Nietzsche geachteten und geschätzten Denker, das philosophische Szenarium der Neuen Welt betrat. Wenn eines diesen Denker auszeichnet, dann die Offenheit für jeden und alles, wie sie nur auf dem Grund jener Weite des Herzens und Wärme der Empfindung begegnet, die die großen Philosophen auszeichnen. Emerson besuchte die Lateinschule in Boston, studierte am Harvard-College, dann an der dortigen Theologen-Anstalt, wurde 1829 Pastor, trat 1832 von seinem Pfarramt zurück, bereiste dreimal Europa, führte in Concord (Mass.) ein einfaches, stilles Leben, schrieb Reden, Gedichte und Essays, erhielt 1867 den Grad eines LL.D. (Dr. jur.) von Harvard, wurde zum Universitätskurator gewählt und verbrachte die letzten Jahre seines Lebens in »Gesellschaft und Einsamkeit.« Emerson war alles andere als ein Systematiker. Seine eindrucksvollen Tagebücher zeugen von der unendlichen Fülle seiner Gedanken, der Schärfe seines Intellekts und der Größe seiner Seele: »Mag es mit der Herrlichkeit der Welt sein, wie es will, der Geist hat seine eigene Herrlichkeit. Was er tut, das hat Dauer. Kein Mensch kann zweien Herren dienen. Und oft habt ihr keine Wahl zwischen der Größe in der Welt und der Größe der Seele, doch beider Vorteil ist nicht miteinander vereinbar. Die Nacht ist schön, die Sterne strahlen ihren ernsten Einfluß auf mich herab, und ich empfinde in meiner Einsamkeit eine Freude, wie sie mir die Heiterkeit alltäglicher Gesellschaft niemals vermitteln kann. Es liegt Glücksgefühl in dem Gedanken, daß die besondere Richtung meines Geistes in diesem Augenblick vielleicht ganz neu im Universum ist, daß die Gefühle dieser Stunde vielleicht einzigartig und beispiellos in der ganzen Ewigkeit der sittlichen Welt sein mögen. Ich führe ein neues Leben. Ich erobere in der Welt des Geistes neuen, bisher noch unbewohnten Grund. Ich betrete einen Weg des Denkens und Handelns, der sich vor mir dehnt in weiter, verwirrender Grenzenlosigkeit. Fremde Gedanken erscheinen auf meinem Pfad gleich Engeln und winken mir vorwärts. Ich zweifle nicht daran, ich schreite auf dem Höhenweg, der zur Gottheit führt.«[9]

Charles Sanders Peirce (1839–1914) war der Sohn des berühmten Mathematikers Benjamin Peirce (1809–1880, Harvard), lehrte bis 1884 an der Johns-Hopkins-Universität in Baltimore, lebte seit 1887 in Milford (Pennsylvania) zurückgezogen und seinen Studien hingegeben, arbeitete dort seine ›Meta-

[9] Ralph Waldo Emerson, Die Tagebücher. Übers. v. Franz Riederer. Stuttgart 1954, S. 34.

physik der Evolution‹ aus, wurde 1898 infolge der »California Address« von William James als Begründer des Pragmatismus bekannt und entwickelte später diesen Pragmatismus zu einem Konzept des pragmatischen Realismus weiter. Die Lehren von Peirce lassen sich in wenigen Sätzen zusammenfassen: Die Frage nach der Gültigkeit der Erkenntnis ist eine naturwissenschaftliche Frage und kann auf induktivem Weg erörtert und gelöst werden. Jede experimentelle Verifizierung setzt den Glauben sowohl an die Möglichkeit einer Übereinstimmung zwischen den Forschern voraus als auch an die wahrheitskonstituierende Funktion der Allgemeinbegriffe. Die Naturwissenschaft muß durch eine Erneuerung des Realismus seitens der mathematischen Logik von nominalistischen, individualistischen und materialistischen Bestandteilen befreit werden. Philosophie und Mathematik müssen eine praktische Form finden, die Realität aufzuzeigen.

Aus der Diskussion dieser und anderer Thesen im »Metaphysischen Club« ergab sich dann das Pragmatismus-Konzept, mit dem William James (1842–1910) um die Jahrhundertwende weltweites Aufsehen erregte.

James erkannte zum Erkenntnisgewinn nur Tatsachen und Schlüsse aus Tatsachen an. Seine Philosophie ist ein *radical empiricism,* insofern sie Erfahrung zum alleinigen Erkenntnisprinzip erhebt und alle Begriffe als Erfahrungsbegriffe auffaßt, insofern sie den Menschen in den Mittelpunkt stellt, ist sie humanistisch und personalistisch zugleich, insofern sie die Weltordnung als Resultat langen Experimentierens begreift, ist sie evolutionistisch, pluralistisch und zufallsorientiert. Auch das bei Emerson auftretende pantheistische Moment gehört zum Konzept, das in seiner Endfassung ein natürlicher Realismus (*natural realism*) ist. Dieser Realismus ist gleichermaßen antimetaphysisch wie antirealistisch ausgerichtet, eher voluntaristisch als intellektualistisch, eine Verbindung von biologischer Naturerklärung, voluntaristischer Psychologie und pragmatischer Metaphysik. Man sieht, wie verfehlt es ist, diese hochgradig synthetische Denkweise und Methode in irgendein Pragmatismus-Klischee zu zwängen.

Spezifisch amerikanisch ist sie, weil sie der Weltbewältigung den Vorrang vor der Weltanschauung gibt, der Erfahrung vor der Spekulation und der Person vor den Umständen, dem System oder der Materie. Pragmatismus erweist sich vielmehr als eine Art von modernem Idealismus.

Literaturhinweise

Aiken, H. D.: The Age of Ideology. New York, Scarborough 1956.
Althaus, H.: Friedrich Nietzsche: eine bürgerliche Tragödie. München 1985.
Anschutz, R. P.: The Philosophy of J. St. Mill. Oxford 1953.
Apel, K. O.: Der Denkweg von Charles Sanders Peirce. Frankfurt 1975.
Arnaud, P.: La pensée d'Auguste Comte. Paris 1969.
August, E.: Mill. A Mind at Large. New York 1975.
Avenarius, R.: Kritik der reinen Erfahrung. 2 Bde, Leipzig 1888 ff.
Baker, G. P.: Frege: Logical Excavations. New York 1984.
Bell, D.: Frege's Theory of Judgement. Oxford 1979.
Berger, F. R.: Happiness, Justice, and Freedom. The Moral and Political Philosophy of John Stuart Mill. Berkeley 1984.
Bergson, H.: Œuvres. Edition du Centenaire, Paris 1959.
Berlin, J.: Karl Marx. München 1959.
Bibliotheca Kierkegaardiana. Hrsg. v. N. Thulstrup. Hauniae 1978 ff.
Blackmore, J. T.: Ernst Mach. His Work, Life and Influence. Berkeley 1972.
Bollnow, O. W.: Dilthey. 3. Aufl., Stuttgart 1967.
Bolzano, B.: Gesamtausgabe. Hrsg. v. Z. Kalista. Stuttgart-Bad Cannstatt 1970 ff.
Boole, G.: Collected Logical Works. 2 Bde, Repr. La Salle, Ill. 1952.
Britton, K.: John Stuart Mill. 2. Aufl., New York 1969.
Caplan, A. L. (Hrsg.): Darwin, Marx, and Freud. New York 1984.
Charlton, D. G.: Positivist Thought in France during the Second Empire. London 1959.
Chisholm, R. M.: Brentano and Meinong Studies. Amsterdam 1982.
Cohen, R. S. (Hrsg.): Hegel and the Sciences. Dordrecht 1984.
Comte, A.: Œuvres. 12 Bde, Paris 1968 ff.
Cöster, O.: Hegel und Marx. Bonn 1983.
Cube, F. v.: Die Auffassungen J. Fr. Fries' über die philosophischen Grundlagen der Mathematik. Stuttgart 1957.
Currie, G.: Frege. An Introduction to His Philosophy. Brighton 1982.
Darwin, Ch.: Werke. Hrsg. v. J. V. Carus. 14 Bde, Stuttgart 1874 ff.
Dilthey, W.: Werke. 12 Bde, Neuaufl. Stuttgart 1958–1961.
Ducassé, P.: Méthode et intuition chez Auguste Comte. Paris 1939.
Dummett, M.: The Interpretation of Frege's Philosophy. London 1981.
Dunning, St. N.: Kierkegaard's Dialectic of Inwardness. Princeton 1985.
Ebbinghaus, J.: Relativer und absoluter Idealismus. Leipzig 1910.
Emerson, W.: The Complete Works. 12 Bde, Boston 1903 ff.
Fetscher, I.: Hegel in der Sicht der neueren Forschung. Darmstadt 1973.

Ders.: Marx und der Marxismus. München 1967.
Feuerbach, L.: Werke. 13 Bde, Stuttgart 1959 ff.
Fichte, J. G.: Gesamtausgabe. Hrsg. v. R. Lauth u. H. Jacob. Stuttgart 1964 ff.
Fleischer, H.: Marx und Engels. 2. Aufl., Freiburg, München 1974.
Frege, G.: Begriffsschrift. Halle 1879.
Ders.: Schriften zur Logik und Sprachphilosophie. Hrsg. v. G. Gabriel. Hamburg 1971.
Fries, J. F.: Sämtliche Schriften. Repr. Aalen 1967 ff.
Gardiner, P.: Schopenhauer. Harmondsworth 1963.
Geldsetzer, L.: Die Philosophie der Philosophiegeschichte im 19. Jahrhundert. Meisenheim 1968.
Grimault, M.: Kierkegaard. Paris 1978.
Haeckel, E.: Gemeinverständliche Werke. Hrsg. v. H. Schmidt. 6 Bde, Leipzig 1924.
Harms, J. (Hrsg.): Über Freiheit: John Stuart Mill und die politische Ökonomie des Liberalismus. Frankfurt 1984.
Hartmann, N.: Die Philosophie des deutschen Idealismus. 2 Bde, Berlin 1923–1929, 2. Aufl. 1960.
Haym, R.: Wilhelm von Humboldt. Berlin 1856.
Heeschen, V.: Die Sprachphilosophie Wilhelm von Humboldts. Bochum 1972.
Hegel, G. W. F.: Werke. Hrsg. v. E. Moldenhauer u. K. M. Michel. 20 Bde, Frankfurt 1969 ff.
Heinemann, F.: W. v. Humboldts philosophische Anthropologie und Theorie der Menschenkenntnis. Halle 1929.
Hennemann, G.: Naturphilosophie im 19. Jahrhundert. Freiburg i. Br. 1959.
Herbart, J. F.: Sämtliche Werke. 19 Bde, Repr. Aalen 1964.
Hoffmann, P.: The Anatomy of Idealism. Den Haag 1982.
Hook, S.: From Hegel to Marx. London 1936.
Hookway, Chr.: Peirce. London 1985.
Horstmann, R.-P.: Ontologie und Relationen (Hegel, Bradley, Russell). Königstein 1984.
Howald, W.: Wilhelm von Humboldt. Zürich 1944.
Hübscher, A.: Denken gegen den Strom. Schopenhauer gestern, heute, morgen. Bonn 1973.
Humboldt, A. v.: Werke. 12 Bde, Stuttgart o. J.
Humboldt, W. v.: Werke. 17 Bde, Repr. Berlin 1967 f.
Jacobs, H.: Rechtsphilosophie und politische Philosophie bei John Stuart Mill. Bonn 1965.
Janke, W.: Fichte – Sein und Reflexion. Grundlagen der kritischen Vernunft. Berlin 1970.
Janz, K. P.: Friedrich Nietzsche. Biographie. 3 Bde, München 1978 f.
Jäschke, W.: Die Religionsphilosophie Hegels. Darmstadt 1983.
Jaspers, K.: Nietzsche. 3. Aufl., Berlin 1950.
Ders.: Schelling. Größe und Verhängnis. München 1955.

Jergius, H.: Philosophische Sprache und analytische Sprachkritik. Freiburg i. Br. 1975.
Kasper, W.: Das Absolute in der Geschichte. Mainz 1965.
Kennedy, J. G.: Herbert Spencer. Boston 1978.
Kessel, E.: W. v. Humboldt. Idee und Wirklichkeit. Stuttgart 1967.
Kierkegaard, S.: Gesammelte Werke. Übers. v. E. Hirsch. 26 Bde, Düsseldorf, Köln 1950 ff.
King, G. H.: Existenz, Denken, Stil. Perspektiven einer Grundbeziehung, dargestellt am Werk Sören Kierkegaards. Berlin 1986.
Klawitter, J.: Ch. S. Peirce. Realität, Wahrheit, Gott. Würzburg 1984.
Klein, J.: Die Grundlegung der Ethik in der Philosophie H. Cohens und P. Natorps. Göttingen 1976.
Kolakowski, L.: Die Hauptströmungen des Marxismus. 3 Bde, München 1979.
Kondylis, P.: Die Entstehung der Dialektik. Stuttgart 1979.
Kremer-Marietti, A.: L'anthropologie positiviste d'Auguste Comte. Paris 1980.
Kroner, R.: Von Kant bis Hegel. 3. Aufl., Tübingen 1978.
Lange, F. A.: Geschichte des Materialismus und Kritik seiner Bedeutung in der Gegenwart. 2 Bde, 10. Aufl., Leipzig 1921.
Lévy-Bruhl, L.: La philosophie d'Auguste Comte. Paris 1900.
Loewith, K.: Von Hegel zu Nietzsche. 7. Aufl., Hamburg 1978.
Löw, K. (Hrsg.): Karl Marx. Bilanz nach hundert Jahren. Köln 1984.
Lowrie, W.: Das Leben Sören Kierkegaards. Düsseldorf, Köln 1955.
Lukács, G.: Von Nietzsche bis Hitler oder Der Irrationalismus in der deutschen Politik. Frankfurt 1966.
MacCloskey, H. J.: John Stuart Mill. A Critical Study. London 1971.
Madinier, G.: Conscience et mouvement. Etude sur la philosophie française de Condillac à Bergson. 2. Aufl., Löwen 1967.
Magee, B.: The Philosophy of Schopenhauer. Oxford 1983.
Makkreel, R. A.: Dilthey. Philosopher of the Human Studies. Princeton, N. J. 1975.
Mann, Th.: Schopenhauer. Stockholm 1938.
Martin, A. v.: Macht als Problem. Hegel und seine politische Wirkung. Mainz 1976.
Marx, K. u. F. Engels: Werke. 39 Bde, 2 Erg.Bde, Berlin (Ost) 1956 bis 1968.
Marx, W.: Schelling: Geschichte, System, Freiheit. Freiburg i. Br. 1977.
Mehring, F.: Karl Marx. Geschichte seines Lebens. 4. Aufl., Leipzig 1923.
Mehring, F. u. G. Lukács: Friedrich Nietzsche. Berlin 1957.
Mill, J. St.: Werke. Leipzig 1869 ff., Repr. Aalen 1968.
Ders.: Auguste Comte and Positivism. London 1865.
Miller, R. W.: Analyzing Marx. Princeton 1984.
Misch, G.: Lebensphilosophie und Phänomenologie. Repr. Stuttgart 1967.
Mohanty, J. N.: Husserl and Frege. Bloomington, Ind. 1982.

Mourany, A.-H.: Logik und Wahrheit an sich bei Bolzano. Frankfurt 1978.
Nietzsche, F.: Werke. Hrsg. v. G. Colli u. M. Montinari. Berlin 1975 ff.
Paetzold, H.: Ästhetik des deutschen Idealismus. Wiesbaden 1983.
Plenge, J.: Marx und Hegel. Repr. Aalen 1974.
Podach, E.: Nietzsches Zusammenbruch. Heidelberg 1930.
Ders.: Ein Blick in Notizbücher Nietzsches. Heidelberg 1963.
Post, W.: Kritik der Religion bei Karl Marx. München 1969.
Radermacher, H.: Fichtes Begriff des Absoluten. Frankfurt 1970.
Ravaisson, F.: La philosophie en France au XIXe siècle. Paris 1889.
Redeker, M.: F. Schleiermachers Leben und Werk. Berlin 1968.
Riedel, M.: Studien zu Hegels Rechtsphilosophie. Frankfurt 1969.
Schelling, F. W. J.: Hist.-krit. Ausgabe. Hrsg. v. H. M. Baumgartner. Stuttgart 1976 ff.
Schlegel, F.: Werke. Hrsg. v. E. Behler. 35 Bde, Darmstadt 1958 ff.
Schleiermacher, F.: Werke. 30 Bde, Berlin 1834 ff.
Schmidt, A.-F.: Une philosophie de savant. Henri Poincaré et La Logique mathématique. Paris 1978.
Schnädelbach, H.: Die Geschichtsphilosophie nach Hegel. Freiburg, München 1974.
Scholtz, G.: Die Philosophie Schleiermachers. Darmstadt 1984.
Schopenhauer, A.: Werke. Hrsg. v. A. Hübscher. 7 Bde, 3. Aufl., Wiesbaden 1972.
Schulte, G.: Wissenschaftslehre des späten Fichte. Frankfurt 1971.
Semmel, B.: J. St. Mill and the Pursuit of Virtue. New Haven 1984.
Simmel, G.: Schopenhauer und Nietzsche. Leipzig 1907.
Singer, P.: Marx. Oxford, Toronto 1980.
Skagestad, P.: The Road of Mind. Charles Peirce's Pragmatic Realism. New York 1981.
Solomon, R. C.: In the Spirit of Hegel. Oxford 1983.
Spencer, H.: Works. 21 Bde, London 1884 ff.; deutsche Ausg. Osnabrück 1966 f.
Spranger, E.: Werke. 11 Bde, Heidelberg 1969 ff.
Ders.: W. v. Humboldt und die Humanitätsidee. Berlin 1909.
Steinthal, H.: Der Ursprung der Sprache. 4. Aufl., Berlin 1888.
Steinvorth, U.: Stationen der politischen Theorie. 2. Aufl., Stuttgart 1983.
Stendahl, B. K.: Kierkegaard. Boston 1976.
Stolzenberg, J.: Fichtes Begriff der intellektuellen Anschauung. Stuttgart 1986.
Taine, H. A.: Les philosophes classiques du XIXe siècle en France. 10. Aufl., Paris 1910.
Taylor, Ch.: Hegel. Frankfurt 1978.
Terra, H. de: Alexander von Humboldt und seine Zeit. Wiesbaden 1956.
Theunissen, M. u. W. Greve (Hrsg.): Materialien zur Philosophie Sören Kierkegaards. Frankfurt 1979.

Thiel, Chr. (Hrsg.): Frege und die moderne Grundlagenforschung. Meisenheim 1975.
Thier, E.: Das Menschenbild des jungen Marx. Göttingen 1957.
Thies, E. (Hrsg.): Ludwig Feuerbach. Darmstadt 1976.
Tönnies, F.: Marx. Leben und Lehre. Jena 1921.
Topitsch, E.: Die Sozialphilosophie Hegels als Heilslehre und Herrschaftsideologie. 2. Aufl., München 1981.
Turley, P. T.: Peirce's Cosmology. New York 1977.
Valone, J. J.: The Ethics and Existentialism of Kierkegaard. Lanham 1983.
Verrechia, A.: Zarathustras Ende. Böhlau 1986.
Vorländer, K.: Karl Marx. Sein Leben und sein Werk. Leipzig 1929.
Vossler, O.: Alexis de Tocqueville. Freiheit und Gleichheit. Frankfurt 1973.
Weger, K.-H. (Hrsg.): Religionskritik von der Aufklärung bis zur Gegenwart. Freiburg 1979.
Weiner, R.: Das Amerikabild von Karl Marx. Bonn 1982.
Werner, K.: Die italienische Philosophie des neunzehnten Jahrhunderts. 5 Bde, Wien 1884 ff.
Wetter, G. A.: Dialektischer und historischer Materialismus. Frankfurt 1962.
Willms, B.: Die totale Freiheit. Fichtes politische Philosophie. Köln 1967.

10 Megatrends: Rationalismus, Realismus, Relativismus

10.1 Von der Industrie- zur Informationsgesellschaft

1914 gab es in Europa 17 Monarchien und drei Republiken (Schweiz, Frankreich, Portugal), 1919 dagegen 13 Republiken und 13 Monarchien. Der Siegeszug von Demokratie und Republik war auch durch die Zeit der Diktaturen zwischen den beiden Weltkriegen nicht aufzuhalten. 1939 gab es zwölf Demokratien, fünf Republiken und sechs Monarchien in Europa. Die im 19. Jahrhundert zu beobachtende Entwicklung der Wirtschaft von der Nationalökonomie zur Weltwirtschaft setzte sich im 20. Jahrhundert gegen alle Störungen durch Kriege und Krisen fort. 1936 hatte die Industrieproduktion den Stand von 1913 wieder erreicht, brauchte also 18 Jahre, um sich zu erholen; nach dem Zweiten Weltkrieg benötigte sie dazu nur ein Sechstel der Zeit, bereits 1948 war sie wieder auf dem Vorkriegsstand.

Die von der Industriegesellschaft induzierten Probleme traten schubweise auf. Bevölkerungsanstieg, Proletarisierung und die vielfältigen sozialen Probleme prägten das 19. Jahrhundert, Inflation und Arbeitslosigkeit erreichten zwischen den beiden Weltkriegen ihren Höhepunkt. In dieser Zeit entstand auch der Konflikt zwischen der kommunistischen und der faschistischen Ideologie. Umweltgefährdung, Währungs-, Arbeits- und Ideologiekrisen traten erst nach dem Zweiten Weltkrieg voll ins Bewußtsein der Menschen. Seit der ersten Wirtschaftskrise im Jahr 1857 infolge überhitzter Konjunktur im Bergbau und bei der Eisenbahn waren nicht einmal 100 Jahre vergangen, und das Tempo der Entwicklung hat sich seither nicht verlangsamt, wenn auch der Wirtschaftsliberalismus alten Stils spätestens seit 1925 der Vergangenheit angehört. Die rapide Zunahme der Erfindungen in Wissenschaft und Technik beschleunigten die Entwicklung.

Seit der Mitte des 17. Jahrhunderts verdoppelte sich das Wissen des Menschen von der Welt etwa alle 100 Jahre, in den letzten Jahrzehnten überstieg das neue technische Wissen alles in der Geschichte der Menschheit überhaupt gewonnene Wissen. Der Zeitabstand zwischen Theorie und Erfindung verringerte sich seit Leonardo da Vinci unaufhörlich. Damals betrug er etwa 75 Jahre, heute beträgt er oft weniger als ein Jahrzehnt. Seit dem Zweiten Weltkrieg gelangten Forschungs-, Entwicklungs- und Produktionsvorhaben zu Größenordnungen, die zur Kooperation zwischen Staat und Privatwirtschaft einerseits und Staaten mit unterschiedlichen Gesellschaftssystemen andererseits nötigen.

Gelegentlich spricht man von einer Zweiten Industriellen Revolution und meint damit die Automation. Es lassen sich aber auch drei Phasen unterscheiden, die mit innerer Logik aufeinander folgten. In der ersten, mechanischen Phase entlasteten die Maschinen den Menschen von mehr oder weniger schwerer Handarbeit. Zwischen der mechanischen Theorie Newtons und der technischen Realisierung durch Watt lag etwa ein Jahrhundert. Auf die Dampfkraft folgten elektrische Energie (1832 Faraday) und Kernenergie (1903 Rutherford), der mechanistischen Phase folgte die energetische. Ihr folgte die elektronische oder informatische Phase. Mit ihrer Hilfe gelang es, dem Menschen nicht mehr nur mechanische Handarbeit abzunehmen, sondern nun auch mechanische Denkprozesse. Diese Phase der Industriellen Revolution beruht vor allem auf drei Erfindungen: dem Computer, dem Transistor und dem Mikroprozessor.

Der elektronische Mehrzweckrechner wurde 1944 am Elektrotechnischen Institut der Universität Pennsylvania unter der Leitung des Physikers J. W. Mauchly und des Ingenieurs J. P. Eckert entwickelt: ein Riesenapparat mit über 17000 Elektronenröhren und 30 t Gewicht. Der Transistor, eine Festkörper-Verstärkerschaltung auf der Grundlage von Halbleitern, wurde kurz nach dem Zweiten Weltkrieg in den Bell-Laboratorien von den Physikern J. Bardeen, W. H. Brattain und W. Shokley hergestellt. 1971 stellte die amerikanische Firma Intel den ersten Mikroprozessor vor, womit ein neuer Abschnitt in der Geschichte der Informationsgesellschaft begann.

Von einer Informationsgesellschaft im Unterschied zur Industriegesellschaft kann man seit 1956/57 sprechen. Daniel Bell, ein Soziologe der Harvard-Universität, prägte den Begriff »postindustrielle Gesellschaft«. Er wollte damit ausdrücken, daß das eigentlich industrielle Zeitalter zu Ende und ein neuer

Abschnitt der Industriellen Revolution angebrochen sei. John Naisbitt hat in seinem Buch ›Megatrends. Zehn Perspektiven, die unser Leben verändern werden‹ (dt. Bayreuth 1984) die Grundzüge der Informationsgesellschaft aufzuzeigen versucht. Hier die Hauptthesen des informativen Buchs:

1. Die Informationsgesellschaft ist eine ökonomische Wirklichkeit, keine Utopie.
2. Die Informationsgesellschaft ist die erste Gesellschaft der Geschichte, die auf einem Hauptthilfsmittel beruht, das sich gleichsam selbst beständig erneuert und vervollkommnet.
3. Die neue Technologie hebt die Entfremdung auf und fördert menschliche Kontakte: maßgeschneidertes Arbeitsverhältnis für jeden.
4. Eine Werttheorie des Wissens ersetzt die veraltete marxistische Theorie vom Wert der Arbeit.
5. Gegen das alte Prinzip der Macht »Geld in der Hand von wenigen« setzt die neue Technologie »Information in den Händen von vielen«.
6. Der Weg führt weiter von der Nationalökonomie zur Weltwirtschaft, von kurzfristiger zu langfristiger Planung, von der Zentralisation zur Dezentralisation, von institutionalisierter Amtshilfe zur Selbsthilfe, von der repräsentativen zur partizipatorischen Demokratie, von der Hierarchie zu Verbundenheit, Verflechtung und gegenseitiger Abhängigkeit, von elitären Altherrenverbindungen zu egalitärem »Netzwerk«, von der alternativen zur multinativen Logik. Die Entweder/Oder-Wahl geht in eine Vielzahl von individuellen Arrangements und Lebensstilen über.
7. Die Globalisierung der Weltwirtschaft führt zu einer Renaissance in Sprachen und kulturellem Wissen.
8. Die Biologie wird die Physik in ihrer dominierenden Stellung in Wissenschaft und Gesellschaft ablösen.
9. Menschen haben ein Mitbestimmungsrecht bei öffentlichen Entscheidungsprozessen, die sie betreffen.
10. Anstelle von Konkurrenz, Übervorteilung, Karrieremacherei und Ellbogengesellschaft tritt eine Gesellschaft, die hilfreiche Tätigkeiten und Stärkung anderer belohnt.
11. Anstelle der Führerpersönlichkeit tritt in der partizipatorischen Demokratie der »Möglichmacher«, Entscheidungshelfer, nicht der Befehlsgeber.
12. Politisch Rechte und Linke sind tot; die Politik geht immer mehr von der radikalen Mitte aus.

Naisbitts Konzept der Wirklichkeit bedeutet für den Philosophierenden eine umfassende Herausforderung. Sie reicht von der Logik und der Wissenschaftstheorie bis hin zur praktischen Philosophie und zur Politik, von der Metaphysik bis zur Wirtschaftsphilosophie und von der Gesellschaftstheorie bis zur Kulturphilosophie. Am Anfang steht das prozessuale Weltverständnis im Gegensatz zu jeder Art von Ontologie: »Veränderungen erfolgen, wenn ein Zusammentreffen von sowohl sich wandelnden Wertvorstellungen als auch von wirtschaftlichen Notwendigkeiten stattfindet, niemals davor.« Charakteristisch sind: der Sinn für Innovation; die Akzentverschiebung von den Werten Besitz und Macht hin zu Lernen, Wissen, Erfahrung, Information, Kooperation und Kreativität; die Ersetzung der negativen Technikaspekte durch positive, elitärer, hierarchischer Strukturen durch egalitäre Verbindungen; die hohe Bewertung der Teamarbeit; die ethisch und gesellschaftspolitisch revolutionäre Einsicht in das Mitspracherecht des Einzelnen bei öffentlichen Entscheidungsprozessen, die ihn mitbetreffen; die »Wegbereiter« anstelle von Vordenkern, Autoritäten und Führern; die Befreiung von scheinlogischen Zwängen (Alternativen); die Überwindung von Gigantismus, Zentralismus und Absolutismus; schließlich die universale globale Perspektive, die die vergangenheitsorientierten Denkmodelle von Hegel und Marx, den historisch-dialektischen Materialismus, durch eine wirklich zukunftsorientierte Sicht ersetzt.

Für den Philosophierenden ergeben sich aus dieser Diagnose bzw. Prognose der Menschheitsentwicklung einige Folgerungen, sofern er die Herausforderung annimmt: stärkere Berücksichtigung von Wirtschaft und Technik im Denken der Wirklichkeit; Übergang vom statischen zum dynamischen Weltkonzept; Umwertung von Freiheits- und Ordnungsfaktoren; Befreiung von hierarchischen Denkgewohnheiten; verstärkte Ideologiekritik; Absage an ineffiziente Systembildungen; Abweisung von Absolutheitsansprüchen zugunsten eines differenzierteren Methodenbewußtseins und eines »ökonomischen« Pluralismus in Theorie und Praxis sowie Erarbeitung von Kriterien und Maßstäben zur Beurteilung legitimer Philosophien wie etwa: kommunikativ, informativ, kreativ und kooperativ. Anstelle Hegelscher Dialektik muß Platonische Dialogik treten, anstelle von ideologischer Dogmatik weltoffene Sokratik.

10.2 Pluralistisches Gesamtkonzept: Metamorphosen, Experimente, neue Ideen

10.2.1 Allgemeine Darstellung

Sowenig im 19. Jahrhundert eine Philosophie die Alleinherrschaft zu erringen vermochte, sowenig ist das auch im 20. Jahrhundert der Fall. Daher muß jede Gesamtcharakteristik der modernen Philosophie unvollständig und in gewissem Sinn einseitig bleiben. Bezeichnet man die Philosophien, die sich den Herausforderungen des Zeitalters gegenüber nicht verweigern, sondern sich ihnen stellen, als positiv, hat man so etwas wie ein Kriterium zur Beurteilung der Philosophie im allgemeinen wie im besonderen. Dann lassen sich auch gewisse Grundzüge modernen Philosophierens feststellen, die sich weitgehend aus den Trends in den letzten Jahrzehnten des 19. Jahrhunderts ergeben und diese fortsetzen. Man kann solche dominierenden Trends nach dem Vorbild Naisbitts als Megatrends bezeichnen. Als solche erscheinen im philosophischen Spektrum des 20. Jahrhunderts Rationalismus, Realismus und Relativismus. Sie hängen aufs engste mit dem Ablösungsprozeß traditioneller Metaphysik durch das logisch-mathematische Denken zusammen, aber auch mit der rasanten Zunahme an neuem Erfahrungswissen im Gefolge alter und neuer Wissenschaften, die sich immer mehr von der traditionellen Philosophie emanzipieren. Die Erweiterung der Erfahrung, die Verfeinerung der Denkmethoden, verbunden mit dem Großeinsatz technischer und finanzieller Mittel, bestimmen aber rückwirkend das Problembewußtsein modernen Philosophierens und schließen eine neue, moderne Metaphysik nicht aus. Ansätze dazu zeigen sich in allen Teilbereichen der Philosophie, vor allem in der Frage nach der Wirklichkeit. Die Suche nach der Wirklichkeit, das Wirklichkeitsproblem erscheint als ein zentrales, vielleicht als das Hauptproblem moderner Metaphysik, nicht ohne Grund, denn die Mathematisierung der Wissenschaften, der Philosophie und des gesamten Daseins erzwingt diese Frage geradezu. Wie in vielen anderen Fällen hat auch hier Einstein das Kernproblem zutreffend erfaßt und formuliert: »Insofern sich die Sätze der Mathematik auf die Wirklichkeit beziehen, sind sie nicht sicher, und insofern sie sicher sind, beziehen sie sich nicht auf die Wirklichkeit.«[1] Nichts liegt dem modernen Menschen in einer unsicheren Welt mehr am Herzen als Sicherheit. Man vergleiche hierzu Hilberts Feststellung: »Es geht nicht um Wahrheit, sondern nur um Sicherheit.«[2]

Für die Philosophie des 20. Jahrhunderts sind einige Züge charakteristisch, die teilweise Tendenzen des 19. Jahrhunderts fortsetzen. Man könnte sagen, daß es nichts gibt, das es nicht gibt. Für die »Elitären« ist das ein schlechtes Zeichen, das den Verfall der Philosophie andeutet. Insgesamt ist eine deutliche Tendenz zur Anpassung an die Marktmechanismen, bis hin zur bewußten Vermarktung der »Wahrheit« zu beobachten.

Ein Trend des 19. Jahrhunderts, der sich im 20. Jahrhundert fortsetzt, ist die Spezialisierung. Philosophische Forschung auf der einen, Populärphilosophie auf der anderen Seite bezeichnen die Extreme. Dazwischen liegt das weite Feld der Eklektiker, Synthetiker und Pseudopropheten. Spezifisch für das 20. Jahrhundert ist der Machtzuwachs der Ideologien, die den Philosophen an Einfluß und Wirkung weit überlegen sind. Die Folgen davon sind bei den Philosophen nicht selten Konformismus, Mitläufertum und alles das, was Georg Lukács, eine der rühmlichen Ausnahmen, »parasitäre Intelligenz« nennt. Charakteristisch für das 20. Jahrhundert ist auch das Absterben freien Philosophierens im Machtbereich des Dialektischen Materialismus sowie die Schwerpunktverlagerung philosophischer Forschung in die USA. Die mit Beginn des Jahrhunderts einsetzenden regelmäßigen Philosophiekongresse haben wesentlich zur Internationalisierung der kulturbildenden Prozesse beigetragen. Die Erforschung und Darstellung der Geschichte der Philosophie nahm einen ungeahnten Aufschwung, während Systembildungen und spekulativer Idealismus kaum noch gefragt sind.

Im ideologischen Szenarium trat zu den vorhandenen großen Ideologien von Marx und Nietzsche eine neue hinzu, die dann vor allem in der Neuen Welt Fuß faßte: die Psychoanalyse. Weiterhin ist für das 20. Jahrhundert charakteristisch, daß namhafte Fachwissenschaftler, wie etwa Max Planck und Albert Einstein, wichtigere Beiträge zur Philosophie lieferten als die

[1] Albert Einstein, Mein Weltbild. Berlin 1955, S. 119f.

[2] In dem Vortrag: Über das Unendliche (München 1925). In: Grundlagen der Geometrie. Stuttgart 1930, Anhang 8.

meisten Fachphilosophen. Das bedeutet jedoch nicht, daß Naturwissenschaftler eo ipso Philosophen oder gar gute Philosophen sind.

Die gegen Ende des 19. Jahrhunderts zu beobachtende Tendenz zu einem breiten Mittelfeld der Standpunkte verstärkt sich im 20. Jahrhundert. So verschiedene Denker wie Bertrand Russell, Fritz Joachim von Rintelen, Nicolai Hartmann, Charles S. Peirce, Frederick J. E. Woodbridge, John Dewey und George H. Mead vertreten Varianten des kritischen Realismus, der neben dem gemäßigten Positivismus und der mathematisch orientierten Philosophie zu einer zentralen Kraft im Denken des 20. Jahrhunderts wurde.

Unverkennbar ist schließlich die Zunahme der an der Technik orientierten oder auf die Technik reflektierenden Philosophie in diesem Jahrhundert, das außer der Wirtschaftsphilosophie auch eine Philosophie der Technik dem Spektrum philosophischer Disziplinen hinzufügte. Neuerdings gibt es eine Philosophie des Sports, und eine Philosophie der Verwaltung zeichnet sich ab – ein Zeichen für die Abkehr von den Ismen und die Hinwendung zu Gegenständen und Lebensbereichen, ein Zeichen, das, wie viele andere, Naisbitts These von der »radikalen Mitte« bestätigt. In der Philosophie heißt das: kritischer Realismus.

10.2.1.1 Philosophie der Mathematik

Der Siegeszug der Mathematik, der im 19. Jahrhundert begann, setzte sich im 20. Jahrhundert weltweit fort. Während sich die englische Logik unter Russell an Augustus de Morgan (1806–1878), George Boole (1815–1864) und Giuseppe Peano (1858–1932) anschloß und sich zur mathematischen Logik entwickelte – Russell hatte den genialen deutschen Mathematiker und Logiker Gottlob Frege (1858–1925) erst eigentlich entdeckt, wie das Genie Wittgenstein –, entfaltete sie sich im Einflußbereich Edmund Husserls, der, wie Russell, von der Mathematik herkam, zur phänomenologischen Logik weiter, so bei Alexander Pfänder (1870–1941). In Frankreich gab Henri Poincaré als Mathematiker und Philosoph sowohl der mathematischen Grundlagenforschung als auch der Philosophie der Mathematik wichtige Impulse.

In die Übergangszeit vom 19. zum 20. Jahrhundert gehört auch der mathematische Grundlagenforscher David Hilbert

(1862–1943), der unter anderem die Euklidische Geometrie axiomatisierte[3]. Aber auch in der Mathematik ging es nicht ohne Grundlagenkrisen ab. Hier standen sich Formalismus (Hilbert) und Konventionalismus (Poincaré) auf der einen, Intuitionismus (Luitzen Brouwer, 1881–1966) auf der anderen Seite gegenüber. Als Ergebnisse der Auseinandersetzungen lassen sich verbuchen: Eliminierung metaphysischer Elemente bei der Begründung der Mathematik; Letztbegründungen nach Art einer Ontologie der geometrischen Grundbegriffe erwiesen sich als unmöglich; die kritische Revision des Evidenzbegriffes; der Nachweis Kurt Gödels (1906–1978), daß inhaltliches Denken nicht formalisierbar ist, da die Widerspruchsfreiheit des formalen Systems nicht mit den Mitteln dieses Systems zu erbringen ist[4]. Einen Versuch, den Gegensatz von Intuitionismus und Formalismus zu überwinden, unternahm Paul Lorenzen (1915–1994) mit seinem Konzept einer »operativen Mathematik«. Es handelt sich dabei um eine Erweiterung der klassischen Kalkültheorie im Sinne der Herstellung von Figuren aus gegebenen Elementen, wobei aus den Gesetzmäßigkeiten der Kalküle auf allgemeine Prinzipien geschlossen wird. Ziel ist es, die gesamte Logik und Mathematik operativ zu deuten. Als Philosoph stellte Lorenzen auch Beziehungen der operativen Methode zu Ethik und Wissenschaftstheorie her.

Ihr historisches Bündnis mit der Physik setzte die moderne Mathematik im 20. Jahrhundert fort. Hermann Minkowski (1864–1909) trug wesentlich zur mathematischen Formulierung der Relativitätstheorie bei. Mit der von dem englischen Mathematiker Arthur Cayley (1821–1895) entworfenen Matrizenrechnung erzielten in den zwanziger Jahren des 20. Jahrhunderts Paul Dirac (1902–1984) und Werner Heisenberg (1901–1976) große Erfolge bei ihrer Anwendung auf die Quantenmechanik. Louis de Broglie (1892–1987) und Erwin Schrödinger (1887 bis 1961) konnten mit Hilfe der modernen Mathematik ihre Wellenmechanik formulieren. Es gibt kaum ein Gebiet der modernen »Wissenschaftsgesellschaft«[5], in das die Mathematik, besonders als Statistik, nicht einzog: Biologie, Psychologie, Ky-

[3] Vgl. hierzu Egmont Colerus, Von Pythagoras bis Hilbert. Die Epochen der Mathematik und ihre Baumeister. Wien 1942.

[4] Vgl. Herbert Meschkowski, Wandlungen des mathematischen Denkens. München 1985.

[5] Rolf Kreibich, Die Wissenschaftsgesellschaft. Von Galilei zur High-Tech-Revolution. Frankfurt 1986.

bernetik, Soziologie, Politologie, Ästhetik, Sprachphilosophie, getreu dem Motto Galileis: »Miß, was meßbar ist, und was nicht meßbar ist, suche meßbar zu machen.«

Ein besonderes Problem bildet die Abgrenzung der mathematischen Grundlagenforschung von der Philosophie der Mathematik. Die Grenzen sind hier fließend. Über das Verhältnis von reiner und angewandter Mathematik wird der mathematische Grundlagenforscher nachzudenken haben, über den Nutzen der Mathematik der Ökonom, wenn auch der Nutzen wieder kalkulierbar erscheint. Niemand kann den Philosophierenden indes daran hindern, sich Gedanken darüber zu machen, ob die Mathematisierung des Daseins für die Menschheit ein Glück bedeutet, und niemand kann dem religiösen Menschen verwehren, die Frage zu stellen, ob die Mathematik der Menschheit wirklich nur zum Segen gereicht oder schließlich zum Fluch wird. Wenn führende Vertreter der mathematischen Grundlagenforschung statt von der Wahrheit von Sicherheit reden, nähern sie sich der religiösen, politischen oder existentiellen Sicht der Dinge. Einer der großen Mathematiker und Logiker des 20. Jahrhunderts, Bertrand Russell, sagte nach jahrzehntelanger Erforschung mathematischer Grundlagenprobleme: »Ich kam zu dem Schluß, die ewige Welt sei trivial und die Mathematik lediglich die Kunst, dasselbe mit anderen Worten auszudrükken.«[6] Russells Ehrlichkeit in dieser Frage sollte dazu beitragen, den verbreiteten Aberglauben an die Allmacht der Mathematik zu beseitigen, und zu der Erkenntnis führen, daß weder die Mathematik noch irgendeine andere Wissenschaft die Kunst, die Philosophie oder die Religion ersetzen kann.

10.2.1.2 Naturphilosophie

10.2.1.2.1 Physik

Revolutionär, auch für die Naturphilosophie, waren die Entdeckungen Max Plancks (1858–1947, Nobelpreis für Physik 1918) und Albert Einsteins (1897–1955, Nobelpreis für Physik 1921) zu Beginn des Jahrhunderts. Beide Naturwissenschaftler haben auch auf philosophischem Gebiet Hervorragendes ge-

[6] Bertrand Russell, Autobiographie III. Übers. v. Rudolf Weys. Frankfurt 1974, S. 346.

leistet[7]. Planck entdeckte eine neue Naturkonstante, das nach ihm benannte Wirkungsquantum ($h = 6{,}625 \times 10^{-27}$ ergsec), und stellte nach der Erforschung der schwarzen Wärmestrahlung 1900 die nach ihm benannte Strahlungsformel auf.

Einstein ging einen Schritt weiter in die Kopernikanische Richtung. Unter Annahme konstanter Lichtgeschwindigkeit (c) stellte er in einer einfachen Formel, die man am ehesten eine Weltformel nennen kann, zwischen Lichtgeschwindigkeit, Masse und Energie die Beziehung her: $E = m \times c^2$, die Energie ist gleich der Masse, multipliziert mit dem Quadrat der Lichtgeschwindigkeit. Einstein beantwortete die philosophische These von der Unendlichkeit des Universums negativ, wies die Ablenkung von Lichtstrahlen durch Gravitationsfelder der Himmelskörper (Massen) nach und nahm auch der Sonne ihre bevorzugte Stellung im »heliozentrischen« Weltbild. Die Welt besteht aus einer Menge bisher nur abschätzbarer Galaxien. Die ungefähre Ausdehnung des Universums läßt sich nur schwer veranschaulichen, aber vielleicht durch folgendes Gedankenexperiment der Vorstellung annähern: Verkleinert man den Durchmesser unseres Sonnensystems auf 1 m – immerhin braucht das Licht zwei Stunden, um es zu durchmessen –, dann ist das nächste Sonnensystem etwa 100 km entfernt. Verkleinert man diese Entfernung wieder auf 1 m und verlegt den Meterstab in die City von London, dann wären die von der Erde mit größten Fernrohren gerade noch feststellbaren Himmelskörper in Moskau zu lokalisieren.

Eine der wesentlichen Aufgaben künftiger Philosophie ist nicht die Integration des »Einsteinschen Universums« in unser Welt- und Menschenbild, vielmehr die Einfügung dieses Welt- und Menschenbildes in das »Universum Einsteins«.

Das zweite revolutionäre Ereignis auf dem Gebiet der Physik, das auch für die Philosophie folgenreich werden sollte, war die Entwicklung der Quantenmechanik durch Max Born (1882 bis 1970) und seine Schüler. Born erhielt 1956 für seine statistische Interpretation der Quantenmechanik und seine Gittertheorie der Kristalle, zusammen mit Walter Bothe (1891–1957), den Nobelpreis für Physik. In der Quantentheorie suchte man zunächst vorwiegend nach Antworten auf die Fragen nach dem Aufbau der Materie und dem Wesen der Strahlung, die sich mit

[7] Vgl. Hermann Kretzschmar, Max Planck als Philosoph. München, Basel 1967, und Albert Einstein, Mein Weltbild. Berlin 1955.

der Elementarteilchenphysik und den zwischen den Elementarteilchen wirksamen Kräften, den Wechselwirkungen oder Kopplungen, allerdings als höchst kompliziert erwiesen. Man erweiterte die Quantenmechanik zur Quantenelektrodynamik und diese wieder zur Quantenfeldtheorie, ohne jedoch zu einer umfassenden Lösung (»Weltgleichung«) zu gelangen. Während sich die Kopplungen in starke, schwache, elektromagnetische und Gravitation ordnen ließen, gelang das für die Elementarteilchen nicht. Anfangs (bis 1932) glaubte man, daß es nur Protonen und Elektronen gäbe; dann erhöhte sich jedoch die Zahl der Elementarteilchen ins Uferlose. Neuerdings versuchte der israelische Physiker Haim Harrari zu zwei »Urteilchen«, dem T-Rishon mit einer drittelzahligen elektrischen Ladung und dem V-Rishon mit einer elektrischen 0-Ladung, zurückzukehren, aber auch diese Theorie hielt der Kritik nicht stand[8].

In den ›Philosophischen Betrachtungen zur modernen Physik‹[9] zog Max Born bereits den richtigen Schluß aus dieser Situation: »Das alte Streben nach Beschreibung der ganzen Welt in einer einheitlichen philosophischen Sprache ist unerfüllbar.«

Auch sonst finden sich bei Born Sätze, die für jede naturphilosophische Theoriebildung von Bedeutung sind: »Jeder Abschnitt naturwissenschaftlicher Erkenntnis steht mit den philosophischen Systemen der gleichen Zeit in enger Wechselbeziehung: die Naturwissenschaft liefert Beobachtungstatsachen und die Philosophie Denkweisen.« (Ebd., S. 39) »Meine Auffassung ist, daß naturwissenschaftliche Erkenntnisse auf eine Weise dargestellt werden sollten, die jedem denkenden Menschen verständlich ist. Und dies gerade ist die Aufgabe der Naturphilosophie.« (Ebd., S. 51) Auch in der Ethik kann der Philosophierende von Born lernen: »Ist doch der Glaube an eine einzige Wahrheit und deren Besitzer zu sein, die tiefste Wurzel allen Übels auf der Welt.«[10]

10.2.1.2.2 Kosmologie

Die Entwicklung der Kosmologie im 20. Jahrhundert ist für den Philosophierenden nicht weniger bedeutsam als die der Physik. Die Bezeichnung »Kosmologie« deutet zwar – wie »Ontologie« – auf griechischen Ursprung, stammt aber erst aus der

[8] Vgl. hierzu John D. Barrow und Joseph Silk, Die asymmetrische Schöpfung. München 1986, S. 224f.

[9] Physik im Wandel meiner Zeit. Braunschweig 1958, S. 56.

[10] Die Verantwortung des Naturwissenschaftlers. München 1965, S. 183.

Neuzeit. Als Titel einer Disziplin der Philosophie erscheint die Kosmologie seit Christian Wolff (1679–1754). Er verstand darunter einen Teil der Metaphysik, die er in eine *metaphysica generalis* oder *ontologia* und eine *metaphysica specialis* einteilte, diese wiederum in rationale Theologie, rationale Psychologie und rationale Kosmologie. Während sich dieser Einteilung zufolge die rationale Theologie mit Gott als Ursache der Welt befaßt, die rationale Psychologie mit der Seele als einer einfachen Substanz, befaßt sich die rationale Kosmologie mit dem Aufbau der Welt als Inbegriff physischer Substanzen. Von der rationalen oder wissenschaftlichen Kosmologie unterschied Wolff die empirisch-experimentelle, die sich auf Beobachtung stützt. Die Einteilungen Wolffs wurzeln in der Weltanschauung des christlichen Mittelalters (Gott – Mensch – Welt) und weisen darüber hinaus auf das aristotelische Wissenschaftsverständnis (Vorrang der Theorie vor der Empirie). Begriffsgeschichtlich führen die Elemente des Kosmologiebegriffs, *kosmos* und *logos*, noch weiter zurück: in die Zeit der griechischen Naturphilosophen, Kosmologen oder Vorsokratiker, bewußtseinsgeschichtlich in die Zeit der Emanzipation der Philosophie von der Religion, kulturgeschichtlich in die Zeit der Loslösung des Individuums aus den Fesseln der feudalen Gesellschaft, in das Zeitalter der Großen griechischen Kolonisation (800–500 v. Chr.). Die für die Entwicklung der abendländischen Kosmologie so bedeutsame Zweiteilung: Makrokosmos – Mikrokosmos geht letztlich auf Demokrit zurück. Wie die stoische Einteilung der Philosophie in Logik, Physik und Ethik erkennen läßt, subsumierte man in späterer Zeit die Bereiche der Naturphilosophie, die heute zur Kosmologie gehören, unter dem Leitbegriff Physik, d. h. Wissenschaft von der Natur, eine Tendenz, die sich in Neuzeit und Gegenwart eher verstärkt als abgeschwächt hat. Auf dem Hintergrund dieser hier nur skizzierbaren Bedeutungsgeschichte erscheint der moderne Kosmologiebegriff mehr als ein Sammelbegriff für alle möglichen Theorien der Weltentstehung (Kosmogonie), der Weltstruktur und des Weltgeschehens, denn als eine Bezeichnung für eine festumrissene Wissenschaft oder eine klar abgrenzbare philosophische Disziplin.

Was Einstein in theoretischer Hinsicht für die Astronomie des 20. Jahrhunderts leistete, erreichte der amerikanische Astronom Edwin Hubble (1889–1953) auf praktisch-empirischem Gebiet. Indem Hubble den Doppler-Effekt zur Deutung der

Rotverschiebung der Spektrallinien für Sternsysteme außerhalb der Milchstraße heranzog, wurde er zum Begründer der modernen extragalaktischen Astronomie (1929). Die Expansionsgeschwindigkeit extragalaktischer Systeme nimmt nach der Formel H_0 = 50 km/s/Mpc zu, wobei H_0 die Hubble-Konstante ist und Mpc die Abkürzung für Megaparsec (1 Parsec = 3,262 Lichtjahre, 1 Megaparsec = 10^6 pc). Hubbles Entdeckung revolutionierte die Kosmologie, insofern der Kosmos eine geschichtliche Dimension bekam.

Der Anschluß der Naturphilosophie des 20. Jahrhunderts an die des 19. Jahrhunderts wird in der Erweiterung des Darwinschen Evolutionsprinzips – von der Kosmologie bis zur Biologie, Psychologie und Theorie des Geistes – besonders deutlich. Bei aller gebotenen Skepsis gegenüber dem Fortschrittsglauben scheint hier echter wissenschaftlicher und philosophischer Fortschritt vorzuliegen. Die Verknüpfung verschiedener moderner wissenschaftlicher Disziplinen wie die der Quantenchemie (seit 1927) – eine Variante der physikalischen Chemie – mit der Astrophysik wird in den Bemühungen um eine systematische wie genetische Interpretation des periodischen Systems der Elemente erkennbar. Die moderne Naturphilosophie schlägt eine Brücke zu Thales von Milet, dem ältesten westlichen Kosmologen. Hatte dieser behauptet: im Anfang war das Wasser, kann man heute aufgrund neuer Erkenntnisse behaupten: »Im Anfang war der Wasserstoff«[11].

Wie neue Erkenntnisse, manchmal rein zufällig gewonnen, Theorien bestätigen und das Weltbild mitverändern können, zeigt die Entdeckung der kosmischen Hintergrundstrahlung (1965) durch Arno Penzias (geb. 1933) und Robert Wilson (geb. 1936, Nobelpreis 1978). Wenn diese Strahlung zutreffend als Nachwirkung des »Urknalls« interpretiert wird, bestätigt sie Hubbles Theorie vom expandierenden Kosmos. Zu der rasanten Entwicklung der Kosmologie im 20. Jahrhundert trugen eine ganze Reihe von Wissenschaften bei, neben der Mathematik, Astronomie, Astrophysik und Radioastronomie die Infrarot- und Röntgenastronomie, Gravo-Astronomie, Neutrino-Teleskopie, Geographie, Planetologie, Paläontologie, Astrobiologie, Raumfahrtmedizin und nicht zuletzt der Großeinsatz von Technik. In Einsteins Sterbejahr (1955) begann die Berechnung der zeitlichen Entwicklung von Sternen mit Hilfe von Compu-

[11] Titel eines Buches von Hoimar von Ditfurth, Hamburg 1972.

tern, fünf Jahre nach Einsteins Tod wurden die Quasare (Quasi Stellar Radio Sources) entdeckt, zehn Jahre nach seinem Tod die Hintergrundstrahlung, 1967 die Pulsare (schnell rotierende Neutronensterne, die außer Radioimpulsen auch Gamma-, Licht- und Röntgenstrahlen emittieren); 1969 betrat Neil Armstrong als erster Mensch den Mond, 20 Jahre nach Einsteins Tod landeten die Sonden Viking I und II auf dem Mars. Gestützt auf bewährte Theorien und reiches Erfahrungsmaterial konnte Steven Weinberg (geb. 1933, Nobelpreis für Physik 1979) eine Kosmogonie verfassen, die in glänzender Weise das derzeitige kosmologische Wissen des 20. Jahrhunderts zusammenfaßt[12]. Aber es bleiben auch hier für künftige Generationen noch genügend Probleme übrig, wenn nicht sogar die neuen die alten an Anzahl und Gewicht überwiegen.

Einstweilen scheinen der Lösung vieler Probleme absolute Grenzen entgegenzustehen: Lichtgeschwindigkeit, Ereignishorizont, Plancksche Elementarzeit. »Die Plancksche Elementarzeit bezeichnet auch den Punkt, an dem unsere gegenwärtigen Theorien zusammenbrechen: $tp = \sqrt{\frac{Gh}{c^5}} = 1{,}33 \times 10^{-43}$ s. Das Durchschnittsleben eines Menschen dauert, in Planckscher Elementarzeit ausgedrückt: $1{,}66 \times 10^{52}$, eine astronomische Zeitspanne, bei der Vorstellung und Sprache versagen.«[13] Philosophisch gesehen stellt sich hier das Problem der Sprachbarrieren, das vielleicht mit dem Problem der Naturbarrieren konvergiert. Beim Begriff des Ereignishorizontes treten zu den sprachlichen und naturwissenschaftlichen Problemen erkenntnistheoretische: Wie kann man zum Beispiel zuverlässige Erkenntnisse über Objekte (zum Beispiel Schwarze Löcher) gewinnen, die den Informationstransfer blockieren? Ein ähnliches Problem stellt sich in der Horizontstruktur des Universums. Gegenwärtig beträgt die Horizontgröße des der Beobachtung zugänglichen Universums 10^{23} km. Nur aus diesem Ausschnitt des Weltalls können die Beobachter Lichtsignale empfangen. Alles was darüber hinausliegt, hüllt sich noch in Dunkel. Andere Probleme der modernen Kosmologie sind die Frage nach dem Anfang und dem Ende des Universums (Urknall oder pulsierendes Weltall?), die Raum-Zeit-Struktur, die Definition von Energie, das Verhältnis von makrokosmischen und mikrokos-

[12] Die ersten drei Minuten. Der Ursprung des Universums. München 1977.
[13] Barrow, Silk, Die asymmetrische Schöpfung, S. 71.

mischen Größenordnungen. Ist das Universum harmonisch und symmetrisch oder asymmetrisch und chaotisch? Ist es singulär oder gibt es mehrere Universen? Wie ist das Verhältnis von Materie und Antimaterie (genetisch) zu verstehen? Gibt es zu den Galaxien Antigalaxien? Rotiert das Universum?

10.2.1.2.3 Chemie, Biologie, Medizin

Die erweiterte Anwendung des Evolutionsprinzips ist für die Naturphilosophie des 20. Jahrhunderts charakteristisch. Der Gedanke der Evolution verbindet die Chemie einerseits mit der Kosmologie und Physik, andererseits mit der Biologie und der Medizin. Charakteristisch für die Entwicklung der Chemie ist ferner die fortschreitende Relativierung der Grenzen zwischen Anorganischem und Organischem, ebenso zwischen Physik (Zustandsänderung) und Chemie (Stoffänderung). An die Stelle der statisch-hierarchischen Betrachtungsweise tritt eine genetisch-dynamische. Diesem Wandel entspricht auf philosophischem Gebiet eine Wandlung des Systembegriffs: vom geschlossenen zum offenen System, vom starren, stationären Baukastensystem zu operativ-funktionaler Systemanalyse. In der zweiten Hälfte dieses Jahrhunderts entwickelte sich die Biochemie (Molekularbiologie) am schnellsten von allen Wissenschaften und innerhalb dieser die Strukturanalyse komplexer Moleküle.

Die von Jöns Jakob von Berzelius (1779–1848) aufgestellte Hypothese von der Lebenskraft *(vis vitalis)*, der zufolge organische Stoffe nur von lebenden Organismen hergestellt werden können, wurde von Friedrich Wöhler (1800–1882) experimentell widerlegt, indem er Harnstoff synthetisch herstellte (1828). Der russische Chemiker Alexander Iwanowitsch Oparin (1894 bis 1980) entwickelte auf biophysikalischer und biochemischer Grundlage erstmals eine konsistente Theorie von der Entfaltung des Lebens auf der Erde. Er setzte in Koazervaten (Unterwasserbläschen) Biopolymere in Membranen voraus. Experimente bestätigten seine Annahme. Während sich in Deutschland alte Vorurteile hartnäckig hielten und im Neovitalismus ihre Wiederauferstehung feierten, wobei Hans Driesch (1867 bis 1941) einen Begriff der aristotelischen Psychologie, die Entelechie, zum »Faktor E« umfunktionierte, eher mystifizierte[14],

[14] Der aristotelische Entelechiebegriff steht als begrenzter, zielgerichteter Prozeß dem modernen Denken näher als der mystischen Vorstellung einer Lebenskraft.

gelang einem amerikanischen Studenten ein folgenreiches Experiment (1953). Stanley L. Miller (geb. 1930) bildete die für die chemische Evolution vorauszusetzende »Ursuppe« nach, ließ eine Mischung von Wasser, Methan, Stickstoff und etwas Ammoniak verdampfen, leitete Funken durch das Gemisch, wie sie in der frühen Erdatmosphäre infolge von Blitzen oder vulkanischen Eruptionen vorauszusetzen waren, und fand als Ergebnis schon beim ersten Versuch Aminosäuren, Basen und Zucker. Damit war vielleicht die wichtigste Phase der Evolution überhaupt, der Übergang von der chemischen zur biologischen Evolution, von anorganischen zu organischen Molekülen, experimentell nachvollzogen. Die Aufklärung der DNA (Desoxyribonucleinsäure)-Struktur (Doppelhelix) gelang den Nobelpreisträgern (1962) Francis H. C. Crick (geb. 1916, USA), James D. Watson (geb. 1928, USA) und Maurice H. F. Wilkins (geb. 1916, England). Das Wechselspiel von Experiment (Miller) und Theorie zeigt sich hier besonders deutlich.

Der nächste bedeutende Schritt in der Erforschung der Entstehung des Lebens gelang dem deutschen Physikochemiker Manfred Eigen (geb. 1927, Nobelpreis für Chemie 1967). In seinem Göttinger Modell von 1971 stellt er den »selbstreproduzierenden katalytischen Hyperzyklus« vor. Aufgrund eingehender Untersuchungen der Wechselwirkungen zwischen komplexen Molekülen (Nukleinsäure, Protein) und ihrer Verbindung zu »kombinierten Kreisen« gelangt Eigen zu der Konzeption der Selbstorganisation von Großmolekülen. Die Fruchtbarkeit dieser Konzeption zeigte sich, als der Astrophysiker Erich Jantsch (1929–1980) sie auf alle Formen der Evolution anwandte[15]. Aus dem Zusammenwirken von Theorie und Praxis, von Modell und Experiment, kann auch der Philosoph lernen.

Die Entstehung des Lebens läßt sich, auch wenn noch nicht alle Fragen restlos geklärt sind, zwanglos aus natürlichen Zusammenhängen verstehen. Der Widerspruch organischer Prozesse zum zweiten Satz der Thermodynamik, der die Zunahme von Entropie[16] fordert, während das Leben von der Negation der Entropie, der »Negentropie«, lebt, hat sich erledigt, inso-

[15] Die Selbstorganisation des Universums. Vom Urknall zum menschlichen Geist. München 1979.

[16] Zustandsgröße und Maß für irreversible Prozesse in thermodynamischen (energieausgleichenden) Systemen.

fern man geschlossene von offenen Systemen, reversible (physikalische) von irreversiblen (Leben) Prozessen unterscheidet. Aus der zum Beispiel von Jacques Monod (1910–1976, Nobelpreis 1965) vorausgesetzten extremen Unwahrscheinlichkeit der Entstehung von Leben ist fast eine Notwendigkeit geworden, wenn man die günstigen terrestrischen Rahmenbedingungen (Temperatur, Atmosphäre, Sonne, Mond), die lange Zeit der chemischen Evolution (fast 2 Milliarden Jahre), die Mustervielfalt der molekularen Gebilde sowie die Winzigkeit und Geschwindigkeit der Mikroprozesse mitberücksichtigt. Die moderne Forschung hat mit Hilfe des Evolutionsprinzips einen imponierenden Zusammenhang des Weltgeschehens mit den Erscheinungen des Lebens und des Geistes herstellen können[17].

In der ersten Phase der Evolution entstanden die Elementarteilchen und aus ihnen die Atome, aus diesen in weiteren Phasen immer komplexere Gebilde: Moleküle, Großmoleküle, Polymere (Kettenmoleküle), Protobionten (Beginn der biologischen Evolution: Stoffwechsel, Reproduktion, Mutation), Eobionten (beginnende Kopplung der Gene), Prokaryonten (Bakterien), Eukaryonten (Einzeller), Vielzeller, Tiere, Menschen[18]. Dabei dauerte die Entwicklung vom Molekül bis zur Zelle auf dieser Erde etwa doppelt so lange wie von dieser zum Menschen. Die wichtigsten »Erfindungen« in dieser letzten Phase waren: Photosynthese, Atmung, Warmblütigkeit. Die biologische Entwicklung wurde gefördert durch Arbeitsteilung (Information, Funktion, Operation), Rückkopplung, Mutation und Selbstorganisation. Jede Zelle läßt sich mit einer gewaltigen Fabrik vergleichen, die so viel leistet wie alle irdischen Fabriken zusammengenommen, und der Mensch besteht aus 10^{13} bis 10^{14} Zellen. Ein moderner Denker, der dies zur Kenntnis nimmt, wird kaum mehr der stoischen Auffassung vom Selbstmord zustimmen können, wenn er bedenkt, welchen Aufwand an Ideen, Energien, Experimenten und Zeit die Natur in die Ermöglichung eines Menschenlebens investiert hat.

Das Verhältnis von Philosophie und Medizin ist in der Philosophiegeschichte, nicht zuletzt aufgrund des Dünkels idealistischer Philosophen, vernachlässigt. In der Antike war das nicht

[17] Vgl. hierzu Wolfgang Stegmüller, Hauptströmungen der Gegenwartsphilosophie. Bd. 3, Stuttgart 1986.

[18] Vgl. hierzu Reinhard W. Kaplan, Der Ursprung des Lebens. Stuttgart 1972, S. 174ff. und Carsten Bresch, Zwischenstufe Leben. München 1977, S. 47, 56, 93, 109, 124, 139, 190, 228.

so. Empedokles war Arzt und Philosoph, Platon orientierte sich oft an medizinischen Paradigmata, und Aristoteles, selbst Sohn eines Arztes, verhalf einer biologisch-medizinischen Sicht des Menschen zum Durchbruch. Besondere Berührungspunkte zwischen Philosophie und Medizin gibt es in der Ethik, der Erkenntnistheorie, der Wissenschaftstheorie und der Methodik. Weist die Medizin als vorwiegend angewandte Wissenschaft einerseits in die Richtung der Elementarbereiche menschlicher Existenz, verknüpft sie andererseits die naturwissenschaftlichen Disziplinen mit den komplexen Bereichen menschlicher Existenz und den zugehörigen Wissenschaften, mit Psychologie, Psychiatrie und Neurologie, Soziologie, Anthropologie, Humangenetik und – Philosophie[19].

10.2.1.2.4 Psychologie, Kybernetik

Es dürfte kaum ein Zufall sein, daß zwei der angesehensten Psychologen des 20. Jahrhunderts, Sigmund Freud (1856–1939) und Karl Jaspers (1883–1969), auch Mediziner und Philosophen waren. Es dürfte ebensowenig ein Zufall sein, daß beide vom kranken Seelenleben ausgingen[20]. Während aber Freud mehr in die Tiefe ging und die Methode der Analyse bevorzugte (Tiefenpsychologie, Psychoanalyse), liegt die Stärke von Jaspers in breitangelegter Systematik und Synthetik. Einige fundamentale Erkenntnisse Freuds sind ins allgemeine Bewußtsein eingegangen und haben in vergröberter Form als Ideologie (Freudianismus) besonders in den USA eine ungeheure Wirkung gehabt. Freud erkannte, im Gegensatz zur zeitgenössischen Bewußtseinspsychologie, die große Bedeutung des Unbewußten für das Seelenleben. Einige Grundbegriffe wie Verdrängung, Sublimierung und Tabuisierung haben sich bewährt und konnten sich behaupten. Seine Sexualtheorie hat sich nicht völlig durchsetzen können. Schon seine berühmten Schüler Carl Gustav Jung (1875–1961) und Alfred Adler (1870–1937) haben statt dessen im Kollektiven Unbewußten bzw. im Macht- oder Geltungstrieb die seelischen Grundkräfte erblickt. Jedoch: »Was Einstein für die theoretische Physik von heute bedeutet, das ist

[19] Eine ›Biophilosophie auf erkenntnistheoretischer Grundlage‹ versuchte bereits Bernhard Rensch (Stuttgart 1968). Zur Medizin vgl. Dietrich Engelhardt und Heinrich Schippgers, Die inneren Verbindungen zwischen Philosophie und Medizin im 20. Jahrhundert. Darmstadt 1980.

[20] Sigmund Freud, Psychopathologie des Alltagslebens. 1901; Karl Jaspers, Allgemeine Psychopathologie. Berlin 1913.

Freud für die Psychologie und Psychopathologie unserer Zeit.«[21]

Allerdings waren Jaspers, Freud und seine Schüler nicht die einzigen bedeutenden Psychologen ihrer Zeit. Zu Beginn des 20. Jahrhunderts gab es in den USA und in Rußland namhafte Psychologen, die Konzeptionen entwickelten, die sich teilweise bis in die Gegenwart behaupten konnten. Der russische Physiologe Iwan Petrowitsch Pawlow (1849–1936, Nobelpreis für Medizin 1904) begründete mit seiner Unterscheidung von unbedingten und bedingten Reflexen die mechanistisch orientierte Reflexpsychologie, die ihrerseits auf den frühen Behaviorismus einwirkte, den John Watson (1878–1958) 1913 begründete. Mit der Psychologie des Pragmatikers William James verband ihn die Beschränkung der Psychologie auf das Meßbare und Tatsächliche, also die naturwissenschaftliche Grundorientierung[22]. Einen mächtigen Aufschwung nahm der Behaviorismus unter Burrhus F. Skinner (geb. 1904), der von Lernexperimenten mit Tieren ausging und zu einer, allerdings nicht unumstrittenen Lehre von der operanten Konditionierung (Verstärkung durch Anerkennung oder Mißbilligung) gelangte. Fragwürdig wird der »Skinnerismus« als Ideologie der Anpassung oder des wissenschaftlich begründeten »Humanismus« im Gegensatz zu den Idealen der liberalen Aufklärung[23]. Der Neobehaviorismus ließ in den fünfziger Jahren in Deutschland einen alten Methodenstreit wieder aufflammen, der in der Grundlagenkrise der Psychologie zu Beginn des Jahrhunderts eine Rolle spielte: den Gegensatz von naturwissenschaftlicher und geisteswissenschaftlicher Psychologie. Wilhelm Wundt (1835–1920) und Oswald Külpe (1862–1915) hatten damals auf der einen, Wilhelm Dilthey (1833–1911) und Eduard Spranger (1882–1963) auf der anderen Seite gestanden. Daneben und danach entstanden noch manche anderen Übergangsformen, so die phänomenologische Psychologie, die Ganzheits- und die Gestaltpsychologie. Die naturwissenschaftlich orientierten Psychologen wollten analysieren und experimentieren, messen und erklären, die Geisteswissenschaftler wollten schauen und verstehen. Dieser Metho-

[21] Reiner Wiehl, in: Geschichte der Philosophie in Text und Darstellung, Bd. 8 (20. Jahrhundert). Stuttgart 1984, S. 74.

[22] Vgl. hierzu Klaus R. Scherer, Adelheid Stahnke und Paul Winkler (Hrsg.), Psychobiologie. Wegweisende Texte der Verhaltensforschung von Darwin bis zur Gegenwart. München 1987.

[23] Jenseits von Freiheit und Würde. New York 1971, dt. Reinbek 1973.

dendualismus ist uralt. Er findet sich bereits bei Aristoteles, dem Verfasser der ersten abendländischen Psychologie. In der Problemvorschau seiner Schrift ›Über die Seele‹ wirft er unter anderem die Frage auf, ob der Naturkundler *(physiólogos)* oder der Dialektiker *(dialektikós)* für die neue Disziplin zuständig sei. Aristoteles hat sich dieses Problem nicht ausgedacht, sondern es liegt in der Sache begründet. Platon und Aristoteles hatten, im Gegensatz zu dem Naturphilosophen Anaxagoras, jedoch die im griechischen Denken auch vorher schon vorhandene Spannung zwischen Körper und Geist verschärft, so daß die Seele, ein Mittleres zwischen Natur und Geist, grundsätzlich in zwei Perspektiven erschien. Die moderne Evolutionstheorie versucht dagegen das Psychische aus dem Physischen und das Physische aus dem Kosmischen zu verstehen. Hinzu kommt der allerdings schon bei Platon (Gesetze 961 e 4. 963 a 11) vorhandene kybernetische Aspekt des Geistes, der in der modernen Kybernetik eine Metamorphose erlebte und nun, anstelle der traditionellen Geistmetaphysik, auch die Psychologie in ein anderes Licht rückt (Psychokybernetik). Man erkennt leicht die auch für die Philosophie revolutionierende Kraft des Evolutionsgedankens. Die traditionelle Geistmetaphysik muß der kybernetischen Interpretation des Noetischen (Geistigen) weichen. Anders ausgedrückt: Es zeichnet sich eine Linie ab vom Urknall bis zum subtilsten Orientierungssystem in der Krone der Schöpfung, dem menschlichen Geist.

Die Übereinstimmungen der modernen Psychologie mit dem aristotelischen Ansatz beschränken sich indessen nicht auf das Methodische, sondern betreffen auch den Gegenstand und die Struktur der Psychologie. Wenn die moderne Psychologie Erfahrung, Erleben und Verhalten als ihre Hauptgegenstände definiert[24], denen die kognitiven, phänomenologischen und behavioristischen Disziplinen der Psychologie entsprechen, so findet diese Einteilung in der aristotelischen Psychologie ihr Analogon in der Dreiteilung von (Erkenntnis-) Vermögen *(dynámeis)*, Affekten *(pathē)* und Verhaltensweisen *(ēthē)*.

In der Erforschung des Geistigen lassen sich ähnliche Konvergenzen zwischen antikem und modernem Denken feststellen wie im Bereich des Psychischen. Griechische Philosophen haben wesentliche geistige Funktionen erkannt: Speicherung,

[24] Vgl. Helmuth Benesch, dtv-Atlas zur Psychologie. Bd. 1, München 1987, S. 31.

Ideation, Intuition, Inspiration, Analyse, Diskursion, Abstraktion, Reflexion, Kombination und Koordination, neben vielen anderen. Im 19. Jahrhundert verglich man den menschlichen Geist mit einer Schaltzentrale, heute ist von Vernetzungsstrukturen, Mustererkennung, Informationsverarbeitung und Steuerungsimpulsen die Rede[25]. Gemäß der zunehmenden Differenzierung und Komplexheit der Phänomene wird es schwieriger als etwa in der Physik und Biologie sein, zu griffigen Modellen und angemessenen Formen zu gelangen, aber vielleicht kommt man im 21. Jahrhundert, wenigstens in der Psychologie, zu ähnlichen Ergebnissen wie in der Erforschung des Lebens im 20. Jahrhundert: von der Lebensseele zum Seelenleben, vom Seelisch-Geistigen zur Geistseele. Die oft mißverstandene Zurückhaltung des Aristoteles in Fragen des Geistes zeugt von der Weisheit des Philosophen, denn er wußte genau, daß Spekulationen, Hypothesen und Konstruktionen dem wissenschaftlichen Fortschritt eher schaden als nützen. Daher ist das Wenige, was er über die Seele und den Geist schrieb, auch heute noch nicht veraltet.

In moderner philosophischer Sicht erscheint der Geist als »Selbstorganisations-Dynamik«, als »kybernetisches System« oder als »Selbsttranszendenz«: »Naturgeschichte, unter Einschluß der Menschengeschichte, kann als Geschichte der Organisation von Materie und Energie verstanden werden. Sie kann aber auch als Organisation von Information und Komplexität aufgefaßt werden. Vor allem aber kann sie als Evolution von Bewußtsein – das heißt von Autonomie und Emanzipation – und von Geist aufgefaßt werden. Geist erscheint nun als Selbstorganisations-Dynamik auf vielen Ebenen, als eine Dynamik, die selbst evolviert. In dieser Hinsicht ist Naturgeschichte immer auch Geistesgeschichte. Selbsttranszendenz, die Evolution evolutionärer Prozesse, ist geistige Evolution. Sie spielt sich nicht im Vakuum ab, sondern manifestiert sich in der Selbstorganisation materieller, energetischer und informationeller Prozesse. Damit wird jener Dualismus zwischen Geist und Materie aufgehoben, der das westliche Denken in seinen Hauptströmungen mehr als zwei Jahrtausende lang geprägt hat.«[26]

Diese moderne Metaphysik findet ihre Fortsetzung oder ihren Kommentar in einer modernen Theologie, in ihrem ersten

[25] Vgl. hierzu Helmuth Benesch, Der Ursprung des Geistes. Stuttgart 1977.
[26] Jantsch, Selbstorganisation des Universums, S. 411.

und ernsthaftesten Versuch, Evolutionstheorie und christlichen Glauben in einer Konzeption zu integrieren: bei Pierre Teilhard de Chardin. Weiterführende Religionsphilosophie kann man daran messen, ob sie auf die größte Herausforderung des Jahrhunderts, den Evolutionsgedanken, angemessen reagiert.

10.2.1.3 Religionsphilosophie

Wenn man Hegels oder Feuerbachs Religionsphilosophie mit den religionswissenschaftlichen Arbeiten Gustav Menschings (1901–1978) vergleicht oder mit Rudolf Ottos (1869–1937) berühmtem Werk ›Das Heilige‹ (1917), erkennt man, daß auch hier eine Evolution stattgefunden hat.

Der erste Kongreß für Religionswissenschaft fand 1900 in Paris statt, der achte 1955 in Rom. Auch diese Wissenschaft, die sich von der Religionsphilosophie des 18. und 19. Jahrhunderts nach und nach emanzipierte, ist also eine Schöpfung des 20. Jahrhunderts. Rudolf Otto begründete die Religionsphänomenologie, Gerardus van der Leeuw (1890–1950) entwickelte sie methodisch weiter. Max Weber (1864–1920) gehörte zu den Begründern der Religionssoziologie. Johann Gottfried Herder (1744–1803) war der Archeget der Religionsgeschichte, Friedrich Schleiermacher (1768–1834) der Anreger der Religionspsychologie. Lucien Lévy-Bruhl (1877–1939), ein Schüler des französischen Soziologen Émile Durkheim (1858–1917), erforschte das Seelenleben der Primitiven. Albert Schweitzer (1875–1965) verglich das Christentum mit den Weltreligionen, und Helmuth von Glasenapp (1891–1963) untersuchte die Religionen der Menschheit. Pionierarbeit für die Erforschung der Religionen Asiens leistete Friedrich Max Müller (1823–1900).

Im protestantischen Bereich entstand nach dem Ersten Weltkrieg die dialektische Theologie Karl Barths, Rudolf Bultmanns und Friedrich Gogartens, im Gegensatz zur vorwiegend historisch orientierten Theologie von Wilhelm Herrmann, Martin Kähler und Ernst Troeltsch. Im katholischen Bereich führte der von Papst Leo XIII. (Enzyklika ›Aeterni Patris‹, 1879) empfohlene Thomismus zur Gründung der neuthomistischen Schule, die die geistige Führung beanspruchte. Zum (Neu)-Thomismus gehören Joseph Gredt, Gontran Garrigou-Lagrange, Jacques Maritain, Antonin-Gilbert Sertillanges, Étienne Gilson, Christopher Dawson, Joseph Kleutgen, Clemens Bäumker, Josef Geyser, Martin Grabmann, Karl Rahner, Joseph M. Bochenski. Neben dem Neuthomismus gibt es noch weitere mehr oder weniger konformistische Richtungen, zum Beispiel den Augustinismus: Johannes Hessen, Peter Wust und die neuscholastischen Richtungen des Skotismus und Suarezianismus.

In einem Zeitalter zunehmender Information mußte auch die Religionskritik, seit Xenophanes Bestandteil der Religionsphilosophie und seit der Aufklärung ein zentrales Thema philosophischer Reflexion, an Bedeutung gewinnen. Die analytische Religionsphilosophie fordert mit Recht eine kritische Religionskritik, also eine Art selbstreflexiver Metakritik in dieser Frage.

Als herausragendes Ereignis in der Religionsphilosophie des Jahrhunderts erscheint der Entwurf Pierre Teilhard de Chardins (1881–1955). In Zusammenarbeit mit Edouard Le Roy (1870–1954) verband dieser Theologe, Philosoph und Paläontologe christliche Vorstellungen mit der Evolutionstheorie. Teilhard zufolge schuf Gott die Welt nicht aus dem Nichts, sondern aus dem potentiellen Sein, war also nicht völlig frei. Die nach der Schöpfung einsetzende Evolution vollzog sich als Evolution ins Makrokosmische und als Involution zu immer höheren Komplexheitsstufen bis hin zum Menschen, dem der Übergang von der Lebens- in die Geistsphäre gelang. Im menschlichen Geist findet das Sein zu sich selbst (Personalisation). Selbstverwirklichung besteht für Teilhard nicht mehr in einer Höherentwicklung des Individuums, sondern in der Erfüllung in und durch die Gemeinschaft. Die richtige Organisation der Gesellschaft wird zum Kernproblem menschlicher Existenz. Gelingt sie, vollendet der Mensch die Evolution, mißlingt sie, vernichtet er sie. Auf dieser Grundlage entwirft Teilhard eine Lebensethik mit der Zielvorstellung: Punkt Omega oder Integration allen Selbstbewußtseins zur Selbstbewußtheit der Menschheit im Über-Ich. Bewußtsein ist an Freiheit gebunden. Die ihrer selbst bewußte, freie Menschheit kann nun die Evolution selbst in die Hand nehmen und sie als Werk der Selbstbefreiung vollenden.

Teilhards Hymne an die Materie steht für ein Umdenken gegenüber der traditionellen Geistmetaphysik. Man kann bei ihm fast von einer Rehabilitierung der Materie sprechen. Ein zweitausendjähriges theologisch-philosophisches Vorurteil wird von einem modernen, wissenschaftlich kompetenten

Theologen in poetischer Form durch eine neue Sicht der Dinge ersetzt[27].

Hans Küng[28] bemerkt dazu: »Teilhard de Chardin hat das nicht genügend zu lobende Verdienst, als *erster* Theologie und Naturwissenschaft genial zusammengedacht und *Naturwissenschaftler wie Theologen provokativ zur Besinnung auf die gemeinsame Problematik zusammengebracht* zu haben.« In Teilhard wird ein philosophie- und wissenschaftsgeschichtlicher Wandel erkennbar, den Arnold J. Toynbee zutreffend charakterisiert: »Die Theologen früherer Zeiten maßen wissenschaftliche Hypothesen an der Heiligen Schrift. Heute jedoch liegt das Problem sozusagen umgekehrt. Die wissenschaftliche Verfahrensweise hat jetzt so vollständig triumphiert, daß sie von den beiden Einstellungen die moderne schlechthin ist. Heute finden es modern eingestellte Menschen in zunehmendem Maße schwierig, die wissenschaftliche Denkweise ihres Alltagslebens aufzugeben, wenn sie mit den großen Fragen der Religion konfrontiert werden. Natürlich gibt es Ausnahmen; es gibt viele religiöse Menschen in der Welt der Wissenschaft, während manche Männer der Kirche, wie der verstorbene jesuitische Paläontologe Teilhard de Chardin, in wissenschaftlichen Kreisen Anerkennung gefunden haben. Offensichtlich können die beiden Denkweisen tatsächlich in demselben Menschen verbunden sein. Jedoch bleibt für die meisten Menschen ein zwar gemilderter, aber trotzdem wirklicher Konflikt zwischen dem Geist der Wissenschaft und dem der Religion bestehen.«[29]

10.2.1.4 Moralphilosophie

Von der Ethik und Moralphilosophie führen zahlreiche Verbindungslinien zur Religionsphilosophie und Naturphilosophie einerseits, zur Rechts- und Staatsphilosophie andererseits, darüber hinaus zu allen Bereichen des modernen Lebens.

Der Gesinnungsethik steht die Erfolgsethik gegenüber, der Sozialethik die Individualethik, der Normethik die Situationsethik, der Verantwortungsethik die Ethik der Selbstverwirklichung, der Berufsethik die Standesethik. Man unterscheidet fer-

[27] Vgl. den ›Lobgesang des Alls‹ (Hymne de l'univers). Olten, Freiburg i. Br. 1964, vor allem S. 87ff.

[28] Existiert Gott? München 1978, S. 205.

[29] Religion ohne Zukunft? Gütersloh 1968, S. 121.

ner zwischen eudämonistischer und utilitaristischer Ethik, zwischen Liebes- und Pflichtethik, zwischen phänomenologischer und sprachanalytischer Ethik, hermeneutischer und Wertethik, anthropologischer und Sexualethik sowie Ethik überhaupt und Metaethik, die moralische Urteile sprachkritisch analysiert. Bei dieser Vielfalt weichen naturgemäß die Definitionen der Ethik weit voneinander ab. Allgemeine Tendenzen der Ethik dieses Zeitalters sind: Loslösung von traditioneller Theologie und Metaphysik, zunehmende Differenzierung, Hinwendung zum Konkreten (materiale Wertethik), Einbeziehung der Tiere und der Umwelt in ethische Überlegungen, Moralkritik, vergleichbar der Religionskritik, bis hin zum Skeptizismus, Einbeziehung von Informations- und Entscheidungstheorie in die Moralphilosophie, Entwicklung der modernen Axiologie (Wertlehre) und Praxeologie (Handlungslehre). Am Anfang des Jahrhunderts gab es, wie in der Mathematik, eine Grundlagenkrisis. Die »Prinzipien« der Moral waren fragwürdig geworden. So verschiedene Denker wie Georg Simmel (1858–1918) und George E. Moore (1873–1958) unterzogen die ethischen Grundbegriffe einer eingehenden Kritik. Ähnlich wie bei der Entwicklung von der klassischen zur modernen Physik erwies sich die Wirklichkeit viel komplizierter und vielschichtiger, als man angenommen hatte. Der zunehmenden Komplexheit der ethischen Phänomene suchten Max Scheler (1874–1928) und Nicolai Hartmann (1882–1950) in ihren großen Synthesen gerecht zu werden. In den angelsächsischen Ländern überwogen dagegen die Analyse und der Einfluß der Evolutionstheorie. Hier seien William James (1842–1910) und Julian S. Huxley (1887–1975) genannt. Der Evolutionsgedanke hat auch auf dem Gebiet der Ethik zu einer Revolutionierung des Denkens beigetragen. Anstelle der ewigen Wahrheiten ist ein prozessuales Verständnis moralischer Phänomene getreten, die Einsicht in ihre Verflochtenheit mit Natur und Gesellschaft und deren Wandlungen. Die moderne Ethik ist bescheidener geworden als die traditionelle, die »unfehlbare« Rezepte zur Glückseligkeit anbot. Heute hat man erkannt, daß der Nutzen des Einzelnen nicht ohne weiteres den Nutzen der anderen Menschen oder sogar der ganzen Menschheit impliziert. Man ist vorsichtiger geworden gegenüber allen Formen moralischer Verstellung und Heuchelei, und man lernte, daß mit dem technischen Fortschritt der industriellen Gesellschaft auch Verantwortung verbunden ist: für die Mitmenschen, für die anderen Lebewesen und für die Umwelt. Man fand auch wieder von überspannten Idealen auf den Boden der Tatsachen zurück: Der Mensch ist nicht um der Moral willen da, sondern die Moral um des Menschen willen. »Leben und leben lassen« erweist sich als ein besserer moralischer Grundsatz als sämtliche »kategorischen Imperative«. Moderne Philosophen wie William K. Frankena, John Rawls und Bernard Williams haben beachtenswerte Neuansätze zur Moralphilosophie geliefert[30]. Wenn sie auch keine allgemeinverbindlichen Rezepte zum glücklichen Leben geben kann – *suae quisque faber est fortunae* –, so kann sie doch die Rahmenbedingungen für ein sinnvolles Dasein aufzeigen: Authentizität statt Autorität, Autonomie statt Heteronomie, Liberalität, Pluralismus und Toleranz statt Absolutheitsanspruch, Monomanie und Orthodoxie, Kreativität statt Habsucht, Herrschsucht und Ruhmsucht. Auf eine moderne Formel gebracht: »Ethik ist nichts anderes als ein Kodex evolutionsgerechten Verhaltens, und Moral ist das lebendige Erfühlen eines solchen Verhaltens. In einer vielschichtigen Realität ist auch Ethik vielschichtig. In der Menschenwelt ist eine solche vielschichtige Ethik deshalb so komplex, weil hier der einzelne integrale Verantwortung für die Gesellschaft und die Kultur trägt, die letzten Endes seine eigenen Geschöpfe sind. Es geht darum, individuelle Ethik mit der Ethik von Gesamtsystemen und einer allgemeinen Ethik der Gesamtevolution zu verbinden. Ein vielschichtiger Systemansatz scheint die Möglichkeit zu bieten, flexible langfristige Planung und evolutionäre Dynamik weitgehend zur Deckung zu bringen.«[31]

10.2.1.5 Rechtsphilosophie

Die deutsche Rechtsphilosophie zu Beginn des 20. Jahrhunderts schloß sich oft noch recht naiv an Lehren und Methoden der traditionellen Moralphilosophie an, Rudolf Stammler an die Marburger Schule der Neukantianer, Karl Larenz an Hegel, Helmut Coing an Max Scheler und Nicolai Hartmann. Gustav Radbruch orientierte sich an Max Weber, befaßte sich mit dem englischen Recht, vertrat einen gemäßigten Relativismus und

[30] ›The Naturalistic Fallacy‹ (1939), ›A Theory of Justice‹ (1971), ›Morality‹ (1972).
[31] Jantsch, Selbstorganisation des Universums, S. 46.

neigte, nach den Erfahrungen mit dem »gesetzlichen Unrecht« der Hitlerzeit, zur Annahme eines übergesetzlichen Rechts. Ausgehend von dem Gegensatz zwischen Wert und Wirklichkeit nahm er als oberste Werte Gerechtigkeit, Rechtssicherheit und Zweckmäßigkeit an. Gegenüber den traditionellen Problemen der Rechtsphilosophie – Sein, Sinn, Wert, Normensystem, Geltung, Gleichheit – gewinnen neuerdings die Menschenrechte an Bedeutung, außerdem Grundlagenforschung, Abgrenzung von Rechtswissenschaft und Rechtsphilosophie, Rechtsvergleichung und Beziehungen der Rechtsprobleme zu den Naturwissenschaften (Rechtspsychologie) und zur Informatik einerseits, zur Soziologie (Rechtssoziologie), zur Politik-, Verwaltungs- und Wirtschaftswissenschaft sowie zur Anthropologie und den Kulturwissenschaften andererseits.

Das Verhältnis von Moral und Recht, ein uraltes Problem der Rechtsphilosophie, hat nach den Erfahrungen des 20. Jahrhunderts besonderes Gewicht gewonnen, ebenso das Problem der Perversion von Rechtsordnungen und die Rechtskritik in Analogie zur Religions- und Moralkritik. Aber auch religiöse Motive sind zu erkennen: christliche Bedenken gegen vorschnelle Verurteilung, richterliche Arroganz und Selbstgerechtigkeit sowie, von einer ganz anderen Seite her, die Skepsis der pragmatischen angelsächsischen Rechtsauffassung, die weniger dazu neigt, Menschen, die gefehlt haben, grundsätzlich und für immer als Verbrecher abzustempeln. Besser als Bestrafung ist die Chance zu einem Neubeginn, das Wiedergutmachen, die Wiedereingliederung und Rehabilitation, der künftige Nutzen für die Gemeinschaft: weg vom Recht als Rache, hin zum Recht als Heilung.

»Im 20. Jahrhundert ist es einfach sinnlos geworden, das Recht auf irgendwelche religiösen oder philosophischen Meinungen begründen zu wollen. Als einzig mögliche und tragfähige Grundlage eines verständlichen und damit menschlichen Rechtes bleibt für den heutigen Menschen eine sorgfältige und ehrliche Analyse der *möglichen Folgen,* die mit dieser oder jener ausgeführten oder versuchten Tat verknüpft sind beziehungsweise sein können. Vielleicht würde damit auch die heutige Paragraphen-Gläubigkeit auf ein vernünftiges Maß reduziert?«[32]

[32] Albrecht Unsöld, Evolution kosmischer, biologischer und geistiger Strukturen. Stuttgart 1983, S. 126.

Revolutionierend auf dem Gebiet der Rechtsphilosophie ist die Einbeziehung evolutionstheoretischer und kybernetischer Aspekte[33]. Dadurch erscheinen ältere weiterführende Denkansätze in neuem Licht und weniger utopisch, so die Idee Josef Kohlers, von einer universalen Rechtsgeschichte allmählich zu einer universalen Rechtsphilosophie zu gelangen, oder das auf Rechtsvergleichung beruhende und auf eine universale Rechtslehre abzielende Programm Ernst Rabels, der ein Programm entwirft, »das gewiß gekoppelt ist mit dem historischen Prozeß einer zunehmenden Konvergenz in der globalen Rechtskultur. Der gleiche oder ähnliche Nutzen, wie ihn die Rechtsvergleichung bietet, wird auch für die vergleichende Rechtsethnologie und die Rechtsanthropologie gelten. Hierfür erscheint die Erforschung der universalen Entwicklungsgesetze des Rechts unentbehrlich, für welche die moderne Evolutionslehre neue und gesicherte Grundlagen und Muster bietet.« (Zemen, S. 126).

Wie eine Moral auf dem Prüfstein des Lebens ihren Wert zu beweisen hat, so erfährt auch, Rudolf von Ihering zufolge, das Recht im Leben seine Objektivierung, nicht im Begriff. Heute, nach den bitteren Erfahrungen mit Ideologien und Perversionen von Rechtssystemen, sieht der deutsche Rechtsrealismus, in Fortführung älterer Ansätze, »zunehmend auf die gesellschaftlichen Voraussetzungen und Möglichkeiten einer Steuerung sozialen Verhaltens mit Mitteln des Rechts. Auf diese Weise sind auch die durch Rechtsregeln vermittelten Prozesse der Selbststeuerung rechtlicher Regelsysteme in das Blickfeld der rechtstheoretischen Grundlagenforschung geraten.« (Krawietz, S. XIII)

Damit spannt sich ein Bogen von den naturphilosophischen Konzeptionen einer Selbstorganisations-Dynamik aufgrund von Rückkoppelungsmechanismen und von der Informationsvermittlung mittels des genetischen Codes über die Konzeption der Moral als eines verinnerlichten Codes der Selbsterhaltungsregeln bis hin zur Selbststeuerung rechtlicher Regelsysteme in der modernen Theorie des Rechts. Mit diesen Problemzusammenhängen hat sich sowohl die juristische Grundlagenforschung als auch die Philosophie des Rechts zu befassen, wobei letzterer mehr die Aufgabe zufällt, die Konvergenzen zwischen naturwissenschaftlichen Denkmodellen und moralisch-

[33] Vgl. hierzu Herbert Zemen, Evolution des Rechts. Wien 1983; Werner Krawietz, Recht und Regelsystem. Wiesbaden 1984.

rechtlichen Theorieansätzen auf ihre Integrationsfähigkeit zu einer philosophischen Anthropologie zu überprüfen. Dazu sind aber weitere Analysen der politischen, gesellschaftlichen, wirtschaftlichen und kulturellen Faktoren erforderlich.

10.2.1.6 Philosophie der Politik

Während die im 19. Jahrhundert von Karl Marx angekündigte Weltrevolution auf sich warten läßt, hat im 20. Jahrhundert bereits eine demokratische Weltrevolution stattgefunden, deren Sog sich die kommunistisch regierten Länder immer weniger entziehen können. Dabei erweist sich die starre Dogmatik der Ideologien in den totalitären Staaten immer mehr als Nachteil gegenüber der pluralistischen und flexibleren Theoriebildung in den westlichen Demokratien, wenn es auch innerhalb dieser beachtliche Unterschiede in der Auffassung des Politischen gibt. Während in den angelsächsischen Ländern die Bindung der Politik an die Forderungen der praktischen Philosophie *(common sense – common law)* an naturrechtliche Vorstellungen und die Gesellschaft überwiegt, dominieren auf dem europäischen Festland das autoritär-hierarchische Prinzip, die Staatsräson, das Denken in Kategorien der Macht. Im 20. Jahrhundert fand allerdings auch hier eine Entwicklung statt, in deren Verlauf die Unterordnung der Politik unter die Belange des Gemeinwohls, der Moral und der Menschenrechte zunahm. Die politische Wissenschaft emanzipierte sich von der politischen Philosophie erst im 20. Jahrhundert. Auch die politische Philosophie war um die Jahrhundertwende in Deutschland schwach entwickelt, nicht zuletzt infolge des Interesses der reaktionären Regierungen an politischer Unbildung. Sie erschien meistens im Rahmen anderer Disziplinen, wie Nationalökonomie, Geschichts- und Kulturwissenschaft, Finanzwissenschaft, Pädagogik oder Ethik. Die Unterdrückung nichtkonformistischer politischer Theoriebildung im Kaiserreich war einer der Hauptgründe für den Zusammenbruch der theoretisch mangelhaft fundierten Weimarer Republik unter dem Ansturm pseudowissenschaftlicher Ideologien. Die Ursachen für das Scheitern der ersten deutschen Republik reichen weit ins 19. Jahrhundert zurück.

Zu den Wegbereitern moderner philosophisch-politischer Theoriebildung gehören Gustav Radbruch, Georg Simmel und

Max Weber. Die politische Philosophie zuvor drehte sich um die alte Frage, welches die beste Staatsform sei und um ähnliche Fragen, die vor allem aus christlicher Sicht beantwortet wurden, oft mit einem gewaltigen Aufwand an moralischen Ideen und metaphysischen Redewendungen, in jedem Fall aber unwissenschaftlich, das heißt ohne hinreichende Erfahrungsgrundlage. Seit der Jahrhundertwende änderte sich das: »Statt Prinzipien a priori aufzustellen, deren Gültigkeit man nicht beweisen konnte, von denen man aber trotzdem ins einzelne gehende Postulate ableitete, stellte sich die politische Wissenschaft im 20. Jahrhundert mehr und mehr auf die Erforschung der *Wirklichkeit* ein, das heißt auf die Offenlegung von Tatsachen und ihrer Beziehungen untereinander. Forschungsergebnisse wurden auf mühevolle Beobachtungen und Messungen gestützt, namentlich auf einen rasch anwachsenden Fundus reichen statistischen Materials. Niemals hat es eine größere Revolution der Arbeitsweise in den Sozialwissenschaften gegeben.«[34]

Eines der bisher unbewältigten Grundprobleme politischer Philosophie, nicht nur des 20. Jahrhunderts, sondern der gesamten Neuzeit, ist das Problem der Macht. Verbinden die Beziehungen zwischen Moral und Recht die Moralphilosophie mit der Rechtsphilosophie, so verbindet die Frage nach dem Verhältnis von Recht und Macht die genannten Disziplinen mit der politischen Philosophie, der Philosophie des Staates und der Gesellschaft, mit Sozialphilosophie und Soziologie, Wirtschaftsphilosophie und Wirtschaftswissenschaft, darüber hinaus mit den Natur- und Kulturwissenschaften. Wie in einem Brennpunkt laufen also die Entwicklungslinien aller modernen Philosophien und Wissenschaften im politischen Kraftfeld zusammen. In der Auffassung des Politischen stehen sich seit jeher zwei Standpunkte gegenüber: Politik als Dienst am Gemeinwohl und Politik als Technik der Macht. Die von Platon her bekannte Spannung zwischen Philosophie und Politik hat hier ihre Wurzel: Soll sich die Macht dem Recht beugen oder das Recht der Macht? Wer bereit ist, aus den Erfahrungen dieses Jahrhunderts zu lernen, wird letzteres verneinen. Ansonsten müßte er den Grundsatz des Rechtsstaates aufgeben. Recht würde dann zur Taktik oder Strategie im Kampf um mehr Macht. Die Erforschung der Macht hat seit Bertrand Russells kurz vor dem Zweiten Weltkrieg erschienenen Analyse der

[34] Arnold Brecht, Politische Theorie. Tübingen 2. Aufl. 1976.

Macht Fortschritte gemacht[35]. Dank seiner akkumulierenden Grundtendenz erscheint der Machtwille weniger als natürlicher Trieb denn als psychische Perversion, einer Sucht vergleichbar, verwandt der Habsucht und der Geltungssucht. Angst vor der Freiheit, Abhängigkeit von Zwängen und verfehlte Erreichung der Selbstkontrolle führen zu dem Verlangen, anderen Menschen Freiheit zu entziehen, sie von sich abhängig zu machen, zu kontrollieren und schließlich auszubeuten. Macht ist, da sie nur auf Kosten der Freiheit anderer Menschen zu erfüllen ist, parasitär.

Um dem Machtmißbrauch und damit der Verschwendung wertvoller Energien für die Weiterentwicklung der Menschheit zu begegnen, haben Philosophen die gemischte Verfassung, Gewaltenteilung, Konstitutionalismus und Rechtsstaat erfunden. Diese Erfindungen waren das Ergebnis langer und teilweise bitterer Erfahrungen der Menschheit im Umgang mit der Macht. Man kann die Versuche zur Bändigung der Macht als Fortsetzung der Evolution im politischen Bereich verstehen. Hier suchte der Mensch, wie seine Lehrmeisterin, die Natur, mit einem Minimum an Aufwand ein Maximum an Freiheit für möglichst viele zu erreichen.

10.2.1.7 Sozialphilosophie

Für Aristoteles gehörten Ethik, Rechts- und Gesellschaftslehre noch zur Politik, aber schon die Übersetzung seiner berühmten Definition des Menschen als *zoon politikon* mit *animal sociale* läßt die Differenzierung in Politik und Gesellschaft erkennen. Elemente der Definition verweisen auf die späteren Disziplinen der Soziologie, Biologie und Anthropologie. Hinzu kommen in der modernen Gesellschaft Wirtschaft, Technik und viele andere Wissenschaften. In jedem Fall läßt die aristotelische Auffassung noch den Zusammenhang von naturwissenschaftlichem und gesellschaftswissenschaftlichem Aspekt erkennen, der im 19. Jahrhundert weitgehend verlorenging und erst im 20. Jahrhundert wiederhergestellt wurde. Heute erscheint die Verflechtung der Soziologie mit den Nachbarwissenschaften ähnlich

[35] Bertrand Russell, ›Power‹, 1938 (dt. Zürich 1947); Elias Canetti, Masse und Macht. Düsseldorf 1960; William H. McNeill, Krieg und Macht. München 1984; Marylin French, Jenseits der Macht. New York 1985; John K. Galbraith, Anatomie der Macht. 1987.

vielfältig wie die der Politologie. In andauernden Identitätskrisen haben beide Wissenschaften Schwierigkeiten, ihre Gegenstände und Methoden zu definieren. In den Begriffen Sozialstaat und Sozialpolitik kommt die besonders enge Verbindung zwischen Politik und Gesellschaft zum Ausdruck. Beziehungen zu den Geisteswissenschaften (Gesellschaft als geistiges System, Verständnis »von oben«) werden in der Rechtssoziologie, der Sozialethik, der universalistischen Soziologie (Gesellschaft als entfalteter Geist), in der phänomenologischen und in der Religionssoziologie deutlich. Beziehungen zu den Naturwissenschaften zeigen sich in der kybernetisch-informatischen Richtung der Soziologie, in der psychologischen (zum Beispiel behavioristischen) Soziologie, der Soziogeographie, der Sozialmedizin sowie in soziobiologischen, physikalischen und – mathematischen Ansätzen und Methoden (Soziometrie).

Der Soziologismus versucht, ähnlich wie der Psychologismus auf seinem Gebiet, alle Lebensbereiche soziologisch zu erklären. Hierher gehört auch die Wissenssoziologie Karl Mannheims. »Nach unten« führen die Verbindungslinien der Soziologie zur Sozialökonomie, Sozialtechnik *(social, human engineering).* Die Kunst- und Kultur-, Literatur- und Sprachsoziologie (Soziolinguistik) bemühen sich, wie die historische Soziologie, um ein vertieftes Verständnis der kulturellen und geschichtlichen Vorgänge, die anthropologische Soziologie sucht die verschiedenen Aspekte der sozialen Wirklichkeit auf das Bezugssystem Mensch hin zu integrieren.

Eine Definition der Soziologie erscheint danach ähnlich schwierig wie eine solche der Psychologie. Läßt man Tierpsychologie und Tiersoziologie außer Betracht, hat die Soziologie mit zwischenmenschlichen Beziehungen zu tun, den Wechselwirkungen der Individuen im Gemeinschaftsleben, mit komplexen Struktur- und Funktionszusammenhängen in den gesellschaftlichen Gebilden, mit deren Entstehung und ihren Aufgaben, mit Interaktion, sozialem Wandel, sozialen Systemen und Prozessen.

Da die Grundlagenwissenschaft der Soziologie, ähnlich wie in der Psychologie, noch in den Anfängen steckt, ist die Bestimmung der Gegenstände, Methoden und Aufgaben dieser Wissenschaft sowie ihres Verhältnisses zur Philosophie nicht einfach. Im Anschluß an Untersuchungen von Ludwig Wittgenstein (1889–1951) bemerkt Peter Winch: »Das zentrale Problem der Soziologie, von der Natur sozialer Phänomene im allgemeinen Rechenschaft zu geben, gehört selber der Philosophie an.«[36] Damit wäre die moderne Forschung, nur auf höherer Ebene, wieder beim aristotelischen Begriff der Lebensform angelangt. Für die moderne Soziologie ist die Entwicklung vom strukturellen zum prozessualen Verständnis charakteristisch; als Wissenschaft vom sozialen Prozeß fügt sie sich in den weiteren Rahmen prozeßorientierten Denkens ein.

Die Annäherung von Soziologie und moderner Naturwissenschaft kommt in Begriffen wie Wechselwirkung und Vergesellschaftung zum Ausdruck. Alfred N. Whitehead (1861–1947) führte den Begriff Gesellschaft in die Elementarteilchenphysik ein, Molekularbiologen entdeckten Gesellschaftsbildungen, von den Großmolekülen angefangen bis zu den Mikroorganismen, und die moderne Evolutionstheorie spricht von Arbeitsteilung, Sozialisierungen und Gesellschaftssystemen in fast allen Phasen der Entwicklung. Die Gesellschaft hört – wie der Geist – auf, ein Gegenbegriff zur Natur zu sein, erscheint vielmehr als ein durchgängiges Phänomen der Natur.

Den unterschiedlichen Gesellschaftssystemen des Westens und des Ostens entsprechen grundverschiedene soziologische Konzeptionen. Ihre Prüfung ist Aufgabe der Philosophie, da die einschlägigen Wissenschaften infolge methodischer Selbstbeschränkung auf Erfahrungstatsachen, Beschreibungen und Analysen oder infolge ihrer ideologischen Grundorientierung dazu nicht in der Lage sind. Für den Philosophierenden ergibt sich eine Art Komplementarität der Standpunkte. Der historisch-dialektische Materialismus nimmt, wie der Westen, eine Entwicklung an, glaubt aber, im Unterschied zum Westen, nach dem Vorbild Hegels, das Ziel der Entwicklung, in diesem Fall die klassenlose Gesellschaft, zu kennen. In der Ablehnung von starren Strukturen, Klassen und Kasten, Ständen und Schichten und in der Annahme eines Prozesses ähneln sich die Konzepte. Sofern die marxistischen Theoretiker an das zwangsläufige Eintreten ihrer Prognosen glauben, huldigen sie einem deterministischen Konzept, das durch den Gang der Ereignisse dauernd widerlegt wird. Sie sehen sich daher gezwungen, ihre Theorien nachträglich der tatsächlichen Entwicklung anzupassen, was durch eine entsprechende Auslegung der klassischen Texte geschieht – bis zum nächsten Widerspruch. Westliche Theoreti-

[36] Die Idee der Sozialwissenschaft und ihr Verhältnis zur Philosophie. Frankfurt 1966, S. 58.

ker, die auf ein Wissen vom Sinn oder Zweck der Geschichte verzichten, können zwar keine konsistente Theorie vorweisen, tragen aber dem evolutionären Geschehen Rechnung, das sich nicht als determiniert, sondern als offen erwiesen hat. Entsprechend verschieden gestalten sich die Gesellschaftssysteme. Aus der kommunistischen Gesellschaft erwächst eine neofeudalistische Gesellschaft, in der eine Funktionärskaste gegenüber der Masse der Bevölkerung ihre Privilegien mit Klauen und Zähnen verteidigt und allen Reformversuchen zu widerstehen sucht. Im Westen beherrscht eine Machtelite aus Managern und Technokraten das Feld, die, ebenfalls exklusiv, die Freiheit zu einem Privileg weniger umzufunktionieren sucht. Beide Gesellschaftssysteme werden scheitern, sofern sie ihre falschen Voraussetzungen nicht erkennen, und das vermag lediglich eine entsprechend unabhängige Philosophie. Die Gesellschaft jenseits von Kapitalismus und Kommunismus, ob man sie postindustrielle, Informations- oder Wissenschaftsgesellschaft nennt, unterscheidet sich von den zur Zeit herrschenden Gesellschaftssystemen vor allem durch mehr Freiheit für alle, durch Inklusivität statt Exklusivität, Kreativität statt Besitz und Macht (Lerngesellschaft), Solidarität statt Prestige, Kommunikation und Transparenz statt Verschlossenheit und Geheimhaltung, Offenheit und Vertrauen statt Taktik und Strategie. Kontrolle ist manchmal angebracht, Vertrauen ist nie verkehrt. Die am Menschen orientierte gesellschaftspolitische Konzeption des Aristoteles: »Der Mensch ist ein Gemeinschaftswesen« erweist sich nach über zweitausend Jahren nicht nur als menschlicher im Vergleich zu neuzeitlichen sozialdarwinistischen Lehren oder Klassenkampf-Theorien, sondern auch als angemessener im Hinblick auf das Evolutionsgeschehen und den Gang der Geschichte selbst.

10.2.1.8. Wirtschaftsphilosophie

Die Zusammengehörigkeit von Wirtschaftsphilosophie[37] und Sozialphilosophie läßt sich schon aus der Reihe gemeinsamer Nachbardisziplinen ersehen, die beide umgeben: von der Wirtschaftspolitik über die Wirtschaftsethik und Wirtschaftspsy-

[37] Die Bezeichnung zuerst bei Abbé Nicolaus Baudeau, Première introduction à la philosophie économique ou analyse des états policés. Amsterdam 1771.

chologie zur Wirtschaftssoziologie und Wirtschaftsgeschichte. Die Wirtschaftssoziologie befaßt sich mit Wechselwirkungen zwischen wirtschaftlichen und sozialen Prozessen, Strukturen und Normen.

In der Entwicklung der Wirtschaftstheorie im 19. und 20. Jahrhundert kehren oft Namen wieder, die aus der Geschichte der Sozialwissenschaften bekannt sind: Vilfredo Pareto (1848–1923), Achille Loria (1857–1943), Friedrich Wieser (1851–1926), Georg Simmel (1858–1918), Werner Sombart (1863–1941), Franz Oppenheimer (1864–1943), Max (1864 bis 1920) und Alfred Weber (1868–1958), Joseph Schumpeter (1883–1950), John M. Keynes (1883–1946), Alexander Rüstow (1886–1963), Hans Freyer (1887–1969), Edgar Salin (1892 bis 1974), Talcott Parsons (1902–1979)[38].

Allgemein verlief die Entwicklung im 20. Jahrhundert von der Nationalökonomie alten Stils zur modernen Weltwirtschaftswissenschaft, von der systemorientierten zur prozeßorientierten Wirtschaftstheorie und vom Wirtschaftsoptimismus, wenn nicht zum Pessimismus, so doch zur Skepsis. Neben der Technik und der Wissenschaft gehört nach wie vor die Wirtschaft zu den stärksten weltgestaltenden und gesellschaftsbildenden Kräften des industriellen Zeitalters. Karl Marx hat nur dem Geist seiner Zeit entsprochen, wenn er die Ökonomie zum Fundament und Maß aller Dinge erhob, von der alles übrige als »Überbau« abhängt. Der Ökonomismus erscheint neben dem Soziologismus, neben Technizismus und Szientismus, als eine der folgenschwersten Verabsolutierungen des modernen Lebens; er ist eine Herausforderung an ökonomische Grundlagenforscher wie an Philosophen.

Um eine klare Abgrenzung von Wirtschaftsphilosophie und Wirtschaftswissenschaft bemühte sich Theo Surányi-Unger: »Die Wirtschaftsphilosophie des 20. Jahrhunderts untersucht die Chancen der gegensätzlichen Systeme, Freiheit und Wohlstand zu erzeugen. Im Streit der Systeme geht es um die richtige Form der Selbstverwirklichung des Menschen als eines freien Subjekts und um deren öffentlich-institutionelle Ermöglichung. Wirtschaftsphilosophie hat denselben Gegenstandsbereich wie Wirtschaftswissenschaft, aber eine andere Fragerichtung. Sie

[38] Für die Wirtschaftsphilosophie grundlegend ist das von Joseph Kohler und Fritz Berolzheimer seit 1907 herausgegebene ›Archiv für Rechts- und Wirtschaftsphilosophie‹, seit 1933/34 unter dem Titel ›Archiv für Rechts- und Sozialphilosophie‹.

untersucht das wirtschaftliche Tun und Denken auf seine Bedeutung für eine Gemeinschaft freier Menschen, die wohl das einhelligste oberste Leitbild von Sozialwissenschaft, Philosophie und Politik sein dürfte. Die Funktion mechanistischer, mathematischer, kybernetischer, organischer, gleichgewichtstheoretischer Modelle ist in diesem Rahmen zu erörtern. Wirtschaftsphilosophie ist somit auch Wissenschafts- und Erkenntnistheorie der Wirtschaftswissenschaft.«[39]

Bei den Wirtschaftssystemen der Gegenwart zeigt sich ein ähnlicher Gegensatz wie bei den Gesellschaftssystemen: hier freie Marktwirtschaft, dort Planwirtschaft. Die Wirtschaftsphilosophie kann nicht entscheiden, welches das effizientere System ist – das muß in der Praxis geschehen –, wohl aber sollte sie über die Ursachen des Gegensatzes und die Möglichkeiten seiner Überwindung nachdenken.

Es erscheint als verfehlt, den Konflikt durch Radikalisierung der ökonomischen Position lösen zu wollen, durch mehr freie Marktwirtschaft oder mehr Planwirtschaft. Beide Konzepte verhalten sich komplementär und lassen sich daher nicht eindimensional verstehen. Ihr Gegensatz beruht auf einem verzerrten Bild vom Menschen und übertriebenen Hoffnungen auf den Faktor Wirtschaft, der in seiner Verselbständigung und Verabsolutierung nur zerstörend wirken kann, für die Umwelt wie für die Mitwelt. An sich gesunde Prinzipien wie Konkurrenz, Profit oder Wachstum wirken sich verheerend aus, sobald sie, nach Art des Sozialdarwinismus, evolutionistisch mißverstanden werden. Aus evolutionsgerechtem Wettbewerb kann tödliche Feindschaft werden, aus gesundem Gewinnstreben Profitsucht, die keine Grenzen kennt, und aus gesundem Wachstum megalomaner Expansionismus, der sich mit dem ebenfalls akkumulierenden Machtstreben zum Imperialismus verbindet, vielleicht der gefährlichsten Erbschaft des 19. Jahrhunderts.

Wer die gegenwärtige Wirtschaft ändern will, muß sie zuvor besser verstanden haben als seine Vorgänger, das heißt, er muß sie zwar nicht interpretieren, wohl aber analysieren. Eine philosophische Faktorenanalyse der gegenwärtigen Wirtschaftssituation erfordert neben komplexen Einzeluntersuchungen ein neues Bezugssystem, eine neue Definition des Menschen: neben

[39] Wirtschaftsphilosophie des 20. Jahrhunderts. Stuttgart 1967, S. 8. Vgl. auch G. Eisermann, Wirtschaftstheorie und Soziologie. Tübingen 1957; F. Fürstenberg, Wirtschaftssoziologie. 2. Aufl., Berlin 1970; H. Schack, Die Grundlagen der Wirtschafts- und Sozialpolitik. Berlin 1978.

eine subtilere Analyse der wirtschaftlichen Prozesse und des Evolutionsgeschehens muß eine subtilere Anthropologie treten. Praktische Ansätze sind vorhanden: Material-Rezirkulation, Energie-Zyklen, Informationsaustausch, Symbiose mit der Umwelt; auch die Voraussetzungen: ökologische Ethik, Erweiterung der Umwelt und nicht zuletzt die Erweiterung des Bewußtseins mit Hilfe neuer Informationstechnik[40].

10.2.1.9 Philosophie der Technik

Auf dem Gebiet der Technik ist eine ähnliche Polarisierung der Standpunkte zu beobachten wie auf dem der Wirtschaft. Wie der Ökonomismus den *homo sapiens* zum *homo oeconomicus* oder *consumens* umfunktioniert, so verwandelt der Technizismus ihn in einen *homo faber.* Die Revolutionen auf technischem Gebiet [vgl. 10.1] fallen weitgehend mit den Phasen der Industriellen Revolution zusammen. Der amerikanische Wirtschaftswissenschaftler John K. Galbraith spricht in diesem Zusammenhang von »Technostruktur«: »Die Macht im Geschäftsleben und die gesellschaftliche Macht liegen nicht mehr bei Einzelpersonen, sondern sind auf Organisationen übergegangen. Und die moderne Wirtschaftsgesellschaft kann man überhaupt nur als einen im ganzen erfolgreichen Versuch verstehen, auf dem Wege der Organisation eine künstliche Gruppenpersönlichkeit zu schaffen, die für *ihre Zwecke* einer natürlichen Person weit überlegen ist und zudem noch den Vorzug der Unsterblichkeit genießt ... Ich schlage vor, diese Organisation als *Technostruktur* zu bezeichnen.«[41]

Vor 1950 gab es vereinzelt Beiträge zur Philosophie der Technik[42]. Heute ist die (mehr oder weniger) philosophische Technik-Literatur kaum mehr übersehbar. Dabei hat sich das Verständnis der Technik (nicht nur) vertieft: Werkzeugerfindung als unbewußte Organprojektion, Verhältnis von Technik und Wirtschaft, Natur-Geist-Technik, Technik als Verhängnis, Kapitalismus und technischer Mensch, das Prometheische, Anthropologie der Technik, Technologie, High-Tech. Hans Lenk gibt eine brauchbare Definition von »Technologie« und grenzt

[40] Jantsch, Selbstorganisation des Universums, S. 380ff.

[41] Die moderne Industriegesellschaft. München 1968, S. 63, 74.

[42] Am Anfang steht Ernst Kapp, Grundlagen einer Philosophie der Technik. Braunschweig 1877.

das »technische« gegenüber dem »technologischen« Zeitalter ab: »*Technologien* (im weiteren Sinne) können also definiert werden als *methodisch-rationale Verfahren der Systemsteuerung oder einer optimalen beziehungsweise optimierenden Organisation zielgerichteter Transformationsprozesse.* Sie umfassen somit nicht nur die Organisation technischer Verfahren im engeren Sinne (Material- und Energieumwandlungstechnik, Maschinentechnik usw.), sondern auch Verfahren der Nachrichtenübertragung, Informationstechnik, der Organisationstechnik (Systemanalyse und integrierte multidisziplinäre Systemtechnik, Operations Research, Optimierungsverfahren) und der Planung (Netzplantechniken, Entscheidungstheorie) – ja sogar der sozialen Lenkung. Für die neueste Entwicklung (zumindestens tendenziell) ist charakteristisch die Einordnung der herkömmlichen Techniken in das Geflecht umfassender (System-)Technologien in dieser weiteren Bedeutung. In diesem Sinne ist es daher zulässig, von dem Übergang vom »technischen« zum »technologischen Zeitalter« zu sprechen.«[43]

Unter »High-Tech« versteht man neue Technologien, Basisinnovationen, Großeinsatz von Technik, Technologietransfer, verbunden mit Produktionswachstum und Produktivitätssteigerung, weniger ein Zauberwort als die Zusammenfassung modernster wissenschaftlicher und technischer Entwicklungen zu einem gesteigerten technischen Prozeß, dem »Hyperzyklus«[44] im Evolutionsgeschehen vergleichbar.

Die Technik-Diskussion ist in den letzten Jahrzehnten immer mehr zu einer Technokratie-Debatte geworden, in der sich die Standpunkte verhärten, ohne daß wesentliche neue Argumente hinzukommen. Für die Technik gilt prinzipiell das gleiche wie für Wissenschaft und Wirtschaft: Extremismus, Radikalismus, Verabsolutierung und Omnipotenzwahn machen den an sich guten technischen Fortschritt zu einer ambivalenten Gabe, deren Gefahren weder durch Angst und Verzweiflung noch durch Gewalt zu überwinden sind. Die Technik ist im Guten wie im Bösen schicksalhaft für die Menschheit geworden: ein Zurück gibt es nicht. Der einzige Weg, die Technik zu überwinden, ist die bessere Technik.

Philosophische Beiträge zur Bewältigung des Technikproblems können geliefert werden durch: Erhellung der Motivatio-

[43] Philosophie im technologischen Zeitalter. Stuttgart 1971, S. 134.
[44] Vgl. Jantsch, Selbstorganisation des Universums, S. 43.

nen für technisches Verhalten; Aufklärung über technische Grundbegriffe, Prozesse und Ziele; Stärkung der Technik-Komponenten, die durch die spezifische Entwicklung der neuzeitlichen Technik verdrängt wurden (die künstlerische Komponente im griechischen techne-Begriff); Besinnung auf die durch die Evolutionstheorie vermittelte Einsicht in Wesen und Funktion der Technik; Unterscheidung von sinnvollem Gebrauch und Mißbrauch der Technik; Technokratie-Kritik; Orientierung an übergreifenden Modellen moderner Anthropologie. Ansätze in dieser Richtung gibt es bereits[45]. Es gibt auch Ansätze zu einem evolutionsgerechten Verständnis der Technik: »Die Anwendung der Technik und ihre weite Verbreitung – kurz, die technische Innovation – folgen weitgehend der gleichen Kurve von Systemevolution wie die sukzessiv verbesserte Ausnützung einer ökologischen Nische durch Mutanten. Statt Mutanten sind hier technische Produkte oder Prinzipien einzusetzen. Wie in der Ökologie ist dabei wesentlich, daß jede neue Technik, die eine alte verdrängt, nicht nur dasselbe zu leisten vermag, sondern in der Regel darüber hinaus neue Gelegenheiten schafft.«[46]

In dieser Perspektive gesehen erscheint Technik gut, sofern sie mit den Prinzipien der Evolution übereinstimmt, den Menschen unabhängiger von Umwelt-, Mitwelt- und eigenen Zwängen macht, möglichst vielen Menschen einen möglichst großen Freiheitsspielraum schafft, Mobilität, Kommunikation und Kreativität ermöglicht, Ängste beseitigt, Lebensfreude vermittelt, das Leben reicher, schöner und reizvoller macht, die Phantasie anregt, die Wünsche diszipliniert und das Erleben intensiviert. Technik erscheint dagegen negativ, sofern sie das Gegenteil von all dem bewirkt, wenn sie entmutigt, deprimiert, ängstigt, versklavt, verarmt, verödet, Langeweile, Überdruß und Ekel am Dasein erzeugt.

10.2.1.10 Philosophie der Kunst

Philosophie der Kunst, im 20. Jahrhundert weitgehend eine Philosophie der modernen Kunst, ist abzugrenzen von der Phi-

[45] Hans Sachsse, Anthropologie der Technik. Braunschweig 1978; ders., Ökologische Philosophie. Darmstadt 1984.

[46] Jantsch, Selbstorganisation des Universums, S. 113.

losophie der Wissenschaft, ferner von der Ästhetik, der Kunstwissenschaft und Kunstgeschichte, der Kunstpsychologie, Kunstsoziologie und Kunstanthropologie. Eine der Hauptaufgaben der Kunstphilosophie ist, wie bei der Philosophie der Religion, Kultur, Gesellschaft, Wirtschaft und Technik, die Kunstkritik.

Im Rahmen der modernen Kunst gibt es, den Kunstarten entsprechend, eine Philosophie der bildenden Künste (Malerei, Plastik, Architektur) sowie eine Philosophie der Musik und der Dichtung. In der Kunsttheorie standen am Anfang des 20. Jahrhunderts, wie in anderen Wissenschaften, großangelegte Versuche zur Systematisierung der Ästhetik[47]. In England und in den USA blühte die empirisch-positivistische Ästhetik, später die semiotische, in Frankreich die positivistisch-soziologische. Die Neuthomisten griffen auf scholastische Begriffe (*apprehensio*, ästhetisches Erfassen) zurück, und die Existenzphilosophen fanden bestechende Formulierungen wie »Ins-Werk-Setzen der Wahrheit« (Heidegger). Neben der besonders in Italien gepflegten philosophischen Ästhetik entwickelte sich zwischen den Weltkriegen die phänomenologische Ästhetik, wobei Roman Ingardens (Polen) Versuche, zwischen ontologischer und phänomenologischer Ästhetik zu vermitteln, besondere Beachtung verdienen, ebenso wie Hans Sedlmayers Deutungsversuche der modernen Kunst. Nach dem Zweiten Weltkrieg gewannen Informationstheorie und Kybernetik auch in der Kunstwissenschaft an Boden[48]. Daß die Entwicklung der modernen Kunst revolutionär ist, läßt sich nicht bestreiten. Im 19. Jahrhundert signalisieren die akademisch-eklektisch-historische Kunst einerseits, Romantik und Realismus andererseits die Pole des Kunstschaffens. Der Loslösungsprozeß der modernen Kunst von der traditionellen beginnt im Impressionismus (Cézanne). Das Atmosphärische verdrängt das Gegenständliche. Die Analyse des Lichts in die Farben des Spektrums zeigt den wissenschaftlichen Einfluß ebenso wie die Zerlegung der Figuren in Elemente. Die Wirklichkeitserfahrung bleibt nicht bei der Erscheinung stehen, sondern sucht nach dem Nichterscheinenden

[47] Johannes Volkelt, System der Ästhetik. 3 Bde, München 1925–27; Konrad Lange, Das Wesen der Kunst. 2 Bde, Berlin 1901.

[48] Ingarden, Untersuchungen zur Ontologie der Kunst. Tübingen 1962; Sedlmayer, Verlust der Mitte. Salzburg 1948; ders., Die Revolution der modernen Kunst. Reinbek 1956; ders., Kunst und Wahrheit. Reinbek 1958; Rul Gunzenhäuser, Maß und Information als ästhetische Kategorien. Baden-Baden 1975.

in der Erscheinung. Die Erscheinung wird zum Medium der Begegnung mit dem Transzendenten. Die Expressionisten schalten dann völlig frei mit Form und Farbe. Sie geben damit einem neuen, immer stärkeren Freiheitsdrang Ausdruck: Schluß mit dem schönen Schein!

In der Architektur, Plastik und Musik verläuft die Entwicklung ähnlich wie in der Malerei. Die moderne Architektur entspricht den Anforderungen der Industriegesellschaft: neues Baumaterial (Beton, Glas, Stahl), neue Sachlichkeit, Funktionalismus. Der höchste Wert traditioneller Ästhetik, die Schönheit, wird nicht mehr statisch-systematisch gesehen, sondern genetisch-dynamisch. Daß die Form der Funktion folgt, paßt zur Evolutionstheorie. Die Verwendung von Glas entspricht der allgemeinen Tendenz zur Öffnung und Transparenz: entbergen, nicht verbergen, Transzendenz durch Transparenz.

In der Plastik treten an die Stelle von Form und Statik Materialgesetzlichkeit, Dynamik und Abstraktion. Der Einfluß der Wissenschaft und der Technik wird erkennbar. Die moderne Kunst will Rätsel aufgeben, denn auch die Wirklichkeit erscheint zusehends rätselhafter (Rodins »Denker«): Was ist der Mensch? Wie bei den wissenschaftlichen Disziplinen verschwimmen die Grenzen zwischen Kunstarten und Stilen. Antikes und Mittelalterliches tritt, im Wechsel und metamorph, immer wieder auf: neu ist die Mannigfaltigkeit, der bunte Wechsel. Die Richtungen werden zahlreicher und folgen einander schneller: Jugendstil, Kubismus, Futurismus, Expressionismus, Fauvismus, Konstruktivismus, Montage, Collage, Surrealismus, Tachismus, Environment, Land-Art, Multi-Media, Happening, Minimal Art und viele andere. Insgesamt ist das Lebensgefühl ekstatisch-pantheistisch: Vermählung mit der Natur, keine Angst vor der Wirklichkeit. Die Einführung von Mobiles ermöglicht kinematische Plastik, bei der sich die Objekte bewegen, ein Zeichen prozessualen Weltverständnisses. Auch die Musik steht im Zeichen der Auflösung anerkannter Maßstäbe und Gesetze: der Atonalität. Von da geht es weiter zu elektronischer und experimenteller Musik und Klangfarbenkompositionen.

Mit dem Jahr 1945 läßt man die Spätmoderne beginnen. Sie zeichnet sich weniger durch neue Ideen als durch Umbildung, Mischung und Radikalisierung älterer Ansätze aus: abstrakter Expressionismus, unvollendetes Kunstwerk, leere Leinwand, Pop-art, Assemblage, Horrorkunst zur Bewußtseinserweiterung. Man wollte Popularität, Flüchtigkeit, Verbrauchbarkeit, Witz, Sex, Verspieltheit und Glamour, aber auch Provokation, Schockwirkung und Obszönität. Roy Lichtenstein, einer der führenden Vertreter der Pop-art, erkannte, daß sich kaum ein so abscheuliches Bild finden läßt, das niemand aufhängt, da jeder alles aufhängt. In der Op-art arbeitet man mit licht- und elektromagnetischen Effekten, suggeriert die Aufhebung der Schwerkraft und versetzt das Publikum in Trance-Zustände. Konstruktionen, die sich selbst zerstören, symbolisieren den schnellen Wandel und Konsum. Roboter und Computer vervollständigen das Bild der immer weiter technisierten Kunst. Technisierung, Kommerzialisierung und Verwissenschaftlichung, aber auch Wille zu Echtheit, Wahrheit und Freiheit kennzeichnen den Weg der modernen Kunst. Wer nur die eine Seite sieht, wird ihr nicht gerecht. Ob sie, die im Zeichen der Autonomie, Emanzipation und Befreiung antrat, zum Sklaven fremder Mächte wird, am Ende sogar der Ideologie und Politik, ob die moderne Kunst der Dynamik der modernen Industriegesellschaft zum Opfer fällt, oder ob sie eine große, globale Zukunft hat, ist noch nicht entschieden. Vielleicht schafft der Übergang zur Informationsgesellschaft auch für die postmoderne Kunst neue Entwicklungsmöglichkeiten.

Der Philosophie der Kunst fällt unter anderem die Aufgabe zu, Echtheitskriterien und neue Maßstäbe zu erarbeiten, die es erlauben, den Weizen von der Spreu zu unterscheiden. Die Philosophie kann durch Beherrschung der Tradition und durch Reflexion auf die zukunftsträchtigen Trends zu einem ausgewogeneren Verhältnis von Einstigem und Modernem beitragen und das gemeinsame Anliegen alter und neuer Kunst verdeutlichen: die Beschwörung des Ewigen im Zeitlichen. Eine moderne synoptische Philosophie der Kunst kann auch Verbindungslinien von der Welt der Kunst zur Welt der Wissenschaft und Technik ziehen, indem sie an den gemeinsamen geschichtlichen Ursprung im griechischen Begriff der *techne* erinnert. Sie kann schließlich versuchen, die Verbindung zur Evolutionstheorie herzustellen, wobei sich erstaunliche Gemeinsamkeiten zwischen klassischen Kunstauffassungen und modernen Leitbildern feststellen lassen, zum Beispiel mit Goethes Anschauungen über das Verhältnis von Natur, Geist und Kunst, die evolutionstheoretischen Überlegungen keineswegs zuwiderlaufen: »Das letzte Produkt der sich immer steigernden Natur ist der schöne Mensch. Zwar kann sie ihn nur selten hervorbringen, weil ihren Ideen gar viele Bedingungen widerstreben; und selbst ihrer Allmacht ist es unmöglich, lange im Vollkommenen zu verweilen und dem hervorgebrachten Schönen eine Dauer zu geben ... Dagegen tritt nun die Kunst ein: denn indem der Mensch auf den Gipfel der Natur gestellt ist, so sieht er sich wieder als eine ganze Natur an, die in sich abermals einen Gipfel hervorzubringen hat. Dazu steigert er sich, indem er ... Wahl, Ordnung, Harmonie und Bedeutung aufruft und sich endlich bis zur Produktion des Kunstwerkes erhebt ... Indem es aus den gesamten Kräften sich geistig entwickelt, erhebt es den Menschen über sich selbst, schließt seinen Lebens- und Tatenkreis ab und vergöttert ihn für die Gegenwart, in der das Vergangene und Künftige begriffen ist.«[49]

Der moderne Wissenschaftler sieht es gar nicht so sehr anders, drückt es nur anders aus: »Die Selbstorganisations-Dynamik des schöpferischen Werkes – sein Geist – und die Selbstorganisations-Dynamik des Menschen – der Menschengeist – sind zwei Seiten ein und desselben evolutionären Prozesses ... Kreativität ist nichts anderes als das Ausleben von Evolution.«[50]

10.2.1.11 Philosophie der Wissenschaft

Da es für die Wissenschaft keine Grundlagenwissenschaft gibt wie für manche Einzelwissenschaften (zum Beispiel Mathematik), fällt diese Aufgabe der Philosophie zu, die sich dabei auf empirische Hilfsdisziplinen, wie etwa die Wissenschaftsgeschichte, stützt. Seit der Mitte des 19. Jahrhunderts dachte man über Voraussetzungen, Methoden und Ziele der Wissenschaften nach, aber nicht vor dem ersten Drittel des 20. Jahrhunderts wurde aus der klassischen Wissenschaftslehre im Gefolge von Grundlagenkrisen der modernen Mathematik und Logik die moderne Wissenschaftstheorie, die mit Methoden der mathematischen Logik, Semantik und logischen Analyse der Sprache arbeitet. Zu den Wegbereitern moderner Wissenschaftstheorie gehören Frege, Russell, Husserl und Wittgenstein. Aus der Erkenntnistheorie hervorgegangen, bildet die Wissenschaftstheorie heute einen Zweig der theoretischen Philosophie. Grund-

[49] Studie über Winckelmann, zitiert in: Fritz Kaufmann, Das Reich des Schönen. Stuttgart 1960, S. 224.

[50] Jantsch, Selbstorganisation des Universums, S. 391, 398.

sätzlich lassen sich, den Gruppierungen der Einzelwissenschaften entsprechend, mathematisch-naturwissenschaftlich, sozialwissenschaftlich und historisch orientierte Wissenschaftstheorien unterscheiden. Daneben gibt es Theoretiker, die sich auf eine ganz bestimmte Wissenschaft beschränken, und andere, denen es mehr um eine Zusammenschau der Probleme geht. Die Publikationen zur Wissenschaftstheorie und Sprachphilosophie sind viel zahlreicher als die Arbeiten zur Kunst-, Kultur- und Geschichtsphilosophie. Trend und Mode führten, ähnlich wie in der Technik-Literatur, zu einem Boom der Wissenschaftstheorie, nicht immer zu deren Vorteil. Ein verbreiteter Mangel der wissenschaftstheoretischen Literatur ist die Unerfahrenheit der Autoren in den Wissenschaften, über die sie theoretisieren. Man kann es den Wissenschaftlern daher nicht verübeln, wenn sie von dieser Philosophie wenig Notiz nehmen. Außerdem ist das Abhängigkeitsverhältnis einseitig: ohne Wissenschaft keine Wissenschaftstheorie, Wissenschaft aber funktioniert auch ohne Wissenschaftstheorie, manchmal sogar besser.

Für ziemliche Aufregung im Lager der Szientisten, die Exaktheit, Strenge und Wissenschaftlichkeit bisweilen als ihr Monopol ansehen, sorgte die Studie Thomas S. Kuhns[51] über die wechselnden Paradigmen naturwissenschaftlichen Vorgehens, die jene Art Wissenschaftstheorie grundsätzlich in Frage stellte. Die scharfe Polemik der Betroffenen, die nicht auf sich warten ließ, sprach für die These Kuhns. Mindestens hat er das Verdienst, ein Tabu, einen Mythos, eine Ideologie beseitigt zu haben. Paul Feyerabend überwand dann auch den Szientismus seines ehemaligen Lehrers Karl Popper, plädierte für eine freiere Auffassung von Wissenschaft, für Methodenpluralismus, und stellte Beziehungen zur Evolutionstheorie her. Eine gewisse Auflockerung der szientifisch verengten Denkansätze findet sich in Hans Alberts (Positivismusstreit) sozialphilosophischem Konzept des kritischen Rationalismus und Hans Lenks Plädoyer für eine sokratisch-pragmatische Orientierung der Philosophie und für interdisziplinäre Öffnung.

Der amerikanische Physiker Percy W. Bridgman (1946 Nobelpreis für Physik) entwickelte speziell an Beispielen der Physik sein wissenschaftstheoretisches Konzept des Operationalismus, nach dem sich die Begriffe an den Operationen zu orientieren haben. Das operative Denken setzt sich, wie gesagt, in

[51] Die Struktur wissenschaftlicher Revolutionen. Frankfurt 1973.

Paul Lorenzens operativer Logik und Mathematik fort, ferner in seiner konstruktiven Wissenschaftstheorie.

Willard Van Orman Quine, vielleicht der bedeutendste amerikanische Philosoph dieses Jahrhunderts auf dem Gebiet der Wissenschaftstheorie, verband europäische und amerikanische Denktraditionen, überwand den Dualismus von analytischem und synthetischem Denken und gelangte zu einer umfassenden (holistischen) Sicht der Wirklichkeit. Sein Schüler Hilary Putnam schlägt eine Brücke von der Logistik zur Linguistik, erstrebt ein umfassendes Verständnis der Wirklichkeit und tendiert zu einem differenzierten kritischen Realismus.

Mit wissenschaftstheoretischen Fragen vorwiegend der Gegenwart befassen sich ferner der aus Polen stammende und in der Schweiz lehrende Logiker Joseph M. Bochenski, ein hervorragender Kenner marxistischer Theorien, und der aus Österreich stammende und in München lehrende Wolfgang Stegmüller, der sich, an die Tradition des Wiener Kreises anknüpfend, um eine umfassende Darstellung der einschlägigen Probleme bemüht[52].

Sowenig sich die Wissenschaftstheoretiker über den Umfang ihrer Disziplin einig sind, sowenig auch über Inhalte, Aufgaben und Ziele. Während die Radikalen Philosophie durch Wissenschaftstheorie ersetzen wollen, begnügen sich die Gemäßigten mit der Beschränkung auf Methodenprobleme. Prinzipiell läßt sich vielleicht sagen: Je allgemeiner oder elementarer die Bezugsebene, desto größer die Übereinstimmung, zum Beispiel in logischen Fragen. Je mehr die Wissenschaften dagegen differenzieren müssen (Psychologie, Soziologie, Geschichte), je weniger sie dem Exaktheitsideal entsprechen, desto uneinheitlicher die wissenschaftstheoretischen Methodenkonzepte. Der alte Gegensatz von nomothetischen (gesetzgebenden) Naturwissenschaften und idiographischen (Einzelbeschreibung) Geisteswissenschaften kehrt in neuer Form wieder.

Allgemein befaßt sich die Wissenschaftstheorie mit der wissenschaftlichen Begriffsbildung, mit der Gültigkeit von Sätzen, Gesetzen, Theorien und Beweisverfahren, mit Normen- und Wertfragen, mit erkenntnistheoretischen und methodischen Problemen. Dazu gehören Analysen der kognitiven, emotiona-

[52] Von den zahlreichen Leitfäden sei hier auf die dreibändige informative und relativ umfassende Einführung in die Wissenschaftstheorie von Helmut Seiffert verwiesen (München 1983–85), ferner auf dessen ›Information über die Information‹ (München 1971).

len und motorischen Faktoren des Psychischen und des Bewußtseins, Sprachanalyse, Induktion, Deduktion, Beschreibung, Erklärung und Verallgemeinerung, phänomenologische, hermeneutische und historische Aspekte der Wissenschaft, schließlich auch Informations-, Entscheidungs- und Handlungstheorie, Modallogik, Ethik und Systemtheorie. Besonders ethische Fragen wie Rechtfertigung und Verantwortung des Wissenschaftlers gewinnen in einer Phase zunehmender Abhängigkeiten, sei es kommerzieller, ideologischer oder politischer Art, an Bedeutung.

10.2.1.12 Sprachphilosophie

Die Anfänge der modernen Sprachphilosophie reichen bis ins 19. Jahrhundert zurück, aber sie ist doch, wie die Wissenschaftstheorie, eine für das 20. Jahrhundert bezeichnende Errungenschaft. Zur traditionellen Sprachphilosophie haben Platon und Aristoteles, aber auch die Stoiker, in neuerer Zeit Locke, Leibniz, Hume und Kant Wesentliches beigetragen. Die enge Verbindung zwischen der Philosophie der Wissenschaft und der Philosophie der Sprache wird schon in der großen Anzahl von Forschern erkennbar, die Beiträge zu beiden Disziplinen lieferten. Die Beziehungen der modernen Sprachphilosophie zu anderen Wissenschaften sind zahlreich; Sprachwissenschaft (Linguistik), Sprachsoziologie, Sprachpsychologie, Ethnolinguistik, Sprachgeographie und Sprachgeschichte haben die Funktion von Hilfswissenschaften.

Die vorherrschende sprachwissenschaftliche Methode ist die Analyse. Die Sprachphilosophie läßt sich als eine Meta-Sprachwissenschaft verstehen. Sprachphilosophie und Sprachwissenschaft sind Grund- oder Basiswissenschaften, unterteilt und weit aufgefächert in Teildisziplinen und Hilfsdisziplinen: Semantik (Bedeutungslehre), Semiotik (Zeichenlehre), Logik und Symbolik, Syntax und Pragmatik. Zwischen Denken, Sprechen und Handeln besteht, der modernen Sprachwissenschaft zufolge, ein struktureller und funktionaler Zusammenhang. In Verbindung mit Erkenntnistheorie und Psychologie untersucht der Sprachphilosoph Denken, Erkennen, Erklären, Verstehen, Begriffs- und Urteilsbildung, Funktionen des Bewußtseins, in Verbindung mit der Kommunikationstheorie informatische und kybernetische Aspekte der Sprache. Hier wird besonders deutlich, warum die Sprachphilosophie ein typisches Kind des 20. Jahrhunderts ist.

Die Zusammengehörigkeit von Sprachphilosophie und Logik manifestiert sich in den Problemkreisen Subjekt-Objekt, Wahrheit, Richtigkeit, Verbindlichkeit, Definition; die Verbindung der Sprachwissenschaft mit der Sozialphilosophie zeigt sich in der Wortfeldforschung, in der Analyse der Beziehungen von Sprecher, Adressat und Gesellschaft sowie der Interessen und Sprachfunktionen. Sprachwissenschaft und Sprachphilosophie suchen gemeinsam nach dem Ursprung der Sprache und untersuchen ihre Beziehung zur Wirklichkeit und zum Menschen, in historischer, metaphysischer und anthropologischer Hinsicht. Ähnlich wie man von der Welt der Wissenschaft im Gegensatz zur Alltagswelt spricht, spricht man heute von der Sprache der Wissenschaftler im Gegensatz zur Normalsprache, zur Sprache ohne Worte oder zu den Sprachen der Künste. Ob die Welten der Künstler, Normalmenschen und Wissenschaftler divergieren oder ob sie miteinander kommunizieren, hängt weitgehend von der Sprache ab, von ihrer Ausdrucks-, Symbol- und Überzeugungskraft, von ihrem Informationsgehalt und von ihrem Potential an demonstrativen, appellativen und interrogativen Formen und Strukturen. Zwecks Vermeidung von Antinomien, die auftreten können, wenn man über eine Sprache in dieser Sprache spricht, unterscheidet man zwischen Objekt- und Metasprache.

Die Entwicklung der Sprachphilosophie im 20. Jahrhundert steht im Zeichen der Sprachkritik. Der österreichische Dichter und Philosoph Fritz Mauthner (1849–1923) ging mit seinen ›Beiträgen zu einer Kritik der Sprache‹ (1901/02) voran. In Mauthners Ansatz steckt etwas Negatives und etwas Positives: »Sprachkritik ist die Arbeit an dem befreienden Gedanken, daß die Menschen mit den Wörtern ihrer Sprachen und mit den Worten ihrer Philosophie niemals über eine bildliche Darstellung der Welt hinausgelangen können.«[53] Eine der großen Erkenntnisse dieses Jahrhunderts auf dem Gebiet der Sprachphilosophie ist die Einsicht, daß Sprache nicht nur Erkenntnis vermittelt, sondern auch verhindert. Besonders der modernen Physik machte die Bildhaftigkeit der Sprache zu schaffen. Die Sprache wurde zu einer scheinbar unüberwindlichen Barriere, scheinbar, weil die Einsicht in diesen Sachverhalt befreit und

[53] Wörterbuch der Philosophie I. Leipzig 1923, S. XII.

zur Suche nach Auswegen aus diesem Dilemma herausfordert. Mauthner erkannte aber noch etwas anderes, das die Sprachwissenschaft, hätte sie Mauthners Warnung beachtet, vor manchem Irrweg bewahrt hätte: »Man wird sich daran gewöhnen müssen, in jeder Wortgeschichte eine Monographie zur Kulturgeschichte der Menschheit zur erblicken.« (Ebd., S. XV) Mit Logik und Analyse allein ist es nicht getan, der historische Aspekt darf nicht fehlen; und Sprachphilosophie ist von Sozial-, Geschichts- und Kulturphilosophie nicht zu trennen.

Eine zur Sprachkonzeption Mauthners in gewisser Hinsicht komplementäre Position entwickelte der große Schweizer Sprachforscher Ferdinand de Saussure (1857–1913). Mit Mauthner stimmt Saussure überein, daß Sprachtheorie und Lebenswirklichkeit nicht zu trennen sind. Saussure neigt jedoch zu einer Systematisierung der sprachlichen Phänomene, womit er einem Bedürfnis der Wissenschaften entgegenkam. Saussure begründete damit die Zeichentheorie oder Semiotik, die er noch Semiologie nannte. Einige wichtige Unterscheidungen Saussures erwiesen sich als fruchtbar. Er unterschied zwischen konkreter sprachlicher Äußerung *(parole)*, menschlicher Rede allgemein *(langage)* und Sprache als Kultureinheit *(langue)*, ferner zwischen der genetischen (Diachronie) und der systematischen (Synchronie) Betrachtung einer Sprache, zwischen konstanten (syntagmatischen) und in einem Kontext variablen (paradigmatischen) Sprachelementen. Für die Linguistik wurde auch Saussures Bestimmung des sprachlichen Zeichens als konventionelle Verbindung von Bezeichnendem *(signifiant)* und Bezeichnetem *(signifié)* bedeutsam.

Eine Art Relativitätstheorie auf sprachwissenschaftlichem Gebiet entwickelten die amerikanischen Sprachforscher Edward Sapir (1884–1939) und Benjamin L. Whorf (1897–1941), indem sie die Abhängigkeit der Weltanschauungen von vorgeformten Sprachmustern (Sapir-Whorf-Hypothese) aufdeckten. Zu ähnlichen Ergebnissen gelangte der deutsche Keltologe Leo Weisgerber (1899–1985), der Begründer der angewandten, inhaltsbezogenen »energetischen Sprachwissenschaft«, die die Rolle der Sprache in der Lebens- und Weltbewältigung untersucht.

Wieder in einer Art komplementärem Verhältnis zueinander stehen die Theorien des aus Deutschland emigrierten Sprachpsychologen Karl Bühler (1879–1963) und des amerikanischen Behavioristen Charles W. Morris (1901–1979). Beide unterscheiden drei Funktionen des Sprachzeichens, Bühler: darstellendes Symbol, ausdrückendes Symptom und appellierendes Signal, Morris: syntaktische Beziehung des Zeichens zum Zeichensystem, semantische Beziehung zum Gegenstand und pragmatische zum Benutzer.

Der österreichische Sprachpsychologe Friedrich Kainz (1897–1977) unterscheidet acht Funktionen der Sprache: anzeigend (indikativ), informativ, fragend (interrogativ), ausrufend (interjektiv), wünschend (optativ), befehlend (imperativ), erkennend (kognitiv), erinnernd (kommemorativ) und vermittelnd (kommunikativ). Hinzu kommt noch die darlegende (argumentative) Funktion. Kainz setzte in seinem monumentalen Werk ›Psychologie der Sprache‹ (1941 ff.) die Tradition des Völkerpsychologen Wilhelm Wundt fort, indem er die Beziehungen zwischen Volk und Sprache erforschte. Kainz wagte sich auch an ein von vielen modernen Sprachwissenschaftlern gemiedenes, aber für das 20. Jahrhundert bedeutsames Thema (Propaganda) heran, an die Sprach(ver)führung des Denkens.

Besondere Beachtung verdient die von dem englischen Sprachforscher John L. Austin (1911–1960) erfundene und von dem amerikanischen Sprachphilosophen John R. Searle (geb. 1932) weiterentwickelte Theorie der Sprechakte. Dieser Theorie liegt die gar nicht so selbstverständliche Erkenntnis zugrunde, daß manche sprachlichen Äußerungen, die wie Behauptungen aussehen, tatsächlich etwas bewirken (Perlokution) oder bewirken sollen (Illokution).

Sprachphilosophie und Sprachwissenschaft des 20. Jahrhunderts erlebten, wie viele andere Disziplinen, Krisen und Revolutionen. Die wohl bedeutendste Erschütterung verursachte der Amerikaner Noam Chomsky (geb. 1928) mit seinen revolutionären Thesen zur Tiefendimension sprachlicher Phänomene, vergleichbar der revolutionären Tiefenpsychologie Freuds. Chomsky überwand die oberflächenhafte Betrachtung der Sprache, die er vom älteren Strukturalismus her gewohnt war, und postulierte eine neue Syntax, die generative Transformationsgrammatik, der die Annahme einer Konvergenz der Syntax aller Sprachen im Elementarbereich zugrundeliegt und die durch eine ähnlich weit ausgreifende und revolutionäre semantische Universalgrammatik des Amerikaners Richard Montague (1931–1971) ergänzt wird.

Die neueste Entwicklung der Sprachwissenschaft zeigt ein Abrücken vom Formalismus und Szientismus in Richtung auf ein mehr anthropologisch, kultur- und geschichtsphilosophisches Verständnis der Sprache. In der Tat ist schwer zu sehen, was eine szientifisch orientierte Linguistik mit Homers ›Ilias‹, den Worten des Jesus von Nazareth oder Shakespeares Dramen anfangen soll, ebensowenig, wie es ihr gelingen soll, sprachliche Kunstwerke von sprachlichem Blendwerk zu unterscheiden.

Hoffnungsvoll für die Weiterentwicklung der Sprachphilosophie sind die ausgezeichneten Arbeiten Eike von Savignys (geb. 1940) und die Semiotik-Entwürfe Umberto Ecos (geb. 1931), der auch ein erfolgreicher Schriftsteller ist und die Sprache nicht nur aus der Distanz des Theoretikers kennt. Eco findet mit seiner Kategorie des »Codes« zudem den Anschluß an die Evolutionstheorie[54], hatte doch schon Chomsky vermutet, daß die dem Gehirn eines Kindes einprogrammierte Grammatik ein Bestandteil des genetischen Codes ist.

10.2.1.13 Philosophische Anthropologie

Faßt man die beiden aristotelischen Definitionen des Menschen als eines gemeinschaftsbildenden und sprachbegabten Tieres zusammen, erhält man drei Grundmerkmale des Menschen, die auf drei elementare Existenzbereiche bezogen sind: Tier – Natur, Gemeinschaft – Gesellschaft, Sprache – Kultur. Nimmt man die Zeitdimension hinzu, gelangt man zu den drei Hauptphasen der Evolution: Kosmogonie, Phylogenese, Ontogenese oder Anthropogenese. Mit Arnold Gehlen (1904–1976) gesprochen: »Der Mensch ist von Natur ein Kulturwesen.«[55]

Die philosophische Anthropologie[56] verweist also primär auf die Natur-, Sozial- und Kulturphilosophie, sekundär als theologische Anthropologie auf die Religionsphilosophie, als Ethologie auf die Moralphilosophie, als Anthropologie des Rechts, der Politik, der Wirtschaft *(homo oeconomicus, homo consumens)* und Technik, der Künste, der Wissenschaften und der Sprache (C. Lévi-Strauss), der Kultur und der Geschichte (z.B. Paläoanthropologie) auf die entsprechenden Disziplinen der Philo-

[54] Semiotik und Philosophie der Sprache. München 1985, S. 268ff.

[55] Der Mensch. Seine Natur und seine Stellung in der Welt. Wiesbaden 1940, 13. Aufl. 1978, S. 80.

[56] Die Bezeichnung »Anthropologie« findet sich zuerst bei M. Hundt (1501), als Disziplin der Philosophie bzw. Psychologie zuerst bei O. Cassmann, Psychologia anthropologica sive animale humanae doctrina (1594).

sophie. Biologische und medizinische Anthropologie, Anthropogeographie und Ethnologie, neben zahlreichen Hilfswissenschaften, entsprechen den naturphilosophischen Einzeldisziplinen. Man kann daher wohl sagen, daß von der Anthropologie Verbindungslinien zu allen modernen philosophischen Disziplinen führen. Außer dem *homo oeconomicus* und dem *homo faber* gibt es noch einen *homo religiosus, sociologicus, educandus, ludens, sapiens* und *creator.*

Die Entwicklung der philosophischen Anthropologie gleicht der der Sprachphilosophie in mehr als einer Hinsicht: wesentliche Ansätze gibt es in der Antike, einen relativen Rückgang im Mittelalter, ein Aufblühen im Zeitalter der Entdeckungen, große Fortschritte im 17./18. Jahrhundert (Kant, Herder), den Einfluß der Naturwissenschaften und die Institutionalisierung im 19. und eine Hochkonjunktur im 20. Jahrhundert. Der französische Arzt Paul Broca (1824–1880) gründete 1859 die »Société d'Anthropologie de Paris«, der ähnliche Gesellschaften in anderen Kulturländern folgten.

Zu Beginn des 20. Jahrhunderts fand in der Anthropologie ein Paradigmenwechsel statt von statisch-ontologischen zu dynamisch-prozessualen Modellvorstellungen. Die Entwicklung läßt sich etwa mit den Begriffen Struktur, Status, Existenz, Rolle und Person sowie Funktion, Kommunikation und Prozeß umschreiben. Die wissenschaftlichen Fundamente, auf denen man im letzten Drittel des 19. Jahrhunderts gebaut hatte, waren brüchig geworden und gaben nach. Der naive Fortschrittsglaube erlitt herbe Rückschläge. Einen Schock für den Titanismus der Zeit, wenn auch nur erst ein Wetterleuchten am Horizont, bedeutete der Untergang der »Titanic« (1912): ein »unsinkbares« Schiff war gesunken, nicht weil die Technik versagt hatte, sondern der Mensch. Der Erste Weltkrieg setzte den Desillusionierungsprozeß fort. Es ging um Sein oder Nichtsein, »Existenz« wurde das Zauberwort der Zeit – aber was ist Sein? Die Antwort war enttäuschend. Sie läßt sich in der Formel zusammenfassen: »Was ich erkenne, bin ich nicht, und was ich bin, erkenne ich nicht.« Wenn der Logos versagte, warum sollte man es nicht mit dem Mythos versuchen? Aber von den schlechten Mythen des 20. Jahrhunderts soll hier nicht die Rede sein.

Eine andere Erkenntnis verdankt die Anthropologie der Entdeckung Jakob von Uexkülls (1864–1944), derzufolge Tiere und Menschen ihre eigenen Umwelten haben. Lebt vielleicht jeder

Mensch in einer eigenen Welt? Wie verhalten sich die einzelnen Welten zueinander und zur Welt als solcher? Angesichts der Divergenz der Individuen und des Dissenses der Meinungen wurde »Kommunikation« zu einem anderen Zauberwort des 20. Jahrhunderts.

Max Scheler definierte die Aufgabe der philosophischen Anthropologie neu: »Es ist Aufgabe einer Philosophischen Anthropologie, genau zu zeigen, wie aus der Grundstruktur des Menschseins ... alle spezifischen Monopole, Leistungen und Werke des Menschen hervorgehen: so Sprache, Gewissen, Werkzeug, Waffe, Ideen von Recht und Unrecht, Staat, Führung, die darstellenden Funktionen der Künste, Mythos, Religion, Wissenschaft, Geschichtlichkeit und Gesellschaftlichkeit.«[57] Aber gibt es überhaupt eine solche »Grundstruktur des Menschen«?

Während Helmuth Plessner (1892–1985) das Wesensmerkmal des Menschen, im Unterschied zum Tier, in der »exzentrischen Positionalität« erblickt, worunter er die Fähigkeit des Menschen versteht, sich selbst zu objektivieren, sieht Gehlen, im Anschluß an behavioristische Auffassungen, die spezifisch menschlichen Kulturleistungen als Kompensation für Organmängel (Antriebsüberschuß infolge von Mangel an Instinkten) an. Das Hauptziel heißt Überleben, und dazu verhilft die Ordnung, die Institution. Eine ungerechte Ordnung erscheint Gehlen besser als gar keine.

Nach dem Zweiten Weltkrieg kamen neue Impulse aus den USA. Der Kulturanthropologe G. H. Mead (1863–1931) gibt in seinem »Symbolischen Interaktionismus« der Aktion den Vorrang vor der Struktur und der Sprache (Sozialbehaviorismus), P. J. H. Watzlawick radikalisiert den behavioristischen Ansatz – man kann sich nicht verhalten, alles Verhalten vollzieht sich praktisch in der Kommunikation – und gelangt auf diese Weise zu einer Kommunikationstheorie, in der zwei Ebenen, die Mitteilungsebene (Daten) und die Ebene der Intersubjektivität (Beziehung, Auffassung der Daten) unterschieden werden. Interessant an dieser Theorie ist die Verbindung von objektiv-funktional-kybernetischen und subjektiv-personal-humanen Momenten[58].

[57] Die Stellung des Menschen im Kosmos. Darmstadt 1928, 7. Aufl. Bern 1966, S. 87.

[58] Vgl. hierzu Jürgen Hüllen, Mensch sein – human werden. Frankfurt 1985, S. 108 f.

Zum Schluß sei auf einige moderne Ansätze hingewiesen, die den Anschluß an die Evolutionstheorie herstellen. Sie geben eine Antwort auf Gehlens Hypothese, der Mensch sei von Natur ein Kulturwesen. Irenäus Eibl-Eibesfeldt[59] weist darauf hin, daß sich biologische und kulturelle Evolutionen in kleineren Schritten vollziehen, Kulturrevolutionen können deshalb zu einem »Traditionsabriß« führen und mehr schaden als nützen. Die Menschheit hat ein Entwicklungsstadium erreicht, in dem sie ihre Entwicklung selbst steuern kann. Anstelle des bisherigen »blutigen Mechanismus« kann die »vernunftgesteuerte Evolution« treten. Der Paradigmenwechsel in der Anthropologie läßt sich auch als Übergang vom geschlossenen zum offenen System beschreiben, vom Maschinenmenschen der Industriegesellschaft, der im Wettlauf mit der Technik stets der Maschine unterliegt, zum neuen Herren der Technik in der Informationsgesellschaft, der als Kybernetiker im Sinne Platons (Vernunftherrschaft) wieder das Steuer ergreift. Daraus ergeben sich für die moderne Anthropologie wichtige Konsequenzen: Wie es in der Evolution nur Prozesse gibt, erscheint auch das menschliche Dasein prozeßhaft: »Gegenstand gegenwärtiger naturwissenschaftlicher Forschungen ist der Mensch als Naturprozeß ... Wahrheit wird hier als Suche nach dem offenen Spiel von Möglichkeitslösungen von Problemen behandelt.«[60]

Als gesellschaftliches Wesen bewegt sich der Mensch, denkend, handelnd und schaffend, in einem Kommunikationsfeld zwischen den Polen Natur und Kultur, das ihm Selbstverwirklichung und Erfüllung ermöglicht, wobei sich die biologische Zwecklosigkeit kultureller Schöpfertätigkeit umgekehrt proportional zu ihrer Zweckmäßigkeit für die menschliche Natur verhält: »Nur in der Kultur kann der Mensch seine Natur befriedigen.«[61] Da es gegenwärtig noch keine evolutionstheoretisch fundierte Theorie schöpferischer Prozesse gibt, kann die philosophische Anthropologie nur die Aufgabe einer solchen Philosophie bewußt machen: Der Mensch kann seinem Leben dadurch einen Sinn geben, daß er sich als einen Naturprozeß begreift, der die Möglichkeit besitzt, sich mit Hilfe der schöp-

[59] Der vorprogrammierte Mensch. Wien 1973, S. 69, 97.

[60] Ernest Wolf-Gazo, Einige Bemerkungen zum Evolutionsbegriff als Leitfaden einer neuen Philosophie der Natur. In: G. Frey und J. Zelger (Hrsg.), Der Mensch und die Wissenschaften vom Menschen. Innsbruck 1983, Bd. 1, S. 193, 198.

[61] Wolfgang de Boer, Die Frage nach der Natur des Menschen. Ebd., S. 272.

ferischen Vernunft in einen Kulturprozeß, mit Hilfe der steuernden Vernunft in einen geschichtlichen Prozeß zu verwandeln.

10.2.1.14 Kulturphilosophie

Die Affinität der Kulturphilosophie einerseits zur Anthropologie (Kulturanthropologie), andererseits zur Geschichtsphilosophie folgt einmal daraus, daß Kulturprodukte primär Schöpfungen des Menschen, nicht der Natur sind, zum anderen aus der Einmaligkeit kultureller Leistungen. Dichter gibt es immer wieder, die ›Ilias‹ nur einmal. Im übrigen sind die Verbindungen der Kulturphilosophie zur Philosophie der Religion, der Kunst, der Sprache, der Moral und zum Recht enger als beispielsweise zur Natur- oder Wirtschaftsphilosophie. Die Kulturpsychologie verbindet die Kulturphilosophie mit der Naturphilosophie und der Sozialphilosophie, die Kultursoziologie nur mit letzterer. Kulturgeschichte hat kaum etwas mit Kulturphilosophie zu tun, hängt aber eng mit der Kunst- und Sprachphilosophie zusammen. Die Kulturwissenschaft ist keine wissenschaftliche Einzeldisziplin, sondern ein Sammelbegriff für Wissenschaftszweige, die der Geschichtswissenschaft nahestehen. Die Kulturmorphologie (Kulturgestaltlehre) ist keine echte Wissenschaft, sondern höchstens ein Zweig der Kulturgeschichte. Die Kulturgeographie ist eine Grenzwissenschaft zwischen Natur- und Kulturwissenschaft. Für eine Trennung von Kultur- und Sozialphilosophie spricht die Eigenständigkeit der Welt der Kultur, dagegen spricht die Einbezogenheit in das Leben der Gesellschaft. Die Abtrennung des Geistes von der Natur, des objektivierten vom objektiven (oder subjektiven) Geist ist, wie die Trennung von Geistes- und Naturwissenschaften, überholt, ebenso der Begriff Humanwissenschaften. Vielleicht würde eine Unterscheidung von metrischen, bedingt metrischen und ametrischen Wissenschaften (wenn es diese überhaupt noch gibt) weiterführen. Mithin ist gegen eine Einteilung in Natur-, Sozial-, Kultur- und Geschichtsphilosophie (-wissenschaft) wenig einzuwenden.

Ciceros Unterscheidung von *agri cultura* und *cultura animi* war eine Art Basis-Feststellung und blieb für die weitere Entwicklung des Begriffs Kultur (Pflege) wegweisend. Während Bacon Kultur noch unter Ethik subsumierte und Goethe vor allem Geisteskultur darunter verstand, erscheint der Begriff bei Herder frei von Zusätzen.

Die Kulturphilosophie des 20. Jahrhunderts erlebte, wie andere Zweige der Philosophie und andere Grundlagenwissenschaften, ihre Krisen und Revolutionen. Der Erste Weltkrieg stellte das Selbstbewußtsein der kulturtragenden Schichten in Frage und forderte zur Neubesinnung heraus. Vor dem Ersten Weltkrieg dachte man eurozentrisch, man wollte das Wesen der Kultur erfassen und ihre Erscheinungen in ein wohlgeordnetes System bringen. Jakob Burckhardts ›Weltgeschichtliche Betrachtungen‹ (1905) intendieren zwar eine universal-globale Betrachtungsweise, bleiben aber in europäischen Modellvorstellungen befangen. Der sensationelle Erfolg von Oswald Spenglers ›Untergang des Abendlandes‹ läßt sich nur aus den Erfahrungen des Ersten Weltkriegs verstehen. Zwischen den Weltkriegen folgte eine Spätblüte der Kulturphilosophie alten Stils durch Hans Freyer, Ernst Cassirer und Erich Rothacker, aber das Umdenken ging weiter. Der Zweite Weltkrieg brachte die eigentliche Wende, den ›Abschied von der bisherigen Geschichte‹ (A. Weber, 1946). Als man an die Bewältigung der Vergangenheit dachte, entdeckte man auch die ›Kultur als Daseinsbewältigung‹ (F. Steinbacher) und die Kulturgeschichte als Heilmittel für verschwindendes Kulturbewußtsein (M. Landmann). Dieser Schwund kommt nicht von ungefähr und ist vielleicht gar nicht immer negativ zu bewerten. Die ungeheure Erweiterung des ethnographischen, anthropologischen und kulturgeschichtlichen Horizonts in diesem Jahrhundert hat das eurozentrische, das heißt egozentrische, bisweilen nationalistisch-chauvinistische Konzept der Kulturphilosophie gesprengt zugunsten eines Pluralismus der Kulturen und der Einsicht in den kulturellen Wandel und in die Prozeßhaftigkeit aller Kulturen überhaupt. Der Paradigmenwechsel führt, ähnlich wie in der Anthropologie, vom starren System zum Organismus und von dort zum offenen System, was die Suche nach Kontinuitäten im Kulturgeschehen nicht ausschließt.

Aufgabe der Kulturphilosophie ist die Entwicklung von Maßstäben, nach denen Tradition und Innovation in einem ungefähren Gleichgewicht gehalten werden können. Weder Brüche mit der Tradition noch hektische Innovation fördern die kulturelle Evolution, die sich als Fortsetzung der natürlichen Evolution zu erkennen gibt. Kulturelle Systeme erscheinen als erweiterte Vermögen zu lernen, Informationen zu speichern und zu vermitteln. Die kulturelle Evolution hängt einmal von der biologischen Entwicklung dieser Fähigkeiten ab, sodann von den kulturellen Maßnahmen, sie zu verwirklichen, letztlich oft von scheinbar unbedeutenden Innovationen an den Scheidewegen der Geschichte. Jede Neuerung birgt weitere Entwicklungsmöglichkeiten in sich, die Schritt für Schritt von den Individuen, die sich dafür entscheiden, realisiert werden können. Hier zeichnet sich für den Kulturphilosophen eine neue Aufgabe ab: als Ethiker, der sich in der Welt der Werte auskennt, kann er Entscheidungshilfen anbieten, als Historiker kann er seine Muster mit Erfahrungen der Menschheitsgeschichte fundieren.

10.2.1.15 Geschichtsphilosophie

Die Behandlung der Geschichtsphilosophie am Schluß der Reihe der modernen philosophischen Disziplinen wird durch die Stellung der Geschichtswissenschaft im Kosmos der modernen Wissenschaften nahegelegt. Zunächst steht die Geschichtswissenschaft als die am wenigsten metrischen Methoden zugängliche Disziplin in einem natürlichen antipodischen Verhältnis zur Mathematik, die den Reigen der exakten Wissenschaften zweckmäßigerweise eröffnet. Durch die Einbeziehung des Universums und der biologischen Evolution in die sogenannte Weltgeschichte, die im modernen Denken die Kosmogonie mit umfaßt, setzt eine universale, moderne Geschichtsphilosophie die Natur und die Naturwissenschaften nicht weniger in ihrem Konzept voraus als die Sozial- und Kulturwissenschaften. In der Geschichte, dem Reich der Freiheit, in der Geschichtswissenschaft, dem Sammelbecken allen Wissens um Menschheitsgeschichte (und Weltgeschehen) und in der Geschichtsphilosophie, der Reflexion auf dieses universale Wissen, laufen alle Entwicklungslinien aus Natur, Gesellschaft und Kultur, den zugehörigen Wissenschaften, Hilfsdisziplinen und philosophischen Meta-Wissenschaften zusammen.

Das Wort Geschichtsphilosophie stammt von Voltaire. Inhaltlich-historisch setzt sich der Begriff der Geschichtsphilosophie aus antiken (Herodot, Thukydides, Platon, Aristoteles, Polybios, Poseidonius, Plutarch, Tacitus), christlich-mittelalterlichen (Augustin, Thomas von Aquin) und neuzeitlichen (Vico, Lessing, Kant, Herder, Hegel) Elementen zusammen. Die idealistischen und materialistischen Geschichtskonstruktionen des 19. Jahrhunderts, aber auch die positivistische Verengung auf das Faktische und Exakte, führten, ähnlich wie in der Mathematik, um die Jahrhundertwende zu einer Grundlagenkrise der Geschichtswissenschaft, der sogenannten Historismus-Krise. Man besann sich auf die Probleme der Geschichtsphilosophie und begann zwischen dieser und der Geschichtsforschung schärfer zu unterscheiden[62]. Simmel untersuchte in seinem Werk ›Die Probleme der Geschichtsphilosophie‹ die inneren Bedingungen der Geschichtsforschung, insbesondere die psychologischen, die Relevanz historischer Gesetze sowie die Frage nach dem Sinn der Geschichte: »Zweck, Wert und Sinn erscheinen als logisch koordinierte Kategorien, deren jeder eine metaphysische Bedeutung des Geschichtsganzen tragen kann.« (S. 165) Im Zuge seiner relativierend-skeptischen Betrachtungsweise trennte Simmel die historische Wahrheit von der gelebten Wirklichkeit, die als ganze nicht erfaßbar ist. Methodisch gelangte er zu einer klaren Abgrenzung naturwissenschaftlichen und historischen Erkennens: »Umgekehrt wie in der Naturwissenschaft, ist das Wissen um die Gesetze nur das Mittel, um die besondere Komplikation und Einheit, an der sie gültig sind, zu analysieren und zu verifizieren. Naturwissenschaft und Historik, die Auffassung des Gegebenen nach seiner Gesetzlichkeit oder nach seiner für sich bedeutsamen Sondergestalt, erscheinen so als zwei Zerlegungskategorien des Einheitlich-Wirklichen, das in seiner Unmittelbarkeit und Ungebrochenheit zu erfassen uns das Organ fehlt.« (S. 190) Richtungweisend erscheint eine Bemerkung Simmels über das Verhältnis von Mensch und Geschichte: »Den Menschen, der erkannt wird, machen Natur und Geschichte: aber der Mensch, der erkennt, macht Natur und Geschichte.« (S. VII)

Rickert befaßte sich mit der Logik der Geisteswissenschaft (Methodenfragen), den Prinzipien des geschichtlichen Lebens (Sinnproblem) und der Geschichtsphilosophie als einer Universalwissenschaft (Verhältnis von Geschichte und Metaphysik). Das Hauptobjekt der Geschichtswissenschaft ist der Mensch als gesellschaftliches und kulturschaffendes Wesen, das Werte verwirklicht. Die historischen Disziplinen erscheinen als indivi-

[62] Georg Simmel, Die Probleme der Geschichtsphilosophie. München 1892; Heinrich Rickert, Die Probleme der Geschichtsphilosophie. Heidelberg 1904; Max Weber, Gesammelte Aufsätze zur Wissenschaftslehre. Tübingen 1922.

dualisierende Kulturwissenschaften, die historischen Gesetze als Wertformeln und die Geschichtsphilosophie als Wertwissenschaft. Im Gegensatz zur empirischen Geschichtswissenschaft intendiert die Geschichtsphilosophie ein Ganzes, ein System. Die Sinnfrage – Sinn des Lebens, Sinn der Geschichte – läßt sich nicht beantworten, sie ist nie gegeben, sondern immer nur aufgegeben. Die Geschichtsphilosophie wird daher zwar die historische Methode bejahen, nicht aber den Historismus als Weltanschauung, denn er führt zum Relativismus und schließlich zum Nihilismus.

In der Geschichtsphilosophie lassen sich nach Rickert drei Epochen unterscheiden: die dogmatische, die skeptische und die kritische. Die Vertreter der letzteren haben erkannt, daß Sinn und Wert zwar nicht im System zu erfassen sind, aber auch nicht nichts sind. Zur Frage nach dem Sinn und dem Wert tritt, wie bei Simmel, die Frage nach der Wirklichkeit.

Um Rickerts Thesen entspann sich eine lange Diskussion[63], die hier nicht weiter zu verfolgen ist. Mag man auch seine Voraussetzungen aufgeben, seine Problemstellung, vor allem die Frage nach der Wirklichkeit, und seine Forderung von Objektivität nicht nur im Bereich der empirischen Disziplinen, bleiben richtungweisend.

Als Ergebnisse dieser Phase geschichtsphilosophischer Selbstkritik am Beginn des 20. Jahrhunderts lassen sich verbuchen: Die Geschichtsphilosophie kann auf die Fragen nach Sein, Sinn und Wert der Geschichte nicht verzichten; Naturwissenschaft und Geschichtswissenschaft unterscheiden sich zwar in der Methode, haben aber das gleiche Ziel: die Erfassung der Wirklichkeit; der Mensch ist an einem Wendepunkt in seinem Verhältnis zur Natur und Geschichte angekommen: aus dem Gelenkten wird der Steuernde; das Ziel des geschichtlichen Prozesses ist nicht vorgegeben, sondern aufgegeben.

Die Ereignisse der Geschichte selbst, der Erste Weltkrieg, die drängenden sozialen Fragen und die Fortschritte der Naturwissenschaften forderten, neben anderen Sozial- und Kulturwissenschaften, auch die Geschichtswissenschaft und Geschichtsphilosophie heraus. Dabei wirkte der Erste Weltkrieg wie ein Schock auf das europäische Selbstbewußtsein. Oswald Spenglers ›Untergang des Abendlandes‹ (1923) verlieh der Erschütte-

[63] Vgl. hierzu Fritz Kaufmann, Geschichtsphilosophie der Gegenwart. Berlin 1933, S. 15ff.

rung nachhaltig Ausdruck. Selbstgewißheit, Fortschrittsglaube und Optimismus wichen einer tiefen Ratlosigkeit, Skepsis und nicht selten dem Pessimismus. Die Geschichtsphilosophie wurde zum Seismographen eines verbreiteten Lebensgefühls. Die Weltgeschichte, von der Spengler eine Morphologie geben zu können glaubte, hatte aufgehört, eine europäische Angelegenheit zu sein. Hierher gehört auch Heideggers scheinbar rationale Existentialanalyse (Geworfensein, Angst, Sorge), aber die Angst ist kein guter Ratgeber, sowenig wie der Übermut. Die zukunftsorientierte Zeit-Konzeption Heideggers (»Sichvorweg-Sein«) verrät einen Grundzug der Einstellung des Menschen in der Industriegesellschaft zur Zeit: eine vorwegnehmende, erwartende oder sich entwerfende Hektik, oft Aktivismus und blinde Betriebsamkeit.

Zwischen den Weltkriegen gab es indessen eine Reihe seriöser und durchaus beachtlicher Versuche, den treibenden Kräften des Industriezeitalters auf die Spur zu kommen. Pionierarbeit leistete hier, wie auf anderen Gebieten, Bertrand Russell (1872 bis 1970)[64].

Jean-Paul Sartre (1905–1980) gab bereits in seinen Dichtungen der dreißiger Jahre, ›Le mur‹ und ›La Nausée‹, die auch zeitgeschichtliche Dokumente sind, weitverbreiteten Lebensgefühlen Ausdruck.

Der spanische Philosoph José Ortega y Gasset (1883–1955) diagnostizierte in seinen Arbeiten ›Die Aufgabe unserer Zeit‹ (1923), ›Das Wesen geschichtlicher Krisen‹ (1942), vor allem aber in ›Der Aufstand der Massen‹ (1930) einige brennende Probleme seiner Zeit und kam zu dem Schluß: »Der Faschismus, der eine kleinbürgerliche Bewegung ist, hat sich gewalttätiger benommen als der ganze Sozialismus. Nichts dieser Art hindert den Europäer, sich dem Kommunismus zu verschreiben, sondern ein einfacherer und ursprünglicherer Grund: daß er in der kommunistischen Organisation keinen Vorteil für die menschliche Glückseligkeit erblickt.«[65]

Der italienische Geschichtsphilosoph Benedetto Croce (1866–1952) war, im Gegensatz zu Hegel, kein Metaphysiker.

[64] Prospects of Industrial Civilization. London 1923; Ikarus oder Die Zukunft der Wissenschaft (1924). München 1926; Das naturwissenschaftliche Zeitalter (1931). Stuttgart 1953; Education and the Social Order. London 1932; Freiheit und Organisation 1814–1914 (1934). Berlin 1948; Religion and Science. London 1935; Which Way to Peace? London 1936; Macht (1938). Zürich 1947.

[65] Der Aufstand der Massen. Hamburg 1956, S. 137.

Er war nicht an den höchsten und letzten Fragen der Geschichte interessiert, sondern an Einzelfragen und Methodenproblemen, in die sich bei ihm die Philosophie aufzulösen scheint: ›Geschichte der Geschichten der Geschichtsschreibung‹. Croce wandte sich 1925 gegen ein faschistisches Manifest seines Kollegen Giovanni Gentile (1875–1944). In seiner Zeitschrift ›La Critica‹ opponierte er gegen Mussolini. Kritik bedeutete bei ihm immer auch Selbstkritik (1926). In seinem Werk ›Geschichte als Gedanke und als Tat‹ (1938) lehnt er den Aktivismus ab. Er kämpfte, angesichts der faschistischen Gewaltherrschaft, gegen die Unterordnung der Moral unter die Macht. Moral ist ständiger Kampf gegen das Böse. Geschichte ist Geschichte der Freiheit. Diese Deutung der Geschichte kommt der Auffassung Golo Manns von der Geschichte als dem Reich oder Ort der Freiheit nahe.

Auf breiter empirischer Grundlage gelangte der englische Historiker Arnold J. Toynbee (1889–1975), im Gegensatz zu Spengler, zu einem gemäßigten Optimismus in der Beurteilung der westlichen Kultur. Die Ergebnisse seiner Erforschung von 23 Kulturen legte Toynbee in einem zwölfbändigen Werk nieder[66], dessen leitender Gesichtspunkt ›Herausforderung und Antwort‹ *(challenge and response)* ist.

In den USA betonte der Historiker Charles A. Beard (1874 bis 1948) in seinem berühmten Aufsatz ›The Noble Dream‹, während er die Möglichkeit objektiver geschichtlicher Erkenntnis (Ranke) bestritt, die ökonomischen Hintergründe politisch-ideologischer Theoriebildung[67]. Eine ähnliche kritisch-reinigende Wirkung besaßen in Deutschland die etwa zur gleichen Zeit erschienenen kritischen Aufsätze Friedrich Meineckes (1862–1954), eines entschiedenen Gegners des NS-Staates. Das Sinnproblem beschäftigte zu der Zeit auch den 1922 aus Rußland ausgewiesenen Philosophen Nikolai A. Berdjajew (1874 bis 1948)[68].

Aus den USA wäre, neben manchen anderen[69], noch Robin G. Collingwood (1889–1943), ein Freund Croces, zu nennen.

[66] A Study of History. London 1934–1954. Deutsch: Der Gang der Weltgeschichte. 2 Bde (Kurzfassung) München 1970.

[67] American Historical Review 1935. Deutsch in: Fritz Stern (Hrsg.), Geschichte und Geschichtsschreibung. München 1966, S. 323 ff.

[68] Der Sinn der Geschichte. Darmstadt 1925.

[69] Haskell Fain, Between Philosophy and History. Princeton 1970; Charles F. Delzell, The Future of History. Nashville 1977. Dort weitere Literatur.

Er verglich die Forschungstätigkeit des Historikers mit der Ermittlungsarbeit von Kriminalbeamten und Detektiven. Der Historiker muß sich, wie diese, Vorgänge in der Vergangenheit vergegenwärtigen, sie rekonstruieren, wobei er letztlich auf seine eigenen Gedanken, seine Phantasie und seine Autorität angewiesen bleibt. Ein absolutes Wahrheitskriterium ist daher nicht zu erreichen.

Einen vielbeachteten Versuch, geschichtliche Prozesse seiner Zeit zu diagnostizieren, unternahm Karl Jaspers. Glich der Historiker bei Collingwood dem Kriminologen, gleicht er bei Jaspers, einem Mediziner, dem Arzt. Die Diagnose enthüllt wesentliche Züge der industriellen Gesellschaft: wie bei Ortega y Gasset die Vermassung, die Herrschaft der Technik, Lebensangst, aber auch, im Gegensatz zu Heidegger, Lebensfreude (Arbeit, Sport), Beschleunigung der gesellschaftlichen und ökonomischen Prozesse, Unmöglichkeit einer dauerhaften Daseinsordnung, Unfaßlichkeit des Ganzen. Als therapeutische Möglichkeiten zeichnen sich ab: Selbstbesinnung, Selbsterkenntnis, Selbstverwirklichung, Echtheit, Kreativität, Bejahung des Daseins. In der Prognostik unterscheidet Jaspers zwischen betrachtender und erweckender Prognose: Während die eine nach Art des Sokrates die eigene Unwissenheit bekennt, fordert die andere zur Selbstbefreiung des Menschen auf: »Im Aufraffen am Rande des Untergangs könnte der unabhängige Mensch erstehen, der faktisch die Dinge in die Hand nehmen und das eigentliche Sein bedeuten würde.«[70]

Die Periode der Geschichtsphilosophie zwischen den Weltkriegen weist folgende Merkmale auf: Vertiefung der Sinnfrage, Akzentverschiebung von der Vergangenheit auf Gegenwart und Zukunft, starker Einfluß der geschichtlichen Ereignisse auf das Geschichtsbild, Schwanken zwischen Pessimismus und Optimismus, Absage an chiliastische (endzeitliche) Vorstellungen, weitere Relativierung geschichtlichen Denkens und Erkennens, aber Festhalten an der Intention des Ganzen, Erfahrungen mit Diktaturen und politischer Gewalt, Bekenntnis zu Recht und Freiheit, Selbsttranszendenz der Geschichte.

Nach dem Zweiten Weltkrieg setzte sich sowohl in England (Russell) als auch auf dem Kontinent (Jaspers) angesichts einer ungewissen und bedrohlichen Zukunft die Akzentverschiebung in Richtung Zukunft fort. Russell schloß 1948 seine erkenntnis-

[70] Die geistige Situation der Zeit. Berlin 1931, S. 193.

theoretischen Arbeiten mit einer umfassenden Gesamtdarstellung ab und wandte sich geschichtlich-politischen Problemen zu. Bei ihm wechseln Alpträume mit Hoffnungen, Satiren auf Unfreiheit und Polizeistaat mit der Suche nach einer besseren Gesellschaftsordnung. Diese Phase Russellscher Geschichtsphilosophie findet ihren kürzesten Ausdruck in dem Buchtitel ›Has Man a Future?‹ (1961). Im gleichen Jahr schrieb Jaspers sein vielbeachtetes Buch ›Die Atombombe und die Zukunft des Menschen. Politisches Bewußtsein in unserer Zeit‹. Schon 1949 hatte er in einer umfassenden Studie ›Vom Ursprung und Ziel der Geschichte‹ seine geschichtsphilosophischen Überlegungen der dreißiger Jahre wiederaufgenommen und weitergeführt: Weltgeschichte, Gegenwart und Zukunft, vom Sinn der Geschichte, Überwindung der Geschichte. Am Ende transzendiert sich die Geschichte selbst in Richtung auf Natur, Wahrheit, Sein und Kultur: »Für das transzendierende Bewußtsein verschwindet die Geschichte in der ewigen Gegenwart.«[71] Aber auch auf spezielle Fragen, in denen die Zukunftsorientierung sichtbar ist, blieb Jaspers die Antwort nicht schuldig, so in den ›Lebensfragen der deutschen Politik‹ (1963), in der oft wiederaufgelegten Studie ›Wohin treibt die Bundesrepublik?‹ (1967) und in der Antwort auf die Kritik an dieser Schrift. Über ihren Wert für die Geschichtsphilosophie hinaus sind die genannten Werke von Russell und Jaspers wichtige Dokumente zur Zeitgeschichte.

Die Entwicklung der Geschichtsphilosophie seit 1945 läßt folgende Grundzüge erkennen: Zunahme der analytischen Philosophie der Geschichte, Konzentration auf Einzelfragen wie Prozesse und Normen, Verhältnis von Geschichtswissenschaft zur Geschichtsphilosophie, Geschichte als Selbsterkenntnis und Lernprozeß, Historische Anthropologie, die Möglichkeit von Welt-, Menschheits- und Universalgeschichte, Evolution und Geschichte, Zukunft der Geschichte. Was den von den Erfolgen der Naturwissenschaft Geblendeten verborgen bleibt, sind die beachtlichen Leistungen der historischen Einzeldisziplinen. In aller Stille hat sich auch hier eine Revolution vollzogen. Es läßt sich kaum ein Gebiet des Lebens, der Natur, Gesellschaft und Kultur denken, zu dem es nicht gute und ausführliche historische Darstellungen gibt. Man kann, komplementär zur Mathematisierung der modernen Welt von einer Historisierung spre-

[71] München 1949, S. 339.

chen, wobei Geschichtswissenschaft und Geschichtsphilosophie aufgehört haben, vergangenheitsorientiert zu sein, vielmehr Gegenwart und Zukunft in ihre Perspektive einbeziehen. Die von Ossip K. Flechtheim begründete Futurologie ist zwar keine neue Wissenschaft, wohl aber ein Symptom der Umorientierung. Je offener und ungewisser die Zukunft erscheint, desto dringlicher wird das Bedürfnis, sie zu erhellen. Gewiß bleibt die Geschichte das Reich der Freiheit, der Kontingenz, der Unregelmäßigkeit und des Zufalls, aber umfassende und genaue Trendanalysen vermögen doch manche Schneisen in das Dunkel der Zukunft zu legen und ermöglichen feinere Abstufungen des Wahrscheinlichen.

Das Grundkonzept der Geschichtsphilosophie ist pluralistisch, dynamisch, offen, global und nähert sich damit dem der Natur-, Sozial- und Kulturphilosophie an, ja umfaßt in gewisser Weise alle diese Disziplinen. Zwar erscheint heute die Auffassung der Geschichte als Lehrerin für das Leben reichlich naiv, ebenso der Glaube, historische Erkenntnisse direkt in gesellschaftliche und politische Wirklichkeit umsetzen zu können, aber das Studium der Geschichte vermag doch den Sinn für das Irrationale zu schärfen, was zur Meisterung der Ereignisse nicht weniger wichtig ist als die Statistik. Mit Jaspers kann der Historiker den Planern und Utopisten mindestens eine Lehre auf den Weg geben: Es kommt immer anders als der Mensch denkt, wenn auch selten völlig anders. Der Geschichtsphilosoph ist kein Anwalt des Irrationalen, aber als Sokratiker weiß er, daß nicht das Irrationale der schlimmste Feind des Rationalen ist, sondern das Scheinrationale, die Sophistik.

Vom Blickwinkel der Evolution aus gesehen, erscheint die Geschichte als ein Ersatz für das nicht vererbbare Individualgedächtnis, sozusagen als verlängertes Gedächtnis der Menschheit, mit dem sie Vergangenes vergegenwärtigen kann. Ob und wie sie das tut, sind andere Fragen. Einstweilen scheint es so, als ob nicht nur die Kenntnis der Vergangenheit wichtig für die Meisterung der Zukunft ist, sondern auch die Zielvorstellungen ausschlaggebend sind für das Bild der Vergangenheit und die Entscheidungen der Gegenwart. Liefern Wirtschaft und Naturwissenschaften die Dynamik, Politik und Sozialwissenschaften die Pragmatik, Religion, Philosophie und Kulturwissenschaften die Paradigmata, so fällt dem Historiker als dem Wissenschaftler par excellence von den Prozessen die Aufgabe zu, alle diese Prozesse zu einem komplexen Netzwerk von Wechselwirkungen zu integrieren und damit der Koexistenz, Kooperation und Kommunikation des Ganzen zu dienen, das er zwar als solches nicht zu durchschauen vermag, dessen Sinn und Zweck er auch nicht kennt, aber dessen Funktionsweise er zu deuten vermag als Rückkopplungsprozeß zwischen Faktoren der Natur, Gesellschaft und Kultur sowie der Reflexion des Bewußtseins auf diese Faktoren. Historisches Bewußtsein erscheint als vermittelnde Reflexion auf den Zusammenhang von Motorik, Informatik und Kybernetik im Gesamtprozeß menschlicher Evolution.

10.2.1.16 Traditionen, Krisen, Revolutionen

Die Macht der Geschichtsphilosophie wurde oft unterschätzt. Reinhart Koselleck hat am Beispiel der bürgerlichen Revolutionen im Zeitalter der Aufklärung ihre Bedeutung für den historischen Prozeß aufgezeigt. »Aus der Kritik entspringt die Geschichtsphilosophie, die Kritik ist der Vorbote der Krise ... Es liegt im Wesen einer Krise, daß eine Entscheidung fällig ist, aber noch nicht gefallen. Und es gehört ebenso zur Krise, daß offenbleibt, welche Entscheidung fällt ... Die Krise beschwört die Frage an die geschichtliche Zukunft ... Die Revolution wird prophezeit ... Die Geschichtsphilosophie ist die Kehrseite der Revolutionsprognostik ... Krise und Geschichtsphilosophie erweisen sich damit als eine gegenseitig sich ergänzende, innerlich zusammenhängende Erscheinung.«[72]

Das Wort »Krisis« hat in seiner Bedeutung beim Übergang von der antiken zur christlichen Philosophie eine charakteristische Veränderung erfahren, und zwar von der »Unterscheidung« zur »Entscheidung«. »Urteil« kann »Aussage«, aber auch (gerichtliche) »Entscheidung« bedeuten. Im Johannes-Evangelium erscheint das Wort im Sinn des »Jüngsten Gerichts« oder »Gerichts über die Welt« *(krisis kosmou).* Paul Hazard verlegte den Beginn der Krise des europäischen Bewußtseins an den Anfang der Neuzeit[73]. Die zunehmende Spannung von Moral und Politik führte zum Sturz des Absolutismus, zuerst unblutig in England, dann mit Blutvergießen in

[72] Kritik und Krise. Eine Studie zur Pathogenese der bürgerlichen Welt. Frankfurt 1973, S. 105, 154.

[73] Die Krise des europäischen Geistes 1680–1715. Hamburg 1939.

Frankreich. Rousseau prophezeite bereits: »Nous approchons de l'état de crise et du siècle des révolutions.« So hat der Begriff der Revolution von seiner anfänglichen naturphilosophischen Bedeutung des Kreisens – Kopernikus verstand unter Revolution den Umlauf von Himmelskörpern – unter dem Einfluß des Christentums und der Erfahrung gesellschaftlichen Wandels seit dem Ende des 17. Jahrhunderts einen folgenreichen Bedeutungswandel erfahren: Umlauf, Umwälzung, Rückkehr zum Wahren, Rechtmäßigen und Bewährten, Erneuerung, gesellschaftlicher Prozeß, permanenter Wandel, Fortschritt, Freiheit, industrielle Revolution, Weltveränderung (Weltrevolution). Von da war es kein weiter Weg mehr bis zur Anwendung des Revolutionsbegriffs auf Kultur, Wissen und Wissenschaft. Edmund Husserl wandte den Begriff Krise auf die europäischen Wissenschaften an, Karl Joël (1864–1934) auf die Philosophie und Thomas S. Kuhn auf den Fortschritt des Wissens. Nietzsche pervertierte den christlichen Krisenbegriff in automessianischer Ekstase zum »Geisterkrieg«: »Es wird sich einmal an meinen Namen die Erinnerung an etwas Ungeheures anknüpfen – an eine Krisis, wie es keine auf Erden gab, an die tiefste Gewissens-Kollision, an eine Entscheidung, heraufbeschworen gegen alles, was bis dahin geglaubt, gefordert, geheiligt worden war. Ich bin kein Mensch, ich bin Dynamit ... Der Begriff Politik ist dann gänzlich in einen Geisterkrieg aufgegangen, alle Machtgebilde der alten Gesellschaft sind in die Luft gesprengt – sie ruhen allesamt auf der Lüge: Es wird Kriege geben, wie es noch keine auf Erden gegeben hat. Erst von mir an gibt es auf Erden *große Politik*.«[74]

Während Nietzsches irrationalistische Krisenkonzeption geradewegs in die Katastrophe führt, schließt Kosellecks rationalistische Diagnose andere Wege nicht aus: »Die gegenwärtige Weltkrise, bestimmt durch die polare Spannung der Weltmächte Amerika und Rußland, ist – historisch gesehen – Ergebnis der europäischen Geschichte. Die europäische Geschichte hat sich zur Weltgeschichte ausgeweitet und vollendet sich in ihr, indem sie die ganze Welt in den Zustand einer permanenten Krise hat geraten lassen.«[75]

An Kriegen, Krisen und Revolutionen, Krisenbewußtsein, Krisenpropheten und Kritikern hat es im 20. Jahrhundert nicht

[74] Ecce homo. In: Werke. Hrsg. v. K. Schlechta. Bd. 2, München 1955, S. 1152f.

[75] Koselleck, Kritik und Krise, S. 1.

gefehlt: die beiden Weltkriege, die faschistischen Revolutionen und die kommunistische Revolution, die Weltwirtschaftskrise, die Kubakrise und die Krise der Dritten Welt, die Grundlagenkrisen der Werte und Wissenschaften, die technischen und industriellen Revolutionen und nicht zuletzt die Identitätskrise des Menschen selbst, der in eine nie dagewesene Spannung zwischen Tradition und Innovation[76] geraten ist.

Ist die Welt aus den Fugen geraten oder verlor der Mensch die Kontrolle über sich? Hat sich die Technik verselbständigt oder hat der Mensch versagt? Ist der Mensch ein Halbgott oder nur ein mißratenes Tier, Hüter der Schöpfung oder Rebell gegen Gott, Übermensch oder Untermensch oder beides zugleich? Darauf hat die Prozeßphilosophie sowenig eine Antwort bereit wie die Seinsphilosophie. Wie der Mensch im Laufe seines Daseins erfährt, was er ist, bekommt die Menschheit im Laufe der Geschichte, Schritt für Schritt, die Antwort auf die Frage nach dem, was sie ist. Ohne Tradition kann der Mensch nicht existieren, nur aus der Tradition ebensowenig. Im Traditionalismus versandet die menschliche Existenz, im Fortschrittsrausch verliert sie das Maß. Allem Anschein nach hat sich mit dem Verhältnis des Menschen zur Zeit auch sein Verhältnis zur Tradition geändert, es ist dynamischer geworden. Aufgabe des Menschen ist es nun, die Dynamik unter Kontrolle zu behalten, ihr nicht zu erliegen, sich weder zu unterfordern noch zu überfordern. Die großen Gegensätze zwischen intellektuellem Fortschritt und ethischer Beharrung, zwischen überentwickelter Zivilisation und unterentwickelten Ländern, zwischen exzessiver Freiheit und ideologischer Beschränktheit erleichtern die Aufgabe nicht gerade. Traditionsgläubigkeit und blinder Fortschrittsglaube haben sich überholt. Die Evolution hat die Revolution überholt. Die Tradition ist nicht so rational wie sie sich gibt, die Revolution nicht so irrational, wie es scheint. Rationalität und Irrationalität stehen im evolutionären Prozeß in einem komplementären Verhältnis, sie schließen einander aus und setzen sich gegenseitig voraus: keine Ratio ohne Glaube, kein Glaube ohne rationale Momente.

Im Zuge der kulturellen Evolution haben sich auch die traditionellen philosophischen Disziplinen gewandelt. In der theoretischen Philosophie ist anstelle der klassischen die evolutionäre

[76] Vgl. hierzu Rainer Specht, Innovation und Folgelast. Stuttgart/Bad Cannstatt 1972.

Erkenntnistheorie getreten[77], anstelle der klassischen Ethik (Tugend-, Pflichten- und Wertlehre) im Lauf einer Revolution der ethischen Theorie[78] die moderne Entscheidungstheorie (Axiologie, Praxeologie und Metaethik), anstelle der klassischen Metaphysik die moderne Metaphysik, eine Art Metamorphose der aristotelischen Metaphysik.

Um mit dieser zu beginnen: Die Lehre von den vier Ursachen bildet das Kernstück der aristotelischen Metaphysik. Historisch gesehen, resümiert es die wichtigsten Ergebnisse griechischer Wirklichkeitserfahrung, systematisch betrachtet, läßt es das (ontologische) Orientierungssystem dieser Erfahrung erkennen. In der modernen Metaphysik kehrt die Stoffursache des Aristoteles als Energie (Materie) wieder, die Formursache als Information (Idee), die Bewegungsursache als Steuerung *(nous kybernetikós)* und die Zweckursache als Evolution *(entelécheia)*. Anstelle der alten aristotelischen Teleologie ist die Autotelie (Selbstorganisation) getreten und anstelle des Seinsbegriffes der griechischen Ontologie (Sein des Seins) der evolutionäre Prozeß in allen seinen Erscheinungsformen. Der aristotelische Gott, der unbewegte Beweger oder das sich selbst denkende Denken *(noësis noëseos)* ist als Prinzip der Selbsttranszendenz in das Evolutionsgeschehen integriert.

Ähnliches gilt für die Erkenntnistheorie und für die Ethik. Die Logik, bei Aristoteles noch vorwiegend Lehre von den Begriffen, Schlüssen, Urteilen und Beweisen, später formale Logik, Aussagenlogik, mathematische Logik, Kalkültheorie und Logistik, analysiert, soweit sie nicht in die Grundlagenwissenschaft der Mathematik oder in die Sprachtheorie integriert ist, die formale Konsistenz von Informationen. Die Erkenntnistheorie, soweit sie nicht in Wissenschaftstheorie, Kultur- und Geschichtsphilosophie einbezogen ist, analysiert Genesis, Funktion und Relevanz kognitiver Prozesse. Die Ethik, soweit sie ihre Selbständigkeit erhalten konnte, untersucht als Axiologie, Deontologie und Pragmatik die zwischenmenschliche Relevanz von Entscheidungsprozessen im sozialen, politischen und kulturellen Umfeld. Die moderne Erkenntnistheorie unterscheidet sich von der traditionellen vor allem dadurch, daß sie nicht mehr mit Prinzipien im Sinn von absoluten, unveränderlichen Größen arbeitet. Eine der wichtigsten Erkenntnisse ist,

[77] Vgl. Gerhard Vollmer, Evolutionäre Erkenntnistheorie. Stuttgart 1981.

[78] Vgl. hierzu George C. Kerner, The Revolution of Ethical Theory. Oxford 1966.

daß auch die Erkenntnistheorie dem Wandel unterliegt. Sie geht deshalb noch lange nicht im relativistischen Chaos unter. Das Aufgabengebiet der modernen Erkenntnistheorie hat sich gegenüber der traditionellen zugleich verengt und erweitert: verengt durch die Teilhabe der einschlägigen Wissenschaften an der Erforschung der Erkenntnis, erweitert durch die Möglichkeit der Kritik an den Zielen, Methoden und Ergebnissen der Wissenschaften. Aus der traditionellen Epistemologie ist eine Meta-Wissenschaft geworden, wie aus der Ethik eine Meta-Disziplin. Probleme der alten und neuen Erkenntnistheorie sind: Was ist Erkenntnis? – (Begriff); Was wird erkannt? – (Gegenstand); Wie erkennt man? – (Methode); Wie weit geht die Erkenntnis? – (Grenzen); Wie sicher ist Erkenntnis? – (Geltung); Worauf beruht die Sicherheit? – (Begründung). Aus der Sicht evolutionärer Erkenntnistheorie erscheint das Instrumentarium der Erkenntnis als ein Ergebnis der biologischen Evolution: »Die subjektiven Erkenntnisstrukturen passen auf die Welt, weil sie sich im Laufe der Evolution in Anpassung an diese reale Welt herausgebildet haben. Und sie stimmen mit den realen Strukturen (teilweise) überein, weil nur eine solche Übereinstimmung das Leben ermöglichte.«[79]

Eines der Grundprobleme der traditionellen Erkenntnistheorie war das Subjekt-Objekt-Problem. Die moderne Erkenntnistheorie hat das Problem zwar weder restlos gelöst noch als Scheinproblem entlarvt, wohl aber weitgehend geklärt. Aus der absoluten Andersartigkeit von Mensch und Welt ist in evolutionärer Sicht eine partielle Übereinstimmung geworden. Der Gegensatz Subjekt – Objekt hat sich als geschichtliches Produkt von Prozessen der Auseinandersetzung des Menschen mit seiner Umwelt erwiesen. Das Subjekt erscheint danach als dasjenige Objekt, relativ zu dem alle Objekte Objekte sind. Die Auswahl eines bevorzugten Bezugssystems ist aus Orientierungs- und Erhaltungsgründen zweckmäßig. Verabsolutiert man diese »Arbeitshypothese«, kommt dabei ein für den Menschen und für die Welt hoffnungsloser und verhängnisvoller Gegensatz von Mensch und Natur heraus. Versteht sich der Mensch, gemäß der Evolutionstheorie, als einen Teil der Natur, entfallen die Gründe für eine solche Konfrontation, und der Gegensatz Subjekt – Objekt bekommt eine relative, heuristisch-methodische Bedeutung.

[79] Vollmer, Evolutionäre Erkenntnistheorie, S. 102.

Ein zweites Grundproblem traditioneller Erkenntnistheorie, das eng mit dem oben erwähnten zusammenhängt, ist die (Kantische) Frage, ob es synthetische Urteile a priori (nicht rein begriffliche, analytische, sondern erfahrungskonstituierende) gibt. Die evolutionäre Erkenntnistheorie arbeitet hier mit dem Begriff der partiellen Strukturgleichheit (Isomorphie)[80]. Danach erscheint das Kantische *a priori* zwar nicht als notwendig, wohl aber als Anpassungsprodukt zwecks Erkenntniserleichterung und Erkenntniserweiterung. War das »Ding an sich« nach Kant dem Menschen ein und für alle mal verschlossen, so erscheint es in moderner Sicht, unter Erweiterung des Kantischen Erfahrungsbegriffs, als bedingt hinterfrag- und erfahrbar. Die traditionelle Erkenntnistheorie ist danach nicht falsch, sondern behandelte nur, dem Wissensstand der Zeit entsprechend, die Probleme in einer Art Chiffre, insofern ein typisches Produkt der Evolution, als auch diese im genetischen Code mit Chiffren arbeitet. Wächst das Wissen, läßt sich die Botschaft entschlüsseln, und damit ist ein neues Stadium kreativen Wissens erreicht. Auch die Erkenntnistheorie unterliegt dem Wandel. Kant zog in seinem Transzendentalismus aus den zeitgenössischen naturwissenschaftlichen Erkenntnissen (Newton) wissenstheoretische Schlüsse, die heute als veraltet fallengelassen und durch weiterführende Paradigmata ersetzt werden können. Stufen auf diesem Weg sind die genetische Erkenntnistheorie Piagets (1896–1980) und Campbells evolutionäre Epistemologie (1974).

Nicht viel anders als in der Erkenntnistheorie führt der Weg der modernen Ethik vom Apriorismus zu Faktorenanalyse, Feldforschung und Entscheidungstheorie, von theologisch-metaphysischer Prinzipienlehre zur Erzeugung evolutionsgerechten, dynamischen Verhaltens: »Die lebendige, direkte Erfahrung von Moral schlägt sich in Form der Ethik nieder, wird Form, wie biologische Erfahrung im genetischen Code Form wird. Die gespeicherte ethische Information wird wiederum vom moralischen Prozeß in aktuellen Lebenssituationen zur Anwendung gebracht.«[81] Die evolutionäre Ethik[82] hat ein Grundanliegen des Jesus von Nazareth zugleich bestätigt und aktualisiert: nicht der Mensch ist um der Moral willen, sondern

[80] Ebd., S. 119ff.
[81] Jantsch, Selbstorganisation des Universums, S. 358.
[82] Vgl. auch Anthony Flew, Evolutionary Ethics. London 1967; dort weitere Literatur.

Moral und Ethik sind um des Menschen willen da. Modernes Verständnis der Ethik steht originärer religiöser Erfahrung gar nicht so fern. Was Jesus seinen Zeitgenossen in Form von Gleichnissen klarzumachen suchte, erweist sich aus moderner Sicht als ein komplexer, aber natürlicher Zusammenhang von Rückkopplungsprozessen. Verabsolutiert man indessen zeitbedingte ethische oder moralische Konzepte, erstarren sie zu unverständlichen Systemen, die das Leben eher behindern als fördern. Die Hauptbestandteile traditioneller Moral, die Tugend-, Pflichten- und Wertlehre sind Chiffren für die Umsetzung evolutionärer Energie in moralische Wirklichkeit: Konditionierung, Selbstbestimmung und Zielsetzung (Selbsterhaltung, Glück, Nutzen). Der Sinn von Ethik und Moral ist nicht nur die Bewahrung der Existenz, sondern ihre Steigerung. Gut – im evolutionären Sinn – ist, was mehr soziale und kulturelle Evolution ermöglicht, schlecht, was sie blockiert, böse, was sie bewußt verhindert oder pervertiert und damit zerstört. Als Sünde im modernen Sinn erscheint der Verzicht auf Selbstbestimmung, Freiheit, Selbstverwirklichung, Kreativität, Lebenserfüllung und Lebensgestaltung, denn ein solcher Verzicht bedeutet Preisgabe einer evolutionären Chance, eines kostbaren Schatzes, die Vergeudung von Zeit, Energie und Talenten. Böse ist auch, was Menschen zur Nichtbenutzung ihrer Talente verdammt, gut, was sie zum Verzicht auf den Verzicht ermutigt.

Wie sich die traditionelle Metaphysik, Erkenntnistheorie und Ethik zu Metadisziplinen im modernen Sinn gewandelt haben, hat sich auch die Methoden-Konzeption geändert. Wie sehr dabei selbst die Wissenschaft den Einflüssen der Machtblöcke ausgesetzt ist, zeigt die Polarisierung der Methodik in Analytik (Westen) und Dialektik (Osten). Während die Analyse ihre Effizienz im Fortschritt der Wissenschaften immer wieder unter Beweis gestellt hat, entpuppte sich die Dialektik immer mehr als Pseudowissenschaft. Aristoteles hat bereits die Platonische Dialektik, obwohl diese noch etwas ganz anderes war als das, was seit Hegel unter Dialektik verstanden wird, in die Nähe der Rhetorik gerückt und beiden seine Logik, das heißt Analytik, als wissenschaftliche Methode gegenübergestellt. Wie recht er damit hatte, zeigt die Entwicklung der Dialektik nach Hegel. Es ist bis heute, ungeachtet zahlreicher Versuche, nicht gelungen, die Dialektik auch nur annähernd zufriedenstellend zu definieren. Stegmüller zog daraus nur den unabweisbaren Schluß, »daß ›Dialektik‹ kein Begriff ist, sondern ein *Wort*, unter dem sich manches sehr vieles, ohne Zweifel aber viele gar manches denken, keiner jedoch etwas auch nur einigermaßen Klares und Vernünftiges.«[83] Positiv gesehen kann Dialektik (im Platonischen Sinn) praktiziert, immerhin zur Ordnung der Begriffe beitragen, Groborientierungen und Klassifikationen ermöglichen. Für den modernen wissenschaftlichen Gebrauch ist die Dialektik ungeeignet. Auch hier hat die Evolution die Revolution überholt. Dialektisch diskutieren heißt heutzutage bestenfalls leeres Stroh dreschen. Gefährlicher ist der Gebrauch der Dialektik zur Verschleierung von Wahrheit überhaupt, ihre quasi-militärische Funktion im Sinne einer Taktik und Strategie. Als solche trifft sie verstärkt der aristotelische Vorwurf, eine Art Rhetorik zu sein: eine demagogische, polarisierende und verfeindende Wortkunst, der Eristik (Streitkunst) der Sophisten vergleichbar, der Sokrates seine eirenische (friedensstiftende) Elenktik gegenüberstellte, aus der sich die Platonische Dialektik – besser Dialogik –, später die Aristotelische Logik beziehungsweise Analytik entwickelte. Kennt man diese historischen Zusammenhänge, erkennt man auch die moderne Dialektik als eine eristische Technik. Selbst wenn es gelänge, die Dialektik zu entschärfen und sie in eine Gesprächskunst umzuwandeln, wären damit noch lange nicht alle Probleme der modernen Methodik gelöst, deren Mängel vor allem in ihrem Intellektualismus begründet liegen. Schon Aristoteles ergänzte die Kategorialanalysen seiner Metaphysik im Buch ›Lambda‹ durch eine religiöse Meditation (Gotteslehre). Im Mittelalter bildete die Mystik ein schwaches Gegengewicht gegen den kontinentalen Intellektualismus. Sie zeigt sehr deutlich die Einseitigkeit der intellektualistischen Grundorientierung. Descartes, der den neuzeitlichen kontinentalen Intellektualismus begründete, schrieb ›Meditationen‹. Leibniz wollte aus der formalen Logik eine Kombinationskunst machen *(ars combinatoria)*. Auch er erkannte die Unhaltbarkeit des traditionellen Methodenkonzepts. Seine Idee konnte sich aber gegen den übermächtigen Trend zur Formalisierung nicht durchsetzen. Schließlich griff Husserl, am Ende seiner intellektualistischen Philosophie, auf die Cartesischen Meditationen zurück. Alles das zeigt nur zu deutlich die Schwächen traditioneller westlicher Methodik, die der Erweiterung und Vertiefung bedarf, vor allem durch Einbeziehung der Phantasietätigkeit (Kombinationskunst) und des

[83] Stegmüller, Gegenwartsphilosophie, Bd. 3, S. 204.

Unbewußten (Meditation), aber auch durch die Ergänzung traditioneller Verfahren wie Induktion und Deduktion zum Beispiel durch Reduktion. Auch hier kann man von Husserl lernen. Insgesamt bietet das traditionelle Methodenkonzept ein Bild der Erstarrung, Verkümmerung und Sterilität. Aus dieser Sackgasse kann nur die Öffnung gegenüber neuen Erkenntnissen der Informatik, Kybernetik und Evolutionstheorie herausführen. Diese Öffnung, ein Desiderat moderner Wissenschaftskritik, wäre weniger revolutionär als evolutionär, insofern Öffnung ein Grundmerkmal aller Evolution ist, Verschließung dagegen ein Merkmal sowohl der Tradition und Restauration als auch der Revolution.

10.2.2 Einzeldarstellungen

Man kann die Philosophen der einzelnen Länder und die Werke der Philosophen nach den Gesichtspunkten »traditionell«, »revolutionär« und »evolutionär« einteilen, wobei aber auch in einem einzigen Werk desselben Autors Traditionelles neben Revolutionärem vorkommen kann. Ganz ohne traditionelle Elemente kommt auch der revolutionärste Philosoph nicht aus. Dabei ist nicht jeder Denker, der sich fortschrittlich oder revolutionär gibt, dies auch wirklich. Wahrhaft fortschrittlich, weiterführend und fruchtbar sind die Denker, die ohne Bruch mit der Tradition ein Maximum an geistiger Freiheit verwirklichen. In der Philosophie wie überall muß Altes, Abgelebtes, Überholtes dem Jungen, Lebendigen und Neuen weichen. Allerdings gilt hier nicht der temporäre Abstand, der Jahrgang, es zählen vielmehr Vitalität und geistige Frische. Wie ein Jüngling mit zwanzig Jahren vergreist sein kann, gibt es jugendliche Senioren, ähnlich in der Philosophie. Hegels Philosophie trägt beispielsweise senile Züge, Nietzsche erscheint revolutionär, ist jedoch in Wirklichkeit reaktionär, Platon ist nach wie vor jung, zeitlos, modern.

In der englischen Philosophie stimmen evolutionäre Theorie und Praxis weitgehend überein. Die französische Philosophie enthält viel Revolutionäres, die deutsche erscheint bisweilen revolutionär, bleibt aber insgesamt der Tradition verhaftet. Österreich fand durch den Wiener Kreis den Anschluß an die

Moderne, die Schweiz durch Denker wie Jean Piaget und Ferdinand Gonseth. In Italien hemmte die faschistische Diktatur, wie in Deutschland die nationalsozialistische Herrschaft, die philosophische Entwicklung. Ungeachtet der negativen Auswirkungen des Klerikalismus und der Diktatur Francos auch auf philosophischem Gebiet, finden sich in Spanien bemerkenswerte Ansätze zur Befreiung aus den Fesseln der Tradition: Miguel de Unamuno, Ortega y Gasset. Diese Tendenzen setzen sich verstärkt im spanischen Kulturkreis Iberoamerikas fort, wo sich Europäisches, Amerikanisches und Einheimisches zu einer ebenso interessanten wie brisanten Mischung zusammenfinden. In Europa waren und sind die Niederlande nicht nur ein Sammelbecken der Tradition, sondern hier finden sich auch wertvolle Neuansätze. Griechenland gehört, wie Indien und China, zu den Ländern mit einer großen philosophischen Tradition. Ältestes und Modernstes mischen sich hier und ermöglichen vielversprechende Entwicklungen jenseits von Traditionalismus und Revolution. Die skandinavischen Länder weisen neben traditionellen Elementen manche neuen, bisweilen revolutionären Elemente auf, so die ökologische Komponente in Norwegen, die naturorientierte Tendenz der Schule Uppsala und die deontologische Richtung in Finnland. Von den osteuropäischen Ländern sind Polen (Logik) und Ungarn (Budapester Schule) die revolutionärsten, Rußland und die DDR die konservativsten. Ob die gegenwärtige Öffnung etwas verändert, bleibt abzuwarten. Die ČSSR, die auf eine große philosophische Vergangenheit zurückblicken kann, entspricht auch im 20. Jahrhundert diesem Niveau (Husserl, Gödel, Charta 77). Rumänien öffnet sich zusehends dem modernen Denken und leistet Beiträge zu mehreren modernen philosophischen Disziplinen (Anthropologie, Axiologie, Futurologie).

Von den außereuropäischen Staaten liegen die Vereinigten Staaten, nicht nur was die Quantität philosophischer Produktion betrifft, vorn. Hier ist Westliches und Östliches, Traditionelles und Modernes in einem Maß vorhanden und vermischt, daß revolutionäre Entwicklungen, wie auf den Gebieten der Technik und Wissenschaften, abzusehen oder schon eingetreten sind (Quine, Rawls, T.S. Kuhn). Kanada gehört, wie Israel, Südafrika und Australien, zu den Ländern, die erst im Laufe des 20. Jahrhunderts in das kulturelle Szenarium des gegenwärtigen Zeitalters eingetreten sind. In allen diesen Ländern zeichnen sich, neben der Verarbeitung der Traditionen, zukunftweisende Fragestellungen und Denkansätze ab. Im übrigen Afrika und den islamischen Ländern ist bis jetzt am wenigsten philosophische Initiative zu erkennen. Asien ist in Bewegung geraten und hat sowohl in traditioneller (altes Indien und China) als auch revolutionärer (modernes China, Korea) Hinsicht manche Chance, mit dem Westen zu konkurrieren, am meisten Japan, dessen explosionsartige Freisetzung kreativer Kräfte auch auf philosophischem Gebiet wirksam zu werden beginnt.

Europa hat gegenüber Asien und Amerika nur dann eine Chance, wenn es von seiner narzißtisch-eurozentrischen Weltanschauung loskommt und sich zu einer globalen Betrachtungsweise durchringt, in der seine große philosophische Tradition, vor allem die griechische, eine Renaissance erleben könnte.

10.2.2.1 Großbritannien

Die weltweite Tendenz zur Öffnung der Philosophie zeigt sich bei keinem Denker des 20. Jahrhunderts deutlicher als bei Bertrand Russell, der sich vom Mathematiker zum Erkenntnistheoretiker entwickelte und immer auch ein politischer Denker war. Er durchlief im individuellen Bewußtsein noch einmal die großen Phasen des 19. Jahrhunderts: vom Idealismus zum Materialismus und von diesem zum Positivismus, Mathematizismus bzw. kritischen Realismus, vom Extrem des spekulativen Idealismus zum anderen Extrem des Materialismus und von da zu einer mittleren Position. Russell verbindet in einmaliger Weise das 19. mit dem 20. Jahrhundert. Einmalig nicht nur in diesem Jahrhundert, sondern darüber hinaus in der gesamten bekannten Geschichte der Philosophie ist der Fall, daß ein Denker fast ein Jahrhundert lang die politische Entwicklung seiner Zeit aus praktischer Erfahrung und mit leidenschaftlichem Engagement kommentiert, ja sogar in das politische Geschehen eingreift. Russell hat beispielhaft gezeigt, daß echte Philosophie nicht nur dazu berufen ist, Herausforderungen der Um- und Mitwelt anzunehmen, sondern auch die Fähigkeit besitzt, sie zu meistern.

Da die englische Philosophie, im Vergleich mit der anderer europäischer Nationen, die größte Kontinuität aufweist und Russell auf der Linie von Bacon, Hume und Mill weiterdenkt, sei hier mit der englischen Philosophie begonnen, zumal die Nachfolger von Moore und Russell bis zur Gegenwart durchweg die Abneigung Newtons gegenüber Hypothesen, Systemen und Spekulationen teilen und statt dessen auf Erfahrung und Analyse, verbunden mit der nötigen Skepsis, setzen, also dem sokratischen Stil zu philosophieren am nächsten kommen.

Was die Unterscheidung von traditioneller und moderner Philosophie betrifft, sind die Grenzen, wie überall, fließend. Philosophie des 19. Jahrhunderts und aus der Zeit davor lebt noch im 20. Jahrhundert weiter, läuft streckenweise neben modernen Richtungen einher und läßt sich, zumal in den zahlreichen Kombinationen, Mischformen und Varianten nur schwer und meistens nur von Fall zu Fall abgrenzen. Eine Philosophie erscheint dann mehr traditionell, wenn sie die alten Disziplinen bevorzugt, mehr zum System als zum Problem tendiert, modern dagegen, wenn sie vorwiegend sachbezogen verfährt, echte von falschen Problemen zu unterscheiden versteht und sich den Herausforderungen des Zeitalters stellt, das heißt, wenn sie von ihrer geistigen Freiheit Gebrauch macht und an der Selbstbefreiung der Menschheit mitwirkt oder, mit Kant zu sprechen, wenn sie dem Menschen hilft, sich aus seiner selbstverschuldeten Unmündigkeit zu befreien.

10.2.2.1.1 Moore

George Edward Moore (1873–1958) vollzog 1903 die Abkehr vom Idealismus in seinem Werk ›The Refutation of Idealism‹. Moore war eine Zeit lang unter John Ellis McTaggerts (1866 bis 1925) Einfluß Hegelianer gewesen. In der Hauptsache waren es Gespräche mit Moore, die dann auch Russell zur Trennung vom Idealismus und zum Aufbau einer neuen Position veranlaßten. Moores neue Position war der sog. englische Neurealismus, der eng mit dem amerikanischen Neurealismus verwandt ist. Moore lernte seinerseits durch Russell und Alfred North Whitehead Logik und Mathematik kennen. Er schrieb wenig, entlarvte Scheinprobleme und legte Wert auf strenge Analysen. Die Aufgabe der analytischen Philosophie ist es, den realistischen Standpunkt des gesunden Menschenverstandes zu verteidigen: ›A Defense of Common Sense‹ (1924). Der Idealismus macht sich schon dadurch verdächtig, daß er sich in einem dauernden Konflikt mit dem gesunden Menschenverstand befindet; der Idealist flüchtet ins Dunkel der Schwer- oder Unverständlichkeit. Moore gründet seine realistische Position auf der von Russell übernommenen Theorie der Sinnesdaten *(sense data)*. Moores Hauptinteresse galt jedoch der Ethik: ›Principia Ethica‹ (1903). Er vertrat, wie später Nicolai Hartmann, die Auffassung, daß sich der Begriff »gut« nicht definieren läßt. Spricht man dem Guten die Eigenschaft irgendeines Guten zu, begeht man einen Trugschluß, den Moore den »naturalistischen Fehlschluß« *(the naturalistic fallacy)* nannte. Ein echtes Problem der Ethik ist dagegen, welche Güter an sich gut sind und welche um eines anderen willen. Die größten Güter sind nach Moore organische Einheiten, die in zwei Hauptklassen zerlegbar sind: die persönliche Liebe und der ästhetische Genuß.

Von Moores extremer Wahrheitsliebe berichtet Russell in seiner Autobiographie. Nur einmal sei es ihm gelungen, Moore zu einer Lüge zu verleiten, aber nur mit einer Fangfrage: »Sagst du immer die Wahrheit?« Darauf Moore: »Nein.«

10.2.2.1.2 Whitehead

Alfred North Whitehead (1861–1947) studierte in Cambridge Mathematik, lehrte dann Geometrie und Mechanik, von 1911 bis 1924 in London, von 1924 bis 1937 in Harvard. Viele Jahre arbeitete er mit Russell an dem monumentalen Werk der ›Principia Mathematica‹, das in drei Bänden (1910–1913) erschien. Danach befaßte er sich mit physikalischen und philosophischen Fragen. In dem Werk ›Science and the Modern World‹ (1926) suchte er die Rolle der Wissenschaft in der modernen Welt zu bestimmen, in seinem Hauptwerk ›Process and Reality‹ (1929) entwarf er eine Kosmologie im Anschluß an Einsteins Relativitätstheorie. Whitehead ist ein ausgesprochen moderner Denker, er geht von einem neuzeitlich-prozessualen Weltverständnis aus, einer Grundvoraussetzung evolutionären Denkens.

Die Welt besteht nicht aus Dingen, sondern aus Ereignissen *(events)*, aus dem, was geschieht *(happens)*. Dennoch ist Whitehead Platoniker. Von ihm stammt der Satz, die gesamte europäische Philosophie bestehe aus Fußnoten zu Platon. In gewissem Umfang gelingt Whitehead unter Einbeziehung neuzeitlicher Gedankengänge sogar, wovon zahlreiche Philosophen im Altertum, Mittelalter und in der Neuzeit träumten: eine Synthese von Platon und Aristoteles. Die Ereignisse entsprechen der *hyle,* dem Stoff, die Objekte dem *eidos,* der beständigen Form. Jedes Ereignis ist ein Erfassen *(prehension)*, ein Abbilden des Universums an sich, zugleich ein Organismus, der in Wechselwirkung mit dem Ganzen steht. Alles steht mit allem in Verbindung, bildet eine große Gemeinschaft und lebt, fühlt, nimmt sich wahr *(apprehension)*. Jedes Ereignis wurzelt im Vergangenen, ist in die Zukunft gerichtet und auf die Gegenwart bezogen. Die Existenz des Geistes ist evident, aber es gibt keine Spaltung in Materie und Geist. Whitehead widerlegt den Materialismus schlüssig. Geist und Körper bestehen aus Ereignisreihen, das Bewußtsein ist eine Funktion. In den anorganischen Körpern ist das geistige Element nur äußerst gering enthalten. Das gilt auch für den subatomaren Bereich. Elektronen und Protonen sind Organismen niederer Ordnung gegenüber Atomen und Molekülen. Während für Kant die Welt aus dem Subjekt entsteht, entsteht für Whitehead das Subjekt aus der Welt und ist daher eigentlich ein »Superjekt«. »Das Wort ›Objekt‹ bezeichnet ein Einzelwesen, das eine Potentialität darstellt, ein Bestandteil im Empfinden zu sein, und das Wort ›Subjekt‹ bezieht sich auf das Einzelwesen, das durch den Empfindungsprozeß konstituiert wird und diesen Prozeß einschließt. Der Empfindende ist die Einheit, die aus seinen eigenen Empfindungen hervorgeht; und Empfindungen sind die Einzelheiten des Prozesses, der zwischen dieser Einheit und ihren vielen Daten vermittelt. Die Daten bilden die Potentiale für das Empfinden; das heißt, sie sind Objekte.«[84]

Wesentlich für das Weltbild Whiteheads ist, daß es zwischen »lebenden« und »nichtlebenden« Gesellschaften keine absolute Grenze gibt und daß er im Sinne der Evolutionstheorie auch die Erscheinungen der anorganischen Natur als »Gesellschaften« betrachtet. »Leben ist ein Bemühen um Freiheit«, heißt es an anderer Stelle, was jede Form von Determinismus ausschließt. Die Nähe zur Philosophie der Information wird deutlich, wenn Whitehead den Einzelnen die bestimmenden Momente seines Seins innerhalb einer Gemeinschaft aus der ihm verfügbaren Informationsmenge über seine komplexe soziale Umgebung ableiten läßt.

Von hier ist der Weg zu einer modernen Interpretation des kategorischen Imperativs oder der platonischen Idee, die Whitehead durchaus anerkennt, nicht mehr weit. Die platonische Idee läßt sich, so betrachtet, als im Verlauf der Evolution im genetischen Code gespeicherte Information zur Selbst- und Arterhaltung verstehen.

10.2.2.1.3 Russell

Bertrand Russells Leben und Denken sind das Paradigma eines evolutionären kulturellen Prozesses, in dessen Verlauf die mei-

[84] A. N. Whitehead, Prozeß und Realität. Frankfurt 1979, S. 175f.

sten der im allgemeinen Teil dieses Kapitels skizzierten philosophischen Teildisziplinen von der Philosophie der Mathematik bis zu der Geschichtsphilosophie zur Sprache kommen.

Bertrand Russell (1872–1970) verlor seine Eltern früh. Dieses Los, das seinen Lebensweg nicht unwesentlich mitbestimmte, teilte er – wenigstens für einen Elternteil – mit anderen großen Denkern wie Platon, Leibniz oder Kant, die in seinem Leben eine bedeutende Rolle spielen sollten. Für Russell, der bei seinen Großeltern aufwuchs, wurden außerdem einige andere Kindheitserlebnisse bedeutsam, die sein Verhältnis zu Natur, Gesellschaft und Kultur prägten. Rückblickend bezeichnete er selbst die einsamen Stunden, die er im Park des Landsitzes seiner Großeltern umherschweifend verbrachte, als die wichtigsten für seine geistige Entwicklung. Die Fernsicht, die der Park in westlicher Richtung bot, weckte in ihm, neben dem Verlangen nach ungehindertem Ausblick auf Sonnenuntergänge, das Bedürfnis nach weiten Horizonten und die Sehnsucht nach fernen Regionen. Er belauschte den Wind, bejubelte den Blitz und rätselte über den Flug der schnell dahinschwindenden Zeit[85]. Für seine ethische und politische Einstellung wurde ein Bibelzitat maßgebend, das seine Großmutter, neben anderen, auf dem Vorsatzblatt einer Bibel eingetragen hatte, die sie ihrem Enkel schenkte: »Du sollst der Menge nicht folgen zum Bösen.« Russell bemerkt dazu: »Diese von ihr so hervorgehobene Bibelstelle hat mich in meinem späteren Leben vor der Angst bewahrt, kleinen Minderheiten anzugehören« (I, 20). Im Grunde war und blieb Russell ein einsamer Mensch: »Meine ganze Kindheit hindurch wurde das Gefühl der Einsamkeit immer stärker, und dazu das der Hoffnungslosigkeit, daß ich jemals einen Menschen finden würde, mit dem ich mich aussprechen könnte. Vor völliger Verzweiflung bewahrten mich die Natur, die Bücher und (später) die Mathematik.« An anderer Stelle ist von Interesse für Sexualität, Religion und Mathematik die Rede (I, 34, 45). Als er elf Jahre alt war, lehrte ihn sein älterer Bruder Frank die euklidische Geometrie: »Es war dies eines der größten Ereignisse meines Lebens, atemberaubend wie die erste Liebe ... Von diesem Augenblick an bis zu dem, da Whitehead und ich die ›Principia Mathematica‹ beendeten – ich war damals 38 –, galt der Mathematik mein vornehmlichstes Interesse und war sie für

[85] Autobiographie, Bd. 1. Frankfurt 1972, S. 15f., 34 (aus diesem Band und dem Band 2 wird im folgenden unter Angabe der Seiten zitiert).

mich die Quelle höchster Beglückung.« (I, 41f.) Eros und Logos, Liebe und Erkenntnis, hatten sich, wie bei Platon, verbunden. Hinzu kam ein drittes, christliches Element, das Mitleid. Sowenig wie bei Russells Hauptinteressengebieten (Mathematik, Philosophie, Politik) lassen sich diese drei Hauptantriebe seines Lebens (Liebe, Erkenntnis, Mitleid) chronologisch streng trennen. Alles ist von Anfang bis zum Ende vorhanden, es gibt nur Akzentverschiebungen, Schwerpunktverlagerungen, Vorwiegen von Interessen. Russells Hinwendung zur Mathematik entspricht, wie in der allgemeinen Entwicklung, die Abwendung von Theologie und Metaphysik. Von den drei metaphysischen Hauptdogmen: Willensfreiheit, Unsterblichkeit der Seele, Existenz Gottes, ließ Russell eines nach dem anderen fallen. Seine Überlegungen dazu schrieb er in einem Heft unter dem Titel ›Griechische Übungen‹ nieder, einem der wichtigsten Dokumente seiner geistigen Entwicklung. Wie die Natur ihre geheimste Botschaft in dem genetischen Code, chiffrierte er seine wichtigsten Einsichten in griechischen Buchstaben. Insgesamt entsprachen Russells Kenntnisse der griechischen Sprache und griechischer Philosophen nicht seinem mathematischen Niveau. Auch hier waren die Würfel gefallen zwischen Oxford (Klassiker) und Cambridge (Naturwissenschaften).

Als Russell mit achtzehn Jahren John Stuart Mills Autobiographie las, stieß er auf die Frage: Und wer hat Gott geschaffen? Damit verlor das bis dahin stärkste Argument für die Existenz Gottes, die »Erste Ursache«, für Russell seine Überzeugungskraft, er wurde Atheist. 1889 erhielt er vom Trinity College in Cambridge ein Stipendium und studierte dort von 1890 bis 1896. Während ihn das vor allem in Militärkreisen verbreitete brutale Sexualleben abstieß und er zu der Ansicht gelangte, geschlechtliche Befriedigung ohne tiefe Liebe sei menschenunwürdig, er aber nirgends eine seinen Vorstellungen entsprechende Partnerin finden konnte, vereinsamte er mehr und mehr. Er fühlte sich in der Gesellschaft seiner Altersgenossen unglücklich. Vor dem Selbstmord bewahrte ihn seine starke Neigung zur Mathematik: »Mich hielt die Entschlossenheit aufrecht, etwas Bedeutendes auf dem Gebiet der Mathematik zu leisten, sobald ich erwachsen sein würde, ich nahm jedoch nicht an, daß ich je einem Menschen begegnen würde, mit dem ich mich anfreunden oder dem ich freimütig meine Gedanken mitteilen könne, und ebenso wenig erwartete ich, daß irgendein Abschnitt meines Lebens ohne schweres Ungemach verlaufen könne.« (I, 57) Die ›Principia Mathematica‹ wurden nach schweren Krisen abgeschlossen, und nach einer Dissertation über die Grundlagen der Geometrie erhielt er in Cambridge ein Fellowship und wurde 1910 dort für fünf Jahre Dozent. Seine erste Ehe mit Alys Pearshall Smith scheiterte, und auch der Halt in der Religion war verloren. Orthodoxe und Nationalisten, Theologen und Bürokraten machten Russell immer wieder schwer zu schaffen. Er machte sich keine Illusionen über den derzeitigen Stand des Christentums: »Was uns nottut, ist ein neuer Luther. Denn Religionen altern wie Bäume, wenn sie nicht von Zeit zu Zeit ›reformiert‹ werden. Das Christentum, wie es jetzt besteht, gehört einer vergangenen Epoche an. Wir brauchen eine neue Form, die mit der Wissenschaft in Einklang ist und doch zu einem rechten Leben verhilft.« (I, 69f.) Während in Deutschland ein abtrünniger Theologe das Christentum als »Schandfleck der Menschheit« diffamierte und mit scheinbar revolutionären Parolen für den Kampf warb, beschritt Russell den typisch englischen Weg der Gewaltlosigkeit, der Reformen und behutsamen, aber konsequenten Erneuerung. Die Evolution hat auch hier das revolutionäre Geschrei überdauert, die Krise gemeistert und den Traditionalismus überwunden. Auch seine Krise in den menschlichen Beziehungen konnte Russell aus eigener Kraft meistern. In Whitehead und Moore gewann er Philosophenfreunde fürs Leben, und andere bedeutende Gelehrte, wie Gilbert Murray und Lowes Dickinson oder der Dichter Joseph Conrad, halfen ihm, die Welt der Kunst und Kultur, der Sprache, Religion und Geschichte zu erschließen. In einer kritischen Auseinandersetzung mit der Philosophie von Leibniz (1900) fand er den Weg vom Deutschen Idealismus zum englischen Realismus und gewann den Anschluß an den amerikanischen Pragmatismus. Reisen nach Italien (1895ff.), Deutschland (1895) und in die Vereinigten Staaten (1896, 1914) erweiterten seinen Horizont in vielerlei Hinsicht.

Als der Erste Weltkrieg ausbrach, hatte Russell sein mathematisches Programm erfüllt, Gewißheit über seinen Beruf zum Theoretiker – nicht zum Politiker – gewonnen und sich in Theorie und Praxis eine Meinung über die politischen Verhältnisse seines Landes, Europas und Amerikas gebildet. Weder die Konservativen noch die Liberalen, noch die Sozialisten wurden seinen politischen Maßstäben gerecht, und ihm war klar geworden, daß Europa einen verhängnisvollen Kurs der Selbstzerstörung eingeschlagen hatte. Schon lange vor dem Ausbruch des

Ersten Weltkrieges hatte Russell in einer Art Evidenzerlebnis die böse Grundtendenz des Imperialismus erkannt. Der Christ im Atheisten und der Menschenfreund im Skeptiker Russell behielten die Oberhand über Nationalismus, Machtstreben und Menschenverachtung. Er ergriff Partei für die Verlierer (so im Burenkrieg 1901), ein durchgehender Zug in Russells Leben, der ihn von allen Lobrednern der Macht und der Größe, Anbetern des Erfolgs und des Sieges sowie von allen Konjunkturisten, Opportunisten und Konformisten unterscheidet und zu einem wahrhaften Philosophen macht, den man, wie Goethe[86] bereits bemerkte, am Nonkonformismus erkennt.

Der Erste Weltkrieg erschütterte Russell nicht nur zutiefst, sondern wandelte ihn von Grund auf: »Ich hörte auf theoretisch zu sein, und begann, eine neue Art von Büchern zu schreiben. Ich änderte meine Ansichten über die menschliche Natur. Ich war zum ersten Mal zutiefst davon überzeugt, daß der Puritanismus das menschliche Glück nicht fördere. Das Schauspiel des Todes erweckte in mir eine neue Liebe zum Lebendigen. Ich gelangte zu der Überzeugung, daß die meisten Menschen zutiefst unglücklich sind und sich in destruktiven Wutanfällen Luft machen und daß das Sein nur durch Verbreitung instinktiver Freude glücklicher werden könne. Ich sah, daß die Grausamkeiten unserer Welt Reformer und Reaktionäre gleichermaßen irregeleitet hatten. Ich wurde allem gegenüber mißtrauisch, was strenge Disziplin forderte ... Ich verlor alte Freunde und erwarb mir neue« (II, 45 f.). Hatte Russell zuvor angenommen, daß die Liebe zur Wahrheit die Intellektuellen auszeichnet, war er nun eines besseren belehrt und erkannte, daß kaum zehn Prozent von ihnen der Wahrheit den Vorzug vor der Popularität geben. Pazifistische Aktivitäten hatten Russell noch im Mai 1918 eine Gefängnisstrafe eingetragen. Später erkannte er die Vergeblichkeit seiner Bemühungen: »Nach dem Kriegsende sah ich, daß alles, was ich getan hatte, außer für mich selbst, völlig nutzlos gewesen war. Ich hatte kein einziges Leben gerettet oder den Krieg auch nur um eine Minute verkürzt.« (II, 48)

Die Begegnung mit dem Schriftsteller David Herbert Lawrence (1885–1930) stürzte ihn in eine existentielle Krise. Lawrence, selbst ein Pazifist, unterstellte Russell sadistische Motive für seinen Pazifismus. Russell, zunächst im Glauben, der andere

[86] »Wer philosophiert, ist mit den Vorstellungsarten seiner Vor- und Mitwelt uneins.« In: Plato als Mitgenosse einer christlichen Offenbarung (1796). Gesamtausgabe, 2. Abt., Bd. 15, Darmstadt o.J., S. 104.

habe tiefere Einblicke in seine Natur als er selbst, erwog Selbstmord, erkannte dann aber nach sorgfältiger Analyse, daß er um Haaresbreite einem Vertreter desjenigen Wahnsinns beinahe zum Opfer gefallen wäre, der sich in der Zeit zwischen den Weltkriegen weiter ausbreitete und im Nazismus zu einem neuen Weltbrand aufloderte. Nietzsche und Lawrence, Genien des Hasses, ähneln sich in vieler Hinsicht. In Russell gewann wieder einmal die Liebe die Oberhand, einmal als Liebe zur Natur, sodann als Liebe zum anderen Geschlecht: »Die See, die Sterne, der Nachtwind an einsamen Orten bedeuten mir mehr als selbst die Menschen, die ich am meisten liebe, und ich bin mir bewußt, daß menschliche Zuneigung für mich im Grunde nur ein Versuch ist, der vergeblichen Suche nach Gott zu entfliehen.« (II, 44f.) Russells vorwiegend philosophische und eigentlich kreative Periode begann. Er fand nicht nur Trost in der Natur. 1921 heiratete er Dora Black. Reisen nach China, Japan und den USA erweiterten seinen Horizont. In die Zeit seiner zweiten großen Schaffensperiode fallen, außer den bereits im allgemeinen Teil dieses Kapitels erwähnten Schriften naturwissenschaftlichen, politischen und geschichtlichen Inhalts, eine Analyse des Geistes (1921) und der Materie (1927), pädagogische Arbeiten – Russell hatte 1927, zusammen mit seiner Frau, eine Privatschule gegründet –, das berühmte ›Lob der Muße‹ (1935), die ›Geschichte der westlichen Philosophie‹ (1945) und das Werk über ›Ziele und Grenzen menschlicher Erkenntnis‹, das seine erkenntnistheoretischen Studien abschloß (1948). Besonders hervorzuheben ist sein Buch ›Ehe und Moral‹ (1929), für das er 1950 den Nobelpreis für Literatur erhielt. Russells Ethik ist keine theoretische Konstruktion. Das Leben selbst hat sie inspiriert.

Er hatte dem finsteren Pflichtethos des sogenannten Idealismus eine Absage erteilt und ein aristotelisches Motiv zu neuem Leben erweckt, er hatte das Glücksbedürfnis und Glücksstreben des Menschen rehabilitiert. So trug er nicht nur zu einer vertieften logisch-mathematischen und naturwissenschaftlichen Welterklärung bei, sondern arbeitete auch den Konflikt zwischen Religion und Wissenschaft heraus (1935), den er am eigenen Leibe erfahren hatte, erlebte, erkannte und verarbeitete die moderne Problematik zwischenmenschlicher Beziehungen, scheute sich nicht, Überlebtes hinter sich zu lassen, besaß den Mut zum Experiment und verfiel nicht der Dämonie des Ehrgeizes, der Sucht nach Erfolg, Größe und Macht.

Die längste Zeit des Zweiten Weltkrieges (1939–1944) verbrachte Russell in den USA. Da die Schuld am Krieg diesmal eindeutig der anderen Seite zufiel, war auch für Russell die Unvermeidlichkeit des Konfliktes klar. Seine politischen Schriften aus der mittleren Schaffensperiode befassen sich vorwiegend mit den Problemen Individuum-Gesellschaft, Herrschaft, soziale Gerechtigkeit, Kriegsverhütung und Friedenssicherung, Widerstandsrecht und Weltregierung. Besondere Fragen betreffen Indien, Deutschland, den Zionismus, Englands Verhältnis zu den USA, Rußland und Europa, das Atomzeitalter, das Überleben, die Furcht und den Fanatismus. Nach dem Scheitern seiner zweiten und dritten Ehe fand Russell, nunmehr achtzigjährig, in der Liebe zu Edith Finch (1952) das große Glück, nach dem er sich zeitlebens gesehnt hatte.

Russell war nicht nur Wissenschaftler, Philosoph und Politiker, sondern auch Dichter und Schriftsteller. Die ›Alpträume bedeutender Persönlichkeiten‹ (1954) erzählen von deren geheimen Ängsten. Zu den Träumern gehören ein Psychoanalytiker, ein Metaphysiker, ein Existentialist, ein Theologe, ein Mathematiker sowie Stalin und Eisenhower. ›Das Alphabet des guten Bürgers‹ (1953) verzeichnet unter Freiheit das Recht, der Polizei zu gehorchen. Christlich ist auch die liberale Version der Zehn Gebote. Das erste fordert: Fühle dich keiner Sache absolut sicher!, das zehnte: Beneide nicht das Glück derer, die in eines Narren Paradies leben, denn nur ein Narr wird es für Glück halten! Bekannter und ins Deutsche übersetzt sind Russells Erzählungen ›Satan in den Vorstädten‹ (1953). Zu den Veröffentlichungen der letzten Jahre zählen Arbeiten zur Geschichte und zur Geschichtswissenschaft, zum Thema Krieg und Frieden, ferner Stellungnahmen zur Kuba-Krise und zum Vietnam-Krieg, ›Über die Kunst zu Philosophieren‹ (1968) und mehrere autobiographische Schriften.

Während des Ersten Weltkrieges wandte sich Russell in einem offenen Brief an den amerikanischen Präsidenten Wilson, das Blutbad endlich zu beenden, da der europäische Krieg im Grunde ein Bürgerkrieg sei. 1957 wandte er sich an Eisenhower und Chruschtschow, die er mit »Sehr mächtige Herren« anredete, und ermahnte sie zu einer kooperativen Politik.

Um Russells Leben und Denken angemessen zu würdigen, bedürfte es längerer Ausführungen. An deren Stelle mögen seine einleitenden Worte zur ›Autobiographie‹ stehen. Sie drücken die Antriebskräfte des wahren Philosophen aus und beweisen, daß es solche auch im 20. Jahrhundert gab:

»Wofür ich gelebt habe.

Drei einfache, doch übermächtige Leidenschaften haben mein Leben bestimmt: das Verlangen nach Liebe, der Drang nach Erkenntnis und ein unerträgliches Mitgefühl für die Leiden der Menschheit. Gleich heftigen Sturmwinden haben mich diese Leidenschaften bald hier- bald dorthin geweht in einem launenhaften Zickzackkurs über ein Weltmeer von Qual hinweg bis zum letzten Rand der Verzweiflung.

Nach Liebe trachtete ich, einmal, weil sie Verzückung erzeugt, eine Verzückung, so gewaltig, daß ich oft mein ganzes, mir noch bevorstehendes Leben hingegeben haben würde für ein paar Stunden dieses Überschwangs. Zum andern habe ich nach Liebe getrachtet, weil sie von der Einsamkeit erlöst, jener entsetzlichen Einsamkeit, in der ein einzelnes erschauerndes Bewußtsein über den Saum der Welt hinabblickt in den kalten, leblosen, unauslotbaren Abgrund. Und letztens habe ich nach Liebe getrachtet, weil ich in der liebenden Vereinigung, in mystisch verkleinertem Abbild, die Vorahnung des Himmels erschaute, wie er in der Vorstellung der Heiligen und Dichter lebt. Danach habe ich gesucht, und, wiewohl es zu schön erscheinen mag für ein Menschenleben: ich habe es – am Ende – gefunden. Mit gleicher Leidenschaft habe ich nach Erkenntnis gestrebt. Ich wollte das Herz der Menschen ergründen. Ich wollte begreifen, warum die Sterne scheinen. Ich habe die Kraft zu erfassen gesucht, durch die nach den Pythagoreern die Zahl den Strom des Seins beherrscht. Ein wenig davon, wenn auch nicht viel, ist mir gelungen.

Liebe und Erkenntnis, soweit sie erreichbar waren, führten empor in himmlische Höhen. Doch stets brachte mich das Mitleid zur Erde zurück. Widerhall und Schmerzensgeschrei erfüllt mein Herz: verhungernde Kinder, gefolterte Opfer von Unterdrückern, hilflose alte Menschen, ihren Kindern zur verhaßten Bürde geworden – die ganze Welt der Verlassenheit, der Armut, des Leids, all das macht ein hohnvolles Zerrbild aus dem, was Menschenleben eigentlich sein soll. Es verlangt mich danach, dem Übel zu steuern, allein ich vermag es nicht und so leide auch ich.

So war mein Leben. Ich habe es lebenswert gefunden, und ich würde es mit Freuden noch einmal leben, wenn sich mir die Möglichkeit dazu böte.« (I, 7)

10.2.2.1.4 Wittgenstein

Russells wohl bedeutendster Schüler war Ludwig Wittgenstein (1889–1951). Er kam von der Technik zur Philosophie. Sohn reicher Eltern, wollte er zunächst Ingenieur werden, begann aber, während eines Aufenthalts in Manchester kurz vor Ausbruch des Ersten Weltkriegs, sich für die Grundlagen der Mathematik zu interessieren und siedelte, als er von Russells ›Principia Mathematica‹ erfuhr, nach Cambridge über, wo er Hörer und Schüler Russells wurde. Russell war, wie Moore, von der Begabung und dem Temperament des jungen Mannes stark beeindruckt. Am Ende seines ersten Semesters im Trinity College fragte er Russell: »Denken Sie, daß ich ein völliger Idiot bin?« – Russell: »Warum wollen Sie das wissen?« Wittgenstein: »Weil ich, wenn ich einer bin, Pilot werde, wenn nicht, Philosoph.«

Russell riet ihm, kein Pilot zu werden. Der Krieg unterbrach die Beziehung. Wittgenstein diente im Krieg als Offizier in der österreichischen Armee. Er ließ sich von Granaten, die in der Nähe explodierten, nicht stören, wenn er über logische Probleme nachdachte. Er geriet in italienische Gefangenschaft, schickte dann ein Manuskript an Russell und traf diesen Ende 1919 in Den Haag. Eine Woche lang diskutierten beide den Text Zeile für Zeile. Daraus wurde später der ›Tractatus logico-philosophicus‹.

Wittgenstein verschenkte nach dem Krieg sein Vermögen, verdiente seinen Lebensunterhalt in einem niederösterreichischen Dorf als Volksschullehrer, von den Dorfbewohnern arg schikaniert. Darauf ging er wieder nach Cambridge (1929), erhielt dort das Ordinariat für Philosophie als Nachfolger Moores, arbeitete von 1940 bis 1944 als medizinischer Helfer in englischen Krankenhäusern und gab 1947 seine Lehrtätigkeit auf.

Nach dem ›Traktat‹ fand in Wittgensteins Denken ein tiefgreifender Wandel statt, der nur langsam durch die Herausgabe von Aufzeichnungen aus diesen Jahren erhellt wird. Als die ›Philosophischen Untersuchungen‹ posthum erschienen (1953), war Wittgensteins Einfluß in England in jedem Fall schon beträchtlich.

In seinem ›Traktat‹, einer Folge von numerierten Aphorismen, geht Wittgenstein vom logischen Atomismus Russells aus, demzufolge sich die Welt aus voneinander unabhängigen Tatsachen zusammensetzt. Unser Erkennen bildet die Tatsachen ab. Allgemeine Sätze sind Wahrheitsfunktionen der Einzelaussagen. »Jeder Mensch ist sterblich« ist dem Sinn nach identisch mit »Sokrates ist sterblich«. Die logischen Aussagen sind leer, tautologisch, besagen nichts über die Wirklichkeit, die von der »Einheitswissenschaft« erforscht wird. Philosophie ist nicht Lehre, sondern Tätigkeit. Da man, Wittgenstein zufolge, nicht sinnvoll über die Sprache sprechen kann, läßt sie sich auch nicht logisch analysieren. Insofern philosophische Fragen eine solche Analyse voraussetzen, steht der Philosoph vor unlösbaren Aufgaben. Wittgenstein beschließt daher seinen ›Traktat‹ mit dem Hinweis, daß seine Ausführungen keinen Sinn haben: »Wovon man nicht sprechen kann, darüber muß man schweigen.«

In seinem späteren Werk unterzieht Wittgenstein seine Darlegungen im ›Traktat‹ keiner systematischen Selbstkritik, sondern distanziert sich Zug um Zug von ihnen. Im Gegensatz zum ›Traktat‹ ist dieses Werk flüssig und verständlich geschrieben. Wittgenstein ging den Weg von der Technik zur Philosophie gleichsam noch einmal. Russell konnte mit Wittgensteins Spätwerk nichts anfangen und hielt es für eine Sammlung von Trivialitäten. Im Vorwort bemerkt der Autor, daß es ihm nie gelungen sei, die Ergebnisse seines Denkens zu einem Ganzen zusammenzufassen. Alle Versuche, die bisher von anderen unternommen worden sind, das nachzuholen, dürfen als gescheitert angesehen werden.

Wittgenstein behandelt in dem Werk »den Begriff der Bedeutung, des Verstehens, des Satzes, der Logik, die Grundlagen der Mathematik, die Bewußtseinszustände und Anderes«. Insgesamt läuft das »Ganze« auf eine Rehabilitierung der Sprache als Lebensform hinaus, wozu interessante »Sprachspiele« beitragen: »Betrachte z.B. einmal die Vorgänge, die wir ›Spiele‹ nennen. Ich meine Brettspiele, Kartenspiele, Ballspiele, Kampfspiele usw. Was ist allen diesen gemeinsam? – Sag nicht: ›Es *muß* ihnen etwas gemeinsam sein, sonst hießen sie nicht Spiele‹ – sondern *schau,* ob ihnen allen etwas gemeinsam ist. – Denn, wenn du sie anschaust, wirst du zwar nicht etwas sehen, was *allen* gemeinsam wäre, aber du wirst Ähnlichkeiten, Verwandtschaften sehen, und zwar eine ganze Reihe. Wie gesagt: denk nicht, sondern schau! – Schau z.B. die Brettspiele an, mit ihren mannigfachen Verwandtschaften. Nun geh zu den Kartenspielen über: hier findest du viele Entsprechungen mit jener ersten Klasse, aber viele gemeinsame Züge verschwinden, andere treten auf. Wenn wir nun zu den Ballspielen übergehen, so bleibt manches Gemeinsame erhalten, aber vieles geht verloren. – Sind sie alle *›unterhaltend‹*? Vergleiche Schach mit dem Mühlfahren. Oder gibt es überall ein Gewinnen und Verlieren, oder eine Konkurrenz der Spielenden? Denk an die Patiencen. In den Ballspielen gibt es Gewinnen und Verlieren; aber wenn ein Kind den Ball an die Wand wirft und wieder auffängt, so ist dieser Zug verschwunden. Schau, welche Rolle Geschick und Glück spielen. Und wie verschieden ist Geschick im Schachspiel und Geschick im Tennisspiel. Denk nun an die Reigenspiele: Hier ist das Element der Unterhaltung, aber wie viele der anderen Charakterzüge sind verschwunden! Und so können wir durch die vielen, vielen anderen Gruppen von Spielen gehen, Ähnlichkeiten auftauchen und verschwinden sehen.

Und das Ergebnis dieser Betrachtung lautet nun: Wir sehen ein kompliziertes Netz von Ähnlichkeiten, die einander übergreifen und kreuzen. Ähnlichkeiten im Großen und Kleinen.«[87]

Wittgensteins Betrachtungsweise ist in hohem Grad beobachtend, deskriptiv, hypothesen- und metaphysikfrei, weltfreundlich und zugleich skeptisch, realistisch und positivistisch, unverlogen. Das gibt seiner Sprache die Faszination und erklärt bis zu einem gewissen Grad den durchschlagenden Erfolg seiner Schriften. Die Wirkung steht kaum in einem rationalen Verhältnis zum »positiven« Ergebnis. Dazu fehlten Wittgenstein einfach die empirischen, philosophiegeschichtlichen Voraussetzungen. Als Vermittler zwischen Neopositivismus und Neorealismus fiel ihm in der Geschichte der Philosophie jedoch eine Schlüsselrolle zu.

10.2.2.1.5 Waismann, Neurath

Von den Mitgliedern des sogenannten Wiener Kreises (seit ca. 1925 um Moritz Schlick), der beim Anschluß Österreichs an Deutschland (1938) aufgelöst wurde, gingen Otto Neurath und Friedrich Waismann (1896–1959) nach England, wo Neurath 1946 starb. Waismann, von 1929 bis 1936 Assistent Schlicks, war 1937 bis 1939 Gastprofessor in Cambridge, seit 1939 Lecturer, später Reader für Philosophie der Mathematik in Oxford, seit 1955 Fellow of the British Academy. Neurath hatte Nationalökonomie, Philosophie und Geschichte studiert, befaßte sich aber auch mit der Herausgabe von Dichtern, mit mathematisch-logischen Problemen und entwickelte die Piktographie (Bildstati-

[87] Ludwig Wittgenstein, Philosophische Untersuchungen. Frankfurt 1971, S. 48.

stik), die Bildzeichen (Symbole) anstelle von Wortbezeichnungen setzt. 1934 gründete er in Den Haag das Mundaneum, ein Institut für die Einheit der Wissenschaften. Seit 1940 in Oxford, gab er mit dem Prager Physiker Philipp Frank und dem englischen Philosophen Charles Morris die ›Encyclopedia of Unified Science‹ heraus. »Sein unerschöpflicher Ideenreichtum, seine ständige und nie erlahmende Aktivität und sein politisches Engagement waren gleichwohl von strengen Überzeugungen im Hinblick auf die Wissenschaft geleitet. Zusammen mit Carnap sah er in der Metaphysik nicht allein ein System bedeutungs- und sinnloser Aussagen, sondern auch eine Hürde und ein Hindernis für jene Humanisierung und Sozialisierung, die ihm gerade durch eine ›wissenschaftliche Weltauffassung‹ verbürgt schienen.«[88] Über Schlick und Waismann führten Kontakte zu Wittgenstein, der dem Kreis nicht angehörte, aber damals in Wien lebte. Waismann bemühte sich um eine streng logische Fassung der Wahrscheinlichkeitstheorie:

»Wahrscheinlichkeit kann streng genommen und richtig verstanden, nicht einem *Ereignis* zukommen. Denn für das Eintreten eines Ereignisses gibt es keine Unsicherheit; es ist eindeutig bestimmt, ob es eintritt oder nicht. Wahrscheinlichkeit kommt vielmehr eigentlich der *Aussage* zu, in der das Eintreten eines Ereignisses vorausbestimmt werden soll, aufgrund anderer Aussagen. Wahrscheinlichkeit besagt somit eine logische Beziehung zwischen Aussagen. Diese Beziehung ist zum Unterschied von der *eindeutigen* Ableitbarkeit einer Aussage aus anderen, ihrer strengen Erschließbarkeit, nur eine teilweise bestimmte, nicht eine vollständig bestimmte und das Ausmaß der Bestimmtheit ergibt die Gradabstufung der Wahrscheinlichkeit.«[89]

10.2.2.1.6 Ayer, Popper

Rudolf Carnap, Hans Hahn und Otto Neurath hatten 1929 die Programmschrift ›Wissenschaftliche Weltanschauung. Der Wiener Kreis‹ veröffentlicht und darin Entstehung, Standpunkt und Ziele des Kreises dargelegt, dem auch Alfred J. Ayer (1910–1989) eine Zeitlang angehörte. Er faßte die Grundgedanken des »logischen Positivismus« in seinem Buch ›Language, Truth, and Logic‹ (1936) zusammen und befaßte sich auch später haupt-

[88] Peter Kampits, Zwischen Schein und Wirklichkeit. Wien 1984, S. 195.
[89] Viktor Kraft, Der Wiener Kreis. Wien, New York 1950, S. 141.

sächlich mit erkenntnistheoretischen Fragen[90], wobei er den Wiener Positivismus mit der empirischen Denkweise der Engländer zu verbinden suchte. In den Wahrnehmungen, so lautet seine Hauptthese, nimmt man keine Gegenstände, sondern Sinnesdaten wahr, wobei sich Wahrnehmungen von materiellen Dingen in qualitativer Hinsicht nicht von täuschenden Wahrnehmungen unterscheiden. An dieser Auffassung übte Austin Kritik. Er hielt die Alternative materielle Gegenstände – Sinnesdaten für irreführend.

Karl Raimund Popper (1902–1994) stand, wie Wittgenstein, dem Wiener Kreis nahe, ohne ihm anzugehören. Von 1937 bis 1945 war er Philosophieprofessor in Canterbury (Neuseeland), von 1947 bis 1969 Professor an der London School of Economics. Zunächst übte er an der Entlarvung von »Scheinproblemen« Kritik:

»Nichts ist leichter, als eine Frage als ›sinnloses Scheinproblem‹ zu enthüllen: man braucht ja nur den Begriff des Sinnes eng genug fassen, um von allen unbequemen Fragen erklären zu können, daß man keinen Sinn in ihnen zu finden vermag, und indem man nur Fragen der empirischen Wissenschaft als sinnvoll anerkennt, wird auch jede Debatte über den Sinnbegriff sinnlos: einmal inthronisiert, ist dieses Sinndogma für immer jedem Angriff entrückt, unantastbar und definitiv.«[91]

In seiner Erkenntnistheorie ersetzte Popper die im Erleben fundierten Protokollsätze des Wiener Kreises durch denkbare Tatsachenfeststellungen oder Basissätze, deren hypothetische Geltung durch Prüfung und Begründung in konsens- und konventionsabhängige Allgemeingültigkeit überführt werden können. Popper unterschied zwischen zeitloser Wahrheit und temporärer Bewährung, gab das Verifikationsprinzip (Entscheidbarkeit der Wahrheit) auf, hielt aber am Falsifikationsprinzip (Fehlerkorrektur) fest. Ein allgemeiner Satz kann durch einen Beobachtungssatz falsifiziert werden. Popper bildete den Logischen Positivismus zum kritischen Rationalismus weiter, kritisierte Geschichtskonstruktionen im Stil von Hegel und Marx sowie Geschichtsprophetien, forderte gezielte soziale Reformarbeit durch »Sozialtechnik« in einer offenen Gesellschaft und

[90] The Foundations of Empirical Knowledge. London 1940; The Problem of Knowledge. London 1956; The Revolution in Philosophy. London 1956; The Origins of Pragmatism. London 1968; Russell and Moore. The Analytical Heritage. London 1971; Philosophy in the Twentieth Century. London 1982.

[91] Logik der Forschung, S. 21.

stellte sich der »Frankfurter Schule« entgegen. Neuerdings behandelte Popper, gemeinsam mit dem Neurophysiologen und Nobelpreisträger John C. Eccles, das uralte philosophische »Leib-Seele-Problem« auf evolutionärer Grundlage. Die Autoren geben ein Beispiel für moderne Teamarbeit und zeigen, was durch geschickte Methodenkombination und Methodenpluralismus erreichbar ist[92].

10.2.2.1.7 Ryle, Wisdom, Strawson

Ein Jahr nach Russells zusammenfassendem Werk über Ziele und Grenzen menschlichen Erkennens erschien Gilbert Ryles (1900–1976) grundlegende Untersuchung über den ›Begriff des Geistes‹ (1949). Er stimmt weitgehend mit Wittgenstein überein, wenn er darauf verzichtet, die Kenntnisse von Geist und Seele zu vermehren, wohl aber die »logische Geographie dieses Wissens« berichtigen, vor allem das »Dogma vom Gespenst in der Maschine« austreiben will. Er will ferner die Verführung durch die Sprache, den Einfluß der Bilder auf die Begriffe vermeiden: ein Anliegen, so alt wie die Philosophie selbst (Konfuzius). In den ›Dilemmas‹ (1954) erörtert Ryle Begriffskonflikte, die sich anscheinend zwangsläufig aus Kompetenzgegensätzen von Denkweisen ergeben, zum Beispiel der religiösen und der wissenschaftlichen oder der Zuverlässigkeit von Informationen, die die Sinne liefern. Auf eine andere Weise suchte John Wisdom (1904–1974) solchen Konflikten und Paradoxa, statt ausschließlich mit linguistischen Mitteln, auch mit Hilfe der Psychoanalyse beizukommen.

Eine etwas metaphysikfreundlichere Einstellung als die logischen Positivisten zeigt Peter Strawson (geb. 1919), seit 1968 Professor für Metaphysik (Oxford), der sein Augenmerk vorwiegend auf die Normalsprache (*ordinary language*, im Gegensatz zur Wissenschaftssprache, der *ideal language*) richtete. Seine Metaphysik ist jedoch nur deskriptiv, insofern er sich darauf beschränkt, anscheinend unveränderliche Denkgewohnheiten, primäre Objekte der Benennung, festzustellen, wobei er von der in jeder sprachlichen Kommunikation vollzogenen Referenz (Bezug des Gehörten auf den Gegenstand) ausgeht und die außersprachlichen Voraussetzungen dieser Identifikation untersucht. Die Gefahr eines Zirkelschlusses (von den Primärobjek-

[92] Von Poppers zahlreichen Schriften verdienen besondere Erwähnung: Die offene Gesellschaft und ihre Feinde. 2 Bde, Bern 1957/58. Objektive Erkenntnis. Ein evolutionärer Entwurf. 4. Aufl. Hamburg 1984.

ten auf die Wirklichkeit und zurück) ist allerdings bei dem Verfahren nicht auszuschließen. Ob man die Metaphysik Strawsons mit der Aristotelischen Seinslehre oder der Kantischen Philosophie verbinden kann, bleibt eine offene Frage.

10.2.2.1.8 Ross, Hare, Mackie, Singer

In der praktischen Philosophie der Engländer kommen, wie in der theoretischen, ziemlich alle wesentlichen Varianten traditionellen, revolutionären und evolutionären Denkens zur Geltung. W. David Ross (1877–1966), ein bekannter Aristotelesforscher (Oxford) und Vertreter der Deontologie (Sollenslehre), befaßte sich auch mit ethischer Grundlagenforschung. Obwohl er eine eher konservative Linie des Denkens einschlug, arbeitete er an einem zentralen Problem Moores, der Beziehung zwischen Fakten und Werten, weiter, ohne allerdings aus der zirkulären Argumentation von synthetischem Apriori und Fakten/Wert-Unterscheidung ganz herauszukommen.

Gleichfalls im Anschluß an Moore, aber in die linguistische Richtung tendiert Richard M. Hare (geb. 1919; Oxford). Die Moralphilosophie befaßt sich mit den sprachlichen Ausdrucksformen der Moral, ohne moralische Urteile abzugeben. Moralische Urteile gleichen eher Vorschriften und Befehlen als Tatsachenurteilen.

Eine radikalere Auffassung vertritt neuerdings John L. Makkie, der zufolge Werturteile persönliche Interessen und Wünsche objektivieren sollen. Hier zeichnet sich eine Linie der Interpretation ab, die bis zur Moralkritik der französischen Moralisten, wenn nicht noch weiter zurückreicht. Moralurteile lassen sich auch als Taktik zur Durchsetzung von Machtinteressen verstehen, allerdings eine klare Form des Mißbrauchs moralischer Argumente, eine Perversion der Moral.

Peter Singer (Oxford), ein Schüler Hares und Vertreter der modernen Meta-Ethik, neigt einer mehr praktischen Betrachtungsweise der Moral zu, die auch auf dem Kontinent zunehmend in Erscheinung tritt. Hier werden praktische Fragen erörtert, wie Abtreibung, Euthanasie, Arm und Reich oder das Verhältnis des Menschen zum Tier. Am Ende steht die Grundsatzfrage: »Warum moralisch handeln?«, die Singer aber auch nicht beantwortet:

»Auf die Frage ›Warum moralisch handeln?‹ läßt sich keine Antwort geben, die jedem überwältigende Gründe für moralisches Handeln liefert. Moralisch nicht vertretbares Verhalten ist nicht immer unvernünftig. Wir werden wahrscheinlich immer die Sanktionen des Gesetzes und des gesellschaftlichen Denkens brauchen, um zusätzliche Gründe gegen ernsthafte Verletzungen ethischer Normen zur Verfügung zu haben. Diejenigen andererseits, die genügend Reflexionsfähigkeit besitzen, um die in diesem Kapitel erörterte Frage zu stellen, werden am ehesten die Gründe anerkennen, die sich für das Einnehmen des ethischen Standpunktes anführen lassen.«[93]

10.2.2.1.9 Warnock, Williams

Geoffrey J. Warnock (Oxford) befaßt sich sowohl mit ethischen als auch mit philosophiegeschichtlichen Fragen. Am Schluß seiner gelungenen Übersicht über die englische Philosophie des 20. Jahrhunderts steht ein Bekenntnis zur modernen Philosophie: »Ich persönlich neige zu der Ansicht, daß nur diejenigen ihr mit Feindschaft gegenüberstehen müssen, die eine begründete Abneigung oder Furcht vor ihrer klaren intellektuellen Atmosphäre und ihren kühlen Argumenten haben. Es stimmt zweifellos, daß der Philosoph heute die Dinge mit kühlem Blick zu betrachten pflegt und seine Feder oft als chirurgisches Instrument benutzt. Aber genau das ist der Grund, warum ich jede Zeit und jede Gesellschaft, in der er seiner Tätigkeit nicht mehr nachgehen kann, für ernstlich benachteiligt halten würde – ganz gleich, wie spezialisiert, wie minuziös um das Detail besorgt oder wie pedantisch sich diese Tätigkeit im einzelnen ausnehmen mag. Allerdings gibt es in unserem Falle und im Augenblick keinerlei Anlaß zu derartigen Befürchtungen.«[94]

Bernard Williams, seit 1967 Professor in Cambridge, setzte sich mit dem Begriff der Moral (1972) und den Problemen des Selbst (1973) auseinander und verfaßte eine Kritik des Utilitarismus (1973). Dabei kommen alte Probleme wie Relativismus, Subjektivismus, Egoismus, Altruismus, Unsterblichkeit und Gott wieder zur Sprache, aber auch neuere Themen wie die Identität der Person, Individuation, Körper, Selbst, Zukunft und Widerspruchsfreiheit der Ethik. Dabei geht es um eine vorsichtige Trennung der Problembereiche in der Ethik, verbunden mit einer Rückkehr von der Systematik zur Problematik. Besonders interessant sind die Untersuchungen zum Verhältnis von intellektuellen Leistungen und moralischen Maßstä-

[93] Praktische Ethik. Stuttgart 1979, S. 298.
[94] Englische Philosophie im 20. Jahrhundert. Stuttgart 1971, S. 180.

ben, zum Verhältnis von Moral und Religion sowie Überlegungen zum Stil, über moralische Gegenstände zu schreiben. Williams steht da auf dem Boden uralter englischer Tradition: man wird an Shaftesbury erinnert. Traditionelle und moderne Motive halten sich etwa die Waage und ergeben ein eindrucksvolles Bild der gegenwärtigen philosophischen Reflexion in England.

10.2.2.2 Frankreich

Die Wendung von der Metaphysik zur Mathematik verbindet die französische (Brunschvicg) mit der englischen Philosophie. Während die englische Philosophie aber im allgemeinen dazu neigt, Gegensätze durch immer feinere Analysen zu entschärfen, läßt sich in der französischen eher die entgegengesetzte Tendenz feststellen: Verschärfung der Gegensätze bis zur Antithetik, Denken in klaren, rationalen, logischen Alternativen (Bachelard), daneben aber auch die traditionelle Neigung zur Enzyklopädie (Wahl), zur umfassenden Übersicht, subtile Psychologie und Sinn für Formen, Strukturen (Lévi-Strauss) und Strategien. Unübersehbar ist die starke Liebe zur Freiheit (Sartre, Camus), der Hang zum Großen und Unendlichen, verbunden mit dem Leiden an der Banalität des Alltags bis hin zum Ekel am sinnentleerten Dasein. Der Zug zum Neuen, Modernen und Revolutionären wird als Gegenbewegung zu Isolation, Erstarrung und Traditionalismus verständlich. Existentialismus paßt mehr zu Frankreich als zu England. Sokratische Tendenzen gibt es in beiden Ländern, daneben auch christliche Strömungen (Marcel), oft in Verbindung mit Antiklerikalismus. Es gibt Gegner (Lalande) wie Befürworter (Pradines, Dagognet) der Evolutionstheorie, die Phänomenologie wird zur Kunst der Nuancen (Merleau-Ponty, Ricoeur), die Kulturkritik schönt nicht (Foucault) und unvergessen bleibt bei alldem der Mensch in seiner Not.

10.2.2.2.1 Lalande, Meyerson, Pradines

André Lalande (1867–1963), ein typischer Vertreter rationaler Weltbetrachtung älteren (optimistischen) Stils, stellte der auf Differenzierung beruhenden Konzeption Spencers vom evolutionären Prozeß eine integrative, vereinheitlichende (Assimilation, Involution) gegenüber. Entwicklung bedeutet Identifizierung, wobei die Vernunft die Einheit stiftet. Bei der Vernunft unterscheidet Lalande, ähnlich wie Aristoteles, eine konstituierende, aktive und eine konstituierte, formalisierte, verwirklichte, ferner eine kognitive und eine normative Vernunft. Gegen Meyersons These von der Irrationalität des Werdens wandte Lalande ein, daß Prozesse relativ zur Vernunft nicht heterogener, irrationaler seien als irrationale Konstanten: ein altes Problem, das bis auf Platon, Heraklit und Parmenides zurückgeht. Vom (biologischen) Individuum hebt sich die (soziale) Person durch das Bewußtsein des Universalen ab, partizipiert an der geistigen Welt und besitzt daher einen höheren Rang als das Individuum. Entsprechend hat die Menschheit als die »geistigere« Einheit den Vorrang vor der Nation. Auf ethischem Gebiet bedeutet daher Freiheit nicht, wie noch bei Bergson, Indeterminiertheit, sondern Selbstdetermination, den Normen der Vernunft gemäß. Wie das Individuum gegenüber dem Urmenschen ein Endprodukt darstellt, erscheint die Menschheit, in Lalandes Sicht, gegenüber dem Individuum als Endprodukt eines entgegengesetzten Prozesses (Differenzierung, Integration).

Emile Meyerson (1859–1933), der aus Polen stammte, in Deutschland Chemie studiert hatte und seit 1882 in Frankreich lebte, wandte sich, nach längerem Studium auch anderer naturwissenschaftlicher Disziplinen, 1890 endgültig der Philosophie zu, und zwar vor allem metaphysischen, erkenntnistheoretischen und wissenschaftstheoretischen Fragen: Identität und Realität, Erklärung in den Wissenschaften, Deduktion und Paradoxien. Dem Positivismus stand er kritisch gegenüber, und gegenüber Lalandes Rationalismus betonte er die irrationalen Momente der Wirklichkeit, die sich wissenschaftlichem Zugriff entziehen. Wissenschaftliche Erkenntnis verfolgt das nie ganz erreichbare Ziel, Irrationales zu rationalisieren. Meyersons Theorie erscheint nicht nur als berechtigte Gegenposition zu rationalistischen Verkürzungen des Realitätsbegriffs, sondern auch als wegweisend für die Problemsituation der modernen Wissenschaften und der Philosophie überhaupt.

Maurice Pradines (1874–1958), in der Schweiz geboren, von französischen Eltern stammend, neigte eher zur Synthese als zum Extrem. Diese Grundtendenz kommt auch in seinem Interesse für die psychologischen mittleren Schichten menschlicher Existenz zum Ausdruck. Sein Weltbild ist jedoch nicht statisch, strukturell, sondern genetisch-evolutionär orientiert. Auf dieser Grundlage gelangt er zu einer geschichtlichen Theorie des menschlichen Geistes, den er vorwiegend praktisch und operativ versteht. Der Geist hat sich in drei Etappen entwickelt, vom automatischen zum sensorischen und schließlich zum rationalen. Eine wichtige Rolle spielt bei Pradines die sowohl in der Geistmetaphysik als auch im Biologismus vernachlässigte Sensibilität. Wenn die subtile Psychologie ein Merkmal französischen Philosophierens ist, dürfte dies in besonderem Maß für ein Verständnis des Geistes als verfeinerte Sensibilität zutreffen. Pradines Philosophie der Sinne ergänzt historisch Bergsons Konzept der schöpferischen Entwicklung. Eine Grundtendenz des Geistes wie der Wissenschaft ist die Befreiung – auch das erscheint spezifisch französisch –, von Sachzwängen, inneren und äußeren Widerständen. Sowenig Pradines die biologische Basis aus den Augen verliert, vergißt er die Dimension der Transzendenz. In seiner vergleichenden Religionsphilosophie erkennt er die Selbsttranszendenz des Geistes – eine Grunderkenntnis der modernen Biologie – in der Entwicklung der Religionen wieder. Gegen die Wissenschaft als Instrument des Machtwillens muß die Religion ein Gegengewicht bilden. Vorausweisend ist auch Pradines Unterscheidung einer antikreativen, destruktiven, kontraevolutionären Kraft von der schöpferischen Entwicklung. Zu ihrer Überwindung, gleichsam zur Entstörung des evolutionären Prozesses, bedarf es der Religion, der Hoffnung, des Glaubens und des Mutes, nicht zuletzt der Liebe. Pradines liefert somit ein Beispiel dafür, daß ein zur Synopsie fähiges modernes Bewußtsein Religion und Wissenschaft durchaus nicht nur antipodisch sehen muß.

10.2.2.2.2 Brunschvicg, Bachelard, Wahl

Léon Brunschvicg (1869–1944) lehrte von 1909 bis 1939 an der Sorbonne. Auf der Flucht vor den Deutschen starb er einige Jahre später in Aix-les-Bains (Savoie). Er übte einen großen Einfluß auf die französische Philosophie zwischen den beiden Weltkriegen aus. Brunschvicg verbindet mathematische Intuition mit dem Interesse an der Geschichte und umspannt somit die Pole philosophischer Reflexion im 20. Jahrhundert. Im Gegensatz zu Hegel leitet er die Geschichte nicht aus der Vernunft ab, sondern empirisch aus der Folge von Tatsachen: die Natur fordert den Geist heraus, der Geist antwortet mit der Schaffung der Mathematik, dem Schlüssel zur Wirklichkeit. Brunschvicgs Hauptwerke sind philosophie- und wissenschaftsgeschichtlichen Fragen gewidmet: der Entwicklungsgeschichte der Mathematik, der Evolution des Bewußtseins in der westlichen Philosophie, Problemen der Sprachphilosophie und der Religion. Besondere Aufmerksamkeit schenkte er dem Problem der Modalität des Urteils, der Tradition der Worte und Ideen, dem Verhältnis der Vernunft zur Religion und dem Verhältnis von Freiheit zur Natur. Die Philosophie vermehrt das menschliche Wissen nicht, sondern denkt darüber kritisch nach, wissenschaftliche Erkenntnis transformiert allgemeine Erfahrungen. Unter Philosophie versteht Brunschvicg, ähnlich wie Aristoteles, Erkenntnis der Erkenntnis. Geistige Tätigkeit ist somit eine Art Selbsterkenntnis, jedoch weniger im idealistischen als im spiritualistischen Sinn. Der Weg führt nicht von den Dingen zur Idee, sondern im Denken verwandelt sich die Realität. Brunschvicg steht mit Pascal, dessen Werke er herausgab, dem christlichen Bewußtseinsbegriff näher als der antiken Ideenkonzeption.

Geistige Einheit manifestiert sich eher im Akt als in der Substanz. Darin nähert sich Brunschvicg dem modernen Wirklichkeitskonzept, ebenso in der Ablehnung von Metaphysik, die sich bei ihm in Erkenntnistheorie auflöst. Der genetisch-evolutionäre Prozeß der Philosophie verwandelt sich bei Brunschvicg in einen dialogisch-historischen, an dem die namhaften Vertreter europäischen Denkens teilnehmen. Die Wissenschaft ist als Produkt *(création)* des menschlichen Geistes ein Teil der Geschichte der Menschlichkeit *(humanité)*. Die Geschichte des Geistes erscheint als eine Geschichte der Freiheit, deren höchste Form die Wahrheit ist. Wissenschaft zeugt nicht nur von theoretisch-spekulativer, sondern auch von praktischer Freiheit. In dem spiritualistischen Denkansatz Brunschvicgs verliert der Gegensatz von Theorie und Praxis an Schärfe. Alles kommt aus dem Bewußtsein und kehrt zu ihm zurück. Das Bewußtsein wird zur Kategorie einer spiritualistischen Religiosität. Religiosität bedeutet aber für Brunschvicg Humanität. Hier konvergieren christliche und antike Tradition. In den drei möglichen Grundverhaltensweisen des Philosophen zeichnet sich die große Synthese Brunschvicgs ab: Ich zweifle, ich weiß, ich glaube.

Gaston Bachelard (1884–1962), Wissenschaftler, Dichter und Denker in einer Person, gelangt, von Brunschvicg beeinflußt, auf einem anderen Weg zu einer ähnlich universalen, aber eher pluralistischen als monistischen Konzeption. Auch Bachelard geht – wie Brunschvicg, Husserl und Russell – von der Mathematik aus. Einsteins Relativitätstheorie führte ihn zur Philosophie. Aufgrund anderer ausgezeichneter Arbeiten erhielt er an der Sorbonne einen Lehrstuhl für Geschichte und Philosophie der Wissenschaften (bis 1954). Bachelards Wissenschaftstheorie läßt sich als eine gelungene Antwort auf die Herausforderung der Philosophie durch die Einsteinsche Revolution in der Physik verstehen. Auch sie trägt revolutionäre Züge. Zunächst trennt Bachelard scharf zwischen Wissenschaft und Philosophie. Herrscht in dieser die Freiheit des Gedankens vor, gedeiht jene nur in klösterlicher Askese, Abgeschlossenheit und strenger geistiger Disziplin. Wie bei Brunschvicg mischen sich auch in Bachelards Epistemologie christliche und antike Komponenten. Gegenüber dem traditionell Neuzeitlichen dominiert dagegen das moderne Bewußtsein, aber darin noch das physikalische gegenüber dem biologischen Denken, aber: die Natur, die eigentlich nur die chemischen Prozesse produzierte, erzeugte den Chemiker, der, kann man heute sagen, seine Lehrmeisterin übertrifft. Dem revolutionären Charakter des modernen Denkens verleiht Bachelard sprachlich durch vorgesetzte Negationen Ausdruck: nichteuklidische (Geometrie), nichtnewtonsche (Physik), nichtaristotelische und nichtcartesische Philosophie. In der »Dialektik« Bachelards zeichnet sich der Schritt von der Menge zur Menge der Mengen ab, von der Theorie zur Metatheorie, vom Paradigma zum Superparadigma, vom Zyklus zum Hyperzyklus. Dabei impliziert erklärungsmäßig das jeweils neue Paradigma die alten. Für Bachelard ergeben sich daraus Folgerungen für die moderne Wissenschaftsgeschichte: sie muß, wie die Pädagogik, das Überholte ausscheiden.

Bachelard öffnete sich nicht nur dem Denken des größten Physikers dieses Jahrhunderts, sondern auch den Ideen des größten Psychologen, Freuds. Sie erschlossen ihm den Zugang zur Welt des Psychischen, freier schöpferischer Energie, kreativer Phantasie, dem Jungborn aller echten Wissenschaft.

Zur Wissenschaft und Poesie trat bei Bachelard als dritte Kraft die Philosophie. Die Philosophie erscheint, wie schon bei Cicero, als ein Mittleres zwischen Wissenschaft und Kunst, das heißt für Bachelard, zwischen wissenschaftlicher Askese und freier Phantasie. Philosophie entwickelt sich nicht aus vorhergehender Philosophie, sondern besteht aus Neuansätzen, Brüchen mit der Tradition.

Auf die Welt der Wissenschaft und die der Kunst reflektierend, erkennt der Philosoph die dort geltenden Spielregeln und lernt, daß der Fortschritt hier wie dort nicht kontinuierlich, evolutionär verläuft, sondern – echt französisch – revolutionär.

Natur und Kultur stehen im Widerspruch. Ein tiefgehender Dualismus durchzieht, wie bei Descartes, Voltaire und Rousseau, auch Bachelards Bewußtsein, in dem tragische Motive nicht fehlen. Philosophen empfinden die Welt als Provokation, wobei der Mensch als Denker, Dichter oder Wissenschaftler schöpferische Antworten auf die Herausforderungen der Welt zu geben versucht. Wesentlich für Bachelard war eine nie versiegende schöpferische Unruhe. Sein Gebet lautete: »Unseren täglichen Hunger gib uns heute!«

Jean Wahl (1888–1974), ein großer Gelehrter und Lehrer, wie Brunschvicg und Bachelard, Dichter und Philosoph wie Bachelard, entkam den deutschen Besetzern, die ihn wegen seiner jüdischen Abstammung verfolgten, wie durch ein Wunder. Er begann seine Karriere mit einem Buch über den philosophischen Pluralismus in England und Amerika (1920). Es schlossen sich eine kritische Auseinandersetzung mit Hegel und eine Studie über Platons ›Parmenides‹ an sowie Arbeiten über Descartes und Kierkegaard, allgemein über Existenzphilosophie, Ontologie und Metaphysik. Wahl gilt als einer der besten Kenner der Gegenwartsphilosophie. Entsprechend findet man bei ihm keine aufsehenerregenden Thesen oder Theorien, vielmehr kritisch abwägende Einzelforschung, antisystematische Einstellung (Hegel, Heidegger), wenn auch nicht ohne Sinn für die Metaphysik. Wahls denkerische Entwicklung führte ihn jedoch von der Tradition zur Revolution. Metaphysik ist kein Privileg der Philosophen. Auch Künstler haben einen Zugang zu metaphysischen Problemen, die zeitgenössische Kunst aber war modern, eher revolutionär als traditionalistisch. In seiner Metaphysik konzentriert sich Wahl auf zwei Fragen: Was ist der Mensch? Was ist die Wirklichkeit? Auf die nuancenreichen Antworten zu diesen Fragen kann hier nicht eingegangen werden. Insgesamt läßt sich Wahls Metaphysik als realistisch, pluralistisch und relativistisch charakterisieren, als eine Metaphysik des Menschen für den Menschen, der aber die transzendente Komponente nicht fehlt.

10.2.2.2.3 Marcel, Sartre, Camus

In Frankreich gab es schon im 18. und 19. Jahrhundert antirationale, antiwissenschaftliche Strömungen (Rousseau, Bergson); mit dem Erstarken des Szientismus wuchs auch die Gegenkraft. Eine Ausnahme von dieser Regel bildete in Europa wohl nur England, in dem Irrationalismus keine Chance hatte.

Der Existentialismus wird von marxistischer Seite als eine Art bürgerlicher Protestbewegung nicht ernstgenommen. Daran ist jedenfalls soviel richtig, daß der Existentialismus keine radikale Ideologie ist und somit zur starken Mitte gehört, die sich zwischen Materialismus und Idealismus etablierte (was revolutionäre Tendenzen im einzelnen nicht ausschließt). Innerhalb des Existentialismus gibt es wieder einen unsystematischen und einen systematisierenden Flügel, der sich vor allem der Ontologie widmete – Gabriel Marcel und Karl Jaspers auf der einen, Jean-Paul Sartre und Martin Heidegger auf der anderen Seite. Existenzphilosophen neigen bald zum Individualismus, bald zum Totalitarismus, bald zum Christentum, bald zum Atheismus, niemals aber zum Mathematizismus oder Szientismus. Sie stehen in einer mehr oder weniger ausgeprägten Opposition zur Industriegesellschaft. Gemeinsam ist den meisten Existenzphilosophen Kierkegaard als Ahnherr. Der Existentialismus entwickelte sich zum Teil im Anschluß an die Lebensphilosophie, zum Teil in Opposition zur Wesensphilosophie oder zur Philosophie der Essenz. Wesen und Existenz, *essentia* und *existentia*, bilden seit dem Mittelalter zunehmend einen Gegensatz. Im 20. Jahrhundert kam dieser Gegensatz zum Tragen. Existenzphilosophen sind durchweg subjektiv, orientieren sich am Erleben, sind eher Voluntaristen und Aktivisten als Intellektualisten, suchen die Subjekt-Objekt-Spaltung zu überwinden und sich mit der Welt zu vereinen.

Gabriel Marcel (1889–1973), der erste Existenzphilosoph, ist ein repräsentativer Vertreter der christlichen Existenzphilosophie, ungeachtet seiner Ablehnung des Neuthomismus. Ihm zufolge ist die Formel »ich denke« durch »es denkt in mir« zu ersetzen. Der Existierende steht nicht der Welt gegenüber, sondern ist in ihr, ist durch seinen Leib mit ihr verbunden. Der Körper ist nicht das Instrument der Seele, sondern sie ist in jenem verkörpert. Denken und Handeln heißt nicht In-Besitz-Nehmen, sondern partizipieren, sich dem Sein und den Mitmenschen, dem Du, zuwenden. In der existentiellen Betroffenheit, nicht durch theologische Formeln, kann Gott erfahren werden. Marcel ist Theist, Sartre Atheist. Nach Marcel gewinnt der Mensch Freiheit durch Gnade, indem er sich Gott öffnet, nach Sartre verfügt der Mensch über seine Freiheit: hier Stolz, dort Demut, hier Ekel, dort Liebe, hier sind die anderen die Hölle, dort Mitzuerlösende.

Zentrale Themen Marcels sind der Mensch, seine Erniedrigung und seine Würde, schöpferische Treue, die Suche nach Wahrheit und Gerechtigkeit. Seine Methode ähnelt der phänomenologischen Methode Husserls. In der ersten Reflexionsebene konstituiert das Bewußtsein die Objektwelt, auf der nächsthöheren reflektiert es sie und gelangt zu einem höheren Grad von Allgemeinheit, die sich aber von der bloßen Abstraktion unterscheiden soll. Im ersten Stadium der Existenz empfindet der Mensch, im zweiten glaubt er. Marcel redet nicht von zwischenmenschlichen Beziehungen, sondern spricht von Begegnungen, in denen der Mensch, zum Beispiel durch Treue, an sich und dem anderen schöpferisch tätig wird. In der menschlichen Begegnung wird das Besitzverhältnis in ein Seinsverhältnis verwandelt, das Haben wird zum Sein sublimiert. Letzter Grund des Seins ist Gott, dem sich der Mensch in schöpferischer Liebe und Treue annähert. Das Böse bleibt, wie das Sein und die Existenz, für Marcel letztlich ein Problem, ein Rätsel, ein Mysterium. Systemdenken war Marcel zuwider, weil es besitzergreifend ist, den Weg zum Sein und zu Gott versperrt. Aus ähnlichen Gründen lehnte er den Idealismus ab. Das Sein läßt sich nicht vereinnahmen, auch nicht in Ideen und Kategorien. Gegen Wissenschaft und Technik hatte Marcel eine tiefe Abneigung, weil sie, seiner Meinung nach, den Menschen entmenschlichen, zu einem Bündel von Funktionen degradieren. Im Grunde ist Marcels Denken, wie das Brunschvicgs und Bachelards, synthetisch, besser: integrativ. Geschichtlich verbindet es antike und christliche Elemente zu einer sokratisch-christlichen Philosophie der Existenz.

Im Gegensatz zu Marcel schließt sich Jean-Paul Sartre (1905 bis 1980) in seiner Ontologie weniger an Sokrates als an Parmenides und Aristoteles an. Die christliche Komponente der Tradition wird gemieden. Sartres Philosophie ist wesentlich »technischer« als die Marcels.

Alles was ist, ist tätig: *tout est en acte.* Das Sein ist in sich *(l'en-soi)* und ist das, was es ist, ohne Grund, ohne Erklärung, ohne Gott. Das Dasein geht dem Wesen voran. Außer dem In-sich-Sein der Welt gibt es das Für-sich-Sein *(le pour-soi)* des Menschen, das aber kein Sein außer dem Sein ist, sondern ein Nicht-Sein *(le néant).* Mensch-Sein ist das Ergebnis des sich nichtenden *(se néantise)* Seins. Das Nichts kommt durch den Menschen als solchen in die Welt. Im Für-sich-Sein des Menschen gibt es drei Ek-stasen: zum Nichts, zum Andern und zum Sein. Die erste Ek-stase manifestiert sich im Bewußtsein und in der Freiheit. Im Bewußtsein spaltet sich das Sein, in der Freiheit entwirft *(pro-jet)* sich der Mensch in die Zukunft *(a-venir)*. Danach ist die Freiheit das Wesen des Menschen, und das Wesen ist seine Existenz. In der Angst entbirgt sich die Freiheit. Der Mensch wird sich seines nichtenden Seins bewußt. Der Mensch ist seine Angst wie er seine Freiheit ist.

Die zweite Ek-stase ist das Für-den-anderen-Sein. Die Existenz des anderen ist unmittelbar, unbeweisbar. Er erscheint im Anblick *(regard)*. Das Schamgefühl zeigt, daß wir uns als erblickt erfahren. Im Blick und Gegenblick objektivieren sich die beiden Blickenden. Es geht um die Aneignung der Freiheit des anderen, und diese scheitert immer.

Die dritte Ek-stase besteht in der Tendenz zum Sein. Angewidert von seiner Existenz und zur Freiheit verdammt *(condamné à être libre)* will der Mensch in sich und für sich sein, das heißt Gott werden, und auch hier scheitert er. Der Mensch erscheint am Ende als eine nutzlose Passion *(passion inutile)*.

Sartre hat nicht nur begrifflich anspruchsvolle philosophische Werke geschrieben, sondern, wie sein Freund Russell, auch populärwissenschaftliche, essayistische und dichterische Schriften, worin er etwa die Fragen aufwirft, ob der Existentialismus ein Humanismus ist, was Marxismus und Existentialismus trennt, wie sich der Intellektuelle zur Revolution verhält und was Literatur ist. Eine Schrift ist der Kritik der dialektischen Vernunft gewidmet. Daneben sind die häufig aufgeführten Dramen und die Erzählungen zu nennen, oft mit philosophischem Einschlag. Sartres Werk hier insgesamt zu analysieren und zu würdigen, ist sowenig wie bei Russell möglich. Wie bei Russell läßt sich Sartres Philosophie nur als gelebte Einheit von Theorie und Praxis begreifen, mit seinen Aktivitäten als Schriftsteller, Bühnen- und Filmautor, Biograph und Autobiograph, Literatur- und Kunstkritiker, Widerstandskämpfer, politischer Essayist, Reporter und Demonstrant.

Am Anfang – Sartre verlor seinen Vater früh – steht das Gefühl einer fast völligen Einsamkeit und Verlassenheit. Rückblikkend (1940) sah sich Sartre als ein monströses Produkt des Kapitalismus, des Zentralismus und Funktionalismus, aber, und das ist entscheidend: es kommt nicht darauf an, was man aus dem Menschen gemacht hat, sondern was der Mensch aus dem macht, wozu er gemacht wurde. Sartre erweist sich hier als Mann der Entscheidung, der Tat, der Selbstbefreiung. Sartres *cogito* lautet: Ich bin überflüssig, also existiere ich; mit einem

Gefühl totaler Zufälligkeit, Ausgesetztheit, Sinnlosigkeit und Überflüssigkeit, mit Ekel am Dasein; der Selbstmord aber ist für Sartre keine Lösung. Er nimmt den ihm aufgezwungenen Daseinskampf an und bewältigt das Dasein. Vieles an Sartre erinnert an Ernest Hemingway, beide Repräsentanten eines weltweiten Lebensgefühls im 20. Jahrhundert, das man mit dem Wort »dennoch« etikettieren könnte. Sartre, der nie ein Schüler Heideggers war, sowie er auch sonst keine Autorität und Institution anerkannte, stellte der kleinbürgerlichen Philosophie der Angst, Sorge und des Selbstmitleids den Satz entgegen: Der Mensch ist zur Freiheit verdammt – was für Sartre soviel bedeutete wie literarische Kreativität, entschlossenes Handeln gegenüber Usurpatoren, Befreiung von Fremdherrschaft und eine an antike Vorbilder erinnernde Einstellung zum Leben und Sterben, wie denn auch antike Motive in Sartres Dichtungen einen großen Raum einnehmen. Den dialektischen Materialismus diagnostizierte er als revolutionären Mythos, der in seiner Beschränkung der Freiheiten und Menschenrechte im Endeffekt eine revolutionäre Politik eher verhindert als fördert.

Sowenig wie sein Freund Russell konnte sich Sartre irgendeiner Partei, Ideologie oder philosophischen Schule anschließen. Lebend und denkend verwirklichte er ein Höchstmaß an Freiheit. Er machte auch deutlich, daß Freiheit kein Endzustand ist, sondern, wie die Wahrheit, ein Weg, den jeder einzelne und jede Gemeinschaft immer wieder erringen, behaupten und bewahren muß.

Wie bei Sartre kam bei Albert Camus (1913–1960, Nobelpreis für Literatur 1957) ein Schuß antiker Ehrlichkeit vor den Problemen zum Durchbruch. Mit Sartre verbinden ihn auch die radikale Freiheitsliebe und die erfrischende Wahrhaftigkeit des Wollens, die Fähigkeit zu begeisternder und beglückender Desillusionierung, die rücksichtslose Entlarvung des schönen Scheins, der sich über der ökonomischen, gesellschaftlichen und kulturellen Wirklichkeit ausbreitet. Wie Sartre war auch Camus Widerstandskämpfer. Der Dichterphilosoph Camus, zunächst Gefährte, später Gegner Sartres, stimmt mit seinem großen Antipoden und Freund auch in der Diagnose der Sinnlosigkeit des Daseins überein, ferner im Gefühl des Ekels vor der Verlogenheit, dem Konformismus und dem Opportunismus. Aus der Unerträglichkeit der Welt, ihrer Absurdität, folgert er die Notwendigkeit zur Auflehnung gegen das Absurde in allen seinen Formen: Diktatur, Gewaltanwendung (Todesstrafe), Ausbeutung. Camus glaubte an eine dritte Stufe der menschlichen Solidarität. Gegen Nietzsche, Heidegger und Sartre wendet er ein, daß Negation der Vernunft und Irrationalismus nicht weiterhelfen, sondern nur das mutige Aushalten im Sinnlosen und seiner allmählichen Umgestaltung. In der symbolischen Gestalt des Sisyphos aus der griechischen Mythologie, der zur Strafe für seine Freveltat einen Steinblock immer wieder einen Berg hinaufwälzen muß, findet Camus die geeignete Metapher für seine Daseinserfahrung, die aber nicht in den Nihilismus führt. Abgesehen von dem einzigen Verhängnis des Todes ist alles Freude, Glück und Freiheit. Nur in den wenigen Augenblicken, in denen sich der Mensch seiner Lage bewußt wird, erscheint ihm die Tragik seines Daseins.

Camus tröstete sich über das Dasein, wie es ist, weder mit Hilfe christlicher Hoffnungen und Erwartungen hinweg noch mit Hilfe marxistischer Wunschträume. Er wollte kein Atheist sein, denn auch den Atheismus durchschaute er als einen Glauben. Vom Existentialismus distanzierte er sich wiederholt, denn der erschien ihm als eine Art säkularisierter Theologie mit der Tendenz zum Absolutismus. Seine Einstellung zum Tod war eher sokratisch, agnostisch: Ich weiß, daß ich fünfzehn Minuten, nachdem ich gestorben bin, tot bin. Das *cogito* des Camus läßt sich auf die (echt französische) Formel bringen: »Ich revoltiere, also sind wir.« Revolte heißt nicht Terrorismus. Ihn lehnt Camus, wie den Selbstmord, ausdrücklich ab. Eine wichtige Erkenntnis Camus': Europa hat aufgehört, in Kategorien der Freiheit zu denken, stattdessen denkt es in den Kategorien des Schicksals.

10.2.2.2.4 Merleau-Ponty, Ricoeur, Foucault

Sartres »Verdammt zur Freiheit« setzt Maurice Merleau-Ponty (1908–1961) »Verdammt zu den Sinnen« entgegen. Die Hauptaufgabe der Philosophie besteht im Wiedererlernen des Sehens, wobei das Sehen nicht im Gegensatz zur Welt und zum Denken steht, sondern im Akt mit ihnen eins wird. Die beste Philosophie vereint extreme Objektivität mit extremer Subjektivität und wird so zur Ambiguität, die das Schicksal des Philosophen, im Gegensatz zum Wissenschaftler, ist. Philosophie beschreibt die unaufhörliche Wechselwirkung zwischen Mensch und Welt, sie macht das Vernünftige im Zufälligen bewußt. Merleau-Ponty verbindet in seiner Aufwertung der Wahrnehmung gegenüber dem Denken Elemente der Husserlschen Phänomenologie mit ästhetischen Erkenntnissen, die er beim Studium französischer Maler (Cézanne, Monet, Corot) gewann. Sein Verhältnis zu Sartre ähnelt dem von Camus. Mit Sartre hatte Merleau-Ponty nach dem Zweiten Weltkrieg die Zeitschrift ›Les Temps modernes‹ gegründet, gab aber 1953 seine Mitwirkung auf und trennte sich von Sartre, hinter dessen Existentialismus er einen Idealismus vermutete, ähnlich wie Camus hinter Sartres Atheismus einen Glauben. Auch im Kommunismus sah Merleau-Ponty etwas anderes als Sartre, nämlich eine verborgene Theologie. Alles dies lehnte er, im Bestreben, die Philosophie von absolutistischen Momenten zu reinigen, ab, mit dem Ziel, ein unverfälschtes Verhältnis des Menschen zur Welt wiederherzustellen. Es gibt sowenig Denken ohne Wahrnehmung wie Wahrnehmung ohne Denken. Die Einheit von Denken und Wahrnehmung ist ein Abbild der Grundstruktur des Menschen, die sich als Einheit in der Mannigfaltigkeit verstehen läßt, wobei die Einheit nicht gegeben, sondern als Ziel der Selbstverwirklichung aufgegeben ist. Im Prozeß der Selbstverwirklichung manifestiert sich, neben Wahrnehmung und Denken, die Freiheit.

Auch in der Sprachphilosophie Merleau-Pontys sind neue Ansätze im Anschluß an seine wahrnehmungs- und verhaltenspsychologischen Studien zu erkennen. Die Sprache erscheint als Körper des Denkens, als Vermittlung zwischen Objektivität und Subjektivität, als Transzendenz des Gegensatzes von Sinn und Zeichen. So verstanden, heißt (bewußt) sprechen soviel wie philosophieren. Als sich, nicht zuletzt auf dem Gebiet der Sprachphilosophie, eine Wiederannäherung an Sartre abzeichnete, starb Merleau-Ponty, dessen *philosophie de l'ambiguïté* auch in den zwischenmenschlichen Beziehungen zum Ausdruck kam.

Derselbe ebenso sokratische wie moderne, desillusionierende Grundzug fortgesetzter Analyse führte Paul Ricoeur (geb. 1913) vom späten Husserl zu Freud. Seine Hauptprobleme sind: Zusammenhang von Bewußtem und Unbewußtem, Struktur und Funktion des Willens, Geschichtlichkeit der Wahrheit, Interpretation. Das zentrale Problem moderner Interpretation ist nicht mehr die Frage, ob richtig oder falsch, sondern die Auflösung von Illusionen, die die Wahrheit verhüllen, der Weg vom Idol zur Struktur und zum Symbol. Dabei stößt der Psychologe auf ein schwieriges Problem, das falsche *cogito,* das im Willen wurzelt und den Weg zu Wahrheit und Freiheit, zum echten *cogito* versperrt. Der Mensch scheitert, erkennend, wollend und handelnd, wenn er nicht zu sich selbst findet, den Widerstand des falschen *cogito* überwindet, hinter dem das narzißtische Ich steckt. Das Problem der Wahrheit liegt tiefer, als Idealisten, Intellektuelle und Rationalisten wahrhaben möchten: es ist ein existentielles Problem. Die »archäologische« Erforschung der Subjektivität stößt auf den harten Kern der (verhüllten) Wahrheit, der nicht mit rein begrifflichen Mitteln zu sprengen ist. Hier hilft nur die dichterische Metapher weiter, die das Verborgene im Symbol erfaßt und nach und nach der Rationalisierung zugänglich macht. Philosophie erweist sich als ein Mittleres zwischen Kunst und Wissenschaft, sie hat eine »hermeneutische« Funktion: Die Metapher ist die Bedingung der Möglichkeit diskursiven Erkennens.

Radikaler und revolutionärer als Ricoeur geht Michel Foucault (1926–1984) dem schönen Schein zu Leibe. Ihm geht es nicht mehr um ein neues *cogito* oder Enthüllung verborgener Wahrheit, vielmehr um ein anthropologisch-kulturgeschichtliches Anliegen, das die unerbittliche Diagnose des Mediziners, als Arztes der Kultur, bis an den Rand des Skandalösen vorantreibt. Foucault wendet seine archäologische Methode der medizingeschichtlichen Erforschung des Wahnsinns auf gewisse Erscheinungen westlicher Kulturgeschichte an, zum Beispiel auf die Geschichte der Sexualität. Dabei wird der Zusammenhang zwischen Verdrängungsmechanismen und Herrschaftsstrukturen sichtbar. Auch hier ist der Einfluß Freuds greifbar. Foucault entwickelt seine kühnen Thesen anhand von konkreten Beispielen wie Gefängnis, Klinik und Irrenhaus. Die rationale Kultur hat damit Institutionen zum Ausschluß tabuisierter Verhaltensweisen geschaffen. Insofern dominiert in diesen Institutionen der Wille zur Unterdrückung. Die Wurzeln der Geisteskrankheiten weisen auf soziale Strukturen, Menschenbilder und Weltanschauungen zurück. Der Referenzrahmen für den Wahnsinn ist die Gesellschaft. Die Thesen Foucaults scheinen die Tradition nicht nur in Frage zu stellen, sondern ihre Fundamente zu sprengen, aber Entrüstung und Anarchie-Vorwürfe allein schaffen die von ihm aufgeworfenen Fragen nicht aus der Welt.

10.2.2.2.5 Lévi-Strauss, Dagognet, Aron

Weniger spekulativ, dafür fest in den Wissenschaften fundiert, sind die erfahrungsorientierten Neuansätze von drei Denkern, die das Bild der modernen französischen Philosophie wesentlich mitbestimmt haben. Ethnologie, Medizin und Soziologie sind Wissenschaften, die, wie die Psychologie, in Frankreich auf eine große Tradition zurückblicken können. Für die Philosophie war es stets von Nutzen, wenn sie bereit war, von den in ihrem geistigen Umfeld führenden Wissenschaften zu lernen.

Claude Lévi-Strauss (geb. 1908), ein weltweit anerkannter Forscher, der als Begründer des Strukturalismus gilt, hat auch die Philosophie wesentliche Anregungen sowohl hinsichtlich neuer Modellvorstellungen als auch im methodischen Bereich zu verdanken. Seine Kritik an Idealismus, Formalismus und Ethnozentrismus – eine Art von kollektivem Narzißmus – hatte reinigende Wirkung. Vor allem aber kommen in der Konzeption von Lévi-Strauss geschichtliche Kontingenz (Zufall), Pluralismus und Humanismus zu ihrem Recht. Der Grundzug seines Denkens ist freiheitlich, antisystematisch, empirisch und zugleich rational, relativierend und global. Entsprechend betonte er in der Sprachphilosophie die kommunikativen Momente, das Dialogische. Lévi-Strauss betrachtete die Sprache als Muster von Organisation, verstanden als Code, nicht als System von Bedeutungen. Interessant ist seine Theorie, nach der primitives Denken nicht prälogisch, sondern logisch ist. Wie bei Ricoeur spielt auch bei Lévi-Strauss das Unbewußte eine bedeutende Rolle, als eine Art Infrastruktur gesellschaftlicher Systeme, des subjektiven wie des objektiven Geistes. Ein besonderes Anliegen von Lévi-Strauss war die Begegnung zwischen Ost und West oder wenigstens der Traum ihrer Annäherung und Vereinigung, einer Synthese, in der sowohl ein aufgeklärter Marxismus Platz hat als auch ein reinigender, von Vorurteilen befreiender Buddhismus.

François Dagognet (geb. 1924), Philosoph, Mediziner und Psychiater, trug sein Teil dazu bei, die Philosophie wieder auf den Boden der Tatsachen zurückzuführen. Er dachte nicht daran, die Medizin mit einem philosophischen Überbau zu versehen, sondern forderte, im Sinn eines angewandten Rationalismus, vor der Vernunft und ihren Erleuchtungen die handwerklich minuziöse Aufarbeitung des Faktischen. Bei Dagognet findet sich eine typisch moderne Einstellung, die extreme Skepsis gegenüber Verallgemeinerungen mit extremer Zuversicht in der Erkenntnis von Einzelzusammenhängen verbindet. Mit der antimetaphysischen Tendenz verbindet sich auch die antiszientifische, die Kritik an der Wissenschaftsgläubigkeit als einer neuen Erscheinungsform der Metaphysik. Auf diese Weise gelangte

Dagognet zu einem neuen Verständnis von Krankheit, die er nicht als Zustand betrachtet, sondern als einen dynamisch-evolutiven Prozeß. Heilen heißt, sich in diesen Prozeß einschalten, ihn lenken. Medizin erscheint als letzte Verwirklichung von Philosophie. Dagognets Theorie erinnert an Platons Verbindung von soteriologischen, medizinischen und kybernetischen Momenten in seinem Begriff des Geistes. Wie Platon fordert auch Dagognet von der authentischen Medizin Menschlichkeit, Psychotherapie erscheint als Logotherapie.

Raymond Aron (1905–1983) faßt in gewisser Hinsicht, ähnlich wie Russell in England, als Zeuge des 20. Jahrhunderts französische Erfahrungen zu einer philosophischen Gesamtschau zusammen. Im Zweiten Weltkrieg arbeitete er mit de Gaulle in London zusammen und gab die Zeitschrift ›La France libre‹ heraus. Nach dem Krieg schlug er eine Berufung an die Universität Bordeaux aus und zog das freie, praxisnahe Leben vor. Seine Freundschaft mit Sartre zerbrach infolge politischer Meinungsverschiedenheiten. Während Sartre sich der kommunistischen Ideologie näherte, lehnte Aron sie konsequent ab und unterzog die Begriffe »Linke«, »Revolution« und »Proletariat« einer einschneidenden Kritik (›Opium für Intellektuelle‹, 1955). Im gleichen Jahr an die Sorbonne berufen, vertiefte er sich in gesellschaftliche und politische Studien, die ihm zu einem besseren Verständnis der Probleme der modernen Industriegesellschaft verhalfen. Besonders lag ihm, wie Russell in dieser Zeit, die Frage: Frieden oder Krieg? am Herzen. In einem umfassenden Werk[95] untersuchte er in einem theoretischen, soziologischen, historischen und ethisch-praxeologischen Teil die Reflexionsebenen der einschlägigen Probleme. Am Schluß steht die Vision einer Ära jenseits der Machtpolitik und einer globalen Friedenssicherung. In Verbindung mit anderen namhaften Arbeiten stellt die integrative Denkleistung Arons eine echte Alternative zu Sartres existentialistischer Philosophie dar.

10.2.2.3 Niederlande

Die Niederlande können auf eine große philosophische Tradition zurückblicken: Marsilius van Inghen (1340–1396), Heymeric van de Velde (1395–1460), Rudolf Agricola (1444–1485),

[95] Frieden und Krieg. Frankfurt 1963.

Dirck V. Coornhert (1522–1590), Hugo de Groot (1583–1645), Adriaan Heereboord (1614–1661), Arnold Geulincx (1624 bis 1669), Petrus van Balen (1643–1690), Bernard Nieuwentijt (1654–1718), Leonardus Stocke (1710–1775), Frans Hemsterhuis (1721–1790), Jacques Moleschott (1822–1893), Allard Pierson (1831–1896).

In Vergangenheit und Gegenwart waren die Niederlande oft ein Zufluchtsort für freie Geister in einem unfreien Europa. Im 20. Jahrhundert gibt es hier namhafte Vertreter fast aller traditionellen und modernen Richtungen der Philosophie: Philosophie der Mathematik, mathematische Logik, Wissenschaftstheorie, Geschichte der Wissenschaften, Metaphysik, Naturphilosophie, Sozial-, Kultur- und Geschichtsphilosophie sowie Anthropologie. Daneben gibt es, wie auch in anderen Ländern, Vertreter traditioneller Schulen, wie Neuthomisten, Spinozisten und Phänomenologen. Hier können nur die repräsentativen Vertreter der Hauptrichtungen erwähnt werden, denn die Niederlande sind auch heute nicht nur ein »Treffpunkt von Traditionen«[96].

10.2.2.3.1 Bierens de Haan, Huizinga, Kohnstamm

Johannes D. Bierens de Haan (1866–1943) gehört, wie Huizinga und Kohnstamm, zu den namhaften Vertretern der niederländischen Philosophie in der ersten Hälfte des 20. Jahrhunderts. Bierens de Haan, mehr ein Repräsentant konservativ-traditionellen Denkens, Gründer der ›Tijdschrift voor Wijsbegeerte‹ (Zeitschrift für Philosophie), Philosoph und Künstler in einer Person, kam von der Theologie zur Philosophie. Stark von Spinoza beeinflußt, interessierte ihn besonders das Verhältnis des Geistes zur Natur. Gegen Ende seines Lebens (1942) verfaßte er eine Ethik.

Der Historiker und Kulturphilosoph Johan Huizinga (1872 bis 1945) wurde in philosophischen Kreisen vor allem durch sein Buch ›Homo ludens‹ (1938) bekannt, das den spielenden Menschen bewußt dem *homo sapiens* und dem *homo faber*, dem erkennenden und dem schaffenden Menschen gegenüberstellt. Huizinga entdeckte die kulturschöpferische Bedeutung des Spiels, untersuchte die Beziehungen des Spiels zum Recht, zur Wissenschaft, Kunst und Philosophie, aber auch zum Krieg und die Spielelemente in der gegenwärtigen Kultur. Philosophisch

[96] Vgl. Algemeen Nederlands Tijdschrift voor Wijsbegeerte 75 (1983) 1.

nicht weniger bedeutsam sind seine ›Schriften zur Zeitkritik‹ und seine »Studien über Lebens- und Geistesformen des 14. und 15. Jahrhunderts in Frankreich und in den Niederlanden«, im ›Herbst des Mittelalters‹ (1919).

In der zeitkritischen Schrift ›Im Schatten von morgen‹ (1935) diagnostiziert Huizinga ahnungsvoll die derzeitige Kulturkrise, die im Zweiten Weltkrieg gipfelte, in der ›Geschändeten Welt‹ (1943) untersucht er die Genesungsmöglichkeiten des tiefgesunkenen Europa. Den Philosophen interessiert besonders das Kapitel »Niedergang des Symbolismus« im ›Herbst des Mittelalters‹, wo der Autor den Realismus als Grundzug des mittelalterlichen Denkens herausarbeitet.

Der Physiker Philip A. Kohnstamm (1875–1951) repräsentiert eine ältere ontologisch fundierte Form des für die Niederlande typischen Personalismus. Hinter der objektiven Erkenntnis der Naturwissenschaften beginnt das Reich der Wahrheit, das an die Person gebunden ist. Mehr als die wissenschaftliche Wahrheit zählen Glaubwürdigkeit und Wahrhaftigkeit, eine für die zwischenmenschlichen Beziehungen und die Gesellschaft überhaupt wegweisende Auffassung, die sich in neueren christlichen und sozialistischen Geistesströmungen der Niederlande wiederfindet.

10.2.2.3.2 Brouwer, Beth, Dijksterhuis

Wenn auch einige seiner Werke erst nach dem Zweiten Weltkrieg erschienen, entwickelte Egbert J. Brouwer (1881–1966) seinen mathematischen Intuitionismus, eine Alternative zu den Positionen von Poincaré, Russell und Hilbert, schon vorher. Brouwers Theorie wurde für die Philosophie der Mathematik, weit über die Grenzen der Niederlande hinaus, sehr bedeutsam, unter anderem für Wittgenstein (1928). Brouwers Thesen laufen darauf hinaus, die logische Autonomie der Mathematik in Frage zu stellen: Wegfall des Satzes vom ausgeschlossenen Dritten, Abhängigkeit von der Zeitvorstellung und von empirischen Daten, ferner von weltanschaulichen und kulturellen Faktoren. Brouwer sah die Sprache der Mathematik analog zur Kommandosprache. Seine mathematische Theorie brachte die Grundlagenforschung der Mathematik wieder in Bewegung.

Evert W. Beth (1908–1964), einer der einflußreichsten niederländischen Logiker, sah eine seiner Hauptaufgaben in der Bekämpfung des Irrationalismus. Seine Semantik ist, wie die Carnaps, von Tarski beeinflußt. Obwohl Beth prinzipiell ein Gegner des Psychologismus war, suchte er doch, unter dem Einfluß von Piaget, nach einer Annäherung von Logik und Psychologie, was ihn zur Annahme von Entwicklungen logischer Systeme bewog. Von Beth führt diese Linie weiter zu modernen Formen der Informations- und Interaktionstheorie.

Der Wissenschaftstheoretiker Eduard J. Dijksterhuis (1892 bis 1955) untersuchte die naturwissenschaftlichen Entwicklungen vom frühen griechischen Denken bis zur Mechanik Newtons. Die Tradition verlief nicht kontinuierlich, sondern zeigt, am Ende des Mittelalters, einen Bruch. Das in viele Sprachen übersetzte Werk von Dijksterhuis verdeutlicht überdies wichtige historische und kulturelle Zusammenhänge und entspricht damit einer Grundforderung moderner Systemanalyse.

10.2.2.3.3 Buytendijk, Raven, Delfgaauw

Auch um ein besseres Verständnis des Menschen ging es dem Begründer der modernen Tierpsychologie Frederik J. Buytendijk (1887–1974), der, wie Konrad Lorenz, ein Schüler Jacob von Uexkülls war. Während aber Lorenz von experimentellen Situationsanalysen ausging, orientierte sich Buytendijk mehr an sozialpsychologischen Gegebenheiten wie dem Milieu. Seine phänomenologische Anthropologie beeinflußte Merleau-Ponty. Besondere Aufmerksamkeit widmete Buytendijk der menschlichen Haltung und Bewegung, dem Verhältnis der Geschlechter, der Frau, dem Schmerz und – dem Fußballspiel.

Peter Raven erweist sich in mehrfacher Hinsicht als Vertreter modernen Denkens. Wie Buytendijk überwindet er die fachwissenschaftlichen Schranken, neigt zu interdisziplinärer Zusammenschau, zum Methodenpluralismus und zur evolutionären Betrachtungsweise. Sein besonderes Interesse gilt der Rolle der Informationsspeicherung und -übertragung in der Biologie. Mit Paul Ehrlich prägte Raven auch den zentralen Begriff der Koevolution, der Evolution mikroskopischer und makroskopischer Systeme.

Bernard Delfgaauw bemüht sich aus der Perspektive des Historikers und Philosophen um eine Zusammenschau der Entwicklungsprobleme. In einem dreibändigen Werk ›Geschichte als Fortschritt‹ (1962–1966) untersucht er »Entstehung«, »Geschichte« und »Ewigkeit« des Menschen, wobei metaphysische und theologische Aspekte nicht ausgeschlossen werden. Bemerkenswert sind seine Ausführungen zu dem viel mißbrauchten Begriff der Liebe am Schluß des Werkes:

»Liebe ist nicht Wohltätigkeit. Es gibt echte und unechte Wohltätigkeit. Unechte Wohltätigkeit kann aus Schuldbewußtsein wegen eines unsozialen Verhaltens entstehen, ohne daß man darum die Absicht hat, dieses zu ändern. Wohltätigkeit kostet weniger und fällt mehr auf als soziale Gerechtigkeit. Solche Wohltätigkeit ist eine Karikatur dessen, was Christus mit Liebe meinte. Unechte Wohltätigkeit kann auch aus Pflicht geleistet werden, ohne daß man wirklich ein Herz für die Bedachten hätte. Eine Wohltätigkeit dieser Art hat das Herablassende, das sie als menschliche Beziehung vergiftet.

Wirklich aus dem Herzen kommende Liebe zu den Mitmenschen kann sich in persönlichen Beziehungen und im Ausbau sozialer Strukturen zeigen und auswirken. Sie ist wirklich wahre Liebe, wenn es ihr darum zu tun ist, eine bewohnbare Welt für alle Menschen zu schaffen, nicht weil der, der diese Liebe hat, so gut ist, sondern weil alle Menschen ein *Recht* darauf haben. Jede Form der Liebe, die Liebe üben will, ohne zuerst nach Gerechtigkeit zu streben, ist unecht. Worauf jemand ein Recht hat, das muß ihm gegeben werden, weil er das Recht darauf hat, nicht aus Wohltätigkeit.« (202)

Andere niederländische Philosophen haben zentrale Herausforderungen der modernen Welt erkannt und erörtert: Probleme der Technik (G. M. van Melsen), Macht (R. S. Beerling), Eurozentrismus (T. Lemaire), Form und Funktion (C. J. van der Klaauw), Wissenschaft und Realität (C. A. van Peursen). In ihrer Klarheit und methodischen Strenge beispielhaft ist die Studie van Melsens ›Evolution und Philosophie‹ (1966). Beispielhaft sind, ganz allgemein, die große Sorgfalt, mit der niederländische Denker Einzelprobleme behandeln, die Anlehnung an die wissenschaftlichen Einzeldisziplinen und schließlich die vorsichtig zur Integration fähige und neigende philosophische Grundeinstellung. Für die letztere Tendenz sei auf die Synthesis-Theorie von Johannes H. M. M. Loenen (1919 bis 1978) hingewiesen. Sie verzichtet auf den herkömmlichen Apriorismus und gelangt auch ohne ihn zu einer eindrucksvollen, an Aristoteles geschulten, wertorientierten, prozeßhaften, für Kombinationen und Konflikte offenen Kulturphilosophie.

10.2.2.4 Belgien

10.2.2.4.1 Dupréel, Tempels, Apostel, Gochet

Wie die niederländische ist auch die belgische Philosophie keineswegs nur ein Gemisch aus den Schultraditionen der Nachbarländer. Eugène Dupréel (1879–1967) und seine Brüsseler Schule zeigen eine Eigenständigkeit in der Fragestellung, die erst durch die Auseinandersetzung mit den großen philosophischen Strömungen der Nachbarländer verständlich wird. Dupréels Philosophie läßt sich nicht ohne weiteres in den Positivismus einordnen. Sie ist nicht zuletzt von der spezifischen ethnisch-soziologischen Situation des Landes geprägt und vermeidet daher, besonders in der Kommunikationstheorie, manche theoretischen Vereinfachungen des deutschen, englischen oder französischen Denkens. Sie stellt dem verabsolutierenden Idealismus Hegels eine bewußt relativierende Betrachtungsweise gegenüber und meidet sowohl den englischen Skeptizismus als auch die ontologische Soziologie Durkheims. Aufgrund eingehender Studien der griechischen Sophistik entwickelt Dupréel eine nicht nur auf Belgien, sondern auch auf Europa anwendbare Kommunikationstheorie. An die Stelle der einen, allumfassenden Ordnung der Dinge treten aufeinander bezogene Ordnungssysteme. Eine Ordnung hängt mit vielen anderen zusammen und geht in eine andere über. Die Betrachtungsweise ist konventionalistisch, pluralistisch, relativistisch. Es gibt einen Pluralismus der Ordnungen, Gesellschaften und Werte, in denen nicht Notwendigkeit und Determinismus herrschen, sondern Wahrscheinlichkeit und Freiheit. Mit den Schlüsselbegriffen Konvention, Ordnung und Intervall sucht Dupréel Konstanz und Wechsel, Statik und Dynamik in einem Konzept zu vereinigen, das den Vergleich mit anderen kontinentalen Konzepten und Modellen nicht zu scheuen braucht.

Zwischen den Weltkriegen vollbrachte der Missionar Placide Tempels (1906–1977) mit der Erschließung afrikanischen Denkens (›La philosophie bantou‹, 1947) eine philosophische Pionierleistung. Abgesehen von der Vereinnahmung für das Christentum und die Unterstellung westlichen Systemdenkens, enthält das Werk fundamentale Beobachtungen und Gedanken, die aber erst in dem Abschnitt über die afrikanische Philosophie wenigstens summarisch gewürdigt werden können.

Leon Apostel (geb. 1925) und Paul Gochet (geb. 1932) gehören einer jüngeren Generation an, für die der Übergang vom eurozentrischen zum globalen Philosophieren charakteristisch ist. Der philosophischen Mittlerstellung seines Landes gemäß, suchte Apostel widersprüchliche kontinentaleuropäische und angloamerikanische Denkansätze zu einem pluralistischen Konzept zu integrieren, in dem Einflüsse von Nicolai Hartmann, Whitehead, Carnap, Piaget und Perelman zu erkennen sind. Das neue Konzept verbindet strukturelle und dynamische Komponenten, hat einen Zug zum Praktischen und zeigt eine interdisziplinäre Grundtendenz. Gochet ging von der Sprachanalyse aus und befaßte sich später mit Anwendungsmöglichkeiten der Logik auf dem Gebiet der Informatik. Bei ihm, der vom kontinentalen Realismus Bachelards und Gonseths ausging, überwog schließlich der angelsächsische Einfluß (Austin, Quine, Montague).

10.2.2.5 Deutschland

Für die Entwicklung der deutschen Philosophie im 20. Jahrhundert wurden zwei Grundtendenzen ausschlaggebend: Öffnung und Verschließung. Noch heute hängt ihr weiteres Schicksal davon ab, welche Tendenz die Oberhand behält. Nirgends zeigt sich die ambivalente Wirkung einer großen Tradition deutlicher als in Deutschland: sie kann fördern, aber auch hemmen. Um die Jahrhundertwende dominierten teils europäische, teils spezifisch deutsche Richtungen. Simmels Orientierung am Evolutionsgedanken war ein hoffnungsvolles Zeichen der Öffnung, ebenso Freges Durchbruch zur mathematischen Philosophie, ferner Brentanos moderne Erkenntnistheorie und die daran anknüpfende Phänomenologie Husserls. Die »Ismen« signalisierten dagegen geistige Erstarrung: Neukantianismus, Neuhegelianismus, Neuidealismus, Neuthomismus, Neovitalismus. In die Zeit vor dem Ersten Weltkrieg gehört auch der besonders in Deutschland festgehaltene Glaube an ein umfassendes System der Philosophie. Nicolai Hartmanns Abkehr vom Neukantianismus und Hinwendung zu Platon (1909) war eine Chance für die deutsche Philosophie, desgleichen Schelers Abkehr von Kants Formalismus in der Ethik – aber dabei blieb es. Der Erste Weltkrieg löste in Deutschland keine Revolution des Denkens aus, nicht einmal eine ernsthafte Krise. Die Kräfte der Tradition und Reaktion behielten die Oberhand. Warner wie Spengler oder weltoffene Geister wie Graf H. Keyserling und Albert

Schweitzer wurden von unbelehrbaren Nationalisten zu Außenseitern gestempelt. In Deutschland hatte man nur noch die Wahl zwischen Resignation, Emigration oder Kollaboration. Heideggers scheinbar revolutionäre Philosophie blieb im Ansatz stecken und erwies sich im Endeffekt als reaktionär. Cassirers Kritik an Heideggers usurpatorischem Auftreten traf ins Schwarze: er hatte den monomanen, faschistoiden Kern seines Denkens durchschaut. Heideggers Flirt mit dem NS-Regime war weder ein Mißverständnis noch ein Zufall. Ein rückhaltloses Eingeständnis seines fatalen Irrtums gelang Heidegger, wie vielen seiner Gesinnungsgenossen, nicht einmal nach dem Zweiten Weltkrieg. Ganz anders Jaspers! Als Arzt und Psychologe brachte er die Begabung eines Diagnostikers der Dekadenz mit. Er diagnostizierte die geistige Situation seiner Zeit, durchschaute die weitverbreitete Verlogenheit seiner Zeitgenossen, suchte in seiner Existenzphilosophie nach einem Ausweg zur Wahrhaftigkeit, wurde aber von den Ereignissen überholt. Nach dem Zweiten Weltkrieg schlug man seine berechtigten Warnungen in den Wind. Die marxistische Ideologie lieferte, ungeachtet ihrer teilweise berechtigten Gesellschaftskritik, keine echte, freiheitliche Alternative des Denkens und verlor sich in Polemik und Streit mit den Konformisten oder Positivisten: eine günstige Zeit für jene wendigen Opportunisten und Scharlatane, die sich von allen Parteien hofieren lassen. Aber es gibt in der deutschen Gegenwartsphilosophie auch erfreulichere Entwicklungen, vor allem in den modernen philosophischen Disziplinen, auf die im allgemeinen Teil dieses Kapitels bereits hingewiesen wurde, ferner in der Einzelforschung und in der Ideologiekritik. Ob die fortschrittlichen oder die restaurativen Kräfte die Oberhand behalten, wird die Zukunft lehren.

10.2.2.5.1 Husserl

Edmund Husserl (1859–1938) aus Proßnitz in Mähren war ein Schüler Franz Brentanos. Bei Carl Stumpf (1848–1936) in Halle studierte er zudem Psychologie. Husserl kam, wie Russell und Brunschvicg, von der Mathematik zur Philosophie. Mit Husserl erweist sich die deutsche Philosophie zu Beginn des 20. Jahrhunderts als an der Mathematik orientiert, in der Mitte zwischen den Extremen des Idealismus und Materialismus, als eine Komponente jenes breiten Mittelfeldes philosophischer Richtungen, zu dem auch der gemäßigte Positivismus und der kritische Realismus gehören. Husserl hat sich selbst im Sinn der neuen Sachlichkeit als Positivist verstanden. Da sich sein Begriff von Philosophie und Wissenschaft im Lauf der Jahrzehnte wandelte, sei hier vor allem auf die Konstanten seines Denkens hingewiesen. Husserls ›Philosophie der Arithmetik‹ (1891) war Franz Brentano gewidmet. Er befaßt sich im ersten Teil derselben mit der Analyse von Grundbegriffen wie Einheit, Vielheit, Anzahl, im zweiten Teil mit dem Symbolgehalt der Begriffe. Schon hier werden einige Grundtendenzen Husserlschen Philosophierens deutlich: die Behauptung der Eigenständigkeit der Mathematik, später der Logik, gegenüber der Psychologie; die analytische Methode, womit sich Husserl grundsätzlich auf den Boden der Analytiker stellt, wenn er auch die empirischen Komponenten ablehnt; schließlich eine Bevorzugung intuitiver gegenüber konventionalistischer (Poincaré) Gewißheit.

Am Anfang dieses Jahrhunderts erschien Husserls monumentales Werk, die ›Logischen Untersuchungen‹ (3 Bände), Russells und Whiteheads ›Principia Mathematica‹ vergleichbar. Der 1. Band, die ›Prolegomena zur reinen Logik‹, enthält die Kritik am Psychologismus. Die logischen Gesetze haben weder induktiven noch relativen, weder wahrscheinlichen noch normativen Charakter, sondern absoluten, apodiktischen, notwendigen. Offensichtlich hält Husserl am Aristotelischen Erkenntnisideal fest, ohne alle idealistischen Implikationen zu übernehmen.

Im 2. Band, den ›Untersuchungen zur Phänomenologie und Theorie der Erkenntnis‹, stellt er die Phänomenologie als philosophische Grundlagendisziplin vor. Husserl tat damit insofern einen glücklichen Wurf, als er eine empfindliche Lücke der ideenphilosophischen Tradition von Platon und Aristoteles bis zum Neukantianismus ausfüllte: die Vernachlässigung des Bereichs der Wahrnehmung gegenüber dem Denken. Er lag damit auf einer Linie mit dem Positivismus, ohne jedoch dessen sensualistisch-empiristische Prämissen zu teilen. Husserl hat durch seine Phänomenologie bewiesen, daß man auch auf einer (nach unten) verbreiterten idealistischen Grundlage mit Erfolg Wissenschaft betreiben kann.

In den ›Ideen einer reinen Phänomenologie‹ (1913) hat er seinen Ansatz dann vertieft, ihn allerdings auch mit einer Reihe von problematischen Begriffen und Dogmen belastet. Kann man seinen Lehren von der Intentionalität, den Aktcharakteren und Bedeutungsebenen zustimmen, so scheint das bei den Lehren vom Wesen, von der Wesensschau und den Wesenswissenschaften im Gegensatz zu den Tatsachenwissenschaften kaum mehr möglich, ebenso wenig bei seinem Absolutismus und Apriorismus. Interessant und nützlich sind dagegen einige Elemente seiner Methodenlehre, zum Beispiel der von den antiken Skeptikern übernommene Begriff der *epoché*, den Husserl im Sinn der Ausklammerung nebensächlicher Bewußtseinsinhalte modifiziert. Husserls Lehre vom »reinen« Bewußtsein erscheint fragwürdig. Hier könnten vergleichende Studien mit Freuds Psychologie des Unbewußten weiterhelfen.

In seinen späteren Schriften hat Husserl manche extreme Position der früheren Jahre zurückgenommen. Seine Konzeption von Philosophie hat sich mindestens zweimal wesentlich gewandelt.

Am Anfang stand die ›Philosophie als strenge Wissenschaft‹ (in ›Logos‹ I, 1910/11). Die zweite Phase gipfelt in den Ausführungen der ›Cartesianischen Meditationen‹ (1931). Hier erscheint die Philosophie in sokratischer Sicht als Selbsterkenntnis. In seinem letzten, unvollendeten Werk ›Die Krisis der europäischen Wissenschaften und die transzendentale Phänomenologie‹ konzipiert Husserl die Philosophie als Selbsterhellung der Vernunft. Seine Phänomenologie, eine legitime Tochterdisziplin des nicht spekulativen Idealismus, hat weltweit Anklang gefunden und gehört zu den großen philosophischen Errungenschaften des 20. Jahrhunderts.

10.2.2.5.2 Scheler

Husserls und Rudolf Euckens bedeutendster Schüler, Max Scheler (1874–1928) aus München, lehrte zunächst als Privatdozent in Jena und München, trat 1910 zurück, lebte als freier Schriftsteller und erhielt 1919 einen Ruf nach Köln. Dort lehrte er – eine Zeitlang neben Nicolai Hartmann – bis zu seinem Ruf nach Frankfurt (1928), wo er vor der Aufnahme seiner Lehrtätigkeit starb.

Scheler war weniger Grundlagen- als Einzelforscher, weniger Methodiker als Improvisator, Essayist, weniger auf eine Disziplin der Philosophie festgelegt als auf deren viele: Theoretische Philosophie, Praktische Philosophie, Metaphysik, Religionsphilosophie, daneben aber auch Biologie, Psychologie und Soziologie.

In der ersten Periode seines Denkens überwog bei Scheler der Einfluß Rudolf Euckens, der ihm eine kantianisch gereinigte Lebensphilosophie (Geistesleben) vermittelte, außerdem eine gewisse Vorliebe für Augustin, den Philosophen der Gottesliebe. Von Husserl übernahm Scheler vor allem begriffliche und methodische Konzeptionen (Phänomenologie, Evidenz, Intention, Wesensschau). Sein auf phänomenologischer Grundlage konzipiertes Hauptwerk ›Der Formalismus in der Ethik und die materiale Wertethik‹ erschien zuerst in Husserls Jahrbuch (1913–1916). In diese Zeit fällt Schelers Wendung zum Katholizismus, sein Personalismus und Theismus, der sich in seiner dritten und letzten Entwicklungsphase zum Pantheismus weiterentwickelt: an die Stelle des persönlichen Gottes der Liebe tritt die tragische Entzweiung des Daseins. Der Mensch wird zum Ort der Gottwerdung. An der Idee einer ideellen Liebesgemeinschaft aller Geistpersonen hielt Scheler jedoch bis zum Schluß seines Lebens fest.

In der Erkenntnistheorie unterscheidet er grundsätzlich zwischen Wissen und Erkenntnis. Wissen heißt etwas wissen, erkennen etwas als etwas wissen. Es gibt drei Erkenntnisfunktionen, denen drei Arten des Wissens entsprechen. Der wissenschaftlichen, induktiven Erkenntnis entspricht das Weltwissen, das auf Beherrschung der Natur und Machtgewinn abzielt, der philosophischen Erkenntnis oder phänomenologischen Intuition entspricht das Wissen um das Wesen, der von der Person zum Absoluten transzendierenden Liebeserkenntnis entspricht das Heilswissen. Scheler glaubt, den Gegensatz von Idealismus und Realismus überwunden zu haben, indem er konsequent zwischen Dasein und Sosein trennt. Der Idealismus verlegt das Sosein mit Recht ins Bewußtsein, zu Unrecht auch das Dasein, der Realismus faßt das Dasein richtig als bewußtseinstranszendent auf, unrichtig ist dagegen seine Folgerung von der Transzendenz des Soseins. Während der Idealismus zum Subjektivismus und Relativismus führt, führt der Realismus zur Skepsis. Scheler hält seinen Standpunkt für »diesseits von Idealismus und Realismus«.

Mit Kant glaubt er an ein Erkenntnisapriori, mit Husserl an die Evidenz und mit Pascal an ein Gefühlsapriori *(ordre, logique du cœur).*

In seiner Lehre von den Emotionen wendet Scheler die Phänomenologie auf den Bereich der Gefühle an und unterscheidet Nachfühlen, Miteinanderfühlen, Mitgefühl, Einsfühlung, psychische Ansteckung, Liebe und Haß. Im Gegensatz zum Nach- und Mitgefühl fehlt der Einsfühlung die Intention oder Gefühlsrichtung. Liebe macht nicht blind, sondern sehend. Je mehr Liebe, desto sinnvoller erscheint das Dasein. Neben, ja über die Selbstevidenz tritt die Du-Evidenz.

In seiner Ethik kritisiert Scheler den Formalismus, Subjektivismus, Rationalismus und Rigorismus Kants. Die sittlichen Werte sind nicht in der Vernunft, sondern werden vom Wertgefühl intendiert und erfaßt. Das Wertreich ist objektiv und gliedert sich in Werte des sinnlichen und vitalen Fühlens, ferner in geistige und religiöse Werte. Außerdem ist zwischen Sach- und Personenwerten, Mittel- und Selbstwerten, aktiven und reaktiven Werten, Gesinnungs- und Erfolgswerten, Grund- und Beziehungswerten, Individual- und Kollektivwerten zu unterscheiden. Die Personwerte stehen am höchsten. Besonders die sittlichen Werte sind Personwerte. Sie werden nicht direkt verwirklicht, sondern auf dem Rücken anderer Wertintentionen und -handlungen.

Was ist eine Person? Sie ist kein Gegenstand, weder ein Charakter noch eine Substanz, weder identisch mit dem Ich noch mit der Seele. Näher steht der Personbegriff dem Begriff des Individuums. Obwohl Scheler diese Begriffe nicht klar genug unterscheidet, scheint er unter Individuum mehr das Einmalige eines Menschen zu verstehen, unter Person das (unwiederholbare) Aktzentrum. Individuum erscheint mehr als ontologische, elementare und wertneutrale Ganzheit, Person mehr als axiologische (moralisch-ethische), soziale und wertbezogene Einheit. Für die Person ist nicht der funktionale Akt ausschlaggebend, sondern die Bezogenheit auf Personen und Welt. Personen und Welten entsprechen einander. Nur die Person ist ursprünglich gut oder böse. Der jüdisch-christliche Gott ist als Person denkbar, der Gott des Aristoteles (Denken des Denkens) nicht. Schelers Gott ist die absolute Person. Individualität ist wissenschaftlich erfaßbar, Personalität nicht. Antike und christliche Werttypen mischen sich in Schelers Typologie (von »unten« nach »oben«): Lebenskünstler, Weiser, Held, Genie, Heiliger.

Schelers Personalismus ist theozentrisch, nicht anthropozentrisch orientiert, und für den Evolutionsgedanken zeigt er kaum Verständnis. Der Mensch erscheint, der jüdisch-christlichen Tradition gemäß, primär als Gläubiger. Jeder Mensch glaubt entweder an Gott oder an einen Götzen. Der Götze des Nihilisten ist das Nichts. Metaphysik kann Religion weder begründen noch ersetzen. Der Gott der Metaphysiker erscheint als Weltgrund, Sein oder Urprinzip, der Gott der (jüdisch-christlichen) Religion als lebendiger, personaler Gott. Während die Metaphysik die Wirklichkeit intendiert, intendiert die Religion das Heil. Religion und Philosophie sollen einander nicht zu beherrschen versuchen, sondern sie brauchen einander. Scheler nennt dieses komplementäre Verhältnis »Konformitätssystem«.

Schelers Konzeption widerspricht den legitimen Interpretationsmöglichkeiten der Evolutionstheorie nicht grundsätzlich. Eine Untersuchung der Vereinbarkeit beider Konzeptionen wäre daher für Religion, Wissenschaft und Philosophie nützlich.

10.2.2.5.3 Heidegger

Während Scheler mit den brauchbaren Elementen der phänomenologischen Methode einen rationalen Weg des Denkens einschlug, wandelte Martin Heidegger (1889–1976), ein anderer Schüler Husserls, die Phänomenologie zu einer Existentialontologie um und stellte der Philosophie des Wesens eine Philosophie der Existenz gegenüber. Er zog damit die Konsequenz aus der beim späten Husserl erkennbaren Kurskorrektur in Richtung »Lebenswelt«. Heidegger kombiniert in seinem Denken vor allem aristotelische Elemente mit Vorstellungen von Nietzsche, dessen Umwertung aller Werte er in seiner Destruktion abendländischer Metaphysik nachvollzieht. Sein dunkler Stil, sein elitärer Nimbus (»Jargon der Eigentlichkeit«) und seine im Grunde dogmatische Einstellung machten ihn zu einem der umstrittensten Denker seiner Zeit.

Seine terminologischen Innovationen: In-der-Welt-sein, Sich-vorweg-schon-sein, Jemeinigkeit, Ent-fernen, Eksistenz und Sein-zum-Tod wirkten in den zwanziger Jahren mehr als heute, ebenso die angeblich unpsychologische Diagnose von Angst und Sorge als Urgrund des Daseins. Sie entsprechen mehr der (verdrängten) Gefühlswelt des deutschen Kleinbürgertums nach dem Ersten Weltkrieg als der ewigen Verfassung menschlicher Existenz.

Heideggers weitverstreute Aufsätze nach dem Zweiten Weltkrieg, besonders seine Ausführungen zur Technik, sind in einer Sprache geschrieben, die nichts von ihrer alten Suggestivkraft eingebüßt hat.

In dem Aufsatz ›Die Technik und die Kehre‹ (1962) definiert Heidegger Technik als »Gestell«: »Weil jedoch das Sein sich als Wesen der Technik in das Gestell geschickt hat, zum Wesen des Seins aber das Menschenwesen gehört, insofern das Wesen des Seins das Menschenwesen braucht, um als Sein nach dem eigenen Wesen inmitten des Seienden *gewahrt* zu bleiben und so *als* das Sein zu Wesen, deshalb kann das Wesen der Technik nicht ohne die Mithilfe des Menschenwesens in den Wandel seines Geschickes geleitet werden. Dadurch wird indes die Technik nicht menschlich überwunden. Dagegen wird das Wesen der Technik in seine noch verborgene Wahrheit verwunden. Dieses Verwinden ist ähnlich dem, das geschieht, wenn im menschlichen Bereich ein Schmerz verwunden wird. Die Verwindung eines Seinsgeschickes aber, hier und jetzt die Verwindung des Gestells, ereignet sich jedesmal aus der Ankunft eines anderen Geschickes, das sich weder logisch-historisch vorausberechnen noch metaphysisch als Abfolge eines Prozesses der Geschichte konstruieren läßt. Denn nie bestimmt das Geschichtliche oder gar das historisch vorgestellte Geschehen das Geschick, sondern jedesmal ist das Geschehen und das ihm zugewiesene Vorstellen seines Bestandes schon das Geschickliche eines Geschikkes des Seins.«[97]

Rationale Argumentation oder Orakelstil? Tiefsinn oder Schwachsinn? Offenbarungen oder Trivialitäten? Es dürfte nicht einfach sein, diese Fragen zu beantworten, und in dieser Provokation zur Parteinahme, zu Kontroversen, Spekulationen und Interpretationen liegt vielleicht der größte Reiz Heideggerscher Änigmatik.

10.2.2.5.4 Jaspers

Von Karl Jaspers (1883–1969) war bereits im allgemeinen Teil dieses Kapitels die Rede. In den Titeln seiner Werke spiegelt sich, in seltener Reinheit, die Entwicklung seines Denkens wider. Er war einer der ersten Existenzphilosophen und kam von der Psychiatrie zur Philosophie. Sein Denkstil ist weltoffen, sensibel, am Detail interessiert und doch nicht unsystematisch. Die ›Psychologie der Weltanschauungen‹ (1919) bezeichnet den Übergang von der Psychologie zur Philosophie, ›Vernunft und Existenz‹ (1935) führt von der Philosophie zur ›Existenzphilosophie‹ (1938). Nach dem Zweiten Weltkrieg erschien das umfangreiche, wenn auch nicht sehr tiefschürfende Werk ›Von der Wahrheit‹ (1947), 1948 dann der ›Philosophische Glaube‹.

In einer Reihe von Schriften nimmt Jaspers in kritischer Weise zu politischen Fragen Stellung. Diese Schriften erinnern an Russells Spätphase. Jaspers erörtert dort Fragen wie ›Vernunft und Widervernunft in unserer Zeit‹ (1950), ›Die Atombombe

[97] Die Technik und die Kehre, S. 38f.

und die Zukunft des Menschen‹ (1958) und ›Wohin treibt die Bundesrepublik?‹ (1966). Wie die gesamte Existenzphilosophie ist auch das Denken von Jaspers anthropozentrisch orientiert. Grundsätzlich unterscheidet er zwischen Weltorientierung, Existenzerhellung und Metaphysik, umfaßt also die Hauptthemen abendländischer Philosophie: Welt, Mensch, Gott. Jaspers' Welterfahrung ist eher pessimistisch als optimistisch. Die Welt erscheint chaotisch, haltlos, existenzfeindlich. Statt die Welt zu bewältigen, scheitert der Mensch an ihr. Aber Jaspers erkennt die Leistungen der Naturwissenschaften an. Sie vermitteln Weltorientierung. Ohne die Vorarbeit der Wissenschaften ist brauchbares Philosophieren nicht möglich. Die Philosophie setzt an den von den Wissenschaften ausgeklammerten Fragen an. Die Wissenschaften liefern kein geschlossenes Weltbild, sondern nur Sinnfragmente. Der Mensch muß sich zwischen Religion und Wissenschaft, Autorität und Ungewißheit entscheiden. Die Philosophie steht zwischen beiden wie auch zwischen Kunst und Wissenschaft. Der religiöse Mensch glaubt, der Künstler schafft, der Wissenschaftler weiß, der Philosoph zweifelt, fragt, sucht. In der Suche findet der Mensch zu sich und beginnt, über das bloße Dasein hinaus zu existieren. Existierend bewältigt der Mensch zwar nicht die Welt, aber sein Dasein in der Welt. Existenzerhellend wirkt die Philosophie, die wesentlich in Kommunikation besteht. Kommunikation bedeutet gegenseitige Öffnung und Gestaltung, Liebe und Kreativität zugleich. Philosophisch wahr ist ein Denken in dem Maße, als es Kommunikation ermöglicht. Geschichtlich ist die Existenz, insofern der Mensch von der Situation, in der er lebt, mitbestimmt wird. Besonders in Grenzsituationen (Kampf, Schuld, Leid, Tod) erfährt der Mensch seine geschichtliche Existenz. Existenz ist Geschichtlichkeit.

Existenz und Transzendenz sind in der Philosophiekonzeption von Jaspers untrennbar verknüpft. Die Transzendenz entspricht der Metaphysik. Existenz ist Freiheit, das wahre Sein ist Transzendenz. Transzendierend gelangt der Mensch über sich und die Welt hinaus. Der Mensch transzendiert, wenn er wahrhaft existiert. Mit Hilfe von Symbolen transzendiert der denkende Mensch das Denkbare. Zwischen Erscheinung und Transzendenz vermitteln die Chiffren. Die Welt und das Leben können zu Chiffren (Botschaften) und damit transparent werden. Wahrhaft existieren heißt, sich der Transzendenz öffnen, die Welt und das Leben entziffern. An den Grenzen des Erkennens erfährt der Mensch das Umgreifende, das Sein selbst als Welt, Dasein, Existenz, Bewußtsein, Geist, Vernunft und Transzendenz: das Umgreifende alles Umgreifenden, das auch als Gott erfahren werden kann. Gott ist keine Chiffre, sondern spricht durch Chiffren. Es gilt: Transparenz durch Transzendenz, aber auch Transzendenz durch Transparenz. Jaspers' Philosophie hat einen stark religiösen Einschlag, ist aber kein Religionsersatz. Sie zeugt von einem tiefen Verantwortungsgefühl des Menschen für seine Mitmenschen und ist daher nach wie vor aktuell.

10.2.2.5.5 Hartmann

Nicolai Hartmann (1882–1950), Sohn eines Ingenieurs aus Riga, war mit fast allen Teilgebieten der philosophischen Tradition des Abendlandes vertraut. Sein Medizinstudium, die Neigung zu einer universalen Betrachtungsweise und die Abneigung gegen alles Maßlose, Extreme und Radikale verbinden ihn mit Jaspers. Mit der Phänomenologie Husserls und Schelers setzte sich Hartmann, wie mit den Neukantianern, auseinander, zu Heideggers Denken stand er in einem antipodisch gespannten Verhältnis. Als kritischer Realist neigte er von den antiken Denkern besonders Aristoteles zu, befaßte sich aber auch ausführlich mit Platons ›Logik des Seins‹ (1909). Auch in der neueren Philosophie suchte er nach einem Ausgleich zwischen Idealismus und Realismus. Von den Idealisten interessierte ihn besonders Hegel, wenn er auch im Endeffekt den realistischen Strömungen der deutschen Philosophie, die es auch gab (Eduard von Hartmann), näherstand. Insgesamt dürfte Bochenskis Charakteristik zutreffen: »Nicolai Hartmann ist ohne Zweifel eine der bedeutendsten Gestalten der Gegenwartsphilosophie. Neben Whitehead und Maritain[98] hat er als einer der Bahnbrecher der Metaphysik des 20. Jahrhunderts zu gelten. Weniger systematisch als diese, liegt seine Stärke in der Feinheit der Analyse und der bei Deutschen nicht allzu häufigen Gabe, seine Ideen in klarer Form, dabei fesselnd durch inhaltliche Hellsicht und Tiefe vorzubringen. Seine Arbeiten sind wahrhaft Vorbilder nüchterner Exaktheit und wissenschaftlicher Gründlichkeit.«[99]

Es ist in diesem Rahmen nicht möglich, auf Hartmanns fast

[98] Jacques Maritain (1882–1973) war ein führender thomistischer Philosoph.

[99] Joseph M. Bochenski, Europäische Philosophie der Gegenwart. Bern, München 1951, S. 218.

alle traditionellen philosophischen Disziplinen umfassenden Arbeiten einzugehen, auch sind sie nicht alle von gleich hohem Rang. Hartmanns Naturphilosophie und Ästhetik entsprechen nicht modernen Standards, die Sprachphilosophie fehlt fast völlig, obwohl Hartmann die alten Sprachen hervorragend beherrschte, und seine breite Aufarbeitung der Tradition führt bisweilen zur Weitschweifigkeit. Alles dies wird durch die Lichtseiten seiner apollinischen Philosophie mehr als aufgewogen: die Ontologie, die mit ihrer (aristotelischen) Schichtenlehre ein statisches Gegenmodell zur dynamisch-prozessualen Evolutionstheorie bildet, den Versuch, in einer metaphysikfeindlichen geistigen Umgebung die Metaphysik neu zu begründen und nicht zuletzt durch seine ›Ethik‹: »Ein grundlegendes und hervorragend wichtiges Werk, das in Deutschland und den angelsächsischen Ländern eine sehr nachhaltige Wirkung ausübte.«[100] Eine Stelle aus der Einleitung dieser Ethik läßt, ohne die existentialistischen Aspekte des menschlichen Daseins zu verleugnen, den optimistisch-kosmozentrischen Grundzug Hartmannscher Lebensphilosophie erkennen: »Und in welchem schreienden Widerspruch steht die Verarmung zum Reichtum des wirklichen Lebens, zum Leben, das immer da ist und mit aller Fülle uns umgibt! Die Tragik des Menschen ist die des Verhungernden, der an der gedeckten Tafel sitzt und die Hand nicht ausstreckt, weil er nicht sieht, was vor ihm ist. Denn die wirkliche Welt ist unerschöpflich an Fülle, das wirkliche Leben ist wertgetränkt und überströmend, wo wir es fassen, da ist es voller Wunder und Herrlichkeit.«[101]

10.2.2.5.6 Zusammenfassung

Die drei Hauptrichtungen der deutschen Philosophie: Phänomenologie, Existenzphilosophie und Ontologie hatten ihre Blütezeit in der ersten Hälfte des 20. Jahrhunderts und waren an überragende Denkerpersönlichkeiten, Stifter von Schulen oder deren unmittelbare Nachfolger, gebunden. In den Hauptströmungen wirkten bestimmte Kräfte der philosophischen Tradition nach, bei Husserl vorwiegend Platon und der Idealismus, bei Hartmann Aristoteles und der Realismus, bei Scheler und in der Existenzphilosophie von Jaspers erwachten christliche Tendenzen zu neuem Leben, bei Scheler mehr katholische, bei Jas-

[100] Ebd., S. 229.
[101] Ethik. 4. Aufl. Berlin 1962, S. 11.

pers protestantische. Heidegger verfiel der von ihm »destruierten« Metaphysik mehr als er glaubte. Insgesamt trifft für die deutsche Philosophie ähnliches zu wie für die deutsche Politik: nach kraft- und hoffnungsvollen Neuansätzen fiel man in alte Denkgewohnheiten zurück. Husserls noch vor dem Ersten Weltkrieg in Göttingen vollzogene Rückwende zur Transzendentalphilosophie konnte seine Schüler nicht überzeugen. Schelers Katholizismus und später sein tragischer Pantheismus führten ihn zurück, nicht weiter in seinem kometenhaften Aufstieg. Jaspers flüchtete vor den Herausforderungen der Wissenschaften in die Arme seiner »Transzendenz«, und Hartmann, der sich von dem sterilen Neukantianismus losgerungen hatte, geriet, bevor er noch den vollen Anschluß an das moderne Zeitalter fand, in das Fahrwasser einer obsoleten Ontologie.

Das wird noch deutlicher, wenn man diese großen deutschen Denker mit entsprechenden Repräsentanten der westlichen Nachbarländer vergleicht. Während Husserl zu einer überlebten Metaphysik, Scheler und Jaspers zu überlebten Theologien zurückkehrten, emanzipierte sich Russell von beiden und entwickelte folgerichtig ein logisches, mathematisches, philosophisches und wissenschaftliches Konzept der Weltbewältigung. Während Heidegger und Hartmann nicht aus den Verstrickungen ihres Fundamentalismus herausfanden, beschritt Sartre folgerichtig den Weg in eine Philosophie der Freiheit: als Widerstandskämpfer, als Dichter und als Philosoph.

Die »große« deutsche Philosophie in der ersten Hälfte dieses Jahrhunderts zeichnet sich durch extremen Traditionalismus aus. Mit der politischen Klimaveränderung nach 1945 vollzog sich auch in der Philosophie ein Wandel. Ob er echt war und von Dauer sein wird, ist ebenso ungewiß wie im Bereich der Politik. Im modernen bundesdeutschen Szenarium ist von Existenzphilosophie, Ontologie und Phänomenologie nicht mehr viel übriggeblieben. Heute dominieren dagegen zwei Grundkräfte. An die Stelle der Ontologie ist die analytische Philosophie getreten, an die Stelle der Existenzphilosophie die Gesellschaftskritik. Ähnlich wie in der Politik teilen sich zwei große Gruppierungen das Feld: die mit der Wissenschaft, Technostruktur und Industriegesellschaft konformistische traditionalistische »Rechte« und die, wenigstens in der Theorie, revolutionäre »Linke«. Daß die Polarisierung in »Rechte« und »Linke« weder in der Politik noch in der Philosophie fruchtet, ist evident. Wer heute nach weiterführenden philosophischen Ansätzen Umschau hält, muß die immense akademische und nichtakademische Literatur analysieren, was hier nicht möglich ist[102]. Es gibt solche Neuansätze, aber nirgends einen Durchbruch.

10.2.2.5.7 Horkheimer, Adorno, Habermas, Bloch, Albert

In dem sogenannten »Positivismusstreit« zwischen Vertretern des positivistisch-analytisch orientierten Rationalismus und negativ-dialektisch ausgerichteten Systemgegnern, die beide den Anspruch auf eine kritische Denkweise erheben, kommt in methodischer Hinsicht der uralte Gegensatz zwischen Dialektikern (Platon) und Analytikern (Aristoteles) wieder zum Vorschein, in sachlicher Hinsicht der Gegensatz zwischen neuzeitlich-tatsachenorientiertem und heilsgeschichtlich-ideologischem Denken. Im Prinzip geht es dabei um ein »Ja« oder »Nein« zur Technostruktur der modernen Gesellschaft. Der Streit hat zwar die Probleme nicht gelöst, aber ein wenig zur Klärung der Standpunkte beigetragen.

Max Horkheimer (1895–1973) verstand unter »kritischer Theorie« (»Frankfurter Schule«) eine Art Kulturkritik, die mit der »Kraft des Negativen« operiert und sich, ähnlich wie bei Heidegger, gegen die philosophielose Wissenschaftsgesellschaft wendet. Theodor W. Adorno (1903–1969) bildete dann die Theorie – im Gegensatz zu Hegel – zur »Negativen Dialektik« weiter und betrieb interessante ästhetische, moralphilosophische und soziologische Studien. Jürgen Habermas (geb. 1929) wandte die Theorie ins Methodologische und entwarf ein Programm wissenschaftlicher Selbstkritik. Ein positives Moment erhält die Gesellschaftskritik mit Ernst Blochs (1885–1977) »Prinzip Hoffnung«.

Den Positivismusstreit focht Hans Albert (geb. 1921), ein Schüler Poppers, mit Habermas aus. Albert warf seinen Gegnern unter anderem vor, den Begriff »kritisch« für sich allein zu beanspruchen. Hier liegt tatsächlich ein Problem: Der Begriff erscheint, nicht zuletzt durch den Streit selbst, so abgenutzt, daß er kaum noch etwas besagt. Wahre Kritik ist ein Uranliegen allen Philosophierens, dem der Konformist meist weniger entspricht als der Nonkonformist. Kritik an der bundesrepublikanischen Gesellschaft erübrigt sich nach den Erfahrungen des 20. Jahrhunderts keineswegs. Allerdings ist ein gegenseitiges Un-

[102] Vgl. hierzu Hans-Michael Baumgartner u. Hans-Martin Sass, Philosophie in Deutschland 1945–1975. Meisenheim 1978.

terstellen faschistoider Tendenzen keine philosophische Argumentation mehr, sondern erinnert in fataler Weise an die Zeiten der Glaubenskriege.

10.2.2.5.8 Zukunftsperspektiven

Für die deutsche Philosophie zeichnen sich aus den weiterführenden modernen Denkansätzen folgende Möglichkeiten ab:

1. Überwindung der ethnozentrischen und nationalistischen Vorurteile.
2. Geistige Öffnung für zukunftweisende Ideen und Methoden, vor allem der westlichen Nachbarn.
3. Überwindung der eurozentrischen zugunsten einer globalen Betrachtung.
4. Ersetzung monistischer, anthropozentrischer, statischer Metaphysik durch polyzentrische, kosmozentrische, prozessuale Sicht.
5. Abkehr von theologischen, politischen oder wissenschaftlichen Absolutheitsansprüchen und Öffnung für echte religiöse Erfahrung, menschenfreundliche globale Politik und verantwortungsvolle, selbstkritische Wissenschaft.
6. Vermeidung traditionalistischer und revolutionärer Extreme zugunsten evolutionärer Kreativität und Dynamik.

10.2.2.6 Österreich

Wenn in der bereits zitierten Geschichte der österreichischen Philosophie von Kampits Mark Aurel, Nicolaus Cusanus oder Gottfried Wilhelm Leibniz als Ahnherrn österreichischer Philosophie auftreten, läßt das die Problematik der Zuordnung erkennen, die im Vielvölkerstaat der Donaumonarchie des 19. Jahrhunderts nicht geringer wurde. Bernhard Bolzano und Fritz Mauthner stammen aus Böhmen, Ernst Mach aus Mähren, Franz Brentano aus dem Rhein-Lahn-Gebiet und der Gegenstandstheoretiker und Schüler Brentanos Alexius Meinong aus Lemberg. Husserl fand seine geistige Heimat in Deutschland, Wittgenstein in England. Mit mehr Recht werden der Gestalttheoretiker Christian von Ehrenfels (1859–1932), auch ein Schüler Brentanos, Ferdinand Ebner (1882–1931), der Wiederentdecker des dialogischen Charakters der Sprache, und der Universalist Othmar Spann (1878–1950) zu den spezifisch österreichischen Denkern gezählt. Als spezifische Merkmale österreichischen Philosophierens im 19. und 20. Jahrhundert haben (nach Kampits) zu gelten: Realismus, Empirismus, Sprachkritik, Szientismus, ein ambivalentes Wirklichkeitsverständnis (Schein-Wirklichkeit), Konfliktscheu, eine Mischung von Fatalismus und Radikalismus, Perspektivismus. Wittgenstein: »Ich glaube, das gute Österreichische (Grillparzer, Lenau, Bruckner, Labor) ist besonders schwer zu verstehen. Es ist in gewissem Sinn subtiler als alles andere, und seine Wahrheit ist nie auf Seiten der Wahrscheinlichkeit.«

Repräsentativ für österreichische Philosophie im 20. Jahrhundert erscheint vor allem der Wiener Kreis, der an eine von Ernst Mach um die Jahrhundertwende begründete empiristische Tradition anknüpfte. Mit der Berufung (1922) von Moritz Schlick (1882–1936), einem Schüler Plancks und Einsteins, vollzog sich der Anschluß an moderne Entwicklungen der Naturwissenschaften. Um Schlick bildete sich ein Kreis wissenschaftlich hochstehender und philosophisch interessierter Gelehrter wie Rudolf Carnap (1891–1970), die im Abschnitt über die englische Philosophie bereits erwähnten Friedrich Waismann und Otto Neurath, ferner Edgar Zilsel, Hans Hahn und Herbert Feigl. Hahn starb bereits 1934, Zilsel 1943 in den USA. Carnap und Feigl fanden in den USA neue, fruchtbare Wirkungsstätten. Aus dem kleinen Wiener Kreis wurde eine weltweite philosophische Bewegung mit Schwerpunkt in den angelsächsischen Ländern. In dem 1953 von Feigl gegründeten »Minnesota Center« und den ›Minnesota Studies in the Philosophy of Science‹ begann die Arbeit des Wiener Kreises Früchte zu tragen, was ihnen in Österreich verwehrt blieb. Schlick, der Gründer und die Seele des Kreises, blieb in Österreich und wurde 1936 in Wien ermordet.

10.2.2.6.1 Reininger

Während die echte österreichische Intelligenz verzweifelte oder nach dem »Anschluß« Österreichs an Deutschland emigrierte, behaupteten sich Konformismus, Restauration und schöner Schein auf dem Gebiet der Philosophie. Gegenüber dem Wiener Kreis bedeutet der Rückgriff Robert Reiningers (1869–1955) auf Metaphysik und Transzendentalphilosophie einen Rückschritt, wenn auch Metaphysikgläubigkeit und Wissenschaftsgläubigkeit nicht ganz unähnlich sind. Während Schlick in der Erkenntnistheorie Kants Frage nach der Erkennbarkeit der Dinge an sich für ein Scheinproblem hielt, synthetische Urteile a priori ablehnte, eine strenge Entsprechung (Isomorphie) zwischen Erscheinungswelt und Dingen an sich voraussetzte und dem Realismus zuneigte, suchte Reininger mit Hilfe von Berkeleys Formel *esse est percipi* (sein ist wahrgenommen werden) Sein auf Bewußtsein zu reduzieren: »Es gibt für uns kein Sein, das nicht zugleich bewußtes Sein wäre.«[103]

In der Ethik hielt Schlick eine Beschreibung und Ordnung sittlicher Normen für möglich, nicht aber ihre Setzung oder Rechtfertigung. Dagegen ist es möglich, ethische Normen zu außerethischen Faktoren (Verhaltensweisen) in Beziehung zu setzen. Der Pflichtethik stellte er eine Ethik der Güte entgegen, in der auch die Neigung eine Rolle spielt. Reininger glaubte dagegen, seine subjektive Wertethik aus Urerlebnissen, Evidenz- und Wertgefühlen ableiten zu können oder aus seiner Grundannahme vom Sinn des Lebens. In der Relativierung der Normen und Werte stimmten beide Denker überein.

10.2.2.6.2 Neuansätze

Hier wären vor allem Ernst Topitsch (geb. 1919), Wolfgang Stegmüller (1923–1991) und Paul K. Feyerabend (1923–1994) zu nennen. Topitsch leistete auf den Gebieten der Sozialphilosophie, Wissenschaftstheorie und Ideologiekritik wertvolle Arbeit. Gegen die traditionelle Metaphysik wandte er sich in einem viel beachteten Buch ›Vom Ursprung und Ende der Metaphysik‹ (1958). Die Sozialphilosophie siedelte er zwischen Ideologie und Wissenschaft an, Hegels Sozialphilosophie diagnostizierte er als ein Gemisch von Heilslehre und Herrschaftsideologie, analysierte den Zusammenhang von Mythos, Philosophie und Politik und suchte das Reich der Erkenntnis vom Reich der Illusionen abzugrenzen. In den Leerformeln, bei denen er pseudo-empirische, pseudo-normative und essentialistische unterschied, ferner Leerformeln in Form von Begriffen und von Aussagen, erblickte er tautologische Formulierungen, die oft den strategischen Zwecken einer Ideologie dienen und Wissen vortäuschen. Absolute Wahrheiten erscheinen als säkularisierte Theologeme zwecks Absicherung von Machtansprüchen und Verhinderung von Alternativen.

Stegmüller erwarb sich große Verdienste um Sammlung und Ordnung des Gedankengutes des Wiener Kreises, um eine systematische und historische Aspekte verknüpfende Wissen-

[103] Metaphysik der Wirklichkeit. München, Basel 1970, Bd. 1, S. 24.

schaftstheorie und Philosophiegeschichte sowie die Einbeziehung moderner angelsächsischer Philosophie in das Spektrum der Gegenwartsphilosophie.

Zwar noch kein Durchbruch, aber eine neue Konzeption von Philosophie zeichnet sich in Feyerabends Denken ab. Hier wird nicht eine Zwangsjacke mit einer anderen vertauscht, die der Theologie mit einer der Ideologie oder Wissenschaft, sondern mit der Forderung Senecas Ernst gemacht, daß die Philosophie frei sein und befreien soll. Feyerabend wandte sich gegen den Methodenzwang und die Vorherrschaft des wissenschaftlichen Denkens, plädierte für eine Annäherung der Philosophie an die Künste und forderte eine Erkenntnis für freie Menschen. Auch die Wissenschaft trägt Verantwortung und hat sich zu verantworten, ohne Wissenschaftskritik geht es nicht. Feyerabends Vorstellung einer »offenen Wissenschaft« hängt mit seiner Aufgeschlossenheit für die Evolutionstheorie zusammen: »Der schöpferische Prozeß, wo immer er sich entfaltet, in Kunst oder Wissenschaft oder auch einfach in natürlichem und wirksamem Leben, fällt mit der Dynamik der Evolution zusammen.«[104]

10.2.2.7 Schweiz

Auch für die Schweiz bedeutet, wie für fast alle Länder Westeuropas, das Ende des Zweiten Weltkrieges einen Einschnitt. Während man bis dahin von »Philosophie in der Schweiz« sprach, nimmt eine Schweizer Philosophie seither Gestalt an. »So sind die Unterschiede zwischen der Schweiz und ihren größeren Nachbarländern insofern kleiner geworden, als jene Werke, die man philosophische Jahrhundertwerke nennen mag, in den vergangenen Jahrzehnten weder hier noch da geschrieben wurden. Deshalb richtet sich die Skepsis gegenüber einer schweizerischen Philosophie heute auf das Feld der Geschichte.«[105]

So wird Rousseau mit Recht in den einschlägigen Handbüchern als französischer Philosoph Schweizer Herkunft aufgeführt. Der Züricher Physiognomiker Johann Kaspar Lavater (1741–1801) und der Pädagoge Johann Heinrich Pestalozzi (1746–1827) gehören streng genommen nicht zur Philosophie,

[104] Jantsch über Feyerabend in: Selbstorganisation des Universums, S. 391.
[105] Martin Meyer, Philosophie in der Schweiz. Zürich, München 1981, S. 6.

ebensowenig der Mathematiker Leonhard Euler (1707–1783) und der Kulturhistoriker Jacob Burckhardt (1818–1897).

In der zweiten Hälfte des 19. Jahrhunderts änderte sich tatsächlich die Situation. Mit Paul Häberlin, Ferdinand Gonseth, Jean Piaget, Hans Barth, Michael Landmann und Walther Ch. Zimmerli gewinnt die Philosophie in der Schweiz zunehmend das Profil einer Schweizer Philosophie. Im weiteren Sinn gehören Carl Gustav Jung, Ludwig Binswanger und Karl Barth dazu, ferner Adolf Portmann, Friedrich Dürrenmatt und Hans Küng.

Als Merkmale nicht nationaler Eigenart sondern des Geistes schweizerischen Philosophierens werden danach angeführt: Pluralismus der Denkansätze und Tendenzen, Toleranz, mehr Kritik und Skepsis als Spekulation, Mangel an Autoritätsgläubigkeit und infolgedessen an Schulbildungen. Zu einer schweizerischen Philosophie im Sinne deutscher Philosophenschulen kam es nicht: »War zu Beginn des Jahrhunderts das philosophische Leben bei uns bestenfalls ein Ausschnitt aus dem Schulbetrieb in Deutschland gewesen, an dessen Vielfalt man mit der üblichen Verspätung teilnahm, so hatte vor allem die Abschnürung von Deutschland nach 1933, die unserer Selbständigkeit hätte förderlich sein können, doch nicht zur Entfaltung einer philosophischen Eigenart geführt.«[106]

10.2.2.7.1 Häberlin, Gonseth, Piaget

Paul Häberlin (1878–1960), der erste große Repräsentant schweizerischen Philosophierens im 20. Jahrhundert, bleibt, ungeachtet seiner berechtigten Kritik am Subjektivismus und Psychologismus noch in manchen Denkgewohnheiten der Zeit befangen: Systemgläubigkeit, Apriorismus, Fundamentalismus und Anthropologismus. Im Unterschied zu der in Deutschland weitverbreiteten subjektivistischen Anthropozentrik verlagert sich bei Häberlin, wie bei dem Balten Nicolai Hartmann, der Schwerpunkt auf eine kosmozentrische Betrachtungsweise, die auch die Anthropologie verändert, »objektiviert«. An Hartmann kritisiert Häberlin allerdings die Haftung am Empirischen. Der moderne Empiriker wäre sicherlich um eine Antwort nicht verlegen: Häberlin übersieht den empirischen *input* und die psychologisch-soziologische Bedingtheit seines Denkens. Er hat nicht begriffen, daß keine Metaphysik der anderen etwas voraus hat: alle Metaphysik ist Schein, geborgt, unecht.

[106] Ebd., S. 35f.

Häberlins Metaphysik hat vielen anderen jedoch voraus, daß in ihr die Ur-Aporien westlichen Denkens sichtbar werden, der pythagoreische Gegensatz: Einheit – Vielheit, der parmenideisch-heraklitische: Sein – Werden, der platonisch-demokritische: Idee – Materie und der aristotelische: Möglichkeit – Wirklichkeit. Der Begriff des Absoluten weist auf die christliche Tradition zurück. Häberlins Denken ist in hohem Maß traditionalistisch. Sein Versuch, die Existenzphilosophie in sein System zu integrieren, führt eher zurück als weiter. Schweizerisch erscheinen seine Tendenzen zum Ausgleich der Gegensätze und seine bei aller Einseitigkeit große Toleranz.

Repräsentiert Häberlin die weitgehend von deutscher Philosophie abhängige konservative Komponente im schweizerischen Denken, so ändert sich das bei Ferdinand Gonseth (1890 bis 1975), dem Begründer der Zeitschrift ›Dialectica‹, worin die angelsächsische Philosophie in eigener Sprache zu Wort kam. Gonseth gründete 1946 die »Internationale Gesellschaft zur Pflege der Logik und Philosophie der Wissenschaften«. »Es gab noch in den dreißiger Jahren namhafte politische Philosophen ... an den Universitäten von Zürich und Basel, die nie in England gewesen waren. Es ist kaum vorstellbar, daß der politisierende Heidegger je einen solchen Vorwurf zu hören bekommen hätte.«[107]

Hier wird der Unterschied zwischen der zur Öffnung tendierenden Schweizer Philosophie und der zwischen den Weltkriegen zur Abschließung neigenden deutschen Philosophie Heideggerschen Stils deutlich. In der Thematik der Werke Gonseths spiegelt sich der Wandel vom traditionellen zum modernen Denken: Philosophie der Mathematik und Logik, Grenzprobleme zwischen Philosophie und Wissenschaft, darunter ein sechsbändiges Werk über das Raumproblem und eine Arbeit über das Problem der Zeit. Der *philosophia perennis* Häberlins tritt Gonseth mit einer *philosophie ouverte* entgegen.

Die Abwendung vom spekulativen Deutschen Idealismus und die Hinwendung zum empirischen Denken setzt sich bei dem Erkenntnistheoretiker Jean Piaget (1896–1980), dem Direktor des Rousseau-Instituts in Genf, fort. Piaget überwand nicht nur den Apriorismus Häberlins, sondern entzog dem Kantischen Apriorismus überhaupt durch sorgfältige philosophische und psychologische Einzelforschung allmählich den

[107] Ebd., S. 13.

Boden. »Anders als bei Kant sind nach Piaget die Kategorien der Erfahrung und des Denkens nicht gleich ursprünglich gegeben, sondern werden in einer struktural geordneten und nicht soziologisch und lerntheoretisch erklärbaren Abfolge erworben.«[108] In Piagets Übergang von der Philosophie zur Biologie und Psychologie kommt die Umkehrung des Abhängigkeitsverhältnisses zwischen Philosophie und Wissenschaft zum Ausdruck: Nicht der mit den Wissenschaften unzufriedene Wissenschaftler gelangt zur Philosophie, sondern der von der Philosophie frustrierte Denker wird zum Wissenschaftler. Piagets Buch ›Weisheit und Illusionen der Philosophie‹ (1965) ist ein wichtiges Dokument der Philosophiegeschichte dieses Jahrhunderts.

10.2.2.7.2 Barth, Landmann, Zimmerli und andere

Bei Hans Barth (1904–1965) wird der Zusammenhang der Philosophie mit der Politik, mit der Entwicklung des demokratischen Gemeinwesens in der Schweiz in einem seiner Buchtitel deutlich: ›Fluten und Dämme. Der philosophische Gedanke in der Politik‹ (1943). Die 1941 zur Förderung philosophischer Arbeit in Zürich begründete »Marie Gretler-Stiftung« stellte unter der Präsidentschaft Barths 1945 das Thema »Philosophie in der Schweiz« zur Diskussion, ohne den Anspruch einer autochthonen Schweizer Philosophie zu erheben. Barth befaßte sich ausführlich mit dem Begriff der Erscheinung, vor allem aber mit Grenzfragen von Politik und Philosophie in seinen Büchern: ›Wahrheit und Ideologie‹ (1945), ›Pestalozzis Philosophie der Politik‹ (1954) und ›Masse und Mythos‹ (1959). Hans Barth stellte fest, daß das schweizerische Denken vom Konkreten ausgehe und im Konkreten münde. Nur wo konkrete Probleme der wissenschaftlichen Erkenntnis oder der politischen Wirklichkeit zu lösen seien, komme es zu prinzipiellen Fragestellungen und Problemlösungen. Das schweizerische Denken ist in der Tat ein pragmatisches, empirisches Denken, das in der Bewährung ein Kriterium der Wahrheit und Richtigkeit erblickt. Ein solches Denken ist nach Barth durchaus philosophischer Art, denn »gerade die konkrete Erkenntnis und die Erkenntnis des Konkreten erweisen sich als höchste philosophische Einsicht.«[109]

108 Ebd., S. 19.
109 Ebd., S. 58.

Landmann und Zimmerli können als Beispiele dafür genannt werden, daß die Schweiz bei der Besetzung philosophischer Lehrstühle mit Ausländern durchaus nicht immer eine negative Bilanz aufzuweisen hat. Der Kulturphilosoph Michael Landmann (geb. 1913) ging von der Freien Universität Berlin 1979 nach Haifa. Ausgehend von Sokrates und Nietzsche, gelangte Landmann »zur philosophischen Anthropologie und schließlich zur Fundamentalanthropologie«. Der Zusammenhang von anthropologischen und kulturphilosophischen Aspekten kommt in dem Titel ›Der Mensch als Schöpfer und Geschöpf der Kultur‹ (1961) zum Ausdruck. Besonderes Interesse widmete Landmann Israel und der jüdischen Kultur.

Walther Ch. Zimmerli (geb. 1945), »unter den jüngeren Schweizern wohl der vielseitigste und produktivste Autor«, Leiter der Hegel-Forschungsstelle an der Universität Zürich (1974–1984), seit 1978 Professor für Philosophie an der Technischen Universität Braunschweig, hat sich als Gastprofessor in Europa, den USA und Japan, als Mitherausgeber von ›Philosophy and Technology‹ sowie seit 1986 als Mitglied der ›Akademie für Ethik in der Medizin‹ einen weit über die Grenzen der Schweiz und der Bundesrepublik hinaus bekannten Namen gemacht. Als Autor oder Herausgeber von zwölf Büchern und Verfasser von über hundert Aufsätzen und Artikeln über ein weitgestreutes Themenfeld traditioneller und moderner Philosophie gehört er zu den vielversprechenden Nachwuchsphilosophen der Gegenwart.

Von den philosophierenden Wissenschaftlern haben Carl Gustav Jung, Karl Barth, Adolf Portmann und Hans Küng internationale Bedeutung erlangt. Das gleiche gilt für den Dichter Friedrich Dürrenmatt, der selbst Philosophie studiert hat und sich besonders für das Verhältnis der Philosophie zu den Naturwissenschaften interessiert. Bei der Hundertjahrfeier für Albert Einstein wählte die Technische Hochschule Zürich keinen Fachphilosophen oder -wissenschaftler zum Hauptredner, sondern den Dichter Dürrenmatt, einen mutigen Kämpfer gegen die Welt der selbstgerechten Spießer, Technokraten und Bürokraten.

10.2.2.8 Italien

Nach der langen Jesuitenherrschaft hatte sich die italienische Philosophie im 19. Jahrhundert so weit erholt, daß sie den Anschluß an die Hauptströmungen der europäischen Philosophie gewann. Als sie im Begriff war, eigene Akzente zu setzen und ihre in der Renaissance und frühen Neuzeit geprägte Identität wiederzufinden, erlitt sie einen schweren Rückschlag.

10.2.2.8.1 Gentile

Mit dem Erstarken des Faschismus in Italien nach dem Ersten Weltkrieg war eine unabhängige philosophische Entwicklung ausgeschlossen. War Mussolini der Diktator auf politischem, so war es Giovanni Gentile (1875–1944) auf geistigem Gebiet. Er dozierte an den Universitäten von Palermo, Pisa und Rom. Als Unterrichtsminister »reformierte« er das Schulwesen. Am Ende wurde er von einer Gruppe junger Kommunisten ermordet und teilte auch darin das Schicksal seines »Duce«. Gentile glaubte, daß vor dem Denken nichts vorauszusetzen ist: »Niente si può presuppore al pensiero.« Das Objekt löst sich im Subjekt auf. An Hegel kritisiert er, daß er eine Dialektik des Gedachten anstelle einer Dialektik des Denkens eingeführt habe. Nach Gentile ist zwischen abstraktem und konkretem Denken zu unterscheiden. Denken ist handeln – *pensare è agire* – und handeln ist denken.

Was in der Theorie Irrtum heißt, heißt in der Praxis Übel. Ohne Irrtum gibt es nach Gentile keine Wahrheit und ohne Übel nichts Gutes: »Senza errore infatti non ci sarebbe verità, nè senza male ci sarebbe bene.« Der illusionistisch-nihilistische Hintergrund dieser »Theorie« ist der gleiche wie bei Nietzsche. Die Grenzen werden verwischt, und im Trüben läßt sich wunderbar fischen. Gentiles Aktualismus entsprach dem Aktivismus der Faschisten. Beide sind Erscheinungsformen des Irrationalismus.

10.2.2.8.2 Neuthomisten, Marxisten, Existentialisten

Als dritte Kraft, neben den Anhängern Benedetto Croces und Gentiles, behauptete die katholische Philosophie, besonders der Neuthomismus, seine Stellung: Agostino Gemelli, Carlo Mazzantini, Marino Gentile. Zum christlichen Spiritualismus zählen Luigi Stefanini, Renato Lazzarini und Antonio Brancaforte.

Nach 1945 gewannen die Marxisten an Boden: Antonio

Gramsci, Antonio Banfi, Enzo Paci. Banfi begann mit Husserl, beschäftigte sich mit Kant und endete bei Marx. Gramsci vertrat einen historisch-humanistischen Marxismus: ›Lettere dal carcere‹ (1946). Nicola Abbagnano setzte sich mit den verschiedenen Stilarten des Existentialismus auseinander: ›La struttura dell' esistenza‹ (1939), stellte sich in Gegensatz zum Idealismus und untersuchte die irrationalen Quellen des Denkens: ›Le sorgenti irrationali del pensiero‹ (1923).

Von den kritischen Einzelgängern ist Guido Calogero zu erwähnen. Er schrieb sein dreibändiges philosophisches Hauptwerk im Gefängnis (1942), die ›Lezioni di filosofia‹ (1946 bis 1948), und ergänzte den Aktualismus Gentiles, dem er sich im Prinzip anschloß, durch eine Ethik der Verantwortung. Moralität fällt für Calogero mit Altruismus zusammen.

Augusto Guzzo wollte den Gegensatz Realismus – Idealismus überwinden und entwarf einen »doppelten Idealismus«, für den der Begriff »Andersheit« *(alterità)* wichtig ist, die nicht mit dem Objekt identisch ist, sondern schon als Aktcharakter in Erscheinung tritt und bewirkt, »daß ihr Gegenwärtigsein ein Gegenwärtigsein für das Bewußtsein im Bewußtsein ist«. Guzzo errichtete in seinen zahlreichen Werken ein philosophisches System, das in seiner Größe und Kompliziertheit Bewunderung erregt.

Einen anderen Weg beschritt Michele Federico Sciacca, der auf der Linie von Platon, Augustin, Pascal und Rosmini einen »Christlichen Spiritualismus« schuf, den man als »integrale Philosophie der objektiven Innerlichkeit« bezeichnen kann: ›L'interiorità oggettiva‹ (1958). Ein besonderes Anliegen Sciaccas war die Widerlegung des Atheismus. Sein Schrifttum ist ähnlich reich und vielfältig wie das Guzzos.

Zu erwähnen sind die Mathematiker Giuseppe Peano (1858 bis 1932), der die Grundlagenforschung der mathematischen Logik vorantrieb und von dem Russell die Zeichensprache übernahm, sowie Federico Enriques (1871–1946), der eine Wissenschaftsphilosophie hervorbrachte: ›Problemi della scienza‹ (1906) und ›Scienza e razionalismo‹ (1912).

Von den jüngeren italienischen Philosophen verbindet Evandro Agazzi eine gediegene Ausbildung in mathematischer Logik und Wissenschaftstheorie mit Kenntnissen in der Naturphilosophie. Er befaßte sich besonders mit Maxwell und Einstein. Agazzi ist sich der Grenzen naturwissenschaftlichen Erkennens bewußt und überläßt die Erforschung der ethischen Phänomene der Philosophie. Ganz von selbst ergibt sich für ihn daraus die Tendenz zu interdisziplinärer Zusammenarbeit.

Italien kann auf eine große Tradition der Rechtsphilosophie und der humanistischen Studien zurückblicken. Giorgio Del Vecchio (1878–1970) betrieb rechtsphilosophische Grundlagenforschung, untersuchte den Wahrheitsbegriff im Recht und in der Moral, befaßte sich aber auch mit politischen Problemen: Staat, Krieg und Frieden. Felice Battaglia (1902–1977) erforschte die Zusammenhänge von Wirtschaft, Recht und Moral und konzentrierte sich auf systematische und historische Aspekte des Wertproblems. Norberto Bobbio (geb. 1909) verband bei seiner Analyse von Begriffen des Rechts und der Politik positivistische und strukturalistische Methoden. Besondere Aufmerksamkeit schenkte er der Staatsautorität, ferner den Beziehungen zwischen Struktur und Funktion, Diktatur und Demokratie. Remo Cantoni (1914–1978) suchte, im Anschluß an Kierkegaard und Dostojewski, nach neuen Wegen zu einem zeitgemäßen Humanismus, wobei er auch das primitive und mythische Denken in seine Analysen einbezog. In einer Zeit der Krise des Menschseins bedarf es klarer Unterscheidungen zwischen menschlichem und unmenschlichem Dasein.

10.2.2.9 Griechenland

Ueberwegs Feststellung: »Das philosophische Denken hat in Griechenland niemals eine vollständige Unterbrechung erlitten«[110], behält nach wie vor seine Gültigkeit. Die griechische Philosophie ist der Gefahr der Erstarrung, wie sie eine große Tradition in sich birgt, nicht erlegen. Damit kann sie auf eine in der Philosophiegeschichte einmalige, fast dreitausendjährige Entwicklung zurückblicken. Während dieser Zeit ist sie ihrem alten Prinzip der Offenheit gegenüber neuen Ideen treugeblieben. Sie hatte es nicht nötig, sich hinter einem Wall von Dogmen zu verschanzen und Schranken der Orthodoxie zu errichten.

In Byzanz lebte die griechische Philosophie in platonischer, neuplatonischer oder aristotelischer Ausprägung weiter. Die jüdisch-christliche Tradition verband sich vor allem mit dem Neuplatonismus, aber auch mit dem Stoizismus. Erst Michael

[110] Grundriß der Geschichte der Philosophie, Bd. 5, S. 363.

Psellos (1018–1078 oder 1096) gelang es, die verschiedenen Komponenten in einer großen christlichen Synthese zusammenzufassen. Je nachdem, ob im byzantinischen Denken liberale oder konservative Tendenzen vorherrschten, überwog der Platonismus oder der Aristotelismus. Im 9. Jahrhundert blühte unter dem Patriarchen Photios (ca. 820–900) und seinem Schüler Arethas (ca. 860–935) der Platonismus, ebenso im 15. Jahrhundert unter Plethon (ca. 1355–1450). Mit dem Fall Konstantinopels (1453) begann eine aristotelisch-konservative Periode, die bis zur Befreiung Griechenlands von der Türkenherrschaft (1829) im wesentlichen andauerte.

Mit Eugenios Bulgaris aus Korfu (1716–1806) gelangte die Philosophie der Aufklärung nach Griechenland. Demetrios Galanos aus Athen (1760–1833) studierte viele Jahre in Indien und übersetzte brahmanische Schriften. Theophilos Kaïres aus Andros (1784–1853) studierte in Paris, brachte neue Ideen mit, stiftete in seiner Heimatstadt ein Waisenhaus und starb, wegen seines Rationalismus verfolgt, im Gefängnis. Petros Brailas Armenes aus Korfu (1812–1884) studierte ebenfalls in Paris, war als Gesandter in London, Petersburg, Paris und Konstantinopel tätig und entwarf ein philosophisches System, in dem er traditionelle und moderne Vorstellungen verschmolz. Die Philosophie, verstanden als allgemeine Wissenschaft des Denkens und Handelns, besteht aus Noologie und Güterlehre. Die Noologie umfaßt Psychologie, Logik, Ästhetik und natürliche Theologie, die Güterlehre Ethik, Rechtsphilosophie und Philosophie der Geschichte. Wie der Begriff »Noologie« (Geistlehre) zeigt, hat die griechische Philosophie antike, christliche und neuzeitliche Elemente verarbeitet, ohne ihren spezifisch griechischen Charakter zu verlieren.

10.2.2.9.1 Boreas, Papanoutsos, Tsatsos, Kanellopoulos

Theophilos Boreas (gest. 1954) führte in Griechenland die experimentelle Psychologie ein und gründete an der Universität Athen ein Psychologisches Institut. Die Philosophie hat nach Boreas die Aufgabe, die von den Einzelwissenschaften erarbeiteten Ergebnisse in einer Welt- und Lebensanschauung zusammenzufassen. In vier Bänden (›Academeica‹, 1932–1935) behandelte er Logik, Psychologie und Ethik und verfaßte eine Einführung in die Philosophie. Seine größte Leistung lag aber wohl in der Umsetzung der modernen philosophischen Terminologie in die griechische Sprache.

Evanghelos Papanoutsos (1900–1982) gründete und leitete die Zeitschrift ›Erziehung und Leben‹ (1947–1961). Er versuchte, Natur und Kultur zusammenzudenken. Wissenschaft und Philosophie suchen gemeinsam nach der Wahrheit, unterscheiden sich aber voneinander wie Bewußtsein vom Bewußtsein des Bewußtseins oder Wissenschaft von Metawissenschaft. Seine Dreiteilung der Philosophie in Erkenntnistheorie, Ethik und Ästhetik erinnert an die aristotelische Dreiteilung des Geistes in theoretische, praktische und künstlerische Vernunft. Sehr modern ist seine Theorie der Überwindung der Subjekt-Objekt-Spaltung durch Selbsttranszendenz des Denkens, ebenso die der Philosophie zugewiesene Rolle einer kritischen Instanz.

Constantine Tsatsos (1899–1987) aus Athen, Widerstandskämpfer, Philosoph und Politiker (Präsident 1975–1980), ausgezeichnet mit dem Coudenhoven-Kalergi-Preis (1980) und vielen anderen Ehren, verstand unter Philosophie primär und wesentlich das Streben nach Freiheit. Auf ihr beruhen die Werte, der Sinn des Lebens und die Objektivität des Erkennens. Tsatsos verkörpert, den historischen Umständen entsprechend, Platonischen Idealismus im besten Sinn des Wortes.

Panayotis Kanellopoulos (1902–1986) aus Patras, überzeugter Europäer und Staatsmann wie Tsatsos, schrieb ein achtbändiges Werk zur ›Geschichte des europäischen Geistes‹ (1966–1974) und gab mit Tsatsos und anderen das ›Archiv für Philosophie und Wissenschaftstheorie‹ heraus (1928–1940). Als Soziologe und Sozialphilosoph machte er Max Weber und Karl Jaspers in Griechenland bekannt und sah in der Philosophie eine Art Metawissenschaft. Dem Soziologismus Mannheims stand er kritisch gegenüber.

10.2.2.9.2 Bozonis, Moutsopoulos

Zu den modernen griechischen Denkern zählt George Bozonis (geb. 1929), Mitglied mehrerer philosophischer Vereinigungen, Platoniker und überzeugter Humanist. Als solcher versucht er den Brückenschlag zwischen altgriechischer Bildung, Kultur und Menschlichkeit und modernem Streben nach Identität, Authentizität und Humanität. Ihm schwebt nichts Geringeres als eine Sokratische Anthropologie auf griechisch-europäisch-moderner Grundlage vor.

Ähnliche Ziele, nur unter Einbeziehung Amerikas, verfolgt Evanghelous Moutsopoulos, Rektor der Universität von Athen (1977), Mitglied zahlreicher wissenschaftlicher Institutionen in

Europa und in den USA, Präsident der Mediterranen Gesellschaft für Philosophie und Herausgeber oder Mitherausgeber philosophischer Zeitschriften. Sein Hauptinteresse gilt dem Zusammenhang von Wert, Idee und Wirklichkeit, daneben aber auch ästhetischen und historischen Problemen, nicht zuletzt der abendländischen Geistesgeschichte, die sich in ihren Grundzügen als eine Geschichte des hellenischen Geistes verstehen läßt.

10.2.2.10 Spanien

Fand die griechische Philosophie dank ihres großen Erbes und ihrer traditionellen Aufgeschlossenheit für neue Ideen nach der Befreiung von der türkischen Herrschaft ohne weiteres den Anschluß an das moderne Zeitalter, zeigte die italienische Philosophie – wie die deutsche – zwar hoffnungsvolle Ansätze, erzielte aber infolge eines Rückschlages durch den Faschismus keinen Durchbruch zum modernen Denken, so kam die spanische Philosophie dank ihrer klerikalen und faschistischen Abhängigkeit nicht über schwache Ansätze hinaus:

»Die spanische Philosophie ist bisher ohne Bedeutung gewesen, die meisten Vertreter hatte im 19. Jahrhundert die vollkommen sterile kirchlich-scholastische Philosophie.«[111] Neuere Forschungen haben Ueberwegs lange maßgebendes Urteil als unhaltbar erwiesen, aber es zeigt sich hier, wenn irgendwo, daß die religiösen, politischen und sozialen Umfeldbedingungen auch die Entwicklung der Philosophie beeinflussen. Unamuno sah eine Ursache für die geistige Rückständigkeit seines Landes in dem reaktionären Regime »der ekelhaften Dynastie Bourbon-Habsburg«[112]. Entsprechendes gilt für Österreich und für Deutschland unter den Hohenzollern. Während in freiheitsliebenden Ländern wie Holland, der Schweiz und Griechenland die Philosophie gedeihen konnte, degenerierte sie in Deutschland, Italien, Österreich und Spanien mehr oder weniger zur Restaurationsphilosophie. England, Frankreich und die USA schafften – wenn auch unterschiedlich – den geistigen Durchbruch ins moderne Zeitalter aus eigener Kraft. Berücksichtigt man derartige politische und andere Faktoren gebührend, wird

[111] Ebd., S. 357.

[112] Ivo Höllhuber, Geschichte der Philosophie im spanischen Kulturbereich. München, Basel 1967, S. 123.

man weniger dazu neigen, die zeitbedingte Sterilität und Rückständigkeit spanischer Philosophie der spanischen Mentalität oder dem spanischen Geist anzulasten, der seine Größe und Beweglichkeit in der Antike mit Seneca und Marc Aurel, am Ausgang des Altertums mit Isidor von Sevilla, im Mittelalter mit Dominicus Gundisalvus und Raimundus Lullus und in der Neuzeit durch Francisco Suárez und Baltasar Gracian hinreichend bewiesen hat.

10.2.2.10.1 Menéndez y Pelayo, Unamuno, Ortega y Gasset

Marcelino Menéndez y Pelayo (1856–1912) revoltierte in seinen geistreichen, scharfen und gefürchteten philosophischen Essays gegen den Krausismus – eine Variante des Deutschen Idealismus, nach Friedrich Krause (1781–1832) benannt –, aber auch gegen den Thomismus, Scholastizismus und eine orthodoxe, verengte Auffassung des Christentums.

Der baskische Dichterphilosoph Miguel de Unamuno (1864 bis 1936) dozierte seit 1891 Altgriechisch an der Universität Salamanca und entschied sich schon im Ersten Weltkrieg für die Sache der Freiheit, insbesondere für Frankreich. Ausbruch und Ausgang des Spanischen Bürgerkriegs zu erleben, blieb dem leidenschaftlich das Leben, den Frieden und die Freiheit liebenden Nonkonformisten erspart. Dem zeitgenössischen Christentum gab er kaum mehr eine Chance. Seine große Gerechtigkeitsliebe fand in der Forderung Ausdruck, man müsse verhindern, daß auch dem letzten Staatsbürger das geringste Unrecht widerfährt. Unamuno war ehrlich genug, die ausgleichende Gerechtigkeit nicht Gott zu überlassen, in dem er eine Selbstprojektion des Menschen ins Unendliche sah: der Gottesglaube erschafft Gott. Das unlösbare, tragische Problem der Philosophie besteht in der Vermittlung zwischen Herz und Verstand: alles Lebendige ist irrational, und alles Rationale ist lebensfeindlich. Das Bewußtsein ist eine Krankheit. Das tragische Lebensgefühl, das Unamuno beherrschte, fand sich im Scheitern seiner Hoffnungen bestätigt, Spaniens Luther zu werden und Europa zu »hispanisieren«. Kein Wunder, wenn in seinem das Unmögliche erstrebenden Denken die Macht des Todes – wie bei vielen spanischen Denkern seit Seneca – stark empfunden wird. Der Titel seines philosophischen Hauptwerks spricht für sich: ›El sentimiento trágico de la vida‹ (Das tragische Lebensgefühl).

Mit Unamuno teilte José Ortega y Gasset (1883–1955) den

Antimonarchismus, eine starke Liebe zu Europa, eine aristokratische Grundtendenz und die Unterordnung der Vernunft unter die Lebenswerte. Nach vielen und längeren Auslandsaufenthalten in europäischen und iberoamerikanischen Ländern gründete er 1948 das »Instituto de Humanidades«, ein Forschungszentrum mit humanistischer Zielsetzung. Ortegas Leitmotiv *yo soy yo y mi circunstancia* (ich bin ich und meine Umgebung), läßt die individualistisch-subjektivistische Orientierung seines Perspektivismus erkennen: jeder Mensch erfaßt die Welt von seinem Standpunkt und bildet mit ihr eine lebendige Einheit. Die Erkenntnis, daß mithin jede Philosophie Irrtum und Wahrheit ist, führt ihn an die Grenze des Illusionismus und der Mystik. Ortega warnte vor der Vermassung, in der er ein Grundübel seines Zeitalters erblickte. Der Geist des Massenmenschen ist anmaßend, vulgär und ordinär. Die Masse ist der schlimmste Tyrann, der Feind aller höheren Bildung, alles erlesenen Geschmacks und jedes edlen Charakters. Der moralische Verfall Europas, sein Immoralismus ist evident, ebenso der Verfall der Kultur und die technische Barbarei, die unter anderem im Spezialistentum sichtbar wird. Nur eine authentische, am Leben orientierte Philosophie vermag den geistigen und politischen Verfall Europas aufzuhalten, die Gesellschaft aus Infantilismus und primitivem Rebellentum herauszuführen und anstelle des Massenmenschen den Elitemenschen zu bilden.

10.2.2.10.2 Berrueta, Marañon, Xirau

In gewisser Hinsicht ein Vorläufer Wittgensteins war der Professor für Mathematik, Physik und Chemie Juan Dominguez Berrueta aus Salamanca, der sich daneben auch mit Musiktheorie und Fragen der Mystik befaßte. Mit seiner Mystik hat Spanien die europäische Philosophie wesentlich bereichert. Teresa von Avila (1515–1582) beeinflußte Leibnizens Metaphysik, und Juan de la Cruz (1542–1591) erforschte die Mystik systematisch. Seine konsequente Unterscheidung zwischen Meditation (kognitiv) und Kontemplation (intuitiv) ist grundlegend, ebenso seine differenzierte Analyse der *via purgativa* (Weg der Reinigung), *via illuminativa* (Weg der Erleuchtung) und *via unitiva* (Weg der Vereinigung). Diese große mystische Tradition, die auf einen empfindlichen Mangel der westlichen Philosophie im Vergleich zur indischen hinweist, setzte Berrueta im 20. Jahrhundert fort. Auch hier bietet die spanische Philosophie, wenn nicht eine Alternative, so doch eine wesentliche Ergänzung zum westlichen Rationalismus und Intellektualismus. Berruetas ›Gesang des Schattens‹, der Unaussprechbares anzudeuten versucht, findet in Heideggers Sprachphilosophie und Wittgensteins Philosophie des Schweigens Entsprechungen.

Gregorio Marañon, ein Zeitgenosse Ortegas, war Mediziner (Endokrinologe), Biologe und Philosoph. Als Mitbegründer der Zweiten Spanischen Republik flüchtete er nach Frankreich und später in die USA (1936–1943). Seine Forschungen auf den Gebieten der sexuellen Evolution und Persönlichkeitspsychologie haben wesentlich zur weiteren Erhellung des Don-Juanismus und des geschlechtsspezifischen menschlichen Verhaltens beigetragen. Darüber hinaus befaßte sich der äußerst vielseitige Gelehrte von einem liberalen, modernen und pluralistischen Standpunkt aus mit historischen, literarischen und politischen Fragen.

Joaquin Xirau, ein Freund Ortegas, stand im Spanischen Bürgerkrieg auf der Seite der Republikaner, flüchtete 1939 nach Frankreich und lehrte später in Mexiko Philosophie. Seine Philosophie ist das Bekenntnis eines modernen Denkers zum Leben, getragen vom Protest gegen Idealismus, Materialismus und Szientismus, aber auch von christlicher Tradition inspiriert, von Personalismus, Spiritualismus, Liebesethik und – Mystik: alles ist in allem vorhanden. Das Individuum ist Zentrum der Ausstrahlung und Bündelung von Kräften. Indem sich der Mensch an die Welt hinschenkt, einverseelt er sich die Welt. So wird der Mikrokosmos zum Makrokosmos und der Makrokosmos zum Mikrokosmos. Xiraus Lehre von der universellen Liebe, einer unwandelbaren Geisteshaltung mit den Merkmalen Lebensfülle, Verklärung, Erneuerung und Vereinigung, übte in Spanien und in der Neuen Welt eine starke Wirkung aus.

10.2.2.10.3 Zubiri, Laín Entralgo, Palacios, Ferrater Mora

Zu den jüngeren Philosophen der Gegenwart gehört der baskische Gelehrte Xavier Zubiri, der sich mit mathematischen, physikalischen und biologischen Problemen befaßte und Kontakte zu vielen berühmten europäischen Denkern und Forschern unterhielt, zu Bergson, Husserl, De Broglie und Schrödinger. Während des Spanischen Bürgerkriegs lehrte er in Paris. Zu den großen Fehlentwicklungen dieses Jahrhunderts zählt er den Positivismus, Pragmatismus und Historizismus. Sie gründen in der Gott-, Selbst- und Weltvergessenheit des modernen Menschen. Die Krise der modernen Physik sieht Zubiri darin begründet, daß das eigentliche Problem der Physik weder ein physikalisches, ein logisches, noch ein erkenntnistheoretisches ist, sondern ein metaphysisch-ontologisches. Indem er die Frage nach dem Sein des Seins erneuert, erweist sich Zubiri als Aristoteliker, indem er Gott als *ens fundamentale* einführt, als christlicher Fundamentalist. Zubiri stellt die alte Frage nach der Wahrheit und Wirklichkeit der Wirklichkeit, kann sie aber auch nicht beantworten.

Pedro Laín Entralgo, Mediziner und Philosoph, befaßte sich mit dem Problem der Hoffnung und der Beziehung zum »Du«. Vielleicht noch bedeutsamer ist sein Versuch, dem Wesen spanischer Lebenserfahrung auf den Grund zu kommen. Er unterscheidet dabei vier Grundzüge: Kontraktion der Zeiterfahrung in der Zukunftshoffnung, Vorrang des Seins vor dem Tun, Vergegenwärtigung des Todes, Realismus. Sein Werk ›La espera y la esperanza‹ (Warten und Hoffen) drückt ein spanisches und zugleich modernes Anliegen aus. Unverkennbar ist der starke christliche Einschlag, unverkennbar aber auch die Sinnenfreude des Südländers: zwei schwer zu vereinbarende Grundtendenzen, die aber die spanische Philosophie von den Anfängen bis zur Gegenwart durchziehen.

In Leopoldo Eulogio Palacios »Prudentialismus« und »Theozentrismus« verbinden sich antike und christliche Motive auf moderner Ebene. Für sein Werk ›La prudenzia política‹ (Die politische Klugheit), das Dogmatismus und Machiavellismus zugunsten einer von antikem Gemeinschaftssinn und christlicher Verantwortung geprägten Einstellung zu vermeiden sucht, erhielt Palacios den Nationalpreis für Literatur. Politische Klugheit wird weder als Kunst noch als Technik verstanden, sondern als Tugend: Politik ist moralische Wirklichkeit, wohl mehr ein Soll- als ein Ist-Zustand.

José Ferrater Mora, ein bohrender Kulturkritiker, ging den Verabsolutierungen auf den Grund, die nach seiner Auffassung in vier Glaubenshaltungen wurzeln: im Glauben an Gott, an den Menschen, die Gesellschaft und die Natur. Ob die gegenwärtige Kulturkrise durch eine Wiederbelebung der christlichen Tradition, durch eine Weltrevolution oder durch einen neuen Rationalismus im Sinne liberaler Aufklärung zu bewältigen ist, kann auch er nicht sagen. Die Idee einer integrativen Philosophie, die den Tod nicht ignoriert, erscheint ebenso spanisch wie modern.

10.2.2.11 Dänemark

»In Dänemark ist das philosophische Leben in neuerer Zeit zum Teil durch die von früher vorherrschende empirische Denkart, zum Teil durch Einflüsse von außerhalb gekennzeichnet. Seit den Tagen des Komödiendichters Ludwig Holbein haben englische und französische Philosophen, an der Spitze Locke und Bayle, Einfluß. Daneben stellte die dänische Philosophie, wenn man den Maßstab internationaler Gedankenarbeit anlegt, in ein paar Punkten selbständige Lehren auf: Es entstand ein charaktervoller Individualismus und – schon im Anfang des 19. Jahrhunderts – eine Art nordischer Prädarwinismus.«[113]

Tycho Brahes sorgfältige astronomische Beobachtungen, aus denen Kepler seine Theorien entwickelte, sind ein klassisches Beispiel der auch für dänisches Philosophieren charakteristischen »vorherrschenden empirischen Denkart«. Im 20. Jahrhundert setzte der Physiker Niels Bohr (1885–1962) diese Tradition fort[114]. Kierkegaard, der Ahnherr der Existenzphilosophie, ist ein Beispiel für den spezifisch dänischen »charaktervollen Individualismus«, der sich durch an Selbstquälerei grenzende, bohrende psychologische Selbstbeobachtung auszeichnet. In der ersten Hälfte dieses Jahrhunderts herrschte der »psychologische Dämon der dänischen Philosophie«[115] noch bei Harald Høffding und Jørgen Jørgensen vor. Nicht unwichtig für das Verständnis der dänischen Philosophie ist die Tendenz zum evolutionären Denken. In der zweiten Hälfte des 20. Jahrhunderts nahmen dann bei Alf Ross und Justus Hartnack die angelsächsischen Einflüsse zu. Von den sonstigen dänischen Philosophen, auf die hier nicht näher eingegangen werden kann, seien wenigstens genannt der Ethiker und Pädagoge Frithiof Brandt (1892–1968) von der Universität Kopenhagen, der dem logischen Positivismus nahestehende soziologisch orientierte Epistemologe Svend Ranulf (1894–1953) von der Universität Aarhus und der für eine Arbeit über den Begriff des Geistes preisgekrönte Wittgenstein-Spezialist David Favrhold (geb. 1931) von der Universität Odense.

[113] Anathol Aall, in: Ueberweg, Grundriß, Bd. 5, S. 259f.

[114] Vgl. Johannes Witt-Hansen, The Impact of Niels Bohr's Thought on Danish Philosophy. In: Contemporary Philosophy in Scandinavia. Hrsg. v. Raymond E. Olson und Anthony M. Paul. Baltimore, London 1972, S. 491ff.

[115] Justus Hartnack, in: Handbook of World Philosophy, S. 6.

10.2.2.11.1 Høffding, Jørgensen

Harald Høffding (1843–1931), ein starker und einflußreicher Denker, brach mit dem Hegelianismus. Er und seine Schüler, die bis zur Jahrhundertmitte das philosophische Szenarium in Dänemark wesentlich mitbestimmten, neigten zu Empirismus, Positivismus und Utilitarismus. An die Stelle der Abhängigkeit von der Theologie (Kierkegaard) war eine gewisse Abhängigkeit der Philosophie von den Wissenschaften, wenn auch kein Szientismus, getreten. Erkenntnistheoretische Fragen wurden, wie religiöse, metaphysische und ethische, aus psychologischer Sicht erörtert. In Jørgen Jørgensens (1894–1969) dreibändigem Werk über die formale Logik behielt, im Gegensatz zu Husserl, die Psychologie das letzte Wort. Jørgensen bemühte sich allerdings um eine Fundierung der Psychologie in der Biologie und Physik. Auf den Gebieten der Logik und Sprachphilosophie näherte er sich den Auffassungen des Wiener Kreises.

10.2.2.11.2 Ross, Hartnack

Alf Ross (1899–1979) gewann internationales Ansehen durch seine Arbeiten auf dem Gebiet der Rechtsphilosophie über Schuld, Verantwortung, Strafe, Anweisungen und Normen. Seine Philosophie zeigt schwedische (Hägerström), englische (Moore) und österreichische (Wiener Kreis) Einflüsse. In einer scharfsinnigen Studie[116] setzte er sich mit Austins Lehre von den Performativen (»Wirkwörtern«) auseinander, die er auf Normative zurückzuführen suchte.

Justus Hartnack (geb. 1912), einer der bedeutendsten modernen dänischen Denker, befaßte sich vor allem mit sprachphilosophischen und philosophiegeschichtlichen Problemen. Nach acht Jahren Lehrtätigkeit in den Vereinigten Staaten brachte er auch von dort Anregungen mit. Vor allem bemühte er sich um die Autonomie der Philosophie gegenüber den Wissenschaften, insbesondere der Psychologie. Er schenkte den britischen Philosophen Russell, Moore, Wittgenstein und Ryle Aufmerksamkeit. Von Hartnacks zahlreichen Werken wurde sein Buch über Wittgenstein und die moderne Philosophie ins Englische, Deutsche, Japanische, Italienische und Spanische übersetzt. Dem einsetzenden ideologischen Radikalismus an den dänischen Universitäten begegnete Hartnack resignierend, indem er Europa den Rücken kehrte und – in einer neuen Emigrationswelle –

[116] In: Contemporary Philosophy (Anm. 114), S. 197ff.

einen Ruf an die State University von New York annahm. Am Ende seiner Erkenntniskritik, nach der Ablehnung der Positionen Humes und Kants, gelangt Hartnack zu einer ontologischen Fragestellung nach aristotelischem Vorbild[117].

10.2.2.12 Norwegen

Erst nach der Gewinnung der politischen Unabhängigkeit von Dänemark (1814), mit dem es seit 400 Jahren verbunden war, und nach der Gründung der Universität Kristiania kam es zur Ausbildung einer norwegischen Philosophie. Spezifisch norwegisch ist an ihr die enge Verbindung mit der Dichtung (Henrik Ibsen, 1828–1906) und, in neuerer Zeit, die relativ früh aus ökologischen Problemen erwachsene Ökosophie (Naess). Die Annäherung an Schweden und innenpolitischer Streit zogen indessen auch die Philosophie in Mitleidenschaft, die zwischen Konservativismus und Monarchismus auf der einen und fortschrittlichen Richtungen auf der anderen Seite hin- und hergezogen wurde. Die beamteten Universitätslehrer, Hegelianer und Systematiker, standen in der Regel auf Seiten der Konservativen und beherrschten das Feld bis gegen Ende des 19. Jahrhunderts. Danach wurde der Einfluß nicht berufsmäßiger Philosophen größer, mit denen positivistische und evolutionäre Tendenzen aufkamen. Seit 1890 orientierten sich theoretische und praktische Philosophie an der Erfahrung.

Ibsens philosophisches Verdienst besteht in der Entlarvung politischen Strebertums, der Lebenslügen des »Idealismus«, in der Abrechnung mit der Verlogenheit. Neben der beherrschenden erfahrungsorientierten Philosophie der Osloer Schule unter Naess entwickelte Peter Wessel Zapffe (geb. 1899) eine zum Künstlerischen tendierende Existenzphilosophie. In seinem Hauptwerk ›The Essence of Tragedy‹ (1941) kommen das tragische Lebensgefühl und die tragische Weltanschauung, wie sie in Mythos und Geschichte Ausdruck fanden, zu ihrem Recht. Hans Skjervheim (geb. 1926) stellte norwegischem Empirismus und Objektivismus in seinem Buch ›Objectivism and the Study of Man‹ (1959) eine weniger wissenschaftliche sozialphilosophische Konzeption entgegen, die gegen Ende der sechziger Jahre mit Auffassungen von Wittgenstein verschmolz.

[117] In: Revue internationale de philosophie 135, 1981, S. 72.

10.2.2.12.1 Naess, Ofstad

Arne Naess (geb. 1912), wohl der bedeutendste norwegische Philosoph des 20. Jahrhunderts, befaßte sich mit fast allen wichtigen Problemen der theoretischen und praktischen Philosophie, der Natur- und Sprachphilosophie sowie der Kommunikationstheorie; er schrieb Bücher über Präzision und Interpretation (1953), Äquivalenz, Isomorphie und Synonymität (1956–1958), Prüfbarkeit (1957), Argumentation und Kommunikation (1966), Demokratie, Ideologie und Objektivität (1956). Daneben verfaßte er Studien zur antiken Skepsis und zur modernen Philosophie, über Gandhi und Gesellschaftskonflikte. Als Mitglied der UNESCO arbeitete er mit an der Erforschung und Überwindung der Ost-West-Konflikte.

Harald Ofstad (geb. 1920) wurde durch eine Reihe ausgezeichneter Arbeiten zur Entscheidungs-, Handlungs- und Werttheorie bekannt. Er setzte sich für eine Verbindung von analytischen, empirischen und normativen Elementen in der praktischen Philosophie ein. Besonders wertvoll ist Ofstads weiterführende Analyse des Freiheitsbegriffs jenseits traditioneller Formen des Indeterminismus. Freiheit erscheint als Vermögen, alternativ zu denken und zu entscheiden. Ofstad zeigte, daß normative Probleme mit analytischen und empirischen Methoden behandelt werden können. Beachtenswert sind auch seine Untersuchungen zur *legal norm* (rechtlichen Norm) in der Rechtsphilosophie. Seinen tiefschürfenden Aufsatz über Verantwortlichkeit und Freiheit beschließt Ofstad mit der Aufforderung zu großer Vorsicht bei moralischem Schuldspruch und Tadel[118].

10.2.2.12.2 Tranöy, Føllesdal

In seinen Arbeiten über die Logik normativer Systeme (1953) und das Verhältnis von Fakten zu Normen (1972–1975) erörterte Knut Erik Tranöy (geb. 1918) wichtige Fragen moderner ethischer Grundlagenforschung auf analytischer Basis. Besonders interessierte ihn dabei die Ethik in der Wissenschaft, die als organisierte, normen- und wertbestimmte soziale Aktion verstanden wird. Seinen Aufsatz über die Ideologie wissenschaftlich-gelehrten Verhaltens (›The Ideology of Scientific and Scholarly Conduct‹), in dem er von aktuellen Beispielen der Medizin und Strategie ausgeht, beschließt er mit der Warnung vor der

[118] In: Contemporary Philosophy (Anm. 114), S. 304.

Gefahr, Wissenschaft als Selbstzweck zu betrachten und auf moralische Rechtfertigung wissenschaftlichen Verhaltens zu verzichten[119].

Dagfinn Føllesdal (geb. 1932) untersucht seit vielen Jahren die Möglichkeiten einer Annäherung zwischen Phänomenologie und analytischer Philosophie, insbesondere das Bewußtseinsproblem. Im Anschluß an Frege, Husserl und Quine weist er darauf hin, daß wir nicht primär Körper und Bewegungen untersuchen, sondern Personen und Handlungen, deren Intentionen und Bedeutungen nur in der Kommunikation verständlich werden. Am Schluß seiner Einführung in die Phänomenologie für analytische Philosophen[120] versucht Føllesdal einen Brückenschlag zwischen angelsächsischer und kontinentaler Philosophie, wobei der Phänomenologie eine Mittlerrolle zwischen Analytik und Existenzphilosophie zufällt. Ob der Gegensatz von Existenz und Essenz sich in ein solches Schema einbeziehen läßt, bleibt allerdings offen.

10.2.2.13 Schweden

In Schweden hat sich neben den importierten »Ismen« – Cartesianismus, Leibniz-Wolffianismus, Lockeanismus, Kantianismus – stets in Form, Gehalt und Terminologie auch das einheimische Denken behaupten können, im 17. Jahrhundert der Dichterphilosoph Georg Stiernhielm (1598–1672), im 18. Jahrhundert Emanuel Swedenborg (1688–1772), mit dem sich Kant in einer eigenen Schrift: ›Träume eines Geistersehers erläutert durch Träume der Metaphysik‹ (1766) auseinandersetzte, im 19. Jahrhundert Jacob Boström (1797–1866) und, an der Wende vom 19. zum 20. Jahrhundert, der bereits erwähnte Axel Hägerström sowie Adolf Phalén (1884–1931). Letztere waren die Gründer der Schule Uppsala, die in der ersten Hälfte des 20. Jahrhunderts das philosophische Geistesleben in Schweden maßgebend beeinflußte (Sprachanalyse). Schwedische Philosophen haben zu fast allen Bereichen der modernen Philosophie originelle und wertvolle Beiträge geliefert, zum Beispiel Lennert Åqvist zur Logik der Fragen, Håkan Torneböhm zur logischen Analyse der Relativitätstheorie, Dag Prawitz zur Beweis-

[119] Ebd., S. 347 ff.
[120] Ebd., S. 427 ff.

theorie, Göran Hemerén zu Problemen der modernen Ästhetik (Ausdruck, Symbol, Repräsentation, Einfluß, Objektivität), Konrad Marc-Wogau zur Theorie der Sinnesdaten, Lars Bergström zur Handlungstheorie, Torbjörn Tännsjö zum Verhältnis von Metaethik zur Ethik, Lars Bejerholm und Gottfried Hornig zur analytischen Religionsphilosophie, Martin P. Nilsson zur Geschichte der griechischen Religion, Alf Nyman zu Grenzfragen der Philosophie und Psychologie, Gunar Aspelin zur Geschichtsphilosophie und Anders Wedberg zur Philosophie der Mathematik und zur Philosophiegeschichte.

10.2.2.13.1 Segelberg, Halldén

Ivar Segelberg (geb. 1914), »vielleicht Schwedens originellster Nachkriegs-Philosoph« (Wedberg), suchte, auf den Grundlagen von Hägerström und Phalén, nach einer Synthese von Phänomenologie und Ontologie, Husserls und des Neurealisten Charlie D. Broad (1887–1936), kontinentaler und angelsächsischer Philosophie. Seiendheiten *(entities)* mit Teilen *(parts)* sind entweder Mengen *(collections)* oder komplexe Einheiten *(complex units)*. Mengen sind nur durch ihre Teile bestimmt und bestehen letztlich aus Teilen, die nicht Mengen sind. Eine komplexe Einheit ist dagegen weder durch ihre Teile bestimmt noch setzt sie letzte Teile voraus, die nicht Mengen sind. Die Wirklichkeit *(reality)* ist eine komplexe Einheit, bestehend aus qualitativen Momenten *(quality moments)* und elementaren Beziehungen *(elementary relations)*. Aus solchen verschiedenartig strukturierten Einheiten konstruiert Segelberg sein Bild der Realität. Es zeigt, daß bei entsprechend fortgeschrittener Analyse auch eine moderne Ontologie möglich ist.

Sören Halldén wurde durch seine Beiträge zur Sprachphilosophie im weiteren Sinn bekannt: zur Modallogik, worin er in Schweden Pionierarbeit leistete, zur Logik des Sinnlosen, zur Präferenz-Logik (Logik des Besseren) und zur Semantik: ›Wahre Liebe, wahrer Humor und wahre Religion‹. Besondere Aufmerksamkeit schenkte er dem Wahrheitsgehalt von Werturteilen in seiner Gefühlslehre.

10.2.2.13.2 Hedenius, Kanger

Ingemar Hedenius (1908–1982) gehört zu der Denkergeneration zwischen Hägerström und den Modernen. Mit Hägerström, von dem er einiges übernimmt, anderes abwandelt, setzt sich Hedenius vor allem in der Moral- und Wertphilosophie auseinander. In seinen Analysen zur praktischen Philosophie legt er weniger Gewicht auf Psychologie als auf Semantik. Im Gegensatz zu dem Norweger Ofstad entschied sich Hedenius grundsätzlich für eine utilitaristische Ethik. Über die ethische Grundorientierung kam es zwischen den Schulen von Uppsala und Stockholm zu längeren Debatten, an denen sich zahlreiche an ethischer Grundlagenforschung interessierte Forscher beteiligten. In seinem Buch über Recht und Moral (1963) versucht Hedenius alle Rechtsnormen *(legal norms)* auf Sollenssätze *(legal ought statements)* zurückzuführen. Mit Hägerström teilt Hedenius (›Glauben und Wissen‹, 1949) das Interesse an religiösen Fragen und die Abneigung gegen das zeitgenössische Christentum, insbesondere die Theologie. Die meisten christlichen Glaubenssätze sind, Hedenius zufolge, logisch inkonsistent und daher ungeeignet für eine wissenschaftliche Ethik. In einer kritischen Untersuchung von Strafrecht und Moral stellt Hedenius ähnliche aus Rechtsgläubigkeit resultierende Widersprüche fest wie im religiösen Glauben oder in der Wissenschaftsgläubigkeit: ein fundamentales Problem moderner Rechts-, Religions- und Moralphilosophie.

Stig Kanger (geb. 1924) setzt, in der Logik wie in der Ethik, die moderne kritische Linie, die von Hägerström zu Hedenius und anderen führt, fort. Er arbeitete auf dem Gebiet der Modallogik und suchte nach neuen Möglichkeiten zur Begründung der Ethik. Eine Arbeit Stig Kangers und Helle Kangers[121] von hohem wissenschaftlichen Niveau über Rechte und Parlamentarismus zeigt, daß in den politischen Institutionen und Strukturen moderner Staaten durchaus nicht immer Rationalität und Wissenschaftlichkeit vorherrschen. Daraus ergibt sich die weitere Frage, in welchem Maß politische Wissenschaft heute überhaupt frei von Ideologie und Gläubigkeit betrieben wird.

10.2.2.14 Finnland

Im Gegensatz zu Dänemark und Schweden erlangte Finnland, wie Norwegen, erst im 19. Jahrhundert seine politische Selbständigkeit. Zu dieser Zeit begann auch die eigene philosophische Entwicklung. Ob auf militärischem, sportlichem, kulturellem, speziell philosophischem Gebiet – es ist erstaun-

[121] In: Contemporary Philosophy (Anm. 114), S. 213ff.

lich, was dieses freiheitsliebende, an Bevölkerung kleine Land geleistet hat. Im Verhältnis dazu erscheint seine Selbstdarstellung bescheiden, seine Fremddarstellung oft unterbewertend. Auch in den Philosophiegeschichten ist es, wie Spanien oder das neue Griechenland, meistens unterrepräsentiert. Dabei haben finnische Gelehrte oft bahnbrechende Leistungen hervorgebracht. Es sei hier nur an Edward Westermarcks (1862–1939) ›History of Human Marriage‹ (1891) und an sein Werk ›Origin and Development of the Moral Ideas‹ (1906–1908) erinnert oder an die Arbeiten des Ethnologen und Soziologen Rafael Karsten über die Indianer Südamerikas und die Papuaner Neu-Guineas, an die Forschungen des Ästhetikers Yrjö Hirn: ›The Origins of Art‹ (1900) und ›The Sacred Shrine‹ (1912) und an Rolf Lagerborgs ›La nature de la morale‹ (1903).

10.2.2.14.1 Kaila, Ahlman, Salomaa

Wie in Dänemark (Høffding), Norwegen (Naess) und Schweden (Hägerström) dominiert auch in der Philosophie Finnlands in der ersten Hälfte des 20. Jahrhunderts ein überragender Denker: Eino Kaila (1890–1958). Da Philosophie und Psychologie an den finnischen Universitäten derzeit noch nicht getrennt waren, vertrat er beide Disziplinen. Er gründete in Helsinki das erste Laboratorium für experimentelle Psychologie. In der Philosophie führte er den logischen Empirismus – der Terminus soll von Kaila stammen – ein, in der Psychologie die Gestalttheorie. In seiner Dissertation ›Über die Motivation und Entscheidung‹ (1916) behandelt er ein Grenzgebiet zwischen Philosophie und Psychologie. Beeinflußt wurde Kaila von sehr verschiedenen Denkern und Wissenschaftlern, zunächst von Høffding, James, Bergson, Renan, Haeckel und Ostwald, dann auch von Mach, dem Wiener Kreis, vor allem von Carnap, aber auch von Schlick und Reichenbach. Kailas Vorhaben war »prometheisch« (Hintikka), insofern er zwei scheinbar unvereinbare metaphysische Konzeptionen zu vereinbaren suchte, den monistischen Gedanken der Einheit der Wirklichkeit und den pluralistischen Gedanken von der relativen Selbständigkeit der verschiedenen Phänomenbereiche. Eine ähnliche Spannung spricht aus seiner antiidealistischen und zugleich antimaterialistischen Grundtendenz, ohne dabei in einen sensualistisch-phänomenalistischen Positivismus geraten zu wollen. Dem Dualismus Geist – Materie suchte er durch eine im Biologischen und Physikalischen fundierte Theorie des Psychischen zu entgehen, die wiederum schwer mit seinem Personalismus (1934) zu vereinbaren war. Kein Wunder, daß eine so umfassend angelegte Konzeption am Ende ein Torso blieb. In den zwanziger Jahren analysierte Kaila die Begriffe Kausalität – er unterschied von der üblichen »Initialkausalität« eine (im subatomaren Bereich geltende) »Terminalkausalität« – und Wahrscheinlichkeit, arbeitete an einer holistischen (ganzheitlichen) Konzeption der Wirklichkeit und befaßte sich mit der Philosophie der Mathematik. Gegenüber dem Wiener Kreis behauptete er seine Selbständigkeit durch Ablehnung der Verifikationstheorie. 1936 und 1942 entstanden seine beiden vielleicht bedeutendsten philosophischen Schriften: ›Über das System der Wirklichkeitsbegriffe‹ und ›Über den physikalischen Realitätsbegriff‹, in denen er sich sowohl mit der relativistischen Feld-Physik als auch mit der Quantenmechanik vertraut zeigt.

Mit der Konzeption Kailas und seinem wissenschaftlichen Niveau konnten der Kulturphilosoph Erik Ahlman (1892 bis 1952) und der Geschichtsphilosoph Valmari Edvard Salomaa (1891–1960) nicht konkurrieren, wenn auch ihre Konzeptionen von Moral, Recht, Erziehung, Kultur und Geschichte Kailas Philosophie sehr gut ergänzen. Ahlmans Betonung des Willens als Grundlage der moralischen Werte und der Kultur nähert sich angelsächsischen Auffassungen. Salomaa, der sich in einer eigenen Studie mit der englischen Philosophie befaßte, läßt in seinem Denkansatz die Problemzusammenhänge von Theorie und Praxis, von Wahrheit, Wert und Geschichte erkennen.

10.2.2.14.2 Von Wright, Stenius, Ketonen

Georg Henrik von Wright (geb. 1916) befaßte sich vorwiegend mit Problemen der Modallogik: Notwendigkeit, Möglichkeit, Unmöglichkeit, Zufälligkeit und weiterführenden Kategorien des Wissens wie Begründung, Ausschließung, Glaubhaftigkeit, ferner mit deontischen Begriffen (des Sollens): Erlaubnis, Verbot, Verbindlichkeit und Beliebigkeit, darüber hinaus aber auch mit Fragen der angewandten Ethik und mit der Interpretation von Autoren wie Tolstoi, Dostojewski und Toynbee. Ausgehend vom logischen Problem der Induktion, gelangte er zu einer von Broad und Keynes beeinflußten Theorie der Induktion und Wahrscheinlichkeit, die von Hintikka 1966 weitergeführt wurde: Induktion durch Ausschließung und durch Aufzählung. In seinen Arbeiten über deontische Logik und Aktionstheorie (›Norm and Action‹, 1963; ›The Varieties of Goodness‹, 1966) befaßte er sich mit modallogischen und anderen Zweigen der Logik wie: *preference* (Vorzug), *tense* (Zeitfolge), *intensional* (Inhalte). »Die Nordischen Länder hatten eine starke Tradition, die die nicht erkenntnishafte Eigenart *(noncognitive status)* der Normen betonte.«[122] War in der theoretischen Philosophie die Klärung der intuitiven Begriffsinhalte sein Hauptziel, war es in der praktischen Philosophie eines der Hauptanliegen von Wrights, die ethischen Werte in den weiteren Wertzusammenhang von Gesundheit, Wohlergehen und Glück einzuordnen.

Erik Stenius (geb. 1911) verfaßte Schriften zur Logik, zur Philosophie der Mathematik und der Sprache, zur Erkenntnistheorie und zur Philosophiegeschichte, speziell über Wittgenstein, worin er Elemente Kantischer Vernunftkritik mit dessen Sprachkritik verbindet. Stenius entdeckte die Verwandtschaft von Wittgensteins Bildbegriff mit dem logischen Begriff der Isomorphie (Strukturgleichheit).

Oiva Ketonen (geb. 1913), Professor der theoretischen Philosophie, Nachfolger Kailas in Helsinki und Präsident der Philosophischen Gesellschaft Finnlands von 1952 bis 1962, befaßte sich mit Problemen der mathematischen Logik (Beweistheorie, Prädikatenkalkül), aber auch mit Wissenschaftstheorie und anthropologischen Fragen.

10.2.2.14.3 Hintikka, Pietarinen, Pörn

Jaakko Hintikka (geb. 1929), Angehöriger einer neuen Philosophengeneration, studierte bei von Wright (1947–1952), aber auch an der Harvard University. Danach wurde er Professor für Philosophie in Helsinki (1959–1970) und an der Stanford University (1964–1981). Hintikka ist, neben Kaila und von Wright, einer der bedeutendsten modernen Philosophen Finnlands. Da er vielleicht noch vielseitiger als Kaila ist, erscheint eine zusammenfassende Charakteristik seines Standpunktes kaum möglich. Es finden sich Einflüsse von Platon, Aristoteles und den Stoikern, aber auch von Descartes, Leibniz, Kant, Husserl und Russell. Von einem System Hintikkas kann keine Rede sein, vielleicht von einer Einheit seiner Methodik, in der transzendentalphilosophische, phänomenologische, epistemologische und sprachanalytische Momente vorkommen, vergleichbar der Suche Kailas nach einer mehr ontologisch-metaphysischen Syn-

[122] Ebd., S. 21.

these. Hintikka neigt eher zu Husserls Konstitutionstheorie als zu Quines (naturalistischer) Auffassung, eher, wie Kaila, zur Synthese als zur Analyse, trägt den Begriffen Information und Zeit stärker Rechnung als seine Vorgänger, zeigt aber eine erstaunliche Kontinuität, die sich nicht nur in den Problemen, sondern auch in den Personen ausdrückt. Hintikka bezeichnet selbst ausdrücklich Teamwork und Kooperation als Merkmale seines Philosophierens, das damit typisch moderne Züge aufweist. Als Mitglieder seines Teams und damit der kontinuierlichen Linie finnischer Philosophie nennt Hintikka neben anderen Tuomela, Pietarinen und Niiniluoto.

Juhani Pietarinen (geb. 1938), seit 1976 Professor für praktische Philosophie an der Universität Turku, gehört zu den Gelehrten, die sich, nach sorgfältigem Studium der einschlägigen theoretischen Probleme (Ähnlichkeit, Analogie, Induktion), praktischen Problemen (Entscheidungstheorie, Ethik, Sozialphilosophie) zuwandten und dadurch das Themenspektrum ihres Lehrers wie der finnischen Philosophie überhaupt bereicherten.

Ingemar Pörn (geb. 1936) studierte an der schwedischen Universität von Turku (Abo), in Oxford, Birmingham und Uppsala. Seit 1978 ist er Professor an der Universität Helsinki. Logisch geschult, verfaßte er eine Schrift über die ›Logik der Macht‹ (1970) sowie Arbeiten sozialphilosophischen Inhalts.

10.2.2.14.4 Tuomela, Niiniluoto, Hilpinen

Raimo Tuomela (geb. 1940), der auch an der Stanford University studierte, ist seit 1971 Professor für praktische Philosophie an der Universität von Helsinki. Er untersuchte die Begriffe Formation, Kausalität und Erklärung in empirischen Theorien, die Ableitbarkeit wissenschaftlicher Gesetze, die Grundlagen der Handlungstheorie und Fragen im Grenzgebiet von Philosophie und Psychologie.

Ilkka Niiniluoto (geb. 1946), Mathematiker und Philosoph, seit 1981 Professor für theoretische Philosophie in Helsinki, seit 1975 Präsident der Philosophischen Gesellschaft Finnlands und seit 1980 Chefredakteur der ›Acta Philosophica Fennica‹, betrieb logisch-mathematische Grundlagenforschung und bearbeitete logische, erkenntnistheoretische und wissenschaftstheoretische Fragen (induktive Logik, Wahrheitsbegriff, Wahrscheinlichkeitstheorie, zusammen mit Hintikka).

Risto Hilpinen (geb. 1943), seit 1972 Professor für theoretische Philosophie an der Universität Turku, führt Hintikkas Forschungen auf den Gebieten der induktiven Logik, Entscheidungs- und Informationstheorie, der deontischen und der Modallogik mit neuen Ideen (Modalität – Relativität) weiter und arbeitet außerdem an erkenntnistheoretischen und sprachphilosophischen Problemen.

10.2.2.15 Polen

Georgi Schischkoff hat mit Recht darauf hingewiesen, »daß die europäische Geschichtsschreibung der Philosophie, selbst in den Abschnitten über das 18. Jahrhundert hinaus, nach wie vor nur westliche Denker erfaßt und von der Geistesgeschichte der östlichen Hälfte Europas in philosophiegeschichtlichen Betrachtungen meist keine Notiz genommen wird ... Es muß in dieser Hinsicht als eine große Lücke empfunden werden, wenn der dreibändige *Grundriß der Philosophie* von Fr. Ueberweg, in dem zum ersten Male auch die Philosophien der osteuropäischen Völker erfaßt worden sind, seit fast 45 Jahren keine neue Bearbeitung gefunden hat und nicht nur als längst überholt gilt, sondern auch kaum mehr zugänglich ist.«[123]

Während es bei den Bulgaren und Serben erst im 19. Jahrhundert zu ersten philosophischen Ansätzen kam, reicht die philosophische Tradition Polens und der CSSR weiter zurück.

10.2.2.15.1 Ajdukiewicz, Kotarbiński, Tatarkiewicz

Kazimierz Ajdukiewicz (1890–1963) bildete den polnischen Positivismus des 19. Jahrhunderts in diesem Jahrhundert in charakteristischer Weise zu einem sprachkritischen, die Mittel der logischen Analyse verwertenden *logistical anti-irrationalism* weiter, also nicht zu einem Rationalismus im westlichen Sinn. Im Unterschied zum Wiener Kreis forderten die polnischen Philosophen einerseits eine radikalere Reform der philosophischen Sprache, andererseits führten sie keinen Krieg gegen die »Scheinprobleme«, sondern bevorzugten in der Ontologie eine realistische, in der Erkenntnistheorie eine empirische Einstellung. Ajdukiewicz wurde international durch seine Forschungen auf erkenntnistheoretischem Gebiet bekannt, als Be-

[123] Slawische Philosophie und Slawophile Ideologie. In: Kant-Studien 63, 1972, S. 481.

gründer des »radikalen Konventionalismus«: Alle Erkenntnis hängt von sprachlichen Entscheidungen ab.

Tadeusz Kotarbiński (geb. 1886), Präsident der Polnischen Akademie der Wissenschaften (1954–1963) und der Polnischen Philosophischen Gesellschaft (bis 1977) verfaßte grundlegende Werke zur theoretischen (›Gnoseology‹, 1955, übers. 1966) und zur praktischen (›Praxeology‹, 1955) Philosophie. Seine realistische Ontologie, »Reismus« oder »Konkretismus«, beschränkt Seiendes auf materielle Objekte, wobei er allerdings in Widerspruch zum mathematischen Begriff des *sets* als einer abstrakten Wesenheit geriet. In seiner ›Praxeology‹ analysierte er unter anderem die Kategorien Materie, Handlung, Ziel und Mittel. Sein Ziel war die Entwicklung einer Theorie der effizienten Handlung unter Einbeziehung der modernen Disziplinen der Spieltheorie, Modellanalyse und Entscheidungstheorie.

Wladislaw Tatarkiewicz (1886–1981), Professor in Lwow (1910), später in Warschau (1915), gehörte zahlreichen internationalen wissenschaftlichen Vereinigungen an. Er befaßte sich vorwiegend mit Axiologie, Ästhetik und Geschichte der Philosophie. Besondere Aufmerksamkeit schenkte er dem Problem der Existenz der Werte, des Wertsystems und der Wertbeziehungen, in der Ästhetik der Perfektion, der Kreativität und der Inspiration. In der Geschichte der Philosophie erkannte Tatarkiewicz zwei Grundtendenzen, eine Maximaltendenz zur globalen Erfassung der Wirklichkeit und eine Minimaltendenz zur Analyse der Erkenntnis und ihrer Ergebnisse.

10.2.2.15.2 Ingarden, Bochenski, Tarski

Ausgehend von allgemeinen ontologischen Untersuchungen, bei denen er phänomenologische und analytische Methoden verbindet und zur Unterscheidung eines absoluten, realen, idealen und intentionalen Seins gelangte, begründete Roman Ingarden (1893–1970) eine ontologische Ästhetik, die den spezifischen Charakteren der einzelnen Künste gerecht zu werden versucht, sowie deren Schichten, Strukturen und Ebenen erforscht: Wahrnehmung, Bedeutung, Gegenstand, Erscheinung. Insbesondere werden die kreativen Bewußtseinsprozesse des Künstlers und die emotionalen Prozesse des Betrachters bzw. Hörers analysiert. Wie sich die ästhetische zur realen Welt verhält, kann von Einzelnen nur durch eine Art metaphysischer Grundsatzentscheidung festgestellt werden.

Joseph M. Bochenski (1902–1995), zum Orden der Dominikaner gehörend, lebte und lehrte meistens in Freiburg in der Schweiz. Sein Hauptgebiet ist die Geschichte der Logik, daneben befaßte er sich jedoch auch gründlich mit Gegenwartsphilosophie, marxistischer Ideologie, ferner mit der ›Logik der Religion‹ (1965) und der ›Logik der Autorität‹ (1974). Bochenski gehört zu den nicht sehr häufigen Philosophen, die universale Gelehrsamkeit mit Forschergeist, theoretischen Scharfsinn mit praktischem Können und religiöses Ethos mit Weltoffenheit vereinen.

Weniger universal, mehr Forscher als Gelehrter, ist der amerikanische Logiker und Philosoph polnischer Herkunft Alfred Tarski (1902–1983), der, wie Jan Lukasiewicz und Stanislaw Lesniewski, aus der Warschauer Schule kam. Tarski, einer der Hauptbegründer der modernen mathematischen Logik, arbeitete zunächst auf dem Gebiet der Kalkültheorie, befaßte sich dann aber auch mit spezifisch philosophischen Fragen: Kausalität, Determinismus, Begriff des Denkens, Grenzen der Wissenschaft. Seit 1930 widmete er sich der semantischen Logik und führte den Begriff »Metalogik« ein. Tarski hat wichtige Beiträge zur Metasprachen-, Modell-, Gruppen- und Wahrheitstheorie geliefert.

10.2.2.15.3 Szaniawski, Nowak, Pelc

Klemens Szaniawski (geb. 1925) war Professor für Logik an der Universität Warschau, zudem Präsident der Polnischen Philosophischen Gesellschaft und der Internationalen Gesellschaft für Geschichte und Philosophie der Wissenschaften. Szaniawski untersuchte Arten nichtdeduktiver Schlüsse, Probleme der Entscheidungs-, Wissenschaftstheorie und der Ethik. Sein besonderes Interesse galt der Informationstheorie und der Rolle der Information in der Methodologie der Wissenschaften.

Leszek Nowak (geb. 1935) bemüht sich um eine Annäherung von dialektischem Materialismus und logischem Positivismus, dessen Methoden, nicht dessen Voraussetzungen ihn interessieren. Seine Kritik gilt sowohl den antihistorischen Tendenzen des Wiener Kreises als auch den Wissenskonzeptionen von Popper und Kuhn. Nowak will die Alternative: Erkenntnistheorie oder historischer Materialismus mit Hilfe einer neuen Theorie der Abstraktion überwinden, die mit einer Serie von nach Abstraktionsgraden abgestuften Modellen arbeitet.

Eine Übersicht über die polnische Semiotik von 1894 bis 1969 gibt der Warschauer Professor Jerzy Pelc (geb. 1924). In den

Jahren 1970–1977 erschienen acht Bände seiner ›Semiotischen Studien‹. Sein Hauptinteresse gilt der logischen Struktur der natürlichen Sprache, er befaßt sich aber auch mit Linguistik und vergleichender Sprachwissenschaft unter starker Betonung der formalen und technischen Aspekte und unter weitgehender Vermeidung weltanschaulicher Gebundenheit. Zwischen der allgemeinen polnischen Schule (Ajdukiewicz, Kotarbiński, Tatarkiewicz), die die Philosophie als eine Art Metawissenschaft betrachtet, und der logischen Schule im engeren Sinn (Lukasiewicz, Tarski) nimmt Pelc eine vermittelnd-verbindende Stellung ein.

10.2.2.15.4 Schaff, Kolakowski

Adam Schaff (geb. 1913 in Lwow), Philosoph und Soziologe, Mitglied der Polnischen Akademie der Wissenschaften, Ehrendoktor in den Vereinigten Staaten und an der Sorbonne, Mitglied der UNESCO sowie zahlreicher Akademien und internationaler philosophischer Vereinigungen in Europa und Übersee, befaßt sich speziell mit Semantik und der marxistischen Lehre. Für ihn ist die Philosophie eine Art metaempirische Universalwissenschaft, die zwar nicht ganz von den Voraussetzungen der Wissenschaften absehen kann, ihnen aber eine Freiheit in Grundsatzfragen voraus hat, die in den einzelnen philosophischen Richtungen und Schulen zum Ausdruck kommt. Der Philosoph trägt bei seiner Entscheidung für die eine oder andere Lehre Verantwortung für sich und andere. Auf dieser Grundlage plädiert Schaff für einen toleranten, unorthodoxen Marxismus, also eine primär humanistische Auslegung, die den Belangen des Individuums Rechnung trägt. Thematisch berühren sich manche Arbeiten Schaffs mit den philosophischen Schriften Karol Wojtylas[124]: ›Marxismus und Individuum‹ 1965; ›Die Sprache und die menschliche Handlung‹ 1972 und ›Entfremdung als soziales Phänomen‹ 1977.

Leszek Kolakowski (geb. 1927) setzte sich mit Husserls Phänomenologie auseinander, plädierte für eine Öffnung des Marxismus und befaßte sich, außer mit marxistischen Theorien, mit Problemen der positivistischen Wissenschaftsgesellschaft und mit dem Christentum. Zentral ist sein anthropologisches Anliegen: ›Der Mensch ohne Alternative‹ 1960, ›Christen ohne Kir-

[124] Handlungstheorie (1979); Personal Structure of Self-Determination (1974); Teilhabe oder Entfremdung (1977).

che‹ 1969, ›Der revolutionäre Geist‹ 1972. In der Religion sieht Kolakowski einen über die gegenwärtige geschichtliche Situation hinausreichenden globalen Integrationsfaktor.

10.2.2.16 Tschechoslowakei

Die CSSR kann, wie Polen, auf eine relativ lange philosophische Tradition zurückblicken: der freiheitsliebende Reformator Jan Hus (geb. ca. 1370), der 1415 als »Dissident« verbrannt wurde, Jan Komenský (Comenius, 1592–1670), der große Reform-Pädagoge, Bernhard Bolzano, der Führer der »Böhmischen Aufklärung«, der 1819 seines Amtes enthoben wurde, ein Reformer auf dem Gebiet der Logik, Edmund Husserl, der die Philosophie und Kurt Gödel (1906–1978), der die Mathematik neu begründete. Die Reihe der Kämpfer gegen kirchliche, politische und ideologische Bevormundung oder wissenschaftliche Rückständigkeit ist damit nicht abgeschlossen. Tomáš G. Masaryk (1850–1937), ein Klassenkamerad Husserls, überzeugter Demokrat und Humanist, der die Schwächen der marxistischen Theorie schon vor der Jahrhundertwende erkannt hatte, der Biologe Imanuel Rádl (1873–1942), der diesen kritischen Geist weiterpflegte, der tschechischen Philosophie neue Impulse verlieh, Kant die Behinderung naturwissenschaftlichen Denkens vorwarf, den Gedanken der Evolution aufgriff und, als Ergebnis einer Weltreise, die Ost-West-Problematik in ihren Grundzügen erkannte (1925). Hier wäre auch an den Werttheoretiker und Philosophiekritiker Oskar Kraus (1872–1942) zu erinnern, der nach England ging, an Rainer Maria Rilke (1875–1926), der Heidegger und Jaspers inspirierte und dem Drang dieses Jahrhunderts zur Authentizität dichterischen Ausdruck verlieh, an den Physiognomiker Rudolf Kaßner (1873–1959), der die Tradition des Schweizer Physiognomen Lavater fortsetzte und durch neue Ideen bereicherte, an Amadeo Silva-Tarouca (1898 bis 1971), der in Graz eine Wirkungsstätte fand, in seiner ›Ontophänomenologie‹ (1957) eine neue Sicht der Philosophie eröffnete und der ›Logik der Angst‹ (1953) auf die Spur kam, ferner an Nikolaus Lobkowicz (geb. 1931), der in den USA und in München lehrte, über Marx und die westliche Welt (1967), das Ende der Religion (1975) und die politische Herausforderung der Wissenschaft (1976) nachdachte, schließlich an Jaromir Daněk (geb. 1925), der in Kanada (1968), Milic Čapek und

Erazim Kohák (geb. 1933), die in den Vereinigten Staaten (1948) Aufnahme fanden.

10.2.2.16.1 Masaryk, Patočka, Kosík

Thomas G. Masaryk, seit 1882 Professor in Prag, von 1918 bis 1935 Präsident der Tschechoslowakischen Republik, erkannte den Mangel an Ethik im Marxismus und suchte ihm durch einen religiös und moralisch fundierten Sozialismus abzuhelfen. Er ging dabei von Humes Prinzipien der Moral aus (1883), befaßte sich ausführlich mit russischer Geschichts- und Religionsphilosophie (1913) sowie mit dem Verhältnis Europas zu Rußland, ferner mit der Weltrevolution und dem neuen Europa. Masaryks Ideen gerieten in der bewegten Zeit nach dem Zweiten Weltkrieg in Vergessenheit. Auf eine kurze Periode der Freiheit (1945–1948) folgten in der CSSR Repression (1948–1953), Stagnation (1954–1960), Experimente (1960–1967), der »Prager Frühling« und danach wieder Unfreiheit und Repression. Teilhard de Chardin und Edmund Husserl erschienen als Vorbilder freiheitlichen Philosophierens, das in der CSSR und in den anderen Ostblockstaaten damals nur ein Wunschtraum blieb.

Jan Patočka (1907–1977) repräsentierte den Geist moderner tschechischer Philosophie. Als Mitunterzeichner der Charta 77 starb er am 13. März 1977 nach einem qualvollen polizeilichen Dauerverhör. Ein großer Teil von Patočkas Schriften ist noch nicht veröffentlicht, andere sind schwer zugänglich. In ihnen setzt er sich mit Masaryk auseinander, sucht die Autonomie tschechischer Kultur aufzuzeigen und, wie andere Europäer, die deutsche Kultur zu verstehen, befaßt sich ferner mit der Rolle der Intelligenz in der Opposition, schließlich auch mit der Frage nach der Verantwortung der Wissenschaft. Besondere Aufmerksamkeit schenkt Patočka dem weitgehend vernachlässigten Problem der Objektivationen (logische Konstruktionen, mathematische Formeln), des Zusammenhangs dieser abstrakten Welt mit der Alltagswelt, wobei sich erstere als abgeleitet darstellt. Patočka versteht Leben als Erschließung der Menschenwelt, wobei drei Stadien zu unterscheiden sind: deskriptive phänomenologische Analyse, Existentialanalyse und logisch-semantische Analyse. Ziel der Methode ist, Sinn und Sein des Menschen in der Welt zu ermöglichen. Patočka erweist sich dabei als Erbe von Husserls Methodik und Masaryks Humanismus. Ideengeschichtlich knüpft er vor allem an Aristoteles und Descartes an, außerdem auch an Comenius und Hegel. Die

Maßstäbe für das Menschliche findet er in den Menschenrechten, im Widerstandsrecht gegen Tyrannei, Unrecht, Gewalt, Lüge und Manipulation.

Karel Kosík (geb. 1926) gehört der jüngeren Nachkriegsgeneration an, die wohl oder übel mit dem Marxismus leben mußte. Er erfuhr den Gegensatz von revolutionärer Theorie und der Praxis der Machtanwendung, der sich in seinen Büchern über radikale tschechische Demokratie (1953) und die Dialektik des Konkreten (1977) widerspiegelt. Im Anschluß an Georg Lukács, von dem er viel lernte, stellte sich Kosík die Frage, ob der Marxismus noch ein Verhältnis zur Wahrheit besitzt oder ob er ein System der Selbsttäuschung geworden ist, in dem Rationalität mit jeweiliger Realität gleichgesetzt wird. Aber die Freiheit durchbricht den totalitären Dogmatismus und öffnet die menschliche Existenz für die wahre Selbstkonstitution. Kosíks Vision ist schon nicht mehr materialistisch, auch nicht idealistisch oder utopisch, sondern stimmt im Prinzip mit der Wahrheit evolutionärer Selbsttranszendenz überein.

10.2.2.17 Ungarn

Das dritte osteuropäische Land mit einer bedeutenden philosophischen Tradition ist Ungarn. Die Anfänge der ungarischen Philosophie reichen bis ins 15. Jahrhundert (Petrus Nigri, gest. 1484) zurück. Comenius, in den Wirren des Dreißigjährigen Krieges aus seiner Heimat vertrieben, wirkte auch in Ungarn, wo bereits im 17. Jahrhundert János Apáczai-Csere eine neue Logik entwarf. Im 19. Jahrhundert kamen der Ästhetiker Janos Erdélyi (1814–1868) und der zum Konkreten neigende Systematiker Cyrill Horváth (1804–1884) hinzu.

Von den Denkern des 20. Jahrhunderts sei hier wenigstens der Gegenstandsanalytiker Richard Hönigswald (1875–1947) genannt, der das KZ Dachau überlebte und in den USA eine neue Heimat fand, ferner Wilhelm Szilasi (1889–1966), ein Schüler Husserls und Nachfolger Heideggers, bekannt geworden durch sein Buch: ›Macht und Ohnmacht des Geistes‹ (1946), dann der Ästhetiker der »Einfühlung« Victor Basch (1863–1944), den die Nazis ermordeten, der revolutionäre Psychologiekritiker Georges Politzer (1903–1942), der in Frankreich dem Nazi-Terror zum Opfer fiel, Michael Polanyi (1891 bis 1976), der Vorkämpfer für eine freie Wissenschaft, der Systematiker Béla von Brandenstein (Saarbrücken) und Joseph Gabel (geb. 1912), bekannt durch seine Arbeit über »das falsche Bewußtsein« und seine Lehre von der Entfremdung. Auffällig für die Tschechoslowakei wie für Ungarn ist die große Anzahl der vertriebenen, verfolgten und getöteten Philosophen.

10.2.2.17.1 Palágy, Lukács, die »Budapester Schule«

Melchior Palágy (1859–1924) gehört schon aufgrund seiner ›Metageometrie‹ (1901), die von einem vierdimensionalen dynamischen Kontinuum ausgeht und Einsteins Konzeption in mancher Hinsicht ähnelt, mehr ins 20. als ins 19. Jahrhundert. Auch darin erscheint er modern, daß er die Logik zur philosophischen Grundwissenschaft deklariert. Die Erkenntnistheorie befaßt sich in erster Linie mit dem Bewußtsein, das, auf dem Hintergrund der übrigen Lebensvorgänge, in moderner Sicht weniger beherrschend, als »intermittierend« erscheint. Palágy erkannte, im Vergleich zu den unbewußten Kräften, die relative Schwäche des Bewußtseins. Er kritisierte auch den westlichen Rationalismus, den er zu korrigieren suchte.

Georg Lukács (1885–1971), zweifellos die überragende Gestalt in der ungarischen Philosophie dieses Jahrhunderts, Volkskommissar für Erziehung und Bildung unter Béla Kun (1919), 1956 Minister für Kultur, führte nach dem Zweiten Weltkrieg einen aufreibenden Kampf mit den kommunistischen Machthabern seines Landes. Seine Diagnose von der ›Zerstörung der Vernunft‹ (1953) – Untertitel der 1. Auflage: ›Irrationalismus von Schelling zu Hitler‹ – bewahrheitete sich erneut in der Ära des Stalinismus. Auch als Antistalinist gab Lukács die Hoffnung auf einen menschlichen Sozialismus nicht auf. Er verfaßte zahlreiche Schriften zur theoretischen wie zur praktischen Philosophie, insbesondere zur Ästhetik (Goethe-Preis 1970). Er war einer der wenigen Philosophen, die auch den taktischen Aspekten der Moralphilosophie und Fragen der Macht gerecht zu werden suchten. Lukács, mehr Mittelpunkt des Budapester Kreises als Gründer einer »Budapester Schule«, inspirierte eine Reihe jüngerer Philosophen: Agnes Heller, die später emigrierte, Mihály Vajda, der sich anscheinend in die innere Emigration zurückzog, und György Márkus, der, wie viele andere marxistische Theoretiker, aber im Gegensatz zu einigen jugoslawischen Genossen, der Philosophie keine umfassende Ontologie mehr zutraut, sondern ihr mehr praktische Aufgaben zuweist.

10.2.2.18 Jugoslawien, Kroatien

Die Anfänge der jugoslawischen Philosophie reichen ins 16. Jahrhundert zurück: Juraj Dragišić (G. Benignus de Salvatis 1450–1520), Franc Petrić (Franciscus Patricius 1529–1597), Rugjar Bošković (1711–1787). An der Schwelle zum 20. Jahrhundert erscheint der eigenwillige Systematiker und Metaphysiker Branislav Petronijević (1873–1954) mit seinem Versuch, Spinozas Monismus und Leibnizens Monadenlehre zu einem »Monopluralismus« zu verbinden. Er setzte damit ein Zeichen für die Entwicklung der Metaphysik dieses Jahrhunderts: Monismus oder Pluralismus?

Der kroatische Philosoph Albert Bazala (1877–1947), 1909 Präsident der Jugoslawischen Akademie der Wissenschaften, sucht das Zentrum menschlicher Existenz in einer metalogischen Schicht und stellt dem kontinentalen westeuropäischen Intellektualismus eine voluntaristische Alternative gegenüber. Besonders interessierten ihn die Probleme Bewußtsein, Subjekt, Objekt, das Verhältnis des Menschen zur Welt und der Ursprung der Philosophie.

Vladimir Dvornikovic (1888–1956), ebenfalls ein kroatischer Philosoph und Schüler W. Wundts, befaßte sich mit dem Wesen des Slawischen, untersuchte die philosophischen Grundhaltungen aus psychologischer Sicht und wandte sich auch Problemen der Gegenwartsphilosophie zu (1919/20). Nach dem Zweiten Weltkrieg zeichnete sich das jugoslawische Denken durch Selbständigkeit, Kritik und den Willen aus, einen eigenen Weg zum Sozialismus zu gehen (Titoismus). Dazu gehört mehr Öffnung zum Westen als in anderen osteuropäischen Ländern, Streben nach einem »authentischen Marxismus« im Gegensatz zum Stalinismus. Große Beachtung fand auch im Westen Milovan Djilas' Analyse des kommunistischen Systems ›Die neue Klasse‹ (1963), eine schonungslose Selbstkritik des Marxismus an seinen Entartungsformen. Die Orthodoxen fürchteten im jugoslawischen Selbstverwaltungssozialismus bereits den »dritten Weg« zwischen Sozialismus und Kapitalismus[125]. Der Agramer Philosophieprofessor Predrag Vranicki (geb. 1922), ein Vertreter der gesellschaftsphilosophischen Richtung des neueren Marxismus, plädierte für einen marxistischen Pluralismus und ver-

[125] Tibor Hanak, Die Entwicklung der marxistischen Philosophie. Basel, Stuttgart 1976, S. 276.

warf die Konzeption einer marxistischen Einheitsphilosophie, aber der systembedingten Gefahr, daß marxistische Philosophie zur Marxismus-Philosophie degenerierte, war auch er nicht gewachsen.

10.2.2.19 Rumänien

Im ›Handbuch der Welt-Philosophie‹ nimmt die Darstellung der rumänischen Philosophie einen vergleichsweise großen Raum ein. Das Literaturverzeichnis ist umfangreicher als das Polens oder der Sowjetunion, was um so erstaunlicher ist, als es eine rumänische Philosophie erst seit dem Ende des 19. Jahrhunderts gibt: Evolutionstheorie, verbunden mit einer universalen Wellentheorie (B. Conta 1846–1882) und Geschichtsphilosophie (A. D. Xenopol, 1847–1925). Gegenüber der marxistischen Orthodoxie führte die moderne Philosophie (Logik, Wissenschaftstheorie) seit dem Zweiten Weltkrieg zunehmend ein weltoffenes Eigenleben, tief in den traditionalistischen und in den modernistischen Flügel gespalten, nicht anders als die vorkommunistische Philosophie. Während Lucian Blaga (1895 bis 1961) eine erzkonservative, orthodoxe, ethnozentrische, mystische Linie verfolgte und ein System errichtete, analysierte der in die USA emigrierte Religionsphilosoph Mircea Eliade (1907 bis 1987), die Religionen der Welt in Gegenwart und Vergangenheit, interessierte sich besonders für Yoga, Schamanismus, Ekstatik, Symbolik und untersuchte Mythen.

Anton Dumitrio (geb. 1905) aus Braïla war ein international angesehener Logiker und Mathematiker, der sich, preisgekrönt, mit philosophischer und wissenschaftlicher Grundlagenforschung befaßte, speziell mit logischen Paradoxien. Originell und vielleicht weiterführend ist seine Idee, daß die Logik nicht ohne ihre geschichtliche Entwicklung angemessen zu verstehen ist.

10.2.2.20 Bulgarien, DDR

Der erste Philosoph, der die slawische Philosophie der westeuropäischen als Alternative gegenüberstellte (1855), war der Bulgare Peter Beron (1798–1871). Um die Jahrhundertwende begann in Bulgarien die eigentliche Rezeption der westlichen Philosophie, die hier nicht zu erörtern ist. Nach dem Zweiten Weltkrieg begann die Herrschaft der Ideologen, die Georgi Schischkoff, der Begründer (1945/46) und Herausgeber (bis 1977) der ›Zeitschrift für philosophische Forschung‹ sowie Verfasser eines ›Philosophischen Wörterbuchs‹ in einem kenntnisreichen Aufsatz zusammenfaßte[126].

Die einzigen Namen, die aus dem Szenarium der DDR-Philosophie in internationalen Handbüchern öfters zu finden waren, sind die von Georg Klaus (1912–1974) und Ernst Bloch (1885 bis 1977), der eine ein hervorragender Wissenschaftstheoretiker, der Informationstheorie, Kybernetik und Semiotik dem Marxismus anzupassen suchte, der andere ein ebenso hervorragender Utopist, der sich den Zorn der marxistischen Orthodoxie zuzog und sich in den Westen absetzte. Wie Klaus die griechisch-römisch-neuzeitliche Komponente abendländischen Denkens in marxistischer Metamorphose repräsentierte, repräsentierte Bloch, in säkularisierter Form, die jüdisch-christlich-mittelalterliche. Dazu bemerkte ebenfalls ein unparteiischer, nichtdeutscher Philosoph zusammenfassend: »Eine Neubestimmung der Identität der DDR-Philosophie und -Wissenschaft gelang in den fünfziger Jahren trotz verheißungsvoller Ansätze ebensowenig wie die Wiedervereinigung der beiden deutschen Staaten.«[127]

10.2.2.21 UdSSR

»Die Entwicklung der marxistischen Philosophie kann noch weniger als irgendeine andere philosophische Richtung ohne Rücksichtnahme auf die jeweiligen politischen und gesellschaftlichen Situationen bzw. Ereignisse begriffen werden.«[128] Wie die Dinge lagen, war eine Befreiung der Philosophie von der Bevormundung durch die Ideologen nur von einer politischen und geistigen Wende der UdSSR zu erwarten. Michail Gorbatschow hatte mit seiner Botschaft von der Umgestaltung *(perestrojka)*, einer zweiten russischen Revolution und einer neuen Politik für Europa und die Welt, das erste Signal gegeben und Hoffnungen geweckt.

[126] In: Zeitschrift für philosophische Forschung 27 (1973).
[127] Walther Ch. Zimmerli, in: Ein kurzer Frühling der Philosophie. DDR-Philosophie in der Aufbauphase. Hrsg. v. Cl. Burrichter. Paderborn 1984, S. 69.
[128] Hanak, Die Entwicklung der marxistischen Philosophie, S. XIII.

Am Anfang des 20. Jahrhunderts entwickelte sich neben der traditionellen Philosophie das revolutionäre Denken: hier Schestow, Berdjajew und Losskij, dort Plechanow, Lenin, Malinowskij (Bogdanow). Die russische Revolution von 1917 war eine Reaktion auf die unerträglich gewordene Feudalherrschaft in Rußland, die es aus eigener Kraft überwand. England war dies zuerst und unblutig gelungen, Frankreich war 1871 endgültig Republik geworden. Die russische Revolution stützte sich auf die Lehren von Marx und Engels. Diese wiederum waren Hegelianer. Marx glaubte, Hegel durch »Umstülpung« (Idealismus – Materialismus) »vom Kopf auf die Füße gestellt« zu haben, übernahm aber von Hegel die dialektische Methode, zunächst ein Gewinn, auf die Dauer eher eine Belastung. Lenin, im Gegensatz zu Hegel und Marx kein Theoretiker, sondern ein Techniker der Macht, stimmte mit Marx in der Ablehnung des Idealismus und der Religion überein, übernahm aber auch die Dialektik. Aus dem historischen Materialismus machte Lenin den dialektischen Materialismus (Diamat). Er russifizierte den Marxismus, wendete ihn ins Praktische und amerikanisierte, wie Stalin sagte, die Russen. Hegel kam der russischen Mentalität und dem revolutionären Anliegen nicht nur durch seine Methode der Dialektik entgegen, sondern auch durch seine rücksichtslose Unterordnung des Einzelnen unter den Staat, seinen Absolutismus, Messianismus und Totalitarismus. Schon Plechanow, der Begründer des russischen Marxismus, hatte sich Engels' monistisch-ontologischer Version des Marxismus angeschlossen, während Malinowskij seinen Marxismus im Anschluß an Machs Empiriokritizismus als »Empiriomonismus« verstand. Lenin setzte sich ihnen gegenüber mit seiner Tendenz zur Vereinfachung durch, die Stalin noch weitertrieb. Lenin und Stalin blieben erfolgreich, weil sie zweierlei erkannten: Um zu siegen, bedarf es keiner komplizierten Philosophie, sondern einer möglichst einfachen Lehre, und man darf nie den zweiten Schritt vor dem ersten machen wollen: der Neuordnung der Welt muß die Neuordnung im eigenen Lande vorangehen. Im Gegensatz zu unrealistischen deutschen Weltherrschaftsträumen handelten die Russen realistisch, und sie besiegten Hitlerdeutschland im Kampf um die Vorherrschaft in Europa. Damit war der negative Teil der slawischen Vision einer Befreiung der Menschheit von den Fesseln des Feudalismus beziehungsweise Faschismus erfüllt. Um den positiven Teil zu verwirklichen, bedurfte es einer Abkehr vom primitiven Stalinismus, die nach einigen vergeblichen Ansätzen nun in einer neuen russischen Revolution vielleicht gelingt; sie soll Demokratisierung bringen, also in gewisser Hinsicht den von Lenin begonnenen Prozeß zum Abschluß bringen. Dieser Weg erscheint logisch und konsequent, denn erst als freie Demokratie unter freien Demokratien kann Rußland seine Rückständigkeit und damit seinen alten Minderwertigkeitskomplex gegenüber dem Westen überwinden. Diese neue russische Revolution erscheint danach als eine Art zweite Annäherung an den Westen. Wie stellt sich die Entwicklung der russischen Philosophie aus dieser neuen Sicht dar?

Zu einer Zeit, da in Westeuropa und in den USA die logische Analyse entstand (Frege, Russell, Quine), griffen die Russen auf die durch Marx vermittelte Hegelsche Dialektik, ein ungleich primitiveres methodisches Werkzeug, zurück. Die Entwicklung der russischen Philosophie gleicht in mancher Hinsicht der der frühchristlichen Philosophie: Übernahme vor allem der logischen Errungenschaften der Antike als einer Art philosophischer Grundausstattung, wobei die christliche Philosophie die intellektuellen Standards der klassischen antiken Denker nicht erreichte, Abqualifizierung der antiken Philosophie als Sammlung von Irrlehren, Glaube an den Besitz der einzig wahren Philosophie, Herausbildung einer Orthodoxie, Kampf gegen Abweichler (Häretiker, Dissidenten), nach dem Aufstieg zur römischen Staatsreligion rücksichtslose Verfolgung Andersdenkender, Widerrufe seitens offiziell verurteilter Denker, am Ende sterile Scholastik.

Man kann sich des Eindrucks kaum erwehren, daß in der Entwicklung der russischen Philosophie dieses Jahrhunderts Ähnliches passierte. Mit Plechanow und anderen beginnt die Rezeption des historischen Materialismus. Lenin setzt sich gegen die »Häretiker« durch, was Vereinfachung bis zum Primitivismus bedeutet. Mit Stalin wird der dialektische Materialismus, der Diamat, zur »Staatsreligion«, Abweichler werden »liquidiert«. Gegen Ende seines Lebens mußte Stalin feststellen, was er auf philosophischem Gebiet angerichtet hatte: abstoßender Konformismus, Bestätigung offizieller Dogmen, totale Frustration und Resignation der russischen Intelligenz, absolute Herrschaft der Bonzen und Funktionäre. Die Wahrheit wurde der Macht geopfert, aber die Wahrheit rächte sich mit dem sterilen Unisono einer Meinung, das selbst Stalin mißfiel. Da in der Zeit nach Stalin – was im Westen oft verkannt wird – ein wirkliches Umdenken vor Gorbatschow nicht stattfand, leidet die marxistische Philosophie noch immer objektiv unter der Verabsolutierung heiliger Texte zum Kabinett ewiger – ständig umgedeuteter – Wahrheiten, subjektiv unter einer permanenten Identitätskrise infolge von Anpassungszwängen an eine Wirklichkeit, die nicht stehenbleibt. Das Problem der marxistischen Wahrheit als Gegenstand seriöser wissenschaftlicher Forschung ist daher heute mehr denn je ein Problem der Religionspsychologie.

Zweckmäßigerweise läßt sich die russische Philosophie[129] im 20. Jahrhundert in drei Beispielgruppen einteilen, in mehr oder weniger traditionelle Denker (»Klassiker«), revolutionäre Intelligenz (Ideologen) und in moderne Theoretiker jenseits von Traditionalismus und Ideologie.

10.2.2.21.1 Schestow, Berdjajew, Losskij

Leo-Isaak Schestow (1866–1938), seit 1920 Professor an der Sorbonne, gehört in die Reihe existenzphilosophisch orientierter Denker wie Kierkegaard, Dostojewski, Nietzsche, Unamuno. Eine Art Haßliebe verband ihn mit Husserl, dessen kühle Rationalität er nicht ertragen konnte. Religiöse Motive beherrschen Schestows Denken. Sie sind für die Entwicklung der russischen Philosophie im 20. Jahrhundert höchst bedeutsam. In gewisser Weise vollzieht sie die vereinnahmende Ablehnung der Kirchenväter nach, die die griechische Philosophie in den Dienst des Christentums zu stellen suchten. Athen und Jerusalem, griechischer Intellekt und jüdisch-christlicher Glaube erscheinen Schestow unvereinbar. Er entscheidet sich für den Glauben, gegen die Ratio, gegen Wissenschaftlichkeit und kühles Denken. In seinem philosophischen Manifest ›Die Vergottung der Bodenlosigkeit‹ (1905), dem »Versuch eines adogmatischen Denkens«, bricht der Konflikt auf. In seiner Pascal-Studie ›Die Nacht von Gethsemane‹ (1924) stellt er, echt slawisch, der Philosophie der Ratio eine Philosophie des Herzens gegenüber.

[129] Über die Entwicklung der russischen Philosophie seit ihren Anfängen im 19. Jahrhundert sind in letzter Zeit mehrere, teilweise recht gute Darstellungen erschienen: Thomas M. Seebohm, Ratio und Charisma. Ansätze und Ausbildung eines philosophischen und wissenschaftlichen Weltverständnisses im Moskauer Rußland. Bonn 1977; Helmut Dahm, Grundzüge russischen Denkens. München 1979; Wilhelm Goerdt, Russische Philosophie. Freiburg, München 1984. Dort weitere Literatur.

Nikolai A. Berdjajew (1874–1948) gehört ebenfalls in die Reihe der Denker, die sich in ihrer Heimat nicht verwirklichen konnten, die verfolgt, vertrieben oder getötet wurden. Er ging, 1922 aus Rußland ausgewiesen, zunächst nach Berlin, dann (1925), wie Schestow, nach Paris, wo er eine russische »religiösphilosophische Akademie« leitete und die Zeitschrift ›Der Weg‹ (1925–1940) herausgab. Den »legalen Marxismus« wollte er durch einen »ethischen Sozialismus« ersetzen. Hier kündigt sich ein Grundanliegen der revolutionären kommunistischen Intelligenz an, das bis heute die Geister scheidet. Das slawische Moment kommt in Berdjajews Anschluß an die Slawophilen zum Ausdruck. Außer von Marx und Nietzsche wurde er auch von Kant, Carlyle und Ibsen beeinflußt. Ein zentrales Thema seines Denkens ist die Freiheit, die er über das Sein stellt. Wie bei Schestow behält also die christliche Komponente die Oberhand über die antike. Neben religiösen kommen ethische, soziologische, anthropologische und historische Themen zur Geltung. Aus der Perspektive der Funktionäre erscheint Berdjajew als Restaurationsphilosoph und Vertreter der reaktionären konterrevolutionären Klassen. Berdjajew suchte indessen nach den Ursachen, warum der Westen Sowjetrußland nicht versteht (1949).

Vielleicht der bedeutendste nichtmarxistische russische Philosoph des 20. Jahrhunderts war Nikolai O. Losskij (1870–1965). 1921 mußte er den »roten Professoren« weichen, wurde 1922 verhaftet und aus Rußland vertrieben. Nach einigen Jahren in der Tschechoslowakei und in Frankreich fand Losskij 1946 in den Vereinigten Staaten eine neue Heimat. Auf erkenntnistheoretischem Gebiet schuf er das System des »Intuitionismus«, der von evidenten Sinnesdaten und Begriffen ausgeht; seine Ontologie nannte er »Ideal-Realismus«: ein Versuch zur Synthese von Platons Ideenlehre und Leibnizens Monadentheorie. Als Religionsphilosoph vertrat er einen für Rußland seltenen abstrakten Theismus. Losskijs begrifflich klares, rationales Denken kommt der zur Zeit dominierenden westlichen Philosophie wohl am nächsten.

10.2.2.21.2 Plechanow, Bogdanow, Lenin

Georg Walentinowitsch Plechanow (1856–1918), einer der führenden Vertreter des russischen Frühmarxismus, war ursprünglich Hegelianer. Er kämpfte anfangs gegen die Volksfreunde *(narodniki)*, Anarchisten, die, teilweise von slawophilen Ideen beherrscht, durch Einzelaktionen und Verbündung mit den unterdrückten Bauern *(mužik)* für eine bessere Gesellschaft kämpften. Zu ihnen gehörte der russische Fürst Peter Kropotkin (1842–1921). Nach seinem Exil in Genf, wo er die erste marxistische russische Organisation, »die Gruppe zur Emanzipation der Arbeit«, gründete, bemühte sich Plechanow darum, den Anspruch des Materialismus auf Wissenschaftlichkeit zu fundieren. Seine Werke gehören zum Besten, das der russische Marxismus zu bieten hat. Seine westlichen Gesinnungsgenossen, vorwiegend Neukantianer, warfen ihm dagegen Dogmatismus und Simplifizierung der Probleme vor. Als Vertreter der »legalen Aktion«, im Gegensatz zu Lenin und den radikalen Revolutionären (Bolschewiki, Mehrheitler) geriet er in die Reihen der Menschewiki (Minderheitler), die im Machtkampf unterlagen. Lenin übernahm wesentliche Bestandteile besonders der Naturphilosophie Plechanows.

Bogdanow (eigentl. Alexander Malinowski, 1873–1928), ebenfalls ein angesehener Vertreter des frühen russischen Marxismus, gehörte zwar, im Gegensatz zu Plechanow, den Bolschewiki an, verfaßte aber, wie dieser, wichtige marxistische, teilweise auch philosophisch interessante Werke. Ursprünglich Nervenarzt, nahm er auch zu ökonomischen und organisatorischen Fragen Stellung und schrieb Romane. Auch von ihm hat Lenin viel gelernt, lehnte aber dessen Lehren ab, die ihm zu idealistisch erschienen. Bogdanow entwickelte eine universale Weltanschauung *sub specie organisationis,* seine »Tektologie«, eine Art kybernetische Modellvorstellung, deren Tragweite Lenin, selbst ein praktischer Organisator, wohl nicht ganz durchschaute.

Wladimir Iljitsch Lenin (eigentl. Uljanow, 1870–1924) war Theoretiker, Praktiker und Organisator in einer Person. Wie viele russische Revolutionäre schätzte er die Philosophie außerordentlich. Ausgesprochen feindlich begegnete er, der Realist und Atheist, indessen dem Idealismus und der Religion. In der Rolle eines Diktators vertrat er einen kämpferischen Marxismus, ersetzte (1921) die nichtbolschewistischen Professoren durch linientreue Marxisten, die sogenannten »Roten Professoren«, womit das freie philosophische Denken in Rußland praktisch zu Ende war. Indem Lenin von den Philosophen nicht freie Forschung, sondern Parteilichkeit verlangte und die Philosophie instrumentalisierte, machte er die Frage der Wahrheit zu einer Frage der Macht, der Rhetorik und Polemik und korrumpierte damit die Philosophie, deren Lebenselement die freie, unparteiische Wahrheitssuche ist. Auch hierin bietet die Entwicklung der frühchristlichen Philosophie Parallelen. Lenins antireligiöse Ideologie war im Grunde doch nicht areligiös, wohl aber atheistisch: eine Theologie ohne Gott. Der Anfang zum Persönlichkeitskult war gemacht. In den auf Lenins Tod folgenden Machtkämpfen setzte sich der radikalste Thronprätendent durch: Josef Wissarionowitsch Stalin (geb. 1879), der bis zu seinem Tod (1953) unangefochten Diktator des politischen und geistigen Lebens in Rußland blieb.

In einer »Säuberung« wurden 1931 die Häretiker, »Mechanisten« (L. A. Akselrod, N. I. Bucharin) und »Idealisten« (A. M. Deborin, L. Trotzki) verurteilt und eliminiert; die Parteiorthodoxie bewies ihre Macht. Stalin hatte zwar einen Sinn für philosophische Fragen und hat die Philosophie in Rußland entscheidend beeinflußt, erhob aber selbst nie den Anspruch, ein Philosoph zu sein. Aus seiner Feder stammen ein Resümee der Hauptthesen von Marx und Engels aus der Sicht Lenins und eine etwa 40 Seiten umfassende Schrift über Linguistik. Stalin rechnete die Logik zur Sprachphilosophie.

In der Nachkriegszeit fand unter Andrej A. Schdanow (1896 bis 1948), dem Schwiegersohn Stalins, ein Philosophenkongreß statt (1947), auf dem G. F. Alexandrov vom Zentralkomitee der Partei angegriffen und verurteilt wurde. In der 1947 gegründeten Zeitschrift ›Voprosy Filosofii‹ (Probleme der Philosophie) heißt es: »Nennen Sie mir bitte auch nur eine einzige ihrer Arbeiten, die eine neue Seite in der philosophischen Wissenschaft darstellt, die ein origineller Beitrag zur Philosophie wäre« (1, 377a) und: »Wir sind im Kommentieren steckengeblieben« (1, 156b).[130] Die Verwandlung der Wahrheitsfrage in eine Frage der Macht hatte sich als Bumerang erwiesen.

Eine Kritik des Diamat sollte weder dazu führen, ihn zu einer Philosophie umzustilisieren, noch ihn pauschal zu verurteilen. In mancher Hinsicht geht der Diamat sogar weiter als der Westen, denn hier wird die Philosophie durchaus nicht immer für nützlich gehalten und ihr Wert vielleicht weniger hoch veranschlagt als im kommunistischen Machtbereich. An Wirkung war der Diamat allen westlichen Philosophien überlegen, wie seinerzeit die christliche Philosophie den antiken Philosophen-

[130] Stellen bei Bochenski, Der sowjetrussische Dialektische Materialismus. Bern, München 1967, S. 50.

schulen. Es wäre aber verfehlt, aus diesem Erfolg auf weitere Erfolge zu schließen, denn die Philosophie des Westens ist nicht, wie die der Antike, zugrundegegangen, sondern hat, vor allem in den USA, ein Niveau erreicht, von dem die inzwischen veraltete russische Philosophie vorläufig nur träumen kann.

10.2.2.21.3 Sacharow, Prigogine, Sorokin

Andrej D. Sacharow (1921–1989) ist zwar kein Berufsphilosoph, aber ein philosophierender Wissenschaftler von hohem Rang. Manche seiner Gedanken aus ›Wie ich mir die Zukunft vorstelle‹, besonders sein Verlangen nach geistiger Freiheit, finden sich in ähnlicher Form auch in Gorbatschows »Perestrojka« wieder: Kooperation statt Konfrontation, globale Politik, weltweite Abrüstung, Probleme der Dritten Welt, Geohygiene, um nur einige wichtige zu nennen. Keine künftige Philosophie, die diesen Namen verdient, kommt an solchen Problemen vorbei. Grundlegende Ideen Sacharows sind: Abkehr von der Clausewitz-Doktrin, nach der ein Krieg die Fortsetzung der Politik mit andern Mitteln ist; Reaktion, Militarismus, Rassismus, Nationalismus, Faschismus und Revanchismus sind die Hauptfeinde eines Neuanfangs; Ziel internationaler Politik muß die Erfüllung der Forderungen sein, wie sie in der Deklaration der Menschenrechte zum Ausdruck kommen; Beseitigung von Geheimdiplomatie und Geheimniskrämerei zugunsten von Transparenz und Offenheit; Abschaffung der Zensur: »Tiefgründige Gedanken werden nur in Diskussionen geboren, wenn Erwiderungen laut werden, bei der größtmöglichen Freiheit, nicht nur kontrolliert richtige, sondern auch zweifelhafte Ideen zu äußern. Das war schon den Philosophen des alten Griechenland klar.«[131]

Trug Sacharow, von der Physik her kommend, Wesentliches zur Philosophie eines künftigen, post-ideologischen Zeitalters bei, so bestimmte der in Brüssel lehrende Chemiker, Philosoph und Nobelpreisträger (1977) Prigogine (geb. 1917) das Verhältnis des Menschen zur Natur aus biologischer Sicht neu: »Der entscheidende Durchbruch, mit welchem 1967 die Formulierung einer neuen dynamischen Sicht natürlicher Systeme einsetzte, gelang mit der Theorie und nachfolgenden empirischen Bestätigung der sogenannten *dissipativen Strukturen* in chemischen Reaktionssystemen und mit der Entdeckung eines in die-

[131] Wie ich mir die Zukunft vorstelle. Zürich 1968, S. 57.

sen Strukturen wirkenden neuen Ordnungsprinzips. Dieses neue Prinzip, *Ordnung durch Fluktuation* genannt, gilt jenseits des thermodynamischen Bereichs in offenen Systemen fern vom Gleichgewichtszustand, die bestimmte autokatalytische Stufen einschließen. Die Entwicklung dieser Theorie, gemeinsam mit einigen ihrer wichtigsten philosophischen Grundlagen und Konsequenzen, wurde vor allem von Ilya Prigogine und den von ihm geleiteten Arbeitsgruppen in Brüssel und Austin, Texas, geleistet.«[132]

Nicht nur im Bereich der Physik, Chemie und Biologie haben russische Denker das Weltbild der modernen Philosophie mitbestimmt, sondern auch – und damit schließt sich der Kreis – durch eine moderne Kulturtheorie. Pitirim A. Sorokin (1889 bis 1968) war 1916–1922 Professor in Petrograd, 1917 Minister in der Regierung Kerenskij, wurde von den Bolschewiki zum Tode verurteilt und zur Verbannung begnadigt, emigrierte 1923 in die Vereinigten Staaten, wo er von 1924 bis 1930 an der University of Minnesota und von 1930 bis 1955 an der Harvard University lehrte. Als Kulturphilosoph entwarf er eine Kulturzyklentheorie, ähnlich der Spenglers, allerdings auf wissenschaftlicher Basis. In seinen Arbeiten zur Gesellschaft, Kultur und Personalität (1947) und in seiner vierbändigen Kultur-Dynamik (1937–1941) unterscheidet er eine große Zahl von Kultursystemen, die in Supersysteme eingehen, die in drei Formen als vorwiegend empirisch, rational oder spirituell gedacht werden. Sorokins Kulturtheorie ergänzt Prigogines Naturphilosophie in sinnvoller Weise und läßt die Dynamik modernen russischen Philosophierens deutlich erkennen.

10.2.2.22 Vereinigte Staaten von Amerika

Während die russische Philosophie nach der Oktoberrevolution zur Parteidoktrin erstarrte, vollzog sich in der amerikanischen Philosophie des 20. Jahrhunderts eine atemberaubende Entwicklung, in deren Verlauf sie die europäische Philosophie nicht nur einholte, sondern überholte. Seit dem Tod Russells, Sartres und Nicolai Hartmanns hat Europa der amerikanischen Philosophie

[132] Jantsch, Selbstorganisation des Universums, S. 32; dissipativ: selbstorganisierend und selbsterneuernd; autokatalytisch: selbstverstärkend, selbstvermehrend.

nichts Gleichwertiges mehr gegenüberzustellen. Nicht zuletzt dank der Emigranten haben die USA auf dem Gebiet der Philosophie wie auf den meisten anderen Gebieten der Wirtschaft, Technik und Kultur die geistige Führungsrolle übernommen. Einstein ging nach Princeton, Carnap nach Chicago und sogar der Marxist Herbert Marcuse (1898–1979) fand in San Diego eine Wirkungsstätte, wie er sie nie in Rußland gefunden hätte.

Hier soll nicht die Rezeption europäischer Philosophie des 20. Jahrhunderts in den USA dargestellt werden: logischer Positivismus, Sprachanalyse, Phänomenologie, Existenzphilosophie, Neuthomismus und Marxismus – zweifellos eine geistesgeschichtlich interessante und wichtige Aufgabe –, vielmehr interessieren hier die spezifischen Züge der amerikanischen Philosophie, die auch in den USA nicht von den geschichtlichen, politischen und gesellschaftlichen Prozessen zu trennen sind. Als solche Merkmale spezifisch amerikanischen Denkens werden immer wieder drei genannt: Pluralismus, Offenheit und Wandel. Es sind gleichzeitig die Merkmale einer freien, pluralistischen und dynamischen Gesellschaft. Auf dem Gebiet der Philosophie herrscht, wie auch sonst, der freie, belebende Wettbewerb. Der schlimmste Feind des Guten ist nicht das Schlechte, sondern das Bessere. Während Europa sich in Glaubenskämpfen und Prinzipienstreit erschöpfte, handelten die USA, ihrer ureigenen Weltanschauung entsprechend, evolutionsgerecht: sie öffneten sich neuen Ideen, die nicht als Irrlehren bekämpft, sondern als Herausforderungen empfunden wurden. Je mehr philosophische Richtungen, desto besser, denn nur im Dialog können sich – wie Sacharow unter Hinweis auf die alten Griechen richtig sagt – das geistige Leben, Philosophie, Künste und Wissenschaften, Fortschritt und Wohlstand entfalten. Für das philosophische Szenarium in den USA gilt in besonderem Maß, was für die Philosophie dieses Jahrhunderts immer charakteristischer wird: Es gibt nichts, das es nicht gibt, es wird experimentiert, analysiert, konstruiert, weitergedacht und auch geirrt, aber in allem herrscht der Mut zur Wirklichkeit, ein gesunder Realismus, Selbstvertrauen und Zuversicht, wie Naisbitt sagt: eine Explosion der Kreativität.

Es begann mit einem Team, den sechs Realisten, ungefähr zur Zeit, als William James starb (1910). Sie brachen mit der bis dahin herrschenden idealistischen Universitätsphilosophie unter Josiah Royce (1855–1916). Sein Gegenspieler war Ralph B. Perry, auch aus Harvard. Mit dem Artikel ›The Ego-centric

Predicament‹ im ›Journal of Philosophy‹, der »geistigen Unabhängigkeitserklärung«, eröffnete Perry die Schlacht, die sein Team gewann. Seine Argumentation läßt sich so zusammenfassen: »Daß alles Gewußte von irgend jemand gewußt sein muß, ist eine bloß allgemeine Beschreibung der Situation des Wissens. Man kann daraus keine Feststellung über das machen, was gewußt ist. Es folgt, entgegen dem Idealismus, daraus weder, daß alle Dinge gewußt sind, noch, daß sie nur als Objekte für Subjekte existieren. Es gibt neben der Situation des Wissens, in der die ego-zentrische Aporie echt ist, andere bekannte Arten der Existenz, denn unter den bekannten Relationen befindet sich die Unabhängigkeit. Es ist also trotz der egozentrischen Aporie möglich, den Unterschied zwischen unabhängigen und abhängigen Objekten zu entdecken.«[133]

Der Untertitel des Buches der Sechs über den Neuen Realismus lautet bezeichnenderweise »Cooperative Studies in Philosophy«. Teamwork und Kooperation sind Merkmale amerikanischer Forschung auch auf dem Gebiet der Philosophie geblieben.

Der Sieg des Realismus über den Idealismus, des Pragmatismus, Behaviorismus und Naturalismus über den Intellektualismus, Apriorismus und Moralismus bedeutet nicht, daß eine Denkweise die Vor- oder gar Alleinherrschaft errang oder erringen wollte. Typisch für das amerikanische Szenarium der Philosophie ist nicht das hierarchische Übereinander, das Ausschließen, sondern das Nebeneinander, die Koexistenz. So setzten sich neben der modernen Richtung alte Denktraditionen fort: William P. Harris (1835–1909) gründete 1867 in St. Louis das ›Journal of Speculative Philosophy‹ und entwickelte den Idealismus weiter, G. Stanley Hall (1846–1924) führte an der Johns-Hopkins University in Baltimore die experimentelle physiologische Psychologie ein und lehnte spekulative Philosophie ab, William E. Hocking (1873–1966) aus Cleveland (Ohio), von 1914 bis 1943 Professor an der Harvard University, befaßte sich mit religiösen und politischen Fragen aus idealistischer Sicht, Edgar Sh. Brightman (1884–1953) setzte in Boston eine alte amerikanische Tradition, den Personalismus, fort, der sich am geistigen Wesen des Menschen orientiert, im Westen lehrte George H. Howison (1834–1916) einen pluralistisch-evolutionären, den sogenannten »Kalifornischen Personalis-

[133] Herbert W. Schneider, Geschichte der amerikanischen Philosophie. Hamburg 1957, S. 354.

mus«, und selbst der Neurealismus Perrys fand im kritischen Realismus (1916) von Roy W. Sellars (1880–1973) eine interessante, weiterführende Ergänzung. Sellars verfaßte 1933 das von 34 Gelehrten unterzeichnete ›Humanistische Manifest‹, das die Grundlinien des amerikanischen Humanismus enthält und in weiten Kreisen der amerikanischen Intelligenz auch heute noch gilt.

Aus dem Kreis der kritischen Realisten verdient der Begründer des ›Journals of the History of Ideas‹ Arthur Lovejoy (1873–1962) Erwähnung, der eine Idee aus Platons ›Timaios‹ aufgriff und in seinem Werk ›The Great Chain of Being‹ (1936) durch die Geistesgeschichte verfolgte: die Idee, daß alle Seinsmöglichkeiten in der langen Reihe der Seinskette verwirklicht werden. Gegenüber den (monistischen) Naturalisten vertrat er einen konsequenten Dualismus.

Besondere Beachtung verdient auch der aus Rußland stammende Morris R. Cohen (1880–1947), dessen Philosophie sich nicht so einfach einordnen läßt. Er wandte Russells Logik auf Probleme der Ethik und Sozialphilosophie an, befaßte sich aber auch gründlich und wirkungsvoll mit Fragen des Rechts. Er verlieh der realistischen Jurisprudenz in den USA wesentliche Impulse. Mit George Santayana verband ihn ein gewisser, wenn auch weniger individualistischer Vernunftglaube.

Einer späteren Generation als Sellars, Lovejoy und Cohen gehören Northrop, Hartshorne und Randall Jr. an. Filmer S. C. Northrop (geb. 1893) aus dem Staat Wisconsin interessierte sich vor allem für ethische, politische und anthropologische Fragen. Sein besonderes Anliegen war die Begegnung von Ost und West, aber auch Mexiko interessierte ihn, von dessen Regierung er mit einem hohen Orden ausgezeichnet wurde, nicht zuletzt auch die Einheit Europas und dessen Verhältnis zu den Vereinigten Staaten.

Charles Hartshorne (geb. 1897) aus Pennsylvania studierte an der Harvard University und assistierte Whitehead, dessen Prozeß-Philosophie er, wie Northrop, in das amerikanische Geistesleben transponierte. Dabei ergaben sich charakteristische Unterschiede zum Beispiel in der Auffassung beider von Gott und den ewigen Wahrheiten. Während Whitehead beim Gottesbegriff höchstens eine Trennung von primärem und sekundärem Wesen zuläßt, faßte Hartshorne ihn pluralistisch als Inbegriff von Möglichkeiten auf. Die Wesenheiten interpretiert Hartshorne weniger platonisch (ewig) als Whitehead.

John Herman Randall Jr. (geb. 1899) aus Michigan lernte und lehrte an der Columbia University in New York. Er untersuchte die Rolle des Wissens in den Religionen des Westens, das Wesen historischer Erfahrung, die Fragen der Verantwortung von Gruppen, des Wandels der Kultur und der Modernität. Wie Dewey und Mead sieht er die Vergangenheit aus der Sicht des modernen Problemdenkers. Als Metaphysiker verstand er unter Substanz den Inbegriff kooperativer Prozesse.

10.2.2.22.1 Dewey, Mead, Santayana

John Dewey (1859–1952) aus Vermont, ein Weggefährte und Mitstreiter Russells für gemeinsame Ideale, war weder nur Realist noch nur Liberaler oder Humanist. Er verkörpert ein Zeitalter der amerikanischen Geistesgeschichte des 20. Jahrhunderts, seine erste Hälfte. Sein Einfluß auf das amerikanische Bewußtsein ist kaum zu überschätzen, aber er beeinflußte auch das Denken des Fernen Ostens. Mit den Realisten teilte er die Absage an Hegel und die Metaphysik. Dewey hatte, wie Whitehead, ein prozessuales Weltverständnis und legte Wert auf die »rekonstruierende Aktivität«. So war seine Philosophie von Anfang an erfahrungs- und praxisorientiert. Sein »Instrumentalismus« ist ein Konzept, mit dem jeder Pilot arbeiten kann. Denken ist kein Selbstzweck, sondern situationsbedingtes Orientierungsmittel. Es setzt bei einem problematischen Sachverhalt ein, bewältigt ihn mit Hilfe von Analyse, Erfahrung und schafft Wissen, Gewißheit. Erkenntnis erscheint daher als eine Form der Daseinsbewältigung. Dewey war nicht zuletzt Pädagoge. Denken entzündet und bewährt sich an konkreten Schwierigkeiten, nicht im Anhäufen von Begriffen, Formeln und Lehren. Im Gegensatz zum egozentrischen Existentialismus zielt Deweys Pädagogik auf Gemeinschaftsbildung und Übernahme von Verantwortung ab. Dewey hatte, wie Russell, eine Vorliebe für Leibniz, während er Hegel ablehnte. Im Gegensatz zu einseitig gesellschaftlich orientierten marxistischen Theorien legte Dewey größten Wert auf Fundierung gesellschaftlicher Praxis im Wissen um die Natur des Menschen, in Evolutionstheorie und Psychologie.

George Herbert Mead (1863–1931) aus Ohio arbeitete 1887/88 mit William James an der Harvard University zusammen, lernte Dewey an der University of Michigan kennen und ging mit ihm 1894 an die gerade eröffnete University of Chicago, wo er bis zu seinem Tod lehrte. Von der entstehenden pragmatischen Schule von Chicago war Mead gleichsam das Herz, Dewey der Kopf. Aus der Analyse von Kommunikationsprozessen entwickelte Mead seinen Sozialbehaviorismus, dem zufolge der Geist, das Ego und die Sprache aus Aktion und Interaktion im sozialen Umfeld entstanden. Der Mensch muß ein Glied der Gruppe werden, eine Rolle übernehmen, um ein Ich zu werden. Aus den Wechselwirkungen zwischen den Menschen und ihren Institutionen, durch wechselseitige Anpassung beider ergibt sich die Möglichkeit, auch die Umwelt zu verändern. Gesellschaftsreformen erweisen sich als Erscheinungsformen der biologischen Evolution, deren höchste Formen die Entwicklung der Vernunft und der Wissenschaften ist. Meads »sozialer Realismus« läßt sich auch als »objektiver Relativismus« verstehen. In Amerika setzte man Einsteins und Freuds Erkenntnisse in philosophische Theorie und Praxis um.

Eine andere Form des »Relativismus« findet sich bei dem aus Madrid stammenden skeptischen Realisten George Santayana (1863–1952), der von 1889 bis 1912 an der Harvard University lehrte und zuvor in Cambridge auch mit Russell in Verbindung stand. Santayana lehnte Idealismus, Puritanismus und Subjektivismus ab. Sein fünfbändiges Werk ›The Life of Reason or the Phases of Human Progress‹ (1905/06), das seinen philosophischen Ruf begründete, ist im derzeitigen Naturalismus verwurzelt. Sein erkenntnistheoretisch bedeutsamstes Werk ›Scepticism and Animal Faith‹ (1923) zeigt ihn auf dem Pfad des kritischen Realismus, der in einen vom Hinduismus beeinflußten Spiritualismus (›The Realims of Being‹, 1927) einmündet. Die individuelle Entwicklung des Denkers spiegelt somit im Kleinen die Evolution im Großen wider.

10.2.2.22.2 Goodman, Quine, Putnam, Kripke

Während sich Hans Reichenbach (1891–1953) als Mitglied des Wiener Kreises hauptsächlich mit Fragen der logisch-mathematischen Grundlagenforschung befaßt hatte, interessierte er sich nach seiner Übernahme des philosophischen Lehrstuhls an der California University in Los Angeles auch für wissenschaftstheoretische und -geschichtliche Fragen sowie für die philosophische Ausdeutung der Quantenmechanik.

Rudolf Carnap (1891–1970), der von 1936 bis 1952 in Chicago Philosophie lehrte, von 1952 bis 1954 am Institute for Advanced Study in Princeton tätig war, wo er mit Einstein philosophische Gespräche führte, erhielt 1954 den vakanten Lehrstuhl Reichenbachs, der plötzlich verstorben war. Carnap machte in den USA eine Entwicklung durch, wobei er, von Freunden und Kritikern angeregt, seine enge Konzeption des logischen Positivismus allmählich erweiterte und über sein eigentliches Interessengebiet, die Logik, hinaus auch naturphilosophische und wissenschaftstheoretische Fragen in seine Forschungen einbezog. Bedenkt man, daß Carnap von Frege, Russell und Mach Anregungen erhielt und seinerseits amerikanische Denker wie Goodman und Quine anregte, kann man von einer fruchtbaren und weitgehend gelungenen Synthese europäischer und amerikanischer Philosophie sprechen.

In der Auseinandersetzung mit Carnap unternahm Nelson Goodman (1906–1998) einen weiterführenden Versuch, die Idee Carnaps vom logischen Aufbau der Welt (1928) in die Tat umzusetzen und, mit Hilfe verfeinerter logischer Methoden, ein System wissenschaftlicher Grundbegriffe zu entwerfen. Im Unterschied zur platonisierenden Tendenz Carnaps (Klassenkalkül) arbeitet Goodman mit einem nominalistisch-partikularistischen System (Individuenkalkül). Während jener auf ein Totalsystem abzielte, beschränkt sich dieser auf ein enger begrenztes phänomenalistisches System, was der Einzelerkenntnis zugute kommt. Logische und erkenntnistheoretische Erwägungen führten Goodman in die Nähe einer neuen Ontologie (›The Structure of Appearance‹, 1951). Der Begriff der Realität wird allerdings nicht, wie bei sehr vielen europäischen Ontologen, absolutistisch-hierarchisch gefaßt, sondern relativistisch. Mit seinem Nominalismus verbindet sich der Skeptizismus. Auf dem Gebiet der Ästhetik bahnte Goodman das Verständnis der Künste als Sprachen an (›Language of Art. An Approach to a Theory of Symbols‹, 1969).

Der vielleicht bedeutendste amerikanische Denker auf dem Gebiet der theoretischen Philosophie ist Willard van Orman Quine (geb. 1908) aus Akron (Ohio). Er promovierte 1932 unter der Leitung von Whitehead (Harvard) über ein logisches Thema, studierte 1932/33 Philosophie in Oxford, lernte 1934 den Wiener Kreis kennen und folgte Carnap nach Prag. 1939 arbeitete er, wieder an der Harvard University lehrend (bis 1978), mit Russell und Tarski zusammen (»Historische Monate«). Außer den genannten finden sich bei Quine Einflüsse des Pragmatismus und Behaviorismus (Skinner). Zunächst setzte sich Quine in einer Reihe von Arbeiten mit dem logischen Positivismus und Empirismus auseinander, besonders in ›Two Dogmes of Empiricism‹ (1951). Dabei verlagerte sich das Gewicht seiner Untersuchungen von allgemeinen Fragen zur analytischen Methode auf das Problem der Synonyme (Worte mit gleicher Bedeutung). Es stellte sich heraus, daß zwischen analytischen und synthetischen Urteilen keine klare Grenze besteht. In seinem Hauptwerk ›Word and Object‹ (1960), dem wohl am meisten diskutierten Werk der amerikanischen Philosophie seit 1945, entwickelte Quine seine Theorie der Bedeutung. Die raumzeitliche Wirklichkeit unterdeterminiert die Sinnesdaten, in denen stets ein Sinngeflecht von Bedeutungen, ein Ganzes, keine Einzelheit, enthalten ist. Ähnliches gilt für die Übersetzung von Texten (Prinzip der Undeterminiertheit). Das Ergebnis seiner Forschungen war eine breitere Öffnung für metaphysische und ontologische Fragen, zum Beispiel für eine weiterführende Behandlung des Universalienproblems. Die (typisch amerikanischen) pragmatischen und behavioristischen Komponenten im Denken Quines kommen in dieser Öffnungstendenz zum Vorschein: eine relative Rehabilitierung der Ontologie durch ein erweitertes Seinsverständnis.

Die Entwicklung der amerikanischen Philosophie vom Neurealismus zum kritischen Realismus und schließlich zum internen Realismus Hilary Putnams (geb. 1926), der sich in gewisser Hinsicht an die Kantische Position anlehnt, ohne den Charakter einer empirischen Theorie einzubüßen, zeigt einige für die moderne Philosophie charakteristische Züge: ständige Verfeinerung der Methoden, Kritik an den Prinzipien, allmähliche Elimination von Falsifiziertem und zunehmende Realitätsbewältigung. Putnam, neben Kripke einer der angesehensten Vertreter der modernen Philosophie der Mathematik, befaßte sich nicht nur mit mathematisch-logischen Problemen, sondern auch mit philosophischen Fragen der Quantenmechanik, mit erkenntnis- und wissenschaftstheoretischen, sprachlichen und metaphysischen Fragen. Von Russell, Carnap, Reichenbach und Quine beeinflußt, führt er die zu vorsichtiger Synthetik neigende angelsächsische Analytik weiter (›The Analytic and the Synthetic‹, 1962). Die Einheit der Wissenschaft wird als Arbeitshypothese angenommen. Wissenschaftliche Gesetze sind weder analytisch noch zu sehr von Ergebnissen empirischer Einzelforschung abhängig. Die Psychologie findet zunehmend Beachtung, die Sprache erscheint als Brücke zwischen Geist und Realität, deren Beziehung zum Gegenstand einer modernen Metaphysik wird, wobei die Bedeutungsanalyse eine wichtige Rolle spielt (›The

Meaning of Meaning‹, 1976). Zukunftweisend sind Putnams Ideen zur Einbeziehung von sozialen und Umweltfaktoren in die Sprachphilosophie und Wissenschaftstheorie.

Der jüngsten Generation theoretischer Philosophen gehört der geniale Saul Kripke (geb. 1941) aus Omaha (Nebraska) an, der als sechzehnjähriger Schüler eine revolutionierende Arbeit zur Modallogik und Semantik lieferte. Kripke stellte dann eine neue Theorie der Eigennamen auf, analysierte den Begriff der Identität und trug schließlich noch weniger als Putnam Bedenken, psychologische und metaphysische Probleme in seine logischen Forschungen (›Naming and Necessity‹, 1980) einzubeziehen.

10.2.2.22.3 Blansard, Lewis, Black

Nicht immer läßt sich eine so klare Entwicklungslinie wie die von Goodman zu Kripke aufzeigen; das erscheint im Hinblick auf das von Individualismus und Pluralismus geprägte Szenarium der amerikanischen Philosophie auch nicht verwunderlich. Hier befaßt sich nicht selten ein Denker sowohl mit theoretischen als auch mit praktischen Fragen oder mit sprachlichen und naturphilosophischen Problemen. Im folgenden dominiert also weniger die grundsätzliche Ausrichtung als die individuelle Kombination.

Wilmon H. Sheldon (geb. 1875), ein typischer Vertreter des prozessualen und progressiven amerikanischen Denkens, legt Wert auf Wechsel, Kreativität, Innovation und Geselligkeit, strebt aber gleichzeitig nach Synopsie und Synthese.

Paul Weiss (geb. 1901) und James Feibleman (geb. 1904) verbinden spekulative, systematische und metaphysische Tendenzen mit analytischer und realistischer Grundeinstellung. Weiss, ein Schüler Whiteheads, suchte das prozessuale Weltverständnis mit aristotelischer Ontologie zu verbinden und gelangte zu den vier Grundkategorien: Aktualität, Idealität, Existenz und Gott. Sie konstituieren das Weltall. Auf dieser Grundlage untersuchte er Phänomenbereiche der Kultur und Gesellschaft wie Religion, Kunst, Wissenschaft, Geschichte, Politik, Erziehung und Sport. Feibleman, Geschäftsmann, Dichter und Philosoph zugleich, suchte nach einer Synthese von Erkenntnis- und Werttheorie auf realistisch-ontologischer Grundlage *(ontological positivism)*. Er gelangte zu drei Grundkategorien: Wesen, Existenz, Schicksal. Letztere erinnert an die stoische Philosophie. Feibleman ging den Zusammenhängen von Institutionen, Kulturen und

Religionen nach. Er schrieb mehr Bücher und Aufsätze als irgendein akademischer Philosoph seiner Zeit.

Wilfred Sellars (geb. 1912) und Roderick Chisholm (geb. 1916) kamen von der analytischen Erkenntnistheorie zur synthetischen Metaphysik. Chisholm widmete sich besonders den Fragen der Wahrnehmung und des Selbst, Sellars suchte nach einer Verbindung von logischem Empirismus und Kantischer Philosophie.

Cornelius Benjamin (1897–1968) widmete sich vorwiegend der Erkenntnis- und Wissenschaftstheorie, wobei er europäische (Wiener und Kopenhagener Kreis) und amerikanische (Realismus) Elemente zu verbinden suchte. Leonard Bloomfield (1887–1949), 1935 Präsident der Gesellschaft für Linguistik, prägte wesentliche Grundbegriffe der modernen Sprachwissenschaft (Phoneme, Morpheme).

Wie das Beispiel des in neuerer Zeit angesehensten amerikanischen Philosophen Brand Blansard (1892–1966) zeigt, hat neben dem Realismus auch der Idealismus seinen Platz in Amerika. Blansard setzte, mit systematisierenden Tendenzen, die (europäischen und amerikanischen) Traditionen von Francis H. Bradley (1846–1924), Bernard Bosanquet (1848–1923) und Josiah R. Royce fort und erweiterte den engen Idealismus zu einem kosmischen Rationalismus. In seiner Trilogie ›Vernunft und Gutheit‹, ›Vernunft und Analyse‹, ›Vernunft und Glauben‹ wendet sich Blansard gegen die Subjektivierung der Moralphilosophie, den engen, widervernünftigen logischen Positivismus und die Vernunftfeindlichkeit moderner Theologie und Existenzphilosophie.

Clarence J. Lewis (1883–1964), Pragmatiker der zweiten Generation und Philosoph an der Harvard University, aber auch in Princeton und Stanford lehrend, vertrat einen *conceptualistic pragmatism.* Seine Untersuchung ›Analysis of Knowledge and Valuation‹ (1946) gilt als klassisch. Auch hier wird die Tendenz zur Synthese bei analytischer Grundhaltung deutlich. Lewis wurde von Peirce, James, Russell, Whitehead und Kant beeinflußt. Unter Abweisung aller aprioristischen Theorien der Linguistik hält Lewis an einer mehr an der Bedeutung als am Wort orientierten analytischen Konzeption fest. Während er die Verifikationstheorie empirischer Urteile beibehält, setzt er jedoch für die Verifikation Bedeutungselemente der Vernunft voraus. Seine Theorie soll sich vor allem auf Werturteile beziehen.

Max Black, 1909 in Rußland geboren, studierte in England,

Deutschland und in den USA, lehrte an den Universitäten Cornell und Washington und gab die Zeitschriften ›The Philosophical Review‹ und ›Journal of Symbolic Logic‹ mit heraus. Sein Hauptgebiet war die philosophische Analyse. In seinem Hauptwerk ›Language and Reality‹ (1958) untersucht Black das Verhältnis von Sprache und Sein. Im Unterschied zu Carnap und Quine will Black die Sprache weniger am strengen logischen Kalkül orientieren als an Gebrauch und Funktion mit entsprechend freieren Regeln, also mehr an der Grammatik als an der Mathematik.

10.2.2.22.4 Hook, Stevenson, Rawls

Sidney Hook (geb. 1902), ein Schüler Deweys, der sich mehr mit praktischer Philosophie befaßte, zeigt in seiner Schrift ›Pragmatism and the Tragic Sense of Life‹ (1959) viel Verständnis für die tragischen Situationen des Lebens, die er meistens aus Wertkonflikten resultieren sieht. Wenn die moralischen Konflikte ernstgenommen und rationale Methoden angewandt werden, lassen sich die meisten Konflikte auflösen. Selbst keineswegs konfliktscheu, bemühte er sich auch in den zwanziger und dreißiger Jahren um ein besseres Verständnis des Marxismus, den er mit gewissen Tendenzen der pragmatischen und naturalistischen Philosophie in den USA zu verbinden suchte. Hook gilt als einer der führenden amerikanischen Sozialphilosophen des 20. Jahrhunderts.

In die praktische Richtung weisen auch Denker wie Stephen Pepper (1891–1961), Richard De George (geb. 1933) und Robert Nozik (geb. 1938). Pepper untersuchte in seinem Buch ›The Sources of Value‹ (1958) Grundfragen der Axiologie aus naturalistischer Sicht, De George befaßte sich mit Ideologiekritik und verstand den Diamat primär als Programm revolutionärer Veränderung, Nozik unterwarf die Prinzipien des Wohlfahrtsstaates und der freien Marktwirtschaft einer eingehenden Kritik. Herbert Marcuse (1898–1979), von Marx und Freud beeinflußt, sah in der sexuellen Repression die Quelle sozialer Mißstände und propagierte in seinem Hauptwerk ›Eros and Civilization‹ (1962) eine neue Variante der sexuellen Emanzipation.

Eher subtil und wissenschaftlich wirkt dagegen Charles L. Stevensons (geb. 1908) Werk ›Ethics and Language‹ (1944). Stevenson lehrte in Harvard und Yale, war Guggenheim-Fellow und Präsident der ›Amerikanischen Philosophischen Gesellschaft‹ (1962), untersuchte die Beziehungen zwischen Sprache und Ethik aus der Sicht des logischen Positivismus, erarbeitete eine differenzierte Emotionen-Theorie *(emotive theory)* ethischer Urteile und sah die Aufgabe der Ethik in der Herausarbeitung einer Metaethik als Bedeutungslehre von Wertbegriffen und als Strategie zur Konfliktlösung. Er unterschied zwischen Nichtübereinstimmung in der Meinung *(belief)* und in der Einstellung *(attitude)*, wobei letztere schwieriger zu beheben ist.

John Rawls' (geb. 1921) Buch ›A Theory of Justice‹ (1971) ist bereits in die Geschichte der modernen Ethik eingegangen. Es fügt sich in die beiden allgemeinen Trends amerikanischer Moralphilosophie in der zweiten Hälfte dieses Jahrhunderts ein: ethische Grundlagenforschung und Erforschung konkreter Anwendungsmöglichkeiten ethischer Theorien. Rawls sieht in der Fairneß den Kern der Gerechtigkeit und hält zwei Prinzipien für unverzichtbar: 1. Jede Person hat ein Anrecht auf ein Maximum an Grundfreiheit *(basic liberty)*, soweit es mit dem der anderen vereinbar ist; 2. Soziale und ökonomische Vorteile sind so zu gestalten *(arranged)*, daß sie allen zugute kommen, sie müssen ferner an Positionen und Ämter gebunden sein, die allen zugänglich sind. Hinzu kommen Ausführungen zu praktischen Fragen, wie zum zivilen Ungehorsam. Für die Philosophen wird Eigenerfahrung in praktischen Fragen oder Bereitschaft zur Kooperation mit Sozialwissenschaftlern und anderen Praktikern vorausgesetzt.

Von hier aus läßt sich leichter verstehen, warum Norbert Wiener (1894–1964), ein Schüler Russells und Husserls, für die Idee seiner Kybernetik, als eines Lösungsangebots theoretischer und praktischer Probleme, in den Vereinigten Staaten einen fruchtbareren Boden fand als irgendwo sonst.

10.2.2.23 Mexiko

Europa und die USA stellen nach wie das Hauptkontingent philosophischer Ideen, Entwicklungen und Richtungen. Hier ist nicht daran gedacht, deren Rezeption in der übrigen Welt darzustellen. Was hier fairerweise getan werden kann und muß, ist die Vermittlung eines ungefähren Überblicks über länderspezifische philosophische Entwicklungen von übernationaler Bedeutung. Nicht unwichtig ist dabei die philosophische Kritik der anderen Länder an spezifisch europäischer oder amerikanischer Geistesart, die nur mit der nötigen Selbstkritik kreativ bleiben kann.

Bei prominenten Vertretern iberoamerikanischen Denkens finden sich Merkmale wie Frömmigkeit und Traditionalismus auf der einen, revolutionäres Engagement auf der anderen Seite, Kritik am Rationalismus und Individualismus, lebhaftes Interesse für Anthropologie, eine nicht unbedingt anthropozentrische Anthropologie, für einen mehr praktischen als theoretischen Humanismus und für die Ästhetik.

Intuition steht höher im Kurs als diskursives Denken, Wertphilosophie ist sehr gefragt, wobei gefühlsmäßige Momente oft die intellektuellen Aspekte überwiegen und die letzten Fragen wichtiger genommen werden als die naheliegenden. Eine starke Abneigung gegen utilitaristisches Denken schließt die Neigung zum Positivismus nicht aus. Geist und Begeisterung hängen eng zusammen, Kunst und Kultur werden höher geschätzt als Technik und Zivilisation, eine tiefe Skepsis gegenüber dem Fortschrittsdenken findet sich neben prometheischen Visionen. Letztere verbinden Iberoamerika mit dem Westen, ebenso Sinnkriterien wie Wechsel, Dynamik und Kreativität.

10.2.2.23.1 Caso, Vasconcelos, Ramos ...

Als Reaktion zu dem im letzten Drittel des 19. Jahrhunderts herrschenden Positivismus begründete Antonio Caso (1883 bis 1946) eine Lebensphilosophie der Intuition und Aktion. Er befaßte sich mit ethischen, ästhetischen, historischen und politischen Problemen und war als Botschafter in mehreren Ländern tätig. Mit Hilfe der intuitiven Methode, die er für die wichtigste philosophische Methode hielt, während er auf Ontologie verzichten zu können glaubte, entwarf er eine Dreiteilung des Seienden in Dinge, Individuen und Personen. Dinge können geteilt werden, ohne ihren Dingcharakter einzubüßen, können Wertobjekte, aber keine Wertsubjekte sein. Individuen sind lebendige, unteilbare Ganzheiten, können aber einander substituieren. Sie sind Subjekte für Nutzwerte. Personen sind einmalige geistige Existenzen, die nicht substituiert werden können. Sie sind Schöpfer von ethischen und ästhetischen Werten. Freiheit ist auf allen drei Ebenen der Existenz zu finden. Wertschöpfung ist der Höhepunkt menschlicher Freiheit. Der deutschen und der russischen Ideologie, die er zutreffend als Verabsolutierungen von Wertvorstellungen erkennt, stellt er nicht den Individualismus entgegen, sondern eine personalistisch orientierte

Gesellschaftskonzeption. Opferbereitschaft und Heroismus widerlegen die Konzeption einer ausschließlich von Egoismus und Egozentrismus regierten Menschheit.

José Vasconcelos (1882–1959), Teilnehmer an der Mexikanischen Revolution, Reformator des Unterrichtswesens und Rektor der Nationalen Universität von Mexiko, befaßte sich als Philosoph hauptsächlich mit ethischen, ästhetischen und methodischen Problemen. Ins Metaphysische tendiert seine ›Todologia‹ (1952), ein Werk über ein und alles. Die Philosophie erscheint als eine Art Symphonie, in der die Harmonie alles Seienden aufklingt. Die Logik ist eine wissenschaftliche Methode zur Entdeckung der Harmonie. Die logisch-mathematische Sicht der Dinge muß durch eine künstlerische ergänzt werden. Der wahre Philosoph ist auch Künstler, Dichter. Die Auffassung von der Ganzheit als Summe der Teile entspricht dagegen der Logik eines Buchhalters. Das Sein, in physisches, lebendiges und geistiges Sein geteilt, besteht in der Koordination von Elementen, angefangen vom Atom über Zelle und Seele bis hin zum Bewußtsein. Von den einfachsten Lebewesen bis zum Menschen gilt das moralische Gesetz. Ethik erscheint als Wissenschaft von der zweckmäßig gesteuerten Energie. Für das Pflanzen- und Tierreich gibt es eine botanische und zoologische Ethik. Der Schöpfer des Ganzen wird als persönlicher Gott gedacht, der die Welt transzendiert.

Samuel Ramos (1897–1959) sah in der Erforschung des menschlichen Daseins die Hauptaufgabe der Philosophie. Im Intuitionismus erblickte er eine verkappte Mystik und bekämpfte den Anti-Intellektualismus. Dem Menschen, wie er ward und ist, stellt er ein Bild vom Menschen gegenüber, wie er sein soll, dem Humanismus der Renaissance, der Mensch und Natur ins Gleichgewicht zu bringen suchte, einen »Neuen Humanismus«, der das Wertreich im Kosmischen zu fundieren sucht. In einer besonderen Schrift untersuchte Ramos den mexikanischen Volkscharakter, den er von Minderwertigkeitskomplexen beherrscht fand, die das Streben nach Echtheit und Selbstverwirklichung erschweren. Auch hier hat der Philosoph zu heilen, eine Befreiungsaufgabe zu erfüllen.

Leopoldo Zea (geb. 1912) setzt die Philosophie in Beziehung zu ethnischen, sozialen und kulturellen Gegebenheiten. Völker, die Philosophen hervorbrachten, benötigten die Philosophie. Lateinamerika fällt zur Zeit die Aufgabe zu, zwischen Ost und West zu vermitteln. Die Geschichte der Menschheit wird primär nicht durch die biologische Evolution bestimmt, sondern durch Freiheit und durch Selbstbestimmung des Menschen.

Augustín Basave Fernandez del Valle (geb. 1923), ein Vertreter der jüngeren Philosophengeneration, befaßte sich mit Fragen des Staates, des Rechts und der Moral. Er untersuchte die »Legitimität der Revolutionen« und kam zu dem Ergebnis, daß Ungehorsam gegenüber einem positiven Gesetz, das im Widerspruch zum göttlichen Naturrecht steht, nicht nur erlaubt, sondern Pflicht ist. Aus dem Dilemma von ontologischer Ausgesetztheit und psychologischer Angst hilft dem »theotropen« Wesen Mensch nur ein »theozentrischer Humanismus«. Philosophie darf sich nicht in Theoriebildungen erschöpfen, sondern muß zu einer *ancilla vitae* (Dienerin des Lebens) oder gar zu einer *ancilla salutis* (Magd des Heils) werden. Spanisches aristokratisches Bewußtsein spricht aus Basaves Theorie der Demokratie, in der er scharf zwischen authentischer, demokratischer Berufung und Pöbelherrschaft unterscheidet.

10.2.2.24 Argentinien

Von den philosophisch traditionsälteren, reiferen und interessanteren Ländern Südamerikas ragen Argentinien, Peru und Uruguay hervor.

10.2.2.24.1 Korn, Romero, Frondizi

Während Alfredo Ferreira (1863–1938) noch an positivistischen Auffassungen festhielt – das Positivistische Argentinische Comité wurde erst 1924 gegründet –, öffneten sich José Ingenieros (1877–1925) und Raymondo Pardo (geb. 1921) für die evolutionäre Betrachtungsweise. Ingenieros schrieb ein vielbeachtetes Buch über die Evolution der argentinischen Ideen, und der Epistemologe Pardo wandte den Evolutionsgedanken nicht nur auf die Kategorien, sondern auch auf die Vernunft selbst an.

Alejandro Korn, der Überwinder des Positivismus, wird als einer der bedeutendsten argentinischen Denker angesehen. In seinem Denken spielt die Freiheit eine fundamentale Rolle. Da Freiheit nicht unmittelbar gegeben ist, muß der Mensch sie im einzelnen wie in der Gemeinschaft nach und nach erringen. Von dieser relativen Freiheit unterscheidet Korn die absolute, die ein Fernziel bleibt. Mit der Freiheit verbindet er die Kreativität: *Libertad creadora,* die schöpferische Freiheit. Im Unterschied zur Wissenschaft, die es mit Erfahrung und Fakten zu tun hat, ist die Philosophie eine Lehre vom Bewußtsein und den Werten.

Francisco Romero (1891–1962), ein Schüler Korns, erwarb sich große Verdienste um Erschließung und Darstellung der iberoamerikanischen Philosophie. Schwerpunkte seines Denkens waren die Wert-, Kultur- und Geschichtsphilosophie, Anthropologie und Krisentheorie sowie die geistigen Beziehungen zwischen Ost und West. In einer originellen, modern anmutenden Theorie versuchte Romero dem Problem Immanenz – Transzendenz beizukommen. Immanenz und Transzendenz verhalten sich wie Eingeschlossensein in seine Existenz und Aus-sich-Herausgehen. Die Immanenz erreicht in der Identität ihren Höhepunkt, Transzendenz in den Akten geistigen Gewahrwerdens und Erfassens. Romero unterteilt die Wirklichkeit in vier Sphären: anorganische, organische, intentionale und spirituelle. Die oberen Sphären sind von den unteren abhängig, aber nicht auf sie reduzierbar. Romero fordert das »Recht auf den Zweifel«, sieht im Fragen die Hauptaufgabe der Philosophie und erweist sich damit als Problemdenker. Im Menschenbild Romeros werden Individuen und Personen scharf getrennt. In der Transzendenz seiner individuellen Existenz wird der Mensch zur Person, die sich ihrerseits selbst in der Erkenntnis von Dingen, Werten und Personen transzendiert.

Risieri Frondizi (geb. 1910), ein Freund Romeros, studierte bei Perry und Whitehead an der Harvard University, bewies Zivilcourage, ging wiederholt ins politische Exil und lehrte später an der Southern Illinois University. In der Axiologie relativierte Frondizi Existenz und Geltung der Werte. Auch die moralischen Werte gelten nicht absolut und sind nicht unabhängig von der Situation. Werte sind intentionale Objekte von Wertungen. Keine Werte ohne Wertungen, keine Wertungen ohne Werte. Das Verhältnis ist dem von Subjekt und Objekt analog. Im Konfliktfall ist der höhere Wert vorzuziehen. Alle Werte sind spezifisch. Der Allgemeinwert ist kein Wert, sondern ein Begriff. Ethische Werte und Normen sind nicht metaphysisch zu begründen, sondern nur streng rational und empirisch. Die Idee Gottes erscheint als ein Produkt des Evolutionsprozesses, als Kreation des menschlichen Geistes, die nachträglich als Offenbarung ausgegeben wird.

Neben den drei genannten Hauptvertretern argentinischer Philosophie gibt es eine Reihe von Denkern mit originellen und weiterführenden Ideen. Alberto Rougès (1880–1945) entwarf ein modernes, zukunftsorientiertes Geschichtsbild, das er mit einer vertieften Analyse der Zeit begründete. Angel Vasallo (1902–1972) entwickelte eine Bewußtseinstheorie, die drei Bewußtseinsschichten zugrundelegt: Objektbewußtsein, Selbstbewußtsein und ein Bewußtsein, das die beiden anderen transzendiert, eine Art Ursprungs- oder kosmisches Bewußtsein. Andere Denker versuchten den Brückenschlag zur indischen Philosophie, übrigens eine Tendenz, in der Nord- und Südamerika übereinstimmen.

10.2.2.25 Peru: Deústua, Delgado, Quesada, Bondy

Das 1543 gegründete Vizekönigreich Peru umfaßte zunächst das spanische Südamerika. Davon trennten sich Chile (1742) und Bolivien (1825).

Alejandro O. Deústua (1849–1945), weitgehend Autodidakt, bemühte sich um eine Metaphysik des Schönen. Ordnung und Freiheit ordnete er den Kategorien Ruhe und Bewegung zu. Das Schöne versöhnt Ordnung und Freiheit. Da sich in der schöpferischen geistigen Tätigkeit des Künstlers die Natur vollendet, überragen die ästhetischen Werte alle anderen. Diese Betrachtungsweise enthält eine Herausforderung an die westliche Wertphilosophie und Metaphysik, soweit sie von anderen Rangordnungen und Hierarchien ausgehen. Möglicherweise steht Deústuas Konzeption dem modernen, speziell dem evolutionären Denken näher als viele andere klassische Konzeptionen der traditionellen Philosophie.

Honorio Delgado (geb. 1892), Mediziner, Psychologe und Philosoph, war auch in der Praxis als »Kultusminister« tätig. Er erreichte vielleicht ein besseres Verständnis der Metaphysik als beispielsweise der logische Positivismus und verwandte szientifische Richtungen in Europa und den USA. Delgado verstand die Metaphysik als Chiffre des Seins. Chiffrierend und dechiffrierend steht der Mensch zwischen Existenz und Transzendenz. Das Scheitern der Metaphysik ist nicht nur negativ zu sehen. Positiv kann es die symbolische Erfassung der Wirklichkeit bedeuten. Starke meditative Züge trägt auch Delgados modernes Konzept einer Kosmobiologie. Als einfühlsamer Menschenkenner erkannte Delgado den aus Wechselwirkungen bestehenden Zusammenhang zwischen Fremderkenntnis und Selbsterkenntnis.

Niró Quesada (geb. 1918), vorwiegend Logiker, Mathematiker und Erkenntnistheoretiker, gehört einer jüngeren Philosophengeneration an. Er lernte und lehrte in südamerikanischen Ländern, aber auch in Rußland und China. Vor der formalen steht die intuitive Prinzipienerkenntnis. Es gibt logische, konstruktive (numerische) und andere Prinzipien. Beim Evidenzproblem unterscheidet er echte (authentische) Evidenz von falscher. Diese überschreitet die Grenzen des Systems, auf das ihre Gültigkeit eingeschränkt ist. Das wäre ein Argument für Russells Kritik am Evidenzbegriff: Was für evident erklärt wurde, erwies sich meistens als falsch. Der marxistischen Dialektik stellt er eine auf Analyse beruhende Methode des *feedback* gegenüber.

Salazar Bondy (1925–1974) sieht den Unterschied von Wissenschaft und Philosophie analog zu dem von Teil und Ganzem. Philosophie unterscheidet sich von Wissenschaft durch die Intention des Ganzen, von der Religion durch Rationalität. Philosophie ist authentisch, wenn sie ihre kulturellen und gesellschaftlichen Rahmenbedingungen mitreflektiert. Die iberoamerikanische Philosophie ist insoweit nicht identisch, als sie über der Rezeption fremder Modelle die Selbstentwicklung vernachlässigt. Hier kündigt sich ein gewisses Maß von philosophischer Selbstkritik an, ein Streben nach Authentizität, von dem manche europäischen und amerikanischen Denker lernen können.

10.2.2.26 Uruguay: Vaz Ferreira, de Azevedo

Carlos Vaz Ferreira (1873–1958) entwickelte sich, im Anschluß an John Stuart Mills Logik und Spencers Evolutionsgedanken, zu einem Philosophen der Freiheit, der er den Vorrang unter den Werten gab. Er unterschied zwischen freien und schutzbedürftigen Seelen. Diese, unfähig von der Freiheit Gebrauch zu machen, möchten auch die anderen Menschen unter das Joch der Autorität zwängen, jene vermögen ein Leben in Freiheit zu führen und schätzen sie daher am höchsten. Die autoritätsbedürftige Seele bleibt auch in höchsten militärischen Ämtern oder politischen Funktionärsstellungen unselbständig und entscheidet sich gegen die Freiheit.

Juan L. de Azevedo (1907–1972) befaßte sich hauptsächlich mit Problemen der Rechts- und Wertphilosophie. Werte werden durch emotionale Akte erfaßt, die, wie intellektuelle Akte ihre Objekte, ihre Gegenstände erfassen. Das Wertgefühl vermittelt auch eine Rangordnung der Werte. Nutzwerte sind subjektiv, geistige Werte objektiv. Der Wert erhält sein Sein vom Wesen, nicht von den Dingen. Dem Wechsel der Ideale in der Geschichte liegt keine Veränderung der Werte zugrunde, sondern er folgt aus Veränderungen im Wertverhalten der Subjekte. Gott als absoluter Wert vereint Sein, Wesen und Wert.

10.2.2.27 Bolivien: Francovich, Tamayo

In Bolivien trat Guillermo Francovich (geb. 1901), Verfasser einer Geschichte der bolivianischen Philosophie von der Kolonialzeit bis zur Gegenwart, mit einer Theorie vom »kosmischen Unterbewußtsein« hervor, worin er den Urgrund religiöser und philosophischer Erfahrung erblickt und den es, nach der einseitigen intellektualistischen Entwicklung der westlichen Philosophie, wiederzuentdecken gilt (Renaturalisierung). In seiner Geschichtsphilosophie unterschied Francovich zwei Menschentypen, den tharsischen und den atharsischen, den mutigen, unverzagten und den ängstlichen, verzagten. Der tharsische Mensch bringt Bewegung in die Menschheitsgeschichte, er wagt, spielt, überläßt sich dem Zufall und vertraut auf das Glück, der atharsische strebt nach Sicherheit, plant und sucht die Welt zu ordnen.

Wenn irgendwo, zeigt sich die Bedingtheit philosophischer Theorien bei Francovich, wenn er die zahlreichen Revolutionen in den südamerikanischen Staaten auf den tharsischen Menschentyp zurückführt. In den alten einheimischen Inkakulturen herrschte dagegen der atharsische Typ vor. Francovich verband die Lehre vom kosmischen Unterbewußtsein mit der von der allgemeinen Menschenliebe zu einem ethischen, politischen und sozialen Konzept, das in seiner pazifistischen Grundtendenz weniger an christliche Vorstellungen als an Bertrand Russells Friedensphilosophie erinnert. Wie Francovich versuchte auch schon der Dichter, Philosoph und Staatsmann Francisco Tamayo (1879–1956) dem indianischen Anteil der Kultur gerecht zu werden. Die Erforschung der Eingeborenen-Philosophie steckt zur Zeit noch zu sehr in den Anfängen, um hier berücksichtigt werden zu können[134].

[134] Vgl. hierzu Manfred Kerkhoff, Orientierung über die Philosophie der Nahua-Völker. In: Zeitschrift für philosophische Forschung 18, 1964, S. 185 ff.

Bezeichnend für die revolutionären Bewegungen des 20. Jahrhunderts ist jedenfalls die Erforschung der Eingeborenen-Kulturen (Indigenismo) als Quellen für das Verständnis der Gegenwart. Eine führende Rolle spielt dabei die »Philosophische Schule von Bolivien«[135]. Neben dem Indigenismo gibt es in Mittel- und Südamerika einen politischen, philosophischen und ideologischen Afro-Amerikanismus, der die schwarzen Kulturelemente mit den roten (indianischen) zu verbinden sucht, die *theory of negritude.* In diesem Zusammenhang ist an die Nacional Revolucionario (MNR) von Bolivien zu erinnern, eine der großen revolutionären Bewegungen neben der Mexikanischen Revolution, dem Battlismo in Uruguay, dem Aprismo in Peru und der Revolution auf Kuba.

10.2.2.28 Brasilien: Cannabrava, Reale, Ferreira da Silva

Für den Sprachphilosophen und Wissenschaftstheoretiker Euryalo Cannabrava (1908–1978) ist die für Iberoamerika typische Einbeziehung des Ästhetischen charakteristisch. Auf der Suche nach einem Weg jenseits von Idealismus (Europa) und Naturalismus (USA) gelangt er in seinem »kritischen Objektivismus« zu einer Methodenkombination von Synthese und Reflexion, empirischer und formaler Wahrheit. Außerdem unterscheidet er zwischen reversiblen (kognitiven) und irreversiblen (perzeptiven) Strukturen des Denkens.

Miguel Reale (geb. 1910), Präsident des Brasilianischen Instituts für Philosophie (1949), Rektor der Universität São Paulo, Herausgeber der ›Revista Brasileira de Filosofia‹ (seit 1951) und Ehrendoktor mehrerer angesehener europäischer Universitäten, bemüht sich darum, die Antinomie von Kausalität und Freiheit zu überwinden, die Erkenntnistheorie ontologisch (Ontognoseologie) zu fundieren und Philosophie in soziale Wirklichkeit umzusetzen. Den Werten erkennt er nicht nur ideale Geltung zu, sondern eine autonome Objektivität. In seiner Kulturphilosophie analysiert Reale das Verhältnis der Werte zur Zeit.

In der Entwicklung Vicente Ferreira da Silvas (1916–1963) von der mathematischen Logik zur Existenzphilosophie löst

[135] Harold E. Davis, Latin-American Thought. Louisiana State University Press 1972, S. 162 ff.

sich eine fundamentale Antinomie westlichen Denkens in gewisser Weise praktisch auf, als ein Weg geistiger Selbstbefreiung aus den Zwängen von Essenz und Existenz, Rationalität und Irrationalität. Vielleicht gelingt der Philosophie in den Entwicklungsländern der Dritten Welt die Überwindung von Positionen, die in den etablierten Strukturen der alten Welten für unvereinbar gehalten wurden.

10.2.2.29 Philosophie der Dritten Welt?

Der chilenische Philosoph Felix Schwartzmann hat in einer umfangreichen, viel beachteten Studie zur philosophischen Anthropologie (1950) als Grundmerkmal des amerikanischen Menschen, im Vergleich zum europäischen, den Optimismus angeführt und damit den Schritt von der vergleichenden kontinentalen zur globalen Anthropologie und Kulturgeschichte gewagt. Der Enthispanisierungsprozeß hat die Spannung zwischen traditionalistischem und revolutionärem Denken verstärkt. Existentialismus, Marxismus und Christentum haben die Identitätskrise beschleunigt und den Mut zu einem Neuansatz gefördert. Ob aus dieser Faktorenkonstellation tatsächlich neue Philosophien entstehen, bleibt abzuwarten. Der Boden dafür ist günstig, wenn auch noch manche Probleme zu lösen sind: Nationalismus, Anarchismus, Marxismus, indianisches Erbe, Bestimmung der Beziehungen zu Nordamerika, Europa und der übrigen Welt.

Bei einem internationalen Symposium in Davis (Kalifornien 1970) kamen die philosophischen Grundlagen einer Neuordnung der Welt unter dem Motto zur Sprache: »Laßt uns den ganzen Menschen schaffen, den Europa nicht hervorzubringen vermochte.«[136]

Sollte der Not gelingen, was dem Überfluß versagt blieb? Ob der Durchbruch in eine Welt jenseits des Kapitalismus und Kommunismus gelingt, wird nicht zuletzt davon abhängen, ob sich die revolutionäre Energie in evolutionäre Kreativität transformieren läßt. Ihren Vertretern stellt sich die Philosophie der Dritten Welt als Selbstbefreiung aus der Entfremdung dar, als Neubesinnung auf das Wesen des (ganzen) Menschen, als Iden-

[136] Vgl. hierzu Heydar Reghaby, Philosophy of the Third World. Berkeley 1974, S. 42ff.

titätsgewinnung, zu der viel Idealismus, Optimismus und Geduld nötig sind. Was Iberoamerika in die Waagschale der Philosophie zu werfen hat, läßt sich mit drei Begriffen zusammenfassend umschreiben: Intuition, Spekulation und Meditation. Letztere verbindet Iberoamerika mit Asien.

10.2.2.30 Kanada

Zu den Ländern ohne alte Kulturtradition, die erst im 20. Jahrhundert auf philosophischem Gebiet in Erscheinung getreten sind, gehören Kanada, Südafrika und Australien. Im 19. Jahrhundert hatten die Kanadier mit der Erschließung des Landes noch so viel zu tun, daß für Philosophie kein Platz war. Das philosophische Leben setzte dort eigentlich erst 1945 ein. Charakteristisch für das Land ist die Zweisprachigkeit und entsprechend die Orientierung am angelsächsischen oder am französischen Kulturkreis. Das erste offizielle Organ der ›Canadian Philosophical Associates‹ (1962) erhielt den Namen ›Dialog‹. Der Raum für Artikel, Diskussionen und Besprechungen ging zu gleichen Teilen an englisch- bzw. französischsprachige Autoren. Es wurden jährliche Kongresse mit Veranstaltungen in beiden Sprachen abgehalten. In den sechziger Jahren nahm die Philosophie einen ungewöhnlichen Aufschwung, der aber von einer rückläufigen Periode abgelöst wurde. Neben Logik und Religionsphilosophie werden vor allem Sozialphilosophie und Philosophiegeschichte gepflegt. Zunächst war die Philosophie eine Magd der Theologie, dann folgte die Emanzipation, nicht zuletzt aufgrund philosophiegeschichtlicher Reflexion. Allmählich wurden die traditionellen Disziplinen ausgebaut. Ihnen folgte die Philosophie der Wissenschaften. Die englischsprachige Religionsphilosophie arbeitet vorwiegend mit analytischen Methoden, greift auf englische Positionen zurück und untersucht Bedeutung und Rationalität der jüdisch-christlichen Überlieferung, wobei eine Trennung der Ethik von Metaphysik und Theologie in den nichtorthodoxen Richtungen festzustellen ist. Der jüdischen Philosophie geht es um die Klärung der Rolle des Judentums in der modernen Gesellschaft und um die Frage der Anwesenheit Gottes in der Geschichte. Montreal wurde zu einem Zentrum klassisch-griechischer Philosophiegeschichte. Von den neuzeitlichen Denkern stehen begreiflicherweise die Engländer an erster Stelle: Hobbes, Locke, Hume und

Berkeley. An der McMaster University entstand ein Russell-Archiv. Die praktische Philosophie bildet Schwerpunkte an den Schnittpunkten von Ethik und Geschichtsphilosophie, Praxeologie und Politik. Von allgemeinem Interesse sind Sprachphilosophie, (mathematische) Logik, Semantik und Methodologie der Wissenschaften. Das Themenspektrum insgesamt ist modern und zukunftweisend: Sprache und Verhalten, Logik und Fiktion, Philosophie und Psychologie, Psychologie der Erkenntnis, Skeptizismus, Vernunft und Praxis, Vernunft und Moral, Vernunft und Religion, Einsicht, Theorie der Demokratie.

In der franco-kanadischen Philosophie dominieren Geschichte der Philosophie, Erkenntnistheorie und Sprachphilosophie. Anlehnung an französische Traditionen verbindet sich mit Anstrengungen zu Selbstbehauptung gegenüber den Angelsachsen. Hier kommen auch marxistische Autoren mehr zur Geltung. Daneben finden sich originelle philosophische Beiträge zur Mathematik, Naturphilosophie und Religion.

10.2.2.31 Afrika

Was für Kanada gilt, gilt in noch höherem Maß für Afrika: die Philosophie hat eben erst angefangen. Hier führen zunächst Anthropologen und Ethnologen, die mit der Aufbereitung des Materials noch lange zu tun haben werden. Aus der intensiven Beschäftigung mit afrikanischen Vorstellungen kann die westliche Philosophie über ihre natürlichen Ursprünge manches lernen. Lévy-Bruhl, Lévi-Strauss, Merleau-Ponty und Piaget leisteten auf diesem Gebiet Pionierarbeit, neben van der Leeuw, Leenhardt, Eliade und Gusdorf. Einige Philosopheme der Eingeborenen ähneln Vorstellungen westlicher Mythen: Ursprung und Wesen der Dinge, Einheit und Vielheit, Götter, Bestimmung des Menschen, Gut und Böse. Spezifisch afrikanisch ist der magisch-religiöse Glaube an alldurchdringende Naturkräfte, die nicht nur auf den organischen Bereich beschränkt sind. Das Vorurteil aus dem Kolonialzeitalter, nach dem Afrika keine Kultur hat und ein von Barbaren und Wilden bevölkerter Kontinent ist, ist von den Tatsachen widerlegt. Die *négritude* hat mit ihrer Vitalität, Ausdauer und Geduld, mit künstlerischer Begabung und ihrem unverwüstlichen Optimismus der Kultur der Weißen starke Impulse gegeben, nicht nur in der

Musik.[137] Die Herstellung der Beziehung zu Teilhard de Chardins ›integraler Persönlichkeit‹ mag übertrieben sein, aber zwischen seinem Konzept eines globalen Humanismus und der *négritude* besteht mindestens eine Ähnlichkeit in der Intention.

Gibt es eine afrikanische Philosophie?

In kritischem Verstand sicher nicht, wohl aber als ein Cluster von lebendigen Anschauungen, Vorstellungen und Visionen, und das ist die ewige Quelle, aus der jede Philosophie schöpfen muß, wenn sie nicht degenerieren will. Die europäische Philosophie hat sich in Afrika gewandelt und ein neues Denken erzeugt: »Western philosophy has given birth to a type of philosophizing which is no longer specifically Western but global in the true sense of the term.«[138] Die Tendenz zur Ganzheit verbindet diese afrikanische Philosophie mit der »Philosophie der Dritten Welt« in Südamerika.

Westliche Philosophen sollten nicht zu stolz sein, sich von der *négritude* das schenken zu lassen, was sie schenken kann und zu geben bereit ist. Die Idee, die beide verbindet, ist die *philosophia perennis.* Hat die westliche Philosophie eine scharfe Trennung zwischen Subjekt und Objekt vollzogen, kann, um nur ein Beispiel zu nennen, Sénghors »Augen-Verstand« einen Hinweis geben, wie man gleichzeitig die Errungenschaft der Distanz bewahren und überwinden kann. Eine andere Gabe des weißen Mannes auf dem Gebiet der Philosophie und der Wissenschaften ist die Objektivität. Sie muß ergänzt werden durch Partizipation. Eine originelle antiobjektivistische Tendenz war auch in der norwegischen Philosophie festzustellen, wo die Natur noch einen höheren Stellenwert besitzt. Wenn es ein Meeting zwischen West und Ost gibt, warum dann nicht zwischen Nord und Süd? Die logischen Symbole des Westens und die symbolträchtige Vorstellungswelt der *négritude* haben letzten Endes etwas gemeinsam: den Drang zur Weltbewältigung und Selbstbefreiung.

[137] Vgl. Leopold S. Sénghor, Négritude. A Humanism of the Twentieth Century. 1970.

[138] Anna-Louize Conradie, in: Burr, Handbook, S. 396. Vgl. auch E. A. Ruch, Omi u. K. C. Anyanwu, African Philosophy. Rom 1984.

10.2.2.32 Republik Südafrika

In der Republik von Südafrika herrscht auf dem Gebiet der Kultur eine ähnliche Zweiteilung wie in Kanada. Die Anglo-Afrikaner fühlen sich mit der Philosophie Englands und der USA verbunden, die anderen tendieren mehr zu Holland, Frankreich und Deutschland. Englisch und Afrikaans sind die offiziellen Sprachen in der Republik Südafrika. Der Gegensatz ist jedoch nicht starr. In der Philosophie sind Wechselwirkungen festzustellen: angelsächsisch interessierte Studenten interessieren sich für Phänomenologie, die anderen für Sprachanalyse: zwei globale philosophische Bewegungen. Interdisziplinäre Kurse mehren sich und entsprechen der weltweiten Situation, in der sich die Philosophie gegenüber den Wissenschaften befindet. Herman Jean de Vleeschauwer, nicht nur ein großer Leibniz-, sondern ein ebenso bekannter Kant-Forscher, sprach auf dem Leibniz-Kongreß 1966 in Hannover über das Thema: ›Perennis quaedam philosophia‹. A. H. Murray vertrat einen *synoptic liberalism* und zeigte, wie in einem Staat zweier Rassen Gesetzesherrschaft und innere Autonomie der historisch gewachsenen Gesellschaft zu verbinden sind. J. J. Degenaars' Ziel ist, dem Menschen Orientierungshilfen für die politischen Realitäten dieses Zeitalters zu vermitteln: »Der Mensch ist Mensch durch seine Beziehungen zu den Mitmenschen.« Humanismus ist weder eine Tradition noch eine Tatsache, sondern eine Aufgabe. Eine eigene »Schule für Orientalische Studien« haben Hindus und Moslems an der Universität von Durban-Westville eröffnet. Mahatma Gandhi wird zum großen Vorbild für viele Angehörige der jüngeren, friedfertigen Generation.

10.2.2.33 Australien

Die australische Philosophie überzeugt, wie die kanadische, mehr durch ihren unbekümmerten, jugendlichen Stil und ihre originellen Fragestellungen als durch »Ergebnisse«. Die 1945 in Sidney dominierende Persönlichkeit auf dem Gebiet der Philosophie war John Anderson, dessen Position sich mit den Attributen empirisch, positivistisch, pluralistisch und realistisch umschreiben läßt, ferner durch die klare Absage an jede Art von Absolutem und an eine Abhängigkeit des Erkannten vom Erkennenden: ›Studies in Empirical Philosophy‹ (1962). In Melbourne setzte sich Douglas Gasking mit Wittgensteins Philosophie auseinander, John Passmore untersuchte das Verhältnis zwischen Mensch und Natur im modernen Sinn: ›Man's Responsibility for Nature‹ (1974) und die Fähigkeit des Menschen sich zu vervollkommnen: ›The Perfectibility of Man‹ (1970). David A. Armstrong verfaßte eine Reihe interessanter Arbeiten zur Epistemologie. Logik war lange ein Stiefkind bei den australischen Philosophen. Dann aber setzte man sich kritisch mit der modernen Logik auseinander, vor allem mit den Begriffen Widerspruch, Konsequenz und Konsistenz. Auf dem Gebiet der praktischen Philosophie dominierten die Probleme Utilitarismus, freier Wille, Lob und Tadel. Peter Singer erörterte die Frage des zivilen Ungehorsams in der Demokratie und Robert Young die Begriffe Freiheit, Verantwortung und Gott.

10.2.2.34 Israel

Israel gehört, wie Indien und China, zu den Ländern, deren moderne Philosophie sich auf dem Hintergrund einer alten Kulturtradition entwickelt. Der Staat Israel wurde 1948 gegründet, das Department für Philosophie an der Hebrew University in Jerusalem 1928. 1950 war dies die einzige Universität in Israel mit drei aktiven Lehrern der Philosophie. 1977 besaß Israel sechs Universitäten mit über 100 Lehrkräften für Philosophie. Eine einheimische israelische Philosophie im Sinne einer englischen oder französischen gibt es nicht. In Israel geborene Lehrer der Philosophie wurden in Oxford, Boston oder Paris ausgebildet. Die Gründerpersönlichkeiten im Fach Philosophie sind Leon Roth (1896–1963), Shmuel H. Bergman (1883–1975) und Julius Guttmann (1880–1950), der eine ›Philosophie des Judentums‹ schrieb (1933). Sie waren größtenteils damit beschäftigt, Übersetzungen philosophischer Texte ins Hebräische zu besorgen. Die Gründer waren vorwiegend historisch orientiert. Einflüsse von Spinoza und Maimonides, aber auch von Kant und Schleiermacher sind feststellbar, ebenso von Cohen und Cassirer. Martin Bubers (1878–1965) Einfluß war relativ gering, da er weniger eine wissenschaftliche Philosophie betrieb als eine Art philosophischer Anthropologie in der Du-Ich-Beziehung. Das verschaffte ihm mehr Anhänger unter Jugendlichen, die im Kibbuz arbeiteten, als unter Kollegen oder Studenten. Bergman hielt nur einen Humanismus in einer auf Gott bezogenen Gemeinschaft für möglich, Buber nur in der Du-Ich-Beziehung. Yeshayahu Leibowitz, ein Naturwissenschaftler, ging von Aristoteles aus. Er setzt die jüdische Religion mit den religiösen Geboten *(halachah)* gleich. Die Religion liefert keine Informationen über Gott, der auch nicht der Schöpfer der Welt ist. Weder Vorsehung noch Messianismus noch Erlösung sind notwendige Bestandteile der jüdischen Religion. Die psychischen Phänomene sowie die Beziehungen zwischen Körper und Seele sind unerkennbar. Leibowitz tritt für eine strenge Trennung von Religion und Politik ein, ganz anders Gershom Sholem, der mehr Gewicht auf die mystische Komponente der jüdischen Philosophie und Religion legt.

Die zweite in Israel aufgewachsene Philosophengeneration repräsentieren Nathan Rotenstreich, Yohoshua Bar-Hillel und Pepita Haezrahi. Rotenstreichs Position ist phänomenologisch, daneben liegen Einflüsse von Kant und Whitehead vor. Er kritisiert Hegels Gleichsetzung von Vernunft und Wirklichkeit sowie dessen vergangenheitsorientierte Annahme eines abgeschlossenen Prozesses. Haezrahi geht einen Schritt weiter und wendet gegen Kant ein, dessen Transzendentalismus habe die Skepsis nicht wirklich überwunden. Sie sieht im Philosophieren das Streben nach etwas Unerreichbarem. Philosophie ist daher im Prinzip tragisch. Bar-Hillel schließt sich an Carnap an und lehnt mit diesem Metaphysik und spekulative Philosophie grundsätzlich ab. Er nähert sich Chomskys Idee einer Transformationsgrammatik, wobei ihm die Zusammenarbeit von Psychologen, Grammatikern und Logikern wichtig ist. Durch Bar-Hillel wurde die Sprachanalyse zu einem festen Bestandteil der israelischen Philosophie. Hand in Hand mit der analytischen Methode geht auch in der Philosophie Israels die Spezialisierung. Logik und Sprachphilosophie haben unverkennbar einen Bezug zur Praxis.

10.2.2.35 Islamische Länder

Die islamischen Länder sahen sich im Prinzip vor das gleiche Problem gestellt wie Israel: Säkularisierung oder Orthodoxie. Die Ausgangsbedingungen für die riesige islamische Welt, die sich vom Pazifik über drei Kontinente quer durch Asien bis zum Atlantik erstreckt, waren allerdings unterschiedlicher als in Israel: französischer Einfluß in Nordwestafrika, angelsächsischer in Nordostafrika und im Vorderen Orient, deutscher Einfluß in der Türkei. Bald nach dem Ende des Zweiten Weltkriegs, also fast gleichzeitig mit der Gründung Israels, erlangten die meisten islamischen Länder ihre Unabhängigkeit. Das führte zu einer Woge von Nationalismen mehr oder weniger radikaler Art. Hinzu kamen die Spannungen mit Israel. Ägypten und Syrien behaupteten auch nach dem Zweiten Weltkrieg die Führungsrolle auf kulturellem Gebiet, die sie seit Beginn des Jahrhunderts innehatten. Der Libanon kam hinzu.

Von der westlichen Philosophie waren es vor allem die Analytische Philosophie, der logische Positivismus, Existentialismus und Marxismus, die die Kräfte der großen islamischen Tradition reaktivierten: Sufismus, Theologie und die alte Philosophie. Wie in Israel folgte in Arabien eine Rezeptionsphase, in der westliche philosophische Texte übersetzt wurden.

Im Libanon suchte Charles Malik westlichen Liberalismus mit christlicher Religiosität zu verbinden. Im Irak verband sich traditionsgemäß englische Bildung mit aufstrebenden islamischen Kräften. Bis zum Zweiten Weltkrieg war der arabische Westen insgesamt konservativer als der Osten. Nach dem Zweiten Weltkrieg entstand dort eine Spannung zwischen moderner europäischer Philosophie und einer Art von islamischem Puritanismus. Im Iran bestand seit dem Mittelalter eine starke islamische Tradition. Er war das einzige islamische Land mit einer aktiven »Akademie für Philosophie« und einem regelmäßigen Publikationsorgan: ›Sophia perennis‹. Nach dem Ersten Weltkrieg wurden dort besonders Descartes und Bergson bekannt. Afghanistan, sonst mit dem Iran in der philosophischen Tradition verbunden, wurde zu einem Hort des Sufismus. In der Türkei, wo deutsche Einflüsse dominierten, wurde neben dem Sufismus auch die Geschichte der Philosophie gepflegt. In Pakistan und Indien lebte die philosophische Tradition der Engländer weiter. Die Auseinandersetzung mit dem westlichen Denken rief dort die traditionelle islamische Philosophie (der Medizin) sowie eine Art von Ökologie ins Leben (zurück). Eine Herausforderung besonderer Art ist der Marxismus, der die religiösen Abwehrkräfte aktiviert.

10.2.2.35.1 Agus Salim, Al-Ibrahimi, Bouhdiba, Nasr

H. Agus Salim (1884–1954) aus Kota Gedang (Indonesien), Politiker und Philosoph, suchte mit Hilfe der islamischen Tradition und westlicher Philosophie den Gegensatz von Kapitalismus und Kommunismus zu überwinden. Nach der Ausrufung der Indonesischen Republik (1945) setzte er sich als Diplomat für deren weltweite Anerkennung ein. 1953/54 erhielt er eine Gastprofessur in Princeton. In seiner Erkenntnistheorie spielt die Intuition, im Gegensatz zum diskursiven Denken, eine wichtige Rolle, außerdem der religiöse Glaube, den er als Streben zur wahren Wirklichkeit und zur Authentizität versteht. Dieser Glaube soll den Menschen auch aus der Aporie Freiheit – Notwendigkeit herausführen, ohne im Fatalismus zu enden, vielmehr in Gottergebenheit.

Al-Ibrahimi Mohammed Al-Bachir (1889–1971) aus Algerien gilt als einer der führenden Repräsentanten arabischer Kultur der Gegenwart. Er bekämpfte den Aberglauben, glaubte an eine Renaissance islamischer Weisheit auf der Grundlage von Humanität, Toleranz und Menschenrechten, verfaßte zahlreiche Schriften zu zentralen Fragen der Gegenwartsphilosophie und verfolgte dabei konsequent einen Kurs der Annäherung der Kulturen mit dem Ziel eines neuen, universalen und authentischen Menschentums.

Abdelwahab Bouhdiba (geb. 1932), von Bachelard, Merleau-Ponty und Ricoeur beeinflußt, lehrte Philosophie und Soziologie in Tunis, später an der Sorbonne. Am Modell Tunis hatte er die Möglichkeit erkannt, arabische und französische Kultur zu verschmelzen, eine Idee, die seine theoretische und praktische Philosophie durchdrang. Diese Philosophie, mehr pro- als retrospektiv, nimmt die Herausforderungen der modernen Welt an: Industrialismus, ökonomischer Fortschritt und soziale Gerechtigkeit, Emanzipation der Frauen und Erziehung der Jugend, vor allem aber die sexuelle Krise im Islam. Die »Suche nach den verlorenen Normen« darf weder zur kritiklosen Anpassung an westliche Muster führen noch zurück zum Traditionalismus und Konservativismus, sondern muß in permanenter Wertschöpfung Antworten auf die Probleme der Gegenwart finden.

Seyyed Hossein Nasr (geb. 1933) aus Teheran gehört zu den führenden Denkern nicht nur des Iran, sondern des gegenwärtigen Islam überhaupt. Er vereint eine ausgezeichnete Kenntnis der islamischen Tradition mit gründlichen Kenntnissen der indischen Philosophie. Er gründete die philosophische Akademie im Iran und präsidierte ihr. Später erhielt er einen Lehrstuhl für Vergleichende Religionsphilosophie an der Temple University in Philadelphia. Ihm schwebt eine Renaissance der großen arabischen Denktradition vor unter dem Leitbild einer *sapientia perennis et universalis.* Wie weit sein Universalismus ausgreift, zeigt, daß er neben berühmten arabischen Denkern Plotin, Meister Eckhart und Śaṃkara in sein Konzept einbezieht. Seine Arbeiten zeigen, daß er kein Phantast ist, sondern Wunsch und Wirklichkeit, Ideale, Perspektiven und Realitäten des Islam zu trennen weiß, ohne dabei das Grundproblem aus den Augen zu verlieren: Was kann der Islam dem modernen Menschen geben?

10.2.2.36 Tibet

Während man im Westen die Existenz einer indischen und chinesischen Philosophie nach und nach zur Kenntnis nahm, herrschte über die tausendjährige tibetische Denktradition bis vor kurzem tiefes Schweigen[139]. Auf Einzelheiten der tibetischen »Dreiprinzipienlehre« kann hier nicht eingegangen werden. Einige allgemeine Hinweise müssen genügen. In der tibetischen Philosophie fließen hinduistische und buddhistische Elemente in Form des Tantrismus mit autochthonen Elementen der Bon-Religion und Vorstellungen des tibetanischen Totenbuchs zusammen. »Im Gegensatz zur Dreiprinzipienlehre, die vor allem der Gelehrte und Arzt studiert, oder zu den Tantras, deren Studium den Lamas vorbehalten ist, gilt das Totenbuch – das Bardo-Thödol –, das wir in verschiedenen Versionen kennen, als geistiger Gemeinbesitz aller Tibeter, ist es doch eine Art tibetischer Bibel, ein Buch der Erlösung oder richtiger, der möglichen Befreiung.«[140]

Die drei Prinzipien *chi* (Unterscheidung, Vernunft), *schara* (Entscheidung, Wille, Tat) und *badgan* (Stoff, Materie) bilden den Kern der Chi-Schara-Badgan-Lehre (CSB), die Makrokosmos, Mikrokosmos und Menschsein umfaßt. Die CSB-Formel integriert die drei Grundkräfte menschlicher Existenz zu einer Ganzheit, welche die abendländische Metaphysik nie erreichte und von der die moderne Philosophie weiter denn je entfernt ist: Wahrheit, Freiheit, Güte. Platons Ethik gipfelt in der Idee des Guten, Stoa und Christentum betonen die Freiheit, und die moderne Philosophie setzt auf Wahrheit, Echtheit, Authentizi-

[139] P. Cyrill von Korvin-Krasinski leistete, auf der Grundlage der Arbeiten des russischen Mediziners P. A. Badmajeff, hier Pionierarbeit: Die tibetische Medizinphilosophie. Zürich 1953.

[140] Helmut Uhlig, Tibet. Bergisch-Gladbach 1986, S. 227f.

tät. Nach einer Einheit dieser drei Seins-, Wert- und Sinnelemente sucht man in der westlichen Philosophie von Plotin bis Quine vergebens: »Scheint es doch, daß kein Volk dieser Erde das ganzheitliche Denken, das die Verbindung von allem mit allem aufzeigt, zu größerer Vollkommenheit gebracht hat als die Tibeter.«[141]

Wenn das zutrifft, enthält die tibetische Philosophie die größte Herausforderung an die Denker des Westens. Tatsächlich sind in dieser Philosophie religiöse, medizinische und naturphilosophische Komponenten zu einem Heilskonzept verbunden, von dem die westliche Wissenschaft manches lernen kann. Außer der Dreiprinzipienlehre hat die tibetische Philosophie auch zum Verhältnis von Leben und Tod Wesentliches zu sagen. Der Tod erscheint als ein Teil des Lebens. Die Integration des Todes in das Leben erinnert an Platons ›Phaidon‹: Leben lernen heißt sterben lernen, und wer zu sterben gelernt hat, hat auch das Leben gemeistert.

10.2.2.37 Südostasien

Wie Zentralasien hat die westliche Philosophie – eine rühmliche Ausnahme bildet Frankreich – auch Südostasien weitgehend vernachlässigt. Von den Nachfahren alter Kulturen mit hohem philosophischen Niveau, zum Beispiel in Vietnam und Indonesien, seien hier nur drei Denker wenigstens kurz erwähnt, die für ihre Länder und Kulturen spezifische, zukunftweisende und weiterführende Beiträge zur Philosophie geliefert und sich um die Synthese von Ost und West besonders bemüht haben.

10.2.2.37.1 Nguyén, Alisyahbana, Hardjoprakoso

Dang Thuc Nguyén (geb. 1907) aus Nordvietnam studierte in Frankreich Philosophie und Mathematik und kehrte 1934 in seine Heimat zurück, lehrte in Hanoi, später in Saigon, wo er mehrere höhere akademische Ämter bekleidete, gründete die Gesellschaft für kulturelle Beziehungen Asiens und redigierte die Zeitschrift ›Asian Culture‹. Seine zahlreichen Veröffentlichungen befassen sich mit Kernproblemen der modernen Philosophie und einheimischen Kultur: Religion und Wissenschaft, Geschichte der östlichen, speziell der vietnamesischen Philo-

[141] Ebd., S. 225.

sophie, die vietnamesische Kultur in Südostasien, Zen-Buddhismus in Vietnam, vergleichende Philosophie, asiatische Kultur und vietnamesischer Humanismus, Tagore und Vietnam.

Der vom Deutschen Idealismus und deutscher Wertphilosophie beeinflußte indonesische Philosoph Sutan Takdir Alisyahbana (geb. 1908) befaßte sich vorwiegend mit Problemen der Literatur, Linguistik, des Rechts und der Pädagogik. Der wertschöpferische Geist des Menschen schafft Kulturen, die sich, den Wertsystemen entsprechend, entwickeln. Die gegenwärtige, an theoretischen, ökonomischen und Werten der Macht orientierte Kultur bedarf zur Ergänzung religiöser, ethischer und ästhetischer Werte. Letztere werden das künftige Bild einer Weltkultur wesentlich mitbestimmen. Die Schriften Alisyahbanas konzentrieren sich auf die Konvergenz kreativer Prozesse in Gesellschaft und Kultur im Hinblick auf eine »New Emerging World« (1980).

Soemantri Hardjoprakoso (1913–1970) aus Java studierte in den Niederlanden und bekleidete in Indonesien hohe Ämter im Kultur- und Bildungssektor, zum Beispiel das Amt des Direktors der Seamac, der südostasiatischen Minister für Erziehungsfragen.

Die Realität erscheint ihm als einheitlich, immateriell und wirklich. Sie offenbart sich im Evolutionsprozeß, der als Emanation verstanden wird. Der Mensch kann die göttliche Realität in seiner Seele entdecken und mit ihr eins werden. Die physische Existenz des Menschen ist nur Erscheinung. Mit dieser Metaphysik verbindet Hardjoprakoso die Ethik. Ihr Grundgedanke ist die Übereinstimmung mit sich selbst, die die Überwindung des Egoismus, Egozentrismus und Individualismus mit Hilfe der Meditation voraussetzt. Das Ziel ist die Verwirklichung von acht Verhaltensweisen, fünf gegenüber den Mitmenschen und drei gegenüber dem Göttlichen: Bereitschaft zum Geben, Annahme des Zufälligen, Ehrenhaftigkeit, Geduld und Edelmut; Bewußtsein des Göttlichen, Glaube und Ergebenheit.

10.2.2.38 Indien

Mindestens gegenüber Indien kann weder im Hinblick auf die Vergangenheit noch auf die Gegenwart von einer uneingeschränkten Überlegenheit der philosophischen Kultur des Westens die Rede sein. Hegels Dialektik konnte in Rußland und

China Erfolge erzielen, verglichen mit den differenzierten Methoden der altindischen Grammatiker und der daran anknüpfenden modernen indischen Sprachphilosophen, erscheint sie primitiv. Im Gegenzug haben indische Meditation und indischer Yoga sich im Westen ausgebreitet. Aber nicht nur auf dem Gebiet der Methodik haben die Inder Großes geleistet.

10.2.2.38.1 Tagore, Gandhi, Aurobindo, Radhakrishnan
Der Dichter, Philosoph und Nobelpreisträger (1913) Rabindranath Tagore (1861–1941) aus Kalkutta gründete 1901 eine Schule mit dem Ziel, indische und europäische Bildung und Erziehung zu verbinden. Die Grundtendenz seines Denkens läßt sich unter dem Buchtitel ›Die Einheit des Menschen‹ zusammenfassen. Die Hoffnungen, die er auf Europa setzte, erfüllten sich nicht. Bei aller Bewunderung übte er auch Kritik am Westen, besonders am Materialismus und Nationalismus. Im Endeffekt überwog bei ihm jedoch die Hoffnung: die Einheit der Menschheit, die verwandelnde Kraft der Wahrheit und der Glaube an die Zukunft des Menschen. Allerdings glaubte er nicht daran, daß die äußere Befreiung von europäischer Herrschaft das Kernproblem der Inder lösen würde. Ost und West werden erst dann in Indien zusammenfinden können, sagte Tagore in Übereinstimmung mit den besten philosophischen Traditionen seines Landes, wenn Indien sein inneres Gleichgewicht wiedergefunden hat.

Neben Martin Luther King verkörpert Mahatma (Mohandas Karamchand) Gandhi (1869–1948) das moderne Ideal der Gewaltlosigkeit. Er studierte Jura in Oxford, korrespondierte mit Leo Tolstoi und befaßte sich mit dem amerikanischen Dichter Henry David Thoreau (1817–1862), dem Autor des Buches ›Über die Pflicht zum Ungehorsam gegen den Staat‹ (1849). Das Grundanliegen Gandhis war ein platonisches: Wiederherstellung der Unterordnung der Macht unter das Recht, wobei er die gesellschaftliche Basis gegen das Unrecht der politischen Machthaber mobilisierte (passiver Widerstand). Gewaltlosigkeit war für Gandhi weniger eine Taktik als ein ethisches, im Geistigen verankertes Prinzip, das seine Kraft aus der Erfahrung des Unrechts zieht. Gewaltlosigkeit bedeutete für Gandhi das Festhalten an der Wahrheit *(satjāgraha)*, wodurch der Gegner von der Unhaltbarkeit seiner (gewalttätigen) Einstellung zu überzeugen ist. Insofern erscheint Gandhi als Sokratiker. In diese Richtung weist auch der Titel seiner Autobiographie ›Die

Geschichte meines Experimentes mit der Wahrheit‹ (1927 bis 1929). In Gandhi hat die hinduistische Philosophie ihre ungebrochene Lebenskraft wiedererlangt. In ethischer und existentieller Hinsicht kann sie mit den besten Kräften des Westens auf diesem Gebiet konkurrieren.

Sri Aurobindo (1872–1950) aus Kalkutta, Sohn eines Arztes, studierte vierzehn Jahre in England und widmete sich danach daheim dem Studium der indischen Philosophie (Ṛgveda, Upaniṣaden, Bhagavadgītā), vor allem dem Yoga. In Pondichéry gründete er eine Einsiedelei, aus der sich später (1968) die Stadt Auroville entwickelte. Die westlichen Quellen von Aurobindos Synthese waren unter anderem die Vorsokratiker, Shakespeare und die Erkenntnisse der Psychoanalyse. Sein Weg der Vereinigung von Theorie und Praxis heißt »Integraler Yoga«, eine Bewußtseinserweiterung durch Meditation, mit deren Hilfe sich die Menschheit höher entwickeln (Evolution) und vergeistigen (Spiritualisierung) kann. Aurobindos globale Vision: Hatte die Antike dem Menschen die Idee der Schönheit offenbart, Reichtum und Perfektion des Lebens gelehrt, bereicherte das Christentum die Menschheit mit seiner Vision der Gottes- und Menschenliebe. Der Buddhismus wies den Weg zu höherer Einsicht, zu Sanftmut und Reinheit, Judentum und Islam weckten den religiösen Eifer, den Willen zur Tat und die Gottesfurcht, der Hinduismus eröffnete den Weg zu letzter und tiefster Vergeistigung. Die Stadien der Evolution der Menschheit laufen auf die Dreieinheit von Existenz *(sat),* Bewußtsein *(chit)* und Freude *(ananda)* hinaus. Gott gleicht, wie bei Heraklit, einem spielenden Kind. Im Stadium höchster Selbstbefreiung erreicht der Mensch ein göttliches Dasein, wird eins mit dem Universum, bringt *ātman* und *brahman* zur Deckung und erlangt unendliches Glück.

Sarvepalli Radhakrishnan (1888–1975) lehrte in Indien und England Philosophie, war von 1949 bis 1952 Botschafter in der UdSSR und von 1962 bis 1967 Staatspräsident Indiens. Er bemühte sich, wie Tagore, Gandhi und Aurobindo, zeitlebens um eine Annäherung westlichen und östlichen Denkens, wenn er auch die damit verbundenen Schwierigkeiten vielleicht etwas deutlicher erkannte als seine Vorgänger und gleichgesinnten Zeitgenossen. Er erkannte, daß die Probleme der westlichen Welt nicht einfach durch Zuhilfenahme östlicher Ideen, Praktiken und Methoden zu lösen sind, ebensowenig umgekehrt, sondern nur durch verfeinerte Analyse der jeweiligen Prämissen und hinreichende Lernbereitschaft. Das wissenschaftliche Denken des Westens kann nicht zur Vorwissenschaftlichkeit zurückkehren, und das unmittelbare östliche Verhältnis zur Wirklichkeit läßt sich nicht ohne Schaden für die östlichen Kulturen durch abgeleitete Wirklichkeitserkenntnis des Westens, durch Logik und Prinzipiendenken ersetzen. Ungeachtet dieser Schwierigkeiten, die Radhakrishnan sehr wohl sah, hielt er an der Idee einer globalen Zivilisation, einer Weltkultur und einer Integration der Menschheit zu einer Gemeinschaft im Geiste fest. Sollte sie zustandekommen, werden die spezifischen Werte östlichen Denkens: Toleranz, Pluralismus und Meditation darin gewiß Geltung erlangen.

10.2.2.39 Süd-Korea

Zu den auch auf philosophischem Gebiet aufsteigenden Nationen Asiens gehört (Süd-)Korea. Eine uralte Brücke der Kultur führt von China über Korea nach Japan. 1945 trat an die Stelle der halbfeudalistischen Regierungsform in Korea die Demokratie. Hand in Hand damit gingen eine Identitätskrise, eine philosophische Entwicklung vom Konfuzianismus zur Han-Philosophie und die Ausbildung eines neuen Wertsystems. »Han« bezeichnet ein Ganzes, die Realität überhaupt, den Inbegriff allen Seins. Dem entsprach eine neue, umfassende Sicht des Menschen, die sich in der Auffassung ausdrückt: ein Mensch mag sterben, aber er hört nicht auf zu sein. Leben und Tod werden nicht gegenübergestellt, als unvereinbare Zustände empfunden, ja nicht einmal streng unterschieden, vielmehr erscheinen sie als zwei Seiten einer Wirklichkeit, der Tod mehr als ein Teil denn als Feind des Lebens. Anstelle der alten hierarchischen Wertlehre trat eine neue, die sich an der Idee des *hongik ingam* (großherzigen Menschen) orientiert. Großherzig ist ein Mensch, der anderen hilft, nicht nachträgt und nicht zu stolz ist, sich helfen zu lassen, also eine teils aristokratische, teils demokratische Tugend. In ihrer Weltoffenheit paßt die Han-Philosophie zum neuen, aufstrebenden Korea, gleichzeitig als Schutz vor Bürokratie, Diktatur und Totalitarismus. Der Wille zur Einheit, Ganzheit und Harmonie bewahrte die Koreaner vor dem radikalen Individualismus des Westens. Nach koreanischer Auffassung kann ein Herrscher nicht glücklich sein, wenn das Volk nicht glücklich ist – und umgekehrt. Koreanische Philosophie verstand sich, ähnlich wie die chinesische, von alters her als eine Kultur des feinen Geschmacks. Diese Philosophie hat eine Affinität zum empirischen Denken und zeigt bei allem Spiritualismus einen hohen Grad von Realitätssinn. Shinkyo ist ein Glaube an die reinigende, heilbringende Kraft des Geistes, die aber nur wirksam wird, wenn man ihm folgt, geheilt werden will. Angesichts der Leistungen Koreas auf wirtschaftlichem und kulturellem Gebiet erscheint auch das philosophische Selbstbewußtsein dieser aufstrebenden Nation nicht unangemessen: »Han philosophy not only provides a way for the development of Korean philosophy, but also contributes to mainstream world thought.«[142]

10.2.2.40 Japan

Japan begann das moderne Zeitalter mit dem Sieg des Kaisers Meiji (1868) über das feudalistische Tokugawa-System (1600 bis 1867), in dem der Konfuzianismus dominierte. Der Buddhismus kam im 6. Jahrhundert über Korea nach Japan und bestimmte bis zum 16. Jahrhundert das geistige Leben. Der echt japanische Shintoismus, eine animistische Naturreligion, verbunden mit Ahnenkult, konnte sich als Volksreligion mit politisch-ideologischem Einschlag nicht nur behaupten, sondern wurde als Staats-Shinto (Gottkaisertum 1868–1945) zu einer Art Nationalreligion. Im Zuge der rasanten Übernahme westlicher Wissenschaft und Technik seit der Meiji-Zeit gelangte auch westliche Philosophie nach Japan, für die es im Japanischen zunächst weder ein Wort noch einen Begriff gab. Gegenüber den zunächst vorgeschlagenen Übersetzungen *kyūrigaku* (Wissenschaft vom Prinzip der Natur und der Sitte) und *dōreigaku* (Wissenschaft vom Weg und der Sitte) setzte sich dann Nishi Amanes (1829–1897) Terminus *tetsugaku* (Wissenschaft vom Wissen bzw. von der Weisheit) durch. Er hat den Vorteil, daß er von vornherein ein wesentliches Merkmal der modernen Philosophie, ihren meta-wissenschaftlichen Charakter (»große Theorie«) hervorhebt.

Hier sollen weder die buddhistischen (indischen) noch die konfuzianischen oder taoistischen (chinesischen) Bestandteile des japanischen Denkens behandelt werden – man vergleiche

[142] Min-Hong Choi, in: Burr, Handbook, S. 523.

dazu die Ausführungen zur indischen und chinesischen Philosophie im 1. Band –, auch nicht Rezeption und Aneignung der westlichen Philosophie, Prozesse, die sich mit der Rezeption der antiken Philosophie durch christliche oder der indischen Philosophie durch chinesische Denker vergleichen lassen, nur daß die japanische Rezeption ungleich schneller und umfassender erfolgte – sie umfaßt, neben der amerikanischen, die europäische Philosophie von der Antike bis zur Gegenwart –, außerdem zielbewußter, systematischer und wirkungsvoller.

Es sei hier nur daran erinnert, daß sich Japan schon einmal mit durchschlagendem Erfolg einer anderen Kultur geöffnet hatte, im 9. Jahrhundert der chinesischen. Aus dem Motto *wakon-kansei,* japanischer Geist und chinesisches Wissen, wurde *wakon-yosai,* japanischer Geist und europäische Wissenschaft. Die Synthese von japanischem und europäisch-amerikanischem Geist, *wakon* und *yōkon,* erscheint nun als gemeinsame Herausforderung nie gekannten Ausmaßes an beide Seiten. Die Vorstufen einer solchen möglichen Synthese reichen bis in die Zeit vor dem Ersten Weltkrieg zurück. Comtes Positivismus und Mills Utilitarismus gelangten zuerst nach Japan, dann kam Spencers Evolutionstheorie, James und Dewey entsprachen den pragmatischen Tendenzen der Japaner, aber auch Metaphysiker wie Thomas H. Green fanden Anklang. Der Deutsche Idealismus kam dem spiritualistischen, esoterisch-elitären Denken in Japan entgegen, ebenso wie später der Faschismus dem japanischen Imperialismus. Nach dem Zweiten Weltkrieg, der in Japan vielleicht noch tiefer als in Deutschland eine Identitätskrise auslöste, setzten sich die Japaner mit dem Marxismus auseinander, mit Existentialismus, Pragmatismus und analytischer Philosophie, neben Anthropologie, Naturphilosophie und vergleichender Philosophie. Das fremde Denken wirkte auf das japanische zurück, und es kam zu fruchtbaren Ansätzen der Vergangenheitsbewältigung, Selbstbesinnung und Identitätsbestimmung. Man erkannte, wie in Indien, daß eine Synthese von östlichem und westlichem Denken schwieriger sein würde, als anfänglich angenommen, aber man erkannte auch, daß es kein Zurück mehr gibt. Das moderne philosophische Problembewußtsein ist in Japan, wie in anderen geistig führenden Nationen der Gegenwart, für globales Denken, weltweite Neuorientierung und großzügige Konzeptionen aufgeschlossen. Wenn auch die negative Beschreibung der geistigen Situation, daß es anders nicht mehr weitergeht, zunächst nur einen Minimalkonsens ergibt, lassen sich doch daraus weiterführende Folgerungen ziehen: die Aneignung darf keine Einbahnstraße sein, zwischen Ost und West müssen auch auf philosophischem Gebiet Wechselwirkungen die Regel werden. Die in den USA entstandene vergleichende Philosophie, in Japan vertreten durch Hajime Nakamura (geb. 1912), hat eine große Zukunft, wenn die Philosophie nicht versagen, sondern kreativ bleiben will. Philosophie als Katalysator einer Weltkultur hat sowohl in den USA als auch in Japan ihre Bewährungsprobe bereits bestanden.

10.2.2.40.1 Nishida, Tanabe, Watsuji

Kitarõ Nishida (1870–1945) führte die japanische Philosophie endgültig aus der Rezeptionsphase heraus. Neben Griechisch und Latein beherrschte er Englisch, Französisch und Deutsch. Somit konnte er die meisten philosophischen Texte des Westens im Original lesen. Ebenso vertraut war Nishida mit den östlichen Denktraditionen, insbesondere mit dem Zen. Mit dem Zen-Buddhisten Daisetsu Suzuki war er befreundet. Er selbst durchlief in drei Phasen eine philosophische Entwicklung, die ihn von einer psychologisch orientierten universalen Theorie der Erfahrung zur Logik der Erfahrung und von dort zu einer Konzeption (buddhistischer) Metaphysik führte, die über das westliche Denken hinausweist. Er deutete das Sein als Selbstentfaltung des absoluten Nichts. Nishida, der geistige Mittelpunkt der Schule von Kyoto, blieb nicht bei dem Plan einer Synthese westlicher und östlicher Philosophie stehen, sondern dachte weiter. Ihm schwebte eine universale Philosophie auf globaler Grundlage vor, eine Vision, mit der er der japanischen Philosophie zum Durchbruch und damit zur Weltgeltung verhalf.

Einer anderen Denkergeneration gehörte Hajime Tanabe (1885–1962) an, der aus der Nishida-Schule hervorging, aber nicht darin aufging. Er studierte Mathematik und Naturwissenschaften, begründete diese Richtung der Philosophie in Japan, setzte sich kritisch mit Hegel, Marx und – Nishida auseinander, lehnte Heideggers Ontologie ab und zog aus den Lehren des Zweiten Weltkriegs in seinem »Weg der Reue« oder »Philosophie der Metanoetik« so entschiedene Konsequenzen, wie sie bei keinem deutschen Denker mit vergleichbaren Erfahrungen zu finden sind.

Die philosophische Entwicklung Tanabes ist phasen- und aspektreich. Sie läßt sich in sieben Abschnitte gliedern: 1. Naturphilosophie, frühe Kritik (1908–1922), 2. Geschichts- und Kulturphilosophie, spätere Kritik (1922–1927), 3. theoretisch-spekulative Phase, Kritik an Hegel und Marx (1927–1934), 4. praktisch-spekulative Phase, Dialektik-Kritik, Sozialphilosophie (1934–1944), 5. religiös-spekulative Phase, Philosophie als »Weg der Reue« (1944–1949), 6. Kunst- und Wissenschaftstheorie (1949–1956), 7. Gedanken über den Tod (1956–1962).

Tanabe arbeitete erstmals detailliert und folgerichtig die wesentlichen Unterschiede der westlichen und östlichen Metaphysik heraus. Im Westen kulminiert das griechische Denken in der Substanz-Akzidenz-Lehre des Aristoteles und das Denken der Neuzeit in Spinozas Seinslehre. Die östliche Metaphysik geht nicht vom Sein, sondern vom absoluten Nichts aus, das unfaßbar und unaussprechbar ist. Als relatives Nichts erscheint es im Gegensatz zum Sein.

»Tanabe beschreibt seine Neugeburt zur Philosophie so: Ich vollziehe die Reue, indem ich mich dem Denken der Anderkraft (Fremdkraft) überlasse. Und indem ich mich der Anderkraft anvertraue, werde ich selbst zum Zeugen meiner eigenen Wende und Wiedergeburt gemacht. So bilden das Tun (der Reue), der Glaube (an die Kraft des Anderen) und das Zeugesein (meiner eigenen Wende) meine Philosophie als Wiedergeborener ... Einmal der Philosophie gestorben, werde ich so auf dem Reueweg der Philosophie wiedergeboren. Aber Wiedergeburt bedeutet nicht Wiederaufnehmen der einmal verzweifelt aufgegebenen Philosophie (des Westens) und wiedergeboren werden auf ihrem Weg. Solche selbstidentische Wiederholung ohne Negation und Wende kann es nicht geben. Im Geist ist die sogenannte Wiederholung Transzendierung, und die Wiedergeburt muß Neugeburt sein. Ich lebe nicht mehr von selbst, ich lebe, indem ich vom Absoluten her, das weder Leben noch Tod ist, transzendent belebt werde.«[143]

In seinem Übergang zur »Fremdkraft-Philosophie« beschreibt Tanabe das, was Jaspers vielleicht als Erfahrung in einer Grenzsituation bezeichnet hätte. Worte wie »Reue«, »Transzendenz« und »Noetik« geben die Erfahrung des Japaners aber nur in westlicher Form wieder.

Tanabe sieht das radikal Böse beim Menschen in der Verabso-

[143] Johannes Laube, Westliches und östliches Erbe in der Philosophie Hajime Tanabes. In: Neue Zeitschrift für Systematische Theologie und Religionsphilosophie 20/1, 1978, S. 12.

lutierung der eigenen Existenz und nähert sich damit einer Deutung Max Borns, der den Ursprung allen Übels in der Welt in dem Glauben sieht, daß es nur eine einzige Wahrheit gibt und man diese besitzt. Im Unterschied zu westlichen, besonders christlichen Anschauungen sieht Tanabe das Absolute nicht in Gott. Seine Metaphysik ist nicht theistisch. Folglich kann auch nicht die Gnade (Gottes) den Menschen erlösen. In letzter Konsequenz negiert Tanabe, auf dem Boden buddhistischer Metaphysik, die gesamte westliche Philosophie als Metaphysik und Theologie. Die »Fremdkraft« wird in der Selbstnegation des absoluten Nichts wirksam, und die Selbsterlösung des Menschen greift, er wird wiedergeboren. Tanabes Todesphilosophie intendiert eine »Wirklichkeit« jenseits von Leben und Tod, nimmt damit aber auch die Möglichkeit, sich darüber rational zu verständigen. Leben und Tod werden, wenn man so sagen will, als Nicht-Leben und Nicht-Tod Ereignis.

Tatsuro Watsuji (1889–1960) darf als moderner Repräsentant japanischer Anthropologie und Ethik hier nicht fehlen, weil er nicht nur westliche und östliche Elemente der praktischen Philosophie verbindet, sondern weil sein Denken umgreifende, übergreifende und zukunftweisende Problemzusammenhänge erhellt.

Ethik wird nicht mehr als isolierte philosophische Disziplin abgehandelt, sondern in ihren Beziehungen zur Um- und Mitwelt untersucht. Zwischenmenschliche Beziehungen werden wie alles menschliche und tierische Verhalten durch Umweltfaktoren bestimmt. Aufgrund einer eingehenden Faktorenanalyse unterscheidet Watsuji hauptsächlich drei Menschentypen, den Monsun-, den Wüsten- und den Graslandtyp. Für den Monsuntyp (Inder, Japaner) sind charakteristisch: eine gewisse Passivität und Willensschwäche, dafür Sensibilität, Ausdauer, Beharrlichkeit, Sinn für das Ästhetische, wenig Sinn für Individualität und Geschichte. Der Wüstentyp (Afrikaner, Moslems) hat einen starken Willen, trägt der Situation und der Realität Rechnung und neigt zur moralischen Betrachtungsweise. Der Graslandtyp (Europäer) vereinigt die Eigenarten der beiden anderen in einer Art Synthese. Durch das milde Klima begünstigt, entwickelt der Graslandtyp hohe Begabung für abwägendes Denken, für Theorie, Wissenschaft und Technik.

Ob die Einteilung in allen Einzelheiten zutrifft, erscheint weniger von Bedeutung als die grundsätzliche Bereitschaft, Umweltbedingungen in das Spektrum ethischen Verhaltens einzubeziehen, eine Tendenz, die in der europäischen Existenzphilosophie schwach anklingt, stärker im amerikanischen Behaviorismus. Sowenig eine weiterführende Ethik künftig ökologische Fragen ignorieren darf, wird sie auf raumzeitliche, klimatische und andere »physiologische« Faktoren verzichten können. Auch hier kann der westliche Mensch, der die Natur zu lange unterschätzte und geringschätzte, von naturverbundeneren Menschen lernen.

10.2.3 Philosophie im globalen Zeitalter

Hand in Hand mit dem Abbau feudalistischer Gesellschaftsordnungen und dem Übergang von der Nationalökonomie zur Weltwirtschaft vollzieht sich die Öffnung der modernen Philosophie für das Gedankengut fremder Kulturen. Das ist ein weltweiter, irreversibler Prozeß, in dessen Verlauf die Philosophie aufhört, das Privileg einiger »auserwählter« Völker zu sein und die Führung in Wirtschaft, Technik und Wissenschaft nicht mehr allein von Europa gehalten wird. Auch in der Philosophie haben die Vereinigten Staaten und Japan die Initiative ergriffen. Wenn sich die Demokratisierung in der Sowjetunion durchsetzen sollte, hat die Philosophie auch dort gute Zukunftsaussichten. Indien spielt nach wie vor eine Schlüsselrolle in der geistigen Begegnung von Ost und West. Im philosophischen Szenarium Europas konnte England seinen Vorsprung behaupten, gefolgt von Frankreich, den Niederlanden, Skandinavien und Polen. In Deutschland, Österreich, Italien und Spanien hat der Faschismus der Entwicklung der Philosophie schweren Schaden zugefügt. Griechenlands hohe philosophische Kultur zeigt eine erstaunliche Kontinuität vom Altertum bis zur Gegenwart. Insgesamt leidet auch die Philosophie unter der Spaltung Europas und Deutschlands. Während sich Israel auf philosophischem Gebiet stark entwickelt, scheint das philosophische Leben in den islamischen Ländern zu stagnieren. Zu den Aufsteigern gehören Kanada, die Schweiz und Australien. In Iberoamerika und Afrika regen sich erste Impulse einer »Philosophie der Dritten Welt«, Zentralasien und Indonesien werden gerade erst philosophisch erschlossen. Die Zeit, da einige wenige Länder, Schulen oder Denker bestimmten, was als Philosophie zu gelten habe, ist endgültig vorbei. Im Spektrum der modernen Philosophie haben jedes Land, jede Richtung und jeder Denker, wie in einem großen Orchester, ihren unverwechselbaren Platz, sofern sie weiterführende Ideen, Modelle und Konzeptionen hervorbringen.

Zu Beginn des dritten Jahrtausends, nach dem Übergang von der Industrie- zur Informationsgesellschaft, im Zeitalter weltumspannender Kommunikation und globaler Verflechtung von Wirtschaft, Politik, Gesellschaft und Kultur ist auch die Philosophie zur Gewinnung eines neuen Selbstverständnisses herausgefordert. Philosophie im globalen Zeitalter erscheint nicht mehr glaubwürdig in Verbindung mit dem Absolutheitsanspruch eines Systems, einer Richtung oder einer Schule. Das egozentrische, ethnozentrische, speziell das eurozentrische Denken hat seine Zeit gehabt, es wird von einem polyzentrischen, pluralistischen und globalen Denken abgelöst. Die Wahrheit erscheint nicht mehr wie zur Zeit des europäischen Besitzbürgertums als Besitz von Wissen und Macht, viel eher als Weg der Überwindung von Besitz-, Macht- und Geltungsstreben, als Befreiung vom Wissen, nicht zugunsten von Unwissenheit, Glauben oder Aberglauben, sondern vom besseren Wissen. Der Philosophie als solcher fällt dabei die zwar alte, aber neu zu definierende Aufgabe der Wissensprüfung zu, die zugleich, als Selbstprüfung, eine existentielle Bedeutung hat.

Die Begegnung von westlicher und östlicher Philosophie eröffnet neue Möglichkeiten gegenseitiger Überprüfung der Standpunkte, Richtungen und Methoden. Wenn die Philosophie sie nutzt, hat sie eine Zukunft, sonst kaum. Außer der Vermittlung neuer Prüfmethoden kann die östliche Philosophie dem westlichen Denken dabei helfen, sein gestörtes Verhältnis zur Wahrheit wieder zu entstören, die Wahrheit nicht länger als Summe akkumulierten Wissens (Kapitals) zu betrachten, sondern, im Sinn von Buddha und Sokrates, als Weg zu sich selbst, zum wahren Sein, zu wirklicher Existenz. Dabei ist es nicht mit Lippenbekenntnissen zum sokratischen Wissen des Nichtwissens getan, sondern es muß die harte, schwierige und langwierige Arbeit des Umdenkens (»Weg der Reue«) geleistet werden, denn bevor der Mensch *sich* nicht ändert, kann er auch die Welt nicht (zum Besseren) verändern. Die mühsame Arbeit philosophischer Prüfung und Selbstprüfung macht keine Schlagzeilen, aber sie ist die Bedingung für die Glaubwürdigkeit jedweder Information. Damit werden weitere Aufgaben der Philosophie im Informationszeitalter deutlich: Das Verständnis der modernen Welt setzt ein differenzierteres Erfassen ihrer Probleme voraus als bisher. Eine prozessual-dynamisch aufgefaßte Wirklichkeit kann nicht mehr adäquat mit aristotelischer Ontologie oder Hegelscher Dialektik erfaßt werden, sondern allenfalls mit Hilfe umfassender Faktorenanalysen und verfeinerten operationalen Denkmethoden. Dies aber setzt einen neuen Denkstil voraus, der sich durch traditionelle Begriffe wie analytisch, synthetisch oder dialektisch nicht mehr zureichend charakterisieren läßt. Modernes weltumspannendes Denken ist methodisch und meditativ, diskursiv und intuitiv, expansiv und intensiv. Vor der Beurteilung eines Geschehenszusammenhanges steht die Kenntnis der Einzelentwicklungen. Das gilt auch für die Philosophie, deren Wesen, nicht mehr wie früher, aus Begriffen, Definitionen, Prinzipien, Evidenzen oder Erleuchtungen abzuleiten, sondern, wenn überhaupt, nur annähernd aufgrund minuziöser Einzelforschung zu erkennen ist.

Das Aufgabengebiet der Philosophie hat sich durch die Emanzipation der Wissenschaften eher vergrößert als verkleinert. Entsprechend vorsichtiger sollte man bei der Bestimmung ihrer Aufgaben in der Gesellschaft verfahren. Wer die Philosophie zur Magd der Politik macht, vergeht sich an ihr, wer von ihr das Heil erhofft, überfordert sie, und wer von ihr nur Bestätigung erwartet, korrumpiert sie. Die »Funktionen« der Philosophie der Gegenwart lassen sich nur Zug um Zug aus der Geschichte der Gegenwart eruieren.

In der ersten Hälfte des 20. Jahrhunderts hatte die Menschheit unter den negativen Auswirkungen von Restauration und Revolution, Industrialismus, Nationalismus und Imperialismus schwer zu leiden. Mit dem Ende des industriellen Zeitalters zeichnet sich die Möglichkeit einer globalen Zivilisation ab, in der politische und soziale Konflikte grundsätzlich auf dem Verhandlungsweg lösbar erscheinen. Die Weltwirtschaft in ihrer globalen Verflechtung wirkt dem nationalen Hegemoniestreben entgegen. Indessen werden neue Probleme sichtbar: Aufrüstung, Umweltschäden, Nord-Süd-Gefälle, Energiekrisen. Das gegenwärtige Zeitalter läßt sich als Übergang von der Industrie- zur Informationsgesellschaft verstehen, und damit beginnt auch für die Philosophie eine neue Phase ihrer Entwicklung. Allgemein fällt der Philosophie die Aufgabe zu, ihre eigenen weltumspannenden Tendenzen zu fördern sowie direkt oder (und) indirekt die Prozesse zu intensivieren, die auf eine Weltzivilisation hinauslaufen. Dahin gehört auch die Neubestimmung des Verhältnisses der Philosophie zu den Wissenschaften, die in den Wissenschaftstheorien und Wissenschaftsphilosophien bereits weltweit eingesetzt hat. Von den Ergebnissen dieser Neubestimmung wird es abhängen, ob die Philosophie ihre »Identitätskrise« meistert und die Kraft findet, weiterreichende Herausforderungen anzunehmen, zum Beispiel die Auseinandersetzung mit den Ideologien, die Herstellung eines kooperativen Verhältnisses zu den Religionen, die Wiederentdeckung des Künstlerischen und die Erarbeitung einer globalen Ethik, die den Ansprüchen des Informationszeitalters genügt.

Literaturhinweise

Abramson, N.: Information Theory and Coding. New York 1963.

Acham, K.: Philosophie der Sozialwissenschaften. Freiburg i. Br. 1983.

Austin, J. L.: How to Do Things with Words. Oxford 1962.

Ayer, A. J.: The Problem of Knowledge. 2. Aufl., Edinburgh 1957.

Bathin, M. P. u. J. Hospers (Hrsg.): Ethics and the Modern World. La Salle 1984.

Bavink, B.: Ergebnisse und Probleme der Naturwissenschaften. 11. Aufl., Zürich 1957.

Beck, H.: Philosophie der Technik. Trier 1979.

Berger, H.: Wege zum Realismus und die Philosophie der Gegenwart. Bonn 1959.

Berkson, W.: Lernen aus dem Irrtum. Die Bedeutung von K. Poppers Lerntheorie für die Psychologie und die Philosophie. Hamburg 1982.

Bernstein, R. J.: Beyond Objectivism and Relativism. Oxford 1983.

Biemel, W.: Philosophische Analysen zur Kunst der Gegenwart. Den Haag 1968.

Bjarup, J.: Skandinavischer Realismus. Freiburg i. Br. 1978.

Blackman, L.: Classics of Analytical Metaphysics. Lanham 1984.

Bochenski, I. M.: Europäische Philosophie der Gegenwart. 2. Aufl., Bern 1951.

Bollnow, O. F.: Existenzphilosophie. Stuttgart 1978.

Born, M.: Die Relativitätstheorie Einsteins. 4. Aufl., Berlin 1964.

Bradley, F. H.: Appearence and Reality. Oxford 1893; dt. 1928.

Ders.: Machs Philosophie der Naturwissenschaft. Stuttgart 1974.

Brand, M.: Intending and Acting. Toward a Naturalized Action Theory. Cambridge, Mass. 1984.

Brock, E.: Naturphilosophie. Bern 1985.

Brunschvicg, L.: La physique du vingtième siècle et la philosophie. Paris 1936.
Bubner, R. (Hrsg.): Philosophische Psychologie. Göttingen 1977.
Ders.: Geschichtsprozesse und Handlungsnormen. Frankfurt 1984.
Camus, A.: Der Mythos von Sisyphos. Ein Versuch über das Absurde. Düsseldorf 1950.
Carl, W.: Sinn und Bedeutung. Studien zu Frege und Wittgenstein. Königstein 1982.
Carnap, R.: Logische Syntax der Sprache. Wien 1934.
Cassirer, E.: Was ist der Mensch? Stuttgart 1960.
Cavell, St.: The Claim of Reason. Wittgenstein's Scepticism, Morality, and Tragedy. Oxford 1982.
Chisholm, R.: Erkenntnistheorie. München 1979.
Chomsky, N.: Sprache und Geist. Frankfurt 1970.
Clark, R. W.: The Life of B. Russell. New York 1976.
Condrau, G.: In Sorge um den Menschen. Zürich 1985.
Dahlberg, W.: Ordnung, Sein und Bewußtsein. Frankfurt 1984.
Danto, A. C.: Analytische Philosophie der Geschichte. Cambridge 1974.
Davidson, D.: Inquiries into Truth and Interpretation. Oxford 1984.
Delbrück, M.: Wahrheit und Wirklichkeit. Über die Evolution des Erkennens. Hamburg 1986.
Dewey, J.: Works (Early, Middle, Later). Carbondale 1967ff.
Diemer, A.: Edmund Husserl. 2. Aufl., Meisenheim 1965.
Dobzhansky, Th. u. E. Boesiger: Human Culture. New York 1983.
Eddington, A.: The Philosophy of Physical Science. Cambridge 1939.
Einstein, A.: Aufsätze von und über E. Hrsg. v. P. A. Schilpp. Stuttgart 1951.
Ders. u. L. Infeld: Die Evolution der Physik. Hamburg 1956.
Ders.: Grundzüge der Relativitätstheorie. 4. Aufl., Braunschweig 1965.
Fain, H.: Between Philosophy and History. Princeton 1970.
Fessard, G.: La philosophie historique de Raymond Aron. Paris 1980.
Foerster, H. v.: Sicht und Einsicht. Versuche zu einer operativen Erkenntnistheorie. Braunschweig 1985.
Foucault, M.: Wahnsinn und Gesellschaft. Frankfurt 1969.
Freisitzer, K. u. K. Haller: Probleme des Erkenntnisfortschritts in den Wissenschaften. Wien 1977.
Freud, S.: Gesammelte Werke. Hrsg. v. A. Freud. 18 Bde, London 1942–1950.
Fromm, E.: S. Freuds Psychoanalyse. Größe und Grenzen. Stuttgart 1979.
Ders.: Jenseits der Illusionen. Stuttgart 1981.
Gabriel, L. (Hrsg.): Philosophie in Österreich. Wien 1968.
Gadamer, G.: Gesammelte Werke. Tübingen 1985ff.
Gaede, E. A.: Politics and Ethics. Lanham 1983.
Galbraith, J. K.: Anatomie der Macht. München 1987.
Goetz, B.: John Deweys Philosophie der Erfahrung. Stuttgart 1970.

Grene, M. u. E. Mendelssohn: Topics in the Philosophy of Biology. Dordrecht, Boston 1976.
Griewank, K.: Der neuzeitliche Revolutionsbegriff. Frankfurt 1969.
Haag, K. H.: Der Fortschritt in der Philosophie. Frankfurt 1985.
Hahn, R.: Die Theorie der Erfahrung bei Popper und Kant. Freiburg i. Br. 1982.
Hare, R. M.: Die Sprache der Moral. Frankfurt 1972.
Ders.: Freiheit und Vernunft. Frankfurt 1983.
Harlow, V. E.: A Bibliography and Genetic Study of American Realism. New York 1970.
Hartmann, M.: Die philosophischen Grundlagen der Naturwissenschaften. 2. Aufl., Stuttgart 1959.
Hartmann, N.: Grundzüge einer Metaphysik der Erkenntnis. Berlin 1921.
Ders.: Ethik. Berlin 1926.
Ders.: Das Problem des geistigen Seins. Berlin 1933.
Ders.: Der Aufbau der realen Welt. Berlin 1940.
Heidegger, M.: Gesamtausgabe. Frankfurt 1975 ff.
Hinske, N.: Lebenserfahrung und Philosophie. Stuttgart-Bad Cannstatt 1986.
Hintikka, J. u. P. Suppes: Information and Inference. Dordrecht 1970.
Hintikka, J. (Hrsg.): Rudolf Carnap. Dordrecht 1975.
Hochberg, H.: Logic, Ontology and Language. München 1984.
Höllhuber, J.: Geschichte der italienischen Philosophie seit Beginn des 19. Jahrhunderts bis zur Gegenwart. München, Basel 1969.
Hook, S.: American Philosophers at Work. New York 1968.
Hourani, G. F.: Islam Rationalism. Oxford 1971.
Hunter, J. F.: Understanding Wittgenstein. Edinburgh 1985.
Husserl, E.: Gesammelte Werke. Den Haag 1950 ff.
Izutsu, T.: Japanische Beiträge zur Phänomenologie. Freiburg i. Br. 1984.
James, W.: The Works. Hrsg. v. F. H. Burkhardt. Cambridge, Mass. 1975 ff.
Ders.: Pragmatism, a New Name for Some Old Ways of Thinking. New York 1907; dt. Leipzig 1908, 2. Aufl., Hamburg 1977.
Jonas, H.: Technik, Medizin und Ethik. Frankfurt 1985.
Jones, E.: Sigmund Freud. Leben und Werk. 3 Bde, Bern 1960 ff.
Kainz, Fr.: Hauptprobleme der Kultur- und Sozialphilosophie. Wien 1978.
Kamitz, R.: Positivismus. Befreiung vom Dogma. München, Wien 1973.
Kanitscheider, B.: Philosophie und moderne Physik. Darmstadt 1979.
Ders.: Moderne Naturphilosophie. Würzburg 1984.
Ders.: Kosmologie. Stuttgart 1984.
Kaplan, R. W.: Der Ursprung des Lebens. München, Stuttgart 1972.
Keller, A.: Sprachphilosophie. München 1980.
Kraft, V.: Der Wiener Kreis. 2. Aufl., Wien 1968.

Kraus, W.: Kultur und Macht. Wien 1975.
Krauth, L.: Die Philosophie Carnaps. Wien 1970.
Kripke, S.: Name und Notwendigkeit. Frankfurt 1981.
Kuhn, H.: Wesen und Wirken des Kunstwerkes. München 1979.
Kuntz, P. G.: A. N. Whitehead. Boston 1984.
Künzli, A.: Tradition und Revolution. Basel, Stuttgart 1975.
Kutschera, F. v.: Grundfragen der Erkenntnistheorie. Berlin 1982.
Laas, E.: Idealismus und Positivismus. Eine kritische Auseinandersetzung. 3 Bde, Berlin 1879–1984.
Lacroix, J.: Panorama de la philosophie française contemporaine. Paris 1966.
Lévi-Strauss, C.: Strukturale Anthropologie. 2 Bde, Frankfurt a.M. 1967–1975.
Lewis, H. D. (Hrsg.): Contemporary Philosophy in Australia. London 1969.
Lipton, D. R.: Ernst Cassirer (1914–1933). Toronto 1978.
Lorenz, K.: Das sogenannte Böse. Wien 1963.
Ders.: Die Evolution des Denkens. München 1983.
Lorenzen, P.: Normative Logik und Ethik. Mannheim, Zürich 1969.
Lukàcs, G.: Werke. Darmstadt 1962 ff.
Lübbe, H.: Geschichtsbegriff und Geschichtsinteresse. Basel, Stuttgart 1977.
Luyten, N. A.: Mensch-Sein als Aufgabe. Freiburg (Schweiz) 1985.
MacGinn, C.: Wittgenstein on Meaning. Oxford 1984.
MacNeill, W. H.: Krieg und Macht. Militär, Wirtschaft und Gesellschaft vom Altertum bis heute. München 1984.
Maluschke, G.: Philosophische Grundlagen des demokratischen Verfassungsstaates. Freiburg i. Br. 1982.
Marcel, G.: Le mystère de l'être. 2 Bde, Paris 1951.
Mayer, A. J.: Adelsmacht und Bürgertum. Die Krise der europäischen Gesellschaft 1848–1914. München 1984.
Meinecke, F.: Vom geschichtlichen Sinn und vom Sinn der Geschichte. Leipzig 1939.
Mensching, G.: Gut und Böse im Glauben der Völker. 2. Aufl., Stuttgart 1950.
Ders.: Toleranz und Wahrheit in der Religion. Heidelberg 1955.
Ders.: Die Religion. Erscheinungsformen, Strukturtypen und Lebensgesetze. Stuttgart 1959.
Merleau-Ponty, M.: Die Struktur des Verhaltens. Berlin 1976.
Ders.: Phänomenologie der Wahrnehmung. Berlin 1966.
Ders.: Die Prosa der Welt. München 1984.
Meyer, R. (Hrsg.): Studien zum Zeitproblem in der Philosophie des 20. Jahrhunderts. Freiburg i. Br. 1982.
Meyer-Abich, K. M.: Wege zum Frieden mit der Natur. Praktische Naturphilosophie für die Umweltpolitik. München 1984.
Miller, D. L.: George Herbert Mead. Chicago 1980.

Mises, R. v.: Kleines Lehrbuch des Positivismus. Einführung in die empirische Wissenschaftsauffassung. Den Haag 1939.
Mittelstaedt, H. (Hrsg.): Regelungsvorgänge in der Biologie. München 1956.
Mittelstaedt, P.: Philosophische Probleme der modernen Physik. Mannheim 1976.
Mittelstraß, J. (Hrsg.): Enzyklopädie, Philosophie und Wissenschaftstheorie. Mannheim, Wien, Zürich 1980.
Mohany, J. N.: Husserl and Frege. Bloomington, Ind. 1982.
Möller, J.: Menschsein: Ein Prozeß. Entwurf einer Anthropologie. Düsseldorf 1979.
Morelli, M. D.: Philosophy's Place in Culture. Lanham 1984.
Morris, Ch. W.: Foundation of the Theory of Signs. Chicago 1938, dt. München 1972.
Ders.: Signs, Language and Behavior. Dt. Düsseldorf 1973.
Moore, G. E.: Principia Ethica. Cambridge 1903.
Ders.: The Pragmatic Movement in American Philosophy. New York 1970.
Murphy, R. T.: Hume and Husserl. Den Haag 1980.
Nagel, E., P. Suppes u. A. Tarski (Hrsg.): Logic, Methodology and the Philosophy of Science. Stanford 1962.
Neurath, O.: Gesammelte Schriften. 2 Bde. Hrsg. v. R. Haller u. H. Rutte. Wien 1981.
Noszlopi, L.: Wesen und Formen der Liebe. Stuttgart 1984.
Ortega y Gasset, J.: Gesammelte Werke. 6 Bde, Stuttgart 1978.
Orth, E. W.: Dilthey und der Wandel des Philosophiebegriffs seit dem 19. Jahrhundert. Freiburg i. Br. 1984.
Panofsky, E.: Aufsätze zu Grundfragen der Kunstwissenschaft. Berlin 1974.
Passmore, J.: Recent Philosophers. London 1985.
Peirce, Ch. S.: Lectures on Pragmatism (engl. u. deutsch). Übers. v. E. Walther. Hamburg 1973.
Peursen, C. A. van: Phänomenologie und analytische Philosophie. Stuttgart 1969.
La philosophie scandinave. In: Revue internationale de philosophie (Sonderheft), 1981.
Die philosophischen Bemühungen des 20. Jahrhunderts. Darmstadt 1971 ff.
Piaget, J.: Weisheit und Illusionen der Philosophie. Frankfurt 1985.
Planck, M.: Vorträge und Erinnerungen. Stuttgart 1949.
Ders.: Das Weltbild der neuen Physik. 11. Aufl., Leipzig 1952.
Plessner, H.: Gesammelte Schriften. 10 Bde, Frankfurt 1980 ff.
Pongratz, L. J.: Problemgeschichte der Psychologie. 2. Aufl., Bern, München 1984.
Popper, K. R.: Die offene Gesellschaft und ihre Feinde. 2 Bde, München 1957/58.
Ders.: Logik der Forschung. Tübingen 1969.

Ders.: Auf der Suche nach einer besseren Welt. München 1984.
Porzig, W.: Das Wunder der Sprache. 4. Aufl., Bern, München 1967.
Putnam, H.: Philosophy and Logic. New York 1971.
Ders.: Mind, Language and Reality. Cambridge 1975.
Ders.: Meaning and the Moral Sciences. London 1978.
Ders.: Mathematics, Matter and Method. 2. Aufl., Cambridge 1979.
Ders.: Vernunft, Wahrheit und Geschichte. Frankfurt 1982.
Ders.: Realism and Reason. Cambridge 1983.
Quine, W. V. O.: Wort und Gegenstand. Stuttgart 1980.
Ders.: From a Logical Point of View. 2. Aufl., New York 1961, dt. Frankfurt a. M. 1979.
Ders.: Theorien und Dinge. Frankfurt 1985.
Radbruch, G.: Rechtsphilosophie. Stuttgart 1963.
Rapp, F.: Analytische Technikphilosophie. Freiburg, München 1978.
Rawls, J.: Eine Theorie der Gerechtigkeit. Frankfurt 1975.
Reiter, J. (Hrsg.): Genetik und Moral. Mainz 1985.
Reitlinger, L.: Ethik und Anthropologie. Wien 1985.
Reucher, Th. u. H. v. d. Boom: Von der Logik des Sinnes zum Sinn der Kunst. St. Augustin 1981.
Ricoeur, P.: Philosophie de la volonté. 2 Bde, Paris 1950–1960; dt. Freiburg i. Br. 1970.
Ders.: Temps et récit. Paris 1985.
Riedinger, M.: Das Wort »gut« in der angelsächsischen Metaphysik. Freiburg i. Br. 1984.
Russell, B.: My Philosophical Development. London 1959.
Rüstow, A.: Ortsbestimmung der Gegenwart. 3 Bde, Erlenbach, Zürich 1950–1957.
Ryle, G.: Der Begriff des Geistes. Stuttgart 1969.
Sachsse, H.: Ökologische Philosophie. Darmstadt 1984.
Sartre, J.-P.: Das Sein und das Nichts. Hamburg 1962.
Ders.: Cahiers pour une morale. Paris 1983.
Schack, H.: Die Grundlagen der Wirtschafts- und Sozialphilosophie. Berlin 1978.
Scheible, H.: Wahrheit und Subjekt. Ästhetik im bürgerlichen Zeitalter. Bern 1984.
Scheler, M.: Gesammelte Werke. Hrsg. v. M. Scheler. Bern 1954 ff.
Schilpp, P. A.: The Philosophy of E. Cassirer. New York 1949; B. Russel. 3. Aufl., New York 1951; A. N. Whitehead. 2. Aufl., New York 1951; R. Carnap. London 1963; C. I. Lewis. La Salle, Ill. 1968; G. E. Moore. 3. Aufl., New York 1968; K. Popper. 2 Bde, La Salle 1974; K. Jaspers. 2. Aufl., Stuttgart 1981; J. P. Sartre. La Salle 1981.
Schipperges, H.: Der menschliche Leib aus medizinischer und philosophischer Sicht. Aschaffenburg 1984.
Schlick, M.: Allgemeine Erkenntnislehre. Berlin 1925, Neudr. Frankfurt 1978.
Ders.: Fragen der Ethik. Wien 1930, Neudr. Frankfurt 1984.

Schmidbauer, W.: Ist Macht heilbar? Therapie und Politik. Reinbek 1986.
Schmit, R.: Husserls Philosophie der Mathematik. Bonn 1981.
Schneider, H. W.: A History of American Philosophy. 2. Aufl., New York 1963.
Schnelle, H.: Sprachphilosophie und Linguistik. Reinbek 1973.
Schrödinger, E.: Was ist ein Naturgesetz? München 1962.
Schweichler, W. R.: Wittgensteins Philosophiebegriff. Freiburg i. Br. 1983.
Searle, J. R.: Sprechakte. Frankfurt 1971.
Siebers, G.: Psychologie der Revolution. Stuttgart 1976.
Simmel, G.: Die Probleme der Geschichtsphilosophie. 4. Aufl., München, Leipzig 1922.
Simpson, G. G.: The Meaning of Evolution. 7. Aufl., New Haven 1960.
Smith, J. E.: Purpose and Thought. The Meaning of Pragmatism. London 1978.
Spiegelberg, H.: The Phenomenological Movement. Den Haag 1960.
Spiegler, J. S.: Geschichte der Philosophie des Judentums. Leipzig 1971.
Stadler, F.: Vom Positivismus zur »wissenschaftlichen Weltanschauung«. Wien 1982.
Stegmüller, W.: Metaphysik – Wissenschaft – Skepsis. Wien 1954.
Ders.: Das Wahrheitsproblem und die Idee der Semantik. Wien 1957.
Ders.: Hauptströmungen der Gegenwartsphilosophie. Stuttgart 1978.
Ders.: Philosophy of Economics. Berlin 1982.
Straass, G.: Sozialanthropologie. Prämissen, Fakten, Probleme. Jena 1976.
Strawson, P. F.: Einzelding und logisches Objekt. Stuttgart 1972.
Surányi-Unger, Th.: Philosophie in der Volkswirtschaftslehre. Jena 1926.
Tanaka, M.: La philosophie japonaise contemporaine. Brüssel 1974.
Teilhard de Chardin, P.: Werke. 10 Bde, Freiburg i. Br. 1961 ff.
Tice, T. N.: Research Guide to Philosophy. Chicago 1983.
Toynbee, A. J.: Religion in a Secular Age. New York 1968.
Trillhaas, W.: Religionsphilosophie. Berlin, New York 1972.
Troller, A.: Die Begegnung von Philosophie, Rechtsphilosophie und Rechtswissenschaft. Basel, Stuttgart 1971.
Tulku, T.: Raum, Zeit und Erkenntnis. Bern 1983.
Tyminiecka, A.-T. (Hrsg.): Foundations of Morality, Human Rights, and the Human Sciences. Dordrecht 1983.
Unsöld, A.: Der neue Kosmos. 2. Aufl., Berlin, Heidelberg, New York 1974.
Vester, F.: Das kybernetische Zeitalter. Frankfurt 1974.
Volkmann-Schluck, K. H.: Politische Philosophie. Frankfurt 1974.
Waismann, F.: Einführung in das mathematische Denken. 3. Aufl., Wien, München 1970.

Ders.: Logik, Sprache, Philosophie. Hrsg. v. P. Baker u. a. Stuttgart 1976.
Wallack, F. B.: The Epochal Nature of Process in Whitehead's Metaphysics. Albany 1980.
Wallner, F.: Die Grenzen der Sprache und der Erkenntnis. Analysen an und im Anschluß an Wittgensteins Philosophie. Wien 1983.
Walther, J.: Logik der Fragen. Berlin 1985.
Warnock, G. J.: English Philosophy since 1900. London 1958.
Watkins, J.: Science and Scepticism. London 1984.
Weil, E.: Philosophie der Politik. Neuwied 1964.
Weinberg, St.: Die ersten drei Minuten. Der Ursprung des Universums. München 1977.
Wendt, H. (Hrsg.): Die Entfaltung der Menschheit. München 1982.
Weyl, H.: Was ist Materie? Darmstadt 1963.
White, M.: The Age of Analysis. 20th Century Philosophers. New York, Toronto 1955.
Whitehead, A. N.: Prozeß und Realität. Entwurf einer Kosmologie. Frankfurt 1979.
Whitehead-Symposium, Intern. (Bonn 1981). Hrsg. v. H. Holz. Freiburg i. Br. 1984.
Wiener, N. u. a.: Progress in Biocybernetics. New York 1964.
Wiese, L. v.: Philosophie und Soziologie. Berlin 1959.
Wieser, W.: Genom und Gehirn. Information in der Biologie. 2. Aufl., München 1973.
Williams, B.: Probleme des Selbst. Stuttgart 1978.
Wirz, L.: Wirtschaftsphilosophie. Heidelberg, Löwen 1965.
Wittgenstein, L.: Schriften. Hrsg. v. G. E. M. Anscombe u. a. 6 Bde, Frankfurt 1960–1973.
Wittgenstein-Symposium, Intern. (1977). Hrsg. v. E. Leinfellner. Wien 1978.
Wright, G. H. v.: Norm and Action. London 1963.
Ders.: Wittgenstein. Oxford 1982.
Wutskits, G.: Grundlegung der Wirtschaftsphilosophie. Den Haag 1980.
Zimmer, E.: Umsturz im Weltbild der Physik. 12. Aufl., München 1961.
Zimmermann, J. (Hrsg.): Das Naturbild des Menschen. München 1982.
Zimmermann, W.: Evolution und Naturphilosophie. Berlin 1968.

6

Allers, R.: Thomas von Aquin. Über das Sein und das Denken. Lat.-dt. Darmstadt 1989.
Augstein, R.: Jesus. Menschensohn. Hamburg 1999.
Becker, J.: Paulus. Apostel der Völker. 3. Aufl., Tübingen 1998.
Beckmann, J. P. u. a. (Hrsg.): Philosophie im Mittelalter. Entwicklungslinien und Paradigmen. 2. Aufl., Hamburg 1996.
Ders.: Wilhelm v. Ockham. München 1996.
Beierwaltes, W.: Eriugena. Grundzüge seines Denkens. Frankfurt a. M. 1994.
Ben-Chorin, S.: Bruder Jesus. Der Nazarener in jüdischer Sicht. 16. Aufl., München 1996.
Boff, L.: Jesus Christus, der Befreier. Freiburg i. Br., Basel, Wien 1986.
Buber, M.: Gottesfinsternis. Betrachtungen zur Beziehung zwischen Religion und Philosophie. Heidelberg 1987.
Campbell, J.: Der Heros in tausend Gestalten. Frankfurt a. M. 1989.
Cohn C.: Der Prozeß und Tod Jesu aus jüdischer Sicht. Frankfurt a. M. 1997.
Craemer-Ruegenberg, I.: Albertus Magnus. München 1980.
Crossan, J. D.: Was Jesus wirklich lehrte. Die authentischen Worte des historischen Jesus. München 1997.
Crowe, M. J.: Theories of the World from Antiquity to the Copernican Revolution. New York 1990.
Dronke, P. (Hrsg.): A History of Twelfth-Century Western Philosophy. Cambridge 1988.
Eastwood, B. S. Astronomy and Optics from Pliny to Descartes. London 1989.
Eliade, M.: Ewige Bilder und Sinnbilder. Essays über die magisch-religiöse Symbolik. Frankfurt a. M. 1986.
Fellmann, F.: Scholastik und kosmologische Reform. Studien zu Oresme und Kopernikus. Münster 1988.
Flint, V.: The Rise of Magic in Early Medieval Europe. Princeton 1991.
Fries, A. (Hrsg.): Albertus Magnus. Ausgewählte Texte. Lat.-dt. 4. Aufl., Darmstadt 1994.
Hardwick, M. E.: Josephus as an Historical Source in Patristic Literature through Eusebius. Atlanta 1989.
Heine, S.: Frauen in der frühen Christenheit. Zur historischen Kritik einer feministischen Theologie. Göttingen 1986.
Huizinga, J.: Herbst des Mittelalters. Stuttgart 1987.
Kaiser, C.: Creation and the History of Science. Grand Rapids 1991.
Kandler, K.-H.: Nikolaus von Kues. 2. Aufl., Göttingen 1997.
Kee, H. C.: Understanding the New Testament. 5. Aufl., Englewood Cliffs, N. Y. 1993.

Kogan, B. S.: Averroes and the Metaphysics of Causation. Albany 1983.
Kraft, H.: Einführung in die Patrologie. Darmstadt 1991.
Läpple, A.: Der andere Jesus. Ketzer und Poeten, Spötter und Philosophen über Jesus. Augsburg 1997.
Layton, B.: The Gnostic Scriptures. New York, London 1987.
Leroy, H.: Jesus. Überlieferung und Deutung. 3. Aufl., Darmstadt 1999.
Martin, J. u. B. Quint (Hrsg.): Christentum und antike Gesellschaft. Darmstadt 1990.
McKitterick, R.: The Carolingians and the Written Word. Cambridge 1989.
Mensching, G.: Thomas von Aquin. Frankfurt a. M. 1995.
North, J. D.: Stars, Minds and Fate: Essays in Ancient and Medieval Cosmology. London 1989.
Ohlig, K.-H.: Ein Gott in drei Personen? Vom Vater Jesu zum »Mysterium« der Trinität. Mainz, Luzern 1999.
O'Meara, J.: Eriugena. Oxford 1988.
Osborn, E.: Anfänge christlichen Denkens. Düsseldorf 1987.
Pelikan, J.: Jesus Christus. Erscheinungsbild und Wirkung in 2000 Jahren Kulturgeschichte. Zürich, Einsiedeln, Köln 1986.
Rosa, P. de: Der Jesus-Mythos. Über die Krise des christlichen Glaubens. München 1991.
Ruh, K.: Meister Eckhart. 2. Aufl., München 1989.
Sanders, J. T.: Ethics in the New Testament. Philadelphia, London 1986.
Scherer, G.: Philosophie des Mittelalters. Stuttgart 1993.
Schönberger, R. u. B. Kible (Hrsg.): Repertorium edierter Texte des Mittelalters aus dem Bereich der Philosophie und angrenzender Gebiete. Berlin 1994.
Schulthess, P. u. R. Imbach: Die Philosophie im lateinischen Mittelalter. Ein Handbuch mit einem bio-bibliographischen Repertorium. Zürich 1996.
Southern, R. W.: Robert Grosseteste. The Growth of an English Mind in Medieval Europe. Oxford 1986.
Spoto, D.: Jesus, der Mann aus Nazareth. Sein Leben, seine Bedeutung, seine Geheimnisse. Hamburg, Wien 1999.
Sturlese, L.: Die deutsche Philosophie im Mittelalter. München 1993.
Weber, M.: Gesammelte Aufsätze zur Religionssoziologie. Tübingen 1988.
Wöhler, H.-U.: Texte zum Universalienstreit. Bd. 2: Hochscholastik und spätmittelalterliche Scholastik. Berlin 1994.

7

Augustijn, C.: Erasmus von Rotterdam. Leben – Werk – Wirkung. München 1986.
Bachmeister, C.: Giordano Bruno. Von den heroischen Leidenschaften. Hamburg 1989.
Bartuschat, W.: Baruch de Spinoza. München 1996.

Baruzzi, A.: Einführung in die politische Philosophie der Neuzeit. Darmstadt 1993.
Blum, P. R.: Giordano Bruno. München 1999.
Ders.: Philosophen der Renaissance. Darmstadt 1999.
Brandt, K.: Geschichte der deutschen Volkswirtschaftslehre. Bd. 1: Von der Scholastik bis zur klassischen Nationalökonomie. Freiburg i. Br. 1992.
Buck, A. (Hrsg.): Pico della Mirandola. Über die Würde des Menschen. Lat.-dt. Hamburg 1990.
Burke, P.: Die europäische Renaissance. München 1988.
Chastel, A.: Leonardo da Vinci. München 1990.
Clatterbaugh, K.: The Causation Debate in Modern
Philosophy, 1637–1739. London 1999.
Fauvel, J. (Hrsg.): Newtons Werk. Basel 1993.
Fischer, E. P. (Hrsg.): Neue Horizonte. München 1993.
Fischer K.: Galileo Galilei. München 1983.
Freyer, H.: Machiavelli. Weinheim 1986.
Gerl, H.-B.: Einführung in die Philosophie der Renaissance. 2. Aufl., Darmstadt 1995.
Grassi, E.: Einführung in die humanistische Philosophie. 2. Aufl., Darmstadt 1991.
Grendler, P. F.: Schooling in Renaissance Italy: Literacy and Learning 1300–1600. Baltimore 1989.
Kersting, W.: Die politische Philosophie des Gesellschaftsvertrags. Darmstadt 1994.
Ders.: Niccolò Machiavelli. 2. Aufl., München 1998.
Kreimendahl, L.: Philosophen des 17. Jahrhunderts. Darmstadt 1999.
Krohn, W.: Francis Bacon. München 1987.
Lindberg, D. C.: Die Anfänge des abendländischen Wissens. München 2000.
Mayr, O.: Uhrwerk und Waage. Autorität, Freiheit und technische Systeme in der frühen Neuzeit. München 1987.
Mojsisch, B. (Hrsg.): Pietro Pomponazzi. Abhandlung über die Unsterblichkeit der Seele. Lat.-dt. Hamburg 1990.
Mout, N. (Hrsg.): Die Kultur des Humanismus. München 1998.
Perler, D.: René Descartes. München 1998.
Schmitt C. B.: The Cambridge History of Renaissance Philosophy. Cambridge 1988.
Schneider, I.: Isaac Newton. München 1988.
Schüller, V.: Isaac Newton. Die mathematischen Prinzipien der Physik. Berlin 1999.
Sorell, T. (Hrsg.): The Rise of Modern Philosophy. The Tension between the New and Traditional Philosophies from Machiavelli to Leibniz. Oxford 1993.
Starobinski, J.: Montaigne. Denken und Existenz. München, Wien 1986.
Weier, W.: Die Grundlegung der Neuzeit. Typologie der Philosophiegeschichte. Darmstadt 1988.

Weigl, E.: Instrumente der Neuzeit. Stuttgart 1990.
Welzig, W.: Erasmus von Rotterdam. Werke. Darmstadt 1995.
Whitney, C.: Francis Bacon. Frankfurt a. M. 1989.
Woolhouse, R.: Descartes, Spinoza, Leibniz. The Concept of Substance in Seventeenth Century Metaphysics. London 1993.

8

Adam, A.: Despotie der Vernunft? Freiburg i. Br. 1999.
Barudio, G.: Das Zeitalter des Absolutismus und der Aufklärung. Frankfurt a. M. 1991.
Baumgartner, H. M.: Kants ›Kritik der reinen Vernunft‹. 4. Aufl., Freiburg i. Br. 1996.
Beetz, M. u. G. Cacciatore: Die Hermeneutik im Zeitalter der Aufklärung. Köln 2000.
Berghahn, K. L.: Grenzen der Toleranz. Juden und Christen im Zeitalter der Aufklärung. Köln 2000.
Best, O. F. (Hrsg.): Moses Mendelssohn. Ästhetische Schriften in Auswahl. 3. Aufl., Darmstadt 1994.
Buck, A.: Humanismus. Europäische Entwicklung in Dokumenten und Darstellungen. Freiburg i. Br. 1987.
Busche, H.: Leibniz' Weg ins perspektivische Universum. Eine Harmonie im Zeitalter der Berechnung. Hamburg 1997.
Clevenot, M.: Krise des Glaubens, das Zeitalter der Aufklärung. Edition Exodus 1997.
Düll, S. u. W. Pass: Frau und Musik im Zeitalter der Aufklärung. Sankt Augustin 1998.
Effertz, D.: Kants Metaphysik. Welt und Freiheit. Zur Transformation des Systems der Ideen in der Kritik der Urteilskraft. Freiburg i. Br. 1994.
Eichberger, T.: Kants Architektur der Vernunft. Freiburg i. Br. 1999.
Engfer, H.-J.: Empirismus versus Rationalismus? Kritik eines philosophiegeschichtlichen Schemas. Paderborn 1996.
Ertl, W.: Kants Auflösung der »dritten Antinomie«. Zur Bedeutung des Schöpfungskonzepts für die Freiheitslehre. Freiburg i. Br. 1998.
Färber, A.: Die Begründung der Wissenschaft aus reiner Vernunft. Freiburg i. Br. 2000.
Flasch, K. u. U. R. Jeck (Hrsg.): Das Licht der Vernunft. Die Anfänge der Aufklärung im Mittelalter. München 1997.
Gerhardt, V.: Immanuel Kants Entwurf ›Zum ewigen Frieden‹.
Darmstadt 1995.
Ders.: Friedrich Nietzsche. 2. Aufl., München 1995.
Heckmann, R.: Kants Kategoriendeduktion. Ein Beitrag zu einer Philosophie des Geistes. Freiburg i. Br. 1997.
Herb, K.: Bürgerliche Freiheit. Politische Philosophie von Hobbes bis Constant. Freiburg i. Br. 1999.
Hilzinger, S.: Anekdotisches Erzählen im Zeitalter der Aufklärung. Stuttgart 1997.
Höffe, O.: Immanuel Kant. 4. Aufl., München 1996.

Hösle, V. u. C. Jermann (Hrsg.): Giovanni Battista Vico. Prinzipien einer neuen Wissenschaft über die gemeinsame Natur der Völker. Hamburg 1990.
Klamt, J.-C.: Sternwarte und Museum im Zeitalter der Aufklärung. Mainz 1999.
König, S.: Zur Begründung der Menschenrechte. Hobbes – Locke – Kant. Freiburg i. Br. 1994.
Kulenkampff, A.: George Berkeley. München 1987.
Kulenkampff, J.: David Hume. München 1989.
Löhrer, G.: Menschliche Würde. Wissenschaftliche Geltung und metaphorische Grenze der praktischen Philosophie Kants. Freiburg i. Br. 1995.
Matussek, P. (Hrsg.): Goethe und die Verzeitlichung der Natur. München 1998.
Meyer, H.: Kants transzendentale Freiheitslehre. Freiburg i. Br. 1996.
Nisters, T.: Kants kategorischer Imperativ als Leitfaden humaner Praxis. Freiburg i. Br. 1989.
Oehler, K.: Charles Sanders Peirce. München 1993.
Otto, S.: Giovanni Battista Vico. Stuttgart 1989.
Schlüter, G.: Die französische Toleranzdebatte im Zeitalter der Aufklärung. Materiale und formale Aspekte. Tübingen 1992.
Schneiders, W. (Hrsg.): Lexikon der Aufklärung. München 1995.
Ders.: Das Zeitalter der Aufklärung. München 1997.
Schönecker, D.: Kant: Grundlegung III. Die Deduktion des kategorischen Imperativs. Freiburg i. Br. 1999.
Spaemann, R.: Rousseau. Bürger ohne Vaterland. München 1980.
Specht, R.: John Locke. München 1989.
Stachowiak, H. (Hrsg.): Pragmatik. Bd. 1: Pragmatisches Denken von den Ursprüngen bis zum 18. Jahrhundert. Darmstadt 1997.
Steinvorth, U.: Freiheitstheorien in der Philosophie der Neuzeit. 2. Aufl., Darmstadt 1994.
Streminger, G.: David Hume. Sein Leben und sein Werk. 3. Aufl., Paderborn 1995.
Zeeden, E. W.: Europa im Zeitalter des Absolutismus und der Aufklärung. Stuttgart 1981.
Zotta, F.: Immanuel Kant. Legitimität und Recht. Eine Kritik seiner Eigentumslehre, Staatslehre und seiner Geschichtsphilosophie. Freiburg i. Br. 2000.
Zuber, K.-H. u. H. Holzbauer: Vom Zeitalter der Aufklärung bis zum Ersten Weltkrieg. Bamberg 1995.

9

Baumgartner, H.-M. u. H. Korten: Schelling. München 1996.
Böhmer, O. A.: Als Schopenhauer ins Rutschen kam. 2. Aufl., München 1998.
Borsche, T.: Wilhelm von Humboldt. München 1990.
Braun, L.: Geschichte der Philosophiegeschichte. Darmstadt 1990.

Bubner, R.: Innovationen des Idealismus. Göttingen 1995.
Fellner, F. (Hrsg.): Geschichte der Philosophie im 19. Jahrhundert. Positivismus, Linkshegelianismus, Existenzphilosophie, Neukantianismus, Lebensphilosophie. Reinbek 1996.
Fleischer, M.: Der »Sinn der Erde« und die Entzauberung des Übermenschen. Darmstadt 1993.
Gamm, G.: Der deutsche Idealismus. Eine Einführung in die Philosophie von Fichte, Hegel, Schelling. Stuttgart 1997.
Gander, H.-H.: Positivismus als Metaphysik. Freiburg i. Br. 1988.
Hauskeller, M.: Vom Jammer des Lebens. Einführung in Schopenhauers Ethik. München 1998.
Henrich, D.: Konstellationen, Probleme und Debatten am Ursprung der idealistischen Philosophie 1789–1795. Stuttgart 1991.
Hösle, V.: Hegels System. 2. Aufl., Darmstadt 1998.
Janke, W.: Fichtes ›Wissenschaftslehre 1805‹. Darmstadt 1999.
Kaufmann, W.: Nietzsche. 2. Aufl., Darmstadt 1988.
Kesselring, T.: Jean Piaget. 2. Aufl., München 1999.
Leiber, T.: Vom mechanistischen Weltbild zur Selbstorganisation des Lebens. Freiburg i. Br. 1999.
Mach, E.: Erkenntnis und Irrtum. Darmstadt (Repr.) 1987.
Makkreel, R. A.: Dilthey. Philosoph der Geisteswissenschaften. Frankfurt a. M. 1991.
Malter, R.: Der eine Gedanke. Hinführung zur Philosophie Arthur Schopenhauers. Darmstadt 1988.
Mayer, V.: Gottlob Frege. München 1996.
Montinari, M.: Friedrich Nietzsche. Berlin 1991.
Nagl, L.: Charles Sanders Peirce. Frankfurt a. M. 1992.
Niemeyer, C.: Nietzsches andere Vernunft. Psychologische Aspekte in Biographie und Werk. Darmstadt 1998.
Oesterreich, P. L.: Das gelehrte Absolute. Metaphysik und Rhetorik bei Kant, Fichte und Schelling. Darmstadt 1997.
Okochi, R.: Wie man wird, was man ist. Gedanken zu Nietzsche aus östlicher Sicht. Darmstadt 1995.
Rohs P.: Johann Gottlieb Fichte. München 1991.
Salaquarda, J. (Hrsg.): Nietzsche. Studienausgabe. 2. Aufl., Darmstadt 1996.
Schmidt, A.: Emanzipatorische Sinnlichkeit. Feuerbachs anthropologischer Materialismus. München 1988.
Son, G.: Schopenhauers Ethik des Mitleids und die indische Philosophie. Freiburg i. Br. 2000.
Stegmaier, W.: Nietzsches ›Genealogie der Moral‹. Darmstadt 1994.
Volpi, F. (Hrsg.): Schopenhauer, Arthur. Die Kunst, glücklich zu sein. München 1999.
Volz, P. D.: Nietzsche im Labyrinth seiner Krankheit. Eine medizinisch-biographische Untersuchung. Würzburg 1990.
Wolf, J.-C.: John Stuart Mills ›Utilitarismus‹. Ein kritischer Kommentar. Freiburg i. Br. 1992.

10

Altner, G.: Leben in der Hand des Menschen. Darmstadt 1998.

Barrow, J. D.: Die Entdeckung des Unmöglichen. Forschung an den Grenzen des Wissens. Berlin, Heidelberg 1999.

Baruzzi, A.: Freiheit, Recht und Gemeinwohl. Grundlagen einer Rechtsphilosophie. Darmstadt 1990.

Bayertz, K. (Hrsg.): Verantwortung. Prinzip oder Problem? Darmstadt 1995.

Baynes, K. u. a. (Hrsg.): After Philosophy. End or Transformation? Cambridge, Mass. 1987.

Bielefeldt, H.: Philosophie der Menschenrechte. Darmstadt 1998.

Böhme, G. (Hrsg.): Klassiker der Naturphilosophie. Von den Vorsokratikern bis zur Kopenhagener Schule. München 1989.

Braun, E.: (Hrsg.): Der Paradigmenwechsel in der Sprachphilosophie. Darmstadt 1996.

Breil, R.: (Hrsg.): Naturphilosophie. Freiburg i. Br. 2000.

Breuer, I. u. a. (Hrsg.): Welten im Kopf. Profile der Gegenwartsphilosophie. 3 Bde, Hamburg 1996.

Brockman, J.: Die dritte Kultur. Das Weltbild der modernen Naturwissenschaft. 2. Aufl., München 1996.

Burkard, F.-P. (Hrsg.): Kulturphilosophie. Freiburg i. Br. 2000.

Calvin, W. H.: Der Strom, der bergauf fließt. Eine Reise durch die Evolution. München 1994.

Ders.: Der Schritt aus der Kälte. Klimakatastrophen und die Entwicklung der menschlichen Intelligenz. München 1997.

Ders.: Die Sprache des Gehirns. Wie in unserem Bewußtsein Gedanken entstehen. München 2000.

Dahme, H. J. u. O. Rammstedt (Hrsg.): Georg Simmel und die Moderne. Frankfurt a. M. 1984.

Davies, P.: Sind wir allein im Universum? Bern, München, Wien 1996.

Davoust, E.: Signale ohne Antwort? Die Suche nach außerirdischem Leben. Weyarn 1997.

Drake, F. u. D. Sobel: Signale von anderen Welten. Augsburg 1997.

Eigen M. u. R. Winkler: Das Spiel. Naturgesetze steuern den Zufall. 8. Aufl., München. Zürich 1987.

Ferris, T.: Das intelligente Universum. München 1995.

Ders.: Chaos und Notwendigkeit. Report zur Lage des

Universums. München 2000.

Fischer, J.: Philosophische Anthropologie – eine Denkrichtung des 20. Jahrhunderts. Freiburg i. Br. 2000.

Fleischer, M. (Hrsg.): Philosophen des 20. Jahrhunderts. Eine Einführung. Darmstadt 1990.

Gell-Mann, M.: Das Quark und der Jaguar. Vom Einfachen zum Komplexen – die Suche nach einer neuen Erklärung der Welt. München, Zürich 1994.

Genz, H.: Die Entdeckung des Nichts. Leere und Fülle im Universum. München 1994.

Ders.: Wie die Zeit in die Welt kam. Die Entstehung einer Illusion aus Ordnung und Chaos. München 1996.
Gloy, K. u. M. Bachmann (Hrsg.): Das Analogiedenken. Freiburg i. Br. 1999.
Haken, H.: Synergetik. 3. Aufl., Berlin, Heidelberg 1990.
Haller, R.: Neopositivismus. Darmstadt 1993.
Harrison, A. A.: After Contact. The Human Response to Extraterrestrial Life. New York 1997.
Heisenberg W.: Physik und Philosophie. Frankfurt a. M., Berlin, Wien 1990.
Hirsch Hadorn, G.: Umwelt, Natur und Moral. Eine Kritik an Hans Jonas, Vittorio Hösle und Georg Picht. Freiburg i. Br. 1999.
Höffe, O. u. a. (Hrsg.): Lexikon der Ethik. 5. Aufl., München 1997.
Horgan, J.: An den Grenzen des Wissens. München 1997.
Horster, D.: Jürgen Habermas. Stuttgart 1991.
Hügli, A. u. P. Lübcke (Hrsg.): Philosophie im 20. Jahrhundert. Reinbek 1992.
Huntington, S. P.: Kampf der Kulturen. München 1996.
Jantsch, E.: Die Selbstorganisation des Universums. Vom Urknall zum menschlichen Geist. 3. Aufl., München 1986.
Kaku, M.: Zukunftsvisionen. München 1998.
Kanitscheider, B.: Im Innern der Natur. Philosophie und moderne Physik. Darmstadt 1996.
Keil, G. u. H. Schnädelbach (Hrsg.): Philosophie der Gegenwart – Gegenwart der Philosophie. Hamburg 1993.
Kolmer, P. u. H. Korten (Hrsg.): Recht – Staat – Gesellschaft. Freiburg i. Br. 1999.
Kurzweil, R.: Homo sapiens. Leben im 21. Jahrhundert – Was bleibt vom Menschen? Köln 1999.
Kutschera, F. v. u. A. Breitkopf: Einführung in die moderne Logik. Freiburg i. Br. 1999.
Lanzerath, D.: Krankheit und ärztliches Handeln. Zur Funktion des Krankheitsbegriffs in der medizinischen Ethik. Freiburg i. Br. 2000.
Lederman, L. u. D. Teresi: Das schöpferische Teilchen. Der Grundbaustein des Universums. München 1993.
Lewis, J. S.: Unbegrenzte Zukunft. München 1998.
Lottmann, H. R.: Albert Camus. Hamburg 1986.
Lütterfelds, W. u. T. Mohrs (Hrsg.): Eine Welt – eine Moral? Darmstadt 1997.
Mall, R. A.: Philosophie im Vergleich der Kulturen. Darmstadt 1995.
Manstetten, R.: Das Menschenbild der Ökonomie. Der homo oeconomicus und die Anthropologie von Adam Smith. Freiburg i. Br. 1999.
Menne, A.: Folgerichtig denken. 2. Aufl., Darmstadt 1997.
Metraux, A. u. B. Waldenfels (Hrsg.): Leibhaftige Vernunft. Spuren von Merleau-Pontys Denken. München 1986.
Mieth, D. (Hrsg.): Ethik und Wissenschaft in Europa. Freiburg i. Br. 2000.

Minsky, M.: Mentopolis. Stuttgart 1990.
Orth. E. W. u. G. Pfafferott (Hrsg.): Studien zur Philosophie von Max Scheler. Freiburg i. Br. 1994.
Paetzold, E.: Ernst Cassirer. Darmstadt 1995.
Pietrowicz: Helmuth Plessner. Freiburg, München 1992.
Pogge, T. W.: John Rawls. München 1994.
Puntel, L. B.: Wahrheitstheorien in der neueren Philosophie. 3. Aufl., Darmstadt 1993.
Rager, G.: Ich und mein Gehirn. Persönliches Erleben, verantwortliches Handeln und objektive Wissenschaft. Freiburg i. Br. 1999.
Rawls, J.: Die Idee des politischen Liberalismus. Frankfurt a. M. 1992.
Rees, M.: Vor dem Anfang. Eine Geschichte des Universums. Frankfurt a. M. 1997.
Rinofner-Kreidl, S.: Edmund Husserl: Zeitlichkeit und Intentionalität. Freiburg i. Br. 1999.
Rorty, R.: Truth and Progress. Cambridge 1998.
Sagan, C.: Unser Kosmos. Augsburg 1996.
Salamun, K.: Karl Jaspers. München 1985.
Sandvoss, E. R.: Bertrand Russell. 2. Aufl., Reinbek 1991.
Ders.: Sternstunden des Prometheus. Vom Weltbild zum Weltmodell. Frankfurt a. M. 1996.
Ders.: Ethik im globalen Zeitalter. Frankfurt a. M. 1999.
Savigny, E. v.: Die Philosophie der normalen Sprache. Frankfurt a. M. 1993.
Schmidt, A. u. A. Altwicker (Hrsg.): Max Horkheimer heute. Werk und Wirkung. Frankfurt a. M. 1986.
Schüßler, W. (Hrsg.): Philosophische Anthropologie. Freiburg i. Br. 2000.
Strawson, P. F.: Analyse und Metaphysik. München 1994.
Seifert, J.: Das Leib-Seele-Problem und die gegenwärtige philosophische Diskussion. 2. Aufl., Darmstadt 1989.
Seiffert, H.: Einführung in die Wissenschaftstheorie. 4 Bde, München 1992 ff.
Ströker, E.: Husserls transzendentale Phänomenologie. Frankfurt a. M. 1987.
Thiel, C.: Philosophie und Mathematik. Darmstadt 1995.
Van Doren, C.: Geschichte des Wissens. Basel, Boston, Berlin 1996.
Volpi. F. u. Nida-Rümelin (Hrsg.): Lexikon der philosophischen Werke. Stuttgart 1988.
Weier, W.: Brennpunkte der Gegenwartsphilosophie. Darmstadt 1991.
Weinberg, S.: Die ersten drei Minuten. Der Ursprung des Universums. 2. Aufl., München, Zürich 1978.
Ders.: Der Traum von der Einheit des Universums. München 1993.
Weingarten, M.: Organismen – Objekte oder Subjekte der Evolution? Darmstadt 1993.
White, F.: Der Overview Effekt. München 1993.
Wieser, W. (Hrsg.): Die Evolution der Evolutionstheorie. Berlin, Heidelberg 1994.

Wilson, E. O.: Die Einheit des Wissens. Berlin 1998.
Wolf-Gazo, E.: Whitehead. Einführung in seine Kosmologie. Freiburg i. Br. 1980.
Wuchterl, K.: Streitgespräche und Kontroversen in der Philosophie des 20. Jahrhunderts. Bern 1997.
Wuketits, F. M.: Evolution, Erkenntnis, Ethik. Darmstadt 1984.
Ders.: Verdammt zur Unmoral? Zur Naturgeschichte von Gut und Böse. München, Zürich 1993.

Personenregister

Sachregister